Diccionario de
**sinónimos
y antónimos**

Santillana

Diccionario de
sinónimos
y antónimos

Santillana

Dirección
Sergio Sánchez Cerezo

Edición
Mercedes Rubio Cordovés
Alberto Martín Baró

Redacción
Carmen Carrasco González
Cristina V. González Sánchez

Revisión
Rocío Bermúdez de Castro
Manuel Sequeiros Murciano

Diseño de colección: Ignacio Ballesteros

© 1996, de la edición de Grupo Santillana Ediciones, S.A.
© De esta edición:
   septiembre 2000, Suma de letras, S.L.

ISBN-10: 84-294-5080-7

Published in the United States of America
Printed in Colombia by D'vinni S.A.

13 12   4 5 6 7 8 9 10

PRESENTACIÓN EDITORIAL

La principal utilidad de un diccionario de sinónimos es ofrecer al consultante un repertorio de palabras de significado similar; esto le permite ampliar su vocabulario o le brinda la posibilidad de escoger el término más apropiado para una determinada situación.

Pero ¿qué entendemos por sinónimos? ¿Son sólo sinónimas las voces que significan textualmente lo mismo? No son muy frecuentes en la lengua las palabras intercambiables en todos los casos, como por ejemplo, *empezar* y *comenzar*, sino que, generalmente, la elección de uno u otro término implica una diferencia de matiz o bien depende del momento en que se usa: necesidad de utilizar un registro más o menos culto, informal, de sustituirlo por un eufemismo, etc.

Por ello, aunque el criterio que se ha seguido es más estricto que el de otras obras de estas características, no se ha descartado la inclusión de términos que si no se corresponden de manera exacta con la voz de la entrada, sí podrían utilizarse en su lugar en muchas otras ocasiones.

Las listas de sinónimos que se ofrecen en este diccionario no son exhaustivas ni cerradas, sino que contienen en cada caso los sinónimos más cercanos a la entrada de que se trate. Si el lector desea ampliar estos repertorios puede buscar en el diccionario las entradas de dichos sinónimos. De la misma manera, no se han aportado más de dos o tres antónimos, ya que desarrollar esta lista sería simplemente añadir sinónimos de los antónimos.

En las entradas, los sinónimos y antónimos se agrupan por acepciones o grupos significativos y dentro de cada uno de estos grupos, aparecen ordenados por su mayor o menor proximidad respecto a la cabecera del artículo.

Con la intención de definir al máximo tanto los matices como el empleo de un vocablo, se ha indicado si su uso es culto, coloquial, de argot, vulgar o despectivo, y se han añadido acotaciones de significado que explican la presencia de ciertas palabras. Asimismo, tienen cabida en este diccionario frecuentes expresiones y locuciones, además de numerosos americanismos y extranjerismos.

Confiamos, pues, que este afán de adecuación en la selección de los sinónimos y antónimos así como las especificaciones sobre sus usos o significado, resulten de gran utilidad al consultante y le ayuden a llenar con eficacia y precisión el hueco que ha motivado su búsqueda.

SANTILLANA

INDICACIONES DE USO

- La ordenación de las entradas sigue el criterio alfabético internacional, por lo que la *ch* y *ll* no se consideran letras independientes y quedan englobadas en la *c* y la *l*, respectivamente.

- Los términos homónimos, es decir, palabras semejantes en la forma pero de diferente significado, se distinguen con un superíndice (**abonar¹**, **abonar²**).

- Se especifica, con marcas y abreviaturas en cursiva, el nivel de uso de las voces o su origen.

- Se añaden, entre paréntesis, frecuentes acotaciones de significado o uso:

    visitador

    representante (de artículos médicos)

    autobús

    guagua (América y Canarias)

- Los antónimos están colocados al final de la entrada precedidos del signo ↔.

- Dentro de algunos artículos aparecen destacadas en negrita ciertas formas que, como variantes de la entrada principal, tienen sus sinónimos específicos; estas formas son verbos pronominales (**figurarse** en la entrada **figurar**), plurales (**interioridades** en la entrada **interior**) y determinadas expresiones, generalmente constituidas por un verbo y un pronombre (**piarlas** en la entrada **piar**).

• Las abreviaturas utilizadas en este diccionario son:

al.	alemán
amer.	americanismo
ant.	antiguo
ár.	árabe
col.	coloquial
cult.	culto
desp.	despectivo
fr.	francés
ingl.	inglés
ital.	italiano
jap.	japonés
lat.	latín
neerl.	neerlandés
vasc.	vasco
vulg.	vulgar

a posteriori *lat.*
después
posteriormente

↔ a priori

a priori *lat.*
antes
anticipadamente
de antemano
con antelación

↔ a posteriori

ababol
amapola

abacería
tienda de
   comestibles
ultramarinos
colmado
abarrote *amer.*
abarrotería *amer.*

abacero
tendero
abarrotero *amer.*

abad
superior
rector
prior
prelado

abadejo
bacalao

abadía
monasterio
convento
priorato
cenobio
rábida

abajar(se)
bajar
rebajar

humillar
despreciar

↔ subir
   ensalzar

abajeño *amer.*
sureño
meridional

↔ nórdico

abajo
bajo
debajo

↔ arriba

abalanzarse
arrojarse
lanzarse
echarse
tirarse
precipitarse
arremeter
embestir
atacar

↔ retirarse
   contenerse

abalear *amer.*
balear *amer.*
balacear *amer.*
tirotear
disparar

abalizar
balizar
señalar
marcar

abalorio
cuenta
lentejuela

perifollo
oropel
quincalla
adorno

abanderado
portaestandarte

defensor
representante
adalid
líder

abanderar
matricular (un
   buque)

acaudillar
dirigir
encabezar
liderar

defender
proteger
acoger
amparar

abandonado
solo
solitario
desamparado
indefenso
desvalido

dejado
descuidado
perezoso
negligente
apático
desidioso

desaseado
desaliñado

desastrado
sucio
adán

↔ acompañado
   atendido
   protegido

   cuidadoso
   diligente

   arreglado
   aseado

abandonar
dejar
desamparar
desatender
descuidar
desasistir
dejar en la estacada

retirarse
marcharse
irse
largarse

despoblar
deshabitar

interrumpir
detener
suspender
cortar
dejar colgado *col.*

renunciar
desistir
cejar
arrinconar
olvidar

delegar
encomendar
entregar

abandonarse
descuidarse
desasearse
desaliñarse

↔ acompañar
amparar
atender

quedarse
permanecer

habitar

continuar
proseguir

arreglarse
asearse

abandono
desamparo
soledad
desatención
desvalimiento

dejadez
descuido
desidia
negligencia

retirada
marcha
deserción

interrupción
parada
suspensión

renuncia
dejación
desistimiento
cesión

desaliño
desaseo

↔ amparo
abrigo
atención
cuidado

retorno
regreso

aseo
pulcritud
limpieza

abanicar(se)
ventilar
airear
aventar

abanico o abano
perico
pericón
paipay

abanto
alimoche

aturdido
torpe
alelado
atontado
atolondrado

impulsivo
ansioso
precipitado
arrebatado
irreflexivo

↔ despabilado
avispado

paciente
calmado

abaratar(se)
rebajar
depreciar
desvalorizar
bajar

↔ encarecer
subir

abarcar
abrazar
ceñir
rodear

contener
incluir
englobar
comprender
constar
incorporar

dominar
divisar

↔ excluir
exceptuar

abarquillar(se)
curvar
combar
arquear
pandear
alabear

↔ enderezar

abarraganarse
amancebarse
juntarse
cohabitar
arrejuntarse *col.*
amontonarse *col.*

abarrancar(se)
embarrancar
varar
atascar
encallar (una
embarcación)

abarrotar
colmar
atestar
saturar
llenar
atiborrar
henchir

amer.
monopolizar

abarrote *amer.*
comestible
alimento

abacería

abarrotería *amer.*
abacería

abastecer(se)
suministrar
aprovisionar
proveer
surtir
avituallar
dotar

↔ desabastecer

abastecimiento
abasto
suministro
acopio
aprovisionamiento
avituallamiento
provisión

abasto
abastecimiento

abatatar(se) *amer.*
acobardar

abatido
caído
derribado
tumbado
inclinado

decaído
desalentado
apesadumbrado
desanimado
descorazonado
deprimido

cansado
fatigado
extenuado
agotado

↔ animado
entusiasmado

enérgico
vigoroso

abatimiento
desfallecimiento
decaimiento
desaliento
postración

↔ aliento
excitación

abatir(se)
derribar
derrumbar
tumbar
inclinar

desalentar
desmoralizar
desanimar
descorazonar
humillar
doblegar
apocar
deprimir

arriar

↔ levantar
alzar
enderezar

animar
alentar

izar

abdicar
dimitir
renunciar
cesar

abjurar
renegar
apostatar

↔ aceptar
asumir

abdomen

vientre
barriga
panza
tripa

abecé

abecedario

base
principios
fundamentos
rudimentos

abecedario

abecé
alfabeto
alifato (hebreo)
silabario

abejaruco

azulejo

aberración

irregularidad
extravío
desvío
desatino
dislate
desvarío
perversión

↔ normalidad

aberrante

antinatural
anormal
extraviado

↔ natural

aberrar

descarriarse
desviarse
extraviarse
equivocarse
errar
fallar

↔ acertar

abertura

apertura
inauguración
agujero
hueco

vano
boquete
brecha
boca
hendidura
grieta
orificio
paso

↔ cierre

abierto

descubierto
destapado
despejado
hendido
rajado
roto
comunicativo
extravertido
expansivo
sociable
campechano

↔ cerrado
tapado

tímido
introvertido

abigarrado

recargado
sobrecargado
barroco
charro
heterogéneo
confuso
mezclado
dispar
embarullado

↔ sobrio
austero

homogéneo

abigarrar

recargar
sobrecargar
mezclar

abisal

abismal

abisinio

etíope

abismado

absorto
abstraído
ensimismado
concentrado
meditabundo

abismal

abisal
profundo
hondo
insondable

↔ superficial

abismar

sumir
hundir
sumergir

abismarse

abstraerse
ensimismarse
concentrarse
embeberse
estar en la luna *col.*

abismo

sima
profundidad
precipicio
barranco
talud
fosa
inmensidad
infinidad
vastedad
infierno
averno

abjurar

renegar
apostatar
retractarse
desdecirse
renunciar
abandonar

↔ reafirmarse

ablación

extirpación
separación

ablandar(se)

reblandecer
emblandecer

molificar
suavizar
conmover
enternecer
calmar
apaciguar
aplacar
persuadir
convencer

↔ endurecer
irritar
disuadir

ablución

lavatorio
purificación
baño
lavado
enjuague

abnegación

sacrificio
altruismo
generosidad
desinterés
renuncia
filantropía
desprendimiento

↔ egoísmo

abobado

tonto
lelo
embobado
pasmado
simple

↔ despabilado
avispado

abobar(se)

atontar
alelar
embobar
pasmar
aturdir
atolondrar
aturullar *col.*

↔ despabilar
avispar

abocado

embocado
próximo

expuesto
destinado

abocar
verter
trasvasar
echar

unirse
acercarse
aproximarse

abocetar
esbozar
bosquejar
diseñar
trazar
delinear

abochornado
avergonzado

abochornar(se)
avergonzar
soflamar
humillar
azarar
sonrojar
ruborizar
sofocar
correr

abocinado
acampanado
atrompetado

abofetear
sopapear
cachetear
cruzar la cara
dar bofetadas
dar guantazos

abogacía
derecho
jurisprudencia
leyes

abogado
letrado
jurista
legista
jurisconsulto
jurisperito
leguleyo *desp.*

picapleitos *desp.*
licenciado *amer.*

defensor
intercesor
mediador

abogar
defender
interceder
apoyar
proteger
respaldar
mediar

↔ acusar
atacar

abolengo
estirpe
linaje
casta
prosapia
genealogía
alcurnia
origen
ascendencia

abolición
anulación
abrogación
derogación

↔ implantación

abolir
anular
abrogar
derogar
revocar
cancelar
casar

↔ implantar
ratificar

abollar(se)
aplastar
hundir
deformar
chafar

↔ aplanar
alisar

abombar(se)
abultar
ahuecar
combar

alabear
arquear

abombarse *amer.*
descomponerse
pudrirse
estropearse
achisparse
emborracharse

↔ aplanar
alisar

abominable
detestable
aborrecible
despreciable
execrable
deleznable
odioso
repugnante
atroz

monstruoso
terrible
horrible
horripilante
espantoso

↔ admirable
estimable
adorable

abominar
aborrecer
odiar
detestar
condenar
execrar

↔ amar
admirar

abonar[1]
fertilizar
enriquecer

acreditar
avalar
respaldar
garantizar
ratificar

abonar[2]
pagar
costear
sufragar
satisfacer
ingresar
cumplir

inscribir
apuntar
asociar

↔ adeudar
deber

abono[1]
fertilizante
estiércol
mantillo
humus

abono[2]
pago
ingreso

inscripción
suscripción
bono

abordaje
choque
ataque
acometida

abordar
topar
chocar
tocar

invadir
asaltar
atracar

emprender
acometer
afrontar
encarar
enfrentarse
apechugar *col.*

tratar
ocuparse
versar

aborigen
nativo
vernáculo
autóctono
originario
indígena
natural
oriundo
patrio

↔ extranjero
foráneo
forastero

aborrascarse
nublarse
oscurecerse
encapotarse
cargarse
cubrirse
↔ despejarse
   aclarar

aborrecer
odiar
abominar
detestar
despreciar
condenar
execrar
↔ amar
   admirar

aborregado
emborregado
gregario
adocenado
↔ singular
   original

abortar
malparir
malograr

fracasar
impedir
frustrar
estropear
desgraciar
↔ parir
   alumbrar

   lograr
   triunfar
   completar

aborto
fracaso
malogro

engendro
monstruo
feto
↔ éxito
   logro

abotargarse o
   abotagarse
hincharse
inflarse

inflamarse
embotarse
engordar
embotijarse *col.*

embrutecerse
ofuscarse
atontarse
entorpecerse

↔ deshincharse
   desinflarse

   despabilar

abotonar(se)
abrochar
sujetar
ceñir
prender

↔ desabotonar
   desabrochar

abovedado
arqueado
alabeado
curvado
combado
corvo

↔ adintelado
   recto

abra
ensenada
cala
bahía
caleta
rada

abracadabrante
sorprendente
increíble
desconcertante
insólito

↔ normal
   indiferente

abrasar(se)
incendiar
calcinar
carbonizar
incinerar
quemar
achicharrar
chamuscar
arder

abrasarse
encenderse
excitarse
apasionarse

↔ enfriar
   apagar

   calmarse
   sosegarse

abrazadera
anillo
anilla
ceñidor
zuncho

abrazar
ceñir
envolver
estrechar
rodear
abarcar
enlazar

incluir
comprender

adherirse
adoptar
acoger
seguir
profesar

↔ soltar

   abjurar
   renegar

abrazo
apretón
achuchón *col.*
estrujón *col.*

abrelatas
abridor

abrevadero
aguadero
pilón
pila

abrevar
beber

abreviar
resumir
compendiar
reducir

acortar
sintetizar

acelerar
apresurarse
apurarse
aligerar
darse prisa

↔ ampliar
   alargar

   tardar

abreviatura
sigla
iniciales

abridor
abrebotellas
abrelatas

abrigar(se)
arropar
embozar
cubrir
tapar
arrebujar

amparar
cobijar
proteger
defender

albergar
mantener
acariciar

↔ desabrigar
   destapar

   desamparar
   abandonar

abrigo
gabán
pelliza
sobretodo
tabardo

refugio
cobijo
resguardo
parapeto

asilo
amparo
protección

cavidad
oquedad
cueva

abrillantar
pulir
lustrar
bruñir
pulimentar
encerar

↔ deslucir
deslustrar
empañar

abrir(se)
destapar
desobstruir
destaponar
descubrir

rajar
rasgar
resquebrajar
romper
partir
dividir
cascar
hender
horadar
agujerear
agrietar
escindir
taladrar
perforar

desplegar
extender

comenzar
empezar
inaugurar
iniciar
encabezar

despertar
estimular
excitar

presentar
ofrecer
brindar

despejarse
aclarar
clarear
serenarse

abrirse
comunicarse
relacionarse
sincerarse
desahogarse
explayarse

col.
marcharse

irse
largarse
pirarse *col.*

↔ cerrar
tapar

juntar
unir
soldar
pegar

terminar
acabar
clausurar
finalizar

nublarse
cubrirse

aislarse
incomunicarse

quedarse
permanecer

abrochar(se)
abotonar
sujetar
ceñir
prender
cerrar

abrogar
abolir
derogar
anular
revocar
cancelar
casar

↔ implantar
restablecer

abroncar *col.*
reñir
reprender
regañar
amonestar
echar la bronca *col.*

abuchear
pitar
silbar
patalear

↔ aprobar
alabar
felicitar

aplaudir
ovacionar

abrumador
agobiante
opresivo
atosigante
angustioso

↔ liberador

abrumar(se)
agobiar
oprimir
atosigar
angustiar
apurar
ahogar
hastiar
cansar
azorar
turbar
avergonzar
confundir
aturdir

↔ aliviar
aligerar

abrupto
accidentado
montañoso
escarpado
quebrado
agreste

áspero
seco
tosco
rudo

↔ llano
liso

afable
amable

absceso
forúnculo
divieso
grano

absenta
ajenjo

absolutismo
despotismo
autocracia
tiranía
dictadura

absoluto
total
completo
ilimitado
incondicional
definitivo
tajante
inmutable
invariable
categórico
terminante
rotundo

independiente

despótico
dominante
autoritario

↔ limitado
condicionado
restringido

relativo
dependiente

comprensivo
flexible

absolutorio
exculpatorio
eximente

↔ condenatorio

absolver
exculpar
descargar
eximir
perdonar
condonar
remitir
rehabilitar
liberar

↔ condenar
inculpar

absorber
aspirar
sorber
chupar
impregnar
empapar
embeber

cautivar
fascinar
hechizar
atraer
seducir

consumir
gastar
emplear
agotar
usar
utilizar
ocupar

anexionar
anexar

↔ expulsar
  arrojar
  escupir

absorción

empapamiento
impregnación
filtración

anexión
unión

↔ expulsión

absorto

embebido
enfrascado
abstraído
enajenado
sumido
concentrado
abismado
ensimismado
meditabundo
atónito
ido
alucinado
alelado
pasmado
arrobado

↔ distraído
  desconcentrado

abstemio

sobrio
frugal

↔ bebedor
  borracho

abstención

renuncia
contención
inhibición
privación

↔ uso
  consumo
  participación

abstenerse

privarse
prescindir
renunciar
inhibirse
contenerse

↔ consumir
  participar
  intervenir

abstinencia

ayuno
dieta
privación
frugalidad
continencia
parvedad
moderación

↔ exceso
  abuso

abstracción

conceptualización
idealización
generalización
inducción

idea

ensimismamiento
enfrascamiento
contemplación
meditación

arte abstracto

↔ concreción
  particularización

  figuración
  arte figurativo

abstracto

general
genérico
universal
inconcreto

conceptual
ideal
inmaterial

impreciso
inconcreto
indefinido
indeterminado

↔ concreto
  particular
  individual

preciso
definido

abstraer

inducir
conceptualizar
generalizar
idealizar

abstraerse

embeberse
enfrascarse
ensimismarse
sumirse
concentrarse
abismarse
embelesarse
meditar

↔ concretar

  desconcentrarse
  distraerse

abstruso

incomprensible
ininteligible
impenetrable
inaccesible
recóndito
indescifrable
insondable

↔ comprensible
  claro
  fácil

absurdo

ilógico
irracional
insensato
disparatado
desatinado
incoherente
descabellado

disparate
incongruencia
insensatez
desatino
sinrazón
tontería

↔ lógico
  racional
  sensato

  congruencia
  sensatez

abuchear

abroncar
silbar
pitar
patalear

↔ aplaudir
  ovacionar

abuelo

yayo *col.*

ascendiente
antepasado
antecesor

anciano
viejo

abulense

avilés

abulia

apatía
desgana
desidia
abandono
desinterés
pasividad
indiferencia
displicencia

↔ entusiasmo
  dinamismo

abúlico

apático
desganado
desidioso
pasivo
desinteresado
pasota *col.*

↔ animoso
  entusiasta
  dinámico

abultar(se)

engrosar
hinchar
inflar
aumentar
ensanchar
engordar

ocupar
extenderse

acentuar
exagerar

↔ reducir
   disminuir
   deshinchar

   atenuar
   mitigar

abundancia

riqueza
copiosidad
exuberancia
multitud
profusión
copia
opulencia

↔ escasez
   falta
   pobreza

abundante

mucho
rico
copioso
exuberante
profuso
rebosante

↔ escaso
   falto
   carente
   pobre

abundar

proliferar
exceder
colmar
rebosar
sobrar
insistir
retomar

↔ escasear
   faltar
   carecer

¡abur!

¡adiós!
¡chao!

↔ ¡hola!

aburrido

hastiado
harto
cansado
desganado
fastidiado

tedioso
cargante
pesado
latoso
fastidioso
soporífero
monótono
rollo *col.*

↔ divertido

aburrimiento

tedio
desgana
hastío
apatía
pesadez
sopor
hartura
muermo *col.*

↔ diversión
   entretenimiento

aburrir(se)

hastiar
hartar
cargar
cansar
molestar
estomagar
empalagar
amuermar *col.*

↔ entretener
   divertir
   agradar

abusar

excederse
extralimitarse
pasarse

aprovecharse
atropellar
explotar
maltratar

violar
forzar
violentar
propasarse

↔ moderarse
   contenerse

   respetar

abusivo

excesivo
desmedido

inmoderado
injusto

↔ moderado
   justo

abuso

exceso
desmán
exageración
extralimitación

atropello
tropelía
injusticia
despotismo
alcaldada

↔ moderación
   control

abusón

explotador
déspota

abyección

vileza
envilecimiento
indignidad
ignominia
bajeza
ruindad
maldad
degradación
humillación

↔ honra
   dignidad

abyecto

vil
despreciable
infame
bajo
ruin
rastrero
indigno
ignominioso

↔ honroso
   digno

acá

aquí

↔ allá
   allí
   acullá

acabado

terminado
gastado
consumido

destruido
fracasado
arruinado
viejo

perfecto
completo
pulido
rematado

remate
terminación

↔ empezado

   incompleto

acabar(se)

terminar
finalizar
concluir
completar
ultimar
zanjar
coronar
expirar
cumplir

consumir
agotar
gastar
apurar

rematar
perfeccionar
redondear
pulir

arruinar
malograr
abortar

matar
destruir
exterminar
liquidar *col.*

↔ empezar
   iniciar
   comenzar
   emprender

acabose

colmo
exceso
súmmum

desastre
catástrofe
ruina

academia

colegio
escuela
instituto
centro de enseñanza
institución
agrupación
sociedad
entidad

académico

normativo
purista
clásico
culto

escolar
universitario
colegial
docente

acaecer

suceder
acontecer
ocurrir
pasar
sobrevenir
producirse
tener lugar

acallar(se)

silenciar
enmudecer
callar
tapar la boca *col.*

tranquilizar
aplacar
aquietar
sosegar
serenar
calmar
contener

aliviar
mitigar
suavizar

↔ excitar
   exaltar

acaloramiento

ardor
encendimiento

calor
sofoco
rubor
bochorno
sofoquina *col.*

pasión
enardecimiento
exaltación
entusiasmo
excitación
vehemencia
ímpetu
arrebato

↔ frescor

   calma
   tranquilidad
   comedimiento

acalorar(se)

calentar

sofocar
ruborizar
fatigar
encender

enardecer
exaltar
entusiasmar
excitar

↔ enfriar
   refrescar

   moderar
   calmar

acampada

campamento
camping

acampanado

atrompetado
abocinado

acanalado

estriado
rayado
surcado
ondulado

↔ liso

acanaladura

canal
estría
surco
muesca

acanalar

estriar
rayar
surcar
ondular

acantilado

escabrosidad
escarpadura
escarpa
abismo
precipicio

acantonamiento

campamento
acuartelamiento
posición
emplazamiento
plaza

acantonar

acampar
acuartelar
emplazar

acaparar

acopiar
amontonar
acumular
almacenar
apropiarse
retener
copar

↔ soltar
   compartir
   entregar

acápite *amer.*

párrafo

acaramelado

amartelado
enamorado
rendido
tierno
melifluo
dulzón
meloso

↔ seco
   esquivo

acariciar(se)

rozar
tocar
sobar

manosear
palpar
magrear *col.*

abrigar
desear
ambicionar

acarrear

llevar
transportar
trasladar
portear
conducir

causar
ocasionar
originar
provocar
producir
implicar
traer consigo

acarreo

transporte
traslado
conducción
porte
mudanza

acartonado

apergaminado
momificado
curtido
amojamado
seco
enjuto

↔ fresco
   lozano

acartonarse

apergaminarse
momificarse
amojamarse
secarse
marchitarse

acaso

casualidad
azar
suerte
fortuna
destino
hado

quizá
posiblemente
tal vez

acatar

obedecer
cumplir
someterse

respetar
reconocer
aceptar

↔ desacatar
   desobedecer

acatarrarse

resfriarse
constiparse
enfriarse

acaudalado

rico
adinerado
opulento
millonario
multimillonario
potentado
pudiente
creso
magnate
ricachón *col.*
forrado *col.*

↔ pobre

acaudillar

dirigir
capitanear
encabezar
liderar
mandar
abanderar

acceder

consentir
ceder
transigir
aceptar
admitir
conformarse
condescender

entrar
ingresar
penetrar
pasar

obtener
lograr
alcanzar
conseguir

↔ rehusar
   rechazar
   negarse

   salir

   perder

accesible

alcanzable
asequible
cercano

comprensible
inteligible
claro
fácil

amable
afable
cordial
gentil
abierto
sociable
tratable
sencillo

↔ inaccesible

   intratable
   seco

accésit

recompensa
premio
galardón

acceso

llegada
entrada
comunicación
acercamiento
paso
vía
camino

ataque
crisis
golpe

accesorio

circunstancial
secundario
complementario
prescindible
accidental
auxiliar
anexo

complemento
utensilio

suplemento
adminículo

recambio

↔ esencial
   necesario
   principal
   fundamental

accidentado

agitado
difícil
ajetreado
movido
aperreado *col.*

damnificado
perjudicado
herido
dañado
afectado
lesionado

abrupto
escarpado
irregular
montañoso
quebrado
agreste

↔ tranquilo
   apacible

   ileso

   llano

accidental

fortuito
impensado
casual
eventual
provisional
incidental

accesorio
circunstancial
secundario

↔ previsto
   esperado

   esencial

accidentar(se)

dañar
herir
lesionar

accidente

incidente
percance

contratiempo
infortunio
desgracia
siniestro
choque

casualidad
azar
suerte

montaña
desnivel
prominencia

acción

actividad
movimiento
ocupación
trabajo
ejercicio

acto
hecho
obra
actuación
práctica
conducta
maniobra
operación
intervención
función

energía
ardor
entusiasmo
arrebato

influencia
influjo
efecto

batalla
combate
enfrentamiento
escaramuza

argumento
trama
asunto

bono
título
valor
participación

↔ inacción
   inactividad

accionar

activar
manejar
manipular

gesticular
manotear
mover

accionista

capitalista
socio
asociado

acechanza

acecho
vigilancia
observación
espionaje

acechar

vigilar
observar
espiar
avizorar
atisbar
husmear

amenazar
aguardar
esperar

acecho

acechanza

acedía

platija

acéfalo

descabezado
decapitado

aceitar

engrasar
untar
ungir
pringar

sobornar *amer.*

↔ desengrasar

aceite

grasa
unto
óleo

aceitera

alcuza

aceitoso

oleaginoso
untuoso
graso
grasiento

aceituna

oliva

aceitunado

verdoso
cetrino
oliváceo

aceleración o
 aceleramiento

apresuramiento
celeridad
rapidez
velocidad
precipitación

↔ desaceleración
 deceleración

acelerar(se)

apresurar
avivar
aligerar
agilizar
activar
apurar
acuciar
apremiar
precipitar

estimular
propiciar
impulsar

↔ decelerar
 retardar
 frenar

 impedir

acémila

mulo
mula
animal
bestia

bruto
torpe

↔ culto
 inteligente
 delicado

acemilero

mulero
arriero

acendrado

puro
intachable
irreprochable
íntegro
limpio
honorable
acrisolado

↔ impuro
 adulterado

acendrar(se)

purificar
depurar
perfeccionar
aquilatar
acrisolar

↔ adulterar

acento

acentuación

tilde
virgulilla

entonación
deje
tono
tonillo

énfasis
relieve
realce

acentuar(se)

aumentar
destacar
recalcar
resaltar
realzar
enfatizar
subrayar
hacer hincapié

↔ atenuar
 disimular

acepción

significado
sentido
significación

aceptación

admisión
aprobación
consentimiento
bienvenida

éxito
aplauso
acogida
popularidad

↔ rechazo

aceptar

admitir
tomar
acoger
coger

aprobar
consentir
permitir
acceder

tolerar
aguantar
conformarse
soportar
ceder
transigir

↔ rechazar
 rehusar

 desaprobar
 negarse

 rebelarse

acequia

cacera
reguera
canal

acera

orilla
bordillo

↔ calzada

acerado

afilado
agudo

duro
resistente

incisivo
hiriente
mordaz
ofensivo

lesivo
ácido
cáustico

↔ romo

blando

benigno
indulgente

acerar(se)
fortalecer
vigorizar
endurecer
robustecer
templar

↔ debilitar
reblandecer

acerbo
agrio
amargo
áspero

cruel
despiadado
duro
rudo
incisivo
acerado

↔ dulce
suave

benigno
indulgente

acercamiento
aproximación
proximidad
contacto

↔ alejamiento

acercar(se)
aproximar
arrimar
juntar
unir
abocar
avecinar

↔ alejar
separar

acerico
alfiletero
almohadilla

acero
espada
puñal
hoja
arma blanca

acérrimo
tenaz
firme
enérgico
voluntarioso
entusiasta
constante

intransigente
fanático
obstinado

↔ inconstante
tolerante

acertar
adivinar
resolver
descubrir
atinar
descifrar
dar en el clavo col.

encontrar
hallar
dar con

↔ errar
fallar

perder

acertijo
adivinanza
enigma
rompecabezas
jeroglífico
pasatiempo
charada

acervo
conjunto
montón
pila
masa

patrimonio
bagaje
haber
caudal

achabacanar(se)
vulgarizar
embrutecer

adocenar
asilvestrar

↔ refinar
pulir

achacar
atribuir
imputar
inculpar
endosar

↔ disculpar

achacoso
enfermizo
delicado
enclenque
decrépito
frágil
valetudinario

↔ sano
saludable

achamparse amer.
arraigar
establecerse
afincarse

apropiarse

achantar(se) col.
acobardar
atemorizar
acoquinar
apabullar
achicar
amilanar
apocar
arredrar

↔ envalentonar

achaparrado
chaparro
rechoncho
bajo
gordo
regordete

↔ esbelto
alto
espigado

achaque
dolencia
indisposición

gotera
enfermedad
mal
afección
arrechucho col.

excusa
pretexto
disculpa

achares
celos

duda
sospecha
envidia

achatar
redondear
despuntar
aplastar

↔ afilar

achicar(se)
reducir
disminuir
encoger
empequeñecer
acortar
menguar
mermar

acobardar
atemorizar
acoquinar
apabullar
achantar
amilanar
apocar
arredrar

↔ agrandar
aumentar
crecer

envalentonar

achicharradero
tostadero
horno
infierno

achicharrar(se)
quemar
abrasar
chamuscar
calcinar
arrebatarse

asfixiar
cocer
calentar

↔ enfriar
  refrescar

achicoria
chicoria

achiguar *amer.*
combar
arquear
abombar
engordar

achiquitar *amer.*
empequeñecer
menguar
achicar

↔ agrandar
  crecer

achispar(se)
alegrar
entonar
emborrachar
amonarse *col.*

↔ despejarse
  serenarse

acholar *amer.*
avergonzar
amilanar
acobardar

achuchado *col.*
difícil
complicado
enrevesado
arduo
intrincado
peliagudo
aperreado *col.*

escaso
pobre

achuchar[1] *col.*
azuzar
instigar
provocar
incitar
excitar

empujar
estrujar
aplastar

apretujar
abrazar
manosear
acariciar
agobiar
apurar
apresurar
atosigar

↔ calmar
  pacificar

achuchar[2] *amer.*
tiritar
estremecerse

achucharrar *amer.*
aplastar
asustar
acobardar

achuchón *col.*
abrazo
apretujón
sobo
manoseo
revolcón

arrechucho
ataque
indisposición

achucuyar(se)
  amer.
humillar
acobardar
entristecer

achunchar(se)
  amer.
avergonzar

achura *amer.*
asadura

achurar *amer.*
acuchillar
apuñalar
rajar
rebanar

aciago
triste
funesto
infeliz
desgraciado
desafortunado
infortunado
desventurado
nefasto
fatídico
infausto
adverso

↔ feliz
  afortunado

acíbar
áloe
zabila

amargura
disgusto
pena
pesadumbre
tristeza
sinsabor
hiel

acicalado
arreglado
limpio
pulcro
engalanado
peripuesto
compuesto
emperifollado
endomingado
emperejilado *col.*

↔ desaliñado

acicalar(se)
arreglar
engalanar
adornar
aderezar
emperifollar
componer
asear
maquillar
adecentar
endomingarse
emperejilarse *col.*

↔ descuidarse
  desasearse

acicate
espuela
estímulo

incentivo
aliciente
aguijón

↔ freno
  rémora

acidez
acritud
acrimonia
agrura
hiperclorhidria

↔ dulzura
  dulzor

ácido
acedo
agrio
acre
acídulo
avinagrado

áspero
desabrido
acerbo
cruel
mordaz
cáustico
hiriente

↔ dulce

  suave
  amable

acierto
tino
tacto
tiento
conveniencia
oportunidad
puntería

hallazgo
descubrimiento

éxito
logro
adecuación

↔ desatino
  inconveniencia

  error
  equivocación
  desacierto

aclamación
ovación
aplauso

vítores
entusiasmo
aprobación

↔ abucheo
  censura
  protesta

aclamar
ovacionar
aplaudir
vitorear

proclamar

↔ abuchear
  pitar

aclaración
explicación
puntualización
ilustración
dilucidación
esclarecimiento

nota
apostilla

↔ confusión

aclarar(se)
diluir
aguar

espaciar
disgregar

iluminar

clarificar
esclarecer
explicar
explanar
desenmarañar
evidenciar
descubrir
precisar
puntualizar
definir

enjuagar

abrir
despejarse
clarear
escampar
abonanzar

amanecer
alborear

aclararse
comprender

entender
enterarse

↔ espesar
  tupir

oscurecer
ennegrecer

confundir
embrollar
liar

nublarse
cubrirse

anochecer

liarse
embarullarse

aclimatar(se)
adaptar
habituar
acomodar
acostumbrar
ambientar
hacerse

acobardar(se)
atemorizar
intimidar
amedrentar
amilanar
acoquinar
apabullar
apocar
arredrar
asustar
achicar
acogotar
achantar *col.*
acojonar *vulg.*

desanimar
desalentar
disuadir

↔ envalentonar
  animar
  alentar

acodar
doblar

acodarse
apoyarse
sostenerse
apuntalarse

↔ enderezar

acogedor
hospitalario
afable
receptivo

confortable
cómodo
agradable
apacible

↔ repelente
  antipático

  inhóspito
  incómodo
  desapacible

acoger(se)
albergar
cobijar
guarecer
recibir
admitir

aceptar
acceder
asentir

proteger
amparar
socorrer
auxiliar

↔ rechazar
  expulsar

  negar
  denegar
  rehusar

  desamparar
  abandonar

acogida
recibimiento
recepción
bienvenida
admisión
aceptación
aprobación

acogotar
someter
intimidar
oprimir
domeñar
reprimir
anonadar

↔ liberar

acojonar(se) *vulg.*
acobardar
atemorizar
amedrentar
asustar
aterrorizar
arredrar
achicar
amilanar

sorprender
impresionar
asombrar
pasmar
alucinar

↔ envalentonar

acolchar
almohadillar
guatear
enguatar

acólito
monaguillo

desp.
adlátere *desp.*

acomedido *amer.*
servicial
complaciente
solícito

acomedirse *amer.*
ofrecerse
prestarse

acometer
embestir
agredir
arremeter
atacar
asaltar
abalanzarse
irrumpir

iniciar
abordar
emprender
intentar
proponerse

venir
dar
entrar
sobrevenir
pillar

acometida
asalto
embestida
arremetida
embate

envite
irrupción

empalme
derivación

acometividad
agresividad
combatividad
belicosidad
beligerancia

decisión
determinación
empuje
arranque
brío
impulso
osadía

↔ pacifismo
   mansedumbre

   apocamiento
   indecisión
   pusilanimidad

acomodación
acomodo

acomodadizo
acomodaticio

acomodado
colocado
situado
acoplado
establecido

rico
adinerado
acaudalado
pudiente

↔ pobre
   necesitado

acomodar(se)
colocar
situar
acoplar
disponer
arreglar

habilitar
aclimatar
acondicionar

amoldar
adaptar
avenirse
conformarse
aceptar
consentir
resignarse

acomodarse
arrellanarse
repantingarse

↔ desacomodar
   descolocar

   negarse

acomodaticio
acomodadizo
conformista
transigente
contemporizador
comodón
amoldable
dúctil

↔ inconformista
   intransigente

acomodo
acomodación
acoplamiento
disposición
aclimatación
acondicionamiento

empleo
ocupación
colocación
puesto
cargo
oficio
situación

alojamiento
hospedaje

↔ desacomodo

   desempleo

acompaña-
**   miento**
compañía
cortejo
séquito
comitiva

escolta
seguimiento

comparsa
figurantes
extras

↔ soledad
   aislamiento

acompañante
compañero
compañía
concomitante
adlátere *desp.*

acompañar
juntarse
unirse
asociarse
escoltar
flanquear
seguir

agregar
adjuntar
incluir
anexar
complementar
añadir

compartir
participar

↔ abandonar
   dejar

   excluir
   separar

acompasado
rítmico
cadencioso
armonioso
medido
regular
sincrónico

↔ desacompasado
   arrítmico

acompasar
compasar
ajustar
sincronizar

↔ desacompasar

acomplejado
inhibido
retraído

apocado
inseguro

↔ seguro
   equilibrado

acomplejar(se)
apocar
inhibir
retraer

↔ enorgullecer

acondicionar
preparar
disponer
acomodar
adecuar
adaptar
arreglar
habilitar
aclimatar

↔ desacondicionar
   desarreglar

aconfesional
civil
laico
seglar

↔ confesional
   religioso

acongojado
apenado
afligido
triste
cabizbajo
contrito
atribulado
angustiado
consternado
abrumado
agobiado

↔ alegre
   aliviado

acongojar(se)
apenar
afligir
atribular
apesadumbrar
amargar
consternar
angustiar
agobiar

↔ alegrar
  aliviar
  confortar

aconsejado

asesorado
advertido
avisado
recomendado

prudente
sensato
juicioso

↔ desaconsejado

  insensato

aconsejar(se)

asesorar
sugerir
guiar
avisar
advertir
moralizar
exhortar
recomendar

↔ desaconsejar

acontecer

ocurrir
suceder
acaecer
pasar
sobrevenir
llegar
cumplirse
realizarse
producirse

acontecimiento

suceso
hecho
caso
evento
sucedido
incidente
situación
circunstancia

acopiar

acumular
almacenar
amontonar
aglomerar
reunir

juntar
acaparar

↔ esparcir
  derrochar

acopio

provisión
almacenamiento
acumulación
abastecimiento
depósito
despensa

↔ carencia

acoplamiento

encaje
conexión
ajuste
ensamblaje
engranaje

apareamiento

↔ desacoplamiento
  desconexión

acoplar(se)

encajar
ensamblar
casar
engranar
articular
unir
ajustar
imbricar
conectar

situar
colocar
acomodar
adaptar
habituar
amoldar

armonizar
congeniar
avenirse

↔ desacoplar
  desencajar

  discrepar
  desavenir

acoquinar(se)

acobardar
atemorizar
intimidar
amedrentar

amilanar
achicar
acogotar

↔ envalentonar

acorazar

blindar
revestir
reforzar
escudar
proteger

acorcharse

insensibilizarse
embotarse

acordado

concertado
convenido
pactado
determinado
establecido
resuelto

sensato
cuerdo
prudente
razonable
juicioso
aconsejado

↔ desaconsejado
  irreflexivo

acordar

determinar
resolver
decidir
adoptar
establecer

concertar
convenir
pactar
conciliar

acordarse

recordar
rememorar
evocar

↔ discordar
  disentir
  discrepar
  olvidar

acorde

conforme
concorde

armónico
consonante
coherente

↔ disconforme
  discordante

acordonar

atar
ceñir

cercar
rodear
envolver
encerrar
circunscribir
acotar

acorralar

cercar
rodear
arrinconar
sitiar
acosar
asediar

apabullar
intimidar
confundir
turbar

acortar(se)

abreviar
reducir
disminuir
encoger
empequeñecer
achicar
menguar
mermar
aminorar
resumir
compendiar
sintetizar

↔ alargar
  aumentar
  ampliar

acosar

hostigar
asediar
acorralar
perseguir
molestar
incordiar
fastidiar
brear

acoso

hostigamiento
asedio
acorralamiento
persecución

acostar(se)

tender
tumbar
encamar
recostar
echar
dormir
yacer

acostarse

copular
cohabitar

↔ levantar
   incorporar

acostumbrado

habituado
aclimatado
familiarizado
adiestrado
avezado
curtido
hecho

habitual
usual
cotidiano
corriente
ordinario
frecuente
familiar
normal

↔ desacostumbrado
   inusual
   insólito

acostumbrar(se)

habituar
aclimatar
familiarizar
adaptar
adiestrar
avezar
curtir
enseñar
foguear
hacerse
amoldar

soler

↔ desacostumbrar
   deshabituar

acotación

apostilla
observación
glosa
nota
apunte

acotado

delimitado
vedado
cercado
vallado
limitado

↔ abierto
   libre

acotar

delimitar
vedar
cercar
vallar
limitar
amojonar
circunscribir
señalizar

anotar
apostillar
glosar
comentar

ácrata

anarquista
libertario

acre

agrio
ácido
acerbo
áspero

desagradable
desapacible
intransigente
adusto
desabrido
corrosivo
huraño

↔ dulce
   suave

   agradable
   afable
   apacible

acrecentamiento

crecimiento
incremento

aumento
ampliación

↔ disminución
   merma

acrecentar(se)

acrecer
crecer
incrementar
engrandecer
agrandar
ampliar
aumentar
desarrollar
multiplicar
dilatar
engrosar
extender

↔ disminuir
   mermar
   menguar

acrecer(se)

acrecentar

acreditación

justificación
confirmación

credencial
documentación

acreditar

atestiguar

justificar
probar
demostrar
confirmar
garantizar
avalar
autorizar
respaldar
dar fe

prestigiar
afamar
reputar
popularizar

↔ desacreditar
   desautorizar

   desprestigiar
   deshonrar
   difamar

acreedor

digno
merecedor

demandante
reclamante
solicitante
fiador

↔ indigno
   deudor

acribillar

agujerear
herir
tirotear
ametrallar
disparar
balear *amer.*
abalear *amer.*
balacear *amer.*

col.
mortificar
importunar
molestar
brear
freír *col.*

acrimonia

acritud

acrisolado

puro
depurado
intachable
irreprochable
íntegro
limpio
honorable
acendrado
aquilatado

↔ impuro

acrisolar(se)

purificar
depurar
acendrar
aquilatar
perfeccionar

acristianar

cristianar

acritud

acrimonia
mordacidad
dureza
agresividad
aspereza

brusquedad
adustez
desabrimiento

↔ amabilidad
   dulzura

acrobacia

pirueta
cabriola
volatín

equilibrismo

acróbata

volatinero
saltimbanqui
trapecista
equilibrista

acrofobia

vértigo

acromático

incoloro

acromegalia

gigantismo

acrónimo

siglas

acrópolis

ciudadela

acta

relación
memoria
reseña

certificado
certificación

actinia

anémona

actitud

disposición
talante
comportamiento
conducta

ademán
gesto
postura

posición
aire
aspecto
porte

activar(se)

estimular
acelerar
apresurar
intensificar
impulsar
avivar
excitar

accionar

↔ parar
   entorpecer

   desactivar

actividad

acción
movimiento
agilidad
dinamismo
celeridad
energía
ardor

función
trabajo
labor
ocupación
profesión
oficio

tarea
ejercicio
deberes

↔ pasividad
   inactividad

activismo

acción directa

activista

agitador
propagandista
proselitista
provocador

activo

operante
en funciones
en uso

diligente
dinámico

presto
solícito
trabajador
eficiente

eficaz
fulminante
rápido

↔ inactivo
   pasivo

   indolente
   negligente

   ineficaz
   tardo
   lento

acto

hecho
acción
obra
actuación
práctica
maniobra
operación
intervención

acontecimiento
evento
ceremonia
función

actor[1]

intérprete
comediante
cómico
trágico
artista
histrión
representante
máscara
comparsa
extra

actor[2]

demandante
querellante
litigante

actuación

acto
conducta
comportamiento
proceder

representación
función
interpretación

gala
recital
concierto
autos
diligencias

actual

presente
vigente
moderno
contemporáneo
coetáneo

↔ inactual
   anticuado

actualidad

presente
ahora
hoy
hogaño
contemporaneidad

moda
boga
vigencia
permanencia
pervivencia
validez
novedad

↔ pasado
   futuro

actualización

modernización
aggiornamento
puesta al día

actualizar

modernizar
renovar
desempolvar
refrescar
poner al día

↔ arrumbar

actuar

obrar
hacer
proceder
portarse
comportarse
conducirse
operar
ejecutar
efectuar

ejercer
desempeñar
cumplir
trabajar

interpretar
representar
protagonizar

acuario

pecera

acuartelar(se)

acantonar
acampar
emplazar

acuático

acuoso
hidrológico
fluvial
marítimo
marino

acuchillar

apuñalar
rajar
rebanar
cortar
achurar *amer.*

acuciante

apremiante
urgente
imperioso
perentorio
ineludible
necesario

↔ aplazable

acuciar

apremiar
urgir
apurar
espolear
estimular
excitar

↔ frenar
   aplazar

acudir

comparecer
personarse
presentarse
asistir
ir

venir
dirigirse
congregarse
surgir
aparecer

recurrir
apelar
valerse
servirse

↔ ausentarse
   faltar

acueducto

conducto
conducción
canal

acuerdo

convenio
pacto
alianza
tratado
arreglo

avenencia
asenso
unanimidad
consonancia
conformidad
armonía
concordancia
consentimiento

resolución
determinación
dictamen

amer.
consejo
reunión

↔ desacuerdo
   discordancia

acullá

allá
allí

↔ acá
   aquí

acumulación

amontonamiento
hacinamiento
aglomeración
acopio
almacenamiento
provisión
depósito

montón
pila

↔ dispersión

acumulador

condensador
pila
batería

acumular(se)

amontonar
hacinar
aglomerar
concentrar
apilar
acopiar
almacenar
atesorar
reunir
juntar
acaparar

↔ esparcir
   distribuir

acunar

mecer
balancear

acuñar

amonedar
batir
grabar
estampar
troquelar

acuoso

aguado
fluido
húmedo
mojado
empapado

↔ seco

acurrucarse

encogerse
ovillarse
agazaparse

↔ estirarse

acusación

inculpación
imputación
denuncia
recriminación
incriminación

cargo
delación
reproche

↔ exculpación
   defensa
   descargo

acusado

reo
procesado
inculpado
imputado

destacado
marcado
pronunciado
acentuado
perceptible
dibujado

↔ exculpado

   imperceptible
   disimulado

acusar(se)

culpar
inculpar
recriminar
imputar
incriminar
achacar
denunciar
delatar
chivarse

reflejar
revelar
evidenciar
mostrar
demostrar
manifestar

notificar

↔ defender
   disculpar
   encubrir

   disimular
   ocultar

acuse

muestra
notificación

acusica o
   acusón *col.*

delator
chivato *col.*
soplón *col.*

acústico
auditivo
sonoro

ad hoc *lat.*
ex profeso
a propósito

ad libitum *lat.*
a voluntad
a gusto

adagio
refrán
dicho
máxima
proverbio
sentencia
aforismo
apotegma *cult.*

adalid
jefe
líder
cabeza
cabecilla
caudillo
guía

adán
desastrado
dejado
desaseado
abandonado
desaliñado
sucio

↔ pincel
  figurín

adaptación
habilitación
acondicionamiento
acomodo
adecuación
aclimatación
amoldamiento

ajuste
acoplamiento

↔ desadaptación

adaptar(se)
habilitar
acondicionar

disponer
preparar
arreglar
acomodar
adecuar

acostumbrar
habituar
amoldar
aclimatar
familiarizar
avezar
hacerse

ajustar
acoplar
encajar
ensamblar
engranar
embragar

↔ desadaptar
  desacostumbrar

  desacoplar

adarme
miaja
migaja
pizca
ápice
átomo
insignificancia
nimiedad

↔ enormidad
  inmensidad

adecentar(se)
arreglar
asear
limpiar
aviar
acicalar
ordenar
acondicionar
habilitar

↔ desarreglar
  ensuciar
  descuidar

adecuado
apropiado
idóneo
indicado
acertado
propio
apto
conveniente

oportuno
lógico

↔ inadecuado
  impropio

adecuar(se)
acomodar
ajustar
amoldar
adaptar
acondicionar
preparar
disponer
arreglar
habilitar
aclimatar

↔ desajustar
  desarreglar

adefesio
esperpento
mamarracho
espantajo
hazmerreír
birria
facha
espantapájaros
estantigua
visión

disparate
dislate
desatino
despropósito

adelantado
destacado
avanzado
aventajado
superior
precoz

↔ retrasado

adelantar
sobrepasar
rebasar
aventajar
destacarse
preceder
exceder
superar
tomar la delantera
ir en cabeza

anticipar

lograr
obtener

conseguir
sacar
alcanzar

prosperar
mejorar
medrar

avanzar

↔ retrasarse
  quedarse atrás

  retener
  retardar

  perder
  fracasar

  empeorar

  retroceder

adelante
delante

↔ atrás

adelgazar
enflaquecer
afinar
rebajar
perder (peso)

↔ engordar

ademán
expresión
gesto
actitud
postura
talante

ademanes
modales
modos
maneras

además
también
asimismo
igualmente
por añadidura

adensar(se)
condensar
espesar
concentrar
comprimir

↔ aclarar
  diluir

adentrarse

penetrar
internarse
entrar
introducirse
sumergirse
ahondar
profundizar
escrutar

↔ salir

adentro

dentro

↔ afuera

adepto

simpatizante
partidario
seguidor
adicto
incondicional
fan

↔ adversario
  contrario

aderezar

sazonar
aliñar
condimentar

acicalar
arreglar
embellecer
engalanar
adornar
emperifollar
emperejilar *col.*

amenizar

aderezo

aliño
adobo
condimento
condimentación

acicalamiento
adorno
embellecimiento

atavío
perifollos
accesorios
complementos

adeudar

deber
entramparse

comprometerse
hipotecarse

↔ pagar
  satisfacer

adherencia

adhesión
unión
conexión
enlace

adición
añadidura
complemento

↔ rotura
  separación

adherente

adhesivo
pegajoso

↔ antiadherente

adherir(se)

pegar
aglutinar
unir
juntar
enlazar

adherirse

agregarse
incorporarse
sumarse
solidarizarse

↔ despegar
  discrepar
  disentir

adhesión

adherencia

acuerdo
aprobación
solidaridad
apoyo

↔ rotura
  separación

  desunión
  desconexión
  discrepancia

adhesivo

adherente
pegajoso

aglutinante
cohesivo

pegamento
cola
goma

pegatina

↔ antiadherente

adicción

dependencia
sujeción
necesidad

adición

suma

aditamento
apéndice
complemento
añadido

anexión
yuxtaposición

↔ resta
  sustracción

adicto

dependiente
drogodependiente
enganchado *col.*
yonqui *argot*

adepto
seguidor
simpatizante
forofo
fanático
fan
incondicional
entusiasta
apasionado

↔ enemigo
  detractor
  adversario

adiestramiento

entrenamiento
instrucción
educación
aprendizaje

adiestrar(se)

entrenar
ejercitar

amaestrar
instruir
aleccionar
enseñar
acostumbrar
avezar
curtir
foguear

adinerado

acaudalado
rico
opulento
pudiente
potentado
millonario
creso
acomodado
forrado *col.*

↔ pobre
  necesitado

adintelado

↔ abovedado
  arqueado

¡adiós!

abur
agur
chao
hasta la vista

despedida
partida
marcha
separación

↔ hola
  bienvenida

adiposo

graso
gordo
obeso

↔ magro
  enjuto

aditamento

añadidura
añadido
adición
complemento
suplemento
apéndice

↔ supresión

adivinación

predicción
augurio
auspicio
vaticinio
pronóstico
oráculo
profecía
presentimiento
previsión

adivinanza

acertijo
enigma
rompecabezas
jeroglífico
pasatiempo
charada
quisicosa *col.*

adivinar

acertar
atinar
resolver
descifrar
descubrir
dar en el blanco

predecir
pronosticar
presagiar
profetizar
vaticinar
augurar
agorar

adivinarse

insinuarse
traslucirse
intuirse
revelarse

↔ errar
   equivocarse

adivino

augur
vidente
clarividente
brujo
arúspice

adjetivar

calificar
describir
apodar
achacar

adjetivo

epíteto
calificativo

accidental
secundario
accesorio
circunstancial

↔ principal

adjudicar

asignar
atribuir
adscribir
entregar
conferir
otorgar

adjudicarse

apoderarse
apropiarse
retener
acaparar
ganar
obtener
conquistar
conseguir
alcanzar
lograr

↔ denegar

   privarse
   renunciar
   perder

adjudicatario

beneficiario
agraciado
afortunado

adjuntar

acompañar
anexar
incluir
agregar
añadir
complementar

adjunto

junto
anexo
anejo
agregado

auxiliar
ayudante
colaborador

dependiente
adlátere *desp.*

↔ separado

adlátere *desp.*

adjunto
auxiliar
ayudante
acólito *desp.*

adminículo

complemento
accesorio

administración

gerencia
gestión
gobierno
tutela
dirección
intendencia
organización

suministro
distribución

oficina
despacho
agencia
delegación

administrador

gerente
gestor
intendente
director
gobernador
regente
tutor

administrar(se)

gobernar
dirigir
organizar
regir
conducir
tutelar
guiar

economizar
ahorrar
racionar
dosificar

repartir
dar
proporcionar

suministrar
surtir
abastecer

↔ despilfarrar
   derrochar
   malgastar

administrativo

oficinista
burócrata
chupatintas *desp.*

admirable

estimable
apreciable
encomiable
excelente
asombroso
sorprendente
maravilloso
notable
sublime
mirífico *cult.*

↔ despreciable
   desdeñable
   abominable

admiración

asombro
pasmo
sorpresa
estupor
estupefacción
deslumbramiento
fascinación
maravilla
arrobamiento
arrobo
deleite

estima
respeto
adoración
devoción

↔ desprecio
   indiferencia

admirado

asombrado
boquiabierto
pasmado
suspenso
fascinado
estupefacto
alucinado
turulato *col.*

respetado
apreciado
estimado
honrado
venerado
adorado

admirador

seguidor
adepto
fan
simpatizante
partidario
hincha

↔ detractor

admirar(se)

apreciar
estimar
respetar
honrar
venerar
adorar
tener en un altar

contemplar
ver
disfrutar
gozar

sorprender
asombrar
maravillar
pasmar
extasiar
arrobar
embobar
deslumbrar
fascinar
encantar
sobrecoger

↔ despreciar

admisión

acogida
recepción
ingreso
recibimiento
bienvenida
aceptación
aprobación
consentimiento

↔ expulsión
    rechazo

admitir

acoger
recibir

aceptar
albergar
cobijar
guarecer

consentir
aprobar
tolerar
transigir
permitir

reconocer
confesar
conceder
convenir

↔ rechazar
    expulsar

    rehusar
    desaprobar

    negar

admonición

advertencia
amonestación
aviso
consejo
exhortación
recriminación
reconvención
reprimenda
regañina
reproche

↔ felicitación
    elogio

adobar

aderezar
aliñar
condimentar
sazonar
salpimentar
escabechar
marinar

curtir
curar

adobo

aderezo
aliño
condimento
escabeche

adorno
arreglo
compostura
afeite

adocenar(se)

achabacanar
vulgarizar
aborregar
embrutecer

↔ distinguirse
    refinar

adoctrinar

aleccionar
enseñar
instruir
adiestrar
preparar
lavar el cerebro
comer el coco *col.*

adolecer

pecar (de un
    defecto)

adolescencia

pubertad
mocedad
juventud
pubescencia *cult.*
nubilidad *cult.*
edad del pavo *col.*

adolescente

muchacho
mozo
chico
chaval
quinceañero
imberbe
zagal
mancebo
joven
efebo
púber *cult.*
pubescente *cult.*

adonde

donde

adonis

hermoso
bello
guapo
apolíneo

adopción

prohijamiento
apadrinamiento

acogida
admisión
asimilación

↔ abandono
    rechazo

adoptado

adoptivo
prohijado

adoptar

prohijar
apadrinar
recoger (a un niño)

acordar
decidir
resolver
determinar

asimilar
tomar
seguir
adherirse
abrazar
profesar

↔ repudiar
    abandonar

    rechazar
    rehusar

adoptivo

prohijado
adoptado
recogido
acogido

↔ natural

adoquín

piedra
losa

col.
zoquete
zopenco
tarugo
bruto
animal
necio
torpe
ignorante
zote
cenutrio

↔ lumbrera
    sabio
    genio

adoquinado

empedrado
pavimento

adoquinar

empedrar
pavimentar

adorable

encantador
delicioso
cautivador
maravilloso
admirable
amable
agradable
fascinante
sugestivo

↔ repelente
   repugnante

adoración

devoción
veneración
culto
idolatría
fervor
pasión
amor
admiración

↔ desprecio
   odio

adorar

idolatrar
venerar
reverenciar
honrar
rezar
orar
postrarse
rendir culto

amar
querer
admirar
respetar
estimar
tener en gran estima

↔ profanar
   apostatar
   renegar

   odiar

adormecer(se)

adormilar
amodorrar
transponer
aletargar
dormitar

aplacar
apaciguar
calmar
tranquilizar
sosegar
mitigar
anestesiar
sedar

↔ despabilar
   despertar

excitar
exaltar
avivar

adormilarse

adormecerse
amodorrarse
trasponerse
aletargarse
dormitar
dormirse
dar cabezadas

↔ despabilarse
   despertarse

adornar(se)

ornar
ornamentar
engalanar
aderezar
componer
ataviar
acicalar
atildar
arreglar
decorar
embellecer
emperifollar
emperejilar *col.*

↔ desaliñar
   despojar
   afear

adorno

ornato
ornamento
aderezo
atavío

decoración
arreo
perifollo
guarnición
gala
compostura
afeite
adobo
abalorio
oropel
quincalla

adosado

anexo
adyacente
contiguo
pegado
adherido
arrimado
unido
junto

↔ aislado
   separado

adosar

arrimar
pegar
juntar
apoyar
anexar
adherir
unir
yuxtaponer

↔ aislar
   separar

adquirir

comprar
mercar
alcanzar
lograr
obtener
conseguir
agenciarse
ganar
adueñarse
apoderarse
coger
tomar
procurarse
contraer
adoptar
hacerse con

↔ vender
   perder

adquisición

compra
operación
transacción
negocio
ganancia
botín
lucro
ventaja
provecho
conquista

↔ pérdida

adrede

aposta
deliberadamente
intencionadamente
premeditadamente
a propósito
ex profeso

↔ involuntaria-
   mente
   sin querer

adscribir(se)

adjudicar
atribuir
asignar
aplicar
achacar

encasillar
vincular
destinar
designar
incorporar

aduana

aranceles

aducir

alegar
argüir
argumentar
declarar
citar
invocar
manifestar

adueñarse

apoderarse
apropiarse
posesionarse
enseñorearse
adquirir
tomar

invadir
dominar
cundir
difundirse
extenderse

↔ desprenderse
   renunciar

adulador

lisonjeador
lisonjero
cobista
pelotillero *col.*

adular

lisonjear
halagar
encomiar
ensalzar
incensar
agasajar
requebrar
piropear
pelotear *col.*
dar coba

↔ insultar
   ofender
   criticar

adulterar

falsificar
mistificar
desnaturalizar
corromper
falsear
pervertir
viciar
imitar
remedar

↔ depurar
   purificar

adulterio

infidelidad
amancebamiento
abarraganamiento
lío *col.*
cuernos *col.*

↔ fidelidad

adúltero

adulterino
infiel

amancebado
abarraganado

↔ fiel

adulto

maduro
desarrollado
crecido
mayor
experimentado

↔ niño
   inmaduro

adusto

grave
serio
áspero
seco
hosco
rígido
severo
intransigente
desabrido
huraño
insociable
intratable
desagradable
antipático

austero
sobrio

↔ simpático
   afable
   cordial

   recargado
   barroco

advenedizo

intruso
extraño
forastero
foráneo

advenimiento

llegada
venida
aparición
arribada
inicio
comienzo

entronización

↔ ida
   desaparición

   derrocamiento

adventicio

casual
accidental
ocasional
esporádico
eventual
fortuito
inopinado

↔ premeditado
   deliberado

adversario

competidor
contrincante
contendiente
rival
enemigo
oponente
contrario
antagonista
detractor

↔ compañero
   aliado
   partidario

adversidad

desventura
infortunio
desgracia
desdicha
fatalidad
infelicidad
desastre
malaventura
contratiempo
revés
tropiezo

↔ felicidad
   dicha
   fortuna

adverso

hostil
desfavorable
contrario
opuesto
perjudicial
negativo
aciago
azaroso
fatal
infeliz
desgraciado
desafortunado
infortunado

desventurado
nefasto

↔ favorable
   propicio
   positivo

advertencia

aviso
admonición
amonestación
exhortación
consejo
sugerencia
indicación
observación
apercibimiento

advertido

avisado
alertado
prevenido
aconsejado

experto
preparado
capaz
apto
ducho
listo
despierto
despabilado

↔ inexperto

advertir

notar
apreciar
observar
percatarse
reparar
percibir
darse cuenta

avisar
alertar
prevenir
aconsejar
asesorar
recomendar
sugerir
indicar
apercibir
informar

exhortar
amonestar
reprender
reconvenir

adyacente

anejo
anexo
contiguo
aledaño
limítrofe
lindante
colindante
pegado
adherido
unido
junto
adosado
inmediato

↔ aislado
separado
lejano

aeración

ventilación
oxigenación
aireamiento
oreamiento

aéreo

etéreo
ligero
sutil
vaporoso
volátil
delicado
tenue
leve

↔ pesado
consistente
espeso

aeródromo

aeropuerto

aerolito

meteorito
astrolito
bólido

aeromoza *amer.*

azafata
auxiliar de vuelo

aeronauta

aviador
piloto
tripulante (de una
aeronave)

aeronave

avión
aeroplano
nave espacial

aeroplano

avión

aeropuerto

aeródromo

aerosol

pulverizador
atomizador
vaporizador
spray

aeróstato o
aerostato

globo
dirigible
zepelín

afabilidad

amabilidad
cordialidad
cortesía
afectuosidad
sociabilidad
dulzura
simpatía
gentileza
urbanidad
educación
caballerosidad

↔ sequedad
antipatía
descortesía

afable

amable
atento
cordial
cortés
afectuoso
tratable
sociable
simpático
tierno
gentil
amistoso

↔ seco
antipático
descortés

afamado

famoso
ilustre
renombrado
conocido
célebre
popular
reputado
insigne
acreditado
ínclito

↔ impopular
desconocido

afamar

popularizar
prestigiar
acreditar
honrar
reputar
dar nombre

↔ desprestigiar
deshonrar

afán

anhelo
ansia
ambición
deseo
aspiración
pretensión
pasión

ahínco
empeño
voluntad
vehemencia
desvelo
esfuerzo
interés
determinación

↔ apatía
desgana
negligencia

afanar *col.*

robar
hurtar
quitar
sustraer
choricear *col.*
guindar *col.*
birlar *col.*

afanarse

esforzarse
desvivirse

desvelarse
bregar
ajetrearse
empeñarse
esmerarse
trabajar

↔ descansar
despreocuparse

afanoso

esforzado
empeñado
diligente
trabajador
hacendoso
voluntarioso
vehemente
anhelante

fatigoso
trabajoso
penoso
duro
arduo
difícil
aperreado *col.*
achuchado *col.*

↔ desganado
vago

fácil
llevadero

afear

reprochar
reprobar
censurar
criticar
tachar
vituperar
echar en cara

↔ elogiar
ensalzar

afección

trastorno
indisposición
enfermedad
dolencia
achaque
lesión
daño

apego
aprecio
simpatía
atracción

propensión
afición

↔ salud
    bienestar

    desafecto
    antipatía

afectación

amaneramiento
fingimiento
artificio
rebuscamiento
simulación
jactancia
petulancia
postín
ceremonia
ostentación
prosopopeya
pedantería
esnobismo
sofisticación
cursilería
melindre
mojigatería
ñoñería

↔ naturalidad
    sencillez
    llaneza

afectado

interesado
perjudicado
damnificado
dañado
accidentado

impresionado
conmovido
emocionado
turbado
triste
afligido
alterado

amanerado
rebuscado
artificioso
sofisticado
estudiado
ostentoso
ampuloso
petulante
esnob
cursi
melindre
mojigato
ñoño

↔ ileso

    apático
    imperturbable

    sencillo
    natural

afectar

atañer
incumbir
tocar
corresponder
concernir
competer
interesar
importar

influir
alterar
modificar

perjudicar
dañar
damnificar
estropear

impresionar
conmover
emocionar
consternar
turbar
perturbar
sobrecoger
entristecer
afligir

aparentar
fingir
simular
disimular
ostentar
forzar
estudiar
amanerarse

↔ favorecer
    beneficiar

    alegrar

afectividad

emotividad
sensibilidad
sentimentalismo
sentimientos
corazón
entrañas
alma
interior

↔ insensibilidad

afectivo

emotivo
afectuoso
cariñoso
amable
dulce
tierno
amoroso
sensible
impresionable
emocionable

↔ insensible
    racional

afecto

cariño
amor
apego
aprecio
estima
simpatía
cordialidad
inclinación
propensión
querencia
sentimiento

↔ desafecto
    antipatía

afectuoso

afectivo
cariñoso
amistoso
amoroso
cordial
efusivo
dulce
tierno
sensible
entrañable
atento
cortés
afable
amable
simpático
gentil
benévolo

↔ áspero
    descortés
    seco
    frío

afeitado

rasurado
rapado

↔ barbudo

afeitar(se)

rasurar
rapar

afeite

cosmético
maquillaje
pintura
potingue *desp.*

acicalamiento
aderezo
adorno
compostura
adobo

afeminado

amanerado
andrógino
amariconado *col.*
mariposa *col.*
mariposón *col.*
sarasa *col.*
marica *col.*
maricón *vulg.*

↔ viril
    macho

aferrar(se)

asir
coger
agarrar
atenazar
sujetar
amarrar
asegurar
afianzar
aprehender
aprisionar
empuñar

aferrarse

obstinarse
empeñarse
empecinarse
reafirmarse
ratificarse
porfiar

↔ soltar
    desasir

    ceder
    desistir

affaire *fr.*

asunto
negocio

cuestión
tema

romance
aventura
amorío
idilio
lío *col.*

afianzar(se)

fijar
consolidar
afirmar
asegurar
amarrar
aferrar
sujetar
sostener
apuntalar
estabilizar
fortalecer
reforzar
robustecer

reafirmar
ratificar
confirmar

↔ aflojar
  soltar

  rectificar

afiche *amer.*

cartel
pasquín
letrero
cartelera
panel
rótulo

afición

tendencia
inclinación
propensión
querencia
afinidad
gusto
apego
simpatía
amor
afecto
cariño
devoción
empeño
interés

pasatiempo
diversión

distracción
hobby

↔ indiferencia
  antipatía

  trabajo
  obligación

aficionado

inclinado
apegado
devoto
entusiasta
admirador
simpatizante

amateur
diletante

↔ indiferente
  desinteresado

  profesional

aficionar(se)

inclinar
encariñar
enamorar
prendar
habituar
acostumbrar
enviciar
hacerse
dar por (algo)

↔ desinteresar
  desacostumbrar

afilado

aguzado
cortante
punzante
agudo
puntiagudo

delgado
fino
chupado

acerado
hiriente
mordaz
incisivo
cáustico
ácido

↔ romo

  grueso

  indulgente

afilalápices

sacapuntas

afilar

aguzar
amolar
afinar

agudizar
intensificar

amer.
galantear
cortejar

↔ achatar
  redondear
  despuntar

afiliado

asociado
adscrito
socio
miembro
adepto
partidario
seguidor
correligionario

afiliar(se)

asociar
incorporar
inscribir
apuntar
adscribir
alinear
ingresar
incorporar
dar de alta

↔ borrar
  dar de baja

afiligranado

adornado
laborioso
pulido
delicado
esmerado

afiligranar

embellecer
perfeccionar
hermosear
pulir
adornar

↔ afear

afín

análogo
parecido
similar
semejante
igual
próximo
relacionado
vinculado
paralelo
parejo
vecino
gemelo

familiar
pariente
allegado
consanguíneo

↔ distinto
  dispar

  ajeno

afinar(se)

adelgazar
afilar
pulir
estrechar

templar
entonar
acordar
armonizar

refinar
desbastar
educar

precisar
ajustar

↔ engrosar
  engordar

  desafinar
  desentonar

  embrutecer

afincado

residente
establecido

afincar(se)

establecerse
residir
quedarse
arraigar
echar raíces
achamparse *amer.*

↔ emigrar
  irse

afinidad

analogía
similitud
semejanza
parecido
igualdad
relación
conexión
vínculo
vinculación
proximidad
cercanía
consonancia
correlación
conformidad

↔ diferencia
  disparidad
  antagonismo

afirmación

aserción
aserto
aseveración
confirmación
declaración
manifestación
testimonio
testificación
alegación
alegato

↔ negación

afirmar

asentir
aseverar
decir
declarar
manifestar
confirmar
certificar
asegurar
proclamar
sostener

consolidar
reforzar
estabilizar
afianzar
fortalecer

afirmarse

ratificarse
reafirmarse

↔ negar
  refutar

  debilitar

aflautado

agudo
chillón
alto
penetrante

↔ grave

aflicción

pena
tristeza
pesar
tribulación
angustia
congoja
abatimiento
consternación

↔ alegría
  satisfacción

afligir(se)

apenar
entristecer
apesadumbrar
angustiar
acongojar
abatir
consternar
afectar
atribular
agobiar
amargar

↔ alegrar
  aliviar
  confortar

aflojar(se)

desapretar
destensar
distender
laxar
relajar
soltar
desceñir
desabrochar

remitir
ceder
disminuir
amainar
cejar

col.
dar
pagar
soltar

↔ apretar
  fortalecer

  arreciar

aflorar

aparecer
manifestarse
salir
asomar
surgir
mostrarse
apuntar
brotar
manar
sobrevenir

↔ desaparecer
  ocultarse

afluencia

flujo
concurrencia
concurso
abundancia
cantidad
copia
multitud
aglomeración
muchedumbre
profusión
exceso
prodigalidad

elocuencia
locuacidad
facundia
fluidez
facilidad de palabra

↔ escasez

afluente

confluente

afluir

desembocar
desaguar
verter
confluir

concurrir
llegar
acudir
reunirse
concentrarse
aglomerarse

↔ ausentarse
  separarse

afonía

ronquera
ronquez
carraspera

afónico

ronco

aforar

apreciar
tasar
medir

col.
pagar
apoquinar *col.*
aflojar *col.*
soltar la mosca *col.*

aforismo

máxima
adagio
refrán
dicho
proverbio
sentencia
apotegma *cult.*

aforo

capacidad
cabida
contenido

afortunadamente

felizmente
por fortuna
gracias a Dios
a Dios gracias

↔ desafortunada-
  mente

afortunado

agraciado
venturoso
suertudo
favorecido
bienaventurado
próspero
dichoso
feliz
fausto

acertado
apropiado
adecuado
conveniente

oportuno
pertinente

↔ desafortunado
   desgraciado
   infeliz
   infausto

   inapropiado
   inoportuno

afrenta

ofensa
agravio
ultraje
oprobio
ignominia
baldón
deshonor
vergüenza
humillación
vejación
escarnio
injuria
vilipendio

↔ halago
   agasajo

afrentar(se)

ofender
agraviar
ultrajar
humillar
deshonrar
vejar
injuriar
vilipendiar
denostar
zaherir
escarnecer
baldonar

↔ honrar
   alabar

afrodisiaco o
   afrodisíaco

↔ anafrodisiaco

afrontar

arrostrar
encarar
desafiar
enfrentarse
abordar
arremeter
apechugar *col.*

hacer frente
dar la cara
plantar cara
coger al toro por los
   cuernos *col.*

↔ eludir
   evitar
   esquivar

afta

llaga
úlcera

afuera

fuera
exterior

↔ adentro
   dentro

afueras

suburbios
periferia
extrarradio
cercanías
aledaños
alrededores
arrabal
alfoz
ensanche
extramuros

↔ centro

afuereño *amer.*

forastero
extranjero
foráneo

↔ nativo
   originario
   oriundo

agachado

encogido
doblado
acurrucado
agazapado
en cuclillas

amer.
taimado
astuto
ladino
artero

↔ levantado
   estirado

agachar

bajar
doblar
inclinar
humillar

agacharse

encogerse
acurrucarse
agazaparse
ponerse en cuclillas

↔ levantar
   empinar
   erguir

   estirarse

agalla

branquia

agallas

valentía
coraje
arrojo
valor
audacia
osadía
bravura
redaños
cojones *vulg.*

↔ cobardía

agalludo *amer.*

valiente
valeroso
osado
audaz
bravo

ambicioso
avaro
avaricioso
codicioso

↔ cobarde

   generoso

ágape

festín
comilona
convite
banquete
comida
merendola
francachela
cóctel
lunch

agareno

árabe
mahometano
musulmán
moro
islamita
islámico
sarraceno
ismaelita

agarrada

riña
altercado
pelea
trifulca
contienda
disputa
porfía
zapatiesta
camorra
alboroto
follón

agarraderas

aldabas
asideros
influencias
recomendación
enchufe *col.*

agarradero

agarrador
asidero
asa
mango
empuñadura

agarrado

sujeto
aferrado

col.
avaro
avaricioso
mezquino
ruin
tacaño
miserable
roñoso *col.*

↔ generoso

agarrador

agarradero
asidero
asa

agarrar

aferrar
asir
coger
sujetar
asegurar
afianzar
amarrar
aprehender
empuñar
atenazar
aprisionar
apresar
capturar
obtener
lograr
pillar
pescar

arraigar
enraizar
prender

agarrarse

valerse
servirse
escudarse
ampararse
refugiarse
excusarse
justificarse

↔ soltar
    desasir
    liberar
    perder

agarrón *amer.*

agarrada
altercado
riña
pelea

agarrotar(se)

entumecer
anquilosar
atrofiar
paralizar

↔ desentumecer
    relajar

agasajar

regalar
obsequiar
homenajear
festejar
mimar

adular
lisonjear
alabar
halagar
loar
encomiar
ensalzar
bailar el agua *col.*

↔ desairar
    ofender
    criticar

agasajo

atención
festejo
presente
obsequio
homenaje
halago
regalo
fineza
cortesía

agazaparse

agacharse
encogerse
doblarse
acurrucarse
esconderse
ocultarse

↔ levantarse
    estirarse

agencia

oficina
despacho
delegación
sucursal
filial
administración
establecimiento
dependencia
compañía
empresa

agenciar

tramitar
gestionar
diligenciar

agenciarse

adquirir
apropiarse
apoderarse
adueñarse
hacerse con

agenda

memorándum
dietario

agente

enviado
comisionado
delegado
representante
mediador
intermediario
mandatario
negociador
apoderado
gestor
corredor

guardia
policía
gendarme
detective

aggiornamento
   ital.

actualización
modernización
puesta al día

agigantar(se)

agrandar
aumentar
crecer
acrecentar

↔ empequeñecer

ágil

ligero
veloz
rápido
desembarazado
elástico
dinámico
activo
hábil
expedito
liviano
fluido

vivo
agudo
listo
avispado

↔ torpe
    pesado
    lento

agilidad

ligereza
presteza
rapidez
desembarazo
dinamismo
elasticidad
fluidez

viveza
agudeza

↔ torpeza
    pesadez
    lentitud

agilizar(se)

acelerar
avivar
aligerar
activar
apresurar
facilitar
propiciar
impulsar
estimular

↔ retrasar
    entorpecer

agio o **agiotaje**

especulación

agiotista

especulador

agitación

sacudida
vibración
traqueteo
convulsión
movimiento

revuelo
alteración
excitación
inquietud
intranquilidad
desasosiego
turbación
perturbación
conmoción
ajetreo
bullicio
bulla

↔ quietud
    tranquilidad
    sosiego

agitado

trémulo
convulso
movido
excitado
turbado
perturbado
inquieto
alterado
nervioso
intranquilo
desasosegado
conmocionado
accidentado
ajetreado
bullicioso

↔ quieto
   tranquilo
   pacífico

agitador

instigador
perturbador
revoltoso
rebelde
provocador
amotinador
activista

agitar(se)

sacudir
batir
remover
revolver
traquetear
zarandear
menear
vibrar

alterar
inquietar
excitar
alborotar
desasosegar
perturbar
turbar
conmocionar
trastornar
convulsionar
revolucionar
enfurecer
encrespar
acalorar
enardecer

↔ aquietar
   parar

   tranquilizar
   calmar

aglomeración

acumulación
amontonamiento
hacinamiento
acopio
almacenamiento
depósito
montón
multitud
masa
gentío
muchedumbre
turba *desp.*

↔ dispersión
   aislamiento

aglomerado

conglomerado

aglomerar(se)

acumular
amontonar
hacinar
acopiar
apilar
almacenar
reunir
juntar
agolpar
apiñar
apelotonar
arremolinar
congregar
concurrir
afluir

conglomerar
aglutinar
conglutinar

↔ dispersar
   diseminar
   disgregar
   esparcir

aglutinante

cohesivo
adhesivo

aglutinar(se)

conglutinar
aglomerar
conglomerar
unir
pegar
adherir
aunar

reunir
coaligar
agrupar

↔ separar
   despegar

agnóstico

descreído

↔ religioso
   creyente

agobiado

angustiado
acongojado
afligido
abatido
preocupado
estresado
abrumado
atosigado
oprimido
asfixiado
ahogado
sofocado
apurado
achuchado *col.*

↔ tranquilo
   desahogado

agobiante

angustioso
abrumador
preocupante
estresante
atosigante
asfixiante
sofocante

agobiar(se)

angustiar
acongojar
afligir
abatir
preocupar
estresar
abrumar
atosigar
oprimir
asfixiar
ahogar
sofocar
apurar
achuchar *col.*

↔ aliviar
   relajar

agobio

angustia
congoja
abatimiento
preocupación
estrés
peso
opresión
ahogo
asfixia
sofoco
zozobra

↔ alivio
   consuelo
   desahogo
   descanso

agolparse

amontonarse
acumularse
apelotonarse
hacinarse
aglomerarse
apiñarse
arremolinarse
congregarse
concurrir
afluir
reunirse
juntarse

↔ dispersarse
   disgregarse
   separarse

agonía

fin
postrimerías
trance
decadencia
muerte

sufrimiento
pesar
congoja
pena
angustia
abatimiento
tribulación
amargura

agonías *col.*

agorero
pesimista

↔ nacimiento
   comienzo

   alegría
   alivio

agónico
agonizante
moribundo
terminal

angustioso
agobiante
trágico

agonista *cult.*
luchador
combatiente

agonizante
agónico
moribundo

agonizar
perecer
expirar
morir
fallecer

finalizar
terminar

↔ nacer
  empezar

ágora
plaza
foro

asamblea

agorafobia
↔ claustrofobia

agorar
predecir
pronosticar
presagiar
profetizar
vaticinar
augurar
adivinar
anunciar

agorero
cenizo
pesimista
agonías *col.*

adivino
augur
arúspice
vidente
profeta

mago
sibilino
zahorí

↔ optimista

agostado
seco
abrasado
quemado
mustio
marchito
chuchurrido *col.*

asolado
arruinado
destruido

agostar(se)
abrasar
quemar
mustiar
marchitar
ajar

arruinar
destruir
devastar
acabar con

↔ reverdecer
  fortalecer

agotado
acabado
consumido
gastado
esquilmado

cansado
fatigado
extenuado
exhausto
desfallecido
rendido
molido
muerto *col.*
hecho polvo *col.*

↔ lleno
  completo

  descansado
  fresco

agotador
cansado
fatigoso
extenuante
moledor
duro

↔ descansado
  relajante
  tranquilo

agotamiento
cansancio
fatiga
extenuación
postración
desfallecimiento
consunción

↔ vigor
  resistencia

agotar(se)
acabar
consumir
gastar
apurar
terminar
absorber
vaciar
esquilmar

cansar
extenuar
fatigar
rendir
moler
hacer polvo *col.*

↔ empezar
  comenzar

  descansar

agraciado
afortunado
favorecido
beneficiado

guapo
apuesto
atractivo
hermoso
bello
gallardo
galano
donairoso
resultón *col.*

↔ desafortunado

  feo

agraciar
favorecer
premiar
beneficiar

agradable
grato
placentero
deleitable
ameno
atrayente
atractivo
acogedor
confortable
satisfactorio

afable
tratable
cordial
afectuoso
adorable
amable
encantador
simpático
maravilloso

↔ desagradable
  fastidioso
  molesto

  antipático
  seco

agradar
complacer
gustar
satisfacer
deleitar
placer
alegrar
atraer
encantar
cautivar
seducir
caer en gracia

↔ desagradar
  disgustar
  fastidiar
  molestar

agradecer
reconocer
corresponder
devolver
pagar

↔ desagradecer
  olvidar

agradecido
reconocido
obligado

↔ desagradecido
  ingrato

agradecimiento

gratitud
reconocimiento

↔ desagradeci-
   miento
   ingratitud

agrado

complacencia
satisfacción
placer
gozo
deleite
gusto
contento
júbilo
grado

amabilidad
afabilidad
simpatía
cordialidad
gentileza

↔ desagrado
   disgusto
   pena
   pesar

   descortesía
   antipatía

agrandar(se)

aumentar
ampliar
acrecentar
extender
acrecer
incrementar
desarrollar
multiplicar
dilatar
engrosar
engrandecer

↔ empequeñecer
   disminuir
   reducir
   achicar
   mermar

agrario

agrícola
agreste
rural
campestre
campesino
rústico

↔ urbano

agravante

desventaja
perjuicio

↔ atenuante
   eximente

agravar(se)

empeorar
recrudecer
arreciar
desmejorar
recaer
complicar

↔ mejorar
   restablecer
   aliviar

agraviar

afrentar
injuriar
ultrajar
insultar
deshonrar
calumniar
ofender
humillar
vejar
vilipendiar
denostar
zaherir
escarnecer
baldonar
mancillar

↔ desagraviar
   honrar
   halagar

agravio

afrenta
injuria
ultraje
insulto
ofensa
deshonra
deshonor
calumnia
humillación
vergüenza
vejación
vilipendio
denuesto
escarnio
baldón
oprobio
vituperio

ignominia
desdoro

↔ desagravio
   halago
   respeto

agraz

amargura
penalidad
disgusto
sinsabor
contrariedad
contratiempo

↔ alegría
   satisfacción

agredir

atacar
atentar
acometer
arremeter
embestir
herir
pegar
golpear
asaltar

agregado

adjunto
junto
unido
anexo
anejo
adherido

añadido
apéndice
complemento

auxiliar
ayudante
colaborador
asociado

↔ separado
   independiente

agregar(se)

añadir
incorporar
unir
sumar
adicionar
engrosar
juntar
acompañar
adscribir

↔ quitar
   restar

agremiar

asociar
sindicar
confederar
federar
reunir
concentrar
coligar

↔ escindir
   separar

agresión

ataque
atentado
acometida
embestida
golpe
asalto

agresividad

violencia
belicosidad
combatividad
acometividad

audacia
decisión
arrojo

↔ mansedumbre

   pusilanimidad

agresivo

violento
belicoso
iracundo
colérico
virulento
vesánico
mordaz
provocador

audaz
decidido
arrojado
emprendedor
acometedor
luchador
activo
dinámico

↔ manso
   pacífico

   apocado
   pusilánime

agresor
atacante
asaltante

↔ defensor
   víctima

agreste
rural
campestre
rústico
silvestre
salvaje
agrario

abrupto
accidentado
montañoso
escarpado
quebrado

basto
burdo
ordinario
rudo
brusco
primitivo

↔ urbano

   llano
   liso

   refinado
   delicado

agriar(se)
acidificar
acidular
acedar
avinagrar
cortar

irritar
exasperar
excitar
amargar
exacerbar
exaltar

↔ suavizar
   dulcificar
   aplacar

agrícola
agrario

agricultor
labrador
labriego

campesino
cultivador

agricultura
labranza
laboreo
cultivo

agrietar(se)
hender
hendir
rajar
resquebrajar
cuartear
abrir
escindir

agrimensor
topógrafo
medidor

agrio
ácido
avinagrado

agriado
desabrido
malhumorado
huraño
hosco
irritable
arisco
desagradable

mordaz
cáustico
incisivo
corrosivo
lesivo

cítrico

↔ dulce

   amable
   afable

agro
campo
labrantío

agrupación
agrupamiento

grupo
asociación
sociedad
corporación

comunidad
congregación
club
institución

↔ disgregación
   separación
   dispersión

agrupamiento
agrupación
concentración
aglomeración
concurrencia
reunión
unión
aglutinamiento

agrupar(se)
reunir
congregar
unir
juntar
aunar
aglutinar
coaligar
confederarse
aliarse

↔ separar
   dispersar

agua
líquido
fluido
jugo
zumo

aguacero
chaparrón
diluvio
lluvia
chubasco
tromba de agua

aguacharse *amer.*
amansarse

aguachento *amer.*
aguado
aguanoso
diluido
claro

↔ espeso
   denso

aguada
gouache
guache

aguaderas
angarillas

aguadero
abrevadero
pilón
pila

aguado
diluido
líquido
claro
enguachinado
aguanoso
aguachento *amer.*

↔ espeso

aguaducho
chiringuito
quiosco
chigre

aguafiestas
cenizo
gruñón

aguamanil
lavamanos
palangana
jofaina
pila

aguamiel
hidromiel

aguanoso
aguado
diluido
claro
aguachento *amer.*

↔ espeso
   concentrado

aguantar(se)
sufrir
resistir
soportar
padecer
sobrellevar

tolerar
transigir
admitir
aceptar
arrostrar
resignarse
reprimirse
dominarse
refrenarse
fastidiarse
jorobarse *col.*
joderse *vulg.*

sostener
sujetar
tener

↔ rendirse
  claudicar
  estallar
  desatarse

  soltar
  ceder

aguante

paciencia
resistencia
tolerancia
cuajo
correa

aguar

diluir
aclarar
bautizar
disolver

estropear
chafar
amargar
fastidiar
frustrar
abortar
jorobar *col.*
joder *vulg.*

↔ espesar

  mejorar
  arreglar

aguardar

esperar

acechar
amenazar

aguardiente

cazalla
ojén
orujo

agudeza

ingenio
inteligencia
sutileza
sagacidad
perspicacia
intuición
vivacidad

ocurrencia
salida
golpe
caída

↔ simpleza
  candidez

  majadería
  bobada
  perogrullada

agudizar(se)

agravar
empeorar
recrudecer
intensificar
arreciar
enconarse

aguzar
afilar

↔ suavizar
  mejorar

  embotar
  achatar

agudo

afilado
aguzado
punzante
puntiagudo
acerado

sagaz
sutil
perspicaz
inteligente
intuitivo
águila
lince

ocurrente
chistoso
salado
ingenioso

hondo
penetrante
acentuado
intenso

fuerte
violento

aflautado
chillón
alto

↔ romo
  obtuso
  embotado
  chato

  torpe
  simple

  soso
  patoso

  leve
  débil

  grave

agüería *amer.*
agüero

agüero

augurio
premonición
vaticinio
predicción
presagio
agüería *amer.*

aguerrido

valiente
combativo
bravo
valeroso
intrépido
audaz
osado
arrojado
denodado
bizarro

↔ cobarde
  apocado
  pacífico

aguijada

pica
puya
garrocha

aguijar

aguijonear

aguijón

pincho
púa

punta
rejo
espina

acicate
estímulo
incentivo
aliciente

↔ freno
  rémora

aguijonear

aguijar
pinchar
fustigar
espolear
atizar
azuzar
arrear
instigar
apremiar
empujar
estimular
alentar
mover

↔ impedir
  refrenar

águila

lince
listo
agudo
perspicaz

↔ pato
  torpe

aguileño

corvo
ganchudo

↔ chato

aguinaldo

propina
gratificación

agüita *amer.*

tisana
infusión

aguja

alfiler

jeringuilla

manilla
manecilla
saeta

agujerear
perforar
taladrar
horadar

↔ tapar
  obturar

agujero
abertura
orificio
boquete
hoyo
hueco
vano
taladro
perforación
brecha
hendidura
ojo
paso
foramen

agusanarse
pudrirse
podrirse
descomponerse
corromperse
estropearse
echarse a perder

aguzanieves
lavandera

aguzar(se)
afilar
amolar
afinar
agudizar

avivar
despertar
estimular
incitar
excitar

↔ achatar
  redondear
  despuntar
  embotar

  abotargar
  entorpecer

ahechar
cribar
tamizar
cernir

aherrojar
engrillar
encadenar
esposar

esclavizar
subyugar
tiranizar
domeñar
dominar
aprisionar

↔ liberar
  soltar

ahí
allí
allá

↔ aquí
  acá

ahijado
prohijado
adoptado

ahijar
adoptar
prohijar

ahilar(se)
alinear
enfilar

adelgazar
afinarse
estilizarse
enflaquecer
rebajar

ahínco
tesón
empeño
afán
tenacidad
voluntad
desvelo
esfuerzo
interés
vehemencia

↔ desgana
  apatía
  negligencia

ahíto
saciado
harto

lleno
repleto
atiborrado
empachado

hastiado
cansado
aburrido

↔ hambriento

ahogado
asfixiado
estrangulado

agobiado
angustiado
abrumado
apurado
atosigado
oprimido
preocupado

sofocado
reprimido
abortado
extinguido

↔ aliviado
  desahogado

ahogar(se)
asfixiar
estrangular

agobiar
angustiar
abrumar
apurar
atosigar
oprimir
preocupar

sofocar
abortar
frustrar
reprimir
extinguir

↔ aliviar
  desahogar
  avivar

ahogo
asfixia
disnea

agobio
angustia
opresión
apuro
sofoco
congoja

aflicción
zozobra
peso
necesidad

↔ respiro
  alivio
  consuelo
  desahogo

ahondar
profundizar
cavar
excavar
horadar
socavar
sondar
penetrar

investigar
escudriñar
inquirir
averiguar
explorar
examinar
analizar

ahora
actualmente
hoy
hogaño
ora
hoy en día
en la actualidad
hoy por hoy

ya
en seguida

ahorcar
colgar

ahormar(se)
adaptar
ajustar
amoldar
moldear

convencer
persuadir

ahorrador
ahorrativo

ahorrar(se)
economizar
guardar
reservar

atesorar
dosificar
racionar
administrar

evitar
eludir
librarse

↔ gastar
  despilfarrar
  derrochar

ahorrativo
ahorrador
hormiguita
austero
sobrio
frugal
avaro
miserable

económico
barato

↔ despilfarrador

  caro

ahorro
economía
reserva

hucha
peculio
capital

↔ gasto
  despilfarro

ahuecar(se)
abombar
ahuevar

esponjar
ablandar
mullir

col.
marcharse
irse
largarse
pirarse *col.*

ahuecarse
envanecerse
engreírse
crecerse
hincharse
pavonearse
presumir

↔ tupir
  apelmazar

  quedarse

  empequeñecerse

ahuevado
abombado
chafado

amer.
atontado
lelo

ahuevar
ahuecar
abombar
chafar

ahumado
oscurecido
tintado
ennegrecido
tiznado

ahusado
fusiforme

ahuyentar
alejar
espantar
echar
expulsar
apartar
rechazar
asustar
atemorizar

↔ atraer

airar(se)
enfurecer
encolerizar
exasperar
enardecer
indignar
enojar
enfadar
irritar
alterar
cabrear *col.*

↔ tranquilizar
  calmar

aire
ambiente
atmósfera

éter
espacio

viento
brisa
céfiro
corriente
ventilación

apariencia
aspecto
porte
pinta
figura
estampa
estilo
parecido

garbo
gracia
donaire
salero
elegancia
distinción

aerofagia
meteorismo
flato

son
tonada
canción
melodía
música

airear(se)
ventilar
orear
oxigenar
refrescar

divulgar
difundir
pregonar
propagar
publicar

↔ callar
  ocultar

airón
penacho
plumero

airoso
garboso
elegante
distinguido
arrogante
donairoso
saleroso

apuesto
gallardo
galano

exitoso
triunfante
vencedor

↔ desgarbado
  desmadejado

  fracasado
  escaldado

aislado
apartado
separado
incomunicado
retirado
arrinconado
marginado

accidental
ocasional
eventual
incidental

↔ comunicado

  habitual
  general

aislamiento
incomunicación
separación
retiro
soledad
destierro

↔ comunicación

aislar(se)
apartar
separar
incomunicar
retirar
arrinconar
confinar
recluir
desconectar
desvincular
marginar

↔ comunicar
  conectar
  vincular

ajado
lacio
marchito
mustio

pocho
avejentado
envejecido
deslucido
estropeado
chuchurrido *col.*

↔ lozano

ajar(se)

deteriorar
aviejar
marchitar
estropear
deslucir

↔ lucir
rejuvenecer

ajedrezado

cuadriculado

ajenjo

absenta

ajeno

extraño
indiferente
externo

desconocedor
ignorante
al margen

↔ propio

sabedor
conocedor

ajete

ajo tierno

ajetreado

agitado
accidentado
difícil
movido
aperreado *col.*

atareado
ocupado
afanado

↔ tranquilo
reposado

ajetrearse

atarearse
afanarse

matarse
aperrearse
trajinar
bregar
trabajar

↔ descansar
vaguear

ajetreo

trajín
trote
tute
trabajo
movimiento
afán

↔ descanso
inactividad

ajiaceite o
ajoaceite

alioli

ajonjolí

sésamo
alegría

ajorca

pulsera
brazalete

ajuar

menaje
enseres
atalaje

ajuntar *col.*

amistar
amigar
tratarse
congeniar

juntar
unir

ajuntarse *col.*

amancebarse
arrejuntarse *col.*
amontonarse *col.*

↔ enemistar
regañar

separar

ajustado

acoplado
encajado

adaptado
amoldado

justo
cabal
razonable
preciso
oportuno
adecuado
concorde
conforme
conveniente

ceñido
apretado
estrecho
prieto

apurado

↔ desajustado

injusto
improcedente

holgado
amplio

ajustar(se)

acoplar
encajar
ceñir
amoldar
ensamblar
casar
engranar
articular
imbricar
conectar
adaptar
acomodar
adecuar

acordar
convenir
concertar
concretar
pactar
concordar

regular
reglar
arreglar

saldar
liquidar
pagar

↔ desajustar
desencajar

desnivelar
descabalar

discrepar

ajuste

acoplamiento
encaje
engranaje
ensamblaje
adecuación
adaptación
acomodación

acuerdo
convenio
contrato
pacto
trato
arreglo

↔ desajuste

ajusticiar

ejecutar
matar

↔ indultar

ala

alón
élitro
aleta
alerón

flanco
banda
lado
costado
lateral

alabanza

elogio
encomio
lisonja
loa
loor
panegírico
apología
encarecimiento
enaltecimiento
cumplido
piropo
ditirambo
adulación

↔ censura
insulto
calumnia
difamación

alabar

elogiar
encomiar
lisonjear

loar
encarecer
ensalzar
exaltar
encumbrar
aplaudir

alabarse

jactarse
vanagloriarse
engreírse
presumir
alardear
pavonearse

↔ censurar
insultar
calumniar
difamar

avergonzarse

alabear

curvar
combar
arquear
pandear
abarquillar
torcer

↔ enderezar

alacena

hornacina
estantería
aparador
vasar
repisa

alacrán

escorpión

alado

rápido
veloz
ligero
raudo

↔ lento

alagartado *amer.*

tacaño
usurero
avaro
mezquino

alamar

cairel
fleco

alambicado

sutil
rebuscado
complicado
sinuoso

↔ sencillo
directo

alambicar

quintaesenciar
sutilizar
refinar
pulir
matizar

complicar

alambique

destilador

alambrada

red
cerca
valla
enrejado
empalizada

alambrar

cercar
vallar
enrejar

alambre

cable
hilo
filamento

alambrera

alambrada

alambrista

equilibrista
acróbata

alameda

arboleda
chopera

álamo

chopo

alarde

ostentación
jactancia
presunción

vanagloria
gala
despliegue
faroleo *col.*

↔ modestia
sencillez
humildad

alardear

jactarse
vanagloriarse
engreírse
alabarse
presumir
pavonearse
ostentar
farolear *col.*

alargadera

alargador
prolongador

alargar(se)

prolongar
prorrogar
dilatar
extender
ampliar
aumentar
agrandar
estirar

alcanzar
tender
acercar

↔ acortar
encoger

alejar
retirar

alarido

grito
chillido
aullido
berrido
bramido
bufido
clamor

alarma

rebato
aviso
señal

susto
sobresalto
temor

inquietud
intranquilidad
desasosiego
miedo
sorpresa
amenaza
alerta
emergencia

↔ tranquilidad
sosiego

alarmante

inquietante
intranquilizante
preocupante
amenazador

↔ tranquilizador

alarmar(se)

asustar
atemorizar
inquietar
intranquilizar
preocupar
sobresaltar
alborotar

↔ tranquilizar
calmar

alazán

canela
rojizo
anaranjado

alba

amanecer
amanecida
aurora
madrugada
alborada
alboreo
albor
orto *cult.*

↔ crepúsculo
ocaso
atardecer
anochecer

albacea

testamentario
fiduciario
fideicomisario

albañal

cloaca
alcantarilla

desagüe
colector
sumidero

albañil
obrero

albarán
recibo
comprobante
nota de entrega

albarda
albardilla
aparejo
enjalma
montura

albardar
enalbardar
enjalmar

albardear *amer.*
molestar
fastidiar

albardilla
albarda
almohadilla
agarrador
tejadillo

albaricoque
albérchigo (fruto)

albaricoquero
albérchigo (árbol)
alberchiguero
albarillo

albedrío
arbitrio
libertad
voluntad
decisión
gana
gusto
antojo
capricho
↔ destino
   sometimiento

alberca
depósito
aljibe
cisterna
estanque
balsa

albérchigo
albaricoque
albaricoquero

alberchiguero
albaricoquero

albergar(se)
alojar
hospedar
cobijar
asilar
aposentar
amparar
acoger
recibir
instalar
abrigar
tener
conservar
mantener
↔ desalojar

albergue
alojamiento
hospedaje
aposento
refugio
guarida
abrigo
residencia

albero
ruedo
arena
redondel

albo
blanco
níveo
inmaculado
↔ negro

albóndiga
almóndiga

albor
alba
alborada
aurora
amanecer
principio
comienzo
inicio
↔ crepúsculo
   ocaso
   fin
   terminación

alborada
alba
amanecer
madrugada
diana (toque militar)
↔ atardecer
   anochecer

alborear
amanecer
clarear
despuntar
↔ atardecer
   anochecer

albornoz
batín
bata

alborotador
agitador
perturbador
provocador
pendenciero
jaranero
vocinglero
camorrista
↔ pacífico
   calmado

alborotar(se)
agitar
soliviantar
sublevar
desordenar
enredar
revolver
gritar
vocear

escandalizar
inquietar
alterar
excitar
perturbar
convulsionar
trastornar
↔ tranquilizar
   apaciguar
   ordenar

alboroto
jaleo
bullicio
bulla
algarabía
griterío
disturbio
revuelo
agitación
desorden
tumulto
agarrada
altercado
trifulca
follón
↔ orden
   calma

alborozar(se)
alegrar
regocijar
↔ apenar

alborozo
júbilo
alegría
placer
regocijo
gozo
contento
euforia
entusiasmo
↔ pena
   tristeza
   amargura

albricias
felicitación
enhorabuena
alegría
¡eureka!
¡aleluya!
¡hurra!

álbum

cuaderno
libro
porfolio

disco
elepé
LP

albur

azar
fortuna
contingencia
eventualidad
casualidad
riesgo

↔ seguridad

albura

blancura

alcachofa

alcaucil

alcahueta

celestina
trotaconventos
comadre
encubridora
tapadera

chismosa
cotilla
correveidile
entrometida
metomentodo
murmuradora

alcahuete

chismoso
cotilla
correveidile
entrometido
metomentodo
murmurador

alcaldada

abuso
atropello
cabildada
tropelía
desmán
despotismo

alcalde

corregidor *ant.*

alcaldía

ayuntamiento
consistorio
municipio
casa consistorial
casa de la villa

alcance

ámbito
radio
efecto
zona de influencia

importancia
trascendencia
repercusión
resonancia
difusión
calibre
envergadura
significación
valor
magnitud
gravedad

capacidad
inteligencia
talento
luces

alcancía

hucha

amer.
cepillo (de una
  iglesia)

alcantarilla

cloaca
albañal
desagüe
colector
sumidero

alcanzado

cogido
aprehendido
atrapado
tocado

apurado
ajustado
corto
escaso
pillado *col.*

↔ intacto

  sobrado

alcanzar

coger
aprehender
atrapar
pillar *col.*

tocar
llegar

igualar
sobrepasar
adelantar

acercar
alargar
tender
dar

conseguir
lograr
obtener
hacerse
adjudicarse
adquirir
acceder

comprender
entender
descifrar
penetrar

bastar

↔ soltar

  atrasarse

  retirar
  alejar

  perder
  desistir

  faltar

alcaparra o
  alcaparrón

tápara

alcaucil

alcachofa

alcayata

escarpia

alcazaba

fortaleza
castillo
fortificación
fortín
fuerte

alcázar

fortaleza
fortificación

alce

anta
ante

alcoba

dormitorio
habitación
aposento
cuarto
cámara

alcohol

bebida
licor
vino
trinque *col.*
pimple *col.*

alcohólico

alcoholizado
borracho
beodo
ebrio
embriagado
dipsómano *cult.*

alcoholismo

dipsomanía *cult.*

alcoholizar(se)

intoxicar
emborrachar
embriagar

alcor

colina
collado
cerro
loma
otero
altozano
montículo
promontorio
cabezo

alcornoque

zoquete
zote
tarugo
necio

ignorante
bruto
torpe

↔ listo
  inteligente

alcurnia

abolengo
estirpe
linaje
casta
prosapia
ascendencia

alcuza

aceitera

aldaba

aldabón
llamador
picaporte

aldabilla

pasador
pestillo
gancho

aldabonazo

advertencia
aviso
admonición
represión
indicación
llamada
observación
ultimátum
amenaza

aldea

poblado
pueblo
villorrio
lugar

aldeano

pueblerino
campesino
rústico
lugareño
labriego
paleto *desp.*
cateto *desp.*

↔ urbano
  ciudadano

aleación

amalgama
liga
fusión
fundición
mezcla

alear

amalgamar
ligar
fundir
mezclar

aleatorio

casual
fortuito
imprevisible
azaroso
accidental

↔ previsible
  seguro

aleccionador

moralizante
edificante
ejemplar
estimulador
instructivo

aleccionar

instruir
enseñar
aconsejar
adoctrinar
adiestrar
entrenar
avezar
curtir
disciplinar
escarmentar
corregir
edificar
ejemplarizar

aledaño

contiguo
colindante
lindante
adyacente
limítrofe
inmediato
anejo
anexo
próximo
vecino

aledaños

alrededores
inmediaciones
proximidades
cercanías
afueras
suburbios
periferia
extrarradio

↔ lejano
  separado
  extremo

alegación

alegato
argumentación
argumento
exposición
razonamiento
testimonio

alegar

aducir
argüir
argumentar
exponer
declarar
invocar
citar

amer.
discutir
disputar
reñir

↔ omitir
  callar

alegato

alegación
exposición
argumentación
argumento
razonamiento
prueba
defensa
testimonio

amer.
discusión
disputa
riña

alegoría

símbolo
representación
comparación

encarnación
parábola
imagen
figura
metáfora

alegórico

metafórico
simbólico
figurado

alegrar(se)

contentar
regocijar
alborozar
divertir
deleitar
solazar
recrear
animar
congratular
satisfacer
gustar
encantar
placer

achispar
entonar
emborrachar
amonarse *col.*

↔ entristecer
  disgustar

  serenar

alegre

contento
feliz
dichoso
gozoso
jovial
jubiloso
alborozado
satisfecho
radiante
risueño
sonriente
ufano
divertido
animado
ledo *cult.*

luminoso
vivo
brillante

achispado
entonado
mareado

frívolo
ligero
superficial
insensato
irreflexivo
irresponsable
inconstante

↔ triste
  apenado
  aburrido

  apagado
  gris
  sereno
  sobrio

  grave
  sensato
  responsable

alegría
contento
felicidad
dicha
gozo
placer
júbilo
regocijo
alborozo
algazara
euforia
jovialidad
entusiasmo

frivolidad
ligereza
superficialidad
insensatez
irresponsabilidad

ajonjolí
sésamo

↔ tristeza
  pena
  amargura

  gravedad
  sensatez
  responsabilidad

alejado
retirado
apartado
distanciado
separado
aislado
lejano

↔ cercano

alejar(se)
retirar
apartar
distanciar
separar
aislar
ahuyentar
desviar
echar
expulsar

↔ acercar
  aproximar
  atraer

alelado
atontado
abobado
embobado
aturdido
abanto
absorto
atónito
ido
alucinado
idiotizado
pasmado
turulato *col.*

↔ despabilado
  avispado

alelar(se)
atontar
abobar
embobar
entontecer
idiotizar
aturdir
ofuscar
embotar
pasmar

↔ despabilar
  avispar

aleluya
albricias

¡eureka!
¡hurra!

alemán
germano
germánico
teutónico
teutón
tudesco

alentador
animador
estimulante
confortante

↔ desalentador
  descorazonador

alentar
animar
estimular
impulsar
aguijonear
empujar
incitar
mover
confortar
apoyar

↔ desalentar
  desanimar
  descorazonar

alergia
hipersensibilidad
reacción

repugnancia
rechazo
repulsa
oposición
aversión
animadversión
manía

↔ agrado
  atracción

alero
tejadillo
cornisa

ala

alerta
atento
vigilante
avizor
expectante
avisado
prevenido

alarma
inquietud
intranquilidad
desasosiego
amenaza

↔ desprevenido

  tranquilidad
  sosiego

alertar
avisar
advertir
prevenir
informar
poner sobre aviso
dar la alarma
tocar a rebato

aleta
guardabarros

aletargado
adormilado
adormecido
amodorrado
soñoliento

entumecido
insensible

↔ despierto
  despabilado

aletargamiento
letargo
adormilamiento
adormecimiento
amodorramiento
modorra

entumecimiento

aletargar(se)
adormilar
adormecer
amodorrar

entumecer
insensibilizar

↔ despabilar
  despertar

alevín
pececillo

júnior

alevosía
traición
deslealtad
perfidia
infidelidad
felonía
falsía
insidia

↔ lealtad
  nobleza

alevoso
traidor
desleal
pérfido
felón
falso
↔ leal

alfabetizar
instruir
educar

alfabeto
abecedario
abecé
alifato (hebreo)

alfaguara *cult.*
manantial

alfaque
bajío
escollo
banco

alfar
alfarería
taller

alfarería
cerámica
alfar
taller

alfarero
ceramista

alfeñique
enclenque
raquítico
esmirriado
escuchimizado
↔ fortachón

alfiler
aguja
punta
broche
prendedor
fíbula

alfiletero
acerico

alfombra
estera
tapiz
moqueta

alfombrar
tapizar
enmoquetar
forrar
cubrir

alfombrilla
esterilla
felpudo

alfoz
término
pago
arrabal
afueras

algarabía
griterío
vocerío
jaleo
bullicio
bulla
follón
alboroto
algazara
juerga
jolgorio
revuelo
tumulto
↔ silencio
calma

algarada
alboroto
desorden
jaleo
bulla
follón
revuelo
revuelta
disturbio
tumulto
rebelión
asonada
motín
↔ calma
orden

algarroba
arveja

algazara
algarabía
alboroto
jaleo
griterío
bullicio
bulla
alegría
↔ silencio
calma

álgido
crítico
culminante
máximo
clave
decisivo
gélido
helado
congelado

algo
poco

algoritmo
operación
cálculo

alguien
algún
alguno
cualquiera
↔ nadie

algún
alguno
cierto
determinado

alguno
alguien
cualquiera
uno
cierto
determinado
↔ ninguno

alhaja
joya
joyel
presea
↔ baratija

alhajar
enjoyar
ensortijar
adornar
aderezar
emperifollar

alharaca
aspaviento
gesticulación
manoteo
↔ compostura
mesura

alheña
aligustre

alhóndiga
lonja
mercado
pósito

aliado
asociado
unido
coligado
confederado
partidario
amigo
socio
↔ enemigo
rival

aliaga
aulaga
tojo

alianza
pacto
liga
coalición
confederación
federación
asociación
unión
convenio
acuerdo
trato
tratado
matrimonio
casamiento
boda
enlace

anillo
sortija

↔ enfrentamiento
  rivalidad
  desacuerdo

aliar(se)

pactar
ligar
coligar
confederar
federar
asociar
vincular
unir

↔ enfrentarse
  enemistarse
  romper

alias

apodo
sobrenombre
mote
seudónimo
apelativo

alicaído

cabizbajo
desanimado
decaído
deprimido
desmoralizado
abatido
triste
melancólico

↔ animado
  alegre

alicatado

azulejería

alicatar

azulejar
embaldosar

aliciente

incentivo
acicate
estímulo
atractivo
encanto
motivo
razón
móvil

↔ inconveniente
  rémora

alícuota

proporcional

alienación

enajenación
demencia
locura
desequilibrio

↔ cordura
  conciencia

alienado

enajenado
demente
loco
perturbado
ido
chalado *col.*
pirado *col.*

↔ cuerdo
  cabal
  consciente

alienar(se)

enajenar
enloquecer
perturbar
desequilibrar

traspasar
transferir
donar

↔ concienciar

adquirir

alienígena

extraterrestre
marciano

extranjero
forastero
foráneo

↔ terrícola

indígena
autóctono

alienista

psiquiatra
frenópata
loquero *desp.*

aliento

hálito
vaho
resuello
respiración
soplo

ánimo
vigor
valor
voluntad
denuedo
brío
empuje
impulso
coraje
arrojo

↔ desaliento
  desánimo

aligátor

caimán

aligerar(se)

descargar
aliviar
liberar
suavizar
mitigar
atenuar
desahogar

abreviar
apresurar
acelerar
avivar
apurar
agilizar
darse prisa

↔ cargar
  agobiar

tardar
retardar

aligustre

alheña

alijar

desembarcar
descargar
transbordar

alijo

contrabando
mercancía ilegal

alimaña

fiera
animal

bicho
sabandija
gusano
malvado
perverso
mala persona

↔ buenazo
  santo

alimentación

nutrición
mantenimiento
ingestión
manutención
avituallamiento
sustento
alimento

comida
víveres
comestibles
provisiones
viandas
nutriente

↔ desnutrición

alimentar(se)

nutrir
comer
criar
cebar
sustentar
mantener
sostener

suministrar
avituallar
proveer
surtir
procurar
proporcionar

fomentar
avivar
atizar
impulsar
alentar
respaldar
favorecer
potenciar

alimentario

alimenticio
comestible

alimenticio

nutritivo
nutricio
nutriente

alimento

comida
manjar
comestible
vianda
yantar
colación
refrigerio
manduca *col.*
abarrote *amer.*

sustento
sostén
mantenimiento
manutención

fomento
apoyo
estímulo
impulso
pábulo

alimoche

abanto

alineación

alineamiento
formación
fila
línea
columna

afiliación
adscripción
vinculación

alineado

formado
en línea
en formación

afiliado
adscrito
vinculado
encuadrado
seguidor
simpatizante

↔ desalineado

contrario
opositor
enemigo

alineamiento

alineación

alinear(se)

enfilar
formar

afiliar
adscribir
vincular
asociar
incorporar
inscribir
ingresar

↔ desalinear

desvincular
romper

aliñar

condimentar
sazonar
aderezar
adobar

acicalar
arreglar
adornar
aviar
embellecer
engalanar
emperifollar
emperejilar *col.*

↔ desaliñar

aliño

aderezo
condimento
condimentación
adobo

acicalamiento
adorno
arreglo
compostura
atavío
avío

↔ desaliño

alioli

ajoaceite
ajiaceite

alisar(se)

allanar
aplanar

estirar
planchar
igualar
pulir
tersar
enrasar

↔ arrugar

alistar(se)

reclutar
enrolar
engancharse
inscribir
afiliar
incorporar
apuntar

↔ borrar
dar de baja

aliviadero

rebosadero
desagüe
vertedero

aliviar(se)

aligerar
descargar
desahogar
descongestionar
liberar

calmar
suavizar
mitigar
atenuar
aplacar
paliar
consolar
templar
lenificar
acallar
mejorar
sanar
curar

robar
hurtar
sustraer
afanar *col.*
birlar *col.*
mangar *col.*

aliviarse

obrar
defecar
cagar
hacer de vientre

↔ cargar
recargar

agravar
recrudecer

alivio

descarga
desahogo
descanso
respiro
descongestión
sosiego
consuelo
mitigación
mejoría
liberación

↔ agobio
ahogo
angustia

aljaba

carcaj

aljama

sinagoga
judería
mezquita
morería

aljibe

tanque
cisterna
alberca
depósito

allá

allí
acullá

↔ acá
aquí

allanamiento

alisamiento
igualación
nivelación

invasión
irrupción

allanar

alisar
aplanar
igualar
nivelar

enrasar
explanar
apisonar

invadir
irrumpir
asaltar

allanarse
resignarse
conformarse
amoldarse
avenirse
aguantarse
ceder

↔ amontonar
  desnivelar

  sublevarse
  rebelarse

allegado
familiar
pariente
afín
amigo
íntimo

↔ ajeno
  extraño

allegar
recoger
juntar
recolectar

acercar
aproximar

allegarse
adherirse
sumarse
incorporarse
unirse

↔ separar
  diseminar

allende
allá
más allá
al otro lado

↔ aquende
  aquí

allí
allá
acullá

↔ acá
  aquí

alma
espíritu
ánima
ánimo
psique
corazón
sentimiento
sensibilidad
entrañas
conciencia

esencia
sustancia
eje
centro

individuo
persona
habitante
ser

↔ materia
  cuerpo

almacén
depósito
nave
despensa
bodega
establecimiento
tienda
comercio
supermercado
hipermercado

amer.
abarrote *amer.*
abarrotería *amer.*
abacería
ultramarinos
colmado

almacenaje
almacenamiento

**almacena-
miento**
almacenaje
acopio
amontonamiento
acumulación
acaparamiento
aprovisionamiento
recolección
provisión
reservas
depósito

almacenar
acopiar
amontonar
acumular
acaparar
aprovisionar
guardar
reunir
recolectar
reservar

↔ disipar
  desperdigar
  repartir

almáciga o
almácigo
semillero

almadía
balsa
armadía

almadreña
zueco

almanaque
calendario

almazara
lagar

almiar
henil
henal
pajar

almíbar
jarabe
sirope

almibarado
azucarado
acaramelado

dulzón
empalagoso
untuoso
melifluo
pegajoso

↔ amargo

  seco
  áspero

almibarar
azucarar
acaramelar

camelar
engatusar
embaucar

almidón
fécula

apresto

almidonado
acicalado
atildado
estirado
peripuesto

↔ descuidado

alminar
minarete

almirez
mortero

almohada
cabezal
almohadón

almohadilla
almohadón
cojín

acerico
alfiletero

almohadillado
acolchado
guateado
mullido

almohadillar
acolchar
almohadillar
guatear
enguatar

almohadón
almohadilla
cojín

almóndiga
albóndiga

almoneda

subasta
puja
licitación
compraventa

almorrana

hemorroide

almorta

guija
tito

almorzar

comer

almuecín o
  almuédano

muecín

almuerzo

refrigerio
desayuno
tentempié
piscolabis *col.*

comida

alocado

enajenado
perturbado
chalado *col.*

atolondrado
precipitado
irreflexivo
imprudente
aturdido
descuidado
despistado
botarate
cabeza de chorlito *col.*

↔ cuerdo
  juicioso

alocución

discurso
arenga
perorata
plática
disertación

áloe o **aloe**

acíbar
zabila

alojamiento

albergue
aposentamiento
aposento
hospedaje
estancia
cobijo
refugio
guarida
abrigo

alojar

albergar
aposentar
hospedar
cobijar
asilar
acoger
recibir
instalar

introducir
meter
encajar
penetrar

↔ desalojar
  desahuciar

  sacar
  desencajar

alón

ala

alopecia

calvicie

alpargata

abarca
esparteña
zapatilla

alpinismo

montañismo
andinismo *amer.*

alpinista

montañero
escalador

alpino

montañoso
montaraz
escarpado

alpiste *col.*

bebida
alcohol
vino
trinque *col.*
pimple *col.*

alimento
sustento
manutención

alquería

cortijo
granja
finca
caserío
masía
rancho
estancia *amer.*

alquilar

arrendar
traspasar

↔ desalquilar

alquiler

arrendamiento
arriendo
inquilinato
traspaso

alquitrán

brea
pez

alquitranar

embrear

alrededor

rodeando

aproximadamente
más o menos
en torno a
cerca de

alrededores

afueras
suburbios
periferia
extrarradio
cercanías
arrabal
alfoz
ensanche
extramuros

alta

ingreso
inscripción
suscripción
entrada
incorporación
reincorporación
adhesión

curación
restablecimiento

↔ baja

altamente

mucho
enormemente
en extremo
en gran medida

↔ mínimamente

altanería

altivez
soberbia
arrogancia
vanidad
envanecimiento
engreimiento
petulancia
presunción
orgullo
desdén

↔ humildad
  modestia

altanero

altivo
soberbio
arrogante
vano
engreído
petulante
presuntuoso
orgulloso

↔ humilde
  modesto

altar

ara

altavoz

amplificador
bafle
megáfono
altoparlante *amer.*

alteración

modificación
cambio
variación

trastorno
inquietud
sobresalto
nerviosismo
perturbación

alboroto
altercado

↔ sosiego
  calma

alterado

modificado
reformado
transformado
cambiado
variado

trastornado
inquieto
afectado
alborotado
sofocado
perturbado
desquiciado
desfigurado
desencajado

descompuesto
estropeado
adulterado
podrido
pasado
caducado

↔ inalterado
  intacto

  sosegado
  tranquilo

  conservado

alterar(se)

modificar
reformar
transformar
cambiar
variar
mudar

trastornar
inquietar
afectar
alborotar
sofocar

turbar
perturbar
agitar
desquiciar
desfigurar
desencajar
inmutar
conmover
alarmar
acalorar
airar

descomponer
estropear
adulterar
pudrir
podrir
pasarse
caducar

↔ sosegar
  tranquilizar

altercado

disputa
riña
pelea
reyerta
contienda
agarrada
gresca
trifulca
camorra
alboroto
jaleo
follón
zapatiesta *col.*
pelotera *col.*

alternador

generador

alternancia

rotación
turno
relevo
sucesión

cambio
variación

alternar(se)

turnar
rotar
relevarse

tratarse
frecuentar
relacionarse

codearse
convivir
fraternizar

↔ simultanear

  aislarse

alternativa

opción
elección
disyuntiva
dilema

alternancia
rotación
turno

alternativo

alterno
cíclico
rotativo
rotatorio
periódico
variable

opcional
posible

↔ continuo
  simultáneo

  obligatorio

alterno

alternativo
cíclico

↔ continuo

alteza

nobleza
grandeza
excelencia
celsitud
eminencia
elevación
sublimidad

↔ bajeza
  vileza

altibajo

desnivel
irregularidad
desigualdad

alteración
avatar
variación
mudanza

↔ uniformidad
  regularidad

altillo

desván
buhardilla
trastero

maletero

altiplanicie o altiplano

meseta

Altísimo

Dios
Padre
Señor
Creador
Salvador
Todopoderoso

altisonante o altísono

grandilocuente
pomposo
rimbombante
engolado
afectado
rebuscado
pedante
enfático

↔ sencillo
  llano

altitud

altura
cota
nivel

altivez

soberbia
altanería
arrogancia
vanidad
envanecimiento
engreimiento
petulancia
presunción
orgullo
desdén

↔ humildad
  modestia

altivo

soberbio
altanero
arrogante
vano
presuntuoso
engreido
petulante
orgulloso
desdeñoso

↔ humilde
   modesto

alto¹

detención
parada
suspensión
stop

descanso
respiro
tregua

alto²

crecido
espigado
elevado
prominente
largo
grande
gigante

subido
erguido
levantado
alzado

caro
costoso
cuantioso

fuerte
intenso
sonoro
ruidoso

agudo
aflautado

superior
eminente
encumbrado
notorio
sobresaliente
importante
considerable
excelso
excelente
noble

altura
altozano
colina
elevación
collado

↔ bajo
   pequeño

   agachado

   barato

   silencioso
   apagado

   grave

   inferior
   insignificante

   base
   fondo

altoparlante amer.

altavoz

altozano

alto
colina
collado
cerro
loma
otero
alcor
montículo
cabezo

altramuz

chocho

altruismo

filantropía
generosidad
abnegación
desinterés
caridad
humanidad
solidaridad

↔ egoísmo

altruista

filántropo
generoso
abnegado
desinteresado
caritativo
dadivoso
solidario

↔ egoísta

altura

estatura
medida
alzada
talla

altitud
nivel
cota

categoría
prestigio
importancia
consideración
valor
valía
mérito

cumbre
cima
cúspide
pico

alturas

gloria
cielo
paraíso

jefatura
directiva
staff

↔ infierno

alubia

judía
habichuela
fréjol
fríjol
pocha

alucinación

visión
ilusión
espejismo
deslumbramiento
ofuscación
fascinación
sueño
fantasía
quimera
irrealidad

↔ realidad

alucinante

sorprendente
impresionante
asombroso
pasmoso

increíble
sensacional

↔ insignificante

alucinar

delirar
desbarrar
desvariar

col.
entusiasmar
encantar
fascinar
seducir
embelesar
maravillar

sorprender
impresionar
asombrar
pasmar

alucine col.

asombro
pasmo
admiración
maravilla
pasada col.

alud

avalancha
desprendimiento

aluvión
tromba
afluencia
concurrencia

aludir

mencionar
citar
mentar
nombrar
referir
hacer referencia

insinuar
apuntar
sugerir

↔ omitir

alumbrado

iluminado

iluminación
luz
tendido

alumbramiento

parto
nacimiento

alumbrar

iluminar
lucir
encender
enfocar
relumbrar

enseñar
instruir
aclarar
ilustrar
esclarecer
descubrir
sacar de la duda

parir
dar a luz

↔ apagar
   oscurecer

   ofuscar

alumno

discípulo
pupilo
estudiante
educando
escolar
colegial

alunarse *amer.*

disgustarse
enfadarse
irritarse
cabrearse *col.*

↔ alegrarse
   contentarse

alusión

mención
cita
referencia
indicación

insinuación
indirecta
sugerencia

↔ omisión

alusivo

referente
relativo
concerniente
tocante

aluvión

tromba
desbordamiento
avenida

avalancha
afluencia
concurrencia
muchedumbre
masa

álveo

cauce
madre
lecho
curso

alveolo o
alvéolo

celdilla (de un
   panal)

alza

subida
aumento
elevación
ascenso
acrecentamiento
incremento
encarecimiento

plataforma

↔ baja
   bajada
   descenso

alzacuello

sobrecuello

alzada

altura (de una
   caballería)
cruz

apelación
recurso

alzado

levantado
subido
elevado
aupado
incorporado

sublevado
amotinado

rebelde
faccioso
sedicioso

amer.
cimarrón
montaraz
salvaje

engreído
orgulloso
insolente

↔ bajado

alzamiento

levantamiento
rebelión
revuelta
motín
pronunciamiento
sedición
insurgencia
golpe de Estado

alzar(se)

levantar
subir
elevar
empinar
aupar
izar
enderezar
erguir
incorporar

sublevar
amotinar
revelar
pronunciarse

↔ bajar
   descender

   apaciguar
   sofocar

ama

dueña
señora
propietaria

gobernanta

nodriza
aya

amabilidad

afabilidad
simpatía

cordialidad
gentileza
cortesía
atención
dulzura
urbanidad
sociabilidad
accesibilidad
tratabilidad

↔ antipatía
   descortesía

amable

agradable
afable
simpático
cordial
cortés
atento
gentil
complaciente
afectuoso
afectivo
cariñoso
encantador
adorable
abierto
sociable
accesible
tratable

↔ desagradable
   antipático
   descortés

amado

querido
adorado
estimado
predilecto
dilecto
caro
bienquisto
idolatrado
celebrado
respetado

↔ odiado
   impopular

amaestrado

adiestrado
domesticado
domado
manso

↔ salvaje
   asilvestrado

amaestrar

adiestrar
domesticar
domar
amansar
entrenar

enseñar
disciplinar
educar

amagar

amenazar

amago

conato
asomo
señal
indicio
síntoma

amainar

calmar
cejar
desistir
aflojar
remitir
ceder
disminuir

arriar

↔ arreciar
   fortalecer

   izar

amalgama

aleación
fusión
fundición

mezcla
mezcolanza
masa

amalgamar

alear
ligar
fundir
fusionar

mezclar
trabar

amamantar

criar
lactar

dar de mamar
dar el pecho
dar la teta

↔ destetar

**amanceba-
miento**

concubinato
abarraganamiento
contubernio
amontonamiento *col.*
apaño *col.*
lío *col.*
unión de hecho

amancebarse

juntarse
abarraganarse
cohabitar
arrejuntarse *col.*
amontonarse *col.*
liarse *col.*
vivir juntos

amanecer[1]

alborear
clarear
despuntar
aclarar
rayar el día

despertarse
levantarse

iniciarse
nacer
empezar
brotar
surgir
manifestarse

↔ anochecer
   atardecer

   acostarse

   terminar
   acabar

amanecer[2]

amanecida
alba
aurora
madrugada
alborada
albor
orto *cult.*

principio
inicio
comienzo

↔ crepúsculo
   ocaso
   atardecer
   anochecer

   fin

amanecida

amanecer
alba

amanerado

afectado
artificioso
artificial
estudiado
forzado
rebuscado
remilgado
cursi
pedante

afeminado
amariconado *col.*

↔ sencillo
   natural
   espontáneo

   viril

amanerar(se)

afectar
remilgar
viciar
forzar

afeminar
amariconar *col.*

amansar(se)

domesticar
amaestrar
adiestrar
domar
desbravar
aguacharse *amer.*

sosegar
apaciguar
calmar
tranquilizar
aquietar
amainar

↔ embravecer

   excitar

amante

enamorado
entusiasta
apasionado
adorador
aficionado
fan

querido
amigo
compañero
barragana
concubina
lío *col.*
apaño *col.*

amanuense

escribiente
escribano
copista

amañar

apañar
trucar
urdir
manipular
falsear
falsificar
componer
adulterar

amañarse

apañarse
arreglarse
valerse
darse maña

amaño

apaño
treta
triquiñuela
ardid
argucia
truco
artimaña
engaño
estratagema
martingala
manipulación
componenda
falsificación
adulteración
fraude
pucherazo
   (electoral) *col.*

amapola

ababol

amar(se)
querer
apreciar
estimar
respetar
considerar
bienquerer
adorar
enamorarse
prendarse

copular
fornicar
hacer el amor

↔ odiar
aborrecer

amarar
amerizar

↔ despegar

amargar(se)
acibarar

estropear
aguar
chafar
fastidiar
jorobar *col.*
joder *vulg.*

disgustar
desilusionar
entristecer
apenar
apesadumbrar
acongojar
angustiar
afligir
atribular
agobiar
consternar

↔ endulzar
dulcificar

mejorar

alegrar
aliviar
confortar

amargo
acerbo
acre
acibarado
áspero

aflictivo
penoso

doloroso
triste
lamentable
pesaroso
angustioso
desgraciado
desagradable
desconsolador
desolador
mortificante
dramático
trágico
duro

↔ dulce
suave

alegre
feliz
confortante

amargura
aflicción
pena
dolor
tristeza
disgusto
sinsabor
pesadumbre
desconsuelo
tormento
mortificación
acíbar

↔ alegría
felicidad
placer

amariconado *col.*
afeminado
amanerado
amariposado *col.*
mariposa *col.*
sarasa *col.*
marica *col.*

↔ viril
macho

amariconar(se)
col.
afeminar
amanerar

amarillear
palidecer
amustiarse

↔ reverdecer

amarillento
amarillo
ambarino
pajizo
pálido

amarillo
amarillento
gualdo
ambarino
azafranado
pajizo
rubio
dorado

amariposado
afeminado
amanerado
amariconado *col.*

↔ viril
macho

amarra
soga
cabo
maroma
cable

amarras
apoyo
influencia
protección
asidero
agarraderas

amarradero
amarre

amarrar
atar
sujetar
ligar
encadenar

asegurar
afianzar
afirmar
aferrar
reforzar
consolidar
reafirmar
fijar

↔ desamarrar
desatar
soltar

amarre
atadura
ligadura

amarradero

amarrete *amer.*
avaro
avaricioso
avariento
codicioso
agarrado *col.*

amartelado
acaramelado
enamorado
cariñoso
tierno
dulzón
melifluo

amartillar
martillear

asegurar
afianzar
amarrar

amasar
sobar
heñir
ligar

acumular
atesorar
acaparar

amasijo
masa
mezcla
mixtura
mezcolanza
amalgama
revoltijo *col.*
batiburrillo *col.*

amateur
aficionado
diletante

↔ profesional

amatorio
amoroso

amazacotado
apelmazado
compacto

comprimido
apretado
denso
↔ esponjoso
   suelto

amazona
caballista
jinete
jineta *amer.*

ambages
rodeos
circunloquios
vaguedades
evasivas
digresiones

ámbar
ambarino
amarillento
ocre

ambición
codicia
avidez
anhelo
afán
ansia
aspiración
apetencia
pretensión
↔ renuncia

ambicionar
anhelar
ansiar
desear
codiciar
aspirar
apetecer
pretender
↔ renunciar

ambicioso
codicioso
ávido
ansioso
anhelante
apetente
egoísta
insaciable
infatigable
emprendedor
con aspiraciones

importante
considerable
pretencioso
de envergadura
↔ mesurado
   pusilánime
   modesto

ambientar(se)
enmarcar
encuadrar
situar
contextualizar
aclimatar
adaptar
habituar
acomodar
acostumbrar
hacerse
↔ deshabituar

ambiente
aire
clima
medio
espacio
éter
atmósfera
ámbito
entorno
circunstancia
condición
dominio
círculo
esfera
hábitat
medio ambiente
animación
concurrencia
bullicio

ambigú
bufé
bufet

ambigüedad
anfibología
imprecisión
confusión
equívoco
doble sentido
↔ precisión

ambiguo
anfibológico
equívoco
dudoso
confuso
oscuro
impreciso
indeterminado
vago
↔ preciso
   inequívoco

ámbito
superficie
extensión
espacio
terreno
campo
alcance
radio
ambiente
entorno
dominio
círculo
grupo
clase

ambos
entrambos *cult.*
los dos
uno y otro

ambrosía
manjar
néctar
elixir
delicia
exquisitez
manjar de dioses

ambulante
itinerante
nómada
vagabundo
errante
↔ fijo
   estable

ambulatorio
consultorio
dispensario
clínica
centro de salud

amedrentar(se)
atemorizar
asustar
intimidar
acobardar
amilanar
acoquinar
apabullar
apocar
arredrar
achicar
acogotar
achantar *col.*
acojonar *vulg.*
↔ envalentonar

amén[1]
así sea
conformidad
aprobación
OK

amén[2]
además
a más

amenaza
advertencia
intimidación
provocación
conminación
desafío
reto
presagio
amago
señal
indicio
anuncio
aviso

amenazador
amenazante
conminatorio
intimidador
inquietante
intranquilizante
↔ tranquilizador
   esperanzador

amenazante
amenazador

amenazar
conminar
intimidar

amonestar
advertir
avisar

amagar
presagiar
acechar
aguardar
esperar
anunciar

amenidad

entretenimiento
diversión
distracción
esparcimiento
atractivo
gracia

↔ aburrimiento

amenizar

entretener
divertir
distraer
animar

↔ aburrir

ameno

entretenido
divertido
distraído
interesante
animado
variado
simpático

grato
agradable
placentero
deleitable
delicioso
atractivo
atrayente
satisfactorio
encantador
seductor

↔ aburrido

desagradable
molesto

americana

chaqueta
saco *amer.*

americano

indiano
criollo

amerindio
sudamericano
hispanoamericano
latinoamericano
sudaca *desp.*

norteamericano
estadounidense
yanqui

amerizar

amarar

↔ despegar

amestizado

mestizo
aindiado
achinado *amer.*

ametralladora

metralleta

ametrallar

acribillar
tirotear
balear *amer.*
balacear *amer.*

amigable

afable
amistoso
amable
cordial
acogedor
afectuoso
cariñoso
cálido
entrañable

↔ hostil
insociable
frío

amígdala

angina

amigdalitis

anginas

amigo

compañero
camarada
conocido
íntimo
relación

aliado
socio
compadre
compinche
colega *col.*
amigote *col.*

partidario
aficionado
inclinado
proclive
devoto

amante
querido

↔ enemigo
rival
adversario

amigote *col.*

amigo
compadre
compinche
colega *col.*

amiguismo

nepotismo
recomendación
enchufe *col.*
enchufismo *col.*

amilanar(se)

acobardar
atemorizar
amedrentar
acoquinar
apabullar
achicar
apocar
arredrar
encoger
achantar *col.*

desalentar
desanimar
disuadir

↔ envalentonar

animar

aminorar

disminuir
reducir
acortar
atenuar
paliar
mermar

amortiguar
empequeñecer

↔ aumentar
acrecentar

amistad

aprecio
afecto
cariño
apego
camaradería
hermandad
confraternidad
trato
intimidad
afinidad

amistades

amigos
conocidos
relaciones

↔ enemistad
aversión
rivalidad

amistoso

amigable
afectuoso
cariñoso
amable
afable
atento
cordial
cálido
entrañable
acogedor
abierto
sociable

↔ hostil
antipático

amnistía

indulto
perdón
condonación
remisión
gracia

↔ condena

amo

señor
dueño
propietario
patrono

amoblar

amueblar

amodorrar(se)

adormecer
adormilar
aletargar
trasponerse
cabecear

↔ despabilar
　 despertar

amohinar(se)

enfadar
enojar
irritar
contrariar

↔ contentar
　 alegrar

amojamado

acartonado
apergaminado
momificado
curtido
seco
enjuto

↔ fresco
　 lozano

amojamar(se)

acartonarse
apergaminarse
momificarse

amojonar

acotar
jalonar
deslindar
demarcar
delimitar
limitar

amolar

afilar
aguzar
afinar

col.
molestar
enfadar
incomodar
fastidiar
jorobar *col.*

↔ achatar
　 redondear

amoldar(se)

ahormar
ajustar

adaptar
adecuar
acomodar
conformarse
someterse
plegarse
avenirse
aceptar
consentir
resignarse

↔ desajustar

　 rebelarse
　 resistirse

amonarse *col.*

emborracharse
embriagarse
achisparse
alegrarse
marearse
cogerla *col.*

↔ despejarse
　 serenarse

amonedar

acuñar
batir
troquelar

amonestación

reprensión
admonición
exhortación

aviso
advertencia

amonestar

reñir
reprender
regañar
increpar
exhortar
reconvenir
abroncar
censurar

avisar
advertir
prevenir

↔ aprobar
　 felicitar

amontonar(se)

apilar
juntar
reunir
aglomerar
agolpar
arremolinar
apiñar

acaparar
acopiar
acumular
almacenar
atesorar

↔ diseminar
　 esparcir
　 dispersar

　 compartir

amor

cariño
afecto
apego
ternura
devoción
adoración
veneración
afección
inclinación
enamoramiento
pasión
deseo
atracción

coito
sexo
acto sexual

amante
amado
querido
enamorado
novio
pareja

esmero
cuidado
mimo
celo
primor

↔ desamor
　 odio
　 desprecio

　 descuido

amoratado

cárdeno
violáceo

morado
lívido

amordazar

silenciar
acallar
enmudecer

amorfo

deforme
informe
disforme
irregular
monstruoso
desproporcionado
contrahecho
desfigurado

↔ proporcionado
　 armonioso

amorío

aventura
romance
idilio
devaneo
affaire
lío *col.*
rollo *col.*

amoroso

amatorio
erótico

afectuoso
cariñoso
afectivo
dulce
tierno
emotivo
sensible
cálido

blando
suave
dulce

↔ hostil
　 seco

　 áspero
　 duro

amortiguación

amortiguamiento
atenuación
moderación

↔ agudización
　 aumento

amortiguar(se)

atenuar
moderar
mitigar
paliar
suavizar
difuminar

↔ agudizar
   intensificar
   amplificar

amortizar

liquidar
satisfacer
redimir
saldar
finiquitar

aprovechar
rentabilizar

↔ desamortizar

   desaprovechar

amoscarse *col.*

enfadarse
enojarse
encolerizarse
mosquearse *col.*
cabrearse *col.*

↔ contentarse
   alegrarse

amotinar(se)

alzar
sublevar
levantar
soliviantar
insurreccionar
insubordinar

↔ apaciguar
   sofocar

amovible

cambiable
removible
móvil
mueble

↔ inamovible
   fijo

amparar

proteger
auxiliar
ayudar

apoyar
salvaguardar
abrigar
albergar
favorecer
atender
acoger

ampararse

escudarse
resguardarse
agarrarse
excusarse
disculparse

↔ desamparar
   abandonar
   desasistir

amparo

protección
auxilio
ayuda
apoyo
defensa
resguardo
refugio
abrigo
cobijo
asilo

↔ desamparo
   abandono

ampliación

aumento
incremento
acrecentamiento
engrandecimiento
ensanchamiento

↔ reducción
   disminución

ampliamente

pródigamente
considerablemente
largamente
cumplidamente
con creces

↔ mínimamente

ampliar(se)

aumentar
agrandar
amplificar
incrementar
acrecentar
engrandecer

engrosar
dilatar
extender
ensanchar

↔ reducir
   disminuir

amplificador

altavoz
bafle
megáfono
altoparlante *amer.*

amplificar

ampliar
aumentar
incrementar
acrecentar

↔ reducir

amplio

grande
holgado
ancho
espacioso
extenso
vasto
despejado
desahogado
sobrado

↔ reducido
   estrecho
   angosto

amplitud

holgura
espaciosidad
dilatación
desahogo
vastedad

↔ estrechez

ampolla

vejiga

ampolleta *amer.*

bombilla

ampuloso

pomposo
afectado
altisonante
grandilocuente
hinchado

artificioso
barroco
recargado

↔ natural
   sencillo

amputar

cercenar
mutilar
cortar
arrancar
desgajar

amueblar

amoblar
equipar
decorar

↔ desamueblar

amuermar(se) *col.*

aburrir
hastiar
fastidiar

aplanar
aplatanar
deprimir
abatir

↔ divertir

   despabilar

amuleto

talismán
fetiche
mascota
filacteria
higa

amurallar

fortificar
encerrar
cercar

anacarado

nacarado
iridiscente
tornasolado

anacardo

marañón *amer.*

anacoreta

ermitaño
eremita

ánade
pato

anafrodisiaco o **anafrodisíaco**
↔ afrodisiaco

anagrama
logotipo
emblema

anal
rectal

anales
crónica
fastos
memorias
anuario

analfabeto
iletrado
inculto
ignorante
lego
↔ alfabetizado
culto

analgésico
calmante
sedante
lenitivo
paliativo

análisis
disección
descomposición
estudio
investigación
examen
exploración
observación
prospección
↔ síntesis

analítico
↔ sintético

analizar
diseccionar
descomponer
distinguir
separar

estudiar
investigar
examinar
explorar
indagar
observar
↔ sintetizar

analogía
semejanza
similitud
parecido
afinidad
equivalencia
relación
conexión
igualdad
vínculo
vinculación
proximidad
cercanía
consonancia
correlación
↔ diferencia
disparidad

analógico
análogo

análogo
analógico
semejante
similar
parecido
afín
equivalente
próximo
cercano
↔ distinto

ananá o **ananás**
piña

anaquel
entrepaño
estante
repisa
balda
vasar

anaranjado
naranja
alazán
canela
rojizo
butano

anarco
anarquista

anarquía
desgobierno
caos
confusión
desorganización
desorden
indisciplina
desconcierto
desarreglo
desbarajuste
↔ gobierno
orden
disciplina

anárquico
anarquista
ácrata
caótico
confuso
desorganizado
desordenado
indisciplinado
↔ ordenado
disciplinado

anarquista
ácrata
anarco
libertario

anatema
excomunión
condena
execración
reprobación
estigma
censura
repulsa
maldición
imprecación
↔ aprobación
defensa
aplauso
bendición

anatematizar
excomulgar
condenar

execrar
imprecar
reprobar
censurar
↔ bendecir
aprobar
aplaudir

anatomía
cuerpo
organismo

anatómico
fisiológico
corporal
orgánico
somático

anca
cuadril
grupa
muslo
nalga
cuarto trasero

ancestral
atávico
antiguo
remoto
tradicional

ancestro
antepasado
ascendiente
abuelo

ancho
amplio
holgado
grande
espacioso
extenso
anchuroso
alargado
sobrado
apaisado
satisfecho
encantado
orgulloso
orondo
ufano
pancho
anchura

↔ estrecho
angosto

insatisfecho
avergonzado

anchoa
boquerón

anchura
ancho

holgura
amplitud
espaciosidad
extensión

↔ estrechez
angostura

anchuroso
ancho
amplio
dilatado
extenso

↔ estrecho
angosto

anciano
viejo
vetusto
abuelo
provecto
longevo
vejete *col.*
matusalén *col.*
vejestorio *desp.*
carcamal *desp.*

↔ joven

ancla
áncora

anclaje
fondeo
amarre
atraque

fondeadero

anclar
fondear

fijar
asegurar
sujetar

afirmar
reafirmar

anclarse
aferrarse
agarrarse
asirse
mantenerse

↔ levar anclas
soltar
aflojar

renunciar

áncora
ancla

andaderas
andador
tacatá
tacataca

apoyos
precauciones

andador
andariego
andarín
andante
caminante
paseante

andaderas
tacatá
tacataca

andadura
recorrido
trayecto
camino
caminata
singladura

andalusí
hispanoárabe
hispanomusulmán

andamiaje
andamiada
andamio

andamio
andamiaje
armazón
armadura
plataforma

andana
andanada
hilera
fila

andanada
andana

descarga
fuego
salva

reprimenda
regañina
represión
rapapolvo
filípica
bronca

andante
errante
nómada
ambulante
itinerante

↔ sedentario

andanza
correría
aventura
viaje
peripecia
episodio
incidente
lance
vicisitudes
avatares

andar
caminar
marchar
deambular
circular
pasear
transitar
vagar
recorrer
ir
trasladarse
patear
avanzar

funcionar

transcurrir
correr (el tiempo)
pasar

encontrarse
hallarse
estar

rondar
rozar
frisar
aproximarse
acercarse

hurgar
trastear
enredar
tocar
toquetear
manipular

↔ detenerse
parar

andariego
andador
andarín
errante
trotamundos
caminante
paseante
peatón

↔ sedentario

andas
angarillas
parihuelas

andén
apeadero
muelle

andinismo *amer.*
montañismo
alpinismo

andoba o
andóbal *caló*
persona
individuo
fulano
tipo
tío *col.*
pollo *col.*
pájaro *col.*
menda *col.*
gachó *caló*

andorga *col.*
vientre
abdomen
barriga
panza
tripa

andrajo

harapo
guiñapo
jirón
piltrafa
trapo
pingajo *col.*
pingo *col.*

andrajoso

harapiento
desharrapado
astroso
desastrado
zarrapastroso
estropajoso

↔ elegante
  atildado

andrógino

hermafrodita
bisexual

afeminado

androide

robot
autómata

andurrial

paraje
lugar
vericueto
linde
rincón
paradero

anea

enea
espadaña

anécdota

historieta
relato
cuento
chascarrillo
suceso
sucedido
lance

detalle
particularidad
peculiaridad
puntualización
curiosidad

↔ esencia
  meollo

anecdótico

curioso
peculiar
puntual

marginal
accidental
accesorio
circunstancial
secundario

↔ esencial
  principal

anegar(se)

inundar
encharcar
mojar
empapar
sumergir
regar

anejo

anexo
adyacente
agregado
vinculado
dependiente
derivado
adjunto
unido
junto

↔ independiente

anémona

actinia

anestesia

inconsciencia
narcosis

anestésico
narcótico

anestesiar

insensibilizar
narcotizar
dormir

anestésico

narcótico
anestesia

anexar o anexionar

agregar
incorporar

absorber
fagocitar
añadir
adicionar
adherir
sumar
englobar

↔ expulsar

anexo

anejo
adyacente
agregado
vinculado
dependiente
derivado
auxiliar
adjunto
unido
junto
apéndice
complemento
añadido
suplemento
ampliación

↔ independiente

anfeta *argot*

anfetamina

anfetamina

anfeta *argot*
droga
estimulante

anfibio

batracio

anfibología

ambigüedad
equívoco
confusión
imprecisión
doble sentido

↔ precisión

anfiteatro

gradería
graderío
gallinero
tendido

anfitrión

huésped
hospedador

anfractuoso

quebrado
sinuoso
tortuoso
abrupto
irregular
intrincado
desigual
fragoso

↔ uniforme
  regular

angarillas

andas
parihuelas
aguaderas

ángel

querube
querubín
serafín
arcángel
espíritu celeste

santo
bendito
cielo
encanto
pedazo de pan

gracia
garbo
donaire
atractivo
hechizo
donosura
aquel *col.*

↔ lucifer
  demonio

angelical

cándido
candoroso
puro
inocente
ingenuo
espiritual
casto
inmaculado

↔ perverso
  maligno

angelito

niño
bebé
criatura
rorro *col.*

angina
amígdala

anginas
amigdalitis

angioma
antojo
lunar

anglosajón
sajón
inglés
británico

angosto
estrecho
reducido
constreñido
ajustado
ceñido
apretado
escaso

↔ ancho
   espacioso

angostura
estrechez
estrechura
apretura
escasez

desfiladero
cañón
garganta
quebrada
cañada
portillo

↔ anchura
   amplitud

ángulo
arista
canto
esquina
codo
recodo
rincón

perspectiva
óptica
opinión
punto de vista

anguloso
recortado
saliente

afilado
quebrado

↔ llano
   recto

angustia
aflicción
dolor
pesar
pena
tristeza
desconsuelo
amargura
consternación
congoja
agonía

ansiedad
ansia
inquietud
agobio
ahogo
zozobra
preocupación
temor

↔ euforia
   alegría

   alivio
   desahogo

angustiar(se)
afligir
apenar
apesadumbrar
desconsolar
amargar
consternar
acongojar

inquietar
agobiar
atribular
preocupar

↔ alegrar

   aliviar
   confortar

angustioso
agobiante
abrumador
atosigante
sofocante
acongojante
inquietante

↔ relajante
   apacible

anhelante
anheloso
deseoso
ansioso
impaciente

↔ indiferente

anhelar
desear
ansiar
apetecer
ambicionar
codiciar

pretender
querer
aspirar
suspirar

jadear
resollar
resoplar

↔ renunciar
   despreciar

anhelo
deseo
afán
ansia
aspiración
ambición
pretensión

↔ indiferencia
   renuncia

anidar
morar
habitar
alojarse
establecerse

↔ desanidar

anilla
argolla
arandela
aro
anillo
arete
armella
hembrilla
abrazadera

anillo
sortija
alianza
anilla
argolla

ánima
alma
espíritu
ánimo

↔ cuerpo

animación
viveza
vivacidad
ímpetu
exaltación
vigor

ambiente
concurrencia
muchedumbre
regocijo
alegría
alborozo
bulla
bullicio

ajetreo
agitación
movimiento

↔ abatimiento
   decaimiento

   aburrimiento

   pasividad
   quietud

animado
vivo
activo
vivaz
ajetreado
movido
agitado
dinámico
despierto

concurrido
frecuentado
ambientado

alegre
divertido
festivo
jovial
alborozado
bullicioso
ruidoso

↔ inanimado

   pasivo

   vacío

   triste
   aburrido

animador

alentador
estimulante
optimista
organizador

presentador
locutor

↔ desalentador
  deprimente

animadversión

aversión
enemistad
odio
animosidad
antipatía
repugnancia
rechazo
repulsa
oposición
hostilidad
ojeriza
alergia
manía
fila *col.*
gato *col.*

↔ amistad
  simpatía

animal

bestia
bruto
alimaña
fiera

ignorante
inculto
analfabeto
torpe
tarugo
zopenco
burro

rudo
cafre
incivilizado
maleducado

visceral
pasional

↔ humano

  culto
  inteligente

  delicado

  racional
  intelectual

animalada

burrada
bestialidad
disparate
salvajada
barbaridad

animar(se)

alentar
confortar
reconfortar
consolar

incitar
empujar
estimular
motivar
ilusionar
esperanzar

avivar
alegrar

↔ desanimar
  desalentar

anímico

espiritual
psíquico
moral
interior

↔ material

ánimo

humor
talante
actitud

brío
entusiasmo
animosidad
valor
empuje
ímpetu
energía
fuerza
denuedo
aliento
afán
tesón
resolución
decisión

intención
voluntad
deseo

alma
ánima
espíritu

↔ desánimo
  desaliento
  pusilanimidad

animosidad

antipatía
oposición
animadversión
aversión
ojeriza
manía
fila *col.*

ánimo
brío
entusiasmo
valor
empuje

↔ simpatía
  afición

  desánimo

animoso

valeroso
valiente
brioso
enérgico
impetuoso
resuelto
decidido

↔ cobarde
  pusilánime

aniñado

infantil
pueril

↔ avejentado

aniquilación

destrucción
exterminio
matanza
masacre
inmolación
holocausto
genocidio
muerte

↔ creación
  construcción

aniquilar(se)

destruir
matar
arrasar
exterminar
asolar

devastar
destrozar
desbaratar
deshacer
anular
acabar
liquidar

derrotar
vencer
hundir
abatir
rendir

anonadar
abrumar
confundir
humillar
avergonzar

↔ crear
  construir

anís

matalahúva
matalahúga

anisado
anisete
ojén

anisado

anís

anisete

anís

aniversario

cumpleaños
conmemoración

ano

recto
culo

anochecer[1]

oscurecer
atardecer

↔ amanecer
  alborear

anochecer[2]

anochecida
ocaso
crepúsculo
atardecer

↔ amanecer
  aurora

anochecida

anochecer
ocaso

anodino

insustancial
insulso
insípido
soso
vulgar
ordinario
corriente
insignificante
mediocre
gris
fútil
trivial
nimio

↔ esencial
   enjundioso
   sobresaliente

anomalía

anormalidad
irregularidad
defecto
deformidad
aberración
rareza

↔ normalidad

anómalo

anormal
irregular
defectuoso
deforme
aberrante
raro
insólito

↔ normal
   regular

anonadar

desconcertar
aturdir
abrumar
apabullar
confundir
apocar
abatir
aplastar
acogotar
humillar
derrotar

impresionar
asombrar

sorprender
maravillar
pasmar
alucinar *col.*

anónimo

desconocido
ignorado
incógnito
secreto

↔ conocido
   famoso

anorak

chubasquero
impermeable
plumífero

anormal

anómalo
extraño
raro
insólito
irregular
desproporcionado
defectuoso
deforme
aberrante
subnormal
deficiente mental
disminuido psíquico

↔ normal
   regular

anormalidad

anomalía
irregularidad
desviación
aberración
rareza
desproporción
excepción

↔ normalidad
   regularidad

anotar

apuntar
inscribir
registrar
asentar
escribir

glosar

marcar
hacer un tanto

↔ borrar

anquilosado

atrofiado
agarrotado
entumecido
entumido
paralizado
inmovilizado
impedido

anticuado
obsoleto
viejo

↔ ágil

renovado
actualizado

anquilosar(se)

atrofiar
agarrotar
entumecer
paralizar
oxidar

estancar
detener

↔ desentumecer

renovar
modernizar

ánsar

ganso
oca

ansia

ansiedad
desazón
angustia
congoja
intranquilidad
desasosiego
inquietud
fatiga
agitación
agobio
ahogo
zozobra
aflicción

deseo
afán
anhelo
ambición
codicia
pretensión
aspiración
ideal

↔ despreocupación
   tranquilidad

   indiferencia

ansiar

desear
ambicionar
anhelar
codiciar
apetecer
querer
pretender
aspirar

↔ renunciar
   despreciar

ansiedad

ansia
desazón
angustia
desasosiego
zozobra

↔ tranquilidad

ansioso

impaciente
angustiado
desazonado

deseoso
afanoso
anhelante
ambicioso
ávido
avaricioso
codicioso
apetente
voraz

↔ tranquilo
   indiferente

anta

ante (animal)

antagónico

antagonista
opuesto
contrario
incompatible
irreconciliable
dispar

↔ similar
   semejante
   gemelo

antagonista
enemigo
rival
adversario
competidor
contrincante
contendiente
oponente
contrario

antagónico
opuesto

↔ amigo
   partidario

antaño
antiguamente
ayer

↔ hogaño
   actualmente

antártico
austral
meridional

↔ ártico
   boreal

ante[1]
alce
anta

ante[2]
delante
frente a
en presencia de

↔ tras

antecámara
antesala
recibidor
vestíbulo

antecedente
precedente
preexistente
precursor
anterior
antecesor

antecedentes
historial
referencias
informes
circunstancias

↔ siguiente
   consecuente
   consecuencias

anteceder
preceder
adelantar
anticiparse
aventajar
superar

↔ suceder
   seguir

antecesor
precedente
predecesor

antepasado
ascendiente
ancestro

↔ sucesor
   posterior
   descendiente

antedicho
dicho
mencionado
aludido
citado
referido

antediluviano
prediluviano

antiguo
remoto
viejo
anticuado
trasnochado
obsoleto
vetusto
arcaico

↔ posdiluviano
   nuevo
   moderno
   actual

antelación
anticipación
adelanto
delantera
prelación

↔ demora
   retraso

antemano, de
anticipadamente
previamente
antes
a priori

↔ a posteriori

anteojo
catalejo
telescopio

anteojos
gafas
lentes
antiparras
espejuelos

antepasado
ascendiente
antecesor
abuelo
ancestro

↔ descendiente

antepecho
barandilla
balaustrada
brocal
pretil

anteponer
preferir
priorizar
favorecer
privilegiar
distinguir
diferenciar
predisponerse

↔ posponer

anteportada
portadilla

anteproyecto
plan
esbozo
bosquejo
preliminares

anterior
precedente
previo
preliminar
inicial

precursor
preparatorio

antedicho
susodicho
mencionado
aludido

↔ posterior

anterioridad
antelación
anticipación
prioridad

↔ posterioridad

antes
anteriormente
primeramente
primero

antiguamente
antaño
ayer

↔ después
   hoy

antesala
antecámara
recibimiento
recibidor
vestíbulo

anticiclón

↔ ciclón
   borrasca

anticipación
adelanto
antelación
anticipo
anterioridad
avance
delantera

↔ retraso
   demora

anticipar(se)
adelantar
avanzar
sobrepasar

superar

↔ retrasar
   demorar

anticipo

anticipación
antelación
avance
adelanto

préstamo
pago

anticonceptivo

contraceptivo

anticuado

desfasado
trasnochado
obsoleto
antiguo
viejo
vetusto
arcaico
pasado
antediluviano

↔ moderno
   actual

antídoto

contraveneno

antiemético

↔ emético
   vomitivo

antifaz

máscara
careta

antifebril

antipirético
febrífugo

antigualla

anacronismo
estafermo
reliquia
vestigio
fósil

↔ novedad

antiguamente

antes
antaño

↔ actualmente

antigüedad

vejez
vetustez

caducidad
decrepitud
decadencia

pasado

↔ modernidad
   novedad

   actualidad

antiguo

arcaico
viejo
vetusto
secular
centenario
remoto
primitivo

pasado
inmemorial
lejano
anterior

anticuado
desfasado
obsoleto

↔ nuevo
   reciente

   presente
   actual

   moderno

antinatural

contranatural
aberrante

↔ natural

antinomia

contradicción
oposición
antítesis

↔ concordancia
   coincidencia

antinuclear

antiatómico

↔ nuclear

antiparras

anteojos
espejuelos
lentes

gafas
quevedos

antipatía

aversión
animosidad
animadversión
repulsa
rechazo
manía
ojeriza
inquina
odio
asco
repugnancia
tirria *col.*
gato *col.*

↔ simpatía
   afición

antipático

desagradable
seco
hosco
huraño
áspero
odioso
repelente
atravesado
inaguantable
borde *col.*

↔ simpático
   afable

antipirético

antifebril
febrífugo

antípoda

antitético
enfrentado
opuesto
contrario
contrapuesto

↔ similar
   acorde

antisepsia

asepsia
desinfección

antiséptico

aséptico
desinfectante
esterilizante

antítesis

oposición
contradicción
contraste
incompatibilidad
contraposición
antagonismo
antinomia

↔ concordancia
   compatibilidad
   síntesis

antitético

opuesto
contrario
contrapuesto
contradictorio
incompatible
antagónico

↔ coincidente
   compatible

antojadizo

caprichoso
veleidoso
voluble
tornadizo

antojarse

encapricharse
desear
anhelar
enamorarse

imaginarse
temerse
figurarse
suponer
dar en la nariz *col.*

antojo

capricho
deseo
gusto
albedrío
voluntad

angioma
lunar

antología

recopilación
selección
colección
florilegio

antónimo

contrario
opuesto

↔ sinónimo

antonomasia

paradigma
ejemplo
excelencia

antorcha

tea
hacha
hachón

luz
guía
norte

ántrax

carbunco
carbunclo

antro

caverna
cueva
gruta
cubil

tugurio
garito
cuchitril

antropófago

caníbal

antropoide

antropomorfo
cuadrúmano
simio

antropomorfo

antropoide

anuario

anales
agenda
efemérides

anudar(se)

atar
ligar
enlazar
amarrar

afianzar
aferrar
fortalecer
estrechar
reforzar
afirmar
reafirmar

↔ desanudar

   deshacer
   romper

anuencia

consentimiento
permiso
licencia
venia
conformidad
asentimiento
aprobación
beneplácito
autorización

↔ desaprobación
   prohibición

anulación

supresión
abolición
rescisión
revocación
cancelación
invalidación

↔ confirmación
   ratificación

anular

suprimir
abolir
rescindir
revocar
cancelar
invalidar
inutilizar
inhabilitar
ilegitimar
abrogar
derogar
casar

↔ confirmar
   ratificar

anunciación

anuncio
revelación
noticia

anunciar

avisar
notificar
comunicar
informar
participar
publicar
proclamar
revelar

promocionar
publicitar
divulgar

pronosticar
predecir
presagiar
augurar
agorar

↔ silenciar
   omitir

anuncio

aviso
notificación
comunicado
proclama
proclamación

promoción
publicidad
reclamo
spot publicitario
reclame *amer.*

pronóstico
presagio
predicción
augurio

anverso

frente

cara

↔ reverso

   cruz

anzuelo

arponcillo

señuelo
reclamo
atractivo
aliciente
gancho

añada

año

añadidura

añadido
aditamento
incremento
complemento

↔ resta
   mengua

añadir

agregar
sumar
adicionar
incorporar
adjuntar
incluir
anexar
aumentar
incrementar
juntar

replicar
contestar
responder

↔ quitar
   restar

añagaza

señuelo
reclamo
cebo

artimaña
ardid
treta
trampa
artificio
engaño
embeleco

añejo

envejecido
viejo
rancio

↔ nuevo
   joven

añicos

migas
trizas
pedazos
trozos
cachos

añil

índigo

año
añada
anualidad

años
abriles
primaveras

añoranza
nostalgia
morriña
recuerdo

añorar
extrañar
acordarse
echar de menos
echar en falta

añoso
viejo
anciano
longevo

↔ joven

aovado
ahuevado
oval
ovalado

aovar
desovar
poner

apabullar(se) *col.*
desconcertar
aturdir
abrumar
arrollar
acorralar
anonadar
confundir
turbar
acobardar
achicar
achantar *col.*

apacentar
pastorear
pacer
pastar

apacible
pacífico
sosegado
manso
afable
sereno
calmado
tranquilo

templado
suave
plácido
benigno
bonancible

↔ exaltado

   desapacible
   destemplado

apaciguar(se)
pacificar
amansar
aplacar
tranquilizar
calmar
aquietar
sosegar
ablandar

↔ exaltar
   enconar

apadrinar
adoptar
prohijar

proteger
patrocinar
apoyar
amparar

apagado
sofocado
extinguido
extinto

decaído
desanimado
triste
mustio
mortecino

pálido
desvaído
mate

↔ animado
   alegre

   vivo
   brillante

apagar(se)
sofocar
extinguir
cortar

calmar
enfriar
aplacar
desvanecer
disipar
disminuir

desconectar

↔ encender
   prender

   excitar
   avivar

   conectar

apagón
corte

apaisado
horizontal
alargado
ancho

↔ vertical

apalabrar
convenir
concertar
comprometer
pactar
ajustar
reservar

apalancarse
apoltronarse
acomodarse
instalarse
repanchingarse

apalear
varear
aporrear
golpear
pegar
vapulear
zurrar

apañado
compuesto
arreglado
reparado

aseado
limpio
acicalado

amañado
trucado
manipulado
hábil
habilidoso
mañoso
diestro
manitas *col.*

adecuado
apropiado
conveniente
a propósito

aviado
listo

↔ roto
   estropeado

   torpe
   manazas *col.*

   inadecuado

apañar
componer
arreglar
reparar
remendar

asear
ataviar
acicalar
aderezar

amañar
trucar
urdir
manipular
falsear

robar
hurtar
afanar *col.*
birlar *col.*

apañarse
arreglarse
valerse
ingeniarse

↔ desarreglar

   ensuciar

apaño
arreglo
reparación
remiendo
compostura
chapuza
parche

amaño
componenda
trampa

truco
engaño
lío
chanchullo *col.*

col.
enredo
amorío
aventura
affaire
rollo *col.*

aparador

alacena
cristalera
vasar
estantería

aparato

máquina
mecanismo
artefacto
dispositivo
ingenio
maquinaria
artilugio
trasto *desp.*

instrumento
utensilio
útil
herramienta

pompa
ostentación
suntuosidad
boato
lujo
exageración

↔ sencillez

aparatoso

complicado
rebuscado
sofisticado

pomposo
ostentoso
suntuoso
lujoso
exagerado

↔ sencillo

aparcamiento

estacionamiento
parking
garaje

aparcar

estacionar

posponer
retrasar
atrasar
arrinconar
diferir
apartar
abandonar

↔ desaparcar

agilizar
acelerar

aparear(se)

emparejar

copular
montar

aparecer(se)

manifestarse
surgir
apuntar
asomar
revelarse
salir
presentarse
mostrarse
emerger
brotar
dejarse ver

encontrarse
hallarse

↔ desaparecer

perderse

aparecido

surgido
salido

espectro
fantasma
aparición
visión

aparejado

inherente
unido
enlazado
vinculado
emparejado

adecuado
apto
idóneo

↔ separado
desvinculado

inadecuado

aparejador

perito
arquitecto técnico

aparejar

preparar
disponer
prevenir
aprestar

aparejo

preparación
disposición

trastos
enseres
instrumentos
aperos

arreos
guarniciones
jaeces
atalaje

aparentar

simular
disimular
fingir
afectar

parecer
representar

aparente

supuesto
simulado
fingido
engañoso
falso

manifiesto
visible
patente
evidente

vistoso
resultón
llamativo

↔ auténtico
real

oculto

discreto

aparición

manifestación
surgimiento
brote
comienzo

espectro
fantasma
aparecido
visión

↔ desaparición

apariencia

aspecto
presencia
forma
figura
imagen
pinta
fachada
traza
estampa

mentira
engaño
fingimiento

conjetura
indicio

apartado

retirado
distante
lejano
separado
remoto
aislado
incomunicado

sección
división
capítulo
epígrafe

↔ unido
junto
integrado

apartamento

piso
estudio
apartamiento *amer.*

apartamiento

separación
alejamiento
aislamiento

amer.
apartamento

↔ unión
acercamiento
integración

apartar(se)
separar
alejar
retirar
aislar
desviar
ahuyentar
desunir
arrancar

reservar
guardar

↔ acercar
unir
integrar

aparte
lejos
apartado
separado
a distancia

salvo
excepto
a excepción

párrafo
parágrafo

diferente
distinto
singular
insólito

separadamente
por separado

↔ cerca
junto

incluso
también

convencional
vulgar

apasionado
exaltado
alterado
impulsivo
vehemente
impetuoso
encendido
ardiente

entusiasta
fanático
fan

aficionado
adicto

parcial
subjetivo

↔ moderado
frío
apático

enemigo
contrario

objetivo
imparcial

apasionar(se)
excitar
exaltar
enardecer
inflamar
acalorar
encender
enconar
alterar

entusiasmar
aficionar
interesar
enamorar
gustar

↔ tranquilizar

aburrir
decepcionar

apatía
indiferencia
desinterés
abulia
desgana
desidia
abandono
indolencia
atonía
dejadez
displicencia
impasibilidad
inercia

↔ entusiasmo
dinamismo
pasión

apático
indiferente
abúlico
indolente
desganado
desidioso

displicente
impasible
pasivo
pasota *col.*

↔ apasionado
enérgico

apeadero
andén
parada
estación

apear(se)
desmontar
descabalgar
bajar
descender

disuadir
convencer
desistir
bajarse del burro *col.*

↔ subir
montar

inducir
animar

apechugar o
apechar *col.*
soportar
aguantar
admitir
afrontar
abordar
conformarse
resignarse
apencar *col.*
tragar *col.*

↔ evitar
escaquearse

apedrear
lapidar

apegarse
encariñarse
simpatizar
aficionarse

↔ desapegarse
distanciarse

apego
afecto
estima
cariño

aprecio
estimación
afición
inclinación
afección
simpatía
atracción
propensión

↔ desafecto
manía
odio

apelación
llamamiento
invocación

recurso
alzada

apelar
recurrir
alzarse
reclamar

acudir
requerir
llamar
invocar

apelativo
sobrenombre
apodo
mote
alias
seudónimo

apellidar(se)
llamar
nombrar

apellido
patronímico

apelmazado
comprimido
amazacotado
compacto
apretujado *col.*

↔ esponjoso

apelmazar(se)
comprimir
amazacotar
apretujar *col.*

↔ esponjar
ahuecar

apelotonar(se)

aglomerar
apretujar
amontonar
hacinar
apilar
agolpar
apiñar
arremolinar
acumular
reunir
juntar

↔ dispersar
   disgregar
   esparcir

apenar(se)

entristecer
afligir
abrumar
apesadumbrar
atribular
acongojar
angustiar
amargar
consternar
contristar

amer.
avergonzarse
abochornarse
azorarse

↔ alegrar
   consolar

apenas

escasamente
casi nada

tan pronto como
al punto que

apencar *col.*

soportar
aguantar
admitir
afrontar
enfrentarse
apechugar *col.*
apechar *col.*
tragar *col.*

↔ evitar
   escaquearse *col.*

apendejarse *amer.*

atontarse
embobarse

acobardarse
amilanarse
achantarse *col.*

apéndice

anexo
añadido
aditamento
adición
ampliación
complemento
suplemento

miembro
extremidad

apercibimiento

amonestación
advertencia
aviso
admonición
represión
exhortación
consejo
sugerencia
indicación

apercibir

amonestar
reprender
conminar
exhortar
advertir
avisar
prevenir
alertar
aconsejar
sugerir
indicar

apercibirse

percatarse
notar
observar
percibir
darse cuenta

prepararse
disponerse

apergaminado

acartonado
momificado
amojamado
curtido
seco
enjuto

↔ fresco
   lozano

apergaminarse

acartonarse
momificarse
amojamarse
secarse
marchitarse

aperitivo

tapa
pincho
piscolabis

aperos

utensilios
enseres
aparejo
arreos
instrumentos

aperreado *col.*

agobiado
ajetreado
afanado
fastidiado
trabajoso
molesto
difícil
achuchado *col.*

↔ tranquilo
   fácil

apertura

abertura
inauguración
estreno

inicio
comienzo
principio

tolerancia
comprensión
transigencia

↔ clausura
   cierre

   intolerancia
   intransigencia

apesadumbrado

triste
apenado
afligido
afectado
abatido
decaído

deprimido
desalentado
desanimado
angustiado
agobiado
consternado

↔ alegre
   animado

apesadum-brar(se)

apenar
entristecer
afligir
disgustar
afectar
abatir
deprimir
acongojar
angustiar
amargar
desalentar
desanimar
consternar

↔ alegrar
   animar
   confortar

apestado

enfermo
infectado
contagiado

pestilente
hediondo
infecto
insalubre
viciado

atestado
abarrotado
atiborrado
repleto

↔ sano

   fragante

   vacío

apestar

heder
atufar
cantar *col.*

infectar
contagiar

↔ perfumar

apestoso

hediondo
pestilente
maloliente
fétido
nauseabundo

sucio
repugnante
asqueroso
inmundo
puerco

↔ fragante

  limpio
  higiénico

apetecer

desear
querer
anhelar
ambicionar
aspirar
gustar
agradar
atraer

↔ renunciar
  despreciar

apetencia

apetito
hambre

anhelo
ansia
codicia
ambición

↔ inapetencia

apetito

hambre
gana
apetencia

deseo
anhelo
ansia
codicia
ambición
aspiración

↔ inapetencia
  desgana

  desinterés

apetitoso

apetecible
gustoso

sabroso
deseable
rico
goloso
exquisito
delicioso

↔ aborrecible
  asqueroso

apiadarse

compadecerse
condolerse
dolerse
conmoverse
entristecerse
apenarse
enternecerse

↔ ensañarse
  encarnizarse

ápice

extremo
punta
cima
vértice
cúspide

pizca
migaja
miaja
adarme
átomo

apicultor

colmenero

apilar

amontonar
acumular
hacinar
aglomerar
apiñar

↔ esparcir
  distribuir

apimplarse

achisparse
alegrarse
entonarse
emborracharse
amonarse *col.*
cogerla *col.*

apiñar(se)

aglomerar
agolpar

apelotonar
arracimarse
arremolinar
hacinar
acumular
amontonar

↔ esparcir
  disgregar

apiolar *col.*

matar
asesinar
eliminar
liquidar
cargarse *col.*
borrar del mapa *col.*

apiparse *col.*

ahitarse
empacharse
atracarse *col.*
atiborrarse *col.*
inflarse *col.*

apisonadora

aplanadora
niveladora

apisonar

allanar
aplanar
aplastar
explanar
enrasar
nivelar

aplacar(se)

calmar
tranquilizar
sosegar
apaciguar
suavizar
moderar
mitigar
paliar
atenuar
acallar
contener
aliviar
apagar

↔ excitar
  endurecer

aplanar(se)

allanar
alisar

explanar
igualar
enrasar
nivelar
apisonar

col.
abatir
deprimir
desanimar
desalentar
desmoralizar

↔ arrugar
  desnivelar

  animar

aplastante

abrumador
apabullante
arrollador
demoledor
rotundo
total

aplastar

prensar
estrujar
chafar
comprimir
apisonar
aplanar

arrollar
machacar
destrozar
arrasar
derrotar
abrumar
anonadar

aplatanar(se)

amodorrar
adormecer
aletargar
enervar

↔ estimular

aplaudir

ovacionar
vitorear
aclamar

alabar
elogiar
aprobar
celebrar
encomiar

ponderar
felicitar

↔ abuchear
　　pitar

　　censurar
　　criticar

aplauso
ovación
palmas
palmadas

↔ abucheo
　　protesta

aplazar
retrasar
diferir
posponer
postergar
prorrogar
atrasar

↔ adelantar
　　anticipar

aplicación
uso
empleo
utilización
utilidad
usanza
destino
servicio
disfrute

dedicación
interés
entrega
constancia
perseverancia
tenacidad
empeño
tesón
afán
atención
cuidado
voluntad

↔ pereza
　　inconstancia

aplicado
superpuesto
adaptado

esforzado
constante
perseverante

diligente
trabajador
estudioso
empollón *col.*
chapón *col.*

↔ vago
　　inconstante

aplicar
superponer
adaptar
fijar
poner
colocar
adherir
pegar

emplear
utilizar
usar
servirse
poner en práctica

asignar
atribuir
destinar
adjudicar
dedicar
adscribir

aplicarse
esforzarse
entregarse
esmerarse
dedicarse
afanarse
perseverar
aprovechar

↔ quitar

　　desinteresarse

aplomo
serenidad
tranquilidad
calma
seguridad
confianza
entereza
firmeza
flema
compostura
desenvoltura
soltura
gravedad
circunspección

↔ nerviosismo
　　inseguridad

apocado
tímido
pusilánime
cohibido
corto
retraído
acomplejado

↔ resuelto
　　desenvuelto

apocalipsis
catástrofe
hecatombe
cataclismo
desastre
tragedia
fin del mundo

apocar(se)
cohibir
intimidar
humillar
doblegar
acobardar
acoquinar
achicar
amedrentar
abatir
turbar
apabullar *col.*

↔ envalentonar
　　animar
　　alentar

apócrifo
falso
falsificado
fingido
espurio

↔ auténtico
　　genuino

apodar(se)
llamar
nombrar
designar
denominar
motejar
apellidar
bautizar

apoderado
representante
comisionado
agente
manager

apoderar
representar
delegar
comisionar
tutelar

apoderarse
adueñarse
apropiarse
posesionarse
enseñorearse
agenciarse
procurarse
hacerse
adquirir
alcanzar
lograr
obtener
conseguir
coger
tomar

invadir
cundir
dominar

↔ desprenderse
　　renunciar
　　perder

apodíctico
irrefutable
indiscutible
incuestionable
incontrovertible
innegable
convincente

↔ discutible

apodo
alias
sobrenombre
mote
seudónimo
apelativo

apogeo
auge
plenitud
esplendor
culmen
culminación
cúspide
cima
cumbre
coronación

↔ decadencia

apolillado

carcomido

anticuado
obsoleto
caduco
viejo
vetusto
antediluviano

↔ moderno
actual

apolíneo

hermoso
bello
apuesto
guapo
adonis
bien parecido

↔ feo

apolítico

↔ comprometido
militante

apología

alabanza
elogio
panegírico
encomio
loa
loor
encarecimiento
enaltecimiento
defensa

↔ crítica
censura

apólogo

parábola
fábula
ejemplo

apoltronarse

repanchingarse
repantingarse
acomodarse
apalancarse
vaguear
haraganear
gandulear

apoquinar *col.*

pagar
abonar

aforar *col.*
soltar la mosca *col.*

aporreado

apaleado
golpeado
tundido
maltrecho
descalabrado

arrastrado
miserable
pobre
mísero
achuchado *col.*

↔ cómodo
acomodado

aporrear

apalear
golpear
vapulear
zurrar
tundir
moler

aportación

aporte
contribución
tributo
cuota
participación
ayuda

aportar

dar
proporcionar
contribuir
aducir
presentar
alegar
argumentar

↔ recibir

aposentar

albergar
alojar
hospedar
cobijar
asilar
recibir
instalar

aposentarse

asentarse
establecerse
domiciliarse

↔ desalojar
echar

mudarse
marcharse

aposento

habitación
cuarto
pieza
estancia
alcoba
cámara

alojamiento
hospedaje
albergue
morada
vivienda

apósito

compresa
gasa
venda
vendaje

aposta

adrede
intencionadamente
deliberadamente
premeditadamente
a propósito
ex profeso

↔ involuntaria-
mente
sin querer

apostar(se)

jugar
envidar
arriesgar
desafiar
retar

sospechar
creer
suponer

colocar
emplazar
situar

apostasía

abjuración
retractación

apóstata

renegado

↔ fiel

apostatar

abjurar
renegar
retractarse

↔ convertirse
reafirmarse

apostilla

acotación
observación
glosa
nota
apunte

apostillar

anotar
acotar
glosar
apuntar

apóstol

discípulo
evangelista

catequista
proselitista
propagador
defensor

apostolado

predicación
misión
catequesis
proselitismo
propaganda

apostólico

católico
evangélico

apóstrofe

insulto
improperio
increpación
ofensa
dicterio
denuncia
recriminación
acusación

↔ alabanza
elogio

apóstrofo

vírgula
virgulilla
comilla

apostura

gallardía
galanura
elegancia
bizarría
garbo
donaire
gentileza
planta
empaque

↔ fealdad

apotegma *cult.*

adagio
máxima
aforismo
refrán
dicho
proverbio
sentencia

apoteosis

glorificación
exaltación
entusiasmo
frenesí

culmen
culminación
broche de oro

apoyar(se)

recostar
reclinar
arrimar
descansar
descargar
sostener
adosar
acodarse
apuntalarse

basar
fundar
fundamentar
asentar

ayudar
favorecer
respaldar
patrocinar
abogar
defender
proteger
apadrinar

reafirmar
confirmar

ratificar
corroborar

↔ atacar
   contradecir

apoyo

asiento
sostén
soporte
refuerzo
base

protección
ayuda
auxilio
socorro
aliento
defensa

↔ desamparo

apreciación

percepción

valoración
evaluación
tasación
reconocimiento
consideración

juicio
opinión
calificación
dictamen

apreciar

querer
estimar
encariñarse
valorar
considerar
reconocer
admirar
respetar

percibir
captar
notar
advertir
distinguir
observar
ver
percatarse

apreciarse

revaluarse
revalorizarse

↔ despreciar
   odiar
   depreciarse

aprecio

estima
estimación
cariño
afecto
afección
apego
amor
simpatía
consideración
reconocimiento
admiración
respeto

↔ desprecio
   odio

aprehender

asir
prender
capturar
coger
aferrar
agarrar

entender
comprender
asimilar
captar
concebir
penetrar

↔ soltar
   desasir

apremiar

acuciar
apurar
urgir
arrear
espolear
estimular
incitar

↔ frenar
   calmar

apremio

prisa
urgencia
premura
apresuramiento
acuciamiento
apuro
necesidad
perentoriedad

↔ tranquilidad
   lentitud

aprender(se)

instruirse
ilustrarse
formarse
educarse
cultivarse
asimilar
memorizar
estudiar

↔ ignorar

aprendiz

principiante
discípulo
meritorio
novicio
novato
inexperto
novel
bisoño

↔ experto
   maestro

aprendizaje

instrucción
formación
educación
estudio
asimilación

aprensión

recelo
reparo
prevención
escrúpulo
prejuicio
miramiento
hipocondría

figuración
imaginación
fantasía
ilusión

↔ despreocupación
   realidad

aprensivo

escrupuloso
receloso
timorato
hipocondriaco

apresar

capturar
prender
atrapar

agarrar
coger
detener
arrestar
cazar
aprisionar
pillar
pescar

↔ soltar
  liberar

aprestar(se)

preparar
disponer
aparejar
prevenir

apresto

preparativo
prevención
disposición
preparación
almidón

apresurar(se)

acelerar
aligerar
apurar
avivar
azuzar
hostigar
precipitar
apremiar
dar prisa

↔ retardar
  entretener

apretado

presionado
oprimido
estrujado
estrecho
ajustado
ceñido
prieto

arduo
apurado
difícil
intenso
atareado
achuchado *col.*
aperreado *col.*

↔ holgado
  amplio

  cómodo
  fácil

apretar(se)

presionar
oprimir
estrujar
comprimir
prensar
agarrotar
estrangular
despachurrar
chafar
estrechar
constreñir
apretujar *col.*

agobiar
angustiar
azuzar
hostigar
forzar
exigir

↔ aflojar
  ampliar
  desparramar

apretón

presión
opresión
apretujón *col.*
achuchón *col.*
estrujón *col.*

apretujar(se) *col.*

apretar
comprimir
oprimir
estrujar
apiñar
hacinar
achuchar *col.*

apretura

apretón
opresión
apretujón *col.*

estrechez
aprieto
apuro
conflicto
dificultad
privación
escasez

↔ holgura
  amplitud

  desahogo
  bienestar

aprieto

apretura
apuro
compromiso
conflicto
dificultad
ahogo
necesidad
trance
brete

apriorístico

preconcebido
previo

aprisa

deprisa
rápidamente
rápido

↔ despacio

aprisco

redil
corral
majada

aprisionar

sujetar
inmovilizar
atar
aferrar
esposar
aherrojar
engrillar

apresar
encarcelar
aprehender

↔ soltar
  desasir

aprobación

aceptación
consentimiento
conformidad
acuerdo
asentimiento
beneplácito
venia
plácemes
aquiescencia
acogimiento

↔ desaprobación
  desacuerdo

aprobado

aceptado
consentido
permitido
admitido
ratificado

apto
suficiente

↔ suspenso

aprobar

admitir
aceptar
consentir
permitir
acceder
asentir
autorizar
acreditar
reconocer
certificar
ratificar

aplaudir
elogiar
celebrar
ensalzar
bendecir

pasar (un examen)

↔ desaprobar
  negarse

  suspender

apropiado

adecuado
indicado
conveniente
idóneo
acertado
oportuno
adaptado
ajustado
propio
apto
correcto
lógico

↔ inapropiado
  inadecuado

apropiarse

adueñarse
apoderarse
adjudicarse
agenciarse

posesionarse
enseñorearse
adquirir
acaparar
arrogarse
robar
achamparse *amer.*

↔ desprenderse
  entregar

aprovechado
utilizado
explotado

interesado
oportunista
egoísta
caradura

aplicado
diligente
trabajador
laborioso
estudioso

↔ desaprovechado

  desinteresado

  perezoso

aprovechamiento
uso
usufructo
utilización
explotación
disfrute
rendimiento

↔ desaprovecha-
  miento

aprovechar(se)
usar
utilizar
emplear
explotar
disfrutar
servirse
beneficiarse
exprimir
rendir

↔ desaprovechar
  desperdiciar

aprovisionar
abastecer
suministrar
proveer
surtir

avituallar
pertrechar
dotar

↔ desabastecer

aproximación
acercamiento

enfoque
tratamiento
perspectiva
punto de vista

↔ alejamiento

aproximado
cercano
próximo
contiguo
vecino

aproximativo

↔ lejano

  exacto

aproximar(se)
acercar
arrimar
juntar
unir
avecinar

↔ apartar
  separar

aproximativo
aproximado
inexacto
impreciso
a ojo
más o menos

↔ exacto

aptitud
capacidad
habilidad
talento
don
destreza
genio
maña
mano
arte
potencial
posibilidades
preparación

adecuación
adaptación
idoneidad

↔ ineptitud
  incapacidad

  inadaptación

apto
capacitado

adecuado
apropiado
conveniente
idóneo
indicado
acertado
adaptado
ajustado
oportuno
correcto
propio

aprobado
suficiente

↔ inepto

  inadecuado
  impropio

  suspenso

apuesta
envite
puesta
postura

reto
desafío

apuesto
atractivo
gallardo
elegante
guapo
hermoso
arrogante
garboso
galán
bizarro
bien parecido

↔ feo
  desgarbado

apuntado
anotado
escrito
registrado

inscrito
abonado

puntiagudo
afilado
aguzado
agudo

↔ romo

apuntalar
entibar

afirmar
asegurar
consolidar
afianzar
fijar
sostener
estabilizar
reforzar
apoyar

apuntar(se)
dirigir
encañonar
enfilar
señalar
indicar
marcar

inscribir
registrar
abonar
asociar
alistar
afiliar

anotar
escribir
tomar nota

decir
soplar

referir
insinuar
aludir
hacer referencia

esbozar
bosquejar
abocetar
esquematizar
delinear

empezar
nacer
brotar
aparecer
aflorar
surgir
manifestarse

↔ borrar
  omitir
  terminar
  desaparecer

apunte
nota
anotación
glosa

esbozo
boceto
bosquejo
borrador
croquis
esquema
diseño

apuntillar
rematar
dar la puntilla

acabar
destrozar
abatir
hundir

apuñalar
acuchillar
rajar
coser a puñaladas
achurar *amer.*

apurado
agobiado
abrumado
angustiado
preocupado
acongojado
desesperado

peligroso
arriesgado
difícil
arduo
comprometido
peliagudo
aperreado *col.*
achuchado *col.*

necesitado
pobre
escaso

↔ relajado

  sencillo
  fácil

  desahogado
  acomodado
  sobrado

apurar(se)
agotar
consumir
gastar
acabar
terminar
pulir

apremiar
acuciar
apresurar
acelerar
avivar
aligerar
precipitar
achuchar *col.*
dar prisa

inquietar
agobiar
abrumar
angustiar
preocupar
acongojar
atosigar
presionar
ahogar

avergonzar
abochornar

↔ comenzar

  retardar

  tranquilizar
  relajar

apuro
aprieto
problema
compromiso
conflicto
dilema
lío
trance
brete
atolladero
ahogo

estrechez
necesidad

urgencia
premura
prisa

vergüenza
bochorno
corte *col.*

↔ tranquilidad
  despreocupación

abundancia
bienestar

calma

desenvoltura

aquejar
afectar
atacar
afligir
padecer
sufrir

aquelarre
sabbat

aquel *col.*
encanto
atractivo

aquende
aquí

↔ allende

aquí
acá
junto
aquende

↔ allí
  allá
  acullá

aquiescencia
consentimiento
conformidad
autorización
beneplácito
permiso
licencia
venia
anuencia

↔ negativa
  prohibición

aquietar(se)
sosegar
tranquilizar
apaciguar
acallar
aplacar
calmar
serenar

↔ alterar
  excitar

aquilatar
comprobar
contrastar
apreciar
valorar
tasar
probar

purificar
depurar
perfeccionar
acrisolar
acendrar

ara
altar

árabe
arábigo
moro
mahometano
musulmán
islamita

arabesco
tracería
lacería

arábigo
árabe

aragonés
maño
baturro

arancel
tarifa
tasa
derechos
impuesto
tributo

arancelario
impositivo
tributario

arandela
anilla
argolla
aro
anillo
arete
abrazadera

arañar(se)
rasguñar
raspar

rasgar
rascar
rayar
rozar
surcar

arañazo
rasguño
raspadura
raspón
rasgadura
raya
rayajo
rozadura

arar
roturar
labrar

arbitraje
mediación
juicio
intercesión
intervención

arbitrar
mediar
juzgar
conciliar
interceder
intervenir
resolver

pitar

arbitrario
injustificado
injusto
infundado
caprichoso
gratuito
parcial
subjetivo
improcedente
despótico
abusivo

↔ objetivo
   imparcial

arbitrio
albedrío
libertad
voluntad
decisión
gana
deseo

autoridad
jurisdicción
potestad
poder

árbitro
colegiado
trencilla *col.*
referí *amer.*

mediador
juez
conciliador
intercesor
tercero
intermediario

árbol
planta arbórea

eje

arbolado
arboleda
alameda
bosque
fronda
frondosidad
espesura

arbóreo
arborescente
arboriforme

arboricultura
silvicultura

arbusto
matorral
mata
matojo

arca
baúl
arcón
cofre

arcada
arquería

basca
náusea
ansia

arcaduz
caño
conducto
cangilón

arcaico
antiguo
viejo
primitivo
anticuado
rancio
vetusto
desfasado
obsoleto

↔ nuevo
   reciente
   actual
   moderno

arcaísmo
antigüedad
primitivismo

antigualla

↔ novedad

   neologismo

arcángel
ángel
espíritu celeste

arcano
secreto
misterioso
reservado
oculto
remoto
recóndito
enigmático
hermético
insondable
esotérico

misterio
enigma

↔ conocido
   popular

arcén
margen
orilla

archidiócesis
arzobispado

archivador
clasificador
archivo
fichero

archivar
clasificar
fichar
catalogar
registrar

arrumbar
arrinconar
detener
interrumpir
dar carpetazo *col.*

archivero
catalogador
archivista
bibliotecario

archivo
archivador
clasificador
fichero
registro

arco
curva
curvatura

amer.
portería (fútbol)
meta

↔ recta

arcón
baúl
arca
cofre

arder
quemar
abrasar
llamear
incendiarse
calcinarse
incinerarse
achicharrarse
chamuscarse

enardecerse
excitarse
encenderse
acalorarse
apasionarse
agitarse

↔ apagarse
   extinguirse
   enfriarse

   calmarse
   sosegarse

ardid
artificio
treta
truco
trampa
estratagema
argucia
amaño
maña
engaño
astucia
triquiñuela
martingala
emboscada

ardiente
abrasador
caliente
ardoroso
tórrido

apasionado
fogoso
vehemente
exaltado
enardecido
alterado
impulsivo
impetuoso
fervoroso

↔ refrescante
    frío

    moderado
    apático

ardilla
petigrís (peletería)

ardite
insignificancia
nimiedad
menudencia
pequeñez
ochavo
comino *col.*
bledo *col.*
pito *col.*
rábano *col.*

ardor
calor
quemazón
sofoco
bochorno
acaloramiento

fuego
pasión

enardecimiento
apasionamiento
exaltación
excitación
vehemencia
impetuosidad
arrebato
fervor

afán
empeño
esfuerzo
interés
ánimo
aliento
anhelo
ansia
impulso
ímpetu
brío

↔ frescor
    frío

    calma
    moderación

    desánimo
    apatía

ardoroso
ardiente
abrasador
caliente
sofocante
bochornoso

fogoso
apasionado
vehemente
exaltado
enardecido
impetuoso
impulsivo

↔ frío

    moderado
    apático

arduo
dificultoso
difícil
complicado
trabajoso
espinoso
enrevesado
intrincado
apurado
peliagudo
achuchado *col.*
aperreado *col.*

↔ fácil
    sencillo
    cómodo

área
extensión
superficie
espacio
zona
división
circunscripción
jurisdicción

ámbito
dominio
radio
campo de acción

arena
arenilla
tierra
polvo

ruedo
albero
redondel
palestra
circo
campo

arenga
discurso
alocución
soflama
perorata
plática
charla
sermón
disertación

arengar
perorar
predicar
sermonear
soflamar

arenilla
arena

cálculo
piedra

arete
aro
anilla
argolla
arandela
anillo

pendiente
zarcillo

argamasa
mortero
forja
mezcla

argentino
argénteo
plateado

cristalino (sonido)
claro
alto
metálico
agudo

↔ grave
    ronco

argolla
anilla
aro
anillo
arandela
arete
abrazadera

argot *fr.*
jerga
germanía
jerigonza

argucia
truco
jugada
artimaña
treta
ardid
apaño
engaño
amaño
estratagema
martingala
triquiñuela

sofisma
tergiversación

argüir
argumentar
alegar
aducir
declarar
exponer
explicar
citar
invocar

deducir
colegir
concluir
inferir
derivar
desprender
presumir

argumentar

argüir
alegar
aducir
exponer
explicar
demostrar
probar
apoyar
razonar

argumento

argumentación
alegato
razonamiento
razón
tesis
opinión
juicio
demostración
prueba
explicación
consideración

trama
acción
asunto
tema

aria

romanza
solo

aridez

sequedad
sequía
desecación
desolación
esterilidad

↔ humedad
    fertilidad

árido

seco
yermo
desecado
desierto
baldío
estéril
desolado

aburrido
tedioso
cansado
pesado

↔ fértil
    fecundo

ameno
fluido

arisco

huraño
áspero
intratable
adusto
hosco
rudo
desabrido
malhumorado
agrio
avinagrado
irritable

↔ amable
    afable
    sociable

arista

esquina
ángulo
canto
borde
filo

aristocracia

nobleza
élite

↔ plebe

aristócrata

noble
caballero
señor
hidalgo
patricio

↔ plebeyo

aritmético

matemático
numérico
algorítmico

arlequín

bufón
payaso

arma

armamento

armada

marina
escuadra
flota

armadía

almadía
balsa

armadillo

tatú *amer.*
quirquincho *amer.*

armador

naviero
fletador

armadura

arnés
coraza
loriga
blindaje

armazón
estructura
esqueleto
entramado
chasis
sostén
tablazón
maderamen

armamentismo

militarismo

↔ pacifismo
    desarme

armamento

armas
arsenal
pertrechos

armar(se)

pertrechar
equipar
dotar
cargar

ensamblar
montar
componer
articular

provocar
causar
producir
originar
promover

↔ desarmar

desmontar

sofocar
impedir

armario

ropero
guardarropa
aparador
alacena

armatoste

trasto
cacharro
cachivache
artefacto
artilugio
tocho *col.*
muerto *col.*

armazón

armadura
estructura
esqueleto
entramado
montura
chasis
bastidor
maderamen
tablazón

armella

hembrilla
cáncamo

armería

heráldica

armisticio

tregua
paz
alto el fuego

↔ guerra

armonía

harmonía
equilibrio
proporción

cadencia
concordancia
consonancia
musicalidad
eufonía
ritmo

paz
concordia
amistad
hermandad
acuerdo
avenencia
conformidad

↔ discordancia
desequilibrio

disonancia
estridencia

enemistad
discordia

armónico

harmónico
armonioso

↔ inarmónico

armonioso

harmonioso
armónico
equilibrado
proporcionado
acorde

cadencioso
concordante
musical
melodioso
afinado
sonoro
eufónico
rítmico

↔ inarmónico
discordante
desproporcionado

disonante
estridente

armonizar

harmonizar
conciliar
avenir
concertar
aproximar
acercar
arreglar

coordinar
combinar
pegar
entonar
ir
acoplar
ajustar

↔ enfrentar
discordar

desentonar

arnés

armadura
coraza
loriga

arneses

arreos
jaeces
guarniciones

aro

anillo
anilla
arandela
argolla
arete
ajorca

aroma

perfume
fragancia
olor
esencia
efluvio
emanación

↔ fetidez
hedor

aromático

perfumado
fragante
oloroso
odorífero

↔ fétido
hediondo

aromatizar

perfumar
aromar
sahumar
embalsamar

↔ atufar
apestar

arpía

harpía

bruja
víbora
bicho
pécora

arpillera

estopa

arquear

contabilizar
cuadrar
registrar
hacer caja

arquear(se)

combar
alabear
abarquillar
encorvar
curvar
pandear
cimbrear
doblar

↔ enderezar

arqueo

balance
recuento

arquería

arcada

arquero

saetero
ballestero

amer.
portero
guardameta
cancerbero

arqueta

cofre
arca
caja
joyero

arquetipo

prototipo
modelo
canon
ejemplo

dechado
ideal
paradigma

arquitectura

edificación
construcción

arrabal

suburbio
extrarradio
afueras
alrededores
cercanías
inmediaciones
periferia
alfoz

↔ centro

arrabalero

barriobajero
vulgar
ordinario
soez
maleducado
hortera

↔ refinado
distinguido
educado

arracimarse

enracimarse
apiñarse
aglomerarse
amontonarse
agolparse
apelotonarse
arremolinarse
hacinarse
acumularse
apretujarse

↔ dispersarse
desperdigarse

arraigar(se)

enraizar
agarrar
prender
echar raíces

consolidar
fijar
cuajar
afirmar
reafirmar

asentarse
afincarse
establecerse
achamparse *amer.*

↔ desarraigar

arraigo

raigambre
tradición

↔ desarraigo

arramblar

barrer
arrasar
arrastrar
devastar
asolar

arramplar

arramplar

arramblar
saquear
rapiñar
arrear
apropiarse
apoderarse
robar
afanar *col.*

arrancada

arranque
aceleración
puesta en marcha

arrancar

separar
extirpar
extraer
sacar
amputar
despegar
desgajar
quitar

arrebatar
desposeer
despojar
apoderarse

partir
provenir
proceder
salir
nacer
originarse

acelerar
poner en marcha

↔ insertar
unir

dar
restituir

terminar
llegar

arranchar *amer.*

arrebatar
arrancar
apoderarse

arranque

inicio
empiece
comienzo
eclosión
aparición
raíz
origen
germen
brote

empuje
decisión
coraje
ímpetu
garra
determinación

arrebato
ataque
crisis
golpe

↔ final
término

apatía
indolencia

arrapiezo

mocoso
rapaz
chico
muchacho
golfillo
chaval
chavea

arras

prenda
señal
fianza
garantía
aval

arrasar

destruir
asolar

devastar
derruir
aniquilar
exterminar
desbaratar
arrollar
arruinar

enrasar
alisar
allanar
aplanar
igualar
nivelar

↔ crear
construir
reparar

desnivelar
desigualar

arrastrado

remolcado
deslizado

rastrero
pobre
mísero
miserable
ruin
desgraciado
arruinado
difícil
aperreado *col.*
achuchado *col.*

↔ acomodado
fácil

arrastrar(se)

remolcar
deslizar
tirar

atraer
entusiasmar
cautivar
seducir
encantar
hechizar
fascinar
encandilar
arrebatar

acarrear
provocar
producir
originar
suponer
implicar
conllevar

sufrir
padecer
soportar

reptar
serpentear

colgar
pingar
respingar

arrastrarse

humillarse
rebajarse
doblegarse
degradarse

↔ repeler

crecerse
ensoberbecerse

arrastre

remolque
deslizamiento
tiro

arrayán

mirto

arrear[1]

espolear
azuzar
aguijonear

apremiar
apurar
apresurar
acuciar
acelerar
avivar
aligerar
precipitar
achuchar *col.*
meter prisa

pegar
propinar
atizar
zurrar *col.*
zumbar *col.*

golpear
vapulear

arramblar
arramplar
saquear
rapiñar
apropiarse
afanar *col.*
birlar *col.*

↔ retardar
frenar
refrenar

acariciar
mimar

devolver
restituir

arrear²

enjaezar
aparejar
guarnecer

arrebañar

rebañar

arrebatado

arrancado
separado
robado

quemado
achicharrado

entusiasmado
apasionado
enardecido
acalorado
exaltado
ardoroso
arrobado
embelesado
cautivado
conmovido
alterado
fuera de sí

impulsivo
impetuoso
ansioso
fogoso
precipitado
irreflexivo
abanto

↔ indiferente
apático

paciente
flemático
reflexivo

arrebatar(se)

despojar
desposeer
arrancar
separar
quitar
robar

entusiasmar
apasionar
enardecer
acalorar
exaltar
arrobar
embelesar
cautivar
conmover
alterar

arrebatarse

quemarse
achicharrarse

↔ dar
ceder
restituir

tranquilizar
sosegar
dejar tal cual

arrebato

arranque
pronto
ataque
crisis
ofuscamiento
acaloramiento
pasión
exaltación
excitación
vehemencia
ímpetu
arrechucho *col.*

éxtasis
rapto
arrobo
arrobamiento
enajenamiento
suspenso
clímax

↔ calma
comedimiento
moderación

arrebol

rojo
encarnado
colorado
carmesí

rubor

arrebolar(se)

ruborizar
sonrojar
ponerse colorado

↔ palidecer

arrebujar(se)

estrujar
arrugar
revolver
apretujar *col.*

arropar
tapar
embozar

↔ estirar
alisar

desarropar
destapar

arrechucho *col.*

achaque
dolencia
indisposición
enfermedad
mal
afección
gotera *col.*

ataque
arranque
arrebato
pronto
crisis
golpe

arreciar

aumentar
intensificarse
recrudecer
fortalecerse
agravar
empeorar
apretar

↔ amainar
remitir

arrecife

escollo
bajío
banco
bajo

arredrar(se)

asustar
atemorizar
intimidar
acobardar
amedrentar
amilanar
acoquinar
apabullar

abrumar
achicar
apocar
retraer
achantar *col.*
echar para atrás *col.*

↔ envalentonar
atreverse

arreglar(se)

ajustar
ordenar
disponer
acondicionar
adecentar
habilitar
adaptar
adecuar
preparar

acicalar
asear
engalanar
adornar
emperifollar
aderezar
aviar
maquillar
atusar

reparar
componer
remendar
recomponer

solucionar
resolver
solventar
enmendar
remediar

arreglarse

apañarse
valerse
amañarse
ingeniarse
buscarse la vida *col.*

↔ desarreglar
desordenar

descuidar

estropear

arreglo

ajuste
orden
disposición
acondicionamiento
preparación

reparación
compostura
remiendo
apaño
chapuza
reforma

trato
acuerdo
pacto
convenio
negociación
compromiso
armonización

↔ desorden

   rotura
   avería
   estropicio

   discordia
   desavenencia

arrejuntarse *col.*
amancebarse
juntarse
abarraganarse
cohabitar
amontonarse *col.*
vivir juntos
hacer vida marital

arrellanar
allanar
nivelar
enrasar
alisar
aplanar

arrellanarse
apoltronarse
arrepanchigarse
arrepanchingarse
repantingarse
repanchingarse
acomodarse
apalancarse *col.*

arremangar(se)
remangar

arremeter
embestir
acometer
atacar
abalanzarse
arrojarse
lanzarse

abordar
afrontar
encarar
emprender
arrostrar
enfrentarse

↔ huir
   evitar
   eludir

arremolinarse
apiñarse
amontonarse
aglomerarse
agolparse
apelotonarse
hacinarse
acumularse
congregarse
concentrarse
concurrir

↔ dispersarse
   disgregarse

arrendador
casero
propietario

↔ arrendatario
   inquilino

arrendamiento
alquiler
arriendo
inquilinato
traspaso

arrendar
alquilar
traspasar

↔ desalquilar

arrendatario
inquilino
alquilqdo

↔ arrendador
   casero

arreos
arneses
jaeces
aparejo
guarniciones
ataláje

complementos
aperos
útiles
trastos

arrepanchigarse
o **arrepanchin-
garse** *col.*
arrellanarse
apoltronarse
repanchingarse
repantingarse
acomodarse

arrepentido
contrito
compungido
pesaroso
dolido
sentido
apesadumbrado
afligido

↔ contumaz
   impenitente

arrepentimiento
contrición
compunción
remordimiento
pesadumbre
pesar
aflicción

retractación
rectificación

↔ contumacia
   impenitencia
   reiteración

   obstinación
   ratificación

arrepentirse
lamentar
sentir
compungirse
dolerse
apesadumbrarse
deplorar
tener remordi-
   mientos

retractarse
desdecirse
rectificar
rajarse *col.*
echarse atrás *col.*

↔ alegrarse

   reafirmarse
   ratificarse

arrestar
detener
apresar
capturar
prender
aprehender
aprisionar
pillar
pescar

↔ soltar
   liberar

arresto
detención
apresamiento
captura
reclusión

arrestos
arrojo
valor
valentía
coraje
brío
ímpetu
energía
decisión
resolución
osadía
denuedo

↔ liberación

   cobardía
   pusilanimidad

arriar
abatir
bajar (velas,
   banderas)

↔ izar

arriate
macizo
parterre
bancal

arriba
en lo alto

hacia lo alto

↔ abajo

arribar
atracar
llegar

↔ zarpar
   partir

arribista
oportunista
trepa *col.*

arriendo
alquiler
arrendamiento
inquilinato
traspaso

arriero
mulero
acemilero

arriesgado
expuesto
aventurado
peligroso
comprometido

arrojado
osado
imprudente
atrevido
audaz
intrépido
temerario

↔ seguro

   cauteloso

arriesgar(se)
exponer
aventurar
comprometer
osar
atreverse
lanzarse

↔ acobardarse

arrimadero
arrimo

arrimar(se)
acercar
aproximar
juntar
unir

pegar
adosar
avecinar
abocar

arrimarse
recostarse
apoyarse
acodarse

integrarse
incorporarse
agregarse
sumarse

acogerse
ampararse
protegerse

↔ alejar
   separar

arrimo
amparo
auxilio
sostén
favor
apoyo
protección
cobijo
consuelo
sustento
báculo

↔ desamparo

arrinconar(se)
apartar
arrumbar
retirar
distanciar
desterrar
marginar
abandonar
aparcar
dejar a un lado *col.*

acorralar
rodear
asediar

↔ anteponer
   dar prioridad

arriscado
abrupto
rocoso
accidentado
intrincado
quebrado

arriesgado
peligroso
osado
temerario
azaroso
apurado
comprometido
inseguro

↔ uniforme
   llano
   regular

   seguro

arrobar(se)
embelesar
extasiar
encantar
hechizar
cautivar
enajenar
arrebatar

arrobo
arrobamiento
éxtasis
rapto
arrebato
enajenación
suspenso

arrodillarse
postrarse
ponerse de rodillas
ponerse de hinojos

arrogancia
orgullo
altivez
altanería
soberbia

gallardía
apostura
garbo

↔ humildad
   apocamiento

arrogante
orgulloso
altivo
soberbio
altanero
presuntuoso
engreído
fatuo
hinchado

apuesto
gallardo
bizarro
gentil
garboso
airoso
donairoso

↔ humilde
   apocado

   desgarbado

arrogarse
usurpar
detentar
atribuirse
apropiarse

arrojado
lanzado
impulsado
expelido
despedido

valiente
valeroso
intrépido
osado
audaz
atrevido
arriesgado
bravo
bizarro

↔ cobarde
   apocado

arrojar(se)
lanzar
tirar
echar
abalanzarse
impulsar
impeler
expeler
exhalar
despedir
expulsar
botar

vomitar
devolver

arrojo
valor
valentía
coraje
osadía

intrepidez
audacia
bizarría
gallardía

↔ cobardía

arrollador

aplastante
abrumador
apabullante
demoledor

arrollar

arrasar
atropellar
asolar
devastar
demoler
destruir
barrer

triunfar
aplastar
derrotar
machacar

infringir
violar

enrollar
liar
envolver

↔ perder

acatar
respetar

desenrollar

arropar(se)

tapar
embozar
abrigar

amparar
proteger
escudar
resguardar
defender
favorecer
auxiliar

↔ desarropar

desamparar
abandonar

arrope

almíbar
jarabe
sirope

arrostrar

afrontar
desafiar
encarar
carear
enfrentar
abordar
apechugar *col.*
apechar *col.*
hacer frente
plantar cara
dar la cara

aguantar
soportar
sufrir
tolerar

↔ eludir
evitar
escaquearse *col.*

arroyada

crecida
riada
desbordamiento
avenida

valle
cañada

arroyo

riachuelo
regato

arruga

rugosidad
pliegue
repliegue
doblez
dobladura
frunce
bolsa
surco
estría

arrugado

rugoso
plegado
doblado
fruncido
arrebujado
engurruñado
estrujado
surcado
estriado

↔ liso
estirado

arrugar(se)

plegar
doblar
fruncir
arrebujar
engurruñar
estrujar
surcar
estriar

arrugarse

acobardarse
apocarse
amilanarse
achicarse
empequeñecerse

↔ alisar
estirar
planchar

envalentonarse
crecerse

arruinar(se)

empobrecer
esquilmar
quebrar
estar en la ruina
quedarse sin blanca
col.

destruir
destrozar
estropear
malograr
abortar
devastar
arrasar
acabar
agostar
asolar

↔ enriquecer
medrar

mejorar
arreglar

arrullar

zurear

canturrear
tararear

cortejar
enamorar
embelesar
encandilar
engatusar

adormecer

arrullo

susurro
canturreo
tarareo
nana

arrumaco

caricia
mimo
carantoña
zalamería
embeleco
zalema
cucamonas *col.*

arrumbar

arrinconar
apartar
retirar
abandonar
rechazar
repudiar
desechar
aparcar

↔ anteponer
dar prioridad

arsenal

astillero
atarazana

polvorín
armería

cúmulo
cantera
conjunto

arte

bellas artes

creación
creatividad
inspiración
genio
talento

habilidad
destreza
aptitud
capacidad
don
maña
mano

técnica
procedimiento
ciencia
disciplina

artimaña
treta
argucia
astucia
ardid

artefacto

aparato
máquina
mecanismo
dispositivo
ingenio
maquinaria
artilugio
artificio

armatoste
trasto
cachivache
tocho *col.*
muerto *col.*

artejo

nudillo

arteria

calle
avenida
vía
bulevar
paseo

artero

taimado
astuto
tramposo
ladino
falso
agachado *amer.*

↔ noble
   sincero

artesa

artesón
masera
batea *amer.*

artesano

artífice
menestral

artesón

artesa
casetón

ártico

boreal

↔ antártico

articulación

coyuntura
juntura
junta
trabazón
ensamblaje
engranaje
acoplamiento

estructuración
coordinación
organización

pronunciación
dicción

articular

juntar
trabar
ensamblar
engranar
acoplar
imbricar

estructurar
coordinar
organizar
orquestar
armar
montar

pronunciar
modular

↔ desarticular
   desacoplar

   desorganizar

artículo

determinante
actualizador

capítulo
apartado
sección
cláusula
disposición

crónica
suelto
columna
escrito
editorial

producto
género
mercancía

efecto
objeto
cosa

artífice

creador
artista
autor
padre

artesano

artificial

sintético
fabricado
industrial
químico

falso
ficticio
espurio
adulterado
postizo
de imitación

artificioso
fingido
afectado
estudiado

↔ natural

   auténtico
   sincero

artificiero

pirotécnico

artificio

aparato
artefacto
artilugio
dispositivo
mecanismo
máquina
ingenio
maquinaria

artimaña
truco
ardid
astucia

afectación
simulación
fingimiento
amaneramiento
rebuscamiento
jactancia
petulancia
ceremonia
ostentación

prosopopeya
pedantería
esnobismo
sofisticación

↔ naturalidad
   sencillez
   espontaneidad

artificioso

afectado
amanerado
fingido
rebuscado
jactancioso
petulante
ceremonioso
ostentoso
pedante
esnob
sofisticado
barroco
ampuloso
pomposo

↔ natural
   sencillo
   espontáneo

artilugio

artefacto
artificio
ingenio
aparato
máquina
mecanismo
dispositivo
mecanismo
maquinaria
cacharro

artimaña

argucia
truco
jugada
treta
artificio
arte
ardid
engaño
amaño
estratagema
martingala
triquiñuela

artista

creador
artífice
autor

actor
intérprete
cómico
comediante

maestro
virtuoso

artístico
bello
estético
hermoso
exquisito
primoroso

↔ feo
   antiestético

arúspice
aurúspice
adivino
adivinador
augur
vidente
agorero
profeta
pronosticador
zahorí
mago

arveja
algarroba

amer.
guisante

arzobispado
archidiócesis
mitra

arzobispo
metropolitano
prelado
mitrado

arzón
fuste

as
campeón
figura
triunfador
ganador
vencedor
número uno

↔ perdedor
   último

asa
asidero
agarradero

asadero
tostadero
horno
sauna
chicharrero *col.*

↔ nevera

asador
espetón
horno
parrilla
barbacoa
grill

asadura
víscera
entraña
achura *amer.*

asaetear
acribillar
brear
freír
molestar
agobiar
mortificar

asalariado
empleado
obrero
jornalero
trabajador

↔ empresario

asalariar
contratar
emplear

asalmonado
rosado
sonrosado

asaltar
atacar
atracar
saltear
tomar
invadir

conquistar
allanar
abordar
acometer
embestir
agredir
arremeter
irrumpir

sobrevenir
surgir
producirse
presentarse
aparecer

↔ defender

   desaparecer

asalto
ataque
atraco
toma
invasión
conquista
allanamiento
abordaje
acometida
embestida
agresión
arremetida
irrupción

↔ defensa

asamblea
junta
reunión
convención
congreso
ágora

asar(se)
tostar
dorar
churruscar
torrar

molestar
importunar
acosar
acribillar
abrumar
brear
freír

asarse
cocerse
asfixiarse
ahogarse

asaz *cult.*
bastante
muy
harto

↔ poco

ascendencia
estirpe
linaje
abolengo
casta
prosapia
genealogía
alcurnia
origen

↔ descendencia

ascendente
ascendiente
empinado
pino
enhiesto
subido

↔ descendente

ascender
subir
elevarse
alzarse
auparse
remontar
montar
trepar
escalar

aumentar
incrementar
acrecer

medrar
progresar
mejorar
promocionar

importar
sumar

↔ descender
   bajar

   disminuir

   empeorar
   relegar

ascendiente
ascendente
antepasado
antecesor

abuelo
ancestro

influencia
influjo

autoridad
peso
poder
prestigio
crédito
predominio
valimiento

↔ descendente

  descendiente

ascensión

ascenso
subida
elevación

↔ descenso
  bajada

ascenso

ascensión
subida

aumento
incremento
acrecentamiento

promoción
progreso
avance
encumbramiento
mejora
medra

↔ descenso

  disminución

  empeoramiento

ascensor

elevador
montacargas

ascesis

ascetismo
ascética

asceta

anacoreta
ermitaño
eremita
santón
faquir

ascético

penitente
mortificado
sacrificado
sobrio
austero
severo

↔ vividor
  vicioso

asco

repugnancia
repulsión
aversión
desagrado
aborrecimiento
horror
fobia
antipatía
manía

náusea
basca

asquerosidad
porquería
suciedad
guarrería *col.*

↔ agrado
  simpatía
  afición

  delicia

ascua

brasa
rescoldo

aseado

limpio
pulcro
arreglado
curioso
cuidado
acicalado
adecentado
impecable
higiénico

↔ desaseado
  sucio
  desastrado

asear(se)

limpiar
lavar
fregar
arreglar

aviar
acicalar
adecentar

↔ desasear
  ensuciar

asechanza

emboscada
encerrona
celada
trampa
estratagema
traición
insidia
intriga
maquinación
conspiración
engaño

asediar

bloquear
sitiar
cercar
acorralar
incomunicar
rodear

acosar
atosigar
hostigar
fustigar
agobiar
presionar
molestar
importunar

asedio

bloqueo
sitio
cerco
acorralamiento
incomunicación

acoso
hostigamiento
presión

asegurar(se)

fijar
afianzar
afirmar
consolidar
asentar
reforzar
fortalecer
aferrar
amarrar
sujetar

aseverar
confirmar
ratificar
certificar
garantizar
prometer
jurar

proteger
amparar
salvaguardar
preservar

asegurarse

cerciorarse
comprobar

↔ aflojar
  soltar

  negar

  desproteger

asemejar

comparar
equiparar
cotejar
asimilar
identificar
parangonar
confrontar

asemejarse

parecerse
semejar
recordar

↔ diferenciar

asenso

asentimiento
aprobación
consentimiento
acuerdo
avenencia
unanimidad
consonancia
armonía
concordancia
conformidad

↔ desacuerdo
  discordancia

asentaderas *col.*

culo
trasero
nalgas
posaderas
poto *amer.*

asentado

consolidado
afianzado
arraigado
seguro
firme
estable
permanente

juicioso
reflexivo
serio
formal
prudente
sensato
razonable
maduro
sesudo
atinado

↔ inestable

   irreflexivo
   insensato

asentador

asentista
intermediario
contratista
tratante

asentamiento

consolidación
cimentación
arraigo
establecimiento
instalación
emplazamiento
plaza

asentar(se)

consolidar
afianzar
asegurar
afirmar
basar
cimentar
fundar
fundamentar
apoyar

establecer
instalar
arraigar
enraizar
aposentarse

calmar
tranquilizar

sosegar
sentar
madurar

convenir
acordar
determinar
pactar

anotar
apuntar
inscribir
registrar

asentarse

estar
situarse
encontrarse
ubicarse
alzarse
elevarse

↔ debilitar

   irse
   mudarse

asentir

afirmar
aprobar
admitir
consentir
aceptar
acceder
acoger

↔ negar
   denegar
   disentir

aseo

higiene
limpieza
pulcritud
aliño
arreglo
compostura

servicio
baño
wáter
toilette
cuarto de baño

↔ suciedad

asepsia

antisepsia
desinfección

↔ infección

aséptico

antiséptico
desinfectante
esterilizante

desapasionado
frío
distante
tibio
neutro
imparcial
objetivo
indiferente

↔ séptico
   infeccioso

    apasionado
    cálido

asequible

accesible
alcanzable
factible
posible
cercano
abordable
a mano

comprensible
inteligible
claro
sencillo

amable
cordial
abierto
tratable
sociable
atento

↔ inasequible
   inaccesible

   difícil
   complicado
   abstruso

   cerrado
   hosco

aserción

aserto
afirmación
aseveración
confirmación
ratificación

↔ negación

aserradero

serrería
carpintería

aserrar

serrar

aserrín

serrín

aserto

aserción

asesinar

matar
liquidar
eliminar
cargarse *col.*
despachar *col.*
apiolar *col.*
borrar del mapa *col.*
mandar al otro
   barrio *col.*

asesinato

crimen
homicidio
muerte

asesino

criminal
homicida

perjudicial
dañino
nocivo
adverso
desfavorable
enemigo
maligno
perverso
diabólico

↔ benéfico
   angelical

asesor

consejero
consultor
mentor
orientador
guía

asesorar(se)

aconsejar
orientar
informar
sugerir
guiar
recomendar

consultar
preguntar
enterarse

↔ desaconsejar
   desinformar

asesoría

consultoría
consultorio
información

asestar

propinar
pegar
descargar
atizar
arrear
sacudir
dar
meter
encajar
largar

aseverar

afirmar
confirmar
certificar
asegurar
manifestar
declarar
proclamar
sostener
reafirmar

↔ negar
   refutar

aseverativo

afirmativo
enunciativo
declarativo

asexual

asexuado

↔ sexuado
   sexual

asfalto

pavimento

carretera
calle
vía

asfixia

ahogo
disnea

sofocación
sofoco
angustia
agobio

opresión

↔ respiro

   alivio

asfixiar(se)

ahogar
estrangular
sofocar
angustiar
agobiar
oprimir

asfixiarse

asarse
achicharrarse
torrarse

↔ aliviar

   helarse

así

de este modo

justamente
precisamente
mismamente *col.*

ojalá

asiático

oriental

asidero

asa
agarradero
mango
empuñadura

agarraderas
influencias
recomendaciones

excusa
pretexto
disculpa
justificación
evasiva

asiduo

frecuente
habitual
acostumbrado
continuo

constante
perseverante

↔ inconstante

asiento

silla
banco
butaca
puesto
localidad

partida
anotación
registro

emplazamiento

base
cimiento
apoyo
sostén
fundamento

sedimento
poso

asignación

adjudicación
atribución

paga
salario
sueldo
honorarios
remuneración

asignar

adjudicar
atribuir
adscribir
aplicar
entregar
destinar
conceder
estipular
señalar
fijar
establecer

asignatura

disciplina
materia
ciencia

asilado

acogido
refugiado
hospiciano
internado

asilar(se)

acoger
albergar
amparar
proteger
refugiar
cobijar
alojar
hospedar
aposentar
recibir
instalar

↔ desalojar
   expulsar
   salir

asilo

hospicio
orfanato

acogida
alojamiento
cobijo
hospedaje
refugio
abrigo
protección
amparo

asimetría

desigualdad
desproporción
irregularidad

↔ simetría

asimétrico

desigual
desproporcionado
irregular

↔ simétrico

asimilación

comparación
cotejo
equiparación
confrontación
paridad
paralelo

anabolismo
aprovechamiento

comprensión
aprendizaje

↔ catabolismo
   desasimilación

asimilar(se)

comparar
cotejar
equiparar
asemejar
confrontar
identificar
parangonar

comprender
entender
aprehender
aprender
captar
concebir
penetrar

aceptar
admitir
acoger
recibir
adoptar
abrazar

aprovechar
absorber
digerir

↔ diferenciar

  rechazar
  rehusar
  descartar

  desasimilar

asimismo

también
igualmente
además
del mismo modo

↔ tampoco

asíndeton

↔ polisíndeton

asir(se)

coger
agarrar
sujetar
sostener
aferrar
empuñar

↔ soltar
  desasir

asistencia

socorro
auxilio

amparo
protección
colaboración
cooperación

subvención
subsidio
donación

concurrencia
público
audiencia
concurso
presencia
afluencia

↔ desasistencia
  desamparo

  inasistencia
  ausencia

asistenta

sirvienta
criada
doméstica
chica
chacha *col.*
señora de la
  limpieza

asistente

ayudante
colaborador
sirviente
agregado
auxiliar

presente
concurrente
espectador

↔ superior

  ausente

asistir

socorrer
auxiliar
atender
amparar
favorecer
ayudar
apoyar
colaborar
cuidar
servir

acudir
comparecer
personarse

presentarse
ir
venir
congregarse

↔ desasistir
  desamparar

  ausentarse
  faltar

asno

burro
borrico
jumento
rucio
pollino

necio
animal
tonto
ignorante
inculto
zoquete
zopenco

asociación

sociedad
compañía
institución
agrupación
corporación
comunidad
club

asociar(se)

inscribir
afiliar
abonar
agremiar
sindicar
agrupar
coligar
confederar
aliar
reunir
organizar
juntar

relacionar
enlazar
identificar
equiparar
parangonar

↔ excluir
  separar

asocio, en *amer.*

en asociación

asolar

destruir
arruinar
arrasar
devastar
aniquilar
arrollar
desbaratar
deshacer

↔ crear
  construir

asomar(se)

aparecer
surgir
apuntar
despuntar
brotar
aflorar
manifestarse
emerger
salir
sacar

↔ ocultar
  esconder

asombrado

admirado
sorprendido
pasmado
maravillado
impresionado
anonadado
alucinado
extrañado
atónito
estupefacto
patidifuso *col.*

↔ indiferente
  acostumbrado

asombrar(se)

admirar
sorprender
pasmar
maravillar
impresionar
anonadar
extrañar
chocar
alucinar *col.*

↔ dejar tal cual *col.*

asombro

admiración
sorpresa

pasmo
maravilla
estupor
estupefacción
deslumbramiento
fascinación
arrobamiento
arrobo

↔ indiferencia
　normalidad

asombroso
sorprendente
pasmoso
maravilloso
inconcebible

↔ normal

asomo
indicio
señal
síntoma
muestra
signo
amago
manifestación
vislumbre
ribete

asonada
motín
rebelión
insurrección
sedición
alzamiento
algarada
revuelta
disturbio
tumulto

↔ calma
　orden

asorocharse *amer.*
apunarse *amer.*

ruborizarse
azararse
avergonzarse

aspa
cruz
equis

aspaviento
alharaca
gesticulación
manoteo

aspecto
apariencia
semblante
presencia
pinta
facha
planta
traza
porte
actitud
aire

matiz
faceta
dimensión
vertiente

aspereza
rugosidad
escabrosidad

desabrimiento
acritud

brusquedad
dureza

↔ suavidad
　afabilidad
　dulzura

asperjar o
asperger
rociar
salpicar

áspero
rasposo
rugoso

abrupto
escarpado
accidentado
montañoso
anfractuoso
quebrado

acre
amargo
picante

desabrido
hosco
adusto
arisco
seco
tosco
brusco
rudo
duro
violento

↔ suave
　esponjoso

liso
llano

dulce

cordial
afable

áspid
víbora
serpiente

aspillera
saetera
barbacana
tronera

aspiración
anhelo
deseo
ansia
ambición
pretensión
finalidad
objetivo
afán

aspirante
candidato
pretendiente
solicitante

aspirar
inspirar
respirar
absorber

anhelar
desear
ansiar
ambicionar
pretender
codiciar
apetecer
querer

↔ expirar
　renunciar
　despreciar

asquear
repugnar
repeler
aborrecer
odiar

desagradar
disgustar
fastidiar
hastiar
hartar

↔ gustar
　agradar

asqueroso
repugnante
repulsivo
repelente
sucio
nauseabundo
cochambroso *col.*
puerco *col.*

escrupuloso
melindroso

↔ aseado
　limpio

asta
mástil
fuste

cuerno
pitón

astado
toro
cornúpeta

astenia
debilidad
decaimiento
flojedad
flojera
lasitud
cansancio

↔ vigor

astil
mango

astilla
esquirla
fragmento

astillero
arsenal
atarazana

astrágalo
taba

astral
estelar
sideral
cósmico
galáctico
espacial

astringente
↔ laxante

astro
estrella
cuerpo celeste
divo
figura
personaje

astrólogo
adivino
arúspice
pronosticador

astronauta
cosmonauta

astronave
cosmonave
cohete
nave espacial

astronómico
exagerado
desorbitado
exorbitante
desmesurado
excesivo
enorme
elevado
cuantioso
↔ mínimo
   insignificante

astroso
andrajoso
harapiento
desharrapado
desastrado
estropajoso
zarrapastroso
desaseado
↔ elegante
   atildado

astucia
sagacidad
perspicacia

picardía
sutileza
malicia
artería
cautela

ardid
artificio
treta
truco
trampa
artimaña
estratagema
argucia
amaño
maña
engaño
triquiñuela
martingala
↔ candidez
   ingenuidad

astuto
listo
sagaz
ladino
perspicaz
pícaro
sutil
taimado
artero
agachado *amer.*
↔ cándido
   ingenuo

asueto
ocio
descanso
reposo
holganza
inactividad
desocupación
quietud
vacación
permiso
↔ trabajo

asumir
admitir
aceptar
contraer
encargarse
responsabilizarse
hacerse cargo
↔ rechazar
   rehusar

asunción
admisión
aceptación
responsabilidad
↔ rechazo

asunto
materia
cuestión
tema
propósito
negocio
bolado *amer.*
trama
argumento
acción

asustadizo
espantadizo
huidizo
miedoso
↔ valiente

asustar(se)
alarmar
sobresaltar
impresionar
preocupar
atemorizar
aterrar
espantar
amedrentar
acobardar
amilanar
arredrar
intimidar
acoquinar
acojonar *vulg.*
achucharrar *amer.*
↔ tranquilizar
   envalentonar

atabal
timbal
tamboril

atacar
acometer
arremeter
agredir
asaltar
embestir
abalanzarse
lanzarse

oponerse
impugnar
rebatir
censurar
criticar
condenar
afectar
perjudicar
dañar
aquejar
↔ defender
   alabar

atadijo
atado
lío
paquete
envoltorio

atado
amarrado
anudado
enlazado
liado
ligado
ceñido
atadijo
haz
fajo

atadura
amarre
ligadura
lazo
unión
vínculo
relación
nexo
enlace

atajar
acortar
adelantar
ganar tiempo
interrumpir
detener
parar
contener
impedir
frenar
↔ atrasar
   activar
   favorecer

atajo
trocha
senda
desp.
hatajo
hato
caterva
tropel
conjunto
grupo

atalaya
observatorio
torre albarrana
vigía
centinela
vigilante

atañer
corresponder
concernir
pertenecer
tocar
importar
interesar
incumbir
afectar
aludir
referir
hacer referencia

ataque
acometida
embestida
embate
arremetida
agresión
asalto
abordaje
ofensiva
crítica
censura
condena
acceso
arrebato
crisis
golpe
patatús *col.*
↔ defensa
   alabanza
   apoyo

atar(se)
amarrar
anudar

enlazar
liar
ligar
ceñir
ajustar
acordonar
frenar
refrenar
cohibir
reprimir
limitar
↔ desatar
   soltar
   liberar

atarazana
arsenal
astillero

atardecer¹
oscurecer
anochecer
↔ amanecer
   alborear

atardecer²
ocaso
crepúsculo
anochecer
anochecida
↔ amanecer
   alba

atarear(se)
ajetrearse
afanarse
agobiar
bregar
trabajar
deslomarse
↔ aliviar
   holgazanear

atascar(se)
obstruir
obturar
atrancar
bloquear
cegar
obstaculizar
tapar
taponar
atorar
atollarse
encallar

atascarse
trabarse
encasquillarse
tartamudear
atragantarse
↔ desatascar

atasco
atascamiento
obstrucción
obturación
bloqueo
embotellamiento
tapón
congestión
aglomeración
dificultad
obstáculo
freno
inconveniente
impedimento
estorbo
entorpecimiento

ataúd
féretro
caja

ataviar(se)
componer
adornar
engalanar
aderezar
acicalar
arreglar
aviar
atildar
embellecer
emperifollar
emperejilar *col.*
↔ desaliñar
   despojar

atávico
ancestral
tradicional
antiguo
remoto
inveterado
↔ nuevo

atavío
compostura
adorno
aderezo

perifollos
arreglo
avío
indumentaria
traje
vestimenta
vestido
atuendo
ropaje
ropa

ateísmo
irreligiosidad
impiedad
↔ fe
   religiosidad

atemorizar(se)
asustar
intimidar
amedrentar
acobardar
acoquinar
apabullar
achicar
amilanar
apocar
arredrar
achantar *col.*
↔ envalentonar

atemperar(se)
moderar
calmar
atenuar
mitigar
aplacar
suavizar
acomodar
ajustar
adecuar
armonizar
aproximar
concertar
↔ excitar
   avivar
   desacomodar

atenazar
aferrar
agarrar
sujetar
apretar
comprimir
estrujar

paralizar
inmovilizar
agarrotar
entumecerse

atormentar
torturar
acongojar
abrumar
angustiar

↔ soltar
   liberar

atención

interés
cuidado
aplicación
voluntad
afán

consideración
cumplido
agasajo
cortesía
cordialidad
amabilidad
gentileza

↔ distracción

   desconsideración

atender

admitir
aceptar
acoger

asistir
ocuparse
cuidar
preocuparse
amparar
auxiliar
socorrer

interesarse
fijarse
enterarse
estar pendiente
prestar atención

considerar
tener en cuenta

↔ desatender

   descuidar

   distraerse

ateneo

casino
círculo

club
sociedad

atenerse

ajustarse
someterse
amoldarse
ceñirse
limitarse
circunscribirse
sujetarse
remitirse

↔ rebelarse

atentado

agresión
ataque
asalto
golpe
atropello
violación
vulneración
quebranto
transgresión

↔ defensa

atentamente

respetuosamente
cortésmente
amablemente
educadamente
solícitamente

cuidadosamente
con atención

atentar

agredir
atacar
arremeter

violar
vulnerar
quebrantar
infringir
traspasar
transgredir
burlar
atropellar

↔ defender

atento

interesado
concentrado
intrigado

respetuoso
cortés

amable
educado
solícito
considerado
fino
afable
gentil

↔ distraído

   descortés

atenuante

justificación
paliativo
eximente

↔ agravante

atenuar(se)

mitigar
moderar
suavizar
apaciguar
calmar
aplacar
aliviar
atemperar
aligerar

↔ acentuar
   agravar

ateo

impío
irreligioso
descreído

↔ creyente

aterir(se)

arrecirse
helar
congelar
pasmar
pelarse de frío *col.*

↔ asarse
   asfixiarse

aterrador

espantoso
horrible
espeluznante
estremecedor
horripilante

↔ tranquilizador

aterrar

aterrorizar
espantar

horrorizar
espeluznar
horripilar
atemorizar
estremecer

aterrizar

posarse
tomar tierra

↔ despegar

aterrorizar(se)

aterrar

atesorar

acumular
acaparar
acopiar
amontonar
aglomerar
apilar
concentrar
almacenar
hacinar
reunir
juntar

↔ repartir
   distribuir

atestado

testimonio
testificación
acta

atestar[1]

abarrotar
colmar
saturar
llenar
atiborrar
henchir
cargar
embutir

↔ vaciar

atestar[2]

atestiguar
testificar
levantar acta

atestiguar

atestar
testificar
declarar

probar
demostrar
acreditar
garantizar
justificar
confirmar
dar fe

atezar(se)
broncear
curtir
tostar

atiborrar(se)
atestar
abarrotar
colmar
saturar
llenar
henchir
col.
hartar
atracar
inflar
cebar
empapuzar *col.*
apiparse *col.*

↔ vaciar

atildar(se)
arreglar
acicalar
aderezar
ataviar
atusarse
componer
emperejilar *col.*

↔ desaliñar

atinar
acertar
resolver
adivinar
descubrir
dar en el clavo *col.*
dar en el blanco *col.*

↔ errar
   fallar

atípico
anormal
anómalo
desusado
desacostumbrado
infrecuente

↔ típico

atiplar
aflautar
afinar

atirantar
tensar
estirar

↔ aflojar

atisbar
acechar
vigilar
observar
espiar
escrutar
escudriñar
avizorar
divisar
vislumbrar
barruntar
sospechar
intuir
presagiar
olerse

atisbo
acecho
vigilancia
espionaje
barrunto
sospecha
indicio
signo
muestra
señal
índice

atizar
avivar
enconar
excitar
enardecer
aguijonear
azuzar
golpear
pegar
arrear
propinar
zurrar

↔ aplacar
   calmar

atlante
telamón

atleta
deportista
gimnasta
forzudo
sansón
cachas *col.*

atlético
deportivo
gimnástico
musculoso
corpulento
fornido

↔ enclenque

atmósfera
aire
ambiente
éter
espacio
ámbito
entorno
medio

atocinarse
aturdirse
ofuscarse
obnubilarse
cegarse
obcecarse
obstinarse

atolladero
lodazal
apuro
aprieto
embrollo
problema
conflicto
lío
compromiso
dilema
trance
brete

atollarse
atascarse
atorarse

atolondrado
aturdido
confundido
atontado
torpe

alelado
abanto
alocado
loco
irreflexivo
imprudente
precipitado
impulsivo
arrebatado

↔ despabilado
   avispado

   prudente
   reposado

atolondrar
aturdir
confundir
atontar
alelar
abobar
embobar
pasmar

↔ despabilar
   avispar

atomizador
pulverizador
aerosol
spray
vaporizador

atomizar
pulverizar
desintegrar
desmenuzar

↔ aglutinar

átomo
partícula
ápice
migaja
miaja
adarme
pizca

atonía
apatía
abulia
desgana
desánimo
desaliento
astenia
debilidad
cansancio

agotamiento
decaimiento
desfallecimiento
postración
flojedad
lasitud

↔ entusiasmo
　　dinamismo
　　pasión

　　vigor

atónito

asombrado
pasmado
estupefacto
boquiabierto
absorto
alelado
patidifuso *col.*
alucinado *col.*

↔ indiferente

átono

inacentuado

↔ tónico

atontado

alelado
embobado
atolondrado
aturdido
abanto
torpe
pasmado

↔ despabilado
　　avispado

atontar(se)

atontolinar
entontecer
alelar
embobar
abobar
atolondrar
aturdir
pasmar

↔ despabilar
　　avispar

atontolinar(se)

atontar

atorar(se)

atascar
obstruir

obturar
cegar
atrancar
taponar

atorarse

encasquillarse
atragantarse
trabarse

↔ desatascar

atormentar(se)

martirizar
mortificar
torturar
angustiar
afligir
atribular
desolar
desesperar
desconsolar
reconcomer

↔ aliviar
　　reconfortar

atorrante *amer.*

vagabundo
vago
holgazán

atosigar(se)

agobiar
acuciar
apremiar
apurar
abrumar
presionar
oprimir
angustiar

↔ aliviar

atrabiliario

irritable
colérico
irascible
iracundo
excitable
malhumorado

↔ afable
　　dulce

atracadero

muelle
fondeadero

desembarcadero
dique
dársena

atracador

asaltante
salteador
bandido

atracar(se)

asaltar
saltear
robar

arribar
anclar
fondear

inflar
hartar
atiborrar
cebar

↔ zarpar

atracción

seducción
encanto
apego
aprecio
afecto
simpatía
afección
propensión
afición
amor

espectáculo
distracción
entretenimiento

↔ repulsión
　　rechazo

atraco

asalto
robo
agresión

atracón *col.*

comilona

hartazgo
empacho
saciedad
saturación
hartura
empalago
panzada *col.*

atractivo

atrayente
cautivador
seductor
encantador
interesante

agraciado
guapo
hermoso
bello
apuesto
bien parecido

gracia
encanto
gancho
hechizo
ángel
aquel *col.*

↔ repelente
　　desagradable

　　feo

atraer(se)

cautivar
seducir
encantar
fascinar
hechizar
tentar
embelesar
absorber
interesar
agradar

acarrear
ocasionar
provocar
conllevar
dar lugar

↔ repeler
　　rechazar
　　desagradar

atragantarse

atravesarse

atascarse
encasquillarse
atorarse
atollarse

atrancar(se)

atascar
obstruir
obturar

atorar
cegar
taponar
cerrar

↔ desatrancar

atrapar
apresar
aprehender
prender
capturar
agarrar
asir
coger
enganchar
alcanzar
pillar
pescar
cazar

↔ soltar
liberar

atraque
anclaje
fondeo
amarre

atrás
detrás
a espaldas
antes

↔ delante
adelante

atrasado
retrasado
rezagado

subdesarrollado
primitivo

anticuado
obsoleto
pasado
caduco

↔ adelantado

moderno
actual

atrasar(se)
retrasar
retardar
diferir
dilatar

postergar
aplazar
posponer
demorar
tardar
rezagarse
llegar tarde

↔ adelantar

atraso
retraso
retardo
aplazamiento
demora
dilación

postergación
involución
relegamiento
retroceso

atrasos
deuda
impagado

↔ adelanto

progreso

anticipo

atravesado
traspasado
calado
taladrado

cruzado
transversal
travesero
oblicuo
sesgado

retorcido
perverso
esquinado
avieso
malintencionado
malpensado

atravesar(se)
traspasar
calar
taladrar
horadar
perforar
penetrar

cruzar
trasponer
pasar
recorrer

interponer
entremeter

atravesarse
atragantarse
atascarse
fastidiar

atrayente
atractivo
seductor
interesante

↔ repelente

atreverse
aventurarse
arriesgarse
exponerse
osar
decidirse
lanzarse

↔ acobardarse
desistir

atrevido
audaz
valiente
aventurado
intrépido
arriesgado
osado
decidido
expuesto
temerario

insolente
descarado
desvergonzado
fresco
caradura *col.*
cara *col.*
carota *col.*

provocativo
llamativo
indecente

↔ cobarde

comedido
respetuoso

sobrio
puritano

atrevimiento
osadía
audacia
decisión

insolencia
descaro
frescura
cara dura *col.*

↔ cobardía
apocamiento

atribución
facultad
jurisdicción
competencia
incumbencia
poder
capacidad
prerrogativa

atribuir(se)
asignar
adjudicar
adscribir
conceder
otorgar
destinar
corresponder
aplicar

achacar
imputar
endosar
acusar
responsabilizar
encasquetar
endilgar

atribular(se)
entristecer
apesadumbrar
apenar
consternar
acongojar
angustiar
atormentar
afligir
agobiar
amargar

↔ alegrar
aliviar
confortar

atributo
cualidad
propiedad
característica
particularidad
peculiaridad
idiosincrasia
rasgo
marca

símbolo
signo
emblema
distintivo

atrincherarse

parapetarse
refugiarse
protegerse
escudarse
cubrirse
servirse

atrio

claustro
porche
zaguán

atrocidad

crueldad
perversidad
ferocidad
sadismo
brutalidad
barbaridad
bestialidad
monstruosidad
salvajada
horror
espanto
enormidad
desmesura
disparate
despropósito

↔ humanitarismo
    bondad

    nimiedad

atrofia

anquilosamiento
involución

↔ desarrollo

atrofiar(se)

anquilosar
paralizar
embotar
entumecer

↔ desarrollar
    agilizar

atronado

aturdido
ensordecido

alocado
irreflexivo
atolondrado
precipitado
atropellado
tarambana
cabeza de chorlito *col.*

↔ prudente
    juicioso

atronar

retumbar
resonar

aturdir
ensordecer

atropellado

atolondrado
precipitado
irreflexivo
impulsivo
alocado
atronado
loco

↔ pausado
    reflexivo

atropellar

arrollar
pillar

abusar
aprovecharse
propasarse
explotar
maltratar
pisotear
violar

↔ respetar

atropello

abuso
agravio
ofensa
injusticia
tropelía
violación
atentado
alcaldada

atroz

cruel
perverso
inhumano
feroz

salvaje
brutal
bárbaro
bestial
abominable
detestable
execrable
horrible
terrible
horroroso
espantoso

enorme
tremendo
desmesurado
desorbitado
colosal
impresionante

↔ humanitario
    bondadoso

    pequeño
    nimio

atuendo

indumentaria
traje
vestido
vestidura
vestimenta
ropaje
ropa
atavío

atufar(se)

apestar
heder
cantar *col.*
incomodar
irritar
disgustar
enfadar
enojar
fastidiar
brear

↔ perfumar

aturdimiento

confusión
desconcierto
turbación
mareo
atontamiento
atolondramiento
ofuscamiento
aturullamiento *col.*

↔ serenidad
    lucidez

aturdir(se)

confundir
desconcertar
turbar
marear
atontar
embobar
abobar
atolondrar
ofuscar
obnubilar
abrumar
aturullar *col.*
embarullar *col.*

↔ despabilar
    aclarar

aturullar o
    aturrullar *col.*

aturdir
confundir
liar
embarullar *col.*

atusar(se)

peinar
alisar

atusarse

acicalarse
aviarse
arreglarse
atildarse
emperifollarse
emperejilarse *col.*

↔ desaliñarse

audacia

atrevimiento
valentía
arrojo
osadía

insolencia
desvergüenza

↔ cobardía

audaz

atrevido
valiente
arrojado
osado
arriesgado
temerario
aventurado
bravo

expuesto
bárbaro
corajudo
agalludo *amer.*

insolente
descarado
desvergonzado
fresco
cara *col.*
carota *col.*

↔ cobarde
prudente

comedido
respetuoso

audición
concierto
recital
gala

audiencia
recepción
entrevista
visita
cita
reunión
encuentro

auditorio
concurrencia
asistencia
público
concurso
afluencia

tribunal
juzgado

audífono
sonotone

auditorio
audiencia
público
concurrencia
asistencia
concurso

auditorium
teatro

auge
apogeo
plenitud
esplendor
cúspide

cima
culmen
bonanza
prosperidad
florecimiento

importancia
incremento
relevancia
realce
relieve
alcance
magnitud

↔ decadencia
ocaso

augur
adivino
adivinador
agorero
arúspice
vidente
profeta
pronosticador
mago
zahorí

augurar
adivinar
predecir
pronosticar
presagiar
profetizar
vaticinar

augurio
adivinación
predicción
pronóstico
presagio
profecía
vaticinio
auspicio
oráculo
presentimiento

augusto
honorable
venerable
egregio
respetable
benemérito

aula
clase
cátedra

aulaga
aliaga
tojo

áulico
cortesano
palaciego

aullar
ulular

aullido
alarido
bramido
grito

aumentar
crecer
agrandar
ampliar
incrementar
acrecentar
engrandecer
desarrollar
abultar
acentuar
agigantar
alargar
engrosar
alzar
subir

↔ disminuir
reducir

aumentativo
↔ diminutivo

aumento
crecimiento
agrandamiento
ampliación
incremento
acrecentamiento
engrandecimiento
desarrollo
alza
subida
ascenso

↔ disminución
reducción
baja

aun
incluso
hasta

aún
todavía

aunar(se)
unir
armonizar
unificar
asociar
aliar
aglutinar
reunir
coaligar
agrupar

↔ separar
dispersar

aunque
pero
sin embargo
no obstante

aupar(se)
levantar
encaramar
alzar
subir
elevar

ensalzar
enaltecer
encarecer
promocionar

↔ bajar
descender

aura
brisa
céfiro

áureo
áurico
dorado

brillante
resplandeciente
fulgurante

↔ mate
opaco

aureola
nimbo

fama
renombre
reputación

celebridad
gloria
reconocimiento
prestigio

ambiente
atmósfera
halo

áurico

áureo

aurora

alba
amanecer
amanecida
madrugada
alborada
alboreo
orto
albor

inicio
comienzo
principio

↔ crepúsculo
ocaso
atardecer
anochecer

fin
terminación

aurúspice

arúspice

ausencia

partida
desaparición
marcha
abandono

falta
carencia
privación
pérdida
penuria
escasez
insuficiencia

↔ presencia

existencia
abundancia

ausentarse

irse
marcharse
partir
desaparecer

alejarse
separarse
retirarse
abandonar
faltar
hacer mutis por
el foro *col.*

↔ quedarse

ausente

lejano
distante

falto
carente
privado
desprovisto
escaso

distraído
ido
absorto
abstraído

↔ presente

sobrado
rebosante

atento

auspiciar

favorecer
proteger
amparar
apoyar
asistir
auxiliar
socorrer
respaldar
secundar
patrocinar
promocionar
tutelar

auspicio

adivinación
augurio
predicción
vaticinio
pronóstico
oráculo
presentimiento
previsión

favor
protección
amparo
apoyo
auxilio

socorro
respaldo
patrocinio
tutela

↔ abandono
desamparo

austeridad

sobriedad
moderación
parquedad

rigidez
severidad
rigor

↔ aparato
frivolidad

austero

sobrio
moderado
frugal
parco
adusto

rígido
severo
riguroso

↔ aparatoso
recargado

frívolo

austral

meridional
antártico

↔ boreal

auténtico

verdadero
legítimo
genuino
real
original
castizo

↔ falso
falsificado

autentificar

autorizar
legalizar
certificar
validar
refrendar

↔ invalidar

autillo

úlula
zumaya

auto

automóvil
coche
utilitario

autobiografía

memorias
confesiones
diario

autobús

autocar
bus
ómnibus
pullman
camioneta
guagua (América
y Canarias)

autocar

autobús

autocontrol

autodominio

autoevaluación

autocracia

dictadura
absolutismo
tiranía
despotismo
autoritarismo
totalitarismo

↔ democracia

autóctono

aborigen
nativo
vernáculo
originario
indígena
natural
oriundo
patrio

↔ extranjero
foráneo

**autodetermi-
nación**

autonomía
autogobierno

autódromo
circuito

autoevaluación
autocontrol

autogestión
autogobierno

autogobierno
autogestión
autonomía
autodeterminación

autógrafo
firma
rúbrica

ológrafo

automación
automatización
mecanización

autómata
robot
androide

automática
cibernética

automático
mecánico
automotriz

maquinal
espontáneo
involuntario
inconsciente
inevitable
instintivo
necesario
forzoso
obligatorio

corchete

↔ manual

    consciente
    deliberado

automatizar
mecanizar

automoción
automovilismo

automóvil
auto
coche
turismo
buga *col.*
carro *amer.*

automovilismo
automoción

automovilista
conductor
piloto
chófer

autonomía
autogobierno
autodeterminación
independencia
emancipación
soberanía
autosuficiencia

↔ dependencia

autonomizar
independizar
emancipar
desvincular
separar

↔ someter
    vincular

autónomo
emancipado
soberano
independiente

↔ dependiente

autopsia
necroscopia
necropsia

autor
agente
creador
ejecutor
artífice
inventor
productor
promotor
padre
responsable

artista
compositor
escritor

autoridad
poder
poderío
potestad
peso
dominio
soberanía
imperio
mando
arbitrio
jurisdicción
supremacía
preponderancia
prepotencia

influencia
influjo
ascendiente
crédito
prestigio
valimiento
competencia

jefe
gobernante
dirigente

↔ subordinación
    obediencia

autoritario
totalitario
absolutista
absoluto
despótico
imperialista
mandón
imperioso
dominante
déspota
dictador
tirano
opresor

↔ tolerante
    demócrata

autoritarismo
totalitarismo
absolutismo
despotismo
autocracia
tiranía
dictadura

↔ tolerancia
    democracia

autorización
permiso
licencia

consentimiento
aprobación

↔ prohibición

autorizado
legal
lícito
reglamentario
legítimo

acreditado
competente
calificado
facultado

↔ desautorizado

autorizar
permitir
consentir
aprobar
legalizar
acceder
dejar

facultar
capacitar
otorgar
licenciar
acreditar
avalar
respaldar

visar
garantizar
atestiguar
dar fe

↔ desautorizar
    prohibir

autoservicio
supermercado
hipermercado

autostop, hacer
hacer dedo *col.*

autosuficiencia
autonomía
suficiencia
presunción
orgullo
engreimiento
petulancia

↔ dependencia
    modestia

autosuficiente

autónomo

suficiente
presumido
orgulloso
engreído
petulante

↔ dependiente

   modesto

auxiliar[1]

socorrer
ayudar
amparar
asistir
atender
acoger

↔ desamparar
   abandonar

auxiliar[2]

accesorio
complementario
circunstancial
secundario

prescindible
anexo

ayudante
asistente
agregado
colaborador
dependiente
asociado
adjunto
adlátere *desp.*

↔ esencial
   principal

auxilio

socorro
ayuda
asistencia
amparo
protección
favor

↔ desamparo
   abandono

aval

garantía
respaldo
fianza
firma
palabra

avalancha

alud
desprendimiento

aluvión
tromba
afluencia
concurrencia
agolpamiento

avalar

garantizar
respaldar
acreditar
abonar
ratificar

↔ desacreditar

avalista

garante

avance

adelanto
progreso
desarrollo
evolución
anticipación
anticipo

↔ retroceso
   retraso

avante

adelante
delante

↔ atrás

avanzada o
  avanzadilla

destacamento
vanguardia
descubierta

↔ retaguardia

avanzado

adelantado
destacado
aventajado
superior
precoz
desarrollado

progresista
liberal
innovador

renovador
reformista

↔ retrasado

   retrógrado
   conservador

avanzar

adelantar
destacar
aventajar
superar

anticipar

progresar
prosperar
mejorar
medrar
evolucionar
desarrollarse

pasar
transcurrir

↔ retroceder
   retraso

   empeorar
   declinar

avaricia

codicia
avidez
mezquindad
egoísmo
tacañería
cicatería
ruindad
miseria
ansia
afán
ambición
apetencia
roñosería *col.*

↔ generosidad

avaricioso

avaro

avariento

avaro

avaro

avaricioso
avariento
codicioso
ávido
ambicioso
mezquino

egoísta
tacaño
cicatero
ruin
miserable
agarrado
roñoso *col.*
roña *col.*
rácano *col.*
rata *col.*
agalludo *amer.*

↔ generoso
   espléndido

avasallador

aplastante
arrollador
subyugador
abusivo
arbitrario
injusto
dictatorial

avasallar

dominar
oprimir
sojuzgar
tiranizar
someter

abusar
atropellar
arrollar
aplastar

derrotar
vencer
hundir

↔ liberar

avatar

vicisitud
altibajo
cambio
transformación
alteración
variación
mudanza
incidente

ave

pájaro
pajarraco

avecinar(se)

acercar
aproximar
arrimar

adosar
juntar
unir
abocar

↔ alejar
   separar

avecindamiento

establecimiento
asentamiento
asiento

avecindar

empadronar

avecindarse

establecerse
asentarse
instalarse
domiciliarse

avejentar(se)

envejecer
aviejar

↔ rejuvenecer

avenar

desaguar
drenar
desecar

↔ anegar
   inundar

avenencia

acuerdo
asenso
conformidad
unanimidad
convenio
arreglo
concierto
consonancia
unión
armonía
concordancia
consentimiento

↔ desavenencia
   desacuerdo
   disconformidad

avenida

crecida
desbordamiento
inundación

aluvión
tromba
afluencia
muchedumbre
masa

bulevar
paseo
vía
arteria

avenir(se)

conciliar
reconciliar
armonizar
arreglar
amigar
acordar
concertar

avenirse

entenderse
compenetrarse
congeniar
simpatizar
confraternizar
hacer buenas migas
   col.

conformarse
acomodarse
adaptarse
allanarse

↔ enfrentar
   enemistar

   chocar

   rebelarse

aventador

bieldo

aventajado

adelantado
destacado
avanzado
sobresaliente
superior
precoz

↔ atrasado
   mediocre

aventajar

adelantar
superar
sobrepasar
sobresalir
destacar

exceder
tomar la delantera
ir en cabeza

aventar

ventilar
airear

volar

aventura

andanza
lance
peripecia
suceso
episodio
correría
hazaña

peligro
riesgo

amorío
romance
affaire
flirt
lío *col.*

aventurado

arriesgado
expuesto
peligroso
imprudente
temerario

inseguro
infundado

aventurar(se)

arriesgar
exponer
comprometer
osar
atreverse
lanzarse

↔ asegurarse

aventurero

temerario
osado
arriesgado
atrevido
trotamundos

intrigante
oportunista
caradura
vividor
aprovechado

average *ingl.*

promedio
media

avergonzar(se)

abochornar
azarar
confundir
turbar
abrumar
soflamar
correr
humillar
sonrojar
ruborizar

avería

daño
rotura
desperfecto
deterioro
menoscabo
detrimento

↔ arreglo
   reparación

averiado

estropeado
dañado
deteriorado
roto

↔ arreglado
   reparado

averiar(se)

estropear
dañar
deteriorar
romper
menoscabar

↔ arreglar
   reparar

averiguar

investigar
indagar
inquirir
tantear
sondear
escrutar
examinar
descubrir
resolver
informarse

averno *cult.*

infierno
abismo
tártaro *cult.*
orco *cult.*

aversión

animadversión
antipatía
repugnancia
repulsión
repulsa
rechazo
manía
ojeriza
odio
asco
grima
náusea
alergia
oposición
aborrecimiento

↔ simpatía
apego
afición

avezado

acostumbrado
curtido
ducho
hecho
encallecido
endurecido
baqueteado

↔ inexperto
tierno
verde

aviado

arreglado
preparado
compuesto
adecentado
acicalado
aseado

apañado
listo

↔ desarreglado
sucio
descuidado

aviador

piloto
aeronauta

aviar(se)

arreglar
preparar
componer
disponer
adecentar
acicalar
asear

aviarse

manejarse
apañarse
valerse
buscarse la vida *col.*

↔ desarreglar
ensuciar
descuidar

ávido

ansioso
codicioso
ambicioso
anhelante
avaricioso
hambriento
sediento
apetente
insaciable

↔ saciado
harto

aviejar(se)

envejecer
avejentar
ajar
marchitar
deteriorar

↔ rejuvenecer

avieso

torcido
irregular

perverso
maligno
atravesado
malo
siniestro
retorcido
malvado
pérfido
esquinado

↔ recto

bondadoso
sincero

avilés

abulense

avinagrar(se)

agriar
acidificar
acidular
acedar
cortar

avío

arreglo
adorno
compostura
preparación

servicio
utilidad
provecho
uso
conveniencia
interés

comida
vitualla
provisión
víveres

avíos

instrumentos
enseres
utensilios
aperos
trastos

avión

aeroplano
aeronave

avisado

informado
notificado
advertido
alertado
prevenido

despierto
despabilado
listo
enterado
prudente
astuto
aconsejado
experimentado
experto
preparado

↔ ignorante

avisar

comunicar
anunciar
informar
indicar
notificar
advertir
alertar
prevenir
amonestar
apercibir
aconsejar

aviso

comunicación
noticia
información
indicación
notificación
advertencia
alerta
amonestación
apercibimiento
consejo
admonición

comunicado
anuncio

avispado

despabilado
listo
despierto
vivo
sagaz
astuto
perspicaz

↔ torpe
simple
atontado

avispero *col.*

lío
embrollo
enredo
compromiso
fregado *col.*
tinglado *col.*

aglomeración
hervidero
hormiguero

avistar

divisar
vislumbrar
atisbar

avizorar
distinguir
otear
alcanzar

avituallar

abastecer
suministrar
aprovisionar
proveer
surtir

↔ desabastecer

avivar(se)

estimular
activar
agudizar
excitar
intensificar
enconar
atizar
azuzar
aguijonear
enardecer
exacerbar
encender
impulsar
propiciar
acelerar
apresurar

animar
alegrar
dar vida
dar color

↔ paralizar
retardar
aplacar
apagar

avizor, ojo

alerta
atento
vigilante
expectante
sobre aviso

↔ despreocupado
desprevenido

avizorar

escudriñar
acechar
vigilar
observar
espiar
atisbar

axila

sobaco

axioma

postulado
teorema
principio
proposición
enunciado

axiomático

evidente
incuestionable
irrebatible
indiscutible
incontrovertible
seguro
probado

axón

neurita
cilindroeje

aya

nodriza
niñera
institutriz
ama

ayer

antes
anteriormente
antiguamente

↔ hoy
mañana

ayo

preceptor
mentor

ayuda

colaboración
cooperación
asistencia
socorro
auxilio
amparo
apoyo
favor
caridad

limosna
donativo
donación

dádiva
sufragio

lavativa
enema

↔ desamparo
abandono

ayudante

colaborador
asistente
auxiliar
agregado
adjunto
dependiente

ayudar

colaborar
cooperar
asistir
socorrer
auxiliar
amparar
apoyar
favorecer
secundar
sufragar
sostener
subvencionar
echar una mano

↔ desamparar
abandonar

ayunar

abstenerse
privarse

↔ saciarse
hartarse

ayuno

abstinencia
dieta
privación
continencia
frugalidad
parvedad
moderación

↔ exceso
abuso

ayuntamiento

cabildo
concejo
consistorio
alcaldía
municipio

casa consistorial
casa de la villa

cópula
coito

azacanarse o
azacanear

atarearse
afanarse
trajinar

↔ holgazanear

azafata

camarera
aeromoza *amer.*

azar

suerte
fortuna

casualidad
coincidencia
eventualidad
aleatoriedad
albur

contingencia
incidente
accidente
circunstancia

azarar(se)

azorar

azaroso

peligroso
arriesgado
aventurado
expuesto
agitado
borrascoso
tortuoso
aciago

inseguro
incierto
imprevisible
aleatorio

azogado

agitado
inquieto
nervioso
intranquilo
activo
vivaracho

fuguillas *col.*
culo de mal asiento *col.*
↔ tranquilo

azogarse

agitarse
inquietarse
sobresaltarse
temblar

azogue

mercurio

azorar(se)

azarar
avergonzar
abochornar
turbar
confundir
soflamar
correr
abrumar
humillar
ruborizar
sofocar

azotaina *col.*

paliza
zurra *col.*
tunda *col.*

somanta *col.*
soba *col.*
felpa *col.*

azotar(se)

flagelar
fustigar
vapulear

asolar
arrasar
arrollar
esquilmar
desolar
destruir
arruinar

azote

golpe
manotada
palmada

flagelo
vergajo
látigo
fusta

desgracia
calamidad
catástrofe
desastre
castigo
hecatombe
cataclismo

azotea

terraza
solana
terrado

col.
cabeza
chola *col.*
mollera *col.*
tarro *col.*
torrado *col.*
coco *col.*

azúcar

glucosa
sacarosa

azucarar

endulzar
edulcorar

azucarera

refinería
trapiche
ingenio

azucarillo

terrón

azucena

lirio blanco

azul

azur (heráldica)
celeste
cerúleo
garzo
zarco

azulejo[1]

baldosín
baldosa

azulejo[2]

abejaruco

azur

azul (heráldica)

azuzar

instigar
provocar
incitar
excitar
encizañar
indisponer
hostigar
fustigar
pinchar *col.*
achuchar *col.*

↔ apaciguar
  reconciliar

baba
saliva
espumarajo

babel
desorden
confusión
desconcierto
barullo
algarabía

↔ orden

babélico
confuso
ininteligible

babi
bata
guardapolvos

babieca
bobo
memo
lelo
pasmarote

↔ listo

babor
izquierda (marina)

↔ estribor

babosada
bobada
tontería
simpleza
memez
sandez
tontuna

↔ agudeza

baboso
mocoso

bobo
tonto
simple
memo

↔ avispado

babucha
zapatilla
chancleta

baca
portaequipajes

bacanal
orgía

bache
agujero
socavón
hoyo

lapso

dificultad
trastorno
abatimiento

báculo
bastón
cayado

apoyo
sustento
arrimo
consuelo

badajocense o
  badajoceño
pacense

badana
vago
gandul
holgazán
haragán
perezoso

↔ trabajador

badulaque
necio
majadero
pánfilo
mentecato

bafle
altavoz

bagaje
equipaje
equipo

acervo
patrimonio

bagatela
insignificancia
tontería
chuchería
menudencia
minucia
nimiedad
fruslería
nadería
baratija

bahía
ensenada
rada
cala
caleta

bailador
bailarín

bailar
danzar
mover el esqueleto
  col.

oscilar

bailarín
bailador
danzante

baile
danza

baja
bajada
caída
descenso
disminución
depreciación
rebaja

cese
dimisión

muerte

↔ subida
    alta

bajá
pachá

bajada
baja
descenso
caída

cuesta
pendiente

cañería
canalón
bajante

↔ subida

bajamar

↔ pleamar

bajante

cañería
canalón
bajada

bajar(se)

descender
apear
caer
descolgar
desmontar
deslizar

reducir
disminuir
decrecer
aflojar
menguar
mermar
abaratar
depreciar
desvalorizar
devaluar
declinar

agachar
inclinar
doblar
humillar

↔ subir

  aumentar

  levantar

bajel

barco
embarcación
navío
nave
buque
nao *cult.*

bajero

↔ encimero

bajeza

ruindad
mezquindad
vileza
indignidad
abyección

↔ grandeza
  nobleza

bajío

banco
arrecife
escollo
bajo
barra

bajista

↔ alcista

bajo

pequeño
diminuto
menudo
achaparrado
tapón *col.*

agachado
gacho

apagado
descolorido
mortecino

módico
asequible

pobre
humilde
sencillo

vulgar
grosero
ordinario
burdo

ruin
mezquino
vil
indigno
abyecto
despreciable

grave

banco
bajío
barra

dobladillo

contrabajo

bajista

↔ alto

  vivo

  caro

  noble

  agudo

bajón

caída
descenso

decaimiento

↔ aumento

bala

proyectil
munición

fardo
paca

bala perdida

bala perdida

bala
balarrasa
libertino
tarambana
calavera

balacear *amer.*

tirotear
acribillar
balear *amer.*

balacera *amer.*

tiroteo
baleo *amer.*

baladí

insignificante
trivial
superficial
fútil

↔ importante
  fundamental

baladrón

fanfarrón
bravucón
chulo
perdonavidas
farolero
fantasma *col.*

↔ modesto

baladronada

fanfarronada
bravata
bravuconería
chulería
fantasmada *col.*

baladronear

fanfarronear
chulearse
pavonearse

balance

arqueo

síntesis
resumen
valoración
evaluación

balancear(se)

mecer
bambolearse
columpiar
oscilar
cabecear

equilibrar
igualar
compensar
contrapesar

↔ desequilibrar

balanceo

vaivén
bamboleo
oscilación

balancín

columpio

mecedora

bálano o **balano**

glande
haba *col.*

balanza

peso
báscula
romana

balarrasa

tarambana
calavera
bala
bala perdida

balaustrada

barandilla
baranda
barandal

balazo
tiro
disparo

balbucear o
   balbucir
titubear
farfullar
mascullar
barbotear

↔ articular
   vocalizar

balbuceo
titubeo

balbuciente
titubeante

balcón
mirador

balda
estante
anaquel
entrepaño

baldado
impedido
inválido
paralítico
lisiado
tullido

maltrecho
dolorido

molido
derrengado
agotado
rendido

↔ indemne

   descansado

baldaquín o
   baldaquino
dosel
pabellón
sobrecielo

baldar
lisiar
tullir

moler
derrengar
agotar

balde
barreño
cubo

baldío
yermo
estéril
árido

inútil
vano
ineficaz

↔ fértil

   útil

baldón
deshonra
vergüenza
afrenta
ignominia

↔ honra

baldosa
losa

baldosín
azulejo

baldragas col.
bragazas col.
calzonazos col.

balear amer.
balacear amer.

baleo amer.
balacera amer.

baliza
boya

balizar
abalizar

ballena
varilla

ballet fr.
danza
coreografía

balneario
baños
termas

balompié
fútbol

balón
pelota
bola
esférico
cuero

baloncesto
basket

balonvolea
voleibol

balsa
estanque
laguna
charca
poza

balsámico
sedante
tranquilizador

bálsamo
medicamento
emplasto

alivio
consuelo
desahogo

baluarte
bastión
torreón
fortaleza
fortín
ciudadela

defensa
protección
amparo

balumba
desorden
lío

bamba col.
casualidad
chamba col.

chiripa col.
carambola col.

bambolearse
balancearse
oscilar

bamboleo
balanceo
vaivén
oscilación

bambolla col.
apariencia
pompa
boato
postín
fachada

amer.
charlatanería

banal
insustancial
trivial
vano
fútil

↔ interesante
   esencial

banalidad
trivialidad

banana
plátano
banano

bananero
platanero
platanera

banasta
cesto
canasta
cesta

banca
banco

bancal
terraza
arriate
parterre

bancarrota
quiebra

ruina
desastre
crisis

banco
asiento

banca

bandada

bajo
bajío
barra

banda[1]
faja
lista
franja
cenefa

banda[2]
cuadrilla
partida
panda

charanga

bandada
manada

bandada
banda

banco

tropel

bandazo
vaivén
tumbo
bamboleo

bandear *amer.*
vadear

bandearse
desenvolverse
apañarse
arreglarse

bandera
pabellón

enseña
estandarte

banderola
banderín

nacionalidad(de un
  buque)

bandería
bando
facción

banderilla
rehilete

col.
broma
burla
pulla

banderillazo *amer.*
sablazo

banderín
bandera

bandido
malhechor
forajido
bandolero
salteador

canalla
malvado
rufián
granuja
pillo

bando[1]
edicto
proclama
aviso
cartel

bando[2]
partido
bandería
facción

bandolero
bandido
forajido
salteador

banqueta
taburete
escabel

amer.
acera

banquete
convite
ágape
festín
comilona

bañadera *amer.*
bañera

bañado
mojado
empapado
humedecido

cubierto

bañador
biquini
tanga
traje de baño

bañar(se)
sumergir

mojar
empapar

inundar

bañera
baño
bañadera *amer.*
tina *amer.*

bañista
socorrista

agüista

baño
inmersión
ablución
chapuzón

bañera
pila
tina *amer.*

servicio
cuarto de aseo

barniz
revestimiento

col.
revolcón

baños
balneario
termas
caldas

baquetas
palillos

baquetazo
batacazo
porrazo

baqueteado
acostumbrado
curtido
encallecido
endurecido
avezado
hecho

↔ inexperto
tierno
verde

baquetear
acostumbrar
curtir
avezar
fortalecer
endurecer

molestar
incomodar
fastidiar
brear

barahúnda
baraúnda
alboroto
algarabía
jaleo
bulla
batahola
guirigay
follón

↔ calma
orden

baraja
abanico (de
  posibilidades)

barajar
mezclar

considerar
sopesar
ponderar

barandilla
baranda
barandal

balaustrada
pretil
pasamanos

baratija
chuchería
fruslería
bagatela

baratillo
rastro
rastrillo

barato
económico
asequible
baratillo
↔ caro

baratura
rebaja
abaratamiento
desvalorización
saldo
↔ encarecimiento

baraúnda
barahúnda

barba
barbilla
mentón
perilla

barbacana
tronera
saetera
aspillera

barbacoa
parrilla
asador

barbado
barbudo
↔ barbilampiño

barbaridad
disparate
desatino
dislate
burrada

barbarie
incultura
ignorancia
rudeza
violencia
vandalismo
salvajismo
brutalidad
fiereza

barbarismo
extranjerismo
solecismo

barbarizar
disparatar
desbarrar
desvariar

bárbaro
cruel
salvaje
atroz
bestial
atrevido
temerario
arriesgado
osado
bruto
grosero
ordinario
soez
estupendo
fenomenal
estupendamente

barbear *amer.*
adular

barbecho
erial
baldío
rastrojo

barbería
peluquería

barbero
peluquero
fígaro

barbián
simpático
desenvuelto

decidido
jovial
pillo

barbilampiño
imberbe
lampiño
↔ barbado
barbudo

barbilla
barba
mentón

barbotar o
barbotear
mascullar
farfullar
balbucir
titubear

barbudo
barbado
↔ barbilampiño

barca
bote
canoa
chalupa
batel

barco
embarcación
navío
buque
nave
nao *cult.*

bardo
poeta
trovador
juglar
vate

baremo
escala
nivel

barman *ingl.*
camarero

barniz
laca
esmalte

baño
capa
tinte

barnizar
lacar
esmaltar

barra
barrote
varilla
pastilla
tableta
lingote
bajo
banco
bajío

barrabasada
jugada
faena
trastada
barbaridad

barraca
chabola
cabaña
choza
caseta
puesto
barracón

barragana
concubina
manceba
querida
mantenida

barranco
precipicio
despeñadero
barranca
barranquera

barrena
broca
taladro
barreno

barrenar
taladrar
perforar

horadar
agujerear

barreno

barrena

explosivo

barreño

balde
cubo

barrer

arramblar
acaparar

deshacer
destruir

arrollar
aplastar
machacar

barrera

valla
cerca
barricada

dificultad
inconveniente
impedimento
traba

barriada

barrio

barrica

barril
tonel

barricada

parapeto
barrera

barrido *col.*

repaso
revisión

barriga

vientre
tripa
panza

barrigón

barrigudo
tripudo
panzudo

panza
tripa

barril

barrica
tonel

barrila *col.*

bronca
escándalo

barrillo

grano
barro

barrio

barriada

suburbio
extrarradio
arrabal

barriobajero

arrabalero
vulgar
ordinario

barrizal

lodazal
cenagal
fangal
ciénaga
tremedal

barro[1]

fango
lodo
limo
cieno
légamo

barro[2]

grano
barrillo

barroco

recargado
ampuloso
artificioso
pomposo

↔ sencillo

barrote

barra
larguero

travesaño
reja

barruntar

presentir
sospechar
intuir
temerse
presagiar
adivinar
olerse *col.*

barrunto

presentimiento
sospecha
presagio
corazonada
indicio
atisbo

bártulos

útiles
enseres
avíos
trastos

barullo

lío
alboroto
desbarajuste
jaleo
follón
belén *col.*

basamento

base
peana

basar(se)

fundar
sustentar
apoyar
fundamentar

asentar
cimentar

basca

náusea
arcada

col.
arrebato
rabieta
pataleta

grupo
pandilla

báscula

peso
romana
balanza

bascular

balancearse
oscilar
pivotar
bambolearse

inclinarse

base

fundamento
apoyo
soporte
sostén
asiento

pedestal
basamento
podio
cimiento

básico

fundamental
esencial
elemental

↔ secundario
   accesorio

basilisco

fiera
ogro

basket *ingl.*

baloncesto

basta

hilván
embaste

bastante

suficiente
harto
asaz *cult.*

mucho
muy

↔ insuficiente

bastar

alcanzar
llegar

↔ faltar

bastardía
ilegitimidad
bajeza
torpeza

bastardilla
cursiva
itálica

bastardo
natural
ilegítimo
espurio
innoble
miserable
vil
infame
↔ legítimo
noble

basteza
bastedad
ordinariez
grosería
rudeza
↔ finura

bastidor
armazón
chasis

bastimento
embarcación
provisiones
vituallas
abastecimiento

bastión
baluarte

basto
grosero
ordinario
zafio
soez
tosco
burdo
áspero
rugoso
↔ fino
liso
pulido

bastón
báculo
cayado
muleta
cachava
garrote
vara
bastoncillo (célula)

bastonazo
estacazo
porrazo
garrotazo

basura
porquería
suciedad
desechos
desperdicios
inmundicia
bazofia

basurero
vertedero
muladar
basural *amer.*

bata
guardapolvos
babi
batín

batacazo
porrazo
tortazo
trastazo
costalada
leñazo *col.*
castañazo *col.*
fracaso
decepción
desengaño
chasco
fiasco

batahola
bataola
bulla
jaleo
jarana
guirigay
barahúnda
↔ silencio

batalla
lucha
combate
contienda
pelea
enfrentamiento
lid
refriega
choque
pugna

batallador
belicoso
guerrero
luchador
↔ pacífico
pusilánime

batallar
combatir
pelear
guerrear
luchar
discutir
reñir
disputar
afanarse
↔ desistir
darse por vencido

batallón
batallador
luchador
guerrero
peleón

batanar o **batanear**
pegar
golpear
zurrar *col.*

bataola
batahola

batata
boniato
camote *amer.*

batea
bandeja
amer.
artesa

batel
bote
barca
chalupa
lancha

batería
hilera
ringlera
formación
andana

batiborrillo o **batiburrillo**
revoltijo
mezcolanza
lío
popurrí

batida
rastreo
ojeo
registro
exploración
peinado

batido
pisado
frecuentado
transitado
hollado
trillado

batidor
explorador
amer.
delator
soplón

batintín
gong

batir
golpear
sacudir
revolver
agitar
vencer
derrotar
arrollar
machacar
aplastar
acuñar

rastrear
ojear

registrar
reconocer
explorar
inspeccionar

amer.
delatar
denunciar

batirse
luchar
combatir
batallar

batracio
anfibio

baturro
aragonés
maño

terco
testarudo
obcecado

baúl
arca
arcón
cofre

bautizar
cristianar

llamar
denominar
nombrar
nominar

col.
mojar
salpicar
bañar

bayadera
bailarina
danzarina

bayeta
trapo
paño

bayunco *amer.*
burdo
rústico

baza
beneficio
provecho

bazar
zoco

bazofia
comistrajo
rancho
bodrio

basura
porquería
asquerosidad

↔ festín

    maravilla

beatífico
plácido
feliz

beatitud
bienaventuranza

placidez
felicidad

↔ condenación

    desasosiego

beato
mojigato
santurrón
meapilas *col.*

cult.
feliz

bebe *amer.*
bebé

bebé
rorro *col.*
bebe *amer.*

bebedero
abrevadero
pilón

bebedizo
filtro
pócima

bebedor
borracho
beodo
borrachín
dipsómano *cult.*

↔ abstemio

beber
pimplar *col.*
soplar *col.*
trasegar *col.*
empinar el codo *col.*
tomar *amer.*

bebestible
potable
bebible

bebido
borracho
ebrio
embriagado
beodo
achispado
tomado *amer.*

↔ sobrio
    sereno

bebistrajo
brebaje

beca
subvención
asignación
bolsa de estudios

becado
becario

becar
subvencionar

becerrada
novillada

becerro
ternero
novillo
choto

bechamel
besamel
besamela

bedel
ordenanza
ujier

befa
burla
mofa
escarnio
irrisión

bejuco
liana

belcebú
demonio
diablo
Satanás
Lucifer

beldad
belleza
hermosura

belén
nacimiento

col.
barullo
follón
jaleo

belfo
bezo
bembo *amer.*

labio
morro

belicista
belicoso
militarista

↔ pacifista

bélico
guerrero

belicosidad
beligerancia
agresividad
combatividad

belicoso
belicista
batallador

agresivo
beligerante

pendenciero

↔ pacífico

beligerante
contendiente
enemigo

agresivo
belicoso
combativo

↔ neutral

pacífico

bellaco
canalla
malvado
ruin
vil

↔ honesto

bellaquería
ruindad
vileza

belleza
hermosura
beldad

↔ fealdad

bello
guapo
lindo
hermoso
bonito

noble

↔ feo

innoble

bembo *amer.*

belfo

bendecir
alabar
ensalzar
glorificar
loar

consagrar

↔ maldecir

profanar

bendición
alabanza
ensalzamiento
glorificación

↔ maldición

bendito
alabado
loado

bienaventurado

feliz
dichoso
afortunado

infeliz
bonachón
buenazo

↔ maldito

benefactor
bienhechor
protector
favorecedor
mecenas

beneficencia
caridad
filantropía

beneficiado
beneficiario
favorecido

↔ perjudicado

beneficiar(se)
aprovechar
servir

beneficiarse *col.*
tirarse *col.*
cepillarse *col.*

beneficiario
beneficiado

↔ perjudicado

beneficio
favor
provecho
servicio
mejora
utilidad

ganancia
rendimiento
producto
fruto

↔ perjuicio

pérdida

beneficioso
bueno
útil
productivo
provechoso
benéfico

↔ perjudicial

benéfico
beneficioso
favorable

↔ nocivo

benemérito
insigne
honorable
meritorio

↔ indigno

beneplácito
aprobación
permiso
autorización
conformidad
consentimiento

↔ desaprobación

benevolencia
bondad
comprensión
tolerancia

↔ severidad

benévolo o
  benevolente
bondadoso
complaciente
afectuoso
afable

tolerante
comprensivo
indulgente
benigno
liberal

↔ severo

benignidad
bondad
benevolencia
suavidad

↔ malignidad

benigno
benévolo
clemente
propicio

templado
apacible
suave
moderado

leve

↔ severo

riguroso

maligno
grave

benjamín
pequeño

↔ primogénito

beodo
borracho
ebrio
embriagado
bebido
tomado *amer.*

↔ sobrio

berenjenal
lío
apuro
enredo
embrollo
jaleo
follón

bergante
sinvergüenza
granuja
pícaro
bribón

bermejo
rubio
rojizo
encarnado
azafranado

berrear
gritar
chillar
bramar

berrido
grito
chillido
bramido

berrinche
rabieta
llantina
llorera
pataleta
perra *col.*
disgusto
enfado
sofoco
sofocón

berroqueño
fuerte
resistente
↔ frágil

berzas o
   berzotas
ignorante
necio
zoquete *col.*
tarugo *col.*

besalamano
nota
saluda
esquela

besamel o
   besamela
bechamel

beso
ósculo *cult.*

bestia
caballería
bruto
bárbaro
salvaje
animal
burro

cenutrio
zopenco *col.*

bestial
brutal
irracional
enorme
tremendo
excesivo
↔ insignificante

bestialidad
brutalidad
animalada
barbaridad
salvajada
crueldad
barbarie

bestialismo
zoofilia

besugo *col.*
bestia
burro
torpe

betunero
limpiabotas
bolero *amer.*

bezo
belfo

bibelot *fr.*
figurilla

biblioteca
librería
estantería

bicha
serpiente
culebra

bicharraco
bicho

bicho
animalejo
bicharraco
víbora
pécora

alimaña
sabandija
mamarracho
adefesio

bichoco *amer.*
viejo
inútil

bicoca
ganga
ocasión
momio
chollo
breva

bidón
lata
barril

bieldo
aventador

bien
virtud
bondad
beneficio
provecho
bienestar
felicidad
riqueza
patrimonio
fortuna
hacienda
caudal
acomodado
pudiente
correctamente
convenientemente
satisfactoriamente
gustosamente
mucho
muy
seguramente
↔ maldad
   mal
   perjuicio
   modesto

bienandanza
fortuna
dicha

ventura
buena suerte
↔ desdicha

bienaventurado
afortunado
feliz
dichoso
santo
justo
↔ desventurado
   condenado

bienaventuranza
gloria
felicidad
dicha
fortuna
ventura
↔ infierno
   condenación
   desventura

bienestar
comodidad
dicha
placidez
desahogo
holgura
confort
↔ malestar
   estrechez

bienhablado
↔ malhablado

bienhechor
benefactor
protector
↔ malhechor

bienintencionado
↔ malintencionado

bienquisto
estimado
querido
apreciado
respetado
↔ malquisto

bienvenida
saludo
recibimiento
recepción

↔ despedida

bife *amer.*
bistec
bofetón

bífido
hendido
partido

bifurcación
ramificación
derivación

desvío
desviación

↔ confluencia

bifurcarse
separarse
ramificarse

↔ unir(se)

bigardo
holgazán
granuja
licencioso
vicioso

bigudí
rulo
chicho

bilateral
doble
recíproco

↔ unilateral

bilioso
irritable
amargado
cascarrabias

bilis
hiel

cólera
ira
mal humor

billete
entrada
localidad
tique
pasaje

participación
número
cupón
boleto

nota
mensaje
misiva

billetero
cartera
monedero
bolsillo

binóculo
prismáticos
gemelos

binza
telilla
fárfara

biografía
vida
historia
existencia

biombo
mampara
cancel

biquini
bañador
tanga

braga
slip

birlar *col.*
robar
hurtar
afanar *col.*
limpiar *col.*
mangar *col.*
choricear *col.*

birrete
bonete
birreta

birria
facha
mamarracho
adefesio
espantajo

chapuza
desastre
bodrio
churro *col.*

↔ maravilla

birrioso
feo
chapucero

canijo

↔ bonito

   corpulento

biruji *col.*
frío
fresco

bis
repetición

bisagra
gozne
pernio
charnela

bisbisear o
   bisbisar
susurrar
murmurar
musitar
mascullar
cuchichear

bisbiseo
susurro
cuchicheo

biscuit *fr.*
bizcocho
porcelana

bisexual
hermafrodita
andrógino

bisexualidad
hermafroditismo
androginia

bisojo
bizco
estrábico

bisoñé
peluquín

bisoño
novato
inexperto
principiante
aprendiz
novel
pipiolo *col.*

↔ veterano

bisté o **bistec**
filete

bizantino
intrascendente
baladí
fútil
rebuscado

bizarría
valor
arrojo
audacia

arrogancia
gallardía
apostura

↔ cobardía

bizarro
valiente
arrojado
esforzado

arrogante
apuesto
gallardo
garboso

↔ cobarde

   adefesio

bizco
bisojo
estrábico

bizquera
estrabismo

blanco
níveo
cano
albo *cult.*

claro

pálido

diana

objetivo
finalidad
propósito
meta

↔ negro

  oscuro

blancura
albura

↔ negrura

blancuzco
blanquecino

blandamente
suave
mansamente

blandengue
enclenque
debilucho
flojucho

blandir
empuñar
enarbolar
alzar
sostener

blando
suave
apacible

débil
dócil
afable
flojo
enclenque

benévolo
tolerante
indulgente
condescendiente

perezoso
holgazán
vago

↔ duro

blandura
suavidad
ternura
delicadeza

debilidad

↔ dureza

blanquear
emblanquecer

encalar
enjalbegar

↔ ennegrecer

blasfemar
maldecir
renegar

blasfemia
irreverencia

blasón
heráldica

divisa
emblema

gloria
honor
fama
orgullo

blasonar
presumir
ostentar
jactarse
pavonearse
baladronear
fanfarronear *col.*

bledo *col.*
ardite
comino *col.*
pito *col.*
rábano *col.*
pimiento *col.*
pepino *col.*
carajo *vulg.*

blenorragia
gonorrea
uretritis

blindado
tanque

blindar
acorazar
chapar

bloc
cuaderno
libreta
taco

blocao
fortín
fortificación

blondo *cult.*
rubio

bloque
edificio

bloquear(se)
asediar
sitiar
aislar
cercar
acorralar

detener
interceptar
interrumpir
inmovilizar

↔ desbloquear(se)

  liberar

bloqueo
asedio
sitio
cerco

obstrucción
detención
inmovilización

blue jeans *ingl.*
vaqueros
tejanos

boardilla
buhardilla

boato
pompa
lujo
fastuosidad
postín
bambolla *col.*

↔ sobriedad

bobada
bobería
tontería
necedad
memez
sandez
simpleza
tontuna

↔ agudeza

bobalicón
tontorrón
tontaina

bobear
tontear

bobería
bobada

bobina
carrete
rollo

bobinado
devanado
arrollamiento

bobinar
devanar

bobo
tonto
estúpido
necio
memo

simple
inocente

gracioso
bufón

↔ listo

boca
fauces
hocico
morro
pico
labios

abertura
orificio
agujero

bocadillo
bocata *col.*

bocado
refrigerio
tentempié
piscolabis

mordedura
mordisco
dentellada
muerdo

embocadura

bocamanga
puño

bocanada
buche
calada

ráfaga
racha

bocata *col.*
bocadillo

bocazas *col.*
boceras *col.*
hablador

bocera
boquera
pupa

boceras *col.*
jactancioso
bocazas *col.*

boceto
bosquejo
esbozo
apunte
croquis
borrador

boche *amer.*
desplante
desaire

pelea
follón

bochinche
jaleo
barullo

alboroto
follón
lío

bochorno
calor
calina
calima

sofoco

apuro
embarazo
turbación
vergüenza
corte

↔ frescor
    frescura

bochornoso
caluroso
abrasador
asfixiante
sofocante
tórrido

vergonzoso
embarazoso

bocina
claxon

megáfono

bocio
papo *col.*

boda
matrimonio
enlace
nupcias
desposorio
casamiento
bodorrio *desp.*
connubio *cult.*

bodega
cueva
cava

taberna
vinatería

sótano
almacén

amer.
tienda (de
    comestibles)

bodegón
mesón
taberna
tasca
cantina
figón

bodeguero
tabernero
vinatero

bodoque *col.*
tonto
zoquete *col.*
tarugo *col.*
cenutrio *col.*

bodorrio *desp.*
boda

bodrio
bazofia
comistrajo

chapuza

bofe
pulmón
asadura

bofetada
bofetón
torta
cachete
sopapo
guantazo
golpe
tortazo
galleta *col.*

ofensa
desprecio
afrenta
desaire

bofia *argot*
policía

bogar
remar

navegar

bohardilla
buhardilla

bohío *amer.*
cabaña
choza
chabola
chamizo

boicot
boicoteo
obstrucción
bloqueo

↔ apoyo

boicotear
aislar
bloquear

impedir
obstaculizar

↔ apoyar

boicoteo
boicot

bojete o **bojote**
    amer.
paquete
bulto

bol
cuenco
escudilla

bola
pelota
balón
canica
esfera

col.
mentira
embuste
bulo
trola *col.*

betún

bolas *vulg.*
testículos
cojones *vulg.*

bolada *amer.*
ganga
chollo

mentira
rumor
trola *col.*

bolado *amer.*
negocio
asunto

bolazo
pelotazo
balonazo

bolchevique
comunista

bolero
chaquetilla
torera

col.
mentiroso
embustero
trolero *col.*

boletería *amer.*
taquilla
despacho (de
   billetes)

boletero *amer.*
taquillero

boletín
revista
circular
folleto
gaceta

boleto
papeleta (de un
   sorteo)

amer.
entrada
billete

boliche
canica

chirimbolo
bolo

bólido
meteorito

bollería
pastelería
tahona
horno

bollo[1] *col.*
pastelillo
bizcocho

lío
jaleo
follón
embrollo
movida *col.*

bollo[2]
abolladura
abollón
hundimiento
aplastamiento

bolo
boliche
chirimbolo

amer.
ebrio
borracho

bolsa
talego
saco

cápsula
vejiga

bolsillo

bolsillo
monedero
portamonedas
billetero

bolsa

bolsista
corredor
cambista

boludo *amer. vulg.*
tonto

vago

bomba
proyectil

notición
bombazo

bombillo *amer.*
bombilla (eléctrica)

bombo
elogio
adulación
lisonja

publicidad

bombonería
confitería

bonachón
buenazo
bendito
Infeliz

bonancible
apacible
suave
tranquilo
sereno
benigno

↔ desapacible

bonanza
calma
tranquilidad
serenidad

bienestar
prosperidad
florecimiento
auge

↔ decadencia

bondad
virtud
honradez
benevolencia

suavidad
benignidad

amabilidad
cortesía
atención

↔ maldad

bonete
birrete
birreta

bongo *amer.*
esquife

boniato
batata
canote *amer.*

bonificación
gratificación
incentivo
prima
plus
sobresueldo

rebaja
descuento

↔ recargo

bonificar
gratificar
descontar
deducir

bonito
lindo
agraciado
gracioso
vistoso
mono

bueno

↔ feo

bono
vale
abono

boñiga
excremento
estiércol
bosta

boñigo
cagajón
moñigo

boom *ingl.*
éxito
auge
prosperidad
expansión

boquear
agonizar
expirar

concluir
terminar

boquera
bocera

boquerón

anchoa

boquete

agujero
brecha

boquiabierto

sorprendido
admirado
atónito
deslumbrado
embobado
pasmado
patidifuso *col.*

boquilla

embocadura

filtro

borbolla

burbuja

borbollón

borbollar

borbotar

borbollón

borbotón
borbolla

borbotar o
   borbotear

hervir
burbujear
borbollar

borbotón

burbuja
borbollón
borbolla

borceguí

botín

bordada

bordo

bordado

perfecto
bordadura

borde[1]

lado
canto
filo

orilla
límite
margen
linde

borde[2] *col.*

antipático
desagradable
esquinado
estúpido

bordear

rodear
circunvalar

frisar
rondar

bordillo

encintado

bordo

costado

bordada

bordón

muletilla
estribillo

bordonear

zumbar

bordoneo

zumbido

boreal

septentrional
nórdico

↔ austral

borona

maíz
mijo

amer.
migaja

borrachera

embriaguez
curda *col.*

cogorza *col.*
mona *col.*
tajada *col.*
pedo *argot.*

borracho

ebrio
bebido
embriagado
beodo
mamado *col.*

alcohólico
alcoholizado
borrachín
dipsómano *cult.*

↔ sobrio

   abstemio

borrador

bosquejo
esbozo
croquis
apunte
boceto

goma de borrar

borradura

tachadura

borrajear

garrapatear
emborronar

borrar(se)

eliminar
suprimir

tachar
rayar

quitar

borrasca

tempestad
tormenta
temporal

enfado
riña
gresca
follón

borrascoso

tormentoso
tempestuoso

azaroso
tortuoso
licencioso

borrego *col.*

infeliz
apocado

borricada

burrada
animalada

borrico

burro

borriqueta
borriquete

col.
torpe
necio

terco
obstinado
cabezota

borriquero

borriqueño

borriqueta o
   borriquete

burro
borrico

borrón

tachón

imperfección
mácula
tacha

baldón

borrosidad

↔ nitidez

borroso

turbio
impreciso
vago

desdibujado
ilegible

↔ nítido

borujo

burujo

boscaje
bosque

boscosidad
frondosidad
espesura
breña

bosque
espesura
boscaje

bosquejar
esbozar
proyectar
pergeñar

bosquejo
boceto
esbozo
borrador
croquis
apunte
esquema
proyecto

bostezar
abrir la boca

bota
odre
pellejo

botafumeiro
incensario
col.
lisonja
adulación

botalón
botavara
mastelero

botánica
fitología

botar
saltar
brincar

echar
expulsar
despedir
arrojar

botarate
alocado
atolondrado
informal
irreflexivo
↔ juicioso

botavara
botalón
verga

bote[1]
salto
brinco

bote[2]
tarro
caja
lata

bote[3]
barca

botica
farmacia

boticario
farmacéutico

botijo
búcaro

botín[1]
borceguí
polaina

botín[2]
trofeo
saqueo
despojo

botiquín
despensario
enfermería
sección de primeros
auxilios

botón
brote
yema
renuevo
capullo

botones
recadero
chico

bovino
vacuno

boxeador
púgil

boxeo
pugilismo

boya
baliza
veleta
flotador

boyada
manada (de ganado
vacuno)

boyante
favorable
próspero
afortunado
↔ desfavorable
desafortunado

boyera o
boyeriza
corral

bozo
pelusa

bracear
forcejear
nadar

bracero
obrero
jornalero
peón

braga
slip
biquini
bombacha *amer.*

bragado *col.*
valiente
decidido

osado
audaz
enérgico
resuelto
arrojado
↔ cobarde

bragazas *col.*
calzonazos *col.*

braguetero
lujurioso
lascivo
libidinoso
rijoso

bramante
cordel
guita

bramar
mugir
berrear
gritar
aullar
chillar
bufar *col.*
ulular

bramido
mugido
grito
alarido
aullido
bufido *col.*

branquia
agalla

braquicéfalo
↔ dolicocéfalo

brasa
ascua
rescoldo

brasero
calentador
estufilla
hornillo
infiernillo

bravata

amenaza
bravuconada
provocación
chulería
baladronada
fanfarronada

braveza

valentía
valor
decisión

bravura
fiereza

bravío

bravo
fiero
indómito
salvaje
cerril

silvestre

rebelde

alborotado
embravecido
encrespado

↔ manso
   doméstico

   dócil

   calmado

bravo

valiente
valeroso
decidido

bravío
fiero
salvaje

alborotado
embravecido
encrespado

enérgico
dominante

↔ cobarde

   manso

   calmado

   dócil

bravucón

valentón
fanfarrón
baladrón

bravuconada

fanfarronada
baladronada
bravata

bravuconería

bravuconería

bravuconada

bravura

fiereza

valentía
coraje
agallas

↔ mansedumbre

   cobardía

brazal

brazalete
embrazadura

brazalete

pulsera
ajorca

brazal

brazo

fuerza
valor
poder

brazos

jornaleros
trabajadores

breado

maltratado
baqueteado

brear

maltratar
fastidiar
baquetear
zumbar *col.*

brebaje

bebistrajo
poción
pócima

brecha

abertura
rotura

fisura
boquete

herida

brega

trajín
faena
afán

lucha
riña
pugna

bregar

trabajar
afanarse
esforzarse

luchar
afrontar
lidiar

reñir
pelear

breña

fragosidad
boscosidad

bresca

panal
colmena

brescar

castrar (los panales)
catar (los panales)

brete

cepo

aprieto
apuro
compromiso
trance

breva

ganga
bicoca
chollo
momio

breve

corto
conciso
escueto
efímero
sucinto

↔ largo

brevedad

concisión

breviario

compendio
epítome

bribón

granuja
rufián
pícaro
tunante
tuno
pillo

bribonada

granujada
picardía
pillería

brigada

equipo
cuadrilla

brillante

reluciente
resplandeciente
radiante
deslumbrante
luminoso
refulgente
fulgurante
rutilante

sobresaliente
espléndido
magnífico
excelente
destacado

↔ mate

   anodino
   mediocre

brillar

resplandecer
relucir
deslumbrar
relumbrar
centellear
refulgir
rutilar

sobresalir
destacar
descollar

brillo

resplandor
fulgor
refulgencia
centelleo
lustre

↔ opacidad

brincar

saltar
botar

brinco

salto
bote

brindar

proporcionar

brindarse

ofrecerse
prestarse

brío

energía
decisión
fuerza
ánimo
resolución
empuje
ímpetu
denuedo

↔ desánimo
   apatía

brioso

enérgico
impetuoso
animoso

airoso
apuesto
gallardo
garboso

↔ apático

   feo

brisa

airecillo
aura *cult.*
céfiro *cult.*

británico

inglés

brizna

filamento
hilo
hebra
hilacha

pizca
migaja
mota

broca

barrena

brocal

pretil
antepecho

broche

enganche

alfiler
imperdible
prendedor
pasador
fíbula

brocheta

broqueta
pincho

broma

burla
novatada
inocentada
chanza
chacota

guasa
chirigota
pitorreo *col.*
chunga *col.*

↔ seriedad

bromear

burlarse
embromar
chancear
guasearse
pitorrearse *col.*
cachondearse *col.*

bromista

burlón
guasón
chistoso
cachondo *col.*

↔ serio
   formal

bronca

riña
disputa
altercado
gresca
trifulca
reyerta
pelotera *col.*

reprimenda
regañina
rapapolvo

ruido
jaleo
escándalo
bulla
barullo

abucheo
pita

amer.
enfado
cabreo *col.*

bronceado

moreno
tostado
dorado
atezado

↔ pálido

broncear(se)

tostar
atezar
dorar
curtir
ligar bronce *col.*

bronco

grave
ronco
destemplado

tosco
basto

brusco
áspero
malhumorado
huraño
rudo
desapacible
intemperante

↔ suave

   delicado

   amable

broquel

escudo

defensa
protección
amparo
abrigo
salvaguarda

↔ desamparo

broqueta

brocheta

brotar

salir
nacer
germinar
apuntar

retoñar
rebrotar

manar
fluir
surtir

aparecer
asomar
manifestarse
surgir
emerger
aflorar

↔ esconderse
   ocultarse
   desaparecer

brote

retoño
renuevo
pimpollo
yema
botón

aparición
comienzo
manifestación
arranque
eclosión

↔ desaparición

broza

suciedad
basura
desperdicio
residuos
restos
despojos
porquería

maleza
zarzal
maraña

relleno
hojarasca
paja

bruja
hechicera
arpía
bicho
víbora

brujería
nigromancia
encantamiento
hechicería
magia negra

brujo
mago
hechicero
seductor
cautivador

brújula
aguja de marear
aguja de bitácora

brujulear
zascandilear

bruma
neblina
aturdimiento
ofuscamiento
↔ claridad

brumoso
nebuloso
neblinoso
oscuro
sombrío
confuso
incomprensible
difuso
velado
↔ claro

bruñido
pulido
abrillantado
lustrado

pulimento
lustre
abrillantamiento

bruñir
pulir
pulimentar
abrillantar
lustrar
enlucir

bruscamente
sorprendentemente
inesperadamente
súbitamente
rudamente

brusco
rápido
repentino
imprevisto
súbito
violento
rudo
grosero
descortés
tosco
↔ gradual
suave
cortés

brusquedad
violencia
rudeza
dureza
↔ suavidad

brutal
violento
cruel
despiadado
inhumano
bestial
bárbaro
enorme
tremendo
colosal
col.
fenomenal
estupendo
formidable
↔ delicado
ligero

bruto
necio
ignorante
torpe
inculto
estúpido
zoquete
bestia
burro
violento
cafre
grosero
ordinario
rudo
zafio
patán
basto
tosco
total
↔ inteligente
pacífico
educado
amable
pulido
delicado
neto
líquido

buba
pústula
pupa

bucanero
pirata
corsario
filibustero

búcaro
botijo
florero
jarrón

buceador
buzo
submarinista

bucear
investigar
explorar
profundizar

buche *col.*
estómago

bucle
tirabuzón

budín
pudin

buenamente
fácilmente
cómodamente
voluntariamente

buenaventura
fortuna
ventura
buena suerte

buenazo
bendito
bonachón
infeliz

bueno
honrado
virtuoso
bondadoso
justo
recto
valioso
correcto
bien hecho
útil
beneficioso
oportuno
adecuado
conveniente
provechoso
rico
agradable
apetecible
grato
gustoso
gracioso
divertido
curado
sano
restablecido
apacible
templado
grande
intenso
servible
utilizable

↔ malo
   ligero
   inservible

bufar
resoplar
col.
bramar
gruñir
refunfuñar

bufido
resoplido
col.
bramido
gruñido

bufete
despacho
escritorio
buró

bufo
cómico
gracioso
grotesco
burlesco
chocarrero

↔ serio
   grave

bufón
payaso
gracioso
chistoso
histrión

bufonada
payasada
chocarrería
chabacanería

buhardilla
desván
bohardilla
boardilla
guardilla
mansarda

búho *col.*
noctámbulo
trasnochador

buhonería
baratijas
fruslerías
chucherías

buhonero
mercachifle
quincallero

buido
afilado
aguzado

acanalado
estriado

↔ romo

buitre *col.*
aprovechado
gorrón

buitrear *col.*
aprovecharse
gorronear
gorrear
mangar *col.*

bujarrón *desp.*
homosexual
sodomita
marica *desp.*
maricón *desp.*

bujía
vela
cirio
candela

palmatoria
candelero

bula
privilegio
beneficio
exención

bulevar
avenida
paseo
alameda

bulla
bullanga
ruido
confusión

jaleo
griterío
alboroto
bullicio
algazara
vocerío

aglomeración

↔ silencio
   tranquilidad

bullanguero
alborotador
juerguista
revoltoso
jaranero

↔ tranquilo

bullicio
ruido
jaleo
bulla

animación
ajetreo

↔ silencio

calma
tranquilidad

bullicioso
ruidoso
jaranero
alborotador

↔ tranquilo

bullir
hervir
cocer
burbujear

moverse
hormiguear
pulular

rebullir
excitarse
removerse
activarse

bulo
mentira
embuste
bola *col.*
trola *col.*

↔ verdad

bulto
abultamiento
protuberancia
chichón
bollo
flemón

paquete
maleta
fardo
equipaje

volumen
tamaño

buñuelo
chapuza
birria
churro *col.*

buque
barco

burbuja
borbolla
pompa
borbotón

burbujear
hervir
bullir
borbotar
gorgotear

burdel
prostíbulo
lupanar
mancebía

burdo
tosco
basto

ordinario
grosero
rudo

↔ fino
   refinado

bureo *col.*
juerga
entretenimiento
diversión
jarana
farra
parranda

burgo

aldea
pueblo
villorrio

burgués

capitalista
pudiente
adinerado
acaudalado
acomodado

↔ proletario

buril

punzón

burla

sarcasmo
mofa
befa
sátira

desaire
grosería
desconsideración

broma
chanza
chacota
pitorreo *col.*
chunga *col.*

engaño
estratagema
fraude
camelo *col.*

burlador

seductor
donjuán

burlar

escapar
librarse
evitar

esquivar
eludir
zafarse
escaquearse *col.*

engañar
embaucar

burlarse

mofarse
chotearse *col.*
pitorrearse *col.*
cachondearse *col.*

burlesco

burlón
sarcástico
irónico

↔ serio

burlón

bromista
gracioso
guasón

burlesco
sarcástico

↔ serio

buró

bufete
escritorio

burocracia

legalismo
normativismo
burocratismo

burócrata

funcionario

burrada

barbaridad
animalada

imprudencia
locura
insensatez

error
disparate
estupidez
necedad

↔ agudeza

burro

asno
borrico
jumento
rucio
pollino

necio
animal
zopenco *col.*

bestia
bruto

borriqueta
borriquete

burujo

borujo
grumo
gurullo

busca

búsqueda
indagación

buscar

indagar
investigar
registrar
explorar
escudriñar

recoger

intentar
procurar

buscavidas *col.*

entrometido
fisgón

vividor

↔ discreto

buscona

ratero
estafador
timador

buscón

prostituta
ramera
meretriz

busilis *col.*

quid
intríngulis *col.*

búsqueda

indagación
exploración

busto

torso

pechos
senos
tetas
delantera *col.*
pechuga *col.*

butaca

sillón

localidad
entrada

butaque *amer.*

butaca
sillón

buzo

mono (prenda)

cabal
intachable
íntegro

exacto
preciso

completo
entero
total
cumplido

↔ inexacto

   incompleto

cábala
intriga
maquinación
manejo
cabildeo
trapicheo *col.*
tejemaneje *col.*

cálculo
suposición
figuración
conjetura
hipótesis

cabalgada
galopada

correría
incursión
razia

cabalgadura
caballería
montura

cabalgar
montar

cabalgata
desfile
parada

cabalístico
enigmático
esotérico

caballar
equino
ecuestre

caballeresco
cortés
galante
noble

↔ innoble

caballerete
jovenzuelo
petimetre
lechuguino
pisaverde

caballería
montura
cabalgadura

caballeriza
cuadra
establo

caballero
hidalgo
noble
distinguido
educado
señor

hombre

jinete
cabalgador

↔ grosero

caballerosidad
hidalguía
nobleza

distinción
señorío

↔ bajeza

caballeroso
cortés
digno
noble

↔ grosero

caballitos
tiovivo
carrusel
calesita *amer.*

caballo
corcel
rocín

argot
heroína (droga)

cabaña
chamizo
choza
cobertizo
bohío *amer.*

cabe *ant.*
junto a
al lado de

cabecear
balancearse
oscilar

tambalearse

cabeceo
vaivén
balanceo
oscilación

cabecera
cabecero
cabezal

encabezamiento
cabeza
epígrafe

comienzo
inicio
principio
nacimiento

presidencia

↔ pies

   final
   término

cabecilla
caudillo
líder
capitán
adalid

cabellera
melena
cabello

cabello
pelo
cabellera

caber
coger
encajar
entrar

ser posible

cabestro
ronzal

col.
cornudo *col.*

torpe
bruto
bestia

cabeza

testa
cráneo
coco *col.*
azotea *col.*

principio
comienzo
origen
cabecera
frente
extremo

res

cabezal

individuo

talento
inteligencia
capacidad
juicio
cerebro

mente
pensamiento
imaginación

jefe
director
superior
líder
caudillo

jefatura

↔ cola

cabezada

cabezazo
testarazo
topetazo

reverencia

cabezal

cabecero

reposacabezas
cojín
almohadilla

cabeza

cabezazo

cabezada
topetazo
porrazo

cabezo

cerro
colina
loma
otero
collado

cabezón

cabezota
terco
cabezudo
porfiado
obstinado
tozudo

cabezonada o
   cabezonería

testarudez
terquedad
obstinación
tozudez

cabezota

cabezón

cabida

aforo
capacidad

área

cabildear

intrigar
maquinar
conspirar

cabildeo

intriga
maquinación
conspiración

cabildo

ayuntamiento
concejo

pleno
consejo

asamblea

cabina

cámara
locutorio

carlinga

cabizbajo

abatido
avergonzado
apesadumbrado
cariacontecido

↔ risueño
   alegre

cable

soga
sirga
cabo

cable, tender un
   col.

ayudar
echar una mano
echar un capote *col.*

cabo

extremo
punta
extremidad
fin

resto
residuo

hilo
hebra

cuerda
cordel
maroma
soga

cabreado *col.*

enfadado
enojado
irritado
indignado

cabrear(se) *col.*

enfadar
enojar
irritar
indignar
sublevar

↔ agradar
   satisfacer

cabreo *col.*

enfado
enojo
irritación
indignación

cabrero

cabrerizo

cabrillear

rielar

cabrío

caprino
cabruno

cabriola

pirueta
volatín

cabriolé

descapotable

cabrito

choto

vulg.
capullo *vulg.*

cabrón *vulg.*

cornudo
consentido

cabronada *vulg.*

faena
jugarreta
cerdada *col.*
guarrada *col.*
putada *vulg.*
mala pasada
mala jugada

cabruno

cabrío
caprino

caca

excremento
heces
deposición

col.
birria
chapuza
porquería

cacahuete

maní

cacao[1]

chocolate

cacao² *col.*
follón
escándalo
lío
jaleo
embrollo

cacarear
cloquear
col.
pregonar
publicar
exagerar
vanagloriarse
ponderar

cacera
canal
acequia
zanja
reguera

cacerola
cazuela
cazo
olla

cacha
nalga
amer.
asta
cuerno

cachas *col.*
fuerte
musculoso
robusto
fornido
corpulento
↔ enclenque

cachaco *amer.*
presumido
lechuguino
petimetre
policía

cachada *amer.*
cornada
broma

cachafaz *amer.*
pícaro
desvergonzado

cachar *amer.*
agarrar

cacharpas *amer.*
trastos

cacharrazo
trastazo
golpazo
golpetazo
testarazo

cacharro
recipiente
col.
trasto
cachivache
carraca
cascajo
chisme
armatoste

cachava
cayado
garrote

cachaza *col.*
calma
parsimonia
flema
cuajo
pachorra *col.*
↔ ímpetu
   rapidez

cachazudo *col.*
calmoso
lento
flemático
tardo
↔ rápido
   impetuoso

cachear
registrar

cachet *fr.* o
   caché
clase
distinción
elegancia

cachete
bofetada
bofetón

tortazo
guantazo
sopapo *col.*
soplamocos *col.*

mejilla
moflete
carrillo

cachetudo
mofletudo
carrilludo
cachetón *amer.*

cachicán
capataz
mayoral

cachifo *amer.*
muchacho

cachimba
pipa
cachimbo *amer.*

cachiporra
garrote
porra

cachiporrazo
garrotazo
porrazo

cachiporrearse
   amer.
vanagloriarse
jactarse

cachivache
trasto
carraca
chisme
cacharro
armatoste
chirimbolo

cacho¹
trozo
porción
fragmento

cacho² *amer.*
cuerno

cachondearse *col.*
burlarse
pitorrearse *col.*

chotearse *col.*
guasearse *col.*

cachondeo *col.*
pitorreo *col.*
choteo *col.*
guasa *col.*
juerga
jolgorio
jarana
animación
marcha *col.*

cachondo *col.*
divertido
juerguista
animado
burlón
gracioso
marchoso *col.*
vulg.
caliente
rijoso
salido *vulg.*

cachorro
cría

cachupín
gachupín

cacillo
cazo
cucharón

cacique
déspota
tirano

caciquear
mangonear

caco
ratero
ladrón
mangante
chorizo *col.*

cacofonía
malsonancia
disonancia
discordancia
↔ eufonía

cacumen *col.*

inteligencia
agudeza
ingenio
talento
magín
caletre *col.*
mollera *col.*
sesera *col.*
coco *col.*

cadalso

patíbulo

estrado

cadáver

muerto
difunto
fallecido
cuerpo
fiambre *col.*

cadavérico

demacrado
macilento

cadena

sucesión
serie

canal (de televisión)

cadencia

compás

armonía

cadencioso

acompasado
rítmico
armonioso

↔ desacompasado

cadete *amer.*

recadero
botones

caducar

vencer
prescribir
extinguirse

caduco

anticuado
pasado

desfasado
trasnochado
obsoleto
decadente

envejecido
carroza *col.*

breve
pasajero
transitorio
fugaz
perecedero
efímero

↔ actual

joven

duradero

caer(se)

desplomarse
derrumbarse
precipitarse
hundirse

desprenderse
soltarse

arrojarse
lanzarse
abalanzarse

picar

acordarse
recordar
percatarse
venir a la memoria

morir
fallecer

desaparecer

bajar
descender
disminuir
debilitarse
decaer
aminorarse

ocurrir
suceder
sobrevenir
acaecer

sentar

declinar
fallar
fracasar

↔ levantarse

olvidar

subir

café

moca

cafetería
cafetín
bar
pub

cafetera *col.*

cacharro *col.*
castaña *col.*

cafetería

café
bar

cafre

bruto
maleducado
grosero
cruel
animal
bárbaro
bestia
brusco
rudo

cagada *col.*

caca

disparate
desacierto

mierda *col.*

↔ acierto

maravilla

cagado *col.*

cobarde
apocado
cobardica *col.*
miedica *col.*
cagueta *col.*

↔ valiente

cagajón

boñiga

cagalera *col.*

diarrea

miedo
espanto
pánico
pavor

cagar(se)

evacuar
defecar
deponer
obrar
hacer de vientre
hacer sus
    necesidades

col.
estropear
arruinar
deslucir

cagón *col.*

miedoso
cobarde
gallina
cagueta *col.*

↔ valiente

caída

desprendimiento
desplome
ruina
decadencia
descenso
ocaso

cuesta
inclinación
pendiente
declive

ocurrencia
golpe

↔ subida
éxito

elevación

caído

desfallecido
decaído
débil
flojo
abatido
lacio
postrado
amilanado

víctima
baja

caimán

aligátor

astuto
zorro

ladino
taimado

↔ inocente
  ingenuo

cairel
alamar
fleco

caja
arcón
estuche
cofre
urna
arca

ataúd
féretro

tambor

mancha (artes
  gráficas)

cajetilla *amer. desp.*
presumido
pisaverde
lechuguino

cajista
tipógrafo

cajuela *amer.*
portaequipajes
maletero

cala[1]
cata

cala[2]
ensenada
caleta
bahía
rada

cala[3] *col.*
peseta
pela *col.*
chucha *col.*

calabacín *col.*
torpe
tarugo
zopenco
borrico

calabaza
calabacera

col.
cabeza

calabazas
suspenso
cate *col.*

calabazada
cabezazo

calabobos
llovizna
sirimiri
orvallo

calabozo
mazmorra
celda
prisión

calada
chupada

calado
empapado
mojado

profundidad

caladura
mojadura

cala

calafate
calafateador

calafatear
embrear

calambre
contracción
espasmo

descarga
sacudida

calamidad
desgracia
tragedia
desdicha
adversidad
catástrofe

infortunio
azote

torpe
inútil
inepto
desastre

calamitoso
funesto
desgraciado
desafortunado
desdichado
aciago

↔ afortunado

calandraco *amer.*
atolondrado
tarambana

calaña *desp.*
condición
índole
ralea *desp.*

calar
calizo

calar(se)
empaparse
mojarse

infiltrar
traspasar
filtrar

penetrar
perforar
atravesar

encasquetarse

adivinar
intuir

ahondar

amer.
confundir
apabullar

calasancio
escolapio

calavera
cráneo

libertino
tarambana
parrandero

calcañal o
  calcañar
talón

calcar
copiar
imitar
reproducir
repetir
plagiar
fusilar *col.*

calce
cuña
calza
alza
calzo

calcinar(se)
abrasar
quemar
carbonizar

calco
copia
reproducción

calculable
contable
computable

↔ incalculable
  incontable

calculador
egoísta
interesado

previsor
precavido

calcular
contar
computar
evaluar

suponer
deducir
imaginarse
conjeturar

cálculo
cómputo

suposición
deducción
conjetura
estimación

caldas
baños
termas

caldear(se)
calentar

acalorar
apasionar
encender
enardecer
exaltar

↔ enfriar

  calmar

calderero
fogonero

calderilla
suelto
chatarra *col.*

caldero
perol
perola
puchero
marmita
olla

caldo
consomé

salsa
moje
jugo

vino

calé
gitano

calefactor
calorífero
estufa

calendario
almanaque

agenda
anuario

calentamiento
caldeamiento
caldeo

calentar(se)
caldear
exaltar
acalorar
apasionar
excitar
enardecer

col.
golpear
pegar
sacudir
atizar
zurrar

amer.
enfadarse

↔ enfriar

calentura
fiebre

calenturiento
febril
destemplado

exaltado
disparatado

amer.
tísico

calesita *amer.*
tiovivo
carrusel

caletre *col.*
talento
inteligencia
seso
ingenio
cacumen *col.*
mollera *col.*

↔ torpeza

calibrar
valorar
medir
estimar
ponderar

calibre
tamaño
volumen
importancia
trascendencia
categoría

calicata
sondeo
perforación

calidad
clase
categoría
índole
cualidad

bondad
importancia
superioridad
excelencia

papel
significación

cálido
caliente
templado

caluroso
ardiente
cariñoso
acogedor
afectuoso
entusiasta

↔ frío
  desapasionado

caliente
caluroso
cálido
caldeado
templado

acalorado
exaltado
fogoso
ardiente
vehemente

col.
excitado
cachondo *col.*
salido *col.*

↔ frío

calificación
juicio
opinión
valoración
evaluación
apreciación

nota
puntuación

calificado
acreditado
capacitado
competente
cualificado
apto
idóneo

↔ descalificado
  incompetente

calificar(se)
evaluar
valorar
apreciar
enjuiciar

acreditar
demostrar

↔ desacreditar

calificativo
epíteto

calígine
niebla
bruma
oscuridad
calina
calima

bochorno

↔ claridad

caliginoso
oscuro
nebuloso
brumoso
tenebroso

bochornoso

↔ claro

caligrafía
escritura
letra

calígrafo
escribiente

calima o **calina**
neblina
bruma
niebla
calígine

calizo
calcáreo
calar

callado
reservado
taciturno
silencioso
sigiloso
↔ hablador
　ruidoso

callar(se)
enmudecer
apagar
extinguir
acallar
silenciar
omitir
↔ hablar
　declarar

calle
avenida
paseo
alameda
travesía
bulevar
arteria
vía pública

calleja
callejuela
pasaje
callejón

callejear
caminar
pasear
vagar
deambular
errar
corretear
zascandilear
patear col.

callejero
vagabundo
errante
errabundo
plano
mapa
guía

callejón
calleja
callejuela
pasaje
entrebarrera

callejuela
calleja
callejón
pasaje

callista
pedicuro

callo
callosidad
dureza
col.
feo

calma
bonanza
quietud
tranquilidad
paciencia
paz
reposo
sosiego
detención
pausa
lentitud
flema
cuajo
cachaza col.
pachorra col.
papo col.
↔ marejada
　inquietud
　rapidez

calmado
tranquilo
sosegado

calmante
tranquilizante
sedante
analgésico
lenitivo
↔ estimulante
　excitante

calmar(se)
tranquilizar
serenar
apaciguar
sosegar
moderar
enfriar
aplacar
templar
relajar
↔ inquietar

calmo
apacible
tranquilo
sosegado
↔ desapacible

calmoso
lento
tranquilo
flemático
cachazudo col.
↔ nervioso

calor
bochorno
sofoco
entusiasmo
interés
afecto
cariño
viveza
pasión
fervor
vehemencia
apasionamiento
ímpetu
↔ frío
　desinterés

calorífero
calefactor

calorífugo
incombustible

calumnia
difamación
falacia
impostura
↔ elogio

calumniador
difamador
murmurador
maldiciente
↔ elogiador

calumniar
desacreditar
difamar
infamar
↔ elogiar

caluroso
cálido
caliente
sofocante
afectuoso
entusiasta
efusivo
cordial
↔ frío
　indiferente

calva
clara
calvero

calvario
sufrimiento
suplicio
martirio
cruz
vía crucis

calvero
claro
calva

calvicie
alopecia

calvo
pelón
pelado
↔ melenudo

calza
cuña
calce
calzo

calzada
carretera

calzar(se)

trabar
asegurar
afirmar

calzarse

hacerse
atribuirse
apoderarse

↔ descalzar

calzo

cuña
calce
calza
alza

calzón

pantalón
calzas
calzoncillo

calzonazos *col.*

baldragas *col.*
bragazas *col.*

calzoncillo

slip
calzón

cama

catre
lecho
litera
camastro
tálamo *cult.*
piltra *col.*
sobre *col.*

camada

lechigada

capa
piso
hilera

col.
banda
pandilla
caterva *desp.*

camaleón *col.*

veleta

camándula

hipocresía
astucia

camandulero *col.*

embaucador
hipócrita

cámara

máquina
frigorífico
sala
estancia
aposento
salón

parlamento

corporación
organismo
junta

operador

camarada

colega
amigo
compañero
condiscípulo
correligionario
compinche *col.*
cuate *amer.*

camaradería

compañerismo
solidaridad

↔ enemistad
   hostilidad

camaranchón

desván
buhardilla
trastero
sobrado
chiribitil

camarero

mozo

camarín

capilla
nicho

camarón

quisquilla

camastrón

taimado
marrullero

↔ ingenuo

cambalache

trapicheo
chanchullo

cambalachear

trapichear
chalanear

cambalachero

trapichero
chanchullero

cambiante

mutante
variable
alterable
inestable
tornadizo

cambiantes

aguas
tornasol
reflejos

↔ inmutable

cambiar(se)

intercambiar
permutar
trocar
conmutar
canjear
reemplazar
sustituir

trasladar
mover
desplazar

reformar
modificar
convertir
transformar
tornar
variar
evolucionar

virar (un barco)
rolar (la dirección
   del viento)

cambiarse

mudarse

↔ conservar
   mantener

   permanecer

   fijar

cambiavía *amer.*

guardagujas

cambio

intercambio
canje
permuta
trueque

sustitución

traslado
desplazamiento
mudanza

modificación
alteración
mutación
variación
evolución

suelto
moneda

↔ conservación
   mantenimiento
   permanencia

camelar *col.*

embaucar
enredar
engatusar
timar

conquistar
enamorar
galantear
seducir
fascinar
atraer
embelesar
encandilar
requebrar

camelista *col.*

embaucador

camelo *col.*

bulo

broma
burla
chasco

galanteo
lisonja
requiebro

engañifa
fingimiento

camilla

angarillas
parihuelas
andas

caminante

peatón
transeúnte
viandante
andante

caminar

andar
pasear
deambular
transitar
circular

marchar
funcionar

↔ detenerse

caminata

paseo
marcha
excursión

camino

sendero
senda
vereda
cañada
trocha

viaje
marcha

trayecto
itinerario
ruta
recorrido

método
procedimiento
modo
manera

camioneta

furgoneta

autobús

camisa

blusa
blusón

funda
revestimiento

camiseta

elástica
camisola

camomila

manzanilla

camorra

riña
bronca
pelea
trifulca
pendencia
refriega
pelotera *col.*

camorrista

bravucón
pendenclero
matón
chulo

camote *amer.*

batata

enamoramiento

amante

mentira
embuste

campamento

acuartelamiento
acantonamiento
reales

acampada
camping
vivac

campanada

toque
repique
campaneo

campanazo
bomba
bombazo

campanario

campanil

campanazo

campanada

campanear(se)

repicar
repiquetear

oscilar
balancear
contonear

campaneo

repique
campanada
repiqueteo
rebato

balanceo
oscilación
contoneo

campanero *amer.*

correveidile

campanil

campanario

campanilla

esquila

úvula

campanillear

repicar
tintinear
repiquetear
cascabelear

campanilleo

tintineo
repiqueteo
cascabeleo

campante

despreocupado
insensato

contento
satisfecho
alegre
ufano

↔ preocupado
    insatisfecho

campanudo

altisonante
rimbombante
hinchado

↔ sencillo

campaña

empresa
empeño

campar

acampar

sobresalir
destacar

campear

alzarse
sobresalir
aparecer
descollar

campechanía

simpatía
sencillez
afabilidad
jovialidad

campechano

llano
sencillo
simpático
franco

↔ estirado

campeón

vencedor
ganador
triunfador

defensor
paladín
valedor

as

↔ perdedor
    detractor

campeonato

competición
torneo
concurso
certamen

éxito
triunfo

campera *amer.*

cazadora

campero

campestre

campesino

campestre
rural

agricultor
labrador
labriego

↔ urbano
  ciudadano

campestre

campesino
campero
rural

↔ urbano
  ciudadano

camping *ingl.*

campamento

acampada
vivac

campiña

campo
labrantío
agro

campo

naturaleza

campiña
labrantío
agro

ámbito
sector

camposanto

cementerio
necrópolis
sacramental

camuflar(se)

esconder
ocultar
disimular
disfrazar
enmascarar
encubrir

↔ mostrar
  descubrir

camuñas

coco
hombre del saco

can

perro
chucho *desp.*

modillón

cana *amer.*

prisión
cárcel
trena *argot*

canal

estrecho

acequia
zanja
reguera
cacera

ranura
surco
canaladura

canaladura

acanaladura
ranura
estría
canal

canalización

encauzamiento

canalizar

dirigir
encauzar
encaminar
encarrilar

↔ desviar

canalla

sinverguenza
miserable
indeseable

gentuza
chusma
populacho
vulgo

↔ caballero
  élite

canallada

ruindad
villanía
infamia
ignominia
iniquidad

canallesco

vil
infame

ruin
ignominioso

↔ caballeresco

canalón

bajada
bajante
cañería

canelón

canana

cartuchera

canapé

sofá
diván

canasta

cesta
cesto
canasto
banasto
cuévano

cáncamo

hembrilla
armella

cancanear *amer.*

tartamudear

cancel

biombo
mampara
contrapuerta

cancelación

anulación
supresión
suspensión
rescisión

liquidación

↔ ratificación
  validación

cancelar

anular
rescindir
suspender
extinguir

liquidar
saldar
abonar

↔ ratificar
  validar

adeudar

cáncer

carcinoma
tumor

mal social

cancerar(se)

destruir
consumir

cancerbero

portero
guardameta

cancerígeno

carcinógeno

cancha

campo
pista

canchal

peñascal
pedregal

canción

cantar
melodía
balada
copla
letrilla
cantinela

candela

cirio
vela

lumbre
fuego

col.
paliza
leña *col.*

candelabro

candelero

candelero

candelabro
velón
candil

candente
encendido
incandescente
ardiente
al rojo

palpitante
apasionante
de máxima
   actualidad

↔ frío

candidato
aspirante
pretendiente
solicitante

candidatura
aspiración
pretensión
solicitud
propuesta

candidez
candor
ingenuidad
inocencia

↔ malicia

cándido
ingenuo
inocente
simple
inocentón
crédulo
candoroso

↔ malicioso

candil
lamparilla

candilejas
batería

candombe *amer.*
desorden
confusión

candongo
astuto
taimado

zalamero
adulador

haragán
holgazán
perezoso

↔ cándido
   ingenuo

   trabajador

candor
pureza
ingenuidad
inocencia
candidez

↔ malicia
   picardía

canear
encanecer

canear(se) *col.*
zumbar *col.*
atizar *col.*
cascar *col.*

caneco *amer.*
borracho

canelo *col.*
simple
bobalicón
tonto
primo *col.*
primavera *col.*

canelón
canalón

carámbano

cangilón
arcaduz

canguelo *col.*
miedo
temor
canguis *col.*

↔ valentía

canguro
niñera

caníbal
antropófago

col.
bruto

cruel
inhumano
salvaje
sanguinario

canicas
gua

canijo
enclenque
raquítico
enfermizo
escuchimizado

↔ robusto

canilla
espinilla
caña

carrete
bobina

espita
llave
válvula

canino
perruno

colmillo

canje
cambio
intercambio
trueque
permuta

canjear
cambiar
intercambiar
permutar

cano
canoso

canoa
piragua

canon
norma
regla
precepto

arquetipo
prototipo

impuesto
cuota
tarifa
tasa

canónico
preceptivo

canonizar
santificar

canonjía
momio
chollo *col.*
bicoca *col.*

canoro
cantor

armonioso
melodioso
agradable
grato

↔ destemplado

canoso
cano

cansado
fatigado
agotado
desfallecido
extenuado
exhausto
rendido
molido
destrozado
reventado

pesado
cargante

↔ descansado

cansancio
fatiga
agotamiento
debilitamiento

fastidio
aburrimiento
tedio
hastío

↔ descanso
   interés

cansar(se)

agotar
extenuar
moler
rendir

aburrir
hartar

↔ descansar
  divertir

cansino

perezoso
tardo

↔ vivo

cantante

cantor
cantador
solista
intérprete

cantar[1]

canturrear
tararear
entonar
modular

gorjear

elogiar
alabar
ensalzar
encomiar

col.
confesar
revelar
declarar
soplar *col.*

apestar
atufar
heder

cantar[2]

canción
canto
copla
tonada

cántaro

cántara
ánfora
jarro

cantazo

pedrada
chinazo

cantera

pedrera
gravera

cantero

picapedrero

cántico

himno
salmo
canto

cantidad

cuantía
medida
número
dosis

abundancia
multitud
profusión

cifra

col.
mucho
enormemente
horrores

↔ escasez

cantilena

cantinela

cantina

bar
tasca
taberna

cantinela

cantilena
copla
canción
letrilla

col.
tabarra *col.*

cantinero

tabernero
vinatero

canto[1]

cantar
canción
tonada
trova
himno

canto[2]

borde
lado
reborde
esquina
orilla

canto[3]

piedra
pedrusco
chinarro
guijarro

cantón

esquina

campamento
emplazamiento
acantonamiento

cantor

canoro

cantante

rapsoda
solista

canturrear

cantar
tararear

canturreo

tarareo

canuto *argot*

porro *argot*
petardo *argot*

caña

junco
bambú

canilla

fuste

cañada

camino
senda
vereda

quebrada
vaguada

cañal

cañaveral

cañamazo

arpillera

boceto
apunte
bosquejo

cañaveral

carrizal
cañal

cañería

tubería
caño

cañí *caló*

gitano
calé

↔ payo

cañinque *amer.*

enclenque
enfermizo

caño

tubo
tubería
cañería
canuto

cañón

tubo

garganta

bueno
bien
estupendo
fenomenal

cañonazo

tiro
disparo
descarga

col.
bombazo
campanazo
campanada

trallazo
chupinazo
chut

caos

desorden
confusión

desorganización
desastre
desconcierto

↔ orden
   organización

caótico

desordenado
confuso
revuelto
desorganizado

↔ ordenado
   organizado

capa

manto
manteo
baño
mano
revestimiento

estrato

apariencia
máscara
velo
barniz

capacha *amer.*

prisión
cárcel

capacho

capazo
cesto
espuerta

capacidad

cabida
volumen
aforo

aptitud
facultad
disposición
competencia
destreza
suficiencia

inteligencia
talento

↔ incapacidad
   ineptitud

capacitación

preparación
instrucción
habilitación

capacitado

capaz
cualificado

capacitar(se)

habilitar
facultar
preparar
instruir

↔ incapacitar

capar

castrar

caparazón

concha
coraza

tapa
cobertura

capataz

encargado

mayoral
caporal

capaz

decidido

capacitado
preparado
apto
entendido
competente
cualificado

↔ incapaz

capazo

capacho

capciosidad

falacia
artería

capcioso

engañoso
malintencionado
embaucador
falaz
artero
insidioso

↔ claro
   directo

capea

novillada
becerrada

capear

torear
lidiar
capotear

eludir
sortear
soslayar

engañar

capellán

sacerdote
clérigo
cura

capelo

cardenalato

caperuza

capirote
capucha
capuchón

capi *amer.*

maíz

capibara

carpincho

capicúa

palíndromo *cult.*

capilla

ermita

camarín

capirotazo

papirotazo
toba

capirote

cucurucho
capuchón
caperuza

capital

fundamental
principal
esencial
cardinal

máxima (pena)
última

capitular

riqueza
patrimonio
hacienda
haber
caudal
fondos

↔ secundario

capitalista

socio

rico
adinerado
millonario
acaudalado

capitanear

mandar
dirigir
guiar
conducir
acaudillar
encabezar

capitel

chapitel

capitolio

acrópolis

capitoste *desp.*

cabecilla
cacique
mandamás *col.*

capitulación

claudicación
rendición

pacto
concierto
convenio

↔ desacuerdo

capitular[1]

entregarse
rendirse
doblegarse

claudicar
ceder
transigir

pactar
concertar
convenir

↔ resistir

capitular²
capital

capítulo
apartado
tema
título
sección

cabildo
asamblea

capón
coscorrón
coca

caporal
capataz
encargado

mayoral

capotear
torear
lancear

col.
capear
sortear
eludir
soslayar

capricho
antojo
deseo
manía

arbitrariedad

extravagancia

veleidad
inconstancia

↔ necesidad

caprichoso
antojadizo

arbitrario
inconstante
veleidoso
mudable

voluble
tornadizo

extravagante
absurdo
injustificado

cápsula
cabina

captación
percepción
comprensión

atracción

consecución

captar(se)
percibir
notar
apreciar
aprehender

sintonizar

comprender
entender
advertir
percatarse
cazar *col.*
darse cuenta

atraer
ganar
conseguir
conquistar
granjearse

↔ repeler

captura
detención
arresto

caza

capturar
detener
apresar
arrestar
prender
aprehender

cazar

↔ soltar

capucha
caperuza
capuchón
capirote

capullo
brote
botón
renuevo
pimpollo

vulg.
estúpido
torpe
inocente

cabrito *vulg.*
cabrón *vulg.*

glande

cara
rostro
faz
jeta *col.*

expresión
facciones
rasgos
semblante

pinta
cariz

plano

fachada
frente

col.
descaro
frescura
desvergüenza
cinismo
morro *col.*

fresco
caradura *col.*
carota *col.*

caracolear
escarcear

caracoleo
escarceo

carácter
personalidad
natural
índole
naturaleza
idiosincrasia
modo de ser

energía
fuerza
genio

temperamento
decisión
fibra

característica
particularidad
peculiaridad
singularidad
rasgo distintivo

característica
propiedad
atributo
condición
naturaleza
peculiaridad
singularidad
cualidad

característico
peculiar
singular
particular
distintivo
típico

↔ común
  general

caracterizado
notable
prestigioso
ilustre
eminente
sobresaliente

caracterizar(se)
definir
identificar

personificar
encarnar

caradura *col.*
descarado
sinvergüenza
jeta *col.*
cara *col.*
carota *col.*

↔ vergonzoso

carajo *vulg.*
pene

carámbano
canelón

carambola
casualidad
chiripa
chamba

carantoña
mimo
arrumaco
zalamería
cucamonas
zalema

carátula
careta
farsa
farándula
portada

caravana
partida
expedición
roulotte

carbonizar(se)
carbonear
quemar
abrasar
calcinar

carbunco o
    carbunclo
ántrax

carburar *col.*
andar
funcionar
marchar
caminar

carca[1] *col.*
anticuado
retrógado
reaccionario
conservador
facha *desp.*
↔ moderno
    progresista

carca[2] *amer.*
mugre
suciedad

carcaj
aljaba

carcajada
risotada

carcajearse
reírse
burlarse
despreciar

carcamal
viejo
carroza *col.*
matusalén *col.*
vejestorio *desp.*

carcamán *amer.*
inmigrante

carcasa
armazón
estructura

cárcava
barranco
torrentera
zanja
fosa
foso
hoya

cárcel
prisión
penal
presidio
penitenciaría
correccional
trena *argot*
cana *amer.*

carcelario
penitenciario
carcelero

carcelero
carcelario
celador
guardián

carcinógeno
cancerígeno

carcinoma
tumor

carcomer(se)
roer
reconcomer
repudrir

cardenal[1]
purpurado

cardenal[2]
moratón
hematoma
moradura
equimosis *cult.*

cardenalato
capelo

cardenillo
verdín
herrumbre

cárdeno
violáceo
amoratado

cardiaco o
    cardíaco
cardiópata
col.
histérico
nervioso

cardinal
fundamental
principal
esencial
capital
↔ secundario

cardiografía
cardiograma

cardiópata
cardiaco

cardume o
    cardumen
banco (de peces)

carear
enfrentar
encarar
confrontar

carecer
faltar
↔ poseer
    abundar

carencia
escasez
insuficiencia
penuria
carestía
privación
↔ abundancia

carente
falto
necesitado
desprovisto
privado
↔ poseedor
    dotado

carestía
escasez
carencia
↔ abundancia

careta
antifaz
carátula
disimulo
engaño
simulación
fingimiento

careto *col.*
cara
rostro
jeta *col.*
morro *col.*

carga
cargamento
bulto
fardo
impuesto
tributo
tasa
contribución

hipoteca
gravamen
deuda

obligación
deber
exigencia
atadura

sufrimiento
esfuerzo
suplicio
cruz

ataque
acometida

repuesto
recambio

↔ descarga

cargadero
muelle

dintel

cargado
abarrotado
colmado
lleno

bochornoso

pesado
embotado

concentrado
fuerte

col.
borracho
ebrio
bebido

↔ descargado
despejado

sobrio

cargador
descargador
estibador

peine

cargamento
carga
flete
expedición

cargante
pesado
pelma
irritante

enojoso
fastidioso
chinche

cargar(se)
estibar

cebar
alimentar

llenar
abarrotar
atiborrar
cuajar

gravar

adeudar

atribuir
imputar
achacar
endosar

apencar
apechar
apechugar

atacar
arremeter
embestir
abalanzarse

estribar
descansar
apoyarse

col.
molestar
enfadar
hartar
cansar
fastidiar
estomagar

cargarse
llenarse

nublarse
encapotarse

col.
romper
estropear
destrozar

matar
asesinar
eliminar
apiolar col.

suspender
catear col.

↔ descargar

cargazón
pesadez

cargo
empleo
colocación
oficio
categoría
grado
ocupación
cometido

cuidado
custodia
responsabilidad
incumbencia
competencia

peso
carga

acusación
inculpación
deuda

↔ descargo

exculpación

cargosear amer.
molestar
importunar

cariacontecido
triste
apenado
apesadumbrado

↔ alegre

cariado
picado

cariar(se)
picar

caricato
cómico
bufón
histrión

caricatura
parodia

caricia
mimo
zalamería
carantoña
arrumaco

caridad
altruismo
generosidad
solidaridad
filantropía
magnanimidad

limosna
ayuda
auxilio
consuelo
socorro
amparo

↔ egoísmo

caries
picadura

carilla
plana
cara
hoja

cariño
aprecio
apego
afición
estima

caricia
carantoña
mimo

cuidado
entrega
solicitud

↔ desamor

descuido

cariñoso
amable
afectuoso
tierno
amoroso
cordial

↔ arisco

carisma
atractivo
fascinación
magnetismo
personalidad

carismático
seductor
fascinador

caritativo

altruista
generoso
solidario
magnánimo

↔ egoísta

cariz

aspecto
apariencia
pinta
aire
cara
viso
traza

carlanca *amer.*

grillete

fastidio
molestia

carlinga

cabina

carmelita

carmelitano

carmenar(se)

cardar

carmesí

carmín
escarlata
púrpura
grana

carmín

carmesí

pintalabios
lápiz de labios

carnada

carnaza
cebo
engaño
señuelo

carnal

sensual
lujurioso
libidinoso
lascivo
voluptuoso

terrenal
mundano

↔ casto

    espiritual

carnaval

carnestolendas

carnaza

carnada

carroña

carne

molla
chicha *col.*

pulpa

carné o **carnet** *fr.*

documentación
DNI (documento
    nacional
    de identidad)

carnestolendas

carnaval

carnicería

matanza
masacre
degollina
escabechina *col.*

carnicero

carnívoro

cruel
sanguinario
feroz
inhumano
bestial

carnosidad

verruga
excrecencia

carnoso

gordo
rollizo

↔ descarnado

caro

costoso
oneroso

querido
apreciado
estimado
amado

↔ barato

carota *col.*

descarado
sinvergënza
caradura *col.*
jeta *col.*
cara *col.*

carozo *amer.*

hueso
güito

carpanta *col.*

hambre
gusa *col.*
gazuza *col.*

carpeta

cartapacio
portapapeles
portafolios

carpincho

capibara

carraca

trasto
cascajo
armatoste
cacharro

carrasca

encina
carrasco

carraspera

ronquera

carrera

recorrido
trayecto
itinerario
trayectoria
circuito

competición
prueba

licenciatura

profesión

carreta

carro
carromato

carrete

bobina
rollo
canilla

carretera

calzada
vía
pista

carretilla

carretillo
carretón

carril

vía
raíl
riel

carrillo

mejilla
moflete
cachete

carro

carromato
carreta

amer.
automóvil
coche

carromato

carro
carreta
carricoche

carroza *col.*

viejo
carcamal
matusalén *col.*
vejestorio *desp.*

↔ niñato
   jovenzuelo

carrusel

tiovivo
caballitos
calesita *amer.*

carta
misiva
circular
epístola
cuatro letras

naipe

mapa

cartapacio
carpeta
portafolios
portapapeles

cartearse
escribirse
corresponderse

cartel
bando
póster
pasquín

fama
popularidad
prestigio
renombre
reputación

cartela
etiqueta

ménsula
palomilla

cartera
billetero
monedero
portamonedas

ministerio
amer.
bolso

carterista
caco
ratero
descuidero
chorizo *col.*

cartílago
ternilla

cartilla
silabario

cartuchera
canana

cartucho
casquillo
cápsula
vaina

cucurucho

carrete (fotográfico)

cartujano
cartujo

carúncula *cult.*
cresta

carvallo
roble

casa
domicilio
hogar
piso
residencia
vivienda
morada

familia
casta
estirpe
linaje

empresa
firma
filial
agencia
delegación
sucursal

casaca
levita

casación *cult.*
revocación

↔ ratificación

casadero
núbil

casal
caserío
granja
alquería

casamiento
boda
matrimonio
enlace
maridaje
unión
connubio *cult.*

↔ divorcio

casanova
donjuán
tenorio
conquistador
castigador
playboy

casar[1]
caserío
aldea
villorrio

casar[2] *cult.*
anular
abolir
abrogar *cult.*

↔ ratificar

casar(se)
desposarse
maridar
enlazar

ajustar
concordar

casca
cáscara
hollejo

cascabelear
campanillear
tintinear

cascabeleo
campanilleo
tintineo

cascabelero
dicharachero
vivalavirgen

cascada
salto (de agua)
catarata

cascado
roto
averiado
descacharrado *col.*
chingado *col.*

acabado
achacoso
caduco

ronco (sonido, voz)
quebrado

cascajo
cascote
guijo

trasto
carraca
cacharro

cascar(se)
partir
quebrar
romper

col.
golpear
pegar
sacudir
zurrar

parlotear
rajar *col.*

morir
palmar *col.*

cáscara
corteza
piel
monda
vaina
casca

cascarrabias
irritable
quisquilloso
colérico

↔ apacible

casco
envase
frasco
botella
pezuña

fragmento
añico
triza
cacho

cascote
cascajo

caserío
alquería
granja
casal

casar

casero
doméstico

hogareño
familiar

comprado (árbitro)
parcial

arrendador
propietario

caseta
garita
casilla

barraca
puesto
tenderete
barracón

perrera

casete
cinta

grabadora
magnetofón
magnetófono

casetón
artesón

casilla
caseta
garita

recuadro
cuadro

casillero
taquilla

casino
ateneo
círculo
club
sociedad

caso
acontecimiento
incidente
suceso

circunstancia
condición
ocasión
coyuntura

cuestión
materia
tema

casorio *desp.*
boda
casamiento
bodorrio *desp.*

casquete
bonete
solideo

casquillo
cartucho
cápsula

capuchón
contera
regatón

abrazadera

casquivana
ligera
coqueta
frívola
ligera de cascos

↔ puritana

casquivano
informal
alocado
irreflexivo
insensato

↔ prudente

casta
raza

generación
linaje
estirpe
abolengo

clase
condición
ralea *desp.*
calaña *desp.*

castaña *col.*
bofetada
puñetazo
golpe
porrazo
tortazo

borrachera
curda
trompa
mona
tajada
pedo *argot*

tostón
plasta
muermo
rollo
petardo
pestiño

cacharro
cafetera

castañas *col.*
años
tacos *col.*

castañeta
castañuela

castañetazo *col.*
puñetazo
golpe

castañetear
tiritar

castañuela
palillos
castañeta
crótalo

castellanizar
españolizar

castellano
español

ant.
alcaide (de un
   castillo)
señor

casticismo
tipismo
purismo

↔ extranjerismo

castidad
decencia
honestidad
continencia
decoro
pureza

↔ lujuria

castigado
condenado
culpado
penado

castigador
seductor
conquistador
donjuán

castigar
sancionar
escarmentar
condenar

mortificar
afligir

fustigar
dañar
estropear
perjudicar

↔ perdonar
   absolver

castigo
sanción
pena
condena
punición
escarmiento
correctivo

tormento
cruz

↔ perdón
   absolución

castilleta
armazón

castillo
alcázar
fortaleza
ciudadela

castizo
típico
genuino

auténtico
purista
fetén *col.*

linajudo
de buena casta

↔ adulterado
  falso

casto
decente
honesto
continente
puro
recatado
virtuoso

↔ lujurioso

castración
capación
emasculación *cult.*

castrar
capar
emascular *cult.*

debilitar
anular
reprimir
destruir

catar (las colmenas)
brescar

castrense
militar

casual
imprevisto
impensado
accidental
inopinado

↔ previsto

casualidad
azar
suerte
acaso

coincidencia
chiripa *col.*

casucha
chamizo
chabola

cata
cala
degustación
prueba

cataclismo
catástrofe
hecatombe

catacumba
cripta
hipogeo

catadura
aspecto
pinta
facha
traza

catafalco
túmulo

catalizador
impulsor
motor

catalogable
clasificable
encasillable

↔ inclasificable

catalogación
registro
inventario
clasificación
listado

catalogar
registrar
inventariar
clasificar
archivar
ordenar
distribuir

calificar
encasillar
etiquetar

catálogo
registro
inventario
índice
clasificación
nomenclátor *cult.*

cataplasma
apósito
emplasto
fomento

col.
pelma
pelmazo
paliza *col.*
plasta *col.*

catapultar
promocionar
promover
elevar

↔ hundir

catar
probar
gustar
paladear
saborear
calar

castrar (las
  colmenas)
brescar

catarata
salto (de agua)
cascada

catarro
constipado
resfriado
coriza

catarsis
purga
limpieza
purificación

↔ corrupción

catastro
contribución

catástrofe
cataclismo
hecatombe

desastre
calamidad

↔ maravilla
  éxito

catastrofista
pesimista
alarmista
agorero

↔ optimista

cate
golpe
bofetada
bofetón
tortazo
sopapo *col.*

col.
suspenso
calabazas *col.*

↔ aprobado

catear *col.*
suspender
tirar *col.*
colgar *col.*
cargarse *col.*

cátedra
aula
clase

catedral
seo

categoría
especie
género
índole
carácter
clase
estrato

cargo
escala
nivel
rango

renombre
valía
importancia
prestigio

↔ desprestigio

categórico
rotundo
terminante
contundente
tajante

↔ indeciso

catequesis

catequización
evangelización

catequizar

adoctrinar
evangelizar
predicar
cristianizar

caterva desp.

tropel
muchedumbre
montón

cateto desp.

palurdo
paleto
patán

catilinaria

filípica
diatriba
invectiva

cauce

lecho
madre
reguera
zanja
cacera

trámite
procedimiento
modo

norma

caucho

hule
jebe amer.

caución

garantía
fianza

caudal

capital
fortuna
riqueza
hacienda

acumulación
profusión

↔ pobreza

    escasez

caudaloso

abundante
copioso

acaudalado
adinerado
rico

↔ pobre

caudillaje amer.

caciquismo

caudillo

cabecilla
jefe
capitán
adalid

dictador
tirano
déspota

causa

motivo
razón
móvil
origen
germen
incentivo
base
justificación
fundamento

empresa
ideal
proyecto
empeño

pleito
litigio
caso
querella
instrucción
proceso
sumario

↔ consecuencia

causalidad

causa
principio
origen
explicación

causante

culpable
responsable

causar

ocasionar
originar
motivar
provocar

cáustico

corrosivo
mordiente
abrasivo

cauterizante

mordaz
incisivo
sarcástico
irónico
punzante

cautela

precaución
prudencia
cuidado
prevención
reserva
tiento

↔ imprudencia

cautelar

preventivo

cauteloso

prudente
cauto
prevenido

↔ incauto

cauterización

cauterio

cauterizar

quemar

cautivador

encantador
seductor
arrebatador
fascinador

↔ repelente

cautivar

apresar
capturar

aprisionar
prender

seducir
conquistar
encantar
fascinar

↔ libertar

    repeler

cautiverio

prisión
encarcelamiento
cautividad
confinación
aprisionamiento

↔ liberación

cautivo

prisionero
preso

seducido
atrapado
prendido

esclavizado

↔ libre

    liberado

cauto

cauteloso

cava

cueva
bodega

cavar

excavar

caverna

cueva
gruta
oquedad
antro
covacha

cavernícola

cavernario
troglodita

col.

retrógrado
reaccionario
carca col.

↔ moderno
    progresista

cavidad

concavidad
hoyo
agujero
excavación

cavilación

reflexión
meditación
consideración
deliberación

aprensión
cavilosidad

cavilar

reflexionar
discurrir
meditar
considerar
rumiar *col.*

caviloso

desconfiado
aprensivo
preocupado

↔ confiado

cayado

cachava
garrota

caz

acequia
cacera
reguera

caza

cacería
cinegética
montería

cazador

montero
batidor

cazadora

zamarra
chupa *col.*

cazar *col.*

agenciarse
procurarse

seducir

sorprender
descubrir
pescar *col.*
pillar *col.*

captar
percatarse

cazo

cacerola
cazuela
olla

cacillo
cucharón

col.
bruto
torpe
zoquete
zopenco

feo
adefesio
callo *col.*

cazuela

cacerola
olla

cazurro

taimado
ladino
malicioso

torpe
tonto
necio
corto
zafio
ordinario

↔ confiado

listo
educado

cebar(se)

engordar
hinchar

alimentar
excitar
avivar
enconar
atizar

cebarse

encarnizarse
ensañarse

↔ suavizar

apiadarse

cebo

señuelo
reclamo
carnada
carnaza
lazo
engaño

fulminante

cebollino *col.*

torpe
ignorante

cebón

cerdo

cebado
atocinado

↔ flaco
enteco

cecina

chacina
tasajo

ceda

zeta

cedazo

criba
tamiz
cernedor

ceder

conceder
traspasar
transmitir
transferir

acceder
consentir
condescender
transigir
contemporizar
cejar

amainar
remitir
mitigarse

aflojarse
destensarse

↔ retener

empecinarse

intensificarse

cédula

papeleta
ficha

cefalea o
    cefalalgia

jaqueca
migraña
dolor de cabeza

céfiro *cult.*

airecillo
brisa
aura *cult.*

cegar(se)

deslumbrar

ofuscar
obcecar

taponar
obturar
obstruir
tapar

cegato *col.*

ciego
miope
cegatón *col.*
corto de vista

ceguera

ceguedad

ofuscación
obcecación
obnubilación

↔ visión

lucidez
clarividencia

ceilandés

cingalés

cejar

ceder
desistir
aflojar
flaquear

↔ persistir

cejijunto

ceñudo
cejudo
adusto

celada
emboscada
encerrona
trampa
asechanza

engaño
artimaña
argucia

yelmo
casco

celador
vigilante
cuidador

celaje
nubosidad
bruma

celar
vigilar
cuidar

celar(se)
ocultar
esconder
disimular
encubrir

↔ descubrir

celda
calabozo
cubículo

alvéolo
celdilla

celebración
conmemoración
festejo
ceremonia
festividad
solemnidad

celebrante
oficiante

celebrar
conmemorar
festejar
solemnizar

realizar
efectuar

alegrarse
congratularse

oficiar
decir

aplaudir
elogiar
alabar
encomiar

↔ lamentar
    criticar

célebre
famoso
afamado
renombrado

↔ desconocido

celebridad
fama
renombre
popularidad
notoriedad
nombradía

↔ anonimato

celeridad
rapidez
velocidad
diligencia
prontitud
presteza

↔ lentitud

celeste
celestial
azul cielo

celestial
celeste
paradisiaco
divino

estupendo
delicioso
encantador
arrebatador

↔ terrenal

celestina
alcahueta
trotaconventos

celibato
soltería

↔ matrimonio

célibe
soltero

↔ casado

cellisca
nevisca

celo
esmero
cuidado

fervor

celos
achares

pelusa *col.*

↔ descuido

celosía
reja

celoso
cuidadoso
diligente
cumplidor

receloso

envidioso

↔ descuidado
    confiado

celta
céltico

célula
unidad
división
sección
departamento

celuloide
cine
cinematografía
séptimo arte

cementerio
camposanto
necrópolis
sacramental

cenáculo
tertulia
círculo
club

cenador
glorieta
pérgola
templete

cenagal
ciénaga
barrizal
lodazal
tremedal
pantano

apuro
lío
embrollo

cenagoso
fangoso
embarrado
pantanoso

cenceño
delgado
flaco
enjuto

↔ gordo
    corpulento

cencerrear
traquetear
golpetear

cencerro
esquila
esquilón

cendal
velo
gasa

cenefa
ribete
franja
festón
banda

cenit
cima
culmen
cúspide

ceniza
pavesa

cenizo
ceniciento
grisáceo
plomizo

gafe

cenobio
monasterio
convento

censar
empadronar
registrar

censo
padrón
registro

tributo
impuesto

censor
criticón
murmurador

censura
crítica
reproche
reprobación

↔ elogio

censurable
reprochable
reprobable
condenable

↔ irreprochable

censurar
juzgar

suprimir
eliminar
omitir
tachar

criticar
reprobar

↔ elogiar

centella
rayo
exhalación

chispa
chiribita
pavesa

destello

centellear o
   centellar
brillar
chispear
titilar

centenar
centena
ciento

centinela
guardia

defensor
vigía
protector
guardián

centrado
integrado
adaptado
entonado

↔ descentrado
  inadaptado

central
capital
principal
esencial
fundamental

↔ periférico

centralismo
↔ federalismo

centralizar(se)
agrupar
concentrar
reunir

↔ disgregar

centrar(se)
ajustar
encuadrar

conducir
encaminar
encauzar
orientar
encarrilar

concentrar
captar
acaparar
polarizar
absorber

centrarse
integrarse
habituarse

↔ descentrar

centrífugo
↔ centrípeto

centrípeto
↔ centrífugo

centro
mitad

núcleo
eje
base
médula

foco
objeto
motivo

institución
asociación
círculo
club

pase (fútbol)

↔ exterior
  periferia

centuria
siglo

cenutrio col.
tonto
torpe
estúpido
zoquete col.
zopenco col.
tarugo col.

ceñidor
cinturón
faja
corsé

ceñir
comprimir
estrechar
constreñir

cercar
bordear
envolver
abrazar

ceñirse
ajustarse
amoldarse
atenerse
limitarse
acoplarse
sujetarse

↔ salirse

ceñudo
malhumorado
hosco
adusto
cejijunto

cepa
linaje
casta
sangre
raza

cepillar(se)
limpiar
barrer
desempolvar

cepillarse col.
cargarse col.
ventilarse col.
liquidar col.

suspender
catear

vulg.
copular
tirarse vulg.

cepo
trampa
ardid
artimaña
treta

ceporro col.
tonto
torpe
berzotas
cernícalo
berzas
zoquete col.
cenutrio col.
tarugo col.

cera
cerumen
cerilla

cerámica
alfarería

ceramista
alfarero

cerca¹
valla
muro
tapia
cercado
vallado
verja

cerca²
próximo
↔ lejos

cercado
coto
vedado
cerca
vallado

cercanía
proximidad
vecindad
contigüidad

cercanías
alrededores
inmediaciones
aledaños
extrarradio
contornos
↔ lejanía

cercano
próximo
contiguo
inmediato
vecino

semejante
parecido
afín
↔ lejano

cercar
vallar
tapiar

cerrar
amurallar

sitiar
asediar
acorralar

cercenadura
corte
amputación
mutilación
desmoche
cercenamiento

disminución

cercenar
cortar
amputar
mutilar
desmochar
recortar

disminuir
reducir
restringir
↔ aumentar

cercha
cimbra
cintra

cerciorar(se)
asegurar
comprobar
corroborar
ratificar
confirmar

↔ ignorar
   dudar

cerco
reborde
círculo
ribete
corona
orla

asedio
sitio
bloqueo

halo
aureola

cerca
valla
muro
tapia
vallado

cerdada
cochinada
guarrada
marranada
porquería

col.
faena
jugarreta
mala pasada

cerdo
puerco
marrano
gorrino
cochino
guarro
chancho *amer.*

col.
sucio
desaseado

canalla
miserable

↔ limpio

   honrado

cerebral
racional
lógico
objetivo
desapasionado

↔ apasionado
   visceral

cerebro
talento
inteligencia
juicio
cabeza

autor
creador
jefe
cabecilla

sabio
eminencia

ceremonia
celebración
ceremonial

pompa
boato
fasto
aparato

formalidad
cumplido
protocolo
ceremoniosidad

↔ sencillez

ceremonial
ceremonia
protocolo
ritual
etiqueta

ceremonioso
protocolario
solemne

↔ sencillo

cerilla
fósforo
mixto

cera
cerumen

cerillero
fosforera

cernedor
cedazo
criba
tamiz

cerner
cernir

cribar
tamizar
colar

cernerse
planear

contonearse
balancearse

cernícalo *col.*
mastuerzo
zopenco
ceporro

cernir
cerner

cerote *col.*
miedo
canguelo *col.*

cerrado

torpe
tonto
corto

cercado

↔ inteligente

   abierto

cerradura

cierre
cerrojo

cerramiento

cierre
cubierta
cercado

cerrar(se)

tapar
taponar
atrancar
obturar

impedir
obstaculizar
entorpecer

incomunicar
aislar

juntar
unir
apretar
plegar
doblar

apiñar
aglomerar
amontonar
acumular

acabar
clausurar
concluir
ultimar
dar por terminado

pactar
concertar

cicatrizar
curar
sanar

cerrarse

nublarse
encapotarse
cubrirse

---

negarse
rechazar
rehusar

↔ abrir

   separar
   facilitar
   dispersar
   empezar
   despejarse
   aceptar

cerrazón

obstinación
terquedad
obcecación

torpeza
estupidez

cerril

terco
obstinado
obcecado
cabezota
tozudo
testarudo

tosco
grosero
basto
ordinario
bruto

↔ flexible

   fino
   educado

cerrilidad o cerrilismo

terquedad
obstinación
obcecación
tozudez
empecinamiento

tosquedad

↔ flexibilidad

   refinamiento

cerro

colina
loma
altozano

---

collado
otero
montículo

montón
pila
montaña

cerrojo

pestillo

certamen

concurso
competición
torneo
justa

certero

atinado
acertado

cierto

↔ fallido
   desacertado

   incierto

certeza

certidumbre
seguridad
convencimiento
creencia
evidencia
constancia

verdad
autenticidad
exactitud

↔ incertidumbre

   falsedad

certidumbre

certeza
convencimiento
seguridad

certificación

certificado
justificante
aval

certificar

validar
autentificar
atestiguar
refrendar

↔ invalidar

---

cerumen

cerilla
cera

cerval

cervuno

cervecería

bar

cerviz

nuca
cogote
colodrillo
occipucio *cult.*

cervuno

cerval

cesación

cese
fin
término
finalización
interrupción
final

cesar

acabar
concluir
finalizar
terminar
detenerse
pararse

dimitir
salir

↔ continuar

cesáreo

imperial

cese

cesación
término
interrupción
destitución
dimisión

↔ permanencia
   continuación

cesión

concesión
donación
entrega

renuncia
traspaso

↔ conservación

césped
verde
hierba

cesta
cesto
canasto
capazo
serón
banasta
cuévano
canasta (baloncesto)

ceta
zeta

cetrería
volatería

cetrino
aceitunado
oliváceo

serio
triste
huraño
melancólico
adusto
hosco

↔ alegre

cetro
bastón
báculo

autoridad
gobierno
reinado

chabacanería
grosería
vulgaridad
ordinariez
chocarrería
chuscada

↔ elegancia
    corrección

chabacano
grosero
basto
vulgar

ordinario
ramplón
de mal gusto

↔ elegante

chabola
chamizo
choza

↔ palacio

chácara amer.
granja
chacra amer.

chacarero amer.
granjero

chacha col.
sirvienta
criada
chica
tata col.
empleada de hogar

cháchara col.
conversación
charla
parla
palique col.

charlatanería
palabrería

chácharas
chucherías
fruslerías

chachi col.
estupendo
estupendamente
fenomenal
chanchi col.
guay col.

↔ fatal
    ful col.

chacina
cecina

embutido

chacota col.
risa
broma
burla

guasa
chufla
cuchufleta
chunga
chirigota

chacra amer.
granja
chácara amer. col.

chafar(se)
aplastar
arrugar
estropear
deteriorar
estrujar
deslucir
ajar

fastidiar
aguar

col.
apabullar
abochornar
avergonzar
confundir
dominar

desengañar
desilusionar
deprimir

↔ animar

chafarrinada o
    chafarrinón
borrón
churrete
manchurrón
chapón

chaira
tranchete

argot
navaja
sirla argot

chal
echarpe
pañoleta
mantón

toquilla

chalado col.
loco
chiflado

guillado
grillado
sonado
pirado
majareta
ido

enamorado
colado

↔ sensato

chaladura col.
locura
extravagancia
manía
chifladura col.

enamoramiento

↔ sensatez

chalán
traficante
tratante
negociante

tramposo
estafador
fullero

chalanear
traficar
negociar
comerciar
cambalachear

chalaneo
trato
cambalache
comercio
tráfico

chalanería
trampa
estafa
fullería

chalar(se) col.
trastornar
enloquecer
chiflar
grillarse
guillarse

enamorar
pirrar
colar

chalé o **chalet** *fr.*

hotel
villa
torre (Cataluña)

chalina

lazo

chalupa

lancha

col.
chiflado
chalado
loco

chamaco *amer.*

niño
muchacho
chaval

chamagoso *amer.*

sucio

chamarilería

trapería
almoneda
prendería

chamarilero

trapero
ropavejero
prendero

chamarra *amer.*

cazadora (prenda de
vestir)
engaño
mentira
timo

chamba

suerte
casualidad
carambola
chambonada
chiripa *col.*
chorra *col.*

chambergo

chaquetón
zamarra
pelliza

chambón

afortunado
suertudo
churrero

↔ desafortunado

chambonada

chamba

chamizo

choza
chabola
cobertizo
chozo

antro
cuartucho
cuchitril

champán

champaña
cava

chamullar *caló*

farfullar

chamuscar(se)

quemar
tostar
churruscar
socarrar

chamusquina *col.*

riña
gresca
pelea
pelotera

chancar *amer.*

triturar
machacar
moler
desmenuzar

maltratar
golpear
apalear

chancear(se)

bromear
burlarse
mofarse

chanchi *col.*

chachi *col.*

chancho *amer.*

cerdo
puerco
marrano
gorrino

chanchullero *col.*

tramposo
maniobrero
liante
fullero

chanchullo *col.*

apaño
amaño
enredo
enjuague
componenda

chancla

chancleta
chinela

chancleta

chancla
zapatilla
babucha
chinela

torpe
inepto

amer.
niña
recién nacida

chanclo

zueco

changa *amer.*

chapuza (trabajo
eventual)

col.
broma
burla

changador *amer.*

porteador
mozo de cuerda

changar(se) *col.*

romper
destrozar
estropear
desgraciar

descomponer
chingar *col.*

↔ arreglar
componer

chantaje

coacción
presión
extorsión

chantajear

amenazar
coaccionar
extorsionar

chantajista

extorsionador

chantre

sochantre

chanza

guasa
broma
chirigota

¡chao!

¡adiós!
¡abur!

chapa

plancha
placa

chapeta

chapado

chapeado
laminado

chapalear

chapotear

chapaleo

chapoteo

chapar

laminar
chapear

col.
trabajar
estudiar
currar *col.*
empollar *col.*

chaparrear
diluviar
jarrear

↔ chispear

chaparro
retaco
achaparrado
carrasca
coscoja

↔ alto

chaparrón
aguacero
chubasco
col.
montón
aluvión
bronca
rapapolvo

chapear
chapar

chapeta
chapa (rubor en las
mejillas)

chapitel
capitel

chapón
borrón
chafarrinón
col.
estudioso
trabajador
currante *col.*

chapotear
chapalear

chapoteo
chapaleo

chapucería
chapuza

chapucero
descuidado
desmañado

↔ esmerado

chapulín *amer.*
niño
langosta (insecto)

chapurrear
farfullar
mascullar

chapuza
chapucería
birria
churro *col.*
pegote *col.*

chapuzar(se)
zambullir
sumergir

chapuzón
zambullida

chaqueta
americana
saco *amer.*

chaquetear *col.*
retractarse
desdecirse
escapar
huir
retroceder
desertar

chaquetero *col.*
tránsfuga
desertor

↔ leal

chaquetilla
torera
bolero

chaquetón
pelliza
zamarra

charada
acertijo
adivinanza

charanga
orquestina
murga

charca
poza
balsa

charcutería
salchichería

charla
conversación
plática
palique *col.*

charlador
charlatán
hablador
parlanchín

↔ callado

charlar
conversar
dialogar
platicar
parlar
charlotear
parlotear
cascar *col.*
rajar *col.*

charlatán
hablador
charlador
cotorra
indiscreto
bocazas *col.*
embaucador
engañador
farsante
timador

charlotada
payasada
bufonada
mamarrachada

charlotear
charlar
parlar
cascar *col.*
rajar *col.*

charloteo
plática
parloteo

palique *col.*
cháchara *col.*

charnela
bisagra
gozne

charolado
acharolado

charrán
granuja
pillo
pícaro
bribón
tunante
bellaco

charranada
jugada
faena
granujada
guarrada
trastada

charro
salmantino
chabacano
chillón
estrambótico
hortera

↔ elegante

chascar
chasquear
crepitar
crujir
restallar

chascarrillo
chiste
broma

chasco
burla
engaño
decepción
desencanto
frustración
desilusión
desengaño
fiasco
batacazo

chasis

bastidor
armazón

col.
esqueleto

chasquear

embromar
chancear
guasearse

decepcionar
desilusionar
desengañar
frustrar

chascar

chasquido

crujido
restallido

chatarra *col.*

cacharro
cafetera *col.*

calderilla
suelto

chato

romo
mocho
ñato *amer.*

↔ prominente
  nariguado

chaval o **chavea**

niño
chico
muchacho
rapaz

chaveta *col.*

cabeza
testa
azotea *col.*
coco *col.*
tarro *col.*

chef *fr.*

cocinero

chelo

violonchelo

chepa

joroba
giba
córcova

jorobado
giboso
corcovado
cheposo
chepudo

cheque

talón

chequear

examinar
reconocer
revisar
comprobar
verificar
confrontar
cotejar
inspeccionar

chequeo

reconocimiento
revisión
exploración
examen
comprobación
cotejo

chequera

talonario

chévere *amer.*

excelente
magnífico

chic *fr.*

elegante
distinguido

elegancia
estilo
distinción

↔ chabacano

  chabacanería

chica

criada
asistenta
sirvienta
empleada de hogar

chicarrón

mocetón
chicote

chicha *col.*

carne

interés
sustancia
enjundia

chicharra

cigarra

col.
charlatán
cotorra

chicharrero

asadero
tostadero

↔ nevera

chicharro

jurel

chiche *amer.*

pecho
teta
seno

chicho

bigudí
rulo

chichón

bulto
huevo
tolondrón

chico

pequeño
menudo
reducido
corto

niño
muchacho
crío
joven
mozo
mozalbete
rapaz
chaval

hijo

recadero
botones
criado
aprendiz

↔ grande

chicolear

piropear
requebrar
galantear

chicoleo

piropo
requiebro
galantería

chicoria

achicoria

chicote

chicarrón
mocetón

amer.
látigo

chifla

silbido
pitada

pito
silbato

chiflado *col.*

loco
ido
tocado
guillado
grillado
sonado
pirado
chalado

↔ cuerdo

chifladura *col.*

locura
manía

chiflar

silbar
pitar

col.
gustar
encantar
entusiasmar
pirrar

chiflarse
enloquecer
trastornar
guillarse
grillarse
chalarse

enamorarse
prendarse
colarse

burlarse
mofarse

chiflido
silbido
pitido

chiflo
silbato
pito

chigre
sidrería (en Asturias)

chiringuito

chillar
gritar
vociferar
vocear
berrear

chillería
griterío
alboroto
algarabía
vocerío

↔ silencio

chillido
grito
aullido
alarido

chillón
estridente
estentóreo

llamativo
hortera

gritón
vocinglero

↔ suave
armonioso

chimenea
tiro
campana

china¹
piedrecita
guijarro

china² *amer.*
india

sirvienta
criada

chinama *amer.*
cobertizo
porche
sotechado

chiringuito

chinazo
cantazo
pedrada

chinchar(se)
fastidiar
molestar
importunar
incomodar
jeringar *col.*
jorobar *col.*

↔ complacer

chinche
chincheta

chinchorrero
cargante
pesado
enfadoso

chinchorrear
chismorrear
cotillear

fastidiar
chinchar
importunar
jeringar *col.*

↔ complacer

chinchorrería
impertinencia

chisme
habladuría

cotilleo
bulo
cuento

chinchorrero
cargante
chinche
impertinente
fastidioso
chinchoso
chismoso
cotilla
cuentista
correveidile

↔ discreto

chinchorro
barquilla
bote

chinela
pantufla
chancleta

chingado *col.*
molesto
enfadado
disgustado
enojado

roto
averiado
cascado
descacharrado

chingar(se) *col.*
fastidiar
molestar
importunar
jorobar *col.*
joder *vulg.*

estropear
malograr
frustrar

beber
soplar *col.*
pimplar *col.*
empinar el codo *col.*

vulg.
copular

amer.
errar
fallar
fracasar

chingarse
emborracharse
embriagarse
amonarse

chipén o **chipé**
caló
estupendo
excelente

chiquero
pocilga
cochiquera
zahúrda
cuchitril

toril

chiquilicuatro o
chiquilicuatre
mequetrefe
chisgarabís

chiquillada
travesura
niñería
niñada

chiquillo
niño
crío
criatura
muchacho
chaval

chiribita
chispa
pavesa
centella

chiribitil
desván
buhardilla
camaranchón

cuchitril
tugurio
zahúrda

chirigota
broma
burla
guasa
chanza
cuchufleta

chirimbolo *col.*

boliche

chisme

chiripa

suerte
acierto
chamba
carambola
chorra *col.*
potra *col.*

chirle

insípido
insustancial
soso
insulso

↔ sabroso

chirona *argot*

cárcel
prisión
calabozo
presidio
trena *argot*
cana *amer.*

chirriar

crujir
rechinar

graznar

chirrido

crujido

chiscón

garita
cuchitril
cuartucho
tabuco

chisgarabís

mequetrefe
zascandil
chiquilicuatro

chisguete

chupito
sorbo

chisme

cotilleo
murmuración

habladuría
hablilla
cuento

trasto
cachivache
cacharro
adminículo

chismear

chismorrear

chismografía

cotilleo
chismorreo

chismorrear

murmurar
cotillear
chismear
comadrear

chismorreo

cotilleo
chisme
murmuración
cuento
habladuría
infundio
maledicencia
comadreo

chismoso

murmurador
cuentista
cotilla
correveidile
entrometido

chispa

centella
chiribita
pavesa

brillo
destello
fulgor

pizca
ápice
miaja

gracia
ingenio
duende
ángel
chiste
sutileza
agudeza

col.
borrachera
melopea *col.*
curda *col.*
mona *col.*

borracho
embriagado
beodo
ebrio

chispazo

destello
chisporroteo

chispeante

centelleante

agudo
ingenioso
sutil
ocurrente

↔ soso

chispear

crepitar
chisporrotear

destellar
brillar
relucir
refulgir

lloviznar
gotear

chispero

chulo
chulapo
chulapón
manolo

chisporrotear

crepitar

chisporroteo

crujido
crepitación
chasquido

chisquero

encendedor
mechero

chistar

rechistar

↔ callar

chiste

anécdota
broma
chirigota
chascarrillo

chispa
gracia
ingenio
agudeza

chistera

sombrero de copa

chistoso

cómico
ingenioso
ocurrente

↔ aburrido

chita

astrágalo

chito

chito

chita
tanga

chiva *amer.*

barba
perilla

manta

chivarse *col.*

delatar
acusar
chivatear *col.*

↔ encubrir

chivatazo *col.*

soplo
denuncia
confidencia
delación *cult.*

chivatear(se) *col.*

chivarse *col.*

chivato *col.*

confidente
delator
denunciante

acusica *col.*
soplón *col.*

alarma
avisador

↔ encubridor

chocante
extraño
sorprendente
raro

gracioso
ridículo
chocarrero
extravagante
llamativo

chocar
colisionar
estrellarse

pelear
combatir
enfrentarse

discutir
reñir
regañar
tarifar
disentir
discrepar

sorprender
asombrar
extrañar

chocarrería
grosería
chabacanería
bufonada
chuscada

chocarrero
grosero
chabacano
chusco
bufo

chochear *col.*
chiflarse
pirrarse

chocho *col.*
senil
caduco
decrépito
achacoso
gagá *col.*

entusiasmado
chiflado

altramuz

vulg.
vagina

chocolate
cacao

argot
hachís

chófer
conductor

chola *col.*
cabeza
mollera
tarro *col.*
coco *col.*
azotea *col.*

chollo
ganga
ocasión
breva
momio
bicoca

cholo *amer.*
mestizo

chopo
álamo negro

col.
fusil

choque
colisión
impacto
golpe
encontronazo

riña
disputa
refriega
escaramuza

choquezuela
rótula

choricear o
chorizar *col.*
robar
birlar
guindar *col.*

chorizo *col.*
ladronzuelo
ratero
caco
carterista

chorra *col.*
idiota
tonto

suerte
chiripa
chamba

vulg.
pene

chorrada *col.*
tontería
estupidez
bobada
necedad
pijada *col.*

chorrear
gotear
rezumar

col.
reñir
reprender

chorreo
goteo

col.
bronca
regañina
reprimenda
rapapolvo

chorrera
rápido (de un río)

cascada
salto

chorro
reguero
regato

chorreo
goteo

amer.
ladrón
estafador

chotearse
burlarse
pitorrearse

mofarse
cachondearse *col.*

choteo *col.*
burla
mofa
pitorreo *col.*
zumba *col.*
cachondeo *col.*

choto
ternero

cabrito

amer. col.
manso
mimado

feo
estropeado

chova
corneja

chovinismo
patriotería
patrioterismo

chovinista
patriotero

choza
chamizo
chabola
chozo

chubasco
chaparrón
aguacero

chubasquero
impermeable

chúcaro *amer.*
bravío
arisco

chucha *col.*
pereza
gandulería
galbana

borrachera
mona *col.*

cogorza *col.*
curda *col.*

peseta
pela *col.*
cala *col.*

chuchería
capricho
golosina
baratija
bagatela
fruslería
nadería

chucho[1]
perro
can

chucho[2] *amer.*
escalofrío
miedo

chuchurrido *col.*
marchito
mustio
desanimado
decaído
lacio
apagado
aplanado
apático

↔ fresco
  lozano
  divertido

chueco *amer.*
patizambo
patituerto
patichueco *amer.*

torcido
desviado

chufa
cotufa

col.
golpe
bofetada
torta
galleta *col.*
chuleta *col.*

chufla *col.*
broma
burla

chanza
guasa
chunga *col.*
cuchufleta *col.*

chuico *amer.*
garrafa
damajuana

chulada
chulería
insolencia

col.
monería *col.*
monada *col.*

chulapo
chulo
chulapón
manolo

chulear(se)
burlarse
cachondearse *col.*

chulearse
presumir
jactarse
vanagloriarse
pavonearse

chulería
chulada
bravuconada
fanfarronería
jactancia
desfachatez

chulesco
achulado

chuleta *col.*
chulo
presumido
farolero
bofetada
torta
chufa *col.*
galleta *col.*

chulo
orgulloso
presumido
jactancioso

chuleta *col.*
bravucón *col.*

chulapo
chulapón
manolo
chispero *col.*

proxeneta

col.
bonito
vistoso

chumbar *amer.*
disparar (balas)

ladrar

chumbera
nopal

chumbo *amer.*
bala
proyectil
munición

chuminada *col.*
tontería
memez
estupidez
insignificancia
chorrada *col.*

chunga *col.*
broma
guasa
choteo *col.*
pitorreo *col.*
chacota *col.*

chungo *col.*
malo
estropeado
difícil
enrevesado
complicado

chungón *col.*
bromista
guasón
burlón
cachondo *col.*

↔ serio

chunguearse *col.*
guasearse
burlarse

divertirse
pitorrearse *col.*
cachondearse *col.*

chungueo *col.*
broma
burla
guasa

chupa *col.*
cazadora

chupa-chups
pirulí
piruleta
chupetín *amer.*

chupacirios *desp.*
beato
meapilas *desp.*

chupada
calada
chupeteo

chupado
delgado
flaco
consumido
extenuado
enjuto

col.
fácil
tirado *col.*

amer.
bebido
borracho

chupar
sorber
succionar
mamar
libar

absorber
embeber

col.
aguantar
tragar *col.*

chuparse
consumirse
enflaquecer
apergaminarse

↔ escupir

chupatintas *desp.*
oficinista

chupete
chupeta

chupeteo
calada
chupada

chupetín *amer.*
piruleta

chupetón
chupada
mamada

chupi *col.*
estupendo
chachi *col.*
guay *col.*

chupinazo
chut
trallazo
cañonazo

chupito
sorbo
chisguete

chupón
succionador
mamón *col.*
parásito
aprovechado
chupóptero *col.*

churre *col.*
pringue
mugre

churrete
mancha
churretón

churretoso
sucio
mugriento

churrigueresco
barroco
pomposo

churro *col.*
chapuza
chapucería
birria
pegote *col.*
chamba
casualidad
chiripa *col.*

churruscar(se)
quemar
chamuscar
socarrar

churumbel *caló*
criatura
chaval
chavea

chuscada
chabacanería
chocarrería
bufonada
payasada

chusco
chistoso
gracioso
ocurrente
burlón
bromista
mendrugo
cuscurro
tarugo
↔ serio

chusma *desp.*
gentuza
morralla
populacho
plebe
patulea

chusmear *amer.*
cotillear
chismear

chuspa *amer.*
bolsa
alforja

chut *ingl.*
tiro
punterazo

chutazo
chupinazo
cañonazo

chutar
disparar

chutarse *argot*
pincharse
picarse *argot*

chutazo
chut

chute *argot*
picotazo *argot*

cicatear
escatimar
racanear
regatear
↔ derrochar

cicatería
avaricia
mezquindad
miseria
↔ derroche

cicatero
avaro
tacaño
ruin
mezquino
miserable
roñoso *col.*
rácano *col.*
↔ derrochador
generoso

cicatriz
costurón
marca
huella

cicatrizar
sanar
aliviar
calmar

cicerone
guía

cíclico
periódico
sucesivo
repetitivo
progresivo

ciclo
sucesión
etapa
serie

ciclomotor
velomotor

ciclón
huracán
tempestad
borrasca
↔ calma
anticiclón

ciclópeo
gigantesco
colosal
excesivo
titánico

ciego
invidente
cegado
deslumbrado
alucinado
obsesionado
obcecado
↔ vidente

cielo
firmamento
bóveda celeste
paraíso
gloria
edén
cubierta
encanto
delicia
↔ infierno

cien
ciento
centenar
centena

ciénaga
cenagal
barrizal
lodazal
tremedal

ciencia
saber
sabiduría
cultura

disciplina
asignatura
rama

habilidad
maestría
destreza
aptitud

cieno
fango
lodo
limo
légamo

científico
investigador

ciento
cien
centenar
centena

cierre
clausura
obstrucción

cerradura
↔ abertura

ciertamente
realmente
verdaderamente

cierto
seguro
exacto
real
auténtico
evidente
palpable

alguno
↔ falso

ciervo
venado

cierzo
bóreas

cifra
guarismo
dígito

cantidad
porción
cuantía
número

clave

compendio
suma

cifrar(se)
resumir
compendiar
abreviar

consistir
constar
↔ descifrar

cigarra
chicharra

cigarrera
petaca
pitillera

cigarrillo
cigarro
pitillo

cigarro
cigarrillo
pitillo

puro
habano

cigarrón
saltamontes

cigoñino
cigüeñato

cigoto
zigoto

cilindro
rodillo
rollo
carrete
tambor

cilindroeje
neurita
axón

cima
cúspide
cumbre
pico
cresta
punta
vértice

culminación
apogeo
↔ declive

cimarrón
asilvestrado
silvestre
agreste

cimborrio o
   cimborio
cúpula
domo

cimbra
cercha
cintra

cimbrear(se) o
   cimbrar(se)
balancear
oscilar
flexionar
bambolear
contonear

cimbreo
balanceo
oscilación
flexión
bamboleo
contoneo

cimentación
asentamiento
consolidación
fundamentación

cimentar
edificar
construir
asentar
levantar
fundar

basar
fundamentar
afianzar
consolidar

↔ socavar
   minar

cimero
superior
sobresaliente
eximio
culminante

↔ inferior
   ínfimo

cimiento
origen
fundamento
causa
raíz
principio
base

cincel
cortafrío
escoplo

cincelar
grabar
labrar
tallar
esculpir

cincuentena
quincuagena

cine
cinematografía
celuloide
séptimo arte
gran pantalla

cinematógrafo
cinema

cinema
cine (local público)

cinematografiar
filmar
rodar

cinematógrafo
cine
cinema

cingalés
ceilandés

cínico
falso
mentiroso
hipócrita

irónico
sarcástico
irreverente

↔ sincero

cínife *cult.*
mosquito

cinismo
falsedad
desfachatez
desvergüenza
frescura
irreverencia

↔ sinceridad

cinta
banda
orla
faja
galón

filme
película

casete

cintarazo
sablazo

trallazo

cinto
cinturón
ceñidor

cintra
cimbra
cercha

cintura
talle

cinturón
ceñidor
cinto
cordón

cipote
bobo
tonto

vulg.
pene

amer.
chico
golfillo

circo
anfiteatro
estadio

circuir
rodear
cercar
circundar

circuito
recorrido

contorno
perímetro

circulación
tránsito
tráfico

circulante
ambulante
errante
nómada

circular[1]
correr
recorrer

andar
caminar
pasear
transitar
deambular

propagarse
difundirse
divulgarse
propalarse

↔ detenerse

circular[2]
redondo
esférico
orbicular *cult.*

comunicación
disposición
notificación

círculo
redondel
corro
cerco
circunferencia
aro

casino
club
agrupación
asociación
peña
sociedad

medio
clase
entorno
ámbito

circundar
rodear
cercar
envolver
circuir
bordear

circunferencia
círculo

circunlocución
perífrasis

circunloquio
rodeo
giro
digresión
ambages

**circunnavega-
ción**
periplo

circunscribir
ceñir
restringir

circunscribirse
limitarse
concretarse

↔ extender

circunscripción
distrito
jurisdicción
demarcación
zona

circunspecto
serio
grave
formal
discreto
reservado

prudente
juicioso
sensato

↔ indiscreto

imprudente

circunstancia
estado
coyuntura

circunstancial
accidental
coyuntural

↔ previsto

circunstantes
asistentes
espectadores
presentes

circunvalar
rodear
cercar
bordear
circundar

cirio
velón

col.
jaleo
pelea
alboroto
lío
follón

cirujano
operador

ciscar(se)
ensuciar

fastidiar
incordiar

ciscarse *col.*
cagarse

cisco
carbonilla
picón

alboroto
jaleo
follón
barullo

col.
discusión
altercado
gresca
bronca
pelotera *col.*

cisma
herejía
apostasía
heterodoxia

división
disidencia
escisión
deserción
discordia
discrepancia
desacuerdo
desavenencia

↔ ortodoxia

   unidad

cismático
herético
apóstata
renegado
heterodoxo
heresiarca

↔ ortodoxo

cisterna
depósito
tanque
aljibe

cisura
abertura
corte
hendidura
incisión
raja
surco

cita
citación
convocatoria
emplazamiento

entrevista
referencia
alusión
nota

citar(se)
convocar
emplazar

mencionar
referirse
aludir
nombrar

↔ desconvocar

   omitir

citerior
↔ ulterior

cítricos
agrios

ciudad
población
localidad
capital
metrópoli
villa
urbe
núcleo urbano

ciudadanía
nacionalidad
naturaleza

civismo

ciudadano
urbano
metropolitano
civil

residente
domiciliado

natural
oriundo
súbdito

↔ pueblerino

   extranjero

ciudadela
fortaleza
fortificación
baluarte
bastión
fortín

cívico
urbano
ciudadano
civil

civilizado

↔ rural

   incívico

civil
ciudadano

paisano
laico

cívico
civilizado
educado
cortés

↔ incivil

civilidad
civismo
urbanidad

sociabilidad
amabilidad

civilizado
cívico
educado
civil
cortés

↔ incivilizado

civilización
cultura
educación
desarrollo
progreso

civilizar(se)
educar
instruir
ilustrar
desbastar
desasnar
desarrollarse
progresar

↔ embrutecer

civismo
urbanidad
cortesía
educación
civilidad

cizaña
discordia
desavenencia
enemistad

↔ concordia

cizañar
encizañar
indisponer
enemistar
malmeter
malquistar

↔ conciliar

cizañero
encizañador
malquistador

↔ conciliador

clamar
implorar
suplicar
lamentarse

reclamar
exigir
pedir

↔ callar

clamor
vocerío
estruendo

lamento
quejido

clamoroso
caluroso
apoteósico
estrepitoso
espectacular

clan
tribu

secta
banda

clandestinidad
ilegalidad
sombra
oscuridad
ocultamiento

↔ legalidad

clandestino
escondido
encubierto
camuflado

↔ público

clara
calva

claraboya
tragaluz

clarear
alborear

despejarse
abrir
aclarar

clarearse
traslucirse

↔ anochecer

   nublarse

clarete
rosado

claridad
nitidez
luminosidad
transparencia
fluidez

franqueza
honestidad

↔ oscuridad

clarificación
explicación
justificación
aclaración

clarificar(se)
explicar
precisar

rebajar

↔ confundir

   espesar

clarividencia
lucidez
perspicacia

discernimiento
penetración
sagacidad

↔ torpeza

clarividente
lúcido
perspicaz
sagaz

↔ torpe

claro
luminoso
diáfano
iluminado

evidente
indudable
nítido
preciso
definido

sincero
directo
franco

transparente
cristalino
traslúcido
límpido

fluido
diluido

despejado
ralo

limpio
puro
honesto

noble (el toro)
calvero

naturalmente
por supuesto

↔ oscuro

   dudoso

   turbio

   denso

   nublado

   deshonesto

clase
especie
género
tipo

categoría

condición
aula
cátedra

distinción
personalidad
estilo

clásico
grecorromano

sinfónico

típico
peculiar
genuino
característico

↔ atípico

   moderno
   vanguardista

clasificable
catalogable
encasillable

↔ inclasificable

clasificación
catalogación
ordenación

clasificador
archivador

clasificar(se)
catalogar
encuadrar
encasillar
ordenar

claudicar
renunciar
desistir
ceder
consentir
rendirse
transigir
someterse
flaquear
capitular

↔ resistir
   insistir

claustro
atrio
corredor

convento
monasterio

junta
asamblea

claustrofobia

↔ agorafobia

cláusula
apartado
condición
artículo

periodo
frase

clausura
conclusión
final
terminación

↔ inauguración
   apertura

clausurar
concluir
finalizar
terminar
suspender

cerrar

↔ inaugurar

   abrir

clavado
exacto
igual
idéntico
pintiparado

fijo
inmóvil
como un pasmarote

clavar(se)
hincar

fijar
parar
poner

estafar

↔ desclavar

clave
cifra
código

clavecín
esencial
fundamental
decisivo

clavecín o clavicémbalo
clave

clavija
espiga
borne

clavo
punta
espina
sufrimiento

claxon
bocina
pito

clemencia
compasión
indulgencia
benevolencia
piedad
↔ inclemencia
rigurosidad

clemente
benévolo
indulgente
compasivo
↔ inclemente
riguroso

clerecía
clero

clerical
eclesiástico
↔ anticlerical

clérigo
sacerdote
cura
eclesiástico
↔ seglar

clero
clerecía
↔ laicado

cliché
película
placa
tópico
estereotipo

cliente
comprador
parroquiano
asiduo
usuario

clientela
público
parroquia

clima
ambiente
atmósfera
situación

climaterio
menopausia
andropausia

clímax
culminación
apogeo
culmen
cima
cumbre
↔ anticlímax

clínica
sanatorio
policlínica
hospital
consultorio

clip
sujetapapeles

cloaca
alcantarilla
sumidero
albañal
pocilga
sentina
tugurio

cloroformizar
anestesiar
sedar

clown
payaso

club
círculo
sociedad
asociación

coacción
amenaza
imposición
intimidación
coartación
presión
coerción

coaccionar
amenazar
coartar
imponer
presionar
violentar

coactivo
coercitivo

coadjutor
auxiliar
ayudante

coadyuvar
contribuir
ayudar
colaborar
cooperar
↔ impedir
obstaculizar

coagulación
solidificación
↔ licuación

coagular(se)
cuajar
espesar
solidificar
↔ licuar

coágulo
cuajarón
grumo
trombo

coalición
alianza
federación
confederación
liga
asociación

coaligar(se)
unir
asociar
aliar
coligarse
federarse
confederarse
↔ desunir
separar

coartación
coacción
intimidación
presión
restricción
limitación
↔ permiso
libertad
estímulo

coartada
disculpa
excusa
pretexto
evasiva

coartar
coaccionar
cohibir
presionar
coercer
constreñir
intimidar
limitar
reprimir
↔ permitir
estimular

coautor
colaborador
cómplice
copartícipe

coba
adulación
halago
lisonja
jabón *col.*

cobarde
amilanado
pusilánime
apocado
cobardica
miedica
gallina *col.*
cagueta *col.*
cagón *col.*

traidor
alevoso

↔ valiente
  audaz

cobardía
miedo
temor
apocamiento
cague *col.*

↔ valentía
  valor

cobaya o **cobayo**
conejillo de Indias

cobertizo
choza
sotechado

cobertor
colcha
cubrecama
manta

cobertura
capa
revestimiento
cubierta

garantía
aval

protección
apoyo

cobija *amer.*
manta
frazada *amer.*

cobijar(se)
albergar
acoger
hospedar
guarecer
resguardar
poner a cubierto

amparar
proteger
ayudar
defender

cobijo
albergue
refugio
resguardo
amparo
protección

cobista
adulador
lisonjero
pelota *col.*

cobrador
recaudador

↔ pagador

cobranza
cobro

cobrar
percibir
recaudar

adquirir
abrigar
tomar

apoderarse
capturar
aprehender

↔ pagar

cobro
recaudación
cobranza

↔ pago

coca[1]
cocaína

coca[2] *col.*
cabeza
coco *col.*
azotea *col.*
tarro *col.*
chaveta *col.*

coscorrón
capón
cocacho *amer.*

cocaína
coca
nieve *argot*

cocal *amer.*
cocotal

cocazo *amer.*
cabezazo

cocción
cocimiento
cochura

cocear
patear

cocer
hervir

cocerse
tramarse
urdirse
prepararse

cochambre
suciedad
porquería
roña

basura
desperdicios
desechos

↔ limpieza

cochambroso
descuidado
desarreglado
desastrado
asqueroso
puerco

↔ aseado
  limpio

coche
automóvil
auto
turismo
carro *amer.*

carroza
landó
berlina

cochera
garaje

cochero
conductor
chófer

cochinada
porquería
marranada
guarrada
cerdada
cochinería

faena
jugada
putada *vulg.*
mala pasada

cochinilla
lechón

cochinillo
lechón
cerdo de leche

cochino
cerdo

cochiquera
pocilga
porqueriza

cochura
cocimiento

hornada

cocimiento
cocción
cochura

cocina
fogón

culinaria
gastronomía

cocinar
guisar

col.
tramar
urdir
maquinar

cocinero
chef
cordon bleu

cocinilla

infiernillo

coco[1] *col.*

cabeza
mente
chola *col.*
cocorota *col.*
chaveta *col.*

camuñas
hombre del saco

coco[2]

gorgojo

cocorota *col.*

cabeza
coco *col.*
chola *col.*
azotea *col.*
tarro *col.*

cóctel o **coctel**

combinado

copa
recepción
lunch

codearse

alternar
frecuentar
relacionarse
rodearse

codicia

ambición
avaricia
ansia
avidez
rapacidad

↔ generosidad
  desprendimiento

codiciable

apetecible
deseable
envidiable

↔ despreciable

codiciar

desear
ambicionar
ansiar

anhelar
envidiar

↔ despreciar

codicioso

ambicioso
ansioso
avaricioso

↔ generoso

codificar

cifrar

↔ descodificar

código

combinación
clave

coercer

reprimir
coartar
cohibir
refrenar
restringir
constreñir

↔ permitir

coercible

reprimible
refrenable

↔ incoercible

coercitivo

coactivo
represivo
restrictivo

↔ permisivo

coetáneo

contemporáneo
coexistente

coexistencia

convivencia
simultaneidad
coincidencia
concomitancia

coexistir

convivir
coincidir
cohabitar

cofrade

hermano

amigo
compinche
camarada
colega

cofradía

hermandad
congregación
gremio

cofre

arca
arcón
baúl

cogedor

recogedor

coger(se)

asir
agarrar
sujetar
aferrar
tomar
empuñar

cosechar
recolectar
recoger
recopilar

apoderarse
quitar

atrapar
capturar
retener
aprisionar
atraer
aprehender

descubrir
sorprender
pillar *col.*
pescar *col.*

contraer
padecer
adquirir

alcanzar
atropellar
arrollar

empitonar
enganchar
cornear

comprender
captar
percibir
penetrar
cazar *col.*

subirse
montarse

contratar
alquilar

emprender
retomar
proseguir

caber
entrar
abarcar
ocupar

hallarse
estar

amer. vulg.
copular

↔ soltar
  liberar

  apearse

cogida

cornada
embestida

cogido

atrapado
amarrado

cognición *cult.*

conocimiento

cognoscible

conocible

↔ incognoscible

cogollo

brote
yema

élite
crema

núcleo
meollo
fondo

cogorza *col.*

borrachera
embriaguez
curda *col.*

trompa *col.*
tajada *col.*
mona *col.*
pedo *argot*

cogote

nuca
cerviz
colodrillo
occipucio

cohabitación

convivencia
coexistencia

cohabitar

convivir
coexisitir

amancebarse
arrejuntarse

cohechar

sobornar
comprar
corromper

cohecho

soborno
corrupción

coherencia

consonancia
congruencia
adecuación
conformidad
consecuencia
consistencia
cohesión

↔ incoherencia

coherente

consonante
congruente
adecuado
conforme
consecuente
acorde
consistente

↔ incoherente

cohesión

coherencia
adherencia

↔ disgregación

cohete

petardo

misil
proyectil

astronave
aeronave
nave espacial

cohibición

represión
contención

cohibido

tímido
apocado
cortado

cohibir

coartar
reprimir
refrenar
contener
restringir
constreñir

cohonestar

simular
disfrazar
encubrir

cohorte

tropa
multitud
grupo
conjunto
serie
legión

coima

concubina
amante
manceba
querida

coincidencia

acuerdo
concordancia
simultaneidad
concurrencia
concomitancia

casualidad
encuentro

↔ discrepancia

coincidente

concordante

coincidir

concordar
convenir

ajustar
encajar
casar

concurrir
converger
confluir

↔ discrepar

coito

cópula
apareamiento
ayuntamiento
polvo *vulg.*
acto sexual
relación carnal

cojear

renquear

adolecer

cojín

almohadón

cojinete

almohadilla

cojo

renco
rengo
cojitranco

cojón *vulg.*

testículo
huevo *vulg.*

cojonudo *vulg.*

estupendo
excelente

decidido
valiente

cola[1]

rabo

punta
remate

extremo
final
fin

fila
columna

col.
pene

↔ cabeza
principio

cola[2]

goma
pegamento
engrudo

colaboración

cooperación
ayuda
contribución
coparticipación
aportación
concurso

crónica
artículo

colaborador

cooperador
ayudante
asistente
asociado
copartícipe

colaborar

cooperar
auxiliar
ayudar
contribuir
aportar
participar
coadyuvar

colación

refrigerio
tentempié
piscolabis

comparación
cotejo
confrontación

colada

cañada
desfiladero
quebrada

colador

filtro
tamiz
cedazo
coladero

coladura *col.*

equivocación
error
fallo
confusión
desacierto
indiscreción
metedura de pata *col.*

colapsar(se)

desmayar

obstruir
detener
frenar

arruinar
derrumbar
hundir

↔ activar

colapso

síncope

colar

filtrar
tamizar

colarse *col.*

equivocarse
confundirse
marrar
desbarrar
meter la pata *col.*

enamorarse
prendarse
encandilarse
chalarse *col.*

colateral

lateral
adyacente

colcha

cobertor
cubrecama

colchón

colchoneta
jergón

colección

recopilación
repertorio
selección
antología

montón
multitud
cúmulo

coleccionar

reunir
recopilar

colecta

recaudación
postulación
cuestación

colectar

recaudar
recoger
cobrar
juntar
reunir

↔ repartir

colectividad

comunidad
sociedad
corporación
cuerpo

humanidad

↔ individualidad

colectivo

común
comunitario
social
corporativo

conjunto

cuerpo
colectividad

amer.
microbús

↔ individual
singular

colega *col.*

compañero
camarada
compadre

correligionario
amigo
socio
compinche
cuate *amer.*

colegial

alumno
discípulo
escolar
estudiante

colegio

escuela
instituto
academia
clase
liceo

agrupación
corporación
gremio
cuerpo

colegir

deducir
suponer
inducir
inferir
concluir
conjeturar

cólera

ira
furia
rabia
furor

colérico

airado
furioso
rabioso
furibundo

irascible
irritable

↔ pacífico

tranquilo

coleta

cola de caballo

coletilla

apostilla
apéndice
muletilla

colgado

suspendido

col.
interrumpido
abandonado
tirado
desatendido

drogado
borracho

colgador

percha

colgadura

cortina
cortinaje

colgajo

pingo
pingajo

colgar(se)

pender
suspender

atribuir
imputar
achacar
cargar

abandonar
dejar

interrumpir
cortar

ahorcar

col.
catear
suspender

↔ descolgar

aprobar

coligado

aliado
confederado

coligarse

aliarse
vincularse
coaligarse

colilla

punta
pava
pucho *amer.*

colina
loma
altozano
cerro
collado
otero
montículo

colindante
contiguo
inmediato
lindante
vecino
fronterizo

↔ distante

colindar
lindar
limitar
rayar

↔ distar

colisión
choque
golpe
encontronazo
topetazo
enfrentamiento
discusión
conflicto
agarrada *col.*

↔ acuerdo

collado
cerro
colina
otero
paso
puerto

collar
abrazadera
anilla

collera
collerón
amer.
pareja

colmado
lleno
completo
repleto

abarrotado
atestado
henchido

abacería
ultramarinos
tienda de
  comestibles
abarrote *amer.*

taberna
figón

↔ vacío

colmar
llenar
abarrotar
saturar
atestar
henchir
cuajar

↔ vaciar

colmena
panal

colmenero
apicultor

colmillo
canino

colmo
copete
rebosamiento
máximo
súmmum
culminación
remate
complemento
añadido

colocación
emplazamiento
posición
empleo
destino
cargo
ocupación
puesto
oficio

colocar(se)
acomodar
situar
instalar

invertir (dinero)
emplear
ocupar

↔ descolocar

  despedir

colocón *col.*
borrachera
embriaguez
tajada *col.*
pedo *argot*

cuelgue *argot*

colodrillo
nuca
cerviz
cogote
occipucio

colofón
remate
terminación
culminación
coronación

↔ inicio
  introducción

colombicultura
colombofilia

colonia[1]
posesión
dominio

asentamiento

colonia[2]
perfume
esencia
agua de colonia

coloniales
ultramarinos

colonialismo
imperialismo

colonizar
asentarse
establecerse
conquistar

↔ descolonizar

colono
aparcero

coloquial
conversacional
dialogal

coloquio
conversación
charla
diálogo
plática
debate
discusión
mesa redonda

↔ monólogo

color
tono
tonalidad
matiz
tinte
pintura
pigmento
coloración
colorido
tendencia
ideología
ideario
convicción
partido
aire
rasgo
gracia
alegría
viveza
animación
interés
vivacidad

coloración
color
tono
colorido
tonalidad
aspecto
cariz
aire

↔ decoloración

colorado
rojo
encarnado

carmín
carmesí
bermellón
escarlata

colorante

pigmento
tinte
tintura

colorar o
   colorear

pintar
tintar
pigmentar

colorearse

colorarse
teñirse

↔ decolorar
   desteñir

colorido

coloración

animación
vistosidad
brillantez
viveza
interés

colorín

jilguero

colosal

enorme
inmenso
gigantesco
monumental
ciclópeo
titánico

magnífico
extraordinario
estupendo
excelente
fenomenal
maravilloso

coloso

titán
gigante

genio
figura
as

columbrar

atisbar
vislumbrar
entrever

sospechar
adivinar
percibir
barruntar
conjeturar

columna

pilar
pilastra

pila
montón

puntal
soporte
bastión
baluarte

destacamento

columnata

pórtico

columpiar(se)

balancear
mecer

columpiarse *col.*

equivocarse
colarse *col.*
patinar *col.*
meter la pata *col.*

comadre

comadrona

chismosa
cotilla
murmuradora

comadrear

murmurar
cotillear
chismorrear

comadreo

cotilleo
chismorreo

comadrona

matrona
partera
comadre

comarca

territorio
región

comarcano

próximo
vecino

↔ alejado

comba

abarquillamiento
alabeo
curva
curvatura

combado

curvado
abarquillado
arqueado
encorvado
alabeado

↔ enderezado

combar(se)

curvar
abarquillar
arquear
encorvar
alabear

↔ enderezar

combate

pelea
refriega
batalla
conflicto
lucha
choque

↔ paz
   armisticio

combatible

discutible
rebatible
atacable
objetable
cuestionable

↔ indiscutible

combatiente

guerrero
soldado
contendiente

combatir(se)

luchar
pelear
batallar
enfrentarse
disputar
contender

atacar
acometer
reprimir
refrenar
debilitar

contradecir
refutar
rechazar
impugnar

↔ claudicar
   fortalecer
   aceptar

combatividad

agresividad
belicosidad
beligerancia

tenacidad
empeño
decisión

↔ mansedumbre
   indolencia

combativo

agresivo
belicoso
guerrero
batallador
beligerante
pendenciero

trabajador
emprendedor
tenaz
decidido
resistente

↔ pacífico
   indolente

combinable

mezclable

combinación

disposición
coordinación
composición

conjugación
armonización
acoplamiento
conjunción
conexión
unión
arreglo

plan
proyecto
maniobra
programa

clave
código

enagua

jugada

combinado
cóctel

combinar
disponer
coordinar
componer
conjugar
armonizar
acoplar
conectar
juntar
unir
arreglar

combo
combado
arqueado
alabeado
curvado

combustible
inflamable

carburante

↔ incombustible

combustión
quema
incineración
ignición

↔ extinción

comecome
picazón
comezón
prurito

inquietud
disgusto
preocupación
desazón

comedia
drama
farsa

fingimiento
engaño
disimulo
simulación

comediante
actor
histrión
intérprete
cómico

comedido
prudente
moderado
respetuoso
educado
correcto
circunspecto
mesurado

↔ descomedido

comedimiento
prudencia
moderación
cortesía
corrección
compostura
miramiento
mesura
templanza
continencia

↔ descomedimiento

comediógrafo
dramaturgo

comedirse
moderarse
contenerse
comportarse
reportarse

↔ descomedirse

comedor
comilón
tragón

glotón
voraz
zampón *col.*

↔ inapetente

comensal
convidado
invitado

comentar
hablar
tratar
abordar
charlar
conversar
opinar

explicar
aclarar
apostillar

comentario
opinión
impresión
juicio
parecer
consideración

crítica
interpretación
glosa
apostilla

comenzar
empezar
iniciar

comer
alimentarse
nutrirse
ingerir
devorar
tragar
manducar *col.*
zampar *col.*
jamar *col.*
yantar *ant.*

mascar
masticar

almorzar

desgastar
erosionar
gastar
consumir
destruir

corroer
roer
debilitar

reconcomer
desazonar
inquietar
mortificar

comerse
malgastar
dilapidar
despilfarrar

omitir
suprimir

↔ ayunar

comercial
mercantil

comercializar
distribuir
vender

comerciante
vendedor
tendero
negociante
tratante
mercader

interesado
aprovechado
pesetero

↔ desinteresado

comerciar
mercadear

especular
traficar
chalanear

comercio
negocio
compraventa
transacción

tienda

comestible
alimento
comida
víveres
provisiones
vituallas

digerible
tragable
comible

↔ incomestible

cometa
volantín
barrilete

cometer
incurrir

cometido
encargo
trabajo
obligación
misión
tarea
labor
quehacer
atribuciones
incumbencia
comisión

comezón
picor
picazón
prurito
comecome

desazón
agitación
desasosiego
inquietud

comible
comestible
digerible
tragable

↔ incomible

cómic
tebeo
historieta

comicios
elecciones
votación

cómico
divertido
gracioso
ridículo
grotesco
chusco

comediante
artista
actor
intérprete

↔ dramático
serio

comida
alimento
sustento
manutención
vianda
condumio
pitanza
comistrajo *desp.*
manduca *col.*

comidilla
habladuría
chisme
rumor

comienzo
principio
origen
raíz

apertura
inicio

↔ final
clausura

comilón
tragón
glotón
voraz

↔ inapetente

comilona
banquete
festín
cuchipanda *col.*

cominería
chinchorrería *col.*

cominero
quisquilloso
chinchorrero *col.*

comino *col.*
menudencia
insignificancia
ardite

bledo *col.*
pepino *col.*
pito *col.*

enano
canijo

comiscar
comisquear
picar
lechucear
lambrucear

comisión
ejecución
realización

corretaje
prima

delegación
comité
junta

encargo
cometido
misión

↔ omisión

comisionar
encargar
delegar
confiar
autorizar

comisionista
intermediario

comiso
decomiso

comisquear
comiscar

comistrajo
bazofia
bodrio

comisura
juntura

comité
comisión
junta
delegación

comitiva
acompañamiento
cortejo
compañía
séquito

cómitre
negrero
explotador
déspota

comodín
excusa
disculpa
pretexto
recurso

cómodo
confortable
agradable
descansado
tranquilo
holgado

sencillo
provechoso
ventajoso
útil
factible
adecuado
conveniente

vago
perezoso
remolón
poltrón
comodón

↔ incómodo
diligente
trabajador

comodón
vago
cómodo

↔ diligente
trabajador

compacidad
solidez
densidad
dureza

compacto
macizo
denso

consistente
espeso

aglomerado
apelotonado
amazacotado

↔ esponjoso

   suelto

compadecer(se)

apiadarse
condolerse
conmoverse
compungirse
enternecerse

compadraje

compadrazgo
compadreo
conchabamiento

compadre

colega
camarada
compañero
compinche

compadrear *amer.*

envanecerse

compadreo

compadraje

compadrito *amer.*

matón
fanfarrón

compaginación

armonización
ajuste
acoplamiento

↔ desajuste

compaginar(se)

armonizar
concertar
acoplar
ajustar

compatibilizar
conciliar

compaña

compañía

compañerismo

camaradería

compañero

colega
camarada
consorte
consocio
hermano

compañía

acompañamiento
acompañante
compaña

sociedad
asociación
consorcio
empresa
firma

comparable

equiparable
asimilable
semejante

↔ incomparable

comparación

cotejo
confrontación
contraposición
similitud
contraste
parangón

símil

comparar

cotejar
confrontar
contraponer
contrastar
equiparar
compulsar
parangonar

comparecencia

presencia
aparición

↔ incomparecencia

comparecer

presentarse
acudir
personarse

↔ faltar

comparsa

figurante
acompañamiento

compartimento
o **comparti-**
   miento

casilla
sección
división

compartir

repartir
distribuir
dividir

compás

ritmo
cadencia
aire

compasión

lástima
condolencia
piedad
conmiseración

↔ insensibilidad

compasivo

sensible
humanitario
clemente
misericordioso

↔ insensible

compatibilizar

compaginar
armonizar

compatible

compaginable
armonizable

↔ incompatible

compatriota

conciudadano
paisano
convecino
coterráneo

compeler

forzar
exigir
conminar

compendiar

resumir
abreviar
condensar
extractar
sintetizar

↔ ampliar

compendio

resumen
extracto
síntesis
epítome *cult.*

↔ ampliación

compendioso

resumido
abreviado
reducido
conciso
sucinto
sintético

↔ ampliado

compenetración

afinidad
identificación
entendimiento

↔ divergencia

compenetrarse

comprenderse
entenderse
identificarse
congeniar

compensación

equilibrio
contrapeso
igualación

recompensa
indemnización
contraprestación
reparación
resarcimiento
desquite

↔ desequilibrio

compensar(se)

equilibrar
contrapesar
igualar

nivelar
neutralizar
contrarrestar

recompensar
indemnizar
contraprestar
reparar
resarcir
desquitar

↔ desequilibrar

competencia

rivalidad
oposición
competición
concurso
competitividad
pugna

incumbencia
facultad
atribución
jurisdicción

aptitud
idoneidad
capacidad

↔ incompetencia
   ineptitud

competente

autorizado
legítimo

apto
idóneo
entendido
capaz
eficaz
calificado
cualificado

especialista

↔ incompetente
   inepto

competer

incumbir
atañer
tocar
pertenecer

competición

torneo
campeonato
concurso
prueba
disputa

enfrentamiento
rivalidad
competencia
pugna
oposición

competidor

rival
adversario
contrincante
contendiente
contrario
émulo

competir

contender
pugnar
rivalizar
enfrentarse

equipararse
compararse
medirse
emular

competitividad

competencia
rivalidad

compilación

recopilación
colección
antología

compilador

recopilador
antólogo

compilar

recopilar
coleccionar

compinche *col.*

compañero
camarada
cuate *amer.*

complacencia

agrado
gusto
satisfacción

tolerancia
condescendencia
benevolencia

↔ desagrado
   intolerancia

complacer

satisfacer
agradar
contentar

complacerse

deleitarse
gustar
disfrutar

↔ desagradar

complaciente

amable
agradable

↔ desagradable

complejidad

dificultad
complicación
confusión

variedad

↔ sencillez
   simplicidad

complejo

complicado
difícil
confuso

compuesto
múltiple
variado

↔ sencillo
   simple

complementar

completar
incrementar
perfeccionar

complementario

adicional
accesorio
suplementario

complemento

añadido
suplemento
aditamento

completar

acabar
llenar

terminar
perfeccionar

completo

entero
íntegro

acabado
perfecto
pleno

total
absoluto
rotundo

lleno
repleto
ocupado

↔ incompleto
   imperfecto
   parcial
   vacío

complexión

constitución
naturaleza
contextura
natural

complicación

complejidad
dificultad
enredo
cuestión
embrollo
intrincamiento

contratiempo
estorbo
tropiezo
impedimento

↔ sencillez
   facilidad

complicado

complejo
confuso
enrevesado
problemático
intrincado
embrollado
laberíntico
oscuro
abstruso

↔ sencillo
   simple

complicar(se)

dificultar
entorpecer
enredar
liar
enmarañar

comprometer
implicar
envolver

↔ facilitar

cómplice

partícipe
coautor
copartícipe

complicidad

participación
colaboración
cooperación
connivencia

↔ inhibición

complot *fr.* o **compló**

conspiración
confabulación
conjura
intriga
maquinación
trama

componedor

árbitro
intermediario
mediador
conciliador

componenda

chapuza
apaño
amaño
chanchullo
enjuague

componente

elemento
integrante
ingrediente
constituyente

componer(se)

confeccionar
crear

elaborar
hacer
concebir
construir

constituir
integrar
formar
englobar

condimentar
aliñar
sazonar

arreglar
reparar
remendar
restaurar
apañar

adornar
embellecer
acicalar
ataviar
emperifollar
aviar

mejorar
restablecer

componérselas

ingeniárselas

↔ descomponer

comportamiento

conducta
actuación
proceder

comportar

implicar
suponer
entrañar
conllevar
connotar
encerrar
llevar consigo

comportarse

obrar
proceder
actuar
conducirse

↔ excluir

composición

confección
creación
elaboración

constitución
combinación
compostura

disposición
estructura

fórmula
mezcla
compuesto

↔ descomposición

compositor

músico

compostura

composición

reparación
arreglo
restauración

adorno
aseo
atavío
avío
aliño

comedimiento
moderación
mesura
prudencia
circunspección

↔ descompostura
   descomedimiento

compra

adquisición

↔ venta

comprador

cliente

comprar

mercar
adquirir

sobornar
corromper
untar

↔ vender

comprender

entender
captar
enterarse

aprehender
coger *col.*
pillar *col.*

explicarse
concebir
justificar
razonar

abarcar
incluir
contener
encerrar
englobar

comprenderse

compenetrarse
avenirse
congeniar

**comprensi-
   bilidad**

inteligibilidad

↔ incomprensi-
   bilidad

comprensible

inteligible
claro
asequible
aprehensible

razonable
explicable
natural
lógico
justificable

↔ incomprensible

comprensión

entendimiento
aprehensión
intelección *cult.*

condescendencia
complacencia
tolerancia

↔ incomprensión

comprensivo

condescendiente
benévolo
complaciente
tolerante

↔ intolerante

compresa

apósito

compresible

comprimible

↔ incompresible

compresión

presión
opresión
constricción
constreñimiento

↔ descompresión

comprimido

pastilla
píldora
gragea

comprimir(se)

oprimir
apretar
constreñir
prensar

↔ descomprimir

comprobable

demostrable
contrastable
verificable

↔ indemostrable

comprobación

prueba
verificación
examen
revisión
control
cotejo

comprobante

recibo
justificante
resguardo
albarán
factura

comprobar

probar
verificar
examinar
revisar
contrastar
confrontar
cotejar

confirmar
ratificar
corroborar

comprobatorio

probatorio
demostrativo

comprometedor

comprometido
expuesto

espinoso
embarazoso
arduo

comprometer(se)

implicar
complicar
involucrar
enredar
responsabilizar

exponer
arriesgar
aventurar
poner en peligro

apalabrar
reservar
dar alguien su palabra

↔ proteger

comprometido

comprometedor
peligroso
arriesgado
expuesto
delicado
arduo
difícil
espinoso
incómodo

↔ fácil
cómodo

compromisario

delegado

compromiso

acuerdo
trato
pacto
promesa

apuro
aprieto

lío
atolladero
dificultad

compuesto

complejo
mixto

acicalado
aseado
peripuesto

composición

↔ simple
sencillo

desaseado

compulsa

compulsación
comparación
confrontación
verificación
cotejo

compulsar

comparar
contrastar
confrontar
verificar
cotejar

compulsión

presión
constreñimiento
mandato
orden

compunción

arrepentimiento
contrición
remordimiento
pesar
pesadumbre
aflicción

compasión
conmiseración
lástima
pena

↔ satisfacción

compungido

apenado
dolido
afligido
atribulado

pesaroso
dolorido

↔ satisfecho

compungir(se)

entristecer
apenar
atribular
apesadumbrar

↔ alegrar
animar

computable

contable
calculable
numerable

**computador o
computadora**

ordenador
(máquina)

computar

contar
calcular

equivaler
valer

cómputo

cálculo
estimación
valoración
medida

comulgar

coincidir
concordar
estar de acuerdo

↔ discrepar

común

colectivo
general
comunitario

frecuente
corriente
usual
habitual

vulgar
ordinario

↔ particular

raro
extraordinario

comuna *amer.*
municipio
ayuntamiento

comunicabilidad
sociabilidad

comunicable
sociable
tratable

comunicación
difusión
enlace
conexión

notificación
aviso
comunicado

↔ incomunicación

comunicado
comunicación
nota
aviso
despacho
notificación

comunicante
informante

comunicar(se)
informar
decir
notificar
difundir

contagiar
infundir

llevar
transmitir

enlazar
conectar
unir

contactar
encontrarse

comunicarse
propagarse
extenderse

↔ callar
ocultar

incomunicarse

comunicativo
abierto
sociable
extravertido
extrovertido
expansivo

↔ reservado

comunidad
colectividad
colectivo
población
congregación

↔ singularidad

comunión
unión
contacto
conexión
relación
trato
vinculación

participación

comunidad
congregación

↔ desunión

comunismo
colectivismo

↔ capitalismo

conato
tentativa
intentona
amago

concatenación
encadenamiento

concatenar(se)
encadenar
unir
enlazar

concavidad
depresión
hueco
cavidad
cuenco
vacío
hoyo

↔ convexidad

cóncavo
combado
combo

↔ convexo
abombado

concebible
posible
imaginable
comprensible

↔ inconcebible

concebir
pensar
idear
proyectar
crear
gestar
forjar
imaginar

comprender
entender
explicarse
justificar

albergar
abrigar

engendrar
procrear

conceder
adjudicar
otorgar
conferir
asignar

admitir
convenir
reconocer

↔ denegar
rechazar

concejal
edil
regidor

concejo
ayuntamiento
cabildo
consistorio
municipio

concentración
acumulación
condensación

aglomeración
aglutinación
congregación

manifestación

↔ dispersión

concentrado
acumulado
centralizado

abstraído
ensimismado
embebido
inmerso

recluido
congregado

condensado
espeso

↔ disperso

desconcentrado

fluido
claro

concentrar(se)
agrupar
aglutinar
aglomerar
juntar
centralizar

centrar
polarizar
acaparar
captar

condensar
espesar

concentrarse
abstraerse
ensimismarse
embeberse
contraerse *amer.*

↔ separar

dispersar

diluir

desconcentrarse

concepción
visión

fecundación
embarazo
preñez

conceptismo
↔ culteranismo

concepto
idea
pensamiento
noción

opinión
juicio
parecer
impresión
valoración
apreciación

calidad
título
valor
significado
condición

conceptuar
considerar
juzgar
calificar
valorar
estimar
reputar
apreciar

conceptuoso
rebuscado
artificioso
incomprensible
alambicado
abstruso

↔ natural

concerniente
relativo
referente
tocante
relacionado
perteneciente
correspondiente

concernir
atañer
incumbir
tocar
interesar
importar
corresponder
competer

afectar
influir
repercutir

concertación
trato
acuerdo
pacto
convenio
concierto
ajuste
conciliación

concertar(se)
acordar
pactar
convenir
estipular
ajustar

armonizar
aunar
coordinar
combinar
conciliar
acoplar

concordar
coincidir

concesión
asignación
entrega
donación

adjudicación
licencia
permiso
contrata
cesión
privilegio

↔ denegación

concha
caparazón
cubierta
coraza

valva
venera

carey

conchabar(se)
confabularse
conspirar
tramar

conciencia
consciencia
entendimiento
percepción
discernimiento

ética
moralidad
escrúpulos
entrañas
corazón

↔ inconsciencia

concienzudo
esmerado
cuidadoso
meticuloso
escrupuloso

↔ descuidado
negligente

concierto
trato
acuerdo
pacto
convenio
arreglo

audición
recital
gala

↔ enfrentamiento
disputa

conciliábulo
confabulación
conjuración
conspiración
intriga
maquinación

conciliar
reconciliar
avenir
amistar

concordar
armonizar
concertar

↔ enemistar
enfrentar

concilio
sínodo
cónclave

concisión
brevedad
precisión
laconismo

conciso
breve
preciso
lacónico
sucinto
escueto

↔ extenso

concitar(se)
instigar
enemistar
indisponer
azuzar

granjearse
ganarse
contraer

↔ conciliar

conciudadano
convecino
compatriota
paisano

cónclave
concilio
reunión
asamblea
junta

concluido
terminado
finalizado
concluso

concluir(se)
acabar
terminar
finalizar
completar

determinar
decidir
resolver

deducir
inferir
colegir

↔ empezar

conclusión
fin
terminación
final
término
consumación

deducción
consecuencia
inferencia

decisión
resolución
determinación
acuerdo

↔ comienzo

concluso
terminado
concluido
acabado

↔ inconcluso

concluyente
decisivo
convincente
determinante

categórico
tajante
rotundo
terminante

↔ dudoso
   discutible

concomerse
consumirse
reconcomerse
corroerse

concomitancia
simultaneidad
coexistencia
coincidencia
compatibilidad

↔ incompatibilidad

concomitante
simultáneo
compatible

↔ incompatible

concordancia
correspondencia
conformidad
coincidencia
armonía
afinidad
adecuación

↔ discordancia

concordante
coincidente
afín

concordar
coincidir
concertar
encajar
corresponder
convenir

armonizar
conciliar
poner de acuerdo

↔ discrepar

concorde
acorde
conforme
afín

↔ disconforme

concordia
acuerdo
armonía
paz
unión

↔ discordia

concreción
precisión
puntualización

masa

↔ divagación

concretar
precisar
puntualizar
aclarar

resumir
condensar
extractar
contraer

concretarse
ceñirse
circunscribirse
limitarse

↔ divagar
   generalizar

concreto
singular
particular

definido
preciso
exacto

amer.
hormigón

↔ abstracto
   general

   indeterminado
   vago
   impreciso

concubina
amante
querida
amiga
coima

concubinato
amancebamiento

conculcación
infracción
transgresión
violación

↔ cumplimiento

conculcar
infringir
quebrantar
transgredir
vulnerar
violar

pisotear
hollar

↔ cumplir
   observar

concupiscencia
lujuria
lascivia
lubricidad
libido
libídine *cult.*

avidez
codicia
avaricia
rapacidad

↔ continencia
   castidad

concupiscente
lujurioso
lascivo

lúbrico
libidinoso

ávido
codicioso
avaricioso
rapaz

↔ casto

concurrencia
asistencia
concurso
público
afluencia

coincidencia
convergencia
simultaneidad
conjunción

concurrido
frecuentado
visitado
transitado

↔ solitario

concurrir
reunirse
concentrarse
confluir
converger

asistir
acudir

coincidir

influir
contribuir
ayudar

concursar

↔ separarse
   ausentarse

concursante
participante
competidor

concursar
concurrir
competir
participar

concurso
competición
certamen
torneo

oposición
examen
prueba

concurrencia
muchedumbre
multitud
afluencia

conjunción
confluencia

ayuda
asistencia
auxilio
apoyo
colaboración
contribución
cooperación

concusión *cult.*

golpe
sacudida
conmoción

exacción *cult.*

condecoración

honra
enaltecimiento
distinción

cruz
medalla
distintivo
emblema
laureada
banda

condecorar

honrar
enaltecer
distinguir

imponer

condena

castigo
pena
sanción

sentencia
veredicto

↔ absolución
perdón

condenable

censurable
reprobable

condenación

condena
castigo

reprobación
desaprobación

maldición

↔ absolución
exculpación

bienaventuranza

condenado

castigado
penado
culpado
sancionado

réprobo

col.
maldito
endiablado
endemoniado

↔ perdonado
absuelto

bienaventurado

condenar(se)

castigar
culpar
penar
sancionar

censurar
reprobar
desaprobar

tapar
clausurar
tabicar
cegar
incomunicar

obligar
forzar

↔ absolver
aprobar

condensación

concentración
espesamiento

↔ evaporación

condensar(se)

licuar
solidificar

comprimir
concentrar
espesar

compendiar
sintetizar
abreviar
extractar

↔ evaporar

dilatar
separar

ampliar

condescendencia

tolerancia
indulgencia
benevolencia
transigencia
contemporización
connivencia

↔ intransigencia

condescender

acceder
transigir
tolerar
ceder
contemporizar
avenirse

condescendiente

transigente
tolerante
contemporizador
benévolo

↔ intransigente

condición

naturaleza
cualidad
calidad

carácter
natural
temperamento
idiosincrasia
modo de ser

estado

clase
categoría
rango
grado

requisito
exigencia

cláusula
término

condiciones

aptitud
cualidades
capacidad
destreza

condicionado

supeditado
condicional

↔ incondicional
firme

condicional

provisional
condicionado
supeditado

potencial (tiempo
verbal)

↔ incondicional
firme
definitivo

**condiciona-
miento**

influencia
influjo
restricción
presión

condicionar

supeditar
subordinar

condigno

merecido
justo
adecuado
consiguiente

condimentación

aderezo
aliño
adobo

preparación

condimentar

aliñar
aderezar
sazonar
adobar
preparar

condimento

aderezo
adobo
aliño

condiscípulo

compañero
camarada

condolencia

lástima
pesar
compasión
conmiseración
piedad

pésame

condolerse

compadecer
sentir
lamentar
dolerse
apiadarse
deplorar

↔ alegrarse

condón

preservativo
profiláctico
goma *col.*

condonar

perdonar
indultar
amnistiar
dispensar

conducción

transporte
traslado
canalización

conducente

dirigido
encaminado
tendente

conducir

trasladar
transportar
canalizar
guiar
orientar

encaminar
encauzar
acompañar

pilotar
manejar *amer.*

dirigir
mandar
gobernar
regir
capitanear

conducirse

comportarse
portarse
proceder
actuar

conducta

comportamiento
proceder
actuación

conducto

canal
tubo
cañería
tubería
cauce

medio
mediación
vía
procedimiento
trámite

conductor

chófer
automovilista
piloto

guía
director
caudillo

condumio

comida
alimento
sustento

conectar(se)

enchufar
unir
acoplar
ensamblar
empalmar
engranar
poner en contacto

relacionar
enlazar
vincular
ligar
contactar

↔ desconectar

conectivo

conjuntivo

conexión

enlace
unión
nexo
relación
correspondencia
correlación
trabazón

transmisión
retransmisión

↔ desconexión

conexo

relacionado
ligado
vinculado
afín

↔ inconexo

confabulación

complot
conspiración
conjura
intriga
maquinación
connivencia

confabularse

conspirar
intrigar
maquinar
conjurarse
conchabarse

confección

elaboración
fabricación
preparación

hechura

confeccionar

fabricar
elaborar
preparar

confederación

federación
agrupación
organización
liga
alianza
coalición

confederado

federado
coaligado
coligado
asociado
aliado

confederarse

asociarse
agruparse
aliarse
coaligarse
coligarse
federarse

conferencia

disertación
lección
charla
plática

congreso
reunión

conferenciante

orador
disertador
ponente

conferenciar

dialogar
negociar
entrevistarse
platicar

conferir

conceder
adjudicar
adscribir
dotar
otorgar
asignar
atribuir
prestar
proporcionar
suministrar

↔ privar

confesar(se)

revelar
declarar
decir

acusarse
admitir
reconocer
cantar *col.*

↔ ocultar
   callar

   negar

confesión

revelación
confidencia
declaración
manifestación
proclamación

religión

↔ ocultación
   encubrimiento

confesional

↔ laico
   aconfesional

confiado

esperanzado
optimista

crédulo
ingenuo
inocente
cándido
incauto

seguro
suficiente

↔ desesperanzado

   desconfiado

   inseguro

confianza

fe
esperanza
credulidad

seguridad
suficiencia
aplomo

ánimo
decisión

empuje
aliento
vigor

amistad
llaneza
franqueza
intimidad
naturalidad

↔ desconfianza

   inseguridad

   desánimo

   hipocresía
   cumplido
   etiqueta

confiar(se)

fiarse
creer

encargar

depositar
encomendar
entregar
dar

confiarse

descuidarse
dejarse

↔ desconfiar

confidencia

confesión
secreto
revelación

confidencial

secreto
reservado
íntimo
personal
privado

↔ público
   general

confidente

espía
chivato *col.*
soplón *col.*

configuración

forma

estructura
composición

distribución
disposición
colocación
organización
ordenación
conformación

configurar(se)

disponer
organizar
ordenar
estructurar
conformar
formar
modelar

confín

horizonte
término
extremo

frontera
linde
lindero

confinamiento

destierro
deportación

encierro

↔ liberación

confinar(se)

desterrar
deportar

encerrar
recluir
aprisionar
enclaustrar
aislar
retirar

separar
marginar

lindar
limitar
colindar

tocar
rozar
rayar
bordear
frisar

↔ liberar

   distar

   alejarse

confirmación

ratificación
corroboración
verificación
comprobación
constatación
convalidación
revalidación

↔ negación

confirmar

corroborar
ratificar
verificar
comprobar
constatar
convalidar
revalidar

reafirmar
afianzar

↔ desmentir
   negar
   refutar

   invalidar
   anular

confiscación

embargo
expropiación
incautación
decomiso
requisa

confiscar

embargar
incautar
expropiar
requisar
aprehender
decomisar

↔ restituir

confitar

azucarar
escarchar
almibarar

confite

golosina
dulce
caramelo

confitería

pastelería
bombonería

confitero
repostero
pastelero

conflagración
conflicto
contienda
hostilidad
choque

conflictivo
problemático
comprometido
delicado

↔ tranquilo

conflicto
enfrentamiento
combate
disputa
pugna
colisión

apuro
dificultad
aprieto
brete

↔ concordia
  acuerdo

confluencia
convergencia

cruce
intersección
encrucijada

↔ divergencia

confluir
juntarse
converger
afluir
desembocar
concurrir
concentrarse

↔ dispersarse
  divergir

conformación
configuración
estructura
distribución
disposición
colocación
estructuración

conformar(se)
formar
configurar

acomodar
adaptar
ajustar
armonizar

conformarse
aguantarse
resignarse

↔ rebelarse

conforme
acorde
correspondiente
consonante
acomodado
ajustado
adaptado
proporcionado

contento
satisfecho

↔ disconforme

  descontento
  insatisfecho

conformidad
acuerdo
correspondencia
consonancia
armonía
concordancia
coherencia
unión
asenso
consenso
avenencia

consentimiento
aprobación
aquiescencia
permiso
beneplácito
paciencia

tolerancia
resignación

↔ disconformidad

  desaprobación

  rebeldía

conformista
acomodaticio
acomodadizo

contemporizador
resignado

↔ inconformista
  contestatario

confort
bienestar
comodidad
holgura
regalo
desahogo

confortable
cómodo
agradable
acogedor
confortante

alentador
estimulable

↔ incómodo

  desalentador

confortante
estimulante
tonificante
tónico
reconstituyente
confortador

↔ desalentador
  deprimente

confortar(se)
fortalecer
tonificar
estimular
reanimar

animar
consolar
alentar

↔ debilitar

  desalentar

confraternidad
hermandad
fraternidad

↔ enemistad

confraternizar
simpatizar
intimar
congeniar

confrontación
comparación
cotejo
parangón

careo

enfrentamiento
choque
encuentro

confrontar(se)
comparar
cotejar
compulsar
contraponer
parangonar

carear

enfrentarse
chocar

afrontar
arrostrar

↔ eludir
  esquivar

confundir(se)
equivocar
errar
despistar
desorientar

desordenar
enredar
revolver
trastocar
embarullar
desbaratar
embrollar
trabucar

turbar
desconcertar
abochornar
avergonzar
agobiar
azarar
azorar

↔ acertar

  ordenar

confusión
desorden
lío
caos
revoltijo
batiburrillo

embrollo
enredo
follón
barullo

equivocación
error
despiste
desliz
coladura *col.*
metedura de pata *col.*

turbación
perplejidad
vergüenza
humillación
inquietud
bochorno
azoramiento
embarazo

↔ orden

  acierto

  serenidad

confuso

complicado
oscuro
desordenado

borroso
vago
difuso

desconcertado
turbado
avergonzado
abochornado
perplejo
anonadado
nervioso

↔ claro

  nítido

  desenvuelto
  tranquilo

congelado

aterido
helado
yerto
gélido
entumecido
muerto de frío *col.*

congelar(se)

helar

enfriar
aterir

inmovilizar
bloquear

↔ descongelar
  fundir

congénere

semejante
igual
afín

congeniar

simpatizar
comprenderse
avenirse

congénito

innato
connatural
natural

↔ adquirido

congestión

aglomeración
atasco
embotellamiento
apelotonamiento
apiñamiento
agolpamiento

↔ descongestión

congestionarse

saturarse
acumularse
apiñarse
agolparse
atascarse

↔ descongestionarse

conglomeración

aglomeración
aglutinación

↔ disgregación

conglomerado

cúmulo
amalgama

conglomerar(se)

aglomerar
aglutinar

↔ disgregar

congoja

pena
angustia
aflicción
pesar
inquietud
consternación
tormento
zozobra

congraciar(se)

avenir
conquistar

↔ indisponer
  enemistar

congratulación

enhorabuena
celebración
parabién

congratular(se)

felicitar
celebrar
aplaudir

↔ deplorar

congregación

agrupación
asociación
reunión

multitud
concentración

congregante

hermano
cofrade

congregar(se)

convocar
agrupar
reunir
juntar

↔ disgregar

congreso

convención
simposio
conferencia

congruencia

coherencia
acuerdo

↔ incongruencia

congruente

acorde
coherente
consonante
conforme
adecuado
conveniente
oportuno
pertinente
preciso

↔ incongruente
  inapropiado

conjetura

hipótesis
opinión
suposición
deducción
presunción

conjeturable

presumible
previsible
hipotético

↔ impensable
  imprevisible

conjeturar

imaginar
sospechar
prever
deducir
presumir
vislumbrar

conjugación

combinación
armonización

flexión

conjugar

coordinar
armonizar
combinar
articular
unir
conjuntar

conjunción

unión
concurso
combinación
asociación
confluencia

↔ disyunción

conjuntar(se)
coordinar
armonizar
concertar
conjugar

conjunto
común
coordinado
combinado
simultáneo

suma
total
todo
totalidad

↔ individual

conjura o
conjuración
conspiración
intriga
maquinación
complot
confabulación
connivencia
trama

conjurar(se)
conspirar
maquinar
tramar

eludir
impedir
evitar
sortear
rechazar

exorcizar

↔ atraer

conjuro
sortilegio
hechizo

conllevar
implicar
suponer
comportar
connotar
significar

sufrir
soportar
tolerar

sobrellevar
aguantar

↔ excluir

rebelarse

conmemoración
aniversario
rememoración

conmemorar
rememorar
festejar
celebrar

conmemorativo
rememorativo
recordatorio
evocador

conmensurable
medible
mesurable

↔ inconmensurable

conminación
amenaza
intimidación
apercibimiento

conminar
amenazar
intimar
compeler
apercibir

conminatorio
amenazador
amenazante
intimidatorio

conmiseración
compasión
lástima
piedad
condolencia

conmoción
emoción
trastorno
alteración
turbación
sacudida
convulsión

conmocionar
emocionar
trastornar
alterar
turbar
sacudir
impresionar
afectar

conmovedor
enternecedor
emocionante
impresionante
emotivo
patético

conmover(se)
enternecer
emocionar
apenar
entristecer
impresionar

estremecer
trastornar
alterar
inquietar
sacudir
perturbar

conmutable
permutable

↔ inconmutable

conmutación
sustitución
permuta
trueque

retruécano

conmutar
sustituir
permutar
trocar

connatural
innato
congénito
natural
consustancial

↔ adquirido

connivencia
confabulación
complicidad

conspiración
conjura
maquinación

tolerancia
indulgencia
condescendencia

connotación
matiz
implicación
significado

connotar
implicar
entrañar
suponer
comportar
conllevar
significar
llevar consigo

connubio *cult.*
boda
matrimonio
nupcias
esponsales
casamiento
enlace
maridaje

conocedor
entendido
especialista
sabedor
informado

↔ desconocedor
desinformado

conocer(se)
saber
dominar

tratar
frecuentar

enterarse
informarse

reconocer
distinguir
identificar

notar
percibir
advertir
percatarse
adivinar

descubrir
darse cuenta

↔ desconocer
  ignorar

conocido

difundido
consabido
extendido

distinguido
acreditado
popular
afamado

↔ desconocido
  ignorado

conocimiento

cognición
concepto
idea
discernimiento
entendimiento
inteligencia
razón
juicio

sentido

conocimientos

cultura
sabiduría

conocidos
relaciones

↔ desconocimiento
  ignorancia

conquista

invasión
ocupación
toma
asedio

botín
trofeo
presa

conquistador

invasor

seductor
tenorio
donjuán
playboy

conquistar

dominar
ocupar

someter
apoderarse
adueñarse
invadir

lograr
alcanzar
obtener

enamorar
seducir

convencer
persuadir
engatusar
camelar *col.*

↔ perder

consabido

conocido

acostumbrado

mencionado
nombrado
aludido
susodicho

↔ desconocido
  ignorado

consagración

dedicación
ofrecimiento
devoción
entrega

bendición

consagrar(se)

bendecir
santificar

sacrificar
ofrendar

dedicar
entregar
cultivar

acreditar
confirmar
prestigiar
afamar

↔ profanar

consanguíneo

pariente
familiar
afín

consciencia

conciencia

consciente

sensato
prudente
responsable
serio
cuidadoso
reflexivo

conocedor
sabedor

lúcido
despierto

↔ inconsciente

conscripción

amer.

reclutamiento

conscripto *amer.*

recluta

consecución

obtención
logro
adquisición
culminación

↔ pérdida

consecuencia

efecto
resultado
secuela
fruto
derivación
corolario
resulta

conclusión
deducción

coherencia
congruencia
correspondencia

↔ causa

  inconsecuencia

consecuente

coherente
congruente
fiel

siguiente
subsiguiente
subsecuente

consiguiente

↔ inconsecuente

  anterior

  antecedente

consecutiva

ilativa

consecutivo

seguido
sucesivo
correlativo

conseguido

logrado
alcanzado

conseguir

alcanzar
obtener
adquirir

conseja

cuento
fábula
leyenda

consejería

consejo
asesoría

consejero

asesor
guía
monitor

consiliario

consejo

recomendación
exhortación
sugerencia
indicación
asesoramiento
advertencia
aviso

asamblea
junta
asesoría
consejería

sesión

consenso

consentimiento
autorización
permiso
licencia
beneplácito
aquiescencia

unanimidad
acuerdo
asenso
avenencia

↔ prohibición
   discrepancia

consentido

mimado
caprichoso
malcriado

cornudo *col.*
cabrón *vulg.*

consentimiento

consenso

consentir

autorizar
permitir
aprobar
acceder

tolerar
contemporizar
condescender
malcriar
mimar
contemplar

resistir
aguantar
soportar

↔ negarse
   oponerse

conserje

portero
ordenanza
bedel
ujier

conserjería

portería

conserva

conservación

bote
lata

conservación

conserva
mantenimiento
protección
custodia
preservación

conservador

tradicionalista
retrógrado
reaccionario
derechista
carca *col.*
de derechas

↔ progresista
   renovador

conservadurismo

tradicionalismo
derechismo

↔ progresismo
   reformismo

conservante

aditivo

conservar(se)

proteger
preservar
asegurar
cultivar

guardar
contener
custodiar
atesorar
archivar
encerrar
incluir

retener

↔ estropear
   perder

considerable

importante
notable

enorme
abundante
amplio
formidable

↔ insignificante
   desdeñable

consideración

reflexión
observación
razón
pensamiento
cavilación

respeto
atención
cortesía
deferencia
urbanidad
cuidado
esmero
miramiento
estimación
aprecio

↔ desconsideración

considerado

respetuoso
atento
cortés
educado
delicado
mirado

↔ desconsiderado

considerar(se)

pensar
meditar
reflexionar
estudiar
examinar
ponderar

reparar
atender
contemplar
tener en cuenta

juzgar
estimar
valorar
apreciar

respetar

consigna

orden
instrucción
prescripción

lema
contraseña

consignación

asignación
partida
asiento

depósito

envío
expedición

consignar

establecer
asignar

anotar
apuntar

entregar
depositar

designar
destinar

enviar
expedir
remitir

consignatario

destinatario
depositario

consiguiente

correspondiente
natural

consecuente

↔ antecedente

consiliario

consejero

consistencia

resistencia
dureza

espesor
cuerpo

fundamento
estabilidad
solidez
coherencia
firmeza
duración

↔ inconsistencia
   inestabilidad
   incoherencia

consistente

compacto
duro
sólido
coherente
firme

↔ inconsistente

consistir

constar
componerse
reducirse
cifrarse

basarse
estribar
radicar
residir
descansar
apoyarse
gravitar

consistorio

ayuntamiento
cabildo

consocio

consorte
copartícipe

consolación

alivio
consuelo
remedio

↔ agitación
desolación

consolador

alentador
confortante
confortador
tranquilizador
esperanzador

↔ desolador
desalentador

consolar(se)

aliviar
confortar
animar
tranquilizar
alentar

↔ apenar
entristecer

consolidar(se)

afianzar
fortalecer
robustecer
reafirmar

↔ debilitar

consonante

adecuado
coherente
conforme

↔ inadecuado
incoherente
disconforme

consorcio

sociedad
compañía
asociación
empresa

consorte

cónyuge

compañero
copartícipe
consocio

conspicuo

ilustre
distinguido
sobresaliente
notable
insigne

↔ vulgar
insignificante

conspiración

intriga
confabulación
conjura
conciliábulo
maquinación
complot
trama

conspirador

intrigante
conjurado

conspirar

intrigar
confabularse
conjurar
maquinar
conchabarse
cabildear

concurrir
contribuir

constancia

empeño
tesón

tenacidad
insistencia
perseverancia
paciencia

seguridad
certidumbre

↔ inconstancia

constante

continuo
incesante
persistente

firme
perseverante
tenaz
insistente

inmutable
invariable

↔ inconstante
esporádico

mudable
variable

constar

figurar

consistir
componerse
constituirse

constatación

comprobación
verificación
confirmación

constatar

comprobar
verificar
confirmar
contrastar

consternación

abatimiento
aflicción
pena
pesadumbre
disgusto
dolor
congoja

↔ alegría

consternar(se)

abatir
afligir

apenar
apesadumbrar
acongojar

↔ alegrar

constipado

costipado
resfriado
catarro
coriza
fluxión *cult.*

constiparse

costiparse
resfriarse
acatarrarse
enfriarse

constitución

composición
formación
estructura

naturaleza
complexión
contextura

constituir(se)

componer
formar
integrar

establecer
fundar
crear
organizar

erigir
convertir
nombrar

constituirse

personarse
presentarse

↔ disolver
descomponer

constituyente

constitutivo
componente
integrante

constreñimiento

constricción
opresión
compresión
presión

apremio
imposición
compulsión

constreñir(se)

oprimir
apretar
comprimir
presionar

obligar
forzar
apremiar
imponer
compeler

restringir
coartar
cohibir

constreñirse

limitarse

↔ librar
　exonerar

constricción

constreñimiento

contracción
estrechamiento
estrechez
encogimiento

↔ ensanchamiento

construcción

edificación
fabricación

casa
edificio

constructivo

edificante
creador
provechoso
positivo

↔ destructivo
　demoledor

construir

fabricar
armar
montar

edificar
levantar
erigir

crear
trazar
concebir
componer
maquinar

↔ destruir
　derribar

consubstancial

consustancial

consuelo

aliento
remedio
alivio

gozo
alegría
dicha

↔ desconsuelo

consuetudinario

acostumbrado
usual
habitual
ordinario
cotidiano

↔ inusual
　insólito

consulta

pregunta
búsqueda

junta

consultante

consultor

consultar

asesorarse
informarse

consultor

consultivo
consejero
asesor

consultante

enciclopedia
manual

consultorio

consulta
clínica

ambulatorio
dispensario

consumación

realización
terminación
extinción

cumplimiento

↔ iniciación

　incumplimiento

consumado

magistral
maestro
soberbio

↔ mediocre

consumar(se)

realizar
terminar
completar

cumplir

↔ iniciar

　incumplir

consumible

fungible
agotable
extinguible
caduco

↔ inagotable
　inextinguible

consumición

consumo
agotamiento
extenuación
consunción

consumido

agotado
extenuado
debilitado
enflaquecido
macilento

gastado
acabado
extinguido

↔ vigoroso
　fuerte

　entero

consumidor

comprador
usuario

consumir(se)

comer
beber

usar
utilizar
emplear
gastar
acabar
extinguir

agotar
extenuar
debilitar
enflaquecer

desazonar
devorar
concomer
corroer

↔ engordar
　fortalecer

consumo

consumición
utilización
empleo
gasto

consunción

agotamiento
consumición
demacración

consustancial

consubstancial
inherente
innato
intrínseco
connatural

↔ accidental

contabilizar

contar
computar

anotar
registrar

contable

contador

calculable
computable

↔ incontable

contactar
comunicarse
encontrarse
entrevistarse

↔ eludir

contacto
toque
tocamiento
roce

comunicación
trato

contado
poco
escaso
raro

↔ mucho
   abundante
   numeroso

contador
contable

contaduría
contabilidad
teneduría

contagiar(se)
infectar
contaminar
pegar
influir

↔ inmunizar

contagio
infección
contaminación

influjo
imitación

contagioso
infeccioso

pegadizo

container *ingl.*
contenedor

contaminación
polución

infección
contagio
corrupción

contaminar(se)
infectar
infeccionar
inficionar
contagiar

polucionar

corromper
pervertir
mancillar

↔ purificar

contar(se)
numerar
enumerar
calcular
computar
valorar

relatar
narrar
referir

considerar
pensar
reparar
mirar
tener en cuenta

equivaler
valer

reputar
juzgar

importar
interesar

↔ descontar

   callar

   ignorar
   prescindir

contemplación
admiración
observación
examen

arrobamiento

contemplaciones
miramientos
escrúpulos
remilgos

contemplar
admirar
observar
examinar

considerar
tener en cuenta

consentir
mimar
complacer

meditar

↔ maltratar

contemplativo
observador
admirador

místico
iluminado

contemporáneo
coetáneo
coexistente

contemporización
transigencia
tolerancia
condescendencia

↔ intransigencia

contemporizador
transigente
tolerante
condescendiente
conformista
acomodaticio
acomodadizo

contemporizar
transigir
tolerar
ceder
condescender
consentir
avenirse
amoldarse
acomodarse

contención
retención
sujeción
freno
control

moderación
discreción

↔ liberación

   desenfreno

contencioso
discutidor
polemista
litigante
porfiado

contender
luchar
combatir
pelear
batallar
guerrear

discutir
debatir
disputar

competir
rivalizar

contendiente
combatiente
adversario
contrario
rival
contrincante
beligerante
competidor

contenedor
container
depósito

contener(se)
incluir
comprender
abarcar
encerrar
englobar

aguantar
sujetar
retener
detener

reprimir
dominar
refrenar
cohibir
comedirse
reportarse

↔ excluir

   soltar

   desenfrenarse

contentadizo
conformista
resignado

↔ inconformista

contentar

alegrar
agradar
complacer
halagar

contentarse

conformarse
resignarse

reconciliarse
avenirse
desenfadarse

↔ disgustar
  entristecer

  indisponerse

contento

alegre
feliz
risueño
radiante
alborozado
jubiloso

satisfecho
conforme
ufano
complacido

alegría
dicha
alborozo
júbilo
gozo
satisfacción

↔ triste

  descontento

  insatisfecho

  tristeza

conteo

recuento
cálculo

contera

regatón

contertulio

tertuliano

contesta *amer.*

contestación
respuesta

contestable

impugnable
discutible
refutable

↔ incontestable

contestación

respuesta

crítica
objeción
censura
rechazo
disconformidad

contestar

responder
reponer

corresponder
pagar
agradecer

criticar
objetar
replicar
rechazar
contradecir
impugnar

↔ aceptación

contestatario

rebelde
inconformista
crítico
descontento
insumiso

↔ conformista
  sumiso

contestón

respondón

↔ sumiso

contexto

entorno
ambiente
relaciones

trama

contextura

disposición
trama
entramado

constitución
complexión
naturaleza
natural

contienda

guerra
batalla
combate

enfrentamiento
pelea
disputa
riña
debate
lid
liza
rivalidad

↔ paz

  acuerdo

contiguo

adyacente
inmediato
vecino
lindante
pegado
próximo
al lado

↔ separado
  lejano

continencia

templanza
comedimiento
moderación
sobriedad
frugalidad

castidad
abstinencia

↔ incontinencia

  lujuria

continente

templado
comedido
moderado
sobrio
frugal

casto

apariencia
aspecto

↔ incontinente

  lujurioso

contingencia

probabilidad
posibilidad
eventualidad
contingente

↔ certeza
  seguridad

contingente

grupo
conjunto

cuota
cupo

contingencia

probable
posible
incierto
aleatorio

↔ cierto
  seguro

continuación

continuidad
prosecución
prolongación
prórroga
reanudación

↔ interrupción
  cese

continuador

seguidor
discípulo
sucesor

↔ antecesor

continuar(se)

proseguir
prolongar
prorrogar
reanudar

durar
permanecer
subsistir

seguir
extenderse

↔ interrumpir
  cesar

continuidad

encadenamiento

persistencia
constancia

continuación
prolongación

↔ interrupción

  inconstancia

continuo

seguido
constante
incesante
ininterrumpido
continuado
corrido

↔ discontinuo
  intermitente

contonearse

bambolearse
balancearse
pavonearse

contoneo

bamboleo
balanceo
vaivén
campaneo

contornear

perfilar

contorno

perfil
silueta
perímetro
borde

contornos

cercanías
inmediaciones
proximidades
aledaños
afueras

contorsión

contracción
convulsión
retorcimiento

mueca
gesticulación

contorsionarse

retorcerse
descoyuntarse
dislocarse

contra

contraataque

contra natura *lat.*

antinatural

extraño
ilógico
inesperado

contraataque

contraofensiva
contragolpe
contra

contraaviso

contraorden
revocación
retractación
cancelación

contrabajo

bajo
violón

contrabalancear

nivelar
contrapesar

compensar
contrarrestar

↔ desnivelar

contrabando

alijo

contracción

encogimiento
disminución
espasmo
sinéresis

contracepción

anticoncepción

contraceptivo

anticonceptivo

contrachapar o
contrachapear

contrapear

contráctil

retráctil

contracubierta

contraportada

contradecir(se)

discutir
rebatir
objetar
replicar
refutar
impugnar

oponer
contraponerse
chocar

↔ confirmar
  ratificar

  concordar

contradicción

discusión
rebatimiento
objeción
refutación
impugnación
mentís

oposición
desacuerdo
contrariedad
incompatibilidad
antítesis

incoherencia
incongruencia

↔ confirmación
  ratificación

  acuerdo

contradictorio

opuesto
contrario
incoherente
incongruente
paradójico

↔ coherente

contraer(se)

reducir
disminuir
estrechar

asumir

resumir
condensar
ceñir
concretar

contraerse

encongerse

amer.
concentrarse

↔ estirar
  dilatar

  ampliar

contrafuerte

arbotante

estribación

contragolpe

contraataque
réplica

contrahecho

malhecho
deforme

contramaestre

capataz

contraofensiva

contraataque

contraorden

contraaviso

contrapartida

recompensa

contraprestación

contrapear

contrachapar

recubrir

contrapesar

compensar
contrabalancear
equilibrar
igualar
nivelar

contrarrestar
neutralizar

contrapeso

compensación
equilibrio
contrapunto

contraponer(se)

enfrentar
oponer
encarar

comparar
confrontar
cotejar

↔ armonizar

contraportada

contracubierta

contraposición

enfrentamiento
oposición
rivalidad
antagonismo

contraste
comparación
confrontación

contraprestación

contrapartida
compensación

contraproducente

perjudicial
nocivo

↔ beneficioso
   conveniente

contraproposición

contrapropuesta

contrapuerta

portón

contrapunto

contrapeso
contraste

contrariar

contradecir
llevar la contraria

estorbar
oponerse
resistir
entorpecer
dificultar

disgustar
incomodar
enojar

↔ seguir la corriente
   dar la razón

   facilitar
   favorecer

   satisfacer

contrariedad

trastorno
dificultad
impedimento
obstáculo
contratiempo
tropiezo

contradicción
oposición
contraposición

decepción
fastidio

contrario

hostil
reacio

contradictorio
incompatible
antagónico
dispar

dañino
perjudicial

enemigo
rival
adversario
competidor
contrincante
contendiente

↔ beneficioso

   amigo
   partidario

contrarréplica

dúplica

contrarrestar

resistir
oponerse

neutralizar
desvirtuar
compensar
contrapesar

contrasentido

despropósito
incongruencia
paradoja
disparate
dislate
absurdo
sinrazón

↔ acierto

contrastable

comprobable
verificable

contrastar

distinguirse
desentonar
resaltar

comparar
constatar
comprobar
verificar
examinar
cotejar
compulsar

↔ entonar

contraste

diferencia
distinción
diversidad
disparidad

comparación
constatación
comprobación
verificación
examen
compulsa

contratación

contrato
convenio
acuerdo
ajuste
contrata

contratante

contratista

contratar

convenir
pactar
acordar
ajustar
estipular

contratiempo

imprevisto
complicación
percance
contrariedad
dificultad
trastorno
tropiezo

contrato

contratación
contrata

contravención

desobediencia
infracción
transgresión
quebrantamiento
violación

↔ obediencia

contraveneno

antídoto

contravenir

desobedecer
infringir
transgredir
quebrantar
violar

↔ obedecer

contraventana

postigo

contraventor

infractor
transgresor

↔ cumplidor

contrayente

novio
consorte

contribución

tributo
impuesto
gravamen
cuota
tasa
arbitrio
carga
arancel

aportación
ayuda
colaboración
cooperación
auxilio

contribuir

cotizar
tributar

aportar
ayudar
colaborar
cooperar
auxiliar
favorecer
coadyuvar

contrición

arrepentimiento

contrincante

competidor
rival
adversario
contendiente
contrario

contristar(se)

apenar
entristecer
doler
afligir

↔ alegrar

contrito

arrepentido

↔ impenitente

control

inspección
observación
comprobación
examen

vigilancia
atención
cuidado

limitación
contención
freno

dominio
dirección
predominio
mando

monopolización
preponderancia

regulación
orden
ajuste
normalización

↔ descuido

descontrol

controlable

regulable
verificable
contrastable

↔ incontrolable

controlador

vigilante
verificador
inspector

controlar

inspeccionar
observar
comprobar
examinar
reconocer
investigar
vigilar
atender
cuidar
intervenir

limitar
contener
frenar

dominar
dirigir
mandar
monopolizar
absorber
acaparar

regular
ordenar

ajustar
reglar
normalizar

controlarse

dominarse
moderarse
refrenarse

↔ descuidar

descontrolar

controversia

discusión
debate
disputa
polémica

controvertible

discutible
disputable
cuestionable

↔ incontrovertible

controvertir

discutir
debatir
disputar
cuestionar
polemizar

contubernio

confabulación
conspiración
maquinación
conjuración

amancebamiento
concubinato
unión de hecho

contumacia

obstinación
terquedad
porfía
tenacidad
rebeldía

contumaz

obstinado
terco
porfiado
tenaz
rebelde

contundente

evidente
claro
decidido
aplastante
tajante

convincente
terminante
concluyente
categórico

↔ discutible

contundir(se)

contusionar

conturbación

inquietud
intranquilidad
desasosiego
conmoción
perturbación

↔ tranquilidad

conturbar(se)

inquietar
turbar
conmover
desasosegar
conmocionar
perturbar

↔ tranquilizar

contusión

moradura
magulladura
hematoma
cardenal

contusionar

contundir
golpear
magullar

contuso

golpeado
magullado

convalecencia

recuperación

↔ recaída

convalecer

recuperarse
reponerse
sobreponerse

↔ recaer

convalidación

confirmación
corroboración
ratificación

convalidar

confirmar
corroborar
ratificar

convecino

vecino
conciudadano
paisano

convencer

persuadir
inclinar
inducir

probar
demostrar

gustar
satisfacer
complacer
agradar
contentar

convencerse

cerciorarse
afianzarse

↔ disuadir

defraudar

convencimiento

persuasión
convicción

seguridad
certeza
creencia

↔ disuasión

incertidumbre

convención

acuerdo
convenio
pacto
concierto
trato
tratado

asamblea
reunión
congreso
simposio
junta

convencional

arbitrario
protocolario
formulario

tradicional
clásico
normal

↔ nuevo
revolucionario

convencionalismo

protocolo
formulismo
etiqueta

conveniencia

interés
beneficio
provecho
utilidad
ventaja

↔ inconveniencia
desventaja
perjuicio

conveniente

beneficioso
ventajoso
oportuno
útil

adecuado
apropiado

↔ inconveniente
perjudicial

inadecuado

convenio

alianza
acuerdo
pacto
concierto
trato
convención
tratado

convenir(se)

coincidir
acordar
pactar
concertar
concordar

beneficiar
aprovechar

corresponder

↔ discrepar

perjudicar

convento

monasterio
abadía
cenobio

convergencia

coincidencia
concurrencia
confluencia

↔ divergencia

convergente

coincidente
concurrente

↔ divergente

converger o **convergir**

coincidir
concurrir
confluir
juntarse

↔ divergir

conversación

charla
diálogo
coloquio
cháchara *col.*
parloteo *col.*
palique *col.*

conversacional

coloquial
familiar

↔ culto

conversar

hablar
charlar
dialogar
departir
platicar
parlotear
echar una parrafada *col.*

conversión

transformación
mudanza
mutación
modificación
metamorfosis
cambio

converso

confeso
neófito
prosélito

convertible

transformable
mudable
modificable
cambiable
alterable

descapotable

↔ inalterable

convertir(se)

transformar
mudar
mutar
trocar
cambiar
alterar
modificar

↔ conservar

convexidad

abultamiento
abombamiento

↔ concavidad

convexo

abultado
abombado

↔ cóncavo

convicción

convencimiento
persuasión

seguridad
certeza
certidumbre
constancia

convicciones

creencias
principios
ideas
opiniones

↔ duda
inseguridad

convidada

invitación
convite
ronda

convidado

invitado

convidar

invitar
obsequiar
agasajar

incitar
inducir
estimular
mover
llamar

↔ disuadir

convincente

concluyente
persuasivo
decisivo
terminante
contundente
rotundo
creíble

↔ dudoso

convite

invitación
ofrecimiento
agasajo
convidada

banquete
ágape

convivencia

coexistencia
cohabitación

armonía
compatibilidad
unión
entendimiento
tolerancia
compenetración
comprensión

↔ desavenencia
incompatibilidad

convivir

cohabitar
coexistir

entenderse
relacionarse
avenirse
simpatizar
compenetrarse

↔ separarse

enemistarse

convocar

avisar
citar
reunir
congregar
emplazar
llamar

↔ desconvocar

convocatoria

aviso
cita
citación
llamamiento
emplazamiento

convoy

tren

convulsión

espasmo
contracción

conmoción
alteración
agitación
disturbio
revolución

temblor
estremecimiento

↔ distensión

convulsionar(se)

estremecer
agitar
sacudir
alterar
conmocionar

↔ relajar
distender

convulso

espasmódico
convulsivo
tembloroso

trémulo
agitado
alterado
excitado
estremecido
crispado
conmocionado

↔ relajado

conyugal

matrimonial
marital

cónyuge

consorte
marido
esposo

mujer
señora

coña *vulg.*

guasa
chunga *col.*

aburrimiento
fastidio
lata *col.*
latazo *col.*
rollo *col.*
coñazo *vulg.*

coñac

brandy

coñazo *vulg.*

tabarra
fastidio
rollo *col.*
lata *col.*
latazo *col.*
plasta *col.*
coña *vulg.*

coño *vulg.*

vagina

cooperación

ayuda
colaboración
participación
contribución
concurso
apoyo

cooperador

ayudante
colaborador
cooperante

cooperar

ayudar
colaborar
participar
contribuir

coadyuvar
asistir
apoyar

cooperativa

mutua
mutualidad

economato

coordinación

organización
combinación
regulación
acoplamiento
ordenación
metodización

parataxis (lingüística)

↔ desorganización

coordinar

organizar
combinar
armonizar
regular
acoplar
concertar

↔ desorganizar

copar

acorralar
rodear
cercar
aprisionar
envolver

coparticipación

colaboración
participación
intervención

copartícipe

socio
partícipe
colaborador
cómplice
coautor
copropietario

copazo *col.*

lingotazo *col.*
tanganazo *col.*

copear

chatear
pimplar *col.*

copeo
chateo

copero
escanciador

copete
tupé
flequillo

moño
cresta
penacho

copia
duplicado
reproducción

imitación
retrato
reflejo
plagio
remedo

abundancia
profusión
multitud

↔ escasez

copiador
copista

copiadora
fotocopiadora
multicopista

copiar
transcribir
trasladar

calcar
duplicar

imitar
plagiar
remedar
reflejar
falsificar

copioso
abundante
numeroso
cuantioso
nutrido
rico
generoso
abundoso

↔ escaso
   pobre

copista
copiador
amanuense
calcador
imitador
plagiario

copla
trova
poesía
poema
cantar
tonada
tonadilla

col.
canción
cantinela
historia

coplas
versos

col.
habladurías
rumores
chismes
murmuraciones

copudo
frondoso

cópula
coito
apareamiento
copulación
ayuntamiento

ligadura
unión
enlace

copular
aparearse
follar *vulg.*
coger *amer. vulg.*
hacer el amor

coqueta
frívola
casquivana
ligera de cascos *col.*

tocador

coquetear
flirtear
galantear

cortejar
seducir
pelar la pava *col.*

coquetería
coqueteo
flirteo
galanteo

gracia
encanto
seducción
picardía

coqueto
frívolo
presumido
vanidoso

agradable
coquetón
gracioso

↔ desaseado
   astroso

coraje
valentía
decisión
arrojo
valor
agallas
audacia
osadía
ímpetu
ánimo
esfuerzo
brío

rabia
enfado
enojo
furia
cólera
irritación
cabreo *col.*

↔ cobardía
   desánimo

corajina
rabieta
pataleta

corajudo
valiente
decidido
arrojado
valeroso

esforzado
intrépido
atrevido

colérico
iracundo
rabioso
furioso

↔ cobarde

   pacífico
   tranquilo

coral
coro
orfeón
escolanía

coraza
armadura
blindaje

caparazón
concha

corazón
entrañas
entretelas

centro
meollo
núcleo
interior

corazonada
presentimiento
premonición
presagio
sospecha
pálpito
barrunto

arranque
impulso
arrebato

corchete *amer.*
grapa

corcova
chepa
joroba
giba

corcovado
cheposo
jorobado
giboso
contrahecho

corcovar

encorvar
jorobar
gibar

corcovear

brincar
saltar

cordaje

jarcia
cordelería

cordel

cuerda
guita
bramante

cordelería

cordaje

cordero

borrego
recental

cordial

cariñoso
afectuoso
amable
acogedor
caluroso
afable

↔ antipático
arisco

cordialidad

cariño
amabilidad
afabilidad

↔ antipatía

cordillera

cadena
sierra
serranía

corear

aprobar
asentir

coreografía

danza
baile
ballet

corifeo

portavoz
adalid
cabecilla

corinto

burdeos
granate

coriza

resfriado
constipado
rinitis

cornada

embestida
cogida

cornamenta

cuerna

cornamusa

gaita

cornear

embestir
empitonar
coger

corneja

chova

córner

saque de esquina

cornudo *col.*

cornúpeta *col.*
cabrón *vulg.*

cornúpeta

toro
astado

col.
cornudo

coro

coral
orfeón

corolario

consecuencia
conclusión
resultado
deducción

inferencia
derivación

↔ origen
causa

corona

reino
monarquía

nimbo
halo
aureola

coronilla

coronamiento
culminación
coronación
remate

↔ inicio

coronar

ceñir

culminar
rematar
finalizar

↔ iniciar

coronilla

corona

tonsura

corotos *amer.*

trastos
bártulos
avíos
enseres
útiles
trebejos

corpiño

justillo
top

corporación

colegio
cuerpo
agrupación
gremio
asociación
cofradía

corporal

corpóreo
somático

fisiológico
orgánico
anatómico

↔ incorpóreo
mental

corporativismo

gremialismo

corpóreo

material

corporal

↔ incorpóreo

corpulencia

robustez
fortaleza
reciedumbre
gordura

↔ delgadez
debilidad

corpulento

robusto
fornido
recio
musculoso
grueso
cachas *col.*

↔ pequeño
flaco

corral

corralada
corralón
corraliza
aprisco

teatro

correa

cinturón
cinto
cuero *amer.*

paciencia
humor
flema

corrección

retoque
rectificación
enmienda

reprensión
recriminación
censura

cortesía
educación
compostura
urbanidad
modales

↔ ratificación

incorrección

correccional

correctivo

prisión
penitenciaría
presidio
cárcel

correctivo

correccional
corrector
disciplinario

castigo
pena
sanción
escarmiento

correcto

perfecto
preciso
exacto

cortés
atento
educado
comedido
discreto
considerado
delicado

↔ incorrecto

descortés

corredera

ranura
carril
riel
raíl

corredor

atleta

pasillo
claustro

tránsito
galería

intermediario
comisionista

correduría

comisión
corretaje
prima

corregible

enmendable
reparable
rectificable
remediable
subsanable

↔ incorregible

corregidor ant.

alcalde

corregir(se)

enmendar
reparar
rectificar
reformar

reñir
advertir
amonestar
reprender
censurar
aleccionar

↔ ratificar
confirmar

aprobar
alabar

correlación

conexión
correspondencia
reciprocidad
afinidad

paralelismo

↔ desconexión

correlativo

correspondiente

consecutivo
sucesivo
continuado
seguido

correligionario

socio
camarada
compañero

correntoso amer.

torrencial

correo

correspondencia

emisario
mensajero
recadero

correoso

elástico
flexible

revenido

resistente
duro

↔ rígido

débil

correr(se)

trotar

apresurarse
aligerar
precipitarse
acelerar
volar

deslizarse
fluir

pasar

difundirse
propagarse
divulgarse
circular

devengar

afrontar

mover
desplazar
trasladar
apartar

avergonzar
confundir
turbar
azorar

correrse vulg.

eyacular
llegar al orgasmo

↔ atrasarse
rezagarse

correría

algarada
razia
intrusión
invasión
saqueo

andanza
excursión

correrías

aventuras
travesuras
diabluras
peripecias
trastadas
enredos

correspondencia

correlación
conexión
equivalencia
afinidad

correo

enlace
empalme
comunicación

↔ diferencia
discordancia

corresponder(se)

relacionarse
responder
ajustarse

agradecer
recompensar
pagar

tocar
pertenecer
atañer
incumbir

↔ discordar
contrastar

correspondiente

correlativo
equivalente
pertinente

adecuado
conveniente

↔ inadecuado

corresponsal

agente
representante
delegado

periodista
enviado
reportero

corretaje
comisión
correduría
prima

corretear
callejear
vagabundear
vagar
errar
deambular
pasear
zascandilear

correr
retozar
brincar

correveidile o
correvedile
cotilla
chismoso
cuentista
murmurador

corrida
lidia

corrido
seguido
continuo

avergonzado
abochornado
sofocado
ruborizado
cortado *col.*

experimentado
ducho
avezado
experto
curtido

↔ discontinuo

inexperto
verde

corriente
normal
ordinario
vulgar
mediocre

común
habitual
usual

↔ extraordinario
raro

corrillo
corro
círculo
rueda

corrimiento
desprendimiento
avalancha
alud

corro
corrillo
rodal
cerco

corroboración
confirmación
ratificación
demostración
prueba
refrendo

↔ impugnación
anulación

corroborar(se)
confirmar
reafirmar
ratificar
refrendar
apoyar
asentir

↔ desmentir
rebatir

corroer(se)
desgastar
gastar
roer
carcomer

consumir
atormentar
concomerse
reconcomerse

corromper(se)
descomponer
pudrir
dañar

pervertir
enviciar
viciar
depravar
descarriar

deteriorar
adulterar
deformar

sobornar
cohechar
comprar

↔ conservar

ennoblecer
edificar

mejorar

corrosión
desgaste
erosión
carcoma

corrosivo
cáustico
mordiente

incisivo
mordaz
afilado
acerado
acre
agresivo
sarcástico
punzante
virulento

corrupción
descomposición
putrefacción
desintegración
deterioro

perversión
depravación
inmoralidad
vicio

corruptela
soborno
cohecho
compra

corruptible
sobornable
comprable

↔ incorruptible
íntegro

corrupto
descompuesto
podrido
deteriorado
echado a perder

pervertido
depravado
enviciado

sobornado
comprado

↔ incorrupto

incorruptible

corruptor
pervertidor
depravador

corrusco
coscurro
cuscurro
mendrugo

corsario
pirata
bucanero
filibustero

corsé
justillo
faja

corsetería
lencería

corta
tala

cortacigarros
cortapuros

cortacircuitos
plomos
fusible

cortadillo
terrón

cortado *col.*
tímido
apocado
cohibido

parado
vergonzoso
corto

↔ atrevido
desenvuelto

cortadura

corte
tajo
incisión
raja
hendidura

garganta
cañón

cortaduras

recortes
mondas

cortafrío

escoplo
cincel

cortante

incisivo
tajante
afilado

cortapapeles

plegadera

cortapisa

limitación
restricción
traba
obstáculo
dificultad
impedimento
inconveniente

cortapuros

cortacigarros

cortar(se)

seccionar
separar
dividir
escindir
hender
sajar
tajar
cercenar

atravesar
surcar

interrumpir
impedir
obstaculizar
detener
estorbar

censurar
suprimir
tachar
eliminar

agrietar

acortar
atajar

cortarse *col.*

aturdirse
apurarse
avergonzarse
azorarse
turbarse

corte[1]

cortadura
tajo
incisión
raja
hendidura
cuchillada

estilo
tipo
perfil

col.
vergüenza
apuro
reparo
embarazo

↔ desenvoltura
desparpajo

corte[2]

comitiva
séquito
cortejo

cortedad

pequeñez
brevedad

poquedad
pusilanimidad
timidez
encogimiento

↔ extensión
amplitud

decisión
desenvoltura

cortejador

pretendiente
galanteador

cortejar

galantear
requebrar
festejar

cortejo

galanteo

séquito
comitiva
escolta

cortes

parlamento
asamblea

cortés

atento
educado
correcto
considerado

↔ descortés

cortesano

palaciego
áulico *cult.*

cortesía

corrección
educación
consideración
urbanidad
gentileza
delicadeza
modos
modales

regalo
obsequio
dádiva

↔ descortesía

corteza

cáscara
costra
cubierta
envoltura
caparazón

apariencia
exterioridad
aspecto

↔ pulpa
médula
carne

interior

cortijo

alquería
granja
finca
caserío
masía
rancho
estancia *amer.*

corto

pequeño
bajo

breve
fugaz
efímero

escaso
insuficiente
exiguo
reducido
pobre

tímido
vergonzoso
apocado
indeciso
pusilánime
encogido
timorato

torpe
necio
tonto
zote
zoquete *col.*

cortometraje

↔ largo

prolongado

abundante

decidido

listo

corvejón

jarrete

corveta

gambeta

corvo

curvo

cosa
ser
ente
realidad

artículo
objeto

asunto
tema
cuestión

quehacer
ocupación
tarea
diligencia

cosas
situación
sucesos
acontecimientos

útiles
instrumentos
enseres
trastos
arreos
bártulos

pertenencias
posesiones

salidas
invenciones
ocurrencias
ideas

coscorrón
cosque
cosqui
mamporro

coscurro
corrusco
cuscurro
mendrugo
tarugo

cosecha
recolección
recogida
cogida

cosechar
recolectar
recoger

obtener
granjearse
conquistar

↔ perder

coser
grapar

sujetar
unir
pegar

acribillar
balear *amer.*

↔ descoser

cosijo *amer.*
disgusto
desazón

cosmético
afeite
potingue *desp.*

cósmico
espacial
sideral
celestial

cosmografía
uranografía

cosmonauta
astronauta

cosmopolita
internacional
universal

cosmos
universo
mundo

coso
plaza (toros)

cosque o cosqui
coscorrón
mamporro

cosquillear
hormiguear

cosquilleo
hormigueo
hormiguillo
cosquillas

inquietud
nerviosismo

desazón
desasosiego
zozobra

cosquilloso
quisquilloso
susceptible
picajoso
puntilloso

costa[1]
litoral
orilla

costa[2]
importe
precio
valor
coste
costo
cuantía

costas
cargas

costado
flanco
ala
lado
lateral

costal
talego
talega
saca

costalada
costalazo
batacazo
trastazo
baquetazo
porrazo
leñazo
castañazo

costar
valer
importar
ascender
montar

tardar
ocupar

costarricense
tico *amer. col.*

coste
importe
precio
valor
costa
costo
total

costear(se)
pagar
sufragar
subvencionar
sostener
financiar
cubrir

costero
costeño
costanero

costilla
cuaderna

col.
esposa

costillas
espaldas

costipado
constipado

costiparse
constiparse

costo
importe
precio
valor
coste
costa

argot
hachís
chocolate *argot*

costoso
caro
oneroso
gravoso

dificultoso
penoso

↔ barato

sencillo
fácil

costra
corteza
postilla

costumbre
hábito
uso
usanza
rutina
manía

costura
cosido
labor

costurera
modista
sastra
modistilla

costurón
cicatriz
marca
señal

cota
importancia
categoría
valor

altura
altitud
elevación

cotarro col.
asunto
actividad
negocio

cotejar
comparar
confrontar
compulsar
comprobar
verificar
parangonar
enfrentar

cotejo
comprobación
confrontación
compulsa
verificación
parangón

cotidiano
diario
habitual
acostumbrado
usual
frecuente
ordinario
común
corriente

↔ infrecuente
   insólito

cotilla
chismoso
correveidile
cuentista
murmurador

↔ discreto

cotillear
chismorrear
chismear
chinchorrear
murmurar
comadrear

curiosear
husmear
fisgar
fisgonear
oler
meter las narices col.

cotilleo
chisme
chismorreo
murmuración
cuento
comadreo

cotizar(se)
valorar
estimar
evaluar
tasar

abonar

coto[1]
vedado
reserva

coto[2] amer.
papera
bocio

cotorra col.
hablador
parlanchín
charlatán
chicharra col.

↔ callado

cotorrear col.
parlotear
parlar
charlotear
cascar col.
rajar col.

cotorreo col.
parloteo
cháchara
palique

cotufa
chufa

covacha
antro
caverna
cueva
gruta

cuchitril
cuartucho
tugurio
tabuco

coyunda
boda
matrimonio
casamiento
nupcias
enlace
connubio cult.

sujeción
dependencia
dominio
sumisión
servidumbre

↔ emancipación
   liberación

coyuntura
estado
situación

oportunidad
ocasión
momento

articulación
juntura

coyuntural
oportuno
circunstancial
ocasional

coz
coceadura
patada

retroceso (arma)

grosería
exabrupto
indelicadeza

crac
ruina
depresión
bancarrota
quiebra

fracaso
derrumbe
desplome
caída

crápula
crapuloso
calavera
libertino
disipado
depravado
disoluto

↔ virtuoso

craso
grande
enorme
burdo
abultado

↔ mínimo
   insignificante

creación
inicio
origen
formación
institución

recreación

universo
mundo
cosmos

↔ destrucción
   eliminación

creador

iniciador
inventor
fundador

autor
compositor

Dios
Hacedor

↔ destructor
 aniquilador

crear

iniciar
originar
inventar
fundar
formar
instituir
engendrar
concebir
componer
hacer

designar
elegir
elevar
nombrar

recrear

crearse

imaginarse
idear
forjarse
concebir

↔ destruir
 eliminar

creatividad

inventiva
imaginación
fantasía
innovación

creativo

imaginativo
innovador

crecer

aumentar
desarrollar
engrandecerse
agrandarse
incrementarse
engrosar
intensificarse
acentuarse

subir
elevarse
estirarse
espigarse

crecerse

envalentonarse
animarse
envanecerse

↔ decrecer
 menguar

 achicarse
 acobardarse

creces, con

sobradamente
abundantemente
holgadamente
colmadamente

crecida

riada
avenida
desbordamiento
inundación
arroyada

↔ estiaje

crecido

grande
numeroso
abundante
nutrido
copioso

↔ escaso
 pequeño

creciente

ascendente

↔ decreciente
 menguante

crecimiento

desarrollo
aumento
engrandecimiento
agrandamiento
incremento
engrosamiento
acentuamiento
subida
estirón

↔ decrecimiento
 disminución
 mengua

credencial

acreditativo
justificativo

acreditación

crédito

préstamo

deuda

credibilidad
fiabilidad

prestigio
reconocimiento
reputación
renombre

↔ duda
 sospecha

 descrédito

credo

fe
ideología
ideario
dogma
convicciones
principios
creencias

credulidad

candidez
candor
ingenuidad
inocencia

↔ incredulidad

crédulo

cándido
candoroso
ingenuo
inocente
confiado
incauto

↔ incrédulo

creencia

certeza
certidumbre
convicción
convencimiento

creencias

credo
ideología
ideario

creer(se)

admitir
tragarse col.

pensar
estimar
imaginar
considerar

profesar
confiar
fiarse

↔ dudar
 desconfiar

 abjurar

creíble

fiable
verosímil
plausible
fidedigno

↔ increíble

creído

engreído
vanidoso
orgulloso
presumido
encopetado
fatuo
pagado de sí mismo

↔ modesto

crema[1]

pomada
potingue

élite
flor

↔ escoria

crema[2]

diéresis

cremación

incineración
quema
combustión

crematístico

económico
dinerario
monetario
financiero

cremoso
pastoso

crepitación
crujido
chisporroteo
chasquido

crepitar
crujir
chisporrotear
chascar

crepuscular
vespertino

crepúsculo
amanecer
aurora
alba
albor

atardecer
anochecer
ocaso

declinación
declive
ruina
decrepitud

↔ auge
    esplendor

creso
rico
adinerado
millonario
acaudalado
opulento
pudiente

↔ pobre

crespo
rizado
ensortijado
encrespado
ondulado

↔ lacio
    liso

cresta
penacho
copete
moño

cretinismo
estupidez
necedad
idiotez
imbecilidad
mentecatez

cretino
estúpido
necio
idiota
majadero
tonto
imbécil

creyente
fiel
adepto
religioso

↔ escéptico
    ateo

cría
cachorro

crianza

camada
lechigada

criadero
granja

vivero
plantel

yacimiento
mina
depósito
venero

criado
servidor
sirviente
lacayo
mozo
chico

criandera *amer.*
nodriza
ama de cría

crianza
lactancia
cría
educación
formación

criar(se)
amamantar
lactar
alimentar

educar
enseñar
dirigir
formar
cultivar

procrear
parir

originar
producir
provocar
suscitar

criarse
desarrollarse
crecer

criatura
ser
hombre
individuo
sujeto

chiquillo
crío
nene
mocoso
churumbel
rorro

criba
tamiz
cedazo
cernedor
harnero

selección
elección

cribar
tamizar
cerner
cernir
filtrar
colar

seleccionar
elegir
escoger

crimen
asesinato
homicidio

disparate
error

criminal
penal

asesino
delincuente
malhechor
forajido
malvado
canallesco

criminalista
penalista

crío
chiquillo
criatura
nene
lactante
bebé
rorro
churumbel

cripta
catacumba
hipogeo

críptico
enigmático
confuso
recóndito
indescifrable
inaccesible
oscuro

↔ comprensible

crisis
inestabilidad
mutación
vicisitud

dificultad
problema
compromiso
trance
aprieto
apuro
brete
escollo

recensión
depresión

↔ estabilidad
    facilidad
    ventaja

crisma[1] *col.*
cabeza

crisma²
felicitación

crismón
lábaro

crispación
crispamiento
conmoción

contracción
convulsión
estremecimiento
calambre
espasmo

↔ relajación
distensión

crispar(se)
contraer
estremecer
convulsionar
acalambrar

irritar
enfurecer
impacientar
exasperar
indignar
encrespar
encolerizar
enojar
fastidiar
alterar
sacar de quicio

↔ relajar
distender

tranquilizar

cristal
vidrio

cristalera
ventanal
vidriera

vitrina
escaparate

cristalino
claro
transparente
diáfano

↔ opaco
turbio

cristalizar
concretarse
especificarse
cuajar

cristianar
acristianar
bautizar

cristianismo
evangelio

Iglesia
cristiandad

cristianización
evangelización

cristianizar
evangelizar
catequizar

cristiano
evangélico

criterio
regla
pauta
norma
principio

discernimiento
juicio

opinión
parecer
idea
apreciación
valoración
estimación

crítica
juicio
reseña
comentario
recensión

censura
reproche
reparo
reprobación

murmuración
maledicencia

↔ elogio
aprobación

criticable
censurable
reprobable
vituperable
reprochable
condenable

↔ elogiable

criticar
censurar
desaprobar
reprobar
vituperar

juzgar
examinar
considerar
analizar
evaluar
enjuiciar

↔ aprobar
elogiar

crítico
analítico
incisivo
punzante
mordaz

decisivo
culminante
crucial
cumbre
supremo
conveniente
pertinente

↔ aprobatorio

criticón
censor
censurador

↔ adulador

cromo
estampa
lámina
ilustración
santo

crónica
relato
anales
fastos

reportaje
informe
documental

crónico
endémico

arraigado
enraizado
inveterado

↔ agudo

nuevo
reciente

cronista
historiador
analista

reportero
periodista
corresponsal

cronológico
temporal
cíclico
periódico
sucesivo

cronometrar
computar

croquis
apunte
borrador
bosquejo
boceto
esbozo

cruce
confluencia
encrucijada
intersección
nudo

cruzamiento

cruceta
cruz
aspa

crucial
esencial
fundamental
trascendental
decisivo
cumbre
crítico
culminante

↔ trivial
intrascendente

crucificar

atormentar
mortificar
perjudicar
molestar
fastidiar
afligir

crucifijo

cruz

crudeza

rigor
aspereza
rudeza
dureza

↔ suavidad

crudo

verde
inmaduro
tierno

desapacible
inclemente
riguroso
destemplado

duro
acerbo
áspero
cruel
amargo
realista
fuerte
descarnado

↔ maduro
   pasado

   templado
   benigno

   suave
   blando

cruel

despiadado
inhumano
desalmado
sanguinario
salvaje
bárbaro
feroz
fiero
riguroso
crudo
duro

brutal
atroz
tremendo
encarnizado

↔ compasivo
   benigno
   suave
   dulce

crueldad

salvajismo
barbarie
ferocidad
impiedad
bestialidad
brutalidad
crudeza
dureza
rudeza

salvajada
barbaridad
monstruosidad
atrocidad

↔ humanidad
   benignidad

cruento

sangriento
encarnizado

↔ incruento

crujía

pasillo
galería
corredor

crujido

chasquido
chirrido

crujir

chascar
chirriar
rechinar

cruz

aspa
cruceta

crucifijo

suplicio
carga
calvario

cruzamiento

cruce
coincidencia

cruzar(se)

atravesar
pasar
salvar
traspasar
trasponer

coincidir

cuaderna

costilla (de un barco)

cuaderno

libreta
bloc

cuadra

caballeriza
establo

tugurio
pocilga
corral
chiquero

amer.
manzana (de casas)

cuadrar

ajustar
casar
adecuarse
acomodarse
acoplar
adaptarse
convenir
concordar

↔ desentonar

cuadrilátero

tetrágono

ring
lona

cuadrilla

brigada
partida

panda
pandilla
hato *desp.*
atajo *desp.*

cuadro

cuadrado
cuadrilátero

visión
escena
imagen

esquema
sinopsis

tablero
panel

cuajar(se)

coagular
espesar
condensar
solidificar

cargar
recargar
sobrecargar
llenar
colmar
cubrir
abigarrar
atiborrar

lograrse
resultar
cristalizar
realizarse

↔ licuar

   frustrarse

cuajarón

coágulo
grumo

cuajo

calma
pesadez
tranquilidad
lentitud
parsimonia
pachorra
cachaza
flema

fermento
quimosina

↔ rapidez
   energía

cualidad

propiedad
atributo
condición

naturaleza
característica
peculiaridad
particularidad
índole
calidad
aspecto
virtud
valor

cualificado

acreditado
autorizado
experto
especialista
perito
entendido
capaz
capacitado
preparado

↔ desacreditado
incapaz

cualificar

calificar
acreditar
autorizar
prestigiar
reputar
apreciar
evaluar
enjuiciar
estimar

↔ descalificar
censurar

cualitativo

↔ cuantitativo

cualquiera

cualquier
uno
alguien
alguno

cuantía

cantidad
suma
importe
coste
costo

importancia
magnitud
alcance
trascendencia

cuantificar

cifrar
valorar
calcular
tasar

cuantioso

abundante
considerable
numeroso
copioso
profuso
nutrido

↔ escaso
insignificante

cuantitativo

↔ cualitativo

cuarta

palmo

cuartear

despedazar
trocear
descuartizar

cuartearse

rajarse
agrietarse
abrirse
resquebrajarse

cuartel

acuartelamiento
acantonamiento
campamento

tregua

cuartelada o cuartelazo

pronunciamiento
alzamiento
revuelta militar

cuarteta

redondilla

cuarto

habitación
dependencia
pieza
estancia

cámara
departamento
cubil

cuartos

dinero
plata
guita *col.*
parné *col.*

cuartucho *desp.*

cubículo
cuchitril
tugurio
covacha

cuate *amer.*

amigo
compinche
camarada
compañero

cuba

barril
tonel

cubero

tonelero
barrilero

cubeta

balde
barreño
herrada

cubículo

cuchitril
tugurio
covacha
cuartucho *desp.*

cubierto

tapado
oculto
envuelto

abarrotado
lleno
ocupado
repleto
cuajado
colmado
plagado

nublado
encapotado
cerrado

techo
techumbre

↔ descubierto
despejado

cubil

refugio
escondrijo
madriguera
guarida

cuarto
aposento
dormitorio
habitación

cubo

balde
barreño
herrada

cubrecama

colcha
cobertor
edredón
sobrecama

cubrir(se)

tapar
ocultar
esconder
recubrir
envolver
enfundar
forrar
revestir

ocupar
abarrotar
acumular
copar

depositar
extender

proteger
defender
resguardar
amparar

alcanzar
bastar

colmar
abrumar

encubrir
disimular
aparentar

montar
aparearse

cubrirse
encasquetarse
tocarse
colocarse

vestirse
ponerse

nublarse
encapotarse
cerrarse
oscurecerse

protegerse
escudarse
resguardarse

↔ descubrir

abrirse
despejarse

desprotegerse

cucamonas *col.*
carantoñas
zalamerías
arrumacos
halagos
embelecos
mimos

cuchara
cucharada

cuchichear
murmurar
susurrar
sisear
secretear

↔ gritar
vocear

cuchicheo
murmullo
susurro
secreteo

↔ grito

cuchillada
corte
raja
tajo

cuchillero *amer.*
camorrista
pendenciero

cuchipanda *col.*
francachela
comilona
banquete
festín

cuchitril
cochiquera
chiquero

cuartucho
tugurio
cubil
covacha
chamizo

cuchufleta *col.*
chufla
chanza
chirigota

cuco
taimado
zorro
ladino
pícaro
astuto

coqueto
mono
lindo
bonito

↔ ingenuo
feo

cucurucho
capirote
capuchón

cuelgue *argot*
colocón *col.*

cuello
pescuezo
cogote
garganta

gollete

cuenca
órbita
cavidad

cuenco
escudilla
bol

cuenta
abalorio

recuento
cómputo
cálculo

factura
minuta
recibo
nota

balance
contabilidad

explicación
justificación
razón
satisfacción

cuidado
obligación
incumbencia
deber
cargo
asunto

consideración
atención

beneficio
provecho
ventaja
utilidad

cuentakilómetros
velocímetro

cuentista
narrador
fabulista

mentiroso
farsante
embustero
fantasioso
trolero *col.*

cotilla
chismoso
correveidile
comadre

cuento
relato
narración
fábula
historieta

mentira
pretexto
falsedad

embuste
patraña
fantasía
trola *col.*

cotilleo
chisme
chismorreo
habladuría
murmuración
enredo

↔ verdad

cuerda
cordel
soga
maroma
guita
bramante

cuerdo
juicioso
sensato
formal
moderado
prudente
cabal

↔ loco
insensato

cuereada *amer.*
zurra
azotaina
tunda

cuerna
cornamenta

cuerno
asta
pitón
cacho *amer.*

cuero
pellejo

odre
bota

pelota
bola
balón
esférico

amer.
látigo
correa

amer.
prostituta
ramera

cueros, en
desnudo
en pelotas *vulg.*

cuerpo
sustancia
elemento
cosa

volumen

organismo

torso
tronco

cadáver
muerto
fallecido
fiambre *col.*

colectivo
colectividad

consistencia
espesura
grosor
firmeza
solidez

cuesco
hueso
güito
tito
carozo *amer.*

col.
pedo
ventosidad

cuesta
subida
repecho
rampa
pendiente
talud

↔ bajada

cuestación
postulación
colecta
recaudación

cuestión
materia
negocio
asunto
tema

dificultad
duda
pregunta
problema
complicación
lío
jaleo
escollo

riña
discusión
disputa
altercado
polémica
gresca
trifulca

cuestionable
dudoso
incierto
discutible
controvertible
debatible
objetable
impugnable
problemático

↔ incuestionable
    cierto

cuestionar
discutir
polemizar
debatir
controvertir
objetar
impugnar

↔ aceptar

cuestionario
formulario
guión
impreso

temario

cuestor
postulador

cueva
caverna
gruta
sima
antro
abrigo
covacha

sótano
bodega

cuévano
canasto
canasta
cesta
capazo
banasta
espuerta

cuidado
arreglado
atendido

esmero
precaución
celo
solicitud
miramiento
cautela
interés

recelo
miedo
preocupación
desconfianza
inquietud
intranquilidad
sobresalto
prevención

incumbencia
cargo
competencia

custodia
vigilancia
asistencia
guardia

↔ descuidado

    descuido

    despreocupación

cuidadoso
esmerado
solícito
meticuloso
minucioso
concienzudo

celoso
vigilante
atento
precavido
cauteloso

↔ descuidado

    despreocupado

cuidar
atender
asistir

encargarse
responsabilizarse
ocuparse
guardar
velar
vigilar
proteger
defender
hacerse cargo

↔ descuidar
    desatender

cuita
pena
tristeza
congoja
aflicción
sinsabor
abatimiento

desventura
penalidad
infortunio
adversidad
calamidad

↔ alegría
    dicha

    ventura

cuitado
apenado
angustiado
desventurado
acongojado
abatido
desdichado
desgraciado

tímido
apocado
pusilánime
parado

↔ alegre

    decidido

culamen *col.*
culo
trasero
posaderas
pompi *col.*
poto *amer.*

culatazo
retroceso (arma)
coz

culebrear
serpentear
zigzaguear
reptar

culebrón
telenovela

culinario
gastronómico

culminación
logro
término
consecución

cumbre
cima
cúspide
culmen
máximo
punto culminante

↔ inicio

   decadencia

culminante
crítico
decisivo
supremo
destacado
superior
sobresaliente
primordial
eminente

culminar
acabar
terminar
rematar
coronar
consumar

↔ empezar

culo
trasero
nalgas
posaderas
culamen *col.*
pompi *col.*
poto *amer.*

ano

culpa
responsabilidad
culpabilidad

↔ inocencia

culpabilidad
culpa

culpable
responsable
causante
autor

delictivo

↔ inocente

culpar(se)
acusar
achacar
atribuir
imputar
inculpar
incriminar

↔ exculpar
   excusar

culteranismo
cultismo
gongorismo

↔ conceptismo

cultivar(se)
labrar
arar
laborar
trabajar (la tierra)

cuidar
fomentar
conservar
mantener

dedicarse
consagrarse

ejercitar
adiestrar

cultivarse
instruirse
ilustrarse
educarse
formarse

↔ perder
   descuidar

   abandonar

   embrutecerse

cultivo
labor
laboreo
labranza

culto
ilustrado
instruido
sabio
erudito
cultivado

civilizado
desarrollado

cultivado
labrado

adoración
devoción
fervor
veneración

liturgia
rito

estima
admiración

↔ inculto

   bárbaro

cultura
formación
instrucción
saber
sabiduría
erudición

civilización
desarrollo
progreso
adelanto

↔ incultura

   subdesarrollo

culturizar(se)
educar
civilizar
enseñar
instruir
ilustrar

cumbre
pico
vértice
cresta
cima
cúspide

apogeo
culmen
culminación

↔ decadencia
   declive

cumpleaños
aniversario

cumplido
completo
entero
cabal
acabado
rematado
perfecto

amplio
abundante
copioso
generoso

fino
cortés
atento
educado
correcto

atención
gentileza
delicadeza
detalle
piropo
flor

↔ incompleto
   imperfecto

   escaso

   descortés

   grosería

cumplidor
formal
cuidadoso
responsable
puntual
meticuloso
escrupuloso

↔ informal
   descuidado

cumplimentar
tramitar
gestionar

cumplir
ejecutar

↔ incumplir

cumplimiento
cumplido
cortesía
atención
gentileza

ejecución
obediencia
respeto
observación
observancia
acatamiento
realización
desempeño
↔ descortesía
incumplimiento

cumplir(se)
ejecutar
obedecer
respetar
guardar
observar
cumplimentar
llevar a efecto

hacer

finalizar
expirar
vencer

corresponder

convenir

licenciarse

cumplirse
realizarse
verificarse
↔ incumplir

cúmulo
pila
aglomeración
acumulación
montón
rimero
suma
infinidad
arsenal
multitud

cuna
moisés

patria
suelo natal

linaje
estirpe
familia
sangre
abolengo
alcurnia
casta

cundir
extenderse
multiplicarse
difundirse
propagarse
rendir
dar de sí

cuña
calza
calzo
alza

cuño
troquel
sello

cuota
cupo
asignación
contribución
participación
cotización

cupo
cuota
asignación
contribución
contingente
cabida
capacidad
amer.
plaza (vehículos)

cupón
comprobante
volante
vale
bono
boleto

cúpula
domo
cimborrio
dirección
jefatura
directiva
gerencia
superioridad

cura
curación
terapia
terapéutica
tratamiento

sacerdote
clérigo
eclesiástico
padre

curado
acostumbrado
curtido
encallecido
endurecido

curar(se)
sanar
reponerse
recuperarse
restablecerse

atender
cuidar
tratar
medicar

curtir

↔ enfermar

curativo
medicinal
benéfico
higiénico

curda *col.*
borrachera
embriaguez
cogorza *col.*
trompa *col.*
merluza *col.*

borracho
alcohólico

curiosear
fisgonear
fisgar
husmear
cotillear
rebuscar

curiosidad
interés
intriga

rareza
originalidad
singularidad

aseo
pulcritud
esmero

cuidado
primor
↔ indiferencia

curioso
indiscreto
entrometido
fisgón
cotilla

interesado
inquieto

interesante
extraño
llamativo
chocante

aseado
pulcro
esmerado
↔ discreto

indiferente

corriente

sucio
dejado

currante *col.*
trabajador

currar *col.*
trabajar
currelar *col.*
arrimar el hombro *col.*

pegar
zurrar
cascar
atizar
sacudir
golpear
arrear
↔ vaguear

curre *col.*
trabajo
curro *col.*
currele *col.*
currelo *col.*

currículo
curriculum vitae
historial
expediente
palmarés
plan de estudios

cursado

experto
experimentado
diestro
versado
ducho
perito
entendido

↔ inexperto
   novato

cursar

seguir
asistir

enviar
tramitar
expedir
diligenciar
dar curso

cursi

remilgado
relamido
amanerado
redicho
finolis

↔ campechano

cursiva

bastardilla
itálica

curso

cauce
trayectoria
derrotero
rumbo
desarrollo

transcurso
lapso

cursillo
máster

curtido

moreno
atezado
bronceado

curado
encallecido
avezado
fortalecido
endurecido
hecho
baqueteado
acostumbrado

↔ pálido
   blanco

   tierno
   inexperto
   verde

curtiduría

tenería

curtir(se)

adobar
curar

atezar
broncear
tostar

fortalecer
avezar
encallecer
endurecer
acostumbrar
baquetear

curva

curvatura

revuelta
recodo
giro

gráfica

↔ recta

curvar(se)

encorvar
combar
arquear
alabear

↔ enderezar

curvatura

curva
comba
alabeo

curvo

curvado
curvilíneo
combo
arqueado
alabeado

↔ recto

cuscurro

coscurro

cúspide

cumbre
cima
vértice

pináculo
remate

apogeo
auge
culmen
apoteosis
plenitud
esplendor
clímax

↔ decadencia

custodia

cargo
responsabilidad
cuidado

guardia
vigilancia
protección
defensa
salvaguardia
escolta

ostensorio

↔ abandono

custodiar

cuidar
responsabilizarse
hacerse cargo

guardar
vigilar
proteger
defender
salvaguardar
velar
escoltar

↔ descuidar
   abandonar

cutis

piel
tez

cutre *col.*

mísero
miserable
pobretón

mezquino
tacaño
roñoso
ruin
avaro
agarrado
cicatero
rata *col.*

↔ lujoso

   generoso
   desprendido

dable

posible
factible
viable
hacedero

↔ imposible

dabuten *col.*

magnífico
estupendo
genial
formidable
demasiado *col.*
chupi *col.*
chachi *col.*

↔ fatal

dactilar

digital

dactilografía

mecanografía

dádiva

regalo
obsequio
presente
donativo

dadivoso

generoso
desprendido
espléndido
pródigo
rumboso
obsequioso

↔ tacaño
   avaro
   miserable

dado¹

cubo

dado²

donado
entregado
cedido
regalado
traspasado
transmitido
legado

supuesto

posible
factible
viable

determinado
concreto
específico

dador

donador
donante
legador

portador
mensajero

librador

↔ receptor
   destinatario

daga

cuchillo
puñal

daltonismo

acromatopsia

dama

señora
mujer

dueña
ama

distinguida
refinada

damajuana

garrafa
garrafón

damisela

señorita
doncella
muchacha

damnificado

dañado
perjudicado
afectado
accidentado
víctima

↔ ileso

damnificar

dañar
perjudicar

↔ beneficiar

dandi

elegante
presumido
figurín

petimetre
lechuguino
brazo de mar

danés

dinamarqués

dantesco

infernal
aterrador
pavoroso
espeluznante
catastrófico
espantoso
tremendo
horrendo

danza

baile
ballet

enredo
intriga
lío
embrollo
jaleo
maraña

danzar

bailar

moverse
bullir
zascandilear
enredar

danzarín

bailarín
danzante

dañar(se)

estropear
perjudicar
deteriorar
averiar
destruir
arruinar
atacar
lastimar
herir
accidentar
damnificar
lesionar
afectar
menoscabar

↔ beneficiar

dañino

dañoso
nocivo
malo

perjudicial
pernicioso
lesivo

↔ beneficioso
   inofensivo

daño
perjuicio
deterioro
estropicio
avería
destrucción
detrimento
agravio
pérdida
menoscabo
ofensa
mal

dolor
lesión
herida
afección
dolencia

↔ beneficio
   bien

   alivio
   cura

dar(se)
donar
entregar
ceder
regalar
traspasar
pasar

proporcionar
administrar
suministrar
procurar
proveer
aportar
repartir
distribuir

pagar
abonar

conceder
conferir
otorgar
atribuir
imprimir
prestar

soltar
desprender
despedir

liberar
arrojar

producir
causar
ocasionar

decir
indicar
comunicar
dictar
presentar
exponer
explicar
pronunciar

fastidiar
amargar
estropear

pegar
golpear
asestar
propinar
atizar
tocar
chocar

accionar
activar
encender

ofrecer (una fiesta)
celebrar
organizar

sobrevenir
ocurrir
acometer
atacar

acertar
atinar

encontrar
hallar

alcanzar
bastar

desembocar
salir
mirar
dirigirse

darse
dedicarse
consagrarse

suceder
existir
acontecer
acaecer

↔ recibir
   quitar

arrebatar
despojar

negar

retener

apagar
cortar

fallar
errar

perder

faltar

dardo
venablo
saeta

puya
puyazo
sátira

dársena
fondeadero
anclaje
atracadero
desembarcadero

data
fecha

datar
fechar

remontarse
originarse
proceder
venir

dátil *col.*
dedo

dato
noticia
referencia
antecedente
información

documento
prueba
testimonio
fundamento

magnitud
número
cifra
cantidad

deambular
vagar
vagabundear
callejear
errar
pasear
andar
merodear
zascandilear

↔ detenerse

deambulatorio
girola

debacle *fr.*
desastre
destrucción
derrota
catástrofe
ruina
hecatombe
cataclismo
calamidad

↔ éxito
   triunfo

debajo
abajo
bajo
so *ant.*

↔ encima
   sobre

debate
discusión
disputa
polémica
controversia

↔ acuerdo
   entendimiento

debatir
discutir
disputar
polemizar
contender
deliberar
controvertir

debatirse
luchar
forcejear
agitarse
combatir
bregar

debe

deuda
cargo
débito
pasivo

↔ haber

deber[1]

adeudar
debitar
entrampar

haber de
tener que
estar obligado a

deber[2]

obligación
responsabilidad
compromiso
imposición
carga
cometido

deberes

tarea

debido

adeudado

necesario
obligado
exigido
requerido

conveniente
adecuado
oportuno
apropiado

↔ indebido

débil

frágil
endeble
flojo
delicado
blandengue
enclenque

desfallecido
desmayado
decaído
apagado
lánguido
exhausto
exangüe
exánime

blando
condescendiente
dócil
pusilánime
timorato
baldragas *col.*

↔ fuerte
  resistente
  vigoroso

  duro
  firme

debilidad

fragilidad
endeblez

flojedad
flojera
laxitud
desfallecimiento
decaimiento

blandura
condescendencia
docilidad

preferencia
inclinación
afición
cariño

↔ fortaleza
  resistencia
  vigor

  dureza
  firmeza
  rigor

debilitar(se)

desgastar
minar
cansar
extenuar
agotar
consumir
agostar
decaer

↔ fortalecer

debitar

adeudar
deber

débito

deuda
adeudo
debe
obligación

debut

estreno
presentación

comienzo
inicio

década

decenio

decadencia

declive
caída
ocaso
decaimiento
debilitación
agonía
eclipse
postrimerías

↔ auge
  apogeo

decadente

caduco
anticuado
pasado
desfasado
decrépito
trasnochado
obsoleto
decimonónico
decaído
rancio

↔ floreciente
  pujante

decaer

empeorar
degenerar
declinar
decrecer
disminuir

caer
debilitarse
desfallecer
desmejorarse
deteriorarse
caducar

↔ fortalecerse
  mejorar
  prosperar

decaído

desanimado
triste
abatido

desalentado
afligido
deprimido
mustio
alicaído
apagado
apocado
cabizbajo

débil
flojo

↔ animado
  alegre

  fuerte

decaimiento

desánimo
tristeza
abatimiento
desaliento

debilitamiento
debilidad
desfallecimiento
desmayo
flojedad
languidez

↔ ánimo
  alegría

  fortalecimiento
  mejora

decantar

verter
trasegar

decantarse

optar
inclinarse
decidirse
tomar partido

decapitar

degollar
guillotinar
descabezar

decelerar

desacelerar
frenar

↔ acelerar

decencia

honestidad
moralidad
dignidad

recato
pudor
decoro
castidad
ética
honradez
integridad

↔ indecencia
   desvergüenza
   deshonestidad
   indignidad

decenio

década

decente

honesto
moral
digno
recatado
púdico
decoroso
casto
ético
honrado
íntegro
cabal

adecuado
satisfactorio
bueno

aseado
arreglado
limpio
ordenado
curioso

↔ indecente
   deshonesto
   indigno

   inadecuado
   insuficiente

   sucio

decepción

desilusión
desencanto
desengaño
frustración
chasco
batacazo
fiasco

↔ satisfacción

decepcionar

desilusionar
desencantar

desengañar
frustrar
defraudar
chafar *col.*

↔ convencer
   satisfacer

deceso *cult.*

muerte
fallecimiento
defunción
óbito *cult.*

↔ nacimiento

dechado

prototipo
arquetipo
ideal
ejemplo
modelo

decidido

acordado
determinado
dispuesto

atrevido
arrojado
valiente
animoso

seguro
enérgico
resuelto
firme

↔ cobarde
   pusilánime
   apocado

   indeciso
   vacilante

decidir(se)

acordar
resolver
determinar
disponer
elegir
optar

impulsar
inclinar
convencer
mover

decidirse

animarse
atreverse
lanzarse

↔ dudar
   titubear
   vacilar

   disuadir

   acobardarse
   arredrarse

décima

espinela

decimal

fracción
quebrado

↔ entero

decimonónico

desfasado
trasnochado
anticuado
decadente
caduco
pasado
obsoleto

↔ actual

decir

contar
exponer
referir

expresar
manifestar
comunicar
declarar
proclamar
pronunciar
articular
hablar

asegurar
sostener
aseverar
confirmar
afirmar
opinar
mantener
recalcar
subrayar

↔ callar
   omitir

   negar

decisión

acuerdo
resolución
determinación

disposición
opción
elección
medida

iniciativa
energía
empuje
ímpetu
ánimo
brío
denuedo

sentencia
fallo
dictamen
veredicto

↔ indecisión
   vacilación

   inseguridad
   debilidad

decisivo

determinante
convincente
concluyente
definitivo
resolutorio
decisorio

crítico
crucial
fundamental
sustancial
capital
esencial
trascendental

↔ indiferente

   trivial
   intrascendente

declamación

recital
disertación

declamar

recitar
disertar

declaración

revelación
manifestación
confesión
testimonio

↔ silencio

declarar

revelar
descubrir
decir
manifestar
publicar
proclamar
confesar
desembuchar *col.*
cantar *col.*

dictaminar
fallar
sentenciar

atestiguar
testificar
deponer

declararse

mostrarse
aparecer
comenzar

↔ callar
   omitir

declinación

caída
descenso
declive
decadencia
ocaso

flexión (gramatical)

declinar

remitir
disminuir
menguar
decaer
decrecer
desfallecer
debilitarse
deteriorarse

eclipsarse

acabar
caer

inclinarse
reclinarse

rehusar
rechazar

↔ aumentar
   ascender

   empezar

   enderezarse

   aceptar

declive

inclinación
cuesta
desnivel
pendiente
repecho

decadencia
menoscabo
deterioro
ocaso
caída
agonía
eclipse
postrimerías

↔ ascenso
   auge

decodificar

descodificar

decolorar(se)

descolorar
desteñir
despintar

↔ colorar
   tintar

decomisar

confiscar
incautar
requisar

decoración

ornamentación
engalanamiento
acicalamiento
aderezo
adorno

interiorismo

decorado
escenografía
ambientación
fondo
cuadro

decorado

adornado
ornamentado
engalanado
aderezado
acicalado
ambientado

decoración
escenografía

ambientación
fondo
cuadro

decorador

interiorista

decorar

adornar
ornar
ornamentar
engalanar
aderezar
componer
arreglar
embellecer

↔ despojar
   afear

decorativo

ornamental
estético

decoro

honor
dignidad
honra
respeto
reverencia
prez

gravedad
educación
compostura
discreción
circunspección
prudencia

recato
pudor
decencia
honestidad
pureza
castidad

↔ indignidad
   deshonor

   descaro

   indecencia
   impudicia

decoroso

digno
honroso
honorable
respetable

decente
honesto
pudoroso

↔ indigno

   indecoroso

decrecer

disminuir
reducir
mermar
menguar
aminorar
descender
empequeñecer
bajar

↔ aumentar
   incrementar
   crecer

decreciente

menguante
descendiente

↔ creciente

decremento

disminución
reducción
descenso
merma
mengua
menoscabo

↔ incremento

decrépito

viejo
vetusto
senil
achacoso
chocho *col.*
carcamal *col.*

decadente
caduco
anticuado
pasado
desfasado
trasnochado
obsoleto

↔ joven
   lozano

   actual

decretar

dictar
resolver

ordenar
mandar
legislar
promulgar

↔ derogar
  abrogar
  abolir

decreto
orden
ordenanza
precepto
resolución
dictamen
edicto
mandato
disposición

decurso
transcurso
curso
sucesión
discurrir
paso
marcha

dedalera
digital (planta)

dédalo
laberinto
maraña
embrollo
enredo
lío

dedicación
entrega
consagración
ocupación
quehacer
trabajo

dedicar
destinar
emplear
asignar
aplicar
atribuir
adjudicar
adscribir

ofrecer
brindar
consagrar
ofrendar

dedicarse
entregarse
aplicarse
afanarse
ocuparse
enfrascarse
volcarse
esforzarse

dedo
dátil *col.*

deducción
inferencia
consecuencia
conclusión
derivación

descuento
rebaja
abaratamiento

deducir(se)
inferir
concluir
colegir
derivar
desprenderse

descontar
rebajar
restar

defecar
excretar
evacuar
deponer
obrar
cagar *col.*
hacer de vientre
hacer alguien sus
  necesidades

defección
deserción
traición
abandono
huida

↔ adhesión

defectivo
imperfecto
defectuoso
incompleto
insuficiente

↔ perfecto
  completo

defecto
imperfección
falta
deficiencia
fallo
maca
tara
tacha
desperfecto
lacra
carencia

↔ perfección

defectuoso
imperfecto
deficiente
tarado
dañado

↔ perfecto

defender(se)
proteger
amparar
preservar
resguardar
salvaguardar
parapetarse
cobijar
guarecer
refugiar

abogar
exculpar
disculpar
excusar
justificar
interceder
mediar

sostener
sustentar
mantener
respaldar
apoyar
favorecer
secundar

↔ atacar
  desguarnecer

  culpar
  acusar

  abandonar
  desamparar

defenestrar
destituir
expulsar

exonerar
relevar
deponer
echar
despedir

↔ mantener
  confirmar

defensa
protección
amparo
resguardo
salvaguardia
parapeto
cobijo
auxilio

apología
alegato
exculpación
descargo
disculpa
excusa
justificación
vindicación

sostén
respaldo
apoyo
favor

abogado

↔ ataque

  acusación

  abandono
  desamparo

  fiscal

defensivo
protector

↔ ofensivo
  atacante

defensor
protector
centinela
vigía

abogado
defensa

↔ atacante

  acusador
  fiscal

deferencia
consideración
atención

miramiento
respeto
cortesía
condescendencia
cumplido

↔ desconsideración

deferente

considerado
atento
complaciente
respetuoso
cortés
solícito
condescendiente

↔ desconsiderado

deficiencia

insuficiencia
escasez
falta
carencia

defecto
imperfección

minusvalía

↔ suficiencia

perfección

deficiente

insuficiente
escaso

defectuoso
imperfecto

disminuido
minusválido
discapacitado
retrasado

↔ suficiente

perfecto
satisfactorio

déficit

descubierto
débito
deuda

↔ superávit

definición

explicación
descripción
aclaración

precisión
determinación
delimitación
puntualización
especificación
caracterización

definir(se)

explicar
describir
aclarar
precisar
determinar
fijar
delimitar
puntualizar
concretar
caracterizar

definirse

pronunciarse
declararse

definitivo

inmutable
inamovible
invariable
absoluto

decisivo
determinante
concluyente
resolutorio

↔ provisional

deflación

bajada

↔ inflación

deforestar

↔ repoblar

deformación

desfiguración
alteración
distorsión
desproporción
deformidad

deformar(se)

desfigurar
alterar
desvirtuar
distorsionar
tergiversar
falsear
manipular

deforme

disforme
desfigurado
desproporcionado
contrahecho
amorfo
informe

↔ proporcionado

deformidad

deformación

defraudar

decepcionar
desilusionar
desencantar
desengañar
frustrar
chafar *col.*

estafar
timar

↔ convencer
satisfacer

tributar
contribuir

defunción

muerte
fallecimiento
expiración
óbito *cult.*
deceso *cult.*

↔ nacimiento

degenerado

vicioso
pervertido
depravado
degradado
corrompido
corrupto

↔ virtuoso

degenerar(se)

empeorar
decaer
degradar
corromper
viciar
pervertir
depravar

↔ regenerar

deglución

ingestión

deglutir

ingerir
tragar
pasar

↔ regurgitar
vomitar

degolladero

matadero

patíbulo
cadalso

degollar

decapitar
guillotinar
descabezar

arruinar
estropear

degollina

matanza
masacre
mortandad
hecatombe
estrago
carnicería *col.*
escabechina *col.*

degradación

destitución

degeneración
deterioro

envilecimiento
bajeza
humillación
corrupción

↔ ascenso

mejora

honra
honor

degradar

destituir
deponer

degenerar
deteriorar
desvirtuar
debilitar

envilecer
corromper
deshonrar
humillar

↔ ascender

  mejorar

  honrar

degustación

cata
paladeo

degustar

catar
probar
saborear
paladear

dehesa

pastizal
prado

deidad

divinidad
dios

deificar

divinizar
sacralizar

exaltar
sublimar
ensalzar
enaltecer

↔ humillar

dejación

renuncia
cesión
transmisión
traspaso
abandono
desistimiento

dejadez

negligencia
desidia
incuria
abandono
descuido
pereza
desgana

↔ esmero
  diligencia

dejado

abandonado
descuidado
perezoso
negligente
apático
desidioso

desaseado
desastrado
sucio
adán *col.*

↔ cuidadoso
  diligente

  arreglado
  aseado

dejar(se)

soltar
desprenderse

abandonar
retirarse
desistir
desentenderse
despreocuparse
desamparar
desatender
descuidar

irse
ausentarse
marcharse

separarse
romper
terminar
plantar
cortar
repudiar

legar

prestar

dar
ceder
confiar
encargar
encomendar

permitir
consentir
admitir
aguantar
tolerar

producir
causar
proporcionar

colocar
depositar

dejarse

abandonarse
descuidarse
desarreglarse
desaliñarse

olvidarse
distraerse

↔ tomar
  agarrar
  retener

  realizar
  efectuar
  atender

  quedarse
  permanecer

  reconciliarse

  desheredar

  prohibir
  impedir

  cuidarse
  arreglarse

deje

dejo
acento
entonación
tono
tonillo

dejo

deje

regusto
paladar
sabor

delación

acusación
denuncia
soplo *col.*
chivatazo *col.*

↔ encubrimiento

delantal

mandil

delante

adelante
antes

enfrente

↔ detrás

delantera

frente
cara
fachada
frontis
faz
haz

ventaja
anticipación

col.
pecho
busto

↔ trasera

  reverso

  desventaja

delatar(se)

acusar
denunciar
soplar *col.*
chivarse *col.*

descubrir
revelar
denotar

↔ encubrir

  ocultar

delator

acusador
denunciante
confidente
soplón *col.*
chivato *col.*

↔ encubridor

delectación

deleite

delegación

encomienda
autorización
poder
comisión
encargo
representación
mandato

agencia
filial
sucursal
dependencia
administración

delegado

encargado
apoderado
comisionado
representante
diputado
agente
mandatario
enviado

delegar

encomendar
facultar
autorizar
apoderar
comisionar
encargar
diputar

deleitar(se)

agradar
complacer
satisfacer
contentar
regocijar
regodearse

↔ desagradar
disgustar

deleite

agrado
complacencia
satisfacción
contento
regocijo
placer
gozo
fruición
delectación
regodeo

↔ desagrado
disgusto

deleitoso

agradable
placentero
delicioso
gozoso

↔ desagradable

deletéreo cult.

mortífero
mortal
venenoso
nocivo

dañino
perjudicial
pernicioso
destructor

↔ inocuo
inofensivo

deleznable

inconsistente
frágil
delicado

pasajero
fugaz
inestable

despreciable
miserable
aborrecible
abominable
detestable
execrable

↔ consistente
sólido

constante
estable

estimable
admirable

delfín

sucesor
continuador
heredero

delgado

fino
estrecho
afilado
tenue

flaco
enjuto
enteco
magro
escurrido
esquelético
escuálido
chupado

↔ grueso
ancho

gordo
obeso

deliberación

meditación
pensamiento
reflexión

discusión
examen
análisis

deliberado

intencionado
intencional
premeditado
preconcebido
voluntario
meditado
pensado
adrede
aposta
a propósito

↔ involuntario

deliberar

meditar
cavilar
pensar
reflexionar
discutir

delicadeza

fragilidad
endeblez
blandura

finura
suavidad
exquisitez

consideración
atención
cortesía
tacto
detalle
miramiento

↔ fuerza
resistencia
robustez

vulgaridad

grosería

delicado

frágil
endeble
quebradizo
blando

débil
enfermizo
enclenque

fino
suave

exquisito
refinado
selecto
depurado
primoroso
esmerado

considerado
atento
cortés

problemático
difícil

espinoso
peliagudo col.

melindroso
remilgado
escrupuloso
ñoño

sensible
susceptible
suspicaz
quisquilloso

↔ fuerte
resistente

robusto
sano

vulgar
tosco
ordinario

grosero

delicia

placer
agrado
deleite
delectación
complacencia
satisfacción
gozo
encanto
fruición

manjar
ambrosía
exquisitez

↔ desagrado
disgusto

delicioso

exquisito
rico
sabroso
gustoso
apetitoso
suculento

placentero
agradable
deleitable
deleitoso
gozoso
grato
encantador
adorable

↔ asqueroso
  repugnante

  desagradable
  repelente

delictivo
criminal
punible

↔ legal

delicuescencia
decadencia
descomposición
crisis

delicuescente
licuable

decadente

delimitación
demarcación
limitación
acotamiento
circunscripción

delimitar
demarcar
limitar
acotar
deslindar
restringir
circunscribir

↔ extender
  ampliar

delincuencia
criminalidad

delincuente
criminal
malhechor
infractor
agresor
transgresor

delinear
dibujar
trazar
abocetar

delinearse
perfilarse
recortarse

delinquir
atentar
violar
transgredir
infringir

delirar
alucinar
desvariar
desbarrar
fantasear
disparatar

delirio
desvarío
despropósito
disparate
absurdo
desatino
incongruencia
fantasía

emoción
entusiasmo
éxtasis
apoteosis

↔ lucidez
  cordura

delito
crimen
infracción
falta
transgresión
perpetración

demacrado
cadavérico
macilento
consumido
desmejorado
chupado

↔ robusto
  gordo

demagogia
electoralismo
populismo

demanda
petición
solicitud
requerimiento
súplica
ruego
imploración
exigencia
reclamación

demandar
pedir
solicitar
requerir
suplicar
rogar
implorar
exigir
reclamar

demarcación
delimitación
limitación
acotamiento

circunscripción
distrito

demarcar
delimitar
limitar
acotar
deslindar
restringir
circunscribir
amojonar

↔ extender
  ampliar

demasía
exceso
abundancia
exuberancia
profusión
superabundancia
raudal

↔ carencia
  moderación

demasiado
excesivo
sobrado
desmedido
desmesurado

col.
estupendo

formidable
genial
guay *col.*
dabuten *col.*
chachi *col.*
chupi *col.*

↔ poco
  escaso

  fatal

demediar
promediar
dividir

mediar

↔ doblar
  duplicar

demencia
locura
enajenación
insania
vesania *cult.*
chifladura *col.*
chaladura *col.*

↔ cordura

demencial
disparatado
desatinado
descabellado
desproporcionado

↔ razonable

demente
loco
enajenado
vesánico *cult.*
chiflado *col.*
chalado *col.*

↔ cuerdo

demérito
desmerecimiento
desdoro
descrédito
menoscabo
desprestigio
descalificación

↔ mérito

demodé *fr.*
trasnochado
anticuado

obsoleto
out
pasado de moda

↔ actual
  moderno
  in

demoler

derribar
tirar
derruir

destruir
desbaratar
deshacer
devastar
aplastar
arrasar

↔ construir
  edificar

demolición

destrucción
devastación
aniquilación

↔ construcción

demonio

diablo
maligno
anticristo
demontre
diantre
mengue *caló*
ángel caído
Lucifer
Satanás
Satán
Luzbel
Mefistófeles
Belcebú
Leviatán
Pedro Botero

↔ ángel

demora

atraso
retraso
retardo
dilación
tardanza
aplazamiento

↔ anticipo
  adelanto

demorar(se)

atrasar
retrasar
retardar
diferir
dilatar
postergar
aplazar
posponer
tardar
rezagarse
llegar tarde

demorarse

detenerse
pararse
entretenerse

↔ anticipar
  adelantar
  apresurar

demostración

prueba
evidencia
testimonio
argumentación
comprobación
verificación
ratificación

manifestación
muestra
exhibición

↔ refutación

demostrar

probar
evidenciar
testimoniar
atestiguar
argumentar
comprobar
verificar
corroborar
establecer
confirmar

manifestar
mostrar
exhibir
indicar
señalar
denotar
exponer
enseñar

↔ objetar
  refutar

demostrativo

comprobatorio
probatorio

demudar(se)

desencajarse
desfigurarse
descomponerse

denegar

negar
desestimar
desaprobar
rehusar
rechazar
recusar
vedar

↔ acceder

dengue

remilgo
melindre
afectación
cursilería
ñoñería

denigrante

afrentoso
humillante
ignominioso
indigno

↔ honroso

denigrar

desprestigiar
desacreditar
desdorar
difamar
infamar
calumniar
vilipendiar
humillar

ofender
insultar
afrentar
agraviar
injuriar

↔ alabar

  honrar

denodado

esforzado
enérgico

animoso
decidido
empeñoso

valeroso
valiente
bravo
arrojado

↔ flojo
  débil
  indeciso

  cobarde

denominación

nombre
designación

denominar(se)

nombrar
llamar
designar

denostar

insultar
injuriar
ofender
denigrar

↔ honrar
  ensalzar

denotar

indicar
señalar
mostrar
demostrar
revelar
anunciar
expresar
manifestar
significar

densidad

espesura
condensación
pastosidad
consistencia
compacidad
concentración

↔ fluidez

denso

espeso
condensado
pastoso

consistente
compacto
concentrado
macizo
tupido
apiñado
comprimido

confuso
difícil
oscuro

↔ fluido
   diluido
   claro
   hueco
   ralo
   esparcido

   sencillo

dental
odontológico

dentellada
mordedura
mordisco
bocado
tarascada

dentera
grima

envidia
celos

dentista
odontólogo
sacamuelas *desp.*

dentro
adentro
en el interior

↔ fuera

denuedo
esfuerzo
energía
ánimo
entusiasmo
decisión
brío
empuje
ímpetu
arresto

valor
arrojo

coraje
intrepidez
audacia

↔ desaliento
   indecisión

   cobardía

denuesto
insulto
ofensa
afrenta
injuria
agravio

↔ alabanza
   elogio

denuncia
acusación
delación

↔ encubrimiento

denunciar
acusar
delatar
soplar *col.*
chivarse *col.*

declarar
revelar
manifestar

↔ encubrir

   ocultar
   esconder

deparar
proporcionar
suministrar
dar
causar
producir
conceder
ocasionar

departamento
compartimiento
dependencia
habitación

sección
sector
división

amer.
apartamento

departir
hablar
conversar
charlar
dialogar
platicar

depauperar(se)
empobrecer
arruinar

debilitar
extenuar
enflaquecer
consumir

↔ enriquecer

   fortalecer
   robustecer

dependencia
subordinación
supeditación
sometimiento
sujeción
sumisión

necesidad
adicción

sección
delegación
departamento
negociado
agencia
oficina

habitación
compartimiento

↔ independencia
   autonomía

depender
subordinarse
supeditarse
someterse
pender

necesitar
precisar
requerir

dependiente
vendedor
tendero

subordinado
supeditado
auxiliar

ayudante
agregado
colaborador
adjunto

↔ Independiente
   autónomo

deplorable
lamentable
lastimoso
penoso
desastroso
pésimo
vergonzoso

deplorar
lamentar
condolerse
compadecer
sentir
dolerse
apiadarse

↔ alegrarse
   celebrar

deponer
destituir
relevar
despedir
cesar

abandonar
dejar

testificar
atestiguar
testimoniar

defecar
evacuar
cagar *col.*

amer.
vomitar
devolver

↔ reponer
   nombrar

   mantener

deportar
desterrar
expatriar
exiliar
extrañar
expulsar
confinar

↔ repatriar

deporte
ejercicio
gimnasia
sport

deportista
atleta
gimnasta

deportivo
noble
correcto
limpio

↔ sucio

deposición
destitución

abandono

testificación

defecación
evacuación

depositar
consignar
confiar
encomendar
entregar

poner
dejar
colocar
situar

depositarse
sedimentar
precipitar

depósito
almacenamiento
acopio
acumulación

almacén

tanque
bidón
cisterna
cuba
aljibe
alberca

depravado
pervertido
corrompido
corrupto

libertino
disoluto
vicioso
licencioso
degenerado

↔ virtuoso

depravar(se)
pervertir
corromper
viciar
envilecer
degenerar

↔ regenerar

depre *col.*
deprimido

depresión

deprecación
ruego
súplica

deprecar
rogar
suplicar

depreciar
devaluar
desvalorizar
rebajar
abaratar

↔ revalorizar
   revaluar

depredación
saqueo
pillaje

caza

depredador
saqueador

predador
cazador

depredar
saquear
pillar
despojar
desvalijar

cazar

depresión
abatimiento
tristeza
desánimo
desaliento
decaimiento
melancolía
postración
depre *col.*

recesión
crisis
empobrecimiento
ruina

hoyo
hondonada
fosa
hundimiento
concavidad

↔ ánimo
   alegría

   enriquecimiento

   elevación

depresivo
deprimente
depresor
desmoralizante
desalentador
descorazonador

↔ alentador
   alegre

depresor
deprimente
depresivo

deprimir(se)
abatir
entristecer
desmoralizar
desanimar
desalentar
descorazonar

empobrecer
arruinar
esquilmar

comprimir

↔ animar
   alegrar

   enriquecer

   dilatar

deprisa
rápidamente
velozmente
apresuradamente
raudamente

↔ despacio

depurar(se)
limpiar
purificar
filtrar
purgar
expurgar

refinar
perfeccionar
acrisolar
acendrar
aquilatar

↔ ensuciar
   corromper

derechista
conservador
facha *desp.*

↔ izquierdista

derecho
rectilíneo
recto

erguido
tieso
rígido
enhiesto
vertical

diestro

directo

justicia
razón
equidad
ley
legalidad

anverso
haz
cara

↔ torcido

   doblado
   tumbado

   izquierdo
   siniestro

   reverso
   envés

derechura *amer.*
suerte
fortuna

deriva
desvío

derivación
consecuencia
resultado
desenlace
deducción
corolario
conclusión
producto
evolución

derivado
proveniente
originado
dimanado
resultante
procedente
obtenido
producido

derivar(se)
provenir
nacer
originarse
emanar
dimanar
resultar
proceder
desviarse
evolucionar
cambiar

derogar
abolir
anular
abrogar
revocar
↔ promulgar
   implantar

derramar(se)
verter
esparcir
desparramar
tirar
repartir
otorgar
conceder

derrame
derramamiento
efusión
pérdida

derrapar
patinar
resbalar

derredor
rededor
entorno
contorno

derredor, al/en
alrededor

derrengado
desriñonado
deslomado
fatigado
agotado
cansado
exhausto
desfallecido
extenuado
molido
roto

derrengar(se)
desriñonar
deslomar
fatigar
agotar
cansar

derretir(se)
fundir
licuar
disolver

derretirse
enamorarse
enternecerse
acaramelarse
colarse *col.*
↔ solidificar

derribar
tumbar
abatir
tirar
derruir
demoler
derrumbar

derrocar
deponer
destituir
↔ levantar
   construir
   edificar

derribo
demolición
derrumbamiento
↔ construcción
   edificación

derrocar
derribar
deponer
destituir
destronar

derrochador
despilfarrador
dilapidador
disipador
manirroto
↔ ahorrador

derrochar
malgastar
despilfarrar
dilapidar
disipar
fundir *col.*
abundar
rebosar
↔ ahorrar
   carecer

derrota
vencimiento
fracaso
debacle
paliza
derrotero
rumbo
ruta
↔ victoria

derrotar
vencer
triunfar
batir
rendir
arrollar

abatir
hundir
derrumbar
↔ perder

derrotero
derrota
rumbo
ruta
camino
dirección

derrotismo
pesimismo
entreguismo
alarmismo
↔ optimismo

derruir
derribar
demoler
derrumbar
destruir
tumbar
arrasar
abatir
tirar
hundir
↔ construir
   edificar

derrumbadero
precipicio
despeñadero
derrocadero
barranco

**derrumba-
   miento**
derrumbe

derrumbar(se)
derribar
demoler
derruir
destruir
hundir
desplomar
desmoronar
tumbar
arrasar
abatir
tirar

despeñar
precipitar
arrojar
lanzar

deprimir
desmoralizar
desalentar
desanimar
descorazonar
chafar *col.*

↔ construir
edificar

levantar

animar

derrumbe

derribo
demolición
destrucción
hundimiento
desplome
desmoronamiento
caída

↔ construcción
edificación

desabastecer(se)

desproveer
despojar
privar
quitar

↔ abastecer
proveer
aprovisionar

desabollar

alisar
allanar
aplanar
igualar

↔ abollar

desaborido

desabrido
insípido
insulso
soso

aburrido
aguafiestas
desagradable

↔ sabroso

gracioso

desabotonar(se)

desabrochar
abrir (una prenda)

↔ abotonar

desabrido

desaborido
insípido
insulso
soso

áspero
brusco
adusto
arisco
hosco
huraño
seco
malhumorado

desapacible
destemplado
inestable

↔ sabroso

amable
agradable
apacible

desabrigar(se)

desarropar
destapar
descubrir

↔ abrigar
arropar

desabrimiento

insulsez
insipidez
sosería
desazón

aspereza
brusquedad
adustez
hosquedad
acritud

↔ sabor

amabilidad
dulzura

desabrochar

abrir (una prenda o
un cierre)
soltar
desabotonar

↔ abrochar

desacatar

desobedecer
incumplir
insubordinarse
faltar

↔ acatar

desacato

desobediencia
incumplimiento
insubordinación
insumisión
rebeldía

ofensa
ultraje
falta de respeto

↔ obediencia
acatamiento

desacelerar(se)

decelerar
frenar
retardar
retrasar

↔ acelerar

desacertado

equivocado
erróneo

desafortunado
improcedente
inapropiado
inadecuado

↔ acertado

conveniente

desacierto

equivocación
error
desatino
dislate
disparate

↔ acierto

desacomedido
amer.

descortés

↔ acomedido *amer.*
atento

desaconsejado

contraindicado

imprudente
irreflexivo
precipitado
atolondrado
caprichoso

↔ aconsejable

prudente

desaconsejar

disuadir
desanimar

↔ aconsejar

desacoplar

desencajar
desensamblar
desengranar
desarticular
desconectar
desmontar
desajustar
desenchufar

↔ acoplar
conectar

desacostum-
brado

inusual
infrecuente
insólito
inusitado
raro
extraño

↔ acostumbrado

desacreditar(se)

desprestigiar
deshonrar
desacreditar
desautorizar
desdorar
difamar
infamar
calumniar

↔ acreditar

desactivar

neutralizar
inutilizar
anular
detener
parar

↔ activar

desacuerdo

disconformidad
desavenencia
discrepancia
divergencia
desafección
oposición
contradicción
conflicto
discordia

contraste
discordancia

↔ acuerdo
   concordia

   concordancia

desafección

desacuerdo
oposición
disidencia
disconformidad
divergencia

desafecto
antipatía
animosidad
aversión
animadversión

↔ acuerdo
   conformidad

   afección
   afecto

desafecto

contrario
opuesto
disidente
disconforme

despegado
indiferente

desafección
desamor
antipatía
animosidad
aversión
animadversión

↔ partidario

   afecto
   afección

desafiante

desafiador
retador
provocador

desafiar

retar
provocar

enfrentarse
arrostrar
afrontar
apechar
encarar
hacer frente
plantar cara
dar la cara

↔ eludir
   evitar
   esquivar

desafinar

desentonar
disonar

↔ afinar

desafío

reto
provocación
amenaza
bravata
bravuconada

desaforado

desmesurado
enorme
desmedido
descomedido
desenfrenado

↔ moderado
   comedido

desaforarse

descomponerse
descomedirse

↔ moderarse
   comedirse

desafortunado

desgraciado
desdichado
infortunado
desventurado
aciago
funesto
nefasto
fatídico
trágico
infausto
adverso
infeliz

inoportuno
desacertado
desatinado
inapropiado
improcedente
impertinente

↔ afortunado
   venturoso

   oportuno
   acertado

desafuero

transgresión
abuso
atropello
infracción
quebrantamiento
vulneración

desagradable

fastidioso
molesto
enojoso
incómodo
irritante
ingrato

asqueroso
repugnante
repulsivo

↔ agradable

desagradar

disgustar
fastidiar
molestar
enojar
irritar

asquear
repugnar

↔ agradar

desagradecido

ingrato

↔ agradecido

desagraviar(se)

resarcir
indemnizar
reparar
enmendar

↔ agraviar
   ofender

desagravio

resarcimiento
indemnización
reparación

↔ agravio
   ofensa

desaguadero

desagüe

desaguar

avenar
drenar
achicar
desembalsar

afluir
desembocar

desagüe

desaguadero
sumidero
aliviadero
cloaca
alcantarilla
colector
albañal

desaguisado

delito
injusticia
atropello
desmán
fechoría
estropicio
destrozo
trastada *col.*

desahogado

amplio
espacioso
despejado
ancho

acomodado
adinerado

↔ estrecho
   angosto

   apurado

desahogar(se)

desfogar
descargar
aliviar
calmar
consolar

despejar
descongestionar

desahogarse
franquearse
explayarse
sincerarse
despacharse

↔ ahogar
reprimir

desahogo
desfogue
descarga
alivio
calma
consuelo
bálsamo

holgura
amplitud
comodidad

↔ ahogo

estrechez

desahuciar
desengañar
desencantar
desesperanzar

desalojar
expulsar (de una
vivienda)
echar

↔ esperanzar

alojar

desahucio
desengaño
desencanto
desesperanza

desalojo
expulsión

↔ esperanza

alojamiento

desairado
menospreciado
desdeñado
desestimado

desafortunado
deslucido

↔ respetado
favorable

desairar
menospreciar
desdeñar
desestimar
desatender

↔ obsequiar
respetar

desajustar(se)
desacoplar
desencajar
desarticular

desequilibrar
desnivelar
descabalar

desajuste
desacoplamiento
desacuerdo
discordancia
desarreglo

↔ ajuste
acoplamiento

desalentador
descorazonador
deprimente
desmoralizador

↔ alentador

desalentar(se)
desanimar
descorazonar
deprimir
desmoralizar
abatir

↔ alentar

desaliento
desánimo
descorazonamiento
depresión
abatimiento
tristeza

↔ aliento
ánimo

desaliño
desaseo
abandono
descuido

↔ aliño
aseo
limpieza

desalmado
inhumano
despiadado
malvado
cruel
perverso
canalla

↔ humano
compasivo

desalojar
desocupar
evacuar

↔ ocupar

desalquilar
desarrendar

desalquilarse
desocuparse (una
vivienda
alquilada)
vaciarse

↔ alquilar

ocuparse

desamarrar(se)
desatar
desanudar
soltar

desatracar
zarpar
soltar amarras

↔ amarrar
atar

desamor
desafecto
aborrecimiento
aversión
antipatía
animosidad
animadversión

↔ amor
afecto

desamparado
abandonado
desasistido
desatendido
desvalido
indefenso

↔ amparado
asistido

desamparar
abandonar
desasistir
desatender
descuidar
desproteger
dejar

↔ amparar
asistir

desamparo
abandono
desatención
desvalimiento
indefensión

↔ amparo

desamueblar
desamoblar
desmantelar

↔ amueblar

desandar
retroceder
recular

↔ avanzar
andar

desangelado
soso
insulso

↔ gracioso

desangrar(se)
sangrar

arruinar
empobrecer
devastar
agotar
explotar

↔ enriquecer

desanimado
desalentado
acobardado
descorazonado
deprimido
desmoralizado
decaído
abatido
apocado
chuchurrido *col.*

↔ animoso

desanimar

desalentar
acobardar
descorazonar
deprimir
desmoralizar
abatir
apocar

↔ animar
    alentar

desánimo

desaliento
acobardamiento
depresión
abatimiento
atonía
apatía

↔ ánimo
    entusiasmo

desanudar

desenlazar
desatar
desamarrar

desenredar
desenmarañar
desembrollar

↔ anudar
    atar

desapacible

destemplado
inestable
molesto
desagradable
enojoso
bronco

↔ apacible

desaparcar

↔ aparcar
    estacionar

desaparecer

esfumarse
evaporarse
desvanecerse
ocultarse
irse
marcharse
ausentarse
largarse

abrirse *col.*
pirarse *col.*

morir
fallecer
expirar
extinguirse

↔ aparecer

desaparición

evaporación
marcha
ausencia
pérdida
muerte
extinción

↔ aparición

desapasionado

frío
objetivo
distante
sereno
contenido
apático
aséptico

↔ apasionado

desapegarse

despegarse
desligarse
distanciarse
desinteresarse

↔ apegarse
    aficionarse

desapego

despego
desafecto
desinterés
frialdad
distanciamiento

↔ apego
    afición

desapercibido

inadvertido

desprevenido
despistado
distraído

↔ percibido
    notado

    prevenido

desaprensivo

sinvergüenza
desvergonzado
inmoral
irresponsable
aprovechado
descarado
fresco

↔ responsable
    noble

desapretar(se)

aflojar
soltar
destensar

↔ apretar

desaprobar

reprobar
censurar
condenar
criticar
recriminar
reprochar
vituperar

↔ aprobar
    aplaudir

desaprovechar

desperdiciar
malgastar

↔ aprovechar

desarbolar

debilitar
desbaratar
desarmar
desmantelar

↔ reforzar

    arbolar

desarmar(se)

desmontar
despiezar
desarticular

aplacar
apaciguar
templar
aquietar
tranquilizar
amansar

↔ armar
    montar

    provocar

desarme

desarmamiento
pacificación

↔ rearme

desarraigar(se)

descepar
arrancar

extirpar
erradicar
eliminar

desterrar
expulsar

↔ arraigar
    enraizar

desarrapado

desharrapado

desarreglar(se)

desorganizar
desordenar
desbarajustar

perturbar
alterar
turbar

↔ arreglar

desarreglo

desorden
desorganización
desbarajuste

trastorno
alteración

↔ arreglo
    orden

desarrendar

desalquilar

desarrollar(se)

madurar
formarse
crecer

aumentar
acrecentar
incrementar
enriquecer
progresar
evolucionar
prosperar

exponer
explicar
explayarse

ejecutar
llevar a cabo

desenrollar
desplegar
extender
desenvolver

desarrollarse
suceder
producirse
ocurrir

↔ menguar

  disminuir
  empobrecer

  arrollar
  enrollar

desarrollo
maduración
formación
crecimiento

aumento
acrecentamiento
incremento
enriquecimiento
progreso
evolución

exposición
explicación

ejecución

↔ mengua

  disminución
  empobrecimiento

desarropar(se)
desabrigar
destapar

↔ arropar

desarrugar(se)
alisar
estirar
planchar

↔ arrugar

desarticular(se)
deshacer
desbaratar
desorganizar
abortar

dislocar
desencajar
desarmar

↔ organizar

  articular

desaseado
sucio
desaliñado
desastrado
astroso
abandonado
descuidado
dejado
adán *col.*
guarro *col.*
cerdo *col.*

↔ aseado
  limpio
  pulcro

desasear
ensuciar

↔ asear

desaseo
suciedad
abandono
desarreglo
desaliño
descuido

↔ aseo
  limpieza
  pulcritud

desasir(se)
soltar

desasirse
desprenderse
desinteresarse

↔ asir
  agarrar

  interesarse

desasistir
desamparar
desatender
descuidar
abandonar

↔ asistir
  atender

desasnar(se) *col.*
desbastar
civilizar
educar
instruir
ilustrar

↔ embrutecer

desasosiego
intranquilidad
inquietud
nerviosismo
agitación
excitación
turbación
perturbación
alteración
desazón

↔ tranquilidad

desastrado
sucio
desaliñado
desaseado
astroso
abandonado
descuidado
dejado
adán *col.*
cerdo *col.*
guarro *col.*

↔ aseado
  limpio
  pulcro

desastre
desgracia
catástrofe
ruina
debacle
tragedia
hecatombe
cataclismo
infortunio
calamidad
drama
acabóse
azote

inútil
torpe
inepto

↔ éxito

  apto
  capaz

desastroso
catastrófico
calamitoso
infausto
funesto

horrible
pésimo
garrafal

↔ estupendo

desatar(se)
desanudar
desamarrar
desenlazar
soltar

desencadenar
provocar
originar

desatarse
desmandarse
desmadrarse

↔ atar

  reprimir

  comedirse
  retraerse

desatascar(se)
desatollar

desatrancar
desatorar
desobstruir
destaponar

estimular

↔ atascar

  atrancar

desatención
distracción
desinterés

descortesía
desconsideración
desaire
incivilidad

↔ atención
  interés

  cortesía

desatender
descuidar
abandonar
desasistir

desamparar
desinteresarse
olvidar

desoír
ignorar

↔ atender

   escuchar

desatento
distraído

descortés
desconsiderado
grosero
mal educado

↔ atento

   cortés

desatinar
errar
equivocarse

desvariar
desbarrar
disparatar
delirar

↔ atinar

   razonar

desatino
error
equivocación
desacierto

desvarío
despropósito
dislate
disparate
desbarro
absurdo
aberración
barbaridad

desatorar(se)
desatrancar
desatascar

↔ atorar

desatornillar(se)
destornillar
desenroscar

↔ atornillar

desatracar
desamarrar
zarpar

↔ atracar

desatrancar(se)
desatascar
desatorar
desobstruir
destaponar

↔ atrancar
   atascar

desautorizar(se)
prohibir

descalificar
desmentir
desacreditar
desprestigiar

↔ autorizar

   confirmar

desavenencia
discordancia
discrepancia
discordia
desacuerdo
disconformidad
antagonismo
cisma

↔ avenencia

desavenir(se)
enfrentar
enemistar
indisponer
malquistar

↔ avenir

desavío
trastorno
incomodidad
molestia

↔ avío

desayuno
almuerzo

desazón
desasosiego
inquietud

intranquilidad
ansiedad
ansia
zozobra
comezón

malestar
indisposición
molestia

ardor
picazón
prurito

↔ sosiego
   despreocupación
   tranquilidad

   bienestar

desazonar
desasosegar
inquietar
intranquilizar
reconcomer
preocupar

↔ tranquilizar

desbancar
suplantar
reemplazar

desbandarse
desperdigarse
dispersarse

↔ concentrarse

desbarajuste
desorden
confusión
desorganización
alboroto
lío
embrollo
jaleo
caos
barullo

↔ orden

desbaratar
estropear
descomponer
arruinar
aniquilar
destruir
deshacer
desarreglar
desarticular

abortar
frustrar

malgastar
derrochar
despilfarrar
dilapidar

↔ componer
   arreglar
   propiciar

   conservar
   ahorrar

desbarbar(se)
afeitar
rasurar

**desbarran-
car(se)** *amer.*
despeñar

desbarrar
disparatar
desatinar
desvariar
barbarizar

↔ razonar

desbastar
pulir
refinar
afinar
civilizar
educar
instruir
cultivar
desasnar *col.*

↔ embrutecer

desbloquear
desatascar
desobstruir
liberar

↔ bloquear

desbocarse
espantarse (una
   caballería)
encabritarse
deformarse
desmandarse
desmadrarse
descomedirse
desatarse

desbordar(se)

rebosar
derramarse
inundar
salirse

sobrepasar
superar
rebasar
exceder

desbravar

amansar
domar
domesticar
amaestrar
aguachar *amer.*

desbrozar

despejar
desembarazar
allanar

descabalar(se)

desemparejar

↔ completar
   emparejar

descabalgar

desmontar
apearse
bajar

↔ montar

descabellado

absurdo
ilógico
irracional
insensato
disparatado
desatinado
incoherente

↔ lógico
   racional
   sensato

descabello

puntilla
remate

descabezado

acéfalo
decapitado

alocado
irresponsable
insensato
imprudente
irreflexivo

↔ responsable
   sensato
   juicioso

descabezar

decapitar
degollar
guillotinar

desmochar
despuntar
truncar

descacharrar(se)

escacharrar
destrozar
estropear
malograr
desarmar
desbaratar
desvencijar
descuajaringar *col.*

descacharrarse *col.*

reír
desternillarse
troncharse *col.*
mondarse *col.*
partirse *col.*

descalabrar(se)

escalabrar
romper la crisma
abrir la cabeza

perjudicar
dañar
arruinar

descalabro

desastre
catástrofe
ruina
perjuicio
daño

descalificar

desacreditar
desprestigiar
desautorizar
desmentir
incapacitar

inhabilitar
excluir

↔ calificar
   acreditar

   admitir

descalzo

necesitado
apurado
pobre
desnudo

↔ calzado

   rico
   boyante

descamarse

exfoliarse

descaminar(se)

desencaminar
desviar
descarriar
extraviar
desorientar

↔ encaminar
   orientar

descamisado

desharrapado
andrajoso
harapiento
zarrapastroso

descamisar *amer.*

arruinar

descampado

escampado
despejado
descubierto
desembarazado

descansar

reposar
recuperarse
relajarse
vacar
holgar

dormir
acostarse

aliviarse
tranquilizarse

descargarse
desahogarse

yacer

apoyarse
cargar
descargar
gravitar
estribar

fundarse
basarse
fundamentarse

↔ cansar
   trabajar

   agobiar
   ahogar

descansillo

rellano
descanso

descanso

reposo
recuperación
relajo
vacación
holganza

alivio
tranquilidad
desahogo
respiro
sosiego
calma

intermedio
entreacto

descansillo
rellano

↔ cansancio

   agobio
   ahogo
   angustia

descarado

desvergonzado
fresco
atrevido
sinvergüenza
desgarrado
caradura *col.*
cara *col.*
jeta *col.*

↔ respetuoso
   vergonzoso

descararse

desvergonzarse
insolentarse
deslenguarse

↔ comedirse

descarga

descargo
aligeramiento

liberación
dispensa

absolución
exculpación

disparo
tiro
tiroteo
salva
andanada

desahogo
alivio
descanso

sacudida
electrocución
calambre

↔ carga

    responsabilidad

    condena

descargar(se)

aligerar

liberar
librar
dispensar
eximir
exonerar

absolver
exculpar

disparar
tirar

golpear
propinar
atizar

desahogar
desfogar
aliviar

↔ cargar

    responsabilizar

    condenar

descargo

descarga

excusa
justificación

descarnado

crudo
desgarrado
cruel

esquelético
escuálido
flaco
enjuto
seco
chupado

descaro

desvergüenza
frescura
atrevimiento
sinvergonzonería
insolencia
desfachatez
cinismo
desgarro
cara *col.*
jeta *col.*

↔ respeto
    vergüenza

descarozar *amer.*

deshuesar

descarriado

desviado
desencaminado
extraviado
desorientado
perdido

pervertido
maleado
vicioso

descarriar(se)

desviar
desencaminar
extraviar
desorientar
perder

pervertir
malear
viciar

↔ encaminar
    orientar

descartar

desechar
excluir
eliminar
suprimir
prescindir
desprenderse
repudiar

descasar(se)

separar
divorciar
anular (un
    matrimonio)

descascarillar(se)

desconchar
descascar
desportillar

descastado

despegado

↔ cariñoso

descendencia

prole
progenie
familia

casta
estirpe
linaje

↔ ascendencia

descendente

bajante
decreciente

↔ ascendente

descender

bajar
caer
apearse
descolgarse
desmontar
deslizarse

decrecer
mermar
menguar
disminuir
depreciarse
desvalorizarse
abaratarse

declinar
degradarse

rebajarse
decaer

proceder
venir
provenir
derivarse

↔ ascender
    subir

    crecer
    aumentar
    revalorizarse

descendiente

vástago
sucesor

↔ ascendiente

descendimiento

descenso

descenso

descendimiento
bajada
caída

baja
bajón
decrecimiento
merma
mengua
disminución
depreciación
desvalorización
abaratamiento

declinación
degradación

↔ ascenso
    subida

    crecimiento
    aumento
    revalorización

descentrar(se)

desplazar
desviar
ladear

desambientar
desarraigar

distraer
desconcentrar

↔ centrar
    ambientar
    concentrar

desceñir(se)

desatar
aflojar
soltar

↔ ceñir
   apretar

descepar

descuajar
desarraigar
desenraizar

↔ arraigar
   enraizar

descerrajar

forzar (una
   cerradura)
violentar

disparar
descargar

descifrar

descodificar
interpretar

desentrañar
elucidar
resolver
descubrir
acertar
adivinar

desclavar(se)

arrancar (un clavo)

desengastar
desengarzar

↔ clavar

descoagular(se)

licuar
fundir
diluir

↔ coagular

descocado

atrevido
impúdico
procaz
descarado
desvergonzado
desenvuelto

↔ recatado
   comedido

descoco *col.*

atrevimiento
impudor
procacidad
descaro
desvergüenza
desenvoltura
desmadre *col.*

↔ recato
   comedimiento

descodificar

decodificar
descifrar
interpretar

↔ codificar

descolgar(se)

bajar
descender
deslizar
arriar
desenganchar

descolgarse

aparecer
presentarse
caer

rezagarse
perder terreno
quedarse atrás

↔ colgar

descollar

sobresalir
resaltar
despuntar
predominar
distinguirse
diferenciarse
destacar
brillar

descolocar(se)

desordenar
revolver
embarullar *col.*

↔ colocar

descolorido

pálido
desvaído
lívido
mortecino

apagado
gastado

↔ coloreado
   vivo

descomedido

descortés
incorrecto
desconsiderado
grosero
zafio

desproporcionado
excesivo
exagerado
desaforado
desmesurado
enorme
desmedido
descompasado

↔ comedido
   cortés

   moderado

descompaginar

desordenar
alterar
descomponer
trastornar

↔ compaginar
   armonizar

descompasado

desproporcionado
excesivo
exagerado
desaforado
desmesurado
enorme
desmedido
descomedido

disonante

↔ moderado

   acompasado

descompensar(se)

desequilibrar

↔ compensar

descomponer(se)

dividir
separar
desunir
disociar

disgregar
aislar
analizar
diseccionar
desmontar

estropear
desarreglar
averiar
escacharrar

corromper
pudrir
podrir
alterar
pasarse

desordenar
desbaratar
trastornar

enfadar
enojar
encolerizar
irritar

atemorizar
amedrentar

descomponerse

indisponerse
enfermar

demudarse
desencajarse

↔ componer

   arreglar

   conservar

   ordenar

   serenar

   sanar

descomposición

descompostura
división
separación
análisis
disección

desarreglo
avería

corrupción
putrefacción
alteración

desorden
trastorno

diarrea
cagalera *col.*

↔ composición

arreglo

conservación

orden

estreñimiento

descompostura

descomposición

descuido
abandono
dejadez
desaliño

descaro
insolencia
descortesía

↔ compostura

aseo
arreglo

comedimiento

descompuesto

dividido
separado
disociado
aislado
analizado
diseccionado
desmontado

estropeado
averiado

corrompido
podrido
alterado

desordenado
desbaratado
trastornado

enfadado
enojado
colérico
irritado

atemorizado
amedrentado

indispuesto
diarreico

demudado
desencajado

amer.
borracho

↔ compuesto

arreglado

conservado

ordenado

sereno

entero

sano

descomulgar

excomulgar
anatematizar

descomunal

enorme
inmenso
gigantesco
monumental
desmesurado
colosal

desconceptuar

desacreditar
descalificar
desprestigiar

↔ prestigiar

desconcertar(se)

sorprender
confundir
extrañar
desorientar
despistar
turbar

alterar
desordenar
trastocar

dislocar
descoyuntar

↔ orientar

concertar

desconchar(se)

descascarillar
descascar
desportillar

desconcierto

confusión
desorientación
perplejidad

trastorno
desarreglo

desbarajuste
desorganización

↔ concierto

arreglo

desconectar(se)

desvincular
desunir
desligar
aislar
incomunicar

desenchufar
apagar
interrumpir

↔ conectar
vincular

desconexión

desvinculación
desunión

interrupción

↔ conexión

desconfiado

receloso
suspicaz
malpensado
escéptico
incrédulo
escamado *col.*
mosqueado *col.*

↔ confiado
crédulo

desconfianza

recelo
sospecha
duda
suspicacia
escepticismo
incredulidad
mosqueo *col.*

↔ confianza
fe

desconfiar

recelar
sospechar
dudar
escamarse *col.*
mosquearse *col.*

↔ confiar
creer

descongelar(se)

deshelar
licuar
derretir
fundir

liberar
desbloquear
reanudar
reanimar
reactivar

↔ congelar

bloquear

descongestionar(se)

desahogar
destaponar
desatascar
aligerar
aliviar
descargar

↔ congestionar

desconocer(se)

ignorar

extrañar

repudiar
renegar

↔ conocer

desconocido

ignorado
ignoto
incógnito
misterioso
anónimo

distinto
transformado
irreconocible
cambiado

↔ conocido
sabido

igual

desconocimiento

ignorancia
olvido
desinformación

↔ conocimiento

desconsideración

descortesía
desatención
grosería
desaire
burla

↔ consideración
atención

desconsiderado

descortés
grosero
descomedido
incorrecto
incivil
zafio

↔ considerado
cortés

desconsolado

apenado
afligido
apesadumbrado
triste
acongojado
compungido
abatido
atribulado
inconsolable
doliente

↔ consolado

desconsolar(se)

apenar
afligir
apesadumbrar
entristecer
acongojar
desolar
abatir
atribular

↔ consolar

desconsuelo

pena
aflicción
pesadumbre
tristeza
congoja
desolación
pesar
amargura
disgusto
sinsabor
tormento

desfallecimiento
debilidad

↔ alegría
placer

descontaminar(se)

purificar
limpiar
sanear

↔ contaminar
polucionar

descontar

restar
rebajar
deducir
bonificar

↔ añadir
sumar

descontento

disgustado
contrariado
decepcionado
insatisfecho
enfadado
enojado

disgusto
contrariedad
decepción
insatisfacción
enfado
enojo
desagrado

↔ contento

descontrol

desorden
desorganización
jaleo
barullo
lío

↔ control
organización

desconvocar

suprimir (una
convocatoria)
revocar
anular

↔ convocar

descorazonar(se)

desanimar
entristecer
desesperanzar
desmoralizar
apenar
afligir
abatir
desalentar
deprimir

↔ animar
alegrar

descorchar

destaponar
destapar

descortezar
mondar

↔ tapar

descornarse *col.*

esforzarse
afanarse
empeñarse
escornarse *col.*

descorrer

correr
apartar
retirar
descubrir

descortés

grosero
desatento
irrespetuoso
desconsiderado
descomedido
incorrecto
zafio
brusco
tosco
mal educado

↔ cortés
considerado
educado

descortesía

grosería
desatención
desconsideración
descomedimiento
incorrección
zafiedad

brusquedad
tosquedad
mala educación

↔ cortés
considerado
educado

descortezar(se)

descorchar
mondar

descotar

escotar (una prenda)

descote

escote

descoyuntar(se)

dislocar
desarticular
desencajar
cansar
agotar
fatigar
extenuar

↔ articular
descansar

descrédito

desprestigio
descalificación
demérito

↔ crédito
prestigio

descreído

escéptico
ateo
agnóstico

↔ creyente

descremado

desnatado

describir

explicar
detallar
especificar
adjetivar
calificar
trazar
dibujar
recorrer

descuadernar(se)

desencuadernar

desbaratar
deshacer
estropear
desvencijar
destartalar
descomponer
descuajaringar *col.*
descuajeringar *col.*

↔ encuadernar

   arreglar

descuajar

descoagular
licuar

desarraigar
descepar

extirpar
arrancar

↔ cuajar

   arraigar

   implantar

descuajaringar(se) o descuajeringar(se) *col.*

desarmar
desbaratar
deshacer
desvencijar
romper
estropear
descacharrar
desguañagar *amer.*

descuajaringarse o descuajeringarse

cansarse
agotarse
derrengarse
deslomarse
extenuarse

reír
desternillarse
troncharse *col.*
mondarse *col.*
partirse *col.*
morirse de risa

↔ arreglar

   descansar

descuartizar

despedazar
trocear
cuartear
despostar *amer.*

descubierto

destapado
abierto

manifiesto
exteriorizado
delatado
revelado
desenmascarado
conocido

hallado
encontrado

inventado
creado
ideado

explorado
conquistado
colonizado

despejado
pelado
claro

déficit

↔ cubierto
   tapado

   encubierto
   oculto

descubridor

explorador
inventor

descubrimiento

hallazgo
invención
invento

↔ ocultación

descubrir(se)

destapar
abrir

manifestar
mostrar
exteriorizar
delatar
revelar
desenmascarar

hallar
encontrar

averiguar
enterarse
informarse

inventar
crear
idear

percibir
divisar
vislumbrar
ver

explorar
conquistar
colonizar

↔ cubrir
   tapar

   encubrir
   ocultar

descuento

resta
rebaja
abaratamiento
deducción
bonificación
reducción

↔ aumento

descuerar

pelar
desollar
despellejar

amer.
criticar

descuidado

negligente
dejado
desidioso

abandonado
desastrado
desarrapado
desaliñado
desaseado
desordenado

distraído
desprevenido
desapercibido
desarmado
despreocupado
tranquilo

↔ cuidadoso
   meticuloso

   pulcro
   aseado
   atildado

   preparado
   prevenido
   preocupado
   intranquilo

descuidar(se)

abandonar
dejar
desamparar
desatender
desasistir

distraerse
despreocuparse
tranquilizarse

↔ cuidar
   atender

descuidero

ratero
carterista
caco
chorizo *col.*

descuido

abandono
dejadez
desamparo
desatención
negligencia
desidia

desastre
desaliño
desaseo
desorden

distracción
imprudencia
despreocupación
tranquilidad

desliz
tropiezo
traspié
resbalón
flaqueza
yerro

↔ cuidado
   meticulosidad

   pulcritud
   aseo

preparación
prevención
preocupación
intranquilidad

desdecir

desmerecer
deslucir

desentonar
contrastar

desdecirse

retractarse
rectificar
contradecirse

↔ ratificar
reafirmarse

desdén

desprecio
menosprecio
desconsideración
displicencia
indiferencia

↔ estima

desdeñar

despreciar
menospreciar
desairar
desatender

rechazar
desestimar
desechar

↔ estimar
respetar

aceptar

desdeñoso

despectivo
despreciativo
displicente

↔ respetuoso

desdibujar(se)

difuminar
confundir
diluir
desvanecer

desfigurar
alterar
deformar
distorsionar

↔ perfilar

desdicha

desgracia
infelicidad
infortunio
adversidad
desventura
tragedia
adversidad
fatalidad
calamidad
catástrofe
drama
azote

torpe
desmañado
patoso
inútil
inepto
desastre
nulo
negado

↔ dicha
felicidad

apto
capaz

desdichado

desgraciado
infeliz
infortunado
desventurado
mísero

pusilánime
medroso
apocado

desacertado
desafortunado

aciago
funesto
nefasto
calamitoso
fatal
infausto

↔ dichoso
feliz

decidido
ambicioso

acertado
afortunado

venturoso

desdoblar(se)

extender
desplegar

dividir
separar
fraccionar

duplicar

↔ doblar
plegar

desdorar(se)

desprestigiar
desacreditar
desautorizar
deslucir
deslustrar

↔ prestigiar

desdoro

desprestigio
descrédito
deshonra
baldón

↔ honra

desdramatizar

atenuar
suavizar
quitar hierro

↔ dramatizar

desear

querer
apetecer
anhelar
ansiar
ambicionar
codiciar
pretender
aspirar
suspirar
antojarse
encapricharse

↔ renunciar
despreciar

desecar(se)

secar
deshidratar
resecar
enjugar

desaguar
drenar
avenar

↔ humedecer

anegar
encharcar

desechar

rechazar
descartar
desestimar
excluir
eliminar
desdeñar

arrinconar
arrumbar
abandonar
apartar
repudiar
desprenderse
prescindir
tirar
deshacerse

↔ elegir

aprovechar
usar

desecho

sobrante
sobras
basura
residuo
desperdicio
despojo
escoria
piltrafas

desembalar

desempaquetar
desempacar
desenvolver

↔ embalar
empaquetar

desembalsar

desaguar

↔ embalsar

desembarazar(se)

desocupar
despejar

amer.
parir

desembarazarse

liberarse
deshacerse
zafarse

↔ embarazar
obstruir

desembarazo

desenvoltura
facilidad
soltura
desparpajo
agilidad
ligereza

amer.
parto

↔ embarazo
   timidez

desembarcar(se)

alijar
descargar

↔ embarcar

desembargar

liberar

↔ embargar

desembocar

desaguar
afluir
verter
confluir

terminar
culminar
acabar

↔ nacer

   comenzar

desembolsar

pagar
abonar
gastar

↔ embolsar

desembolso

pago
abono
gasto

↔ embolso

desembrollar(se)

desenredar
desenmarañar
desanudar
desentrañar
esclarecer
aclarar

↔ embrollar

desembuchar

confesar
revelar
cantar *col.*

↔ callar
   silenciar

desemejante

diferente
desigual
dispar
distinto

↔ semejante

desempacar

desempaquetar
desembalar

↔ empacar

desempacho

desenvoltura
desparpajo
desembarazo
descaro

↔ timidez

desempaquetar

desempacar
desenvolver
desembalar

↔ empaquetar

desemparejar(se)

desparejar
descabalar
desigualar
desnivelar

↔ emparejar

desempeñar(se)

cumplir
ejercer
actuar
ejecutar
realizar

interpretar
representar

desendeudar
desentrampar

↔ empeñar

desempleado

parado
desocupado

↔ empleado
   contratado

desempleo

paro

↔ empleo
   ocupación

desempolvar

sacudir
limpiar
cepillar

recuperar
retomar

↔ empolvar

desencadenar(se)

soltar
liberar
desatar

producir
originar
causar
provocar
estallar

↔ encadenar

   reprimir

desencajar(se)

desacoplar
desensamblar
desengranar
desarticular
desconectar
desmontar
desajustar

desencajarse

demudarse
descomponerse
desfigurarse

↔ encajar
   acoplar

desencallar(se)

desembarrancar
desvarar

↔ encallar
   embarrancar

desencaminar(se)

descaminar
desviar
descarriar
extraviar
desorientar

↔ encaminar
   orientar

desencantar(se)

decepcionar
desilusionar
desengañar
descorazonar
frustrar
defraudar

↔ encantar
   ilusionar

desencapotarse

despejarse (el cielo)
abrirse
aclarar

↔ encapotarse
   nublarse

desenchufar(se)

desconectar
desacoplar

↔ enchufar

desencoger

extender
estirar
desdoblar
desplegar

↔ encoger

desencolar(se)

despegar

↔ encolar
   pegar

desenconar(se)

desinflamar

calmar
aplacar
apaciguar
suavizar

↔ enconar

   encrespar

desencorvar(se)

enderezar
estirar
erguir

↔ encorvar

desencuader-nar(se)

descuadernar

desbaratar
descuajaringar *col.*
descuajeringar *col.*

↔ encuadernar

desenfadado

desenvuelto
espontáneo
fresco

↔ tímido
apocado

desenfadar(se)

contentar
apaciguar
aplacar

↔ enfadar

desenfado

desenvoltura
espontaneidad
frescura
soltura
desparpajo

↔ timidez
apocamiento

desenfocar(se)

desvirtuar
deformar
desfigurar
confundir

desenfrenarse

desmandarse
desmadrarse
desbocarse
excederse
extralimitarse
desmelenarse *col.*

desatarse
dispararse

desencadenarse
estallar

↔ comedirse
dominarse

desenfreno

disipación
escándalo
libertinaje
desmadre *col.*

↔ comedimiento
moderación

desenfundar

desenvainar

↔ enfundar

desenganchar(se)

soltar
desprender
descolgar

desengancharse

deshabituarse

↔ enganchar

desengañar(se)

desilusionar
desencantar
decepcionar
defraudar
frustrar
chafar *col.*

↔ ilusionar

desengarzar

desmontar
desclavar
desengastar

↔ engarzar

desengranar

desacoplar
desencajar
desensamblar
desarticular
desconectar
desajustar

↔ engranar

desengrasar

↔ engrasar

desenlace

final
fin
desenredo
derivación
resultado
conclusión

↔ inicio
comienzo

desenlazar(se)

desanudar
desatar
desasir
desamarrar
soltar

↔ enlazar
atar

desenmarañar

desenredar
desembrollar
desanudar
esclarecer
desentrañar
aclarar
dilucidar

↔ embrollar

desenmascarar(se)

descubrir
destapar

↔ enmascarar
encubrir

desenmohecer(se)

limpiar
pulir

desentumecer
renovar

↔ enmohecer

entumecer

desenredar(se)

desenmarañar
desembrollar
desanudar
esclarecer
desentrañar
aclarar

desenredarse

desentramparse
zafarse

↔ enredar
liar

desenrollar

extender
desplegar
desarrollar

↔ enrollar

desenroscar(se)

extender
desplegar
desarrollar
desatornillar

↔ enroscar
atornillar

desensamblar(se)

desencajar
desacoplar
desengranar
desarticular
desconectar
desmontar
desajustar

↔ ensamblar
acoplar

desentenderse

despreocuparse
descuidar
eludir
abandonar
confiarse
dejarse

↔ ocuparse

desenterrar

exhumar

rememorar
avivar

↔ enterrar
inhumar

olvidar

desentonar

desafinar
disonar
discordar

chocar
contrastar
discrepar

destemplar

↔ afinar

  concordar
  armonizar

  tonificar

desentorpecer(se)

agilizar

desentumecer
estimular

↔ entorpecer

  entumecer
  dificultar

desentrampar(se)

desempeñar
desendeudar

↔ entrampar
  empeñar

desentrañar

averiguar
descubrir
descifrar
resolver
elucidar
adivinar

desentumecer(se)

desentorpecer
estimular

↔ entumecer
  agarrotar

desenvainar

desenfundar

↔ envainar

desenvoltura

agilidad
soltura
garbo
habilidad
manejo
destreza
ligereza
facilidad

desparpajo
desenfado
desembarazo
naturalidad
desempacho
atrevimiento

↔ torpeza

  timidez
  apocamiento

desenvolver(se)

desliar
desenrollar
desempaquetar

desenvolverse

desarrollarse
producirse
cumplirse
transcurrir

manejarse
arreglarse
componérselas

↔ envolver

desenvuelto

desliado
desenrollado
desempaquetado

hábil
resuelto
desenfadado
espontáneo

↔ tímido
  cohibido

deseo

apetencia
anhelo
ansia
ambición
codicia
pretensión
aspiración
afán
pasión
apetito
antojo
capricho

↔ desinterés
  indiferencia

deseoso

anhelante
ansioso

ávido
sediento

↔ indiferente

desequilibrado

desnivelado
descompensado

trastornado
loco
perturbado
alienado
demente
chiflado
chalado
majareta

↔ equilibrado

  cuerdo
  sensato

desequilibrar(se)

desnivelar
descompensar

transtornar
enloquecer
perturbar
alienar
enloquecer

↔ equilibrar
  nivelar

  asesar

desequilibrio

desnivel
descompensación
desproporción

trastorno
demencia
locura

↔ equilibrio
  nivelación

deserción

defección
huida
traición
abandono

↔ fidelidad

desertar

huir
escapar
retroceder
chaquetear *col.*

desértico

desierto
despoblado
deshabitado
abandonado
solitario

yermo
desolado
árido
estéril

↔ poblado
  habitado

  frondoso

desesperación

desesperanza

exasperación
enojo
irritación

↔ esperanza
  confianza

  calma
  tranquilidad

desesperado

desengañado
desencantado
desalentado
desahuciado
descorazonado
triste
abatido
pesimista

exasperado
enojado
irritado

↔ esperanzado

  calmado
  tranquilo

desesperanza

desesperación
desaliento
tristeza
abatimiento
pesimismo

↔ esperanza

**desesperan-
zar(se)**

desengañar
desencantar
desalentar

desanimar
desesperar
desahuciar
abatir

↔ esperanzar

desesperar(se)

impacientar
exasperar
irritar
desazonar

concomerse
desesperanzar
desengañar
desencantar

↔ tranquilizar

esperanzar
esperar

desespero *amer.*

desesperanza

desestabilizar

desequilibrar

↔ estabilizar

desestimar

rechazar
denegar
negar

desechar
desaprobar
rehusar
vedar

desdeñar
despreciar
menospreciar

↔ acceder

estimar
apreciar
valorar

desfachatez

desvergüenza
descaro
frescura
atrevimiento
osadía
chulería
descoco *col.*

↔ comedimiento
recato

desfalcar

sustraer
robar
estafar

descabalar
desparejar

↔ completar

desfalco

sustracción
robo
estafa

desfallecer

flaquear
debilitarse
flojear
extenuarse

desmayarse
desvanecerse
desplomarse

decaer
desanimarse
abatirse

↔ resistir

animarse

desfallecimiento

debilidad
flojedad
extenuación

desmayo
desvanecimiento

↔ fortalecimiento
resistencia

desfasado

desajustado

pasado
anticuado
obsoleto
anacrónico

↔ ajustado
sincronizado

actual
moderno

desfase

desajuste

incongruencia
inadaptación

↔ ajuste

concordancia
correspondencia

desfavorable

contrario
hostil
perjudicial
adverso
nocivo
pernicioso
opuesto
contrario
negativo

↔ favorable
propicio
beneficioso

desfavorecer

afear

perjudicar

↔ favorecer
embellecer

beneficiar

desfigurar(se)

deformar
alterar

disimular
disfrazar
tergiversar
distorsionar
falsear

difuminar
desdibujar
diluir

desfigurarse

demudarse
inmutarse
turbarse

desfiladero

cañón
cañada
quebrada
garganta
angostura
portillo

desfilar

marchar
evolucionar

desfile

parada
revista
cortejo
cabalgata

desflecar(se)

deshilar
deshilachar

desflorar

deslustrar
ajar
deslucir

desvirgar

apuntar
tocar

↔ embellecer
hermosear

profundizar

desfogar(se)

desahogar
descargar
aliviar

↔ contener
reprimir

desfogue

desahogo
descarga
alivio

desfondar(se)

agotar
desfallecer

desgajar(se)

arrancar
desprender
cercenar
amputar
cortar

desgalichado

desgarbado

desaliñado
desarreglado
descuidado
desastrado

↔ garboso
pulcro
aseado

desgalillarse *amer.*
desgañitarse

desgana
inapetencia

apatía
hastío
abulia
desidia
abandono
desinterés
indiferencia
indolencia
displicencia

↔ gana
   hambre

   gusto
   afán
   entusiasmo

desgañitarse
vociferar
gritar
chillar

desgarbado
desgalichado
desmañado
patoso
torpe

↔ garboso

desgarrado
rasgado
rajado
roto

descarnado
crudo
cruel

descarado
desvergonzado

desgarrador
doloroso
lamentable
penoso
triste

↔ alegre

desgarrar(se)
rasgar
rajar
romper

destrozar
lacerar
herir

desgarro
desgarrón
rasgón
roto

descaro
desvergüenza
desfachatez
atrevimiento
frescura

fanfarronería
chulería
bravuconería
jactancia

desgarrón
desgarradura
rasgón
siete
jirón

desgastar(se)
gastar
corroer
limar
ajar
erosionar
comer

desgastarse
debilitarse
quemarse *col.*

↔ conservar
   preservar

   fortalecerse

desgaste
gasto
corrosión
erosión
disminución
reducción
debilitamiento

↔ conservación
   preservación

desglosar
desmembrar
segregar
separar
distinguir

↔ englobar

desgobierno
anarquía

desorden
desbarajuste
desconcierto
desorganización
caos
confusión
indisciplina
desarreglo

↔ gobierno

   orden
   disciplina

desgracia
adversidad
desdicha
infelicidad
fatalidad
infortunio
desventura
malaventura

accidente
contratiempo
desastre
revés
tropiezo

pobreza
apuro
estrechez

↔ prosperidad
   felicidad
   dicha
   fortuna

   riqueza

desgraciado
desdichado
infeliz
infortunado
desventurado
desafortunado
mísero
miserable
cuitado

adverso
fatal
infausto
aciago
funesto
nefasto
fatídico
triste

erróneo
equivocado
desacertado

↔ afortunado
   venturoso
   dichoso

   favorable

   acertado

desgraciar(se)
malograr
dañar
estropear
abortar
frustrar
perderse

desgravar
deducir

↔ gravar

desgreñar(se)
despeinar
desmelenar
enmarañar

↔ peinar
   desenredar

desguace
desmantelamiento

↔ montaje

desguanzarse
amer.
cansarse
agotarse
desfallecer

desguañagar
amer.
deshacer
descuajaringar *col.*
descuajeringar *col.*

desguarnecer(se)
desaparejar

desproteger

desmantelar

↔ guarnecer
   proteger

desguazar

desmantelar
desmontar
desarmar

↔ montar
   armar

deshabillé *fr.*

bata
salto de cama

deshabitado

despoblado
desocupado
desértico
desierto
abandonado
solitario

↔ habitado
   poblado

deshabitar

despoblar
abandonar

↔ habitar
   poblar

deshabituar(se)

desacostumbrar
desengancharse *col.*

↔ habituar
   acostumbrar

deshacer(se)

descomponer
desordenar
desarreglar
despedazar
dividir
desbaratar
desmontar
desarmar
desarticular
desorganizar
anular
suprimir

disolver
desintegrar
disgregar
desleír
desmenuzar
pulverizar
derretir
licuar

derrotar
aniquilar
vencer
barrer

estropear
desgastar
reducir
gastar

perjudicar
hundir
destruir
derribar
desmoronar

deshacerse

desaparecer
desvanecerse
evaporarse
esfumarse

desvivirse
afanarse
esforzarse

despreocuparse
desatender
desentenderse
librarse

↔ hacer
   componer

   aparecer

desharrapado

desarrapado
andrajoso
harapiento
astroso
desastrado
zarrapastroso

↔ elegante
   atildado

deshecho

descompuesto
desordenado
desarreglado

destrozado
abatido
deprimido

cansado
agotado
desfallecido
molido

roto
inservible
escacharrado

↔ hecho
   compuesto
   ordenado

   animoso
   entero

   descansado
   fresco

   reparado

deshelar(se)

descongelar
licuar
derretir
fundir

↔ helar
   congelar

desheredado

pobre
marginado
miserable
desamparado
desposeído

deshidratar(se)

desecar
secar

↔ hidratar

deshielo

descongelación

distensión
acercamiento

↔ congelación

   tensión
   enfrentamiento

deshilachar(se)

deshilar
desflecar

deshilar

deshilachar

deshilvanado

deslavazado
inconexo
incoherente

↔ hilvanado
   trabado

deshinchar(se)

desinflar

deshincharse

achicarse
humillarse
rebajarse

desanimarse
desalentarse
amilanarse
acobardarse

↔ hinchar

   engreírse

   crecerse

deshollinador

fumista

deshonesto

inmoral
impúdico
indecente
indecoroso
desvergonzado
obsceno

↔ honesto
   decente

deshonor

deshonra
ignominia
descrédito
afrenta
agravio
ultraje
oprobio
humillación
vejación
vilipendio
estigma
baldón

↔ honor
   dignidad

deshonra

deshonor
ignominia
descrédito
afrenta
baldón
vergüenza

↔ honra
   dignidad

deshonrar(se)

mancillar
afrentar
agraviar
ultrajar
vejar
injuriar
infamar
vilipendiar
baldonar

↔ honrar
  respetar

deshonroso

denigrante
ignominioso
afrentoso
indigno

indecoroso
indecente
inmoral

↔ honroso
  honesto

deshoras, a

intempestivamente
inoportunamente

deshuesar

descarozar *amer.*

deshumanizar(se)

endurecer
insensibilizar

↔ humanizar
  enternecer

desiderátum

fin
objetivo
culminación

desidia

dejadez
abandono
negligencia
pereza
descuido
incuria
indolencia

↔ diligencia
  laboriosidad

desierto

desértico
despoblado
deshabitado
abandonado
vacío
solitario

↔ poblado
  concurrido

designar

elegir
señalar
fijar
destinar
adscribir

representar
indicar
denotar
simbolizar

nombrar
llamar
denominar

designio

propósito
intención
fin
objetivo
plan
proyecto
pensamiento

desigual

distinto
diverso
diferente
desemejante
dispar

mudable
variable
cambiante
inconstante
inestable

irregular
abrupto
rugoso
anfractuoso
quebrado
fragoso

↔ igual
  constante
  uniforme

  llano
  regular

desigualar(se)

diferenciar
distinguir
diversificar

desnivelar
desemparejar
desempatar
descabalar

↔ igualar

desigualdad

diversidad
diferencia
desemejanza
disparidad
disimilitud
variedad

irregularidad
desnivel
rugosidad
anfractuosidad
altibajo
escarpadura

↔ igualdad

  llanura
  regularidad

desilusión

decepción
desencanto
desengaño
fiasco
frustración
chasco
batacazo

↔ ilusión

desilusionar

decepcionar
desencantar
desengañar
frustrar
defraudar

↔ ilusionar
  encantar

desincrustar

sacar
despegar
desprender

↔ incrustar
  adherir

desinencia

morfema
terminación

desinfectar(se)

esterilizar

↔ infectar

desinflamar(se)

desenconar
deshinchar

↔ inflamar

desinflar(se)

deshinchar

col.
desanimar
hundir
abatir
desmoralizar
desilusionar

↔ inflar

  animar

desintegración

descomposición
disgregación
disociación
desmembramiento
fragmentación
atomización
pulverización
separación
desunión

↔ integración

desintegrar(se)

descomponer
disgregar
disociar
desmembrar
fragmentar
atomizar
pulverizar
desmenuzar
separar
desunir

↔ integrar

desinterés

dejadez
abandono
desidia

apatía
abulia
indolencia
desgana
descuido

desprendimiento
generosidad
desapego
liberalidad
abnegación
altruismo
filantropía

↔ empeño
  afán

  egoísmo

desistir

renunciar
cejar
rendirse
ceder
abandonar

↔ perseverar

deslavazado

blando
lacio

deshilvanado
disperso

↔ firme
  recio

  ligado
  trabado

desleal

infiel
ingrato
falso
traidor
alevoso

↔ leal
  fiel

deslealtad

infidelidad
ingratitud
falsía
traición

↔ lealtad
  fidelidad

desleír(se)

disolver
diluir

---

deshacer
licuar

↔ solidificar
  cuajar

deslenguado

lenguaraz
desvergonzado
descarado

↔ comedido
  considerado

desliar(se)

desenvolver
desenrollar
desempaquetar
desatar
desligar
desenredar

↔ liar

desligar(se)

desatar
desenlazar
desliar

separar
desunir
desglosar
desconectar
desvincular
desenlazar

eximir
dispensar
liberar

desligarse

romper
independizarse

↔ ligar
  atar

  englobar

  obligar

  integrarse

deslindar

acotar
demarcar
amojonar
jalonar

aclarar
definir
delimitar

---

desliz

deslizamiento
resbalón
patinazo
traspié

error
yerro
desacierto
equivocación
confusión
despiste
tropiezo
coladura *col.*

deslizar(se)

resbalar
patinar
escurrirse
arrastrar
reptar
serpentear

deslizarse

escabullirse
evadirse
escaparse

deslomar(se)

derrengar
desriñonar

fatigar
agotar
cansar
rendir
moler

pegar
atizar *col.*
zurrar *col.*

deslucir(se)

deslustrar
ajar
marchitar
desfigurar
desflorar
estropear
apagar
empañar
afear

desacreditar
desprestigiar
desdorar
deshonrar

↔ lucir
  acreditar
  prestigiar

---

deslumbrante

espectacular
fascinante
pasmoso
maravilloso
alucinante

↔ normal
  discreto

deslumbrar(se)

ofuscar
cegar
resplandecer
brillar

encandilar
asombrar
fascinar
pasmar *col.*

deslustrar(se)

deslucir

desmadejado

débil
cansado
decaído
flojo

↔ fuerte
  airoso

desmadrado *col.*

desbocado
desmandado
desatado
desenfrenado
alocado
desmedido

↔ comedido

desmadrarse *col.*

desbocarse
propasarse
desmandarse
desatarse
desenfrenarse
excederse
extralimitarse
desmelenarse *col.*

↔ comedirse
  retraerse

desmadre *col.*

desenfreno
exceso

desmán
abuso
descoco col.

desorden
jaleo
lío
confusión
caos
desbarajuste
follón

juerga
jolgorio
jarana
orgía

↔ recato
comedimiento

orden
calma

desmán
abuso
exceso
exageración
extralimitación
injusticia
arbitrariedad
atropello
tropelía

↔ moderación
control

desmanchar amer.
limpiar

↔ manchar

desmandarse
insubordinarse
rebelarse

desbocarse
propasarse
desatarse
desenfrenarse
excederse
extralimitarse
desmadrarse col.

↔ someterse
obedecer

comedirse
retraerse

desmanotado
desmañado

desmantelar
demoler
abatir

desamueblar
desguarnecer

desmontar
desarmar
desguazar

desarbolar
desaparejar

desmañado
desmanotado
manazas
inútil
torpe
patoso
chapucero

↔ mañoso
hábil

desmarcarse
distanciarse
escabullirse
apartarse

desmayado
desvanecido
mareado

desfallecido
desanimado
decaído
abatido

desmayar(se)
desfallecer
flaquear

desmayarse
desvanecerse
marearse
privarse

desmayo
desvanecimiento
mareo
lipotimia
soponcio col.

desfallecimiento
desánimo
desaliento
abatimiento
desmoralización
aplanamiento col.

desmedido
exagerado
desproporcionado
desmesurado
descomedido
descomunal
enorme
desaforado
demasiado
excesivo

↔ comedido
moderado

desmedirse
excederse
desbocarse

↔ comedirse

desmedrar(se)
desmejorar
decaer
deteriorarse
debilitarse
empeorar

↔ fortalecer

desmejorado
demacrado
cadavérico
macilento
consumido

↔ robusto

desmejorar(se)
deslucir
deslustrar
ajar
enfermar
empeorar
recaer
agravarse

↔ mejorar
restablecerse

desmelenar(se)
despeinar

desmelenarse col.
desmedirse
extralimitarse
excederse
desmadrarse col.

↔ peinar
comedirse

desmembrar(se)
mutilar

disgregar
dividir
separar

desmemoriado
olvidadizo

desmentido
mentís
retractación
rectificación

↔ afirmación
confirmación

desmentir
rectificar
contradecir

rebatir
refutar
impugnar
desautorizar
desacreditar
descalificar

desmentirse
desdecirse
retractarse

↔ confirmar
ratificar

desmenuzar(se)
desmigajar
moler
triturar
chancar amer.

desglosar
analizar

desmerecer
desvalorizar
deslucir
rebajar

desmesurado
exagerado
desmedido
descomunal
desproporcionado
atroz

↔ mesurado

desmesurar

exagerar
desorbitar
dramatizar

desmesurarse

descomedirse
excederse
desmedirse

↔ comedirse

desmigajar o **desmigar**

desmenuzar

desmilitarizar

desmovilizar

↔ militarizar

desmirriado

esmirriado

desmochar

descabezar

acortar
recortar

desmontar(se)

descomponer
desarticular
desarmar
desacoplar
desensamblar
desengranar
desencajar

apear
descabalgar
bajar

talar

↔ montar

desmoralizar(se)

desalentar
abatir
desanimar
descorazonar
apocar
deprimir

pervertir
corromper

↔ animar
  alentar

desmoronar(se)

desmenuzar
desintegrar
derrumbar

desmoronarse

decaer
desplomarse
abatir
arruinar

↔ recomponerse
  sobreponerse

desmovilizar

desmilitarizar
licenciar

↔ movilizar

desnacionalizar

privatizar

↔ nacionalizar

desnatado

descremado

desnaturalizar(se)

adulterar
corromper
pervertir

desnivel

desproporción
desequilibrio
contraste

pendiente
inclinación
declive

↔ equilibrio

desnivelar(se)

desequilibrar
desigualar
desempatar
desajustar
descabalar

↔ igualar
  equilibrar

desnudar(se)

desvestir
despojarse
despelotarse *vulg.*

despojar
desguarnecer
desvalijar

desenvainar

revelar
descubrir
mostrar

↔ vestir
  cubrir

  envainar

  encubrir

desnudismo

nudismo

desnudo

desvestido
en cueros *col.*
calato *amer.*

despojado
desguarnecido
desprovisto
carente
pobre

manifiesto
claro
patente

↔ vestido

  oculto

desnutrición

depauperación
inanición

↔ nutrición

desobedecer

desacatar
incumplir
insubordinarse
contravenir
infringir
transgredir
quebrantar

↔ obedecer

desobediencia

rebeldía
insumisión
desacato
transgresión

↔ obediencia

desobediente

rebelde
indócil
insumiso
insubordinado
desmandado

↔ obediente

desobstruir

desatascar
desatrancar
abrir

↔ obstruir
  atascar

desocupar(se)

desalojar
evacuar
deshabitar
desalquilar

vaciar

↔ ocupar
  llenar

desoír

desatender
ignorar

↔ atender

desolar(se)

destruir
arrasar
asolar
devastar

apenar
afligir
desconsolar
apesadumbrar
entristecer
acongojar
abatir
atribular

↔ construir
  consolar

desollar(se)

despellejar
pelar

criticar
vilipendiar
murmurar

desorbitar(se)

exagerar
desmesurar
dramatizar
desquiciar
abultar
disparar
recargar
sobrevalorar

↔ menospreciar

desorden

desorganización
desconcierto
confusión
caos
barullo
desbarajuste
babel *col.*

alboroto
disturbio
tumulto

desórdenes

vicios
excesos
abusos
desmanes

↔ orden

desordenado

desorganizado
confuso
caótico
embarullado
revuelto

desmandado
desenfrenado
irregular

↔ ordenado
    organizado

desordenar(se)

desorganizar
confundir
embarullar
revolver
descomponer
desarreglar
deshacer
descompaginar
descolocar

desordenarse

desgobernarse
extralimitarse

desenfrenarse
desmandarse
excederse

↔ ordenar
    organizar

desorganizar(se)

desordenar

↔ organizar

desorientar(se)

extraviar
desencaminar
despistar
desviar

confundir
ofuscar
aturdir
desconcertar
equivocar
engañar

↔ orientar

desovar

frezar
aovar

despabilado

espabilado

despabilar(se)

espabilar

despachar

concluir
zanjar
tramitar
solucionar
resolver

expender
vender
atender

enviar
mandar
expedir
remitir

apresurarse
espabilar
aligerar
darse prisa

col.
echar

despedir
expulsar

matar
asesinar
despenar
liquidar *col.*

despacharse

desahogarse
explayarse

despacho

oficina
bufete
escritorio
administración
agencia
delegación

tienda
expendeduría
establecimiento

despachurrar(se)

espachurrar
destripar
reventar
aplastar
despanzurrar

despacio

lentamente
pausadamente
paso a paso
poco a poco

↔ rápido

despacioso

lento
reposado
pausado

↔ apresurado

despampanante

deslumbrante
llamativo
impresionante

despanzurrar(se)

despachurrar
destripar

desparejar

desemparejar

↔ emparejar

desparejo

disparejo
dispar
desigual
distinto

↔ parejo

desparpajo

desenfado
desembarazo
desenvoltura
soltura

amer.
desorden
desbarajuste

↔ apocamiento
    timidez

desparramar

esparcir
extender
dispersar
desperdigar
diseminar
derramar
verter

distraer

↔ reunir
    concentrar

despatarrar(se)

col.

espatarrar *col.*
esparrancarse *col.*

despavorido

aterrorizado
aterrado
horrorizado
horripilado
espantado

↔ tranquilo

despecho

resentimiento
rencor
resquemor

despectivo

despreciativo
desdeñoso

↔ apreciativo

despedazar(se)

descuartizar
trocear
desmembrar
cuartear

destrozar
maltratar

acongojar
apesadumbrar

despedida

separación
partida
adiós

↔ recibimiento

despedir(se)

lanzar
expeler
emitir
soltar
difundir
esparcir

expulsar
echar
botar

despedirse

olvidarse
desistir
desesperar

↔ recibir

despegado

desprendido
arrancado
desencolado

indiferente
desafecto
desabrido
áspero
seco
frío

↔ pegado
    cariñoso
    afectuoso

despegar(se)

desprender
arrancar
desencolar

elevarse (un avión)

despegarse

desapegarse
distanciarse
desinteresarse

↔ pegar
    aterrizar
    apegarse

despego

desapego

despegue

ascenso
partida

↔ aterrizaje

despeinar(se)

desmelenar
desgreñar
enmarañar

↔ peinar
    desenredar

despejar(se)

desembarazar
desahogar
descongestionar
desalojar
desocupar

aclarar
clarificar
esclarecer

despejarse

desencapotarse
abrirse

espabilarse

↔ ocupar
    complicar
    nublarse
    adormilarse
    amodorrarse

despellejar(se)

desollar

despelotarse *vulg.*

desnudarse

reírse
troncharse
partirse

↔ vestirse

despenalizar

legalizar
legitimar

↔ penalizar

despenar

matar
liquidar *col.*
despachar *col.*

despensa

fresquera
almacén

provisión
bastimento
víveres
abastecimiento
acopio

despeñadero

barranco
precipicio

despeñar(se)

precipitar
derrumbar

despepitarse

desgañitarse
vociferar
gritar
chillar
col.
desvivirse
esforzarse

desperdiciar

desaprovechar
malgastar
derrochar
dilapidar

↔ aprovechar
    apurar

desperdicio

desaprovechamiento

desperdicios

basura
restos
residuos
despojos
broza

↔ aprovechamiento

desperdigar(se)

esparcir
desparramar
diseminar
dispersar
separar

↔ congregar
    reunir

desperezarse

desentumecerse
estirarse

desperfecto

deterioro
daño
avería
rotura

defecto
tara
imperfección

despersonalizar(se)

adocenar
uniformar

objetivar

↔ individualizar

despertar(se)

espabilar
desvelar

evocar
recordar
renovar

provocar
avivar
incitar
mover
abrir

avispar

↔ dormir
    adormecer
    olvidar
    atenuar
    atontar

despiadado

cruel
inhumano
desalmado

brutal
implacable
acerbo

↔ compasivo
  benigno

despido
expulsión

↔ admisión

despiece
descuartizamiento

despierto
desvelado
espabilado
listo
vivo
avispado
agudo
advertido

↔ dormido
  torpe

despilfarrar
dilapidar
derrochar
malgastar
comerse

↔ ahorrar

despilfarro
dilapidación
derroche
disipación
dispendio

↔ ahorro

despintar(se)
borrar

desfigurar
distorsionar
modificar
alterar
falsear

desdecir
desmerecer

despintarse
decolorarse
desteñirse

↔ pintar

despistado
distraído
descuidado
alocado

↔ atento

despistar(se)
extraviar
desorientar
desencaminar
desviar

desconcertar
confundir
equivocar

↔ orientar

despiste
distracción
descuido
desliz
confusión
equivocación
coladura *col.*

desplante
insolencia
chulería
desaire
corte
exabrupto
boche *amer.*

desplazado
inadaptado

↔ integrado

desplazar(se)
trasladar
mover
correr
cambiar

relegar
sustituir

desplegar(se)
extender
desdoblar
abrir

dispersar

exhibir
demostrar

↔ plegar
  replegar

despliegue
extensión
desdoblamiento

dispersión

exhibición
demostración
alarde
gala

desplomar(se)
derrumbar
derribar
derruir
hundir
desmoronar

↔ levantar
  erguir

desplumar(se)
pelar

col.
arruinar
limpiar
despojar

despoblado
deshabitado
abandonado
desértico
desierto

yermo
páramo

↔ poblado
  habitado

despoblar(se)
deshabitar
abandonar

↔ poblar
  habitar

despojar
arrebatar
desposeer
arrancar
expoliar
quitar
robar

despojarse
desnudarse
desvestirse
despelotarse *vulg.*

desprenderse
deshacerse
renunciar

↔ restituir

  vestirse

  apoderarse

despojo
botín
trofeo
presa

despojos
restos
desecho
desperdicio
basura
residuo
piltrafas
sobras

vísceras
menudos

desporrondin-garse *amer.*
arrellanarse
apoltronarse

despilfarrar
dilapidar
derrochar
malgastar

desportilladura
mella

astilla

desportillar(se)
mellar
descascarillar
desconchar

desposar(se)
casar

↔ divorciar

desposeer
despojar
arrebatar
arrancar
expoliar
quitar
robar

desposeerse

desprenderse
deshacerse
renunciar

↔ restituir

   apropiarse

desposeído

despojado
expoliado

pobre
indigente
desamparado
desheredado
marginado
miserable

desposorio

casamiento
boda
nupcias

despostar *amer.*

descuartizar

déspota

tirano
dictador

explotador
abusón

despotismo

tiranía
dictadura
absolutismo
opresión
caciquismo
autoritarismo

↔ libertad

despotizar *amer.*

tiranizar

abusar
explotar

despotricar

insultar
criticar
vituperar
disparatar
desbarrar

↔ elogiar
   encomiar

despreciar

menospreciar
subestimar
minusvalorar

desdeñar
desechar
desestimar
rechazar
arrumbar
relegar

↔ estimar

   aceptar

desprecio

menosprecio
subestimación

desdén
rechazo
ofensa
desaire
bofetada

↔ aprecio

   cortesía

desprender(se)

despegar
desgajar
separar

soltar
emanar
despedir

desprenderse

despojarse
renunciar
privarse

deducirse
inferirse

↔ prender

desprendido

despegado
suelto

generoso
desinteresado
dadivoso
espléndido
obsequioso
altruista
rumboso *col.*

↔ prendido

   tacaño
   egoísta

**despreocupa-
ción**

serenidad
tranquilidad
calma

descuido
abandono
dejadez
desatención
negligencia
desidia

↔ preocupación
   inquietud

   atención
   interés

despreocuparse

tranquilizarse

desentenderse
descuidar
abandonar
dejar

↔ preocuparse
   inquietarse

   atender

desprestigiar(se)

desacreditar
deshonrar
denigrar
descalificar
desconceptuar
desdorar
deslucir
deslustrar
difamar

↔ prestigiar
   acreditar

desprestigio

descrédito
deshonra
descalificación
desdoro

↔ prestigio

desprevenido

descuidado
desapercibido
despistado
distraído
inadvertido

↔ prevenido

desproporción

desajuste
desequilibrio
anormalidad
anomalía

↔ proporción

despropósito

disparate
majadería
desatino
dislate
delirio
desvarío
absurdo
incongruencia
locura

desproteger(se)

desamparar
abandonar
desasistir
desatender
descuidar
dejar

↔ proteger
   amparar

desproveer

despojar
privar
desposeer
desabastecer

↔ proveer

desprovisto

despojado
privado
desabastecido
carente
falto
exento
desurtido *amer.*

↔ provisto

despueble

despoblación

después

posteriormente
seguidamente

↔ antes
   anteriormente

despuntar(se)

descabezar
achatar
redondear

apuntar
asomar

sobresalir
descollar
destacar
distinguirse
diferenciarse

desquiciar(se)

trastornar
enloquecer
perturbar
turbar
aturdir

forzar
exagerar
desorbitar

desencajar
desgoznar
desvencijar

↔ serenar
   centrar

   encajar

desquicio *amer.*

desorden
caos
anarquía

desquitar(se)

resarcir
restituir

descontar
deducir

↔ perder
   añadir

desriñonar(se)

deslomar
derrengar

fatigar
agotar
cansar

destacamento

patrulla
avanzada
avanzadilla

destacar(se)

distinguir
señalar
despuntar
acentuar
recalcar
resaltar
enfatizar
subrayar
hacer hincapié

↔ igualar
   desmerecer

destapar(se)

destaponar
descubrir
desobstruir
abrir

desarropar
desnudar

revelar
mostrar

destaparse

sorprender

↔ tapar
   arropar
   vestir

   ocultar
   encubrir

destaponar

destapar
descorchar
abrir

↔ taponar

destartalado

desvencijado
escacharrado
ruinoso
descuajeringado *col.*

desarreglado
desordenado

↔ arreglado

destartalarse

escacharrarse
estropearse
romperse

↔ arreglarse

destellar

resplandecer
brillar
fulgurar
refulgir

↔ apagarse

destello

centelleo
ráfaga
centella
fulgor

vislumbre
atisbo
viso

destemplado

bronco
grave
ronco

tosco
basto

brusco
malhumorado
huraño
rudo

desapacible

destemplar(se)

desentonar

perturbar
trastornar

desafinar
disonar
discordar

destemplarse

enfurecerse

↔ entonar
   armonizar

   afinar

   calmarse

destensar(se)

distender
aflojar

↔ tensar

desteñir

decolorar
despintar

↔ teñir

desternillarse

reírse
destornillarse *col.*
troncharse *col.*
mondarse *col.*
partirse *col.*
descuajaringarse *col.*
descuajeringarse *col.*

desterrar

expatriar
deportar
exiliar
confinar

desechar
suprimir

↔ repatriar
   implantar

destetar(se)

emancipar
independizar

destiempo, a

intempestivamente
extemporáneamente
a deshora

↔ a tiempo

destierro

deportación
exilio
confinamiento
expatriación

↔ repatriación

destilar

alambicar
refinar

rezumar

denotar
revelar

destinar

dedicar
adscribir
encargar
asignar
vincular
designar
incorporar
reservar

destinatario

receptor

↔ remitente

destino

sino
hado
fortuna
fatalidad
acaso
albur
azar

finalidad
objetivo
fin
meta

puesto
cargo
plaza
empleo

destituir

relevar
remover
despedir
cesar
expulsar
defenestrar

↔ mantener
restituir

destornillar(se)

desatornillar

destornillarse col.
desternillarse

destreza

habilidad
soltura
maña
aptitud
arte
mano

↔ torpeza

destripador

sacamantecas col.

destripar

reventar
despachurrar
despanzurrar

destripaterrones desp.

campesino
labrador
labriego
gañán desp.
paleto desp.

destronar

derrocar
deponer
derribar
destituir

↔ entronizar
nombrar

destrozar(se)

destruir
despedazar
romper
estropear

quebrantar
afligir
abatir
afectar

dañar
perjudicar
deteriorar
maltratar

vencer
arrollar
aplastar
machacar
arrasar

↔ arreglar
alegrar
beneficiar
perder

destrozo

destrucción
rotura
daño
perjuicio
deterioro
maltrato
estropicio
quebrantamiento
estrago

destrucción

derrumbe
demolición
devastación

desolación
destrozo
aniquilamiento

↔ construcción

destructor

nocivo
dañino
mortífero
mortal
venenoso
deletéreo

↔ inocuo
inofensivo

destruir(se)

deshacer
derruir
derrumbar
devastar
desolar
demoler
romper
estropear
destrozar
dañar
inutilizar
frustrar
acabar

↔ construir
fortalecer

desunión

separación
división
desconexión

discordia
desavenencia
divergencia

↔ unión
armonía

desunir(se)

separar
dividir
descomponer
disociar
desconectar
apartar
enemistar
desavenir

↔ unir
juntar
conciliar

desurtido amer.

desprovisto
desabastecido

↔ surtido
abastecido

desusado

desacostumbrado
infrecuente
inusual
inusitado
atípico
raro

obsoleto
anticuado
pasado de moda

↔ acostumbrado
típico

vigente

desuso

olvido
abandono
inobservancia

↔ uso
aplicación

desustanciar(se)

desvirtuar

desvaído

descolorido
pálido
apagado

difuminado
borroso

indefinido
vago
vulgar
gris

↔ intenso
vivo

nítido

preciso
claro

destacado

desvalido

desamparado
indefenso
abandonado

pobre
miserable
desheredado

↔ atendido
　protegido

　rico

desvalijar

atracar
despojar
robar
saquear
pillar

desvalorizar(se)

rebajar
devaluar

↔ valorizar

desván

buhardilla
altillo
sobrado
mansarda
camaranchón *desp.*

desvanecer(se)

disipar
esfumar
dispersar
deshacer
evaporar
difuminar
desdibujar
diluir
atenuar

desvanecerse

desmayarse
marearse

↔ aparecer
　intensificar

　perfilar

desvanecimiento

disipación
dispersión
evaporación

desfallecimiento
desmayo
mareo
vahído
lipotimia

↔ recuperación

desvariar

delirar
desbarrar
disparatar

↔ razonar

desvarío

delirio
alucinación

desbarro
desatino
disparate
despropósito

↔ lucidez

　acierto

desvelar(se)[1]

espabilar
despertar

desvelarse

desvivirse
esmerarse
afanarse
preocuparse

↔ dormir

　despreocuparse

desvelar(se)[2]

develar
revelar
descubrir
mostrar
manifestar

↔ ocultar

desvelo

afán
esmero
diligencia
celo
ahínco
empeño
esfuerzo
interés
cuidado
solicitud

insomnio

↔ descuido
　desinterés
　negligencia

　adormecimiento
　modorra

desvencijar(se)

descomponer
desbaratar
destartalar
descuajaringar *col.*
descuajeringar *col.*
descuadernar *col.*

↔ componer

desventaja

inconveniente
desigualdad
inferioridad
agravante
perjuicio

↔ ventaja

desventura

desgracia
adversidad
desdicha
infortunio
drama

↔ ventura

desvergonzado

sinvergüenza
descarado
fresco
atrevido
insolente
deslenguado
chulo
caradura

indecente
deshonesto
impúdico
descocado

↔ comedido

　púdico
　decente

desvergüenza

descaro
frescura
atrevimiento
sinvergonzonería
insolencia
desfachatez
cinismo
desgarro
cara *col.*
jeta *col.*
morro *col.*

indecencia
deshonestidad
inmoralidad

↔ vergüenza
　decoro

　decencia

desvestir(se)

desnudar
despojarse
despelotarse *vulg.*

↔ vestir

desviación

desvío
bifurcación
ramificación
derivación
cruce

irregularidad
anormalidad
aberración
anomalía

desviar(se)

desencaminar
extraviar
desorientar
descarriar
torcer
apartar
alejar

disuadir
desaconsejar
desanimar

↔ encaminar

desvincular(se)

desunir
desconectar
desligar
aislar

↔ vincular

desvío

desviación
ramal

irregularidad
anormalidad
aberración

frialdad
desafecto

desvirgar

desflorar

desvirtuar(se)

falsear
tergiversar
deformar
alterar
manipular

↔ resaltar

desvivirse

desvelarse
afanarse
esforzarse

↔ despreocuparse

detallar

pormenorizar
puntualizar
describir

detalle

complemento
accesorio
adorno

fragmento
parte

pormenor
particularidad
anécdota
curiosidad

cortesía
delicadeza
atención
finura

detallista

minucioso
meticuloso
perfeccionista

minorista

↔ chapucero
descuidado

mayorista

detectar

localizar
descubrir

percibir
notar
captar
darse cuenta

detective

investigador
agente
policía

detención

parada
paralización
inmovilización
bloqueo

arresto
captura
aprehensión

↔ impulso

liberación

detener(se)

parar
paralizar
inmovilizar
bloquear
estancar
empantanar
retener
interrumpir
suspender
cortar

arrestar
prender
capturar

detenerse

entretenerse
demorarse
retrasarse

↔ impulsar

liberar

apresurarse

detenido

parado
estancado
bloqueado

arrestado
preso

pormenorizado
prolijo
minucioso
cuidado

↔ libre

superficial
somero

detenimiento

minuciosidad
prolijidad
cuidado
esmero
celo
pormenor

↔ precipitación
prisa

detentar

usurpar
arrogarse
atribuirse
apropiarse

↔ devolver

detergente

jabón

deteriorar(se)

estropear
dañar
menoscabar
ajar
echar a perder

↔ arreglar
mejorar

deterioro

estropicio
daño
menoscabo
avería
desperfecto
detrimento

↔ arreglo
mejora

determinación

delimitación
concreción
precisión

decisión
conclusión
resolución
acuerdo
medida

intrepidez
acometividad
empuje
arranque
brío

↔ indeterminación

duda

apocamiento
indecisión

determinado

delimitado
limitado

concreto
preciso
específico

decidido
resuelto

determinante

concluyente
decisivo
convincente

↔ dudoso
discutible

determinar

delimitar
limitar
encuadrar

concretar
precisar
detallar
puntualizar
especificar
explicitar
fijar

averiguar
calcular
discernir
aclarar

señalar
prescribir
disponer
establecer
preceptuar

decidir
concluir
resolver
acordar
adoptar

impulsar
inducir

ocasionar
originar
provocar
causar
producir

detestable

odioso
aborrecible
abominable
despreciable
execrable
deleznable
repugnante
atroz

pésimo
malísimo
horrendo

↔ admirable
estimable
adorable

bueno

detestar

odiar
aborrecer
abominar
despreciar
execrar

↔ amar
estimar

detonación

explosión
estampido
estallido

detonante

chocante
estridente
discordante

causa
motivo
móvil

detonar

explotar
estallar
disparar

extrañar
chocar
asombrar
llamar la atención

detractor

oponente
crítico
contrario

↔ partidario

detraer(se)

quitar
sustraer
separar
restar

↔ añadir

detrás

tras
atrás
a espaldas

↔ delante

detrimento

menoscabo
perjuicio
daño
agravio

↔ beneficio

detrito o **detritus**

residuos
restos
sobras
desechos

deuda

débito
carga
gravamen

obligación
compromiso
deber

deudo

pariente
familiar
allegado

deudor

moroso

↔ acreedor

devaluar(se)

depreciar
desvalorizar
rebajar
reducir

↔ revalorizar
revaluar

devanado

bobinado

devanar

bobinar
ovillar
arrollar
enrollar

devaneo

amorío
flirteo
aventura
romance
tonteo *col.*
rollo *col.*

entretenimiento
pasatiempo
distracción

devastador

destructor
asolador
arrasador

arrollador
aplastante
incomparable
inmenso

devastar

destruir
asolar
arrasar
desolar
arrollar
arruinar
exterminar
aniquilar
desbaratar

↔ reconstruir
construir

develar

destapar

desvelar

devenir¹

convertirse
hacerse
transformarse
llegar a ser

suceder
acaecer
ocurrir
pasar
acontecer
sobrevenir

devenir²

transcurso
paso

devoción

fervor
veneración
culto
unción
piedad
recogimiento

rezo
oración

admiración
predilección
cariño
inclinación

entrega
dedicación
aplicación
consagración

↔ impiedad
desapego
desinterés

devocionario

misal

devolución

restitución
reintegro
reembolso

↔ apropiación

devolver

restituir
retornar
reintegrar
reembolsar

rechazar
rehusar

corresponder
responder
agradecer
pagar

vomitar
arrojar

devolverse *amer.*

regresar
volver
retornar

↔ retener
quedarse
apropiarse

aceptar
admitir

devorar

tragar
engullir
zampar *col.*

destruir
consumir
arruinar
arrasar
asolar

corroer
abrasar

devoto

fervoroso
pío
ferviente

aficionado
adicto
admirador
entusiasta

↔ impío

indiferente
desinteresado

devuelta *amer.*

cambio
vuelta

deyección

defecación
deposición
evacuación

excremento
heces
caca

día

jornada
fecha
data

conmemoración
santo
aniversario

días

vida
existencia

diablo

demonio
maligno
diantre
Lucifer
Leviatán
Satanás
Satán
Luzbel
Mefistófeles
Belcebú

↔ ángel

diablura

travesura
chiquillada
trastada *col.*

diabólico

demoniaco
satánico
endemoniado
infernal
luciferino

malvado
perverso
maligno
pérfido

↔ angelical

diadema

corona
aureola

diáfano

traslúcido

transparente
claro
limpio
cristalino
límpido
puro

↔ opaco

turbio

diagnosis

examen
análisis
evaluación

diagnóstico

dictamen (médico)
conclusión

resultado
juicio
valoración
evaluación

diagonal

oblicuo
transversal

diagrama

gráfico

dialogar

conversar
departir
platicar
charlar

discutir
debatir
negociar
parlamentar

diálogo

conversación
plática
charla
tertulia
coloquio
entrevista

discusión
debate
negociación

↔ monólogo

diamantino

duro
firme
resistente
inalterable
inquebrantable
tenaz

↔ blando
maleable

diametralmente

enteramente
completamente
totalmente

diámetro

eje

diana

blanco

diantre

demonio
diablo

↔ ángel

diapositiva

filmina
transparencia

diario

cotidiano
habitual
acostumbrado
usual
frecuente
ordinario
común
corriente

periódico

memorias
confesiones
autobiografía

diarismo *amer.*

periodismo

diarrea

descomposición
cagalera *col.*

↔ estreñimiento

diáspora

dispersión
diseminación
desbandada

↔ concentración

diatriba

sátira
invectiva
filípica
catilinaria

↔ alabanza
defensa

dibujante

ilustrador

dibujar

ilustrar
trazar
diseñar

delinear
esbozar
bosquejar
pintar

describir
representar
reproducir

pensar
idear
concebir
planear
proyectar

dibujarse

revelarse
percibirse
perfilarse
aparecer

↔ borrar
    desdibujar

    esfumarse

dibujo

ilustración
pintura

diseño
esbozo
bosquejo

dicción

articulación
pronunciación
vocalización

diccionario

vocabulario
léxico
glosario

dicha

felicidad
fortuna
alegría
ventura
bienaventuranza

↔ desdicha

dicharachero

alegre
bromista
ocurrente
ingenioso
cascabelero

dicho

adagio
máxima
proverbio
sentencia
refrán
aforismo
apotegma *cult.*

agudeza
gracia
salida

dichoso

feliz
afortunado
contento
venturoso
bendito

desagradable
molesto
fastidioso
insoportable
maldito

↔ desdichado
    infeliz

dicotomía

bipartición
división

dicromático

bicolor

dictador

tirano
autócrata
caudillo
déspota

dictados

exigencias
imperativos
mandatos

dictadura

totalitarismo
autarquía
tiranía
autoritarismo
absolutismo
autocracia
despotismo

↔ democracia

dictamen

juicio
opinión
parecer
decisión
sentencia
veredicto
resolución
determinación
fallo

dictaminar

juzgar
opinar
decidir
sentenciar
acordar
resolver
determinar
declarar
decidir
fallar

dictar

promulgar
publicar
emitir
decretar

inspirar
sugerir
aconsejar
guiar

pronunciar
leer

dictatorial

despótico
absoluto
autárquico
autoritario

↔ democrático

dicterio

insulto
ofensa
injuria
improperio
apóstrofe
increpación

↔ alabanza
    elogio

didáctico

pedagógico
educativo

instructivo
formativo

↔ antipedagógico

diente

piño *col.*

saliente
resalte

diestro

derecho

hábil
experto
ducho
versado
mañoso

torero
matador

↔ siniestro
    izquierdo

    zurdo

    torpe
    inepto

dieta

régimen

dietario

agenda
memorándum

diezmar

dañar
perjudicar
aniquilar

difamación

infamación
calumnia
maledicencia
descrédito

↔ elogio
    alabanza

difamar

infamar
calumniar
denigrar
desprestigiar
desacreditar
descalificar

↔ acreditar

diferencia

desigualdad
diversidad
disimilitud
disparidad
desemejanza
variedad

discrepancia
desavenencia
desacuerdo

↔ igualdad

  coincidencia

diferencial

distintivo

↔ común

diferenciar(se)

distinguir
discernir

desigualar
diversificar

diferenciarse

diferir

sobresalir
descollar
despuntar

↔ confundir

  igualar
  asemejar

  parecerse
  asemejarse

diferente

distinto
diverso
desigual
dispar
desemejante
disímil
vario

singular
particular
insólito
raro
aparte

↔ igual

  convencional
  vulgar

diferir

aplazar
retrasar
retardar
demorar
dilatar
postergar
posponer
prorrogar
aparcar

diferenciarse
distinguirse

discrepar
disentir
divergir
disidir

↔ adelantar

  asemejarse

  coincidir

difícil

complicado
dificultoso
complejo
arduo
intrincado
enrevesado
confuso
oscuro
denso
engorroso
delicado
problemático
apurado
comprometido
peliagudo *col.*
chungo *col.*

accidentado
agitado
ajetreado
movido
laborioso
trabajoso
afanoso
apretado
arrastrado
achuchado *col.*

intratable
desabrido
brusco
áspero
adusto
hosco
huraño

↔ fácil
  sencillo
  simple

  tranquilo
  cómodo

  accesible

dificultad

complicación
complejidad
confusión
oscuridad
engorro
problema

obstáculo
apuro
contratiempo
contrariedad
trastorno
inconveniente
impedimento
traba
bache
pega

↔ facilidad
  sencillez

  ventaja

dificultar

complicar
intrincar
enrevesar
enredar
liar
enmarañar

entorpecer
estorbar
obstaculizar
retardar
contrariar

↔ facilitar

difteria

garrotillo

difuminar(se)

esfumar
esfuminar

desvanecer
diluir
desdibujar

↔ perfilar

  concretar

difundir(se)

expandir
extender
esparcir
dispersar
derramar
diseminar

divulgar
propagar
publicar
propalar
comunicar
pregonar
airear

↔ recoger

  ocultar

difunto

muerto
fallecido
finado
cadáver
cuerpo
fiambre *col.*

↔ vivo

difusión

expansión
extensión

divulgación
propagación
publicación
comunicación

profusión
prolijidad
confusión
vaguedad

↔ concreción
  limitación

  precisión
  claridad

difuso

impreciso
vago
difuminado
borroso
brumoso

ancho
dilatado
extenso

↔ nítido

  estrecho

digerir
asimilar
absorber

encajar
sobrellevar
soportar
superar
sufrir

entender
comprender

digestión
asimilación
absorción

digestivo
gástrico
estomacal

eupéptico

↔ indigesto

digital
dactilar

dedalera (planta)

dígito
cifra
guarismo

diglosia
bilingüismo

dignarse
consentir
condescender
acceder

↔ negarse

dignatario
mandatario
autoridad

↔ subalterno

dignidad
honor
nobleza
honra
honestidad
decencia
integridad
gravedad
decoro

moralidad
ética
honradez

importancia
elevación

cargo
título

personalidad

↔ indignidad

dignificar(se)
honrar
ennoblecer
engrandecer
enaltecer
ensalzar
encumbrar

↔ rebajar
    humillar

digno
merecedor
acreedor

honorable
noble
honrado
honesto
decente
íntegro
intachable

justo
conveniente
adecuado
apropiado
proporcionado

↔ indigno

    inapropiado

digresión
paréntesis
inciso
circunloquio

dije
colgante
medallón

dilacerar
lacerar
herir
dañar
lastimar

dilación
retraso
demora
tardanza
aplazamiento
moratoria
atraso
retardo

↔ anticipación

dilapidar
derrochar
despilfarrar
disipar
malgastar
comerse
fundir *col.*

↔ ahorrar

dilatado
grande
extenso
vasto
amplio
largo
prolongado

detenido
minucioso
pormenorizado

↔ estrecho
    corto

    precipitado

dilatar(se)
agrandar
ampliar
abultar
expandir

alargar
prolongar
extender

retrasar
atrasar
demorar
tardar
aplazar
diferir

↔ contraer
    encoger

    reducir
    abreviar

    anticipar

dilección
cariño
aprecio
estima

↔ animadversión
    inquina

dilecto
querido
apreciado
estimado
amado
predilecto

↔ odiado

dilema
alternativa
disyuntiva
elección
opción
duda

diletante
aficionado
amateur

↔ profesional

diligencia
prontitud
rapidez
presteza
celeridad

gestión
trámite
papeleo

↔ lentitud
    negligencia

diligenciar
gestionar
tramitar
agenciar

diligente
presto
activo
dinámico
solícito
trabajador
eficiente

↔ indolente
    negligente

dilucidar

aclarar
esclarecer
elucidar
resolver
explicar
descubrir

↔ oscurecer
   liar

diluir(se)

disolver
desleír
deshacer

aclarar
rebajar
aguar

distribuir
repartir
dividir

difuminar
desvanecer
desdibujar

↔ concentrar

   espesar
   tupir

   acumular

   intensificar

diluviar

chaparrear
jarrear *col.*

↔ chispear

diluvio

chaparrón
aguacero
tromba de agua

afluencia
aluvión
granizada
abundancia
profusión

↔ sequía

   escasez

dimanar

manar
nacer (el agua)
salir

proceder
provenir
derivar
originarse
resultar

dimensión

magnitud
medida
proporciones
tamaño

faceta
vertiente
aspecto
matiz

importancia
trascendencia
proporción
alcance
impacto
resonancia

dimensionar

medir
calibrar
mensurar
evaluar

ponderar
valorar
acentuar

↔ menospreciar

diminutivo

↔ aumentativo

diminuto

mínimo
minúsculo
microscópico
insignificante
pequeño

↔ enorme

dimisión

cese
renuncia

dimitir

cesar
renunciar
abandonar
abdicar

↔ ocupar

dinámico

activo
emprendedor
enérgico
diligente
trabajador

↔ inactivo
   indolente

dinamismo

actividad
energía
empuje
entusiasmo
brío
movimiento
agilidad
celeridad
ligereza
ardor

↔ pasividad
   inactividad

dinamizar(se)

activar
avivar
acelerar
estimular
animar

dinastía

casta
saga
estirpe
linaje

dineral

fortuna
riqueza

dinero

efectivo
cuartos *col.*
pasta *col.*
parné *col.*
guita *col.*
plata *col.*

riqueza
fortuna
capital
hacienda
haber
patrimonio
peculio

dintel

cargadero
lintel

diñar *caló*

dar
entregar

diñarla

morir
espichar *col.*
palmar *col.*
doblar *col.*
estirar la pata *col.*

diócesis

obispado

dionisiaco o
   dionisíaco

báquico
bacanal

dios

divinidad
deidad

Dios

Señor
Altísimo
Creador
Padre
Todopoderoso
Yahvé
Jehová
Alá

diploma

título
documento
certificado

diplomacia

tacto
sutileza
habilidad
astucia
mano izquierda

↔ torpeza
   rudeza

diplomar(se)

graduar
titular

diplomático

sutil
hábil
astuto

↔ torpe
   rudo

dipsomanía

alcoholismo

diputado

delegado
representante
comisionado

parlamentario

diputar

comisionar
delegar
encomendar
facultar

reputar
juzgar
tener por

dique

presa
represa

atracadero
muelle
fondeadero
desembarcadero
dársena

diquelar *caló*

comprender
adivinar
calar *col.*

dirección

gobierno
mando
jefatura
administración

rumbo
curso
camino
trayectoria
orientación
destino

directiva
gerencia

domicilio
señas

directiva

dirección
gerencia
jefatura

directriz
regla
precepto
instrucción
norma
orientación

directivo

dirigente
gobernante
mandatario
jefe

directo

rectilíneo
recto
derecho

seguido

franco
sincero
claro

↔ torcido
   indirecto

   retorcido

director

dirigente
directivo
jefe
gerente

directorio

normativa
preceptiva

nomenclátor
guía
lista

directriz

directiva
regla
precepto
instrucción
norma
orden
orientación

dirigible

zepelín
aeróstato

dirigir(se)

conducir
guiar
encaminar
orientar
encauzar
encarrilar

destinar
enviar
remitir

gobernar
mandar
administrar
ordenar
organizar
abanderar
acaudillar
regentar
presidir
encabezar
regir
capitanear
liderar
estar al frente

aconsejar
asesorar
educar
instruir
aleccionar

dirigirse

ir
marchar

↔ desviar
   desorientar

   recibir

dirimir

resolver
solucionar
zanjar

anular
disolver

↔ enconar
   confirmar
   ratificar

discernir

distinguir
diferenciar
separar
determinar

↔ confundir
   equivocar

disciplina

obediencia
orden
regla
norma
normativa

asignatura
materia
especialidad
ciencia

azote
látigo
flagelo

↔ indisciplina
   desobediencia

disciplinar(se)

organizar
ordenar
someter
aleccionar

azotar
flagelar

↔ indisciplinar

disciplinario

correccional
correctivo

discípulo

alumno
pupilo
estudiante
educando
escolar
colegial

seguidor
epígono

disc-jockey *ingl.*

pinchadiscos

disco

círculo
rueda

elepé
single

semáforo

col.
tabarra *col.*
rollo *col.*

díscolo

desobediente
rebelde
indisciplinado
revoltoso

↔ obediente
dócil

disconforme

discrepante
discordante
desafecto
contrario
opuesto
disidente

↔ conforme
partidario

discontinuo

entrecortado
intermitente
interrumpido

↔ continuo
seguido

discordancia

discrepancia
desacuerdo
disonancia
contraste

↔ concordancia
uniformidad
armonía

discordante

disonante
discrepante
disconforme
contrario
opuesto
estridente
detonante

↔ concordante
conforme
armonioso

discordar

diferir
contraponerse
contrastar
chocar

oponerse
disentir
discrepar

desafinar
disonar
desentonar

↔ concordar
pegar
casar
armonizar

asentir

entonar

discordia

desacuerdo
desavenencia
cisma
división
disidencia
discrepancia

↔ concordia
acuerdo

discoteca

fonoteca

discreción

prudencia
tacto
sensatez
mesura
tiento
tino
ponderación

reserva

↔ imprudencia
insensatez

indiscreción

discrecional

optativo
facultativo
potestativo
voluntario
libre

↔ obligatorio

discrepancia

disentimiento
disconformidad
desacuerdo
divergencia
disidencia
oposición

↔ avenencia
acuerdo

discrepar

disentir
disidir
oponerse
discordar
chocar

diferenciarse
diferir
divergir

↔ asentir

coincidir

discretear

cuchichear
secretear

discreto

prudente
juicioso
sensato
mesurado
atinado
circunspecto

reservado

corriente
moderado

↔ imprudente
insensato

indiscreto

extraordinario

discriminación

marginación
segregación
postergación
relegación
favoritismo

diferenciación
distinción

↔ equiparación
igualdad

confusión
mezcla

discriminar

marginar
segregar
postergar
relegar
apartar

diferenciar
discernir
distinguir

↔ equiparar
igualar

confundir
mezclar

disculpa

perdón
exculpación

excusa
pretexto
justificación
achaque

↔ inculpación
acusación

disculpar(se)

perdonar
exculpar
excusar
justificar
eximir
dispensar
defender
abogar

↔ culpar
acusar
condenar

discurrir

transcurrir
fluir
marchar
correr

ocurrir
desarrollarse
desenvolverse

pensar
razonar
cavilar
reflexionar
meditar
rumiar *col.*

↔ pararse
detenerse

discurso

alocución
disertación
alegación
argumentación

exposición
charla
plática
prédica
conferencia

razonamiento
pensamiento

curso
transcurso
lapso

discusión

debate
controversia
polémica
negociación
deliberación
diálogo

pelea
altercado
bronca
disputa

discutir

debatir
controvertir
polemizar
porfiar
negociar
deliberar
dialogar

objetar
contradecir
oponerse
discrepar
discordar
disentir

reñir
enfrentarse
disputar
regañar
altercar
contender
pelearse
batallar

↔ asentir
  acatar

  reconciliarse

disecación

taxidermia
embalsamamiento
momificación

disección

disecar

embalsamar
momificar

diseccionar

disección

vivisección
autopsia

disecación

análisis

diseminar(se)

esparcir
propagar
dispersar
extender
desparramar
desperdigar

↔ recoger
  agrupar
  reunir

disensión

disenso
desacuerdo
disconformidad
discrepancia
divergencia

riña
disputa
altercado

↔ acuerdo
  concordia

disenso

disensión

disentir

discrepar
divergir
oponerse
discordar
chocar

↔ asentir
  acatar

diseñar

bosquejar
dibujar
trazar
esbozar
delinear

planear
proyectar
diagramar
confeccionar
maquetar

esquematizar
resumir

diseño

boceto
croquis
trazado
apunte
bosquejo
esbozo

esquema
resumen

disertación

conferencia
exposición
discurso
lección
charla
alocución

disertar

conferenciar
exponer
declamar
perorar
hablar

disfavor

perjuicio
menoscabo
desventaja
deterioro

menosprecio
desprecio
descrédito

desaire
descortesía
feo

↔ favor

  gracia
  estima

  atención
  cortesía

disforme

deforme
monstruoso

disfraz

máscara
careta
antifaz

camuflaje
tapadera
tapujo
disimulo
simulación
velo

disfrazar(se)

caracterizar
enmascarar

camuflar
disimular
simular
velar
desfigurar
deformar
falsear
alterar
modificar
encubrir
dorar

↔ destapar
  descubrir
  exhibir

disfrutar

gozar
deleitarse
divertirse

disponer
poseer
usar
emplear
beneficiarse

↔ aburrirse
  sufrir
  padecer

disfrute

gozo
deleite
placer

disposición
uso
beneficio

disfunción

trastorno
desarreglo

descontrol
descoordinación

↔ normalidad
  coordinación

disgregar(se)

separar
deshacer
descomponer
desintegrar
desmembrar
dispersar
desparramar
esparcir
espaciar

↔ juntar
  congregar

disgustar(se)

desagradar
molestar
incomodar
fastidiar

entristecer
apenar
apesadumbrar
afligir

disgustarse

enfadarse
enojarse
irritarse
cabrearse *col.*

↔ gustar
  agradar

  alegrar

disgusto

tristeza
pena
pesadumbre
aflicción
preocupación
pesar
acíbar
amargura
sinsabor
descontento
desconsuelo

desgracia
desastre
descalabro
calamidad

enfado
disputa

pelea
enfrentamiento

↔ satisfacción
  alegría

disidente

discrepante
opositor
desafecto
contrario
opuesto
disconforme

↔ adepto
  partidario

disidir

discrepar
disentir
divergir

↔ concordar
  comulgar

disimilitud

desemejanza
desigualdad
diferencia
diversidad
disparidad
variedad

↔ igualdad
  semejanza

disimular(se)

camuflar
enmascarar
encubrir
tapar
ocultar
solapar

fingir
simular
aparentar
afectar

disculpar
dispensar
excusar

↔ descubrir
  resaltar

  abrirse
  sincerarse

  afear
  echar en cara

disimulo

camuflaje
enmascaramiento
ocultación
solapamiento
tapujo
hipocresía
encubrimiento
fingimiento

↔ descaro
  sinceridad

disipación

desvanecimiento
dispersión

desenfreno
libertinaje
licencia
escándalo
desmadre *col.*

↔ condensación

  comedimiento
  moderación

disipado

desvanecido
esfumado
evaporado

desenfrenado
libertino
licencioso
disoluto
desmadrado *col.*

↔ espeso
  condensado

  virtuoso
  comedido

disipar(se)

desvanecer
esfumar
dispersar
deshacer
evaporar

derrochar
malgastar
despilfarrar
dilapidar
fundir *col.*
pulir *col.*

↔ concentrar
  condensar
  espesar

  ahorrar

dislate

disparate
desacierto
imprudencia
locura
aberración
desatino
desvarío

↔ acierto

dislocar(se)

descoyuntar
desarticular
desencajar
luxar

alterar
desfigurar
distorsionar

↔ encajar
  articular

disloque *col.*

colmo

disminución

reducción
mengua
merma
menoscabo
descenso
caída
degradación
aminoración

↔ aumento
  incremento
  subida

disminuido

deficiente
insuficiente
escaso

defectuoso
imperfecto

minusválido

↔ suficiente

  perfecto

disminuir(se)

reducir
rebajar
achicar
encoger
empequeñecer

menguar
mermar
abreviar
acortar
menoscabar
debilitar
descender
aminorar
degradar

↔ agrandar
   aumentar
   crecer
   intensificar

disnea

ahogo
asfixia

disociar

separar
desunir
disgregar
descomponer
desmembrar
dividir

↔ asociar
   componer

disolución

dilución
desleimiento

dispersión
disgregación
desunión

libertinaje
desenfreno
disipación
vicio

disoluto

libertino
desenfrenado
licencioso
disipado
vicioso
depravado
pervertido
degenerado

↔ virtuoso
   austero

disolver(se)

diluir
desleír
deshacer

dispersar
disgregar
desunir
desbaratar

anular
invalidar
cancelar
suprimir

↔ solidificar
   concentrar

   congregar
   aunar
   reunir

   consolidar
   afirmar

disonante

desafinado
inarmónico
cacofónico

discordante
disconforme

↔ armónico

   acorde

disonar

desentonar
desafinar

discordar
discrepar
disidir
disentir

↔ afinar

   armonizar

dispar

distinto
diferente
desigual
desemejante
heterogéneo

↔ similar
   semejante
   igual

disparar(se)

tirar
tirotear
balear *amer.*
abalear *amer.*
balacear *amer.*

lanzar
chutar

dispararse

enfadarse
irritarse
descomponerse
saltar

col.
desmandarse
desbocarse
desmadrarse *col.*

correr
huir

disparatado

absurdo
desatinado
insensato
irracional
ilógico
incoherente
descabellado
excesivo
enorme
desproporcionado

↔ razonable
   lógico
   sensato
   ajustado
   moderado

disparatar

desbarrar
desvariar
barbarizar
desatinar

↔ razonar

disparate

absurdo
desatino
insensatez
incoherencia
incongruencia
despropósito
necedad
sinrazón
tontería
temeridad
barbaridad
imprudencia
locura
exceso
enormidad

↔ acierto

disparejo

desparejo

disparidad

desigualdad
diferencia
diversidad
desemejanza
discrepancia

↔ semejanza

disparo

descarga
tiro

chut
chupinazo

dispendio

gasto
derroche
despilfarro
prodigalidad

↔ ahorro
   economía

dispensar(se)

conceder
otorgar
prestar
rendir
deparar
distribuir
dar

eximir
exonerar
librar
relevar

disculpar
excusar
condonar
perdonar
absolver

↔ negar

   obligar

   condenar
   culpar

dispensario

clínica
ambulatorio
consultorio
centro de salud

dispersar(se)

desperdigar
diseminar
esparcir
disgregar
desparramar

desconcentrar
distraer

eliminar
desvanecer
disipar

↔ reunir
  congregar

  concentrar

  confirmar

displicencia

desprecio
desdén
indiferencia
indolencia
abulia
apatía

↔ complacencia
  interés

disponer(se)

colocar
ordenar
arreglar
organizar
acomodar
situar
acoplar

preparar
habilitar
aclimatar
acondicionar
prever
prevenir

mandar
establecer
determinar
dictaminar
decidir

tener
poseer
utilizar
disfrutar
gozar

↔ desarreglar
  desordenar

abolir
anular
revocar

carecer

disponibilidades

recursos
posibles
reservas
medios

disponible

utilizable
vacante
desocupado
libre

↔ inutilizable
  ocupado
  reservado

disposición

colocación
ordenamiento
arreglo
organización
acomodación
situación
estructuración

orden
norma
decreto
instrucción
mandato
precepto
ley

actitud
talante
comportamiento
conducta
humor

aptitud
habilidad
talento
facilidad
capacitación

dispositivo

mecanismo
aparato
artilugio
artefacto
ingenio
maquinaria
máquina

dispuesto

colocado
ordenado
arreglado
organizado
acomodado

mandado
establecido
determinado
dictaminado
decidido

presto
pronto
listo
preparado

diligente
capaz
hábil
capacitado
resuelto
activo

↔ desarreglado
  desordenado

  abolido
  anulado

  tardo

  torpe
  incapaz
  inepto

disputa

discusión
debate
polémica
disensión

altercado
contienda
riña
pelea
disgusto
bronca
gresca
reyerta
trifulca *col.*
pelotera *col.*

↔ acuerdo
  concordia

disputar

discutir
debatir
polemizar
disentir

reñir
pelear

competir
contender
rivalizar

disquisición

digresión
divagación
comentario
reflexión

examen
análisis
estudio
investigación

distancia

trayecto
intervalo
lapso
trecho
recorrido

diferencia
desigualdad
desemejanza
disparidad

alejamiento
frialdad
enfriamiento

↔ contigüidad

  semejanza
  igualdad

  intimidad
  cordialidad

distanciar(se)

alejar
retirar
separar

distanciarse

desligarse
eludir

enemistarse
enfriarse
indisponerse

↔ acercar
  aproximar

  implicarse

  intimar
  congraciarse

distante

alejado
lejano
apartado
retirado
remoto
separado
aislado

altivo
displicente
áspero
frío

↔ cercano
  próximo

  cordial
  asequible

distar

diferenciarse
diferir
distinguirse

↔ semejarse
  coincidir

distender(se)

destensar
aflojar
desapretar

relajar
suavizar
tranquilizar

↔ tensar
  atirantar

  crispar
  encrespar

distinción

diferenciación
discriminación

honor
privilegio
dignidad
recompensa
galardón
condecoración

elegancia
refinamiento
finura
clase
estilo
aire
porte
donaire

distingo

reparo
sutileza

distinguido

elegante
refinado
exquisito
chic

ilustre
eminente
señalado
sobresaliente

↔ ordinario
  grosero

  vulgar

distinguir(se)

diferenciar
discernir
discriminar
desigualar
diferir
distar

ver
avistar
percibir
divisar
atisbar
vislumbrar

destacar
descollar
sobresalir
resaltar
despuntar
caracterizar

preferir
anteponer
elegir
escoger

honrar
premiar
galardonar
condecorar

↔ confundir
  igualar

distintivo

diferenciador
característico
peculiar
singular
particular

emblema
divisa
insignia
enseña
señal

distinto

diferente
diverso
desigual
dispar
desemejante

singular
especial
aparte

claro
preciso
expreso
nítido

distintos

varios

↔ igual
  semejante

  vulgar
  corriente

  impreciso
  confuso

distorsión

alteración
deformación
desfiguración

esguince

↔ ajuste
  fidelidad

distracción

entretenimiento
diversión
solaz
recreo
esparcimiento
pasatiempo

despiste
descuido
olvido

robo
hurto
sustracción

↔ aburrimiento

  concentración

  restitución

distraer(se)

entretener
divertir
amenizar
solazar
recrear
esparcir

despistar
descentrar
descuidarse

robar
hurtar
sustraer
afanar col.

↔ aburrir

  concentrar

  restituir

distribución

reparto
división
asignación
administración
suministro
venta

colocación
orden
disposición

↔ desorden
  descolocación

distribuidor

repartidor

representante
vendedor

distribuir(se)

repartir
dividir
asignar
adjudicar
racionar
administrar
suministrar
vender

colocar
ordenar
disponer

↔ monopolizar

  desordenar
  descolocar

distrito
circunscripción
jurisdicción
demarcación

disturbio
altercado
tumulto
alboroto
desorden
agitación
reyerta
riña
trifulca col.
↔ orden
calma

disuadir
desaconsejar
desanimar
apartar
apear col.
quitar de la cabeza
↔ inducir
animar

disyunción
disyuntiva
dilema
encrucijada
alternativa
opción

ditirambo
alabanza
lisonja
elogio
encomio
adulación
panegírico
↔ vituperio
crítica

diu
sterilet

diurno
↔ nocturno

divagar
desviarse
dispersarse
apartarse
enrollarse col.
irse por las ramas col.

vagar
deambular
errar
rondar
vagabundear
callejear
zascandilear
↔ ajustarse
ceñirse

diván
canapé
triclinio

divergencia
bifurcación
desviación

desacuerdo
discrepancia
disensión
↔ convergencia
coincidencia

divergir
bifurcarse
desviarse
separarse
apartarse

discrepar
disentir
↔ converger
coincidir

diversidad
diferencia
variedad
desigualdad
disparidad
↔ igualdad

diversificar(se)
diferenciar
distinguir
desigualar
cambiar
transformar
variar
↔ igualar

diversión
divertimento
distracción

entretenimiento
esparcimiento
recreo
ocio
bureo col.

pasatiempo
hobby
↔ aburrimiento
hastío
tedio

diverso
variado
diferente
heterogéneo
distinto
desigual

diversos
varios
↔ homogéneo
igual

divertido
alegre
gracioso
ocurrente
jovial
jocoso
animoso
entretenido
ameno
distraído
placentero
amer.
achispado
entonado
↔ triste
aburrido
tedioso
monótono
sobrio

divertir(se)
entretener
amenizar
distraer
recrear
alegrar
contentar
regocijar
deleitar
solazar
↔ aburrir
hastiar

dividir(se)
partir
fraccionar
separar
cortar
trocear
segmentar
fragmentar
abrir
distribuir
repartir

enfrentar
enemistar
indisponer
malquistar
desavenir
↔ unir
juntar
concentrar
conciliar

divieso
forúnculo
absceso
lobanillo

divinidad
deidad
dios
maravilla
primor
preciosidad

divinizar
deificar
sacralizar
ensalzar
exaltar
glorificar
sublimar
↔ humillar

divino
extraordinario
sublime
adorable
excelente
maravilloso
soberbio
↔ horrible
horroroso
malísimo

divisa

distintivo
emblema
marca
insignia
blasón

divisar(se)

vislumbrar
atisbar
distinguir
percibir
alcanzar
avistar
columbrar
abarcar
dominar
ver

división

partición
fraccionamiento
separación

distribución
reparto

fracción

desacuerdo
enfrentamiento
enemistad

parte
apartado
sección

↔ unión

concentración

multiplicación

conciliación

divisionismo

puntillismo

divo

astro
estrella
figura
personaje

arrogante
engreído
soberbio
presuntuoso

↔ modesto
humilde

divorciar(se)

descasar

separar
desligar
desvincular

↔ casar
desposar

unir
vincular

divulgación

difusión
propagación
publicación
comunicación

divulgar(se)

difundir
propagar
anunciar
extender
airear
pregonar
publicar
comunicar

↔ ocultar
silenciar

dobladillo

doblez
pliegue
jaretón
bajo

doblado

plegado
arrugado
cerrado

torcido
curvo
combado
encorvado
flexionado
arqueado
acodado
agachado
inclinado

cansado
agotado
fatigado
molido

↔ desdoblado
desplegado

tieso
derecho
estirado

fresco
descansado

doblar(se)

duplicar

plegar

torcer
curvar
combar
encorvar
flexionar
arquear
doblegar
acodar
agachar
inclinar
bajar
humillar

girar
virar
bordear

doblarse

someterse
ceder

↔ demediar

desdoblar
desplegar

enderezar
erguir

rebelarse
indisciplinarse
resistir

doble

duplo
dúplice

par
pareja

hipócrita
taimado
falso

gemelo
sosia

duplicado
copia
reproducción
facsímil

↔ mitad
medio

sencillo

sincero
franco

doblegar(se)

someter
reducir
sojuzgar
subordinar
domeñar
abatir
apocar
humillar
degradar
rebajar

derrotar
vencer
superar
aplastar

doblar
torcer
arquear
curvar

↔ rebelarse
resistir
insubordinarse

perder

enderezar

doblez

dobladura
pliegue

hipocresía
fingimiento
disimulo
falsedad
falsía

↔ sinceridad
franqueza

docencia

enseñanza
educación
instrucción

docente

educativo
instructivo
formativo
didáctico

profesor
maestro
educador
instructor
enseñante

dócil

obediente
sumiso
manejable
débil
blando

tranquilo
apacible
manso
sosegado
plácido
pacífico

maleable
dúctil

↔ indócil
desobediente
rebelde

brusco
agresivo
violento

docilidad

obediencia
sumisión
suavidad
mansedumbre
ductilidad

↔ indocilidad
desobediencia
rebeldía

dock *ingl.*
muelle

docto

sabio
erudito
instruido
letrado
entendido
culto

↔ ignorante
iletrado

doctor

médico
matasanos *desp.*

doctoral

pedante
petulante
presuntuoso
solemne

doctrina

teoría
sistema
ideario
convicciones
opinión
ideología
filosofía

ciencia
sabiduría
erudición

doctrinario

intransigente
intolerante
dogmático
sectario
fanático

↔ tolerante
transigente

documentación

acreditación
credencial
certificado

información
expediente
archivo

documentado

acreditado
certificado
probado

↔ indocumentado

documentar(se)

acreditar
certificar
justificar (con
documentos)
probar

informar
instruir
enterar

documento

certificado
justificante

carné
cédula
escritura
notificación

información
dato
referencia

dogal

cabestro
ronzal
ramal

dogma

axioma
postulado
teorema
principio
proposición
enunciado

dogmático

axiomático

intransigente
intolerante
fanático
doctrinario

↔ tolerante
transigente

dogmatismo

intransigencia
intolerancia
fanatismo
inflexibilidad

↔ tolerancia
apertura
flexibilidad

dolencia

enfermedad
achaque
afección
daño
mal
indisposición
arrechucho *col.*

↔ bienestar
salud

doler(se)

padecer
sufrir
sentir
lastimar

atormentar
afligir
acongojar
apenar
apesadumbrar
amargar
entristecer
contristar

dolerse

quejarse
protestar

↔ aliviar
calmar

alegrar
animar

congratularse
felicitarse

dolicocéfalo

↔ braquicéfalo

doliente

dolorido

paciente
enfermo
achacoso

apenado
apesadumbrado
afligido
acongojado

↔ feliz
dichoso

dolo

fraude
simulación
engaño

dolor

padecimiento
sufrimiento
daño
molestia

tormento
suplicio
aflicción
congoja
pena
pesar
pesadumbre
amargura
tristeza

angustia
disgusto
sinsabor

↔ bienestar

alegría
placer

dolorido
dañado
lastimado
resentido

afligido
acongojado
apenado
pesaroso
entristecido
compungido
sentido
apesadumbrado

↔ aliviado

consolado
alegre
gozoso

doloroso
lacerante
lastimoso
lamentable
penoso
triste
angustioso
amargo

↔ alegre
gozoso
agradable

doloso
fraudulento
engañoso

doma
domesticación
adiestramiento

domar
domesticar
amaestrar
amansar
desbravar
adiestrar

domeñar
someter

dominar
refrenar
reprimir

amoldar
adaptar

↔ embravecer

incitar
desatar

domeñar
someter
dominar
refrenar
reprimir
controlar
domar
acogotar
intimidar
acoquinar *col.*

↔ incitar
desatar

domesticar
adiestrar
amaestrar
desbravar
amansar
domar
entrenar (un animal)
educar

doméstico
casero
hogareño
familiar

adiestrado
amaestrado
manso
domado

sirviente
criado
servidor

gregario (ciclismo)

↔ salvaje
asilvestrado

domiciliarse
instalarse
establecerse
avecindarse
asentarse
afincarse

domicilio
casa
vivienda
hogar
morada
residencia

dirección
sede

dominación
dominio
sometimiento
poder
control
sujeción
yugo

↔ obediencia
acatamiento

dominante
autoritario
prepotente
despótico
tirano
mandón

predominante
preponderante
destacado
esencial
fundamental

↔ dominado
sometido
sumiso

dominar(se)
someter
domeñar
manejar
avasallar
esclavizar
subyugar
sojuzgar
aherrojar
tiranizar

conocer

contener
controlar
reprimir
refrenar
frenar
reducir

abarcar
divisar

adueñarse
apoderarse
invadir
cundir

destacar
resaltar
sobresalir

↔ obedecer
acatar
ceder

desconocer
ignorar

avivar
excitar

dominio
dominación
sometimiento
poder
control
imperio
opresión
tiranía
yugo

maestría
pericia
destreza
conocimiento

colonia
posesión
propiedad

ámbito
terreno
campo

domo
cúpula
cimborrio
cimborio

dompedro
dondiego

don
regalo
presente
obsequio
dádiva

cualidad
característica
rasgo

destreza
habilidad

maña
mano
arte
aptitud
talento

↔ torpeza
   incapacidad

donación

concesión
legado
donativo
dádiva
entrega

donaire

gracia
garbo
gallardía
apostura
aire
salero

ocurrencia
broma
agudeza
sutileza
salida
golpe
gracia

↔ sosería
   torpeza

donar

regalar
obsequiar
dar
traspasar
transferir
ceder

↔ quitar
   despojar

donativo

donación
limosna
dádiva
óbolo

doncel *cult.*

mozo
joven
adolescente
mancebo
zagal

doncella

virgen

criada
sirvienta
muchacha
chica
chacha *col.*
empleada del hogar

donde

adonde
en donde

dondequiera

en cualquier parte

dondiego

diego
arrebolera
dompedro

donjuán

tenorio
casanova
conquistador
mujeriego
burlador
seductor
ligón *col.*

donoso

garboso
airoso
gracioso

↔ desgarbado
   patoso

dopar(se)

drogar
estimular

doquier o
   doquiera, por

en cualquier parte
por todas partes

dorado

áureo
amarillo
rubio

esplendoroso
glorioso
brillante
venturoso

dorar(se)

tostar
asar
torrar

disfrazar
velar
dulcificar

dormido

durmiente
aletargado

atontado
alelado
aturdido
embobado
ausente

↔ despierto
   consciente

   atento
   avispado

dormilón

lirón *col.*
marmota *col.*

dormir(se)

aletargarse
reposar
descansar
yacer
acostarse

pernoctar
pasar la noche

arrullar
adormecer

anestesiar

dormirse

abandonarse
descuidarse
dejarse
distraerse

entumecerse

aplacarse
apaciguarse
calmarse

↔ despertar
   espabilarse
   desvelarse

dormitar

adormecerse
amodorrarse

trasponerse
dar cabezadas

↔ espabilarse
   despertar

dormitorio

alcoba
habitación
aposento
cuarto

dorso

espalda
lomo

revés
envés
reverso
vuelta

↔ anverso
   cara

dosel

sobrecielo
pabellón
baldaquín
baldaquino
templete

dosificar(se)

graduar
regular
racionar
administrar
ahorrar

dosis

dosificación
toma

proporción
medida
porción
cantidad
cuantía

dossier *fr.*

expediente
informe

dotación

concesión
otorgamiento
donación
cesión

provisión
equipamiento
asignación

plantilla
equipo
tripulación

dotado

provisto
equipado
poseedor
dueño

apto
capacitado
hábil
diestro

↔ carente

Inepto
negado
inútil

dotar

conceder
otorgar
conferir
donar
ceder
legar

proveer
equipar
proporcionar
suministrar
asignar
surtir
aprovisionar
abastecer
armar
avituallar

↔ privar
despojar

desabastecer

dote

don
prenda
condición
capacidad
aptitud
facultad

draconiano

cruel
severo
duro

despiadado
feroz

↔ suave
moderado

dragonear *amer.*

alardear
presumir

cortejar
galantear

drama

tragicomedia
teatro
tragedia
comedia
farsa

desdicha
desventura
desastre
calamidad
tristeza

↔ dicha
ventura

dramático

teatral
tragicómico

emocionante
conmovedor
sobrecogedor
trágico
patético
estremecedor
terrible
angustioso

dramatismo

emoción
tragedia
patetismo
angustia

dramatizar

teatralizar

exagerar
desorbitar
desmesurar
hinchar

↔ desdramatizar

dramaturgia

dramática
teatro

dramaturgo

comediógrafo

drástico

tajante
radical
contundente
enérgico
riguroso
violento

↔ suave
moderado
paulatino

drenaje

desecación
avenamiento
desagüe
achique

↔ inundación

drenar

desecar
avenar
desaguar
achicar
secar

↔ inundar
encharcar
anegar

driblar

regatear
esquivar

dribling *ingl.*

regate

droga

medicamento
medicina
fármaco
específico

estupefaciente
narcótico
alucinógeno

drogadicción

drogodependencia

drogadicto

toxicómano
drogata *col.*
yonqui *argot*

drogar(se)

dopar
intoxicar

**ddrogodepen-
dencia**

drogadicción
toxicomanía

dual

doble
dúplice

dualidad

dualismo
dimorfismo
duplicidad

dualismo

↔ monismo

dubitación

duda
incertidumbre
indecisión
vacilación
titubeo

↔ certidumbre
decisión
firmeza

dubitativo

dudoso
indeciso
irresoluto
vacilante
titubeante
confuso

↔ seguro
firme
decidido

duchar(se)

mojar
lavar

ducho

experto
versado
experimentado
diestro
avezado
advertido

↔ inexperto

dúctil

maleable
manejable
moldeable

flexible
adaptable
acomodaticio
conformista
amoldable

↔ duro
  rígido

  inflexible
  intransigente

duda

dubitación
incertidumbre
indecisión
vacilación
titubeo
dilema

cuestión
problema
dificultad

sospecha
recelo
reparo
desconfianza
celos
achares

↔ certidumbre
  decisión
  seguridad

  confianza
  fe

dudar

vacilar
titubear

sospechar
recelar
desconfiar
escamarse *col.*
mosquearse *col.*

↔ decidir

  confiar
  creer

dudoso

confuso
incierto
ambiguo
equívoco

dubitativo
vacilante
titubeante
indeciso

↔ cierto
  preciso
  inequívoco

  seguro
  decidido

duelo¹

combate
lucha
reto
desafío

duelo²

pena
aflicción
desconsuelo
amargura
consternación

↔ alegría
  felicidad

duende

fantasma
espíritu
espectro

genio
gnomo
trasgo
elfo

encanto
gracia
chispa
ángel

dueño

amo
dueño
propietario
patrón

dueto

dúo
pareja

dulce

azucarado
edulcorado
dulzón
acaramelado

agradable
apacible
grato
gustoso
deleitoso
placentero
suave

afable
bondadoso
cordial
amoroso
afectuoso
afectivo
cariñoso
tierno

golosina
chuchería
confitura
confite

↔ amargo
  agrio
  salado

  desagradable
  desapacible

  áspero
  tosco

dulcería

confitería

dulcificar(se)

endulzar
azucarar
edulcorar

suavizar
apaciguar
aplacar
mitigar

↔ amargar
  agriar

dulzón

almibarado
acaramelado
empalagoso
melifluo
meloso
cursi
sentimentaloide *col.*
rosa

↔ áspero
  adusto
  seco

dulzura

dulzor

afabilidad
bondad
cordialidad
amor
cariño
afecto
ternura
amabilidad

agrado
gusto
deleite
placer
suavidad

↔ amargor

  brusquedad
  antipatía
  adustez
  hosquedad

  aspereza
  desagrado

dúo

dueto
pareja
par

dúplica

contrarréplica

duplicado

doble
redoblado

copia
doble
reproducción
facsímil

↔ simple

duplicar(se)

doblar
redoblar
desdoblar

incrementar
intensificar
acrecentar
reforzar

↔ demediar

  mermar
  disminuir
  dividir

duplicidad
falsedad
hipocresía
doblez
engaño
falsía
fingimiento
reserva

↔ sinceridad
franqueza
honestidad

duplo
doble

duración
durabilidad
perduración
permanencia
persistencia

periodo
transcurso
curso
intervalo
lapso

resistencia
firmeza
aguante
estabilidad

duradero
durable
estable
permanente

resistente
perdurable
persistente
perpetuo
sólido
firme

↔ fugaz
pasajero
efímero
caduco

durar
extenderse
prolongarse
alargarse

conservarse
resistir
aguantar
permanecer
persistir
subsistir
perdurar
perpetuarse

↔ acabarse
terminarse
cesar

durativo
imperfectivo

↔ perfectivo

duraznillo
persicaria
hierba pejiguera

dureza
solidez
consistencia
compacidad
resistencia

inclemencia
rigor
fuerza
energía
firmeza
tenacidad

severidad
violencia
insensibilidad
acritud
brusquedad

callo

↔ endeblez
fragilidad

suavidad

duro
sólido
consistente
compacto
pétreo

duradero
resistente
recio
acerado

arduo
penoso
trabajoso

agotador
afanoso

inclemente
riguroso
insoportable
insufrible

sufrido
fuerte
enérgico
firme
tenaz

severo
violento
insensible
implacable
exigente
estricto
áspero
acerbo

crudo
hiriente

torpe
cerrado
corto

↔ blando
frágil
endeble

suave
ligero

tolerante
comprensivo

listo
inteligente

easonense

donostiarra

ebriedad

borrachera
embriaguez
emborrachamiento
curda *col.*
mona *col.*
merluza *col.*

exaltación
frenesí
delirio
ofuscación
ceguera
locura

↔ sobriedad

serenidad

ebrio

borracho
bebido
embriagado
beodo
mamado *col.*

exaltado
ofuscado
ciego
loco

↔ sobrio

sereno

ebullición

hervor
cocción

agitación
movimiento
alboroto
bullicio
jaleo

revuelo
tensión

↔ calma
tranquilidad

ebúrneo *cult.*

marfileño

eccema

eczema
sarpullido
erupción

echado

acostado
tumbado
recostado

↔ levantado

echar(se)

arrojar
lanzar
tirar
enviar
mandar
impulsar
propulsar

derramar
verter
volcar

desprender
despedir
soltar
emitir
emanar
exhalar
expeler
eyectar

salir
brotar
formar
producir

apartar
alejar
desalojar
espantar
ahuyentar
evacuar
desterrar
proscribir

expulsar
destituir
deponer
retirar
despachar
poner de patitas en
   la calle *col.*

dar
repartir
distribuir
suministrar
entregar

condenar
imponer

decir
pronunciar
proferir
dirigir
largar *col.*
espetar *col.*

mover
inclinar
reclinar
alargar
extender
llevar

proyectar
pasar
representar

jugar
apostar
arriesgar

calcular
suponer

atribuir
conjeturar

emplear
usar
utilizar
consumir
gastar
invertir

poner
colocar
añadir
aplicar

empezar
comenzar
arrancar

correr (un pestillo)
cerrar
asegurar

dirigirse
encaminarse

echarse

precipitarse
abalanzarse
embestir
arremeter
acometer

acostarse
tenderse
tumbarse
recostarse
reposar
yacer

darse
entregarse
abandonarse

↔ retener

absorber

admitir
recibir
acoger

quitar

descorrer (un
pestillo)
abrir

retroceder
recular

levantarse

quitarse
dejar

echarpe

chal
chalina
mantón
pañoleta

eclecticismo

sincretismo
conciliación

moderación
tolerancia
transigencia
contemporización

↔ radicalismo
extremismo

ecléctico

sincrético
conciliador

moderado
tolerante
transigente
contemporizador

↔ radical
extremista

eclesiástico

cura
sacerdote
clérigo
religioso

eclesial
clerical

↔ laico
seglar

eclipsar

deslucir
deslustrar
oscurecer
empalidecer
empequeñecer
hacer sombra

eclipsarse

decaer
declinar
desmerecer
degenerar
deteriorarse
menguar
empeorar

desaparecer
ausentarse
retirarse
evadirse
desvanecerse
escabullirse

↔ resaltar
realzar

sobresalir

eclipse

oscurecimiento
decadencia
declive
desmerecimineto
degeneración
deterioro
ocaso

desaparición
ausencia
desvanecimiento

↔ encumbramiento

resurgimiento

eclosión

brote
nacimiento
salida

surgimiento
aparición
manifestación
comienzo
inicio

↔ desaparición
final

eco

retumbo

rumor
murmullo
son
zumbido
susurro
runrún

referencia
noticia

propagación
difusión
divulgación
alcance
resonancia
extensión

influencia
influjo

economato

cooperativa

economía

crematística
finanzas

capital
bienes
hacienda
patrimonio
heredad
caudal
riqueza
posesiones
pertenencias
peculio *cult.*

ahorro
reducción
parquedad

↔ despilfarro

económico

crematístico
financiero

barato
asequible
módico

ahorrador
ahorrativo
austero
parco
hormiguita

↔ caro

gastador
derrochador

economizar

ahorrar
guardar
preservar

reservar
escatimar
restringir
cicatear

↔ despilfarrar
derrochar

ecuánime

justo
imparcial
equitativo
recto
honesto
objetivo
cabal

sereno
equilibrado
tranquilo
desapasionado
inalterado
entero

↔ parcial

desequilibrado

ecuanimidad

justicia
imparcialidad
equidad
rectitud
honestidad
objetividad

serenidad
equilibrio
tranquilidad
entereza

↔ parcialidad

desequilibrio

ecuestre

hípico
equino
caballar

↔ pedestre

ecuménico

universal
mundial

↔ local

eczema

eccema

edad
existencia
vida

años

antigüedad
permanencia
perduración

época
etapa
tiempo
momento

edecán
ayudante
asistente
auxiliar
adjunto
adlátere
acólito

edén
paraíso terrenal

vergel
oasis

↔ infierno

edición
publicación
impresión
estampación

tirada
tiraje

edicto
mandato
decreto
ley
orden
disposición
ordenanza

aviso
cartel
bando
proclama

edículo
templete
relicario
tabernáculo

edificación
construcción
cimentación
obra

edificio
inmueble
bloque
casa

↔ demolición

edificador
constructor

edificante

edificante
edificador
ejemplar
modélico
aleccionador
educativo
instructivo

↔ pervertidor

edificar
construir
levantar
alzar
elevar
erigir
urbanizar

fundar
instaurar
instituir
establecer
implantar

ejemplarizar
aleccionar
educar
enseñar
instruir

↔ derrumbar
   destruir

   disolver

   pervertir

edificio
edificación
construcción
obra
inmueble
casa

edil
concejal
munícipe
regidor

editar
publicar
imprimir

educación
enseñanza
formación
instrucción
ilustración
aleccionamiento
adoctrinamiento
adiestramiento
civilización
capacitación
habilitación

cortesía
corrección
modales
modos
delicadeza
urbanidad

↔ incultura
   ignorancia

   descortesía

educacional
educativo

educado
instruido
culto

cortés
correcto
fino
refinado
atento
considerado

↔ ignorante

   descortés
   grosero

educador
educativo
formador

maestro
profesor
preceptor
instructor
pedagogo
monitor

educando
alumno
estudiante

discípulo
colegial
escolar
pupilo

educar(se)
enseñar
formar
instruir
aleccionar
ilustrar
adoctrinar
adiestrar
encauzar
encaminar
enderezar
civilizar
urbanizar
pulir
capacitar
habilitar

amaestrar

ejercitar
ensayar
perfeccionar
mejorar
afinar

↔ maleducar

educativo
educacional

pedagógico
formativo
instructivo

↔ antipedagógico

edulcoración
endulzamiento

edulcorado
endulzado
azucarado
dulzón

cursi
meloso
almibarado
empalagoso
cargante

↔ amargo

   crudo
   duro

edulcorante
endulzante

edulcorar

endulzar
azucarar
enmelar

efebo

doncel
mancebo
mozo
púber
adolescente

efectismo

espectacularidad
sensacionalismo
artificiosidad
aparatosidad
teatralidad
afectación

↔ sobriedad

efectista

espectacular
sensacionalista
artificioso
aparatoso
teatral
afectado

↔ sobrio

efectivamente

verdaderamente
ciertamente
en efecto
desde luego

efectividad

eficacia
eficiencia
capacidad
aptitud
competencia
operatividad
fuerza
poder

↔ ineficacia

efectivo

eficaz
eficiente
capaz
competente
productivo
activo

operativo
válido
enérgico
poderoso

real
auténtico
cierto
verdadero
seguro
existente
positivo
probado

numerario

↔ ineficaz
  inoperante

  hipotético

  interino
  honorífico

efecto

consecuencia
producto
fruto
secuela
resultado
resulta

fin
propósito
finalidad
intención
objetivo
objeto
meta

impresión
sensación
impacto
huella
emoción
sorpresa

efectos

bienes
pertenencias
posesiones
enseres

existencias
artículos
género
mercancía
mercadería

↔ causa

efectuación

ejecución
realización

cumplimiento
cumplimentación
consumación

↔ incumplimiento

efectuar

realizar
hacer
ejecutar
obrar
actuar

resolver
solucionar
calcular

efectuarse

cumplirse
cumplimentarse
consumarse
producirse
practicarse
perpetrarse
suceder
llevarse a cabo

efeméride

acontecimiento
episodio
evento
hecho

conmemoración
celebración

efemérides

diario

eferente

↔ aferente

efervescencia

burbujeo
borboteo
burbujas

excitación
agitación
inquietud
exaltación
acaloramiento
enardecimiento
bullicio
conmoción
arrebato
ardor

↔ tranquilidad

efervescente

burbujeante
gaseoso

excitado
agitado
inquieto
exaltado
acalorado
bullicioso
conmocionado
arrebatado

↔ sin burbujas

  tranquilo
  sosegado

eficacia

efectividad
eficiencia
competencia
capacidad
aptitud
validez
operatividad
fuerza
poder

↔ ineficacia

eficaz

efectivo
eficiente
competente
capaz
apto
válido
operativo
útil
provechoso

↔ ineficaz

eficiencia

eficacia
efectividad
competencia
capacidad
aptitud
validez
valía

↔ ineficacia

eficiente

eficaz
efectivo
competente

capaz
apto
válido
valioso

↔ ineficaz
incompetente

efigie
imagen
retrato
figura
busto

representación
alegoría
símbolo
emblema

efímero
breve
fugaz
perecedero
pasajero
momentáneo
caduco
fugitivo
precario

↔ eterno
duradero

eflorescencia
eccema
erupción

efluvio
emanación
emisión
desprendimiento
exhalación
irradiación

efugio
salida
subterfugio
evasiva
pretexto
excusa
rodeo

efusión
entusiasmo
vehemencia
expansión
ímpetu
fervor

pasión
calor
ardor
afecto
cordialidad

derramamiento
derrame
riego
flujo

↔ frialdad

efusivo
entusiasta
vehemente
expansivo
apasionado
caluroso
ardiente
expresivo
afectuoso
cordial

↔ frío

égida o **egida**
escudo
coraza

protección
defensa
amparo
ayuda
apoyo
favor
patrocinio

↔ desamparo

ego
yo

soberbia
altivez
arrogancia
engreimiento
presunción
inmodestia
aires

↔ modestia

egocéntrico
narcisista
ególatra
egotista

↔ modesto
humilde

egocentrismo
narcisismo
egolatría
egotismo

↔ modestia
humildad

egoísmo
individualismo
interés
materialismo
egocentrismo

↔ altruismo
solidaridad

egoísta
individualista
interesado
materialista
egocéntrico

↔ altruista
solidario

ególatra
egocéntrico
egotista
narcisista

egolatría
egocentrismo
egotismo
narcisismo

egotismo
egolatría

egotista
ególatra

egregio
ilustre
insigne
distinguido
notable
preclaro
eminente
eximio
glorioso
señero
honorable
venerable

↔ bajo
ruin

egresar _amer._
licenciarse
graduarse

↔ ingresar
matricularse

eje
árbol

base
núcleo
fundamento
centro
esencia

ejecución
realización
efectuación
elaboración
perpetración
consumación
cumplimiento
cumplimentación
práctica

interpretación

ajusticiamiento

↔ incumplimiento

indulto

ejecutante
ejecutor
autor
agente

intérprete
músico

ejecutar(se)
hacer
realizar
efectuar
obrar
elaborar
perpetrar
consumar
cumplimentar
poner en ejecución
llevar a cabo

tocar
interpretar

ajusticiar

↔ incumplir

indultar

ejecutivo
ejecutor
ejecutante

ejecutorio
inapelable
firme
invariable

↔ apelable

ejemplar
modélico
prototípico
arquetípico
intachable
irreprochable
perfecto
íntegro

aleccionador
edificante

espécimen
muestra
modelo
prototipo
arquetipo

ejemplarizar
edificar
aleccionar
guiar
escarmentar
dar ejemplo

↔ pervertir

ejemplificar
ilustrar
clarificar
demostrar

ejemplo
modelo
patrón
muestra
prototipo
arquetipo
paradigma
guía
norma
canon
pauta
exponente

cita
demostración
justificación

ejercer
profesar
desempeñar
ejercitar
practicar
cultivar

ejercicio
desempeño
ejercitación
práctica

gimnasia
deporte
entrenamiento
adiestramiento

examen
control
prueba

ejercicios
maniobras

↔ reposo

ejercitación
ejercicio
práctica
entrenamiento
adiestramiento
perfeccionamiento

↔ inactividad

ejercitar(se)
ejercer
profesar
desempeñar
cultivar

practicar
entrenar
adiestrar
enseñar
ensayar

ejército
milicia
hueste

multitud
turba
masa
enjambre
partida
oleada

elaboración
confección
fabricación

realización
producción
efectuación
preparación

elaborado
fabricado
manufacturado

cuidado
esmerado
detallado
primoroso
minucioso
pulido

↔ descuidado

elaborar(se)
hacer
confeccionar
fabricar
manufacturar
preparar
producir
efectuar

idear
formar
trazar
conformar

elasticidad
flexibilidad
maleabilidad
ductilidad
dilatación

adaptabilidad
acomodabilidad

↔ rigidez

elástico
flexible
maleable
dúctil
extensible
dilatable

adaptable
acomodaticio
conformista

↔ rígido

elato *cult.*
altivo
orgulloso
soberbio

arrogante
altanero
engreído
desdeñoso

↔ humilde

elección
selección

opción
alternativa
disyuntiva
dilema

votación
comicios
sufragio
referéndum

elector
votante

electrizante
emocionante
apasionante
estimulante
absorbente
delirante
excitante
arrebatador

↔ insulso
indiferente

electrizar(se)
emocionar
apasionar
entusiasmar
estimular
arrebatar
excitar
enardecer
enfervorizar

↔ desinteresarse

elegancia
distinción
refinamiento
finura
exquisitez
gusto
estilo
clase
donaire

↔ ordinariez
vulgaridad

elegante
distinguido
refinado
fino
exquisito
estiloso
de buen gusto

lujoso
selecto
aristocrático
rico
de alto nivel
de alto standing

correcto
moderado
equilibrado
mesurado

sobrio
sencillo
natural
armonioso

↔ ordinario
  vulgar
  hortera

  humilde
  modesto
  pobre

  exagerado
  ostentoso

elegiaco o
elegíaco
lastimero
plañidero
quejumbroso
afligido
pesaroso
desgarrador
dolorido

↔ alegre
  festivo

elegido
favorito
predilecto
preferido
estimado

predestinado

↔ rechazado
  repudiado

elegir
escoger
seleccionar

preferir
optar
decidir
separar

designar
nominar

↔ rechazar
  repudiar

elemental
fundamental
esencial
básico
primordial
principal
sustancial
cardinal
central
nuclear

sencillo
rudimentario
primario
primitivo
superficial
ligero

obvio
evidente
claro
simple

↔ accesorio
  secundario

  complicado

elemento
constituyente
integrante
ingrediente
componente
parte

factor
dato
aspecto
punto

hábitat
ambiente
medio ambiente

sujeto
tipo
pájaro *col.*

elementos
principios
rudimentos

fundamentos
nociones

medios
instrumentos
recursos
utensilios

elenco
reparto

personal
nómina
equipo

índice
catálogo
lista
repertorio
relación

elepé
LP
long play
disco
álbum
vinilo

elevación
subida
ascenso
ascensión
altura
alza

aumento
acrecentamiento
incremento

encumbramiento
engrandecimiento
ennoblecimiento

nobleza
superioridad
grandeza
eminencia
alteza
sublimidad
exaltación

saliente
altitud
prominencia
montículo

↔ descenso

  bajeza
  mezquindad

  hondonada

elevado
subido
alzado
empinado
saliente

cuantioso
abundante
copioso
caro
inasequible

importante
destacado
relevante
sobresaliente
notable
ilustre
insigne
eminente
egregio

noble
trascendental
excelso
sublime

culto
erudito

↔ bajo

  escaso
  barato

  mediocre

  innoble

  popular

elevador *amer.*
ascensor
montacargas

elevar(se)
alzar
levantar
erguir
montar
subir
izar
aupar
empinar

aumentar
incrementar
acrecentar
dilatar
dispararse

ascender
progresar
prosperar

avanzar
medrar
mejorar

engrandecer
ennoblecer
encumbrar
enaltecer
ensalzar
sublimar

presentar (un escrito,
    petición, etc.)

elevarse

distinguirse
despuntar
dominar
descollar

emerger
surgir

↔ bajar

    disminuir
    rebajar

    degradar
    humillar

elfo

duende
gnomo
genio
geniecillo

elidir

omitir
eliminar
prescindir
excluir

↔ expresar
    mencionar

eliminación

exclusión
rechazo
descarte

supresión
anulación
abolición
expulsión

aniquilación
matanza
asesinato
exterminio

↔ inclusión

eliminar(se)

prescindir
desechar
rechazar
descartar
excluir
exceptuar

quitar
suprimir
anular
abolir
deshacer

expeler
echar
arrojar
despedir

matar
asesinar
liquidar
exterminar

↔ incluir
    admitir

elipsis

supresión
elisión
omisión

elíptico

oval
ovalado

omitido
suprimido
sobrentendido

↔ expreso

elisión

elipsis
supresión
omisión

élite o **elite**

flor
crema
jet
jet society
jet set
flor y nata

elixir o **elíxir**

licor
jarabe
brebaje
pócima

elocución

dicción
expresión
estilo

elocuencia

fluidez
oratoria
desparpajo
locuacidad
facundia
labia
verborrea
facilidad de palabra

persuasión
sugestión
poder de convicción

↔ inexpresividad
    laconismo

elocuente

diserto
locuaz
facundo
fluido
desenvuelto
suelto

expresivo
convincente
persuasivo

↔ inexpresivo
    lacónico

elogiable

laudable
loable
plausible
encomiable
ensalzable
admirable
ponderable

↔ criticable
    censurable

elogiador

elogioso
halagador
adulador
lisonjeador

elogiar

alabar
ensalzar
enaltecer

celebrar
halagar
honrar
encomiar
exaltar
loar
ponderar
poner por las nubes

↔ criticar
    censurar

elogio

alabanza
ensalzamiento
enaltecimiento
halago
encomio
apología
loa
ponderación
encumbramiento

panegírico

↔ crítica
    censura

elogioso

elogiador
laudatorio
lisonjero
ensalzador
encomiástico
encomiador
apologético
panegírico

↔ crítico
    insultante

elucidación

explicación
aclaración
dilucidación
clarificación
esclarecimiento

↔ confusión

elucidar

explicar
aclarar
dilucidar
clarificar
esclarecer
desembrollar
iluminar
arrojar luz

↔ confundir

elucubración
lucubración
pensamiento
reflexión
meditación
cavilación
deliberación
consideración
especulación

divagación
figuración

elucubrar
pensar
reflexionar
meditar
cavilar
deliberar
considerar
especular
estudiar
darle vueltas a la
 cabeza
devanarse los sesos
comerse el coco *col.*

divagar

eludible
evitable
sorteable
soslayable
excusable
remediable

↔ ineludible

eludir
evitar
sortear
esquivar
soslayar
rehuir
evadir
librarse
sustraerse
escapar
zafarse
escabullirse
escaquearse *col.*

rechazar
rehusar
descartar

↔ afrontar
 enfrentarse

 aceptar

emanación
emisión
exhalación
irradiación
efluvio

↔ absorción

emanar
derivar
dimanar
provenir
proceder
partir
originarse
arrancar

desprenderse
despedir
emitir
soltar
exhalar
irradiar

difundir
contagiar
comunicar
transmitir

↔ absorber

emancipación
liberación
manumisión
independencia
soberanía
autonomía

↔ dependencia
 esclavitud

emancipado
libre
liberado
manumiso
independiente
autónomo
soberano

↔ dependiente
 esclavizado

emancipar(se)
liberar
soltar
manumitir
independizar
desvincular

↔ dominar
 esclavizar

emasculación
castración
capadura

emascular
castrar
capar

embadurnar(se)
ensuciar
manchar
pringar
tiznar
impregnar
rebozar
embarrar

untar
extender

pintarrajear

embajada
legación

comisión
comunicado

embajador
mensajero
enviado
delegado
emisario
comisionado

embalado
lanzado
disparado
apresurado
como una centella
como una bala

↔ frenado
 lento

embaladura *amer.*
embalaje

embalaje
empaquetado
embaladura *amer.*

↔ desempaquetado

embalar
empaquetar
envolver
empacar

enfardar
estuchar
liar
atar

↔ desembalar
 desempaquetar

embalar(se)
acelerar
precipitar
lanzar
apresurarse
correr
volar

↔ frenar

embaldosado
alicatado
enlosado
solado

embaldosar
alicatar
enlosar
solar

**embalsama-
 miento**
momificación

embalsamar(se)
momificar

aromatizar
perfumar
sahumar

↔ apestar
 atufar

embalsar(se)
estancar
rebalsar
empantanar
empozar

↔ desembalsar
 fluir
 correr

embalse
pantano
laguna
estanque
balsa
rebalsa

embanastar

encestar
hacinar
apiñar
acumular
amontonar
embaular

embancarse

embarrancar
encallar
atollarse
varar

embarazar(se)

fecundar
preñar

dificultar
obstaculizar
entorpecer
estorbar

cohibir
inhibir
turbar
apurar
avergonzar
azorar
aturdir
desconcertar
cortar *col.*

↔ atreverse

embarazo

gestación
preñez
gravidez

dificultad
obstáculo
estorbo
contrariedad
inconveniente
impedimento
entorpecimiento

vergüenza
apuro
turbación
apocamiento
corte *col.*

↔ desembarazo
    atrevimiento

embarazoso

comprometido
incómodo

delicado
violento
engorroso
difícil
desconcertante

embarcación

barco
buque
nave
navío
nao

embarque
embarco

embarcadero

atracadero
muelle

andén

embarcar(se)

comprometer
arriesgar
exponer
aventurar
enredar
envolver
liar
implicar
complicar
meter en un lío

amer.
engañar

↔ desembarcar

embarco

embarque
embarcación

↔ desembarco

embargar

confiscar
requisar
incautar
secuestrar
decomisar

llenar
colmar
inundar

cautivar
embelesar
enajenar
seducir

fascinar
arrobar

absorber
copar

embarazar
estorbar
dificultar
obstaculizar
entorpecer
impedir

↔ desembargar

    desagradar

embargo

confiscación
requisa
incautación
secuestro
retención

bloqueo

↔ desembargo

    desbloqueo

embarque

embarco
embarcación

encerrona
trampa
embrollo
compromiso

↔ desembarque
    desembarco

embarrado

enlodado
encenagado

enlucido
revoque
revoco

embarrancar(se)

encallar
varar
embancarse
atollarse

embarrancarse

atascarse
atrancarse
encasquillarse
atorarse

↔ desembarrancar
    desencallar

embarrar(se)

enlodar
enfangar
enlodazar
encenagar

embadurnar
manchar
pringar
tiznar

amer.
liar
enredar
enmarañar
complicar

embarcar
comprometer
implicar

colisionar
chocar

↔ desembarrar

embarrilar

entonelar

embarullado

confuso
enredado
enredoso
lioso
enmarañado
embrollado
caótico
desordenado

atropellado
descuidado
chapucero

↔ claro
    ordenado

    cuidado
    esmerado

embarullamiento

confusión
enredo
lío
embrollo
jaleo
batiburrillo
enmarañamiento
desorden

precipitación
descuido
chapucería

↔ claridad
orden

cuidado
esmero

embarullar(se)

liar
complicar
enredar
tergiversar
enmarañar
embrollar
revolver
desordenar

confundir
desconcertar
aturdir
aturullar
desquiciar
ofuscar

↔ desenredar
aclarar

embastar

hilvanar

↔ deshilvanar

embaste

hilván
basta

embastecer(se)

embrutecer
achabacanar

↔ refinar
pulir

embate

embestida
acometida
arremetida
empuje
ataque
golpe
choque

embaucador

engatusador
engañador
engañabobos
embarullador
estafador
timador

farsante
liante
embustero

embaucar

engañar
engatusar
camelar
embelecar
estafar
timar
enredar
enrollar
alucinar
mentir

embaular *col.*

hacinar
apiñar
agolpar
amontonar
apretujar *col.*

engullir
devorar
embuchar
zampar *col.*
jalar *col.*
jamar *col.*

↔ desembaular

embebecer

entretener
divertir
fascinar
deleitar
encantar
seducir
embelesar
cautivar

embebecerse

ensimismarse
maravillarse
enajenarse
pasmarse
asombrarse
admirarse

↔ aburrir
hartar

quedarse
indiferente

embeber

absorber
chupar

empapar
impregnar

rebajar
acortar
disminuir

meter
encajar
incrustar
empotrar
embutir
incorporar

consumir
agotar
gastar

embeberse

concentrarse
ensimismarse
enfrascarse
entregarse
abstraerse
engolfarse

↔ escupir

alargar

distraerse

embelecar

embaucar
enredar
engañar
engatusar
camelar

embeleco

embaucamiento
enredo
engaño
ardid
engañifa
artimaña
marrullería
embuste

embelesamiento

embeleso
enajenación
arrobo
pasmo

embelesar(se)

cautivar
fascinar
seducir
encantar
extasiar

arrobar
arrebatar
enajenar
enamorar
embriagar
embobarse

↔ desencantar
defraudar

embeleso

embelesamiento
fascinación
cautivación
éxtasis
arrobo
arrebato
enajenación
admiración

↔ desencanto

embellecer(se)

adornar
arreglar
engalanar
acicalar
hermosear
enjoyar
ennoblecer
idealizar

↔ afear

embellecimiento

adorno
acicalamiento
hermoseamiento
idealización

↔ afeamiento
desaliño

emberrenchi-
narse

enrabietarse
enfurecerse
encolerizarse

↔ calmarse

emberretinarse
amer.

encapricharse
emperrarse
empeñarse

emberrincharse

emberrenchinarse

embestida

acometida
arremetida
empujón
embate
envite
ataque
agresión
asalto

embestir

acometer
arremeter
empujar
atacar
agredir
asaltar
abalanzarse

↔ esquivar
   huir

embijar *amer.*

manchar
pintarrajear

emblandecer(se)

ablandar
reblandecer
molificar
mullir
esponjar

emblandecerse

enternecerse
conmoverse
apiadarse
humanizarse

↔ endurecer

   deshumanizarse
   encarnizarse

emblanquecer(se)

blanquear
aclarar

↔ ennegrecer
   oscurecer

emblema

insignia
enseña
distintivo
divisa
escudo
empresa

símbolo
signo
alegoría
imagen
efigie

emblemático

distintivo
simbólico
alegórico

significativo
representativo
característico

embobado

asombrado
pasmado
alucinado
absorto
embelesado
deslumbrado
ensimismado

embobar(se)

asombrar
pasmar
alucinar
embelesar
deslumbrar
absorber
ensimismarse

embocado

abocado

embocadura

bocana

emboque
gusto
paladar

embocar

enfilar
dirigir

embolado

problema
compromiso
conflicto
aprieto
papeleta
papelón

embuste
camelo

trola *col.*
cuento *col.*
bola *col.*

embolsar(se)

cobrar
percibir
ingresar
recaudar
obtener
conseguir
adquirir

↔ perder
   gastar

embolso

cobro
ganancia
ingreso
recaudación

↔ desembolso

emboque

embocadura
gusto
paladar

emborrachar(se)

embriagar
achispar
alegrar
alumbrarse
amonarse *col.*
cogerla *col.*

ahogar

aturdir
perturbar
turbar
enajenar
afectar

atontar
adormecer
alelar
abobar
atontolinar *col.*

↔ despejarse

emborregado

aborregado
empedrado

emborronar

garrapatear
garabatear

pintarrajear
enguarrar

emboscada

celada
encerrona
trampa
asechanza
conspiración
intriga
maquinación

emboscar(se)

apostar (colocar)

emboscarse

esconderse
infiltrarse
internarse
ocultarse
agazaparse

escaquearse
escudarse
valerse

embotar(se)

enervar
insensibilizar
entumecer
acorcharse
estragar

mellar
despuntar

embotarse

aturdirse
ofuscarse
obcecarse
obnubilarse
atontarse

hincharse
congestionarse
inflamarse
embotijarse *col.*

↔ aguzar

   afilar

   despejarse

   deshincharse

embotellado

estudiado
preparado
pensado
elaborado

envasado
embotellamiento

↔ improvisado

embotellamiento

envasado
embotellado

atasco
congestión
obstrucción
tapón
detención

amontonamiento
acumulación
apelotonamiento
hacinamiento
tropel

↔ descongestión
 fluidez

embotellar

envasar

atascar
congestionar
obstruir
taponar
entorpecer
dificultar
detener
inmovilizar
paralizar

hacinar
amontonar
acumular
apelotonar
agolpar

acorralar
cercar
rodear

↔ descongestionar
 dispersar

embotijarse

hincharse
inflamarse
congestionarse
embotarse

↔ deshincharse

embozar(se)

arrebujar
tapar

envolver
cubrir

encubrir
ocultar
disfrazar
disimular
desfigurar
enmascarar
revestir

↔ desembozar

 descubrir
 revelar

embozo

encubrimiento
ocultación
disfraz
disimulo
tapujo
enmascaramiento
ambages

embragar

engranar
acoplar
encajar

↔ desembragar

embravecer(se)

irritar
encolerizar
airar
exasperar
sulfurar
alterar

embravecerse

picarse
encresparse

↔ apaciguar

 calmarse

embrazar

agarrar
ceñir
abrazar

↔ soltar

embriagador

embriagante
cautivador
seductor

fascinante
arrebatador
encantador
enloquecedor
hechicero

↔ repelente

embriagar(se)

emborrachar
achispar
alegrar
marear
amonarse *col.*

cautivar
deleitar
seducir
fascinar
embelesar
arrobar
encantar
enloquecer
hechizar

exaltar
arrebatar
embargar
enajenar
turbar
desequilibrar

↔ despejar

 disgustar
 repeler

 serenar

embriaguez

emborrachamiento
borrachera
melopea *col.*
curda *col.*
mona *col.*
tablón *col.*
castaña *col.*

exaltación
excitación
arrebato
enajenación
turbación
entusiasmo
rapto

↔ serenidad

embridar

contener
someter

refrenar
sujetar
reprimir
dominar
domar
aplacar
vencer

↔ liberar
 dar rienda suelta

embrión

origen
principio
germen
arranque
base

↔ final

embrionario

incipiente
germinal
primario
primitivo
rudimentario
en ciernes

↔ desarrollado
 avanzado

embrollado

lioso
complicado
intrincado
enredoso
enmarañado
embarullado

↔ claro

embrollar(se)

liar
complicar
enredar
confundir
enmarañar
embarullar

↔ aclarar

embrollo

lío
complicación
problema
enredo
confusión
follón

jaleo
maraña
barullo
revoltijo
atolladero
batiburrillo
enmarañamiento

chisme
murmuración
cotilleo
mentira
embuste
patraña
cuento *col.*
trola *col.*

apaño
arreglo
manejo
chanchullo *col.*
trapicheo *col.*

↔ verdad

embromar

bromear
chancear
guasearse
reírse
burlarse
engañar
chasquear
vacilar *col.*
cachondearse *col.*

amer.
molestar
fastidiar
incordiar

embroncarse
  amer.
enfadarse
encolerizarse
enojarse
cabrearse *col.*

embrujado
hechizado
encantado

cautivado
fascinado
maravillado
seducido

↔ desencantado
  defraudado

embrujar
hechizar
encantar

cautivar
fascinar
maravillar
seducir
arrobar
extasiar

↔ desencantar
  repeler
  defraudar

embrujo
hechizo
atractivo
seducción
fascinación
embeleso
magia
ángel

↔ desencanto
  repulsión

embrutecer(se)
entorpecer
insensibilizar
entontecer
enrudecer
idiotizar
estancar
anquilosar

↔ educar
  formar

embuchado
embutido
encarte

disimulo
máscara
tapujo
engaño
simulación
apaño

morcilla (teatro)

embuchar(se)
embutir

engullir
devorar
tragar
embaular *col.*

zampar *col.*
empapuzar *col.*
atiborrar *col.*
atracarse *col.*

encartar

↔ desembuchar

embuste
mentira
invención
infundio
farsa
patraña
cuento *col.*
trola *col.*
bola *col.*

↔ verdad

embustero
mentiroso
cuentista
patrañero
trolero
embrollón

↔ sincero
  franco

embutido
embuchado
fiambre

taracea

amer.
entredós

embutir(se)
embuchar

empotrar
encastrar
engastar
encajonar
embeber
taracear

tragar
atiborrar *col.*
zampar *col.*
embaular *col.*
jalar *col.*
jamar *col.*

emergencia
accidente
incidente
urgencia
imprevisto

necesidad
eventualidad
contrariedad

emersión
surgimiento
manifestación
brote

↔ inmersión

emerger
ascender
surgir
aparecer
brotar
nacer
asomar
manifestarse

↔ sumergirse
  desaparecer

emersión
emergencia

↔ inmersión

emético
vomitivo

↔ antiemético

emigración
éxodo
migración
desplazamiento

↔ inmigración

emigrante
emigrado
exiliado
exilado
expatriado

↔ inmigrante
  inmigrado
  repatriado

emigrar
exiliarse
expatriarse

migrar

col.
marcharse
pirarse *col.*
abrirse *col.*
ahuecar *col.*

↔ inmigrar

eminencia

excelencia
superioridad
celebridad
notabilidad
personalidad
figura
as

prominencia
elevación
altura
montículo

↔ mediocridad
insignificancia

hundimiento
depresión

eminente

importante
destacado
relevante
distinguido
sobresaliente
notable
ilustre
insigne

alto
elevado
prominente
encumbrado

↔ mediocre

bajo
profundo

emisario

mensajero
enviado
legado
comisionado
embajador
delegado
representante

emisión

emanación
exhalación
expulsión
irradiación

transmisión
retransmisión
difusión
radiodifusión
teledifusión
audición

lanzamiento
puesta en
circulación

emisor

transmisor

hablante

↔ receptor

oyente

emitir

despedir
arrojar
emanar
expeler
exhalar
expulsar
irradiar

proferir

difundir
transmitir
retransmitir
radiar
televisar

lanzar
poner en circulación

manifestar
expresar
exponer
exteriorizar
dar a conocer

↔ retirar

emoción

conmoción
impresión
turbación
alteración
agitación
perturbación
exaltación

sentimiento

emocionable

emotivo
afectivo
impresionable
sensible
sentimental

↔ insensible
frío

emocionante

emotivo
conmovedor
impresionante
turbador
apasionante
sobrecogedor
escalofriante
enternecedor

↔ indiferente

emocionar(se)

conmover
turbar
sobrecoger
alterar
exaltar
enternecer

emoliente

lenitivo
emulgente
ablandante

emolumento

sueldo
retribución
honorarios
remuneración
pago
gaje

emotividad

afectividad
sensibilidad
emoción

↔ insensibilidad
frialdad

emotivo

emocional
afectivo

emocionante
conmovedor
impresionante
turbador
enternecedor
sensible

emocionable
sentimental
impresionable

↔ indiferente
insensible
frío

empacar

embalar
empaquetar
enfardar

↔ desempacar

empacarse

empeñarse
obstinarse
empecinarse
porfiar
emperrarse *col.*

↔ ceder

empachado

indigesto

aburrido
hastiado
harto
cansado
saturar
saciado

↔ hambriento
deseoso

empachar(se)

indigestarse
estragar

aburrir
hastiar
hartar
saturar
cansar
saciar
empalagar
estomagar

avergonzar
apurar
turbar
embarazar
cortar *col.*

↔ atreverse
osar

empacho

indigestión
atracón

aburrimiento
hartazgo
hartura
saturación
saciedad
cansancio
empalago

vergüenza
apuro
turbación
embarazo
corte *col.*

empachoso

indigesto
pesado

incómodo
violento
comprometido
fastidioso

empalagoso
meloso
pegajoso
cargante
estomagante

↔ ligero
digestivo

cómodo
sencillo

**empadrona-
miento**

padrón
censo
registro

empadronar(se)

censar
registrar

**empalaga-
miento**

empalago

empalagar(se)

empachar
aburrir
hartar
hastiar
molestar
fastidiar
cargar

↔ agradar

empalago

empalagamiento
empacho
saciedad
hartazgo
hartura

empalagoso

dulzón
empachoso

cargante
meloso
pegajoso
fastidioso
estomagante

↔ amargo
ligero

empalidecer

palidecer
demudarse

deslucir
deslustrar
desmerecer
eclipsar
oscurecer

↔ ruborizar

resaltar
realzar

empalizada

palizada
cerca
cercado
valla
vallado

empalizar

cercar
vallar

empalmadura

empalme

empalmar

juntar
unir
ensamblar
conectar
conexionar
ligar
vincular

enlazar
concatenar
seguir
continuar

↔ desunir

empalme

empalmadura
unión

acoplamiento
ensamblaje
enganche
ligazón
soldadura
juntura
junta
enlace
nudo

empamparse
amer.

perderse
extraviarse
desorientarse
desviarse

empanada *col.*

intriga
embrollo
enredo
tapujo

empantanado

inundado
encharcado

desordenado
revuelto
desorganizado
caótico

estancado
interrumpido
parado
paralizado
colgado *col.*
a medias

empantanar(se)

inundar
anegar
embalsar
encharcar

estancar
interrumpir
parar
paralizar
atascar
enquistarse

↔ desecar

continuar
activar

empañar(se)

ensuciar
manchar

enturbiar
mancillar
desacreditar
deslucir
arruinar

↔ acreditar

empapar(se)

absorber
chupar
impregnar
embeber

mojar
ensopar
calar
remojar
regar
duchar

empaparse

enterarse
imbuirse

↔ escupir

secar

empapelar

expedientar
procesar
encausar
sancionar
emplumar *col.*
empaquetar *col.*
meter un paquete *col.*
meter un puro *col.*

**empapuzar(se),
empapuciar(se)
o empapujar(se)**

cebar
hinchar
inflar
embuchar
atiborrar *col.*
embaular *col.*
jamar *col.*
jalar *col.*

empaque[1]

empaquetado

↔ desempaque
desempaquetado

empaque[2]

señorío
distinción

majestuosidad
nobleza
categoría

arrogancia
estiramiento
engreimiento
presunción
jactancia
aires
humos
ínfulas

amer.
insolencia
descaro

↔ vulgaridad

naturalidad
llaneza

empaquetado

envasado
empacado
empaque

↔ desempaquetado
desempaque

empaquetar

embalar
empacar
envolver
enfardar

col.
castigar
sancionar
empapelar *col.*
emplumar *col.*
meter un paquete *col.*
meter un puro *col.*

↔ desempaquetar

emparchar(se)

parchear

emparedado

sandwich
bocadillo

recluido
recluso

emparedar(se)

recluir
aprisionar
enjaular
encerrar

↔ liberar

emparejar(se)

igualar
nivelar
equiparar
equilibrar

casar

alcanzar

↔ desemparejar

desnivelar

emparentar

entroncar
relacionar
enlazar
vincular

empatar

igualar
entablar *amer.*

↔ desempatar

empate

igualada

↔ desempate

empavesar

engalanar

empecatado

desobediente
díscolo
indomable
indócil

dichoso
maldito
condenado
endemoniado
endiablado

perverso
malvado
malévolo
maligno

↔ dócil

bueno

empecer

impedir
estorbar
dificultar
obstaculizar
obstar

↔ facilitar

empecinado

terco
obstinado
testarudo
tozudo
pertinaz
obcecado
cabezota
emperrado *col.*

↔ transigente
condescendiente

empecinamiento

terquedad
obstinación
testarudez
tozudez
obcecación

↔ transigencia
condescendencia

empecinarse

obstinarse
obcecarse
empeñarse
porfiar
emperrarse *col.*

↔ ceder
condescender
transigir

empedernido

incorregible
tenaz
recalcitrante
contumaz
porfiado
impenitente

cruel
insensible
duro
implacable
despiadado

↔ moderado

sensible

empedrado

emborregado
adoquinado

↔ desempedrado

empedrar

adoquinar

plagar
llenar
cubrir
cargar
atestar

↔ desempedrar

aligerar

empellón

empujón
envite
embestida
acometida

empelotarse *vulg.*

desnudarse
despelotarse *vulg.*
quedarse en pelotas
vulg.

empeñado

endeudado
entrampado
hasta el cuello

obstinado
empecinado
emperrado *col.*

reñido
acalorado
encarnizado
implacable

↔ desahogado

moderado

empeñar

pignorar

comprometer
asegurar
garantizar

dedicar
entregar
consagrar

empeñarse

endeudarse
entramparse

obstinarse
obcecarse
empecinarse
emperrarse *col.*
metérsele a alguien
una cosa en la
cabeza

↔ desempeñar

ceder
transigir
dar alguien su
brazo a torcer

empeño

pignoración

anhelo
deseo
ansia
afán
pretensión
aspiración
ambición

esfuerzo
interés
constancia
perseverancia
tesón
tenacidad
ánimo
porfía
entusiasmo

intento
empresa
tentativa

amer.
casa de empeño
monte de piedad

empeños *col.*

valimiento
influencia
agarraderas
enchufe *col.*

↔ desempeño

indiferencia

desinterés

empeoramiento

agravamiento
recaída
desmejoramiento
deterioro
decaída
pérdida
degeneración

↔ mejoría
mejora

empeorar(se)

agravarse
recaer

desmejorar
deteriorar
decaer
declinar
periclitar
perder
degenerar

↔ mejorar

**empequeñe-
cer(se)**

encoger
disminuir
reducir
menguar
mermar

suavizar
atenuar
mitigar
paliar
endulzar

deslucir
deslustrar
desmerecer
eclipsar
oscurecer
ensombrecer
empalidecer

empequeñecerse

achicarse
apocarse
amilanarse
acobardarse

↔ agrandar

exagerar
acentuar

realzar

crecerse
envalentonarse

**empequeñeci-
miento**

encogimiento
disminución
reducción
merma

↔ engrandecimiento

emperejilado

acicalado
engalanado
arreglado
aviado

encopetado
emperifollado
endomingado

emperejilar(se)

acicalar
engalanar
arreglar
aviar
encopetarse
emperifollar
endomingarse

emperezar(se)

abandonarse
apoltronarse
aplatanarse
remolonear
gandulear
flojear

↔ desemperezarse

emperifollado

acicalado
engalanado
emperejilado
encopetado
endomingado

emperifollar(se)

acicalar
engalanar
emperejilar
encopetarse
endomingarse

empero *cult.*

pero
sin embargo
no obstante

emperrarse *col.*

obstinarse
empeñarse
obcecarse
empecinarse
encapricharse

↔ ceder
transigir

empezar(se)

comenzar
iniciar
principiar
emprender

entablar
abrir

estrenar
inaugurar

nacer
originarse
aparecer
despuntar
asomar

↔ acabar

empiece

comienzo
inicio
principio

↔ final

empinado

inclinado
escarpado
pino
retrepado
subido

elevado
alto
eminente
prominente

orgulloso
soberbio
altivo
altanero
estirado

↔ llano

bajo

modesto

empinar

enderezar
erguir
incorporar
alzar
levantar
subir
aupar

col.
trasegar *col.*
pimplar *col.*
soplar *col.*

empinarse

encabritarse (un
cuadrúpedo)

↔ tumbar
bajar

empingorotado
encopetado
de alto copete

empingorotar
encumbrar

empingorotarse
engreírse
envanecerse
crecerse
encopetarse

↔ rebajar
degradar

empíreo
celestial
celeste

empírico
experimental

empitonar
cornear
coger

emplastar
apegotonar

emplastarse
pringarse
embadurnarse
mancharse

emplasto
cataplasma

plasta
pegote
mazacote

chapuza
chapucería
parche
remiendo
churro *col.*

achacoso
enfermizo

emplazamiento¹
convocatoria
citación

emplazamiento²
colocación
instalación

establecimiento
asentamiento

situación
localización
ubicación
enclave

emplazar¹
convocar
citar

emplazar²
colocar
instalar
establecer
asentar

situar
localizar
ubicar

empleado
trabajador
asalariado

emplear(se)
utilizar
usar
esgrimir
destinar
dedicar
valerse
servirse

consumir
gastar
invertir

colocar
asalariar
contratar

empleo
utilización
uso
aprovechamiento
servicio

consumo
gasto
inversión

colocación
ocupación
puesto
oficio
cargo

↔ desempleo

emplumar
procesar
enjuiciar
encausar
expedientar
empapelar *col.*

emplumecer
echar plumas

amer.
timar
engañar

huir

empobrecedor
debilitador
depauperante

↔ enriquecedor

empobrecer(se)
depauperar
debilitar
arruinar
disminuir
deteriorar

decaer
degenerar
desmerecer
malograrse

↔ enriquecer

empobrecimiento
ruina
debilitación
depauperación
disminución
deterioro

↔ enriquecimiento

empollado
incubado

impuesto
puesto
versado
ducho
documentado
conocedor

empollar(se)
incubar

col.
estudiar
chapar *col.*

empollón *col.*
estudioso
aplicado
chapón *col.*

↔ desaplicado

**emponzoña-
miento**
envenenamiento
contaminación
intoxicación

emponzoñar(se)
envenenar
contaminar
intoxicar
inficionar
infectar

corromper
pervertir
viciar
dañar
perjudicar
envilecer
torcer
echar a perder

↔ edificar
dar buen ejemplo
llevar por el buen
camino

emporcar(se)
ensuciar
manchar
enguarrar
pringar
tiznar
embadurnar
enfangar
embarrar
enlodar

↔ limpiar

emporio
centro
foco
núcleo

empotrar(se)
encajar
embeber
encastrar
embutir
incrustar

acoplarse
enquistarse
ensamblarse

emprendedor
acometedor
resuelto
dispuesto
dinámico
activo
decidido
atrevido
ambicioso
denodado

↔ pusilánime
    apocado

emprender
acometer
iniciar
empezar
abordar
afrontar
entablar
lanzarse

↔ desistir
    acabar

empreñar(se)
preñar
fecundar

molestar
fastidiar
importunar
jorobar

empresa
sociedad
compañía
entidad
firma
casa
razón social

tarea
obra
operación
misión
campaña
proyecto
iniciativa
propósito
tentativa
maniobra

emblema
enseña

divisa
insignia

empresariado
patronal

empresario
patrón

empréstito
préstamo
crédito

empujar
impulsar
impeler
propulsar

influir
incitar
animar
alentar
estimular
espolear
aguijonear
pinchar
picar

progresar
mejorar
medrar
subir
prosperar
abrirse paso

↔ desanimar
    empeorar

empuje
energía
decisión
resolución
coraje
ánimo
brío
vitalidad
arranque
empeño
tesón
entusiasmo

influencia
influjo
poder
dominio
pujanza
valimiento

↔ desánimo
    indecisión

empujón
empellón
envite
embestida
acometida

impulso
avance
adelanto
progreso

↔ retroceso

empuñadura
puño
mango
asa

empuñar
asir
sujetar

esgrimir
enarbolar
blandir

↔ soltar

emulación
imitación

competición
competencia
rivalidad
pugna
lucha
porfía

emulador
émulo
imitador

competidor
rival

emular
imitar

rivalizar
competir
pugnar
luchar
porfiar

emulgente
emoliente
lenitivo
ablandante

émulo
emulador
imitador

competidor
rival

enagua
combinación

enajenable
transferible

↔ intransferible

enajenación
enajenamiento

transferencia
traspaso
transmisión
venta

locura
alienación
demencia
desvarío
trastorno mental

embelesamiento
embeleso
arrobo
pasmo
admiración
alelamiento
embobamiento

↔ adquisición
    compra

    cordura

    indiferencia

enajenado
loco
alienado
ido
chalado *col.*
turulato *col.*

embelesado
arrobado
pasmado
admirado
alelado
embobado

↔ cuerdo

    indiferente

enajenamiento

enajenación

enajenar(se)

traspasar
transferir
transmitir
ceder
vender

trastornar
enloquecer
alienar
desequilibrar
alterar
(hacer) perder la
  razón

embelesar
extasiar
cautivar
embriagar
arrebatar
hechizar
arrobar
pasmar
admirar
alelar
embobar

quitar
restar
privar
impedir
vedar

↔ adquirir
  comprar

  repeler
  disgustar

  granjear
  ganar

enaltecedor

honroso
enorgullecedor
ennoblecedor
engrandecedor
ensalzador

↔ deshonroso

enaltecer(se)

honrar
enorgullecer
ennoblecer
engrandecer
exaltar

distinguir
elogiar
alabar
ensalzar
encarecer
encomiar
encumbrar
entronizar

↔ deshonrar
  criticar

enaltecimiento

honra
engrandecimiento
exaltación
distinción
elogio
alabanza
ensalzamiento
encomio
entronizamiento

↔ deshonra

enamorado

arrobado
embelesado
encantado
cautivado
seducido

amante
entusiasta
partidario
forofo
aficionado

↔ detractor

enamorador

conquistador
seductor
galán
galanteador
cortejador
donjuán

enamoramiento

flechazo

amor
entusiasmo
pasión

↔ aversión

enamorar

conquistar
seducir

cautivar
encantar
entusiasmar

galantear
cortejar
pretender

enamorarse

prendarse
encandilarse
colarse *col.*
chalarse *col.*

↔ desagradar
  aburrir

enamoriscarse o
  enamoricarse

encapricharse
tontear
ligar *col.*

enano

diminuto
canijo
minúsculo
insignificante
miniatura
liliputiense
mínimo

↔ gigante

enarbolar

alzar

esgrimir
empuñar
blandir

enarcar(se)

arquear
curvar
combar
encorvar

↔ enderezar

enardecedor

incitador
soliviantador
enfervorizador

↔ apaciguador

enardecer(se)

entusiasmar
emocionar
encender

acalorar
avivar
atizar
incitar
provocar
instigar
soliviantar
enfervorizar
enconar
exacerbar
arrebatar
excitar

calentar *col.*

↔ apaciguar

enardecido

entusiasmado
emocionado
encendido
acalorado
soliviantado
enfervorizado
vivo
enconado
exacerbado
exaltado
excitado

caliente *col.*
cachondo *vulg.*

↔ tranquilo
  moderado

enardecimiento

entusiasmo
emoción
excitación
exaltación
enfervorización
arrebato
acaloramiento
incitación
provocación
instigación

↔ apaciguamiento

encabalgar

encaballar
apoyarse

encaballar

solapar
imbricar

encabalgar
apoyarse

encabezamiento

cabecera
cabeza
epígrafe

↔ colofón
   final

encabezar

acaudillar
capitanear
conducir
guiar
liderar
abanderar
mandar

encabritarse

empinarse

encolerizarse
enfurecerse
enojarse
cabrearse *col.*
encabronarse *vulg.*

↔ calmarse

encabronar(se)
   vulg.

enojar
enfadar
encolerizar
encabritar *col.*
cabrear *col.*

↔ calmar
   tranquilizar

encadenamiento

amarre

concatenación
enlace
relación
vinculación
conexión
unión
engarce
trabazón
ligazón
sucesión

↔ desvinculación
   desconexión

encadenar(se)

amarrar
aherrojar

concatenar
enlazar
relacionar
vincular
conectar
unir
engarzar
trabar
ligar
suceder

someter
dominar
tiranizar
esclavizar
sojuzgar
subyugar

↔ desvincular
   separar

liberar
libertar
emancipar

encajar(se)

acoplar
ensamblar
empotrar
insertar
encajonar
embutir
enquistarse

asimilar
reaccionar
digerir
llevar
aguantar
tolerar
tomarse

pegar
atizar
sacudir
propinar
meter

soltar
largar
endosar
encasquetar
espetar *col.*
endilgar *col.*
endiñar *col.*
colar *col.*
enjaretar *col.*

coincidir
concordar
corresponder
casar

adaptarse
integrarse
acomodarse

encajarse

atascarse
atrancarse

↔ desencajar

   marginarse

encaje

encajadura
acoplamiento
ensambladura
ensamblaje
engarce
articulación

encajonar(se)

encajar
embutir
insertar
encañonar

↔ desencajonar

encalabrinar(se)

enfadar
irritar
enojar
exasperar
soliviantar
sulfurar
encabritarse *col.*
encabronar *vulg.*

encandilar
embaucar
engatusar

encalabrinarse

encapricharse
empeñarse
obstinarse
emperrarse *col.*

enamorarse
prendarse
colarse *col.*
chiflarse *col.*

encalar

enjalbegar
blanquear

encallar(se)

embarrancar
varar

atascarse
paralizarse
bloquearse

↔ desencallar

   desbloquearse

encallarse

encallecerse
acorcharse

encallecerse

curtirse
avezarse
aguerrirse
baquetearse
aperrearse

insensibilizarse
endurecerse

encallarse
acorcharse

↔ suavizarse

   enternecerse

encalmar(se)

calmar
tranquilizar
serenar
sosegar
aquietar
apaciguar

↔ irritar
   embravecerse

encamar(se)

acostar

encaminado

orientado

dirigido
inclinado
encarrilado
enderezado
encauzado

destinado

↔ desencaminado
   desorientado

encaminar(se)

orientar

dirigir
inclinar

encarrilar
enderezar
encauzar
enfocar
enfilar
enhilar

destinar

encaminarse

irse
marcharse
ponerse en camino

↔ desencaminar
desorientar

encampanarse

envanecerse
presumir
engreírse
ensoberbecerse

↔ humillarse
acobardarse

encanalar(se)

canalizar

encanallar(se)

corromper
envilecer
degradar
pervertir
depravar

↔ ennoblecer

encandelillar

amer.
encandilar
deslumbrar

encandilar(se)

deslumbrar
impresionar
fascinar
maravillar
pasmar
alucinar
encandelillar *amer.*

embaucar
encalabrinar
engatusar

enamorar
prendar
volver loco

avivar (la lumbre)
atizar

encanecer

platear
blanquear

envejecer
avejentarse
aviejarse

↔ rejuvenecer

encanijado

canijo
esmirriado
debilucho
flaco
enfermizo
enclenque
raquítico

↔ robusto
fuerte

encantado

hechizado
embrujado

fascinado
cautivado
enamorado
maravillado

↔ asqueado

encantador

mago
hechicero
brujo

fascinante
cautivador
arrebatador
maravilloso
adorable
agradable

amable
simpático
cordial
tratable

↔ repugnante
asqueroso

antipático

encantar

hechizar
embrujar

fascinar
entusiasmar

cautivar
seducir
atraer
maravillar
arrebatar
enloquecer
enrollar *col.*

↔ desagradar
asquear

encañonar

encajonar

enfilar
apuntar

encapotarse

nublarse
anubarrarse
cerrarse
cubrirse
cargarse
oscurecerse
enfoscarse
ennegrecerse
entoldarse

↔ despejarse
abrirse

encapricharse

antojarse
engolosinarse
empeñarse
obstinarse
emperrarse *col.*
encoñarse *vulg.*
emberretinarse *amer.*

enamoriscarse
encalabrinarse
encariñarse

↔ desencapricharse

encaramar(se)

subir
alzar
aupar
levantar
elevar
empinar
encucurucharse *amer.*

encumbrar
ascender

↔ bajar

rebajar

encarar(se)

afrontar
apechugar
apechar
enfrentarse
plantar cara
hacer frente

contraponer
poner cara a cara

encararse

plantarse
carearse

↔ rehuir
eludir

encarcelar

apresar
aprisionar
encerrar
enchironar *col.*
enjaular *col.*
enchiquerar *col.*
entalegar *col.*

↔ excarcelar

encarecedor

alabador
elogioso
enaltecedor
laudatorio
ensalzador
encomiástico

↔ insultante

encarecer(se)

subir (el precio o valor)
aumentar
gravar

alabar
elogiar
enaltecer
ensalzar
encomiar
ponderar
celebrar

rogar
suplicar
insistir

↔ abaratar

criticar
censurar

encarecidamente
insistentemente

encargar
encomendar
delegar
facultar
responsabilizar

mandar
pedir
solicitar

encargarse
ocuparse
cuidarse
hacerse cargo

↔ cancelar
anular

desentenderse

encargo
recado
misión
comisión
cometido
encomienda
favor
servicio

encariñarse
aficionarse
apegarse
encapricharse
simpatizar
engreírse *amer.*

↔ desencariñarse

encarnación
imagen
estampa
representación
personificación
materialización

carnación
encarnado

encarnado
rojo
colorado

personificado
materializado
en persona

encarnación
carnación

encarnar(se)
personificar
materializar
simbolizar
significar
representar

interpretar
protagonizar

cicatrizar

encarnecer
engordar
echar carnes

↔ adelgazar

encarnizado
salvaje
feroz
atroz
cruento
sangriento
implacable
enconado
virulento
sañudo
sádico

↔ suave
piadoso

encarnizamiento
ensañamiento
saña
salvajismo
ferocidad
atrocidad
encono
virulencia
crueldad
sadismo

↔ piedad

encarnizar(se)
recrudecer
enconar
acalorar
atizar
azuzar
achuchar

encarnizarse
ensañarse
cebarse

↔ apiadarse

encarrilado
encauzado
encaminado
dirigido
guiado
enderezado
orientado
enfilado

↔ desorientado

encarrilar(se)
encauzar
encaminar
dirigir
guiar
enderezar
orientar
enfilar

↔ desorientar

encarroñar
pudrir
corromper

encartar
procesar
encausar
empapelar
emplumar *col.*

encasillar(se)
clasificar
catalogar
etiquetar
adscribir
calificar
encuadrar

limitar
inmovilizar
reducir
restringir
confinar
circunscribir
encorsetar

encasquetar(se)
endosar
enjaretar *col.*
endilgar *col.*
endiñar *col.*

soltar
espetar *col.*
largar *col.*

dar
propinar

sacudir
meter

encasquetarse
empeñarse
empecinarse
encastillarse
encapricharse
obstinarse
obcecarse
emperrarse *col.*

encasquillarse
atascarse
atorarse
obstruirse
atrancarse
engancharse
trabarse

tartamudear

↔ desatascarse

encastillarse
empeñarse
empecinarse
obstinarse
obcecarse
encapricharse
emperrarse *col.*

↔ ceder

encastrar
encajar
empotrar
embeber
incrustar

acoplar
engranar
endentar

↔ desencajar

desengranar

encausar
procesar
enjuiciar
encartar
empapelar
emplumar *col.*

encauzar(se)
conducir
canalizar
dirigir

guiar
orientar
enfocar
enfilar

encaminar
encarrilar
enderezar
estabilizar
normalizar

↔ desestabilizar

enceguecer

cegar

trastornar
ofuscar
turbar
confundir
obnubilar
deslumbrar

↔ aclarar

encenagado

embarrado
enlodado
enfangado

envilecido
enviciado
pervertido
maleado

encenagarse

embarrarse
enlodarse
enlodazarse
enfangarse

envilecerse
corromperse
pervertirse
malearse
hundirse

encendedor

mechero
chisquero

encender(se)

prender
inflamar
incendiar

conectar
enchufar
poner

avivar
excitar
enardecer
exaltar
entusiasmar
apasionar

arder

estallar

encenderse

ruborizarse
sonrojarse
enrojecer
ponerse colorado

↔ apagar

quitar
desconectar

enfriar
calmar

empalidecer

encepar

enraizar
arraigar
prender

encerado

pizarra

encerrar

apresar
aprisionar
encarcelar
enrejar
enchironar *col.*
enjaular *col.*
entalegar *col.*

contener
incluir
comprender
englobar
abarcar
entrañar
esconder

depositar
guardar bajo llave

encerrarse

recluirse
enclaustrarse
retirarse
aislarse
apartarse
incomunicarse

cerrarse
retraerse

↔ liberar

sacar

abrirse
sincerarse

encerrona

trampa
celada
emboscada
añagaza
engaño

enchiquerar *col.*

encerrar
enchironar *col.*

enchironar *col.*

apresar
encarcelar
aprisionar
encerrar
enrejar
enchiquerar *col.*
enjaular *col.*
entalegar *col.*

↔ liberar

enchispar(se)

amer.

achispar
emborrachar

enchufado *col.*

recomendado
enchufista *col.*

enchufar

conectar
encender
poner

empalmar
acoplar

col.
recomendar
situar
colocar

↔ desenchufar
apagar

desempalmar

enchufe

conexión

col.
recomendación
amiguismo
favoritismo
enchufismo *col.*

enchufismo *col.*

recomendación
enchufe *col.*

enchufista *col.*

recomendado
enchufado *col.*

enciclopedia

enciclopedismo
ilustración

enciclopedista

ilustrado

encierro

reclusión
retiro
aislamiento
apartamiento
clausura

recogimiento
retraimiento

toril
chiquero

encima

sobre

además

↔ debajo
abajo

encina

carrasca
chaparro

encinta

embarazada
preñada
grávida
gestante
en estado de buena
esperanza

encintado

bordillo

encizañar

enemistar
indisponer
enzarzar
malmeter
malquistar
enredar
desunir
engrescar
meter cizaña

↔ reconciliar

enclaustrar(se)

encerrar
recluir
apartar
aislar
incomunicar

↔ relacionarse

enclavar(se)

colocar
situar
establecer
localizar
ubicar

enclavijar

trabar
entrelazar
enlazar
empalmar

enclenque

endeble
canijo
esmirriado
encanijado
esquelético
escuchimizado
escuálido
raquítico
enfermizo
flojo
debilucho

↔ robusto
   fuerte
   saludable

encobar(se)

incubar
empollar

encocorar(se)

crispar
desesperar
descomponer
exasperar
soliviantar
encolerizar
airar
cabrear *col.*
sacar de quicio
sacar de sus casillas

↔ agradar
   complacer

encoger(se)

contraer
comprimir
retraer
recoger
arrugar
fruncir
engurruñar

disminuir
reducirse
acortarse
estrecharse
menguar

encogerse

acobardarse
atemorizarse
avergonzarse
cohibirse
intimidarse
achicarse
apocarse
achantarse
cortarse

desanimarse
amilanarse

↔ desencoger
   estirar

aumentar
dar de sí

envalentonarse
crecerse

animarse

encogido

contraído
comprimido

acobardado
atemorizado
avergonzado

cohibido
aturdido
apurado
intimidado
apocado
achantado
cortado

desanimado
desganado
amilanado

enganchón
roto
siete
carrera

↔ desenvuelto
   atrevido

   decidido
   animado

encogimiento

contracción
fruncimiento

disminución
reducción
acortamiento
estrechamiento

acobardamiento
vergüenza
cohibición
apocamiento
aturdimiento
cortedad

desgana
desánimo
pusilanimidad

↔ estiramiento

   desenvoltura
   atrevimiento

encolerizado

enojado
irritado
enfurecido
enfadado
crispado
airado
exasperado
cabreado *col.*

↔ calmado

encolerizar(se)

enojar
irritar
enfurecer

enfadar
crispar
airar
descomponer
encrespar
endemoniar
enrabietar
enrabiar
exacerbar
exasperar

↔ calmar

encomendar

encargar
delegar
comisionar
responsabilizar
dejar en manos de

encomendarse

confiarse
abandonarse

encomiar

alabar
elogiar
ensalzar
celebrar
enaltecer
encarecer
halagar
loar
ponderar
encumbrar

↔ censurar
   criticar

encomiástico

encomiador
elogioso
laudatorio
ensalzador
encarecedor
apologético
panegírico

↔ crítico
   insultante

encomienda

encargo
favor
servicio

encomio

alabanza
elogio

ensalzamiento
encumbramiento
ponderación
apología

↔ censura
   crítica

enconado

enardecido
encarnizado
exacerbado
implacable
sangriento
virulento
feroz
atroz

↔ tranquilo
   moderado

enconamiento

encono

enemistad
rencor
resentimiento
odio
animadversión

enconar(se)

inflamar

enemistar
enardecer
encarnizar
avivar
exacerbar
recrudecer
indisponer
enviscar

↔ sanar
   cicatrizar

   tranquilizar
   avenir

encono

enconamiento

enemistad
rencor
odio
resentimiento
animadversión

violencia
crueldad
furor
saña

ensañamiento
furia
virulencia

↔ afecto
   simpatía

   piedad

encontrado

contrario
opuesto
enfrentado
incompatible
antagónico
antitético
enemigo

↔ compatible

encontrar(se)

hallar
topar
tropezar
dar con

ver
percibir
sentir
notar
apreciar
captar

considerar
juzgar

encontrarse

estar
localizarse
ubicarse
situarse

contarse
figurar

reunirse
juntarse
unirse
concurrir
converger

colisionar
chocar

enfrentarse
oponerse
contraponerse

coincidir
concordar
estar de acuerdo

↔ perder

encontrón o
   encontronazo

choque
golpe
trompicón
sacudida
colisión

pelea
disputa
contienda
refriega
riña
bronca

encoñarse *vulg.*

encapricharse
empecinarse
emperrarse *col.*

encopetado

empingorotado
de alto copete
de alcurnia

presumido
vanidoso
engreído
creído

emperifollado
emperejilado
acicalado
arreglado

↔ humilde
   modesto

   descuidado

encopetarse

presumir
engreírse
envanecerse
ensoberbecerse
empingorotarse
encrestarse

acicalarse
engalanarse
emperifollarse
emperejilarse

encorajinar(se)

enojar
irritar
encolerizar
enfurecer
airar
crispar

indignar
descomponer
encrespar

↔ calmar

encorsetar(se)

reprimir
oprimir
constreñir
limitar
reducir
ceñir
encasillar

↔ liberar
   dar rienda suelta

encorvadura

encorvamiento
curvatura

↔ enderezamiento

encorvar(se)

curvar
arquear
combar
enarcar
torcer
corcovar

↔ enderezar

encrespar(se)

rizar
ensortijar
ondular
erizar

embravecer
picar

enojar
irritar
enfurecer
crispar
descomponer
excitar
encolerizar
exasperar

↔ alisar

   amainar
   calmar

   satisfacer

encrestarse

engreírse
ensoberbecerse

encopetarse
empingorotarse

encrucijada

bifurcación
confluencia
intersección

dilema
disyuntiva
alternativa
conflicto
aprieto

trampa
emboscada
celada
encerrona

encuadrar(se)

recuadrar
enmarcar

enfocar
ajustar

clasificar
encasillar
circunscribir

encuadre

enfoque
ajuste

encubierta

fraude
estafa
dolo

encubierto

clandestino
solapado
oculto
escondido
camuflado
disimulado
enmascarado
disfrazado
tapado

↔ descubierto
    evidente

encubrir

ocultar
esconder
camuflar
disimular

enmascarar
disfrazar
tapar

↔ descubrir
    denunciar
    delatar

encucurucharse
    amer.

encaramarse
empinarse
trepar

encuentro

entrevista
reunión

acercamiento
aproximación
armonía
avenencia
coincidencia

concurrencia
cruce

enfrentamiento
discusión
disputa
altercado
lucha
batalla
combate

choque
encontronazo
colisión

encuesta

sondeo

investigación
averiguación
indagación
pesquisa

encularse *amer.*
    col.

enfadarse
cabrearse *col.*

empeñarse
emperrarse *col.*

encumbrado

alto
elevado
eminente

importante
insigne
destacado
sobresaliente
prominente

↔ bajo
    humilde

**encumbra-
miento**

elevación
subida
ascenso
mejora
progreso

alabanza
elogio
halago
encomio
loa
ponderación
entronización
exaltación

↔ descenso
    empeoramiento

    desprecio

encumbrar(se)

elevar
ascender
subir
encaramar

alabar
ensalzar
enaltecer
celebrar
elogiar
halagar
honrar
encomiar
exaltar
loar
ponderar
ennoblecer
entronizar

↔ rebajar
    relegar

    criticar

encurdarse *col.*

emborracharse
achisparse
amonarse *col.*

encurtido

variante

endeble

débil
enclenque
flojo
enteco
escuchimizado
desmirriado
frágil
quebradizo

inconsistente
vacuo
vano

↔ fuerte
    robusto

    sólido

endeblez

debilidad
fragilidad
inconsistencia
inestabilidad
inseguridad

↔ fuerza
    robustez

    solidez

endémico

permanente
continuo

común
extendido

autóctono
oriundo
aborigen

↔ accidental
    temporal

    aislado

**endemoniada-
mente**

endiabladamente
horriblemente
espantosamente
terriblemente
tremendamente

endemoniado

endiablado
poseso
condenado

maldito
molesto
enojoso
fastidioso

espantoso
asqueroso
repugnante

malvado
perverso

revoltoso
travieso
juguetón
enredador

endemoniar(se)

endiablar

encolerizar
exasperar
alterar
excitar

↔ exorcizar

    calmar

endentar

engranar
encajar
acoplar

↔ desengranar

enderezado

erguido
incorporado
empinado

dirigido
encarrilado
encauzado
encaminado
guiado

↔ pervertido
    descarriado

enderezar(se)

alzar
erguir
incorporar
erizar
empinar

arreglar
corregir
rectificar
enmendar
educar
normalizar

dirigir
orientar
encauzar
encarrilar
encaminar
enfocar

↔ estropear
    descarriar
    pervertir

endeudar(se)

entrampar
empeñar
hipotecar

endiabladamente

endemoniadamente

endiablado

endemoniado

endilgar

endiñar
endosar
encasquetar
encajar
largar
enjaretar *col.*

atribuir
aplicar
calificar
tachar
etiquetar

despachar
quitarse de encima
dar por terminado

dirigir
facilitar
acomodar

↔ librar
    responsabilizarse

endiñar *col.*

atizar
asestar
sacudir
cascar *col.*

endilgar
endosar
encajar
encasquetar
largar

↔ librar
    responsabilizarse

endiosamiento

envanecimiento
engreimiento
ensoberbecimiento

↔ modestia

endiosar(se)

envanecer
engreír
ensoberbecer
crecerse
creérselo
tener en un altar

↔ humillar

endogamia

↔ exogamia

endogámico

↔ exogámico

endógeno

interno
interior

↔ exógeno

endomingarse

engalanarse
acicalarse
emperifollarse
emperejilarse

↔ desarreglarse

endosar

transferir
traspasar

largar
encajar
endilgar
encasquetar
espetar
enjaretar *col.*
endiñar *col.*

↔ librar
    responsabilizarse

endovenoso

intravenoso

endulzante

edulcorante

endulzar(se)

edulcorar
azucarar
enmelar
dulcificar

calmar
aliviar
atenuar
mitigar
paliar
suavizar

↔ amargar

    recrudecer

endurecer(se)

curtir
fortalecer
robustecer
encallecer
acerar

deshumanizar
insensibilizar

↔ ablandar
    debilitar

    enternecer

enea

anea
espadaña
gladio

enema

lavativa

enemigo

adversario
rival
contendiente
contrincante
oponente

contrario
opuesto
hostil
antagónico
encontrado
enfrentado
discrepante

↔ aliado
    amigo
    compañero

    partidario
    simpatizante

enemistad

hostilidad
odio
enfrentamiento
rivalidad
animadversión
rencor
desafecto
antipatía
oposición
antagonismo

↔ amistad

enemistar

indisponer
encizañar
envenenar
enfrentar
enzarzar
malquistar
distanciar
dividir
separar

enemistarse

enfadarse
pelearse
reñir
regañar
romper

↔ reconciliar

    avenirse

energía

fortaleza
fuerza
vitalidad
potencia
pujanza
intensidad
contundencia
empuje
impulso
ímpetu
vehemencia
brío
nervio
fibra
garra
carácter

↔ debilidad
    apocamiento

enérgico

fuerte
potente

poderoso
intenso
contundente
firme
riguroso
inflexible
duro
rotundo
drástico

resuelto
tenaz
constante
diligente
brioso
eficiente
eficaz
efectivo

↔ débil
    suave
    flexible

    apocado
    pusilánime
    ineficaz

energúmeno

basilisco
animal
burro
bestia
fiera
ogro

enervación

enervamiento
debilitamiento
agotamiento
postración
fatiga
flojedad

irritación
excitación
agitación
exasperación
alteración

↔ fortalecimiento

    calma
    tranquilidad

enervante

debilitador
agotador

irritante
exasperante
enloquecedor

indignante
cabreante *col.*

↔ fortalecedor

    tranquilizador

enervar(se)

debilitar
agotar
postrar
enflaquecer

irritar
exasperar
excitar
agitar
alterar
indignar
cabrear *col.*

↔ fortalecer

    calmar
    tranquilizar

enfadadizo

enojadizo
colérico
irritable
iracundo

enfadado

enojado
airado
enfurecido
encolerizado
irritado
exasperado
disgustado
indignado
cabreado *col.*

↔ calmado

enfadar(se)

enojar
airar
enfurecer
encolerizar
irritar
exasperar
enrabietar
indignar
disgustar
desagradar
molestar
fastidiar
enfermar
cabrear *col.*

enfadarse

enemistarse
pelearse
enfrentarse
indisponerse
desavenirse
picarse *col.*
ponerse a mal

↔ calmar
    tranquilizar

    reconciliarse

enfado

enojo
ira
cólera
irritación
exasperación
malhumor
disgusto
desagrado
molestia
fastidio
indignación
contrariedad
enfurruñamiento
cabreo *col.*
rebote *col.*

enemistad
pelea
riña
enfrentamiento
indisposición
desavenencia
hostilidad
pique *col.*

↔ reconciliación

enfaenado

ocupado
atareado
enfrascado
afanoso
ajetreado

agobiado
abrumado
apurado
atosigado

↔ ocioso
    desocupado

enfaldado

enmadrado
mimado

enfangar(se)

ensuciar
embarrar
enlodar

enfangarse

enviciarse
pervertirse
corromperse
malearse
descarriarse
perderse

enfardar

embalar
empaquetar

énfasis

realce
relieve
acento
energía
intensidad

interés
dedicación
afán

amaneramiento
afectación
engolamiento

↔ naturalidad

enfático

enérgico
intenso

amanerado
afectado
ampuloso
pomposo
engolado
rimbombante
pedante
redicho

↔ natural

enfatizar

realzar
remarcar
acentuar
recalcar
hacer hincapié

exagerar

↔ atenuar
   moderar

enfermar(se)

indisponerse

enojar
enfadar
crispar
alterar
disgustar
fastidiar

↔ curar
   sanar

   agradar

enfermedad

afección
dolencia
padecimiento
indisposición
mal
trastorno
daño

enfermería

dispensario
botiquín

enfermero

auxiliar técnico
sanitario (ATS)

enfermizo

delicado
enfermucho
achacoso
pachucho
enclenque
frágil
enteco
valetudinario
enfermoso *amer.*

morboso
insano
malsano
retorcido

maligno
perjudicial
nocivo
pernicioso

↔ sano
   saludable

   benigno

enfermo

paciente
doliente

indispuesto
malo
aquejado

dañado
deteriorado
perjudicado

enfermizo
morboso
degenerado

↔ sano

enfermoso *amer.*

enfermizo

enfervorizar(se)

entusiasmar
enardecer
excitar
electrizar
acalorar

↔ calmar

enfilado

alineado

orientado
dirigido
conducido
guiado
encauzado
encarrilado
enfocado

↔ desalineado

   desviado

enfilar

alinear

enhebrar
ensartar

orientar
dirigir
conducir
guiar
encauzar
encarrilar
enfocar
apuntar

encaminarse
tirar
ir por

↔ desalinear

   desviar

enflaquecer

adelgazar
desmejorar
apergaminarse
chuparse
afilarse

debilitar
agotar
extenuar
enervar
depauperar

flaquear
desmayar
desfallecer
acobardarse

↔ engordar

   fortalecer

   animarse

enflaquecimiento

adelgazamiento

debilitación
agotamiento
extenuación
enervación
depauperación

↔ engorde

   fortalecimiento

enfocar

encuadrar
ajustar

iluminar
alumbrar

abordar
afrontar
tratar

dirigir
encauzar
encaminar
orientar

↔ desenfocar

   desviar

enfoque

encuadre
ajuste

planteamiento
perspectiva

tratamiento
punto de vista

↔ desenfoque

enfoscarse

enojarse
contrariarse
enfurruñarse *col.*

nublarse
encapotarse
ennegrecerse
cubrirse
cerrarse

↔ despejarse
   abrirse

enfrascar

envasar

enfrascarse

concentrarse
abstraerse
entregarse
embeberse
ensimismarse
engolfarse

↔ distraerse

enfrentamiento

enemistad
desavenencia
oposición
hostilidad
antagonismo
competencia
confrontación
pugna

competición
combate
lucha
liza

enfrentar(se)

enemistar
indisponer
enredar
desavenir
malquistar

confrontar
contraponer
carear

enfrentarse

oponerse
competir

luchar
contender
pelear

afrontar
arrostrar
encarar
responsabilizarse
apechugar *col.*
hacer frente

↔ reconciliar

   eludir

enfriamiento

refrigeramiento
refrigeración

resfriado
constipado
catarro
trancazo *col.*

↔ calentamiento

enfriar(se)

refrigerar
refrescar

calmar
apaciguar
templar
entibiar
suavizar

enfriarse

constiparse
acatarrarse
resfriarse

↔ calentar

   enardecer

enfundar

envainar

↔ desenfundar

enfurecer(se)

enojar
enfadar
irritar
airar
encolerizar
exasperar
crispar
encrespar
enrabietar
enrabiar

↔ calmar

enfurecimiento

enojo
enfado
irritación
cólera
exasperación
furia
ira

↔ calma

enfurruñarse *col.*

disgustarse
enojarse
molestarse
enfoscarse
fruncir el ceño

engalanar(se)

embellecer
acicalar
adornar
arreglar
enjoyar
ataviar
aviar
ornamentar
emperifollar
emperejilar

↔ afear
   desarreglar

engallarse

erguirse
enderezarse
estirarse

engreírse
envanecerse
crecerse
pavonearse
inflarse
ensoberbecerse
envalentonarse

↔ encogerse
   acobardarse
   apocarse

enganchado

asido
aprehendido
agarrado
aferrado

drogadicto
toxicómano
colgado *col.*

↔ desenganchado

enganchar(se)

sujetar
prender
suspender

uncir

coger
agarrar
asir
aprehender
capturar
apresar
atrapar
pillar
pescar

col.
conquistar
cazar

engancharse

enrolarse
alistarse

intoxicarse
colgarse *col.*
hacerse adicto

↔ desenganchar

   soltar

   licenciarse

   desintoxicarse

enganche

gancho
garfio

enrolamiento
alistamiento

↔ desenganche

   licenciamiento

enganchón

roto
siete
carrera
encogido

engañabobos

embaucador
estafador
timador
liante

engaño
engañifa
estafa

engañador

engañoso
falso
embaucador
tramposo
impostor

engatusador
camelador
lisonjero
embelecador

engañar

mentir
liar
confundir

estafar
timar
embaucar
trapacear

despistar
entretener

apaciguar
matar

burlar
embromar
chasquear

engañarse

equivocarse
errar

↔ desengañar

engañifa col.

engaño
ardid
artimaña
fraude
estafa
argucia
timo
embeleco
engañabobos
filfa col.

engaño

ardid
artimaña
fraude
argucia
engañifa
timo
embeleco
engañabobos
filfa col.

error
confusión
yerro

↔ desengaño

realidad

engañoso

falaz
capcioso
traicionero
engañador

engarabitar(se)

trepar
encaramarse
subirse

engarfiar

engarce

encadenamiento
enlace
unión
engaste

engarzador

engastador

engarzar

encadenar
empalmar
enlazar
ligar
conectar
vincular

enhebrar
enhilar
enfilar

engastar

↔ desengarzar
   desconectar

engastadura

engaste
engastado

engastar

engarzar

engaste

engastadura
engastado
engarce

engatusador

camelador
embaucador
lisonjero
engañador
embelecador
liante

engatusar

camelar
embaucar
enredar
liar
lisonjear
embelecar

engendramiento

gestación
procreación
concepción
reproducción

generación
origen
provocación
suscitación

engendrar(se)

gestar
procrear
concebir
reproducir

generar
originar
provocar
ocasionar
suscitar

engendrarse

nacer
surgir
manifestarse
aparecer
brotar

↔ extinguirse

engendro

monstruo
adefesio
mamarracho
esperpento
espantajo col.
ente col.

disparate
barbaridad
monstruosidad

englobar(se)

contener
comprender
abarcar
incluir
encerrar
encuadrar
envolver

engolado

gutural

inflado
altisonante
hinchado
enfático

engreído
presuntuoso
afectado
amanerado
altanero
arrogante
soberbio
fatuo
jactancioso

↔ sencillo
   campechano

engolamiento

engreimiento
presunción
afectación
amaneramiento
altanería
arrogancia
soberbia
pedantería

↔ naturalidad
   llaneza

engolfarse[1]

concentrarse
enfrascarse
abstraerse
entregarse
embeberse

↔ distraerse

engolfarse[2]

enviciarse
envilecerse
engranujarse
perderse

↔ enmendarse

engolosinamiento

tentación
seducción
estímulo

↔ repulsión

engolosinar

tentar
seducir
estimular
incitar
espolear
aguijonear

engolosinarse

enviciarse
encapricharse
apegarse

↔ hartarse

engordar

cebar

engrosar
aumentar
crecer
acrecentarse
incrementarse

↔ adelgazar

disminuir

engorde

ceba

engrosamiento
aumento
crecimiento
acrecentamiento
incremento

engorro

estorbo
incordio
fastidio
molestia
pesadez
carga
incomodidad

↔ placer

engorroso

fastidioso
molesto
pesado

cargante
incomodo

↔ placentero

engranaje

enlace
articulación
trabazón
acoplamiento

engranar

endentar
embragar

conectar
articular
trabar

↔ desengranar

desconectar

engrandecedor

ennoblecedor
enaltecedor
ensalzador

↔ deshonroso

vergonzoso

engrandecer(se)

agrandar
ampliar
engrosar
acrecentar

honrar
ennoblecer
ensalzar
elevar
exaltar

↔ disminuir

humillar

engrandecimiento

agrandamiento
ampliación
engrosamiento
acrecentamiento

exaltación
ensalzamiento

↔ disminución

humillación

engrapar

grapar

engrasar(se)

aceitar
lubricar
lubrificar

pringar
embadurnar

↔ desengrasar

engreído

creído
vanidoso
presuntuoso
pretencioso
soberbio
fatuo
estúpido

amer.
malcriado
mimado
consentido
enmadrado

↔ humilde

engreimiento

envanecimiento
presunción
ensoberbecimiento
entronización

↔ humildad

engreír(se)

envanecer
ensoberbecer
endiosar
vanagloriarse
hincharse
ensancharse
entronizarse
erguirse
esponjarse

amer.
malcriar
mimar

engreírse *amer.*

encariñarse

↔ humillar

engrescar(se)

encizañar
enredar
enzarzar
azuzar

achuchar
enviscar

↔ aplacar

engrosamiento

engorde

ensanchamiento
abultamiento

aumento
incremento
ampliación
acrecentamiento

↔ adelgazamiento

disminución

engrosar(se)

engordar

ensanchar
abultar

aumentar
incrementar
ampliar
acrecentar
agrandar

↔ adelgazar

estrechar
disminuir

enguarrar(se) *col.*

ensuciar
manchar
emporcar
guarrear *col.*

emborronar
garrapatear
pintarrajear

engullir

devorar
zampar *col.*
embuchar *col.*
embaular *col.*

engurruñar(se)

encoger
arrugar
contraer
acurrucarse
ovillarse

↔ estirar

enhebrar

ensartar
enfilar
engarzar
enhilar

empalmar

↔ desenhebrar

enhiesto *cult.*

erguido
vertical
erecto
recto

↔ inclinado

enhilar(se)

enhebrar
enfilar
ensartar
engarzar

coordinar
disponer

dirigir
encaminar
guiar
conducir
encauzar
encarrilar
orientar

↔ desenhebrar

  desordenar

  desviar

enhorabuena

felicitación
parabién
congratulación

↔ enhoramala

enhoramala

↔ enhorabuena

enigma

adivinanza
acertijo
jeroglífico

misterio
incógnita
secreto
arcano

enigmático

misterioso
secreto
oscuro
incomprensible
ininteligible
inescrutable
inexplicable
indescifrable
insondable
impenetrable
recóndito
arcano

↔ claro
  comprensible

enjabonar *col.*

adular
halagar
lisonjear
pelotillear *col.*
dar coba

reñir
regañar
reprender
abroncar
recriminar
amonestar

enjalbegar

encalar

enjambre

muchedumbre
multitud
hormiguero

enjaretar

soltar
improvisar

endosar
encasquetar
endilgar

enjaular *col.*

encerrar
encarcelar
enchironar *col.*

↔ soltar
  liberar

enjoyar(se)

alhajar
ensortijarse

adornar
decorar
embellecer
enriquecer
engalanar
aderezar
ornamentar

↔ afear
  empobrecer

enjuagar

aclarar
lavar

enjuague

colutorio

enjuagatorio
amaño
chanchullo
apaño
trapicheo
enredo
maniobra
manejo

enjugar(se)

secar
limpiar

cancelar
saldar
liquidar
extinguir

↔ contraer
  deber

enjuiciamiento

juicio
crítica
opinión
apreciación
valoración

instrucción
causa
proceso

enjuiciar

juzgar
valorar
estimar
cuestionar
someter a juicio

instruir
procesar

encausar
empapelar *col.*
emplumar *col.*

enjundia

meollo
núcleo
esencia

sustancia
entidad

sebo
grosura
manteca
unto

enjundioso

denso
rico
sustancioso
importante
fundamental

↔ vacío
  superficial

enjuto

flaco
delgado
seco
magro
enteco
descarnado
chupado
consumido
demacrado

↔ gordo
  rollizo

enlace

conexión
unión
ligazón
engarce
trabazón
ensambladura
articulación

relación
nexo
lazo
vínculo
juntura

alianza
casamiento
boda
nupcias
desposorio

intermediario
mediador
tercero
correo

enladrillar

solar
pavimentar

↔ desenladrillar

enlatar

envasar
conservar

enlazar(se)

atar
entrelazar
engarzar

unir
relacionar
asociar
conectar
comunicar
vincular
ligar
trabar
empalmar

enlazarse

emparentar
entroncar

↔ desatar

separar

enlobreguecer(se)

oscurecer
ensombrecer
entenebrecer
ennegrecer
nublar
enlutar

↔ aclarar

enlodar(se)

enlodazar
enfangar
embarrar

deshonrar
desacreditar
infamar
calumniar
mancillar
ensuciar

↔ desenlodar

honrar
salvaguardar

enloquecedor

enajenante
alienante

perturbador
trastornador
crispador
enervante

cautivador
seductor
arrebatador
embriagador
encantador

↔ tranquilizador

repulsivo

enloquecer

enajenar
alienar
desequilibrar
perturbar
trastornar
chiflarse *col.*
chalarse *col.*
grillarse *col.*
perder la razón

alterar
excitar
exasperar
soliviantar
encrespar
sublevar
enervar

entusiasmar
encantar
cautivar
encandilar
privar

↔ tranquilizar

desagradar

enloquecimiento

enajenamiento
alienamiento
perturbación
trastorno
chaladura *col.*
chifladura *col.*

alteración
exasperación

↔ cordura

enlosado

embaldosado
losado
solado
pavimentado

enlosar

embaldosar
losar
solar
pavimentar

↔ desenlosar

enlozar *amer.*

vitrificar

enlucido

enlucimiento
estucado
revoque

enlucir

estucar
revocar

abrillantar
pulir
bruñir
lustrar

enlutar(se)

afligir
apenar
apesadumbrar
consternar
ensombrecer

↔ alegrar

enmadrado

enfaldado
mimado
consentido
malcriado
engreído *amer.*

enmarañamiento

embarullamiento
enredo
desorden
lío
confusión
complicación
embrollo
follón
tergiversación

↔ desenredo

enmarañar(se)

revolver

embarullar
enredar
desordenar
liar
confundir
complicar
embrollar
enfollonar
enturbiar
tergiversar

↔ desenmarañar
aclarar

enmarcar(se)

encuadrar

enmascarado

embozado

oculto
escondido
encubierto
disimulado
disfrazado
tapado
velado

↔ desenmascarado

enmascarar(se)

embozar

ocultar
esconder
encubrir
disimular
disfrazar
tapar
velar

↔ desenmascarar

enmelar

endulzar
edulcorar
dulcificar
azucarar
acaramelar
enmielar *amer.*

↔ amargar

enmendar(se)

corregir
remediar
rectificar

reparar
subsanar
resarcir

↔ estropear
    reincidir

enmielar *amer.*

enmelar

enmienda

corrección
remedio
rectificación
reforma
mejora
perfeccionamiento
reparación
resarcimiento

↔ reincidencia

enmohecer(se)

florecerse
oxidarse
echarse a perder

anquilosar
atrofiar
entorpecer
inmovilizar

enmohecimiento

oxidación
moho

anquilosamiento
atrofia
entorpecimiento
inmovilidad

enmudecer

silenciar
acallar
callar

↔ hablar

enmugrecer(se)

manchar
pringar
engrasar
embadurnar
tiznar

↔ limpiar

ennegrecer(se)

oscurecer
manchar

ensuciar
enturbiar
atezar

ennegrecerse

nublarse
cubrirse
encapotarse
enfoscarse

↔ blanquear
    aclarar

    despejarse
    abrirse

ennoblecedor

dignificante
honroso
engrandecedor
enaltecedor
ensalzador

↔ deshonroso

ennoblecer(se)

dignificar
honrar
engrandecer
enaltecer
encumbrar
ensalzar
ascender
elevar
agraciar
glorificar

adornar
enriquecer
engalanar
ornar
ornamentar
embellecer

↔ deshonrar

    empobrecer
    afear
    deslucir

ennoblecimiento

honra
engrandecimiento
enaltecimiento
ensalzamiento
encumbramiento
ascenso
elevación

adorno
enriquecimiento

engalanamiento
ornamentación
embellecimiento

↔ deshonra

    empobrecimiento
    afeamiento

enojadizo

enfadadizo
irritable
colérico
iracundo
susceptible

↔ afable

enojar

enfadar
irritar
encolerizar
enfurecer
airar
exasperar
cabrear *col.*

molestar
disgustar
fastidiar
desagradar
incomodar

↔ calmar
    apaciguar

    complacer

enojo

enfado
irritación
cólera
enfurecimiento
ira
exasperación
cabreo *col.*

molestia
disgusto
fastidio
desagrado
penalidad
lata *col.*

↔ agrado
    complacencia

enojoso

irritante
exasperante
cabreante *col.*

desagradable
fastidioso
molesto
penoso
engorroso
pesado

↔ tranquilizador
    agradable

enología

vitivinicultura

enorgullecer

halagar
honrar
engrandecer
enaltecer
envanecer

enorgullecerse

preciarse
vanagloriarse
gloriarse
pavonearse
presumir
alardear
complacerse
jactarse

↔ humillar
    avergonzar

**enorgulleci-
miento**

orgullo
halago
honra
vanagloria
enaltecimiento
envanecimiento
pavoneo

↔ humillación

enorme

inmenso
gigantesco
colosal
desmedido
desmesurado
exagerado
exorbitante
mayúsculo
extremado
garrafal
espantoso

↔ pequeño
    mínimo

enormidad

montón
cúmulo
abundancia
profusión
infinidad

inmensidad
vastedad
grandiosidad

disparate
barbaridad
tontería
inconveniencia
desatino
despropósito
atrocidad
burrada

↔ pequeñez
  insignificancia

  acierto

enquiciar

encajar

arreglar
afirmar
afianzar
asegurar

↔ desquiciar

enquistado

encajado
incrustado

enquistarse

encajarse
incrustarse
empotrarse
introducirse

mantenerse
estancarse
empantanarse
paralizarse

↔ salirse

enrabietar(se) o
enrabiar

enfadar
encolerizar
enfurecer
irritar
exasperar
cabrear *col.*

↔ aplacar

enraizar(se)

arraigar
prender
agarrar

afincarse
radicar
establecerse

implantarse
prender
cuajar
calar

↔ desarraigar

enramada

espesura
follaje
fronda
maleza

chamizo
cobertizo

enrarecer(se)

rarificar

contaminar
viciar

estropear
degradar
atirantar

↔ enriquecer

  depurar

enrarecimiento

rarificación

contaminación
adulteración
deterioro

↔ densificación

  depuración

enrasar

nivelar
allanar
alisar

rasar

↔ desnivelar

enredador

travieso
revoltoso

inquieto
bullicioso
trasto *col.*

chismoso
cotilla
metomentodo
lioso
intrigante
cizañero

↔ formal

  discreto

enredar(se)

liar
enmarañar
embarullar
embrollar
revolver

tergiversar
intrincar
complicar

implicar
involucrar
comprometer

embaucar
camelar
engatusar
enrollar *col.*

encizañar
enfrentar
intrigar
malmeter
malquistar

entretener
retrasar
retener

zascandilear
trastear

juguetear
manosear
hurgar
curiosear

enredarse

equivocarse
confundirse
hacerse un lío

enzarzarse

↔ desenredar

  aclarar

  reconciliar

enredo

revoltijo
maraña
lío

barullo
embrollo
maniobra
manejo
enjuague
tinglado
chanchullo *col.*
fregado *col.*

mentira
chisme
embuste
intriga
cizaña
maledicencia

confusión
desorden
caos
desbarajuste
desconcierto
complicación
jaleo
follón
entresijos

amorío
aventura
romance
ligue *col.*
apaño *col.*

trastada
diablura

trama
nudo
meollo

↔ desenredo

enredoso

intrincado
embrollado
enmarañado
lioso
confuso
complicado
oscuro
enrevesado
caótico

enredador
cotilla

↔ sencillo
  claro

  discreto

enrejado

verja
cancela
enverjado

celosía

enrejar

cercar
vallar

encarcelar
encerrar
enchironar *col.*

↔ liberar

enrevesado

complicado
difícil
enredoso
lioso
confuso
intrincado

↔ sencillo
	fácil

enrevesar(se)

complicar
enredar
liar
confundir
tergiversar
embrollar
enmarañar

↔ simplificar
	aclarar

enriquecedor

beneficioso
lucrativo
provechoso

perfeccionador
aleccionador

↔ empobrecedor

	perjudicial

enriquecer(se)

beneficiar
aprovechar
lucrarse
medrar

mejorar
perfeccionar
incrementar

potenciar
reforzar

adornar
ennoblecer
dignificar

↔ empobrecer

	empeorar

	afear

enriquecimiento

beneficio
lucro
ganancia

mejora
progreso
perfeccionamiento
incremento
crecimiento
potenciación
refuerzo
impulso

ennoblecimiento
florecimiento

↔ empobrecimiento

	empeoramiento

enristrar

enfilar

enrojecer(se)

encender
ruborizarse
sonrojarse

enrojecimiento

rubor
sonrojo
bochorno

enrolar(se)

alistar
enganchar

inscribir
apuntar
dar de alta

↔ licenciar

	dar de baja

enroilado *col.*

majo
simpático
legal *col.*

enrollar

arrollar
enroscar
envolver
plegar
liar

embaucar
enredar
embrollar
confundir

col.
entusiasmar
encantar
chiflar *col.*
molar *col.*

enrollarse *col.*

explayarse
dilatarse
extenderse

↔ desenrollar

enroscar

enrollar
arrollar

atornillar

↔ desenroscar

	desatornillar

enrudecer(se)

adocenar
achabacanar

embrutecer
entontecer

↔ refinar

	espabilar

ensacar

entalegar

ensalada

mezcolanza
revoltijo
batiburrillo
confusión
amasijo
pisto *col.*

ensalzamiento

alabanza
elogio

ponderación
encomio
loa
exaltación
apología
engrandecimiento
ennoblecimiento
enaltecimiento
encumbramiento
entronización

↔ humillación
	difamación

ensalzar

alabar
elogiar
ponderar
encomiar
loar
celebrar
exaltar
engrandecer
ennoblecer
enaltecer
encumbrar
endiosar
elevar
entronizar

↔ humillar
	difamar
	degradar

ensamblaje

ensambladura
ensamble
acopiamiento
empalme
engranaje
articulación
unión

ensamblar

acoplar
machihembrar
empalmar
engranar
encajar

↔ desacoplar

ensanchamiento

ensanche
dilatación
ampliación
agrandamiento
aumento

expansión
extensión
prolongación

↔ estrechamiento

ensanchar(se)
dilatar
estirar
agrandar
extender
expandir
prolongar

ensancharse
envanecerse
engreírse
inflarse
ensoberbecerse
crecerse
endiosarse

↔ estrechar
   disminuir
   encoger

   avergonzarse
   humillarse

ensanche
ensanchamiento

ensangrentar
masacrar

ensañamiento
encarnizamiento
encono
saña
crueldad
ferocidad
inclemencia
brutalidad

↔ piedad

ensañarse
encarnizarse
cebarse

↔ apiadarse

ensartar
enfilar
enhebrar

espetar
traspasar
atravesar

ensayar
ejercitar
practicar

experimentar
probar
testar
analizar
examinar

intentar
tratar

↔ improvisar

ensayo
entrenamiento
adiestramiento
preparación

experimentación
experimento
prueba
test
análisis
examen

tratado
estudio
investigación
memoria
disquisición
monografía
opúsculo

enseguida
inmediatamente
rápidamente
en seguida
al instante
en un santiamén *col.*
en un abrir y cerrar
   de ojos *col.*

↔ tarde
   lentamente

ensenada
bahía
rada
cala
caleta

enseña
estandarte
emblema
insignia
pendón
pabellón

enseñante
educador
docente
profesor
maestro

enseñanza
educación
instrucción
preparación
adiestramiento
aleccionamiento

docencia

consejo
moraleja
escarmiento
advertencia

enseñanzas
conocimiento
doctrina

enseñar
educar
instruir
preparar
adiestrar
aleccionar
adoctrinar

exhibir
lucir
mostrar
presentar
ofrecer
demostrar

advertir
aconsejar
escarmentar

↔ esconder

enseñorearse
adueñarse
apoderarse
apropiarse
posesionarse
hacerse
acaparar

enseres
efectos
útiles
pertenencias
avíos
bártulos
trastos

ensimismado
abstraído
concentrado
abismado
absorto
enfrascado
pensativo

ensimismamiento
abstracción
introversión
concentración
cavilación
ensoñación

ensimismarse
abstraerse
concentrarse
abismarse
enfrascarse
embeberse
cavilar
recogerse

↔ distraerse

ensoberbecer(se)
engreír
envanecer
endiosar
infatuar
engallarse
erguirse
crecerse

ensoberbecerse
embravecerse
encresparse
alborotarse
desatarse

↔ humillar
   calmarse
   amainar

ensombrecer(se)
oscurecer
enlobreguecer
entenebrecer
nublar

entristecer
apenar
afligir
apesadumbrar
enlutar

↔ aclarar
   alegrar

ensoñación

ensueño

ensoñador

soñador
iluso
utopista
idealista

↔ realista

ensoñar

soñar
fantasear

ensopar(se)

mojar
empapar
calar

ensordecedor

atronador
estruendoso
estridente
estrepitoso
ruidoso
escandaloso
estentóreo

↔ callado
  ahogado

ensordecer

atronar
aturdir

amortiguar
atenuar
debilitar

↔ amplificar

ensortijar(se)

rizar
ondular
encrespar

ensortijarse

enjoyarse
emperifollarse

↔ alisar

ensuciar(se)

manchar
embadurnar
enturbiar
emporcar

tiznar
guarrear

deshonrar
enfangar
enlodar
empañar

ensuciarse

cagarse

pringarse
corromperse

↔ limpiar

  honrar

ensueño

ensoñación
fantasía
ilusión
sueño
quimera

↔ realidad

entablado

armadura

entarimado
parqué
estrado

entablar(se)

comenzar
empezar
emprender
iniciar
acometer

entarimar

entablillar

amer.
igualar
empatar

entalegar

ensacar

ahorrar
atesorar
amasar

col.
encarcelar
encerrar
enchironar *col.*

↔ derrochar

  excarcelar

entallado

ceñido
ajustado
prieto

↔ suelto

entallar

tallar
labrar
esculpir

entallar(se)

ceñir

entarimado

entablado
parqué
estrado

entarimar

entablar

ente

ser

entidad
colectividad
corporación
organismo
empresa
compañía

col.
engendro
monstruo
espantajo *col.*
estafermo *col.*

enteco

flaco
débil
enfermizo
endeble
enclenque
delgaducho
raquítico

↔ fuerte
  robusto

entelequia

ilusión
ideal
quimera
utopía
especulación

↔ realidad

entenado

hijastro

entendederas

entendimiento
inteligencia
luces
cabeza
magín
cacumen *col.*
caletre *col.*

entender

opinión
juicio
dictamen

entender(se)

comprender
captar
percibir
asimilar
alcanzar
discernir
coger

conocer
saber
dominar

opinar
creer
pensar

deducir
inferir
adivinar

entenderse

apañarse
arreglarse
componerse
ingeniarse

congeniar
simpatizar
avenirse
compenetrarse

liarse
enredarse

↔ ignorar
  desconocer

  chocar

  discrepar

entendido

experto
especialista

conocedor
enterado
versado
impuesto
docto
perito
diestro
ducho
estudioso

↔ profano

entendimiento

comprensión
discernimiento
alcance
inteligencia

cordura
sensatez
juicio
sentido común

acuerdo
convenio
pacto
arreglo
concierto

armonía
concordia
avenencia
conformidad

↔ insensatez

desavenencia
desacuerdo

entenebrecer(se)

ensombrecer
oscurecer
enlobreguecer

apenar
afligir
apesadumbrar

↔ aclarar

animar

entente

acuerdo
tratado
pacto

enterado

informado
instruido
conocedor
sabedor
consciente

entendido
versado
experto
ducho
impuesto

↔ desinformado
desconocedor

profano

enterar(se)

informar
notificar
comunicar
contar
explicar
instruir
poner al corriente

amer.
pagar

enterarse

percatarse
apercibirse
darse cuenta

comprender
entender

averiguar
indagar
investigar

↔ ocultar
callar

entereza

firmeza
fortaleza
aplomo
temple
valor
aguante
serenidad
determinación

↔ flaqueza
desaliento
nerviosismo

entérico

intestinal

enternecedor

conmovedor
emotivo
emocionante
sentimental
tierno

enternecer(se)

conmover
emocionar
ablandar

↔ endurecer
encallecer

entero

completo
íntegro
cabal
total
intacto
perfecto

firme
sereno
impasible
inalterable
impávido
inconmovible

↔ incompleto

nervioso
descompuesto

enterrador

sepulturero

enterramiento

entierro
inhumación
sepelio

sepultura
fosa
tumba
hoyo
sepulcro
mausoleo

↔ exhumación

enterrar(se)

soterrar
sepultar
inhumar

ocultar
tapar
esconder
echar tierra

hundir
clavar
hincar
meter

olvidar
arrinconar

relegar
apartar
prescindir

enterrarse

aislarse
encerrarse
enclaustrarse

↔ desenterrar
exhumar

recordar

entibar

apuntalar
estribar
descargar

entibiar(se)

templar
atenuar
debilitar
mitigar
sosegar
paliar
temperar

↔ refrescar

avivar

entidad

organismo
corporación
sociedad
compañía
firma

importancia
alcance
trascendencia
cuantía
enjundia
interés
categoría
fuste

esencia
naturaleza

ser
ente

entierro

enterramiento
sepultura
inhumación
sepelio

↔ exhumación

entintar
teñir

entoldado
cubierto
nublado

cobertizo
sombrajo
carpa

↔ despejado

entonación
inflexión
cadencia
deje
tono
tonillo
sonsonete

entonado
restablecido
fortalecido
reanimado
recuperado
tonificado

achispado
alegre

entonar(se)
afinar

cantar
recitar

combinar
armonizar
pegar
ir

restablecer
fortalecer
reanimar
recuperar
tonificar

achispar
alegrar

↔ desentonar
   debilitar

entontecer(se)
atontar
alelar
embrutecer
abobar

↔ espabilar

entorchado
galón
charretera

entornar
entreabrir
entrecerrar

entorno
ámbito
ambiente
dominio
círculo
atmósfera
terreno
campo

entorpecer(se)
dificultar
estorbar
embarazar
obstruir
obstaculizar
atascar
interceptar

retrasar
retardar
atrasar

anquilosar
atrofiar
embotar
entumecer
embrutecer

↔ agilizar

entorpecimiento
estorbo
embarazo
obstrucción
obstaculización
impedimento

retraso
atraso

anquilosamiento
atrofia
entumecimiento
embrutecimiento

↔ agilización

entrada
ingreso
penetración

acceso
pórtico
abertura

vestíbulo
recibimiento
recibidor
zaguán

depósito
garantía

principio
inicio
comienzo

entrante

oportunidad
ocasión

↔ salida

entramado
armazón
sostén
estructura
esqueleto
entablado
tablazón

entrampar(se)
endeudar
empeñar

engañar
enredar
embaucar
complicar

entraña
víscera
tripa
intestino
asadura

meollo
sustancia
fondo

entrañas
interior

corazón
alma
entretelas

↔ exterior

entrañable
auténtico
sincero

profundo
verdadero

querido
estimado
amado
preciado
caro

↔ falso
   fingido

   odiado

entrañar
implicar
suponer
conllevar

entrar
adentrarse
internarse
acceder
penetrar
meterse

caber
coger

inscribirse
afiliarse
apuntarse
adherirse
darse de alta

contarse
integrarse
situarse
encuadrarse
enmarcarse

intervenir
participar
tomar parte

comenzar
iniciarse

↔ salir

   abandonar
   darse de baja

entreabrir
entornar

entreacto
descanso
pausa

entrebarrera
callejón

entrecano
canoso
cano
plateado

entrecejo
ceño

entrecerrar
entornar

entrechocar(se)
golpear
castañetear

entrecortado
intermitente
discontinuo
interrumpido
irregular
quebrado
↔ fluido

entrecortarse
tartamudear

entrecruzar(se)
entrelazar
trenzar
entretejer
tejer
tramar
trabar

entrecubierta
entrepuente

entredicho
sospecha
prevención
recelo
desconfianza
prohibición
veto
reprobación
censura
interdicto
↔ permiso
    aprobación

entrega
otorgamiento
adjudicación
ofrenda

donación
dádiva
concesión
cesión
traspaso
dedicación
abnegación
entusiasmo
devoción
altruismo
sacrificio
rendición
capitulaclón
sometimiento
sumisión
fascículo
↔ recepción
    egoísmo
    supremacía

entregar(se)
dar
otorgar
donar
conceder
ceder
confiar
traspasar
transferir
depositar
delatar
traicionar
vender

entregarse
enfrascarse
aplicarse
embeberse
sumirse
sumergirse
abismarse
dedicarse
hundirse
abandonarse
↔ quitar
    recibir

entrelazar(se)
trenzar
entrecruzar
entretejer
tejer
↔ destrenzar

entrelínea
interlínea
interlineado

entremeter(se)
meter
intercalar
mezclar
incluir
insertar
interponer
entremezclar
entreverar
remeter

entremeterse
entrometerse
inmiscuirse
injerirse
↔ sacar
    entresacar

entremetido
entrometido

entremezclar(se)
mezclar
entremeter
entreverar
↔ separar
    aislar

entrenador
preparador
monitor

entrenamiento
adiestramiento
ejercitación
ejercicio
preparación
instrucción

entrenar(se)
adiestrar
ejercitar
preparar
instruir

entrepaño
anaquel
estante
balda
lienzo
cuarterón

entrepuente
entrecubierta

entresacar
sacar
escoger
elegir
seleccionar
extraer
↔ entremeter

entresijo
mesenterio
redaño

entresijos
entretelas
entrañas
tripas
enredos
complicaciones

entretanto
mientras
mientras tanto

entretejer(se)
entrelazar
tejer
trenzar
entrecruzar
tramar

entretelas
entrañas
corazón
sentimientos

entretener(se)
divertir
agradar
recrear
disfrutar
expansionarse
pasar el tiempo
distraer
desconcentrar
interrumpir
desviar
apartar
retrasar
aplazar
diferir
dilatar

demorar
alargar
dar largas

↔ aburrir

 concentrar

 adelantar

entretenida

querida
mantenida
barragana

entretenido

distraído
divertido
ameno
interesante
agradable

laborioso
trabajoso
minucioso

↔ aburrido

entretenimiento

distracción
diversión
placer
recreo
esparcimiento
divertimiento
afición
hobby

↔ aburrimiento

entrever(se)

vislumbrar
atisbar

imaginar
presentir
conjeturar
deducir
adivinar

entreverar(se)

intercalar
entremezclar
entremeter
entretejer

entrevista

encuentro
audiencia
cita

conversación
reunión
conferencia
diálogo

interviú

entrevistar

interviuvar

entrevistarse

conferenciar
conversar
encontrarse
dialogar

entristecer(se)

apenar
disgustar
desconsolar
afligir
desolar
apesadumbrar
acongojar
atribular
abatir
contristar

↔ alegrar

entristecimiento

tristeza
pena
disgusto
desconsuelo
aflicción
desolación
congoja
pesadumbre
abatimiento
consternación

↔ alegría

entrometer(se)

entremeter
intercalar
mezclar
incluir

remeter

entrometerse

inmiscuirse
injerirse
cruzarse
colarse *col.*

↔ entresacar

entrometido

entremetido
metomentodo
metijón
cotilla
curioso
fisgón
indiscreto

↔ discreto

entromparse *col.*

emborracharse
amonarse *col.*
cogerla *col.*

amer.
disgustarse
enfadarse

entroncamiento

entronque
enlace
relación
asociación
vinculación
unión
conexión

parentesco

↔ desconexión

entroncar

relacionar
asociar
vincular
ligar
enlazar
unir
conectar
empalmar

emparentar

↔ desconectar

entronización

entronizamiento
ensalzamiento
alabanza
enaltecimiento
honra
dignificación
encumbramiento
exaltación

envanecimiento

↔ deshonra

entronizar

ensalzar
alabar
enaltecer
honrar
dignificar
encumbrar
endiosar

entronizarse

engreírse
ensoberbecerse
envanecerse
crecerse

↔ destronar

 deshonrar

 humillarse

entronque

entroncamiento

entubar *col.*

arrestar
sancionar
empaquetar *col.*

entuerto

agravio
ofensa
injusticia
injuria
ultraje
mal
perjuicio

↔ bien
 beneficio

entumecer(se)

agarrotar
adormecer
paralizar
envarar
aterir
insensibilizar
embotar
envarar
entumirse

↔ desentumecer

entumecimiento

agarrotamiento
adormecimiento
embotamiento

paralización
envaramiento
insensibilización

↔ desentumeci-
   miento

entumirse

entumecerse

enturbiar(se)

ensuciar
oscurecer
empañar

↔ aclarar

entusiasmar(se)

enfervorizar
encender
electrizar
enardecer
inflamar
exaltar
emocionar

encantar
apasionar
adorar
chiflar *col.*
pirrar *col.*

↔ aburrir

  repugnar

entusiasmo

pasión
apasionamiento
arrebato
enardecimiento
frenesí
delirio
exaltación
vehemencia
fanatismo
emoción

ánimo
afán
empeño
ardor
espíritu
interés

↔ desinterés

entusiasta

entusiástico
apasionado
fanático

incondicional
fogoso
vehemente
encendido
caluroso
fervoroso

↔ desapasionado
  impasible
  frío

enumeración

relación
lista
recuento
detalle
catálogo
inventario

enumerar

detallar
catalogar
inventariar

enunciación

enunciado
formulación
exposición
expresión

enunciado

formulado
expuesto
expresado

enunciación
formulación
exposición
expresión

enunciar

expresar
exponer
formular
explicar
articular

enunciativo

aseverativo

envainar

enfundar

↔ desenvainar

envalentonar

animar
alentar

envalentonarse

atreverse
engallarse
crecerse
fanfarronear
bravuconear

↔ acobardar
  achantar

envanecer(se)

engreír
enorgullecer
ensoberbecer
engallarse
endiosarse
crecerse
preciarse
gloriarse
jactarse
presumir
pavonearse
erguirse
esponjarse

↔ humillar

envanecimiento

engreimiento
enorgullecimiento
presunción
jactancia
endiosamiento

↔ humillación

envarado

agarrotado
estirado
grave
circunspecto

↔ sencillo
  campechano

envaramiento

entumecimiento
agarrotamiento

envarar(se)

entumecer
agarrotar
entorpecer
embotar
entumirse

envararse

espetarse
erguirse

envasar

embotellar
enlatar
conservar

envase

recipiente
bote
lata
frasco
casco

envejecer(se)

avejentar
aviejar
ajar
marchitar
estropear
deteriorar

permanecer
perdurar

↔ rejuvenecer
  reverdecer

envejecido

avejentado
aviejado
ajado
marchito
estropeado
pasado

↔ rejuvenecido

envenenado

intoxicado
contaminado
emponzoñado
inficionado
corrompido

mordaz
injurioso
cáustico

envenenamiento

intoxicación
emponzoñamiento
contaminación

envenenar(se)

emponzoñar
intoxicar
inficionar

contaminar
corromper
adulterar

enemistar
encizañar
cizañar
indisponer
malquistar
meter cizaña

amargar
agriar
avinagrar

↔ desintoxicar

  reconciliar

  endulzar
  alegrar

envergadura

importancia
trascendencia
alcance
relevancia
amplitud
altura
extensión
cuantía

enverjado

verja
enrejado

envés

revés
reverso
cruz
dorso
espalda

↔ derecho
  anverso
  haz

enviado

mandado
remitido
destinado
dirigido

mensajero
emisario
recadero
correo

enviar

mandar
destinar
dirigir
despachar

expedir
remitir
cursar

↔ recibir

enviciar(se)

pervertir
corromper
malear
estropear
torcer
caer

enviciarse

deformarse
desfigurarse

↔ corregir

envidar

apostar

envidia

celos
pelusa *col.*
dentera *col.*

envidiable

deseable
apetecible
codiciable
goloso

↔ despreciable

envidiar

codiciar
desear
anhelar
apetecer
ambicionar

↔ despreciar

envidioso

celoso
pelusero *col.*

envilecer(se)

deshonrar
degenerar
degradar
denigrar
rebajar
humillar
desacreditar
corromper

pervertir
prostituir

depreciar
devaluar
bajar
decaer

↔ enaltecer

  revalorizar

envío

remisión
expedición
giro
emisión
remesa
pedido

enviscar

azuzar

irritar
provocar
enconar
engrescar
indisponer

↔ calmar

envite

apuesta

empujón
empellón

avance
adelanto

invitación
ofrecimiento

envoltorio

lío
fardo
atado
bulto
hato
embalaje

envoltura

envoltura

envoltorio

revestimiento
cubierta

apariencia
pinta
superficie

envolver(se)

empaquetar
liar
embalar
estuchar

rodear
ceñir
abrazar
cercar
copar

cubrir
recubrir
bañar
rebozar

enrollar
arrollar

arropar
tapar

confundir
desconcertar

comprometer
involucrar
mezclar
complicar

entrañar
implicar
conllevar
suponer
revestir

↔ desenvolver

enyesado

escayolado

enyesar

escayolar

enzarzar

azuzar
incitar
enemistar
encizañar
engrescar
picar

enzarzarse

enredarse
enfrentarse
liarse

↔ apaciguar

epatante

asombroso
deslumbrante

sorprendente
impactante
desconcertante

↔ indiferente
   vulgar

epatar

asombrar
deslumbrar
sorprender
impactar
pasmar
maravillar
admirar
desconcertar

epicureísmo

hedonismo

epicúreo

hedonista
sensual
voluptuoso

epidemia

ola
oleada
avalancha

epidérmico

cutáneo

ligero
superficial
somero
insustancial

↔ profundo

epidermis

cutícula

epígrafe

título
rótulo
encabezamiento
enunciado

inscripción
epigrama

epílogo

colofón
culminación
remate
broche

↔ prólogo

episcopado

obispado

episcopal

obispal

episódico

accidental
anecdótico
secundario
circunstancial
incidental
pasajero

↔ esencial
   sustancial

episodio

capítulo
pasaje
apartado
jornada
sección

anécdota
accidente
incidente
peripecia
aventura
lance
epopeya

epistemología

gnoseología

epístola

carta
misiva
esquela

epitalamio

himeneo

epíteto

calificativo
apelativo
adjetivo

epítome

compendio
resumen
extracto
sinopsis
breviario
prontuario

época

edad
temporada
tiempo
estación
momento
periodo

epopeya

saga (leyenda, relato)

gesta
proeza
odisea
peripecia
episodio

equidad

justicia
imparcialidad
ecuanimidad
rectitud
objetividad

↔ injusticia
   parcialidad

equilibrado

sereno
sensato
ecuánime
prudente
ponderado
mesurado
moderado
controlado

↔ desequilibrado

equilibrar(se)

nivelar
igualar
contrarrestar
contrapesar
balancear
compensar
armonizar

↔ desequilibrar

equilibrio

estabilidad

compensación
nivelación
contrapeso

armonía
proporción
simetría

medida
orden

prudencia
sensatez
ecuanimidad
aplomo
mesura
serenidad
ponderación

↔ desequilibrio
   inestabilidad

equilibrismo

acrobacia
funambulismo

equilibrista

acróbata
funámbulo
volatinero

equimosis *cult.*

hematoma
cardenal
moratón

equino

caballar

caballo

equipaje

bultos
bagaje

equipamiento

aprovisionamiento
suministro
abastecimiento
dotación

infraestructura

equipar(se)

proporcionar
proveer
surtir
abastecer
avituallar
suministrar
guarnecer
dotar

equiparar

igualar
comparar

asemejar
asimilar

equipo
personal
plantilla
cuadrilla
partida

instrumental
herramientas
pertrechos
aparejos
útiles
enseres
ajuar

cadena musical

equitación
hípica
monta

equitativo
justo
imparcial
ecuánime
objetivo
recto
honesto
cabal

↔ injusto
parcial

equivalencia
igualdad
semejanza
equiparación
correspondencia
paridad

↔ diferencia
desigualdad

equivalente
igual
semejante
parecido
equiparable

↔ diferente
desigual

equivaler
valer
suponer
significar
implicar
conllevar

equivocación
error
yerro
desacierto
incorrección
inexactitud
confusión
despiste
descuido
desliz
despropósito
desatino
equívoco
metedura de pata *col.*

↔ acierto

equivocado
erróneo
inexacto
errado
desacertado

↔ acertado

equivocar(se)
errar
desacertar
fallar
confundirse
marrar
patinar
meter la pata

↔ acertar

equívoco
ambiguo
anfibológico
confuso
dudoso
oscuro

sospechoso

equivocación
error
confusión

↔ inequívoco
claro

acierto

era¹
época
tiempo
periodo

era²
bancal
cuadro

erario
tesoro
hacienda
fisco

erección
levantamiento
construcción
establecimiento
fundación
institución

enderezamiento
empinamiento
rigidez

↔ supresión

relajación
flacidez

erecto
tieso
erguido
empinado
levantado
rígido
tirante

↔ lacio
flácido

eremita
ermitaño
anacoreta
cenobita

erguir(se)
levantar
elevar
alzar
enderezar
empinar
erizar

erguirse
ensoberbecerse
engreírse
envanecerse
engallarse
crecerse
hincharse

↔ bajar
inclinar

humillarse

erial
baldío
barbecho

yermo
estepa

↔ sembrado
vergel

erigir(se)
construir
fundar
levantar
instituir
alzar
establecer

constituir

↔ destruir
suprimir

destituir

eritrocito
hematíe
glóbulo rojo

erizar(se)
levantar
erguir
enderezar
atiesar

alarmar
inquietar
poner a la defensiva

↔ bajar

tranquilizar

ermitaño
eremita
anacoreta
cenobita

erosión
abrasión
rozamiento

roce
rozadura
escoriación

desgaste
deterioro

erosionar
rozar
despellejar
escoriar

desgastar
deteriorar

erótico
amatorio
amoroso

voluptuoso
sensual
sexy

erotismo
voluptuosidad
sensualidad

sexualidad
sexo

errabundo
errante

erradicación
extirpación
supresión
eliminación
exterminio
aniquilamiento

↔ implantación

erradicar
extirpar
suprimir
eliminar
exterminar
aniquilar

↔ implantar
   sembrar

errado
equivocado
desacertado
erróneo

↔ acertado

errante
errabundo
vagabundo
ambulante
itinerante
trashumante
nómada
errático

↔ sedentario

errar
equivocar
fallar
desacertar

marrar
meter la pata *col.*

faltar
incumplir

vagar
deambular
vagabundear
callejear

divagar

↔ acertar

   cumplir

   establecerse

errata
gazapo
equivocación
error
lapso

errático
errante
errabundo
vagabundo
nómada

extravagante
excéntrico

↔ sedentario

   corriente

erróneo
equivocado
errado
confundido
equívoco
inexacto

↔ acertado
   exacto

error
falsedad
confusión
equívoco
inexactitud
incorrección
equivocación
yerro
falta
fallo
errata
gazapo
desacierto
disparate

burrada
metedura de pata *col.*

↔ acierto

eructar
regoldar

eructo
regüeldo
flatulencia

erudición
cultura
sabiduría
saber
instrucción
conocimientos
estudios
ciencia

↔ incultura

erudito
culto
sabio
instruido
docto
ilustrado

↔ inculto

erupción
urticaria
eccema

esaborío *col.*
desaborido

esbelto
estilizado
espigado
grácil
juncal

↔ rechoncho

esbirro
sicario
secuaz

ant.
alguacil
corchete

esbozar
bosquejar
abocetar

delinear
esquematizar
diseñar

apuntar
insinuar

esbozo
boceto
bosquejo
apunte
borrador
esquema
estudio
esqueleto

escabechar *col.*
matar
destripar
rajar
degollar

suspender
cargarse *col.*
catear *col.*

escabechina *col.*
estrago
devastación
carnicería
hecatombe
matanza
degollina *col.*

escabroso
accidentado
abrupto
intrincado
quebrado
irregular
fragoso

escandaloso
atrevido
picante
verde

comprometido
delicado
embarazoso
incómodo

↔ llano
   cándido

escabullirse
escaparse
escurrirse
desaparecer

huir
esfumarse
evaporarse
irse
eludir
zafarse
escaquearse

↔ quedarse

   responsabilizarse
   enfrentarse

escachar(se)

cascar
aplastar
despachurrar
espachurrar
chafar
reventar

escacharrar(se)

destrozar
estropear
descomponer
malograr
romper
averiar
dañar
escachifollar *col.*

↔ arreglar
   recomponer

escala

escalera

baremo
gama
gradación
sucesión

graduación

escalafón
jerarquía

proporción
magnitud
orden
grado

escalabrar(se)

descalabrar

escalada

ascensión
ascenso
subida

↔ descenso

escalador

alpinista

escalafón

escala
jerarquía

grado
rango
categoría
estamento

escalar

subir
ascender

medrar
progresar
prosperar
avanzar

↔ bajar

   empeorar
   retroceder

escaldado

escarmentado
desengañado
receloso
advertido

escaldar(se)

quemar
achicharrar
abrasar

humillar
herir
ofender

escalera

escala
escalinata
grada

trasquilón

escalofriante

espeluznante
estremecedor
sobrecogedor
aterrador
horrible
horripilante
terrible
pavoroso
espantoso

impresionante
asombroso
sorprendente
emocionante
inquietante

↔ tranquilizador

escalofriar

estremecer
sobrecoger
aterrar
horrorizar
horripilar
aterrorizar
espantar
sacudir

↔ tranquilizar

escalofrío

repeluzno
espeluzno
estremecimiento

escalón

peldaño
grada

desnivel

puesto
grado
rango
escalafón

fase
etapa
nivel

avance
paso
progreso

↔ retroceso

escalonado

graduado
gradual

escalonar(se)

graduar

escalpelo

escarpelo
bisturí

escama

recelo
desconfianza

temor
sospecha

↔ confianza

escamado

receloso
desconfiado
temeroso
suspicaz
escamón
amoscado *col.*
mosqueado *col.*

↔ confiado

escamar(se)

descamar
raspar

sospechar
recelar
desconfiar

inquietar
mosquear *col.*

escamochar

derrochar
desperdiciar

escamón

escamado
receloso
desconfiado
temeroso
suspicaz

↔ confiado

escamondar

podar
desmochar
mondar
escamujar

escamotear

robar
quitar
birlar
hurtar
mangar

suprimir
eliminar
ocultar

eludir
evitar
escaquearse

escamoteo

robo
hurto
engaño
trampa

escampada

claro

escampado

descampado
despejado
claro

↔ nublado
   cubierto

escanciar

verter (vino o
   bebidas)
echar
servir

escandalera

alboroto
ruido
tumulto
jaleo
follón
algarabía
griterío

↔ silencio

escandalizar(se)

alborotar
gritar
chillar
vocear
vociferar

espantar
horrorizar
indignar
irritar
encolerizar

escándalo

alboroto
jaleo
griterío
tumulto
guirigay
bulla
jarana
batahola
estruendo

revuelo
controversia
conmoción
polémica

inmoralidad
affaire

escandaloso

ruidoso
estrepitoso
estruendoso
alborotador
bullicioso
bullanguero
vocinglero

inmoral
indecente
vergonzoso
desvergonzado
licencioso
libertino
provocador

↔ silencioso
   tranquilo

   decente
   edificante

escapada

escapatoria
evasión
huida
fuga
escape
espantada

alto
respiro
parada

escapar(se)

evadirse
huir
fugarse
escabullirse
escurrirse
esfumarse
largarse

salvarse
eludir
burlar
escaquearse

sobrepasar
superar
ir más allá

↔ apresar
   quedarse

escaparate

vitrina
expositor

amer.
armario
guardarropa

escapatoria

fuga
huida
evasión
escapada
escape

salida
pretexto
disculpa
excusa
evasiva
subterfugio

↔ detención
   apresamiento

escape

escapada
escapatoria

fuga (de líquido o gas)

escápula *cult.*

omóplato

escaquearse

escaparse
desentenderse
escabullirse
zafarse
escurrir el bulto

↔ enfrentarse
   dar la cara

escarabajear

hormiguear
agitarse
bullir

inquietar
preocupar
rondar
turbar

↔ tranquilizar

escaramuza

riña
discusión

disputa
pendencia
contienda
reyerta
gresca
agarrada
refriega
choque
batalla
combate

escarbadientes

mondadientes
palillo

escarbar

rascar
arañar
hurgar
hozar

avivar
atizar

escudriñar
fisgar
averiguar
indagar
inquirir
investigar

escarcela

macuto

escarceo

galanteo
coqueteo
flirteo
amorío
aventura
devaneo
ligue

tanteo
incursión

rodeo
divagación
digresión

escarceos

caracoleo
cabriolas
piruetas

escarcha

helada
rosada

escarchado
helado

escarchar
helar

escarda
desbroce
limpieza
azadilla

escardar
desbrozar
desherbar
desyerbar
escardillar
sachar
cribar
tamizar

escarlata
grana
rojo

escarmentar
castigar
disciplinar
sancionar
escaldar
aleccionar
aprender
↔ perdonar

escarmiento
castigo
reprimenda
sanción
correctivo
pena
repaso
lección
aviso
advertencia

escarnecer
humillar
ridiculizar
afrentar
zaherir
burlarse
mofarse
↔ elogiar
respetar

escarnio
escarnecimiento
humillación
agravio
afrenta
burla
mofa
befa
↔ elogio
respeto
homenaje

escarpa
escarpadura
escarpe

escarpado
empinado
inclinado
abrupto
quebrado
escabroso
accidentado
↔ llano

escarpadura
declive
cuesta
rampa
escarpa
escarpe

escarpelo
escalpelo

escarpia
alcayata

escasear
faltar
↔ abundar

escasez
falta
insuficiencia
carencia
penuria
necesidad
pobreza

escaseces
estrecheces
dificultades
apuros
↔ abundancia
prosperidad

escaso
falto
insuficiente
carente
pobre
menesteroso
limitado
exiguo
parvo
corto
incompleto
↔ abundante
sobrado
generoso

escatimar
cicatear
tacañear
regatear
dosificar
ahorrar
reducir
dar con cuentagotas
↔ prodigar
derrochar

escayolar
enyesar

escena
escenario
tablado
proscenio
tablas
decorado
secuencia
teatro
drama
dramaturgia
suceso
cuadro
imagen
estampa
panorama
ambiente
ámbito
campo
terreno
espectáculo
número

escenario
escena
tablado

proscenio
tablas
decorado
marco
ambiente
círculo
atmósfera

escénico
teatral
dramático

escenificar
teatralizar
montar
llevar a escena

escenografía
delineación (arte)

escepticismo
incredulidad
duda
desconfianza
↔ confianza
fe

escéptico
incrédulo
desconfiado

escindir(se)
separar
dividir
cortar
seccionar
partir
romper
↔ unir

escisión
separación
división
partición
rompimiento
cisma
ablación
extirpación
↔ unión

esclarecedor
aclaratorio
explicativo

ilustrativo
revelador
dilucidador
iluminador

↔ lioso
 confuso

esclarecer

resolver
aclarar
explicar
ilustrar
revelar
dilucidar
iluminar

ennoblecer
afamar
prestigiar
dignificar
honrar

amanecer
alborear

↔ enredar

 desprestigiar

 anochecer

esclarecido

distinguido
ilustre
destacado
notable
eminente
insigne
preclaro
afamado
prestigioso

↔ vulgar
 mediocre
 mezquino

esclarecimiento

aclaración
explicación
dilucidación
clarificación
resolución

esclava

pulsera
brazalete

esclavitud

sumisión
sujeción

servidumbre
dominio
sometimiento
yugo
vasallaje
opresión

↔ libertad

esclavizar

someter
sojuzgar
dominar
domeñar
oprimir
tiranizar

↔ liberar

esclavo

siervo

prisionero
cautivo
sometido
dominado
oprimido
tiranizado
sojuzgado
encadenado

↔ libre

esclerosarse

anquilosarse
atrofiarse
detenerse
estancarse

↔ desenquilosarse

esclerosis

anquilosamiento
atrofia
estancamiento

escoba

cepillo
escobón

escocedura

rozadura
excoriación

escocer(se)

arder
picar
irritar

enfadarse
requemarse
dolerse
mosquearse *col.*
amoscarse *col.*

↔ complacerse
 alegrarse

escoda

trinchante

escoger

elegir
seleccionar
preferir
separar

escogido

selecto
notable
sobresaliente
brillante
destacado
eminente

↔ vulgar

escolapio

calasancio

escolar

alumno
colegial
estudiante
educando

escollera

malecón
dique
espigón
espolón

escollo

arrecife
bajo
rompiente
bajío

obstáculo
peligro
dificultad
contrariedad
problema
inconveniente
tropiezo
riesgo

escolta

custodia
protección
vigilancia

cohorte
corte
acompañamiento
séquito

guardaespaldas

escoltar

custodiar
proteger
vigilar

escombrar

descombrar
desescombrar

escombro

derribo
cascotes

esconder(se)

encubrir
tapar
disfrazar
disimular
enmascarar

encerrar
incluir

↔ mostrar

escondido

oculto
encubierto
tapado
disimulado
disfrazado
enmascarado
secreto
escusado
reservado
esotérico

retirado
apartado
recóndito

↔ visible
 evidente

escondite

escondrijo
refugio
guarida

escoñar(se) *vulg.*
romper
estropear
averiar
jorobar *col.*
escachifollar *col.*
chingar *col.*
changar *col.*
joder *vulg.*

escoñarse *vulg.*
lesionarse
accidentarse
lastimarse

↔ reparar
   sanar

escopetado *col.*
rápido
vertiginoso
acelerado
lanzado
ágil
como una centella

↔ lento

escopetazo
disparo
tiro

contrariedad
golpe
palo
jarro de agua fría

escoplo
formón
gubia

escoria
hez
basura
deshecho
residuo

escoriación
excoriación

escoriar(se)
excoriar

escornarse *col.*
descornarse *col.*

escorpión
alacrán

escorrentía
torrentera

desagüe
aliviadero

escotadura
escote
escotillón

muesca
hendidura

escotar[1]
descotar

escotarse
despechugarse
desabrocharse

↔ embozarse

escotar[2]
prorratear

escote[1]
escotadura

escote[2]
cuota
derrama
prorrata

escozor
desazón
quemazón
picazón
comezón
prurito

resentimiento
dolor
resquemor

escribano
escribiente
amanuense
secretario
copista

amer.
notario

escribir(se)
caligrafiar
mecanografiar

copiar
garrapatear

cartearse

redactar

escrito
escritura
comunicación
mensaje
apunte
manifiesto
manuscrito
documento

libro
texto
publicación
obra

escritor
autor
publicista

escritorio
buró

pupitre

gaveta
joyero

despacho
oficina
bufete
estudio

escritura
grafía
ideografía
pictografía
criptografía

caligrafía

escrito

escriturar
legalizar
formalizar

escrúpulo
duda
temor
recelo
miramiento
reparo
reserva

desconfianza
reconcomio

moral
conciencia
honradez
honestidad
ética
integridad

aprensión
repugnancia
asco
melindre

escrupulosidad

↔ desconfianza
   inmoralidad

escrupulosidad
exactitud
cuidado
esmero
precisión
pulcritud
celo
desvelo
dedicación

↔ descuido
   negligencia

escrupuloso
mirado
receloso

aprensivo
melindroso
asqueroso

honrado
íntegro
honesto

cuidadoso
esmerado
preciso
pulcro
minucioso
concienzudo
celoso

↔ inmoral
   negligente
   descuidado

escrutador
escudriñador
indagador

escrutar

computar
contar
hacer el recuento

escudriñar
indagar
investigar
inquirir
explorar
examinar
espulgar

escrutinio

cómputo
recuento

indagación
investigación
exploración
pesquisa

escuadra

patrulla

cuadrilla
partida

escuadrilla

flotilla

escualidez

delgadez
flaqueza
extenuación

↔ gordura

escuálido

flaco
raquítico
delgado
enclenque
esmirriado
escuchimizado
esquelético
birrioso
macilento

↔ gordo
robusto

escualo

tiburón

escucha

audición

escuchar

oír
atender
prestar atención

seguir
acatar
obedecer
hacer caso

↔ desoír

escuchimizado

flaco
raquítico
delgado
enclenque
esmirriado
escuálido
esquelético
birrioso
macilento

↔ gordo
fuerte

escudar(se)

proteger
amparar
defender
resguardar
apoyar

escudero

paje

escudilla

cuenco
bol

escudo

adarga
broquel
brazal
pavés

blasón

insignia
distintivo

defensa
protección
amparo
resguardo
salvaguardia

escudriñar

indagar
investigar

fisgar
escarbar
rebuscar
escrutar

escuela

colegio
academia
liceo
instituto

enseñanza
conocimientos
estudios
saber

tendencia
corriente
movimiento

escuelero *amer.*

maestro

colegial

escuerzo

sapo

enclenque
esmirriado
fideo

escueto

conciso
lacónico
breve
sucinto
estricto
preciso

desnudo
sencillo
sobrio

↔ largo
prolijo

recargado
barroco

esculpir

tallar
labrar
modelar
cincelar

escultor

imaginero
tallista
grabador
cincelador

escultura

estatuaria
imaginería
modelado

estatua
talla
imagen
figura

escultural

escultórico
estatuario

bello
hermoso
perfecto
apolíneo

escupidera

salivadera

orinal

escupir

expectorar
esputar
gargajear

expulsar
expeler
echar

repeler

col.
confesar
declarar
soltar *col.*
cantar *col.*

↔ tragar
retener

escupitajo

esputo
expectoración
flema
gargajo
salivazo
lapo

escurreplatos

escurridor
escurridero

escurridizo

resbaladizo
resbaloso
deslizable

esquivo
evasivo
huidizo

escurrido

delgado
consumido
chupado

escurrimiento

↔ grueso

escurridor

escurreplatos
escurridero

escurriduras

residuos
sobras

escurrir(se)

secar

apurar

gotear
chorrear
rezumar

resbalar
deslizar
patinar

escurrirse

escabullirse
escapar
esfumarse
escaquearse

escusado

reservado
apartado
aislado

oculto
disimulado
escondido
encubierto
tapado
secreto

excusado
retrete
servicio
wáter

esencia

naturaleza
identidad

sustancia
entidad

fundamento
base
fondo
meollo
núcleo
quid

representación
símbolo
efigie

concentrado

perfume

↔ accidente

esencial

inherente
sustancial
constitutivo

fundamental
primordial
cardinal
principal
importante
básico
necesario

↔ accidental
    accesorio

esfera

rango
clase
círculo

esférico

redondo
circular
pelota
balón
bola
cuero

esforzado

arrojado
denodado
animoso
valeroso
luchador
valiente
atrevido

↔ apocado
    cobarde

esforzar

forzar

esforzarse

procurar
empeñarse
trabajar
luchar
afanarse
batallar
pugnar

↔ desistir

esfuerzo

afán
empeño
trajín
trabajo
ajetreo
desvelo
celo
voluntad

sacrificio

esfumar

difuminar
atenuar
suavizar
diluir
disipar

esfumarse

desaparecer
desvanecerse
perderse

irse
escabullirse
evaporarse

↔ marcar
    destacar

    aparecer
    manifestarse

esgrimir

empuñar
blandir
enarbolar

usar
emplear
servirse

eslabón

anilla
anillo

enlace
nexo
conexión
vínculo
ligazón

eslabonar(se)

encadenar
engarzar
concatenar
conectar
vincular

↔ desvincular

eslogan

slogan
lema
consigna

esmaltar

vidriar

adornar
embellecer
realzar
ornar

esmalte

vidriado

laca

esmerado

cuidadoso
minucioso
meticuloso
escrupuloso
concienzudo
primoroso
pulcro
metódico

↔ descuidado

esmerarse

aplicarse
extremarse
dedicarse
cuidar
esforzarse
trabajar

↔ desentenderse
    descuidar

esmero

cuidado
minuciosidad

meticulosidad
escrupulosidad
pulcritud
celo
primor
desvelo

↔ descuido

esmirriado

desmirriado
flaco
raquítico
canijo
enclenque
escuchimizado
enfermizo
flojo
endeble
encanijado
esquelético
debilucho
escuálido
enteco

↔ fuerte
   robusto

esnob

snob
esnobista
afectado

↔ sencillo

esnobismo

afectación

↔ sencillez

esnobista

esnob

esotérico

oculto
secreto
reservado
escondido
enigmático
misterioso

↔ exotérico

esoterismo

ocultación
misterio
enigma

↔ exoterismo

espabilado

despabilado
listo
hábil
despierto
avispado
vivo

↔ atontado
   lerdo

espabilar(se)

despabilar
desvelar

aguzar
avivar
avispar

aligerar
apresurarse
apurarse
darse prisa

despachar
liquidar

robar
birlar *col.*
afanar *col.*

↔ adormecer
   atontar

espachurrar

despachurrar

espaciado

extendido
esparcido
holgado
espacioso

↔ junto
   apretado

espacial

sideral
cósmico
galáctico
astral
estelar

espaciar(se)

separar
distanciar
apartar

↔ apretar
   juntar

espacio

lugar
sitio
extensión
plaza
zona
área
parcela
sector

plazo
intervalo
lapso

espacioso

amplio
grande
dilatado
vasto
despejado
extenso

lento
pausado
flemático

↔ estrecho
   apresurado

espada

estoque
acero

espadachín

torero
diestro
matador
estoqueador

espadaña

anea
enea
gladio

espalda

espinazo
lomo

dorso
envés

espaldar

espaldera

espaldarazo

reconocimiento
confirmación
reválida

espaldilla

omóplato
paletilla

espantada

huida
fuga
escapada
estampida
retirada
abandono

espantadizo

asustadizo
huidizo
cobarde
pusilánime

↔ valiente

espantajo

espantapájaros
pelele

coco
camuñas

adefesio
esperpento
mamarracho
espanto
estafermo
estantigua

espantamoscas

mosquero

espantapájaros

pelele
espantajo

mamarracho
facha
fantoche
esperpento
adefesio

espantar(se)

asustar
atemorizar
amedrentar
aterrar
horrorizar
espeluznar
estremecer

ahuyentar
repeler

fastidiar
desagradar
molestar

espantarse
pasmarse
asombrarse

↔ tranquilizar
  atraer
  agradar

espanto
miedo
terror
horror
pavor
pánico
alarma
sobresalto
consternación
fastidio
desagrado
molestia
rabia
adefesio
esperpento
espantajo
amer.
fantasma
aparición

↔ tranquilidad
  agrado
  gusto
  belleza
  hermosura

espantoso
terrible
horroroso
pavoroso
aterrador
espeluznante
estremecedor
enorme
desmesurado
extraordinario
increíble
inimaginable
formidable
impresionante
feísimo
horrendo
horrible

↔ tranquilizador
  mínimo
  ínfimo
  precioso
  maravilloso

español
gachupín *amer.*
castellano

españolizar
hispanizar
castellanizar

esparaván
gavilán

esparcimiento
diseminación
dispersión
desparramamiento
entretenimiento
diversión
distracción
ocio
pasatiempo
solaz
recreo

↔ unión
  acumulación
  aburrimiento

esparcir(se)
diseminar
dispersar
desparramar
desperdigar
rociar
irradiar
extender
difundir
divulgar
propagar
propalar
entretener
divertir
distraer
recrear

↔ reunir
  acumular
  aburrir

esparragal
esparraguera

espárrago
esparraguera
vástago
perno

esparraguera
espárrago
esparragal

esparrancarse
  col.
espatarrarse *col.*
despatarrarse *col.*

espartano
lacedemonio
austero
duro
riguroso
severo
rígido

↔ frívolo
  blando

espasmo
contracción
convulsión
sacudida

espatarrar(se) *col.*
despatarrar *col.*

especial
singular
peculiar
particular
específico
distinto
exclusivo

↔ común
  normal

especialidad
particularidad
peculiaridad
singularidad
distintivo
fuerte

especialización
rama
división
específico
preparado
fármaco

especialista
experto
diestro
entendido
técnico
doble

especiar
condimentar
salpimentar
aderezar
aromatizar

especie
grupo
tipo
clase
género
variedad
categoría
rumor
noticia
chisme
hablilla

especificación
explicación
aclaración
concreción
determinación
definición
delimitación
precisión
observación

↔ generalizar

especificar
explicar
aclarar
concretar
determinar
definir
delimitar
precisar
explicitar

↔ generalizar

especificativo

↔ epíteto
  explicativo

específico

especial
peculiar
particular
exclusivo

especialidad
preparado
fármaco

↔ común
  general

espécimen

ejemplar
modelo
muestra
individuo
prototipo

especioso

engañoso
falso
falaz
capcioso
doble

↔ sincero
  directo

espectacular

aparatoso
exagerado
ostentoso
llamativo
asombroso
vistoso
brillante
espléndido
grandioso
teatral

↔ insulso
  discreto

**espectacula-
  ridad**

aparatosidad
exageración
grandiosidad
teatralidad
vistosidad
brillantez
colorido

animación
viveza

↔ sosería
  discreción

espectáculo

representación
acto
función
exhibición
show

número
cuadro
escena

espectador

asistente
concurrente
telespectador
observador

espectral

fantasmal
fantasmagórico
misterioso
de ultratumba

espectro

visión
aparición
aparecido
fantasma

especulación

meditación
teoría
hipótesis
conjetura
suposición
imaginación
entelequia
elucubración

especular

meditar
teorizar
conjeturar
elucubrar
pensar
reflexionar
suponer
imaginar

especulativo

reflexivo

espejear

brillar
lucir
refulgir
destellar

espejeo

brillo
destello
resplandor
fulgor

espejismo

fantasía
quimera
ilusión
apariencia

espejo

reflejo
retrato

espejuelo

señuelo
reclamo
cebo
gancho
selenita

espejuelos

gafas
lentes
anteojos

espeluznante

horripilante
terrorífico
aterrador
pavoroso
sobrecogedor

↔ tranquilizador

espeluznar

horripilar
aterrar
espantar
aterrorizar
sobrecoger
estremecer

↔ tranquilizar

espeluzno

escalofrío
estremecimiento
repeluzno

espera

demora
dilación
retraso
aplazamiento
prórroga

paciencia
calma

acecho

↔ impaciencia

esperanza

ilusión
confianza
expectativa
perspectiva

↔ desesperanza

esperanzado

ilusionado
optimista
confiado

↔ desesperanzado

esperanzador

ilusionador
prometedor
tranquilizador
confortante

↔ desesperanzador

esperar

aguardar
confiar

↔ desconfiar

esperma

semen

espermafita

fanerógama

espermatozoide

espermatozoo

esperpento

espantajo
adefesio
mamarracho
estafermo

espantapájaros
hazmerreír
birria
facha

↔ maravilla

espesar(se)
condensar
concentrar
densificar
apretar
comprimir

↔ diluir

espeso
denso
concentrado
condensado
pastoso
viscoso
empastado
apelmazado

tupido
prieto
cerrado
frondoso

grueso
macizo
sólido

complicado
complejo
abstruso
ininteligible

col.
sucio
guarro
desaseado

↔ fluido
  claro

  ralo

  delgado
  fino

  fácil
  inteligible

espesor
densidad
concentración

grosor
grueso

espesura

espesura
espesor

boscosidad
frondosidad
boscaje
follaje

espetar
ensartar
clavar
traspasar
atravesar

soltar
encasquetar
encajar
enjaretar

espetarse
envararse
erguirse
hincharse

afianzarse
encajarse
asegurarse

espetón
pincho
espiche
asador

espía
agente
infiltrado
informador

espiar
acechar
vigilar
fisgar

espichar *col.*
morir
diñar *col.*
palmar *col.*
estirar la pata *col.*

espiche
pincho
espetón

tapón

espigado
esbelto
estilizado

delgado
grácil

↔ rechoncho

espigar
investigar

espigarse
crecer
estirarse
dar un estirón

↔ achaparrarse

espigón
malecón
dique
escollera
espolón

espina
astilla
pincho

peso
pesadumbre
inquietud
desazón

espinas
dificultades
penalidades
sufrimientos

espinazo
columna vertebral
espina dorsal

espinela
décima

espinoso
peliagudo
delicado
comprometido
embarazoso
incómodo

↔ fácil

espiración
↔ inspiración

espiral
helicoidal

hélice
bucle

espirar
soplar

exhalar
expulsar

↔ inspirar

espiratorio
↔ inspiratorio

espiritado
flaco
escuchimizado
escuálido
encanijado
esmirriado
enclenque

↔ gordo
  robusto

espíritu
alma
mente
conciencia

ánima
duende
genio

demonio
diablo

ánimo
valor
coraje
brío
empuje
arrojo
decisión
garra

actitud
talante

↔ materia

  desánimo
  pusilanimidad

espiritual
anímico
inmaterial
intelectual

↔ físico

espiritualidad
inmaterialidad

↔ materialidad

espiritualismo
idealismo

↔ materialismo

espirituoso
espiritoso

espita
grifo

esplendente *cult.*
resplandeciente
brillante
refulgente
esplendoroso

↔ apagado

esplendidez
generosidad
desprendimiento
liberalidad

ostentación
riqueza
magnificiencia
fausto

↔ tacañería

sencillez

espléndido
magnífico
estupendo
soberbio
fastuoso
deslumbrante
regio
suntuoso

generoso
desprendido
dadivoso
liberal

↔ pésimo

tacaño

esplendor
grandeza
hermosura
grandiosidad
magnificencia
lujo
pompa
gloria

apogeo
plenitud
culminación

brillo
resplandor

↔ insignificancia

decadencia

esplendoroso
espléndido
magnífico
estupendo
soberbio
fastuoso
regio
suntuoso
deslumbrante

brillante
resplandeciente

↔ común
miserable

apagado

espliego
lavanda
lavándula

espolear
aguijonear
incitar
estimular
avivar
mover
provocar
pinchar
espuelear *amer.*

↔ desanimar
disuadir

espoleta
detonador

espolio
expolio

espolón
tajamar
malecón
dique
escollera
espigón
machón
contrafuerte

espolvorear
polvorear
esparcir
rociar
diseminar

esponja
porífero

esponjar(se)
mullir
ahuecar

esponjarse
hincharse
envanecerse
ensoberbecerse
engreírse

↔ apelmazar
humillarse

esponjoso
blando
mullido
hueco
algodonoso

↔ apelmazado
amazacotado

esponsales
compromiso

espónsor
sponsor

espontaneidad
naturalidad
franqueza

↔ artificiosidad

espontáneo
automático
instintivo
reflejo
involuntario
maquinal

libre
voluntario

natural
sencillo
llano
campechano
directo

silvestre

↔ obligado
coaccionado

afectado
estudiado

cultivado

esporádico
ocasional
casual
eventual
fortuito
aislado
suelto

↔ regular
constante

esposo
cónyuge
consorte
marido

mujer
señora

espuelear *amer.*
espolear

espulgar(se)
despiojar
desparasitar

examinar
escrutar
escudriñar
indagar
hurgar

espumante
espumeante
espumoso

espurio o
espúreo
bastardo
natural
ilegítimo

falso
adulterado

↔ legítimo

espurrear o
espurriar
escupir

esputar

escupir
expectorar
gargajear

esputo

expectoración
escupitajo
gargajo
salivazo
lapo
pollo

esquela

billete
misiva
nota

esquelético

flaco
raquítico
delgado
enclenque
esmirriado
escuchimizado
escuálido
birrioso
macilento
consumido
enjuto

↔ gordo
rollizo

esqueleto

osamenta
endoesqueleto

caparazón
exoesqueleto

estructura
armazón
armadura
chasis

boceto
bosquejo
apunte
borrador
esquema
esbozo
guía

esquema

boceto
bosquejo
apunte
borrador
esbozo
guía

resumen
guión
sinopsis
extracto

esquemático

sintético
abreviado
resumido
simplificado
sinóptico

↔ detallado
desarrollado
pormenorizado

esquematizar

bocetar
bosquejar
esbozar

extractar
sintetizar
abreviar
resumir
simplificar

esquila

campanilla

esquilón

cencerro

esquilar(se)

trasquilar
pelar

esquina

esquinazo
cantón
ángulo
arista

vértice

esquinado

intratable
áspero
huraño

malintencionado
atravesado
retorcido

↔ afable
bondadoso

esquinar(se)

enemistar
indisponer
malquistar
encizañar
pelearse

↔ reconciliar

esquinazo

esquina

esquinazo, dar
col.

dar plantón
dejar plantado

evitar
esquivar
eludir
sortear

amer.
estafar
timar
engañar

esquinera

rinconera

esquirla

astilla

esquirol

rompehuelgas

esquivar

librarse
evitar
sortear
eludir
rehuir
evadir
sustraerse
escapar
soslayar
zafarse
escaquearse
dar esquinazo

esquivo

huraño
arisco
hosco
áspero
intratable
insociable
taimado
huidizo
escurridizo

estabilidad

equilibrio
inmovilidad
firmeza
invariabilidad
permanencia
consistencia
seguridad

↔ inestabilidad

estabilizador

afianzador
consolidador

giroscopio

↔ desestabilizador

estabilizar(se)

equilibrar
afianzar
consolidar
asegurar
afirmar

↔ desestabilizar

estable

equilibrado
inmóvil
firme
sólido
seguro
constante
consistente
invariable
fijo

duradero
permanente

↔ inestable

establecer

constituir
instaurar
fundar
erigir
levantar
instituir
alzar

mandar
disponer
ordenar

decretar
determinar
estatuir

señalar
especificar
determinar
decir

establecerse

afincarse
domiciliarse
instalarse
asentarse
aposentarse
avecindarse

↔ abolir
suprimir

trasladarse

establecimiento

constitución
instauración
fundación
institución

asentamiento
colonia

local
tienda
comercio

establo

cuadra
caballeriza
cobertizo
pesebre
corral

cochiquera
pocilga

estaca

garrote
tranca

esqueje

estacazo

garrotazo
trancazo
porrazo
golpazo
tortazo
trastazo
palo
varapalo

estación

temporada
tiempo
época
etapa
periodo
fase

alto
detención
parada
apeadero
terminal

estacionamiento

aparcamiento
parking

estacionar(se)

aparcar

estacionarse

pararse
estabilizarse
inmovilizarse

↔ circular

evolucionar
desestabilizarse

estacionario

estable
estabilizado
invariable
inmóvil

↔ inestable

estadía

estancia
permanencia
alojamiento

estadio

campo

ciclo
etapa
fase

estadista

gobernante
dirigente
jefe de Estado

estado

situación
circunstancia

condición
disposición

gobierno
administración

nación
país

estamento
clase

estadounidense

norteamericano
yanqui
gringo *amer.*

estafa

timo
robo
engañifa
engaño
fraude

estafador

timador
ladrón
tramposo
truhán
embaucador
charlatán
farsante

estafar

timar
robar
engañar
defraudar
camelar

estafermo

pasmarote

esperpento
espantajo
adefesio
estantigua

estallar(se)

explotar
reventar
explosionar

chascar
chasquear
restallar

prorrumpir

estallido

explosión
reventón

estampido
estampida
detonación
zambombazo

estambre

urdimbre
estameña

estamento

clase
estado
brazo

estameña

urdimbre
estambre

estampa

lámina
cromo
grabado
ilustración
santo

estampación
imprenta
impresión

figura
apariencia
planta
porte
presencia
pinta
aspecto

escena
cuadro

retrato
personificación
encarnación

↔ antítesis

estampación

estampado
impresión

estampar(se)

imprimir
impresionar
grabar

estrellar
arrojar
lanzar
tirar

plantar
largar
enjaretar
encajar
soltar

inculcar
fijar

estampida

espantada
desbandada

estampido
estallido
detonación
zambombazo

estampilla

sello
cajetín

amer.
sello (de correos)
timbre
póliza

estampillar

sellar

estancar(se)

detener
paralizar
parar
empantanar
atascar
inmovilizar
anquilosar
enquistarse

estancia

estadía
alojamiento
permanencia

cuarto
habitación
aposento
pieza

amer.
hacienda
fundo
heredad

estanco

aislado
hermético
incomunicado

expendeduría

estándar

standard
normalizado
unificado
tipificado
típico

en serie

habitual
estereotipado

estandarización

normalización
tipificación
unificación

↔ diversificación

estandarizar(se)

normalizar
tipificar
unificar
estereotipar
homogeneizar
uniformar
igualar

↔ singularizar

diversificar

estandarte

pendón
enseña
divisa
bandera

estanquillo *amer.*

tienda

estante

anaquel
repisa
balda

estantigua

fantasma
espectro
aparición
visión

mamarracho
adefesio
espantajo
esperpento
estafermo

estar

hallarse
encontrarse

sentirse

vivir
residir
mantenerse

caer
sentar
quedar
venir
ir

trabajar
desempeñar
hacer de

servir

valer
costar
importar

suponer
creer
considerar
estimar
juzgar

estarse

quedarse
permanecer

↔ desaparecer
ausentarse

estárter

starter
estrangulador

estatal

oficial
gubernamental
público

↔ privado

estatalización

estatificación
nacionalización

↔ privatización

estatalizar

estatificar
nacionalizar

↔ privatizar

estático

fijo
invariable
inmutable
quieto
parado
inmóvil
pasivo

paralizado
pasmado
suspenso
asombrado
arrobado
petrificado

↔ dinámico

indiferente

estatificación

estatalización

estatificar

estatalizar

estatua

escultura
talla
imagen

estatuaria

escultura (arte)

estatuir

instituir
establecer
ordenar
determinar
decidir
mandar
disponer
decretar

afirmar
sostener
asentar
confirmar
ratificar

↔ derogar

invalidar

estatura
talla
altura

dimensión
elevación
calidad

estatus
status

estatuto
decreto
ley

normativa
reglas
ordenanzas
disposiciones

este
levante

↔ oeste

estela
rastro

huella
vestigio
reguero
recuerdo
impresión

estelar
sideral
cósmico
astral

principal
culminante
crucial

estenografía
taquigrafía

estentóreo
ruidoso
retumbante
sonoro
estruendoso
estridente
estrepitoso

↔ susurrante

estepa
yermo
erial
baldío

estepario
seco
estéril
yermo

↔ fértil
   exuberante

estera
esterilla
felpudo
ruedo
alfombrilla

estercolero
muladar

cochinera
cochiquera
pocilga

basura
porquería

estéreo
estereofónico

estereotipo
prototipo
arquetipo
modelo
norma
patrón
pauta
canon
ejemplo
dechado

tópico
cliché
lugar común

estéril
árido
yermo
infecundo

improductivo
infructuoso
inútil
ineficaz
vano

esterilizado
aséptico
desinfectado

↔ fértil
   útil
   infectado

esterilidad
aridez

infructuosidad
infecundidad
improductividad

agenesia

↔ fertilidad

esterilización
desinfección
asepsia

castración

↔ infección

esterilizador
autoclave

esterilizar(se)
desinfectar
higienizar

castrar

↔ infectar

esteta
estético

esteticista
esthéticienne

estético
artístico
decorativo
ornamental
bello
hermoso
exquisito
de buen gusto

esteta

↔ antiestético

esteva
mancera

esthéticienne *fr.*
esteticista

estiaje
↔ crecida

estigma
marca
señal
signo
huella

vestigio

mancha
afrenta
baldón

estigmatizar
afrentar
manchar
infamar
señalar
descalificar
deshonrar

↔ limpiar
   honrar

estilar(se)
usar
llevarse
estar de moda

estilizado
delgado
esbelto
espigado
fino
airoso

↔ rechoncho
   achaparrado

estilizar(se)
afinar
adelgazar
espigarse

↔ achaparrarse

estilo
peculiaridad
singularidad

modalidad
modo
forma
manera
tipo
clase
carácter

costumbre
uso

moda
gusto
usanza

elegancia
distinción
garbo
gracia
prestancia

estima

aprecio
afecto
apego
cariño
estimación
consideración
respeto

↔ odio
   desprecio

estimable

valorable
evaluable
calculable
tasable
apreciable

respetable
admirable

↔ inestimable

estimación

valoración
evaluación
cálculo
tasación
apreciación

estima
aprecio
consideración
respeto
reverencia

↔ desprecio
   antipatía

estimar(se)

valorar
evaluar
calcular
tasar
calibrar
considerar

creer
opinar
juzgar
suponer

apreciar
querer
amar
respetar

↔ despreciar

estimulación

estímulo
incitación
excitación

estimulante

estimulador
tentador
incitador
alentador
sugerente
sugestivo
provocador
atractivo

excitante

↔ desalentador

   calmante

estimular(se)

mover
empujar
incitar
aguijonear
espolear
provocar
alentar
animar

excitar

↔ desanimar

estímulo

estimulación
impulso
incitación
aliciente
acicate
aguijón
ánimo

estío

verano

estipendio

remuneración
retribución
pago
emolumentos

estipulación

convenio
acuerdo
pacto
negociación
concierto
tratado

condición
cláusula

estipular

convenir
acordar
pactar
negociar
concertar

estirado

erguido
levantado

tenso
tirante
tieso

liso
planchado
extendido

dilatado
dado de sí

tendido
echado
tumbado

generoso
liberal
dadivoso
largo

↔ encogido

   flojo

   arrugado

   tacaño
   avaro

estirar(se)

alargar
prolongar

erguir
levantar

tensar
atirantar

alisar
desarrugar

aplanar
desplegar
extender

ampliar
dilatar
dar de sí

desperezarse

tirar

crecer
espigarse
dar un estirón

amer.
matar

morir

estirarse

tenderse
tumbarse
echarse
acostarse
recostarse
reposar
yacer

desprenderse
prodigar
derrochar

↔ encoger

   aflojar

   arrugar

   acortar

   incorporarse

   escatimar

estirón

tirón

crecimiento
impulso

estirpe

linaje
alcurnia
casta
abolengo
ascendencia
cuna

estival

veraniego

↔ invernal

estocástico *cult.*

casual
fortuito
aleatorio
imprevisto

probabilístico

estofa

condición
categoría
clase
ralea
calaña
pelaje

estoicismo

entereza
firmeza
paciencia
resignación
conformidad
aguante
impasibilidad
imperturbabilidad
filosofía

↔ desesperación

estoico

firme
paciente
resignado
entero
flemático
impasible
imperturbable

↔ desesperado
   débil

estolidez

bobería
tontería
estupidez
necedad
memez
sandez

↔ inteligencia
   agudeza

estólido

bobo
tonto
estúpido
necio
memo
sandio

↔ listo

estomacal

gástrico

digestivo
eupéptico

estomagante

empachoso
empalagoso
cargante
fastidioso
molesto

↔ agradable

estomagar

empachar
empalagar
cargar
fastidiar
molestar

↔ agradar

estómago

buche *col.*

tragaderas
aguante

estomático

bucal

estoqueador

espada
matador
torero
diestro

estorbar

dificultar
impedir
entorpecer
obstaculizar
obstruir
interceptar
embarazar

molestar
incomodar
fastidiar

↔ impulsar
   ayudar

   agradar

estorbo

dificultad
impedimento

entorpecimiento
obstáculo
obstrucción
interceptación
embarazo

molestia
fastidio

↔ impulso
   ayuda

   agrado

estrábico

bizco
bisojo

estrabismo

bizquera

estrado

tarima
entarimado
entablado

estrafalario

extravagante
raro
excéntrico
insólito
estrambótico

↔ normal

estragar(se)

destruir
arrasar
asolar
devastar

embotar
insensibilizar
acorcharse

indigestarse
empachar

↔ aguzar

estrago

destrucción
devastación
asolamiento
ruina

estrambótico

extravagante
raro

estrafalario
insólito
excéntrico

estrangular(se)

ahogar

obstruir
obturar
taponar

constreñir

frustrar
abortar

estraperlo

contrabando
mercado negro

estratagema

artimaña
ardid
astucia
treta
trampa
añagaza

estrategia

táctica

estratégico

táctico

clave
decisivo
importante

estratificación

gradación

estrato

capa
vena
veta
nivel

estamento
categoría
clase

estrechamiento

estrechez
constreñimiento

cuello
garganta

↔ ensanchamiento

estrechar(se)

constreñir
comprimir
disminuir
encoger
menguar

obligar
acorralar

estrecharse

ahorrar
economizar
apretarse el
   cinturón

↔ ensanchar
   ampliar

estrechez

estrechamiento
angostura
estrechura

apretura
aprieto
privación
penuria
escasez

limitación
constreñimiento

↔ anchura

   abundancia
   riqueza

estrecho

angosto
delgado

ajustado
ceñido
justo
apretado

íntimo
cercano

reprimido
puritano

rígido
estricto
severo
férreo

↔ amplio
   holgado

estrechura

angostura
estrechez

apretura
apuro
penuria
privación

↔ anchura
   holgura

estregar(se)

restregar
friccionar

estrella

astro
lucero

figura
as
divo

destino
suerte
hado
fortuna
sino

estrellar(se)

estampar
romper
precipitar

sembrar
diseminar

estrellarse

chocar
colisionar

fallar
fracasar

estremecedor

conmovedor
turbador
escalofriante
aterrador
horrible
terrible
pavoroso
espantoso

estremecer(se)

temblar
tiritar

conmover
turbar
escalofriar
asustar

aterrar
horrorizar
aterrorizar
espantar

convulsionar
sacudir
alterar
trastornar
perturbar

↔ tranquilizar
   serenar

**estremeci-
miento**

temblor
escalofrío
tiritona
sacudida

conmoción
susto
turbación
perturbación
convulsión
sobresalto
agitación

↔ tranquilidad
   serenidad

estrenar

abrir
inaugurar
emprender

estrenarse

debutar
iniciarse

estreno

debut
première

inauguración

estreñimiento

constipación
constipado

↔ descomposición

estreñir

constipar
astringir

↔ laxar
   descomponer

estrépito

estruendo
fragor

exageración
ostentación
pompa
aparato
aparatosidad
parafernalia

↔ silencio

   moderación
   naturalidad

estrepitoso

ruidoso
estruendoso
clamoroso
fragoroso

exagerado
ostentoso
pomposo
aparatoso

↔ silencioso

   moderado
   natural

estresante

angustioso
agobiante

↔ relajante

estresar(se)

angustiar
agobiar

↔ relajar

estría

surco
canal

ranura
muesca
hendidura

estriado

rayado
acanalado

estriar(se)

rayar
acanalar

estribación
estribo
contrafuerte

estribar
cargar
sustentarse
apoyarse

basarse
radicar
residir
fundarse

estribillo
muletilla

ritornelo

estribo
contrafuerte

estribor
derecha (marina)

↔ babor

estricto
riguroso
rígido
severo
inflexible
disciplinado

exacto
preciso
ajustado
cumplidor
fiel

puro
auténtico

↔ permisivo
tolerante

impreciso

estridencia
discordancia
disonancia
chirrido

estridente
chirriante
chillón
destemplado
disonante

discordante
llamativo
penetrante

↔ susurrante

estro cult.
numen cult.

estropajoso
áspero
rasposo
basto

trapajoso
gangoso

astroso
harapiento
desarrapado

↔ sedoso

fluido

estropear(se)
deteriorar
averiar
romper
escacharrar
descomponer
dañar
destrozar
arruinar
malograr
frustrar

deslucir
afear
ajar

pudrir
echar a perder

↔ arreglar

mejorar

estropicio
deterioro
avería
rotura
daño
descalabro
estrago
quebranto
destrozo
desastre

↔ arreglo
compostura

estructura
organización
ordenación
infraestructura
disposición
configuración
trabazón

armazón
armadura
sostén

estructuración
organización
orden
disposición
distribución

estructurar
organizar
ordenar
disponer
orquestar
instrumentar
distribuir

↔ desorganizar
desbaratar

estruendo
estrépito
fragor
clamor

alboroto
jaleo
confusión
bullicio

resonancia
escándalo
polvareda
revuelo
controversia
conmoción
polémica

↔ silencio

calma

estruendoso
ruidoso
estridente
estrepitoso
ensordecedor
atronador
fragoroso
estentóreo

↔ silencioso

estrujar
exprimir
apretar
oprimir
apretujar
aplastar
comprimir
chafar
espachurrar

col.
achuchar
abrazar

explotar
aprovecharse

estucar
enlucir

estuchar
empaquetar
envolver

estuche
envase
funda
envoltorio

estudiado
afectado
amanerado
artificioso
artificial
rebuscado
forzado
fingido

↔ natural
llano

estudiante
alumno
escolar
escuelero amer.

estudiantina
tuna

estudiar
preparar
memorizar
repasar
empollar col.

aprender
educarse

formarse
instruirse

observar
analizar
examinar
explorar
investigar

estudio

aprendizaje
educación
formación
instrucción

análisis
observación
ponderación
investigación

tratado
ensayo
memoria
disquisición
monografía

despacho
bufete
taller

boceto
esbozo
bosquejo
apunte
borrador
esquema

afectación
cuidado
artificio
amaneramiento

estudios

temas
asignaturas
disciplinas

↔ naturalidad
   llaneza

estudioso

aplicado
empollón *col.*

investigador
erudito
especialista
experto
conocedor
sabio

↔ desaplicado

   lego

estufa

calentador
calorífero
estufilla

invernadero

sauna

estulticia

estultez
necedad
tontería
estupidez
idiotez
imbecilidad
bobería
memez

↔ inteligencia
   agudeza

estulto

necio
tonto
estúpido
idiota
imbécil
bobo
memo

↔ inteligente
   agudo

estupefacción

estupor
asombro
admiración
pasmo
sorpresa
desconcierto
turbación

↔ indiferencia

estupefaciente

droga
narcótico

estupefacto

asombrado
admirado
pasmado
sorprendido
desconcertado
turbado
maravillado
patidifuso
con la boca abierta

↔ indiferente

estupendo

fantástico
magnífico
fenomenal
excepcional
excelente
extraordinario
maravilloso

↔ malo

estupidez

necedad
tontería
idiotez
imbecilidad
bobería
memez
simpleza
sandez
estulticia
estultez

↔ inteligencia
   agudeza

estúpido

necio
tonto
idiota
imbécil
bobo
memo
cretino
simple
sandio
estulto

cargante
majadero
engreído
fantasma

↔ inteligente
   listo

estupor

asombro
pasmo
sorpresa
admiración
estupefacción

↔ indiferencia

etapa

trayecto
tramo
jornada

fase
parte
momento
época
periodo
ciclo

éter *cult.*

cielo
firmamento
espacio

etéreo *cult.*

inmaterial
vago
sublime
sutil
tenue
vaporoso
incorpóreo

celestial

↔ material

eternidad

perpetuación
inmortalidad

cielo
gloria

↔ transitoriedad
   fugacidad

eternizar(se)

dilatar
alargar

inmortalizar
perpetuar

↔ abreviar

eterno

infinito
inmortal
imperecedero
inmarcesible
indestructible
perpetuo
perenne
perdurable
sempiterno

permanente
constante
interminable

↔ efímero

   breve

ética
moral
deontología

ético
moral
bueno
justo
honesto
honrado
decente
↔ malo
    injusto

etíope
abisinio

etiqueta
rótulo
marbete
inscripción
calificativo
epíteto
ceremonial
protocolo
fórmula
formalidad
ritual

etiquetar
marcar
calificar
clasificar

étnico
racial

etrusco
tusco
tirreno

eucaristía
comunión

eufonía
↔ cacofonía

euforia
exaltación
júbilo
entusiasmo
optimismo
↔ depresión

eufórico
entusiasmado
jubiloso
alegre
dichoso
radiante
↔ afligido
    deprimido

eunuco
castrado
afeminado
pusilánime

eupéptico
estomacal
digestivo

euritmia
↔ arritmia

euskera *vasc.*
vasco
vascuence

evacuación
desocupación
desalojo
abandono
marcha
retirada
deposición
defecación
deyección
eyección
↔ ocupación

evacuar
desocupar
desalojar
vaciar
defecar
exonerar (el vientre)
orinar
excretar
resolver
solucionar
↔ ocupar

evacuatorio
servicio
urinario

mingitorio
retrete

evadir(se)
eludir
sortear
evitar
esquivar
escamotear

evadirse
fugarse
escaparse
huir
distraerse
despreocuparse
abstraerse
divertirse
↔ afrontar
    preocuparse

evaluable
calculable
estimable
tasable
valorable
↔ incalculable

evaluación
cálculo
estimación
tasación
valoración
medición

evaluar
calcular
estimar
tasar
valorar
apreciar

evanescente
tenue
sutil
vaporoso
↔ sólido

evangelización
apostolado

evangelizador
misionero
apóstol

evangelizar
catequizar
predicar
cristianizar
adoctrinar

evaporar(se)
evaporizar
vaporar
vaporizar
volatilizar

evaporarse
esfumarse
desvanecerse
desaparecer
irse
largarse
huir
escapar
escabullirse
escurrirse
↔ permanecer

evaporizar
evaporar
vaporizar
volatilizar

evasión
fuga
huida
escapada
esparcimiento
entretenimiento
diversión
distracción
despreocupación
↔ preocupación

evasiva
rodeo
excusa
subterfugio
justificación

evento
acontecimiento
acaecimiento
suceso
contingencia
eventualidad
caso
incidente

eventual

casual
ocasional
circunstancial
provisional
temporal

↔ permanente
   estable

eventualidad

provisionalidad

evento
acontecimiento
acaecimiento
contingencia
caso

evidencia

verdad
certeza
realidad
prueba
demostración

↔ falsedad
   irrealidad

evidenciar(se)

reflejar
revelar
manifestar
traslucir
demostrar
probar
descubrir
hacer patente

↔ ocultar
   esconder

evidente

cierto
real
claro
indudable
innegable
indiscutible
incuestionable
patente
palmario

↔ incierto
   discutible

evitable

previsible
eludible

sorteable
soslayable
excusable
remediable

↔ inevitable
   ineludible

evitar(se)

impedir
prevenir

eludir
rehuir
sortear
soslayar
esquivar
excusar
librarse
escaquearse

↔ provocar

   afrontar
   responsabilizarse

evocación

recuerdo
rememoración
remembranza
memoria
reminiscencia
huella

↔ olvido

evocar

rememorar
traer a la memoria

↔ olvidar

evolución

transformación
cambio
proceso
progreso
desarrollo
crecimiento

↔ estancamiento
   involución

evolucionar

transformarse
cambiar
progresar
ponerse al día

↔ estancarse

exabrupto

grosería
inconveniencia
desbarro
salida de tono

exacción *cult.*

concusión *cult.*

exacerbación

exasperación
irritación
enfado

agudización
agravamiento

↔ sosiego

   alivio

exacerbar(se)

exasperar
airar
encolerizar
enfadar
enojar
irritar
enfurecer
crispar
descomponer
encrespar
endemoniar
enrabietar
enrabiar

agudizar
avivar
recrudecer
enconar

↔ sosegar

   aliviar

exactitud

precisión
rigor
puntualidad
corrección
fidelidad
regularidad

↔ inexactitud

exacto

preciso
riguroso
estricto

puntual
cabal
correcto
fiel

cierto
efectivamente

↔ inexacto

exageración

exceso
extremosidad
desmedida

↔ moderación

exagerado

excesivo
desmedido
desaforado
desorbitado
extremado
extremoso
desproporcionado
abusivo

↔ moderado
   justo

exagerar

agrandar
abultar
hinchar
desorbitar
encarecer
agigantar
extremar
desproporcionar

↔ empequeñecer
   atenuar

exaltación

excitación
ardor
acaloramiento
enardecimiento
entusiasmo
apasionamiento
frenesí
vehemencia
arrebato
exultación
júbilo
alborozo
regocijo

ascensión
elevación

enaltecimiento
encumbramiento

↔ serenidad
    humillación

exaltado

excitado
acalorado
enardecido
entusiasta
apasionado
vehemente
arrebatado
fanático
radical

exasperado
irritado

↔ sereno
    moderado

exaltar

honrar
enorgullecer
ennoblecer
engrandecer
distinguir
elogiar
alabar
ensalzar
glorificar
enaltecer
celebrar
encarecer
encomiar

encumbrar
entronizar

exaltarse

entusiasmarse
acalorarse
apasionarse
excitarse

exasperarse
irritarse

↔ denigrar
    humillar

    serenarse

examen

inspección
investigación
reconocimiento
exploración
revisión

análisis
estudio

prueba
control
ejercicio

examinar(se)

inspeccionar
investigar
reconocer
explorar
analizar
revisar

exangüe

agotado
desfallecido
exhausto
rendido
desmayado

desangrado

muerto
exánime

↔ fuerte
    vigoroso

exánime

muerto
exangüe

agotado
desfallecido

exantema

erupción
eccema
sarpullido

exasperación

enfurecimiento
furia
cólera
ira
irritación
cabreo *col.*

impaciencia
desesperación

↔ serenidad
    paciencia

exasperante

irritante
desesperante

↔ tranquilizador

exasperar(se)

enfadar
enfurecer
encolerizar
irritar
enojar
crispar
descomponer
encrespar
endemoniar
enrabietar
enrabiar
cabrear *col.*

impacientar
desesperar

↔ tranquilizar

excarcelación

liberación

↔ apresamiento

excarcelar

libertar
liberar

↔ encarcelar
    apresar

excavar

cavar
socavar
ahondar

excedente

remanente
resto
sobrante

supernumerario

exceder

sobrar

desbordar
rebasar

adelantar

ganar
aventajar
superar

excederse

propasarse
extralimitarse
pasarse

↔ faltar
    comedirse

excelencia

excelsitud
magnificiencia
sublimidad
eminencia
grandeza
nobleza
dignidad
altura
bondad

↔ mezquindad

excelente

superior
extraordinario
excepcional
extra
magnífico
soberbio
excelso

↔ pésimo

excelso

sublime
insigne
elevado
grandioso
glorioso

↔ mezquino

excelsitud

excelencia
sublimidad
magnificencia
eminencia

↔ mezquindad

excentricidad

rareza
extravagancia

↔ normalidad

excéntrico

raro
extravagante
estrafalario
insólito
estrambótico

↔ normal

excepción

exclusión
salvedad

distinción
distingo
concesión

↔ inclusión

excepcional

singular
inusual
anormal
extraño
infrecuente

extraordinario
excelente
estupendo
magnífico
admirable
fantástico
extra

↔ normal
   corriente

excepto

menos
salvo
a excepción de

↔ incluso
   además

exceptuar(se)

excluir
eliminar
apartar
prescindir
desechar
rechazar
descartar
dejar al margen

↔ incluir

excesivo

exagerado
desmedido
desmesurado
disparatado
descomunal
exorbitado
exorbitante
desaforado
desorbitado
extremado
desproporcionado

abusivo
injusto
innecesario

inconveniente
indebido

↔ moderado

   justo

exceso

superabundancia
superávit
exageración
desmesura
demasía
plétora

disparate
abuso

↔ moderación

excitabilidad

impresionabilidad
irritabilidad
nerviosismo

↔ tranquilidad
   flema

excitable

impresionable
irritable
alterable
nervioso
histérico

↔ tranquilidad
   flema

excitación

exaltación
agitación
apasionamiento
emoción
enardecimiento
pasión
entusiasmo

nerviosismo
nervios

↔ relajación

   intranquilidad

excitante

apasionante
emocionante
palpitante
electrizante
interesante

estimulante

↔ tranquilizante

excitar(se)

activar
estimular
provocar
intensificar
acelerar

agitar
alborotar
alterar

avivar
enardecer
enfervorizar
entusiasmar
electrizar
acalorar

calentar *col.*
poner cachondo *vulg.*

↔ tranquilizar

exclamación

interjección

exclamar

clamar

exclamativo

admirativo
ponderativo

exclaustrar

↔ enclaustrar

excluir

exceptuar
apartar
separar
omitir
expulsar
eliminar
desechar
descartar

↔ incluir
   admitir

exclusión

excepción
salvedad
omisión

expulsión
eliminación
descarte

↔ inclusión
   admisión

exclusiva

monopolio

exclusive

↔ inclusive

exclusivismo

partidismo
parcialidad
fanatismo
personalismo

egoísmo

localismo
chovinismo

↔ imparcialidad

   generosidad

   universalidad

exclusivista

partidista
parcial
fanático
personalista

egoísta

localista
chovinista

↔ imparcial

   generoso

   universal

exclusivo

excluyente
especial
distintivo
personal

único
solo

↔ inclusivo

excomulgar

descomulgar
anatematizar

excomunión

anatema

excoriación

escoriación

excoriar(se)
escoriar

excrecencia
tumor

excrementar
excretar
evacuar

excremento
heces
deposición
defecación
caca

excrescencia
excrecencia

excretar
excrementar
defecar
evacuar
segregar

exculpar(se)
disculpar
absolver
eximir
descargar
exonerar
dispensar
↔ inculpar

exculpatorio
absolutorio
eximente
↔ inculpador
    condenatorio

excursión
paseo
recorrido

excursionismo
senderismo
treecking

excusa
disculpa
justificación
subterfugio
pretexto
evasiva

excusado
escusado
retrete
servicio
wáter

excusar(se)
disculpar
justificar
dispensar
pretextar
explicarse
evitar
ahorrar
librar
eximir
exonerar
↔ culpar

execrable
censurable
condenable
aborrecible
reprobable
abominable
↔ admirable

execrar
censurar
condenar
rechazar
aborrecer
reprobar
abominar
↔ alabar

exégesis o
    exegesis
hermenéutica

exención
dispensa
exoneración
exculpación
descargo
↔ deber

exento
libre
dispensado
descargado
exonerado
↔ obligado

exequátur
autorización
plácet
permiso
venia

exequias
funerales
honras fúnebres

exequible
asequible
accesible
posible
↔ inasequible

exfoliar(se)
descamarse

exhalación
emanación
efluvio
emisión
rayo
centella

exhalar
despedir
emanar
desprender
emitir
expeler
echar
soltar
lanzar
proferir
↔ absorber
    reprimir

exhaustivo
completo
íntegro
total
intensivo
profundo
minucioso
pormenorizado
↔ somero
    superficial
    parcial

exhausto
consumido
vacío

esquilmado
acabado
agotado
extenuado
desfallecido
rendido
postrado
debilitado
desmayado
exánime
exangüe
↔ pletórico
    fuerte
    vigoroso

exhibición
exposición
muestra
presentación
manifestación
demostración
alarde

exhibir(se)
exponer
mostrar
enseñar
presentar
ofrecer
demostrar
lucir
alardear
↔ ocultar

exhortación
advertencia
aviso
consejo
admonición
amonestación
ruego
súplica
sermón
plática
prédica

exhortar
aconsejar
alentar
rogar
suplicar
↔ desaconsejar

exhumación
desenterramiento
rememoración
actualización
↔ inhumación

exhumar
desenterrar
recordar
actualizar
recuperar
desempolvar
↔ inhumar
enterrar

exigencia
petición
demanda
requerimiento
reclamación
pretensión
rigurosidad
↔ flexibilidad

exigente
severo
riguroso
estricto
intolerante
quisquilloso
↔ flexible
comprensivo

exigir
pedir
solicitar
reclamar
reivindicar
requerir
pretender
necesitar
precisar
↔ renunciar

exiguo
escaso
reducido
pobre
corto
insuficiente
insignificante
↔ abundante
grande

exilar
exiliar

exiliado
desterrado
deportado
expatriado
↔ repatriado

exiliar
exilar
desterrar

exiliarse
expatriarse
↔ asilar

exilio
destierro
expatriación

eximente
↔ agravante

eximio
insigne
ilustre
eminente
sobresaliente
notable
excelso
↔ bajo
mediocre

eximir(se)
exonerar
excusar
librar
evitar
ahorrar
↔ obligar

existencia
vida
subsistencia

existencias
mercancías
género
↔ inexistencia

existente
vivo
actual

real
auténtico
efectivo
positivo
↔ inexistente

existir
vivir
sobrevivir
haber
estar
hallarse
encontrarse
↔ morir
faltar

éxito
fortuna
triunfo
logro
fama
aceptación
celebridad
popularidad
gloria
reputación
crédito
↔ fracaso
impopularidad

éxodo
expatriación
marcha
huida
↔ repatriación

exogamia
↔ endogamia

exogámico
↔ endogámico

exógeno
exterior
↔ endógeno

exonerar(se)
eximir
dispensar
descargar
librar

destituir
deponer
apartar
evacuar
defecar
orinar
excretar
↔ responsabilizar

exorbitante
exorbitado
desorbitado
excesivo
desmesurado
desmedido
extremado
abusivo
exagerado
disparatado
descomunal
desaforado
desproporcionado
↔ moderado

exorbitar
desorbitar
exagerar
desmesurar
extremar
abusar
desproporcionar
↔ moderar

exordio
preámbulo
prefacio
prólogo
prolegómenos
↔ epílogo

exorreico
↔ endorreico

exorreísmo
↔ endorreísmo

exotérico
accesible
asequible
comprensible
evidente
↔ esotérico

exótico

extraño
chocante
singular
insólito
infrecuente
extravagante
raro
original

forastero
foráneo

↔ corriente

    autóctono
    castizo

exotismo

singularidad
extravagancia
rareza
originalidad

↔ casticismo

expandir(se)

propagar
difundir
divulgar
propalar
esparcir

extender
aumentar
crecer
desarrollarse

↔ concentrar
    contraer

expansión

propagación
difusión
divulgación

extensión
crecimiento
desarrollo
florecimiento

desahogo
confidencia
confesión

diversión
distracción
esparcimiento
entretenimiento
ocio

↔ contracción

    aburrimiento

expansionar

extender
expandir

expansionarse

desahogarse
confiarse
abrirse
confesarse

divertirse
entretenerse
evadirse
recrearse
disfrutar

↔ contraer

    cerrarse

    aburrirse

expansivo

extensivo

comunicativo
extrovertido
abierto
franco
sociable

↔ cerrado
    introvertido

expatriar(se)

emigrar
exiliarse

↔ repatriar

expectación

interés
atención
curiosidad
ilusión
afán

espera
expectativa

↔ desinterés
    indiferencia

expectante

atento
interesado
alerta
vigilante
avizor

↔ desinteresado

expectativa

esperanza
perspectiva
futuro
posibilidad
salida

expectorar

escupir
esputar

expedición

misión

envío
giro
remisión

expedientar

sancionar
procesar
empapelar
emplumar *col.*

expediente

documentación
legajo
informe
dossier

expedir

enviar
mandar
remitir
facturar
destinar
despachar

cursar
tramitar
gestionar

expeditivo

decidido
resuelto
enérgico
expedito

↔ lento
    indeciso

expedito

despejado
practicable
libre

ágil
rápido

raudo
pronto
expeditivo

↔ atascado

    lento

expeler

expulsar
echar
despedir
desprender
soltar
emitir
emanar
exhalar

↔ absorber

expender

vender
despachar

expensas

gastos
costas
dispendio
desembolso

experiencia

experimentación
vivencia

práctica
pericia
habilidad
destreza
costumbre
hábito

experimento
ensayo
prueba

↔ inexperiencia

experimentado

experto
ducho
entendido
conocedor
diestro
versado
especialista
enterado
impuesto
docto
perito

↔ inexperto

experimentar

ensayar
probar

sentir
notar
percibir
advertir
sufrir

experimento

experimentación
experiencia
vivencia
prueba
ensayo

experto

especialista
entendido
experimentado
versado
conocedor
técnico

↔ inexperto

expiación

castigo
sacrificio
purificación
rectificación
reparación
enmienda

expiar

limpiar

reparar
enmendar
pagar
purgar
purificar

expiatorio

expiativo
propiciatorio

expirar

morir
fallecer
perecer
sucumbir

terminar
extinguirse
vencer

↔ nacer

explanada

descampado
solar
extensión
terreno

explanar

allanar
alisar
nivelar
igualar
aplanar

explicar
exponer
desarrollar

explayar(se)

extender
expandir
ensanchar
ampliar

distraer
esparcir

explayarse

alargarse
enrollarse *col.*

expansionarse
confiarse
sincerarse
abrirse

↔ ceñirse

expletivo

enfático
redundante

explicable

interpretable
demostrable
razonable
comprensible
justificable
disculpable
defendible
perdonable

↔ inexplicable

explicación

exposición
aclaración
demostración
razonamiento
razón
argumento

justificación
disculpa
excusa

causa
móvil
origen
porqué

explicar(se)

exponer
demostrar
aclarar
esclarecer
dilucidar
razonar
argumentar
argüir
declarar

enseñar
impartir
dar clase

justificar
disculpar
exculpar
excusar

explicarse

expresarse
hacerse entender

comprender
concebir
interpretar
imaginar

explicativo

aclaratorio
esclarecedor

↔ especificativo

explicitar

expresar
manifestar
exponer
revelar
descubrir
declarar
dar a conocer

↔ insinuar
    ocultar

explícito

expreso
manifiesto
claro

evidente
patente
palmario
visible

↔ implícito

exploración

investigación
indagación
rastreo
sondeo
estudio
análisis

examen
reconocimiento
auscultación

batida

explorador

descubridor
aventurero

boy scout

explorar

inspeccionar
investigar
rastrear
indagar
sondear
estudiar
analizar
examinar
reconocer

tantear
sonsacar

explosión

reventón
estallido
estampido
detonación

arrebato
acceso
ataque
arranque
crisis
golpe

↔ implosión

explosionar

estallar
explotar
detonar

explosivo

detonante

impresionante
llamativo
provocativo
arrebatador

violento
apasionado
vehemente
arrebatado

↔ discreto

   sereno

explotación

aprovechamiento
usufructo
disfrute
rendimiento

factoría

explotador

beneficiario
usufructuario

negrero
logrero

explotar[1]

trabajar
usufructuar

exprimir
abusar

aprovecharse
utilizar
servirse
valerse

explotar[2]

explosionar
estallar
reventar
detonar

expoliación

expolio
robo
despojo

↔ restitución

expoliar

robar
despojar

---

desposeer
saquear
usurpar

↔ restituir

expolio

expoliación
despojo
rapiña
saqueo
usurpación

botín
trofeo
presa

col.
bronca
alboroto
gresca
follón
pelotera *col.*

↔ restitución

exponente

indicativo
indicador
índice

ejemplo
modelo
patrón
prototipo
arquetipo
paradigma
guía
norma
canon
pauta

exponer(se)

exhibir
enseñar
mostrar
lucir
presentar

someter

expresar
decir
comunicar
manifestar
explicar
explanar
explicitar

arriesgar
comprometer
poner en peligro

↔ ocultar

   callar

   proteger
   salvaguardar

exportación

↔ importación

exportador

↔ importador

exportar

↔ importar

exposición

exhibición
muestra
presentación

explicación
declaración
manifestación

riesgo
peligro
imprudencia
temeridad

↔ ocultación

exposímetro

fotómetro

expósito

inclusero
hospiciano

expositor

mostrador
vitrina
escaparate

expresar(se)

decir
declarar
manifestar
formular
exteriorizar
mostrar
reflejar
revelar
dar a conocer

↔ ocultar

---

expresión

declaración
manifestación
exteriorización
revelación
prueba
señal
testimonio

dicho
locución
giro
perífrasis
palabra
voz
vocablo

↔ ocultación

expresividad

viveza
elocuencia
efusión
vehemencia

↔ inexpresividad

expresivo

elocuente
efusivo
afectivo
entusiasta
expansivo
afectuoso
caluroso
vehemente

característico
típico
indicativo
significativo

↔ inexpresivo

expreso

explícito
claro
patente
evidente
palmario

expresamente
intencionadamente
deliberadamente
adrede
aposta
a propósito

↔ implícito

   sin querer

exprimir
estrujar

explotar (a alguien)
abusar
aprovecharse

expropiación
desposeimiento

↔ restitución

expropiar
desposeer

↔ restituir

expuesto
peligroso
arriesgado
aventurado
inseguro
azaroso

↔ prudente
seguro

expugnable
conquistable
vencible
accesible

↔ inexpugnable

expugnar
conquistar
tomar
ocupar

↔ liberar

expulsar
echar
arrojar
despedir
expeler
desprender
soltar
emitir
emanar
exhalar

↔ admitir
acoger

expulsión
exclusión
despido

↔ admisión

expurgar
depurar
purificar
purgar
censurar

↔ ensuciar
contaminar

exquisitez
delicadeza
finura
elegancia
distinción
buen gusto

delicia
manjar
golosina
delikatessen

↔ vulgaridad
asquerosidad

exquisito
selecto
refinado
primoroso
delicado
fino
distinguido
elegante
excelente
delicioso

↔ vulgar
ordinario

extasiar(se)
arrobar
fascinar
embelesar
encantar
maravillar
arrebatar

éxtasis
arrobamiento
fascinación
embeleso
delirio
suspenso
rapto

extemporáneo
inadecuado
inconveniente
intempestivo

inoportuno
improcedente
inapropiado

↔ oportuno

extender(se)
agrandar
ensanchar
expandir

esparcir
dispersar
desparramar
desperdigar
diseminar

estirar
desdoblar
desplegar

divulgar
difundir
propagar
propalar

dar
untar
repartir

extenderse
tumbarse
tenderse
echarse
tirarse

ocupar
prolongarse

explayarse
dilatarse
enrollarse *col.*

↔ encoger
agrupar
plegar
ceñirse

extensible
desplegable

extensión
prolongación
alargamiento
estiramiento

expansión
propagación
difusión
trascendencia

superficie
área

transcurso

↔ encogimiento

extenso
amplio
vasto
dilatado
espacioso
grande
largo
prolongado

↔ reducido
breve

extensor
dilatador

↔ flexor

extenuación
debilitación
debilitamiento
desfallecimiento
cansancio
agotamiento
consunción
postración

↔ fortaleza

extenuado
agotado
cansado
debilitado
desfallecido
postrado
consumido
exánime
rendido
roto
muerto *col.*

↔ fuerte
fresco

extenuante
debilitador
agotador
cansado

extenuar(se)
cansar
agotar
debilitar

postrar
consumir
desfallecer

↔ fortalecer

exterior

externo

extranjero
foráneo

aspecto
apariencia
presencia
fachada
pinta
porte
traza
exterioridad

↔ interior

nacional
doméstico

exterioridad

exterior

aspecto
apariencia

simulación
falsedad

exterioridades

pompa
boato
ostentación

↔ interior
interioridad

exteriorización

manifestación
revelación
expresión
comunicación

↔ disimulo
ocultación

exteriorizar(se)

manifestar
revelar
descubrir
expresar
comunicar

↔ ocultar

exterminación

exterminio

exterminador

aniquilador
destructor
devastador

↔ salvador

exterminar

destruir
aniquilar
devastar
asolar
eliminar
matar
liquidar
erradicar
extinguir
suprimir
acabar

↔ proteger
salvar

exterminio

exterminación
destrucción
aniquilamiento
devastación
eliminación
erradicación
matanza
masacre
holocausto
hecatombe

↔ protección
salvamento

externado

↔ internado

externo

exterior
visible
superficial
aparente

extranjero
forastero
foráneo

↔ interior

nacional

extinción

acabamiento
terminación

cese
agonía
fin

↔ surgimiento
aparición

extinguir(se)

acabar
agotar
exterminar

apagar
sofocar

extinguirse

desaparecer
cesar
agonizar

prescribirse
caducar

↔ originar

encender

surgir
aparecer

extinto

extinguido
acabado
agotado
desaparecido

difunto
muerto

↔ vivo

extirpación

extracción

erradicación
eliminación
supresión
exterminio

↔ implantación

extirpar

extraer
arrancar

erradicar
eliminar
suprimir
exterminar

↔ implantar

fomentar

extorsión

trastorno
perjuicio
molestia
perturbación

↔ ayuda

extorsionar

trastornar
perjudicar
molestar
perturbar
dañar

↔ ayudar
favorecer

extra

extraordinario
excelente
superior
excepcional

figurante

plus
sobresueldo
gratificación

↔ inferior

extracción

extirpación

cuna
linaje
ascendencia
procedencia

extractar

sintetizar
resumir
abreviar
compendiar
condensar
esquematizar

extracto

síntesis
resumen
compendio
esquema

esencia

extraer

sacar
obtener

extirpar
arrancar

deducir
inferir
suponer

↔ introducir

　implantar

extralimitarse

excederse
propasarse
pasarse
abusar

↔ comedirse

extramuros

extrarradio
afueras
periferia

↔ intramuros

extranjerismo

barbarismo

extranjero

forastero
foráneo
exterior

↔ nativo

extrañar(se)

sorprender
asombrar
maravillar
pasmar
desconcertar

añorar
evocar
echar de menos
echar en falta

expulsar
apartar
exiliar
desterrar

↔ asilar

extrañeza

sorpresa
asombro
admiración
desconcierto

rareza
anomalía
singularidad
peculiaridad

↔ indiferencia
　normalidad

extraño

raro
anómalo
insólito
excepcional
singular

extranjero
forastero

intruso
advenedizo

ajeno

↔ corriente

extraoficial

oficioso

↔ oficial

extraordinario

raro
insólito
excepcional

estupendo
excelente
maravilloso
magnífico
fenomenal
notable
admirable

extra
gratificación
plus

↔ usual
　común

　mediocre
　malo

extrapolar

inferir

descontextualizar

↔ contextualizar

extrarradio

suburbio
periferia

arrabal
afueras
alrededores
aledaños
extramuros

extraterrestre

alienígena
marciano

↔ terrícola
　terrestre

extravagancia

excentricidad
rareza

↔ normalidad

extravagante

excéntrico
estrafalario
estrambótico
extraño
raro
insólito

↔ corriente

extravertido

extrovertido

extraviado

perdido
desorientado
descaminado
descarriado

↔ orientado

extraviar(se)

perder

desorientar
desviar
descaminar

extraviarse

descarriarse

↔ encontrar
　orientar

extravío

pérdida

desorientación
despiste

disparate
desatino
desvarío

desliz
descarrío
perdición

molestia
trastorno
perjuicio
perturbación

↔ hallazgo

extremado

mucho
excesivo

exagerado
desorbitado
desproporcionado
enorme
desmedido
extremoso
formidable

↔ moderado
　reducido

extremar

exagerar
desorbitar
agigantar
desproporcionar
incrementar
reforzar

extremarse

esmerarse
aplicarse
esforzarse
desvelarse

↔ moderar
　reducir

　descuidar

extremaunción

unción

extremidad

extremo
remate
punta
cabo

miembro
apéndice

extremismo

radicalismo
fanatismo
integrismo
intolerancia

↔ moderación

extremista

radical
fanático
intolerante

↔ moderado

extremo

sumo
supremo
máximo

lejano
distante
apartado
remoto

extremidad
cabo
punta

límite
colmo

↔ moderado

　cercano

extremoso

extremado
exagerado

excesivo
desmedido

extremista
radical

cariñoso
efusivo

↔ moderado

　despegado

extrínseco

exterior
circunstancial
accesorio

↔ intrínseco

extroversión

expansión
sociabilidad
afabilidad

↔ introversión

extrovertido

abierto
comunicativo
expansivo
sociable
afable

↔ introvertido

exuberancia

riqueza
abundancia

exceso
profusión
opulencia
plétora

frondosidad

↔ pobreza
　escasez

exuberante

profuso
copioso
abundoso
generoso
opulento
pletórico

frondoso
lujuriante

↔ pobre
　escaso

exudado

exudación
secreción

exudar

destilar
segregar

rezumar
sudar

exultación

exaltación
entusiasmo

júbilo
alborozo
regocijo
contento
euforia

↔ abatimiento

exultante

entusiasmado
jubiloso
alborozado
regocijado
eufórico

↔ abatido
　descorazonado

exultar

alborozarse
exaltarse
regocijarse
entusiasmarse

↔ abatirse

eyección

deyección
evacuación

eyectar(se)

expeler
arrojar
lanzar

eyector

expulsor

fábrica

factoría
industria
taller
manufactura

edificio
edificación
construcción
obra

fabricación

manufactura
producción
confección
elaboración
construcción

↔ destrucción
   demolición

fabricante

industrial
productor

fabricar

manufacturar
producir
confeccionar
elaborar

edificar
construir

↔ destruir

   demoler
   derruir

fabril

manufacturero
industrial

fábula

habladuría
rumor

chisme
bulo
patraña

cuento
narración
ficción
relato
mito
leyenda
apólogo
parábola

↔ verdad

fabular

inventar
imaginar
fantasear
idear

fabuloso

imaginario
inventado
fantástico
ficticio
irreal
mítico
legendario
quimérico

extraordinario
excelente
maravilloso
magnífico
estupendo
fetén *col.*

↔ histórico
   real
   verdadero

   mediocre

facción

bando
bandería

clan
ala

rasgo
rostro
fisonomía

faccioso

rebelde
insurrecto
sublevado
revoltoso
alzado
amotinado
sedicioso
agitador

↔ leal

faceta

dimensión
vertiente
aspecto
matiz

facha[1]

fachada
aspecto
apariencia

adefesio
esperpento
mamarracho
espantajo
birria

amer.
jactancia
presunción

↔ belleza

   humildad

facha[2] *desp.*

fascista
derechista

ultra
carca *col.*

↔ rojo *desp.*
   progre *col.*

fachada

frente
cara
alzado
delantera

facha
aspecto
apariencia
pinta
planta
presencia
catadura

fachenda *col.*

presunción
vanidad
jactancia

presumido
vanidoso
jactancioso
fachendoso *col.*

↔ modestia

   modesto

fachendoso *col.*

fachenda
presumido

fachoso

extravagante
estrafalario
ridículo
grotesco

desp.
fascista

derechista
ultra
facha *desp.*
carca *col.*

↔ elegante

  rojo *desp.*
  progre *col.*

facial
fisonómico

fácil

sencillo
elemental
simple
comprensible
cómodo
factible
chupado *col.*
tirado *col.*

probable
previsible
posible

manejable
tratable
dócil
sociable

liviana
casquivana
ligera

fácilmente

↔ difícil
  complicado
  duro

  improbable

  rebelde
  intratable

  recatada
  pudorosa

facilidad

sencillez
simplicidad
comodidad

disposición
propensión
habilidad
soltura
capacidad
aptitud
predisposición

desenvoltura
desembarazo

oportunidad
posibilidad
ocasión

facilidades
ventajas

↔ dificultad
  complicación

  incapacidad
  torpeza

facilitar

simplificar
favorecer
agilizar
posibilitar
permitir

suministrar
proporcionar
entregar

↔ dificultar
  entorpecer
  imposibilitar

  quitar

facineroso

criminal
delincuente
malhechor
maleante
bandido
rufián
forajido

malvado
perverso
canalla

↔ honrado

  bondadoso

facsímil

reproducción
copia
imitación
duplicado
doble

factible

realizable
hacedero
posible

asequible
cómodo

↔ irrealizable
  imposible

fáctico

factual
real

↔ teórico

factor

causa
agente
autor
causante

multiplicando
multiplicador

representante
apoderado

factoría

fábrica
manufactura
taller

factual

fáctico

↔ teórico

factura

cuenta
nota
recibo
comprobante

ejecución
confección

facturar

cargar
registrar

remitir
enviar
remesar

facultad

capacidad
aptitud
virtud
disposición
dotes
talento

autorización
derecho
permiso
licencia
permisión
autoridad
atribución
competencia

↔ incapacidad

  prohibición

facultar

autorizar
capacitar
habilitar
autorizar
diputar
delegar
permitir

↔ incapacitar
  desautorizar

facultativo

voluntario
opcional
potestativo
libre

médico

↔ obligatorio
  preceptivo

facundia

elocuencia
locuacidad
verborrea
afluencia
desparpajo
labia
pico *col.*
facilidad de palabra

↔ laconismo

facundo

locuaz
hablador
elocuente
charlatán
gárrulo
lenguaraz
parlero
parlanchín *col.*

↔ lacónico
  callado

faena

labor
tarea
quehacer
trabajo
brega

jugada
jugarreta
trastada
barrabasada
judiada *col.*
cochinada *col.*
cerdada *col.*
cabronada *vulg.*
putada *vulg.*
mala pasada

↔ ocio
   recreo

   favor
   beneficio

faenar

pescar

laborar
trabajar

faja

cinta
tira
banda
franja

ceñidor
fajín

fajar(se)

ceñir
rodear

pegar
golpear
acometer

fajarse

entregarse
afanarse

fajín

faja
ceñidor

fajo

haz
manojo
atado
mazo

falacia

engaño
mentira
calumnia
fraude
dolo
capciosidad
insidia

error
inexactitud
equivocación
sofisma

↔ verdad
   autenticidad

   acierto
   exactitud

falange

legión
tropa
batallón

grupo
cuadrilla

falaz

mentiroso
embaucador
embustero
doloso
artero
engañoso
insidioso
capcioso

↔ sincero
   franco
   verdadero

falda

saya
halda
pollera *amer.*

ladera
vertiente

faldero

mujeriego

faldón

vuelo
cola

falencia *amer.*

bancarrota
quiebra

falible

engañoso
equívoco

inseguro
incierto
falso

↔ infalible

falla

defecto
imperfección
falta
tara
maca
desperfecto

amer.
fallo (error)

fallar[1]

sentenciar
dictaminar
declarar

fallar[2]

errar
equivocar
marrar
aberrar
chingar *amer.*

defraudar
decepcionar

flaquear
ceder

↔ acertar
   responder

   resistir

fallecer

morir
perecer
expirar
fenecer
sucumbir

↔ nacer
   vivir

fallecimiento

muerte
defunción
tránsito
óbito *cult.*
deceso *cult.*

↔ nacimiento

fallido

fracasado
frustrado
abortado
malogrado

↔ exitoso

fallo[1]

sentencia
dictamen
resolución
decisión
veredicto

fallo[2]

error
equivocación
yerro
descuido
desacierto
fracaso
defecto
coladura *col.*

↔ acierto
   éxito

falluto *amer.*

fallido
fracasado

falso
desleal
incumplidor

↔ exitoso
   sincero
   leal

falo

pene

falocracia

machismo

falsario

falseador
falsificador
adulterador
mixtificador

embustero
mentiroso
calumniador
falso

↔ veraz
   sincero

falsear

adulterar
deformar
desfigurar
desvirtuar
mistificar
disfrazar
despintar
apañar
amañar

flaquear
ceder

↔ resistir
  aguantar

falsedad

inexactitud
fraude
adulteración
simulación

hipocresía
doblez
insinceridad
engaño
cinismo
alevosía
duplicidad
fingimiento
disimulo

↔ verdad
  autenticidad

  sinceridad
  franqueza

falsía

falsedad
hipocresía
doblez
deslealtad
perfidia

↔ sinceridad
  franqueza

falsificador

falsario
falseador
adulterador
mixtificador

falsificar

falsear
adulterar
imitar
remedar
mistificar

falsilla

pauta

falso

inexacto
fraudulento
adulterado
apócrifo
supuesto
simulado
aparente
ficticio

hipócrita
doble
insincero
engañoso
artero
cínico
alevoso
fariseo

débil
frágil
flojo

↔ verdadero
  auténtico
  real

  sincero
  franco

  resistente
  fuerte

falta

carencia
privación
escasez
penuria
carestía
déficit

ausencia
inasistencia

defecto
imperfección
tara
desperfecto
anomalía

fallo
error
equivocación
confusión
yerro

pecado
delito
culpa

↔ abundancia
  riqueza

  asistencia
  presencia

  perfección

  acierto

  inocencia

faltar

carecer
escasear
desaparecer

ausentarse

morir
fallecer

agraviar
insultar

incumplir
infringir
quebrantar

↔ abundar
  sobrar

  asistir
  concurrir

  vivir

  respetar

  cumplir
  acatar

falto

carente
desprovisto
escaso
necesitado
privado

↔ provisto
  dotado
  lleno

faltón col.

informal
incumplidor
inconstante

insolente
grosero
insultón

↔ formal
  cumplidor

  respetuoso
  cortés

falúa

lancha
bote

fama

celebridad
popularidad
renombre
prestigio
notoriedad
gloria
aureola
blasón
cartel

reputación
imagen
juicio
opinión

famélico

hambriento

esmirriado
escuálido
esquelético

↔ harto
  ahíto

  gordo
  robusto

familia

parentela
clan

descendencia
prole
hijos

origen
linaje
estirpe
casta
cuna
extracción
casa

conjunto
clase
categoría

familiar

consanguíneo
pariente
allegado
deudo
afín

conocido
habitual
común
consabido
usual
acostumbrado

sencillo
llano
natural
informal
doméstico

↔ ajeno
    extraño

    raro
    desconocido

    ceremonioso
    mundano

familiaridad

sencillez
llaneza
naturalidad
confianza
libertad
atrevimiento

↔ ceremonia
    desconfianza

familiarizar(se)

acostumbrar
habituar
adaptar

↔ desacostumbrar

famoso

afamado
conocido
popular
célebre
ilustre
renombrado
prestigioso
reputado

↔ desconocido
    anónimo
    impopular

fámulo

sirviente
criado

fan *ingl.*

aficionado
admirador

seguidor
hincha
adepto
fanático
apasionado

↔ detractor

fanal

farol

urna

fanático

intolerante
intransigente
dogmático
doctrinario
acérrimo
exaltado

fan
aficionado
admirador
apasionado
adicto

↔ moderado
    transigente
    tolerante
    ecuánime

    detractor

fanatismo

intolerancia
intransigencia
dogmatismo
exaltación

↔ moderación
    transigencia
    tolerancia
    ecuanimidad

fandango *col.*

bullicio
jaleo
jarana
parranda
jolgorio

fané *fr.*

lacio
mustio
estropeado
ajado
marchito

↔ fresco
    lozano

fanerógama

espermafita

fanfarria

banda
charanga
comparsa

col.
fanfarronería
bravata
baladronada
desplante

fanfarrón
bravucón

fanfarrón

presuntuoso
chulo
baladrón
bravucón
perdonavidas *col.*
fachenda *col.*
fantasma *col.*
fanfarria *col.*
compadrito *amer.*

↔ humilde
    modesto

fanfarronear

presumir
chulearse
baladronear
alardear
jactarse
fantasear
farolear *col.*

fango

barro
lodo
limo
cieno
légamo

deshonra
indignidad
descrédito
deshonor

↔ honra
    dignidad

fangoso

embarrado
cenagoso
pantanoso

fantasear

imaginar
soñar
inventar
delirar

fanfarronear
farolear *col.*

↔ razonar

fantasía

imaginación
inventiva

ficción
invención
aprensión
figuración
ilusión
espejismo
entelequia
quimera
utopía

↔ realismo

    realidad

fantasioso

iluso
soñador
imaginativo
visionario

presuntuoso
presumido
fanfarrón
creído *col.*
fantasma *col.*

↔ realista
    objetivo

    humilde
    sencillo

fantasma

espectro
aparición
aparecido
visión
espíritu
trasgo
duende

col.
fanfarrón
baladrón
chulo
bravucón

perdonavidas *col.*
fantasmón *col.*
farolero *col.*
figurón *col.*

fantasmada *col.*

baladronada
fanfarronada
alarde
farol *col.*

fantasmagoría

alucinación
fantasía
figuración
quimera
ilusión

↔ realidad

fantasmagórico

fantasmal
espectral

fantasmal

fantasmagórico
espectral

irreal
ilusorio
quimérico
fantástico

↔ real

fantasmón

fanfarrón
fantasma *col.*

fantástico

irreal
imaginario
fabuloso
inventado
ficticio

sensacional
extraordinario
excelente
maravilloso
magnífico
estupendo
formidable
fetén *col.*

↔ real
  verdadero

  fatal
  pésimo

fantoche

marioneta
títere

espantajo
adefesio
mamarracho

fanfarrón
farolero *col.*
figurón *col.*
fantasma *col.*

faquir

santón
asceta

faralá

volante

farallón

peñasco
peñón
peña

farándula

teatro
farsa
carátula

faraónico

grandioso
espectacular
colosal
suntuoso

↔ modesto
  sencillo

fardada *col.*

fanfarronada
presunción
jactancia
baladronada
farde *col.*
fantasmada *col.*

fardar *col.*

presumir
fanfarronear
alardear
chulearse
jactarse

farde *col.*

fardada *col.*
fardón *col.*

fardo

paquete
bulto
embalaje

fardón *col.*

presumido
fanfarrón
jactancioso
fantasma *col.*
farolero *col.*

bonito
guapo *col.*
chulo *col.*

↔ humilde
  modesto

  feo
  horroroso

farfolla

paja
hojarasca
broza
desecho
relleno
florituras *col.*

↔ enjundia
  meollo

farfullar

balbucir
titubear
mascullar
chamullar
tartamudear

↔ vocalizar

fariseo

farisaico
hipócrita
falso
insincero

↔ sincero
  auténtico

farmacia

botica

fármaco

medicamento
droga
medicina
específico

faro

farol
foco
lámpara
linterna
luz

consejero
mentor
norte
guía

farol

fanal
farola
faro

col.
mentira
embuste
fanfarronada
fanfarronería
fantasmada
alarde
trola *col.*

farola

farol
faro
lámpara

farolear *col.*

presumir
fanfarronear
fachendear
jactarse
vanagloriarse
alardear
engreírse
pavonearse
chulearse
fantasear

farolero *col.*

fanfarrón
jactancioso
fantasma *col.*
fantasmón *col.*
fachenda *col.*
figurón *col.*

farra

juerga
jarana
jolgorio
bureo *col.*
parranda *col.*

fárrago

mezcla
maremágnum
revoltijo
caos
barullo

farragoso

revuelto
caótico
embarullado
desordenado
confuso
incomprensible

↔ ordenado
  claro

farruco *col.*

desafiante
insolente
flamenco
encarado
chulo
bravucón

↔ achantado

farsa

teatro
farándula
histrionismo

comedia
drama

engaño
patraña
tramoya

↔ verdad

farsante

actor
comediante
cómico

hipócrita
falso
embaucador
simulador
impostor

↔ sincero
  veraz

fascículo

entrega
cuadernillo

fascinante

atractivo
seductor
encantador
cautivador
deslumbrante

↔ repelente
  desagradable

fascinar

atraer
seducir
encantar
embelesar
cautivar
deslumbrar
hechizar
alucinar
admirar
absorber
camelar *col.*

↔ repeler

fascismo

autoritarismo
dictadura
totalitarismo

↔ democracia

fase

estadio
secuencia
ciclo
periodo

fastidiar(se)

molestar
incordiar
importunar
incomodar
disgustar
desagradar
baquetear
brear
desgraciar
acosar
asquear
cargar
atravesarse
atragantarse
amolar *col.*
amuermar *col.*
jeringar *col.*
jorobar *col.*
ciscar *col.*

chinchorrear *col.*
chingar *col.*
joder *vulg.*
albardear *amer.*
fregar *amer.*

estropear
malograr
aguar
chafar
romper

fastidiarse

aguantarse
sufrir
conformarse
chincharse *col.*

↔ agradar
  deleitar

  arreglar

  rebelarse

fastidio

molestia
incordio
disgusto
lata *col.*
pejiguera *col.*
rollo *col.*
coñazo *vulg.*
carlanca *amer.*

hastío
cansancio
aburrimiento
pesadez
tedio
cansancio

↔ gusto
  alivio

  entretenimiento
  diversión

fastidioso

molesto
desagradable
aburrido
pesado
enojoso
incómodo
enfadoso
latoso *col.*
pelma *col.*
cargante *col.*

descontentadizo
chinchorrero *col.*

puñetero *col.*
pijotero *col.*
pejiguero *col.*

↔ agradable
  divertido
  ameno
  cómodo

  contentadizo
  conformista

fasto[1]

fausto
lujo
suntuosidad
esplendor
aparato
ceremonia
pompa
boato

↔ modestia
  sencillez
  austeridad

fasto[2]

fausto
afortunado
favorable
venturoso
dichoso

↔ nefasto
  infausto
  funesto

fastos

anales
crónica

fastuoso

lujoso
suntuoso
majestuoso
ostentoso
opulento

↔ modesto
  sencillo

fatal

desgraciado
desafortunado
desdichado
aciago
adverso
desventurado
fatídico

funesto
nefasto

malo
pésimo
lamentable
deplorable

inevitable
forzoso
ineludible
irremediable

↔ favorable
  propicio
  dichoso

  óptimo
  magnífico
  estupendo

  evitable

fatalidad

desgracia
desdicha
adversidad
desventura
infortunio
malaventura

destino
sino
hado
suerte

↔ dicha
  fortuna

fatalismo

determinismo

derrotismo
conformismo

↔ optimismo
  ánimo

fati col.

gordo
obeso

↔ delgado
  flaco

fatídico

fatal
funesto
nefasto
desdichado
aciago
desgraciado
desafortunado

↔ esperanzador
  halagüeño
  dichoso

fatiga

cansancio
agotamiento
debilidad
desfallecimiento

ahogo
disnea

penalidad
molestia
sufrimiento

reparo
escrúpulo
corte col.

↔ vigor
  resistencia

fatigar(se)

cansar
agotar
debilitar
desfallecer
extenuar
sofocar
desriñonar
deslomar
descoyuntar
derrengar

↔ descansar
  reconfortar

fatigoso

cansado
penoso
agotador
trabajoso
pesado
extenuante

↔ descansado
  reposado
  cómodo
  llevadero

fatuo

necio
estúpido
ligero
vano

presuntuoso
engreído
jactancioso

petulante
vanidoso

↔ sensato
  profundo

  sencillo
  modesto

fauces

boca

fauno

sátiro

fausto[1]

fasto
lujo
suntuosidad
esplendor

↔ modestia
  austeridad

fausto[2]

fasto
afortunado
favorable
venturoso
dichoso
feliz

↔ nefasto
  infausto
  fatídico

favela amer.

chabola

favor

beneficio
servicio
atención
ayuda
privilegio
gracia
merced
concesión

confianza
apoyo
privanza
protección
simpatía
defensa
auspicio

↔ perjuicio

  enemistad
  disfavor

favorable

beneficioso
benéfico
adecuado
conveniente
propicio
boyante
positivo
bueno

partidario
inclinado
conforme

↔ desfavorable
  negativo
  malo

  contrario
  enemigo

favorecer

beneficiar
servir
ayudar
atender
proteger
defender
apoyar
amparar
asistir
auspiciar
agraciar
privilegiar

embellecer
sentar bien

↔ perjudicar

  afear

favoritismo

predilección
parcialidad
preferencia
privilegio
nepotismo

↔ imparcialidad
  equidad

favorito

predilecto
preferido
privilegiado
mimado

privado
valido

fax
telefax

faz
cara
rostro
semblante
efigie

haz
anverso
derecho

↔ reverso
    revés

fe
confianza
convicción
convencimiento
credulidad
creencia
esperanza

credo
religión
ideología
ideario

promesa
palabra

↔ duda
    incredulidad
    desconfianza

fealdad
deformidad
desfiguración
monstruosidad
desproporción

desaire
descortesía
menosprecio
desdén
feo

indignidad
vergüenza
bajeza
vileza
villanía
infamia
ruindad
torpeza

↔ belleza
    hermosura
    beldad

    cortesía
    detalle

gesto
rasgo
hazaña

feble
enclenque
esmirriado
flaco

↔ fuerte
    robusto

febrífugo
antipirético
antifebril

febril
calenturiento

intenso
apasionado
vehemente
fogoso

↔ calmado
    frío

fecal
excrementicio

fecha
día
data

hoy
ahora

fechador *amer.*
matasellos

fechar
datar

fechoría
delito
desmán
maldad
canallada
desaguisado

travesura
trastada
barrabasada

fécula
almidón

fecundación
inseminación
polinización

fecundización
fertilización

↔ esterilización

fecundar
preñar
cubrir
inseminar
polinizar

fecundizar
fertilizar

↔ esterilizar

fecundizar
fecundar
fertilizar

↔ esterilizar

fecundo
fértil
productivo
prolífico
prolífero
feraz

↔ infecundo
    estéril

fedatario
notario

federación
confederación
coalición
liga
unión
alianza

federal
federativo
federalista

federar(se)
confederar
coaligar
ligar
aliar
agremiar

↔ desunir
    desvincular
    separar

feed-back *ingl.*
retroalimentación
realimentación

féferes *amer.*
trastos
bártulos
cachivaches

fehaciente
fidedigno
irrefutable
indiscutible
incuestionable
evidente
cierto

↔ dudoso
    incierto

felicidad
dicha
contento
alegría
satisfacción
ventura
bienaventuranza
beatitud
bienestar
prosperidad
bonanza

suerte
fortuna

↔ infelicidad
    desgracia
    desdicha
    desventura
    infortunio

felicitar(se)
congratular
celebrar
alegrarse

↔ compadecer

félido
felino

feligrés
fiel
parroquiano

felino
félido
gatuno

feliz

dichoso
contento
alegre
satisfecho
próspero
boyante
venturoso
bienaventurado
beatífico

afortunado
fausto

acertado
oportuno
atinado

↔ infeliz
   triste
   desgraciado

   desafortunado
   infausto

   desatinado
   inoportuno
   inconveniente

felón

traidor
desleal
pérfido
alevoso
falso
fementido
infame

↔ leal
   noble

felonía

traición
deslealtad
perfidia
alevosía
falsedad
doblez
insidia
infidelidad
infamia

↔ lealtad
   nobleza

felpa *col.*

paliza
somanta *col.*
tunda *col.*

reprimenda
rapapolvo *col.*

felpear *amer.*

pegar
golpear

reprender
regañar

felpudo

alfombrilla
esterilla
limpiabarros

femenil

femenino

femenino

femíneo
femenil
mujeril

↔ masculino
   viril
   varonil

fementido

falso
infiel
felón
traidor
desleal
pérfido
engañoso

↔ leal
   honesto
   sincero

fémina

mujer

feminista

↔ machista

fenecer

morir
fallecer
perecer
expirar

acabarse
terminarse
finalizar

↔ vivir

   comenzar
   empezar

fenomenal

fenómeno
extraordinario
fantástico
colosal
formidable
magnífico
bárbaro *col.*
chachi *col.*
cañón *col.*

enorme
desproporcionado

↔ fatal
   espantoso

   minúsculo

fenómeno

acontecimiento
hecho
suceso
manifestación

prodigio
rareza
maravilla
milagro

monstruo
engendro

eminencia
portento
genio

fenomenal
fantástico
estupendo

↔ mediocridad
   medianía

   pésimo
   horrible
   espantoso

feo

antiestético
deforme
horroroso
espantoso
desagradable
birrioso
malencarado
cazo *col.*
callo *col.*

deshonroso
deshonesto
inmoral

innoble
indecente
vergonzoso
sucio
ilegal

adverso
desfavorable

desprecio
descortesía
menosprecio
grosería
desaire

↔ bonito
   bello
   agradable

   honroso
   honesto

   favorable
   propicio

   cortesía
   atención

feracidad

fertilidad
fecundidad
productividad

↔ esterilidad

feraz

fértil
productivo
fecundo

↔ estéril

féretro

ataúd
caja

feria

muestra
salón
certamen
mercado
alhóndiga

fiesta
verbena

feriado

festivo

↔ laborable
   lectivo

fermentar

descomponerse
oxidarse

avivarse
atizarse
enconarse
enraizarse

↔ calmarse
   apaciguarse

fermento

enzima
levadura

ferocidad

fiereza
crueldad
salvajismo
brutalidad
bestialidad
barbarie

↔ mansedumbre
   dulzura
   bondad
   humanidad

feroz

fiero
salvaje

cruel
violento
encarnizado
despiadado
atroz
brutal
bestial
carnicero
sanguinario
draconiano
implacable

↔ manso
   doméstico

   inofensivo
   dulce
   humano

férreo

duro
fuerte
resistente
consistente
pétreo
sólido
firme

pertinaz
tenaz
constante
inflexible

↔ frágil
   blando
   débil
   leve

   inconstante
   voluble

ferrocarril

tren

vía
rieles
línea férrea

ferry *ingl.*

transbordador

fértil

fructífero
feraz
productivo
fecundo

↔ estéril

fertilidad

feracidad
fecundidad
productividad
abundancia

↔ esterilidad
   escasez

fertilizante

abono
estiércol

fertilizar

abonar
fecundizar

férula

palmeta
palmatoria

férvido *cult.*

ferviente

ferviente

fervoroso
devoto

apasionado
ardiente
vehemente
férvido *cult.*

↔ indiferente
   frío

fervor

piedad
devoción
adoración
veneración
culto
unción

celo
dedicación
esmero
interés

pasión
exaltación
calor
ardor
vehemencia

↔ impiedad

   dejadez
   desidia

   indiferencia
   tibieza

fervoroso

piadoso
devoto

ferviente
ardiente
entusiasta
apasionado
vehemente
férvido *cult.*

↔ tibio
   frío
   indiferente
   apático

festejar

celebrar
conmemorar

agasajar
homenajear

cortejar
rondar
galantear
pretender

festejo

celebración
conmemoración
fiesta
gala

agasajo
homenaje

festín

banquete
convite
ágape
comilona *col.*

festival

certamen
concurso
muestra

festividad

fiesta
celebración
conmemoración
ceremonia
solemnidad

festivo

alegre
desenfadado
jocoso
chistoso
bullicioso

feriado
fiesta
inhábil

↔ serio
   triste

   laborable
   lectivo

festón

cenefa
ribete
franja

festonear

orillar
bordear
rodear
enmarcar

fetal

embrionario

fetén *col.*
cierto
auténtico
verdadero
genuino

estupendo
fabuloso
fantástico
guay *col.*

↔ falso
  inauténtico

  espantoso
  horrible

fetiche
ídolo
tótem

amuleto
talismán
mascota

fetichismo
idolatría
totemismo

fétido
maloliente
apestoso
hediondo
pestilente

↔ perfumado
  fragante

feto
aborto

engendro
monstruo
adefesio
espantajo

↔ belleza

feudal
señorial

feudatario
súbdito
vasallo
tributario

feudo
dominio
heredad

fiable
fidedigno
creíble
fiel
auténtico

seguro

↔ dudoso
  sospechoso

  inseguro
  falso

fiador
avalista
garante

seguro
tope

fiambre
embutido

col.
cadáver
muerto
difunto

anticuado
viejo
caduco
gastado

↔ vivo

  actual
  fresco

fiambrera
tartera

fianza
aval
caución
garantía
señal
arras

fiar(se)
confiar
encomendarse

prestar

avalar
garantizar
responder

↔ desconfiar

fiasco
decepción
desengaño
frustración
fracaso
chasco

↔ éxito
  logro

fibra
hebra
hilo
filamento

empuje
energía
carácter
decisión
nervio

↔ indecisión

fibroma
tumor

fibroso
correoso
coriáceo
duro

nervudo
fuerte
robusto

↔ blando

  débil

fíbula
broche
hebilla

ficción
invención
cuento
fábula
fantasía

fingimiento
simulación

↔ realidad
  verdad

ficha
cédula
papeleta

fichar
archivar
clasificar
filiar
registrar

contratar

col.
conocer
descubrir
calar *col.*

fichero
clasificador
archivo
archivador

ficticio
fingido
falso
imaginario
inventado
fantástico
fabuloso
aparente
artificial

↔ auténtico
  real

fidedigno
fiable
verosímil
veraz
exacto
preciso

↔ dudoso
  falso

fideicomisario
fiduciario

fideicomiso
mandato
dependencia

fidelidad
lealtad
devoción
apego
honestidad
nobleza
rectitud

exactitud
precisión

↔ infidelidad
  deslealtad
  felonía

  inexactitud
  imprecisión

fideo *col.*
flaco
delgado
esqueleto *col.*

↔ gordo
  obeso

fiduciario
albacea
legatario

fideicomisario

fiebre
calentura
hipertermia

agitación
excitación
ardor
entusiasmo

moda
manía

↔ hipotermia

  calma
  sosiego

fiel
leal
honesto
noble

exacto
preciso
fiable
fidedigno
seguro
cierto
verídico

seguidor
adepto
devoto

↔ infiel
  desleal

  inexacto
  impreciso

  adversario

fiera
animal
alimaña
bestia

bárbaro
bruto
salvaje
energúmeno

col.
genio
superdotado
fenómeno

↔ mediocre
  medianía

fiereza
bravura

ferocidad
crueldad
saña
bestialidad
brutalidad
salvajismo
violencia
agresividad

↔ mansedumbre

  suavidad
  ternura
  humanidad

fiero
feroz
salvaje
bravo
bravío
indómito

cruel
sañudo
violento
atroz
brutal
implacable
agresivo

↔ manso

  apacible
  suave
  dulce

fierro *amer.*
hierro

fiesta
celebración
guateque

festejo
festividad
verbena
juerga

festivo
vacación
día inhábil
día feriado

↔ día laborable

fígaro
barbero
peluquero

figón
taberna
tasca
mesón
fonda

figura
silueta
forma
aspecto
apariencia
estampa
tipo
aire

personalidad
eminencia
astro
divo
as
coloso

símbolo
emblema
alegoría

figuración
fantasía
suposición
imaginación
sospecha
aprensión
cábala
creencia
fantasmagoría

↔ realidad

figurado
alegórico
metafórico
simbólico
traslaticio

figurante
extra
comparsa

figurar
representar
encarnar
simbolizar

simular
aparentar
fingir

hallarse
encontrarse
contarse

figurarse
suponer
creer
imaginarse
sospechar
olerse *col.*

figurativo
simbólico
alegórico
representativo

↔ real
  directo

  abstracto (arte)

figurín
patrón
modelo

dandi
presumido
lechuguino
petimetre
pisaverde

↔ adán

figurón *col.*
fatuo
engreído
presuntuoso
egocéntrico
fantoche
farolero *col.*
fantasma *col.*

fijación
obsesión
manía
monomanía
monotema

fijador
gomina
brillantina

fijar(se)
asegurar
sujetar
afianzar
adherir
clavar
apuntalar
anclar
consolidar
estabilizar

dirigir
encauzar
centrar

establecer
determinar
precisar
marcar
señalar
designar
definir

fijarse
observar
advertir
percatarse
reparar
darse cuenta

↔ soltar
separar
mover

desviar

cambiar
alterar

ignorar

fijeza
firmeza
estabilidad
persistencia
constancia

seguridad
incertidumbre

↔ inestabilidad
inconstancia

inseguridad
duda

fijo
sujeto
afianzado

consolidado
inmóvil
firme
estable
clavado

permanente
definitivo
inalterable
inmutable
invariable

seguramente
seguro

↔ suelto
móvil
inestable
inseguro

cambiante
mudable
variable
alterable
eventual

fila
línea
hilera
cola
ringle
ringlera
alineación
ristra

sarta

col.
antipatía
manía
tirria *col.*

↔ simpatía
ley *col.*

filamento
hebra
fibra
brizna
hilo

filantropía
altruismo
humanitarismo
desinterés
abnegación
caridad
generosidad

↔ misantropía
egoísmo

filántropo
altruista
bienhechor
caritativo
humanitario

↔ misántropo
egoísta

filarmonía
melomanía

filete
bisté
entrecot
loncha

moldura
cenefa
lista
franja

orla
ribete

filetear
orlar
ribetear

filfa *col.*
mentira
engaño
patraña
engañifa *col.*
trola *col.*

filia
afición
inclinación
cariño

↔ fobia

filiación
identificación
identidad
señas
personalidad
datos personales

parentesco
ascendencia
procedencia

origen
entronque
afiliación
adscripción

filial
sucursal
delegación
agencia
casa

filibustero
pirata
bucanero
corsario

filigrana
primor
exquisitez
floritura *col.*
virguería *col.*

↔ chapuza

filípica
censura
reprensión
reprimenda
catilinaria
invectiva
diatriba
bronca
andanada *col.*

↔ elogio
alabanza
panegírico

film *ingl.*
filme

filmación
rodaje

filmar
rodar (una película)
cinematografiar

filme
film
película

filmina
diapositiva
transparencia

filo
borde
corte

arista
tajo

amer.
hambre

filón
veta
vena
yacimiento

negocio
ganga
chollo
mina

↔ ruina

filoso *amer.*
afilado
filudo *amer.*

filosofar
reflexionar
razonar
discurrir
especular
meditar
pensar

filosofía
ideología
doctrina
ideario
convicciones
opinión

resignación
estoicismo
conformismo
paciencia

↔ inconformismo
    rebeldía

filtración
infiltración
transpiración
exudación
absorción
gotera

colado
destilación

filtrar(se)
colar
traspasar
destilar

pasar
calar
infiltrar
rezumar
depurar

difundir
extender
propagar

filtro¹
tamiz
filtrador
colador

boquilla

filtro²
bebedizo
pócima

filudo *amer.*
afilado
filoso *amer.*

fin
final
terminación
término
cabo
desenlace
conclusión
cesación
clausura
extremo
cola

finalidad
motivo
intención
propósito
objetivo
objeto
destino
desiderátum

↔ principio
    comienzo

finado
difunto
fallecido
muerto
cadáver

↔ vivo

final
postrero
último

fin
terminación
término
cabo

↔ inicial
    primero

    principio
    inicio

finalidad
fin
motivo
intención
propósito
objetivo
destino
aspiración
meta

finalizar
terminar
acabar
consumar
concluir
rematar
clausurar
cesar
agonizar

↔ empezar
    iniciar
    comenzar

financiar
sufragar
pagar

financiero
negociante
banquero
hombre de negocios
financista *amer.*

financista *amer.*
financiero

finanzas
negocios
economía

fisnar
morir
fallecer
expirar
fenecer

↔ vivir

finca
inmueble
casa
bloque

hacienda
heredad
propiedad

finés
finlandés

fineza
finura

delicadeza
atención
cortesía
detalle

esmero
cuidado
primor

↔ vulgaridad
    zafiedad

    grosería
    desaire
    feo

    chapucería

fingido
falso
simulado
hipócrita
aparente

↔ verdadero
    sincero

fingimiento
apariencia
simulación
disimulo
comedia
farsa
engaño
montaje

↔ verdad
    sinceridad

fingir(se)
aparentar
simular
disimular
afectar
engañar

representar
figurar
escenificar

↔ evidenciar
   revelar

finiquitar
liquidar
saldar
pagar
amortizar

acabar
rematar
concluir
finalizar

↔ adeudar
   comenzar
   emprender

finiquito
liquidación
saldo

finito
limitado
restringido

↔ infinito

finlandés
finés

fino
delgado
flaco
afilado

liso
pulido
suave

selecto
refinado
distinguido
elegante
delicado
exquisito

educado
cortés
atento
cumplido
correcto

sutil
sagaz
agudo
hábil

jerez

↔ grueso
  ancho

  áspero
  rugoso

  basto
  vulgar

  grosero
  descortés

  torpe

finolis *col.*
pedante
cursi *col.*
repipi *col.*
finústico *desp.*

↔ campechano
  natural

finta
regate
esguince
quiebro

finura
delgadez
angostura

fineza
refinamiento
distinción
elegancia
delicadeza
clase
estilo

educación
cortesía
atención
corrección
detalle

↔ grosor
  anchura

  vulgaridad
  ordinariez

  grosería
  descortesía

finústico *desp.*
finolis *col.*

endeble

↔ basto
  ordinario

  grueso
  fuerte

firma
autógrafo
signatura
rúbrica

empresa
sociedad
compañía
casa

firmamento
cielo
espacio
éter

firmante
signatario

firmar
rubricar
signar

firme
seguro
estable
fijo
asentado
fuerte
sólido
resistente
consistente
duro

inmutable
inalterable
inamovible
duradero

entero
sereno
impasible
animoso

decidido
tenaz
constante
inflexible
acérrimo

pavimento
suelo

↔ frágil
  inestable
  débil

  variable
  mudable
  provisional

  pusilánime
  débil
  impresionable

  inconstante
  indeciso
  voluble

firmeza
fortaleza
solidez
resistencia
consistencia
estabilidad
vigor

entereza
serenidad
ánimo

tesón
perseverancia
porfía
contumacia
inflexibilidad

↔ fragilidad
  inestabilidad

  debilidad
  desánimo
  desaliento

  indecisión
  inseguridad
  inconstancia

fiscal
tributario
hacendístico

acusador
inculpador

↔ defensor
  abogado

fiscalidad
imposición
recaudación

tributación
cargas
gravámenes

fiscalizar
inspeccionar
intervenir

examinar
controlar
vigilar

fisco
hacienda
erario
tesoro

fisgar
fisgonear
curiosear
cotillear
husmear
oler

fisgón
curioso
indiscreto
entrometido
husmeador
cotilla *col.*

↔ discreto

fisgonear
fisgar

fisiatra
naturista

fisiatría
naturismo

físico
material
tangible
real

corporal
corpóreo

aspecto
fisonomía
presencia
apariencia
porte
facha

↔ inmaterial

espiritual
intelectual

fisiológico
orgánico
funcional
somático

↔ psíquico
psicológico

fisonomía o
fisionomía
cara
semblante
rostro

aspecto
forma
apariencia

fisonomista
fisónomo

fístula
úlcera
llaga

fisura
grieta
raja
rendija
brecha
rotura

fitología
botánica

flacidez o
flaccidez
blandura
flojedad
laxitud
debilidad

↔ consistencia
firmeza
dureza
vigor

flácido o
fláccido
blando
flojo
fofo
lacio
laxo
débil

↔ consistente
firme
duro
vigoroso

flaco
delgado
enjuto
escuálido

descarnado
cenceño
chupado *col.*

defecto
flaqueza
vicio
debilidad

↔ gordo
obeso

fuerte

flagelante
flagelador
azotador

disciplinante
penitente

flagelar(se)
azotar
disciplinar

flagelo
disciplina
azote
látigo

calamidad
desgracia
catástrofe
castigo
plaga

flagrante
claro
evidente
manifiesto
palpable
obvio
indudable

↔ presunto
dudoso

flama
llamarada
resplandor
reverbero
centelleo

bochorno
calor

flamante
resplandeciente
deslumbrante
espléndido
vistoso

reciente
nuevo

↔ viejo
antiguo

flambear
flamear (un
alimento)

flamear
llamear
arder

ondear
ondular

flambear

flamenco
altivo
descarado
insolente
desafiante
farruco *col.*
gallito *col.*

fresco
lozano
saludable

↔ achantado

enfermizo

flámula
banderín
gallardete
grímpola

flanco
ala
lateral
lado
costado
banda

flanquear
bordear
rodear
escoltar

flaquear
debilitarse
ceder
decaer
cejar
claudicar
flojear

falsear
fallar
agotarse
desmayar
desfallecer

↔ fortalecerse
   resistir

flaquencia *amer.*

delgadez

flaqueza

delgadez
escualidez
flaquencia *amer.*

pusilanimidad
cobardía

desliz
descuido
tropiezo
yerro
defecto
vicio

↔ gordura
   obesidad

   carácter
   energía

   virtud

flato

flatulencia
gases
aire
aerofagia
meteorismo

amer.
tristeza
melancolía

flatulencia

flato
aire
gases

flébil *cult.*

triste
lamentable
lacrimoso
lastimoso
afligido
cuitado

↔ alegre
   risueño
   jocoso

flecha

saeta
dardo
venablo

flechar

asaetear

col.
enamorar
cautivar
conquistar
hechizar
encandilar

flechazo *col.*

enamoramiento
seducción
arrebato
pasión

fleco

cairel
alamar

flema

expectoración
mucosidad
gargajo
lapo *col.*
pollo *col.*

lentitud
pachorra *col.*
cachaza *col.*

aplomo
serenidad
entereza
calma
tranquilidad

↔ prisa

   nerviosismo

flemón

inflamación
bulto

fletar

alquilar
contratar

embarcar
cargar

↔ desembarcar

flete

porte

carga
cargamento

flexibilidad

elasticidad
ductilidad
maleabilidad
plasticidad

acomodación
adaptabilidad
amoldamiento
conformismo
comprensión
tolerancia
transigencia
contemporización

↔ rigidez
   dureza

   inflexibilidad
   intransigencia
   tozudez

flexibilizar(se)

acomodar
adaptar
amoldar
templar

↔ endurecer

flexible

elástico
dúctil
maleable

acomodaticio
conformista
amoldable
comprensivo
tolerante
adaptable

↔ rígido
   duro

   inflexible
   intransigente

flexión

conjugación

flexionar(se)

doblar
arquear

flipar(se) *col.*

agradar
gustar
entusiasmar
apasionar
pirrar *col.*
molar *col.*

drogarse
colgarse *col.*

flirt *ingl.*

flirteo

flirtear

coquetear
tontear
cortejar
enamorar

flirteo

flirt
coqueteo
devaneo
aventura

floema

líber

flojear

aflojar
debilitarse
ceder
flaquear
desfallecer
decaer
remitir

↔ aumentar
   arreciar
   apretar

flojera

flojedad
debilidad
atonía
astenia
decaimiento
languidez
anemia

↔ fortaleza
   robustez

flojo

débil
endeble

frágil
enclenque
alfeñique

flácido
blando
fofo
suelto
laxo

pobre
escaso
insuficiente

inactivo
perezoso
vago
holgazán

amer.
cobarde

↔ fuerte
vigoroso

tenso
tirante
apretado

abundante
copioso

trabajador
diligente

flor
élite
selección
crema

galantería
requiebro
piropo
alabanza

↔ escoria

insulto

flora
vegetación

floración
florecimiento
florescencia
germinación

↔ agostamiento

florear *amer.*
florecer

florearse
presumir
lucirse

florecer
florar
florear *amer.*

progresar
medrar
prosperar

↔ mustiarse

decaer
languidecer

floreciente
próspero
boyante
pujante
esplendoroso

↔ decaído
lánguido
ruinoso

florecimiento
floración
auge
prosperidad
desarrollo
pujanza
esplendor

↔ agostamiento
decadencia
declive

floreo
adorno
floritura

florero
florista

búcaro
jarrón

florescencia
floración

floresta
espesura
fronda
bosque
arboleda

↔ páramo
erial

florete
espadín
estoque

florido
floreado
chispeante
elocuente
barroco

↔ prosaico
pobre
lacónico

florilegio
antología
repertorio
recopilación

floripondio
perifollo

florista
florero

floritura *col.*
adorno
floreo

florituras *col.*
paja
hojarasca

↔ meollo

florón
rosetón

flota
escuadra
armada

flotación
flote
flotamiento
emersión

↔ hundimiento
inmersión

flotador
salvavidas

flotamiento
flotación

flotante
fluctuante
inestable
variable

↔ estable

flotar
nadar
sobrenadar
emerger

ondear
flamear

percibirse
notarse
propagarse
difundirse

↔ hundirse
sumergirse

flote
flotación

flotilla
flota
escuadra

fluctuación
oscilación
variación
alternancia
cambio
modificación

↔ estabilización
fijación
permanencia

fluctuante
oscilante
variable
alternante
cambiante
inestable
vacilante
titubeante

↔ estable
firme
inalterable

fluctuar
oscilar
variar
alternar
cambiar

vacilar
titubear
dudar

↔ estabilizarse
mantenerse

decidir

fluidez

facilidad
naturalidad
elocuencia
facundia
desenvoltura
labia *col.*

↔ farragosidad

fluido

líquido
gas

acuoso
claro
aguado
ligero
despejado

elocuente
locuaz
natural
ágil

electricidad
corriente

↔ sólido

  espeso
  denso

  farragoso
  entrecortado

fluir

discurrir
manar
brotar
correr

↔ estancarse

flujo

marea
corriente
oleada
afluencia

↔ reflujo

fluorescencia

fosforescencia
luminiscencia

fluorescente

fosforescente
luminiscente

fluxión

resfriado
constipado
catarro
coriza

fobia

miedo
temor
horror
terror
pánico

odio
antipatía
hostilidad
aversión
manía

↔ filia
  simpatía

focha

foja
gallareta
gallineta

foco

lámpara
faro
luz

centro
núcleo
origen

fofo

blando
flojo
flácido
muelle
esponjoso

↔ duro
  compacto

fogaje *amer.*

erupción

calor
bochorno

fogata

hoguera
pira
lumbre
fuego
fogón *amer.*

fogón

hogar
lumbre

amer.
fogata

fogonazo

llama
llamarada
destello
resplandor

fogonero

calderero

fogosidad

ardor
enardecimiento
ímpetu
impetuosidad
vehemencia
pasión
calor
exaltación
brío

↔ frialdad
  calma
  apatía
  tibieza

fogoso

ardoroso
impetuoso
ardiente
vehemente
apasionado
febril
caliente
impulsivo
impetuoso
exaltado
enardecido

↔ frío
  calmado
  apático

foguear(se)

acostumbrar
habituar
ejercitar
adiestrar
avezar
curtir

↔ desacostumbrar

foja[1]

focha
gallareta
gallineta

foja[2] *amer.*

hoja
folio

folclore o
  folclor

folklore
tradición
tipismo

col.
jaleo
juerga
jolgorio
jarana
bulla

folclórico

folklórico
típico
tradicional
costumbrista

foliación

paginación
numeración

foliar

paginar

folio

hoja
lámina
página
pliego

folklore

folclore

folklórico

folclórico

follaje

fronda
frondosidad
ramaje
espesura

palabrería
hojarasca
fárrago

follar *vulg.*

fornicar
copular
↔ joder *vulg.*

folletín

folletón

serial
culebrón
melodrama
dramón

folletinesco

dramático
melodramático
novelesco

folleto

opúsculo
boletín

prospecto

folletón

folletín

follón

desorden
confusión
lío
jaleo
desmadre
algarabía
alboroto
fregado *col.*
bollo *col.*
cacao *col.*
cisco *col.*
cirio *col.*

pelea
bronca
gresca
altercado
algarada
borrasca
agarrada
camorra
boche *amer.*

↔ orden
   paz

follonero *col.*

juerguista
janarero
bullanguero *col.*

alborotador
provocador
camorrista *col.*

↔ serio
   circunspecto

   pacífico

fomentar

promover
promocionar
impulsar
avivar
favorecer
apoyar

↔ obstaculizar
   frenar

fomento

promoción
impulso
apoyo
acicate

cataplasma
emplasto

↔ obstáculo
   freno

fonda

hostería
posada
pensión

fondeadero

surgidero
atracadero
anclaje

fondear

anclar
amarrar
atracar

fondearse *amer.*

enriquecerse
prosperar

↔ levar
   partir

   empobrecerse
   arruinarse

fondero *amer.*

fondista

fondista

posadero
hostelero
fondero *amer.*

fondo

base
asiento
culo *col.*

extremo
final

lecho
madre
cauce

profundidad
hondura
calado

núcleo
esencia
interior
índole
carácter
condición
entrañas
meollo
cogollo

dinero
capital
bienes
efectivo

↔ boca
   embocadura

   principio

   superficie

   exterior
   apariencia

fondón *col.*

gordo
relleno
barrigudo

fonendoscopio
o fonendo

estetoscopio

fonógrafo

gramófono

fonoteca

discoteca

fontana *cult.*

fuente
manantial
fontanal *cult.*
fontanar *cult.*

fontanal *cult.*

manantial
fontana *cult.*

hontanar

fontanar *cult.*

manantial
fontana *cult.*

fontanero

lampista
plomero *amer.*

footing

jogging

forajido

malhechor
facineroso
bandolero
bandido

foramen

agujero
orificio
perforación
talador

foráneo

forastero

forastero

foráneo
extranjero
exótico
afuereño *amer.*

↔ autóctono
   nativo
   indígena

forcejear

luchar
debatirse
bracear
bregar

disputar
oponerse

litigar
competir

↔ rendirse
  entregarse

forcejeo
lucha
pelea
brega
debate
riña

forense
jurídico

forestal
boscoso
selvático
agreste

forestar
reforestar
repoblar
plantar

↔ deforestar

forfait *fr.*
abono

forja
fragua
herrería

forjadura
forjado

formación
creación
construcción
configuración

forjado
forja
forjadura

armazón
entramado

forjadura
forja
forjado

forjar
fraguar

crear
construir
conformar

inventar
idear
imaginar
maquinar
concebir
proyectar

↔ destruir
  desmantelar

forma
figura
aspecto
configuración
apariencia
imagen

procedimiento
método
manera
sistema

estilo
expresión

molde
matriz
horma

hostia

formas
curvas
silueta

modales
maneras

formación
creación
constitución
conformación
configuración

educación
cultura
estudios
conocimientos
aprendizaje

alineación
alineamiento

formal
serio
cumplidor
responsable
educado

correcto
prudente
consecuente
asentado

fijo
estable
definitivo

oficial

↔ informal
irresponsable

inestable
provisional
eventual

extraoficial

formalidad
seriedad
responsabilidad
corrección
ceremonia
protocolo

↔ informalidad

formalismo
formulismo
burocracia
ordenancismo
legalismo

formalizar(se)
solemnizar
legalizar
oficializar

configurar
precisar

formar(se)
conformar
configurar
modelar
moldear

crear
construir
establecer
organizar
componer
fundar
producir
hacer

educar
forjar
instruir

enseñar
adiestrar
desarrollar

alinear
ordenar

figurar
contarse
encontrarse
integrar

↔ desfigurar
deformar

destruir
desorganizar

embrutecer

desalinear
descolocar

formativo
educativo
instructivo
didáctico
docente
pedagógico

formato
tamaño
forma
dimensión

formidable
extraordinario
magnífico
fantástico
excelente
fenomenal
estupendo
brutal *col.*

enorme
inmenso
colosal

aterrador
temible
espantoso

↔ fatal
espantoso
pésimo

minúsculo

formón
cincel
escoplo

fórmula

enunciado
expresión

receta
composición

solución
arreglo

cliché
pauta
patrón
modelo

formular

expresar
enunciar
manifestar
exponer

recetar

formulario

impreso

prontuario
recetario

formulismo

formalismo
burocracia
ordenancismo
legalismo

fornicación

fornicio
amancebamiento

fornicar

amancebarse
arrejuntarse col.
liarse col.

copular
follar vulg.
joder vulg.

fornido

robusto
corpulento
recio
musculoso
macizo
forzudo
fortachón
fuerte

↔ débil
  enclenque

foro

plaza
ágora

curia

coloquio
debate

forofo

hincha
fanático
incondicional
adepto
adicto
seguidor
simpatizante
entusiasta

↔ enemigo
  detractor

forraje

pasto
pienso

forrar

revestir
recubrir
tapizar
cubrir

col.
pegar
sacudir col.
zurrar col.
zumbar col.

forrarse col.

enriquecerse

hincharse
hartarse
atiborrarse

forro

funda
revestimiento
recubrimiento
tapizado

fortachón o
fortacho

fuerte
fornido
robusto
corpulento

↔ débil
  enclenque

fortalecer(se)

reforzar
fortificar
robustecer
vigorizar
endurecer
acerar

confirmar
ratificar
corroborar
asegurar
afirmar
afianzar
cimentar

↔ debilitar
  minar
  agotar

  atacar
  refutar
  destruir

fortalecimiento

refuerzo
reforzamiento
robustecimiento
endurecimiento
afianzamiento

↔ debilitamiento
  desgaste

fortaleza

fuerza
vigor
energía
resistencia

entereza
firmeza
ánimo
aliento

fortificación
fuerte
fortín
castillo
baluarte
bastión
ciudadela
alcázar
alcazaba

↔ debilidad
  flojedad
  fragilidad

  flaqueza
  desaliento

fortificación

fortaleza
fuerte
fortín
castillo
baluarte

fortificante

fortalecedor
tonificante
vigorizante
reconstituyente

↔ debilitador

fortificar(se)

fortalecer
reforzar
robustecer
vigorizar
tonificar

reconfortar
alentar
animar

guarnecer
amurallar
atrincherar

↔ debilitar
  minar

  desanimar
  desalentar

  desguarnecer
  desproteger

fortín

fuerte
fortaleza
alcazaba
baluarte

fortificación
blocao
parapeto

fortuito

casual
accidental
imprevisto
involuntario
aleatorio
adventicio
impensado

↔ deliberado
  previsto
  a propósito

fortuna
suerte
destino
sino
hado
azar
albur
acaso

bien
dicha
ventura
bonanza
bienaventuranza
derechura *amer.*

aceptación
éxito
acogida

dinero
riqueza
hacienda
caudal
patrimonio
bienes
dineral
potosí

↔ infortunio
   desgracia

   rechazo

   miseria
   pobreza

forúnculo
divieso
absceso
lobanillo

forzado
afectado
artificial
fingido
estudiado

forzoso
obligatorio

↔ auténtico
   espontáneo
   natural
   sincero

   voluntario

forzar
obligar
compeler

presionar
coaccionar
constreñir
apremiar
apretar *col.*

violar
violentar
abusar

distorsionar
desquiciar
exagerar

forcejear
descerrajar

forzoso
obligatorio
obligado
necesario
indispensable

inevitable
ineludible
fatal
inexcusable

↔ voluntario
   optativo

   evitable

forzudo
fornido
fortachón
hercúleo
atleta
sansón
cachas *col.*

↔ enclenque
   alfeñique

fosa
tumba
sepultura
hoya

concavidad
oquedad
cavidad

sima

fosco
crespo
encrespado

nublado
cerrado
oscuro

hosco
huraño
adusto

↔ lacio
   liso

   claro
   despejado

   risueño
   afable

fosforescencia
fluorescencia
luminiscencia

fosforescente
fluorescente
luminiscente

fósforo
cerilla
mixto

fósil *col.*
viejo
anticuado

↔ nuevo
   reciente

fosilizarse
anquilosarse
atrofiarse
estancarse

↔ evolucionar
   cambiar

foso
zanja
hoyo
cárcava

foto
fotografía

fotocopia
xerocopia

fotógeno
luminoso

fotografía
foto
instantánea
retrato

fotografiar
retratar

fotómetro
exposímetro

fotuto *amer.*
fastidiado
arruinado

frac *fr.*
fraque

fraçasado
frustrado
malogrado
fallido
acabado
destruido
falluto *amer.*

↔ exitoso
   triunfador

fracasar
frustrarse
malograrse
fallar
abortar
estropearse
desgraciarse
caer
chingar *amer.*

↔ triunfar

fracaso
frustración
malogro
fallo
aborto
derrota
fiasco
batacazo *col.*

↔ éxito
   logro

fracción
fraccionamiento
partición
división

trozo
fragmento

quebrado
decimal

↔ unión
  fusión

  todo

  entero

fraccionar(se)

partir
dividir
fragmentar
desdoblar
separar

↔ unir
  fusionar

fraccionario

parcial

fracción
decimal
quebrado

↔ entero

fractura

rotura
ruptura
fisura

fracturar(se)

romper
quebrar
partir

fraga

breñal
fragosidad

fragancia

aroma
perfume
esencia
efluvio

↔ fetidez
  hedor

fragante

aromático
perfumado
oloroso

flagrante

↔ fétido
  hediondo

frágil

quebradizo
endeble
delicado
inconsistente
deleznable
rompible
lábil
flojo
débil

↔ fuerte
  duro
  resistente
  consistente

fragilidad

endeblez
delicadeza
inconsistencia
flojedad
debilidad

↔ dureza
  consistencia

fragmentar(se)

dividir
trocear
partir
fraccionar
desintegrar
disgregar

↔ unir
  fusionar

fragmentario

incompleto
parcial
imperfecto

↔ completo
  total

fragmento

trozo
porción
pedazo
detalle
fracción
segmento
división
añicos
cacho *col.*

↔ conjunto
  totalidad

fragor

ruido
estruendo
estrépito

↔ silencio

fragoroso

ruidoso
estruendoso
estrepitoso
fragoso

↔ silencioso

fragosidad

frondosidad
aspereza

fraga
breñal

fragoso

abrupto
irregular
escarpado
intrincado
quebrado
desigual
anfractuoso

fragoroso

↔ uniforme
  regular
  llano

  silencioso

fragua

forja
herrería

fraguar

forjar

planear
inventar
idear
maquinar
tramar
urdir
concebir
proyectar

solidificarse
endurecerse
espesar

cuajar
prosperar

resultar
realizarse

↔ fracasar
  fallar

fraile

fray
monje
religioso

francachela *col.*

banquete
comilona *col.*

juerga
jarana
jolgorio

francés

galo
franco
franchute *desp.*
gabacho *desp.*

franchute *desp.*

francés

francmasón

masonería

francmasonería

masonería

franco

sincero
veraz
verdadero
abierto

espontáneo
llano
campechano
directo

indudable
claro
evidente
manifiesto

libre
despejado
expedito
abierto

francés

↔ hipócrita
  retorcido
  falso

distante
estirado
altivo

velado
vago
incierto

obstruido
bloqueado
cerrado

franja
cenefa
tira
lista
banda
faja
filete
festón

franquear
despejar
desobstruir
abrir

traspasar
cruzar
atravesar
trasponer

sellar
estampar
timbrar

franquearse
sincerarse
confiarse
confesarse

↔ obstruir
bloquear
cerrar

retraerse

franqueo
sellos

franquicia
exención
dispensa

↔ carga
imposición
obligación

fraque
frac

frasco
tarro
recipiente
casco

frase
oración
cláusula
periodo

máxima
aforismo

fraseología
palabrería
verborrea

fraternal
fraterno
entrañable

fraternidad
confraternidad
hermandad

↔ enemistad
odio

fraternizar
confraternizar
hermanarse

↔ enemistarse

fraterno
fraternal

fratricida
caín
cainita

fraude
timo
estafa
engaño
defraudación
engañifa

fraudulento
doloso
falso
engañoso

↔ legal

fray
fraile

frazada
manta

frecuencia
asiduidad
repetición
reiteración
periodicidad

↔ espaciamiento
dilación

frecuentado
concurrido
visitado
transitado

↔ solitario
aislado

frecuentar
concurrir
menudear
visitar

tratarse
codearse
alternar
relacionarse

↔ espaciar
dilatar

rehuir
evitar

frecuente
corriente
habitual
usual
común
asiduo
acostumbrado
cotidiano
normal

↔ infrecuente
inusual
insólito
raro

fregadero
pila
lavadero

fregado
lavado
limpieza
enjabonado

col.
discusión
pelea
riña
refriega

enredo
lío
follón

amer.
inoportuno
enfadoso
fastidioso

molestia
fastidio

fregar(se)
fregotear
lavar
limpiar

restregar
friccionar

amer. col.
molestar
fastidiar
perjudicar

↔ ensuciar
manchar

agradar
beneficiar

fregona *desp.*
sirvienta
criada
chacha *desp.*

fregotear
fregar
lavar

freír
sofreír
rehogar
saltear

col.
acribillar
tirotear

molestar
atormentar
mortificar
importunar
brear *col.*

freírse col.
asarse
achicharrarse

↔ helarse
   congelarse

fréjol
fríjol
frijol
alubia

frenar(se)
desacelerar
parar
detener
retardar
moderar
obstruir
obstaculizar
dominar
impedir
reprimir

↔ acelerar
   activar
   agilizar
   dinamizar

frenazo
parón
detención

↔ acelerón

frenesí
arrebato
desenfreno
delirio
exaltación
enajenación
excitación
pasión

locura
furia
vesania

↔ calma
   moderación
   frialdad
   sosiego

   cordura

frenético
arrebatado
desenfrenado
delirante

exaltado
enajenado

furioso
colérico
iracundo

↔ calmado
   sosegado
   tranquilo

freno
bocado
embocadura

límite
traba
obstáculo
impedimento
entorpecimiento
dificultad
atasco

↔ estímulo
   acicate
   apoyo

frenopático
manicomio
psiquiátrico

frente
delantera
fachada
frontis
alzado
cara
anverso

coalición
confederación
liga

↔ trasera
   reverso

fresca col.
insolencia
impertinencia
inconveniencia

↔ cumplido
   piropo

frescachón
robusto
hermoso
sanote col.

↔ enfermizo
   enclenque

frescales col.
fresco
sinvergüenza
descarado
caradura col.
jeta col.

↔ vergonzoso
   comedido

fresco
frío
frescor
relente
biruji col.

reciente
tierno
nuevo
actual

lozano
joven

descansado

espontáneo
natural
llano

sinvergüenza
descarado
flamenco
insolente
desenfadado
audaz
atrevido
caradura col.
frescales col.
jeta col.

tranquilo
impasible
pancho col.

↔ calor
   caliente

   pasado
   viejo
   anticuado

   ajado
   marchito

   cansado
   agotado

   artificial
   afectado

   vergonzoso
   comedido
   circunspecto

   afectado
   preocupado

frescor
fresco
frescura
frío
frialdad

lozanía

espontaneidad
naturalidad
ingenuidad

↔ calor

   ajamiento

   artificiosidad
   afectación

frescura
frescor

desfachatez
desvergüenza
atrevimiento
osadía
insolencia
cara dura col.

↔ consideración
   formalidad
   seriedad

fresquera
despensa

freza
desove
puesta

frialdad
frío
frescor

insensibilidad
indiferencia
desinterés
desafecto
desapego
distancia
sequedad
imperturbabilidad

↔ calor

   calidez
   afecto

fricción
frotación
frotamiento
frote

roce
friega

enfrentamiento
desacuerdo
desavenencia
discrepancia

↔ concordia
   acuerdo

friccionar(se)
frotar
restregar
rozar
fregar

friega
fricción
frotamiento
amer.
molestia
fastidio
reprimenda

friegaplatos
lavavajillas
lavaplatos

friera
sabañón

frigidez *cult.*
frío
frialdad
↔ calidez

frígido *cult.*
helado
gélido
frío
↔ cálido

frigorífico
nevera
refrigerador
cámara

fríjol o **frijol**
fréjol
alubia

frío
frescor
frescura

biruji *col.*
frigidez *cult.*

fresco
gélido
helado
congelado
frígido *cult.*

insensible
indiferente
desinteresado
desapasionado
flemático
distante
seco
aséptico
impasible
abúlico

soso
insulso
anodino
desangelado

↔ calor

   caliente
   cálido

   apasionado
   ardiente
   vehemente

   apasionante
   emocionante
   excitante

friolera *col.*
enormidad
barbaridad
locura

↔ insignificancia
   fruslería
   nadería

friolero
friolento
↔ caluroso

frisar
acercarse
rozar
bordear
rondar

friso
zócalo

fritada
fritura

fritanga *desp.*
fritura

frito
sofrito
rehogado
salteado

col.
dormido
traspuesto
grogui *col.*

muerto

fastidiado
angustiado
irritado
consumido

↔ crudo

   despierto

   vivo

   sosegado
   tranquilo

fritura
fritada
fritanga *desp.*

frivolidad
superficialidad
intrascendencia
fatuidad
trivialidad

nadería
fruslería
futilidad
tontería

↔ seriedad
   gravedad
   transcendencia

frívolo
superficial
insustancial
intranscendente
trivial
vano
fatuo
ligero
fútil
baladí
alegre
inconstante
voluble
coqueto

↔ grave
   serio
   trascendente

fronda
frondosidad
follaje
floresta
arbolado
espesura
ramaje

frondoso
exuberante
espeso
boscoso
lujuriante

↔ desértico
   despoblado

frontal
anterior
delantero
de frente

↔ posterior
   trasero

frontera
confín
linde
divisoria
límite

fronterizo
limítrofe
colindante
lindante
contiguo
vecino

↔ distante

frontis
fachada
frontispicio
portada
frente

↔ trasera

frontispicio
frontis
fachada
frontón

↔ trasera

frontón
pelota vasca

cancha
trinquete

frontispicio

frotación
frotamiento

frotadura
frotamiento

frotamiento
frotación
frotadura
frote
fricción
friega
estregón
masaje
rozamiento
roce

frotar(se)
friccionar
restregar
estregar
rascar
rozar

frote
frotamiento

fructífero
fructuoso
productivo
fértil
provechoso
beneficioso

↔ infructuoso
estéril
improductivo

fructificar
granar

rendir
producir
aprovechar

↔ fracasar

fructuoso
fructífero

frugal
sobrio
parco
moderado
mesurado
austero

↔ opíparo
ansioso

fruición
goce
placer
deleite
disfrute
delicia
agrado
complacencia
satisfacción

↔ desagrado
disgusto
indiferencia

frumentario o
frumenticio
cerealista

frunce
arruga
pliegue
fruncido
doblez

fruncido
arrugado
encogido
plegado

frunce

↔ liso
estirado

fruncir
arrugar
encoger
plegar

↔ alisar
estirar
planchar

fruslería
bagatela
pequeñez
insignificancia

nadería
futesa
chuchería
baratija
tontería
menudencia

frustración
fracaso
fallo
desacierto
malogro
fiasco

decepción
chasco

↔ éxito
logro

satisfacción

frustrar(se)
malograr
estropear
destruir
desgraciar
desbaratar
abortar
fallar
irse a pique
chingar *amer.*

desilusionar
desengañar
desencantar
defraudar
decepcionar

↔ realizar
favorecer
apoyar
triunfar

satisfacer
colmar

fruta
fruto

fruto
fruta

producción
cosecha

producto
beneficio
rendimiento
provecho

ganancia
utilidad
resultado
obra

fuego
lumbre
llama
hoguera
fogata
candela
incendio
combustión
ignición

disparo
andanada
descarga

entusiasmo
apasionamiento
ardor
pasión
exaltación
vehemencia

↔ frialdad
indiferencia

fuelle
soplillo

col.
aguante
fondo
pulmones *col.*

fuente
manantial
hontanar
venero
fontana *cult.*
fontanal *cult.*
fontanar *cult.*

surtidor

origen
principio
germen
raíz
causa

bandeja

fuera
afuera
exterior

↔ dentro
adentro

fuero

privilegio
exención
franquicia

jurisdicción

código

fuerte

vigoroso
potente
recio
resistente
forzudo
fortachón
fornido
duro
consistente
sólido
férreo
berroqueño

robusto
grueso
corpulento
musculoso
cachas col.

animoso
entero
valiente
enérgico

poderoso
influyente

sujeto
firme
fijo
estable

intenso
agudo
abundante

temperamental
irascible
irritable
excitable

crudo
escabroso

soez
vulgar
grosero
malsonante

especialidad

fortín
fortificación

fortaleza
alcazaba

fuertemente
intensamente

mucho
abundantemente

↔ débil
  flojo
  frágil

  delgado
  enclenque

  apocado
  pusilánime

  inestable

  suelto
  vacilante

  amable
  tratable

  delicado
  fino

  débilmente

  poco

fuerza

vigor
potencia
fortaleza
resistencia
dureza
consistencia
solidez

ánimo
entereza
valor
energía
carácter
brío
ímpetu

poder
influencia
autoridad

coacción
coerción
imposición

intensidad
agudeza
abundancia

electricidad
fluido
luz
corriente

↔ debilidad
  flojedad
  fragilidad

  flaqueza
  apocamiento

  inestabilidad

fuete *amer.*

látigo

fuga

huida
evasión
escapada

escape
pérdida

fugacidad

brevedad
caducidad
transitoriedad

rapidez

↔ permanencia
  perpetuidad
  eternidad

fugarse

huir
evadirse
escaparse

↔ quedarse
  permanecer

fugaz

fugitivo
breve
efímero
pasajero
transitorio
deleznable
caduco
perecedero

rápido
veloz

↔ duradero
  eterno
  perenne

  lento

fugitivo

prófugo
desertor

fugaz
breve
efímero

fuguillas *col.*

intranquilo
inquieto
impaciente
nervioso

iracundo
irascible
irritable

↔ paciente
  tranquilo

  calmado
  frío

ful *col.*

falso
fallido
malo

porquería
basura

↔ bueno
  guay *col.*
  dabuten *col.*
  chachi *col.*

  maravilla

fulana

prostituta
ramera
buscona
furcia
puta *vulg.*

fulano *col.*

persona
individuo
tipo
sujeto
mengano *col.*
zutano *col.*
perengano *col.*
tío *col.*
andoba *col.*
menda *col.*

fular

pañuelo

fulbito

futbito

fulero col.
chapucero
manazas

tramposo
embustero
fullero col.

↔ hábil
  honrado

fulgor
resplandor
esplendor
centelleo
destello
brillo
chispa
refulgencia

fulgurante
resplandeciente
brillante
refulgente
reluciente
radiante

meteórico
súbito
fulminante

↔ gradual
  lento

fulgurar
resplandecer
brillar
refulgir
relucir
centellear
destellar

fullería col.
trampa
truco
astucia
treta
artería
picardía
trapacería
chalanería
estafa

fullero col.
tramposo
trapacero
fulero col.

↔ honrado

fulminante
súbito
inmediato
instantáneo
fulgurante
meteórico
activo

detonante
cebo

↔ gradual
  lento

fulminar
matar
liquidar
freír col.
apiolar col.

destruir
pulverizar
aniquilar

fumada
chupada
calada

fumar(se) col.
pitar amer.

gastar
consumir
derrochar
fundir col.
pulir col.

eludir
escaquearse
escabullirse

fumareda
humareda
humo

fumigar
desinsectar

fumista
deshollinador

funámbulo
equilibrista
volatinero

función
finalidad
utilidad
misión

actividad
acción

atribución
competencia
ministerio

actuación
sesión
acto

funcional
práctico
útil
utilitario
pragmático

↔ inútil
  decorativo

funcionamiento
actividad
actuación
trabajo
movimiento
marcha

↔ fallo
  parón
  avería

funcionar
actuar
trabajar
andar
marchar
carburar col.

↔ fallar
  pararse
  averiarse

funcionario
burócrata desp.
empleado público

funda
cubierta
estuche
envoltorio
revestimiento
forro
camisa

fundación
creación
formación
constitución
instauración
establecimiento

institución
organización
sociedad

fundado
fundamentado
argumentado
razonado
motivado

creado
formado
constituido

cimentado
asentado
basado

↔ infundado
  injustificado

fundador
creador
instaurador
autor
organizador
promotor

↔ destructor

fundamental
básico
elemental
esencial
primordial
central
cardinal
dominante
clave
capital

↔ accesorio
  secundario

fundamentalismo
integrismo

fundamentar(se)
cimentar
asentar
basar
apoyar
fundar
sustentar

afianzar
consolidar

↔ minar
  socavar

fundamento

cimiento
asiento
base
apoyo
soporte
puntal
pilar

razón
motivo
causa
fundamentación

seriedad
formalidad
sensatez
juicio

fundamentos

elementos
rudimentos
principios

fundar(se)

crear
formar
constituir
instaurar
erigir

cimentar
asentar
basar
apoyar
sustentar

fundamentar
argumentar
razonar
motivar

↔ destruir

   minar
   socavar

fundición

derretimiento
fusión

vaciado

herrería
horno

amalgama
aleación

↔ solidificación

fundir(se)

derretir

deshelar
descongelar

vaciar
moldear

fusionar
vincular
unir

amalgamar
alear

col.
gastar
disipar
despilfarrar
derrochar
pulir *col.*

↔ solidificar

   desunir
   separar

   ahorrar

fúnebre

funerario
mortuorio

lúgubre
tétrico
sombrío

↔ alegre
   festivo

funeral

exequias
honras

funerario

fúnebre
mortuorio

funesto

desgraciado
aciago
nefasto
fatídico
fatal
desdichado
desafortunado
calamitoso
infausto
luctuoso

↔ feliz
   venturoso
   afortunado

fungible

consumible
agotable

↔ inagotable
   infungible

fungir *amer.*

ejercer
desempeñar
ocupar

funicular

teleférico

furcia

prostituta
fulana
ramera
puta *vulg.*

furgoneta

camioneta

furia

furor
ira
cólera
violencia

ímpetu
impetuosidad
vehemencia
coraje
denuedo
pasión

auge
apogeo
fiebre

↔ calma
   mansedumbre

   placidez
   sosiego

   decadencia
   declive

furibundo

furioso
iracundo
colérico

entusiasta
fanático
incondicional
acérrimo

↔ manso
   pacífico
   tranquilo

furioso

furibundo
iracundo
airado
colérico
rabioso
frenético
exacerbado

terrible
violento
enorme
tremendo
impetuoso
desatado

↔ manso
   pacífico
   tranquilo
   apacible

   suave
   ligero

furor

furia
ira
cólera
rabia

ímpetu
impetuosidad

auge
apogeo

↔ calma
   sosiego

   declive

furtivo

oculto
cauteloso
disimulado
sigiloso

↔ abierto
   manifiesto
   público

fusible

plomos

fusiforme

ahusado
alargado

fusilar *col.*
plagiar
copiar
calcar

fusión
fundición
licuefacción

amalgama
aleación

vinculación
unión

↔ solidificación
   separación

fusionar(se)
fundir
reunir
unir
vincular
amalgamar

↔ separar
   disgregar

fusta
látigo

fustal o **fustán**
   amer.
combinación
enagua

fuste
caña
asta
arzón

fundamento
base
sostén

importancia
trascendencia
valor
entidad
peso
solidez

↔ intrascendencia
   insignificancia

fustigar
azotar
hostigar

censurar
reprender

desaprobar
condenar
criticar

↔ elogiar

futbito
fulbito

fútbol
balompié

futesa
pequeñez
tontería
fruslería
insignificancia
nadería

fútil
insignificante
baladí
anodino
banal
trivial
frívolo

↔ esencial
   primordial

futilidad
insignificancia
intrascendencia
banalidad
trivialidad
frivolidad

↔ importancia

futre *amer.*
petimetre
lechuguino
pisaverde
cajetilla *amer.*

futuro
venidero
ulterior
posterior

porvenir
mañana
posteridad

horizontes
perspectivas

col.
novio
prometido

↔ pasado

gabacho *desp.*
francés
franchute *desp.*

gabán
abrigo
sobretodo

gabanear *amer.*
robar
hurtar

gabardina
trinchera
rebozado

gabela
impuesto
tributo
gravamen
carga
contribución

ventaja
privilegio

gabinete
salita
recibidor

gobierno

gabrieles *col.*
garbanzos

gaceta
periódico
boletín
revista
folleto

col.
correveidile

chismoso
cotilla

gacetilla
noticia
artículo
suelto

gacetillero
periodista
articulista

gachas
papilla
papas

puches

gachí *caló*
mujer
muchacha
tía *col.*
jai *argot*

gacho
agachado
encorvado
doblado
inclinado
bajo

↔ erguido
enhiesto

gachó *caló*
hombre
individuo
sujeto
tipo *col.*
tío *col.*

amante
querido
maromo *col.*

gachupín *amer.*
español
cachupín *amer.*

gafa
laña
grapa

gafas
lentes
anteojos
espejuelos

gafe
cenizo
mala sombra

↔ talismán

gagá *col.*
achacoso
decrépito
caduco
senil
chocho *col.*

↔ joven

gaita
cornamusa

dulzaina

col.
cuello
pescuezo

fastidio
incordio
pejiguera
lata *col.*

gaje
emolumento
gratificación
complemento

gajes del oficio *col.*
inconvenientes
molestias

gajo
racimo

rama

amer.
esqueje

gala
adorno
aderezo
perifollo

ceremonia
celebración
festival
certamen

actuación
recital
concierto
audición
show
función

alarde
despliegue

galáctico
espacial
cósmico
sideral
estelar
astral
celeste

galaico
gallego

galaicoportugués
gallegoportugués

galán
adonis

pretendiente
novio
enamorado
galanteador

↔ adefesio
esperpento

galano
apuesto
atractivo
gallardo
garrido
garboso
airoso
agraciado
guapo
hermoso
gentil
apolíneo

arreglado
compuesto
primoroso
acicalado

elegante
pulido
pulcro
brillante
ingenioso
sutil

↔ feo
desagradable
desgarbado

desastrado
descuidado

pedestre

galante
educado
atento
cortés
caballeroso
obsequioso
delicado

amoroso
erótico

↔ descortés
maleducado

galantear
cortejar
rondar

festejar
requebrar
piropear
pretender
chicolear
camelar *col.*
dragonear *amer.*
afilar *amer.*

galanteo
cortejo
festejo
requiebro
piropo
coqueteo

galantería
cortesía
caballerosidad
obsequiosidad
gentileza
delicadeza

↔ grosería
indelicadeza

galanura
apostura
atractivo
gallardía
garbo

↔ fealdad

galardón
distinción
condecoración
premio
honor
homenaje

galardonar
distinguir
condecorar
premiar
honrar
homenajear

galaxia
constelación

galbana
pereza
flojera
holgazanería
desgana

gandulería
chucha *col.*

↔ actividad
diligencia

galeno
médico

galería
corredor
pasillo
soportal
mirador
crujía

pasadizo
túnel

museo
exposición
colección

paraíso
anfiteatro
gallinero *col.*

galerna
temporal
vendaval
tempestad

↔ calma
bonanza

galerón *amer.*
romance

cobertizo

galgo
goloso
dulcero
laminero

galguear
golosear

galimatías
jerigonza
jerga
guirigay

lío
embrollo
enredo
barullo

gallardete
banderín
grímpola
flámula

gallardía
arrogancia
garbo
apostura
bizarría

gallardo
arrogante
airoso
garboso
apuesto
garrido
brioso
gentil
bizarro

bravo
noble
valiente

↔ desgarbado
patoso

cobarde
vil

gallareta
gallineta
focha
foja

gallear
presumir
fanfarronear
bravuconear
pavonearse

↔ achicarse
acobardarse

gallego
galaico

amer.
español

gallegoportugués
galaicoportugués

galleta
pasta
bizcocho

col.
bofetada
torta
cachete
guantazo
golpe
tortazo
sopapo *col.*
chufa *col.*

gallina *col.*
cobarde
miedoso
miedica
cobardica
pusilánime
cagón *col.*
cagueta *col.*

↔ valiente
   atrevido

gallinero
corral

col.
paraíso
cazuela
galería
anfiteatro

gallineta
focha
foja
gallareta
becada
amer.
pintada

gallito o **gallo**
jefe
amo
líder

matón
bravucón
chulo
valentón
flamenco
perdonavidas *col.*

↔ segundón

   cobarde
   achantado

gallofa *col.*
bazofia
comistrajo

comadreo
cotilleo
chismorreo
murmuración
habladuría
chisme

galo
francés
franco

galón
trencilla
pasamanería

galopante
fulminante
vertiginoso
trepidante
acelerado

↔ pausado
   lento
   gradual

galopar
cabalgar

galope
galucha *amer.*

galopín
golfillo
pícaro
bribón
pillo
tunante
truhán
granuja

galpón *amer.*
almacén
barracón

galucha *amer.*
galope

galvanizar
estimular
tonificar
vivificar
vigorizar
reactivar
impulsar

↔ paralizar
   frenar

gama
gradación
progresión
escala

serie
lista
repertorio

gamba *col.*
pierna
pata *col.*

gamberrada
fechoría
desmán
atropello
trastada

gamberrismo
vandalismo
salvajismo
barbarie

gamberro
vándalo
salvaje
incívico
alborotador

↔ cívico
   educado

gambeta
corveta
amer.
regate

gamonal *amer.*
cacique
rico
adinerado

gamuza
rebeco
robezo
rupicabra
bayeta
paño

gana
deseo
ansia
apetencia
anhelo
antojo

afán
interés
voluntad
gusto
placer

hambre
apetito
gazuza *col.*
gusa *col.*

↔ desgana

   desinterés
   apatía

   inapetencia

ganadería
ganado
vacada

ganadero
pecuario

ganado
rebaño
manada
hato
ganadería
cabaña

chusma
masa

ganador
vencedor
triunfador

↔ perdedor

ganancia
beneficio
fruto
provecho
rendimiento
lucro
producto
granjería

↔ pérdida
   déficit

ganapán
porteador
recadero

gañán
palurdo
patán

ganar(se)

conseguir
obtener
adquirir
alcanzar
percibir
embolsar
ingresar
cobrar
beneficiarse
aprovecharse
lucrarse
adjudicarse
granjearse

vencer
triunfar
derrotar

superar
aventajar
adelantar
exceder
rebasar

atraer
seducir
cautivar
captar

medrar
prosperar

↔ perder
  gastar

  fracasar
  rendirse

  ahuyentar
  repeler

  empeorar
  desmejorar

gancho

garfio
garabato
garrocha
ganzúa

atractivo
encanto
ángel
aquel

compinche
cómplice

amer.
horquilla

gandul

perezoso
vago

holgazán
haragán
badana *col.*

↔ trabajador
  diligente

gandulear

vaguear
holgazanear
haraganear

↔ trabajar

gandulería

vaguería
holgazanería
haraganería
pereza
galbana *col.*

↔ laboriosidad

ganga

ocasión
filón
chollo *col.*
bicoca *col.*
bolada *amer.*

gángster

pistolero
bandido
malhechor
matón

ganoso

deseoso
ansioso
ávido

↔ indiferente

gansada *col.*

gracia
broma
guasa
payasada
chanza

tontería
memez
estupidez
sandez
majadería

gansear *col.*

bromear
burlarse

ganso

ánsar
oca

col.
bromista
guasón
payaso

grande
alto
crecido

perezoso
holgazán
vago

torpe
desmañado
lerdo

↔ serio
  formal

  pequeño
  enano

  diligente
  trabajador

  hábil

gañán

destripaterrones
paleto
patán
garbancero
hastial

peón
bracero
jornalero

gañido

aullido
gemido

graznido

gañil

garganta
gañote

agalla

gañir

aullar
gemir

graznar

gañote

garganta
gañil

gaznate
garguero
gola
gollete

garabato

garrapato
pintarrajo
rayajo

gancho
garfio

garaje

aparcamiento
parking
cochera

garambaina

adorno
perifollo
abalorio

garambainas

pamplinas
tonterías
sandeces

garante

garantizador

avalista

garantía

palabra
certeza
salvaguarda
respaldo
cobertura
caución
aval
fianza
prenda

confianza
credibilidad
crédito
fiabilidad

↔ recelo
  desconfianza

garantir

garantizar

garantizar

garantir
avalar

respaldar
responsabilizarse
asegurar
acreditar
fiar
responder
abonar
ratificar
autorizar
atestiguar

garañón

semental

garbancero

ordinario
descortés
basto
maleducado
gañán

↔ educado
    refinado
    fino

garbanzos

gabrieles *col.*

garbeo

paseo
vuelta

garbo

gracia
desenvoltura
soltura
salero
apostura
gallardía
galanura
donaire
brío
aire

↔ sosería
    desgarbo
    torpeza

garboso

gracioso
desenvuelto
suelto
saleroso
apuesto
gallardo
galano
donairoso

brioso
airoso

generoso
espléndido
dadivoso
rumboso
desprendido

↔ soso
    desgarbado

    tacaño
    mezquino

garfa

garra
uña

garfio

gancho
garabato

gargajo

esputo
expectoración
flema
escupitajo
lapo *col.*
pollo *col.*

garganta

gaznate
gañote
garguero
gañil
gola
gollete
tragadero

desfiladero
cañón
angostura

estrechamiento
estrangulación

ranura
hendidura

gárgaras

gargarismo
enjuague

garguero

garganta
gañil
gaznate

garita

chiscón
tabuco
casilla
caseta

garito

timba

antro
tugurio
cuchitril

garlito *col.*

trampa
celada
lazo
treta

garra

garfa
uña

zarpa

fuerza
atractivo
empuje
arranque
brío
interés
gancho

garras

poder
dominio
influencia
yugo

garrafa

damajuana
bombona
chuico *amer.*

garrafal

fatal
tremendo
terrible
descomunal
monstruoso

↔ mínimo
    insignificante

garrapato

garabato
pintarrajo

garrido

hermoso
gallardo
apuesto
lozano
galano
gentil
arrogante

↔ feo
    contrahecho

garrocha

pica
puya
vara

garrón

espolón

amer.
corvejón
jarrete

garrota

garrote
tranca
palo

bastón
cayado
cachava

garrotazo

leñazo
trancazo
bastonazo
cachiporrazo
estacazo
porrazo
palo

garrote

garrota
tranca
cachiporra
palo
estaca
bastón

plantón
esqueje

garrotillo

difteria

garrucha

polea

garrulo
paleto
rústico
palurdo
tosco
zafio

↔ fino
   delicado

gárrulo
hablador
charlatán
parlanchín

↔ callado
   reservado

garúa *amer.*
llovizna
niebla

garufa *amer.*
juerga
parranda

garzo
azul

gas
emanación
vapor
fluido

gases
meteorismo
flatulencia
flato
aire

gasa
cendal
tul
apósito
compresa

gasear
gasificar
carbonatar

gasificar
volatilizar
gasear
carbonatar

↔ descarbonatar

gasoil
gasóleo

gasolina
nafta *amer.*

gastado
desgastado
raído
rozado
deslucido
viejo
consumido
estropeado
deteriorado

debilitado
agotado
extenuado
caduco
cascado

trillado
manido

↔ nuevo
   flamante

   fresco
   renovado

   novedoso
   actual

gastador
gastoso
derrochador
despilfarrador
manirroto

zapador

batidor

↔ ahorrador

gastar(se)
pagar
desembolsar
invertir
derrochar
despilfarrar

consumir
apurar
agotar
acabar
absorber

utilizar
usar

emplear
llevar
ponerse

desgastar
estropear
deshacer
destruir
deteriorar
ajar
comer

debilitar
extenuar

↔ ahorrar
   economizar

   conservar
   almacenar

gasto
consumo
consumición
utilización
uso

desembolso
coste

↔ ahorro
   conservación

gástrico
digestivo

gastronomía
cocina
restauración

gatear
arrastrarse
reptar
andar a gatas

trepar
encaramarse

gatera
portillo

gato
minino
micifuz
michino

felino

madrileño

gatuperio *col.*
chanchullo
tapujo
embrollo
enjuague
manejo

mezcolanza
revoltijo

gauchear *amer.*
vagar
errar

gaveta
cajón
naveta

gavia
cofa

zanja
surco

gavilán
esparaván
esparver

gavilla
haz
fajo
manojo

pandilla
patulea
cuadrilla

gay *ingl.*
homosexual

↔ heterosexual

gayo *cult.*
alegre
vistoso
lucido

gazapo
errata
error
yerro
equivocación
despiste

gazmoño
mojigato
beato

santurrón
puritano

↔ disipado
libertino

gaznápiro

memo
bobo
lelo
cenutrio
palurdo
paleto
cateto

↔ vivo
espabilado

gaznate

garganta
gañote
garguero
gola

gazuza col.

hambre
apetito
gana
gusa col.

↔ inapetencia
desgana

géiser

surtidor
fuente termal

gelatina

jalea

gelatinoso

viscoso
mucilaginoso

gélido

helado
congelado
aterido
glacial
frío
álgido
frígido cult.

distante
despegado
tirante
desabrido

↔ caliente
cálido

amistoso
cariñoso

gema

joya
alhaja
presea
piedra preciosa

gemebundo

gemidor
sollozante
quejumbroso
plañidero

gemelo

mellizo

geminado
duplicado

doble
sosia
igual
idéntico

gemelos

prismáticos

gemido

lamento
quejido
sollozo
queja
plañido
gimoteo

↔ risa
carcajada

geminado

gemelo
duplicado
emparejado
simétrico

↔ aislado
único

gemir

lamentarse
quejarse
sollozar
plañir
gimotear

aullar
ulular
gañir

↔ reír
carcajearse

gendarme

guardia
policía

gendarmería

comisaría
cuartelillo

genealogía

linaje
estirpe
prosapia
ascendencia
alcurnia
abolengo
casta
origen

pedigrí

generación

creación
producción

engendramiento
procreación

↔ destrucción
aniquilación

generador

creador
productor
causante

alternador

↔ destructor
aniquilador

general

común
universal
genérico
global
colectivo
total
abstracto

vasto
amplio
extendido

frecuente
habitual
normal
usual
corriente
vulgar

impreciso
vago

↔ particular
individual
específico

especializado
limitado

inusual
raro

pormenorizado
detallado

generalidad

colectividad
conjunto
mayoría

imprecisión
vaguedad

generalidades

nociones
rudimentos

↔ minoría

concreción

generalización

extensión
difusión
propagación
universalización
popularización

pluralización

globalización
abstracción
inducción
conceptualización

↔ limitación
restricción

individualización
singularización

concreción

generalizar

extender
difundir
propagar

universalizar
popularizar

pluralizar

globalizar
abstraer
inducir
conceptualizar

↔ limitar
  restringir

  individualizar
  singularizar

  concretar

generalmente
habitualmente
normalmente
comúnmente

↔ raramente

generar
crear
producir
originar
ocasionar
suscitar
provocar
causar

engendrar
procrear

↔ destruir
  aniquilar

genérico
común
universal
general
global
colectivo
total
abstracto

↔ particular
  individual
  específico

género
clase
especie
tipo
categoría
variedad
clasificación
estilo

modo
condición
naturaleza

mercancía
producto
existencias
artículo

generosidad
dadivosidad
esplendidez
desprendimiento
desinterés

altruismo
magnanimidad
filantropía
abnegación

↔ tacañería
  avaricia

  egoísmo
  ruindad

generoso
dadivoso
espléndido
desprendido
desinteresado
rumboso
liberal
magnífico
pródigo
garboso

altruista
magnánimo
filántropo
abnegado
noble
caballeroso
caritativo

abundante
copioso
cuantioso
rico
opulento

productivo
fértil
fecundo

↔ tacaño
  avaro
  rácano

  egoísta
  ruin
  miserable

escaso
pobre

estéril

génesis
origen
principio
nacimiento
germen
formación
creación
constitución

↔ fin
  destrucción

genético
hereditario
atávico

genial
magistral
talentoso
inspirado

extraordinario
estupendo
excelente
espléndido
superior
sobresaliente
único
formidable
demasiado *col.*
chachi *col.*
guay *col.*

ocurrente
ingenioso
agudo
perspicaz

↔ mediocre
  vulgar

  pésimo
  fatal

  simple

genialidad
genio
talento
ingenio

ocurrencia
idea
agudeza
salida

↔ mediocridad
  vulgaridad

  simpleza
  tontería

geniecillo
duende
gnomo
genio
trasgo
elfo

genio
talante
carácter
índole
natural
humor
ánimo

espíritu
idiosincrasia

ingenio
talento
genialidad
arte
aptitud

superdotado
figura
coloso

geniecillo
duende

genital
sexual
reproductor

genocidio
exterminación
exterminio
holocausto
matanza

gente
muchedumbre
concurrencia
gentío
multitud
público

familia
parentela
clan

grupo
pandilla
panda

gentecilla *desp.*
gentuza
morralla
chusma

↔ élite

gentil
amable
cortés
educado
correcto
agradable
atento
afable
cordial
sociable

apuesto
hermoso
galán
gallardo
garrido
airoso
donairoso

pagano
infiel

↔ maleducado
   descortés
   antipático
   intratable
   seco
   feo
   deforme
   desgarbado
   cristiano

gentileza
amabilidad
cortesía
educación
corrección
agrado
atención
afabilidad
cordialidad

apostura
hermosura
galanura
gallardía
donaire

↔ descortesía
   antipatía

   fealdad
   deformidad

gentilhombre
noble

gentío
aglomeración
multitud
muchedumbre
masa
turba

gentleman *ingl.*
caballero
dandi
señor

↔ patán

gentuza *desp.*
morralla
chusma
plebe
canalla
populacho
vulgo

↔ élite
   flor
   crema

genuino
natural
verdadero
auténtico
puro
fetén *col.*

característico
representativo
propio
clásico
típico
castizo

↔ falso
   adulterado
   espurio

   extraño

geométrico
exacto
preciso
riguroso
matemático

gerencia
dirección
directiva
administración

gerente
director
administrador
gestor
intendente

geriatra
gerontólogo

geriatría
gerontología

gerifalte
halcón

jefe
mandamás
jefazo
preboste
líder
dirigente

germanía
argot
jerga
jerigonza

germánico
alemán
germano
teutónico
teutón
tudesco

germano
alemán
germánico
teutón

germen
microorganismo
microbio

embrión
semilla
simiente

origen
principio
comienzo
raíz
génesis
motivo
causa
arranque
fuente

germinación
brote
eclosión
gestación
nacimiento

germinar
brotar
nacer
apuntar

originarse
comenzar
surgir
gestarse

↔ culminar

gerontología
geriatría

gerontólogo
geriatra

gesta
hazaña
proeza
heroicidad
epopeya

gestación
embarazo
preñez

desarrollo
formación

gestante
embarazada
preñada
encinta
grávida

gestarse
formarse
desarrollarse
crecer
germinar
iniciarse
originarse

gestero
gesticulador
gesticulante
aspaventero

↔ inexpresivo

gesticulación

gesto
mueca

gesticular[1]

accionar
manotear

gesticular[2]

gestual

gestión

diligencia
tramitación
trámite
comisión
negocio

administración
dirección
gerencia
gobierno
organización

gestionar

tramitar
diligenciar
negociar

administrar
dirigir
gobernar
organizar

gesto

gesticulación
mueca
mohín
visaje
ademán
seña
actitud

gestor

agente
administrador
gerente
intendente

gestual

gesticular
mímico

ghetto *ital.*

gueto

giba

joroba
corcova
chepa *col.*

gibar(se)

fastidiar
molestar
jeringar
jorobar *col.*
chinchar *col.*

encorvar

giboso

corcovado
cheposo
jorobado
contrahecho

gigante

titán
coloso
goliat

enorme
grande
alto

↔ enano
     pigmeo

     pequeño

gigantea

girasol
mirasol
tornasol

gigantesco

enorme
descomunal
inmenso
monumental
imponente
formidable

↔ enano
     insignificante

gigantismo

acromegalia

↔ enanismo

gilí *col.*

bobo
memo

alelado
tontaina
idiota
gilipollas *vulg.*
gilipuertas *vulg.*

↔ espabilado
     listo
     vivo

gilipollas *vulg.*

tonto
estúpido
idiota
majadero
gilí *col.*
gilipuertas *vulg.*

gimnasia

gimnástica
ejercicio

ejercitación
entrenamiento

gimnasta

atleta

gimnástica

gimnasia

gimotear

lloriquear
sollozar
gemir

gineceo

harén
serrallo

pistilo

ginecocracia

matriarcado

↔ patriarcado

gira

viaje
tour
recorrido
ruta
excursión

tournée

giradiscos

plato

girar

rotar
voltear
rodar

torcer
doblar
virar
volver

tratar
versar
ocuparse
tocar

girasol

gigantea
mirasol
tornasol
sol de las Indias

giratorio

rotatorio

giro

rotación
vuelta
viraje

orientación
cariz
derrotero
sentido
carácter

modismo
locución
expresión

girola

deambulatorio
ambulacro

gitanear

trampear
estafar
defraudar

gitano

calé
cíngaro

caló

desp.
fullero
tramposo
estafador

sucio
desarrapado
desastrado

col.
zalamero
lisonjero

↔ payo

  honrado
  cabal

  limpio
  aseado

glacial
helado
gélido

polar

distante
desabrido
despegado
desafecto
frío

↔ caliente
  caluroso

  ecuatorial
  tropical

  afectuoso
  efusivo
  cordial

gladiador
luchador
combatiente
lidiador
guerrero

gladio
enea
anea
espadaña

glamour *ingl.*
atractivo
encanto
seducción
fascinación
hechizo

glande
bálano
haba *col.*
capullo *vulg.*

glauco
verde
verdoso
grisáceo

gleba
terrón
terruño

global
total
integral
íntegro
general
completo
universal

↔ parcial

globalizar
unificar
conjugar

generalizar

↔ desglosar
  desmenuzar

  particularizar

globo
esfera
bola

aeróstato

mundo
orbe
tierra

col.
enfado
enojo
disgusto
cabreo *col.*
mosqueo *col.*

argot

preservativo
profiláctico

amer.
mentira
embuste

globular
globoso
globuloso
esférico
redondo

gloria
cielo
paraíso
bienaventuranza
salvación
alturas

fama
renombre
celebridad
notoriedad
prestigio
inmortalidad
honor
blasón

logro
mérito
hazaña

héroe
personaje
figura

grandeza
esplendor

placer
satisfacción
gusto
goce
deleite
delicia

↔ infierno
  condenación

  olvido

  fracaso

  vergüenza
  oveja negra

  decadencia
  declive

  desagrado
  asco

gloriar
glorificar
ensalzar
exaltar
enaltecer
honrar

gloriarse
vanagloriarse
jactarse
preciarse
pavonearse
alardear
hacer gala

complacerse
gozarse

↔ deshonrar
  humillar

  avergonzarse
  arrepentirse

  apenarse

glorieta
plazoleta
rotonda

cenador
pérgola

glorificar
gloriar
ensalzar
exaltar
enaltecer
bendecir
divinizar
honrar
alabar
loar
celebrar
aplaudir

↔ humillar
  deshonrar

glorioso
memorable
célebre
famoso
afamado
esplendoroso
dorado

divino
celestial

bienaventurado
santo
beato
justo

↔ deshonroso
  insignificante

  infernal

  condenado

glosa
interpretación
paráfrasis
exégesis
comentario

apostilla
acotación
observación
nota

glosar

interpretar
parafrasear
explicar
comentar
apostillar
acotar
anotar

glosario

diccionario
vocabulario
léxico
nomenclatura
nomenclátor

glotón

goloso
voraz
comilón *col.*
tragón *col.*
hambrón *col.*
zampabollos *col.*
tragaldabas *col.*

↔ inapetente
   desganado

glotonear

tragar
hincharse
atiborrarse

glotonería

gula
voracidad
tragonería

↔ inapetencia
   desgana

glucosa

azúcar

glúteo

nalga
cacha
posadera

glutinoso

viscoso
aglutinante
pegajoso

gnómico

sentencioso
moralista
aforístico

gnomo

geniecillo
duende
elfo
trasgo

gnomon

estilo
índice

gnoseología

epistemología

gobernación

gobierno
dirección
regencia
mandato
presidencia
gerencia
administración

gobernador

dirigente
regente
gerente
administrador

director

gobernalle

timón
gobierno

gobernanta

ama
supervisora
cuidadora
celadora

dominanta
mandona
mangoneadora
marimandona

amer.
institutriz
aya
preceptora
tutora

gobernante

mandatario
dirigente
regente
autoridad

gobernar

dirigir
regir
mandar
regentar
presidir
administrar
organizar

dominar
manejar
mangonear

conducir
guiar
timonear
pilotar

gobernarse

arreglarse
manejarse
valerse

comportarse
portarse
conducirse

↔ desgobernar

   obedecer
   acatar

gobierno

gobernación
dirección
regencia
mandato
presidencia
gerencia
gestión
administración
tutela
cetro

gabinete

gobernalle
timón

goce

gozo
disfrute
placer
deleite

gusto
gozada *col.*

↔ sufrimiento
   padecimiento

gol

tanto
punto

gola

gorguera

garganta
gaznate
gañote

golfa

ligera
libertina
furcia
ramera
zorra
puta *vulg.*

golfante *col.*

golfo
sinvergüenza
tunante
bribón
pillo
granuja

golfería

picaresca
hampa

sinvergonzonería
pillería

golfo[1]

rada
ensenada
seno

golfo[2]

sinvergüenza
tunante
bribón
pillo
granuja
pilluelo
tuno
vividor
crápula
golfante *col.*

gollería

golosina

exquisitez
superfluidad
exceso

↔ comistrajo

gollete

garganta
gañote
pescuezo

cuello (de un
  recipiente)

golondrina

andorina
andolina
andarina

golosina

chuchería
dulce
confite
gollería

cebo
señuelo

↔ comistrajo

goloso

dulcero
laminero
lamerón
galgo
glotón

apetecible
apetitoso
gustoso
sabroso
deseable
codiciable

↔ aborrecible
  asqueroso

golpe

impacto
choque
colisión
encuentro
golpetazo
topetazo
bofetada
azote
cate

leñazo *col.*
porrazo *col.*
trastazo *col.*
galleta *col.*
chufa *col.*
castaña *col.*
castañazo *col.*
concusión *cult.*

disgusto
contrariedad
desgracia
adversidad
revés
palo *col.*

atraco
robo
asalto
agresión
atentado

impresión
sorpresa
conmoción
shock
campanada

salida
agudeza
ocurrencia

ataque
acceso
crisis

golpear(se)

pegar
atizar
sacudir
chocar
colisionar
dar
agredir
descargar
aporrear
apalear
batir
batanar
fajar
cascar *col.*
calentar *col.*
zurrar *col.*
felpear *amer.*

golpetazo

golpe
leñazo *col.*
porrazo *col.*
trastazo *col.*
castañazo *col.*

golpetear

repiquetear
traquetear
tamborilear
percutir

golpiza *amer.*

paliza
tunda
somanta *col.*
zurra *col.*

goma

cola
adhesivo
pegamento

borrador

col.
preservativo
condón

amer.
resaca

gomina

fijador
brillantina

gomoso

pisaverde
lechuguino
currutaco
figurín

↔ desastrado
  adán

gónada

testículo

ovario

gong o **gongo**

batintín

gonorrea

blenorragia
uretritis

gordo

gordinflón
obeso
grueso
rollizo
orondo

carnoso
adiposo
regordete
rechoncho
fondón *col.*
fati *col.*

grande
abultado
voluminoso

grave
importante
considerable

sebo
unto
grasa
manteca
tocino

↔ flaco
  delgado

  fino
  pequeño

  insignificante

  magro

gordura

obesidad
adiposidad

↔ delgadez

gorgojo

coco

gorgorito

gorjeo
trino

gorgotear

borbotear
burbujear
bullir

gorguera

gola

gorigori

escándalo
alboroto
follón
guirigay

↔ orden
  calma

gorila *col.*
guardaespaldas

gorjear
trinar

gorra
casquete
visera

gorra, de *col.*
gratuitamente
gratis
a la sopa boba *col.*
de bóbilis bóbilis *col.*

gorrear
gorronear

gorrinada
suciedad
porquería
guarrería
guarrada
cochinada
marranada
cerdada

faena
trastada
feo

↔ limpieza
    detalle
    favor

gorrinera
pocilga
porqueriza

gorrino
cerdo
puerco
cochino
guarro
marrano

gorro
sombrero
capucha
capuchón

gorrón
aprovechado
chupón
parásito

sablista
sacacuartos

gorronear
gorrear
aprovecharse
chupar
sablear
arrimarse

gota
pizca
chispa
ápice
poco

↔ montón

gotear
espaciarse
repartirse

chispear
lloviznar

↔ diluviar

goteo
gota a gota
chorreo

gotera
achaque
arrechucho
dolencia
indisposición

goteras *amer.*
afueras
periferia
extrarradio

gotero *amer.*
cuentagotas

gouache *fr.*
guache
aguada

gourmet *fr.*
gastrónomo

gozada *col.*
placer
satisfacción
goce
gustazo *col.*

gozar(se)
disfrutar
placer
complacerse
deleitarse
regocijarse
recrearse
solazarse

poseer
disponer
usar

↔ sufrir
    padecer

    carecer

gozne
bisagra
pernio
charnela

gozo
goce
disfrute
placer
deleite
regocijo
agrado
recreo
solaz
delicia
gusto
complacencia
satisfacción
alegría
alborozo
contento
júbilo

↔ desagrado
    disgusto
    molestia
    pena
    pesar

gozoso
complacido
satisfecho
alegre
alborozado
contento
jubiloso
feliz

↔ triste
    apenado
    disgustado

grabado
estampa
ilustración
dibujo
lámina

grabadora
magnetófono
casete

grabar(se)
labrar
tallar
cincelar

registrar

imprimir
inculcar

↔ borrar

gracejo
gracia
soltura
desenfado

↔ sosería
    insulsez

gracia
humor
chispa
amenidad

agudeza
ocurrencia
chiste
dicho
golpe
gansada *col.*

encanto
atractivo
hechizo
duende
ángel
aquel

elegancia
armonía
garbo
donaire
donosura

soltura
desenfado
gracejo
salero
desparpajo

habilidad
talento
maña
arte
disposición

protección
simpatía
amparo
favor
merced

perdón
indulto
clemencia
amnistía
remisión
condonación

↔ sosería
sequedad
insulsez

desgarbo

timidez
vergüenza

torpeza

enemistad
antipatía

condena

grácil
esbelto
sutil
tenue
delicado
ligero

↔ tosco
basto

gracioso
divertido
cómico
ameno
agudo
ocurrente
chistoso
burlón
bufo
chusco
cachondo *col.*

patoso
pelmazo
payaso

agradable
encantador

atractivo
elegante
armonioso
salado
garboso
donoso
bonito

generoso

gratuito

↔ serio
desaborido

ameno

feo
desagradable

interesado

oneroso

grada[1]
escalón
peldaño

tarima
peana
pedestal

graderío
anfiteatro

gradas
escalinata
escalera

grada[2]
rastra

gradación
escala
gama
progresión

gradería o
graderío
grada
anfiteatro
tendido

gradiente *amer.*
pendiente
inclinación

grado[1]
nivel
escalón

intensidad
alcance
medida
valor

ciclo
curso
enseñanza

categoría
jerarquía
cargo
empleo
escalafón

grado[2]
gusto
voluntad

graduable
regulable
ajustable

↔ fijo

graduación
regulación
ajuste

escalonamiento
dosificación

titulación
diplomatura
licenciatura

grado
empleo

graduado
regulado
ajustado

escalonado
dosificado

titulado
diplomado
licenciado

gradual
progresivo
paulatino
escalonado

↔ repentino

graduar(se)
regular
ajustar
medir

escalonar
dosificar

titular
diplomar
licenciar

↔ desajustar

graffiti *ital.*
pintada

grafía
letra

gráfico
ilustración
dibujo

diagrama
croquis
esquema

expresivo
elocuente
plástico
descriptivo

↔ inexpresivo

grafismo
expresividad
elocuencia
plasticidad

↔ inexpresividad

gragea
pastilla
píldora
comprimido

gramatical
↔ agramatical

gramófono
gramola
fonógrafo

gran
grande

grana
granate
burdeos
encarnado
carmesí
cochinilla

granada
milgrana *ant.*

granado[1]
milgranero *ant.*

granado[2]
maduro
experto
experimentado
ducho
avezado

notable
principal
ilustre
distinguido
selecto

↔ inmaduro
inexperto
bisoño

vulgar
corriente

granar
fructificar
madurar

granate
grana
burdeos
encarnado
carmesí

grande
vasto
extenso
amplio
espacioso
ancho
alto
enorme
grandioso
inmenso
desmedido
gigante
monumental
gordo
abultado
voluminoso
ganso *col.*

agudo
intenso
vivo

ingente
hondo

importante
considerable
notable
mayúsculo

adulto
mayor

↔ pequeño
chico

débil
flojo

insignificante
mediocre

niño
joven

grandeza
vastedad
extensión
amplitud
enormidad
grandiosidad
inmensidad

bondad
generosidad
nobleza
magnanimidad
gloria
alteza
sublimidad
excelencia
eminencia

↔ pequeñez

vileza
abyección
bajeza

grandilocuencia
ampulosidad
énfasis

↔ sencillez
llaneza

grandilocuente
altisonante
pomposo
ampuloso
enfático

↔ sencillo
llano

grandiosidad
grandeza
inmensidad
majestuosidad
esplendor
gloria
excelencia
nobleza

↔ pequeñez
insignificancia

grandioso
majestuoso
magnífico
impresionante

↔ insignificante

grandullón
hombrón
hastial

↔ canijo

graneado
granulado

moteado
pintado

granel, a
mucho
abundantemente
copiosamente
a montones
a raudales

↔ a cuentagotas

granero
silo
hórreo
troje

granito
piedra berroqueña

granizada
granizo
pedrisco

lluvia
chaparrón
avalancha

granizo
granizada
pedrisco

granja
hacienda
finca
cortijo
rancho
caserío
casal
alquería
estancia *amer.*
chacra *amer.*
chácara *amer.*

granjear(se)
conseguir
obtener
captar
ganar
procurarse
adquirir
atraer
conquistar

↔ perder

granjería
ganancia
beneficio

grano
semilla

bulto
espinilla
barro
barrillo
habón

granuja
bribón
pillo
pícaro
golfo
rufián
galopín
bigardo
bergante
bandido
sinvergüenza
golfante *col.*

granular
granuloso
granoso
rugoso

↔ pulido
liso

grao
puerto
desembarcadero
fondeadero

grapa
gafa
laña

grapar
engrapar
coser

grasa
lípido
unto

manteca
sebo
gordo

engrasante
lubricante
lubrificante

suciedad
mugre

↔ magro

  desengrasante

  limpieza

grasiento
graso
grasoso
aceitoso
untuoso

graso
grasoso
grasiento
untuoso

↔ magro

gratificación
recompensa
premio
retribución
bonificación
remuneración

gusto
complacencia
agrado

prima
propina
paga

sobresueldo
extra
aguinaldo

↔ castigo
  penalización

  desagrado
  disgusto

gratificante
gratificador
reconfortante
agradable
compensatorio
satisfactorio

↔ desagradable
  molesto

gratificar
recompensar
premiar
retribuir
bonificar

gustar
complacer
agradar

↔ castigar
  penalizar

  desagradar
  disgustar

gratinar
dorar
tostar

gratis
gratuitamente
graciosamente
desinteresadamente
de balde

infundadamente
injustificadamente

gratuito

↔ onerosamente

  fundadamente

  oneroso
  costoso
  caro

gratitusd
agradecimiento
reconocimiento

↔ ingratitud

grato
agradable
apetecible
placentero
dulce
ameno
bueno

↔ desagradable

gratuito
gratis
regalado
gracioso
de balde
sin cargo

infundado
injustificado
arbitrario

↔ oneroso
  costoso
  caro

  fundado
  objetivo

grava
gravilla
balasto

gravamen
impuesto
tributo
contribución
gabela

carga
deuda
canon

↔ exención

gravar
cargar

↔ desgravar
  eximir

grave
importante
trascendental
considerable
capital
gordo *col.*

peligroso
difícil

delicado
arduo
espinoso
crítico

enfermo
moribundo
agonizante

solemne
circunspecto
formal
serio
severo
adusto

ronco
bajo

llano
paroxítono

↔ leve
  insignificante
  intrascendente

  fácil

  sano

  frívolo
  superficial

  agudo

gravedad
gravitación

importancia
trascendencia
alcance
repercusión
significación
magnitud

solemnidad
circunspección
formalidad
seriedad
dignidad
decoro
aplomo

↔ levedad
  insignificancia
  intrascendencia

  frivolidad
  superficialidad

grávida
gestante
preñada
embarazada

encinta
en estado

gravidez
preñez
embarazo
gestación

grávido
lleno
cargado
repleto

↔ vacío

gravilla
grava

gravitación
gravedad

gravitar
pender

cargar
apoyar
sustentar
descansar
estribar

pesar
recaer

gravoso
costoso
caro
oneroso
dispendioso

molesto
pesado
cargante
fastidioso
insoportable

↔ barato
  asequible

  agradable
  divertido

graznar
gañir
chirriar
parpar

graznido
gañido

greca
arabesco
tracería
orla
cenefa
franja

greda
arcilla

gregario
aborregado
adocenado
impersonal

doméstico
  (ciclismo)

↔ individualista
  independiente

greguería
algarabía
vocerío
griterío
jaleo
guirigay

↔ silencio

gremial
corporativo
sindical

gremio
corporación
agrupación
congregación
hermandad
cofradía
colegio
sindicato

greña
pelambrera
maraña
melenas
chasca *amer.*

greñudo
melenudo
peludo

despeinado
desmelenado

↔ pelón

gresca
riña
pelea
trifulca
altercado
reyerta
bronca
disputa
borrasca

alboroto
bulla
follón
jaleo
jolgorio

↔ paz
  concordia

  silencio
  calma

grey
rebaño
manada

grial
cáliz

griego
heleno
helénico

grieta
brecha
raja
resquebrajadura
fisura
hendidura
rendija
resquicio
hueco
abertura

grifa
marihuana

grifo
espita
canilla

grill *ingl.*
parrilla

grillado *col.*
loco
demente

guillado *col.*
chiflado *col.*
pirado *col.*
tocado *col.*

↔ cuerdo
  sensato

grillarse *col.*
enloquecer
guillarse *col.*

grillete
cepo
argolla

grilletes
grillos

grillos
grilletes
hierros
cadenas
carlanca *amer.*

grima
irritación
disgusto
aversión
asco

dentera

↔ agrado
  satisfacción

grímpola
gallardete
flámula
banderín

gringo *amer.*
estadounidense
norteamericano

gripa *amer.*
gripe

gripar
agarrotar
atascar

gripe
influenza
trancazo *col.*

gris

grisáceo
plomizo
ceniciento

vulgar
corriente
mediocre
indiferente
anodino

triste
apagado
sombrío
melancólico
taciturno

difuso
nebuloso
borroso
desvaído

↔ destacado
sobresaliente

alegre
vivo

nítido
claro

grisáceo

gris
glauco

grita

bronca
abucheo
pita
pitada
protesta

↔ aplauso
ovación

gritar

chillar
vocear
vociferar
bramar
aullar
berrear
desgañitarse

abroncar
abuchear
silbar
patalear

↔ susurrar
murmurar

aplaudir
ovacionar

griterío

gritería
chillería
vocerío
alboroto
bulla
jaleo
escándalo
algarabía
algazara

grito

chillido
voz
bramido
aullido
berrido
alarido

↔ susurro
murmullo

grogui *col.*

atontado
embobado
alelado
abobado
adormilado
zombi *col.*

↔ espabilado
despierto

grosería

descortesía
desconsideración
desatención
incorrección
descaro
insolencia
impertinencia
falta de educación

ordinariez
vulgaridad
tosquedad

↔ educación
cortesía

refinamiento
distinción

grosero

maleducado
desconsiderado
descortés
soez
incorrecto

descomedido
desatento
insolente
impertinente
faltón
cafre
bruto
brusco
cerril
bárbaro
guarango *amer.*

basto
ordinario
burdo
tosco
chocarrero
chabacano
plebeyo
bajo

↔ educado
atento
cortés

fino
delicado
distinguido

grosor

espesor
grueso
anchura

grosso modo *lat.*

aproximadamente
a grandes rasgos

grotesco

ridículo
caricaturesco
extravagante
risible
irrisorio
bufo

↔ serio

grúa

cabria
machina
titán
guinche *amer.*

grueso

gordo
obeso
rollizo
robusto

corpulento
fuerte

grande
cuantioso

grosor
espesor

↔ delgado
estilizado

pequeño
insignificante

grullo

ignorante
paleto
cateto
cazurro
ganapán

grumo

coágulo
cuajo
cuajarón
burujo

brote
yema
botón

gruñido

refunfuño
rezongo
bufido

gruñir

refunfuñar
renegar
rezongar
bufar

gruñón

refunfuñón
rezongón
protestón
cascarrabias

grupa

anca

grupo

agrupación
asociación
reunión
conjunto
colectividad

parte
fracción
apartado

↔ individuo
  unidad

gruta
cueva
caverna
antro

gua
canicas (juego)

guache
gouache
aguada

guachinango
  amer.
zalamero
astuto

guacho *amer.*
huérfano
desamparado

guagua[1] (América
y Canarias)
autobús
bus
ómnibus

guagua[2] *amer.*
bebé
rorro

guajolote *amer.*
pavo

gualda
amarillo

gualdo
amarillo

gualdrapa
harapo
andrajo
jirón

gualdrapear
contrapear
alternar

guampa *amer.*
cuerno
asta

guanaco *amer.*
tonto
bobo
memo

↔ listo
  espabilado

guano
estiércol

guantada o
  guantazo
manotazo
cachete
bofetada
torta
tortazo
galleta *col.*
soplamocos *col.*
sopapo *col.*

guantelete
manopla

guapeza
guapura
belleza
harmosura

fanfarronería
chulería
bravuconería

↔ fealdad
  deformidad

  cobardía

guapo
bello
hermoso
lindo
agraciado
galano
atractivo
apuesto
apolíneo

fanfarrón
bravucón
gallito
chulo

col.
bueno
estupendo
guay *col.*
fetén *col.*

↔ feo
  deforme

  apocado
  cobarde

  malo
  ful *col.*

guapura
guapeza
belleza
hermosura

↔ fealdad
  deformidad

guarango *amer.*
grosero
maleducado

↔ educado

guarda
guardián
vigilante
cuidador

guardia
cuidado
vigilancia
custodia
tutela

guía
varilla

guardamano
guarnición
cazoleta

guardabarros
aleta

guardaespaldas
escolta
gorila *col.*

guardagujas
cambiavía *amer.*

guardameta
portero
cancerbero
arquero *amer.*

guardapolvo
bata
babi

guardar
cuidar
vigilar
custodiar
velar
atender

proteger
defender
librar
amparar
salvar

colocar
ordenar
meter
recoger

conservar
reservar
almacenar
retener

ahorrar
economizar

cumplir
observar

guardarse
prevenirse
recelar
desconfiar
alejarse
evitar
abstenerse

↔ descuidar
  abandonar

  desproteger

  sacar
  descolocar

  dar
  entregar
  compartir

  gastar
  despilfarrar

  desobedecer
  faltar

  confiarse

guardarraya *amer.*
linde

guardarropa

ropero
armario

vestuario

guardarropía

atrezo
vestuario

guardería

kindergarten
jardín de infancia

guardia

guarda
cuidado
vigilancia
custodia
tutela

escolta
patrulla
retén

agente
centinela
policía

↔ descuido
abandono

guardián

guarda
cuidador
vigilante
custodio

guardilla

buhardilla
boardilla
mansarda

guarecer

proteger
defender
acoger
admitir
recibir

guarecerse

cobijarse
resguardarse
refugiarse

↔ desamparar
abandonar

exponerse

guarida

cubil
madriguera
cueva

refugio
nido
alojamiento
albergue

guarismo

cifra
dígito

guarnecer

adornar
complementar

surtir
abastecer
proveer
equipar

defender
ocupar

↔ desguarnecer
despojar

desabastecer

desproteger
evacuar

guarnición

guarnimiento
adorno
ornato
ornamento
complemento
accesorio

guarda
guardamano
cazoleta

engaste
montura

guarniciones

arreos
arneses

guarnicionería

talabartería

guarrada

guarrería
suciedad
porquería
inmundicia

marranada
cerdada
gorrinada
cochinada

faena
jugada
jugarreta
charranada
cabronada *vulg.*
mala pasada

↔ limpieza
pulcritud

favor
beneficio

guarrazo *col.*

porrazo
golpetazo
batacazo

guarrear(se)

ensuciar

↔ limpiar

guarrería

guarrada
suciedad
porquería
inmundicia

guarro

cerdo
puerco
marrano
gorrino
cochino

sucio
desaseado
asqueroso
inmundo
mugriento

obsceno
indecente
verde *col.*

canalla
miserable

↔ limpio
pulcro
aseado

decente
decoroso

noble
cabal

guasa

burla
ironía
sorna
socarronería
broma
pitorreo *col.*
choteo *col.*
chufla *col.*
chunga *col.*
cachondeo *col.*

↔ seriedad
gravedad

guasearse

reírse
burlarse
chancearse
mofarse
pitorrearse *col.*
cachondearse *col.*

guasón

socarrón
burlón
bromista
chacotero
cachondo *col.*

↔ serio

guatear

enguatar
almohadillar
acolchar

guateque

baile
fiesta

guay *col.*

estupendo
sensacional
genial
magnífico
fenómeno
demasiado *col.*
dabuten *col.*

↔ fatal
desastroso

gubernamental

gubernativo
oficial
ministerial

guedeja

mechón

melena
pelambrera
cabellera

guepardo

onza

guerra

contienda
conflagración
enfrentamiento
conflicto
hostilidades
choque
lucha
refriega
disputa

erradicación
eliminación

↔ paz
   armisticio

   impulso
   fomento

guerrera

casaca

guerrero

soldado
combatiente
luchador
militar
gladiador

bélico
marcial
combativo

batallador
belicoso
peleón

travieso
revoltoso
enredador
alborotador

↔ pacífico
   pacifista

   tranquilo

guerrilla

banda
facción
partida

avanzada
avanzadilla

guerrillero

partisano
maquis
faccioso

gueto

ghetto
judería
aljama

guía

conductor
piloto
timonel
lazarillo
monitor
cicerone

maestro
asesor
consejero
director
preceptor
mentor
líder
adalid

orientación
faro
antorcha
norte
pauta
rumbo
derrotero

directorio
manual
libro
vademécum

mojón
carril
ranura

guarda
varilla

rodrigón

manillar

guías

riendas

guiar

orientar
encauzar
encaminar

conducir
pilotar
gobernar

asesorar
aconsejar
dirigir
capitanear

↔ desorientar
   desviar

guija

guijarro
china

almorta
tito

guijarro

guija
china
chinarro
canto

guijo

grava
gravilla
cascajo
cascote

guillarse col.

enloquecer
grillarse col.
chiflarse col.
perder la chaveta col.

irse
marcharse
pirarse col.

↔ quedarse
   permanecer

guinche amer.

grúa

guinda

cereza póntica

colofón
culmen
remate

guindar col.

robar
hurtar
sustraer
afanar col.
choricear col.

guiñada

guiño

guiñapo

andrajo
harapo
pingajo
jirón
piltrafa

ruina

guiño

guiñada
parpadeo

insinuación
sugerencia
indirecta

guiñol

títeres

guión

esquema
sinopsis

libreto amer.

estandarte
pendón
enseña

guipar col.

ver
junar col.

descubrir
pillar
fichar col.
calar col.

guiri col.

extranjero

guirigay

galimatías

escándalo
alboroto
follón
bulla
jaleo
jarana
gorigori
batahola

↔ calma
   silencio

guisa
modo
manera
forma
suerte

guisado
cocinado
guiso
↔ crudo

guisante
arveja *amer.*

guisar
cocinar

cocer
tramar
maquinar
fraguar
proyectar
concebir
planear
organizar

guiso
guisado
estofado
olla
puchero
plato

güisqui
whisky

guita
cordel
bramante
col.
dinero
pasta *col.*
plata *col.*
parné *col.*
cuartos *col.*

guitarrillo
guitarro
requinto

guitarro
guitarrillo

güito
sombrero
hueso

gula
glotonería
tragonería
voracidad
avidez
ansia
apetito

↔ frugalidad
templanza
inapetencia

gulusmear
golosinear
lechucear
picar

gulusmero
lambrucero
lameruzo
lechuzo

gurí *amer.*
niño

guripa *col.*
soldado

municipal
guardia

granuja
golfo
pícaro
bribón
pillo
pillastre

gurriato *col.*
niño

gurrumina *amer.*
cansancio
flojera

gurrumino *amer.*
débil
enclenque

niño
muchacho

↔ fuerte
robusto

gurruño
ovillo
lío

gurullo
burujo
grumo

gusa *col.*
hambre
apetito
gana
gazuza *col.*

↔ inapetencia
desgana

gusano
verme
helminto

miserable
indeseable
infame
rata
reptil

↔ bendito
bueno

gustar
agradar
complacer
placer
encantar
apasionar
deleitar
flipar *col.*

disfrutar
recrearse
gozarse

degustar
saborear
paladear
catar
probar

experimentar
conocer

↔ desagradar
disgustar
repugnar

gustillo
regusto
dejo

gusto
paladar
sabor

placer
satisfacción
goce
gozo
deleite
delectación
complacencia
agrado
afición

voluntad
gana
deseo
capricho
antojo
arbitrio
albedrío

elegancia
distinción
finura
sensibilidad

↔ insulsez
insipidez

disgusto
desagrado
asco
aversión

ordinariez
chabacanería
vulgaridad

gustoso
sabroso
delicioso
apetitoso
goloso
exquisito
suculento
rico
bueno

complacido
contento
encantado

↔ insípido
insulso

disgustado
contrariado

gutural
ronco
profundo
grave

velar

↔ agudo

haba *col.*
glande
bálano
capullo *vulg.*

habano
puro
cigarro

haber[1]
existir
asistir
acudir
hallarse
encontrarse
estar presente

ocurrir
acontecer
acaecer
sobrevenir

verificarse
efectuarse

deber
tener
ser preciso
ser necesario

↔ ausentarse

haber[2]
capital
caudal
hacienda
fondos

haberes
emolumentos
paga
sueldo
retribución
gaje

↔ debe

habichuela
alubia
judía
fríjol

hábil
habilidoso
diestro
mañoso
experto
perito

astuto
inteligente
ladino
sagaz
avispado

↔ torpe

habilidad
destreza
pericia
maña
maestría
soltura

capacidad
disposición
aptitud
talento
arte

sutileza
diplomacia
tiento
tacto

↔ torpeza

habilidoso
hábil
mañoso
diestro

↔ torpe

habilitación
capacitación

acondicionamiento
adecuación
adaptación

↔ inhabilitación

habilitar
capacitar
autorizar

aportar
financiar

acondicionar
adaptar
aclimatar
adecuar

↔ inhabilitar

habitación
dependencia
estancia
pieza
aposento
cuarto
dormitorio
alcoba

alojamiento
vivienda
morada
residencia
habitáculo

habitáculo
compartimiento
receptáculo

habitación
vivienda
morada

hábitat

habitante
residente
vecino
morador
poblador
paisano
ciudadano

habitar
vivir
residir
morar
poblar
alojarse
domiciliarse
avecindarse
aposentarse
establecerse
anidar

↔ deshabitar
  mudarse

hábitat
medio
elemento
ambiente
ámbito
espacio
habitáculo

hábito
costumbre
rutina
uso
usanza

experiencia
práctica
pericia
destreza
facilidad
veteranía

↔ inexperiencia

habitual

acostumbrado
ordinario
normal
usual
corriente
tradicional
frecuente
asiduo

constante
perseverante

↔ inusual

  ocasional

habituar(se)

acostumbrar
familiarizar
acomodar
aclimatar
adecuar

↔ deshabituar

habla

palabra
voz
expresión

dialecto
jerga
idiolecto

deje
acento

hablador

locuaz
charlatán
parlanchín *col.*
cotorra *col.*

↔ callado
  lacónico

habladuría

rumor
murmuración
chisme
hablilla
cotilleo
chismorreo
comadreo *col.*
cuento *col.*

hablar

expresar
comunicar

charlar
conversar
departir

versar
tratar
ocuparse
comentar
citar
mencionar

murmurar
criticar
chismorrear
cotillear
comadrear *col.*

rogar
interceder
mediar
abogar

confesar
revelar
largar *col.*
soltar *col.*
cantar *col.*

recordar
evocar

acordar
convenir
concertar

↔ callar
  silenciar

hablilla

habladuría
chisme
murmuración
rumor
cotilleo

hablista

purista

habón

roncha
grano
bulto
picadura

hacedero

factible
practicable
posible

↔ imposible

hacendado

potentado
terrateniente

hacendoso

trabajador
laborioso
industrioso
diligente
activo
afanoso

↔ vago
  holgazán

hacer(se)

crear
engendrar
componer
inventar
producir
fabricar
construir
elaborar
confeccionar
manufacturar

realizar
ejecutar
efectuar
preparar
arreglar
disponer
aderezar

causar
ocasionar
originar
provocar
suscitar

conseguir
obtener
alcanzar
lograr
adquirir
ganar
apropiarse
adueñarse
proveerse
mercarse

convertir
volver
transformar

concebir
imaginar
abrigar
conjeturar
tramar

forjar
urdir

acomodar
habituar
acostumbrar
adaptar
avezar

comportarse
actuar
proceder
obrar

concernir
referirse
tocar
atañer

apetecer
agradar
gustar
convenir
petar *col.*
molar *col.*

↔ deshacer

  perder

  desacostumbrar

hacha[1]

hachón

hacha[2]

segur

hachís

kif
kifi
quif
chocolate *argot*
costo *argot*

hachón

hacha
antorcha
tea

cirio
velón

hacienda

finca
heredad
predio
tierras
propiedad
estancia *amer.*

fortuna
capital
patrimonio

erario
tesoro

hacinamiento

amontonamiento
acumulación
aglomeración
agolpamiento

hacinar(se)

amontonar
acumular
agolpar
aglomerar
apilar

↔ dispersar

hado

destino
sino
estrella
fatalidad
fortuna
signo

halagador

lisonjero
adulador
obsequioso
complaciente
halagüeño
zalamero

↔ ofensivo

halagar

lisonjear
adular
alabar
agasajar
elogiar

satisfacer
complacer
enorgullecer
envanecer
llenar de orgullo

↔ ofender
herir

halago

lisonja
adulación
alabanza

agasajo
elogio
piropo

↔ ofensa

halagüeño

prometedor
agradable
satisfactorio
favorable
propicio
positivo

halagador
lisonjero
adulador

↔ desfavorable
negativo

ofensivo

halar

jalar (tirar)

hálito

aliento
resuello
respiración
soplo
huelgo

vapor
vaho

cult.
brisa
aura

halitosis

mal aliento

hall *ingl.*

vestíbulo
entrada
recibidor
recibimiento

hallar

encontrar
tropezar
topar

descubrir
averiguar
inventar

observar
notar

advertir
percatarse
darse cuenta

hallarse

contarse
estar
situarse
ubicarse

↔ perder

hallazgo

encuentro

descubrimiento
invento
invención

ganga
momio
mina

↔ pérdida

halo

cerco

nimbo
corona
aureola

haltera

pesa

hamaca

tumbona

amer.
mecedora

hambre

apetito
apetencia
avidez
gazuza *col.*
gusa *col.*
carpanta *col.*

penuria
carestía
escasez

ansia
anhelo
deseo
sed

↔ hartura

abundancia

hambriento

famélico

ansioso
deseoso
sediento
necesitado

↔ saciado

harto

hambrón *col.*

glotón
tragón *col.*
comilón *col.*

↔ desganado

hampa

delincuencia
gangsterismo
canalla
bajos fondos

hampón

delincuente
malhechor
gángster

chulo
bravucón
valentón
perdonavidas *col.*

hándicap

dificultad
inconveniente
pega

↔ ventaja

haragán

perezoso
gandul
holgazán
vago
indolente
flojo

↔ trabajador

haraganear

gandulear
holgazanear
vaguear
no dar palo al
agua *col.*

haraganería

gandulería
holgazanería
vaguería
pereza
indolencia
galbana
flojera

↔ diligencia

harapiento

andrajoso
desharrapado
zarrapastroso
descamisado
astroso

↔ atildado
   elegante

harapo

andrajo
guiñapo
pingajo
jirón

harén o **harem**

serrallo

harmonía

armonía

harmónico

armónico

harmonioso

armonioso

harmonizar

armonizar

hartada

hartazgo
hartón *col.*
atracón *col.*
panzada *col.*

hartar(se)

saciar
saturar
llenar
ahitar
hincharse
inflarse

atiborrar *col.*
atracar *col.*

cansar
aburrir
hastiar
irritar
jorobar *col.*
joder *vulg.*

hartazgo

hartada
hartón *col.*
atracón *col.*
panzada *col.*

hartura
saciedad
cansancio
aburrimiento
hastío

↔ ganas
   interés

harto

saciado
satisfecho
lleno
ahíto
hinchado
atiborrado *col.*

cansado
aburrido
hastiado
hasta las narices *col.*

bastante
demasiado
asaz

↔ hambriento
   necesitado
   deseoso

   poco

hartón *col.*

hartada
hartazgo
atracón *col.*

hartura

hartazgo
saciedad
cansancio
aburrimiento
hastío

abundancia
riqueza

profusión
exceso

↔ ganas
   necesidad

   carencia

hasta

incluso
inclusive

↔ exclusive

hastial

frontispicio

costero

col.
hombretón
gigantón
bigardo *col.*

↔ enano

hastiar(se)

aburrir
cansar
hartar
fastidiar
estomagar
empalagar

↔ divertir
   interesar

hastío

aburrimiento
cansancio
tedio
hartura
hartazgo
fastidio

asco
repugnancia

↔ diversión

hatajo *desp.*

hato
montón
pandilla
banda
sarta

hatillo

hato
atadijo

hato

hatillo

desp.
hatajo
atajo
rebaño

sarta
montón
cuadrilla
pandilla

hayal

hayedo

haz[1]

gavilla
manojo
fajina

haz[2]

derecho

↔ revés

hazaña

proeza
gesta
heroicidad
hombrada
machada

↔ cobardía

hebdomadario

   cult.
semanal

semanario

hebra

fibra
filamento
hilo

filón
vena

cult.
cabello
pelo

hebraico

judío

hebraísmo

judaísmo

hebraísta
hebraizante

hebraizante
judaizante

hebraísta

hebreo
judío
israelita

hebroso
fibroso

hecatombe
matanza
carnicería
mortandad
holocausto
degollina *col.*
escabechina *col.*

catástrofe
cataclismo
desastre
tragedia

hechicería
brujería
magia

hechizo
encantamiento
conjuro

hechicero
brujo
mago
nigromante

encantador
fascinante
cautivador
seductor
atractivo
sugestivo

↔ repulsivo

hechizar
embrujar
maleficiar
encantar

cautivar
fascinar
enamorar

embelesar
seducir
atraer

↔ repeler

hechizo
hechicería
conjuro
encantamiento
maleficio
sortilegio
ensalmo

encanto
embrujo
embeleso
fascinación
seducción
atractivo

↔ repulsión

hecho
maduro
conformado

acostumbrado
familiarizado
habituado
adaptado
curtido

acto
acción
obra

acontecimiento
suceso
caso
evento
accidente
incidente
lance

conforme
vale
de acuerdo

↔ inmaduro

inexperto
bisoño

hechor *amer.*
semental
garañón

hechura
ejecución

composición
formación

configuración
factura
disposición
constitución
complexión
forma
figura

fruto
obra
producto
creación

heder
apestar
oler
atufar

fastidiar
cansar
molestar

↔ perfumar
aromatizar

agradar

hediento
hediondo

hediondez
hedor
fetidez
peste
pestilencia
tufo

hediondo
hediento
apestoso
fétido
pestilente
maloliente
nauseabundo
mefítico *cult.*

asqueroso
sucio
repugnante
repulsivo
impuro
viciado
obsceno

↔ fragante

limpio
puro

hedonismo
epicureísmo

hedonista
epicúreo

hedor
hediondez
fetidez
peste
pestilencia

↔ perfume
aroma

hegemonía
predominio
preponderancia
supremacía
dominio
potestad
señorío

↔ inferioridad

helada
hielo
escarcha
rosada

helado
congelado
gélido
glacial

frío
distante
seco
desdeñoso
esquivo

atónito
estupefacto
suspenso
pasmado
sobrecogido
desconcertado

↔ descongelado

cálido

helar(se)
congelar

paralizar
pasmar
sobrecoger
desconcertar

helarse
aterirse

↔ deshelar

helénico
heleno
griego

helenismo
grecismo

heleno
helénico
griego

helero
nevero

helicoidal
espiral

helminto
gusano
verme

helvecio o
   helvético
suizo

hematíe
eritrocito
glóbulo rojo

hematoma
moratón
cardenal
equimosis *cult.*

hembra *col.*
mujer
señora
tía *col.*

hembrilla
armella
cáncamo

hemiciclo
semicírculo
anfiteatro

hemisférico
semiesférico

hemisferio
semiesfera
lóbulo

hemorroide
almorrana

henchido
hinchado
lleno
repleto
pleno
↔ vacío

henchir
llenar
atestar
colmar
hinchar
inflar

henchirse
hartarse
saciarse
atiborrarse *col.*
atracarse *col.*

hendedura
hendidura

hender(se)
hendir
abrir
rajar
agrietar
resquebrajar
cortar
escindir
↔ unir

hendidura
hendedura
abertura
fisura
raja
resquebrajadura
ranura

hendir(se)
hender

heno
paja
forraje
pasto

heñir
amasar
sobar

heráldica
blasón
armería

heraldo
mensajero
emisario
enviado
anuncio
señal
indicio

herbaje
pasto
hierba
verde

herbario
herbolario

herbazal
prado
pradera
pastizal

herbolario
herbario
herboristería

hercúleo
fuerte
fornido
robusto
vigoroso
corpulento
musculoso
↔ débil

hércules
sansón
titán
forzudo
cachas *col.*
↔ enclenque

heredad
hacienda
posesión
predio
fortuna
capital
propiedades

heredero
beneficiario
sucesor
continuador
descendiente
↔ antecesor

hereditario
atávico
ancestral
patrimonial
genético

hereje
heresiarca
heterodoxo
apóstata
renegado
blasfemo
irreverente
sacrílego
antirreligioso
↔ ortodoxo

herejía
apostasía
heterodoxia
sacrilegio
desatino
insensatez
aberración
daño
perrería *col.*
↔ ortodoxia

herencia
legado
manda

heresiarca
hereje

herida
lesión
llaga
laceración
desolladura
matadura *col.*
ofensa
agravio
afrenta
ultraje

pena
sufrimiento
aflicción
pesar
abatimiento
amargura
desdicha
disgusto

herido
lesionado
lastimado
lacerado
damnificado
maltrecho
descalabrado
contuso
↔ ileso
   indemne

herir(se)
lesionar
lastimar
lacerar
dañar
descalabrar

ofender
agraviar
desairar
humillar

apenar
afligir
doler

golpear
batir
chocar

tañer

↔ curar

hermafrodita
andrógino
bisexual
↔ unisexual

hermana
monja
sor

hermanable
armonizable
conciliable
compatible
compaginable
↔ incompatible

hermanado
igual
semejante
doble
gemelo
↔ distinto

hermanar(se)
armonizar
conciliar
compenetrar
compaginar
unir
vincular
emparentar
↔ separar

hermandad
consanguinidad
fraternidad
armonía
concordia
concordancia
amor
unión
vínculo
lazo
congregación

hermano
fray
sor
cofrade
correligionario
compañero
camarada
amigo
colega *col.*
pareja

hermenéutica
exégesis

hermético
estanco
impermeable
aislado
impenetrable
reservado
introvertido
cerrado
callado

oculto
oscuro
incomprensible
inaccesible
inescrutable
esotérico
secreto
indescifrable
↔ permeable
   comunicativo
   sociable
   evidente
   accesible

hermetismo
impermeabilidad
silencio
introversión
reserva
ocultación
inaccesibilidad
esoterismo
↔ sociabilidad
   accesibilidad

hermosear(se)
embellecer
engalanar
adornar
ornar
acicalar
realzar
↔ deslucir
   afear

hermoso
bonito
bello
lindo
guapo
agraciado
precioso
divino
grande
amplio
abundante
sano
robusto
fuerte
lozano
noble
bueno
bondadoso

generoso
espléndido
conmovedor
soleado
radiante
↔ feo
   canijo
   enclenque
   innoble
   vil
   desapacible

hermosura
belleza
beldad
preciosidad
maravilla
encanto
divinidad
↔ fealdad

herniarse
quebrarse
deslomarse
esforzarse
ajetrearse
trabajar

héroe
ídolo
figura
campeón
protagonista
semidiós
↔ antihéroe

heroicidad
valentía
arrojo
audacia
bizarría
hazaña
proeza
gesta
hombrada
machada
↔ cobardía

heroico
valiente
arrojado

audaz
arriesgado
intrépido

épico

↔ cobarde

heroína

protagonista
estrella

caballo *argot*

heroinómano

yonqui

heroísmo

heroicidad
valentía
coraje
arrojo
audacia
gallardía
bizarría

↔ cobardía

herradero

hierra *amer.*
yerra *amer.*

herramienta

instrumento
utensilio
útil
aparejo
apero
instrumental
material

herrar

guarnecer
tachonar
tachonear

herrería

fragua
forja
fundición

herrumbrar(se)

oxidar
enmohecer

herrumbre

óxido
orín

moho
pátina

herrumbroso

oxidado
mohoso
orinoso

hervidero

borboteo
burbujeo

multitud
muchedumbre
hormiguero
enjambre
torrente

hervor
torbellino
efervescencia
vorágine

hervir

cocer
borbotear
burbujear
bullir

agitarse
alborotarse
hormiguear

arder

hervor

hervido
ebullición
efervescencia

agitación
viveza
entusiasmo
ardor
fogosidad
ánimo

hetaira *cult.*

cortesana

heteróclito

irregular
heterogéneo
dispar
complejo
plural

↔ homogéneo

heterodoxia

herejía
apostasía

disensión

↔ ortodoxia

heterodoxo

hereje
apóstata
renegado

disidente
disconforme

↔ ortodoxo

heterogeneidad

variedad
diversidad
disparidad
desigualdad
multiplicidad
pluralidad
mezcla
complejidad

↔ homogeneidad

heterogéneo

variado
diverso
dispar
desigual
múltiple
plural
complejo
ecléctico
heteróclito *cult.*

↔ homogéneo

heterosexual

↔ homosexual

heterosexualidad

↔ homosexualidad

hético

tuberculoso
tísico

escuálido
enclenque
consumido
esquelético
famélico

↔ robusto

hez

poso
madre
sedimento
asiento

escoria
deshecho
chusma
morralla

heces

excrementos
deposiciones

hiato

↔ diptongo

hibernal

invernal

↔ estival

hibernar

invernar

hibridación

cruce
mezcla
combinación
mestizaje

↔ pureza

híbrido

mixto
mezclado
misceláneo
mestizo

↔ puro

hidalgo

noble
generoso
caballeroso
magnánimo
desinteresado
altruista

↔ innoble
   mezquino

hidalguía

nobleza
generosidad
caballerosidad

magnanimidad
desinterés
altruismo

↔ mezquindad

hidroavión
hidroplano

hidrofobia
rabia

hidrofóbico
rábico

hidrófobo
rabioso

hidromiel
aguamiel

hidroplano
hidroavión

hiel
bilis

amargura
resentimiento
rencor
sufrimiento
tormento
veneno
mala intención

hieles
adversidades
dificultades
padecimientos
pesares

hielo
helada

frialdad
indiferencia
impasibilidad
desentendimiento

↔ calor
   ternura

hierático
rígido
inexpresivo
impasible

inalterable
grave
solemne

sacro
sacerdotal

↔ expresivo

hieratismo
inexpresividad
rigidez
impasibilidad
gravedad
solemnidad

↔ expresividad

hierba
césped
verde

argot
marihuana

hierra *amer.*
herradero
yerra *amer.*

hierro
acero
arma blanca

hoja

higa
amuleto

col.
higo *col.*
bledo *col.*
comino *col.*
pimiento *col.*

hígados
valor
ánimo
redaños
arrojo
narices

estómago
aguante
cuajo

higiene
limpieza
aseo
pulcritud

desinfección
profilaxis

↔ suciedad

higiénico
limpio
desinfectado
profiláctico

↔ sucio
   antihigiénico

higienizar
sanear
limpiar
desinfectar
asear

↔ ensuciar
   contaminar

higo *col.*
higa *col.*
comino *col.*
bledo *col.*
pimiento *col.*

hijastro
entenado

hijear *amer.*
retoñar

hijo
descendiente
vástago
retoño

brote
yema
botón

natural
nativo
oriundo

resultado
consecuencia
fruto

hila
hilado

hilacha
resto
migaja

hilachas *amer.*
harapos
andrajos

hilachento *amer.*
andrajoso
desharrapado

hilada
hilera
fila
cadena
ristra

hilado
hila
hilaza

hilandería
hilatura

hilar
discurrir
inferir
deducir

hilarante
cómico
divertido
festivo
risible
chistoso
humorístico

↔ trágico

hilaridad
risa
carcajada
cachondeo *col.*

↔ llanto

hilatura
hilandería

hilaza
hilado
hila

hilera
hilada
fila
cadena
ristra

hilván
basta
puntada

hilvanar(se)
embastar
coordinar
engarzar
encadenar
ligar
bosquejar
proyectar
planear
↔ deshilvanar

himen
virgo

himeneo *cult.*
boda
casamiento
desposorios
nupcias
esponsales
epitalamio *cult.*

hincapié, hacer
insistir
reiterar
machacar

hincar
clavar
atravesar
hundir
ensartar
apoyar
fijar
asentar
afirmar
asegurar
↔ desclavar
   arrancar

hincha
forofo
fan
seguidor
partidario
entusiasta
incondicional
antipatía
odio

manía
asco
ojeriza
tirria *col.*
gato *col.*
↔ detractor
   simpatía

hinchado
envanecido
pretencioso
vanidoso
engreído
grandilocuente
altisonante
ampuloso
enfático
pomposo
retórico
↔ sencillo
   llano

hinchar(se)
henchir
inflar
llenar
exagerar
abultar
aumentar
acentuar

hincharse
inflamarse
abotargarse
hartarse
atiborrarse *col.*
atracarse *col.*
presumir
ahuecarse
envanecerse
empavonarse
crecerse
↔ deshinchar
   atenuar
   rebajar
   humillarse

hinchazón
inflamación
abultamiento
tumefacción
envanecimiento
pretensión

vanidad
engreimiento
ínfulas
grandilocuencia
altisonancia
ampulosidad
retoricismo
énfasis
pomposidad
↔ sencillez

hindú
indio

hiniesta
retama

hinojo
rodilla

hipar
sollozar
lloriquear

hiperbólico
exagerado
hinchado
abultado
excesivo

hipercloridia
acidez (de estómago)
ardor

hiperglucemia
↔ hipoglucemia

hipermercado
supermercado
grandes superficies

hipertenso
↔ hipotenso

hipertermia
fiebre
calentura
↔ hipotermia

hípica
equitación
monta

hipido
hipo
sollozo

hipnótico
somnífero
narcótico
↔ estimulante

hipnotizar
hechizar
embrujar
cautivar
fascinar

hipo
hipido
sollozo

hipocondriaco o
   hipocondríaco
aprensivo

hipocresía
falsedad
fingimiento
doblez
insinceridad
↔ sinceridad

hipócrita
falso
doble
fingido
insincero
↔ sincero

hipodérmico
subcutáneo

hipófisis
pituitaria

hipoglucemia
↔ hiperglucemia

hipotermia
↔ hipertermia
   fiebre

hipótesis
conjetura
supuesto

suposición
presunción
teoría

↔ confirmación

hipotético

supuesto
conjeturado
teórico
posible
eventual
factible

incierto
dudoso
improbable

↔ comprobado
   imposible

   seguro

hiriente

doloroso
ofensivo
insultante
punzante
lacerante

↔ confortador
   cariñoso

hirsuto

erizado
espinoso
híspido
de punta

adusto
huraño
hosco
intratable
seco

↔ suave
   afable

hispalense

sevillano

hispánico

hispano
español

hispanizar

españolizar

hispano

hispánico

hispanoamericano

iberoamericano
latinoamericano

hispanoárabe

hispanomusulmán

híspido

hirsuto
erizado

↔ suave

histeria

histerismo
nerviosismo
excitación
agitación

↔ tranquilidad

histérico

nervioso
excitado
trastornado
descompuesto

uterino

↔ flemático

histerismo

histeria

historia

crónica
anales
testimonio
documento

biografía
vida

historieta
anécdota
narración
relato
cuento
fábula
leyenda

monserga
rollo

problema
asunto
lío

chisme
enredo

murmuración
bulo
habladuría
patraña

historiado

complicado
abigarrado
recargado
barroco

↔ sencillo
   simple

historial

currículo
curriculum vitae
expediente
informe

histórico

auténtico
real
comprobado
cierto

trascendente
crucial
significativo
clave

↔ incierto
   intranscendente
   anecdótico

historieta

anécdota
narración
relato
cuento
chiste

cómic
tebeo

histrión

comediante

payaso
bufón

histrionismo

teatralidad
afectación

aparatosidad
efectismo

↔ moderación
   sencillez

hito

mojón
señal
pilón
poste

jalón
acontecimiento

hobby *ingl.*

afición
pasatiempo
distracción

hocicar(se)

hozar

curiosear
cotillear
husmear
huronear
meter la nariz *col.*

chocar
tropezar
topar
darse de narices *col.*

hocico

morro

col.
boca

hocicudo

morrudo
jetudo
jetón

amer.
enfadado
enfurruñado
malhumorado

hodierno

actual
contemporáneo
moderno
reciente

↔ antiguo

hogaño

actualmente
ahora
hoy
hoy en día
en la actualidad

↔ antaño

hogar

fogón

casa
domicilio
morada
vivienda
residencia
techo
cobijo
nido

hogareño

doméstico

familiar
casero

hoguera

fogata
fuego
pira
lumbre

hoja

pétalo

plancha
lámina
capa

folio
cuartilla

filo
hierro

hojarasca

frondosidad
espesura
follaje

paja
relleno
broza

↔ enjundia

holandés

neerlandés

holgado

amplio
ancho
espacioso
grande
sobrado

desahogado
acomodado

adinerado
pudiente

↔ estrecho
    ajustado

    necesitado

holganza

descanso
reposo
relax
inactividad
vagancia
ocio
recreo

holgar

descansar
reposar
vaguear
haraganear

sobrar
estar de más

holgarse

solazarse
divertirse
entretenerse
recrearse
disfrutar

alegrarse
complacerse
felicitarse

↔ trabajar

    faltar

    aburrirse

    entristecerse

holgazán

vago
gandul
haragán
perezoso
indolente
remolón
flojo

↔ trabajador

holgazanear

vaguear
gandulear
haraganear
remolonear
tocarse las narices *col.*

↔ bregar

holgazanería

vaguería
gandulería
haraganería
pereza
indolencia
flojera
galbana

↔ diligencia

holgura

amplitud
anchura
espaciosidad
huelgo

desahogo
bienestar
abundancia
comodidad

↔ estrechez

    apuro

holladura

huella
pisada

hollar

pisar

humillar
despreciar
pisotear
atropellar
conculcar
violar
quebrantar
profanar

↔ respetar

hollejo

pellejo
piel

hollín

tizne

holocausto

matanza
mortandad
exterminio
genocidio

hológrafo

ológrafo

hombrada

machada
heroicidad
hazaña
proeza

↔ cobardía

hombre

varón
macho

adulto

criatura
semejante
prójimo
mortal
tipo
fulano *col.*

humanidad

↔ mujer

    niño

hombretón

gigante
gigantón
hastial
bigardo *col.*

↔ enano
    canijo

hombría

virilidad
masculinidad

energía
valentía
entereza
reciedumbre

↔ feminidad

    cobardía

hombruno

masculino
varonil
viril

↔ femenino

homenaje

vasallaje

galardón
distinción

reconocimiento
ofrecimiento
honores
lauro

homenajear

aclamar
glorificar
ensalzar
reconocer
vitorear

homicida

asesino

homofonía

↔ polifonía

homófono

↔ polifónico

homogeneidad

igualdad
uniformidad
coherencia
consonancia
equilibrio

↔ heterogeneidad

homogeneizar

igualar
uniformar

↔ mezclar

homogéneo

igual
uniforme
coherente
consonante
equilibrado
indiferenciado

↔ heterogéneo

homologable

equiparable
equivalente

homologación

normalización
equiparación
convalidación
verificación
corroboración
ratificación

homologar

normalizar
igualar
equiparar
convalidar
verificar
corroborar
ratificar

homólogo

análogo
semejante

sinónimo

↔ antónimo

homónimo

tocayo

homosexual

gay
marica *desp.*
invertido *desp.*
sarasa *desp.*
de la otra acera *col.*

lesbiana

↔ heterosexual

homosexualidad

inversión

↔ heterosexualidad

hondo

profundo

verdadero
intenso

oculto
secreto
recóndito
interior
escondido
íntimo

↔ superficial

hondonada

hondura
depresión
hoya
hoyo
vaguada

↔ prominencia

hondura

profundidad

hondonada
depresión

honestidad

honra
honradez
integridad
rectitud
probidad
principios
escrúpulos
moral

decencia
honor
castidad
virginidad
pudor

↔ deshonestidad

honesto

honrado
íntegro
recto
justo
probo
irreprochable
intachable
cabal

decente
casto
púdico

↔ deshonesto

hongo

seta

bombín

honor

honra
honorabilidad
estima
respetabilidad
dignidad
reputación
renombre
celebridad
prez

honestidad
decoro
pudor

recato
decencia
castidad

orgullo
satisfacción
placer
gusto

distinción
reconocimiento
enaltecimiento

honores

homenaje
ceremonia
galardón

↔ deshonor

indecencia

desprecio
humillación

honorabilidad

honra
honradez
nobleza
dignidad
respetabilidad
renombre
prestigio
crédito

↔ descrédito

honorable

digno
respetable
venerable
insigne
estimable
distinguido
prestigioso

↔ indigno

honorífico

honorario

honra

honor
honorabilidad
estima
respetabilidad
dignidad
renombre
consideración
prestigio

honestidad
decencia
castidad
virginidad

↔ deshonra
  indecencia

honradez

honestidad
decencia
integridad
rectitud
probidad

↔ deshonestidad
  desvergüenza

honrado

honesto
decente
íntegro
recto
digno
intachable
probo
justo
cabal

↔ deshonesto
  sinvergüenza

honrar(se)

respetar
estimar
venerar
reverenciar

enorgullecer
enaltecer
ennoblecer
engrandecer
ensalzar
distinguir
galardonar
homenajear

↔ deshonrar
  humillar

honrilla

pundonor
puntillo
amor propio

honroso

honorable
digno
noble
respetable

decoroso
decente

↔ deshonroso

hontanar

fontanal *cult.*

hopo

jopo
cola

horadar

perforar
taladrar
agujerear
picar

horca

cadalso
patíbulo

bieldo

horquilla
horqueta
horcón

horcón

horqueta
horca
horquilla

horda

tribu
clan

banda
cuadrilla
partida
turba *desp.*
caterva *desp.*
patulea *desp.*
hatajo *desp.*

horizontal

acostado
tendido
tumbado
apaisado
yacente

↔ vertical

horizonte

confín

perspectiva
posibilidad

futuro
salida

hormiguear

cosquillear
desazonar
reconcomer
picar

bullir
pulular
removerse
agitarse

hormigueo

hormiguillo
cosquilleo
comezón
picazón
desazón

desasosiego
nerviosismo
agitación

↔ calma

hormiguero

hervidero
enjambre

aglomeración
muchedumbre
torbellino
efervescencia

hormiguillo

hormigueo
cosquilleo
comezón
picazón

hornacina

nicho

hornada

promoción
reemplazo
quinta

tanda

hornear(se)

asar
tostar
dorar
gratinar

hornillo

infiernillo
brasero

horno

asador
microondas

tahona
panadería

horóscopo

pronóstico
vaticinio
augurio

zodiaco

horqueta

horca
horquilla
horcón

amer.
bifurcación

horquilla

horca
horqueta
horcón

pasador
gancho *amer.*

horrendo

horrible

hórreo

granero
silo
troj

horrible

horrendo
horroroso
horripilante
terrorífico
espantoso
aterrador
pavoroso
espeluznante
monstruoso

enorme
tremendo
tremebundo
imponente
intenso

feo
deforme
repugnante

↔ estupendo
  bueno

  precioso

horripilante

horroroso
horrible
horrendo
aterrador
espantoso
espeluznante

↔ tranquilizador

horripilar(se)

horrorizar
aterrar
espantar
aterrorizar
espeluznar
poner los pelos de
  punta *col.*

↔ tranquilizar

horro

liberto
manumiso

dispensado
exento
carente
falto
desprovisto

↔ dotado

horror

terror
pavor
espanto
pánico
estremecimiento

atrocidad
crueldad
brutalidad
monstruosidad

aborrecimiento
aversión
fobia
manía
repugnancia
asco

bodrio
birria
porquería

enormidad
barbaridad
montón

horrores

mucho
enormemente
cantidad *col.*

↔ tranquilidad

  clemencia
  suavidad

  afición
  querencia

  maravilla

  nada
  apenas

horrorizar(se)

horripilar
aterrar
espantar
espeluznar
estremecer
asustar
acojonar *vulg.*

escandalizar

disgustar
repeler
repugnar
asquear
indignar

↔ tranquilizar

  atraer
  agradar

horroroso

horrible

hortelano

hortense
hortícola

horticultor
huertano

hortera

vulgar
ordinario
basto

zafio
chabacano
paleto
macarra

dependiente

↔ elegante
  distinguido

horterada

vulgaridad
ordinariez
chabacanería
paletada

↔ elegancia
  exquisitez

hortícola

hortelano
hortense

horticultor

hortelano
huertano

hosco

arisco
adusto
seco
desabrido
huraño
intratable
antipático
áspero
insociable
hurón

desapacible
inhóspito

↔ afable

  apacible
  acogedor

hospedaje

alojamiento
albergue
estancia

hospedería
hotel

hospedar(se)

alojar
albergar
aposentar

acoger
recibir
cobijar
instalar

↔ desalojar

hospedería

hospedaje
hostería
hostal
albergue
pensión
posada
residencia

hospiciano

inclusero
expósito

hospicio

inclusa
orfanato
orfelinato

asilo

hospital

sanatorio
clínica
policlínica
centro médico

hospitalario

acogedor

↔ inhóspito

hospitalización

ingreso

hospitalizar

ingresar
internar

↔ dar el alta

hosquedad

adustez
sequedad
desabrimiento
antipatía
aspereza
insociabilidad

↔ afabilidad
  amabilidad

hostal

hostería
hospedería
posada
pensión
residencia

hostería

hostal
posada
fonda

hostia

forma

oblea
barquillo

vulg.
torta
bofetón
golpe
leche *vulg.*

hostigador

fustigador
acosador
instigador

hostigamiento

acoso
atosigamiento
presión
persecución

batida
acometida

hostigar

fustigar
aguijar

acosar
atosigar
asediar
presionar
perseguir
molestar
incordiar
fastidiar
pinchar

hostilizar
castigar
atacar

hostil

contrario
enemigo

enfrentado
rival
adverso
desfavorable
opuesto
antagonista

↔ amigo
   favorable

hostilidad

enemistad
rivalidad
oposición
aversión
enfrentamiento

hostilidades

guerra
conflicto
conflagración
contienda

↔ amistad
   paz

hostilizar

atacar
hostigar
castigar
fustigar

hotel

hospedería
hospedaje
parador
albergue

chalé
villa
torre (Cataluña)

hoy

actualmente
hogaño
en la actualidad
en nuestros días

↔ antaño

hoya

hoyo
hondura
concavidad
depresión

sepultura
fosa
tumba

hoyo

hueco
agujero
depresión
hondura
concavidad
socavón
hoya

sepultura
fosa
tumba

hoz

desfiladero
garganta
quebrada
cañada
cañón

hozar

hocicar
escarbar

huaico *amer.*

alud
desprendimiento
avalancha

hucha

alcancía
cepillo

hueco

vacío

esponjoso
mullido
holgado
ahuecado
hinchado

vanidoso
orgulloso
presuntuoso
engreído
fatuo
pedante

huero
fútil
vano
insustancial
superficial
superfluo
vacuo
trivial
frívolo

grave
resonante
pomposo
rimbombante

oquedad
cavidad
concavidad
agujero

lugar
sitio
plaza
puesto

↔ macizo
   lleno

   apelmazado

   modesto

   profundo

huelga

paro

huelgo

aliento
respiración
resuello
hálito

holgura
anchura
amplitud

↔ estrechez

huella

pisada
holladura
rastro

traza
resto
señal
marca
vestigio
indicio
impresión
recuerdo

huelveño

onubense

huérfano

necesitado
falto
carente

desamparado
privado
mermado
deficitario

↔ sobrado
   rebosante

huero

vacío
hueco

fútil
vano
insustancial
superficial
vacuo
trivial
estéril

↔ lleno

   profundo
   sustancial

huerta

vergel
huerto

huertano

hortelano

huerto

huerta

hueso

güito
tito
cuesco
carozo *amer.*

col.
ogro

huesos

despojos
restos mortales

huésped

invitado
convidado
comensal
visitante
pensionista

anfitrión

hueste

ejército
tropa

fuerza
legión
horda

huestes

seguidores
partidarios
adeptos
simpatizantes

↔ rivales
   oponentes

huesudo

descarnado
enjuto
esquelético

↔ rollizo

huevo

cigoto

vulg.
testículo
cojón *vulg.*

huevos *vulg.*

valor
coraje
arrojo
valentía
narices *col.*

huida

fuga
evasión
escapada
escabullida
desaparición

huidizo

escurridizo

asustadizo
espantadizo
temeroso
esquivo
medroso
receloso

corto
fugaz
breve
efímero
pasajero

↔ atrevido
   descarado

   largo
   permanente

huir

fugarse
evadirse
escapar
desertar
escabullirse
evaporarse
desaparecer
largarse *col.*
pirarse *col.*
abrirse *col.*
poner tierra por
   medio
poner pies en
   polvorosa *col.*
salir por pies *col.*

evitar
rehuir
eludir
apartarse
esquivar

↔ quedarse
   permanecer

hule

caucho

humanidad

hombre
género humano

humanitarismo
compasión
caridad
bondad
altruismo
benevolencia
benignidad
misericordia
filantropía
solidaridad

corpulencia
gordura
mole

humanidades

letras

↔ crueldad

humanitario

humano
caritativo
bondadoso
compasivo
piadoso
altruista

benevolente
misericordioso
filantrópico
solidario

↔ cruel

humanitarismo

humanidad
compasión
benevolencia
altruismo

↔ crueldad

humanizar(se)

sensibilizar
ablandar
endulzar
dulcificar

↔ deshumanizar

humano

bondadoso
compasivo
caritativo
comprensivo
sensible
considerado
indulgente

hombre
persona
individuo
sujeto

↔ inhumano

humectador

humidificador

humectar

humidificar
humedecer

↔ resecar

humedad

infiltración
gotera

↔ sequedad

humedecer

humidificar
humectar

↔ resecar

humedecimiento

empapamiento
mojadura
humectación

↔ resecación

húmedo

humedecido
mojado
remojado

↔ seco
　árido

humidificador

humectador

humidificar

humectar
humedecer

humildad

sencillez
llaneza
modestia
recato

sumisión
docilidad
acatamiento

pobreza

↔ soberbia
　orgullo

　rebeldía

　riqueza
　posición

humilde

sencillo
llano
modesto
recatado

sumiso
dócil

pobre
de clase baja

↔ soberbio

　rebelde

　aristocrático

humillación

deshonra
ofensa

agravio
afrenta
vergüenza
desprecio
desdén
degradación

↔ honra
　ensalzamiento

humillante

deshonroso
ofensivo
agraviante
vergonzoso
bochornoso
degradante
indigno

↔ honroso

humillar

deshonrar
ofender
agraviar
afrentar
mancillar
avergonzar
abochornar
degradar
rebajar

agachar
doblar
postrar

humillarse

someterse
doblegarse
empequeñecerse

↔ ensalzar

　levantar
　alzar

　rebelarse

humor

carácter
talante
genio
disposición
estado de ánimo

gracia
agudeza
ingenio
ingeniosidad
salero
sal

chispa
jocosidad

humorismo

↔ seriedad
　circunspección

humorada

chiste
broma
ocurrencia
agudeza
gracia
salida
chascarrillo

humorista

cómico
caricato

humorístico

cómico
divertido
gracioso
jocoso
chistoso
ingenioso
cachondo *col.*

↔ serio
　dramático

humos

soberbia
arrogancia
altivez
altanería
suficiencia
vanidad
jactancia
inmodestia

↔ humildad

hundido

abollado

afligido
abatido
apenado
deprimido
entristecido
desolado
deshecho
derrumbado

↔ abultado

　animado
　eufórico

hundimiento

inmersión
sumersión
derrumbamiento
desmoronamiento
caída
destrucción

socavón
hondonada
depresión

↔ emersión

　levantamiento
　florecimiento

hundir(se)

sumergir
sumir

meter
clavar
penetrar
entrar

abollar
desfondar
ceder

arruinar
frustrar
abortar
fracasar

afligir
abatir
apenar
deprimir
entristecer
desolar
derrotar
desmoralizar
destrozar
deshacer
derrumbar

↔ emerger

　sacar

　levantar

　animar
　alegrar

húngaro

magiar

huracán

tifón
tornado
ciclón

vendaval

huraño

hosco
hurón
arisco
áspero
seco
desabrido
esquivo
insociable
intratable
antipático
desagradable

↔ afable
  sociable

hurgar(se)

escarbar
remover
revolver
rascar

husmear
curiosear
fisgar
fisgonear
huronear
cotillear
oler
entrometerse
meter la nariz *col.*

hurgón

atizador

hurón

huraño
hosco
arisco
antipático
desabrido
intratable

↔ afable
  sociable

huronear

husmear
fisgar
fisgonear
curiosear
hurgar
indagar
entrometerse

huronera

madriguera
guarida
escondrijo
escondite
refugio

¡hurra!

¡yupi!
¡eureka!

hurtar

robar
sustraer
distraer
despojar
sisar
afanar *col.*
birlar *col.*
choricear *col.*
levantar *col.*
limpiar *col.*

apartar
desviar
retirar
alejar

hurtarse

esconderse
ocultarse
rehuir

↔ devolver
  restituir

  acercar

  mostrarse

hurto

robo
sustracción
sisa
rapiña
ratería
latrocinio

botín
presa
pillaje
captura
trofeo

↔ devolución
  restitución

husmeador

fisgón
cotilla

husmear

rastrear

fisgar
fisgonear
hurgar

curiosear
huronear
escudriñar
cotillear

i

ibérico
ibero

iberoamericano
latinoamericano
hispanoamericano

íbice
cabra montés

icono
imagen
figura
representación
signo

ictiófago
piscívoro

ida
marcha
partida
desplazamiento
traslado

↔ vuelta
  regreso
  llegada

idea
concepto
arquetipo
pensamiento
noción
imagen
representación

juicio
criterio
opinión
sospecha

plan
intención

proyecto
propósito
resolución
empeño

tema
asunto
materia

disposición
habilidad
aptitud
maña

ocurrencia
genialidad
agudeza
salida

ideas
ideología
creencias
ideario
credo
doctrina

ideal
conceptual
imaginario
irreal
inmaterial
incorpóreo
abstracto

excelente
estupendo
fantástico
maravilloso
sublime
genial

modelo
arquetipo
canon
prototipo
paradigma
ejemplo
dechado

aspiración
objetivo
ambición
meta
ilusión

ideario
causa

↔ real
  palpable
  material

  horrible
  espantoso

idealismo
↔ realismo
  pragmatismo
  materialismo

idealista
iluso
soñador
romántico
utopista

↔ realista

idealizar
sublimar
elevar
ensalzar
embellecer

abstraer
inducir
conceptualizar

↔ degradar
  rebajar

  concretar

idear
pensar
discurrir

concebir
imaginar
proyectar
trazar
urdir
fabular
fraguar
forjar
dibujar

inventar
crear
descubrir

ideario
ideología
credo

ídem
igual
igualmente
lo mismo

idéntico
igual
exacto
equivalente
semejante
similar
afín
análogo
paralelo
gemelo
pintiparado *col.*

↔ desigual
  diferente

identidad
igualdad
equivalencia
semejanza
analogía
similitud

identificación
filiación
señas

↔ desigualdad
diferencia

identificar(se)

caracterizar
reconocer
fichar

vincular
asociar
relacionar
asimilar
asemejar
equiparar
igualar

identificarse

solidarizarse
simpatizar
armonizar
coincidir
compenetrarse

↔ oponer
contrastar

disentir

ideograma

pictograma

ideología

ideario
ideas
credo
filosofía
fe
doctrina
color
tendencia
convicción
principios
partido

ideólogo

teórico
teorizador

idílico

agradable
ameno
placentero
plácido
grato

delicioso
paradisiaco
apacible

↔ prosaico
desagradable

idilio

amorío
romance
aventura
devaneo
relación
flirteo
flirt
lío *col.*

idioma

lengua
lenguaje

idiosincrasia

carácter
temperamento
personalidad
particularidad
peculiaridad
singularidad
genio
condición
índole
natural
naturaleza
modo de ser

idiota

estúpido
imbécil
tonto
bobo
simple
torpe
zopenco
mentecato
majadero
memo
chorra *col.*
gilí *col.*
gilipollas *vulg.*

↔ listo

idiotez

imbecilidad
tontería
estupidez
memez

idiotizar(se)

atontar
entontecer
embrutecer

idiotizarse

embobarse
pasmarse
maravillarse

ido

loco
demente
chiflado *col.*
chalado *col.*
guillado *col.*
sonado *col.*
pirado *col.*
majareta *col.*

lelo
atontado
distraído
despistado
ausente
alienado
alelado
absorto
abismado
ensimismado
en las nubes *col.*
en Babia *col.*

↔ cuerdo

atento

idolatrar

adorar
amar
admirar
venerar
reverenciar
honrar

idolatría

paganismo
fetichismo
totemismo

fanatismo
adoración
veneración

ídolo

fetiche
tótem

modelo
favorito

idóneo

apto
apropiado
adecuado
ideal
competente
calificado
conveniente
oportuno
propio
indicado

↔ inadecuado
impropio

iglesia

templo
basílica
capilla
parroquia

cristiandad

clero
sacerdocio

ignaro *cult.*

ignorante
inculto
iletrado
indocto

↔ docto

ígneo *cult.*

ardiente
incandescente
rojo
candente

eruptivo
volcánico

ignición

quema
combustión
fuego

ignífugo

incombustible

ignominia

deshonor
descrédito
oprobio
deshonra
baldón
vergüenza
humillación

afrenta
ofensa
agravio
injusticia
bajeza
infamia
canallada
abyección

↔ honor
  honra
  dignidad

  justicia

ignominioso

deshonroso
vergonzoso
humillante
ofensivo
bajo
infame
abyecto

↔ honroso
  digno

ignorancia

desconocimiento
incultura
barbarie

↔ conocimiento
  sabiduría

ignorante

desconocedor
desinformado
ajeno
ayuno

inculto
lego
analfabeto
iletrado
necio
bruto
ignaro *cult.*
adoquín *col.*
cebollino *col.*
alcornoque *col.*
berzotas *col.*

↔ sabedor
  informado
  enterado

  culto
  docto
  letrado

ignorar

desconocer

desatender
desechar
desoír
desestimar
prescindir

↔ conocer
  saber

  atender
  oír

ignoto

desconocido
ignorado
incógnito
secreto

inexplorado
virgen

↔ conocido
  sabido

  descubierto
  explorado

igual

idéntico
equivalente
exacto
ídem
gemelo
clavado *col.*

parecido
semejante
análogo
similar
congénere

indiferente

constante
invariable
estable

liso
llano
uniforme
homogéneo

↔ diferente
  desigual

  dispar

  variable
  inconstante

  accidentado

igualar(se)

uniformar
identificar
nivelar
equilibrar

equiparar
asimilar

alisar
allanar
aplanar
explanar
arrasar

convenir
pactar
ajustar
contratar

empatar

parecerse
asemejarse
emparejarse

↔ desigualar
  diferenciar

  distinguir
  discriminar

  desnivelar

  desempatar

  contrastar

igualdad

identidad
equivalencia
semejanza
parecido
coincidencia
conformidad
analogía
afinidad
paridad

equidad

↔ diferencia
  desigualdad
  disparidad

ijada o ijar

vacío

ilación

enlace
conexión
interrelación

inferencia
deducción
consecuencia
derivación

↔ desconexión
  desvinculación

ilegal

ilícito
prohibido
ilegítimo
indebido

↔ legal
  lícito
  legítimo

ilegalidad

ilicitud
ilegitimidad

infracción
delito
falta

↔ legalidad

ilegible

indescifrable
incomprensible
ininteligible
borroso

↔ legible

ilegitimar

ilegalizar

↔ legitimar
  legalizar

ilegítimo

ilegal
ilícito

natural
bastardo
adulterino
espurio

falso
falsificado
adulterado

↔ legal
  lícito
  legítimo

  verdadero

ilerdense
leridano

ileso
indemne
incólume
intacto
entero
sano y salvo

↔ herido
   contusionado
   afectado

iletrado
analfabeto
inculto
ignorante
ignaro *cult.*

↔ letrado
   culto
   instruido

ilícito
ilegal
ilegítimo
inmoral
prohibido

↔ lícito

ilimitado
infinito
inmenso
inacabable
inagotable
interminable
indeterminado

↔ finito
   limitado
   delimitado

ilógico
incoherente
contradictorio
inconsecuente
irrazonable
demencial
absurdo
ridículo
disparatado
descabellado

↔ lógico
   razonable
   coherente

iluminación
alumbrado
luz

inspiración
revelación

iluminado
alumbrado
claro

visionario
vidente

fanático

iluminar
alumbrar
dar luz

aclarar
esclarecer
dilucidar
elucidar
ilustrar

enseñar
orientar
encauzar

revelar
inspirar

↔ apagar
   oscurecer

   confundir
   liar

   desorientar

ilusión
visión
espejismo
sueño
ficción
alucinación
engaño
fantasía
quimera
fantasmagoría
aprensión

utopía
esperanza

alegría
satisfacción

entusiasmo
optimismo
gana
empeño

afán
ánimo

↔ realidad
   verdad

   desengaño
   desilusión
   decepción

   desgana
   desidia
   apatía

ilusionado
esperanzado
optimista
animado
contento

↔ desilusionado

ilusionar(se)
esperanzar
engolosinar
encandilar

alegrar
agradar
encantar

↔ desengañar
   desilusionar
   decepcionar

   entristecer
   desagradar

ilusionismo
prestidigitación
magia

ilusivo
ilusorio

iluso
crédulo
cándido
ingenuo
inocente
tonto

soñador
utopista
fantasioso

↔ despierto
   listo
   espabilado

   realista
   pragmático

ilusorio
ilusivo
engañoso
imaginario
irreal
ficticio
falso
soñado
quimérico
inexistente

↔ real
   verdadero
   cierto
   tangible

ilustración
instrucción
educación
formación

imagen
lámina
figura
gráfico
grabado
dibujo

enciclopedismo

↔ incultura
   barbarie

ilustrado
instruido
educado
culto

enciclopedista

↔ inculto
   bárbaro

ilustrar(se)
aclarar
explicar
esclarecer
alumbrar

enseñar
formar
educar
civilizar

↔ confundir
   liar

ilustre
noble
distinguido
egregio

preclaro
esclarecido
eminente
insigne
prestigioso
afamado
famoso
renombrado
reputado
granado

↔ plebeyo
   bajo
   mediocre

imagen

representación
ilustración
efigie
retrato
icono

aspecto
forma
apariencia

metáfora
tropo
símil
alegoría

fama
reputación
juicio
opinión
concepto

imaginable

concebible
pensable

↔ inimaginable

imaginación

fantasía
figuración
aprensión
ilusión
invención

ingenio
creatividad
inventiva

↔ realidad

imaginar(se)

fantasear
soñar
fabular

idear
concebir
inventar
forjar
conjeturar

creer
suponer
sospechar
figurarse

imaginario

ficticio
fantástico
inventado
fabuloso
irreal
mítico
legendario
quimérico

↔ real
   verdadero
   histórico

imaginativo

creativo
ingenioso

soñador
idealista
fantasioso

↔ prosaico

   realista

imán

magnetita
calamita

imantar(se) o
   imanar(se)

magnetizar

imbécil

idiota
tonto
bobo
necio
lerdo

↔ listo
   inteligente

imbecilidad

idiotez
tontería
estupidez

majadería
necedad
sandez

↔ agudeza

imberbe

barbilampiño
lampiño

adolescente
joven
muchacho
pipiolo *col.*
pollo *col.*

imborrable

indeleble
inalterable

inolvidable
permanente
fijo

↔ borrable

   pasajero

imbricar(se)

superponer
solapar

conectar
enlazar
trabar
articular
ajustar
acoplar
engranar

↔ desacoplar
   desencajar

imbuir

infundir
inculcar

imbuirse

llenarse
saturarse
empaparse

imitación

copia
remedo
plagio
falsificación
reproducción
facsímil
sucedáneo

↔ original

imitar

copiar
remedar
emular
plagiar
falsificar
reproducir
parodiar
calcar

parecer
semejar

impaciencia

nerviosismo
inquietud
excitación
desasosiego
intranquilidad

ansia
deseo
anhelo
gana

↔ paciencia

impacientar(se)

intranquilizar
inquietar
desesperar

irritar
enfadar
exasperar

↔ tranquilizar
   sosegar

impaciente

nervioso
inquieto
excitado
desasosegado
agitado
fuguillas *col.*

ansioso
deseoso
anhelante

↔ paciente

impacto

choque
colisión
golpe
encontronazo

impresión
emoción

sensación
turbación
conmoción

impagable

inapreciable
inestimable
extraordinario

↔ normal
corriente

impagado

pendiente

impago

↔ pagado

saldado

impalpable

intangible
incorpóreo
inmaterial

sutil
tenue
ligero

imperceptible

↔ palpable
tangible
corpóreo

denso
espeso

perceptible

impar

non

único
excepcional
singular
raro
sin par

↔ par

imparcial

objetivo
justo
recto
ecuánime
equitativo
equilibrado
desapasionado

independiente
neutral

↔ parcial
injusto

partidista
partidario

impartir

repartir
comunicar
dar

impasible

indiferente
imperturbable
impertérrito
impávido
inmutable
tranquilo
sereno

insensible
frío
apático
indiferente
abúlico
indolente

↔ inquieto
nervioso

apasionado
enérgico

impasse *fr.*

parón
estancamiento
punto muerto

impávido

valiente
intrépido
bizarro

tranquilo
sereno
impasible
impertérrito
imperturbable
inalterable
inmutable

amer.
fresco
descarado
insolente

↔ miedoso
cobarde

inquieto
nervioso

comedido

impecable

intachable
irreprochable
perfecto
inmaculado
impoluto
limpio
pulcro

↔ defectuoso

impedido

inválido
paralítico
imposibilitado
tullido
lisiado
baldado

impedimenta

carga
bagaje

impedimento

obstáculo
estorbo
dificultad
inconveniente
escollo
traba
freno
óbice
barrera

↔ facilidad
libertad

impedir

imposibilitar
evitar
obstaculizar
estorbar
dificultar
embarazar
frenar
boicotear
abortar
cerrar

↔ posibilitar
facilitar

impeler

impulsar
propulsar
empujar
arrojar

estimular
incitar
animar
excitar
instigar

↔ retener
sujetar

desanimar

impenetrable

denso
cerrado
inaccesible

incomprensible
indescifrable
ininteligible
abstruso
inexplicable
insondable
inextricable

hermético
misterioso
inescrutable

↔ penetrable
abierto
accesible

comprensible
inteligible
claro

asequible
transparente

impenitente

incorregible
contumaz
empedernido
obstinado

↔ corregible

impensable

absurdo
increíble
inimaginable
inconcebible

inviable
difícil

↔ lógico

posible

impensado

inesperado
imprevisto

fortuito
accidental

improvisado
impremeditado

↔ previsto
   esperado

   pensado
   meditado

impepinable *col.*

inevitable
indiscutible
inapelable
seguro
indudable

↔ incierto
   discutible

imperante

vigente
reinante
dominante
predominante
preponderante

imperar

reinar
regir
mandar
dominar

↔ obedecer

imperativo

autoritario
exigente
conminatorio
categórico

obligación
imposición
exigencia
deber

↔ flexible
   transigente

imperceptible

invisible
inaudible
impalpable
intangible

↔ perceptible
   tangible

imperdible

broche
alfiler
prendedor

imperdonable

intolerable
inexcusable
indisculpable
irremisible

↔ perdonable
   disculpable

imperecedero

inmortal
perenne
eterno

↔ perecedero
   efímero

imperfección

deficiencia
incorrección
desacierto
defecto
desperfecto
demérito
tara
falla
falta
tacha
maca
borrón

↔ perfección
   acierto
   corrección

imperfectivo

durativo

↔ perfectivo

imperfecto

defectuoso
incompleto
fragmentario
disminuido
deficiente
defectivo

↔ perfecto
   completo

imperial

cesáreo

imperialismo

colonialismo
expansionismo

impericia

ineptitud
incapacidad
incompetencia
inexperiencia

↔ pericia
   destreza
   capacidad

imperio

reino
potencia

mando
poder
dominio
autoridad
poderío
potestad
señorío

predominio
preponderancia
supremacía
pujanza

↔ obediencia
   sumisión
   vasallaje

   inferioridad

imperioso

autoritario
despótico
mandón
dominante
déspota
tirano
opresor

indispensable
esencial
preciso
vital
forzoso
urgente
perentorio

↔ tolerante
   flexible
   permisivo

   secundario
   prescindible

impermeable

impenetrable

chubasquero

↔ permeable

impersonal

adocenado
corriente
vulgar
gregario

↔ personal
   original

impertérrito

impasible
indiferente
imperturbable
impávido
inmutable
tranquilo
sereno
frío

↔ inquieto
   nervioso

impertinencia

inoportunidad
indiscreción
inconveniencia
desconsideración
descaro
desvergüenza
insolencia
grosería
atrevimiento

pesadez
molestia
fastidio

↔ pertinencia
   oportunidad
   consideración
   discreción
   tacto

   amenidad
   agrado

impertinente

inoportuno
indiscreto
inconveniente
desafortunado
desconsiderado

descarado
desvergonzado
insolente
irrespetuoso
grosero
atrevido

pesado
molesto
cargante
fastidioso
chinchorrero *col.*

impertinentes

anteojos

↔ pertinente
  oportuno
  considerado
  discreto

  ameno
  agradable

imperturbable

impertérrito
impasible
inmutable
indiferente
impávido
frío

↔ inquieto
  nervioso

impetrar

suplicar
pedir
implorar
rogar

ímpetu

furia
violencia
fuerza
vigor

esfuerzo
energía
impulso
empeño
afán
vehemencia
furor
denuedo
decisión
arresto
arrebato
arranque
calor

ardor
ánimo
animación
brío
empuje

↔ suavidad
  calma

  desgana
  desaliento

impetuoso

furioso
violento
fuerte
vigoroso

enérgico
impulsivo
vehemente
denodado
decidido
arrebatado
ardiente
animoso
brioso
fogoso
apasionado

↔ suave

  desganado
  prudente

impío

irreligioso
descreído
incrédulo
ateo
gentil

irreverente
sacrílego

↔ creyente
  piadoso
  pío

  reverente

implacable

inflexible
inclemente
inexorable
riguroso
severo
duro
despiadado
fiero
feroz

↔ clemente
  indulgente
  piadoso
  blando

implantación

introducción
establecimiento
instauración
asentamiento

↔ abolición
  eliminación

implantar

introducir
establecer
instaurar
asentar
fundar

colocar
injertar

↔ abolir
  eliminar
  revocar

implementar
  amer.

dotar
proveer
equipar
surtir

implementos

utensilios
enseres
útiles
instrumentos

implicar(se)

involucrar
envolver
enredar
mezclar
comprometer
complicar

significar
entrañar
comportar
conllevar
acarrear
abarcar
llevar consigo

↔ apartar
  excluir

implícito

sobreentendido
tácito

↔ explícito
  expreso

implorar

rogar
suplicar
impetrar
clamar
demandar

impoluto

limpio
inmaculado
impecable
intachable
pulcro

↔ sucio

imponderable

imprevisible

inestimable
inapreciable
soberbio
excelente

imponderables

imprevistos
contingencias
eventualidades

↔ ponderable
  previsible

  estimable
  apreciable

imponente

impresionante

magnífico
estupendo
formidable
excepcional
colosal
genial

↔ miserable
  ridículo

imponer(se)

obligar
forzar
exigir
implantar

asustar
intimidar
impresionar
atemorizar
coaccionar

ingresar

instruir
enseñar

imponerse
aventajar
superar

imperar
reinar
prevalecer

impopular
antipático
odiado

↔ popular

importación
↔ exportación

importador
↔ exportador

importancia
consideración
significación
significado
envergadura
valor
interés
influencia
repercusión
trascendencia
relieve
gravedad
alcance
cuantía
magnitud
dimensión
auge
calibre
peso
monta
fuste

categoría
prestigio
dignidad
notoriedad
poder

↔ insignificancia
trivialidad
nimiedad

importante
considerable
notable
fundamental
trascendental
significativo
valioso
interesante
influyente
trascendente
relevante
grave
cuantioso
grande
gordo

prestigioso
digno
notorio
poderoso
pudiente
eminente

↔ insignificante
trivial
nimio

importar[1]
significar
convenir
interesar
afectar
incumbir
atañer
concernir

molestar
incomodar
importunar

valer
costar
ascender
sumar

importar[2]
↔ exportar

importe
valor
coste
precio
montante
valía
cuantía

importunar
molestar
fastidiar
incordiar
mortificar
incomodar
acribillar
jorobar *col.*
freír *col.*
chinchar *col.*
chinchorrear *col.*
joder *vulg.*
cargosear *amer.*

importuno
inoportuno
intempestivo
inconveniente

molesto
fastidioso

↔ oportuno
agradable
ameno

imposibilidad
inviabilidad
irrealizabilidad
impracticabilidad
utopía

impedimento

imposibilitado
impedido
inválido
paralítico
tullido

imposible
inviable
irrealizable
impracticable
utópico

difícil
inalcanzable
inasequible

insoportable
inaguantable
insufrible
intolerable

↔ posible
factible

fácil

soportable

imposición
obligación
imperativo
fuerza
intimidación
coacción

carga
tributo
gravamen
impuesto
contribución
fiscalidad

↔ voluntad
exención

impositivo
tributario
arancelario

impostor
embaucador
farsante
simulador
suplantador

calumniador
murmurador

impotente
inútil
ineficaz
inepto
incapaz
incapacitado

↔ apto
eficaz

impracticable
irrealizable
imposible
inviable

intransitable
infranqueable
inaccesible

↔ practicable
posible

transitable
franqueable

imprecación
maldición
anatema

↔ bendición

imprecar

maldecir
anatematizar

↔ bendecir

imprecisión

indefinición
indeterminación
inexactitud
inconcreción
ambigüedad
vaguedad
confusión

↔ concreción
precisión
definición

impreciso

indefinido
indeterminado
inexacto
inconcreto
vago
difuso
borroso
aproximado
ambiguo
abstracto
general

↔ concreto
preciso
definido

impregnar(se)

infiltrar
empapar
embeber
absorber
mojar
bañar
humedecer

impregnarse

imbuirse
recibir
asimilar

impremeditado

irreflexivo
precipitado
impensado
improvisado
inconsiderado

↔ premeditado

imprescindible

indispensable
esencial
vital
insustituible
preciso
necesario

↔ prescindible
reemplazable

impresentable

indigno
incorrecto
inaceptable

↔ presentable
correcto
aceptable

impresión

efecto
sensación
emoción
impacto
golpe

opinión
concepto
juicio
parecer
intuición
comentario
corazonada

estampación
edición
publicación
tirada

señal
rastro
impronta

impresionable

sensible
sentimental
emocionable

↔ insensible

impresionar(se)

emocionar
impactar
conmover
afectar
turbar
asombrar
sorprender
anonadar

alucinar
pasmar
imponer
acojonar *vulg.*

registrar
reproducir

↔ serenar

borrar
velar

impreso

estampado
editado
publicado

libro
folleto
hoja

formulario

imprevisible

imprevisto
inesperado
impensable
impensado
imponderable
inopinado
repentino
súbito
insospechado
azaroso
aleatorio
fortuito

↔ previsible

imprevisto

imprevisible
inesperado

↔ previsto

imprimir

estampar

editar
publicar

inculcar
conferir
comunicar
dar
grabar

improbable

dudoso
incierto
inseguro

remoto
difícil

↔ probable
seguro

ímprobo

agotador
fatigoso
pesado
ingrato

deshonesto
deshonroso
inmoral

↔ fácil
llevadero

probo
honesto

improcedente

inoportuno
inadecuado
inapropiado
impropio
extemporáneo
desafortunado
desacertado
fuera de lugar

↔ procedente
conveniente

improductivo

estéril
infecundo
infructuoso
infructífero

↔ productivo
fecundo
fértil

impronta

grabado

estilo
carácter
sello

influencia
influjo
huella

improperio

insulto
injuria
afrenta

vituperio
denuesto
dicterio
apóstrofe

↔ alabanza
   elogio

impropio
inadecuado
improcedente
inconveniente
inoportuno
extemporáneo

extraño
ajeno
raro
adventicio
chocante

↔ propio
   adecuado

improrrogable
improlongable
indemorable
inaplazable
impostergable

↔ prorrogable

improvisar
repentizar

↔ planear
   preparar
   prevenir

improviso, de
inesperadamente
súbitamente
repentinamente
de repente
sin avisar

imprudencia
insensatez
temeridad
descuido
precipitación
locura
irreflexión
disparate
dislate
burrada

↔ prudencia
   precaución

imprudente
insensato
temerario
descuidado
precipitado
loco
irreflexivo
incauto
desaconsejado
atolondrado
arriesgado
alocado

impúber
niño
infante

↔ púber

impúdico
desvergonzado
indecente
indecoroso
deshonesto
descocado
inmoral
obsceno
procaz

↔ recatado
   pudoroso

impudor
impudicia
desvergüenza
indecencia
deshonestidad
descoco
procacidad

frescura
cinismo
descaro

↔ recato
   pudor

impuesto
obligado
forzado
exigido

experto
instruido
versado
ducho

tributo
carga
contribución

tasa
gravamen
gabela
canon
arancel
censo

↔ voluntario
   opcional
   elegido

impugnable
refutable
rebatible
contestable

↔ irrefutable
   irrebatible

impugnar
refutar
rebatir
rechazar
contestar
oponerse
desmentir
contradecir
atacar
combatir

↔ confirmar
   refrendar

impulsar(se)
impeler
propulsar
empujar

estimular
potenciar
fomentar
activar
intensificar
avivar
galvanizar
agilizar
acelerar

animar
incitar
alentar
determinar
decidir

↔ frenar
   parar

   frustrar
   dificultar

   disuadir

impulsivo
impetuoso
vehemente
exaltado
precipitado
irreflexivo
fogoso
atolondrado
ardiente
apasionado

↔ sereno
   prudente
   reflexivo

impulso
propulsión
empujón
empuje

energía
ímpetu
pujanza
brío
pasión
nervio

estímulo
fomento
acicate
móvil
aliento
ánimo

arrebato
arranque
deseo
pronto *col.*

↔ freno

impulsor
propulsor
promotor
incitador
estimulador
motor

impune
indemne
exento
libre

↔ sancionado
   castigado

impureza
corrupción
adulteración
contaminación

residuo
sedimento

indecencia
deshonestidad

↔ pureza
limpieza

castidad

impuro

corrompido
adulterado
contaminado
sucio
turbio
viciado

indecente
deshonesto
vicioso
lujurioso
obsceno

↔ limpio
depurado

honesto

imputar

acusar
inculpar
culpar
achacar
atribuir
colgar
cargar

↔ exculpar
disculpar

in *ingl.*

de moda
a la última *col.*

↔ out
demodé

inabordable

intratable
inaccesible

↔ abordable

inacabable

interminable
inagotable
ilimitado
largo

↔ corto
breve

inaccesible

inalcanzable
inabordable
ininteligible
incomprensible
impenetrable
abstruso

↔ accesible

inacción

inactividad

inacentuado

átono

↔ acentuado
tónico

inaceptable

intolerable
inadmisible
inaudito
impresentable

↔ tolerable

inactivar(se)

desactivar
inmovilizar
parar
paralizar
detener

↔ activar

inactividad

inacción
inmovilidad
pasividad
ocio
ociosidad
quietud
reposo

↔ actividad

inactivo

inmóvil
pasivo
ocioso
quieto
parado
inoperante
inerte

↔ activo
operante

inadaptable

inaplicable
incompatible

↔ adaptable
amoldable
aplicable

inadaptado

marginado

↔ integrado

inadecuación

desproporción

↔ adecuación
proporción

inadecuado

impropio
inapropiado
desacertado
inconveniente
inoportuno

↔ adecuado
apropiado

inadmisible

inaceptable
intolerable

↔ admisible
aceptable

inadvertencia

distracción
descuido
ignorancia
imprevisión

inadvertido

desapercibido
distraído
desprevenido
despistado

↔ advertido
notado

atento
avisado

inagotable

inacabable
interminable

↔ perecedero

inaguantable

insoportable
insufrible
intolerable
cargante

↔ soportable

inalcanzable

inaccesible
inasequible
imposible

↔ alcanzable

inalienable

irrenunciable
intransferible

↔ transferible

inalterable

invariable
inmutable
inamovible
duradero
estable
permanente
indestructible
imborrable
firme

sereno
imperturbable
impasible
impávido
impertérrito

↔ alterable

inquieto
nervioso

inamovible

inmóvil
inmovible
firme
inapelable
inalterable
invariable

↔ voluble

inane

insustancial
vano
intrascendente
fútil
trivial

baladí
bizantino

↔ importante
   trascendente

inanimado
inerte
exánime
inánime

↔ vivo
   animado

inapelable
firme
inamovible

claro
contundente
indudable
incuestionable

↔ apelable

   dudoso

inapetencia
desgana

↔ hambre

inapetente
desganado

↔ hambriento

inaplazable
improrrogable
impostergable
indemorable
apremiante
urgente

↔ aplazable

inapreciable
imperceptible
insignificante

inestimable
invaluable
imponderable
soberbio
excelente
precioso

↔ manifiesto
   notorio

   despreciable

inaprensible
inasible
escurridizo

incomprensible
críptico

inapropiado
inadecuado
impropio
improcedente
desacertado
inconveniente
inoportuno

↔ apropiado
   adecuado

inarmónico
destemplado
disonante

↔ armónico

inasequible
inalcanzable
inaccesible
imposible
difícil

↔ asequible

inasible
inaprensible

incomprensible
críptico
abstruso

↔ comprensible

inasistencia
ausencia
falta

↔ asistencia
   presencia

inatacable
indiscutible
incontestable
irrebatible

↔ atacable
   discutible

inatención
desatención
descortesía

incorrección
desconsideración

↔ atención
   cortesía

inaudito
insólito
asombroso
increíble
sorprendente
inconcebible
extraño
extravagante
extraordinario

atroz
horrible
reprobable
vituperable
inaceptable
intolerable

↔ corriente
   normal
   vulgar

   tolerable
   aceptable

inauguración
apertura
inicio
comienzo
estreno

↔ clausura
   cierre

inaugurar
abrir
iniciar
comenzar
estrenar

↔ clausurar
   cerrar

incalculable
incontable
innumerable
inconmensurable

enorme
descomunal
inmenso
ingente

↔ calculable
   contable

   pequeño
   limitado

incalificable
censurable
reprobable
vergonzoso
vituperable
inaceptable

↔ loable
   laudable

incandescente
candente
ígneo

↔ apagado
   frío

incansable
infatigable
laborioso
diligente

tenaz
persistente
obstinado

↔ perezoso
   flojo

   inconstante
   irregular

incapacidad
ineptitud
negación
inutilidad
incompetencia
torpeza
impericia

↔ capacidad
   habilidad
   pericia

incapacitado
imposibilitado
impedido
inhabilitado
desautorizado

negado
inútil
torpe
incompetente

↔ capacitado

incapacitar
impedir
imposibilitar

inhabilitar
descalificar
desautorizar

↔ posibilitar
   facilitar

   capacitar
   habilitar

incapaz

inepto
negado
inútil
incompetente
torpe
nulo

inhabilitado
descalificado
desautorizado

↔ capaz
   competente
   hábil

   capacitado
   habilitado

incardinar(se)

asimilar
incorporar

incautación

confiscación
embargo
requisa
apropiación

incautarse

embargar
confiscar
requisar
apropiarse
apoderarse

incauto

imprevisor
imprudente
precipitado
irreflexivo

ingenuo
crédulo
inocente
cándido
confiado

↔ previsor
   precavido

   astuto

incendiar(se)

quemar
abrasar
encender
prender
inflamar
calcinar
carbonizar
incinerar

↔ apagar

incendiario

pirómano

arrebatado
violento
subversivo
vehemente

incendio

fuego

arrebato
pasión
fogosidad

incensario

botafumeiro
turíbulo *cult.*

incentivar

estimular
premiar
animar
motivar
incitar
empujar
aguijonear
pinchar

↔ desanimar
   desmoralizar
   frenar

incentivo

aliciente
atractivo
estímulo
incitación
aguijón
acicate

prima
bonificación

↔ freno
   rémora

incertidumbre

duda
dubitación
indecisión
vacilación
irresolución
titubeo
perplejidad
inseguridad

inquietud
desasosiego
intranquilidad
ansiedad
zozobra
comezón

↔ certidumbre
   decisión
   resolución

   tranquilidad

incesante

incesable
continuo
constante
seguido
ininterrumpido
inacabable
permanente

frecuente
persistente
repetido

↔ ininterrumpido
   discontinuo

   esporádico

incidencia

incidente

incidental

accesorio
accidental
secundario
anecdótico
circunstancial

inesperado
imprevisto
fortuito
casual

↔ esencial
   fundamental

   previsto
   esperado

incidente

incidencia
circunstancia
caso
acontecimiento

percance
contratiempo
accidente

disputa
riña
pelea
enfrentamiento
altercado

incidir[1]

incurrir
caer
cometer

chocar
alcanzar
dar

repercutir
influir
afectar

tratar
tocar
recaer
reforzar
remachar

incidir[2]

cortar
rasgar

incienso *col.*

adulación
halago
lisonja
coba
jabón *col.*

incierto

falso

dudoso
inseguro
improbable
problemático
azaroso
falible

desconocido
ignorado

vago
impreciso

indeterminado
borroso
nebuloso

↔ cierto

   seguro

   conocido
   sabido

   preciso
   nítido

incinerar
calcinar
carbonizar
abrasar
quemar

incipiente
naciente
inicial

↔ total
   acabado

incisión
cortadura
corte
raja
hendidura
cisura

incisivo
incisorio
afilado
puntiagudo
acerado

agudo
penetrante
punzante
mordaz
cáustico
acerbo
hiriente

↔ romo
   embotado

inciso
comentario
digresión
acotación
paréntesis

pausa
parada
intervalo

incitador
incitante
estimulador
instigador
provocador
alborotador

incitar
animar
inducir
provocar
estimular
instigar
empujar
avivar
azuzar
pinchar
espolear
impulsar
impeler
despertar
apremiar
achuchar

seducir
tentar
excitar

↔ desanimar
   disuadir

   calmar
   aplacar

incivil o incivilizado
incívico
vándalo
salvaje
gamberro
maleducado
descortés
desconsiderado
grosero
incorrecto

↔ cívico
   educado

inclemencia
severidad
dureza
rigor
intolerancia
inexorabilidad

↔ piedad
   compasión
   benevolencia

inclemente
severo
duro
intolerante
inflexible
inexorable
inconmovible

desapacible

↔ clemente

   suave
   apacible

inclinación
torcimiento
ladeo
desviación
desvío
encorvamiento

reverencia

pendiente
oblicuidad
sesgo
desnivel
declive
caída
gradiente *amer.*

afición
vocación
gusto
preferencia
filia
simpatía
afecto
cariño
apego
estima
amor
devoción
querencia

propensión
tendencia
predisposición
proclividad

↔ enderezamiento

   verticalidad
   horizontalidad

   manía
   repulsa
   fobia
   antipatía

   rechazo
   repugnancia

inclinar(se)
torcer
ladear
desviar
encorvar
agachar
doblar
bajar
abatir

influir
mover
contribuir

inclinarse
tender
propender

parecerse
semejarse
asimilarse

↔ enderezar
   incorporar
   alzar

ínclito
ilustre
eminente
noble
célebre
esclarecido
preclaro
insigne
prestigioso
renombrado
afamado

↔ innoble
   bajo
   ruin

incluir(se)
insertar
introducir
meter

incorporar
añadir
adjuntar
acompañar

contener
comprender
englobar
envolver
encerrar
abarcar
abrazar

↔ excluir

inclusa
hospicio
asilo
orfanato
orfelinato
casa cuna

inclusero
hospiciano
expósito
huérfano

inclusión
introducción
incorporación
inserción

↔ exclusión

inclusive
incluso

incluso
hasta
aun

inclusive

↔ exclusive

incoar
comenzar
iniciar
abrir
principiar

↔ concluir
cerrar
finalizar

incoercible
incontenible
irreprimible
irrefrenable

↔ coercible

incógnita
interrogante
enigma
misterio
secreto

↔ evidencia

incógnito
desconocido
ignorado

ignoto
secreto

anónimo
anonimato

↔ conocido
sabido

incognoscible
inescrutable
insondable
impenetrable

↔ cognoscible

incoherencia
incongruencia
contradicción
inconexión
inconsecuencia
absurdo
disparate

↔ coherencia

incoherente
incongruente
contradictorio
inconexo
inconsecuente
absurdo
disparatado
ilógico
deshilvanado
descabellado

↔ coherente

incoloro
acromático
descolorido
albino

mediocre
gris
anodino
deslucido
indiferente

↔ colorido

sobresaliente
notable
importante

incólume
ileso
indemne
intacto
sano y salvo

↔ dañado
lesionado
herido

incombustible
ignífugo
calorífugo

↔ combustible

incomible
incomestible
intragable

↔ comible
apetecible

incomodar(se)
fastidiar
molestar
cansar
aburrir
importunar
importar
atufar
baquetear
jorobar *col.*
amolar *col.*
chinchar *col.*

enfadar
disgustar
enojar

↔ agradar

incomodidad
incomodo
fastidio
molestia
engorro
inconveniente
desavío
trastorno
disgusto
malestar

↔ comodidad

incómodo
fastidioso
molesto
engorroso
desagradable
embarazoso
difícil
comprometido

violento
a disgusto

↔ agradable
placentero
fácil

cómodo

incomparable
inigualable
insuperable
impar

incomparecencia
ausencia
inasistencia
falta

↔ comparecencia
presencia

incompatibilidad
antagonismo
contradicción
antítesis
oposición
contraposición

↔ compatibilidad
conformidad

incompatible
inconciliable
inadaptable
antagónico
contrario
antitético
opuesto
contrapuesto

↔ compatible
adaptable

incompetencia
ineptitud
incapacidad
inutilidad
ineficacia
impericia
negligencia
nulidad

↔ aptitud
eficacia
capacidad

incompetente
inepto
incapaz
inútil

ineficaz
negligente
nulo

↔ competente
 apto
 eficaz

incompleto

insuficiente
parcial
defectivo
mutilado
imperfecto
fragmentario

inacabado
inconcluso

↔ íntegro
 entero

 acabado
 concluido

incomprendido

rechazado
marginado
postergado
arrinconado
relegado

↔ comprendido
 aceptado

incomprensible

ininteligible
inexplicable
inconcebible
inimaginable
enigmático
inasible
inaprensible
inaccesible
impenetrable
farragoso
conceptuoso
alambicado
brumoso
abstruso

↔ comprensible
 claro
 fácil

incomprensión

intolerancia
intransigencia

↔ tolerancia
 comprensión

incomunicación

apartamiento
arrinconamiento
separación
aislamiento
desconexión
recogimiento
retiro
autismo

↔ comunicación
 inserción

incomunicar(se)

aislar
apartar
arrinconar
separar
retirar
desconectar
cerrar
bloquear

↔ comunicar

inconcebible

incomprensible
inimaginable
inexplicable
increíble
inaudito

inexcusable
imperdonable
reprobable
atroz
horrible
vituperable
inaceptable
intolerable

↔ comprensible

 tolerable
 aceptable

inconciliable

irreconciliable
incompatible
antagónico
disconforme

↔ conciliable
 compatible

inconcluso

inacabado
incompleto

↔ concluso

inconcreto

impreciso
vago
inexacto
abstracto

↔ concreto
 exacto

inconcuso

incontrovertible
incuestionable
indiscutible
irrefutable
innegable
evidente
palmario
impepinable *col.*

↔ cuestionable
 dudoso

incondicional

absoluto
total
ilimitado

adepto
adicto
leal
fanático
forofo
hincha
fan

↔ condicional
 relativo
 limitado

 enemigo
 contrario

inconexo

incoherente
deslavazado
deshilvanado
desunido

↔ conexo
 relacionado
 trabado

inconfesable

impronunciable
incontable

inconformismo

inconformidad
contestación

↔ conformismo

inconformista

contestatario
rebelde

↔ conformista

inconfundible

distinguible
diferenciable
característico
peculiar

↔ indistinguible

lncongruencia

incoherencia
contradicción
inconexión
inconsecuencia
absurdo
desfase
disparate
despropósito
delirio

↔ congruencia
 coherencia

incongruente

incoherente
contradictorio
inconexo
inconsecuente
absurdo
disparatado
ilógico

↔ congruente
 coherente

inconmensurable

incalculable
incontable
innumerable

ilimitado
infinito
inmenso
enorme
descomunal
ingente

↔ calculable
 contable

 pequeño
 limitado

inconmovible

firme
fuerte

inalterable
inmutable
sólido
seguro

imperturbable
impasible
impertérrito
inflexible

↔ alterable
   débil

   emocionable
   flexible

inconquistable

inexpugnable
irreducible

inconsciencia

irreflexión
imprudencia
insensatez
irresponsabilidad
impetuosidad
precipitación

↔ prudencia
   sensatez

inconsciente

involuntario
automático
reflejo
instintivo

desmayado
desvanecido

irreflexivo
imprudente
insensato
irresponsable
impetuoso
precipitado
alocado
atolondrado

↔ consciente
   voluntario
   deliberado

   prudente
   sensato
   reflexivo

inconsecuencia

incoherencia
contradicción
incongruencia
anacoluto

↔ consecuencia
   coherencia

inconsecuente

ilógico
incoherente
contradictorio
incongruente
irracional
absurdo
disparatado

inconstante
inestable
voluble
veleidoso

↔ consecuente
   coherente
   razonable

   constante
   inamovible
   fiel

inconsideración

irreflexión

desconsideración
descortesía
desatención
grosería

↔ consideración
   observación
   cavilación

   cortesía
   delicadeza

inconsiderado

irreflexivo
impremeditado
precipitado
ligero
alocado

desconsiderado
descortés
desatento
grosero
irrespetuoso

↔ considerado

   cortés
   delicado

inconsistencia

fragilidad
endeblez

debilidad
flojedad

↔ consistencia
   solidez
   resistencia

inconsistente

frágil
endeble
débil
flojo
quebradizo
delicado
deleznable

infundado
fútil

↔ consistente
   sólido
   resistente

   fundado

inconsolable

desconsolado
afligido
angustiado
entristecido
apenado
apesadumbrado
acongojado
doliente

↔ consolado

inconstancia

volubilidad
inestabilidad
variabilidad
inconsecuencia
veleidad
capricho

↔ constancia

inconstante

voluble
irregular
inestable
variable
desigual
inconsecuente
veleidoso
mudable
tornadizo
frívolo
faltón
caprichoso

↔ constante

inconstitucional

anticonstitucional

↔ constitucional

incontable

incalculable
innumerable
inconmensurable
infinito

copioso
abundante
numeroso

impronunciable
inenarrable

↔ contable
   calculable

   escaso
   reducido

   referible

incontaminado

puro
limpio

↔ contaminado
   polucionado

incontenible

irreprimible
irrefrenable
irresistible

↔ reprimible

incontestable

indiscutible
innegable
incuestionable
incontrastable
indisputable
irrebatible
irrefutable

↔ discutible
   cuestionable
   refutable

incontinencia

intemperancia
desenfreno
descontrol

↔ continencia
   moderación

incontinente

intemperante
desenfrenado
descontrolado

↔ moderado

incontrastable

indiscutible
innegable
irrebatible
incontestable
incontrovertible
incuestionable

↔ discutible

incontrovertible

indiscutible
incontrastable
incuestionable
innegable
irrebatible
irrefutable
evidente
obvio
palmario
apodíctico

↔ controvertible
   discutible
   contrastable

inconveniencia

inoportunidad
incomodidad
molestia
desventaja

incorrección
impertinencia
descortesía
fresca *col.*

inconveniente

inoportuno
importuno
intempestivo
incómodo
molesto
desfavorable
incorrecto
inadecuado
inapropiado
impropio
improcedente
impertinente
descortés

desventaja
contrariedad
problema
dificultad
obstáculo
pega
impedimento
traba
barrera

incordiar

molestar
fastidiar
importunar
incomodar
hartar
aburrir
acosar
jorobar *col.*
ciscar *col.*
joder *vulg.*

↔ agradar
   gustar

incordio

molestia
fastidio
aburrimiento
lata *col.*
gaita *col.*

incorporación

integración
ingreso
anexión
adhesión
unión
inscripción
alistamiento
afiliación

↔ separación

incorporar(se)

añadir
agregar
adjuntar
unir
integrar
encuadrar
anexionar
abarcar
incluir
incardinar

levantar
erguir

enderezar
alzar
subir

alistar
destinar
inscribir
sumar
alinear
afiliar
adscribir

↔ separar

   recostar
   tender

   borrar
   dar de baja

incorpóreo

inmaterial
espiritual
ideal
intangible
impalpable

↔ corpóreo
   material

incorrección

error
equivocación
imperfección
falta

descortesía
grosería
desatención
inatención
inconveniencia

↔ corrección

incorrecto

erróneo
errado
equivocado
imperfecto

descortés
grosero
zafio
desatento
inconveniente
desconsiderado
inconsiderado
maleducado
impresentable
incivil
descomedido

↔ exacto
   acertado

   cortés
   educado
   atento

incorregible

recalcitrante
empedernido
impenitente
contumaz

↔ corregible

incorruptible

insobornable
íntegro

↔ corruptible

incorrupto

íntegro
honesto
honrado
recto

↔ corrupto

incredulidad

escepticismo
desconfianza
recelo
sospecha
duda
suspicacia

↔ credulidad
   confianza

incrédulo

escéptico
desconfiado
receloso
suspicaz

descreído
impío
irreligioso
ateo

↔ crédulo

   creyente
   religioso

increíble

inverosímil
inconcebible
inaudito

inimaginable
impensable
incomprensible

enorme
extraordinario
impresionante
tremendo
magnífico

↔ creíble
verosímil

comprensible

mínimo

incrementar(se)

aumentar
acrecentar
multiplicar
ampliar
engrosar
desarrollar
agrandar
duplicar

↔ disminuir
mermar
menguar

incremento

aumento
acrecentamiento
crecimiento
multiplicación
ampliación
desarrollo
auge

↔ disminución
reducción

increpación

represión
riña
reprimenda
corrección
amonestación

insulto
ofensa

↔ alabanza
elogio

increpar

reprender
reñir
corregir
amonestar

sermonear
echar la bronca *col.*

insultar
ofender

↔ alabar

incriminar

acusar
culpar
inculpar
recriminar
imputar
achacar
colgar *col.*

↔ exculpar

incrustar(se)

empotrar
taracear
damasquinar
embutir
engastar

incubar(se)

empollar

incubarse

gestarse
fraguarse

incuestionable

indiscutible
indudable
incontestable
indisputable
innegable
incontrastable
incontrovertible
irrefutable
axiomático
apodíctico
evidente
obvio
palmario

↔ cuestionable
discutible

inculcar

infundir
imbuir
insuflar
inocular
inyectar
grabar
imprimir

inculpar

culpar
incriminar
imputar
encartar
acusar
achacar
colgar *col.*

↔ exculpar

inculto

ignorante
iletrado
analfabeto
incivilizado
rústico
tosco
ramplón
basto
rudo
bárbaro
bruto
ignaro *cult.*

yermo
baldío

↔ culto
educado
civilizado

cultivado

incultura

ignorancia
analfabetismo
rudeza
barbarie

↔ cultura
educación
civilización

incumbencia

competencia
jurisdicción
atribución
responsabilidad
cometido
cargo

incumbir

competer
concernir
corresponder
atañer
interesar

importar
afectar
tocar

incumplimiento

desacato
desobediencia
insubordinación
insumisión
rebeldía
falta
infracción

↔ cumplimiento
acatamiento

incumplir

desacatar
desobedecer
insubordinarse
violar
contravenir
quebrantar
faltar
infringir

↔ cumplir
acatar

incurable

insanable
desahuciado

incuria

descuido
dejadez
abandono
negligencia
indolencia
apatía
desidia

↔ cuidado
pulcritud
diligencia

incurrir

cometer
incidir

merecerse
ganarse
atraerse

incursión

correría
razia
cabalgada

indagación

investigación
averiguación
pesquisa
análisis
examen
rastreo

indagar

investigar
averiguar
analizar
examinar
buscar

interrogar
preguntar
inquirir

indebido

injusto
ilegal
ilícito
incorrecto
injustificado

↔ debido
   lícito
   legítimo

indecencia

inmoralidad
deshonestidad
desvergüenza
impureza
impudor
obscenidad
grosería

desarreglo
suciedad
porquería
guarrada
cochinada
pocilga

↔ decencia
   moralidad

   limpieza
   aseo

indecente

inmoral
deshonesto
vergonzoso
impuro
impúdico

obsceno
grosero

injusto
improcedente
abusivo
indigno

humillante
degradante
miserable
vil

desarreglado
sucio
asqueroso
cochambroso
impresentable
repugnante

↔ decente
   honesto

   decoroso
   justo
   digno

   limpio
   aseado
   arreglado

indecisión

duda
dubitación
vacilación
titubeo
indeterminación
incertidumbre
perplejidad

↔ decisión
   determinación
   resolución

indeciso

dudoso
dubitativo
vacilante
titubeante
indeterminado
perplejo

↔ decidido
   determinado
   resuelto

indeclinable

ineludible
insoslayable

↔ declinable

indecoroso

indigno
vergonzoso
indecente
inconveniente
impropio
miserable

obsceno
desvergonzado
impúdico
deshonesto
inmoral

↔ decoroso
   digno
   correcto

   honesto
   decente

indefectible

infalible
inevitable
inexorable
forzoso
obligatorio
seguro

↔ falible
   evitable
   inseguro

indefendible

injustificable
insostenible
intolerable
inaceptable
inadmisible

↔ defendible

indefensión

desamparo
desvalimiento
abandono

↔ amparo

indefenso

desamparado
desvalido
desprotegido
desarmado
inerme
abandonado

↔ defendido
   protegido

indefinición

imprecisión
indeterminación
vaguedad
inexactitud
abstracción

↔ exactitud
   precisión
   definición

indefinido

impreciso
indeterminado
vago
inexacto
abstracto
confuso
borroso
desvaído
ilimitado

↔ definido
   preciso

   limitado

indeleble

imborrable
permanente
inalterable

inolvidable
fijo

↔ deleble
   borrable

   pasajero

indelicadeza

descortesía
desatención
desaire
grosería

↔ atención
   cortesía
   detalle

indemne

ileso
incólume
intacto
sano y salvo

↔ dañado
   lesionado
   herido

indemnización

resarcimiento
compensación
reparación

indemnizar

resarcir
reparar
compensar
satisfacer
desagraviar

independencia

autonomía
libertad
emancipación
individualismo
autosuficiencia
soberanía

↔ dependencia
   sujeción
   sometimiento

independentismo

nacionalismo

independiente

autónomo
libre
emancipado
autosuficiente
soberano
aislado

imparcial
neutral

↔ dependiente
   sujeto
   sometido

independizar(se)

autonomizar
emancipar

↔ someter
   vincular

indescifrable

incomprensible
ininteligible
impenetrable
insondable
inextricable
ilegible

↔ descifrable
   claro

indescriptible

inenarrable
inefable
inexpresable
increíble
inaudito
tremendo

indeseable

indeseado
despreciable
indigno
aborrecible
abominable
miserable
canalla
gusano

↔ deseable
   apreciable
   digno
   noble

indestructible

irrompible
inalterable
permanente
firme

↔ destructible
   rompible

indeterminación

imprecisión
inexactitud
indefinición
vaguedad

indecisión
irresolución
inseguridad
vacilación
titubeo
duda

↔ determinación
   decisión

indeterminado

impreciso
inexacto
indefinido
ilimitado
vago
indistinto
desdibujado
abstracto
ambiguo

indeciso
irresoluto
inseguro
vacilante
dubitativo
titubeante

↔ determinado
   preciso

   decidido
   resuelto

indiano

americano

indicación

aviso
información
manifestación
prescripción
orientación
directriz
instrucción
advertencia
consejo

guía
indicativo
indicador

señal
rastro
indicio
pista

indicado

apropiado
adecuado
idóneo
apto
conveniente
oportuno

↔ inadecuado
   impropio

indicar

avisar
informar
comunicar

manifestar
significar
denotar
revelar
traslucir
demostrar

apuntar
señalar

guiar
orientar

aconsejar
asesorar
recomendar
sugerir
apercibir
advertir

recetar
prescribir

↔ ocultar

   desviar
   desorientar

   desaconsejar

   prohibir

indicativo

índice
indicador
indicio
señal
vestigio

índice

indicativo

catálogo
clasificación
inventario

estilo
gnomon

indicio

índice
señal
vestigio
huella
rastro
pista

atisbo
asomo
síntoma
amago
barrunto

indiferencia

impasibilidad
insensibilidad
neutralidad
desinterés
apatía
indolencia
desgana
abulia

frialdad
desdén
desprecio
displicencia
despego
desafecto

↔ entusiasmo
  dinamismo
  afecto

indiferenciado

indistinto

↔ diferenciado
  distinto

indiferente

indistinto
igual

neutral
imparcial

distante
frío
desinteresado
desapasionado
apático
despegado
desafecto
imperturbable
impertérrito
impasible

insulso
incoloro
mediocre
mediano
gris

↔ preferible

  parcial
  inclinado

  proclive
  sensible

  emocionante
  impresionante

indiferentismo

escepticismo
apatía
pasotismo *col.*

↔ creencia
  compromiso

indígena

aborigen
nativo

autóctono
originario
vernáculo
natural
oriundo
patrio

↔ extranjero
  foráneo
  forastero

indigencia

pobreza
miseria
necesidad
privación
penuria
estrechez
mendicidad

↔ riqueza
  opulencia

indigente

pobre
menesteroso
mísero
necesitado
mendigo
pordiosero

↔ rico
  opulento

indigestarse

empacharse

col.
atragantarse
atravesarse

↔ agradar

indigestión

empacho
entripado

indignación

irritación
enfado
enojo
coraje
ira
cólera
rabia
cabreo *col.*

↔ agrado
  contento

indignar(se)

irritar
enfadar
enojar
enfurecer
exasperar
airar
cabrear *col.*

↔ agradar
  contentar

indigno

impropio
inadecuado

vil
despreciable
indecoroso
ruin
infame
abyecto
deshonroso
vergonzoso
indeseable
indecente
impresentable

↔ digno
  merecedor
  propio

  honrado
  decente

índigo

añil

indio

hindú

indirecta

insinuación
pulla

indirecto

sinuoso
tortuoso

↔ directo

indiscernible

indistinguible

↔ discernible

indisciplina

rebeldía
desobediencia

insubordinación
desgobierno
anarquía

↔ orden
  disciplina

indisciplinado

rebelde
indócil
insumiso
insubordinado

↔ disciplinado

indisciplinar(se)

sublevar
insubordinar
soliviantar
rebelar
desobedecer

↔ disciplinar
  someter

indiscreción

imprudencia
inconveniencia
impertinencia
coladura *col.*

indiscreto

imprudente
inconveniente
inoportuno
bocazas *col.*
metepatas *col.*

entrometido
curioso
cotilla
fisgón

↔ discreto
  prudente
  juicioso

indiscriminado

indistinto

↔ selectivo

indisculpable

imperdonable
inexcusable
intolerable

↔ disculpable
  perdonable

indiscutible

incuestionable
irrefutable
incontestable
incontrovertible
incontrastable
indisputable
fehaciente
axiomático
apodíctico
palmario
impepinable *col.*

↔ discutible

indisociable

inseparable

↔ disociable

indisoluble

insoluble

inquebrantable
firme
estable
perdurable

↔ disoluble
    soluble

    quebrantable

indispensable

imprescindible
preciso
insustituible

inexcusable
ineludible
inevitable
imperioso
forzoso
obligatorio

↔ innecesario

    excusable
    evitable

indisponer(se)

enfrentar
enemistar
malquistar
malmeter
dividir
distanciar
desavenir
azuzar
concitar
instigar

enfermar
descomponerse
desmejorarse

↔ conciliar
    restablecer

indisposición

trastorno
arrechucho
destemple
gotera
afección
enfermedad
achaque
achuchón
dolencia
desazón

enfrentamiento
enemistad
rivalidad
desavenencia

↔ restablecimiento
    salud

    conciliación

indisputable

indiscutible
incuestionable
incontestable

↔ discutible

indistinguible

indistinto
indiscernible
imperceptible

↔ distinguible

indistinto

igual

indistinguible
impreciso
indefinido
indeterminado

indiferente

↔ distinto

    distinguible
    preciso

individual

peculiar
particular
singular

personal
individuo

unipersonal

↔ general
    común

    colectivo

individualidad

peculiaridad
particularidad
singularidad
personalidad

↔ generalidad
    vulgaridad

individualismo

independencia
particularismo

egoísmo
insolidaridad

↔ colectivismo

    solidaridad

individualizar

diferenciar
distinguir
particularizar

individualizarse

separarse
aislarse
destacarse

↔ generalizar

    confundirse

individuo

persona
tipo
sujeto
fulano
cabeza
alma
tío *col.*
menda *col.*
andoba *col.*
gachó *vulg.*

ejemplar
especimen
miembro

individual
peculiar

particular
singular

indivisible

indivisible

inseparable
simple
individuo

↔ divisible

indiviso

entero

↔ fraccionado
    repartido

indoblegable

indócil
indomable

↔ doblegable

indócil

indoblegable
indomable
rebelde
díscolo
indómito
desobediente
insumiso
desmandado

↔ dócil

indocto

ignorante
inculto
iletrado
ignaro *cult.*

↔ docto

índole

carácter
naturaleza
natural
idiosincrasia
condición
inclinación
genio
fondo
calaña
ralea

constitución
categoría
calidad

indolente

perezoso
vago
apático
abúlico
impasible
flemático
calmoso *col.*
cachazudo *col.*

desidioso
abandonado
dejado
descuidado

↔ activo

   pulcro

indomable

indomeñable
indómito
indomesticable

indócil
rebelde
indoblegable
díscolo

↔ domable
   dócil

indomesticable

indomable
indomeñable

indócil
rebelde

↔ domesticable
   dócil

indómito

indomable
indomeñable
indomesticable

indomado
salvaje
fiero
bravío

indócil
rebelde

↔ domable
   domesticable

   domado

   dócil

indubitable

indudable

inducción

incitación
impulso
instigación
persuasión

generalización
abstracción
globalización

inducir

incitar
convencer
impulsar
instigar
persuadir
provocar
mover

generalizar
abstraer
idealizar

↔ disuadir
   apartar

inductivo

↔ deductivo

inductor

incitador
instigador
provocador

indudable

indubitable
incuestionable
indiscutible
inapelable
irrefutable
evidente
patente
obvio
franco
flagrante
palmario
claro
impepinable *col.*

↔ cuestionable
   dudoso

indulgencia

condescendencia
clemencia
compasión
benevolencia
piedad

tolerancia
comprensión

↔ inclemencia
   rigurosidad

indulgente

condescendiente
clemente
compasivo
benevolente
piadoso
blando
tolerante
comprensivo
benigno
liberal

↔ despiadado
   inflexible

indulto

amnistía
condonación
gracia
remisión
perdón
absolución

↔ condena

indumentaria

vestimenta
vestuario
ropa
ropaje
atavío
atuendo

industria

manufactura

fábrica
factoría

habilidad
destreza
maña
pericia

industrial

fabril
artificial
fabricado

fabricante
empresario

industrializar(se)

mecanizar

industriarse

ingeniarse
procurarse
arreglarse
componerse
valerse

industrioso

habilidoso
hábil
mañoso
ingenioso

trabajador
laborioso
activo
hacendoso
diligente

↔ torpe

   perezoso

inédito

nuevo
original
desconocido

↔ viejo
   conocido

ineducación

grosería
descortesía
ordinariez
indelicadeza
desatención
desconsideración

↔ educación
   cortesía
   delicadeza

inefable

inexpresable
indescriptible
inenarrable
indecible

↔ decible
   descriptible

inefectivo

ineficaz
ineficiente
inútil

↔ efectivo
   eficaz

ineficaz

inefectivo
inútil
nulo
baldío
vano
ocioso
incapaz
inoperante
impotente
incompetente
inexistente

↔ eficaz
   efectivo

inelegancia

vulgaridad
tosquedad
ordinariez
chabacanería
ramplonería

↔ elegancia
   distinción

ineluctable

ineludible
inevitable
insoslayable

↔ eluctable
   eludible

ineludible

ineluctable
inevitable
insoslayable
inexcusable
indeclinable
indispensable
forzoso
obligatorio
irremediable
fatal

↔ eludible
   eluctable

inenarrable

indescriptible
inefable
inexpresable
incontable

impresionante
admirable
increíble
sorprendente

↔ descriptible
   normal
   ordinario

inepto

incompetente
incapaz
inútil
nulo
impotente
torpe
negado
calamidad *col.*

↔ competente
   apto

inequívoco

indudable
evidente
claro
cierto

↔ equívoco
   dudoso

inercia

pereza
apatía
desidia
desgana
abulia
dejadez
displicencia

↔ empuje
   impulso
   dinamismo

inerme

desarmado
indefenso
desprotegido
desvalido

↔ armado
   defendido
   protegido

inerte

inactivo
inanimado
inmóvil

↔ activo

inescrutable

impenetrable
enigmático

hermético
misterioso
indescifrable
insondable

inesperado

imprevisto
impensado
inopinado
insospechado
imprevisible
repentino
súbito

↔ esperado
   previsto

inestabilidad

inseguridad
variabilidad
fluctuación
oscilación

↔ estabilidad
   permanencia

inestable

variable
inseguro
flotante
inconsistente

inconsecuente
inconstante
voluble
tornadizo
mudable
cambiante

↔ estable
   seguro
   permanente

   constante
   consecuente

inestimable

inapreciable
invaluable
imponderable
incalculable
impagable

↔ desdeñable

inestimado

subestimado
menospreciado

↔ estimado
   apreciado

inevitable

ineludible
insoslayable
irremediable
ineluctable
indefectible
inexcusable
automático
obligatorio
forzoso
fatal
impepinable *col.*

↔ evitable
   eludible

inexacto

impreciso
aproximado
aproximativo
indeterminado
indefinido
inconcreto

erróneo
falso

↔ exacto
   justo

   cierto

inexcusable

inevitable
ineludible
forzoso

imperdonable
injustificable
indisculpable
inconcebible

↔ excusable
   eludible

   perdonable

inexistencia

carencia
ausencia

↔ existencia
   presencia

inexistente

irreal
imaginario
ilusorio
ficticio
supuesto

nulo
ineficaz
inefectivo

↔ existente

   efectivo

inexorable
implacable
inflexible
inclemente
riguroso
severo
duro
intransigente

inevitable
ineludible
ineluctable
irremediable

↔ clemente
   piadoso
   blando

   evitable
   eludible

inexperiencia
impericia

↔ experiencia
   pericia

inexperto
principiante
novato
novel
aprendiz
bisoño
pipiolo *col.*

↔ veterano

inexplicable
incomprensible
inconcebible
extraordinario
impenetrable

injustificable

↔ explicable
   comprensible

   justificable

inexplorado
desconocido
ignoto

virgen
nuevo

↔ descubierto
   explorado

inexpresable
inefable
inenarrable
indescriptible
indecible

↔ descriptible

inexpresivo
soso
impasible
inalterable

frío
distante
adusto

↔ expresivo
   cariñoso
   afectuoso

inexpugnable
inaccesible
inconquistable
irreductible

inflexible

↔ expugnable
   conquistable
   accesible

   flexible

inextinguible
inagotable
inacabable
interminable

duradero

↔ extinguible

inextricable
intrincado
enmarañado
enredado

incomprensible
oscuro
enrevesado
ininteligible
impenetrable
insondable

↔ comprensible
   claro

infalible
inequívoco
cierto
verdadero

inevitable
indefectible
forzoso
seguro

↔ falible
   equívoco

   inseguro

infamar
difamar
deshonrar
desacreditar
desprestigiar
denigrar
calumniar

↔ honrar
   elogiar

infame
innoble
indigno
deshonrado
desacreditado
degradado

malvado
perverso
despreciable
abyecto
canallesco
vil
ruin
rastrero
gusano
bastardo

infamador
infamante
infamatorio
ignominioso
deshonroso
vergonzoso
humillante

↔ noble
   prestigioso

   bondadoso

   honroso

infamia
indignidad
deshonra

descrédito
degradación

maldad
perversión
canallada
vileza
ruindad
felonía

ignominia
vergüenza

↔ nobleza
   prestigio

   bondad

   honra

infancia
niñez

↔ vejez

infante
niño
crío
impúber

↔ viejo

infantil
pueril
aniñado
inmaduro

↔ senil

infantilismo
inmadurez
ingenuidad
inocencia

↔ madurez

infatigable
incansable
laborioso
diligente

↔ perezoso
   flojo

infatuar(se)
engreír
envanecer
ensoberbecer

↔ humillar

infausto

aciago
funesto
nefasto

desgraciado
infortunado
desdichado
desafortunado

↔ feliz

infectar(se)

inficionar
contaminar
contagiar
transmitir
apestar

↔ desinfectar

infecto

repugnante
asqueroso
nauseabundo
pestilente
maloliente
hediondo
insalubre

↔ limpio
pulcro

infecundo

estéril
infértil
improductivo

↔ fecundo
fértil

infelicidad

desgracia
desdicha
adversidad
infortunio
fatalidad

↔ felicidad
fortuna

infeliz

desgraciado
desdichado
desventurado
desafortunado
adverso
aciago
nefasto
triste

---

ingenuo
inocente
simple
bendito

apocado
pusilánime
borrego *col.*

↔ feliz
venturoso
afortunado

pícaro
avispado

decidido
ambicioso

inferencia

deducción
conclusión
ilación
consecuencia

inferior

bajo
debajo
más bajo

peor
ínfimo

subordinado
subalterno
mandado

↔ superior

mejor

jefe

inferir

deducir
colegir
concluir
argüir
desprenderse

ocasionar
causar
infligir

infértil

infecundo
estéril
improductivo
seco

↔ fértil

---

infestar(se)

plagar
llenar

inficionar(se)

infectar

intoxicar
envenenar
corromper
contaminar
emponzoñar

infiel

desleal
traidor
fementido

adúltero

impío
gentil

↔ fiel
leal

cristiano

infiernillo

hornillo
cocinilla

infierno

fuego eterno
calderas de Pedro
Botero
averno *cult.*
orco *cult.*
tártaro *cult.*

↔ cielo
paraíso

infiltrar(se)

empapar
filtrar
impregnar
calar
traspasar

imbuir
inspirar
inculcar

inyectar

infiltrarse

filtrarse
colarse

ínfimo

mínimo
insignificante
minúsculo

↔ grande

infinidad

multitud
abismo
inmensidad
vastedad
sin número

infinito

ilimitado
eterno

incontable
innumerable
incalculable
inconmensurable

inmenso
enorme

↔ finito
limitado

inflación

encarecimiento
aumento
subida
alza

↔ deflación

inflamable

combustible

irritable
enfadadizo

inflamación

hinchazón
flemón
tumefacción

inflamar(se)

incendiar
encender
prender
quemar
arder

avivar
enardecer
excitar

acalorar
enconar

hinchar
abotagarse

↔ apagar

  calmar
  tranquilizar

  deshinchar

inflar(se)

hinchar
inflamar
abotagarse
henchir
abultar

ahuecar
envanecer

col.
atiborrar
atracar
apiparse *col.*

inflexible

firme
duro
severo
inconmovible
implacable
inexorable
férreo

↔ blando
  flexible

inflexión

modulación

desviación

infligir

aplicar
inferir
ocasionar
causar
propinar
imponer

influencia

influjo
impronta
ascendiente
crédito
dominio
poder

---

autoridad
fuerza
pujanza
importancia
peso
prestigio
garras

influir o
influenciar

inclinar
incidir
afectar
alterar
modificar

influjo

influencia
impronta
ascendiente

información

comunicación
indicación
aviso
asesoramiento
asesoría
anuncio
documento
documentación
dato
referencia
noticia

informal

incumplidor
irresponsable
faltón
botarate *col.*
malqueda *col.*

familiar

↔ formal
  cumplidor

  solemne

informar(se)

comunicar
enterar
indicar
avisar
asesorar
anunciar
alertar
advertir

---

documentar
alegar
exponer

↔ desinformar

informativo

ilustrativo
esclarecedor
explicativo

informe[1]

información
referencia

memoria
dossier

informe[2]

deforme
impreciso
vago
amorfo

infortunado

desgraciado
desafortunado
desdichado
desventurado
adverso
aciago
triste

↔ afortunado

infortunio

desgracia
adversidad
desventura
desdicha
fatalidad
desastre
calamidad
accidente
mala suerte

↔ fortuna
  suerte

infra

↔ supra

infracción

incumplimiento
conculcación
transgresión
violación

---

quebrantamiento
vulneración
falta
delito

↔ cumplimiento

infractor

transgresor
vulnerador
contraventor
Inobservante

↔ observante

infrahumano

inhumano

↔ humano

infranqueable

insalvable
invencible
impracticable
intransitable
inaccesible

↔ franqueable
  transitable

infravalorar(se)

subestimar
minusvalorar

↔ sobreestimar

infrecuente

raro
insólito
extraño
desusado
desacostumbrado
inusual
inusitado
atípico

↔ frecuente
  acostumbrado

infringir

incumplir
conculcar
transgredir
violar
quebrantar
faltar
delinquir
contravenir

vulnerar
arrollar

↔ cumplir
   acatar
   obedecer

infructuoso

improductivo
estéril

↔ fructífero

ínfulas

soberbia
presunción
humos
aires

↔ humildad

infundado

injustificado
inmotivado
inconsistente
gratuito
arbitrario

↔ fundado

infundio

bulo
calumnia
habladuría
maledicencia
chismorreo *col.*

infundir

inspirar
insuflar
inculcar
imbuir
comunicar
contagiar

infusión

tisana
agua
agüita *amer.*

ingeniar

inventar
idear
concebir
trazar

ingeniárselas

arreglárselas
apañárselas

ingeniero

especialista
experto
perito
técnico

ingenio

inventiva
inteligencia
genio
genialidad
imaginación
habilidad
maña
astucia
caletre *col.*
cacumen *col.*

agudeza
chispa
gracia
chiste
gracejo

artefacto
máquina
artilugio
artificio
dispositivo
aparato

↔ torpeza

   sosería

ingenioso

agudo
inteligente
hábil
sutil
ocurrente

ingente

inmenso
enorme
colosal
monumental
inconmensurable
incalculable
grande

↔ pequeño
   insignificante

ingenuo

cándido
infeliz
iluso
angelical

candoroso
inocente

↔ malicioso

ingerir

deglutir
engullir
tragar
tomar
comer

ingestión

deglución
alimentación

inglés

anglosajón
británico

ingobernable

incontrolable
rebelde
indócil
insumiso

↔ dócil

ingrato

desagradecido
desconsiderado

desagradable
molesto
fastidioso
enojoso
ímprobo

↔ agradecido

   grato
   agradable

ingrávido

ligero
vaporoso
liviano
etéreo
tenue

↔ pesado

ingrediente

componente
elemento
integrante
constituyente

factor

ingresar

incorporar
alinear
afiliar
acceder
internar
inscribir
asociarse

cobrar
percibir
embolsar
ganar

imponer
abonar
meter (dinero en el
   banco)

↔ salir
   abandonar

   retirar

   perder

inhabilitar(se)

incapacitar
descalificar
imposibilitar
impedir
inutilizar
anular

↔ habilitar

inhalar

aspirar
inspirar

↔ exhalar

inherente

propio
inseparable
consubstancial
connatural
aparejado
relacionado
inmanente

↔ accesorio

inhibir(se)

reprimir
cohibir
refrenar
coartar
retraer

↔ estimular

inhóspito

inhospitalario
desapacible
desolado

↔ acogedor
   hospitalario
   apacible

inhumano

cruel
despiadado
desalmado
infrahumano
atroz
mísero
brutal
sanguinario
carnicero *col.*
caníbal *col.*

↔ humano
   humanitario

inhumar

enterrar
sepultar

↔ exhumar

inicial

inaugural
original
incipiente
naciente

↔ final

iniciar(se)

comenzar
empezar
principiar
inaugurar
incoar
acometer
estrenar
abrir

↔ terminar
   clausurar

iniciativa

decisión
dinamismo
denuedo
energía
empuje
ímpetu

anticipación
adelanto
delantera

Idea
proposición
sugerencia

inicio

comienzo
empiece
principio
inauguración
estreno
debut
apertura
advenimiento
arranque
cabecera
amanecer
albor
aurora

↔ término
   clausura

inicuo

injusto
arbitrario
parcial

malvado
cruel
perverso
ignominioso

↔ justo
   imparcial

   bondadoso

inigualable

incomparable
impar
único

inimaginable

impensable
inconcebible
increíble
inverosímil

↔ imaginable

inimitable

excepcional
singular
único
inconfundible

ininteligible

incomprensible
indescifrable
enrevesado
inextricable
inaccesible
impenetrable
babélico
ilegible

↔ inteligible
   claro

ininterrumpido

continuado
continuo
incesante
constante
seguido

↔ interrumpido

iniquidad

injusticia
arbitrariedad
parcialidad

mal
crueldad
perversidad
canallada
ruindad
villanía

↔ justicia
   imparcialidad

   bondad

injerirse

entrometerse
inmiscuirse
meterse
intervenir
terciar

injertar

esquejar

implantar
colocar

injuria

ofensa
insulto
oprobio
improperio
dicterio
denuesto

afrenta
agravio
ultraje

↔ alabanza

injustificable

inexcusable
indisculpable
inaceptable
imperdonable

↔ justificable

injusto

arbitrario
parcial
inicuo
inmerecido
indebido

↔ imparcial
   merecido

inmaculado

limpio
impoluto
impecable
pulcro
puro
intachable

↔ sucio
   impuro

inmaduro

verde
tierno

infantil
pueril

↔ maduro

inmanente

inherente
consubstancial
connatural
propio
inseparable

↔ trascendente

inmarcesible

inmarchitable
eterno
imperecedero

↔ marchitable
   efímero

inmaterial

incorpóreo
intangible
espiritual
ideal
abstracto

↔ material
 corpóreo
 físico

inmediaciones

alrededores
proximidades
aledaños
cercanías
arrabal
afueras
suburbios
periferia
extrarradio

inmediato

consecutivo
contiguo
seguido
inminente
colindante
aledaño
adyacente
cercano
próximo

↔ mediato
 alejado

inmejorable

insuperable
excelente
superior

↔ pésimo

inmemorial

remoto
antiguo
pasado

inmenso

inconmensurable
enorme
infinito
ilimitado
tremendo
formidable
colosal
ingente

monumental
grande

genial
acertado
inspirado
oportuno

↔ pequeño
 insignificante

 pésimo

inmerecido

injusto
arbitrario

↔ merecido

inmersión

sumersión
sumergimiento
baño

↔ emersión

inmerso

sumergido
hundido

absorto
abstraído
ensimismado
sumido
concentrado
embebido

inmigrar

llegar
establecerse
migrar

↔ emigrar
 irse

inminente

inmediato
próximo

↔ remoto
 lejano

inmiscuirse

entrometerse
injerirse
intervenir
terciar
meterse

↔ desentenderse

inmoderado

desenfrenado
desmedido
descomedido
exagerado
excesivo

↔ moderado

inmodesto

presumido
vanidoso
arrogante
jactancioso
presuntuoso
petulante
altanero
altivo
creído

↔ modesto

inmolar(se)

sacrificar
ofrendar
ofrecer
renunciar

inmoral

amoral
ilícito
deshonesto
indecente
indecoroso
impúdico
obsceno
lujurioso
ímprobo
desaprensivo
feo

↔ moral

inmortal

imperecedero
eterno
perenne
perpetuo
sempiterno

↔ mortal
 perecedero

inmotivado

infundado
injustificado
inconsistente
gratuito

arbitrario
caprichoso

↔ motivado
 fundado

inmóvil

quieto
estático
parado
inerte
fijo
inactivo
inamovible
clavado col.

↔ móvil

inmovilismo

reaccionarismo

↔ progresismo

inmovilizar(se)

paralizar
inactivar
detener
bloquear
atenazar
agarrotar

↔ mover

inmueble

edificio
casa
bloque
finca

↔ mueble

inmundicia

suciedad
basura
porquería
mugre
cochambre
guarrada

↔ limpieza

inmundo

sucio
puerco
cochambroso
guarro
desaseado
asqueroso
mugriento

deshonesto
indecente
soez

↔ limpio

  honesto

inmune

invulnerable
inviolable
protegido
dispensado
exento
inmunizado

↔ vulnerable

inmunidad

invulnerabilidad
inviolabilidad
protección

↔ indefensión

inmunizar

proteger
defender
vacunar

inmutable

invariable
inalterable
firme
definitivo
absoluto

inconmovible
impertérrito
impávido

↔ mudable
  alterable

  inquieto
  nervioso

inmutar(se)

alterar
impresionar
conmover
turbar
trastornar
inquietar
perturbar

innato

natural
connatural

---

congénito
inherente

↔ adquirido

innecesario

superfluo
inútil
vano
infructuoso

↔ imprescindible
  fundamental

innegable

incuestionable
incontrovertible
incontrastable
incontestable
apodíctico
irrefutable
indiscutible
evidente
palmario

↔ negable
  discutible

innoble

indigno
infame
vil
mezquino
ruin
desleal
falso
miserable
rastrero

↔ noble

innocuo

inocuo

innovador

novedoso
revolucionario

↔ conservador

innovar

renovar
cambiar

↔ conservar

innumerable

innúmero
incontable

---

inconmensurable
incalculable
infinito

↔ escaso

inobservancia

incumplimiento
desacato
desuso

↔ obediencia
  aplicación

inocencia

exculpación
absolución

candidez
candor
ingenuidad

↔ culpa
  culpabilidad

  malicia
  picardía

inocentada

broma

inocente

exculpado
absuelto

cándido
candoroso
ingenuo
crédulo
infeliz
angelical
simple
bobo
capullo *vulg.*

inofensivo
inocuo

↔ culpable

  malicioso

  dañino
  nocivo

inocular

comunicar
contagiar
contaminar
transferir
inculcar

---

inocuo

innocuo
inocente
inofensivo

insulso
soso
anodino

↔ nocivo

  apasionante

inodoro

retrete
wáter
excusado

inofensivo

inocuo
innocuo
inocente

↔ nocivo
  dañino

inolvidable

indeleble
imborrable
permanente
fijo

inoperante

ineficaz
ineficiente
inútil
inactivo
nulo
vano
baldío
estéril
infructífero
infructuoso

↔ operante
  eficaz

inopia

pobreza
escasez
indigencia
miseria

↔ riqueza
  abundancia

inopia, estar en la *col.*

distraerse
estar en la luna *col.*

inopinado

inesperado
imprevisto
repentino
súbito
casual

↔ previsto

inoportuno

inconveniente
intempestivo
extemporáneo
inapropiado
inadecuado
impropio
improcedente
importuno
desafortunado
desacertado
impertinente
indiscreto
fregado *amer.*

↔ oportuno
  conveniente

inquebrantable

firme
sólido
estable
perdurable
indisoluble

↔ quebrantable
  frágil

inquietar(se)

intranquilizar
preocupar
alterar
alarmar
perturbar
turbar
excitar
desasosegar
conmocionar
trastornar
apurar
alborotar
agitar

↔ tranquilizar
  calmar

inquieto

intranquilo
preocupado
alterado

alarmado
perturbado
turbado
excitado
desasosegado
conmocionado
trastornado
impaciente
azogado
fuguillas *col.*

↔ tranquilo
  calmado

inquietud

intranquilidad
preocupación
alteración
alarma
perturbación
turbación
excitación
desasosiego
conmoción
trastorno
alboroto
agitación
incertidumbre
impaciencia
desazón
congoja
confusión
ansia
angustia
alerta
comecome

↔ tranquilidad
  calma

inquilino

arrendatario
alquilado

↔ arrendador
  casero

inquina

manía
antipatía
aversión
ojeriza
repulsa
rechazo
tirria
odio
animosidad
animadversión

↔ simpatía

inquirir

investigar
indagar
interrogar
preguntar
escudriñar
averiguar
ahondar

inquisición

investigación
indagación
pesquisa

insaciable

ávido
ambicioso

↔ saciable

insalubre

insano
malsano
nocivo
perjudicial
dañino

↔ saludable

insalvable

invencible
insuperable
infranqueable
impracticable
intransitable
inaccesible

↔ salvable
  franqueable
  transitable

insania

demencia
locura
vesania

↔ cordura

insano

loco
demente

insalubre

↔ sano

insatisfecho

descontento
disgustado
disconforme

contrariado
decepcionado

↔ satisfecho
  contento

inscribir(se)

afiliar
incorporar
apuntar
registrar
anotar
asociar
alistar
alinear
abonar

grabar
labrar

↔ borrar

inscripción

afiliación

rótulo
letrero
leyenda
epitafio

inseguro

inestable
indeciso
incierto
improbable
falible
azaroso
indeterminado

peligroso
arriesgado

↔ seguro
  firme

inseminación

fecundación

insensatez

imprudencia
irreflexión
ligereza
irresponsabilidad

despropósito
desacierto
majadería
locura

↔ sensatez
  prudencia

  acierto

insensato

imprudente
irresponsable
inconsciente
desatinado
disparatado
descabezado
descabellado
absurdo

↔ sensato
racional

insensible

insensibilizado
aletargado
entumecido

inconmovible
impasible
frío
duro

inapreciable
imperceptible

inconsciente

↔ sensibilizado
sensible

perceptible

consciente

inseparable

indisociable
indivisible

↔ separable

insertar(se)

intercalar
interpolar
incluir
introducir
meter

↔ extraer
excluir

inservible

inútil
estropeado
deteriorado
deshecho
roto
escacharrado

↔ útil
aprovechable

insidia

asechanza
engaño
felonía
alevosía
traición
perfidia
maquinación

insigne

famoso
ilustre
ínclito
afamado
renombrado
célebre
benemérito
honorable

↔ don nadie

insignia

símbolo
emblema
distintivo
divisa
enseña

insignificancia

ridiculez
menudencia
minucia
nadería
bagatela
peccata minuta

insignificante

inapreciable
ridículo
ínfimo
fútil
anodino
baladí
trivial
superficial
diminuto

↔ importante

insinuar

sugerir
apuntar
aludir

insinuarse

mostrarse
adivinarse
empezar

principiar
iniciarse

coquetear
provocar
flirtear
seducir
cortejar

insípido

insulso
soso
desabrido
desaborido

↔ sabroso

insistente

constante
tenaz
terco
obstinado
perseverante

↔ inconstante

insistir

perseverar
persistir
abundar

↔ desistir

insobornable

incorruptible
íntegro

↔ sobornable
corrupto

insociable

huraño
introvertido
retraído
adusto
hosco
montaraz
desabrido

↔ sociable

insolación

tabardillo

insolencia

descaro
desvergüenza
impertinencia
inconveniencia

grosería
atrevimiento
frescura

fresca col.

↔ respeto

piropo
cumplido

insolente

irrespetuoso
descarado
desvergonzado
impertinente
grosero
procaz
audaz
atrevido
fresco
flamenco
farruco col.
faltón col.
alzado amer.

↔ respetuoso
comedido

insólito

raro
extraordinario
inaudito
desacostumbrado
infrecuente
desusado
inusual
inusitado
anormal
anómalo
extraño
atípico
aparte
distinto
diferente

↔ normal
frecuente
acostumbrado

insoluble

indisoluble

irresoluble

↔ soluble

insomnio

desvelo

↔ sueño

insondable

abismal
impenetrable
inescrutable
inextricable
indescifrable
incognoscible

↔ superficial

insonoro

silencioso

↔ ruidoso

insoportable

inaguantable
intolerable
insufrible
insostenible
irresistible
imposible
duro

↔ soportable
   agradable

insoslayable

inevitable
ineludible
ineluctable
indeclinable

↔ soslayable
   evitable

insospechado

imprevisto
inesperado
sorprendente
imprevisible

↔ sospechado
   previsible

insostenible

insoportable

indefendible

↔ sostenible
   soportable
   irrefutable

inspección

reconocimiento
revisión
examen
supervisión

exploración
control

inspeccionar

reconocer
revisar
examinar
supervisar
explorar
chequear
registrar
fiscalizar
batir

inspector

supervisor
controlador

inspiración

aspiración
inhalación

iluminación
arte
creatividad
genio
talento
musa

influencia
influjo

inspirar(se)

aspirar
inhalar

infundir
provocar
infiltrar

sugerir
dictar
iluminar

instalar(se)

montar
colocar

alojar
establecer
asilar
asentar
aposentar
albergar

↔ desinstalar

instancia

solicitud
petición

ruego
súplica

instantáneo

momentáneo
fugaz

inmediato
fulminante
rápido

↔ eterno

   retardado

instante

segundo
minuto
momento
santiamén *col.*
periquete *col.*

instar

apremiar
solicitar
pedir
rogar
suplicar

urgir

instaurar

establecer
implantar
instituir
erigir
fundar

↔ suprimir
   derrocar

instigador

incitador
inductor
provocador

instigar

provocar
incitar
inducir
empujar
impeler
concitar
azuzar
aguijonear
indisponer
achuchar *col.*

↔ disuadir

instintivo

inconsciente
automático
maquinal
involuntario
inconsciente
reflejo

instinto

naturaleza
índole

intuición
olfato

institución

fundación
instauración
creación

organismo
entidad
establecimiento
asociación
centro
agrupación
academia
sociedad

instituciona-
lizar(se)

oficializar
legalizar

instituir

fundar
instaurar
crear
establecer

↔ suprimir

instituto

colegio
academia
escuela

institutriz

aya
nodriza
niñera
gobernanta

instrucción

educación
enseñanza
formación

aprendizaje
adiestramiento
docencia
asimilación
capacitación
ilustración
cultura

norma
orden
disposición
directriz
directiva

instruido

culto
ilustrado
leído
conocedor
docto
erudito

↔ iletrado

instruir(se)

educar
enseñar
formar
adiestrar
ilustrar
civilizar
capacitar
alfabetizar
aleccionar
adoctrinar
documentar
imponer
desbastar
desasnar *col.*

instrumentar

orquestar

instrumento

utensilio
herramienta
útil

máquina
aparato
artilugio
artefacto
dispositivo
mecanismo
ingenio

insubordinar(se)

indisciplinar
amotinar

sublevar
rebelar
desobedecer

↔ obedecer
   someter

insuficiencia

falta
escasez
carencia
penuria
privación

↔ suficiencia
   abundancia

insuficiente

escaso
corto
incompleto
deficiente

suspenso
cate
calabazas *col.*

insuflar

infundir
inspirar
inculcar
comunicar

insufrible

insoportable
inaguantable
imposible

↔ sufrible
   agradable

ínsula

isla

insular

isleño

insulso

insípido
soso
desabrido
desaborido
chirle *col.*

anodino
insustancial
vulgar
indiferente

frío
desangelado

↔ sabroso

   interesante

insultar(se)

injuriar
increpar
faltar
despotricar
denostar
denigrar
ofender
agraviar
vilipendiar
vituperar
ultrajar
vejar
zaherir

↔ alabar

insulto

ofensa
agravio
injuria
improperio
dicterio

↔ alabanza
   elogio

insumiso

rebelde
insubordinado
indócil
desobediente

↔ sumiso
   obediente

insuperable

invencible
insalvable

inmejorable

↔ superable

insurgente

insurrecto

insurrección

levantamiento
sublevación
alzamiento
asonada

motín
rebelión
sedición

insurrecto

insurgente
rebelde
levantado
sublevado
faccioso
sedicioso

↔ obediente
   leal
   sumiso

insustancial

insípido
insulso
soso
chirle *col.*

trivial
superficial
inane
frívolo
anodino
banal
vano

↔ sustancial

   trascendente
   importante

insustituible

irreemplazable
imprescindible
indispensable
esencial
vital

↔ sustituible
   prescindible

intachable

irreprochable
impecable
impoluto
inmaculado
digno
cabal
probo
recto
respetable
acrisolado
acendrado

↔ censurable
   vergonzoso

intacto

íntegro
inalterado
indemne
ileso
incólume
entero
virgen

↔ dañado
     alterado

intangible

intocable
inviolable

incorpóreo
inmaterial
imperceptible
impalpable
ideal
abstracto

↔ tangible

integración

composición
constitución
formación

afiliación
incorporación

integral

total
global
completo
universal

↔ parcial

integrar(se)

componer
constituir
formar

afiliar
incorporar

↔ desintegrar
     separar

integridad

totalidad
plenitud

honradez
rectitud
honestidad

dignidad
decencia

virginidad

integrismo

fundamentalismo

íntegro

total
pleno
entero
completo
intacto

honrado
recto
honesto
incorrupto
incorruptible
digno
decente
cabal
puro
acrisolado
acendrado

↔ incompleto

     deshonesto

intelecto

intelectiva
inteligencia
entendimiento

intelectual

erudito
docto
culto
estudioso
sabio

↔ inculto
     ignorante

inteligencia

intelecto
intelectiva
entendimiento
cabeza
cerebro
mente
ingenio
razonamiento
juicio
alcance
agudeza

sagacidad
perspicacia
caletre *col.*
mollera *col.*
cacumen *col.*
coco *col.*

habilidad
destreza
maña
capacidad

acuerdo
comprensión
armonía

↔ tontería
     torpeza
     cerrazón

     desacuerdo

inteligente

listo
ingenioso
juicioso
agudo
sagaz
perspicaz
lúcido

hábil
mañoso
capaz

↔ tonto
     torpe
     cerrado

inteligible

comprensible
asequible
accesible
claro

↔ ininteligible
     incomprensible

intemperante

intolerante
intransigente
incontinente
destemplado
bronco

↔ tolerante

intempestivo

inoportuno
inconveniente

importuno
extemporáneo

↔ oportuno
     conveniente

intención

propósito
decisión
resolución
idea
pensamiento
voluntad
deseo
empeño
ánimo

fin
finalidad
motivo
objetivo
miras

intencionado o
      intencional

deliberado
premeditado
adrede
ex profeso
a propósito

↔ impremeditado
     involuntario

intendencia

administración
gestión
organización

intendente

gestor
gerente
administrador

amer.
alcalde

intensidad

magnitud
potencia
fuerza
grado
energía

entusiasmo
apasionamiento
pasión
vehemencia

intensificar(se)

acrecentar
incrementar
impulsar
vigorizar
arreciar
agudizar
estimular
activar

↔ debilitar

intenso

fuerte
potente
grande
vivo
agudo
febril
vehemente
entusiasmado

↔ débil

intentar

procurar
tratar
tentar
tantear
acometer
buscar

↔ desistir
renunciar

intento

tentativa
tanteo
conato
intentona *col.*

↔ desistimiento
renuncia

intercalar

insertar
interpolar

intercambiar(se)

cambiar
permutar
canjear
trocar

intercambio

cambio
permuta
canje
trueque

interceder

abogar
terciar
mediar
intermediar
arbitrar

interceptar

interrumpir
bloquear
obstaculizar
obstruir
estorbar

intercesor

mediador
intermediario
tercero

**intercomunica-
ción**

interrelación

interdicción

prohibición
veto
proscripción

↔ autorización

interés

importancia
valor
utilidad

empeño
afán
ganas
fervor
desvelo
afición
inclinación
esfuerzo
atención
celo
calor
ardor
aplicación
ahínco
garra

rédito
ganancia
rendimiento
renta
bienes
patrimonio

conveniencia
provecho
avío
lucro
egoísmo

↔ desinterés

apatía

interesado

preocupado
inquieto
desvelado
atento

egoísta
codicioso
pesetero
aprovechado

afectado

interesante

importante
atrayente
sugestivo
seductor
atractivo

↔ indiferente

interesar

atraer
agradar
cautivar

importar
concernir
incumbir
afectar
tocar

lesionar
dañar

interesarse

preocuparse
inquietarse
desvelarse
atender

↔ aburrir
fastidiar

desinteresar

despreocuparse

interestelar

intersideral

interfecto

víctima
occiso *cult.*

persona
individuo
tipo
sujeto

interferencia

estorbo
entorpecimiento
interrupción

intromisión
injerencia

interferir(se)

estorbar
entorpecer
interceptar
interrumpir
interponer

entrometerse
injerir
inmiscuirse
intervenir

↔ facilitar

interfoliar

interpaginar
intercalar

ínterin

intervalo
intermedio
lapsus
paréntesis
interregno

interino

provisional
eventual
temporal

↔ fijo

interior

interno
profundo
recóndito

íntimo
privado
anímico
espiritual

conciencia
ánimo
espíritu
fondo

interioridades
intimidades
confidencias

↔ exterior
  externo

  superficial

interiorismo
decoración

interiorizar
reservar

↔ exteriorizar

interlocución
diálogo

interludio
intermezzo

intermediar
arbitrar
mediar
interceder

intermediario
árbitro
mediador
agente

proveedor
asentador
comisionista

intermedio
entreacto
descanso

intervalo
ínterin

intermezzo *ital.*
interludio

interminable
inacabable
ilimitado
inextinguible

↔ corto
  breve

intermitente
discontinuo
alterno
entrecortado

↔ continuo
  seguido

internacional
mundial
universal

↔ nacional

internado
ingresado
recluido
hospitalizado
interno
colegio

internar
recluir
asilar
ingresar
hospitalizar

internarse
penetrar
adentrarse
profundizar

↔ liberar

interno
intestino
interior
profundo
central

internado
ingresado

preso
recluso

↔ externo

interpelar
interrogar
preguntar
requerir

↔ contestar
  responder

interpolar
intercalar
insertar
interponer

interponer(se)
intercalar
interpolar
insertar
atravesar
interferir
estorbar
entorpecer
interrumpir
cruzarse

↔ retirar
  quitar
  facilitar

interpretación
descodificación
glosa
comentario
explicación
traducción
exégesis

representación
actuación
declamación
ejecución

interpretar
descifrar
descodificar
glosar
comentar
explicar
traducir

comprender
entender

plasmar
reflejar

representar
actuar
declamar
ejecutar
desempeñar

intérprete
artista
actor
cómico
representante

traductor

interregno
intervalo
paréntesis

interrelación
correlación
interdependencia
ilación
intercomunicación

interrogación
pregunta
interpelación
indagación
cuestión

interrogante
incógnita

↔ respuesta

interrogante
interrogador
interrogativo

interrogación
pregunta
incógnita
enigma
misterio
duda

↔ evidencia
  respuesta

interrogar
preguntar
interpelar
indagar
inquirir
sondear
cuestionar

interrogativo
interrogante
interrogador

interrumpir(se)
parar
cesar
detener
impedir
dificultar
abandonar
interferir
entorpecer
obstaculizar
estorbar
interceptar
bloquear
obstruir

↔ continuar
  facilitar

interrupción

corte
parada
paréntesis
tregua
cese
detención
paralización
suspensión
bloqueo
obstrucción
estorbo
obstáculo

↔ continuación

interruptor

llave
pulsador

intersección

cruce
confluencia

intersideral

interestelar

intersticio

grieta
resquicio
ranura

intervalo

intermedio
ínterin
inciso
duración
distancia

descanso
pausa
alto

intervención

participación
acción
acto

mediación
arbitraje
interposición
injerencia
intromisión

influencia

operación
cirujía

intervencionismo

↔ neutralismo

intervenir

participar
actuar

mediar
arbitrar
terciar
interferir
interponerse
inmiscuirse
injerirse
entrometerse

influir
ayudar
coadyuvar

operar

investigar
inspeccionar
fiscalizar

inmovilizar
congelar
bloquear

interceptar
pinchar *col.*

interventor

inspector

revisor

interviú

entrevista

intestino

civil
interior
interno

tripa
entraña

↔ exterior

intimar

congeniar
simpatizar
fraternizar
confraternizar

conminar
exigir
ordenar

intimidad

confianza
amistad
trato

intimidades

interioridades

intimidar

acobardar
atemorizar
amedrentar
asustar
imponer
arredrar
apocar
acorralar
domeñar
amenazar
coaccionar
acoquinar
acogotar
acojonar *vulg.*

↔ envalentonar

íntimo

interior
profundo
hondo

privado
reservado
familiar
particular

entrañable
allegado

↔ externo
   superficial

   público

intitular(se)

titular

intocable

intangible

paria (casta hindú)

intolerable

inaguantable
insoportable
irresistible
indisculpable
inadmisible
inaceptable

imperdonable
imposible

↔ tolerable
   soportable

intolerancia

intransigencia
incomprensión
inclemencia
dogmatismo
fanatismo

↔ tolerancia
   apertura

intolerante

intransigente
inclemente
dogmático
fanático
obcecado
tozudo

↔ tolerante
   abierto

intoxicar(se)

envenenar
emponzoñar
inficionar

drogar
alcoholizar

desinformar
engañar

↔ desintoxicar

   informar

intragable

incomible

insoportable
insufrible

col.
increíble
inverosímil

↔ tragable
   apetecible

   agradable

   verosímil

intramuros

dentro
en el interior

↔ extramuros

intranquilizar(se)

inquietar
preocupar
desasosegar
alarmar
sobresaltar
turbar

↔ tranquilizar
   calmar

intranquilo

inquieto
nervioso
preocupado
desasosegado
alarmado
sobresaltado
turbado
azogado
agitado
fuguillas *col.*

↔ tranquilo
   pacífico

intransferible

inalienable
intransmisible
personal
individual
exclusivo

↔ transferible

intransigente

intolerante
inflexible
intemperante
inexorable
doctrinario
fanático
dogmático

↔ transigente
   tolerante

intransitable

impracticable
insalvable
infranqueable

↔ transitable
   franqueable

intransmisible

intransferible

↔ transmisible

intrascendente

intrascendental
irrelevante
inane
vano
nimio
trivial
bizantino
insignificante
sin importancia

↔ trascendente

intratable

insociable
desagradable
inabordable
difícil
arisco
huraño
esquinado
malhumorado
antipático
borde *col.*

↔ tratable
   sociable

intrépido

valiente
audaz
valeroso
osado
impávido
denodado
arrojado
aguerrido
bravo

↔ cobarde
   apocado
   pusilánime

intriga

maquinación
conspiración
confabulación
asechanza
conjura
complot
cabildeo

curiosidad
expectación

trama

intrigante

maquinador
maniobrero

liante
enredador
urdidor
conspirador

intrigar

maquinar
conspirar
confabularse
conjurarse
urdir
conchabarse *col.*

intrincado

complicado
confuso
enmarañado
enredado

abrupto
inextricable
fragoso
difícil
arduo

↔ sencillo

intrincar

complicar
confundir
enmarañar
enredar
dificultar
enrevesar
liar

↔ facilitar

intríngulis *col.*

complicación
dificultad
busilis *col.*

intrínseco

inherente
consustancial
connatural
esencial
propio

↔ extrínseco

introducción

entrada
penetración

establecimiento
implantación

prolegómeno
preliminar
preámbulo
prefacio
preludio

introducir(se)

meter
insertar
encajar
alojar
incluir

establecer
implantar

relacionar

causar
provocar

introducirse

entrar
penetrar

↔ sacar
   extraer

   abolir
   eliminar

introito

prólogo
prefacio
preámbulo
proemio
prolegómenos
preliminares

↔ epílogo

intromisión

entrometimiento
injerencia
intrusión

introspección

reflexión
meditación

introversión

retraimiento

↔ extroversión

introvertido

retraído
tímido
huidizo
misántropo

↔ extrovertido

intrusión

intromisión
entrometimiento
injerencia

intruso

extraño
advenedizo
entremetido
forastero

intuición
instinto
visión
olfato
sospecha
presentimiento
presagio
barrunto
corazonada

intuir

percibir
captar
sospechar
presentir
barruntar
adivinar
entrever
atisbar
calar
temerse
presagiar
olerse

inundación

riada
crecida
desbordamiento
avenida

invasión
avalancha
afluencia
muchedumbre
masa
alud

inundar(se)

anegar
desbordar
bañar

atestar
atiborrar
colmar
llenar
plagar

inusitado

inusual
insólito
infrecuente
desusado
desacostumbrado
raro
extraño

↔ habitual
   normal
   acostumbrado

inusual

inusitado
insólito
infrecuente
desusado
desacostumbrado

↔ usual
   normal

inútil

inservible
inepto
inoperante
ineficaz
inefectivo
baldío
vano
ocioso
incompetente
incapaz
impotente
calamidad *col.*
bichoco *amer.*

inválido
impedido
incapacitado

↔ útil
   productivo

inutilizar

invalidar
anular
inhabilitar
desactivar
destruir

derrotar
arrollar
arrasar
destrozar
machacar

↔ habilitar

   perder

invadir

asaltar
ocupar
allanar
apoderarse
conquistar

inundar
saturar

adueñarse
apoderarse

invalidar

inutilizar
anular

inválido

minusválido
imposibilitado
inútil
impedido
baldado
lisiado
tullido

nulo
anulado

endeble
inconsistente

↔ sano
   válido

   consistente

invaluable

inestimable
inapreciable

↔ despreciable

invariable

inmutable
inamovible
inalterable
invariante
definitivo
absoluto
igual

↔ variable
   alterable

invasión

asalto
ocupación
allanamiento

plaga

invectiva

diatriba
filípica
catilinaria
ataque

↔ elogio

invencible

imbatible
insuperable
invulnerable

insalvable
infranqueable

↔ vencible
   superable

   franqueable
   transitable

invención

ficción
fantasía

invento
creación
descubrimiento
hallazgo

inventar(se)

imaginar
idear
crear
concebir
planear
ingeniar
fraguar
forjar
fantasear
fabular

descubrir
hallar

inventariar

catalogar
clasificar
registrar

inventario

catálogo
catalogación
registro
índice

balance
valoración

inventiva
imaginación
creatividad
ingenio
fantasía

invento
invención
descubrimiento
hallazgo

invernadero
invernáculo
estufa

invernal
hibernal

↔ estival
veraniego

invernar
hibernar

inverosímil
increíble

↔ verosímil

inversión
cambio
alteración
transposición
trueque

gasto
especulación

inverso
contrario
opuesto
invertido
alterado

invertido
cambiado
alterado
trastocado

homosexual
gay
marica *col.*
de la otra acera *col.*

invertir(se)
cambiar
alterar

trastocar
transponer

gastar
especular
destinar (dinero)

investidura
proclamación

investigar
indagar
examinar
buscar
explorar
averiguar
inquirir
analizar
ahondar
profundizar
bucear

investir
proclamar

inveterado
enraizado
arraigado
asentado
viejo

↔ nuevo

inviable
imposible
irrealizable
impensable
impracticable
difícil

↔ viable
posible

invicto
vencedor
victorioso
triunfador

↔ vencido
derrotado

invidente
ciego

↔ vidente

inviolable
inmune
intangible

invulnerable
protegido
seguro

↔ vulnerable

invisible
imperceptible
inapreciable
impalpable

↔ visible
perceptible

invitación
convite
ofrecimiento
regalo

pase
entrada
cédula
tarjeta
vale

incitación
sugerencia
ruego
exhortación

invitado
convidado

↔ anfitrión

invitar
convidar
ofrecer
regalar

incitar
sugerir
rogar
exhortar
mover
animar

invocar
rogar
implorar
suplicar
solicitar

alegar
recurrir
aducir
argüir
apelar
citar
nombrar

involución
regresión
retroceso
atrofia

↔ progreso
evolución

involucrar(se)
implicar
comprometer
mezclar
complicar
envolver
enredar
responsabilizar

↔ desvincular

involuntario
instintivo
inconsciente
automático
maquinal
fortuito

↔ voluntario
consciente
deliberado

invulnerable
inmune
inviolable
protegido

↔ vulnerable

inyectar(se)
pinchar
infiltrar

comunicar
transmitir
infundir
inculcar

ipso facto *lat.*
inmediatamente
ahora
en seguida
en el acto

ir(se)
moverse
trasladarse
desplazarse
encaminarse
dirigirse

asistir
acudir
concurrir
personarse
presentarse
frecuentar

abarcar
extenderse
comprender

situarse
estar

funcionar
marchar
andar

cambiar
evolucionar

agradar
gustar
molar *col.*

irse

marcharse
partir
largarse *col.*
pirarse *col.*
abrirse *col.*

escaparse
salirse
derramarse

gastarse
consumirse
agotarse
acabarse

morirse
fallecer
perecer
palmar *col.*
cascar *col.*

col.
peerse
ventosear

↔ quedarse
  volver

  venir

  faltar
  ausentarse

ira

cólera
furor
furia
rabia

enojo
enfado
indignación
violencia
bilis
mal humor

↔ calma
  serenidad

iracundo

airado
irascible
colérico
furioso
furibundo
rabioso
enojado
enfadado
indignado
malhumorado
atrabiliario

↔ calmado
  sereno

irascible

iracundo
irritable

iridiscente

anacarado
nacarado
tornasolado

iris

espectro
arco iris

irisado

iridiscente

ironía

sarcasmo
causticidad
sorna
mordacidad
socarronería
reticencia
retintín
guasa *col.*

irónico

sarcástico
cáustico
mordaz
socarrón

satírico
punzante
guasón *col.*

irracional

ilógico
insensato
irrazonable
descabellado
disparatado
inconsecuente
absurdo

animal
bestia
bruto

↔ sensato

  racional

irradiar

emanar
difundir
emitir
radiar
despedir
esparcir
transmitir

irrazonable

irracional
ilógico

↔ razonable

irreal

ficticio
imaginario
fantástico
inexistente
ilusorio
ideal
fabuloso
mítico
legendario
quimérico
virtual

↔ real
  verdadero

irrealizable

impracticable
imposible
inviable

↔ realizable
  factible

irrebatible

indiscutible
irrefutable
incontrovertible
incontrastable
incontestable
axiomático
impepinable *col.*

↔ rebatible

irreconciliable

incompatible
inconciliable
antagónico

↔ conciliable

irreductible

irreducible
inexpugnable
inconquistable

↔ reductible
  conquistable

irreemplazable

insustituible
imprescindible
indispensable
esencial
vital

↔ reemplazable
  sustituible

irreflexión

inconsciencia
imprudencia
precipitación
locura
inconsideración

↔ reflexión
  prudencia

irreflexivo

inconsciente
imprudente
irracional
precipitado
insensato
incauto
atolondrado
impulsivo
alocado
inconsiderado
impremeditado

atropellado
atronado
arrebatado
abanto
desaconsejado
botarate *col.*

↔ reflexivo
  prudente

irrefrenable
incontenible
irreprimible
incoercible

↔ refrenable

irrefutable
irrebatible
indiscutible
incuestionable
incontrovertible
incontestable
indudable
innegable
fehaciente
apodíctico

↔ refutable
  discutible

irregular
desigual
discontinuo
variable
inconstante

anormal
anómalo
amorfo
deforme

ilícito
deshonesto
inmoral

↔ regular

  normal

  legal
  honesto

irregularidad
desigualdad
discontinuidad
variación
desvío
desviación
altibajo

anormalidad
anomalía
deformidad
aberración

↔ regularidad

  normalidad

irrelevante
intrascendente
insignificante
vano
fútil

↔ relevante
  trascendente

irreligioso
impío
ateo
descreído

↔ religioso
  creyente

irremediable
irreparable
inexorable
inevitable
ineludible
fatal

↔ remediable
  evitable

irremisible
imperdonable

↔ remisible

irrenunciable
inalienable

↔ renunciable

irreparable
irremediable

↔ reparable

irrepetible
único

irreprensible
irreprochable

↔ reprensible

irreprimible
incontenible
irrefrenable
irresistible
incoercible

↔ reprimible

irreprochable
irreprensible
intachable
inmejorable
impecable
acrisolado
acendrado

↔ reprochable
  reprensible

irresistible
irreprimible
irrefrenable
incontenible

insoportable
inaguantable
insufrible
intolerable

↔ reprimible

  soportable
  aguantable

irresoluble
insoluble

↔ resoluble

irresolución
indecisión
vacilación
indeterminación
inseguridad
duda

↔ resolución
  decisión

irresoluto
irresuelto
indeciso
vacilante
indeterminado
inseguro
dubitativo

↔ resuelto
  decidido

irrespetuoso
irreverente
desconsiderado
descarado
insolente
inconsiderado
impertinente
descortés
grosero
zafio
tosco

↔ respetuoso
  considerado
  educado

irresponsable
irreflexivo
insensato
imprudente
temerario
informal
loco
descabezado
desaprensivo
tarambana *col.*

↔ responsable

irresuelto
irresoluto

irreverente
irrespetuoso
impío
cínico

↔ reverente

irrevocable
inapelable
definitivo

↔ revocable

irrigar
regar
rociar
mojar

↔ secar

irrisorio
ridículo
grotesco
risible
bufo

caricaturesco
extravagante

mínimo
insignificante

↔ serio

   importante
   valioso

irritable
irascible
excitable
susceptible
colérico
furioso
arisco
agrio
bilioso
malhumorado
inflamable
cascarrabias
atrabiliario

↔ tranquilo
   paciente

irritación
enfado
enojo
enfurecimiento
exasperación
crispación
cabreo *col.*

escozor
enrojecimiento
picazón

irritar(se)
enfadar
enojar
enfurecer
exasperar
excitar
enardecer
exacerbar
rabiar
indignar
desesperar
descomponer
sulfurar
jorobar *col.*
cabrear *col.*
joder *col.*

escocer

↔ tranquilizar
   aplacar

irrogar(se)
causar
provocar
acarrear

irrompible
indestructible

↔ rompible
   destructible

irrumpir
invadir
asaltar
allanar

penetrar
entrar

irrupción
invasión
asalto
allanamiento
penetración
entrada

isla
ínsula

islam o
   islamismo
mahometismo

ismaelita
agareno
mahometano
árabe
musulmán

isócrono
sincrónico

israelí o **israelita**
hebreo
judío

ítem
también
igualmente
así mismo

iterar
repetir

iterativo
repetitivo
reiterativo

itinerante
ambulante
errante

↔ permanente

itinerario
circuito
ruta
trayecto
carrera
camino
recorrido

izar
alzar
levantar
subir
elevar

izquierdista
progresista
rojo *desp.*

izquierdo
siniestro
zurdo

↔ derecho

jabalcón
riostra

jabalina
venablo

jabato
rayón

valiente
valeroso
bravo
atrevido
audaz
osado
intrépido
arrojado
esforzado
denodado

↔ cobarde

jabón
detergente
gel
champú

col.
coba
lisonja
halago
adulación

amer.
miedo
susto

jabonada
jabonado
jabonadura
enjabonado

jabonar(se)
enjabonar

jabonoso
saponáceo

jaca
jaco
caballo
caballería
montura

yegua

jacarandoso
garboso
saleroso
airoso
donairoso
marchoso

↔ soso

jaco
jamelgo
penco
rocín

jactancia
engreimiento
arrogancia
altanería
vanidad
ostentación
presunción
alarde
petulancia
fatuidad
inmodestia

↔ modestia

jactancioso
engreído
arrogante
altanero
vanidoso
ostentoso

presumido
petulante
fatuo
creído
fanfarrón
fantasma *col.*

↔ modesto

jactarse
alardear
vanagloriarse
preciarse
alabarse
gloriarse
envanecerse
ufanarse
pavonearse
farolear
dárselas *col.*

↔ avergonzarse

jaculatoria
oración
rezo
plegaria

jadeante
sofocado
ahogado
asfixiado
fatigado
agitado

jadear
resollar
resoplar
sofocarse
ahogarse

jadeo
resuello
sofoco
ahogo

jaez
guarnición
atalaje
aparejo
arreos

desp.
calaña
ralea
clase
especie
tipo

jaguar
yaguar

amer.
tigre
yaguareté *amer.*

jaguareté *amer.*
yaguareté *amer.*

jalar
tirar
halar

jalar(se) *col.*
tragar
engullir
devorar
zampar *col.*
embuchar *col.*
manducar *col.*
jamar *col.*

jalea
gelatina
confitura

jalear
aplaudir
animar
alentar

elogiar
lisonjear
alabar

azuzar
achuchar

↔ abuchear

jaleo
alboroto
barullo
algarabía
lío
bullicio
bulla
bronca
jolgorio
jarana

↔ calma
   orden

jalón
mojón

hito
acontecimiento

jalufa *col.*
hambre
apetito
gazuza *col.*
gusa *col.*

jamar(se) *col.*
comer
engullir
tragar
zampar *col.*
manducar *col.*
jalar *col.*

jamás
nunca
en la vida
de ningún modo

jamelgo
jaco
penco
rocín
caballería
montura

japonés
nipón

japuta
palometa

jaqueca
migraña
cefalalgia

jaquecoso
pesado
molesto
fastidioso
cargante
plasta *col.*

↔ agradable

jarabe
almíbar
sirope

jarana
juerga
diversión
jolgorio
parranda
farra
francachela
cachondeo *col.*

riña
altercado
bronca
gresca
trifulca
pendencia

jaranear
divertirse
juerguearse
parrandear
regocijarse

jaranero
juerguista
alborotador
bullanguero
parrandero

↔ serio

jarcia
cordaje

jardín
parque
vergel
edén

jareta
lorza

jaretón
jareta
bajo

jarra
jarro

jarrear
diluviar
caer chuzos de
  punta *col.*

↔ lloviznar

jarrete
corvejón
tarso

jarro
jarra

jarrón
florero
búcaro
vasija
vaso

jaspear
vetear
motear
salpicar

jaula
pajarera

col.
cárcel
calabozo
prisión
presidio
chirona *col.*
trena *argot*
trullo *argot*

jauría
traílla

jayán
bigardo
hombretón
hastial
hércules

gañán
destripaterrones

↔ enano
  dandi

jeans *ingl.*
vaqueros
tejanos
blue jeans

jefatura
dirección
directiva
superioridad
mando
autoridad
regencia
liderazgo
caudillaje
staff
alturas *col.*

jefazo
gerifalte
mandamás
capitoste
preboste
pez gordo *col.*

jefe
superior
patrón
jerarca
dirigente
gerifalte
mandamás
líder
guía
cabecilla

↔ subordinado

Jehová
Dios
Señor
Altísimo
Creador
Padre
Todopoderoso
Yahvé

jerarca
jefe
dirigente
jefazo

jerarquía

gerifalte
mandamás
preboste
líder
cabecilla
guía
pez gordo *col.*

↔ subordinado

jerarquía

graduación
escalafón
escala

categoría
grado

jerarca
jefe
dirigente

jeremías

quejica
quejumbroso
quejicoso
quejoso
llorón
plañidero

jerga

argot
jerigonza
germanía

galimatías

jeringa *col.*

fastidio
molestia
pejiguera
incordio
engorro
lata *col.*
vaina *col.*
coña *col.*
coñazo *vulg.*

jeringar(se)

fastidiar
molestar
incomodar
incordiar
importunar
jorobar *col.*
joder *vulg.*

↔ agradar

jeroglífico

acertijo

jersey

suéter
pullover

Jesucristo

Jesús
Cristo
Nazareno
Mesías
Salvador
Redentor

jesuita *desp.*

hipócrita
falso
doble
sibilino

↔ sincero

jet *ingl.*

reactor

jet set
jet society
crema
flor y nata
gente guapa

jeta *col.*

cara
rostro

hocico
morro

descaro
desvergüenza
atrevimiento
frescura

sinvergüenza
fresco
caradura *col.*

jetudo

morrudo

jibia

sepia

jibión

jibión

jibia (pieza caliza)

jícara

pocillo

jilguero

colorín

jineta *amer.*

amazona

jinete

caballero
jockey
caballista

jiñar *vulg.*

cagar
defecar
obrar

jipato *amer.*

pálido
enfermizo

↔ saludable

jirón

andrajo
harapo
pingajo
desgarrón
rasgadura

jockey *ingl.*

jinete

jocosidad

comicidad
humor
agudeza
graceJo

gracia
chiste
broma

↔ seriedad

jocoso

cómico
gracioso
chistoso
divertido
festivo
burlesco

↔ serio

jocundidad

jovialidad
alegría

↔ seriedad

jocundo

alegre
jovial
festivo

↔ serio

joder(se) *vulg.*

fornicar
follar *vulg.*
hacer el amor

fastidiar
importunar
incomodar
jorobar *col.*
jeringar *col.*

estropear
romper
malograr
escacharrar
destrozar

joderse

resignarse
aguantarse
conformarse

↔ agradar
  complacer

  arreglar

jofaina

palangana

jogging *ingl.*

footing

jolgorio

jarana
juerga
parranda
farra
diversión
fiesta
francachela
cachondeo *col.*

jopo

hopo

jornada

día

etapa
trayecto
recorrido

acto
capítulo

jornal
peonada

jornal

sueldo
salario
paga

jornada
peonada

jornalero

bracero
obrero
peón

joroba

giba
corcova
gibosidad
chepa

jorobado

fastidiado
estropeado

giboso
corcovado
cheposo
chepa

jorobar(se)

fastidiar
molestar
jeringar
incomodar
incordiar
importunar
joder *vulg.*

estropear
romper
escacharrar

↔ agradar

   arreglar

joven

adolescente
muchacho

mozo
chico
pollo
zagal
mancebo
efebo *cult.*
púber *cult.*

juvenil
fresco
lozano
nuevo
reciente

↔ viejo

   anticuado

jovial

alegre
animado
vivaz
festivo
risueño
radiante

↔ serio

jovialidad

alegría
animación
vivacidad
viveza

↔ seriedad

joya

alhaja
tesoro
maravilla
joyel
presea *cult.*

↔ baratija

joyel

joya
alhaja

joyería

platería
orfebrería

joyero

platero
orfebre

cofre
estuche

jubilación

retiro
pensión
subsidio

jubilado

pensionista
retirado

jubilar(se)

retirar

eximir
apartar
desechar
arrinconar

jubileo

hormiguero
concurrencia
trasiego

júbilo

alborozo
regocijo
gozo
alegría
contento
entusiasmo
algazara
exultación
euforia

↔ pena

jubiloso

alborozado
regocijado
gozoso
alegre
contento
entusiasmado
exultante
radiante
eufórico

↔ apenado
   taciturno

judaico

hebreo
semita

judaísmo

hebraísmo
ley mosaica

judas

traidor
delator
desleal
pérfido
falso
felón

↔ leal

judeoespañol

sefardí
ladino

judería

aljama
gueto

judía

alubia
habichuela
fréjol
fríjol
frijol
faba
pocha
poroto *amer.*

judiada *desp.*

faena
trastada
jugada
jugarreta
cabronada *vulg.*
putada *vulg.*

judicial

jurídico
legal

judío

hebreo
israelita
semita
judaico

desp.
avaro
tacaño
roñoso
usurero

↔ generoso

juego

esparcimiento
entretenimiento

pasatiempo
distracción
recreo
solaz

articulación
juntura
movilidad

plan
intriga
maniobra
manejo
amaño

frivolidad
broma
ligereza
set
kit

juegos
Juegos Olímpicos
olimpiada

↔ aburrimiento

juerga
diversión
fiesta
jolgorio
jarana
parranda
farra
francachela
bureo *col.*
cachondeo *col.*

juerguista
jaranero
alborotador
parrandero
bullanguero
calavera
vividor

juez
árbitro

linier

jugada
jugarreta
faena
trastada
engaño
bribonada
judiada *desp.*
putada *vulg.*
mala pasada

jugador
competidor
participante
deportista

tahúr

jugar(se)
juguetear
divertirse
entretenerse
distraerse
retozar
enredar

competir
participar
intervenir
tomar parte

apostar
retar
desafiar
envidar
arriesgar
exponer
aventurar

articular
mover
hacer el juego

↔ aburrirse

jugarreta
jugada
engaño
bribonada
faena
trastada
canallada
judiada *desp.*
cabronada *vulg.*
putada *vulg.*
mala pasada

jugo
zumo
extracto
néctar

salsa
caldo

secreción
humor

sustancia
enjundia
miga
meollo

fondo
contenido

provecho
utilidad
beneficio
ventaja
rendimiento

↔ paja

jugoso
caldoso
acuoso

sabroso
suculento
sustancioso

valioso
estimable
provechoso
fructífero
interesante
enjundioso

↔ seco

soso

insustancial

juguetear
jugar
retozar
triscar
entretenerse
enredar
toquetear

juguetón
retozón
travieso
revoltoso
bullicioso
inquieto
enredador
trasto

↔ tranquilo

juicio
razón
discernimiento
entendimiento
inteligencia
criterio
reflexión

sensatez
prudencia

discreción
cordura
madurez
seriedad

idea
opinión
parecer
dictamen
veredicto
sentencia
resolución

proceso
causa
pleito
litigio

↔ locura

insensatez

juicioso
sensato
prudente
razonable
reflexivo
cuerdo
formal
maduro
recto
cabal

↔ insensato

julepe *col.*
ajetreo
trajín
tute
paliza

uso
desgaste

riña
reprimenda
bronca
regañina
castigo
golpe
tunda *col.*
zurra *col.*
soba *col.*

juma *col.*
borrachera
jumera *col.*
curda *col.*
melopea *col.*
cogorza *col.*
tranca *col.*

tajada *col.*
mona *col.*
merluza *col.*

jumarse *col.*

emborracharse
achisparse
embriagarse
amonarse *col.*
mamarse *col.*
cogerla *col.*

jumento

asno
burro
borrico
pollino

jumera *col.*

borrachera
juma *col.*

juncal

esbelto
estilizado
apuesto
airoso
garboso
gallardo

juncar
junqueral

↔ rechoncho
   desgarbado

juncar

junqueral
juncal

junco

junquera

jungla

selva
espesura
follaje

júnior

juvenil

↔ sénior

junquera

junco

junqueral

juncar
juncal

junta

asamblea
reunión
comité
comisión

directiva
gerencia

juntura
ensambladura
acoplamiento
empalme
soldadura

juntar(se)

unir
acercar
arrimar
adosar
pegar
ligar
soldar
fundir
fusionar
empalmar
acoplar

reunir
agrupar
congregar
asociar
aglutinar
colectar
recolectar
coleccionar
sumar

juntarse

cohabitar
amancebarse
arrejuntarse *col.*
amontonarse *col.*

↔ separar
   alejar

   disgregar
   desperdigar

junto

unido
adosado
pegado
acoplado

contiguo
adyacente
adjunto
inmediato
cercano
vecino
aledaño
lindante
limítrofe

reunido
agrupado
congregado

↔ separado
   alejado

   disperso

juntura

junta
ensambladura
soldadura
empalme
acoplamiento

articulación
juego

↔ separación
   abertura

jura

juramento
promesa
compromiso
palabra

blasfemia
palabrota
maldición
taco
imprecación

jurado

tribunal

juramentarse

comprometerse
conjurarse

juramento

jura
promesa
compromiso
palabra

blasfemia
palabrota

maldición
taco
imprecación

jurar

prometer
afirmar
comprometerse
dar alguien su
   palabra

blasfemar
maldecir
imprecar
renegar
echar pestes

jurel

chicharro

jurídico

judicial
legal

jurisconsulto

jurista
legista
letrado
jurisprudente
jurisperito

jurisdicción

competencia
atribución
potestad
facultad
dominio
mando
autoridad

demarcación
circunscripción
término
partido

jurispericia

jurisprudencia

jurisperito

jurisprudente

jurisprudencia

jurispericia
legislación
leyes

jurisprudente
jurisperito
jurista
legista
letrado
jurisconsulto

jurista
legista
letrado
jurisprudente
jurisperito
jurisconsulto

justa
torneo
lid

justeza
exactitud
precisión
puntualidad
fidelidad

↔ inexactitud

justicia
ecuanimidad
equidad
rectitud
probidad
imparcialidad
objetividad
neutralidad

legalidad

↔ injusticia
    parcialidad

  ilegalidad

justicialismo
peronismo

justiciero
ecuánime
equitativo
recto
imparcial
objetivo

rígido
severo
implacable
inclemente

↔ injusto

  clemente

justificable
defendible
disculpable
excusable
comprensible
lógico

↔ injustificable

justificación
defensa
disculpa
excusa
pretexto
motivo
razón

justificante
comprobante
resguardo
recibo

justificar(se)
explicar
probar
acreditar
demostrar
evidenciar

defender
disculpar
excusar

justillo
corpiño

justipreciación
estimación
valoración
evaluación
tasación
peritaje

justipreciar
estimar
valorar
evaluar
tasar
calcular

justiprecio
justipreciación

justo
ecuánime
equitativo
recto
probo
imparcial
objetivo
neutral
justiciero

merecido
proporcionado

legítimo
lógico
explicable
comprensible
razonable

exacto
cabal
puntual
preciso
indicado
apropiado
adecuado

insuficiente
escaso
pobre

ajustado
apretado
prieto
ceñido
estrecho

↔ injusto

  inmerecido
  desproporcionado

  ilógico
  inexplicable

inexacto
aproximado

sobrado
generoso

amplio
holgado

juvenil
joven
adolescente
tierno

júnior

↔ viejo

  sénior

juventud
adolescencia
pubertad
mocedad

energía
frescura
lozanía
vigor
pujanza

↔ vejez
    ancianidad

  decrepitud

juzgado
audiencia
tribunal

juzgar
enjuiciar
dictaminar
fallar
sentenciar
resolver
pronunciarse

considerar
creer
opinar
pensar
conceptuar
estimar

k

kamikaze *jap.*
suicida
temerario
loco

kaputt *al.*
acabado
arruinado

kechup o **ketchup**
catsup

kepis o **kepí**
quepis
ros

kermés
quermés
verbena

kif *ár.* o **kifi**
quif
hachís
costo *argot*
chocolate *argot*

kilométrico
largo
interminable
inacabable
eterno
sin fin

kindergarten *al.*
guardería
jardín de infancia

kiosco
quiosco

kit *ingl.*
juego
set
conjunto

kitsch *al.*
hortera
de mal gusto

kleenex *ingl.*
tissue
pañuelo de papel

knock-out *ingl.*
k.o.
noqueado
fuera de combate

k.o.
knock-out

kraker *neerl.*
squatter
okupa *col.*

lábaro
crismón

laberíntico
enredado
embrollado
enmarañado
liado
embarullado
oscuro

↔ claro

laberinto
dédalo

enredo
embrollo
lío
barullo
jaleo

labia
elocuencia
locuacidad
facundia
verborrea
verbosidad
facilidad de palabra
poder de convicción

↔ laconismo

lábil
vacilante
inseguro
inconstante
cambiante
variable
voluble

débil
frágil
fino
sutil

tenue
leve
liviano

↔ firme
  estable

  resistente

labilidad
inestabilidad
inseguridad
inconstancia
variabilidad
volubilidad

debilidad
fragilidad
finura
sutilidad
levedad

↔ firmeza
  estabilidad

  resistencia

labio
morro
hocico
belfo

labor
tarea
trabajo
faena
quehacer
menester
ocupación
función
misión
cometido

labranza
laboreo

↔ ocio

laborable
hábil
lectivo

↔ festivo

laborar
labrar
laborear
cultivar
arar
trabajar (la tierra)

emplearse
consagrarse
esforzarse
sudar
luchar
bregar
trajinar

laborear
laborar
labrar
cultivar

laboreo
labranza
labor

laborioso
trabajador
hacendoso
industrioso
diligente
activo

trabajoso
minucioso
difícil
complicado
penoso
ímprobo
agotador

↔ vago
  holgazán

  sencillo
  cómodo

labra
labrado
talla

labradío
labrantío

labrado
tallado
grabado
trabajado
repujado
esculpido
modelado

labra
talla

labrador
labriego
campesino
agricultor

labrantío
labradío
de labor

labrar
tallar
grabar
repujar
esculpir
modelar
trabajar

cultivar
laborear
laborar

arar
cavar

forjar
crear
construir

labriego

labrador
campesino
agricultor

laca

gomorresina

esmalte
barniz

lacar

laquear
esmaltar

lacayo

criado
sirviente
servidor
asistente
paje

esbirro
tiralevitas
pelota *col.*
lameculos *vulg.*

↔ amo
    señor

laceración

daño
herida
lesión
magulladura
contusión

dolor
pena
pesar
aflicción

↔ alegría
    satisfacción

lacerado

desafortunado
infeliz
desgraciado
desdichado
desventurado
penoso

↔ feliz

lacerante

hiriente
doloroso

agudo
punzante
penetrante
intenso

↔ agradable

    suave
    amortiguado

lacerar

dañar
lastimar
herir
lesionar
magullar
contusionar

perjudicar
afectar
vulnerar
apenar
entristecer

↔ curar

    mejorar
    satisfacer

laceria

pobreza
miseria
penuria
privación
estrechez

molestia
padecimiento
sufrimiento
pesar
penalidades

↔ riqueza
    lujo

    satisfacción

lacio

laso
liso

marchito
mustio
ajado
chuchurrido

débil
flojo
endeble

desmadejado
desfallecido
extenuado

lánguido
desanimado
decaído
alicaído
apagado
deprimido

↔ rizado
    hirsuto

    fresco
    lozano

    vigoroso
    fuerte

    animado

lacónico

breve
conciso
sucinto
escueto
parco
sobrio

↔ locuaz

laconismo

brevedad
concisión
parquedad
sobriedad

↔ locuacidad

lacra

secuela
cicatriz
marca
señal
huella

defecto
fallo
deficiencia
tara
tacha
mácula

lacrar

dañar
lastimar
lacerar
perjudicar
deteriorar

estropear
afectar

↔ mejorar
    restablecer

lacrimógeno

lacrimoso
sensiblero
melodramático
lloroso
sentimental
folletinesco

↔ cómico

lacrimoso

lagrimoso
lacrimógeno

lactancia

crianza

lactante

mamón
bebé
rorro *col.*
niño de teta

lactar

amamantar
criar
dar la teta

mamar

lácteo

láctico
lechoso

lacustre

palustre

ladeado

inclinado
torcido
sesgado
oblicuo
al bies

↔ derecho
    recto

ladear(se)

torcer
doblar

inclinar
sesgar
desnivelar

↔ enderezar

ladera
falda
vertiente

ladino
astuto
sagaz
listo
despierto
taimado
vivo
largo
pícaro
zorro

judeoespañol
sefardí

↔ ingenuo

lado
lateral
costado
flanco
margen
orilla
ala
canto

cara
anverso
reverso

faceta
aspecto

bando
facción
parte

ladrar
aullar
gruñir
gritar
vocear
insultar

ladrido
aullido
gruñido
grito
voz
insulto

ladrillo *col.*
aburrimiento
pesadez
tostón *col.*
rollo *col.*
petardo *col.*
plomo *col.*
coñazo *vulg.*

↔ delicia

ladrón
atracador
caco
ratero
carterista
descuidero
chorizo *col.*

lagar
almazara

lágrimas
lloro
llanto
lamento
sollozo
desconsuelo
berrinche *col.*
perra *col.*

sufrimientos
padecimientos
hieles

lagrimear
llorar
lloriquear
gimotear
sollozar

↔ reír

lagrimeo
lloro
lloriqueo
gimoteo

lagrimoso
lacrimógeno
lacrimoso
sensiblero
melodramático
lloroso
sentimental

↔ cómico

laguna
ausencia
omisión
supresión
falta
carencia
olvido
despiste
lapsus

vacío
hueco

laicado
↔ clero

laico
secular
seglar
lego
profano

↔ religioso

laja
lancha
lasca
lastra

lama
cieno
lodo
amer.
musgo
moho

lamber
lamer
amer.
adular

lambrucear o **lambucear**
golosinear
gulusmear
lechucear
picar
picotear

lambrucero o **lambucero**
gulusmero
lechuzo
lamerón
lameruzo

lameculos *vulg.*
adulador
cobista
gusano
rastrero
lacayo
tiralevitas
pelota *col.*
pelotillero *col.*

lamentable
trágico
dramático
triste
lamentoso
deplorable

lastimoso
penoso
desastroso
desolador
calamitoso
impresentable
pésimo

↔ cómico
  inmejorable

lamentación
lamento

lamentar
sentir
llorar
deplorar

lamentarse
quejarse
dolerse
afligirse
arrepentirse
desolarse

↔ celebrar
  alegrarse

lamento
lamentación
lloro
quejido
queja
sollozo
súplica
protesta

↔ contento
  risa

lamentoso
lastimero
quejumbroso

lamentable

lamer(se)
relamer
chupar
lametear
chupetear
lengüetear

rozar
acariciar

lameruzo o
lamerón
lambrucero
lambucero
gulusmero
lechuzo

lametada o
lametazo
lametón

lametear
chupetear
lengüetear

lametón
lametada
lametazo
lengüetazo
lengüetada
chupada

lamido
chupado
afilado
delgado
enjuto
esquelético

relamido
atildado
acicalado
atusado

↔ rollizo
    fati *col.*

lámina
plancha
placa

chapa
capa
hoja
loncha
lonja
película
membrana

grabado
ilustración
imagen
santo
cromo
estampa

figura
presencia
porte
traza
pinta
facha
perfil

laminar[1]
chapar

laminar[2]
laminoso
hojoso

laminero
goloso
dulcero
galgo

laminoso
laminar
hojoso

lámpara
luz
foco

col.
mancha
suciedad
churrete
lamparón *col.*

lamparilla
mariposa (mecha)

vela

lamparón *col.*
mancha
lámpara *col.*

lampiño
barbilampiño
imberbe

pelado
pelón
calvo
mondo y lirondo

↔ barbudo

    peludo
    velludo

lampista
fontanero

lana
borra
vellón

lanas *col.*
pelos
pelambrera
greñas
melenas

lance
suceso
episodio
evento
caso
incidente

trance
percance
apuro
aprieto
conflicto

riña
pelea
pendencia
querella
reyerta
trifulca

jugada

pase
suerte de capa

lancha[1]
barca
bote
chalupa

lancha[2]
laja
lasca
lastra

languidecer
debilitar
decaer
declinar
flaquear
marchitarse
apagarse
desfallecer
desmoronarse
postrarse

↔ fortalecerse
    revivir
    avivar

lánguido
débil
flojo
lacio
desmayado
desfallecido
fatigado

mustio
decaído
alicaído
apagado
desanimado
triste
melancólico

↔ fuerte

    animado

lanoso
lanudo

lanza
asta
pica

timón (de un
    carruaje)

lanzado
decidido
atrevido
osado
intrépido

veloz
raudo
acelerado
escopetado *col.*
como una centella

↔ indeciso
    pusilánime

lanzar
proyectar
impulsar
arrojar
tirar
impeler
despedir
expeler
emitir
exhalar
soltar

largar
proferir
espetar

promocionar
divulgar
propagar
publicar
comercializar
distribuir

lanzarse
abalanzarse
precipitarse
echarse
embestir
arremeter

decidirse
atreverse
aventurarse
arriesgarse

ponerse
liarse

laña
grapa

lapicera *amer.*
lapicero

lapicero
lápiz
portaminas
lapicera *amer.*

amer.
portaplumas

lapidar
apedrear

lapidario
solemne
preciso
sucinto

conciso
sobrio
grave

joyero (persona)

marmolista

lápiz
lapicero
portaminas

lapo *col.*
escupitajo
gargajo
salivazo
esputo
flema
expectoración
pollo *col.*

golpe
trastazo
batacazo
trompazo
bofetada
leche *vulg.*

lapso
plazo
intervalo
paréntesis
ínterin

lapsus

lapsus *lat.*
lapso
error
fallo
yerro
olvido
omisión
despiste
desliz
confusión
patinazo *col.*
coladura *col.*
metedura de pata *col.*

laquear
lacar

lares
hogar
casa
morada
techo
nido

largar
aflojar
soltar

dar
propinar
pegar
asestar
sacudir
arrear
meter

encasquetar
endosar
endilgar
traspasar

echar
expulsar
despedir

col.
parlotear
cascar
cotorrear
rajar

largarse
irse
marcharse
pirarse *col.*
abrirse *col.*

↔ recoger
admitir
acoger

llegar
venir

largo
prolongado
dilatado
extenso
luengo *ant.*

larguirucho

sobrado
pasado
copioso
generoso

espléndido
desprendido
dadivoso
liberal

listo
despierto
ladino
astuto

sagaz
avispado
vivo

longitud
largura

largometraje

↔ corto
bajo

escaso
breve

tacaño

ingenuo
tardo

larguero
travesaño

largueza
generosidad
esplendidez
desprendimiento
dadivosidad
magnanimidad
rumbo
liberalidad

↔ tacañería

largura
longitud
largo

larvado
oculto
misterioso
latente
velado
escondido
encubierto
enmascarado

↔ patente
manifiesto

lasca
laja
lancha
lastra

lascivia
lujuria
concupiscencia
lubricidad

obscenidad
inmoralidad
libidinosidad
libídine

↔ castidad
   honestidad

lascivo

lujurioso
libidinoso
lúbrico
obsceno
inmoral
impúdico
rijoso
verde *col.*

↔ casto
   honesto

lasitud

cansancio
debilidad
flojera
flojedad
desfallecimiento
decaimiento
languidez

↔ vigor
   fuerza

laso

cansado
débil
flojo
desfallecido
fatigado
desmadejado

decaído
apagado
alicaído
deprimido
cabizbajo
lánguido

lacio
liso

↔ vigoroso

   animado

   rizado
   ondulado

lástima

compasión
conmiseración
condolencia

pena
piedad

fastidio
rabia
grima

↔ alegría

lastimar(se)

lesionar
magullar
contusionar
dañar
lacerar
rasguñar
herir

ofender
disgustar
incomodar
insultar
mortificar

↔ curar

   agradar
   complacer

lastimero

quejumbroso
plañidero
apenado
triste
desgarrador
conmovedor

↔ alegre
   festivo

lastimoso

trágico
dramático
triste
penoso
lamentable

deplorable
desastroso

↔ dichoso
   venturoso

lastra

laja
lancha
lasca

lastrar

obstaculizar
estorbar

embarazar
impedir

↔ agilizar

lastre

obstáculo
inconveniente
estorbo
impedimento
traba
freno
rémora

↔ impulso
   ayuda

lata

hojalata
bote (de conserva)

col.
fastidio
pesadez
aburrimiento
latazo *col.*
tostón *col.*
rollo *col.*
gaita *col.*
petardo *col.*
coñazo *vulg.*

↔ gusto
   delicia

latente

larvado
escondido
implícito
velado
disfrazado
subrepticio

↔ manifiesto
   evidente

lateral

colateral
adyacente

lado
margen
borde
orilla
flanco
ala

↔ central

   centro

latido

palpitación
pulsación

latifundio

↔ minifundio

latifundismo

↔ minifundismo

latigazo

azote
cintarazo
correazo

pinchazo
punzada

impacto
sacudida

col.
trago
lingotazo *col.*

látigo

azote
fusta
zurriago

latiguillo

muletilla
estribillo
bordón

latinizar(se)

romanizar

latinoamericano

hispanoamericano
iberoamericano

latir

palpitar

latitud

anchura
ancho

↔ longitud

lato

extenso
dilatado
extendido

vasto
grande
ancho

general
global

↔ reducido
  breve

  específico

latoso

molesto
fastidioso
aburrido
pesado
plomo *col.*
rollo *col.*
petardo *col.*

↔ agradable
  placentero

latrocinio

robo
hurto
sustracción
fraude
timo
dolo

laudable

loable
elogiable
plausible
encomiable
ponderable
meritorio
digno

↔ censurable
  execrable

laudatorio

elogioso
enaltecedor
encomiástico
ensalzador
encomiador
apologético

↔ reprobatorio

laurear

premiar
condecorar
galardonar
homenajear
glorificar

honrar
distinguir

↔ humillar

laurel

lauro (árbol)

laureles

gloria
fama
galardón
honra
honores

lauro

laurel (árbol)

lauros

laureles

lavabo

baño
tocador
servicio
toilette
wáter
excusado
retrete

palanganero
lavamanos

lavada

lavado

lavadero

fregadero
pila
pilón

lavado

deslucido
desvaído
pálido
tenue
apagado
débil

lavada
fregado
enjuague

↔ intenso

lavamanos

lavabo
palanganero
aguamanil

lavanda

espliego
lavándula

lavandera

aguanieves

lavaplatos

lavavajillas
friegaplatos

lavar(se)

fregar
fregotear
limpiar

↔ manchar

lavativa

enema
irrigación

irrigador
pera

lavavajillas

lavaplatos
friegaplatos

lavotear(se)

lavar
fregotear

laxante

purgante

laxativo
relajante
suavizante
paliativo

↔ astringente

laxar(se)

purgar
soltar
aligerar (el vientre)

relajar
suavizar

↔ estreñir

laxativo

laxante
relajante
suavizante
paliativo

laxo

flojo
flácido
distendido
desmadejado
relajado
muelle

disipado
licencioso
disoluto
libertino

↔ tieso
  tirante

  riguroso
  disciplinado

laya

género
tipo
índole
jaez
calaña *desp.*
ralea *desp.*

lazada

lazo
atadura
nudo

lazareto

leprosería

lazo

trampa
engaño
emboscada
encerrona
acechanza
treta
cepo
red

vínculo
obligación
vinculación
afinidad
enlace
conexión
atadura
trabazón

↔ desunión
  diferencia

leal

fiel
legal

noble
franco

partidario
seguidor
adepto
simpatizante
incondicional
devoto

↔ desleal
traidor
traicionero

lealtad
fidelidad
nobleza
franqueza

firmeza
convencimiento
compromiso
observancia

↔ deslealtad
traición

lebrillo
barreño

lección
clase
disertación
conferencia

tema (de un libro de
texto)

enseñanza
experiencia
escarmiento
ejemplo
aviso
advertencia

lectura

lechal
lechazo

leche
látex

vulg.
golpe
puñetazo
torta
tortazo
porrazo
castañazo *col.*

lechecillas
mollejas

entrañas
asaduras

lechigada
camada
cría

lecho
cama
catre
yacija *desp.*
tálamo *cult.*

fondo
asiento

estrato
capa

cauce
madre

lechón
cochinillo

puerco
gorrino
cochino

lechoso
lácteo
blanquecino

lechucear
golosinear
gulusmear
lambrucear
picar
picotear

lechuguino
petimetre
pisaverde
dandi
figurín
gomoso
currutaco

lechuzo
goloso
gulusmero
lambrucero
lamerón
lameruzo

tonto
memo
pardillo

↔ listo
avispado

lectura
leída

interpretación
versión
exégesis

lección

instrucción
saber
erudición
ilustración
sabiduría
sapiencia

↔ ignorancia

leer
interpretar
descifrar
adivinar
percibir
captar

legación
comisión
delegación
representación

legado
manda
herencia

emisario
embajador
delegado
comisionado
representante

legajo
documentación
expediente
dossier

legal
legítimo
lícito
reglamentario

judicial
jurídico

col.
leal
honrado

↔ ilegal

traicionero

legalidad
legitimidad
ley

↔ ilegalidad

legalizar
legitimar
autorizar
regularizar

certificar
autentificar
refrendar

↔ ilegalizar
penalizar

légamo
cieno
limo
lodo

legaña
pitaña

legañoso
pitañoso

legar
dejar
transmitir

delegar
enviar

legatario
heredero
beneficiario

legendario
fabuloso
fantástico

célebre
famoso
mítico
inmortal

↔ histórico

legible
inteligible

↔ ilegible

legión
multitud
muchedumbre
enjambre
tropel

legislación
código
normativa
ley

legislar
promulgar
estatuir
disponer

legista
jurista
letrado
jurisperito
jurisprudente
jurisconsulto

legitimar
autentificar
garantizar

legalizar
autorizar
regularizar
justificar
refrendar
reconocer

capacitar
habilitar
facultar

↔ ilegitimar

legitimidad
legalidad
justicia
licitud

legítimo
legal
lícito
reglamentario

justo
razonable

auténtico
verdadero
genuino

↔ ilegítimo
 injusto
 falso

lego
laico
seglar

profano
ignorante
desconocedor

↔ clérigo
 religioso

 experto

legrado
raspado

leguleyo *desp.*
picapleitos *desp.*

legumbre
leguminosa

leída
lectura

leído
culto
erudito
sabio

↔ ignorante

lejanía
horizonte
lontananza

↔ cercanía

lejano
apartado
alejado
remoto

antiguo

ligero
débil

↔ cercano
 próximo

 marcado

lejos
↔ cerca

lelo
pasmado
atontado
alelado
bobo
tonto
memo

↔ listo
 despierto

lema
máxima
regla
consigna
eslogan

divisa
leyenda

entrada (de un
 diccionario)

lemosín
provenzal
occitano

lencería
ropa interior

ropa blanca

lengua
sinhueso *col.*

idioma
lenguaje

franja
punta

lenguaje
habla
jerga
argot

idioma
lengua

estilo

lenguaraz
deslenguado
desvergonzado
descarado

fresco
malhablado
maleducado

↔ discreto
 educado

lengüetada o
 lengüetazo
lametada
lametazo
lametón
chupada

lengüetear
lamer
lametear
chupetear

amer.
chismorrear
parlotear

lenidad
indulgencia
condescendencia
tolerancia
benevolencia
blandura
flexibilidad

↔ severidad

lenificación
ablandamiento
suavización
aligeramiento
dulcificación
moderación

alivio
calma

↔ intensificación

lenificar
ablandar
suavizar
aligerar
dulcificar
moderar
atemperar

mitigar
calmar
aliviar

↔ intensificar
 avivar

lenitivo

suavizante
mitigador

analgésico
calmante

bálsamo
consuelo
alivio

↔ intensificador
   irritante

lenocinio

proxenetismo
prostitución

lente

lupa

lentes

anteojos
gafas
antiparras *amer.*

lentilla

lente de contacto

lentitud

tardanza
demora
dilación
pausa
calma
tranquilidad
parsimonia
flema
pachorra *col.*
cachaza *col.*

↔ rapidez

lento

tardo
pausado
calmoso
tranquilo
parsimonioso
tardón
moroso
flemático
cachazudo *col.*

↔ rápido

leña *col.*

golpes
paliza

zurra *col.*
tunda *col.*
soba *col.*
somanta *col.*
meneo *col.*

leñador

talador

leñazo

tortazo
trompazo
porrazo
castaña *col.*
castañazo *col.*

leño *col.*

torpe
zoquete *col.*
ceporro *col.*
tarugo *col.*
alcornoque *col.*

↔ lince

leona

tigresa
vampiresa
loba
devoradora de
   hombres

leonino

abusivo
injusto
desventajoso
lesivo

↔ equitativo

leotardo

malla

leprosería

lazareto

lerdo

torpe
tonto
corto
obtuso
tardo
zoquete *col.*
tarugo *col.*
leño *col.*

↔ listo

leridano

ilerdense

lesbiana

homosexual
gay
tortillera *desp.*

lésbico

lesbiano
sáfico

lesión

daño
herida
laceración
contusión
magullamiento
traumatismo

perjuicio
detrimento
menoscabo
ofensa
agravio
ultraje
humillación

↔ beneficio

lesionar

lastimar
lacerar
herir
contundir
dañar
damnificar

perjudicar
menoscabar
ofender
agraviar
ultrajar

↔ curar
   beneficiar

lesivo

lacerante
hiriente

dañino
nocivo
perjudicial
ofensivo
ultrajante

↔ beneficioso

leso

lesionado
perjudicado
agraviado
ofendido
dañado
ultrajado

trastornado
perturbado
desquiciado

↔ cuerdo

letal

mortífero
mortal
fatal
nefasto
funesto
nocivo

↔ vivificador

letanía

retahíla
sarta
serie
ristra
rosario

letárgico

inerte
adormecedor
soporífero

↔ estimulante

letargo

aletargamiento
adormecimiento
amodorramiento
modorra
sopor
inactividad
inercia
abandono

hibernación

letífico *cult.*

alegre
festivo
jovial

↔ triste

letra

caligrafía

letras

ciencia
saber

humanidades

carta
líneas

↔ ciencias

letrado

culto
instruido
ilustrado
docto
sabio

abogado
jurista
picapleitos *desp.*

↔ iletrado

letrero

rótulo
cártel
leyenda

letrina

excusado

pocilga
cloaca

leucocito

glóbulo blanco

leva

reclutamiento
enrolamiento
alistamiento

palanca

levantamiento

alzamiento
amotinamiento
motín
insumisión
revuelta
rebeldía
asonada
pronunciamiento

↔ sometimiento

levantar(se)

subir
alzar

elevar
aupar

enderezar
erguir
estirar

edificar
construir

fundar
crear
instituir
instaurar

desmontar
desmantelar
quitar

rebelar
sublevar
amotinar

alentar
animar
impulsar
revitalizar

provocar
causar
suscitar
producir

perdonar
suprimir (castigos,
      prohibiciones)

col.
robar
quitar
birlar *col.*
choricear *col.*

levantarse

sobresalir
descollar
destacar

amanecer

↔ bajar

acostarse

levante

este (punto cardinal)
oriente

↔ occidente
      oeste
      poniente

levantisco

rebelde
indómito

turbulento
revoltoso
díscolo
indisciplinado

↔ sumiso

levar

izar
recoger (el ancla)

zarpar

↔ atracar

leve

ingrávido
ligero
liviano
suave
vaporoso
sutil
tenue

llevadero
soportable
fácil
insignificante
venial
benigno

↔ pesado

      grave
      maligno

levedad

ingravidez
ligereza
suavidad
liviandad
sutilidad

insignificante
benignidad

↔ pesadez

      gravedad

leviatán

Satán
Belcebú
Lucifer

levítico

clerical

lexema

raíz

léxico

glosario
tesoro
lexicón
terminología
vocabulario

lexicográfico

ley

legislación
reglamento
normativa

legalidad

pauta
norma
modelo
patrón
ejemplo

autoridad
poder

religión
credo
fe

justicia
igualdad
equidad

cariño
apego
afecto
estima

leyes

abogacía
jurisprudencia

↔ ilegalidad

      injusticia

      odio
      manía

leyenda

historia
cuento
fábula
mito

inscripción
lema
divisa
letrero

lía

poso
hez
sedimento

soga
cuerda
maroma

liana
enredadera
bejuco

liante
lioso
enredador
embaucador

liar(se)
envolver
embalar
empaquetar
atar
amarrar

enrollar
arrollar

confundir
embrollar
embarullar
complicar
enredar

comprometer
engatusar
embaucar
llevar al huerto *col.*

liarse
implicarse
involucrarse
mezclarse

enfrascarse
lanzarse

divagar
andarse por las
ramas

amancebarse

↔ desliar
 desatar
 desenvolver

 desenrollar

 aclarar

libación
succión
sorbo
trago
cata

libar
chupar
succionar
sorber

saborear
catar
gustar
degustar

libelo
panfleto
pasquín

líber
floema

liberación
emancipación
manumisión
alivio
exención
exoneración

↔ apresamiento
 sujeción

liberador
libertador
librador

liberal
abierto
tolerante

generoso
desprendido
espléndido
dadivoso
rumboso

↔ intolerante

 tacaño

liberalidad
generosidad
desprendimiento
esplendidez

↔ tacañería

liberalismo
librecambismo

tolerancia
transigencia
comprensión

↔ intransigencia

liberalización
democratización
apertura

liberalizar
democratizar
abrir

liberar(se)
libertar
manumitir
emancipar
independizar

desprender
despedir
emitir
expeler
emanar
soltar

librar
descargar
eximir
exonerar

liberarse
desinhibirse
desmadrarse
desmedirse
descocarse
desmelenarse *col.*
soltarse la melena
 col.

↔ apresar

 absorber

 cargar
 responsabilizar

 reprimirse
 cohibirse

libertad
albedrío
voluntad

independencia
emancipación
liberación

franqueza
sinceridad
espontaneidad

desenvoltura
naturalidad
facilidad
soltura

libertades
atrevimiento
licencia

↔ dependencia

 insinceridad

 embarazo

libertador
liberador
librador

libertar(se)
liberar
manumitir
soltar

↔ apresar
 esclavizar

libertario
anarquista
ácrata

libertinaje
vicio
desenfreno
depravación
licencia
obscenidad
impudicia

↔ virtud
 decencia

libertino
vicioso
inmoral
disipado
disoluto
crápula

↔ virtuoso
 decente

liberto
manumiso
liberado
libre

libídine
lujuria
libido
libidinosidad
lascivia

lubricidad
concupiscencia
obscenidad

↔ castidad

libidinosidad

libídine
lujuria

libidinoso

lujurioso
lascivo
lúbrico
concupiscente
rijoso
obsceno

↔ casto

libido

lujuria
libídine

librador

liberador
libertador

libramiento

libranza
giro

librar(se)

liberar
salvar
rescatar
desembarazar

redimir
eximir

sostener
entablar
mantener

cursar
expedir
extender
despachar
girar

parir
dar a luz

↔ cargar
imponer

libre

liberado
soberano

independiente
emancipado
autónomo
manumiso

exento
desembarazado
desocupado
vacante
vacío
disponible

franco
abierto
expedito
transitable

descocado
libertino
disipado

soltero
sin compromiso

↔ esclavo
cautivo

ocupado
lleno

obstaculizado

comprometido

librería

biblioteca
estantería

libresco

literario
novelesco

↔ real

libreta

agenda
cuaderno
bloc

libreto *amer.*

guión (cine)

libro

ejemplar
tomo
volumen
obra
texto

licencia

venia
beneplácito

autorización
permiso
consentimiento
aprobación
conformidad

libertinaje
relajación
desenfreno

↔ prohibición
puritanismo

licenciado

exento
excluido

graduado
titulado

↔ obligado

licenciamiento

licenciatura
titulación
licencia absoluta
(ejército)

licenciar(se)

graduar

despedir
echar
expulsar

licenciatura

licenciamiento
titulación
graduación

licencioso

libertino
atrevido
inmoral
vicioso
indecente
lujurioso
lascivo
pornográfico

↔ virtuoso
púdico
puritano

liceo

instituto

licitación

puja

licitador

licitante
postor

licitar

pujar

lícito

legal
legítimo
permitido
autorizado

justo
razonable

↔ ilícito

licorería

destilería

licuable

delicuescente

licuar

liquidar
fundir
derretir

↔ solidificar
cuajar

lid

lucha
combate
pelea
contienda
batalla
duelo
liza

enfrentamiento
discusión
controversia
disputa
debate

lides

actividades
situaciones
menesteres

líder

cabeza
cabecilla
caudillo
guía
adalid

liderar
guiar
capitanear
acaudillar
encabezar
conducir
dirigir

liderazgo o
   liderato
autoridad
jefatura
dirección
dominio

lidia
toreo

lucha
combate
pelea
batalla
brega

lidiador
torero
matador
diestro
espada

lidiar
torear

luchar
combatir
pelear
batallar
guerrear
bregar

↔ rendirse

lienzo
pintura
cuadro

paramento
pared

liga
banda
faja
venda

agrupación
asociación
alianza

coalición
confederación

unión
mezcla
aleación

ligadura
ligamento
ligamen
unión
empalme

atadura
compromiso
obligación
sujeción
lazo

↔ separación

ligamento
ligadura

tendón

ligar(se)
atar
sujetar
fijar
amarrar
encadenar

unir
relacionar
conectar
vincular
enlazar

comprometer
obligar

col.
conseguir
agenciarse
mercarse

coquetear
flirtear

↔ desligar
   separar

ligazón
unión
relación
enlace
conexión
trabazón
mezcla

↔ desconexión

ligereza
rapidez
agilidad
prontitud
presteza
celeridad
viveza

levedad
liviandad
sutilidad
fragilidad

insensatez
imprudencia
irresponsabilidad

error
equivocación
desacierto
desatino
disparate
locura

↔ lentitud

   pesadez

ligero
rápido
veloz
ágil
pronto
presto
vivo

liviano
leve
frágil
flojo
débil

suave
superficial
somero

↔ lento
   torpe

   pesado

   profundo

ligón
conquistador
castigador
seductor
donjuán
playboy

ligue
aventura
romance

lío
apaño
flirt
rollo *col.*

liguero
portaligar *amer.*

lija
pintarroja

lijar
raspar
limar

lila[1]
lilo

malva

lila[2]
lelo
tonto
bobo
primo
memo
simple

↔ listo
   espabilado

liliputiense
enano

↔ gigante

lilo
lila (arbusto)

lima
limado
limadura

limadura
limado
lima
pulido

viruta

limar
pulir
pulimentar
desgastar
desbastar
alisar

igualar
raspar
lijar

retocar
perfeccionar

reducir
templar

liminar
preliminar

limitación
límite
término
demarcación
acotación

restricción
cortapisa
condicionamiento
reparo
traba
dificultad
impedimento
obstáculo

↔ facilidad

limitado
delimitado
demarcado
acotado

restringido
condicionado

reducido
pequeño
escaso
pobre

retrasado
corto

↔ ilimitado

limitar(se)
delimitar
demarcar
acotar

restringir
ajustar
recortar
contener
impedir
obstaculizar
dificultar
condicionar

lindar
hacer frontera

limitarse
ceñirse
circunscribirse
atenerse
sujetarse

límite
frontera
linde
término
división

extremo
colmo
remate

limitación
restricción
condicionamiento
obstáculo

limítrofe
colindante
lindante
lindero
fronterizo
aledaño
vecino

limo
lodo
barro
légamo

limosna
dádiva
caridad
donativo
óbolo *cult.*

miseria
pequeñez

limpiabarros
felpudo
alfombrilla

limpiabotas
bolero *amer.*

limpiar(se)
asear
adecentar
lavar
fregar

higienizar
desinfectar
lustrar
abrillantar

pelar
mondar
podar
escamondar

eliminar
suprimir
erradicar
extirpar
desterrar

purificar
purgar

col.
robar
hurtar
sisar
choricear *col.*

↔ ensuciar
   manchar

límpido *cult.*
limpio
transparente
claro
puro
cristalino
inmaculado
impoluto

↔ sucio

limpieza
aseo
pulcritud
higiene

destreza
habilidad
precisión
soltura
facilidad
agilidad
maña

honestidad
honradez
integridad
nobleza
corrección
deportividad

↔ suciedad

   torpeza

   traición
   mezquindad

limpio
aseado
pulcro
higiénico
impoluto
inmaculado

claro
nítido
diáfano
transparente
brillante

pelado
mondo
neto
líquido

inocente
cándido
puro
casto
virtuoso
virginal

honesto
noble
honrado
íntegro
correcto
deportivo

↔ sucio

   oscuro
   turbio

   bruto

   impuro
   obsceno

   innoble
   rastrero

linaje
estirpe
abolengo
alcurnia
origen
cuna

clase
condición
especie
índole
ralea *desp.*
jaez *desp.*

linajudo
aristócrata
noble
señorial

esclarecido
encopetado
rancio

lindante

lindero
limítrofe
fronterizo
colindante
contiguo

rayano
cercano
próximo

↔ lejano

lindar

limitar
colindar
hacer frontera

rayar
bordear
tocar
rondar
frisar

linde

límite
frontera
lindero
término
separación
división

lindero

limítrofe
colindante
lindante
fronterizo
contiguo
vecino

linde
límite
frontera

lindeza

belleza
hermosura
atractivo
primor

lisonja
piropo
requiebro
flor
galantería

lindezas

insultos
groserías
insolencias
frescas

↔ fealdad

groseria

lindo

bonito
bello
hermoso
delicado
primoroso
gracioso
mono *col.*

amer.
bueno
excelente
exquisito
estupendo

estupendamente
primorosamente

línea

raya
recta
lista

límite
linde
término
demarcación

contorno
silueta
perfil
rasgo

fila
hilera
ristra
columna

cola

renglón

camino
directriz
norma
criterio
pauta

diseño
moda
estilo
género
gama
serie

lineal

recto
rectilíneo

progresivo
continuo
uniforme

↔ discontinuo

linealidad

progresión
continuidad
uniformidad

↔ discontinuidad

linfático

abúlico
apático
indolente
pasivo
indiferente

↔ enérgico
   nervioso

lingotazo *col.*

trago
copazo
latigazo *col.*
chisguete *col.*

linimento

pomada
ungüento

lío

envoltorio
atadijo
hato
ovillo

jaleo
desorden
confusión
embrollo
enredo
follón
caos
maraña

chisme
habladuría
cotilleo
cuento

aventura
romance

apaño *col.*
rollo *col.*

↔ claridad
   orden

lioso

confuso
desordenado
embrollado
enredado
enmarañado
caótico

liante

↔ claro

liquidación

pago
finiquito
saldo

liquidar(se)

pagar
finiquitar
saldar
abonar
satisfacer

gastar
consumir
malgastar
fundir

acabar
terminar
solucionar
resolver
rematar

licuar

col.
matar
eliminar
aniquilar
cargarse *col.*
dar el pasaporte *col.*

↔ deber
   comenzar

líquido

fluido

neto
limpio

↔ sólido
   gaseoso

   bruto

lira

inspiración
musa
numen *cult.*
estro *cult.*
genio creador

lírica

poesía
poética

↔ prosa

lírico

poético

sensible
emotivo
intimista

poeta

↔ prosaico

lirio

lis

lirismo

poesía
sensibilidad
emoción
belleza

amer.
fantasía
sueño
utopía

↔ prosaísmo

lirón

dormilón
marmota
tronco
leño

↔ insomne

lis

lirio

lisa

mujol

lisiado

mutilado
tullido
inválido
impedido

imposibilitado
discapacitado

col.
agotado
rendido
destrozado
baldado
roto
muerto *col.*

↔ descansado
fresco

lisiar

mutilar
tullir
mancar

agotar
rendir
destrozar
baldar
matar *col.*
dejar para el
arrastre *col.*

liso

plano
llano
uniforme
regular
raso
terso
fino
suave

lacio
laso

abierto
franco
expedito

↔ arrugado

rizado
ensortijado

obstaculizado

lisonja

halago
adulación
alabanza
incienso
coba *col.*
jabón *col.*

lisonjear

halagar
adular

agradar
regalar el oído *col.*
hacer la pelota *col.*

lisonjearse

jactarse
enorgullecerse
felicitarse
congratularse

lisonjero

halagador
adulador
cobista
pelota *col.*

halagüeño
favorable
propicio
satisfactorio
prometedor

↔ insultante

negativo
pesimista

lista

franja
banda
faja
raya

listado
relación
enumeración
nómina
catálogo
retahíla
sarta
serie

listado

rayado

lista
relación
enumeración
nómina

listeza

inteligencia
lucidez
agudeza
sagacidad
perspicacia
astucia
viveza

↔ estupidez
torpeza

listo

inteligente
lúcido

agudo
sagaz
astuto
perspicaz
espabilado
despierto
avispado
vivo

preparado
dispuesto
presto
apercibido

↔ tonto
torpe

listón

tabla

lisura

tersura
uniformidad
regularidad

claridad
sinceridad
llaneza
franqueza

amer.
frescura
fresca
insolencia
grosería

↔ rugosidad

hipocresía
disimulo

literal

textual
fiel

↔ libre

literalidad

exactitud
fidelidad

↔ libertad

literato

escritor
autor

literatura
bibliografía

desp.
palabrería
hojarasca
broza

↔ enjundia

litigar
pleitear
contender

disputar
reñir
discutir
pelear
lidiar
bregar

↔ avenirse
conciliarse

litigio
pleito
causa
juicio
proceso

pelea
discusión
riña
contienda
controversia
porfía

liturgia
rito
ritual

liviandad
levedad
ligereza
ingravidez
finura
sutilidad

frivolidad
inconstancia
volubilidad
informalidad

↔ pesadez
seriedad

liviano
fino
leve

ligero
ingrávido
tenue
sutil
etéreo
vaporoso

frívolo
inconstante
voluble
informal
superficial
insustancial
fútil

llevadero
fácil
cómodo
tolerable
digerible

deshonesto
indecoroso
indecente
impúdico
licencioso

↔ pesado
sólido

profundo

duro
insufrible

honesto
púdico

lividez
amoratamiento
palidez

lívido
morado
amoratado
cárdeno
violáceo

pálido
blanco

estupefacto
aturdido
pasmado
desconcertado
boquiabierto
turulato *col.*

living *ingl.*
salón
sala

liza
lid
lucha
competición
combate
enfrentamiento
contienda
disputa
controversia

↔ acuerdo
entendimiento

llaga
úlcera
laceración
herida
pústula

pesadumbre
pesar
tristeza
sufrimiento
dolor
tormento

resentimiento
resquemor

llama
ardor
pasión
vehemencia
emoción
frenesí
efusión
fiebre
delirio

llamada
llamamiento
convocatoria
requerimiento
cita
emplazamiento

exhortación
petición

aviso
advertencia
indicación
observación

atracción
reclamo

llamador
aldaba
picaporte
pulsador

llamar(se)
avisar
vocear

telefonear

tocar (a un timbre,
puerta)
pulsar
picar
aporrear

invocar
convocar
requerir
citar
emplazar
reclamar
reunir
congregar

nombrar
denominar
apodar
motejar
bautizar
calificar

atraer
seducir
fascinar
cautivar
hechizar
tirar

llamarada
llama
fogonazo
resplandor

rubor
sonrojo
turbación

acceso
arrebato
ataque
crisis

llamativo
vistoso
espectacular
exagerado
aparatoso
chillón
estridente

↔ discreto

llamear
arder
flamear

llanada

llanura
llano

llaneza

sencillez
naturalidad
familiaridad
espontaneidad
campechanía
afabilidad

↔ solemnidad
  artificio

llano

plano
liso
uniforme
regular
raso

sencillo
natural
familiar
espontáneo
campechano
afable

llanura
llanada

↔ accidentado
  irregular

  artificioso
  solemne

llantina

llorera
lloro
llanto
rabieta
berrinche
perra col.

llanto

lloro

↔ risa

llanura

llano
llanada
planicie
pradera
estepa

↔ montaña

llave

grifo
válvula
espita

interruptor
disyuntor

clave
solución
quid

llegada

arribada
venida
entrada
regreso
advenimiento
aparición

↔ ida
  salida

llegar

arribar
venir
entrar
regresar
aparecer
presentarse
asistir

suceder
ocurrir
sobrevenir
acaecer
producirse
tener lugar

durar
resistir
aguantar
conservarse
mantenerse

conseguir
lograr

alcanzar
bastar

calar
impresionar
conmover

llegarse

acercarse
aproximarse

↔ irse
  partir
  salir
  faltar

llenar(se)

saturar
colmar
abarrotar
atestar
cargar

rellenar
cumplimentar

ocupar
emplear
gastar
invertir

satisfacer
complacer
agradar
gustar

llenarse

hincharse
hartarse
inflarse col.
atracarse col.
atiborrarse col.

↔ vaciar
  descargar

lleno

saturado
colmado
abarrotado
atestado
rebosante
henchido
repleto
completo
cargado
plagado
sembrado
cuajado

saciado
harto
ahíto
empachado
inflado col.
atiborrado col.

gordito
relleno
regordete

↔ vacío
  falto

  hambriento

llevadero

soportable
tolerable

aguantable
fácil
cómodo
leve
liviano

↔ insoportable
  duro

llevar

transportar
trasladar
acarrear
portear

acompañar
dirigir
conducir
guiar
encaminar

gobernar
regir
ocuparse
encargarse
responsabilizarse

empujar
incitar
mover
obligar
provocar
causar

vestir
lucir
usar
ataviarse
ponerse

sobrellevar
tolerar
padecer
soportar
sufrir

necesitar
precisar
requerir
exigir
costar

amputar
cortar

estar
encontrarse
mantenerse
seguir

llevarse

privar
estar de moda
estar en boga

quitar
robar
apoderarse
afanar *col.*

lograr
obtener
conseguir
hacerse

recibir

llorar
lagrimear
plañir
lloriquear
sollozar
berrear *col.*
derramar lágrimas

lamentar
sentir
condolerse
dolerse
quejarse

destilar
rezumar
exudar

llorera
llantina
lloro

lloriquear
gimotear

lloro
llantina
llorera

llorón
llorica
plañidero
gemebundo

quejica
quejumbroso

lloroso

↔ risueño

lloroso
llorón
lacrimoso
lagrimoso
lacrimógeno

↔ risueño

llover
lloviznar
chispear
gotear
descargar
diluviar
jarrear
caer chuzos de
   punta *col.*

afluir
abundar
manar
agolparse
amontonarse

llovizna
calabobos
orvallo
sirimiri

↔ tromba
   diluvio

lloviznar
chispear
gotear

↔ diluviar

lluvia
precipitación
aguacero
chubasco
chaparrón
diluvio
tromba

afluencia
abundancia
profusión
raudal

loa
alabanza
elogio
encomio
apología
loor *cult.*

↔ diatriba

loable
laudable
elogiable
encomiable
plausible

↔ censurable
   deplorable

loar
alabar
ensalzar
elogiar
encomiar
exaltar
glorificar
celebrar

↔ censurar
   criticar

loba
leona
tigresa
vampiresa

lobanillo
forúnculo
divieso
tumor
quiste

lobezno
lobato

lóbrego
oscuro
sombrío
tenebroso
lúgubre
tétrico

triste
melancólico
lánguido

↔ luminoso
   alegre

local
localizado
tópico

regional
provincial
comarcal
municipal

nave
recinto
establecimiento

↔ general

localidad
población
pueblo

lugar
sitio

plaza
butaca

tique
entrada
billete

localismo
dialectalismo
regionalismo

chovinismo
aldeanismo

localización
situación
ubicación
emplazamiento
colocación

localizar(se)
situar
ubicar
emplazar
colocar

hallar
encontrar
descubrir

limitar
controlar
fijar

↔ expandir

locatario
arrendatario

locatis *col.*
loco
chiflado *col.*
majareta *col.*

↔ cuerdo

loción
masaje
friega
fricción

loco
demente
desequilibrado
alienado

chalado *col.*
chiflado *col.*
majareta *col.*
grillado *col.*
pirado *col.*
como una cabra *col.*
como un cencerro *col.*

imprudente
insensato
irreflexivo
temerario
alocado

ansioso
deseoso
impaciente
anhelante

apasionado
amante
fanático
incondicional

enamorado
colado *col.*

ajetreado
movido
febril
agitado
accidentado
agotador

↔ cuerdo

  prudente

  desinteresado

  desapasionado
  frío

  tranquilo

locomoción

traslado
traslación
desplazamiento
movimiento
transporte

locuacidad

verbosidad
labia
facundia
verborrea
desparpajo
palabrería
pico *col.*

↔ laconismo
  parquedad

locuaz

hablador
parlanchín
charlatán
facundo

↔ lacónico
  callado

locución

giro
modismo
expresión

locura

demencia
alienación
enajenación
desequilibrio
insania
chifladura
chaladura
trastorno mental

desvarío
disparate
insensatez
imprudencia
barbaridad
desatino
desmadre

delirio
pasión
entusiasmo
ardor
frenesí
fiebre
fanatismo
furor

↔ cordura

  acierto

  frialdad
  desinterés

locutor

presentador
comentarista
animador

locutorio

cabina

lodazal

barrizal

lodo

barro
cieno
limo
fango

deshonra
descrédito
ignominia
mala reputación

lógica

método
organización
orden

razón
razonamiento
juicio
sensatez
cordura
cautela
sentido común

↔ incongruencia

lógico

racional
coherente
congruente
razonable
esperable
comprensible
sensato
lúcido
normal
natural
legítimo
lícito
justo
correcto

↔ ilógico
  absurdo
  disparatado
  extraño

logística

organización
estructura
sistematización
distribución

logotipo

monograma

logrado

conseguido
perfecto

lograr

conseguir
alcanzar
obtener
adquirir
pescar
agenciarse
hacerse

lograrse

madurar
formarse
desarrollarse

↔ perder

  malograrse

logrero

aprovechado
explotador
abusador
negrero

usurero
prestamista

logro

consecución
obtención
avance
resultado
conquista
fruto
producto
éxito

lucro
ganancia
beneficio
utilidad
ventaja
negocio

↔ pérdida
  fracaso

loma

colina
cerro

lomo

dorso
espalda

lona

ring
cuadrilátero

loncha
lonja
tajada
rodaja
lámina

long play *ingl.*
LP
elepé
álbum

longanimidad
entereza
firmeza
serenidad
temple

↔ nerviosismo

longevidad
perdurabilidad
resistencia
supervivencia

vejez
senectud

longevo
perdurable
resistente

viejo
anciano
mayor

↔ delicado
   perecedero

longitud
largo

↔ anchura
   latitud

longui, hacerse
  el *col.*
disimular
hacerse el loco

lonja
loncha
tajada

mercado

lontananza
lejanía
distancia

↔ cercanía

look *ingl.*
apariencia
aspecto
imagen
facha
pinta
traza
presencia

loor *cult.*
alabanza
elogio
encomio
loa
enaltecimiento
apología

↔ diatriba

loro
papagayo

argot
radiocasete
transistor

losa
baldosa
loseta

lápida

tumba
sepulcro

peso
carga
lastre
cruz

losar
enlosar
pavimentar

loseta
losa
baldosa

lote
partición
parte
porción

juego
conjunto
serie
kit
set

lotería
oportunidad
ocasión
momio
bicoca *col.*

loza
cerámica
vajilla

lozanía
vigor
salud
lustre
frescura

verdor
frondosidad
exuberancia

↔ decrepitud

lozano
vigoroso
saludable
lustroso
rozagante
fresco

verde
frondoso
exuberante
lujuriante

↔ decrépito
   ajado

   mustio

LP
elepé
long play
álbum
disco de larga
   duración

lubina
róbalo
robalo

lubricante
lubrificante
grasa
aceite

lubricar
lubrificar
engrasar

lubricidad
lujuria
lascivia
obscenidad
libídine

↔ castidad

lúbrico
resbaladizo
deslizante

lujurioso
lascivo
libidinoso

↔ casto

lubrificante
lubricante

lubrificar
lubricar

lucerna
lucernario
claraboya
tragaluz
lumbrera

lucero
estrella

lucha
batalla
pelea
contienda
conflicto
conflagración
guerra
refriega
pugilato
lid
enfrentamiento

discusión
disputa
polémica
controversia
competencia
oposición
pugna

brega
trabajo
esfuerzo
afán

↔ paz
   entendimiento

luchador

batallador
combatiente
contendiente
contrincante
rival

púgil
pugilista

trabajador
emprendedor
enérgico
tenaz
perseverante

↔ pusilánime

luchar

batallar
pelear
combatir
contender
enfrentarse

bregar
lidiar
trabajar
perseverar
afanarse

↔ firmar la paz

    darse por vencido
    tirar la toalla *col.*

lucidez

sagacidad
perspicacia
agudeza
sutilidad

intuición

cordura
coherencia
lógica

↔ torpe
    corto

lúcido

sagaz
perspicaz
agudo
sutil
intuitivo
despierto
espabilado

cuerdo
sensato

razonable
lógico

↔ torpe
    chocho

luciente

brillante
resplandeciente
rutilante
refulgente
radiante
deslumbrante

↔ apagado
    opaco

Lucifer

Luzbel
Satán
Satanás
Belcebú

lucífero

luminoso
resplandeciente

lucir

alumbrar
iluminar

brillar
resplandecer
relucir
relumbrar
refulgir
rutilar

destacar
sobresalir
despuntar

exhibir
mostrar
enseñar
llevar

fardar
molar

cundir
aprovechar

enlucir
encalar
blanquear
enjalbegar

lucirse

presumir
pavonearse
fanfarronear

lucrarse

beneficiarse
aprovecharse
enriquecerse
ganar

↔ perder

lucrativo

beneficioso
provechoso
productivo
rentable
fructífero

↔ oneroso

lucro

beneficio
ganancia
provecho
renta

↔ pérdida

luctuoso

triste
doloroso
penoso
lamentable
desafortunado
dramático
trágico
funesto
desdichado
amargo

↔ alegre
    feliz

lucubración

elucubración

lucubrar

elucubrar

ludibrio *cult.*

escarnio
burla
mofa
befa
ridiculización
desprecio
humillación

luego

después
posteriormente

seguidamente
más tarde

por lo tanto
por consiguiente

luengo *ant.*

largo

lugar

sitio
parte
paraje
zona
punto
rincón
emplazamiento
situación

pueblo
poblado
aldea

puesto
empleo
plaza

motivo
razón
justificación

oportunidad
ocasión

lugareño

aldeano
pueblerino
campesino

lúgubre

lóbrego
oscuro
sombrío
tenebroso
fúnebre
tétrico

macabro
mortuorio

↔ luminoso
    alegre

lujo

fastuosidad
suntuosidad
opulencia
esplendor
pompa
boato

fasto
rumbo
aparato

↔ modestia
   sencillez

lujoso
fastuoso
suntuoso
opulento
pomposo
esplendoroso
ostentoso
señorial
rico

↔ modesto
   sencillo

lujuria
lascivia
concupiscencia
lubricidad
libídine
voluptuosidad

abundancia
exceso
exuberancia

↔ castidad

lujuriante
exuberante

lujurioso
lascivo
libidinoso
concupiscente
lúbrico
voluptuoso
rijoso
verde *col.*

↔ casto

lumbago
lumbalgia

lumbre
fogón
hogar
fuego
fogata
hoguera

claridad
resplandor

lumbrera
genio
sabio
eminencia
sabelotodo

lucerna
claraboya

luminaria
iluminación

luminosidad
luz
claridad
brillo
resplandor

alegría
viveza
animación

agudeza
acierto
tino

↔ oscuridad

luminoso
iluminado
claro
brillante
radiante
resplandeciente
deslumbrante

alegre
vivo
animado

agudo
atinado
certero

↔ oscuro
   apagado

   triste
   lúgubre

luna
satélite

espejo

escaparate
vitrina
cristal

manía
capricho
ventolera

lunar
antojo

topo (círculo)

falta
defecto
tacha
lacra
tara

lunático
loco
maniático
extravagante
excéntrico
inestable
chiflado *col.*

lupanar
prostíbulo
burdel
mancebía
casa de lenocinio

lusitano
luso
portugués

lustrar
abrillantar
bruñir
pulir

lustre
brillo
resplandor

prestigio
distinción
esplendor
honor
dignidad
notoriedad
fama
renombre

↔ desprestigio
   descrédito

lustro
quinquenio

lustroso
brillante
reluciente
resplandeciente

hermoso
saludable
lozano
rozagante
vigoroso

↔ mate

   enfermizo

luto
duelo
dolor
tristeza
pesar
aflicción
desdicha
amargura
desconsuelo
desolación

↔ alegría

luxación
dislocación
torcedura

luz
claridad
luminosidad
brillo
resplandor
destello
fulgor

foco

electricidad
fuerza
fluido
tensión eléctrica

guía
ejemplo
norte

luces
inteligencia
entendimiento
perspicacia
sagacidad
agudeza

conocimientos
cultura

↔ oscuridad
   tinieblas

Luzbel
Lucifer

maca
magulladura

imperfección
defecto
mancha

macabro
fúnebre
lúgubre
tétrico

↔ alegre

macaco
peque
mico

mequetrefe
zascandil

macadam
   o **macadán**
empedrado

macana *amer.*
mentira
embuste
bulo
trola *col.*
bola *col.*

macanudo *col.*
estupendo
extraordinario
excelente
magnífico
genial
cojonudo *vulg.*

macarra
proxeneta
chulo

matón
chuleta
camorrista

vulgar
ordinario
chabacano
charro
hortera
arrabalero

macelo
matadero
degolladero

macerar(se)
mortificar
maltratar
flagelar
disciplinar
lacerar

maceta
tiesto

machacante *col.*
duro (moneda)

machacar
moler
majar
machaquear *amer.*

estudiar
empollar *col.*
chapar *col.*

derrotar
vencer
apabullar

cansar
agotar
fatigar

rendir
reventar

importunar
fastidiar
jorobar *col.*

machacón
insistente
cargante
porfiado
pesado

machaconería
insistencia
repetición
porfía
pesadez
reiteración
terquedad
prolijidad

machada
hombrada
proeza
hazaña

↔ cobardía

machaquear *amer.*
machacar
moler
machucar

machaqueo
machaconería
insistencia
repetición

golpeteo

macheta
hacha

machetazo
tajo
corte

machina
grúa

machismo
↔ feminismo

machista
↔ feminista

macho[1]
masculino
varonil
viril
fuerte
valiente
intrépido
machote

↔ hembra

afeminado

macho[2]
mulo

machón
contrafuerte

machona *amer.*
machorra *col.*

↔ femenina

machorra *col.*
machota *col.*

machorro
estéril
infructífero

improductivo
infructuoso

↔ fértil

machota *col.*
hombruna
marimacho *col.*
machorra *col.*
virago *cult.*
machona *amer.*

machote
macho
varonil
viril
fuerte
valiente
intrépido

↔ afeminado
   cobarde

machucar
magullar

aplastar
arrugar
abollar

machacar
moler
machaquear *amer.*

machucho
prudente
sosegado
juicioso
reflexivo
sensato

maduro
mayor
entrado en años

↔ imprudente

   verde *col.*

maciliento
flaco
delgado
pálido
lívido
descolorido
mortecino
mustio
demacrado
triste

↔ vivo

macillo
martinete

macizar
completar
tupir

↔ ahuecar

macizo
compacto
amazacotado
monolítico

firme
musculoso
fornido
recio
prieto
cachas *col.*

parterre

↔ hueco
   hueco

   fofo
   enclenque

macroscópico
↔ microscópico

mácula
mancha
lacra
imperfección
tacha

engaño
trampa

macuto
morral
mochila

madeja
ovillo

madera
palo

tablón
listón

argot
policía
bofia *argot*
pasma *argot*

madero
tablón

argot
agente
guardia
polizonte *col.*
mono *argot*
cachaco *amer.*

madre
mamá *col.*

fuente
causa
origen

lecho

poso
sedimento
lías

madreperla
ostra

madriguera
guarida
cubil
escondrijo

madrileño
gato *col.*

madrugada
alba
aurora
alborada

↔ anochecida

madrugador
mañanero

previsor
tempranero
adelantado

↔ tardío

madrugar
mañanear

adelantarse
anticiparse
ganar tiempo

↔ retrasarse

madurar(se)
sazonar

desarrollar
profundizar
ahondar

formarse

madurez
sazón

prudencia
cordura
sensatez
reflexión
cautela

↔ inmadurez

maduro
sazonado
en su punto

prudente
sensato
reflexivo
juicioso
ponderado

↔ verde

   insensato
   infantil

maestría
arte
destreza
habilidad
pericia
sapiencia

↔ impericia

maestro
profesor
instructor
mentor
consejero
preceptor
pedagogo
educador

perito
ducho
avezado

diestro

magistral
ejemplar

principal

magaña
ardid
astucia
artificio
truco
artimaña
engaño

magia
brujería
ocultismo
encantamiento

prestidigitación
ilusionismo

seducción
fascinación
hechizo

magiar
húngaro

mágico
fascinante
fabuloso
fantástico

magín
imaginación
inteligencia
talento
ingenio
cacumen *col.*
caletre *col.*
mollera *col.*

magisterio
profesorado

magistrado
juez
togado

magistral
perfecto
genial
soberbio

profesoral

↔ imperfecto

magnanimidad
nobleza
caballerosidad

generosidad
liberalidad

↔ ruindad

magnánimo
noble
caballeroso
generoso
liberal

↔ ruin

magnate
potentado
capitalista

magnetismo
imantación

atractivo
fascinación
hechizo
carisma

magnetización
hipnotización
sugestión

atracción
entusiasmo
fascinación
deslumbramiento
seducción

magnetizador
hipnotizador
sugestionador

magnetizar
imanar
imantar

hipnotizar
sugestionar

atraer
entusiasmar
fascinar
deslumbrar
encantar
seducir

↔ desimantar
   repeler

magnetófono o **magnetofón**
grabadora
pletina

magnificar(se)
ensalzar
elogiar
alabar
loar

desorbitar
exagerar
agrandar
aumentar
hinchar

↔ despreciar
   disminuir

magnificencia
esplendor
grandiosidad
grandeza
fastuosidad
suntuosidad
majestad

generosidad
esplendidez
liberalidad
largueza
prodigalidad
desprendimiento

↔ pobreza
   tacañería

magnífico
extraordinario
excelente
estupendo
espléndido
soberbio
muy bueno

grandioso
suntuoso
fastuoso
opulento

↔ malo
   modesto

magnitud
dimensión
medida

proporción
alcance
tamaño
importancia
trascendencia
impacto
resonancia

magno *cult.*
grande
importante
excelso
soberbio
notable

mago
brujo
hechicero
taumaturgo
encantador
prestidigitador
ilusionista

magrear(se) *vulg.*
sobar
manosear
toquetear
meter mano *col.*
darse el lote *col.*
darse la paliza *col.*

magreo *vulg.*
sobo
manoseo
toqueteo

magro
seco
enjuto
enteco
descarnado
delgado

↔ adiposo

magulladura
magullamiento
moradura
moretón
cardenal
contusión
hematoma
equimosis

magullar(se)
lesionar
lastimar

mahometano
musulmán
ismaelita
islamita
agareno
sarraceno

mahometismo

islam
islamismo

mahonesa

mayonesa

mainel

parteluz

maíz

borona

majada

aprisco
redil
corral

majadería

tontería
imbecilidad
insensatez
memez
necedad
idiotez
simpleza
estupidez
sandez
patochada

majadero

tonto
imbécil
insensato
necio
idiota
simple
memo
bobo
mostrenco
molesto
inoportuno
metepatas

majar

machacar
moler
triturar
desmenuzar

majara o
majareta *col.*

chiflado
chalado

loco
demente
perturbado
ido
mochales *col.*
pirado *col.*
como una regadera
    col.

↔ cuerdo

majestad

dignidad
magnificencia
solemnidad
esplendor
grandiosidad
grandeza
fastuosidad
suntuosidad

majestuosidad

grandiosidad
imponencia
solemnidad
pomposidad
magnificencia

↔ sencillez

majestuoso

grandioso
imponente
solemne
señorial
pomposo
mayestático

↔ sencillo
    humilde

majo *col.*

simpático
agradable

atractivo
guapo
bonito
gracioso
lindo
vistoso
coqueto
chulo *col.*
cuco *col.*
molón *col.*
guay *col.*

↔ desagradable

    feo

mal[1]

maldad
malicia
perversidad
inmoralidad
indignidad

enfermedad
dolencia
achaque
padecimiento
malestar

↔ bondad

mal[2]

↔ bien

malabarismos

equilibrios
maravillas
filigranas
virguerías

malacitano

malagueño

**malacostum-
brado**

malcriado
mimado
consentido
engreído *amer.*

viciado
pervertido

↔ educado

**malacostum-
brar(se)**

malcriar
mimar
consentir
engreír *amer.*

viciar
pervertir
corromper

↔ educar

malagana

desgana
desánimo
decaimiento
desfallecimiento

desmayo
abatimiento

↔ entusiasmo

malagradecido

desagradecido
ingrato

↔ agradecido

malagueño

malacitano

malaje

malintencionado
esquinado
malasangre
malasombra
cabrón *vulg.*
malaleche *vulg.*

↔ ángel

malandanza

desgracia
contratiempo
infortunio
adversidad
desventura
mala suerte

↔ fortuna

malandrín

perverso
malintencionado
bellaco
granuja

↔ honrado

malapata

desgraciado
cenizo
malasombra
gafe

patoso

↔ afortunado

    gracioso

malar

pómulo

malaria

paludismo

malasangre

malvado
malasombra
malaje
atravesado
ruin
malauva
malaleche *vulg.*

malasombra

patoso
inoportuno

malasangre
malaje
malaleche *vulg.*

cenizo
gafe

desgracia
mala suerte

malavenido

descontento

malaventurado

desventurado
desgraciado
desdichado
infortunado
infeliz

↔ afortunado

malbaratador

derrochador
despilfarrador
dilapidador
gastador
manirroto

↔ ahorrativo

malbaratar

malvender
abaratar
rebajar

malgastar
derrochar
despilfarrar
dilapidar

malcarado

malencarado
sospechoso
torvo

cabreado
enojado
de morros *col.*

↔ risueño

malcriado

maleducado
consentido
mimado
engreído *amer.*

malcriar

maleducar
consentir
mimar
malacostumbrar
engreír *amer.*

maldad

malicia
malignidad
perversidad
indignidad
ruindad
bajeza
ignominia
atrocidad

↔ bondad

maldecir

increpar
despotricar
execrar

maldiciente

murmurador
calumniador

maldición

imprecación
execración

maleficio
hechizo
embrujo
condena
condenación

↔ bendición

maldispuesto

indispuesto

maldito

malvado
perverso

miserable
vil
ruin

espantoso
pésimo
horrible
horroroso
horrendo
aborrecible
detestable
insufrible
intolerable

figurante
comparsa

↔ bendito

maleable

dúctil
flexible

dócil
sumiso

↔ rígido

rebelde

maleante

delincuente
malhechor
rufián

malear(se)

pervertir
corromper
viciar
maliciar

dañar
estropear
deteriorar
arruinar

malecón

espigón
dique
rompeolas
espolón
escollera
muelle

maledicencia

infundio
calumnia
difamación
habladuría

maleducado

grosero
irrespetuoso
descortés

malcriado
consentido
mimado
engreído *amer.*

maleducar

malcriar
consentir
mimar

maleficio

embrujo
encantamiento
hechizo
maldición

maléfico

dañino
perjudicial
nocivo
pernicioso

↔ benéfico

malemplear

desperdiciar
desaprovechar
malgastar

↔ aprovechar

malencarado

malcarado
sospechoso

enfurruñado
de morros

maleducado
grosero
insolente
descarado
desatento

↔ cortés

malentendido

equivocación
error

malestar

enfermedad
dolor
dolencia

achaque
padecimiento
mal

maleta

valija

col.
chapucero
manta *col.*

amer.
hato
hatillo
atadijo

maletín

portafolios

malévolo

malvado
perverso
maligno
malicioso
pérfido

↔ bondadoso

maleza

yerbajos

espesura

malformación

deformidad
deformación

malgastador

derrochador
despilfarrador
pródigo
manirroto

↔ ahorrativo

malgastar

desaprovechar
desperdiciar
despilfarrar
derrochar
dilapidar
disipar
tirar

malhablado

deslenguado
ordinario

soez
lenguaraz

↔ bienhablado

malhadado

desgraciado
desdichado
desafortunado
desventurado
infeliz
funesto
nefasto
aciago

↔ afortunado

malhecho

contrahecho
deforme

malhechor

delincuente
criminal
maleante
rufián

↔ bienhechor

malhumor

enfado
enojo
cabreo *col.*

↔ contento
   alegre

malhumorado

enfadado
irritado
enojado
airado
cabreado *col.*

gruñón
irritable
cascarrabias

↔ contento

   simpático

malhumorar(se)

enfadar
irritar
enojar
airar
cabrear *col.*

↔ alegrar

malicia

picardía
vista
astucia
sagacidad

maldad
malignidad
perversidad
perfidia

malicias

temores
recelo
sospecha

↔ ingenuidad

   bondad

   confianza

maliciar(se)

recelar
sospechar
desconfiar
olerse *col.*

malear
corromper
enviciar
estropear
pervertir

↔ confiar

malicioso

malévolo
maligno
malvado
perverso
malo
malintencionado
ladino

malpensado
desconfiado
suspicaz

↔ bueno

   ingenuo

malignidad

maldad
perversidad
malicia

↔ bondad

maligno

malvado
perverso

malicioso
malo

perjudicial
dañino
pernicioso
nocivo

grave

diablo
demonio

↔ bueno

   beneficioso

   benigno

malintencionado

malicioso
maligno
malévolo
pérfido

↔ bienintencionado

malinterpretar

malentender
confundir

↔ comprender

malmandado

desobediente

malmeter

enemistar
enfrentar
cizañar
malquistar
indisponer

instigar
pervertir

↔ disuadir

malmirado

impopular
malquisto
desprestigiado
criticado
recriminado

↔ apreciado

malnacido

despreciable
indeseable
malparido *desp.*
cabrón *vulg.*

↔ bueno

malo

defectuoso
imperfecto
deteriorado

desfavorable
nefasto
funesto
dañino
perjudicial
nocivo
adverso
desastroso
desafortunado
catastrófico

ilícito
inmoral
deshonesto
vicioso
condenable
indeseable

malvado
perverso
pérfido
desalmado
cruel
maligno

enfermo
indispuesto
pachucho

difícil
desagradable
penoso
terrible
horroroso

podrido
estropeado
pasado
rancio

inquieto
alborotador
desobediente
pillo
retozón

↔ bueno

malogrado

arruinado
estropeado
desperdiciado
perdido
fracasado
frustrado
fallido

malograr(se)

arruinar
estropear
desperdiciar
perder
fracasar
frustrar
abortar
fallar

↔ lograr

maloliente

apestoso
fétido
hediondo
pestilente

↔ fragante

malparado

maltrecho
maltratado
perjudicado
dañado

↔ indemne

malparido *desp.*

malnacido
despreciable
indeseable
cabrón *vulg.*

malpensado

malicioso
desconfiado
suspicaz
retorcido

↔ confiado

malqueda *col.*

informal
faltón *col.*

↔ cumplidor

malquerencia

antipatía
odio
aversión
ojeriza
inquina
enemistad

↔ afecto
  simpatía

malquistar(se)

enemistar
enfrentar
cizañar
malmeter
indisponer

↔ bienquistar
  avenir

malquisto

aborrecido
odiado
impopular
malmirado

↔ bienquisto
  apreciado

malsano

insalubre
insano
nocivo
perjudicial
dañino

enfermizo
obsesivo
morboso
retorcido

↔ sano
  saludable

malsonante

disonante
cacofónico

ordinario
vulgar
grosero

↔ armónico
  eufónico

  correcto

maltraer

maltratar
molestar
inquietar
incordiar
desazonar
perturbar
alterar
importunar
brear
freír *col.*

↔ tranquilizar

maltratar

dañar
estropear
deteriorar
malograr
perjudicar
ofender
golpear
castigar

↔ mimar

maltrato

daño
ofensa
golpe
castigo

↔ cuidado

maltrecho

malparado
deshecho
destrozado
descalabrado
molido
miserable

↔ indemne

malvado

desalmado
perverso
criminal
maligno
depravado

↔ bondadoso

malvender

malbaratar

malversación

desfalco
estafa
fraude

mama

seno
pecho
ubre
teta

mamá *col.*

madre

mamadera *amer.*

biberón

mamado col.

borracho
embriagado
ebrio
bebido
achispado
chupado amer.
tomado amer.

↔ sobrio

mamar

succionar

beber
soplar col.
pimplar col.
empinar el codo col.

mamarse col.

emborracharse
embriagarse

mamarrachada

tontería
gansada

mamarracho

mamarracho

espantajo
fantoche
adefesio
birria

porquería
bodrio
chapuza

pelele
mequetrefe

mameluco col.

torpe
tonto
bobo
pánfilo
necio
simple

↔ listo

mamerto

bobalicón
lelo

mamón

lactante

vulg.
desgraciado
cabrón vulg.

mamotreto

tocho col.
muerto col.

armatoste
trasto
estafermo

mampara

biombo

mamporro

puñetazo
tortazo
coscorrón
porrazo

manada

rebaño
hato
jauría

manager ingl.

gerente
director
administrador

representante
apoderado

manantial

manante

fuente
venero
fontanar cult.
alfaguara cult.

principio
germen

manar

fluir
surgir
nacer
brotar

manaza

zarpa

manazas

patoso
torpe

↔ manitas

mancar(se)

tullir
lisiar

manceba

querida
amante
mantenida
barragana
concubina
coima

mancebía

prostíbulo
burdel
lupanar

mancebo

joven
adolescente
muchacho
mozo
chico

aprendiz
dependiente

mancera

esteva

mancha

borrón
lámpara
manchurrón

deshonra
vergüenza
mancilla
desdoro
baldón
tacha
deshonor

manchado

ensuciado
salpicado
tiznado

mancillado
deshonrado
ultrajado
afrentado

manchar(se)

ensuciar
salpicar
tiznar

mancillar
deshonrar
ultrajar
afrentar
baldonar
macular

↔ limpiar

honrar

mancilla

mancha
deshonra
ultraje
afrenta
baldón

↔ honra

mancillar

manchar
deshonrar
ultrajar
afrentar
baldonar

↔ honrar

manco

tullido
lisiado

defectuoso
incompleto

↔ perfecto

mancomunar(se)

asociar
federar
agrupar
unir

mancomunidad

asociación
federación
agrupación
confederación
unión

manda

legado
herencia
donación

mandadero

recadero

mandado

enviado
comisionado

recado
encargo
comisión
cometido

mandato
mandamiento
norma
disposición
ordenanza

mandamás *col.*

jefe
cabecilla

mandamiento

mandado
norma
disposición
mandato
orden
ordenanza
regla

mandanga

lentitud
cachaza
pachorra
flema

argot
marihuana
grifa
hierba

mandangas

cuentos
historias
tonterías
zarandajas
chorradas *col.*
rollos *col.*

mandar

ordenar
decretar
conminar

dirigir
gobernar
regir
guiar
conducir
imperar

enviar
remitir
expedir

avisar
encargar

↔ obedecer
    recibir

mandatario

gobernante

mandato

mandamiento
mandado
norma
disposición
orden
ordenanza

mando
gobierno
dirección

mandíbula

maxilar
quijada

mandil

delantal

mando

mandato
gobierno
dirección

jefe

control

mandoble *col.*

golpe
bofetada
tortazo

mandón

autoritario
dominante
mangoneador

↔ sumiso

mandria

cobarde
apocado
pusilánime
timorato

tonto
bobo
estúpido
mentecato

manduca *col.*

pitanza *col.*
papeo *col.*

manducar *col.*

comer
papear *col.*
jalar *col.*
jamar *col.*

manecilla

saeta

manejable

manipulable

↔ inmanejable

manejar

manipular
usar
utilizar
emplear
servirse

dirigir
gobernar
administrar
llevar

amer.
conducir

manejarse

desenvolverse
arreglarse
apañarse

manejo

uso
utilización
empleo
manipulación

maniobra
maquinación
intriga
chanchullo *col.*
tejemaneje *col.*

soltura
desenvoltura
práctica
destreza

manera

forma
modo
medio
sistema
método
procedimiento

maneras

modales
educación

manga

manguera

mangante

ladrón
mangui *col.*
chorizo *col.*

sinvergüenza
caradura
granuja

↔ honrado
    formal

mangar

hurtar
robar
birlar
afanar *col.*
choricear *col.*

mangoneador

entrometido
indiscreto
metomentodo *col.*

mangonear

entremeterse
inmiscuirse

manguera

manga

mangui *col.*

ladronzuelo
ratero
chorizo *col.*

robo
hurto

maní

cacahuete

manía

psicosis
locura
paranoia

extravagancia
vena

pasión
vicio

odio
antipatía
tirria
rabia
ojeriza
hincha
fila

↔ cordura

desinterés

simpatía
gusto

maniaco o
    maníaco

obseso
loco
psicópata
paranoico
maniático

↔ cuerdo

maniático

maniaco

obsesionado
caprichoso
raro

manicomio

psiquiátrico
frenopático
loquero *col.*

manido

tópico
trillado
socorrido
visto

ajado
sobado
gastado
usado
manoseado

↔ original
    novedoso

    nuevo

manifestación

declaración
expresión
demostración
exteriorización

↔ ocultación

manifestar(se)

declarar
decir
anunciar
exponer
revelar
dar a conocer

mostrar
descubrir
exhibir
exteriorizar

↔ callar

    disimular

manifiestamente

claramente
abiertamente
expresamente
evidentemente

manifiesto

claro
evidente
patente
cierto
innegable
indudable
palmario

declaración
proclama

↔ oculto

manija

mango
agarradera
asa
manubrio

manilla

tirador
asidero

aguja
saeta

grillete
grillo
esposas

manillar

guía

maniobra

proceso
tarea

maquinación
manejo
treta
chanchullo *col.*
tejemaneje *col.*

maniobrar

maquinar
manejar
operar
proceder

maniobrero

maquinador
oportunista
manipulador

manipulable

manejable

manipulación

manejo

maniobra
maquinación
alteración
chanchullo *col.*
tejemaneje *col.*

manipular

operar
trabajar
maniobrar
manejar

dirigir
alterar
adulterar
desvirtuar
amañar
muñir

maniquí

modelo

figurín
pincel

manirroto

despilfarrador
derrochador

disipador
pródigo

↔ ahorrativo

manivela

manubrio
cigüeña

manjar

alimento
comestible
vianda
exquisitez
delicia

↔ bazofia

mano

remo

pie

lado
costado
flanco

mazo (mortero)
maja

intervención

maña
habilidad
facilidad
tacto

ascendiente
influjo
poder
peso

col.
tunda
somanta

amer.
aventura
percance

manojo

haz
puñado
ramo
mazo

manolo

chulo
chulapo
chulapón
castizo

manopla
guantelete

manoseado
trillado
socorrido
manido
típico
tópico

sobado
usado
gastado

↔ original

    nuevo

manosear
sobar
toquetear

manoseo
sobo
sobeteo
toqueteo

manotada o
    manotazo
guantada
bofetada
tortazo
cachete

manotear
accionar

mansarda
buhardilla
boardilla
guardilla

mansedumbre
tranquilidad
dulzura
suavidad
bondad
docilidad
apacibilidad

↔ fiereza
    rebeldía

mansión
palacio

manso
domesticado
domado
amaestrado
dócil

afable
apacible
dulce
pacífica
tranquila

cabestro

mansurrón
bonachón
dócil
apacible

↔ indócil

manta
frazada

col.
paliza
zurra
tunda
somanta

calamidad
desastre
torpe
inútil

manteca
grasa
sebo
gordo
unto

mantener(se)
sostener
sujetar
soportar
aguantar
sustentar

conservar
preservar

decir
afirmar
asegurar
declarar
manifestar

alimentar
nutrir
cumplir

mantenerse
perseverar
persistir
porfiar

↔ cambiar

    negar

    ceder

mantenida
amante
querida
barragana

mantenimiento
sostenimiento
manutención
sustento

mantillo
humus

mantón
chal
echarpe
pañoleta

manual
artesanal

texto
compendio
vademécum

↔ automático

manualidad
artesanía

manubrio
empuñadura
manija
mango
agarradera
asa

manivela

amer.
volante (vehículos)

manufactura
producto

industria
fábrica
taller

manufacturado
elaborado
fabricado

elaboración
fabricación

manufacturar
elaborar
hacer
producir
confeccionar
fabricar

manumiso
libre
horro

manumitir
libertar
emancipar

↔ esclavizar

manuscrito
original

manutención
mantenimiento
sustento

manzana
poma

bloque
cuadra *amer.*

manzanilla
camomila

maña
habilidad
destreza
pericia
ingenio
mano

astucia
engaño
treta
truco
ardid
argucia

mañas
resabio
vicio

↔ torpeza

mañana
porvenir

↔ ayer

   tarde

mañanear
madrugar

mañanero
madrugador
tempranero

matutino
matinal

↔ vespertino

maño
aragonés
baturro

mañoso
hábil
habilidoso
diestro

↔ torpe

maqueta
miniatura
modelo

maquiavélico
taimado
pérfido
maquinador

↔ honesto

maquillaje
cosmético
afeite
pintura

maquillar(se)
pintarse

disfrazar
falsear

↔ desmaquillar

máquina
aparato
artilugio

artefacto
mecanismo
ingenio
maquinaria

locomotora

organización
estructura

maquinación
intriga
trama
conspiración
confabulación
complot
manejo
asechanza

maquinador
intrigante
conspirador
maniobrero
maquiavélico

maquinal
mecánico
involuntario
inconsciente
automático
reflejo

↔ voluntario
   consciente

maquinar
intrigar
tramar
conspirar
confabular
urdir

maquinaria
mecanismo
dispositivo

mar
piélago *cult.*

montaña
montón

maraña
revoltijo
lío
enredo
embrollo

marasmo
confusión
caos

maleza
espesura

marasmo
suspensión
estancamiento
inmovilidad
paralización

maraña
confusión
caos

maratoniano
apretado
extenuante
intenso
agotador

↔ relajado

maravilla
fenómeno
prodigio

admiración
asombro
sorpresa
fascinación

↔ birria
   mediocridad

   decepción

maravillado
extasiado
estupefacto
embobado
encandilado
encantado
anonadado
atónito
impresionado
sorprendido
deslumbrado
cautivado
pasmado

↔ decepcionado
   desilusionado

maravillar(se)
admirar
asombrar
sorprender

fascinar
deslumbrar
pasmar

↔ decepcionar

maravilloso
magnífico
estupendo
espléndido
excelente
fantástico
excepcional
extraordinario
admirable
asombroso
muy bueno

mágico
prodigioso
portentoso
milagroso
sobrenatural

↔ pésimo

marbete
borde
perfil
filete

marchamo

marca
señal
signo
indicador

huella
rastro

impronta
firma
marchamo

récord

marcado
acusado
pronunciado
acentuado

impresionado
traumatizado
afectado

↔ inapreciable

marcar(se)
señalizar

resaltar
recalcar

destacar
perfilar
acentuar

indicar
fijar

apuntar
anotar

suponer
representar

determinar

marcarse col.

hacer
realizar
decir

↔ fallar

marcha

caminata
recorrido

partida

desarrollo
actividad
funcionamiento
desenvolvimiento
curso

velocidad (de un
vehículo)

col.
animación
diversión

↔ parada
inmovilidad

marchamo

marbete

marca
impronta
firma
estilo

marchante

traficante

amer.
parroquiano

marchar(se)

andar
caminar
desplazarse

partir
irse
ausentarse

desenvolverse
desarrollarse
funcionar
avanzar
evolucionar

↔ detenerse

permanecer

estancarse

marchitar(se)

secar
mustiar
agostar
ajar
apagar

↔ florecer

marchito

seco
mustio
agostado
ajado
lacio
chuchurrido col.

↔ florido

marchoso col.

animado
alegre
juerguista
bullanguero
parrandero

marcial

guerrero
bélico
militar
castrense

firme
erguido
gallardo
bizarro

↔ civil

desgarbado

marciano

alienígena
extraterrestre

marco

cerco

moldura

entorno
ámbito
fondo
escenario
circunstancia

marea

multitud
oleada
invasión
avalancha

marear(se)

cansar
fastidiar
aturdir
molestar
agobiar
atosigar
importunar
baquetear

maremagno o
maremágnum
col.

barullo
desorden
confusión
desorganización

profusión
abundancia

mareo

vértigo
vahído
desmayo

aturdimiento
agobio

margarita

perla

margen

ribera

beneficio
ganancia

motivo
pretexto
ocasión
oportunidad

marginado

excluido
discriminado
separado
apartado
relegado

↔ integrado

marginal

secundario
accidental
accesorio
circunstancial

↔ principal

marginar

separar
excluir
relegar
discriminar
apartar
segregar

acotar
apostillar
anotar

↔ integrar

maría argot

marihuana

marica col.

homosexual
pederasta
afeminado
invertido
mariposón col.
maricón vulg.

mariconada vulg.

faena
jugada
trastada
barrabasada
cochinada col.
cabronada vulg.
putada vulg.

estupidez
minucia
insignificancia
tontería
chorrada col.
pijotería col.
pijotada col.

maridaje

unión
correspondencia
conformidad
concordancia

↔ desunión
   discrepancia

maridar(se)

casar
matrimoniar
desposar

unir
enlazar
fusionar
aunar
concordar
vincular
hermanar

↔ divorciar
   separar

marido

esposo
consorte
cónyuge

marihuana o
   mariguana

maría *argot*

marimacho *col.*

hombruna
machota *col.*
virago *cult.*

marimandona

autoritaria
dominante
mandona
mangoneadora

↔ dócil

marimorena *col.*

riña
pelea
alboroto
trifulca
gresca
altercado
follón
camorra *col.*
pelotera *col.*

marina

flota
armada
escuadra

náutica

costa
litoral
ribera

marinería

tripulación
dotación

marinero

marino
navegante
nauta *cult.*

marino

marítimo

marinero
navegante
nauta *cult.*

marioneta

títere

mariposa

palomilla

col.
afeminado
homosexual
marica *col.*
mariposón *col.*

mariposear

revolotear

coquetear
tontear
flirtear
ligar
pelar la pava *col.*

mariposón *col.*

afeminado
marica *col.*
mariquita *col.*
mariposa *col.*

mariquita *col.*

mariposón *col.*

marisabidilla *col.*

sabihonda
sabelotodo
repipi
pedante

mariscador

marisquero

marisma

marjal

marismo

orzaga

marisquero

mariscador

marital

matrimonial
conyugal

marítimo

marino
náutico *cult.*

marjal

marisma

marketing *ingl.*

mercadotecnia

marmitón

pinche

marmota

dormilón
lirón

marmullar

murmurar
mascullar
refunfuñar
farfullar
rezongar

maroma

soga
sirga
cabo
lía
amarra

maromo *col.*

individuo
fulano *col.*
tío *col.*

novio
esposo
amante
pareja
compañero

marquesina

dosel
saledizo
visera
voladizo

marquetería

taracea

marrajo

astuto
taimado
ladino
falso

↔ noble

marranada

marranería

jugada
jugarreta
faena
canallada
bajeza
cerdada
guarrada
putada *vulg.*

indecencia
obscenidad
cochinada

churro
birria
porquería
guarrería

marranear

ensuciar
manchar
guarrear
emporcar
enguarrar

col.
jorobar *col.*
putear *vulg.*

marranería
marranada

marrano
cerdo
cochino
guarro
puerco
col.
cabrito *vulg.*
cabrón *vulg.*

marrar
equivocarse
fallar
errar
torcerse
pervertirse
↔ acertar

marro
regate
quiebro
equivocación
falta

marrón
pardo
castaño
col.
papeleta
engorro
pesadez
incordio

marroquí
moro
magrebí

marroquinería
tafiletería

marrullería
astucia
engaño
artimaña
treta
trampa
argucia
martingala

marrullero
astuto
tramposo

artero
zorro
↔ ingenuo

martillear
clavar
amartillar
golpear
atormentar
preocupar
abrumar

martilleo
golpeteo

martingala
engaño
treta
truco
argucia
artimaña

mártir
víctima

martirio
tormento
tortura
suplicio
↔ placer

martirizante
mortificante
angustioso

martirizar(se)
torturar
sacrificar
atormentar
afligir
incordiar
atribular
mortificar
angustiar
inquietar
↔ agradar

martirologio
santoral

marxismo
comunismo
↔ capitalismo

marxista
comunista
↔ capitalista

mas
pero
aunque

masa
pasta
argamasa
multitud
vulgo
pueblo
público

masacrar
aniquilar
exterminar
matar

masacre
aniquilamiento
exterminio
genocidio
holocausto

masaje
friega
fricción

masajear
frotar
friccionar
refregar

mascar
masticar
triturar
col.
mascullar
farfullar
rezongar
barbotar

máscara
careta
antifaz
carátula
mascarilla
disfraz

embozo
tapujo
disimulo

mascarada
comparsa
mojiganga
farsa
pantomima
ficción
engaño
disimulo
hipocresía
patraña

mascarilla
máscara
antifaz
vaciado
molde

mascota
amuleto
talismán
fetiche

masculinidad
virilidad
hombría
↔ feminidad

masculino
macho
viril
varonil
↔ hembra
    femenino

mascullar
marmullar
murmurar
refunfuñar
farfullar
rezongar
barbotar

masera
artesa
artesón
batea *amer.*

masilla
mástique

masivo
enorme
fuerte
intensivo
↔ insignificante
   moderado
   mínimo

masón
francmasón

masonería
francmasonería

masticación
trituración

masticar
mascar
triturar
meditar
rumiar
cavilar

mástil
asta
puntal

mástique
masilla

mastodonte
mamotreto
armatoste
↔ miniatura

mastodóntico
enorme
gigantesco
voluminoso
↔ diminuto

mastuerzo
berro
col.
torpe
necio
bobo

memo
zoquete
tarugo

masturbación
onanismo
paja *vulg.*

mata
matojo
matorral
arbusto

matachín
matarife

pendenciero
camorrista
bravucón
matón

matadero
macelo
degolladero

matador
torero
espada
diestro

penoso
cansado
abrumador

ridículo

matalahúga o
  matalaúva
anís (planta y semilla)

matalotaje
revoltijo
batiburrillo
amasijo
mezcolanza

matanza
masacre
holocausto
carnicería
degollina

matar(se)
asesinar
liquidar
eliminar

acabar *col.*
apiolar *col.*
cargar *col.*

molestar
fastidiar

calmar
mitigar

ganar

matarse
fallecer
perder la vida

deslomarse
desvivirse
desvelarse
afanarse

↔ engendrar

   agradar

   avivar

   despreocuparse

matarife
matachín

matarratas
raticida

matasanos *desp.*
médico
curandero
medicastro *desp.*
medicucho *desp.*

matasiete *col.*
matón
chulo
bravucón
pendenciero
perdonavidas *col.*

match *ingl.*
encuentro
combate
partida

mate
opaco
apagado
amortiguado
sin brillo
↔ brillante

matemático
exacto
riguroso
cabal
justo
preciso

materia
tema
asunto
cuestión

asignatura
disciplina

material
terreno
terrenal
corporal
corpóreo
físico

materialista

instrumental
equipo
aperos

↔ inmaterial
   espiritual

   idealista

materialismo
↔ idealismo

materialista
pragmático
realista
utilitarista
práctico
objetivo

↔ idealista

matinal
matutino
mañanero

↔ vespertino

matiz
tonalidad
modalidad
gama

tinte
cariz

matización

puntualización
gradación

matizar

graduar

concretar
puntualizar

matojo

mata
matorral

matón

bravucón
chulo
valentón
perdonavidas *col.*
matasiete *col.*
matachín *col.*

guardaespaldas
escolta

matraca

carraca

col.
lata
tabarra
tostón
murga

pelma
plomo
pesado

matrería

astucia
perspicacia
sagacidad

desconfianza
recelo
suspicacia

matrero

astuto
experimentado
perspicaz
hábil
sagaz
artero

desconfiado
receloso
suspicaz

matriarcado

ginecocracia

↔ patriarcado

matriarcal

↔ patriarcal

matriculación

inscripción
registro

matriculado

inscrito
registrado

matricular(se)

inscribir
registrar
apuntar

↔ borrarse

matrimonial

marital
conyugal

matrimoniar

casarse
maridar
desposar

↔ divorciar

matrimonio

casamiento
boda
enlace
nupcias
connubio *cult.*

matriz

útero
madre
seno

originario
principal
fundador
generador

modelo
molde

matrona

comadrona
comadre
partera

matusalén *col.*

anciano
viejo
vejestorio
carcamal *col.*

matute

alijo
contrabando

matutino

matinal
mañanero

↔ vespertino

maula

trasto
armatoste
cachivache

engaño
treta
ardid

vago
haragán
holgazán

inútil
inepto
calamidad

tramposo
marrullero
embaucador

maullar

mayar

maxilar

mandíbula
quijada

máxima

sentencia
dicho
refrán
proverbio
aforismo

norma
lema
principio

maximalismo

radicalismo
extremismo

↔ moderación

maximalista

radicalista
extremista

bolchevique

↔ moderado

máxime

mayormente
principalmente
sobre todo

maximizar

aumentar
incrementar

↔ reducir

máximo

sumo
extremo

máximum
auge
cumbre
cima
culmen
cénit

↔ mínimo

mayar

maullar

mayestático

majestuoso
solemne
magnífico

mayonesa

mahonesa

mayor

superior

adulto
grande

anciano
viejo

mayores

antepasados
ascendientes
progenitores

↔ menor

  joven

  descendientes

mayorazgo
primogenitura
primogénito

mayordomo
maestresala

mayoría
generalidad
↔ minoría

mayorista
↔ minorista
   detallista

mayoritario
generalizado
↔ minoritario

mayormente
máxime
principalmente

mayúscula
versal

mayúsculo
grande
considerable
enorme
tremendo
garrafal
colosal
descomunal
↔ minúsculo

maza
mazo

mazacote
pegote

mazazo
martillazo
impresión
impacto
golpe

mazmorra
calabozo
tugurio
tabuco

mazo
maza
manojo
fajo
haz

mazorca
panocha

mazorral
grosero
basto
rudo

meada
meado
micción
orina
orín
pis
pipí *col.*

meadero *col.*
retrete
wáter
urinario
excusado
mingitorio

meado
meada

meandro
recodo

meapilas *desp.*
beato
santurrón
puritano
mojigato
timorato
gazmoño
chupacirios

mear(se)
orinar
hacer pis
hacer aguas
   menores

mearse *col.*
partirse
troncharse
desternillarse
mondarse *col.*

mecánica
mecanismo

mecánico
maquinal
involuntario
inconsciente
automático
reflejo
técnico
↔ voluntario

mecanismo
dispositivo
maquinaria
funcionamiento
desarrollo
marcha

mecanizado
automatizado

mecanizar(se)
automatizar

mecanografía
dactilografía

mecanógrafo
dactilógrafo

mecedora
balancín

mecenas
patrocinador

mecenazgo
patrocinio
ayuda

mecer(se)
balancear
columpiar
acunar
mejer

mecha
pabilo

mechero
encendedor

medalla
condecoración
insignia
galardón

médano
duna

media
panty
promedio
amer.
calcetín

mediacaña
junquillo

mediación
intervención
intercesión
arreglo
acuerdo
arbitraje

mediador
medianero
árbitro
intermediario
intercesor
terciador
tercero

medianero
central
divisorio
mediador
intermediario

medianía
vulgaridad
mediocridad

mediano
mediocre
regular

mediar
arbitrar
conciliar
terciar
interceder
abogar

mediatizar
dirigir
mangonear

coartar
maniatar

mediato
↔ inmediato

medicación
tratamiento

medicamentar(se)
medicar

medicamento
medicina
fármaco
droga
remedio
específico
preparado

medicar(se)
medicinar
medicamentar

medicastro desp.
medicucho desp.
matasanos desp.

curandero

medicina
medicamento
fármaco
específico
preparado
remedio

medicinal
terapéutico

medicinar(se)
medicar

medición
medida

médico
doctor
facultativo
galeno
matasanos desp.

medicucho desp.
medicastro desp.
matasanos desp.

medida
medición

patrón

precaución
previsión

prudencia
moderación
discreción
comedimiento
mesura
modo

intensidad
grado

medio
mitad
intermedio

común
normal
corriente

defectuoso
incompleto
imperfecto
inacabado

corazón

núcleo
centro

procedimiento
método
manera
recurso

ambiente
entorno
hábitat

medios
dinero
fortuna
capital
hacienda

↔ entero

  perfecto

mediocre
vulgar
mediano

anodino
pasable
regular
adocenado
insignificante
gris

↔ estupendo
  destacado

mediocridad
vulgaridad
medianía
adocenamiento
insignificancia

↔ grandeza

mediodía
sur

medir(se)
calcular

calibrar
sopesar
ponderar
apreciar

contener
moderar
refrenar

meditabundo
pensativo
ensimismado
absorto
caviloso
abstraído

meditación
reflexión
examen
ponderación
consideración
cavilación
elucubración
abstracción
recogimiento

meditar
pensar
reflexionar
considerar
cavilar
examinar
ponderar
recapacitar

medrar
prosperar
progresar
ascender
escalar
avanzar
mejorar

medroso
temeroso
miedoso
asustadizo
apocado
pusilánime

inquietante
intimidador

↔ valiente

médula o **medula**
tuétano

fundamento
núcleo
esencia
meollo
fondo

↔ accesorio

medular
fundamental
esencial
trascendental
sustancial
capital

↔ secundario

Mefistófeles
Lucifer
Belcebú
Satán
Satanás
Leviatán
diablo
demonio
maligno
ángel caído

mefistofélico
diabólico
perverso
demoniaco
satánico
infernal
endemoniado

↔ angelical

mefítico

malsano
insalubre
fétido
insano

↔ sano

meiga

bruja
hechicera
nigromante

mejer

mecer

mejicano

mexicano

mejilla

carrillo
cachete
moflete

mejor

superior

preferible
conveniente

↔ peor

mejora

mejoramiento
progreso
incremento
acrecentamiento
avance
adelanto

↔ empeoramiento

mejoramiento

mejora
progreso

mejorar(se)

perfeccionar

sanar
curar
aliviar
restablecerse
reponerse

superar
aventajar

sobrepujar
sobrepasar

progresar
prosperar
ascender
medrar

↔ empeorar
   agravar

desmerecer

descender

mejoría

mejora
mejoramiento
progreso

alivio
recuperación
restablecimiento

superioridad
ventaja

↔ empeoramiento

mejunje

potingue
brebaje
pócima

melancolía

tristeza
hipocondría
murria

↔ alegría

melancólico

triste
mustio
murrio
lánguido
deprimido

↔ alegre

melar

melificar

melé

follón
confusión
revoltijo
tumulto
apelotonamiento

melenas

greñas
pelambrera

melenudo

greñudo
peludo

↔ pelón

melificar

melar

melifluo

afectado
meloso
empalagoso

↔ natural

melindre

remilgo
dengue
afectación
cursilería

melindroso

remilgado
blandengue
ñoño

↔ natural
   sencillo

mella

melladura
desportilladura

pérdida
menoscabo
deterioro

mellar(se)

desportillar
descascarillar
desconchar

menoscabar
deteriorar
quebrar

mellizo

gemelo

melocotón

durazno

melocotonero

melodía

motivo
tema

dulzura
suavidad

melódico

melodioso
armónico
armonioso

melodioso

melódico
armónico

melodrama

dramón

melomanía

musicomanía

melómano

musicómano

melón *col.*

bobo
memo
tonto

melopea

salmodia

col.

borrachera
curda *col.*
cogorza *col.*
tablón *col.*
mona *col.*
merluza *col.*
tajada *col.*
pedo *argot*

meloso

empalagoso
almibarado
pegajoso
melifluo
afectado
dulzón

↔ áspero
   seco

membrete

encabezamiento

membrillero
membrillo (árbol)

membrudo
musculoso
robusto
vigoroso
fornido
cachas *col.*

↔ esmirriado

memez
tontería
necedad
idiotez
majadería
simpleza

↔ agudeza

memo
tonto
necio
idiota
majadero
simple
bobo
mentecato
merluzo

↔ listo

memorable
célebre
famoso
inolvidable

↔ vulgar

memorándum o **memorando**
comunicación

agenda

memorar
recordar
evocar
conmemorar
remembrar

↔ olvidar

memoria
evocación
recuerdo
rememoración

retentiva

relación
exposición
inventario
catálogo
lista

memorias
autobiografía
remembranzas

↔ olvido

memorial
comunicación

homenaje

memorizar
retener
grabar

↔ olvidar

mena
veta

↔ ganga

ménade *cult.*
bacante *cult.*

menaje
ajuar
enseres
atalaje

mención
alusión
cita
referencia
evocación
remembranza

mencionar
citar
mentar
aludir
referir
nombrar
rememorar

↔ omitir

menda
yo

tipo
individuo
prójimo

mendacidad
falsedad

↔ veracidad

mendaz
mentiroso
falso
embustero

↔ veraz

mendicante
mendigante
mendigo
pobre
pordiosero
necesitado
indigente

mendicidad
indigencia

mendigante
mendicante

mendigar
pordiosear
limosnear
pedir limosna

mendigo
mendicante
mendigante
pordiosero
pobre
necesitado
indigente

mendrugo
corrusco
coscurro
cuscurro

col.
zoquete
tonto
tarugo *col.*

menear(se)
sacudir
balancear
oscilar
bambolearse

remover
gestionar

menearse
apresurarse
avivarse
moverse
darse prisa

↔ paralizar

dormirse

meneo
sacudida
balanceo
bamboleo

col.
riña
bronca

menester
necesidad
falta

ocupación
tarea
actividad
quehacer
asunto
empeño

menesteres
herramientas
útiles
instrumentos

menesteroso
pobre
indigente
miserable
necesitado

↔ rico

menestral
artesano

mengano
fulano
zutano
perengano
cualquiera

mengua
disminución
descenso
merma

escasez
pobreza

falta
carencia
penuria

descrédito
deshonor
deshonra
desdoro
perjuicio
menoscabo

↔ aumento

abundancia

menguado

disminuido
reducido
decrecido
aminorado
mermado
atenuado

tímido
apocado
pusilánime
parado

tonto
bobo
estúpido
imbécil
simple
necio

tacaño
miserable
agarrado
avaro
mezquino
ruin

↔ aumentado

decidido

listo

desprendido

menguante

decreciente

estiaje
sequía

↔ creciente

crecida

menguar

disminuir
decaer

bajar
reducirse
decrecer
aminorarse
mermar
atenuar
menoscabar

↔ crecer
aumentar

mengue *caló*

diablo
demonio
maligno

menopausia

climaterio

menor

inferior

chico
pequeño
benjamín

↔ mayor

menos

salvo
excepto

↔ más

incluso

menoscabar(se)

perjudicar
dañar
deteriorar
desprestigiar
desacreditar
difamar

reducir
mutilar
cercenar
menguar
mermar

↔ prestigiar
acreditar

aumentar
acrecentar

menoscabo

perjuicio
daño
deterioro

desprestigio
descrédito

merma
mengua
reducción
mutilación

↔ prestigio

aumento

menospreciar

rebajar
subestimar
desestimar

despreciar
desdeñar
humillar
ofender
ultrajar

↔ apreciar

alabar

menosprecio

despego
desinterés
indiferencia

desprecio
desdén
repulsa
rechazo
desaprobación

↔ interés
apego

aprecio

mensaje

encargo
recado
noticia
comunicado
aviso

enseñanza
tesis

mensajero

recadero
emisario
enviado
heraldo

menstruación

regla
mes
periodo

mensualidad

sueldo
salario
haber
paga
mes

ménsula

modillón
can

mensurar

medir
dimensionar

mentado

citado
mencionado
aludido
referido
nombrado

↔ omitido

mental

cerebral
psíquico
psicológico

mentalidad

mente
pensamiento
ideología
forma de pensar

mentar

citar
mencionar
aludir
referirse
nombrar

↔ omitir

mente

intelecto
cerebro
pensamiento

mentalidad

mentecato

insensato
majadero

tonto
bobo

memo
idiota
estúpido
imbécil
necio

mentir

engañar

mentira

engaño
embuste
farsa
cuento
patraña
bola *col.*
bulo *col.*
trola *col.*

falsedad
error
equivocación

selenosis

↔ verdad

mentiroso

embustero
farsante
cuentista
mendaz
trolero *col.*

↔ sincero

mentís

desmentido

mentón

barbilla

mentor

consejero
maestro
preceptor
tutor

menú

minuta
carta

menudear

reiterar
insistir

abundar

menudencia

minucia
insignificancia
bagatela
nadería
pequeñez
fruslería
chuchería
tontería
peccata minuta

menudillos

menudos

menudo

chico
canijo
esmirriado

insignificante
secundario
accesorio

exacto
minucioso
puntual
escrupuloso

menudos

despojos
menudillos

↔ grande
    corpulento

    importante

meollo

sustancia
contenido
fundamento
miga
esencia
núcleo
enjundia

juicio
entendimiento

sesos

mequetrefe

botarate
tarambana
chiquilicuatro
chisgarabís

mercachifle *desp.*

quincallero
buhonero

negociante
comerciante
pesetero

mercadear

comerciar
negociar

mercader

comerciante
negociante

mercadería

mercancía

mercado

plaza
lonja

rastro
zoco (en Marruecos)

mercadotecnia

marketing

mercancía

mercadería
género
producto
artículo
efecto
existencias

mercantil

comercial

mercar(se)

comprar
adquirir

↔ vender

merced

don
dádiva
gracia
favor
recompensa
concesión
beneficio

mercenario

asalariado

mercurio

azogue

merecedor

digno
acreedor

↔ indigno

merecer(se)

lograr
alcanzar
ganar
conseguir

↔ perder

merecido

apropiado
adecuado
proporcionado
justo

↔ injusto

merecimiento

mérito
virtud

merendarse *col.*

acabarse
tragarse

escaquearse *col.*
fumarse *col.*

merendero

quiosco
chiringuito

meretriz *cult.*

prostituta
ramera
fulana
furcia
coima
pécora
buscona

meridiano

evidente
manifiesto
patente
explícito
diáfano
clarísimo

meridional

sureño

↔ septentrional

mérito
merecimiento
virtud

interés
valía
valor

meritorio
valioso
estimable
encomiable
alabable

↔ detestable

merluza *col.*
borrachera
tajada *col.*
curda *col.*
moña *col.*
trompa *col.*
mona *col.*
pedo *argot*
mierda *argot*

merluzo
tonto
estúpido
imbécil
bobo
necio
memo

↔ listo

merma
decrecimiento
disminución
reducción
mengua
menoscabo
pérdida

↔ aumento
　ganancia

mermar(se)
decrecer
reducir
menguar
menoscabar

↔ crecer
　aumentar

mermelada
confitura

mero
puro
simple

merodeador
rondador

merodear
rondar
deambular
acechar
vagar
vagabundar

mes
mensualidad
sueldo
salario
paga
haber

regla
menstruación
periodo
menstruo

mesa
comida

comensales
convidados

dirección

mesalina
disoluta
licenciosa
libertina
corrompida

↔ virtuosa

mescolanza
mezcolanza

mesenterio
redaño

meseta
altiplanicie

descansillo
rellano

mesías
Redentor
Salvador

elegido
enviado de Dios

mesnadas
huestes
seguidores
partidarios
adeptos
simpatizantes

↔ rivales
　oponentes

mesocracia
burguesía

mesón
tasca
taberna
figón

posada
hostal
fonda
hospedería
hostería
venta

mesonero
ventero
tabernero
posadero

mestizo
cholo *amer.*

híbrido

mesura
compostura
circunspección
gravedad
moderación
comedimiento
medida
discreción
sensatez
juicio

↔ exceso

mesurado
correcto
sereno
equilibrado
circunspecto
moderado

prudente
comedido
discreto
sensato
juicioso

mesurar(se)
contener
moderar
aplacar
serenar
tranquilizar

↔ pasarse
　extralimitarse

meta
finalidad
aspiración
objetivo

portero
cancerbero

metabolismo
asimilación

metáfora
alegoría
símil
imagen

metafórico
alegórico
simbólico
figurado

metálico
efectivo
dinero

**metamorfo-
　sear(se)**
cambiar
transformar
convertir
mudar
transmutar
transfigurar

metamorfosis o
　metamórfosis
cambio
transformación
conversión

mutación
modificación
variación
mudanza
transmutación
transfiguración

metempsicosis o
metempsícosis

transmigración

meteórico

fulgurante
relampagueante
fulminante
vertiginoso

↔ lento

meteorismo

flato
flatulencia
aerofagia
gases

meteorito

aerolito

metepatas

inoportuno
patoso

meter(se)

introducir
ingresar
depositar
poner
encerrar
encajar
embutir
engastar
engarzar
clavar

invertir

dar
asestar
sacudir

coger
acortar
estrechar

meterse

entrar
penetrar

implicarse
intervenir
comprometerse
entrometerse
inmiscuirse
provocar
insultar
molestar
atacar

empeñarse
obstinarse
empecinarse
emperrarse

↔ sacar

  soltar
  alargar

  salirse

  abstenerse

meticón col.

entrometido
metijón col.
metomentodo col.
metido amer.
metiche amer.

meticulosidad

minuciosidad
escrupulosidad

↔ negligencia
  descuido

meticuloso

minucioso
concienzudo
metódico
sistemático
escrupuloso
puntilloso

↔ negligente
  descuidado

metido

concentrado
ocupado
comprometido

entrado
inserto
embutido

empuje
impulso
avance

puñetazo
golpe

amer.
entrometido
metomentodo col.

metijón col.

meticón col.

metódico

sistemático
meticuloso
minucioso
ordenado
cuidadoso

↔ descuidado

metodizar

sistematizar
ordenar
regularizar
normalizar

↔ desordenar

método

orden
disciplina

modo
forma
manera
procedimiento
sistema
fórmula
regla
plan
planteamiento

metomentodo col.

entrometido
indiscreto
meticón col.

metralla col.

chatarra
calderilla

metralleta

ametralladora

metrificación

versificación

metrificar

versificar

metro

metropolitano
suburbano
tubo argot
subterráneo amer.
subte amer. col.

metrópoli o
metrópolis

capital
ciudad
urbe

metropolitano

arzobispal

metro
suburbano

mexicano

mejicano
azteca

mezcla

combinación
unión
composición
mixtura
surtido
amalgama
miscelánea
mezcolanza
revoltijo
amasijo
batiburrillo
mejunje
popurrí

mezclado

combinado
entremezclado
mixto

desordenado
embarullado
revuelto
liado

comprometido
involucrado

↔ separado

mezclar(se)

combinar
entremezclar
juntar

confundir
desordenar
embarullar
revolver
liar

involucrar
implicar
complicar
comprometer

↔ separar
aislar

mezcolanza

mezcla
miscelánea
mixtura
amasijo
batiburrillo
popurrí
ensalada

mezquindad

ruindad
vileza

tacañería
avaricia
cicatería
roñosería

↔ nobleza

generosidad

mezquino

ruin
despreciable
vil
miserable

tacaño
avaro
cicatero
roñoso
rácano
amarrete *amer.*

escaso
corto
insignificante
raquítico

↔ noble

generoso

mezzosoprano
ital.
vicetiple

miaja

migaja
pizca
pequeñez
ápice

micción

orina
orín
meada
meado
pis
pipí *col.*

michino *col.*

gato (animal)
minino *col.*

mico

mono

col.
feo
coco

pequeño
microbio
enano
renacuajo

microscópico

diminuto
minúsculo
imperceptible
inapreciable

miedica *col.*

miedoso
cobarde
cagón *col.*
cagueta *col.*
gallina *col.*

↔ valiente

miedo

pavor
pánico
terror
horror
susto
temor
angustia
canguelo *col.*
cague *col.*

↔ valor

miedoso

miedica
cobarde
medroso
pusilánime
asustadizo
temeroso
gallina *col.*

↔ valiente

miel

dulzura
suavidad

miembro

extremidad
apéndice

elemento
componente
integrante

afiliado
asociado
socio

falo
pene
verga *vulg.*

mientes

pensamiento
entendimiento

mientras

entretanto
durante

mierda

excremento
heces
caca
cagada *col.*

col.
suciedad
porquería

birria
bodrio
chapuza
porquería

argot
borrachera
melopea *col.*
cogorza *col.*
tajada *col.*
merluza *col.*
pedo *argot*

miga

migaja

sustancia
contenido
meollo
enjundia

migaja

miaja
miga

migajas

restos
residuos
desechos

migraña

jaqueca
cefalalgia
dolor de cabeza

milagrero

milagroso

milagro

prodigio
portento
fenómeno

milagroso

prodigioso
portentoso
sobrenatural
extraordinario
sorprendente
asombroso
pasmoso
increíble

milagrero

milicia

ejército
tropa

mili *col.*
servicio militar

miliciano

soldado

militante

afiliado
asociado
socio
miembro

militar[1]
castrense
bélico

soldado

↔ civil

militar[2]
alistarse
enrolarse

afiliarse

↔ licenciarse

militarada
sublevación
alzamiento
cuartelada
cuartelazo
golpe de Estado

militarista
belicista

↔ antimilitarista
   pacifista

millar
mil

infinidad
sinnúmero
sinfín

millón
infinidad
sinnúmero
sinfín

millonada
fortuna
dineral

millonario
rico
acaudalado
adinerado
potentado
multimillonario
creso
magnate
ricachón col.
forrado col.

↔ pobre
   indigente

millonésimo
mínimo

milrayas
rayadillo

mimado
malcriado
consentido
maleducado
engreído amer.

mimar
malcriar
consentir
maleducar
engreír amer.

mimbrear(se)
cimbrear
oscilar
balancear

mímesis
imitación
remedo
copia
eco

mimético
imitado
copiado

↔ original

mímico
gestual
imitativo
expresivo

mimo
cariño
ternura
delicadeza
halago

consentimiento

esmero
cuidado

pantomima

↔ desapego
   intolerancia

   descuido

mimoso
regalón amer.

↔ arisco

mina[1]
yacimiento
criadero
venero
vena
veta

filón
ganga
chollo col.

mina[2] amer. col.
prostituta
concubina

chica
muchacha
chavala col.
tía col.

minar
debilitar
consumir
desgastar
arruinar
dañar
perjudicar
extenuar

excavar
socavar

↔ reforzar

minarete
alminar

mineralizar(se)
fosilizar

minga vulg.
pene
miembro

mingitorio
urinario
retrete
meadero col.

miniatura
maqueta
modelo
pequeñez

minifundio
↔ latifundio

minifundismo
↔ latifundismo

minimizar
rebajar
disminuir
empequeñecer
desdeñar
restar importancia

↔ realzar

mínimo
minúsculo
diminuto
ínfimo
insignificante

↔ máximo
   grande

minino col.
gato (animal)
michino col.

ministerial
gubernativo
estatal
gubernamental
oficial

ministerio
cartera

gabinete

misión
ocupación
cargo
tarea

minorar
aminorar
disminuir
reducir
acortar
atenuar
paliar
mermar
amortiguar
empequeñecer

↔ aumentar
   realzar

minoría o
  minoridad
↔ mayoría

minorista
detallista
↔ mayorista

minoritario
↔ mayoritario

minucia
pequeñez
menudencia
insignificancia
nimiedad
nadería
futilidad
fruslería
bagatela
miseria

detalle
pormenor
↔ enormidad
  vaguedad

minuciosidad
meticulosidad
escrupulosidad
prolijidad

minucioso
meticuloso
concienzudo
metódico
sistemático
escrupuloso
puntilloso
↔ superficial
  descuidado

minúsculo
mínimo
diminuto
ínfimo
insignificante
↔ mayúsculo
  grande

minusválido
inválido
incapacitado

discapacitado
impedido
deficiente

minusvalorar
subestimar
infravalorar
↔ sobrevalorar

minuta
honorarios
factura
cuenta

menú
carta

anotación
apunte
bosquejo
esbozo
borrador

minutar
cronometrar

miope
cegato
corto de vista

mira
fin
finalidad
idea
objetivo

mirada
vistazo
ojeada

visión

miradero
mirador
observatorio

mirado
prudente
cauto
comedido
considerado
delicado

visto
↔ desconsiderado

mirador
miradero
observatorio
atalaya
vistillas

miramiento
consideración
delicadeza
gentileza
cortesía

cuidado
prudencia
cautela
comedimiento
reparo
recato
reserva
↔ desconsideración
  imprudencia

mirar(se)
ver
observar
contemplar
otear
atisbar

examinar
registrar
revisar
buscar
rebuscar
curiosear
fisgar

reflexionar
meditar

considerar
valorar

atender
velar
cuidar
proteger

dar
apuntar
caer

mirasol
girasol

miríada
infinidad
inmensidad
sinnúmero

mirífico *cult.*
admirable
maravilloso
sorprendente
prodigioso

mirilla
rejilla

mirón
curioso
cotilla
fisgón

voyeur

mirto
arrayán

misal
devocionario

misántropo
huraño
insociable
retraído
arisco
esquivo
↔ filántropo
  sociable

miscelánea
mezcla
mezcolanza
revoltijo

misceláneo
mezclado
compuesto
mixto
↔ homogéneo
  puro

miscible
mezclable

miserable
menesteroso
indigente
pobre

lamentable
lastimoso
maltrecho

desgraciado
mísero
infeliz
desdichado
infortunado
desventurado

exiguo
escaso
reducido
raquítico

tacaño
roñoso
mezquino
cicatero
ruin
avaro
agarrado
roñoso

malvado
perverso
canalla
infame
abyecto
ruin

↔ rico

afortunado

generoso

bueno
honrado

miseria

pobreza
indigencia
penuria
necesidad
estrechez

sufrimiento
desgracia
infelicidad
desdicha
infortunio
desventura

tacañería
roñosería
mezquindad
cicatería
ruindad
avaricia

minucia
pequeñez
menudencia
insignificancia
nimiedad

nadería
futilidad
fruslería
bagatela

↔ riqueza
opulencia

dicha

generosidad

misericordia

lástima
piedad
compasión
clemencia
caridad
conmiseración
indulgencia

misericordioso

piadoso
compasivo
clemente
caritativo
indulgente

↔ despiadado

mísero

miserable

misión

labor
obra
cometido
tarea

comisión
delegación
embajada

apostolado
evangelización

misionero

apóstol
evangelizador

misiva

carta
epístola
esquela

mismamente *col.*

precisamente
exactamente

mismo

idéntico
exacto
igual
semejante
parecido
similar

↔ distinto
desigual

misterio

enigma
incógnita
interrogante
arcano

discreción
reserva
sigilo

misterioso

enigmático
indescifrable
incomprensible
ininteligible
hermético
raro

↔ claro
manifiesto

mística

misticismo

místico

contemplativo

beato
santurrón

cursi
remilgado
escrupuloso

mistificar

mixtificar
falsear
falsificar
deformar
adulterar

mitad

medio

mítico

legendario
fabuloso
mitológico

mitificar

divinizar
deificar
endiosar

↔ desmitificar

mitigar(se)

moderar
disminuir
suavizar
calmar
aplacar
aminorar
atenuar
apaciguar

↔ aumentar
exacerbar

mito

leyenda
fábula
alegoría

símbolo

invención
montaje

↔ realidad

mitológico

fabuloso
legendario

mitra

diócesis
sede

obispillo

mixtificar

mistificar

mixto

mezclado

mestizo

cerilla
fósforo

mixtura

mezcolanza

mobiliario

moblaje
enseres

mocedad

juventud
adolescencia

moceril

juvenil
adolescente

mocetón

chicarrón
tlarrón

mochales col.

trastornado
chiflado
chalado

enamorado
colado col.

↔ cuerdo

mochila

macuto

zurrón
morral

mocho

desmochado
despuntado
romo
chato

↔ puntiagudo

mochuelo col.

carga
engorro
muerto col.

omisión

moción

propuesta
petición
proposición

movimiento
desplazamiento

mocito

muchacho
jovencito

moco

mucosidad
pituita

mocoso

mucoso

chiquillo
muchacho
crío
arrapiezo
mozalbete

moda

uso
usanza
actualidad
novedad
boga

↔ desuso

modales

modos
maneras
formas

modalidad

forma
manera
modo

modelar(se)

moldear
formar
esculpir
tallar

configurar
conformar
plasmar

↔ deformar

modélico

ejemplar
paradigmático
ideal
arquetípico

modelo

paradigma
ideal
arquetipo
prototipo
canon
dechado
muestra
patrón
módulo

maqueta
miniatura

matriz
molde

maniquí

moderación

atenuación
disminución
ponderación

sobriedad
mesura
comedimiento
morigeración
medida
discreción
sensatez
juicio

↔ desenfreno

abuso

moderado

equilibrado
sobrio
comedido
mesurado
templado
discreto
sensato
juicioso

módico
razonable
justo

↔ excesivo

moderador

conciliador

moderar(se)

atenuar
frenar
suavizar
refrenar
reprimir
mitigar

regular
dirigir

↔ exagerar

modernidad

modernismo
actualidad
novedad

↔ antigüedad

modernizar

actualizar
renovar
innovar
remozar
rejuvenecer

moderno

actual

vanguardista
progresista

nuevo
reciente
último

↔ antiguo
anticuado

modestia

humildad
sencillez
llaneza

recato
decencia
honestidad
decoro
pudor

estrechez
apretura
penuria

↔ inmodestia
vanidad

indecencia

abundancia

modesto

humilde
sencillo
llano

recatado
decente
honesto
decoroso
pudoroso
discreto

ordinario
mediocre
escaso
vulgar

↔ vanidoso

indecente

brillante

módico

moderado
razonable
asequible
justo
escaso
limitado
reducido
pequeño
parco

↔ excesivo

modificación

cambio
transformación
alteración
variación
reforma
rectificación
corrección

modificador

alterador
transformador
reformador
rectificador

modificar(se)

cambiar
transformar
alterar
reformar
rectificar
corregir
enmendar

modillón

ménsula
can

modismo

giro
locución
expresión

modista

costurera

diseñadora de
  modas

modisto

diseñador de modas

sastre

modo

forma
manera
modalidad
procedimiento
método
sistema

medida
mesura
templanza
moderación

modos

modales
maneras
formas
estilo
talante

↔ desenfreno

modorra

somnolencia
soñarrera
soñera
sopor

modorro

torpe
ignorante

modoso

callado
discreto
comedido
educado
recatado

↔ descarado

modulación

inflexión
entonación
tono

modular

entonar
vocalizar
articular

módulo

canon
modelo
patrón
prototipo
arquetipo
tipo

mofa

chanza
befa
escarnio
ludibrio *cult.*

mofarse

burlarse
pitorrearse

mofeta

zorrillo *amer.*

moflete

cachete
carrillo
mejilla

mogol

mongol
mogólico
mongólico

mogollón *col.*

multitud
muchedumbre
gentío

alboroto
barullo
follón
jaleo

mogote

altozano
otero
montículo

mohín

gesto
mueca
visaje

mohína

enfado
disgusto
descontento

↔ contento

mohíno

disgustado
mustio
descontento
murrio

↔ alegre

moho

verdín
orín
herrumbre
óxido
patina

mohoso

florecido
enmohecido
oxidado
herrumbroso
roñoso

moisés

canastillo
cestillo

mojado

humedecido
empapado
calado

↔ seco

mojar(se)

humedecer
calar
empapar
bañar
impregnar
remojar
rociar

untar

participar
tomar parte

mojarse

comprometerse
responsabilizarse
pringarse *col.*

↔ secar

  abstenerse

  desentenderse

moje

mojo
salsa
caldo

mojicón

bofetón
cachete
cachetada

sopapo
guantazo
manotazo

mojiganga
mascarada

diversión
jaleo

farsa
bufonada

mojigatería
gazmoñería
puritanismo

mojigato
gazmoño
puritano
santurrón
monjil

hipócrita

mojo
moje

mojón
hito
jalón
muga
cipo
cipote

montón

molar¹ *col.*
gustar
agradar
encantar

lucir
presumir
fardar
chulear

molar²
muela

molde
modelo
matriz

forma (en imprenta)

impronta
grabado

esquema
norma
regla

moldeable
amoldable
maleable
flexible
dócil

↔ duro
rígido

moldear(se)
fundir
vaciar

modelar
formar
esculpir
tallar

educar
configurar
conformar

moldura
marco

mole¹
mullido
suave
blando

mole²
mamotreto
masa
bulto
monstruo
mazacote

moledura
molienda

col.
molestia
cansancio

moler
triturar
pulverizar
machacar
molturar
majar
picar

col.
fatigar
aplanar

dañar
lastimar

fastidiar
incomodar
incordiar
molestar
importunar
aburrir
chinchar *col.*
jeringar *col.*
jorobar *col.*

molestar(se)
fastidiar
enojar
incomodar
incordiar
importunar
aburrir
maltraer
chinchar *col.*
jeringar *col.*

ofender
disgustar
enfadar
doler
resentirse

↔ agradar

molestia
fastidio
incordio
engorro
lata *col.*
gaita *col.*
rollo *col.*
petardo *col.*

↔ gusto

molesto
fastidioso
enojoso
incómodo
inoportuno
engorroso
pesado
cargante *col.*
chinchoso *col.*

ofendido
disgustado
enfadado
dolido
resentido

↔ agradable

molicie
blandura
suavidad

pereza
indolencia
flojera
relajo

↔ dureza

molido
triturado
pulverizado
machacado

agotado
derrotado
destrozado
derrengado
roto
muerto *col.*
hecho polvo *col.*
hecho papilla *col.*

↔ entero

fresco
descansado

molienda
molimiento
molturación
moltura

molificación
ablandamiento
suavización
reblandecimiento

↔ endurecimiento

molificar
ablandar
suavizar
reblandecer
mullir
esponjar

↔ endurecer

molimiento
cansancio
molestia
fastidio

molienda
molturación
moltura

molinete
molinillo
torno

molla
chicha

mollar
blando

mollejas
lechecillas

mollera
fontanela

col.
entendimiento
cacumen *col.*
caletre *col.*
sesera *col.*
coco *col.*

molón *col.*
bonito
gracioso
atractivo
vistoso
lindo
majo *col.*
mono *col.*
fardón *col.*
chulo *col.*
cuco *col.*
guay *col.*

elegante
guapo
bien vestido

moltura
molienda
molturación

molturar
moler
triturar
machacar
pulverizar

momentáneo
pasajero
fugaz
transitorio
efímero

temporal
provisional
provisorio

instantáneo
al momento

↔ duradero

  retardado

momento
minuto
segundo
instante
santiamén *col.*
periquete *col.*

fase
periodo
etapa

actualidad
presente
ahora

oportunidad
ocasión
coyuntura

↔ eternidad

momificación
embalsamamiento

momificar(se)
embalsamar

momio
ganga
mina
filón
bicoca *col.*
chollo *col.*

momo
mueca
visaje
jeribeque

mona[1] *col.*
borrachera
cogorza *col.*
tablón *col.*
curda *col.*
castaña *col.*
merluza *col.*
pedo *argot*

mona[2]
hornazo

monacal
monástico
conventual

monada
monería

carantoña
mimo
zalamería
cucamonas

preciosidad
divinidad
ricura
chulada
pocholada *col.*

gansada
payasada

↔ asco
  birria

monaguillo
monago
acólito

monarca
rey
soberano

monarquía
corona

reino

monárquico
realista

↔ republicano

monasterio
abadía
priorato
convento
cenobio

monástico
monacal
conventual

monda
mondadura
peladura
cáscara
pellejo

poda

mondadientes
palillo
escarbadientes

mondar
pelar

mondarse *col.*
partirse
desternillarse
troncharse
morirse de risa *col.*

mondo
pelón
pelado
rapado
calvo

limpio

mondongo
entraña
tripa
víscera

moneda
unidad monetaria

efectivo
metálico
calderilla
cambio
suelto

monedar
monetizar
amonedar
acuñar

monedero
portamonedas
chauchera *amer.*

monería
monada
preciosidad
ricura
divinidad

↔ birria
  horror

monetario
económico
pecuniario
crematístico

monetización
acuñamiento

monetizar
acuñar
amonedar
monedar
batir

mongol
mogol
mogólico
mongólico

mongólico
mongol

subnormal

mongolismo
síndrome de Down

monicaco
monigote
pelele
pelagatos *col.*
pelanas *col.*

monigote
mono
pintarrajo

monicaco
pelele
marioneta
títere
muñeco
calzonazos *col.*
pelagatos *col.*
pelanas *col.*

↔ dominante
    marimandón

monipodio
conciliábulo
confabulación
contubernio

monis *col.*
dinero
perras *col.*
pasta *col.*
plata *col.*
parné *caló*

monitor
instructor
entrenador
educador

pantalla

monja
madre
hermana
religiosa
sor

monje
fraile
hermano
religioso

anacoreta
eremita
ermitaño

monjil
puritano
mojigato
gazmoño

↔ impúdico
    atrevido

mono
simio
mico

monigote
pintarrajo
garabato

col.
bonito
gracioso
atractivo
vistoso
majo
rico
chulo *col.*
cuco *col.*
molón *col.*
fardón *col.*

argot
síndrome de
    abstinencia

policía
polizonte *col.*
madero *argot*

↔ feo

monocameral
unicameral

monocarril
monorraíl

monocolor
monocromo
monocromático

↔ policromo
    policromático

monocorde
monótono

monocromático
monocromo
monocolor

↔ policromático
    policromo

monogamia
↔ poligamia

monógamo
monogámico

↔ polígamo

monografía
tratado
estudio

monograma
logotipo

monolingüe
↔ políglota
    plurilingüe

monolítico
macizo
sólido
unitario
trabado
consistente

↔ disperso

monologar
↔ dialogar

monólogo
soliloquio

↔ diálogo

monomanía
manía
monotema
obsesión

monopolio
exclusiva
concesión

acaparamiento
control

↔ competencia

monopolizar
acaparar
centralizar
copar
abarrotar *amer.*

↔ competir

monorraíl
monocarril

monosílabo
↔ polisílabo

monoteísmo
↔ politeísmo

monoteísta
↔ politeísta

monotonía
rutina
uniformidad
invariabilidad
regularidad

↔ variabilidad
    amenidad

monótono
rutinario
uniforme
invariable
regular
aburrido

↔ variable
    ameno

monserga *col.*
historia
cuento
rollo *col.*

monstruo

engendro
adefesio
esperpento
fenómeno

mole
exageración

criminal

genio
superdotado
coloso

estupendo
colosal
magnífico
bárbaro

monstruosidad

adefesio
aberración
deformación
anomalía

barbaridad
salvajada
horror
bestialidad

estropicio
disparate
desaguisado
desbarajuste

↔ normalidad

monstruoso

anormal
deforme
aberrante
contrahecho

feo
horrible
espantoso

inmenso
desproporcionado

brutal
cruel
malvado
despiadado
depravado
infame
execrable
aborrecible

↔ normal

hermoso

pequeño

monta

equitación

monto
montante
total
valor
importe
suma

montacargas

ascensor
elevador *amer.*

montaje

ensamblaje
ajuste

truco
farsa
amaño

↔ desarme

montante

monto
monta
total
valor
importe
suma

montaña

monte
pico
sierra
cordillera

montón
pila
cúmulo

↔ llano

montañero

alpinista

montañismo

alpinismo

montar

cabalgar

subir

ajustar
acoplar
encajar
ensamblar
armar

engastar
engarzar

instalar
emplazar
establecer
poner

costar
ascender
sumar
importar

copular
aparearse

montárselo *col.*

desenvolverse
organizarse
apañarse
darse maña

↔ descender

desmontar

montaraz

silvestre

rudo
tosco
insociable
agreste
arisco
rústico

↔ doméstico

educado
sociable

monte

montaña
cerro

bosque
soto
zarzal

montón (baraja)
mazo

montear

ojear (la caza)
levantar
batir

montería

cinegética

montero

ojeador
cazador

montés

silvestre

↔ doméstico

montículo

elevación
colina
alcor
altozano
cerro

monto

monta
montante
suma
importe
total

montón

pila
montaña
montonera

montura

caballería

armadura

monumental

espectacular
descomunal
gigantesco
enorme
grandioso
colosal
excelente
magnífico
soberbio

↔ diminuto
insignificante

monumento

tesoro

col.
bombón

moña[1]

moño
rodete

muñeca

moña[2] *col.*

borrachera
curda *col.*

tablón *col.*
cogorza *col.*
mona *col.*

moño
moña

copete
airón

moquero
pañuelo

mora
zarzamora

morada
vivienda
hogar

morado
cárdeno
lívido
amoratado

morador
habitante
residente
poblador
vecino

moradura
moratón
cardenal
magulladura
moretón

moral
moralista
ético

honrado
honesto
decente
íntegro
recto

espiritual

ética
moralidad
honradez
honestidad
decencia

↔ inmoral
   amoral

   inmoralidad

moraleda
moreral

moraleja
lección
enseñanza
máxima
moralina

moralidad
ética
honestidad
honradez
decencia

↔ inmoralidad

moralina
falsa moral

moraleja

moralizar
sermonear
predicar

↔ pervertir

morapio *col.*
vino
caldo

morar
habitar
residir
vivir
avecindarse

moratón
moradura
cardenal
magulladura
moretón
hematoma
equimosis

moratoria
aplazamiento
prórroga
dilación
retraso

mórbido
blando
suave
delicado

morboso
insano
insalubre
nocivo
dañino

↔ duro
   áspero

   sano
   saludable

morbo
enfermedad
dolencia
padecimiento
afección

morboso
retorcido
enfermizo
malsano

patológico
mórbido
insalubre
insano
dañino

↔ saludable

mordacidad
causticidad
virulencia
acritud

↔ delicadeza

mordaz
satírico
sarcástico
cáustico
incisivo
socarrón
punzante

↔ benévolo
   delicado

mordedura
mordisco

morder
mordisquear
roer
dentellear
dar una tarascada

mordiscar
mordisquear

mordisco
mordedura
dentellada
bocado

ganancia
provecho

mordisquear
mordiscar
roer

moreno
bronceado
atezado
tostado
quemado *amer.*

mulato

↔ pálido

morería
aljama

moretón
moratón
moradura
cardenal
magulladura

moribundo
agonizante

morigeración
comedimiento
contención
circunspección
moderación
mesura

↔ exageración

morigerar(se)
refrenar
contener
moderar
frenar

↔ extremar
   extralimitar

morir(se)
fallecer
expirar
perecer
fenecer
finar

palmar *col.*
espichar *col.*
diñarla *col.*
estirar la pata *col.*
pasar a mejor vida
  col.

terminar
acabar
extinguirse
concluir
finalizar
consumirse

↔ nacer
  vivir

  comenzar

morisco

moruno
moro

morisqueta

mueca
visaje

moro

moruno
morisco

musulmán
árabe

morondo

mondo
pelado
pelón

morosidad

tardanza
demora
dilación
lentitud

↔ rapidez

moroso

lento
tardo
pausado
calmoso

↔ rápido

morrada

cabezazo
testarazo
coscorrón

tortazo
guantazo
bofetada
morrón
porrazo
trompazo
batacazo

morral

zurrón
macuto

morralla

chatarra
baratijas
quincalla

gentuza
chusma
patulea

calderilla

morrillo

cogote
testuz

morriña

nostalgia
añoranza
melancolía
murria

morriñoso

nostálgico
añorante
melancólico

↔ alegre

morro

hocico
boca
jeta
bezo

col.
descaro
frescura
desvergüenza
desfachatez
cara dura *col.*

morrocotudo *col.*

tremendo
enorme
descomunal
bestial

impresionante
excepcional

↔ insignificante

morrón

morrada
golpe
caída
porrazo
trompazo
batacazo

mortaja[1]

sudario

mortaja[2]

muesca
entalladura

mortal

perecedero
efímero
caduco

mortífero
letal
fatal
fatídico

cadavérico

insufrible
agotador
horrible
espantoso
impresionante

hombre
persona
criatura
ser humano

↔ inmortal

mortalidad

↔ inmortalidad
  natalidad

mortandad

hecatombe
matanza
degollina
carnicería
escabechina

mortecino

flaco
descolorido

triste
pálido
delgado
lívido
apagado
tenue
agonizante
macilento
mustio
demacrado

↔ fuerte
  vivo

mortero

almirez
argamasa

mortífero

mortal
deletéreo
letal
fatal

mortificación

disciplina
maceración
martirio
tormento

angustia
desazón

↔ placer

mortificante

mortificador
atormentador
angustioso
humillante
martirizante

↔ placentero

mortificar(se)

disciplinar
macerar
torturar
martirizar

angustiar
atormentar
inquietar
desazonar

↔ agradar
  tranquilizar

mortuorio

fúnebre

moruno

morisco
moro

mosca *col.*

dinero
perras *col.*
cuartos *col.*
parné *col.*
guita *col.*
pasta *col.*

pesado
molesto
cargante
moscón *col.*
moscardón *col.*

mosqueado
escamado
receloso

enfadado
enojado
irritado
cabreado *col.*

moscardón *col.*

pesado
moscón *col.*
paliza *col.*

mosconear

mariposear
revolotear

mosqueado

receloso
escamado
mosca *col.*

mosquear(se)

recelar
sospechar
escamar

amoscarse
molestarse
enfadarse
cabrearse *col.*

mosqueo

sospecha
recelo

ofensa
enfado
enojo
cabreo *col.*

mosquitera

mosquitero
espantamoscas

mosquito

zancudo *amer.*

mostacho

bigote

mostrador

barra

mostrar

enseñar
presentar
exhibir
demostrar
manifestar
evidenciar

explicar
indicar
orientar

mostrarse

portarse
comportarse

↔ ocultar
    disimular

mostrenco

tonto
imbécil
necio
simple
memo
majadero

↔ listo

mota

brizna
ápice
partícula

defecto
imperfección
tara
falta

mote

sobrenombre
apodo
alias

divisa
lema

moteado

salpicado
goteado

motejar

tachar
tildar
calificar
censurar
acusar
llamar

motilón

pelón
pelado
calvo
rapado

motín

rebelión
revolución
alzamiento
insurrección
insubordinación
revuelta
amotinamiento
movimiento

motivación

motivo
razón
causa
móvil
fundamento

aliciente
incentivo
estímulo
acicate
atractivo

motivar(se)

causar
originar
fundamentar
ocasionar
producir
provocar

estimular
incitar
impulsar
invitar
agradar
interesar
gustar
seducir

encantar
hechizar

↔ desanimar

motivo

razón
causa
motivación
móvil
fundamento
finalidad

moto

motocicleta

motociclismo

motorismo

motociclista

motorista

motor

impulsor
propulsor

motorismo

motociclismo

motorista

motociclista

motu proprio *lat.*

voluntariamente
libremente
espontáneamente
por decisión propia

movedizo

movible
móvil
portátil
trasladable

inestable
inseguro
variable
tornadizo

↔ inmóvil

mover(se)

trasladar
desplazar
mudar

agitar
remover
menear

accionar
activar
acelerar
estimular
motivar
incitar
provocar
desencadenar
promover
desatar

enardecer
emocionar
enfervorizar
encender
electrizar

moverse
valerse
componérselas
ingeniárselas

↔ inmovilizar
   estancar

movible
móvil
movedizo
portátil

movida col.
follón
jaleo
lío
bollo col.
cisco col.
cirio col.

movido
activo
inquieto
ajetreado
agitado
dinámico
acelerado
trepidante

borroso

↔ sosegado
   nítido

móvil
movible
movedizo

motivo
razón
causa
porqué
motivación
impulso

↔ inmóvil

movilidad
movimiento

movilizar
reclutar
incorporar (a filas)

movimiento
desplazamiento
traslado
circulación
tráfico
flujo

agitación
meneo
oscilación

vibración
sacudida

corriente
tendencia
escuela

rebelión
revolución
alzamiento
revuelta
motín
amotinamiento

↔ inmovilidad

mozalbete
muchacho
mozo
mozuelo
chaval

mozo
muchacho
mozalbete
mozuelo
chaval

criado
aprendiz
sirviente
camarero

recluta

mucamo amer.
criado
sirviente

muchacha
chica
joven
adolescente
zagala

doncella
sirvienta
criada
chacha col.
empleada del hogar

muchacho
chaval
mozo
mozalbete
mozuelo
chico

↔ adulto
   viejo

muchedumbre
multitud
masa
gentío
aglomeración
tropel
tumulto

mucho
cuantioso
inmenso
sobrado
bastante
copioso
abundante
múltiple
nutrido
demasiado

↔ poco

mucilaginoso
pegajoso
viscoso
gelatinoso
gomoso
pringoso

mucosidad
moco
flema

muda
mudanza
cambio
alteración
transformación
mutación
variación

mudable
mutable
cambiante
voluble
inconstante
tornadizo

↔ inmutable

mudanza
muda
cambio
transformación
variación

traslado

inconstancia
volubilidad

↔ inmutabilidad
   constancia

mudar
cambiar
alterar
variar
transformar
mutar

trasladar
llevar
mover

mudarse
trasladarse
irse

↔ conservar
   mantener

   quedarse
   permanecer

mudez
mutismo

mudo
callado
silencioso
taciturno

↔ locuaz

mueble

trasto
enseres

movible
trasladable

↔ inmueble
   raíz

mueca

mohín
gesto
visaje

muecín

almuecín

muela

molar (diente)

muelle[1]

embarcadero

muelle[2]

confortable
regalado
placentero
agradable
cómodo

resorte

↔ sacrificado

muermo *col.*

tedio
tostón
pesadez

sopor
somnolencia

muerte

defunción
fallecimiento
óbito
deceso

homicidio
asesinato

destrucción
fin
desaparición
ruina
caída

↔ nacimiento
   vida

muerto

fallecido
difunto
finado
extinto
cadáver
fiambre *col.*

desolado
deshabitado
marchito
triste

col.
cansado
agotado
roto
deslomado
reventado

engorro
carga
mochuelo

↔ vivo

muesca

ranura
mella
hendidura
incisión

muestra

ejemplar
ejemplo
espécimen
modelo
prototipo

señal
prueba
demostración
indicio

exposición
exhibición
certamen
feria

muestrario

selección
repertorio
variantes

surtido

muga

mojón
hito
jalón

cipo
límite
término

mugido

bramido

mugir

bramar
rugir

mugre

suciedad
porquería
cochambre
pringue
roña

↔ limpieza

mugriento

sucio
cochambroso
inmundo
pringoso
roñoso
puerco

↔ limpio

mujer

hembra
fémina

esposa
señora

mujerzuela *desp.*

prostituta
ramera
pendón *col.*
puta *vulg.*

mújol

lisa

mula

bestia
acémila

muladar

vertedero
albañal
basurero
estercolero

pocilga
chiquero

mulato

moreno
pardo *amer.*

mulero

acemilero
arriero

muleta

apoyo
sostén
soporte
bastón

muletilla

coletilla
latiguillo

mullido

hueco
esponjoso
acolchado
blando
muelle

↔ duro
   rígido

mullir

ahuecar
esponjar

↔ apelmazar

mulo

mula

multa

sanción
recargo
penalización

multar

sancionar
penalizar

multicolor

polícromo
a todo color

multimillonario

magnate
potentado
acaudalado

opulento
rico
forrado

↔ pobre

multípara
↔ unípara

múltiple
plural
complejo
variado
diverso
innumerable

↔ simple

multiplicación
aumento
incremento
proliferación

↔ disminución
   división

multiplicador
↔ divisor

multiplicar(se)
aumentar
incrementar
proliferar
redoblar
elevar

multiplicarse
procrear
engendrar
reproducirse

desvivirse
afanarse
esforzarse

↔ dividir

multiplicidad
pluralidad
variedad
heterogeneidad
variedad
surtido

multitud
abundancia

↔ simplicidad
   pobreza
   escasez

multitud
muchedumbre
gentío
aglomeración

masa
vulgo
pueblo
público

profusión
infinidad
abundancia
sinnúmero

↔ escasez

multitudinario
masivo
popular
tumultuario

↔ minoritario
   elitista

mundano o
mundanal
terrenal
terreno
frívolo

↔ espiritual

mundial
universal
internacional

↔ nacional
   local

mundillo
mundo
círculo
ambiente

mundo
universo
cosmos
orbe

mundillo
círculo
ambiente

mundología *col.*

mundología
mundo
experiencia
desenvoltura

munición
bala
carga
cartucho
proyectil

municiones
pertrechos

municipal
vecinal

municipalidad
ayuntamiento
corporación

municipio
ayuntamiento
corporación

munificencia
liberalidad
prodigalidad
generosidad
esplendidez

↔ mezquindad

muñeco
muñeca
pelele
monigote
monicaco
títere
pelagatos *col.*

muñir
amañar
manipular
adulterar
apañar
dirigir

murga
pesadez
fastidio
incordio
peñazo *col.*
lata *col.*

murmullo
susurro
rumor
cuchicheo
bisbiseo

murmuración
crítica
calumnia
chisme
maledicencia
habladuría
comadreo
cotilleo

↔ elogio

murmurador
calumniador
chismoso
maldiciente
criticón

↔ adulador

murmurar
criticar
calumniar

susurrar
musitar
mascullar
bisbisear

mascullar
refunfuñar
rezongar

↔ elogiar

muro
pared
tapia
paredón

murria
tristeza
melancolía
depresión
abatimiento

disgusto
enfado
enojo
mal humor

↔ alegría

murrio
disgustado
mustio
descontento
enfadado
mohíno

↔ alegre

musa
numen

musas
letras

musculoso
macizo
firme
recio
fornido
prieto
fuerte
cachas *col.*

↔ esmirriado

museo
galería

musical
músico

melodioso
armónico
armonioso

↔ desafinado

músico
musical

intérprete

compositor

musicomanía
melomanía

musicómano
melómano

musitar
susurrar
bisbisar

↔ gritar

mustiarse
marchitarse
ajarse
secarse
agostarse

mustio
marchito
ajado
lacio

triste
nostálgico
deprimido
melancólico
lánguido
mohíno
abatido

↔ lozano

   alegre

musulmán
mahometano
islámico

mutabilidad
variabilidad

↔ inmutabilidad

mutable
mudable
cambiante
inconstante
tornadizo

↔ inmutable

mutación
cambio
alteración
transformación
muda
mudanza

mutar(se)
mudar
cambiar
transformar

mutilación
amputación
cercenamiento

mutilado
tullido
lisiado

mutilar(se)
amputar
cercenar
lisiar

mutis
salida
retirada

↔ entrada
   aparición

mutismo
silencio
reserva

mudez

mutua
mutualidad
cooperativa

mutualidad
reciprocidad

mutua

mutuo
recíproco

nabo *vulg.*
pene

nacarado
nacarino
irisado

nacer
venir al mundo

originarse
aflorar
emerger
surgir
brotar
aparecer

proceder
descender
derivar
arrancar
emanar
deberse
inferirse

↔ morir

naciente
incipiente
inaugural

este
oriente
levante

↔ poniente

nacimiento
parto
alumbramiento
natalicio

origen
comienzo
inicio
arranque

brote
aparición
partida

belén

↔ muerte

   fin

nación
país
pueblo
patria
estado

nacional
doméstico
interior
patrio

franquista

↔ internacional
   exterior

   republicano
   rojo

nacionalización
naturalización

estatalización
estatificación

↔ privatización

nacionalizar(se)
naturalizar

estatalizar
estatificar

↔ privatizar

**nacionalsocia-
   lismo**
nazismo

**nacionalsocia-
   lista**
nazi

nada
↔ todo

nadar
sobrenadar
flotar

nadería
insignificancia
pequeñez
menudencia
minucia
bagatela
fruslería
bobada
chiquillada

nadie
ninguno

↔ alguien

nado, a
nadando

nafta *amer.*
gasolina

nailon
nylon
fibra

naipe
carta

naipes
baraja

nalga
anca

nalgas
culo
trasero
posaderas
asentaderas
pompi *col.*

nana
nodriza
ama de cría
tata
niñera
nurse

nanay *col.*
no
nones *col.*
naranjas *col.*

nansa
nasa

nao *cult.*
nave
buque
embarcación

napia *col.*
nariz

**naranjas (de la
   china)** *col.*
no
nanay *col.*
tururú *col.*
ni hablar

narcisismo
egocentrismo

narcisista

egocentrista
narciso

narcótico

somnífero
soporífero
sedante
estupefaciente

↔ estimulante

narigón

narigudo
narizudo
narizón
narizotas

↔ chato

narina

ventana (de la nariz)
ventanilla
fosa

nariz

napia *col.*
picota *col.*
trufa (del perro)

narices

valor
ánimo
agallas
coraje
arrojo

narizón

narigudo
narizudo
narigón
narizotas

narración

relato
cuento
descripción
historia
relación
explicación
exposición

narrar

contar
referir
describir

historiar
explicar
exponer

narrativa

novelística

nasa

nansa

nasal

↔ oral

nasofaringe

rinofaringe

natal

nativo
originario

natalicio

nacimiento

cumpleaños

natalidad

↔ mortalidad

natividad

navidad

nativo

natal

natural
oriundo
originario
autóctono
indígena
aborigen

↔ extranjero
   foráneo

nato

innato
natural
connatural
congénito
consustancial

↔ adquirido

natura

naturaleza

natural

espontáneo
sencillo
campechano
fresco
llano
franco

lógico
normal
corriente
esperable
razonable

nato
innato
inherente
consustancial
genuino

nativo
oriundo
originario
aborigen

naturaleza
carácter
temperamento
índole
temple

↔ artificial
   extraño
   extranjero

naturaleza

tipo
clase
esencia
índole
género
especie

constitución
complexión
estructura

carácter
temperamento
natural
genio
talante
idiosincrasia
humor

nacionalidad
ciudadanía
naturalidad

naturalidad

espontaneidad
sencillez

frescura
llaneza
franqueza
familiaridad
campechanía
confianza

nacionalidad
ciudadanía
naturaleza

↔ artificiosidad

naturalismo

naturismo

naturalista

naturista

naturalización

nacionalización

↔ desnaturalización

naturalizar(se)

nacionalizar

aclimatar
adaptar
habituar

↔ desnaturalizar

naturalmente

lógicamente

claro
por supuesto
desde luego
¡cómo no!

naturismo

naturalismo
fisiatría

naturista

naturalista
fisiatra

naufragar

hundirse
irse a pique

fracasar
malograrse
frustrarse
estrellarse
malbaratarse

↔ triunfar

naufragio

hundimiento

fracaso
desmoronamiento
decadencia
revés

↔ triunfo

nauseabundo

asqueroso
repugnante
repulsivo
inmundo
fétido

↔ delicioso

náuseas

basca

asco
repugnancia
repulsión
repulsa
aversión
aborrecimiento

nauta *cult.*

navegante
marinero

náutica

navegación

náutico

naval
marítimo

navaja

chaira
cheira
sirla

amer.
cortaplumas

navajada

navajazo
cuchillada

naval

náutico
naviero

nave

embarcación
barco

buque
nao *cult.*

navegación

náutica

travesía
singladura

navegante

marinero
nauta *cult.*

naveta

gaveta

navidad

natividad

naviero

naval
náutico

navío

nave
barco
buque
embarcación
nao *cult.*

nazi

nacionalsocialista

desp.
facha
fascista
carca

nazismo

nacionalsocialismo

neblina

niebla
bruma
calima
calígine

nebulosidad

neblinoso

nebuloso
brumoso
caliginoso
oscuro

↔ claro
despejado

nebuloso

neblinoso
brumoso

confuso
turbio
farragoso
intrincado
impreciso
vago
desdibujado
difuso
difuminado

↔ claro
nítido

necedad

tontería
estupidez
imbecilidad
idiotez
memez
insensatez
bobada
majadería
burrada

↔ agudeza
ingeniosidad

necesario

imprescindible
indispensable
preciso
esencial
fundamental
vital

forzoso
obligatorio
imperioso
inevitable
ineludible
inexcusable
indefectible

beneficioso
provechoso
ventajoso
recomendable

↔ innecesario

optativo
voluntario

perjudicial

neceser

bolsa de aseo

necesidad

menester
urgencia
imperativo
exigencia
requisito

falta
escasez
pobreza
penuria
carencia
carestía
déficit
privación
penalidad
indigencia

apuro
aprieto
ahogo
trance
brete

necesidades

deposición
evacuación
deyección
micción

↔ abundancia
riqueza
bienestar

necesitado

falto
escaso
carente
desprovisto
privado
insuficiente
deficitario
exiguo

pobre
indigente
menesteroso
pordiosero

↔ colmado
saturado

acomodado
rico

necesitar

precisar
requerir
urgir
exigir
pedir

↔ prescindir

necio

tonto
estúpido
imbécil
idiota
memo
bobo
simple
cretino
majadero
mentecato
zoquete
ignorante
sandio
burro

↔ inteligente
   listo
   ingenioso

necrología

necrológica
esquela
obituario

necromancia o
   necromancía

nigromancia

necrópolis

cementerio
enterramientos

necropsia

autopsia
necroscopia

néctar

ambrosía
licor (bebida de los
   dioses)

neerlandés

holandés

nefando

abominable
aborrecible
detestable
execrable
ignominioso
infame
vergonzoso
repugnante

↔ elogiable

nefasto

desgraciado
desdichado
desafortunado
funesto
aciago
infausto
desastroso
espantoso
fatal
pésimo
detestable
impresentable

↔ afortunado
   magnífico

nefrítico

renal

negación

negativa
denegación
prohibición
oposición
repulsa

falta
carencia
ausencia
privación

torpeza
incapacidad
inutilidad
ineptitud
incompetencia
nulidad

abjuración
traición

↔ afirmación

   abundancia
   existencia

   habilidad
   capacidad

negado

torpe
incapaz
inútil
inepto
incompetente
obtuso
nulo

↔ hábil
   capaz

negar

desmentir

denegar
rehusar
rechazar
refutar
impugnar
oponerse
contradecir

prohibir
vedar
impedir
privar

renegar
abjurar
traicionar

↔ afirmar
   confirmar

   permitir
   otorgar

negativa

negación
denegación
prohibición
rechazo
oposición

↔ afirmación
   confirmación
   permiso
   acogida

negativo

perjudicial
dañino
nocivo
pernicioso
contrario
adverso
desfavorable
desventajoso
maligno
malo

pesimista
cenizo
gafe
agorero

cliché

↔ afirmativo

   positivo

   optimista

negligencia

descuido
desidia
indolencia
dejadez
desgana
apatía
abandono
desaplicación
distracción
desinterés
indiferencia

↔ diligencia
   cuidado
   esmero
   aplicación

negligente

descuidado
desidioso
indolente
dejado
apático
abandonado
desaplicado
distraído
desinteresado
indiferente

↔ diligente
   cuidadoso
   esmerado
   aplicado

negociación

gestión
discusión
conversación
trato
convenio
compromiso
ajuste
arreglo

negociado

sección
departamento
dependencia
división

negociante

comerciante
traficante
tratante
mercader

mercachifle *desp.*

negociar

comerciar
traficar
tratar

discutir
acordar
convenir
concertar
pactar
ajustar
arreglar

negocio

beneficio
provecho
ganancia
lucro
fruto
dividendo

comercio
establecimiento
tienda
empresa
local comercial

asunto
tema
ocupación
materia
cuestión

negrear

ennegrecer
oscurecerse

↔ blanquearse

negrero

explotador
déspota
opresor
tirano

negro

bruno
sable (heráldica)

negruzco
oscuro
moreno
renegrido

sucio
mugriento
tiñoso
guarro
cochino
marrano

desfavorable
desafortunado
desventurado
adverso
infeliz
infausto
aciago
sombrío
triste

irritado
molesto
enfadado
enojado
indignado
cabreado *col.*
frito *col.*

↔ blanco

claro
rubio

limpio

prometedor
feliz
venturoso

contento
satisfecho

negrura

negror
opacidad

↔ blancura

negruzco

oscuro
renegrido

↔ blancuzco

nemoroso *cult.*

boscoso
selvático
frondoso
exuberante

nene

niño
chiquillo
crío
bebé
angelito
rorro *col.*

neófito

nuevo
novato

nepotismo

amiguismo
enchufismo
favoritismo

nerón

bárbaro
desalmado
despiadado
herodes

nervadura

nervatura
nerviación
nervio

nervio

nervadura
nervatura
nerviación

energía
tensión
brío
carácter
temperamento
fuerza
pujanza
empuje
ímpetu
decisión
arrojo
garra

nervios

nerviosismo
excitación
agitación
alteración
desasosiego
ansiedad
histerismo

↔ temor
desánimo
pusilanimidad

tranquilidad
flema

nervioso

excitado
agitado
alterado
desasosegado
inquieto
intranquilo
histérico
neurasténico

brioso
impetuoso
vigoroso
fogoso

↔ tranquilo
flemático

neto

líquido
limpio
pelado *col.*
mondo y lirondo *col.*

claro
preciso
diáfano
perfilado
nítido
transparente
cristalino

↔ bruto

difuso

neumático

rueda

neumonía

pulmonía

neura

neurastenia

manía
obsesión
chaladura
paranoia
excentricidad
monomanía

col.
neurasténico
neurótico
histérico

↔ tranquilo

neurálgico

decisivo
vital
esencial
cardinal
primordial
crucial
crítico
clave

↔ trivial
intrascendente

neurastenia

nerviosismo
excitación
alteración

neurasténico

nervioso
trastornado
histérico
neurótico
neura *col.*

maniático
obseso
paranoico
lunático
excéntrico

↔ tranquilo
   flemático

neurita

axón
cilindroeje

neurótico

neurasténico
paranoico

maniático
obseso

neutral

neutro
imparcial
indiferente
objetivo

↔ parcial

neutralidad

imparcialidad
indiferencia
objetividad

↔ parcialidad

neutralismo

↔ intervencionismo

neutralizar(se)

anular
contrarrestar
contrapesar
equilibrar

neutro

indefinido
indeterminado

impreciso
vago
indistinto

frío
desapegado
indiferente

neutral
imparcial
objetivo
aséptico

↔ determinado
   preciso

   caluroso

   parcial

nevada

nevisca
cellisca
nevasca
nevazón *amer.*

nevado

níveo
blanquecino
plateado

nevar

neviscar

nevasca

nevada
nevisca

nevera

frigorífico
refrigerador

nevero

helero

nevisca

nevada
nevasca

nexo

unión
enlace
vínculo
conexión
relación
lazo
nudo

ni

siquiera

nicho

hornacina

nicotinismo o
   nicotismo

tabaquismo

nidal

nido
ponedero

nido

nidal
ponedero

guarida
madriguera

cubil
cueva

casa
hogar
morada
vivienda

semillero
vivero

niebla

neblina
bruma
calima
calígine

nieve

nevada

argot
cocaína

nigromancia o
   nigromancía

necromancia
necromancía
brujería

nigromante

nigromántico
brujo
hechicero

nilón

nailon

nimbo

halo
aureola

nimboestrato

nimiedad

insignificancia
intrascendencia
menudencia
pequeñez
nadería
tontería
bobada
bagatela
fruslería

↔ trascendencia
   enormidad
   barbaridad

nimio

insignificante
intrascendente
ridículo
mínimo
minúsculo
pequeño
trivial
baladí

↔ importante
   trascendente

ninfomanía

furor uterino

ningún

↔ algún

ninguno

nadie

↔ alguno

niña

pupila

niñera

nana
tata
nurse
canguro
baby-sitter

niñería

chiquillada
puerilidad

minucia
tontería
bobada

niñez

infancia

principio
inicio
comienzo
albor
preliminares

↔ vejez

   final

niño

nene
criatura
crío
bebé
pequeño
chaval
angelito
rorro *col.*

↔ adulto

nipón

japonés

niqui

polo
camiseta

nitidez

transparencia
limpieza
limpidez
diafanidad

claridad
precisión

honradez
honestidad
sinceridad
legitimidad

↔ opacidad

   confusión

   deshonestidad

nítido

transparente
limpio
límpido

diáfano
cristalino

claro
preciso
perceptible
inteligible
evidente
patente

honrado
honesto
sincero
legítimo

↔ borroso

   confuso

   deshonesto

nivel

altura
cota

grado
categoría
jerarquía
estrato
escalón

nivelación

allanamiento
aplanamiento
igualación
equilibrio
estabilización

↔ desnivelación

nivelar(se)

allanar
aplanar
alisar
igualar
equilibrar
estabilizar
uniformar

↔ desnivelar

níveo

blanco
albo
nacarado

no

negación
nanay *col.*
nones *col.*

tururú *col.*
ni hablar
naranjas de la China
   col.

↔ sí

noble

aristócrata
señorial

nobiliario

franco
sincero
honesto
honrado
leal
fiel
generoso
liberal
magnánimo
altruista

selecto
refinado
exquisito
distinguido
fino

↔ plebeyo

   desleal
   traicionero
   mezquino

   ordinario
   basto

nobleza

aristocracia

honradez
honestidad
lealtad
fidelidad
generosidad
magnanimidad

distinción
señorío
refinamiento

↔ plebeyez

   deslealtad
   mezquindad

   ordinariez

noceda o
nocedal

nogueral

noche

↔ día

nocherniego

noctámbulo
trasnochador
crápula

noción

idea
conocimiento
concepto
noticia

nociones

principios
fundamentos
rudimentos
base
abecé

nocivo

dañino
perjudicial
pernicioso
malo
peligroso
insano
negativo
desfavorable
contrario
adverso
funesto

↔ beneficioso
   sano
   positivo

noctámbulo

nocherniego
crápula
trasnochador

nocturno
noctívago (animales)

nocturno

noctámbulo
noctívago (animales)

↔ diurno

nogal

noguera

nogueral

noceda
nocedal

nómada

trashumante
ambulante
errante
itinerante

↔ estable
  permanente
  arraigado

nombradía

celebridad
fama
renombre
reputación
prestigio
crédito
popularidad
notoriedad

↔ impopularidad

nombrado

célebre
famoso
afamado
renombrado
conocido
reputado
prestigioso
popular
notorio

↔ desconocido
  impopular

nombramiento

nominación
designación
proclamación
elección

nombrar

mencionar
mentar
citar

nominar
designar
proclamar
elegir
escoger

nombre

denominación
designación
gracia

apelativo
sustantivo

fama
reputación
renombre
popularidad

nomenclátor

nómina
repertorio
catálogo
lista

nómico

gnómico

nómina

nomenclátor
repertorio
catálogo

sueldo
paga
salario
retribución

plantilla

nominación

nombramiento
designación
elección
proclamación

nominal

nominativo

nominar

nombrar
denominar

designar
destinar
asignar
proclamar
elegir
escoger

nominativo

nominal

nomo

gnomo

non

impar

nones col.

no
nanay col.
naranjas col.

↔ par

nonada

pequeñez
menudencia
nimiedad
nadería
bagatela
fruslería
chuchería

↔ enormidad
  barbaridad

nonagenario

noventón

nono

noveno

noquear

dejar K.O.
dejar fuera de
  combate
mandar a la lona

nordeste

noreste

↔ sudeste
  sureste

nórdico

escandinavo

noreste

nordeste

norma

ley
regla
precepto
dictado
principio
orden
disposición

normativa
reglamento

indicación
pauta

directriz
criterio
instrucción

modelo
ejemplo
canon
patrón
arquetipo
prototipo

normal

corriente
común
ordinario
vulgar
frecuente
habitual
usual
acostumbrado
general
universal

lógico
natural
esperable
razonable

↔ anormal
  raro
  insólito

normalizar(se)

estandarizar
tipificar
uniformar

regularizar
ordenar
reanudar
restablecer

normativa

norma
reglamento
legislatura

normativo

reglamentario
preceptivo

norte

septentrión

meta
aspiración
ideal
objetivo

orientación
rumbo
camino

↔ sur
   mediodía

norteamericano

estadounidense
yanqui
gringo *amer.*

norteño

septentrional

↔ sureño
   meridional

noseología

gnoseología

nosología

patología

nostalgia

añoranza
morriña
melancolía
pesar

↔ alegría

nostálgico

melancólico
pesaroso
triste
afligido
mustio

↔ alegre

nota

mensaje
misiva
recordatorio
esquela
billete

llamada
apostilla
acotación
glosa
observación
advertencia
comentario
precisión

apunte
anotación

factura
cuenta
minuta

puntuación
calificación
evaluación

notabilidad

importancia
distinción
fama
superioridad
relevancia

eminencia
personalidad
figura
genio
portento
lumbrera
as

↔ insignificancia
   mediocridad

notable

destacado
señalado
distinguido
esencial
capital
relevante

grande
considerable
importante
elevado
cuantioso

↔ insignificante
   mediocre
   gris

notación

puntuación

notar(se)

advertir
reparar
apreciar
observar
percatarse
captar
ver
percibir
darse cuenta

sentir
experimentar

noticia

nueva
información
revelación
primicia
especie
suceso

conocimiento
noción
idea

noticias

noticiario

noticiario

noticias
noticiero
parte
informativo
telediario

noticioso *amer.*

noticiario

notificar

comunicar
transmitir
informar
avisar
enterar
participar
hacer saber

↔ callar
   ocultar

notoriedad

nombradía
nombre
renombre
fama
popularidad
celebridad
prestigio
crédito
reputación

↔ impopularidad

notorio

evidente
manifiesto
claro
patente
visible
incuestionable

perceptible
indudable
palpable
ostensible
palmario
público

famoso
célebre
popular
nombrado
reputado
prestigioso
acreditado

↔ imperceptible
   desconocido

novato

nuevo
neófito

inexperto
bisoño
principiante
novel
aprendiz
pipiolo
novicio

↔ veterano
   experto

novedad

innovación
invento
descubrimiento

nueva
primicia

cambio
modificación
alteración
variación
transformación

↔ antigüedad

novedoso

nuevo
actual
moderno
reciente
inédito
original
revolucionario

↔ antiguo
   tradicional

novel

inexperto
bisoño
principiante
novato
pipiolo
novicio

↔ veterano

novela

novelística

novelar

fantasear
soñar
evocar
idear
inventar

novelería

ficción
fantasía

habladuría
chisme
rumor

novelesco

libresco
folletinesco
ficticio
romántico
soñador

novelón

dramón
folletín
culebrón

noveno

nono

noventón

nonagenario

noviazgo

relaciones
cortejo
compromiso

novicio

novato
novel
inexperto

bisoño
principiante
aprendiz
pipiolo

↔ veterano
   experto

noviero

enamoradizo

novillada

becerrada
capea

novillo

becerro
vaquilla

novillos, hacer

hacer pellas

novio

pretendiente
prometido
enamorado
ligue
pareja

recién casado

nubarrón

problema
complicación
dificultad
tropiezo
contratiempo
aprieto
conflicto

nube

velo
cortina

nublar(se)

encapotarse
anubarrarse
cerrarse
cubrirse
cargarse
oscurecerse
enfoscarse
ennegrecerse
entoldarse

enturbiar
velar

cegar
confundir
perturbar
trastornar
ofuscar
obnubilar

↔ despejarse
   abrir

aclarar
agudizar

nuboso

nublado
anubarrado

↔ despejado

nuca

cogote
cerviz
occipucio
pestorejo

nuclear

atómico

núcleo

centro
cogollo
médula
meollo
corazón
entraña
esencia
miga
quid
intríngulis

foco

↔ periferia

nudillo

artejo

nudo

lazo
lazada
atadura

unión
enlace
vínculo
conexión
nexo
ligadura

nueva

noticia
primicia
revelación
información

nuevo

reciente
actual
moderno
virgen
renovado
actualizado

novedoso
inédito
insólito
desconocido
revolucionario
vanguardista

novato
novel
novicio
principiante
pipiolo

impecable
flamante
en buen estado

fresco
descansado
relajado
repuesto
restablecido
recuperado
en forma

↔ viejo

   desfasado
   anticuado

   veterano

   ajado
   destrozado

   agotado
   extenuado

nuez

bocado de Adán

nulidad

invalidez
ineficacia
incompetencia
incapacidad
ineptitud

torpeza
negación

nulo
inútil
inepto

↔ validez

nulo
anulado
invalidado
cancelado

ineficaz
incompetente
inepto
incapaz
inefectivo
inútil
negado

↔ válido
  vigente

  eficaz
  apto

numen *cult.*
musa
inspiración
estro *cult.*

numerario
fijo

↔ interino
  eventual

numérico
aritmético
matemático

número
cifra
guarismo

cantidad
cuantía

escena
espectáculo
show

numeroso
abundante
copioso
cuantioso
nutrido
innumerable
incontable
inmenso

↔ escaso

nunca
jamás
en la vida
de ningún modo

nuncio
mensajero
emisario
legado
heraldo

señal
anuncio
presagio

nupcias
boda
casamiento
matrimonio
esponsales

nurse *ingl.*
niñera
nana
nodriza
tata

nutrición
nutrimiento
alimentación

nutrido
repleto
rico
rebosante
pletórico
saturado
numeroso
abundante
copioso
cuantioso
innumerable
incontable

↔ pobre
  escaso

nutriente
nutritivo
alimenticio

nutrimiento o
  nutrimento
nutrición

nutrir(se)
alimentar
sustentar
fortalecer
robustecer

abastecer
suministrar
proveer
aprovisionar
surtir
proporcionar
dotar
equipar

llenar
atestar
colmar
abarrotar

↔ debilitar

nutritivo
nutriente
alimenticio

nylon *ingl.*
nailon

ñanga *amer.*

cenagal
ciénaga
barrizal
estero

ñaño *amer.*

hermano

camarada
amigo
compadre
viejo

ñapango *amer.*

mestizo
mulato
pardo *amer.*

ñato *amer.*

chato
desnarigado

↔ narigudo

ñeque *amer.*

robusto
vigoroso
fuerte
fornido

valiente
valeroso
osado
arrojado

vigor
fuerza
energía

↔ débil
  enclenque

cobarde

debilidad

ñoñería

cursilería
remilgo
melindre
afectación

puritanismo
mojigatería
gazmoñería

↔ naturalidad

  liberalidad

  valentía

ñoño

cursi
remilgado
finolis
melindroso
afectado

puritano
mojigato
gazmoño
timorato

quejica
quejumbroso

↔ natural
  basto

  liberado

  valiente

oasis

palmeral

remanso
descanso
refugio
tregua

obcecación

ofuscación
obnubilación
aturdimiento
ceguera

obstinación
empecinamiento
obsesión
tozudez
terquedad
testarudez
cabezonería
manía

↔ condescendencia

obcecado

ofuscado
obnubilado
aturdido
ciego
confuso

obstinado
empecinado
obsesionado
tozudo
terco
testarudo
cabezota *col.*

↔ condescendiente

obcecar(se)

ofuscar
obnubilar

aturdir
cegar
confundir

obcecarse

obstinarse
obsesionarse
empeñarse
empecinarse
emperrarse
meterse algo en la
     cabeza *col.*

↔ desistir
     ceder

obedecer

acatar
cumplir
seguir
respetar
observar
someterse
subordinarse

reaccionar
responder

provenir
proceder
deberse

↔ desobedecer
     desacatar
     rebelarse

obediencia

acatamiento
observancia
disciplina
sometimiento
subordinación
sumisión
respeto

↔ desobediencia
     indisciplina

obediente

dócil
manejable
sumiso
disciplinado
bienmandado

↔ desobediente
     rebelde

obelisco

monolito
pilar

obesidad

gordura
adiposidad

↔ delgadez

obeso

grueso
gordo
orondo
rollizo
adiposo
fati *col.*

↔ delgado

óbice

inconveniente
obstáculo
impedimento
estorbo
dificultad
escollo
traba
rémora

↔ facilidad

obispado

episcopado
diócesis

obispillo

mitra (de las aves)

obispo

prelado
mitrado

óbito *cult.*

muerte
defunción
fallecimiento
deceso

obituario

necrología
necrológicas

objeción

reparo
inconveniente
pega
problema
crítica
réplica
oposición

observación
advertencia
corrección

↔ confirmación
     aprobación

objetar

replicar
reparar
refutar
discutir
contradecir
discrepar
oponerse

↔ confirmar
     aprobar

objetivar

despersonalizar
abstraer

↔ subjetivar

objetividad

objetivismo
imparcialidad
neutralidad
desapasionamiento
asepticismo
frialdad
ecuanimidad

↔ subjetividad

objetivo

imparcial
neutro
desapasionado
aséptico
frío
ecuánime

finalidad
propósito
fin
intención
aspiración
objeto
meta
blanco
diana
ideal
desiderátum

↔ subjetivo
    parcial

objeto

cosa
elemento

objetivo
finalidad
propósito
fin
blanco
diana

asunto
tema
cuestión
materia

oblación

ofrenda
sacrificio
inmolación

oblea

hostia

amer.
sello

oblicuo

inclinado
diagonal
atravesado
transversal
sesgado
torcido
cruzado

obligación

deber
compromiso
imperativo
exigencia
necesidad
responsabilidad
imposición
carga
deuda

trabajo
tarea
labor
faena
quehacer
cometido
menester
misión

↔ opción

obligado

obligatorio
forzoso
impuesto
necesario

agradecido
reconocido

↔ voluntario
    optativo

    desagradecido
    ingrato

obligar

exigir
forzar
compeler
conminar
imponer
apremiar
empujar

mover
presionar
someter
coaccionar
intimar

atañer
afectar
vincular

obligarse

comprometerse
dar alguien su
    palabra

↔ dispensar

obligatorio

obligado
forzoso
necesario
preciso
preceptivo
ineludible
indispensable
indefectible
irrevocable

↔ voluntario
    optativo
    opcional

obliterar

obstruir (medicina)
opilar
obturar

ocluir
atascar

↔ desobstruir
    abrir

oblongo

ovalado
oval
elíptico
alargado
aovado

obnubilar(se)

ofuscar
obcecar
cegar
aturdir
atontar

fascinar
embelesar
embobar

deslumbrar
extasiar

↔ despejar

    desencantar
    desilusionar

óbolo

limosna
dádiva
donativo
contribución
ayuda

obra

creación
producto
fruto
resultado
efecto

acción
acto
hecho
trabajo
labor
tarea

construcción
albañilería
edificación
fábrica
reforma

obrador

taller

obrar

actuar
proceder
hacer
portarse
comportarse
conducirse
ejecutar
cumplir
trabajar
hacer efecto

defecar
evacuar
deponer
aliviarse
cagar
hacer de vientre

obrero

operario
artesano

jornalero
menestral
albañil
bracero
peón
proletario
trabajador
asalariado

obscenidad

indecencia
impudicia
inmoralidad
procacidad

↔ decencia
pudor

obsceno

indecente
impúdico
inmoral
indecoroso
impuro
sucio
procaz
lúbrico
vicioso
pornográfico
lujurioso

↔ decente
púdico

obscurantismo

oscurantismo

obscurecer

oscurecer

obscuridad

oscuridad

obscuro

oscuro

obsequiar

regalar
dar
donar
gratificar

agasajar
festejar
honrar
homenajear

↔ desairar
ofender

obsequio

regalo
presente
ofrenda
don
dádiva
detalle

agasajo
festejo
homenaje

obsequioso

complaciente
servicial
cortés
atento
zalamero

desprendido
dadivoso
generoso

↔ descortés

egoísta

observación

examen
estudio
análisis
vigilancia
contemplación
percepción

comentario
advertencia
indicación
consideración
aviso
sugerencia
insinuación
aclaración

nota
glosa
apostilla
acotación

observador

espectador
asistente
mirón

enviado
delegado
comisionado

observancia

obediencia
cumplimiento

acatamiento
respeto

↔ desobediencia
violación

observar

mirar
contemplar
vigilar
avizorar
atisbar
examinar
estudiar
analizar

notar
percibir
advertir
reparar
apreciar
descubrir
percatarse
fijarse
darse cuenta

obedecer
cumplir
acatar
respetar
guardar
seguir

↔ desobedecer
violar

obsesión

manía
fijación
obcecación
obstinación
monomanía
obcecación
ceguera

↔ despreocupación
olvido

obsesionar(se)

obcecar
obstinarse
cegar
ofuscar
preocupar
angustiar
atormentar

obseso

maniático
neurótico
paranoico

obsoleto

anticuado
desfasado
atrasado
caduco
desusado
pasado
decrépito
decadente
apolillado
antiguo
arcaico
decimonónico

↔ actual
moderno

obstaculizar

estorbar
dificultar
bloquear
interrumpir
interceptar
atascar
frenar
impedir

↔ franquear
facilitar

obstáculo

estorbo
dificultad
bloqueo
interrupción
atasco
freno
impedimento
inconveniente
traba
óbice

↔ facilidad
ayuda

obstar

impedir
estorbar
dificultar
bloquear
interrumpir
oponerse

↔ facilitar
ayudar

obstetra

tocólogo

obstetricia

tocología

obstinación

terquedad
tozudez
testarudez
obcecación
cerrilismo
cerrazón
obsesión
pertinacia
porfía
empecinamiento
emperramiento
cabezonería

↔ transigencia
   condescendencia

obstinado

terco
tozudo
testarudo
obcecado
cerril
obsesionado
porfiado
pertinaz
acérrimo
empecinado
emperrado
cabezón
cabezota

↔ transigente
   condescendiente

obstinarse

obcecarse
empeñarse
empecinarse
emperrarse
cerrarse
porfiar
aferrarse
obsesionarse
meterse algo en la
   cabeza *col.*
no dar alguien su
   brazo a torcer *col.*

↔ transigir
   ceder
   condescender

obstrucción

obturación
atasco

taponamiento
oclusión

impedimento
dificultad
estorbo
entorpecimiento
bloqueo
freno

obstruir(se)

obturar
atascar
taponar
atrancar
atorar
cegar
colapsar
ocluir

impedir
dificultar
estorbar
entorpecer
bloquear
frenar

↔ desobstruir

   contribuir
   facilitar

obtención

consecución
logro
adquisición

producción
fabricación
elaboración
extracción

obtener(se)

conseguir
lograr
alcanzar
ganar
adquirir
percibir
cosechar
agenciarse
adjudicarse
granjearse

producir
fabricar
elaborar
extraer
sacar

↔ perder

obturar(se)

obstruir
atascar
taponar
cerrar
atorar
cegar

↔ desobturar
   abrir

obtuso

romo
mocho
chato
despuntado
mellado

negado
inútil
torpe
tardo
lerdo

↔ puntiagudo
   agudo

   inteligente
   válido

obviar

eludir
sortear
soslayar
evitar
esquivar
omitir
quitar
eliminar
pasar por alto

obvio

claro
evidente
patente
manifiesto
palpable
notorio
palmario
tangible
indudable
flagrante

↔ oscuro
   oculto
   dudoso

oca

ganso
ánsar

ocasión

momento
coyuntura
circunstancia
sazón
situación
caso

oportunidad
ganga
oferta
bicoca

ocasional

temporal
eventual
provisional
esporádico
circunstancial
accidental

casual
incidental
adventicio
fortuito

↔ permanente

   premeditado
   deliberado

ocasionar

causar
motivar
provocar
originar
producir
generar
suscitar
determinar
deparar
acarrear
infligir

↔ impedir
   evitar

ocaso

crepúsculo
atardecer
anochecer
puesta de Sol

caída
decadencia
declive

↔ alba
   amanecer

   principio
   esplendor

occidente

oeste
poniente

↔ este
  oriente

occipucio

nuca
cogote
cerviz
colodrillo

occiso

asesinado
interfecto
víctima

occitano

provenzal
lemosín

océano

mar

ocelo

ojo
pinta
lunar

ochava

chaflán

octavo

ochavo

dinero
perra
duro

ocio

asueto
holganza
ociosidad
inacción
desocupación
inactividad
descanso
vacación
recreo
diversión

↔ trabajo
  actividad

ociosidad

ocio
asueto

holganza
inacción

pereza
holgazanería
vagancia
gandulería
haraganería

↔ trabajo
  actividad

  diligencia

ocioso

inactivo
desocupado
parado
quieto

perezoso
holgazán
vago
gandul
haragán

innecesario
inútil
estéril
infructuoso
ineficaz
fútil
vano
baldío
vacío

↔ activo
  ocupado

  trabajador
  laborioso

  necesario
  útil
  provechoso

ocluir(se)

obstruir
obliterar (medicina)
obturar
atascar
taponar

↔ desobstruir
  abrir

oclusión

obstrucción
obliteración
  (medicina)
obturación

↔ desobstrucción

ocre

sil

ocular

visual

presencial

visor
lente

oculista

oftalmólogo

ocultación

encubrimiento
disimulo
disfraz

↔ revelación

ocultar(se)

esconder
tapar
cubrir
disimular
camuflar
disfrazar
enmascarar
encubrir

callar
silenciar

↔ descubrir
  revelar

ocultismo

parapsicología
ciencias ocultas

oculto

escondido
tapado
cubierto
camuflado
disimulado
disfrazado
enmascarado
sepultado

↔ visible
  patente

ocupación

trabajo
quehacer
tarea
labor

faena
función
misión
obligación
actividad
colocación
profesión
empleo
cargo
acomodo

invasión
instalación
penetración
asedio

ocupante

inquilino
habitante

invasor

ocupar

llenar
extenderse
abultar

acomodarse
habitar
vivir
instalarse
establecerse

invadir
tomar
conquistar

desempeñar
ejercer
ostentar

emplear
colocar

incautarse
confiscar
requisar

ocuparse

encargarse
dedicarse
consagrarse
responsabilizarse
cuidar
atender

tratar
versar

↔ desocupar

  marcharse
  abandonar

dimitir
renunciar

despedir
echar

desentenderse
despreocuparse

ocurrencia

salida
golpe
gracia
idea
genialidad
caída
agudeza
sutileza
donaire

↔ majadería
  bobada
  perogrullada

ocurrente

ingenioso
agudo
genial
gracioso
divertido
salado
chistoso
chusco

ocurrir

suceder
pasar
acontecer
acaecer
sobrevenir
producirse
realizarse
efectuarse
cumplirse
verificarse
desarrollarse
darse
tener lugar

odiar

detestar
aborrecer
abominar
despreciar
reprobar
repugnar

↔ amar
  querer

odio

aversión
animadversión
animosidad
aborrecimiento
antipatía
rencor
inquina
fobia
repugnancia
repulsa
rechazo
manía
ojeriza
tirria
rabia

↔ amor
  simpatía

odioso

detestable
abominable
despreciable
execrable
deleznable
repugnante
antipático
desagradable
fastidioso
repelente
asqueroso

↔ agradable
  querido

odisea

aventura
peripecia

odómetro

taxímetro

podómetro

odontólogo

dentista

odorífero

fragante
aromático
perfumado

↔ pestilente
  fétido

odre

bota
pellejo

ofender

insultar
despreciar
agraviar
afrentar
denostar
denigrar
ultrajar
vejar
injuriar
herir

desagradar
molestar

ofenderse

enfadarse
resentirse
disgustarse
mosquearse *col.*
amoscarse *col.*
picarse *col.*

↔ honrar
  alabar

  agradar

ofensa

insulto
desprecio
agravio
afrenta
denuesto
ultraje
vejación
injuria
ignominia
dicterio
daño
bofetada

↔ honra
  alabanza

ofensiva

ataque

↔ defensiva

ofensivo

insultante
despreciativo
agraviante
ignominioso
vejatorio
hiriente
lesivo

atacante

↔ elogioso
  honroso

  defensivo

oferta

ofrecimiento
proposición
propuesta

ocasión
ganga
momio
chollo *col.*

↔ demanda

offside *ingl.*

orsay
fuera de juego

oficial

público
estatal
gubernamental

legal
formal
reconocido
autorizado

↔ extraoficial

oficiante

celebrante

oficiar

celebrar
decir (misa)

oficina

despacho
gabinete
bufete
secretaría
dependencia
agencia
administración
delegación

oficinista

administrativo
chupatintas *desp.*

oficio

trabajo
ocupación
profesión

actividad
colocación
cargo
acomodo
empleo

función
papel
finalidad

escrito
comunicado
documento

oficioso

extraoficial
particular
privado

↔ oficial

ofidio

serpiente

ofrecer(se)

proponer
brindar
ceder
invitar
prometer
sugerir

dar
entregar
dedicar
ofrendar
consagrar
inmolar

celebrar

mostrar
exhibir
presentar
descubrir

ofrecimiento

oferta
proposición
propuesta
invitación
brindis

ofrenda

sacrificio
oblación
ofrecimiento
promesa
voto
entrega

donación
dádiva
obsequio
regalo

ofuscar(se)

aturdir
obnubilar
obcecar
cegar
desorientar
confundir

deslumbrar
encandilar

ofuscarse

obsesionarse
obstinarse
empeñarse

↔ aclarar
   orientar

ogro

fiera
basilisco
energúmeno

oído

oreja
audición

oír

sentir
percibir

escuchar
atender
ser todo oídos

↔ desoír

ojeada

vistazo
atisbo
mirada
ojo

ojear[1]

mirar
echar un vistazo

ojear[2]

levantar (la caza)
batir
acosar
espantar
montear

ojén

anís
anisado

ojeriza

manía
rabia
hincha
tirria
asco
inquina
aversión
antipatía
animosidad

↔ amistad
   simpatía

ojete *vulg.*

ano
culo

ojo

vista

vistazo
ojeada
mirada

atención
cuidado
precaución

agujero
abertura
orificio

ocelo
pinta
lunar

ojos

luceros
fanales

OK *ingl.*

conforme
vale
de acuerdo

ola

onda
oleaje

oleada
avalancha

oleada

ola
avalancha

invasión
avenida
flujo
afluencia

oleaginoso

oleoso
aceitoso

óleo

aceite

oler(se)

olfatear
olisquear
oliscar

aromatizar
heder
apestar
atufar

sospechar
deducir
intuir
figurarse
imaginarse
barruntar
dar en la nariz *col.*

curiosear
husmear
cotillear
fisgar
meter las narices *col.*

olfato

olfacción

instinto
intuición
perspicacia
penetración
sagacidad

↔ torpeza

oligofrenia

retraso
deficiencia mental

olimpiada u
   olimpíada

juegos olímpicos

olímpico

altanero
soberbio
orgulloso

descarado
desconsiderado

↔ humilde

olisquear u
oliscar

olfatear
oler
husmear

curiosear
fisgar
cotillear

oliva

aceituna

oliváceo

aceitunado

olivarero

olivícola

olivicultor
aceitunero

olla

cacerola
cazuela
marmita
pote
perol
puchero

guiso
cocido

ológrafo

hológrafo
autógrafo

olor

emanación
efluvio
fragancia
aroma
perfume
peste
hedor
tufo

oloroso

odorífero
fragante
aromático
perfumado

↔ inodoro

olvidar(se)

abandonar
relegar
arrinconar
postergar
desdeñar
despreciar
enterrar
ignorar
omitir
callar

↔ recordar
evocar

olvido

despiste
inadvertencia
descuido
distracción
omisión
negligencia

abandono
arrinconamiento
oscuridad
ostracismo
desuso

ombligo

núcleo
centro
meollo

ominoso

abominable
despreciable
reprobable
ruin
abyecto
execrable
vil

amenazador
siniestro
aciago
nefasto
adverso

↔ noble

prometedor

omisión

supresión
exclusión
olvido
descuido

negligencia

↔ inclusión

omitir

silenciar
callar
suprimir
olvidar
prescindir
evitar
eludir
comerse
saltarse
cortar
censurar

↔ decir
indicar
incluir

ómnibus

autobús
autocar

omnidireccional

multidireccional

↔ unidireccional

omnímodo

total
completo
integral
global

↔ parcial

omnipotente

todopoderoso

↔ impotente

omnisapiente

omnisciente

omóplato u
omoplato

escápula
paletilla

onanismo

masturbación

once *amer.*

merienda

onceno

undécimo

onda

ondulación

ola

tirabuzón
rizo

ondear

ondular
flamear
flotar
agitar
mecer
sacudir

ondulante

curvo
curvilíneo
serpenteante
sinuoso

↔ recto

ondular(se)

ondear
flamear

rizar
ensortijar

oneroso

pesado
molesto
enojoso
gravoso
engorroso

caro
costoso
dispendioso
elevado
abusivo

↔ leve
ligero

barato

onomástica

santo

onubense

huelveño

onza

guepardo

opa *amer.*

tonto
idiota

opacidad

turbiedad
oscuridad

↔ transparencia

opaco

turbio
velado
mate
oscuro
sombrío

insignificante
mediocre
apagado
deslustrado
gris

↔ traslúcido
  transparente
  brillante

  sobresaliente

opción

elección
disyuntiva
alternativa
dilema
decisión
selección

posibilidad
acceso

↔ obligación

opcional

optativo
voluntario
potestativo
facultativo
discrecional
alternativo

↔ obligatorio
  forzoso

operación

acción
acto
obra
práctica
ejecución
trabajo

procedimiento
tejemaneje

intervención
  (quirúrgica)

algoritmo
cuenta
cálculo

negocio
trato
adquisición

operador

cirujano
cámara

operar

actuar
efectuar
ejecutar
trabajar
proceder

intervenir

negociar
tratar
especular

↔ abstenerse
  inhibirse

operario

obrero
artesano
trabajador

operativo

operante
eficaz
activo

↔ inoperante
  ineficaz

opilar(se)

obstruir
obliterar (medicina)
obturar
ocluir
atascar

↔ desobstruir
  abrir

opimo *cult.*

abundante
copioso

rico
fértil
profuso

↔ exiguo

opinar

creer
considerar
pensar
juzgar
estimar

valorar

declarar
decir
dictaminar
sostener
aseverar

opinión

pensamiento
juicio
parecer
estimación
valoración
creencia
consideración
idea
concepto
impresión
calificación
apreciación
dictamen
veredicto
conjetura
comentario

fama
reputación
prestigio
crédito
predicamento

opíparo

copioso
pantagruélico
abundante
sustancioso
espléndido
generoso

↔ escaso

oponente

opositor
contrincante
contrario
enemigo

rival
adversario
detractor
antagonista

↔ partidario
  aliado

oponer

enfrentar
contraponer
encarar

oponerse

rechazar
resistirse
objetar
replicar
estorbar
obstaculizar
dificultar
obstruir
opugnar *cult.*
hacer frente

↔ facilitar
  ayudar

oportunidad

conveniencia
pertinencia
adecuación
propiedad
acierto

ocasión
coyuntura
sazón
caso
vez

saldo
rebaja
ganga
momio
chollo *col.*

oportunista

aprovechado
arribista
interesado
aventurero
ventajista
trepa *col.*

oportuno

conveniente
pertinente
adecuado
apropiado

indicado
idóneo
debido
propio
correcto
congruente
apto
ajustado
afortunado

gracioso
ingenioso
ocurrente
agudo
sutil

↔ inoportuno
intempestivo
inconveniente

oposición

enfrentamiento
contraposición
rechazo
resistencia
objeción
réplica
desacuerdo
disparidad
discrepancia
incompatibilidad
rivalidad
antítesis
antagonismo
animosidad
animadversión

concurso
examen
competición

↔ acuerdo
conformidad

opositar

concursar

opositor

oponente
contrincante
contrario
enemigo
rival
disidente

↔ partidario
adepto

opresión

presión
compresión

apretura
apretón

sometimiento
dominio
dominación
tiranía
esclavitud
yugo

asfixia
angustia
agobio
ahogo
presura

↔ libertad

alivio
desahogo

opresivo

opresor
tiránico
despótico
dictatorial
autoritario

asfixiante
angustioso
agobiante
sofocante

↔ liberador

relajante

opresor

opresivo
tiránico

tirano
déspota
dictador
autócrata

↔ liberador

demócrata

oprimir

apretar
presionar
comprimir
estrujar
prensar
agarrotar

someter
dominar
tiranizar
esclavizar
sojuzgar
avasallar

asfixiar
angustiar
agobiar
ahogar

↔ soltar
aflojar

libertar
liberar

aliviar

oprobio

vergüenza
deshonra
deshonor
infamia
afrenta
ignominia
baldón
injuria
agravio
ultraje
vejación

↔ honor
honra
respeto

optar

decidirse
seleccionar
elegir
escoger
decantarse
inclinarse
preferir

pretender
aspirar

↔ rechazar

renunciar

optativo

opcional
voluntario
potestativo

↔ obligatorio
forzoso

optimar

optimizar

optimate

prócer
noble
primate
prohombre

optimismo

euforia
jovialidad
ánimo
entusiasmo
ilusión

↔ pesimismo

optimista

eufórico
jovial
animoso
entusiasta
ilusionado

↔ pesimista
negativo

optimizar

optimar
mejorar
perfeccionar
desarrollar

↔ empeorar
desmejorar

óptimo

magnífico
espléndido
inmejorable
perfecto

↔ pésimo

opuesto

contrario
dispar
incompatible
antagónico
antitético
inverso
enfrentado
encontrado
contrapuesto
contradictorio
discordante
disconforme
disidente

enemigo
reacio
adversario
rival

↔ igual
coincidente

favorable
partidario

opugnar *cult.*
combatir
rebatir
refutar
impugnar
contradecir
oponerse
hacer frente

↔ aceptar
asentir

opulencia
riqueza
lujo
sobreabundancia
abundancia
plétora
exuberancia
profusión

↔ escasez
carencia
miseria

opulento
rico
lujoso
fastuoso
adinerado
acaudalado
creso

abundante
generoso
exuberante
copioso

↔ pobre
miserable

escaso
carente

oquedad
hueco
hoyo
agujero
orificio
cavidad
fosa

ora
o
ya
ahora

oración
rezo
plegaria
súplica

invocación
preces

frase
proposición

oráculo
vaticinio
auspicio
augurio
adivinación
predicción
pronóstico

santuario

orador
conferenciante
disertador
disertante

oral
verbal
hablado
vocal

bucal

orar
rezar
pedir
rogar
implorar
elevar plegarias

orate
loco
demente
enajenado
chalado
chiflado

↔ cuerdo

oratoria
elocuencia

oratorio
capilla

orbe
mundo
tierra
globo
universo

orbicular *cult.*
circular
redondo

órbita
trayectoria
recorrido

ámbito
área
esfera
campo
terreno

orco *cult.*
infierno
abismo
tinieblas
averno *cult.*
tártaro *cult.*

↔ cielo
paraíso

orden
ordenación
ordenamiento
colocación
distribución
situación
disposición
organización
coordinación
configuración
estructura
sistema
método

normalidad
equilibrio
disciplina
paz

clase
tipo
género
especie

estamento

mandato
mandamiento
norma
indicación
instrucción
decreto
directriz
prescripción

congregación
compañía

↔ desorden
descolocación

caos
disturbio

ordenación
orden
ordenamiento
colocación
distribución

ordenado
colocado
arreglado

organizado
metódico
regular

↔ desordenado

ordenador
computador
computadora

ordenamiento
orden
ordenación
colocación
distribución

ordenanza
reglamento

ordenanza
ordenamiento
reglamento
estatuto
norma
decreto

bedel
ujier

ordenar
colocar
distribuir
disponer
organizar
coordinar
configurar
estructurar
sistematizar
guardar
arreglar
adecentar
aviar

mandar
decretar
dictaminar
establecer
indicar

dirigir
encaminar
orientar
guiar

↔ desordenar
   desorganizar

ordinariez

grosería
basteza
tosquedad
vulgaridad
zafiedad
descaro
insolencia
impertinencia
falta de educación

↔ educación
   refinamiento

ordinario

normal
corriente
común
usual
acostumbrado
regular

grosero
basto
tosco
vulgar
burdo
maleducado
incívico
zafio
descortés
chabacano
patán
bruto
bárbaro
cazurro *col.*
arrabalero *col.*

↔ extraordinario
   excepcional

   educado
   cortés
   fino
   elegante

orear(se)

airear
ventilar
oxigenar

↔ enrarecer
   enturbiar

oreja

aurícula
pabellón
oído

orfanato

orfelinato
hospicio
inclusa
asilo

orfandad

desamparo
abandono
desvalimiento

↔ amparo

orfebre

joyero
platero
orífice

orfebrería

joyería
platería

orfelinato

orfanato

orfeón

coral
coro

orgánico

estructurado
jerarquizado
organizado
sistemático

viviente
vivo
biológico

↔ desorganizado

   inorgánico
   inanimado

organismo

ser
espécimen
individuo

cuerpo
anatomía

organización
asociación

organización

orden
estructura
disposición
articulación
configuración

gestión
administración

asociación
fundación
institución
agrupación
sociedad
entidad
confederación

↔ desorganización
   caos

organizar(se)

ordenar
estructurar
disponer
articular
regular
regularizar
arreglar
configurar

formar
montar
armar
fundar
instituir

dirigir
administrar
gobernar
gestionar

unir
agrupar
asociar

hacer
producir
provocar

↔ desorganizar
   desordenar

   disolver
   desarmar
   deshacer

órgano

víscera
entraña

orgasmo

clímax

orgía

bacanal
desenfreno
desmadre

orgullo

honra
honor
pundonor
satisfacción
puntillo
honrilla
amor propio

soberbia
engreimiento
altanería
altivez
inmodestia
arrogancia
autosuficiencia
vanidad
petulancia
ínfulas
aires

↔ vergüenza

   humildad
   modestia

orgulloso

satisfecho
contento
ufano
orondo

soberbio
engreído
altanero
altivo
inmodesto
arrogante
autosuficiente
vanidoso
petulante
creído

↔ avergonzado

   humilde
   modesto

orientación

colocación
disposición
posición
situación

dirección
rumbo

camino
inclinación
tendencia
derrotero
trayectoria

instrucción
indicación
sugerencia
directriz
directiva
consejo
información
guía

oriental

asiático

amer.
uruguayo

↔ occidental

orientar(se)

colocar
disponer
situar
poner

guiar
dirigir
conducir
encauzar
encaminar
centrar
aconsejar
asesorar
sugerir
indicar

↔ desorientar
despistar

oriente

este
levante

↔ occidente
oeste

orífice

orfebre

orificio

agujero
hueco
boca
ojo
abertura

oriflama

estandarte
bandera
banderola

origen

principio
nacimiento
comienzo
inicio
arranque
germen
causa
motivo
fuente

ascendencia
familia
cuna
génesis
genealogía
filiación
alcurnia
abolengo
linaje
prosapia

↔ fin
efecto
resultado

descendencia

original

originario
inicial
primitivo
previo

novedoso
nuevo
distinto
exótico
extraño
singular
inédito
atípico

modelo
natural
muestra
patrón
prototipo

↔ final
posterior

corriente
vulgar
clásico

copia

originalidad

novedad
innovación
distinción
particularidad
singularidad
rareza
curiosidad
extravagancia

↔ vulgaridad
normalidad

originar

causar
producir
ocasionar
generar
acarrear
provocar
determinar
desencadenar
desatar
traer consigo

originarse

iniciarse
comenzar
empezar
principiar

↔ terminar
concluir

originario

original
natural
oriundo
nativo
indígena
autóctono
aborigen
vernáculo

primero
inicial

↔ extranjero
foráneo

orilla

extremo
borde
margen
límite
filo
canto
linde
vera
ribera

orillar

bordear
esquivar
soslayar
sortear
evitar
eludir
rehuir
apartar
relegar
postergar
arrinconar
desplazar

rematar
festonear

orín

herrumbre
verdín
moho
óxido

orina

orina

orín
meada
meado
pis
pipí *col.*

orinal

bacín
perico

orinar

mear
hacer pis
hacer aguas menores

oriundo

originario
natural
indígena
aborigen

↔ extranjero
foráneo

orla

franja
greca
filete
cerco
ribete
cinta

orlar
filetear
ribetear

ornamental
decorativo
estético
artístico

ornamentar
ornar
adornar
decorar
engalanar
emperifollar

↔ desaliñar

ornamento
ornamentación
ornato
adorno
decoración
guarnición
aderezo
gala
aliño

ornar
ornamentar
adornar
decorar

↔ desaliñar

ornato
ornamento
adorno

oro
riqueza
opulencia
fortuna
dinero
caudal

dorado

oro negro
petróleo

orografía
topografía

relieve

orondo
gordo
grueso

rollizo
obeso
adiposo
voluminoso
barrigudo

satisfecho
ufano
orgulloso
pancho
ancho

↔ delgado

avergonzado
insatisfecho

oropel
bisutería
baratija
abalorio
perifollo
quincalla

relumbrón
apariencia
ostentación

orozuz
regaliz

orquesta
banda
orquestina
comparsa
fanfarria

orquestar
instrumentar

organizar
preparar
proyectar
urdir

orsay
offside
fuera de juego

orto *cult.*
aurora
alba
amanecer

ortodoxia
conformidad
legitimidad

↔ heterodoxia
disensión

ortodoxo
conforme
legítimo
auténtico
apegado
fiel

↔ heterodoxo
disidente

ortografía
letra
escritura

ortopedia
prótesis

ortopédico
protésico

orujo
aguardiente

orvallo
llovizna
sirimiri
calabobos

orzaga
marismo

osadía
audacia
atrevimiento
valentía
coraje
valor
arrojo
agallas
temeridad
imprudencia

insolencia
desvergüenza
impertinencia
descaro
desfachatez
frescura
fresca *col.*

↔ prudencia

respeto
consideración

osado
audaz
atrevido

arriesgado
valiente
arrojado
intrépido
aventurero
temerario
imprudente
agalludo *amer.*
ñeque *amer.*

insolente
desvergonzado
impertinente
descarado
fresco

↔ prudente
apocado

respetuoso
considerado

osamenta
esqueleto
huesos

osar
atreverse
arriesgarse
aventurarse
exponerse
lanzarse
decidirse

↔ acobardarse
desistir

oscilación
balanceo
basculación
baile
vibración

variación
fluctuación
vacilación

oscilar
balancearse
bambolearse
cimbrear
campanear
cabecear
bascular
bailar
vibrar
temblar

variar
alternar
fluctuar

vacilar
dudar
titubear

↔ estabilizarse

ósculo *cult.*

beso

oscurantismo

incultura
ignorancia
analfabetismo
atraso
postergación

↔ aperturismo
    progreso

oscurecer

obscurecer
ennegrecer
apagar
sombrear
ensombrecer
enlobreguecer
entenebrecer
atezar

deslucir
eclipsar

dificultar
complicar
confundir
embrollar

anochecer
hacerse de noche

oscurecerse

nublarse
encapotarse
cubrirse

↔ aclarar
    iluminar

    realzar

    clarificar
    elucidar

    amanecer
    alborear

    abrir
    despejarse

oscuridad

obscuridad
sombra

lobreguez
tinieblas
negrura
opacidad
calígine

confusión
complicación
complejidad
dificultad

oscurantismo
atraso
ignorancia
incultura
barbarie

anonimato
olvido
incógnita
incertidumbre
secreto
clandestinidad

↔ claridad
    luminosidad

    sencillez

    cultura
    progreso

    fama
    celebridad

oscuro

obscuro
sombrío
lóbrego
tenebroso
brumoso
apagado
opaco
caliginoso

nublado
cubierto
encapotado
gris
fosco

confuso
complicado
complejo
difícil
denso
incomprensible
inextricable
lioso

incierto
inseguro
problemático

azaroso
pesimista
negro

anónimo
incógnito
secreto
clandestino
ignorado
desconocido
misterioso
oculto
sospechoso
olvidado
discreto
modesto

↔ claro
    iluminado
    luminoso

    despejado
    soleado

    sencillo
    fácil
    comprensible

    seguro
    prometedor
    esperanzador

    famoso
    célebre
    conocido

ósmosis u
    osmosis

influencia
influjo

ostensible

ostensivo
perceptible
manifiesto
patente
evidente
visible
palpable
notorio
ostentoso

↔ imperceptible

ostensorio

custodia

ostentación

jactancia
petulancia
afectación

vanagloria
alarde
presunción
artificio
aparato
postín
prosopopeya
pompa
boato
fausto
magnificencia

↔ naturalidad
    sencillez
    modestia

ostentar

exhibir
lucir
mostrar
evidenciar
desplegar

jactarse
alardear
afectar
presumir
blasonar
vanagloriarse
pavonearse

poseer
tener
desempeñar
ocupar

↔ esconder
    encubrir

    avergonzarse

ostentoso

suntuoso
fastuoso
rimbombante
pomposo
aparatoso
espectacular
artificioso
afectado

ostensible
patente
manifiesto
evidente

↔ modesto
    sencillo

    discreto
    disimulado

ostra
madreperla

ostracismo
deportación
exilio
expulsión

aislamiento
apartamiento
alejamiento
confinamiento
exclusión
olvido
vacío

otear
mirar
observar
contemplar
atisbar
avistar
divisar
vislumbrar
distinguir

explorar
escudriñar
registrar

otero
cerro
altozano
colina
montículo
collado
cabezo
alcor
loma

↔ llanura

otomano
turco

otorgar
dar
conceder

proporcionar
conferir
dotar
dispensar
entregar
traspasar
atribuir

promulgar
decretar

aceptar
admitir
consentir
permitir
reconocer
acceder
asentir
autorizar

↔ negar
retirar

derogar

prohibir
oponerse

otrora *cult.*
antaño
antiguamente
en tiempos remotos

↔ hoy
ahora

otrosí *ant.*
además

out *ingl.*
pasado
trasnochado
demodé

↔ in

ovación
aclamación
aplauso
vítores

↔ abucheo

oval
ovalado
aovado
ahuevado
oblongo
ovoide
ovoideo
oviforme

óvalo
elipse

overol *amer.*
mono
traje de faena

peto

óvido
ovino

oviforme
ovoide
aovado
ovalado

ovillar
devanar
bobinar
enrollar

ovillarse
acurrucarse
enroscarse
arrebujarse
encogerse
recogerse

↔ estirarse

ovillo
madeja

lío
enredo
maraña
gurruño
revoltijo

ovino
óvido

ovni
platillo volante

ovoide
oval
oviforme
aovado

oxidar(se)
herrumbrar
aherrumbrar
enmohecer

anquilosar
atrofiar
embotar

↔ agilizar

óxido
herrumbre
orín
verdín
moho

oxigenar
airear
orear
ventilar

oxigenarse
respirar
purificarse

↔ enrarecer
cargar

oxítono
agudo (lingüística)

oyente
asistente
escucha
espectador

p

pabellón

ala
sección
anexo

dosel
colgadura

bandera
enseña
estandarte

nacionalidad (de un
    buque)

pábilo o **pabilo**

mecha

pábulo

pasto
alimento
sustento
estímulo
pie
fundamento

paca

bala
fardo

pacato

pacífico
tranquilo
apocado
modoso
pusilánime
parado
corto

timorato
remilgado
mojigato
gazmoño

↔ atrevido
    osado

pacer

pastar
apacentar
pastorear

pachá

bajá

pachaco *amer.*

enclenque
enfermizo

pachanga

fiesta
baile
diversión

pachanguero

pegadizo (ritmo,
    música)
ratonero

pacho *amer.*

rechoncho
aplanado

pachocha *amer.*

pachorra
indolencia
calma
cachaza
flema

↔ prisa

pachón *col.*

calmoso
cachazudo
flemático
tranquilo
lento
pesado

↔ activo
    nervioso

pachorra *col.*

calma
flema
tranquilidad
lentitud
parsimonia
cachaza *col.*
papo *col.*
pachocha *amer.*

↔ prisa
    ligereza

pachucho

decaído
deprimido
alicaído

delicado
enfermucho
malo
desmejorado

mustio
chuchurrido
marchito
pasado

↔ sano
    fresco
    lozano

paciencia

calma
tranquilidad
serenidad
sosiego
filosofía

aguante
resignación
conformidad
temple
tolerancia

minuciosidad
esmero
celo
perseverancia

lentitud
pesadez
flema
cachaza

↔ impaciencia
    nerviosismo

    desesperación

    descuido

    rapidez
    prisa

paciente

calmado
tranquilo
sereno
sosegado

resignado
templado
tolerante
sufrido
estoico

minucioso
perseverante

enfermo

↔ impaciente
    nervioso

    desesperado

    descuidado

pacificar

apaciguar
reconciliar
arreglar
aplacar

moderar
enfriar
templar

pacificarse

tranquilizarse
calmarse
sosegarse
serenarse

↔ soliviantar
    enconar

    inquietarse
    alterarse

pacífico

sosegado
calmado
tranquilo
tolerante
apacible
dócil
manso
inofensivo
plácido

↔ violento
    irritable
    belicoso

pacifismo

↔ militarismo
    belicismo

paco

francotirador
tirador aislado

pactar

convenir
acordar
concertar
estipular
apalabrar
ajustar
aliarse
ceder
transigir
contemporizar
capitular

pacto

convenio
acuerdo
concierto
arreglo
compromiso

trato
tratado
ajuste
alianza
capitulación

padecer

sufrir
soportar
aguantar
pasar
dolerse
adolecer

↔ disfrutar
    gozar

padecimiento

sufrimiento
penalidad
tormento

↔ placer
    alegría

padre

progenitor
procreador
papá

semental
padrote amer.

autor
creador
inventor
descubridor

Dios
Altísimo
Señor

clérigo
sacerdote
religioso

padrear

procrear

padrinazgo

apadrinamiento

mecenazgo
apoyo
protección
amparo
valimiento

↔ desamparo
    abandono

padrino

protector
bienhechor
mecenas
valedor

padrón

censo
catastro
registro

padrote amer.

semental

paga

pago
abono
retribución
remuneración
recompensa
gratificación

sueldo
salario
jornal
estipendio
emolumentos
honorarios
gaje

pagado

abonado
retribuido
remunerado

satisfecho
orgulloso
ufano
envanecido
creído

pagaduría

tesorería
caja
administración

pagano

gentil
infiel
impío
idólatra

↔ cristiano

pagar

abonar
retribuir

remunerar
desembolsar
costear
sufragar
finiquitar
financiar
aflojar col.
apoquinar col.
soltar la mosca col.

cumplir
satisfacer
corresponder
devolver
expiar
purgar

pagarse

enorgullecerse
vanagloriarse

↔ adeudar
    deber

pagaré

obligación
letra

página

carilla
plana

hoja
lámina
folio

etapa
episodio
suceso

paginar

foliar

pago[1]

paga
abono
retribución
remuneración
liquidación
satisfacción

pago[2]

aldea
pueblo
comarca
región
lugar
lares

paidofilia
pedofilia

paila *amer.*
sartén

paipay
abanico
abano

país
estado
nación
patria
tierra
suelo patrio

paisaje
vista
panorama
horizonte

paisano
compatriota
conciudadano

campesino
lugareño
aldeano
pueblerino
paleto *desp.*

civil

↔ extranjero

militar

paja
caña
tallo

pajilla
canuto

desecho
relleno
broza
hojarasca

vulg.
masturbación

↔ meollo
enjundia

pajar
almiar
henil

pájara
desfallecimiento
(deporte)

pajarera
jaula

pajarita
lazo

pájaro
ave
pajarraco *desp.*

granuja
astuto
taimado
ladino
pillo
zorro

pajarraco *desp.*
pájaro

granuja
astuto

paje
escudero
criado

pajizo
amarillo
amarillento

pala
recogedor

paleta
incisivo

palabra
vocablo
término
voz

lenguaje
habla
dicción
expresión
estilo

compromiso
promesa
juramento
garantía
fe

Jesucristo
Verbo

palabrería
charlatanería
verborrea
fraseología
cháchara *col.*

↔ laconismo

palabrota
taco
insulto
juramento
blasfemia
imprecación
maldición
grosería
barbaridad

palacete
villa
chalé
hotel

palaciego
palatino
cortesano
áulico

palacio
mansión

paladar
cielo (de la boca)

gusto
sabor
regusto
dejo

paladear(se)
saborear
gustar
degustar
catar

gozar
disfrutar
regodearse
relamerse

paladial
palatal

paladín
adalid
caballero

defensor
valedor

↔ villano

detractor

paladino
evidente
patente
manifiesto
explícito
claro
público
sin reservas

↔ reservado

palanca
mangueta

pértiga

manecilla

trampolín

influencia
mano *col.*
enchufe *col.*

palangana
jofaina
aguamanil
lavamanos

amer.
bocazas
charlatán
fanfarrón
pedante

palanganear *amer.*
fanfarronear
presumir

palanquín
andas
parihuela

palatal
paladial

palatino
palaciego

palenque
estacada
cerca
empalizada

palestra
circo
arena
campo
ruedo
escena

lucha
combate
liza
pugna
desafío

paleta
espátula

espumadera
rasera

raqueta
pala

incisivo

paletilla
omóplato
escápula

paleto *desp.*
campesino
aldeano
pueblerino
rústico
cateto
palurdo
garrulo
gañán
destripaterrones

↔ urbano
    ciudadano

paliar
mitigar
atenuar
moderar
suavizar
aliviar
aplacar
disminuir
aminorar

↔ agravar
    aumentar

paliativo
paliatorio
mitigante
suavizante
calmante

palidecer
empalidecer
amarillear

↔ sonrojarse

palidez
lividez
blancura

↔ sonrojo

pálido
demacrado
lívido
blanco
macilento
cadavérico

desvaído
descolorido
apagado

↔ sonrosado
    coloreado

intenso
chillón

palillero
portaplumas

palillo
mondadientes

palillos
castañuelas

palingenesia *cult.*
resurrección

palinodia *cult.*
rectificación
retractación

↔ ratificación

palio
dosel
pabellón
baldaquino
templete

palique *col.*
cháchara
charla
parloteo

palitroque
palo

banderilla

paliza
azotaina
tunda
zurra
soba
somanta
leña *col.*
felpa *col.*
candela *col.*
golpiza *amer.*

trote
trajín
tute

col.
pesado
cargante
plasta *col.*
peñazo *col.*

palizada
empalizada

palma
palmera

gloria
triunfo
victoria
laureles

palmas
palmadas
aplauso
ovación

↔ pitada
    abucheo

palmada
manotada
azote

palmas
aplauso

palmar[1] *col.*
morir
fenecer
perecer
diñarla *col.*
cascar *col.*
espichar *col.*
estirar la pata *col.*

palmar[2]
palmario
palmeral

palmarés
historial
currículo

palmario
palmar
evidente
patente
manifiesto
indudable
obvio
claro
notorio
ostensible

↔ cuestionable
    dudoso

palmatoria
férula
bujía

palmear
palmotear
aplaudir
dar palmas

palmera
palma

palmeral
palmar

palmeta
listón
regla

palmito *col.*
atractivo
porte
figura

palmo
cuarta

palo
estaca
madero
garrote

garrota
tranca
mástil
madera
col.
golpe
daño
perjuicio
pena
mal
estrago
amer.
árbol
arbusto

paloduz
regaliz

palometa
japuta
palomilla (tuerca)

palomilla
palometa

palomino
pichón
zurraspa
atontado
tonto
ingenuo
simple
lelo
pardillo *col.*

palomita
cotufa
roseta

palpable
tangible
evidente
patente
manifiesto
ostensible
obvio
flagrante
cierto
seguro

↔ incorpóreo
intangible

dudoso
incierto

palpación
tactación
tacto

palpar
tocar
tentar
tantear
acariciar

percibir
notar
apreciar
sentir

palpitación
latido
pulsación
pulso

palpitante
candente
apasionante
actual
de actualidad
en candelero

palpitar
latir

vibrar
emocionarse
conmoverse
estremecerse

pálpito
corazonada
presentimiento
sospecha
presagio
premonición

palta *amer.*
aguacate (fruto)

palto *amer.*
aguacate (árbol)

paludismo
malaria

palurdo *desp.*
paleto
cateto
gaznápiro
garrulo

ganapán
gañán
destripaterrones

↔ fino
refinado
cultivado

palustre
lacustre

pamema
pamplina
tontería
bobada
insignificancia
ridiculez
nadería
futilidad

melindre
remilgo
aspaviento

pampa
llanura
planicie

pamplina
pamema
tontería
bobada
insignificancia
ridiculez

↔ importancia

pan
panecillo
hogaza
bollo
barra
pistola
chusco

sustento
alimento

panacea
remedio
ungüento amarillo

panadería
tahona

panal
colmena
bresca

pancarta
cartel
letrero
rótulo

pancho
tranquilo
inmutable
impasible
impertérrito

pancista
acomodaticio
conformista

panda
pandilla
grupo
banda
peña *col.*
basca *col.*

pandear(se)
combar
alabear
arquear
abarquillar
curvar

↔ enderezar

pandemia
plaga

pandemónium
griterío
alboroto
algarabía
escándalo
follón

↔ calma
silencio

pandero *col.*
culo
trasero
asentaderas *col.*
pompis *col.*

pandilla
grupo
panda
banda
peña *col.*
basca *col.*

desp.
gavilla
hatajo
hato
caterva
patulea
chusma

pando
valle

panecillo
bollo
pan

panegírico
apología
loa
ditirambo
alabanza
encomio
exaltación

↔ crítica
   diatriba

panel
plancha
tablero

tablón de anuncios

consola

pánfilo
simple
bobo
bobalicón
lelo
lerdo
lila
memo
corto
parado
panoli *col.*

↔ listo
   avispado

panfleto
folleto

libelo

paniaguado
enchufado
protegido
favorecido

pánico
espanto
pavor
terror
horror
fobia
miedo
canguis *col.*
cagalera *col.*

↔ valor
   serenidad

panícula
panocha
panoja

panificadora
horno
tahona

panocha o
   panoja
mazorca
panícula

panoli *col.*
pánfilo
simple
bobo
lelo
memo

↔ listo
   avispado

panoplia
armadura

panorama
panorámica
vista
paisaje
perspectiva
horizonte

pantagruélico
opíparo
copioso
sustancioso

↔ frugal

pantalla
mampara
quitasol
tulipa

tapadera
encubridor

monitor (informática)

pantalón o
   pantalones
calzón

pantano
embalse
paular

ciénaga
marisma
barrizal
lodazal
tremedal

panteón
mausoleo

amer.
cementerio

pantera
leopardo

pantomima
mímica
mimo

comedia
teatro
farsa
ficción
fingimiento
disimulo
paripé *caló*

pantorrilla
pantorra *col.*
canilla *amer.*

pantufla
chinela
chancleta
chancla
zapatilla

panza
abdomen
vientre
tripa
barriga
andorga *col.*

prominencia
abultamiento
abombamiento
convexidad
bulto

panzada
tripazo
atracón
hartazgo
hartón
hartada
paliza

pañal
pico

pañito
tapete

paño
tela
lienzo
trapo
gamuza
bayeta

tapiz
colgadura

paños
vestiduras
ropajes

pañol
almacén (en un
   barco)
depósito
bodega

pañoleta
chal
pañuelo
mantón
echarpe
toquilla

pañuelo
moquero

fular
pañoleta

papa[1]
pontífice

papa²

patata

papa³

papilla
gachas

papá

padre
papi
progenitor

papada

sotabarba

papadilla
papo

papado

pontificado

papagayo

loro

papalina

cofia
toca

papanatas *col.*

papamoscas
tonto
lelo
simple
mentecato
bobalicón
pardillo
primo

↔ avispado
   listo

paparrucha

memez
mamarrachada
majadería
tontería
estupidez

bulo
cuento
embuste
mentira
bola *col.*

↔ sensatez

   verdad

papear *col.*

comer
zampar *col.*
jamar *col.*
jalar *col.*
embaular *col.*

papel

hoja
folio
lámina
pliego

documento
certificado

función
tarea
labor
cometido
oficio
rol

papela *argot*

carné
DNI (documento
   nacional de
   identidad)

papeleo

burocracia
trámite
tramitación
gestión
diligencia

papelera

cesto
basura

papeleta

ficha
cédula
tarjeta
resguardo
comprobante
vale

engorro
dificultad
traba
embolado
papelón

papelón

papeleta
engorro

papeo *col.*

comida
manduca *col.*
pitanza *col.*

papilla

papas
gachas

papirotazo

capirotazo
toba *col.*

papo

papada
papadilla

bocio

buche

col.
cachaza
tranquilidad
flema
cuajo
lentitud
parsimonia
pachorra *col.*
pachocha *amer.*

paquete

bulto
envoltorio
fardo
atadijo
bojete *amer.*

col.
castigo
sanción
arresto
puro *col.*

par

pareja
dúo
doble
doblete

igual
idéntico
semejante
parecido
similar
equiparable
parejo

↔ impar

parabién

felicitación
congratulación
enhorabuena

parábola

alegoría
fábula
apólogo
representación
comparación
encarnación

parada

paro
alto
detención
interrupción
suspensión
descanso
pausa
paréntesis
cese
abandono
inmovilización

desfile
cabalgata
formación
revista

apeadero

↔ continuación
   prosecución

paradero

localización
ubicación
situación
dirección
señas

fin
final
destino

paradigma

modelo
ejemplo
prototipo
arquetipo
canon
muestra

paradigmático

ejemplar
modélico
arquetípico

paradisiaco o
   paradisíaco

divino
celestial
idílico
maravilloso

↔ infernal

parado

detenido
inmovilizado
retenido
inmóvil
inactivo

desempleado
desocupado
ocioso

tímido
pasivo
corto
pusilánime
pánfilo

asombrado
desconcertado
pasmado

amer.
levantado
erguido
tieso
de pie

↔ activo

   empleado
   ocupado

   arrojado
   decidido

paradoja

contrasentido
contradicción
absurdo

↔ lógica

paradójico

contradictorio
extraño
chocante
absurdo

↔ lógico

parafernalia

aparato
ostentación

pompa
bambolla

paráfrasis

interpretación
versión
glosa
exégesis
comentario

parágrafo

párrafo
aparte
acápite *amer.*

paraíso

edén
gloria
cielo

gallinero (de un
   teatro)
galería

paraje

andurrial
vericueto
rincón
lugar
sitio
pago

paralelismo

semejanza
afinidad
analogía
equivalencia
correspondencia
coincidencia
concordancia
comparación
parangón

↔ disparidad

paralelo

semejante
similar
afín
análogo
equivalente
correspondiente
comparable

↔ dispar

paralís *col.*

parálisis

parálisis

perlesía
invalidez
paralís *col.*

paralítico

impedido
inválido
imposibilitado
parapléjico
tetrapléjico

paralizar(se)

inmovilizar
petrificar
detener
parar
frenar
atenazar
agarrotar
atrofiar
anquilosar

↔ estimular
   activar
   mover

paramento

atavío
ornamento
adorno
lienzo
pared

páramo

erial
estepa
yermo
despoblado

parangón

comparación
confrontación
cotejo
equiparación
similitud
paralelismo

↔ distinción

parangonar

comparar
equiparar
confrontar
cotejar
asimilar
asemejar

paranoia

monomanía
psicosis
obsesión
locura
demencia

↔ cordura
   sensatez

paranoico

maniático
psicótico
obseso
loco
demente

↔ cuerdo
   sensato

parapetarse

atrincherarse
protegerse
refugiarse
resguardarse
escudarse

parapeto

barricada

defensa
protección
refugio
resguardo
abrigo
escudo

parapléjico

paralítico
inválido

parapsicología

ocultismo
ciencias ocultas

parar(se)

detener
inmovilizar
sujetar
retener
frenar
atajar
contener
estancar

interrumpir
abandonar
desactivar

cesar
terminar
acabar
finalizar
concluir

alojarse
hospedarse
habitar
vivir

amer.
levantar
erguir
poner en pie
ponerse de pie

↔ avanzar
mover
accionar

continuar
proseguir

comenzar

parásito

gorrón
aprovechado
pedigüeño
sablista
chupón *col.*

parasol

sombrilla
quitasol

parataxis

coordinación
(lingüística)

parca *cult.*

muerte

parcela

solar
terreno

parte
fracción
división
fragmento
porción
trozo

parcelar

dividir
fraccionar
trocear

parche

remiendo
recosido
pieza
pegote

tambor

parcial

fragmentario
incompleto
inacabado
deficiente
truncado

arbitrario
injusto
inicuo
subjetivo
apasionado
partidario
caprichoso

↔ total
global
completo

imparcial
objetivo
neutral

parcialidad

arbitrariedad
injusticia
iniquidad
subjetividad
favoritismo
predilección
preferencia
privilegio
nepotismo

↔ imparcialidad
objetividad
equidad

parco

moderado
mesurado
morigerado
frugal
sobrio
austero
escueto

escaso
exiguo
parvo
pobre

↔ exagerado
abundante

pardal

gorrión

pardillo (ave)

pardillo

pardal

col.
paleto
palurdo
cateto

ingenuo
simple
cándido
bobo
lelo
primo *col.*
primavera *col.*
pringado *col.*

↔ avispado
vivo

pardo

tostado
terroso
amarronado
castaño

oscuro
negro

amer. desp.
mulato

parear

emparejar

comparar
confrontar
contrastar

banderillear

parecer

creencia
pensamiento
opinión
idea
concepto
impresión
juicio
dictamen
comentario

presencia
aspecto
apariencia
facha

parecer(se)

semejar
aparentar
representar

asemejarse
salir a
recordar a

creer
pensar
opinar
juzgar

parecido

semejante
similar
igual
análogo
afín
cercano

semejanza
similitud
igualdad
analogía
afinidad
parentesco
relación

↔ distinto
distinción

pared

tabique
muro
tapia

pareja

dúo
par
dueto
doblete
collera *amer.*

compañero
partenaire

parejo

igual
semejante
parecido
similar

liso
llano
uniforme

↔ distinto
desigual

paremia
refrán
sentencia
proverbio
dicho
adagio

parentela
familia
clan
gente

parentesco
consanguinidad
filiación
sangre

afinidad
relación
conexión
unión
vínculo
entronque

↔ diferencia
desconexión

paréntesis
inciso
digresión

descanso
alto
pausa
parada
interrupción
aparte

↔ continuación
prosecución

paria
intocable (India)

ruin
miserable
plebeyo
desheredado
desarraigado
marginado
pelado col.
pelagatos col.

parias
placenta

parida col.
tontería
sandez

idiotez
bobada
chorrada col.

paridad
igualdad
semejanza
similitud
analogía
afinidad
equivalencia
paralelismo

↔ diferencia
desigualdad

pariente
familiar
deudo
allegado
consanguíneo

semejante
parecido
afín
análogo

↔ diferente
distinto

parihuela
angarillas
andas
palanquín

camilla

paripé caló
fingimiento
comedia
teatro
pantomima

↔ sinceridad

parir
alumbrar
dar a luz
traer al mundo

originar
crear
idear
producir

parir, poner a col.
criticar
vituperar

insultar
poner verde

↔ alabar

parisino
parisiense
parisién

parking ingl.
aparcamiento
estacionamiento
garaje
parqueadero amer.

parla
conversación
charla
plática
parleta
palique col.
cháchara col.

labia
elocuencia
facilidad de palabra

parlamentar
dialogar
negociar
tratar
discutir
debatir
deliberar

parlamentario
asambleísta

diputado

parlamento
asamblea
cortes

diálogo
conferencia
negociación
discusión
charla
parrafada

monólogo
disertación

parlanchín col.
hablador
locuaz
charlatán

parlero
cotorra col.

↔ callado

parlar
parlotear
charlar
hablar

↔ callar

parlero
hablador
parlanchín
cotorra col.

chismoso
cotilla

↔ callado
discreto

parleta
charla
parla

parlotear
parlar
charlar
charlotear
hablar
cascar col.
rajar col.

↔ callar

parné caló
dinero
guita col.
pasta col.
plata col.
perras col.
monis col.

paro
parada
alto
detención
inmovilización
paralización

desempleo
desocupación

huelga

↔ movimiento
activación
ocupación
empleo

parodia
caricatura
remedo
burla

parodiar
caricaturizar
remedar
imitar
ridiculizar

paroxismo
crisis
ataque

exaltación
arrebato
frenesí
delirio
exacerbación

↔ mejoría
  calma
  moderación

paroxítono
grave (lingüística)
llano

parpadear
pestañear

titilar
vibrar
temblar
oscilar

parpar
graznar

parque
jardín
vergel
zona verde

parqué
parquet
entarimado
tarima
tablado

parqueadero
  amer.
aparcamiento
estacionamiento

garaje
parking

parquear *amer.*
aparcar
estacionar

parquedad
moderación
mesura
morigeración
templanza
frugalidad
sobriedad
austeridad

escasez
exigüidad
parvedad
pobreza

↔ exageración
  despilfarro

  abundancia

parquet *fr.*
parqué

parra
vid
emparrado
parral

parrafada
charla
conversación
parlamento

discurso
sermón
conferencia

párrafo
parágrafo
aparte
acápite *amer.*

parral
emparrado
parra

parranda
juerga
francachela
jarana

farra
bureo *col.*
garufa *amer.*

parricida
uxoricida

parricidio
uxoricidio

parrilla
asador
barbacoa
grill

parroquia
iglesia
templo

feligresía

clientela
público

parroquiano
feligrés
cliente
asiduo
habitual

parsimonia
lentitud
calma
tranquilidad
flema
cachaza *col.*
papo *col.*
pachorra *col.*
pachocha *amer.*

moderación
parquedad

↔ ímpetu
  rapidez

  derroche

parsimonioso
lento
calmoso
pausado
tranquilo
flemático
cachazudo *col.*

↔ rápido
  ágil

parte
trozo
pedazo
fragmento
fracción
división
pieza
porción
partícula
subconjunto
grupo
cuota
ración
apartado

oponente
contendiente

sitio
lugar
zona
área
pago

lado
perspectiva
aspecto
punto de vista

comunicación
informe
aviso
noticia

noticiario
informativo
telediario

partes
sexo
genitales
vergüenzas

↔ todo
  totalidad

parteluz
mainel

partenaire *fr.*
compañero

partera
comadrona
matrona

parterre
arriate
macizo
bancal

partición

fraccionamiento
distribución
reparto
fracción
división

↔ unión
reagrupación

participación

colaboración
contribución
cooperación
ayuda
intervención
complicidad
aportación

comunicación
notificación
informe
anuncio

acción
bono
título
valor

participante

partícipe
asistente
concurrente
implicado
integrante

participar

colaborar
contribuir
cooperar
ayudar
intervenir
entrar
formar parte

compartir
asentir
estar de acuerdo

comunicar
notificar
informar
anunciar

↔ abstenerse
desentenderse
inhibirse

silenciar
ocultar

partícipe

participante
colaborador
implicado
cómplice

partícula

porción
átomo
ápice
pizca

particular

propio
característico
peculiar
singular
típico
privativo
distintivo
exclusivo

concreto
determinado
específico

especial
original
extraordinario
raro
distinto

privado
personal
individual

asunto
cuestión
materia
tema

↔ general

común

público

particularidad

propiedad
característica
peculiaridad
singularidad
individualidad
idiosincrasia
atributo
carácter

detalle
pormenor
anécdota

curiosidad
puntualización

↔ generalidad

particularismo

individualismo
independencia

↔ colectivismo

particularizar(se)

concretar
precisar
detallar
especificar
puntualizar
caracterizar
singularizar
distinguir
diferenciar
individualizar

↔ generalizar
abstraer

partida

marcha
ida
salida
abandono
huida
éxodo
retirada
alejamiento
ausencia
despedida

remesa

asiento
anotación
concepto
capítulo

inscripción
certificado

banda
cuadrilla
facción
hato *desp.*
gavilla *desp.*
caterva *desp.*

partidario

seguidor
adepto
simpatizante
aliado

admirador
prosélito
furibundo
fan
amigo
favorable

↔ adversario
contrario
opositor

partidismo

sectarismo
parcialidad
preferencia
distinción
arbitrariedad
subjetivismo

↔ neutralidad
imparcialidad

partidista

sectario
parcial
subjetivo

↔ neutral
imparcial

partido

fragmentado
dividido
fraccionado
troceado
seccionado

facción
bando
bandería
partida
clan

encuentro
competición
match

partir

fragmentar
dividir
fraccionar
trocear
seccionar
desgajar
arrancar
romper
quebrar
fracturar
cascar

abrir
rajar
cortar

compartir
repartir
distribuir

marcharse
irse
ausentarse
abandonar
despedirse
largarse *col.*
pirarse *col.*

salir
nacer
provenir
proceder
originarse

col.
fastidiar
perjudicar
jorobar *col.*
hacer la cusqui *col.*

partirse
reírse
desternillarse
troncharse
mondarse
mearse *col.*
morirse de risa *col.*

↔ unir
   juntar

   acaparar

   quedarse

partisano
guerrillero
maquis

partitivo
divisible
partible

↔ indivisible

parto
alumbramiento
nacimiento

producción
obra
producto

parturienta
puérpera

parva
cantidad
montón
pila

parvo
escaso
exiguo
pequeño
insignificante
mezquino
corto
pobre

↔ abundante
   grande

parvulario
guardería
kindergarten
jardín de infancia

párvulo
preescolar

inocente
infantil
ingenuo
cándido

↔ maduro
   experimentado

pasable
pasadero
admisible
aceptable
presentable
suficiente
apto

soportable
aguantable
tolerable
razonable
moderado

↔ inaceptable
   impresentable

   inaguantable

pasada
paso
recorrido
pasaje

repaso
retoque
mano

col.
exageración
alucine *col.*

pasadera
pasarela

pasadero
pasable
admisible
aceptable

mediano
regular

atravesable
salvable
franco

↔ inaceptable
   rechazable

pasadizo
corredor
pasaje
galería

pasado
pretérito
anterior
antiguo
inmemorial
remoto
lejano

estropeado
podrido
malo
ajado
mustio
chuchurrido
alterado
gastado
caducado

obsoleto
desfasado
decadente
decrépito
decimonónico
caduco
demodé
out

antigüedad
ayer

↔ futuro
   presente
   moderno
   actual

fresco

vigente
in
al día

pasador
broche
alfiler
prendedor

horquilla

gemelo (adorno)

cerrojo
pestillo
aldabilla

colador
filtro

pasaje
pasada
paso
recorrido

billete
tique
tíquet

pasajeros
viajeros

pasadizo
travesía
callejón
callejuela
calleja

episodio
fragmento
párrafo

pasajero
temporal
transitorio
momentáneo
perecedero
efímero
breve
fugaz

viajero

migratorio

↔ duradero
   eterno

pasamanería
pasamano
trencilla
galón

pasamanos
barandal
asidero

pasaporte
pase
salvoconducto
visado

pasapurés
triturador
chino

pasar(se)
suceder
ocurrir
producirse
acontecer
acaecer
sobrevenir
tener lugar

llevar
mudar
trasladar
transportar

ir
avanzar
andar
atravesar
cruzar
traspasar

transferir
ceder
conferir
donar
conceder

transmitir
contagiar
contaminar
infectar
pegar

entrar
penetrar
acceder
meter
introducir

aprobar
superar
aventajar

experimentar
sufrir
padecer
soportar
aguantar

tolerar
permitir
consentir
admitir
perdonar

colar
filtrar

permanecer
estar
quedarse

col.
inhibirse
dar igual
lavarse las manos

pasarse
propasarse
excederse
extralimitarse

pudrirse
estropearse
caducar

olvidarse
descuidarse

↔ dejar
    salir
    sacar
    prohibir
    rechazar

    comedirse

    conservarse

    recordar

    preocuparse
    interesarse

pasarela
pasadera
puente

pasatiempo
entretenimiento
diversión
distracción
afición
hobby

pase
autorización
salvoconducto
invitación

proyección (cine)

desfile (modas)

paseante
paseador
caminante
viandante
andariego
andador
peatón

pasear(se)
caminar
andar
deambular
vagar
transitar
circular
callejear
patearse *col.*

paseo
garbeo
vuelta
caminata
escapada

calle
avenida
alameda
bulevar

pasillo
galería
corredor
paso

pasión
entusiasmo
emoción
calor
ardor
fuego
fervor
frenesí
impulso
arrebato
vehemencia
acaloramiento
exaltación
afán
furia
deseo

predilección
inclinación
preferencia
querencia
adoración
amor
flechazo *col.*

↔ frialdad
ponderación
comedimiento

aversión
odio

pasividad
inactividad
apatía
indiferencia
abulia
pasotismo *col.*

↔ actividad
dinamismo

pasivo
inactivo
apático
indiferente
parado
abúlico
pasota *col.*

deuda
débito
adeudo

↔ activo
dinámico

pasma *argot*
policía
madera *argot*
bofia *argot*

pasmar(se)
congelar
aterir
helar

asombrar
maravillar
embelesar
impresionar
deslumbrar
admirar
alelar
atontar
anonadar
alucinar *col.*

↔ calentar
entrar en calor

pasmarote
pasmado
alelado
lelo

atontado
ensimismado
memo

↔ despierto
 avispado

pasmo
tétanos

asombro
sorpresa
maravilla
embeleso
impresión
deslumbramiento
admiración
alucine *col.*

↔ indiferencia

pasmoso
asombroso
impresionante
alucinante *col.*

↔ indiferente

paso
tránsito
pasada

zancada
tranco

pisada
huella
holladura

pasaje
acceso
camino
pasillo
abertura
comunicación

gestión
trámite
diligencia

progreso
adelanto
avance
mejora
evolución

pasota *col.*
abúlico
apático
desganado
pasivo

desinteresado
indolente
desidioso

↔ diligente
 preocupado

pasquín
cartel
letrero
afiche *amer.*

libelo
panfleto

pasta
masa
mazacote
plasta
engrudo

galleta
bollo

tapa
cubierta
encuadernación

col.
dinero
guita *col.*
plata *col.*
parné *caló*

pastar
pacer
apacentar
pastorear

pastel
dulce
confite
pastelillo
tarta

pastelear
contemporizar
ceder

urdir
maquinar
tramar

pastelería
confitería
bollería
repostería
dulcería

pastiche
plagio
calco

revoltijo
mezcla

pastilla
píldora
comprimido
gragea

barra
tableta

pastizal
pasto
dehesa
prado

pasto
pienso
forraje
heno

pastizal
dehesa

pábulo
alimento
sustento
estímulo

pastor
sacerdote
eclesiástico
predicador

pastoril
pecuario
ganadero

bucólico
idílico

pastoso
espeso
denso
condensado
cremoso
apelmazado
pegajoso
pringoso

pata
remo
anca

pie
apoyo
sostén

col.
pierna
gamba *col.*

patada
coz
puntapié

patalear
patear

enfadarse
protestar
rabiar
enrabietarse

pataleo
pateo

protesta
rabieta

pataleta
patatús
soponcio
arrebato
rabieta
corajina
disgusto
berrinche *col.*

patán
aldeano
rústico
palurdo
paleto
gañán
cateto

zafio
grosero
descortés
ordinario
bruto
rudo

↔ civilizado
 urbano
 distinguido

 educado
 cortés

patata
papa

patatús *col.*

desmayo
síncope
soponcio *col.*

susto
impresión

patear

cocear
pisotear

patalear
rabiar
protestar

patente

manifiesto
perceptible
palpable
palmario
claro
visible
evidente
ostensible
obvio
indudable

licencia
concesión
permiso
exclusiva

↔ oculto
   velado

patentizar

demostrar
evidenciar
exteriorizar
manifestar
mostrar
aclarar

↔ ocultar
   esconder

paternal

familiar
benévolo
bondadoso
condescendiente
indulgente
protector

↔ inflexible

paternalismo

proteccionismo

patético

melodramático
dramático
trágico
triste
doloroso
conmovedor
emotivo
emocionante
sobrecogedor

↔ cómico

patibulario

avieso
siniestro
perverso
malencarado

↔ angelical

patíbulo

cadalso

patichueco *amer.*

patizambo
zambo
chueco *amer.*

paticorto

↔ patilargo

patidifuso *col.*

asombrado
pasmado
boquiabierto
estupefacto
petrificado
turulato *col.*
patitieso *col.*

patilargo

zanquilargo
zancudo

↔ paticorto

patín

patinete

patinar

deslizarse
resbalar
escurrirse
derrapar

equivocarse
errar
marrar
colarse *col.*
meter la pata *col.*

patinazo

resbalón

equivocación
error
planchazo
coladura *col.*
metedura de pata *col.*

patinete

patín

patio

corral

platea

patitieso *col.*

inmóvil
rígido
tieso
petrificado

pasmado
asombrado
sorprendido
estupefacto
patidifuso *col.*

patizambo

zambo
patojo
patichueco *amer.*
chueco *amer.*

pato

ánade

col.
patoso
desgarbado
torpe

↔ ágil
   garboso

patochada

disparate
tontería
memez
bobada

patógeno

nocivo
morboso
pernicioso

↔ inofensivo

patojo

patizambo
patichueco *amer.*

patología

nosología

patológico

enfermizo
morboso

patoso

desgarbado
soso
pato *col.*

↔ ágil
   garboso

patraña

embuste
engaño
mentira
infundio
falsedad
bulo
bola *col.*

↔ verdad

patria

país
nación
tierra
suelo patrio

patricio

aristócrata
noble
caballero
señor
prócer

↔ plebeyo

patrimonial

heredado
adquirido
familiar

patrimonio

herencia
fortuna
propiedad
capital
dinero
riqueza
bienes
peculio
pegujal
bagaje
acervo
haber

patrio

patriótico

patriotero

chovinista
xenófobo

patriótico

patrio
nacional

patrocinador

patrocinante
promotor
sponsor
impulsor
mecenas

patrocinar

favorecer
respaldar
proteger
apadrinar
ayudar
auspiciar
apoyar
fomentar

sufragar
costear
pagar

↔ oponerse
    hundir

patrocinio

respaldo
protección
auspicio
fomento
mecenazgo

↔ oposición

patrón

patrono
patrocinador
defensor
protector

dueño
amo
señor
propietario

empresario
empleador

modelo
molde
plantilla
original

↔ asalariado
    trabajador

patronato

patronazgo
patronal

fundación
institución
asociación

consejo
junta
comité

patrono

patrón

patrulla

destacamento
guardia

patrullar

rondar
custodiar
recorrer
inspeccionar
vigilar

patulea *desp.*

chusma
caterva
gavilla
gentuza
plebe

paular

pantano

paulatino

gradual
progresivo
escalonado
lento
pausado

↔ repentino
    de golpe

paupérrimo

pobrísimo
mísero
indigente

↔ riquísimo

pausa

parada
detención
alto
interrupción
descanso
intervalo
paréntesis
inciso

lentitud
calma
parsimonia
flema
pachorra *col.*
cachaza *col.*

↔ actividad

    rapidez

pausado

lento
calmoso
parsimonioso
flemático
cachazudo *col.*

↔ rápido
    precipitado

pauta

regla
guía
criterio
norma
directriz
modelo
fórmula

falsilla

pentagrama

pavada *col.*

sosería

tontería
memez
idiotez

pavés

broquel
blasón
coraza

pavesa

chispa
ceniza
centella

pávido *cult.*

despavorido
asustado
aterrado
atemorizado
temeroso

↔ impávido

pavimentar

solar
asfaltar
adoquinar

pavimento

suelo
firme
adoquinado
adoquín

pavisoso

soso
pánfilo
pavo *col.*

pavo

guajolote *amer.*

col.
atontado
soso
pavisoso
sonso *amer.*

duro (moneda)

pavonear(se)

presumir
fanfarronear

alardear
chulearse
farolear
ostentar
vanagloriarse
jactarse
alabarse
gallear

↔ humillarse
apocarse

pavor
miedo
pánico
terror
horror
espanto
canguelo *col.*

pavoroso
aterrador
espantoso

payasada
bufonada
tontería
bobada
gansada

payaso
clown
cómico
bufón
arlequín

ganso
mamarracho

payo
↔ gitano

paz
concordia
armonía
amistad
entendimiento
reconciliación
avenencia

tratado
tregua
armisticio

tranquilidad
calma
silencio

reposo
quietud
serenidad
orden

↔ enfrentamiento
guerra
violencia

intranquilidad
bullicio

pazguato
simple
memo
bobo
papanatas *col.*

pacato
timorato
gazmoño
ñoño

↔ listo
espabilado

peana
pedestal
basamento
grada
basa
base

peatón
transeúnte
viandante
caminante
paseante

pebre
pimienta

peca
lunar
mancha

pecado
falta
culpa
maldad
vicio
flaqueza
delito
infracción
transgresión

↔ virtud
inocencia

pecador
penitente
infractor
transgresor
culpable

↔ virtuoso
inocente

pecaminoso
inmoral
censurable
corrompido
impuro
nefando
vergonzoso

↔ virtuoso

pecar
faltar
transgredir
violar
quebrantar
errar

↔ arrepentirse
regenerarse

peccata minuta
lat.
minucia
menudencia
insignificancia
bagatela
nadería
ridiculez

pecera
acuario

pechador *amer.*
sablista
gorrón
estafador

pechar[1]
tributar
pagar

apechugar
cargar
asumir
responsabilizarse

↔ defraudar
eludir
evitar

pechar[2] *amer.*
sablear
gorronear

pechera
peto
pechero

chorrera

col.
pecho
pechuga *col.*

pechero
babero

peto
pechera

pechina
concha
valva

pecho
tórax
torso
busto

mama
seno
teta
delantera *col.*
pechuga *col.*
chiche *amer.*

corazón
interior
entrañas

pechuga *col.*
delantera *col.*
pechera *col.*

pechugón
esfuerzo
paliza

amer.
sinvergüenza
abusón

pechugona *col.*
tetuda *col.*
tetona *col.*

↔ lisa

peciolo o **pecíolo**
pedúnculo
rabito
pezón

pécora
prostituta
ramera
zorra

bicho
víbora
alimaña
sabandija
bruja
malvada

↔ ángel

pectoral
torácico

pecuario
ganadero
pastoril

peculiar
particular
distintivo
característico
singular
propio
individual
inconfundible
clásico
típico

↔ general

peculio
patrimonio
fortuna
dinero
capital
propiedad
bienes
pegujal

pecuniario
monetario
crematístico

pedagógico
didáctico
educativo
formativo

instructivo
ilustrativo
aleccionador

pedagogo
educador
instructor
maestro
profesor

pedal
palanca

argot
borrachera
pedo *argot*
cuelgue *argot*

pedante
sabelotodo
sabidillo
redicho
sabihondo
engolado
pomposo
pretencioso
afectado
amanerado
artificioso
palangana *amer.*

↔ natural
sencillo
campechano

pedantería
pretenciosidad
afectación
amaneramiento
artificio
rebuscamiento
sofisticación

↔ naturalidad
sencillez
campechanía

pedazo
porción
parte
fragmento
trozo
cacho
sección

peder(se)
peer

pederasta
pedófilo
paidófilo

homosexual
invertido
sodomita
marica

↔ heterosexual

pederastia
homosexualidad
sodomía

pedofilia
paidofilia

↔ heterosexualidad

pedernal
sílex
piedra de chispa

pedestal
podio
peana
basamento
grada
base

pedestre
vulgar
chabacano
ordinario
rastrero
ramplón

↔ delicado
exquisito

pediatra
puericultor

pedicelo
pedúnculo

pedículo
pedúnculo
pedicelo

piojo

pedicuro
callista
podólogo

pedido
petición
pedimento
solicitud
orden
reclamación
demanda
encargo

pedigrí
genealogía
(animales)

pedigüeño
pidón
gorrón
sacacuartos

pedimento
petición
pedido

pedir
demandar
solicitar
rogar
requerir
instar
impetrar
exigir
reivindicar
reclamar
clamar
peticionar *amer.*

desear
querer
necesitar
urgir

mendigar

↔ dar
ofrecer

pedo
ventosidad
flatulencia
gases

argot
borrachera
pedal *argot*
cuelgue *argot*

pedofilia
paidofilia
pederastia

pedorrear

peer
peder
ventosear

pedorro

pedorrero

col.

pesado
plasta
fastidioso
molesto
insoportable

repipi
redicho
cursi

pedrada

cantazo
chinazo

pedrea

granizada
pedrisco
pedriza

pedregal

peñascal

pedrera

cantera
gravera

pedrisco

pedrisca
pedrea
granizada
granizo

pedrusco

canto
piedra
guijarro

pedúnculo

pedicelo
pedículo
rabillo
pezón

peer(se)

peder
ventosear
pedorrear

pega

dificultad
obstáculo
contrariedad
inconveniente
contratiempo
traba
escollo
apuro
pero

↔ facilidad
   ventaja

pega, de

falso
simulado
fingido
imitado
postizo
de imitación

↔ auténtico

pegadizo

pegajoso
contagioso

pegado

adherido
encolado
engomado

sujeto
fijo
unido
adosado
anexo
adyacente
contiguo
junto

↔ despegado
   separado
   arrancado
   aislado
   lejano

pegajoso

pringoso
adherente

pegadizo

meloso
empalagoso
sobón
pesado
plasta *col.*

pegamento

adhesivo
cola
goma

pegar

adherir
encolar
engomar

sujetar
fijar
unir
juntar
arrimar
acercar
adosar

contagiar
infectar
transmitir
comunicar

golpear
maltratar
castigar
apalear
propinar
atizar
cascar *col.*
zurrar *col.*

armonizar
casar
entonar
combinar

pegarse

pelearse
reñir

quemarse (la comida)

pegársela *col.*

caerse
darse un trompazo
   col.
estafar
timar
engañar

poner los cuernos
   col.

↔ despegar
   separar
   arrancar
   alejar
   desentonar

pegatina

adhesivo

pegón

violento
agresivo
peleón
belicoso

↔ pacífico

pegote

pasta
emplaste

col.

parche
remiendo
añadido

chapuza
chapucería
birria
churro *col.*

mentira
bola
trola
farol
fantasmada *col.*

moscón
moscardón
pesado
plasta *col.*
pedorro *col.*

pegujal

peculio
hacienda
caudal
bienes
patrimonio
propiedad

peinado

desenredo
marcado

rastreo
batida
registro
reconocimiento
exploración

↔ despeinado

peinar(se)

desenredar
atusar
marcar

rastrear
batir
registrar
reconocer
explorar

↔ despeinar
  enmarañar

peine
cargador
cartucho

pejesapo
rape (pez)

pejiguera *col.*
engorro
pesadez
fastidio
molestia
lata *col.*
coñazo *vulg.*

pejiguero *col.*
puntilloso
cominero
pijotero *col.*
chinche *col.*
puñetero *col.*

pela
peladura

col.
peseta
cala *col.*
chucha *col.*

pelada *amer.*
calva

pelado
pelón
rapado
trasquilado
afeitado
mondo y lirondo *col.*

mondado
descascarillado

árido
yermo
desértico
descubierto
desnudo

pobre
miserable
mísero
desheredado
pelagatos *col.*

↔ peludo
  melenudo

  exuberante
  fértil

  rico

peladura
pela
pelada
monda
corteza

pelagatos *col.*
pobre
infeliz
pequeño
paria
pelanas *col.*
pelado *col.*
pelón *col.*
don nadie

↔ rico

  personaje

pelágico
oceánico
marino

abisal

pelaje
traza
pinta
aspecto
calaña

pelambrera

pelambre
pelambrera
pelaje
melena

pelambrera
pelambre
pelaje
pelamen
melena
greña

maraña
chasca *amer.*

↔ calva

pelamen
pelambrera

pelanas *col.*
miserable
paria
pelado
pelón
pelagatos *col.*
don nadie

pelandusca
prostituta
ramera
zorra

pelar(se)
rapar
trasquilar
afeitar

mondar
descascarillar
despellejar
desollar
descuerar *amer.*

desplumar

desvalijar
despojar
sablear
dejar sin blanca

criticar
despotricar
poner verde

pelarse
descamarse

peldaño
escalón
grada

pelea
lucha
combate
contienda
riña
batalla
disputa
enfrentamiento

lid
refriega
choque
pugna
pelotera *col.*

esfuerzo
afán
denuedo
trabajo

pelear(se)
luchar
combatir
contender
batallar
disputar
enfrentarse
discutir
reñir
enfadarse
romper

esforzarse
afanarse
trabajar

↔ avenirse
  reconciliarse

  despreocuparse
  desentenderse

pelele
monigote
títere

calzonazos *col.*

rana (prenda para
  bebés)
mono

peleón
camorrista
batallón
pendenciero
perdonavidas
bravucón

↔ pacífico

peliagudo
arduo
complicado
complejo
enrevesado
difícil
intrincado
comprometido

espinoso
incómodo
embarazoso

↔ fácil
    sencillo
    cómodo

película
lámina
piel
membrana
telilla

filme
cinta
rollo

peligrar
arriesgarse
exponerse
aventurarse

↔ asegurarse

peligro
peligrosidad
riesgo
amenaza
inseguridad
aventura
exposición

↔ seguridad

peligroso
arriesgado
amenazador
inseguro
aventurado
azaroso
alarmante
apurado
comprometido
expuesto

↔ seguro

pelirrojo
taheño
bermejo

pella
bola
pelota
amalgama
amasijo
masa

pelleja
pellejo
piel

bruja
arpía

pellejo
pelleja
piel
hollejo

bota
odre

pelliza
pellica
pellico
zamarra

pellizcar
apretar
retorcer

picar
picotear

pellizco
torniscón

pizca
miaja
chispa
menudencia

pelma o
    pelmazo *col.*
pesado
irritante
enojoso
cargante
fastidioso
latoso
paliza *col.*
plasta *col.*
cataplasma *col.*

calmoso
lento
cachazudo

↔ agradable
    ameno

    rápido
    vivo

pelo
vello

cabello
cabellera

pelusa

pelón
pelado
calvo
rapado

pobre
miserable

↔ peludo
    melenudo

    rico

pelota
bola
esfera
balón
pelota

pella

col.
adulador
cobista
pelotillero *col.*

pelotas *vulg.*
testículos
cojones *vulg.*

pelota, hacer la
    col.
adular
pelotear *col.*
dar coba *col.*

pelotas, en *vulg.*
desnudo
desvestido

↔ vestido

pelotazo
bolazo
balonazo

trago
lingotazo

pelotear *col.*
adular
lisonjear
alabar
encomiar
incensar

agasajar
requebrar
dar coba *col.*
dar jabón *col.*
· hacer la pelota *col.*

↔ criticar

pelotera *col.*
riña
discusión
trifulca
pelea
bronca
disputa
altercado
reyerta
gresca

↔ paz
    armonía

pelotero
pelotillero

amer.
futbolista

pelotilla
moco

col.
pelota
cobista
adulador
pelotero

pelotudo *amer.*
    vulg.
imbécil
idiota
tonto
bobo

↔ listo
    inteligente

peluca
peluquín
postizo
bisoñé

peluche
felpa

peludo
melenudo
greñudo
lanudo

amer.
difícil
costoso
peliagudo

borrachera

↔ pelón
calvo

fácil

peluquero
barbero
fígaro

peluquín
bisoñé
peluca

pelusa
pelusilla
vello
bozo

col.
celos
envidia
dentera

peluso *argot*
recluta
quinto

pena
lástima
tristeza
dolor
pesadumbre
pesar
amargura
sufrimiento
congoja
aflicción
disgusto
sinsabor
acíbar

castigo
condena
sanción

trabajo
incomodidad
esfuerzo
fatiga
dificultad

amer.
vergüenza

cortedad
poquedad

↔ alegría
gozo

impunidad
perdón

facilidad
comodidad

desvergüenza
desenvoltura

penacho
airón
plumero
cimera
copete

penado
penalizado
sancionado
condenado
inculpado

penoso
trabajoso
fatigoso
cansado
difícil
arduo

↔ fácil
cómodo
llevadero

penal
criminal

cárcel
presidio
prisión
penitenciaría
trena *argot*

penalidad
calamidad
fatiga
trabajo
sufrimiento
mortificación
contrariedad
apuro

pena
penalización
castigo
sanción
condena

↔ facilidad
comodidad

impunidad
perdón

penalista
criminalista

penalizar
penar
sancionar
castigar

↔ absolver
despenalizar

penar
penalizar
sancionar
castigar
condenar

padecer
sufrir
soportar

↔ absolver
despenalizar

gozar
disfrutar

pencar
trabajar
currar *col.*
currelar *col.*

apechar
apechugar
enfrentarse

penco
jamelgo
matalón
rocín
torpe

holgazán
inútil

pendejada *amer.*
col.
imbecilidad
estupidez
tontería

↔ agudeza
sutileza

pendejo *col.*
golfa
fulana
pendón *col.*

cobarde
pusilánime
apocado

amer.
imbécil
estúpido
tonto

↔ puritana
valiente
decidido

listo

pendencia
pelea
riña
discusión
reyerta
contienda
trifulca
bronca
refriega
camorra *col.*
pelotera *col.*

↔ paz

pender
colgar
pingar
suspender
caer

cerner
gravitar
pesar

pendiente
colgante
suspendido
pensil *cult.*

aplazado
postergado
demorado
en espera

inclinado
empinado
retrepado
pino

atento
vigilante

alerta
interesado
absorto

arete
zarcillo

cuesta
inclinación
rampa
repecho

↔ llano

    terminado
    concluido

    distraído
    desinteresado

péndola¹
péndulo

péndola²
pluma (de escribir)

pendolista
calígrafo

pendón
estandarte
guión

col.
pendejo
golfa
fulana
prostituta

pendonear
callejear
pindonguear
irse de pingo *col.*

pendular
oscilante

↔ fijo

péndulo
péndola

pene
falo
verga
cola *col.*
pijo *vulg.*
picha *vulg.*

carajo *vulg.*
polla *vulg.*
miembro viril

penetración
introducción
adentramiento
infiltración
paso
entrada
acceso

comprensión
entendimiento
intuición
profundización
lucidez
perspicacia
sagacidad
clarividencia
ingenio
inteligencia

coito
cópula
acto sexual

↔ salida

    torpeza
    cerrazón

penetrante
profundo
hondo

agudo
alto
intenso
chillón
aflautado
ensordecedor

lúcido
perspicaz
sagaz
clarividente
sutil
ingenioso
inteligente

mordaz
incisivo

↔ superficial

    grave
    bajo

    torpe
    cerrado

    inocente

penetrar
introducirse
meterse
acceder
adentrarse
internarse
calar
infiltrarse
pasar
entrar
atravesar

comprender
entender
aprehender
asimilar
descifrar
intuir
profundizar

↔ salir
    sacar

penitencia
expiación

sacrificio
mortificación
sufrimiento

arrepentimiento
contrición
compunción
remordimiento
pesadumbre
aflicción

penitenciaría
cárcel
prisión
penal
presidio
establecimiento
penitenciario

penitenciario
carcelario

penitente
nazareno
encapuchado

penoso
fatigoso
trabajoso
afanoso
duro
arduo

ímprobo
ingrato

triste
doloroso
lamentable
deplorable

pésimo
malísimo
impresentable

↔ fácil
    llevadero

    agradable
    placentero
    alegre

    magnífico

pensador
erudito
filósofo
intelectual
sabio

pensamiento
razonamiento
reflexión
cavilación
meditación
cogitación
elucubración
raciocinio
entendimiento
inteligencia
intelecto
cabeza
mente
imaginación

pensar
razonar
reflexionar
cavilar
meditar
discurrir
elucubrar
recapacitar
darle vueltas a la
    cabeza
comerse el coco *col.*

decidir
resolver
determinar

idear
concebir
planear

proyectar
inventar

creer
opinar
considerar
juzgar
suponer

pensativo

ensimismado
absorto
meditabundo

pensil o **pénsil**
cult.
colgante
pendiente
suspendido
vergel
jardín

pensión

subsidio
subvención
renta
retiro
jubilación

fonda
casa de huéspedes

amer.
pena
angustia
dolor

pensionado

pensionista
jubilado
retirado

internado

pensionar

subsidiar

pensionista

pensionado
jubilado
retirado

huésped

interno

pentagrama

pauta

penumbra

sombra
oscuridad
media luz

↔ claridad

penuria

escasez
carencia
insuficiencia
privación
pobreza
indigencia
miseria

↔ abundancia
  riqueza

peña

piedra
roca
peñasco
peñón
risco

círculo
agrupación
asociación
grupo
panda
club

peñasco

peñón
risco
peña
farallón

peñazo *col.*

aburrimiento
rollo *col.*
lata *col.*
tostón *col.*
plasta *col.*
paliza *col.*
coñazo *vulg.*

peñón

peñasco
risco
peña
farallón

peón

bracero
obrero
jornalero

peonza
trompo

peonada

peonaje

peonza

perindola
peón
trompo

peor

inferior
deficiente

↔ mejor

pepinazo

estallido
disparo

chut

pepino *col.*

ardite
bledo *col.*
comino *col.*
pimiento *col.*
pito *col.*
rábano *col.*

pepita

pipa
pipo
semilla

pepón

sandía

pequeñez

cortedad
parvedad

menudencia
insignificancia
fruslería
bagatela
nadería
futesa
tontería

tacañería
ruindad
mezquindad
bajeza

↔ grandeza
  generosidad

pequeño

reducido
menudo
chico
corto
minúsculo
diminuto
limitado
exiguo

bajo
enano
canijo

niño
nene
crío
chiquillo

humilde
desposeído

↔ grande

  alto

  importante
  poderoso

pera

perilla
barba

pulsador
interruptor

irrigador
lavativa

col.
pijo *col.*
niño de papá

peralte

desnivel
inclinación

percance

accidente
contratiempo
contrariedad
incidente
contingencia
peripecia
desgracia
siniestro

percatarse

percibir
notar
captar

apreciar
observar
reparar
advertir
distinguir
ver
darse cuenta

↔ pasar por alto

percebe col.

idiota
imbécil
ignorante
inútil
cenutrio col.
mastuerzo col.

percepción

apreciación
reconocimiento
aprehensión
captación
comprensión
entendimiento
penetración

idea
concepto
imagen
representación
pensamiento

perceptible

apreciable
visible
palpable
tangible
sensible

comprensible
inteligible
evidente

cobrable
cobradero

↔ imperceptible

incomprensible

percha

colgador
perchero

percibir

advertir
apreciar
notar

captar
descubrir
distinguir
reparar
percatarse
darse cuenta

cobrar
obtener
recibir
ingresar
recaudar

reconocer
aprehender
comprender
entender
penetrar

percudir

manchar
ensuciar

↔ limpiar

percusión

golpe
choque
aporreo
sacudida

percusor

percutor

percutir

golpear
batir
chocar
aporrear
sacudir

percutor

percusor
detonador
martillo

perder(se)

extraviar
olvidar
dejar
abandonar
descuidar
traspapelar

malgastar
desperdiciar
desaprovechar

perjudicar
deteriorar
estropear
decaer

perderse

despistarse
desorientarse
desviarse

descarriarse
pervertirse
malearse
enviciarse
torcerse

↔ encontrar
hallar
recuperar

aprovechar

vencer
ganar

mejorar

orientarse

perdición

pérdida
perjuicio
desgracia
desastre
ruina
caída
quiebra
menoscabo

condenación

↔ fortuna
beneficio

salvación

pérdida

extravío

perdición
perjuicio
desgracia
ruina
menoscabo

escape
derrame
efusión

perdidamente

intensamente
totalmente
locamente
irremediablemente

perdido

extraviado
desorientado
sin norte

calavera
tarambana
degenerado
depravado
libertino

↔ encontrado
orientado

sensato

perdón

indulto
gracia
remisión
dispensa
condonación
absolución
amnistía
descargo

excusa
disculpa
escapatoria

↔ condena

perdonable

venial

disculpable
comprensible

↔ imperdonable

perdonar

absolver
indultar
remitir
condonar
exculpar
dispensar
descargar

excusar
disculpar

renunciar
dejar
olvidar
perder

↔ condenar
inculpar

perdonavidas

valentón
chulo

pendenciero
baladrón
bravucón
fanfarrón
fantasma *col.*
matasiete *col.*

perdulario

vicioso
depravado
pervertido
sinvergüenza

↔ santo

perdurar

persistir
subsistir
permanecer
mantenerse
conservarse
pervivir
durar
resistir
perpetuarse
inmortalizarse

↔ morir
   perecer
   acabarse

perecedero

temporal
efímero
transitorio
pasajero

↔ imperecedero
   eterno
   perdurable

perecer

morir
fallecer
expirar
fenecer
palmar *col.*
diñarla *col.*
estirar la pata *col.*

acabar
hundirse
desmoronarse
derrumbarse
desplomarse
naufragar

↔ nacer

   conservarse
   permanecer

peregrinación

peregrinaje
romería

peregrinar

viajar
caminar
vagar
errar
recorrer

peregrino

romero
viajero
caminante

migratorio

singular
extraño
raro
exótico
insólito

ilógico
incoherente
absurdo

↔ sedentario

   normal
   natural

   lógico

perenne

permanente
perpetuo
imperecedero
eterno
perdurable
para siempre

↔ perecedero
   efímero
   caduco

perentorio

urgente
apremiante
improrrogable
inaplazable
ineludible

decisivo
determinante
concluyente
rotundo

↔ prorrogable
   aplazable

pereza

vaguería
vagancia
haraganería
holgazanería
gandulería
galbana
molicie
flojera
desidia
descuido
dejadez
abandono
chucha *col.*

↔ laboriosidad
   diligencia

perezoso

vago
haragán
holgazán
gandul
remolón
desidioso
indolente
descuidado
abandonado
dejado

↔ laborioso
   diligente
   trabajador

perfección

excelencia
superioridad
sublimidad
culminación
corrección
bondad
prototipo
modelo
sazón

↔ imperfección

perfeccionar(se)

depurar
pulir
refinar
rematar
perfilar
mejorar
completar
acabar
desarrollar

↔ empeorar
   estropear

perfeccionista

minucioso
meticuloso
puntilloso
detallista

↔ chapucero

perfectible

mejorable
imperfecto
defectuoso
deficiente

↔ perfecto
   inmejorable

perfecto

excelente
superior
inmejorable
insuperable
depurado
pulido
refinado
perfilado
completo
acabado
rematado

↔ imperfecto
   defectuoso

perfidia

deslealtad
traición
infidelidad
alevosía
felonía
falsía
insidia
maldad
perversidad
iniquidad

↔ lealtad
   nobleza

pérfido

desleal
traicionero
felón
perverso

↔ leal
   noble

perfil

silueta
contorno

forma
reborde

perfilado
elaborado
detallado
rematado
afinado
completo
perfecto
pulido

↔ incompleto
en ciernes

perfilar(se)
delinear
trazar

elaborar
detallar
rematar
afinar
acabar
completar
perfeccionar
pulir

perforar
agujerear
horadar
taladrar
abrir

perfumador
esenciero
pomo

perfumar(se)
aromatizar
aromar
sahumar
embalsamar

↔ atufar
apestar

perfume
fragancia
esencia
aroma
olor
efluvio

esencia
colonia

↔ fetidez
hedor

pergeñar
trazar
bosquejar
esbozar
proyectar
concebir
hilvanar

↔ concluir
rematar

pérgola
emparrado

pericia
habilidad
destreza
experiencia
maestría
práctica
dominio
soltura
maña
mano

↔ impericia
inexperiencia

periclitar
decaer
declinar
degenerar
empeorar
deteriorarse
eclipsarse
bajar

peligrar

↔ progresar
prosperar

perico
loro

pericón
abanico

orinal
bacín

periferia
contorno
perímetro
alrededores
aledaños
afueras
extrarradio

↔ centro
núcleo

perifollo
abalorio
oropel
quincalla
adorno

perífrasis
circunlocución
giro

perilla
pera
barbilla

perillán
pícaro
bribón
granuja
tuno
astuto

perímetro
contorno
límite
periferia
cerco

perindola o
perinola
peonza
trompo

periódico
regular
habitual
cíclico

diario (publicación)

periodismo
prensa
información
diarismo *amer.*

periodista
informador
gacetillero

periodo o
período
etapa
fase
ciclo
época
momento

cláusula
frase

menstruación
menstruo
regla
mes

peripatético
aristotélico

peripecia
lance
incidente
suceso
percance
andanza
correría
aventura
trance
odisea

periplo
viaje
recorrido
trayecto
circunnavegación

peripuesto
emperejilado
acicalado
coquetón
emperifollado
endomingado
lechuguino

↔ desastrado

periquete
santiamén
instante
momento
segundo
tris
abrir y cerrar de ojos

peritaje
peritación
evaluación
valoración

perito
técnico
experto
especialista
conocedor

ingeniero técnico

perjudicar(se)

dañar
lastimar
menoscabar
vulnerar
afectar
damnificar
deteriorar
estropear
empeorar

↔ favorecer
beneficiar
mejorar

perjudicial

dañino
malo
nocivo
lesivo
pernicioso
negativo

↔ beneficioso
bueno

perjuicio

daño
menoscabo
detrimento
deterioro
extorsión
inconveniente
quebranto
agravante
desventaja
mal
estrago
pérdida

↔ beneficio
ventaja

perla

margarita

perlado

nacarado
irisado

perlesía

parálisis
invalidez

permanecer

quedarse
mantenerse

seguir
continuar
perdurar
durar
conservarse
resistir
subsistir

↔ cambiar
ausentarse
desaparecer

permanencia

estancia
estadía

mantenimiento
continuidad
estabilidad
duración
conservación
pervivencia

↔ ausencia
marcha

cambio
modificación

permanente

continuo
constante
duradero
perenne
perdurable
eterno
persistente
estable
asentado
arraigado

moldeado

↔ pasajero
inestable

permeable

poroso
penetrable

↔ impermeable

permisivo

tolerante
condescendiente
comprensivo
abierto
flexible

↔ intolerante
severo

permiso

autorización
consentimiento
venia
licencia
conformidad
beneplácito
anuencia
aquiescencia

vacación
asueto

↔ prohibición

permitir(se)

autorizar
dejar
consentir
conceder
otorgar
tolerar
admitir
aceptar
condescender

posibilitar
solucionar
resolver

permitirse

decidirse
atreverse
osar

↔ prohibir
denegar

permutar

cambiar
alternar
variar
trocar
conmutar
canjear

pernera

pernil

pernicioso

perjudicial
nocivo
dañino
malo
maligno
nefasto

↔ beneficioso
bueno

pernil

anca
muslo

pernera

pernio

gozne
bisagra

pernoctar

dormir
acostarse
alojarse
hospedarse
hacer noche

pero

mas
aunque
sin embargo
no obstante

inconveniente
reparo
pega
traba
dificultad
objeción

perogrullada

obviedad
evidencia
simpleza
tontería
necedad
sandez

perol

perola
olla
cacerola
cazuela
puchero

peronismo

justicialismo

perorar

arengar
predicar
sermonear

perorata

sermón
rollo *col.*

matraca *col.*
tabarra *col.*
monserga *col.*

perpetrar
cometer
consumar
realizar
incurrir
llevar a cabo

perpetuar(se)
preservar
conservar
mantener
perdurar
inmortalizar
prolongar
subsistir

↔ terminar
  extinguirse

perpetuidad
durabilidad
perdurabilidad
perennidad
permanencia
eternidad
inmortalidad

↔ provisionalidad
  fugacidad

perpetuo
duradero
perdurable
perenne
permanente
eterno
inmortal

↔ provisional
  fugaz
  efímero

perplejidad
indecisión
confusión
desconcierto
irresolución
vacilación
duda
titubeo

asombro

↔ decisión
  resolución

perplejo
indeciso
confuso
desconcertado
irresoluto
vacilante
dudoso
titubeante

asombrado
pasmado
estupefacto
boquiabierto
patidifuso *col.*

↔ decidido
  resuelto

  indiferente

perra *col.*
rabieta
llantina
llorera
berrinche *col.*
pataleta *col.*

dinero
pasta *col.*
pelas *col.*
plata *col.*
guita col.

manía
capricho
ventolera
luna *col.*

prostituta
zorra
fulana

perrada
perrería

perrera
caseta

perrería
perrada
faena
jugarreta
marranada
cochinada
cerdada
guarrada
putada *vulg.*
mala pasada

↔ favor

perro
can
chucho
tuso

col.
aperreado
apurado
achuchado
desgraciado
arrastrado

perverso
malintencionado
avieso
retorcido

persecución
seguimiento
búsqueda
rastreo
acoso
asedio
hostigamiento

perseguir
seguir
buscar
rastrear
acosar
asediar
hostigar
molestar
importunar
atormentar

pretender
intentar
anhelar
aspirar
ambicionar
codiciar
apetecer
soñar

perseverancia
persistencia
constancia
tenacidad
insistencia
empeño
tesón
aplicación
voluntad
firmeza
entereza

↔ inconstancia
  desidia

perseverante
constante
tenaz
firme
insistente
persistente
aplicado
voluntarioso
obstinado

↔ inconstante
  desidioso

perseverar
insistir
persistir
empeñarse
porfiar
obstinarse
dedicarse
aplicarse
consagrarse

↔ abandonar
  desistir
  flaquear

persignarse
santiguarse
hacer la señal de la
cruz

persistencia
insistencia
perseverancia
constancia
tenacidad

duración
durabilidad
perduración
permanencia
continuidad
perpetuación

persistir
perseverar
insistir
porfiar
empeñarse

durar
perdurar
permanecer
continuar
subsistir
mantenerse
conservarse

↔ abandonar
 desistir

 cesar
 desaparecer

persona
humano
hombre
ser
sujeto
individuo
alma
prójimo
cristiano *col.*
tipo *col.*
tío *col.*
menda *caló*

personaje
personalidad
eminencia
celebridad
prohombre
prócer
figura
astro

personal
individual
privado
particular
íntimo

peculiar
subjetivo
propio
distintivo
privativo
exclusivo

plantilla
empleados
trabajadores

↔ público

 común
 general

personalidad
identidad
carácter
natural
índole
temperamento
temple
naturaleza
idiosincrasia
modo de ser

figura
personaje
eminencia
celebridad

personarse
presentarse
comparecer
acudir
asistir

↔ ausentarse
 faltar

personificación
representación
encarnación
prototipo
símbolo
imagen
efigie

prosopopeya

personificar
representar
encarnar
simbolizar
ejemplificar
caracterizar

perspectiva
paisaje
panorama
vista

ángulo
visión
óptica
prisma
punto de vista

expectativa
esperanza

perspicacia
agudeza
sagacidad
penetración
ingenio
inteligencia
sutileza
lucidez
clarividencia
intuición
olfato

↔ torpeza
 simpleza

perspicaz
agudo
sagaz
ingenioso
inteligente
sutil
penetrante
lúcido
intuitivo
lince

↔ torpe
 obtuso

persuadir
convencer
inclinar
inducir
mover
arrastrar
imbuir

↔ disuadir

persuasión
convicción
seducción

↔ disuasión

pertenecer
corresponder
atañer
concernir
referirse
incumbir
competer
tocar

integrar
depender
adscribirse
encuadrarse
formar parte

pertenencia
correspondencia
adscripción

propiedad
posesión
bienes
dominio
heredad

pertinacia
insistencia
persistencia
perseverancia

tenacidad
obstinación
terquedad
tozudez
testarudez
empecinamiento
cerrilismo
cerrazón
obcecación
porfía

↔ inconstancia
 desinterés

pertinaz
insistente
persistente
perseverante
tenaz
obstinado
terco
tozudo
testarudo
obcecado
cerril

permanente
duradero
prolongado

↔ inconstante
 mudable

 breve

pertinente
concerniente
referente
relativo
perteneciente

conveniente
oportuno
adecuado
idóneo
afortunado
acertado

↔ ajeno

 inconveniente
 inoportuno

pertrechar(se)
abastecer
proveer
aprovisionar
suministrar
surtir
avituallar

↔ desabastecer

pertrechos

provisiones
suministros
equipo
dotación

útiles
instrumentos
aperos
avíos
trastos

perturbado

alterado
trastornado
turbado
inquieto
agitado
trastocado
alborotado

loco
demente
desequilibrado
enajenado
chalado *col.*
pirado *col.*

↔ calmado
tranquilo

cuerdo

perturbar(se)

alterar
trastornar
turbar
trastocar
inquietar
intranquilizar
agitar
desasosegar
convulsionar
alborotar

enloquecer
enajenar
desequilibrar
perder la razón
perder el juicio

↔ calmar
tranquilizar

perversidad

maldad
iniquidad
atrocidad
crueldad
brutalidad
perfidia

perversión
depravación
corrupción

↔ bondad

perversión

inmoralidad
depravación
corrupción
vicio
pecado
aberración
perversidad

↔ virtud

perverso

malo
malvado
malévolo
atroz
cruel
brutal
inicuo
diabólico

depravado
corrupto

↔ bueno
bondadoso

virtuoso

pervertir(se)

depravar
corromper
viciar
adulterar
degenerar
prostituir

↔ regenerar
enderezar

pervivir

permanecer
durar
perdurar
persistir
subsistir
mantenerse
conservarse
perpetuarse
inmortalizarse

↔ morir
desaparecer
acabarse

pesa

peso
contrapeso

haltera

pesadez

aburrimiento
tedio
hastío
cansancio
desgana

molestia
fastidio
rollo *col.*
pestiño *col.*
plomo *col.*
tostón *col.*
petardo *col.*
coñazo *vulg.*

cargazón
malestar

↔ diversión
entretenimiento

pesadilla

preocupación
inquietud
intranquilidad
desasosiego
zozobra
temor

pesado

plúmbeo

calmoso
tardo
tranquilo
lento
parsimonioso
cachazudo

aburrido
tedioso
cansado
molesto
fastidioso
enojoso
enfadoso
cargante
latoso *col.*
plasta *col.*
plomo *col.*

minucioso
trabajoso
laborioso

↔ ligero

activo
rápido

divertido
agradable
ameno

pesadumbre

tristeza
pena
pesar
abatimiento
aflicción
amargura
disgusto
congoja
dolor
arrepentimiento
remordimiento

↔ alegría
satisfacción

pésame

condolencia

↔ pláceme

pesar[1]

sentir
lamentar
doler
apesadumbrar
abatir
arrepentirse

sopesar
examinar
estudiar
ponderar
considerar

influir
intervenir
tener que ver

↔ alegrarse
satisfacer

pesar[2]

pesadumbre
pena
tristeza
congoja
dolor
sufrimiento
desolación
abatimiento
aflicción

arrepentimiento
remordimiento

↔ alegría
　satisfacción

pesaroso

apesadumbrado
apenado
triste
acongojado
dolido
desolado
abatido
afligido
compungido
arrepentido

↔ satisfecho
　alegre

pesca

pesquería

pescada

merluza

pescadilla

pijota

pescado

pez

pescar col.

coger
capturar
agarrar
atrapar
pillar
cazar

contraer
coger
contagiarse

entender
comprender
captar
percatarse
enterarse

↔ soltar
　liberar

pescozón

cogotazo
colleja

pescuezo

cuello
gollete
gaita col.

pesebre

comedero

belén
nacimiento

peseta

pela col.
chucha col.
cala col.

dinero
perras col.
plata col.

pesetero

interesado
aprovechado
comerciante

avaro
tacaño
roñoso
ruin
mezquino
miserable
agarrado
rata col.

↔ desinteresado

　espléndido
　generoso

pesimismo

derrotismo
entreguismo
negatividad
desesperanza

↔ optimismo

pesimista

derrotista
negativo
agorero

↔ optimista

pésimo

malísimo
deplorable
lamentable
lastimoso

penoso
desastroso
vergonzoso
impresentable
detestable
espantoso
horrible

↔ óptimo

peso

gravedad

tara (vehículos,
　embalajes, etc.)

carga
lastre
sobrecarga

balanza
báscula
romana

preocupación
desasosiego
inquietud
agobio
suplicio
condena
cruz

influencia
validez
valor
fuerza
importancia

pesquis col.

ingenio
inteligencia
perspicacia
agudeza
.
↔ torpeza
　cerrazón

pesquisa

investigación
indagación
sondeo

pestañear

parpadear

peste

epidemia
plaga
infección
azote

hedor
hediondez
tufo
pestilencia

↔ fragancia
　perfume

pestilencia

peste
hedor
hediondez

↔ fragancia
　perfume

pestillo

aldabilla
pasador
cerrojo

pestiño col.

pesadez
castaña col.
lata col.
rollo col.
petardo col.
plasta col.
plomo col.
muermo col.
coñazo vulg.

pestorejo

cogote
nuca

petaca

pitillera
tabaquera
cigarrera
purera

petar col.

apetecer
gustar
atraer
seducir
molar col.

↔ repeler

petardo

aburrimiento
pesadez
castaña col.
rollo col.
pestiño col.

plomo *col.*
tostón *col.*
petardo *col.*
lata *col.*
plasta *col.*

argot
porro *argot*
canuto *argot*

petate
lío
hatillo
atadijo
bulto

mochila

petición
solicitud
demanda
ruego
súplica
requerimiento
reclamación
exigencia

peticionar *amer.*
pedir

petigrís
ardilla (en peletería)

petimetre
lechuguino
pisaverde
presumido
futre *amer.*
cajetilla *amer.*

petiso o **petizo**
    amer.
pequeño
bajo
enano
canijo

peto
pechero
pechera

overol *amer.*

pétreo
duro
sólido
consistente

compacto
recio
inquebrantable
berroqueño
granítico
diamantino

pedregoso

↔ blando
    frágil

petrificar(se)
fosilizar

paralizar
inmovilizar
pasmar

petróleo
oro negro

petulante
engreído
presuntuoso
presumido
creído
insolente
altanero
soberbio
jactancioso
pedante

↔ humilde
    modesto

peúco
patuco
botita

peyorativo
despectivo
despreciativo
ofensivo

↔ elogioso

pez[1]
pescado

pez[2]
alquitrán
brea

pezón
peciolo
pedúnculo

pezuña
casco

col.
pie

piadoso
devoto
fervoroso
religioso
pío

compasivo
caritativo
misericordioso
clemente
indulgente
bondadoso
benigno

↔ irreligioso
    ateo

    despiadado

piano
pianoforte

suave (en música)
flojo
débil

piante *col.*
quejica
protestón

piar *col.*
hablar
rajar *col.*

piarlas *col.*
protestar
quejarse
refunfuñar

↔ callar

piara
manada

pibe *amer.*
niño
muchacho
chico
chaval

pica
aguijada
garrocha

puya
picana *amer.*

lanza

picacho
cumbre
cima
cúspide
pico

picado
troceado
partido
desmenuzado
pulverizado

agujereado
perforado
taladrado

corroído
oxidado

podrido
estropeado

avinagrado (vino)

cariado

col.
resentido
ofendido
mosqueado
cabreado *col.*

picador
varilarguero

picadura
picotazo
mordedura
pinchazo

caries

picaflor
colibrí

picajoso o
    picajón *col.*
quisquilloso
susceptible
suspicaz
puntilloso

picana *amer.*
pica
aguijada

picanear *amer.*

aguijar
aguijonear

picante

fuerte

atrevido
procaz
verde
obsceno
galante
pícaro
malicioso

↔ puritano

picapedrero

cantero

picapleitos *desp.*

abogado
letrado
jurista
leguleyo *desp.*
rábula *desp.*

picaporte

aldaba
aldabón
llamador

picar(se)

morder
pinchar
punzar
picotear

trocear
partir
cortar
desmenuzar
pulverizar

agujerear
perforar
taladrar

corroer
oxidar

cariar

mover
animar
incitar
espolear
aguijonear
provocar

irritar
mosquear
cabrear *col.*

picarse

estropearse
pudrirse

avinagrarse (el vino)

embravecerse (el
mar)
encresparse

argot
inyectarse
pincharse
chutarse *argot*

picardía

astucia
malicia
sagacidad
perspicacia
picaresca

travesura
pillería
trastada
granujería

↔ candidez
ingenuidad

picaresca

picardía
astucia

pícaro

astuto
malicioso
sagaz
perspicaz
picarón
pillo
tunante
bergante

↔ cándido
ingenuo

picarón

pícaro
pillo

despierto
avispado

↔ alelado
atontado

picaza

urraca

picazón

picor
escozor
prurito
comezón

desazón
inquietud
preocupación
disgusto
remordimiento

picha *vulg.*

pene

pichí *amer.*

pis
orina

pichón

palomino

pichulear *amer.*

trapichear

pico¹

boca

pico²

borde
esquina
saliente
punta

cúspide
cima
cresta
cumbre
picacho

piqueta
piocha

pañal
gasa

argot
pinchazo
chute *argot*

picón

cisco
carbonilla

col.
picajoso
puntilloso

picor

picazón
escozor
prurito
comezón
comecome

picota *col.*

nariz
napia *col.*

picotazo o
picotada

picadura
pinchazo

picotear

picar

pictograma

ideograma

pictórico

gráfico
iconográfico

picú

tocadiscos
tocata *col.*

pídola

potro

pidón

pedigüeño

pie

pata
pezuña
extremidad
pinrel *col.*

base
soporte
asiento

ocasión
motivo
razón
fundamento
pábulo

piedad
devoción
fe
fervor
religiosidad

compasión
caridad
misericordia
conmiseración
lástima
clemencia
indulgencia
benevolencia

↔ irreligiosidad

inclemencia
impiedad

piedra
roca
pedrusco
canto
guijarro
china
peña
mineral

cálculo

piedra pómez
pumita

piel
epidermis
dermis
pellejo
cuero
tez
cutis

pelo
pelaje

epicarpio
cáscara
monda

piélago *cult.*
mar
océano
ponto *cult.*

pienso
forraje
herrén
pasto
vulg.
comida

alimento
pitanza *col.*
papeo *col.*
manduca *col.*

pierna
pantorrilla
pata
canilla *amer.*

pieza
parte
porción
fragmento
trozo

habitación
cuarto
aposento
estancia
sala
cámara

ficha
figura

col.
elemento
bicho
trasto

pifia
error
fallo
equivocación
chasco
fiasco
coladura *col.*
metedura de pata *col.*

↔ acierto

pifiar
errar
fallar
marrar
equivocarse
colarse *col.*
meter la pata *col.*

↔ acertar

pigmentar(se)
colorar
colorear
tintar
teñir

↔ decolorar

pigmento
colorante
tinte
pintura
color

pigmeo
enano
pequeño
minúsculo
diminuto
liliputiense

↔ gigante
enorme

pignorar
empeñar
hipotecar

↔ desempeñar

pigre
holgazán
perezoso
vago
negligente

↔ diligente
trabajador

pijada *col.*
menudencia
insignificancia
fruslería
pequeñez
tontería
pijotada *col.*
pijotería *col.*
chorrada *col.*

pijo *col.*
cursi
atildado
presumido
pera
niño de papá

vulg.
pene

pijota
pescadilla

pijotada o
pijotería *col.*
pijada *col.*

pijotero *col.*
puntilloso
cominero
pejiguero *col.*
chinche *col.*
puñetero *col.*

pila[1]
montón
cúmulo
rimero
pilada

multitud
infinidad
acumulación
cantidad
raudal

pila[2]
pilón
fregadero
abrevadero
aguadero

batería
acumulador

pilada
pila
montón
rimero

pilar
pilastra

fundamento
base
cimiento
soporte
sostén

hito
mojón

pilastra
columna
pilar

píldora
comprimido
pastilla
gragea

pillada
pillería

pillaje

rapiña
saqueo
robo
hurto
latrocinio
despojo
depredación

pillar(se)

coger
alcanzar
agarrar
capturar
atrapar
pescar *col.*

sorprender
descubrir

atropellar
arrollar

contraer
coger
contagiarse

entender
comprender
captar

robar
saquear
afanar *col.*
choricear *col.*

hallarse
estar
encontrarse

↔ escaparse
huir

pillastre

pillo
bribón
granuja
pícaro
golfo

pillería

pillada
picardía
travesura
trastada
granujería

pillo

astuto
pícaro
pillastre

bribón
granuja
golfo
tunante
bergante
sinvergüenza
golfante *col.*
barbián *col.*

pilón

pila
bebedero
abrevadero

piloso

peludo
velludo
velloso
pubescente

pilotaje

conducción
gobierno
navegación

pilotar

conducir
dirigir
guiar
gobernar
navegar
manejar *amer.*

piloto

timonel
marino
navegante

conductor
automovilista

aviador
aeronauta

piltra *col.*

cama
sobre *col.*

piltrafa

desecho
despojo
residuo
desperdicio

guiñapo
andrajo
harapo
jirón

pimienta

pebre

pimiento *col.*

ardite
rábano *col.*
comino *col.*
bledo *col.*
pepino *col.*
pito *col.*

pimpante *col.*

tranquilo
pancho
campante
ancho
ufano

peripuesto
acicalado
flamante
guapo

pimplar *col.*

beber
trasegar
empinar el codo *col.*
tomar *amer.*

pimpollo

brote
vástago
retoño
renuevo

capullo
botón

pimpón

ping-pong
tenis de mesa

pinabete

abeto

pinacoteca

galería
museo de pintura

pináculo

cima
cumbre
cúspide
auge
apogeo
culmen

pinar

pinada
pineda

pincel

brocha
escobilla

pinchadiscos

disc-jockey

pinchar(se)

picar
clavar
punzar
aguijonear
pellizcar

estimular
incitar
provocar
azuzar
empujar

molestar
enojar
fastidiar
chinchar *col.*

inyectar

pincharse

picarse *argot*
chutarse *argot*

pinchaúvas *col.*

infeliz
insignificante
paria
pelagatos *col.*
pelanas *col.*
don nadie

↔ personaje
figura

pinchazo

picotazo
picadura
punzada
aguijonazo
punción

inyección

pinche

marmitón
aprendiz de cocina

pincho

punta
aguijón
aguja
puya

espina

aperitivo
tapa

pindonga *col.*

golfa
pendón *col.*
pingo *col.*
zorra *col.*
ligera de cascos

↔ recatada

pindonguear *col.*

callejear
salir
ir de pingo *col.*

pineda

pinar

pingajo *col.*

pingo
andrajo
harapo
jirón
guiñapo
colgajo
arrapiezo

pingar

pender
colgar

gotear
chorrear

pingo *col.*

pingajo
andrajo
harapo

golfa
pendón *col.*
pindonga *col.*
zorra *col.*

↔ recatada

ping-pong *ingl.*

pimpón

pingüe

abundante
copioso
fértil
cuantioso
numeroso

↔ escaso

pingüino

pájaro bobo

pino

empinado
pendiente
inclinado

↔ llano

pinrel *col.*

pie

pinta

mancha
mota
punto
lunar
peca
topo

aspecto
apariencia
presencia
porte
facha
fachada
traza
cariz
aire
catadura
cara

col.
golfo
sinvergüenza
granuja
caradura

pintada[1]

graffiti

pintada[2]

gallineta *amer.*

pintado

coloreado
tintado

dibujado
trazado

exacto
igual
pintiparado
clavado *col.*

pintalabios

carmín
barra de labios
lápiz de labios

pintar

colorear
tintar
teñir

dibujar
trazar

describir
detallar
relatar
narrar
pormenorizar

pintarse ●

maquillarse

pintarrajear o
   pintarrajar

emborronar
embadurnar
garabatear
garrapatear
borrajear

pintarrajo

garrapato
garabato
rayajo
borrón

pintarroja

lija

pintiparado

conveniente
apropiado
ideal
idóneo

exacto
igual
pintado
clavado *col.*

↔ inadecuado
   distinto

pintoresco

singular
llamativo
curioso
chocante
extravagante
raro
extraño

típico
turístico

↔ corriente
   normal

pintura

dibujo
cuadro
lienzo
tabla

pigmento
color
tinte

cosmético
maquillaje
afeite

pinturero

presumido
coqueto
figurín
lechuguino
pisaverde

↔ adán

pinza

tenacillas
tenazas

piña

ananás

piño *col.*

diente

piñón

engranaje
rueda dentada

pío

piadoso
devoto
ferviente
fervoroso

↔ impío

piojo
pipi *col.*

piojoso
sucio
desastrado
andrajoso
miserable
pobre
cutre

↔ pulcro

piola
cordel
cuerda

soga *amer.*

pionero
precursor
fundador
explorador
adelantado

pipa[1]
cachimba

cuba
barrica
barril

col.
estupendamente
chachi *col.*
fetén *col.*

pipa[2]
pepita
pipo
semilla

pipi *col.*
piojo

pipiolo

pipí *col.*
orina
pis
micción
pichí *amer.*

pipiolo
pipi
joven
jovenzuelo
imberbe

novato
inexperto
principiante
aprendiz
novel
bisoño

↔ adulto
  veterano
  experto

pique *col.*
enfado
disgusto
enojo
resentimiento
mosqueo *col.*

rivalidad

piqueta
pico
piocha
zapapico

pira
hoguera
fogata
lumbre
fuego

pirado *col.*
loco
demente
perturbado
trastornado
alienado
tocado
ido
majareta *col.*
chalado *col.*
grillado *col.*
mochales *col.*

↔ cuerdo
  cabal

piragua
canoa

pirarse *col.*
marcharse
irse
escapar
fugarse
largarse
escabullirse

desaparecer
esfumarse
abrirse *col.*
darse el piro *col.*
poner tierra por
  medio

↔ quedarse
  permanecer

pirata
corsario
bucanero
filibustero

ilegal

↔ legalizado
  oficial

piratear
robar
saquear
atracar
desvalijar

pirético
febril

↔ antipirético

pirexia
fiebre

piripi *col.*
ebrio
borracho
achispado
amonado
mareado
alegre
mamado *col.*
tomado *amer.*

↔ sobrio

pirómano
incendiario

piropear
lisonjear
alabar
elogiar
adular
galantear
requebrar
agasajar

chicolear
echar flores

↔ insultar

piropo
lisonja
galantería
requiebro
agasajo
chicoleo
flor

pirotecnia
fuegos artificiales

pirotécnico
artificiero

pirrar(se) *col.*
gustar
encantar
entusiasmar
privar
chiflar
flipar *col.*
volver loco *col.*

↔ desagradar
  disgustar

pirueta
cabriola
acrobacia
volatín
voltereta

pirula *col.*
jugarreta
jugada
faena
putada *vulg.*
mala pasada

piruleta
chupetín *amer.*

pirulí
chupa-chups
piruleta
chupetín *amer.*

pis
orina
orín

micción
meada
meado
pipí *col.*
pichí *amer.*

pisada
huella
paso
rastro
marca
pista

pisar
patear
hollar
pisotear
conculcar

violar
infringir
quebrantar
incumplir
transgredir

humillar
atropellar
maltratar
oprimir
ofender
ultrajar
denigrar
ridiculizar
mofarse

frecuentar
ir
pasar
andar
concurrir

pisaverde
presumido
petimetre
lechuguino
gomoso
figurín
futre *amer.*
cajetilla *amer.*

↔ adán
gañán

piscina
estanque

piscívoro
ictiófago

piscolabis
tentempié
refrigerio
aperitivo
colación
almuerzo
bocado

piso
firme
suelo
pavimento

planta

apartamento
vivienda
casa

capa
estrato
nivel
cama

suela

pisotear
pisar
hollar
patear
conculcar

humillar
atropellar
maltratar
ofender
ultrajar
denigrar

↔ respetar

pista
huella
pisada
rastro
vestigio
indicio

cancha

carretera
autopista
calzada
vía

pistilo
gineceo

pisto *col.*
jaleo
follón

alboroto
lío

↔ orden

pisto, darse *col.*
presumir
ostentar
fanfarronear
alardear
darse importancia

pistola
revólver

barra (pan)

pistolero
gángster
bandido
matón

pistoletazo
disparo
tiro

pistón
émbolo
cilindro

pistonudo *col.*
superior
estupendo
magnífico
genial
fenomenal
monumental
morrocotudo *col.*

↔ pésimo
desastroso

pita[1]
gallina

pita[2]
pitada
silba
abucheo

pitada
pita
pitido
silbido
silba

chifla
abucheo
grita
bronca

amer.
chupada
calada

↔ ovación
aplauso

pitanza
comida
alimento
condumio *col.*
rancho *col.*
manduca *col.*
papeo *col.*

pitaña
legaña

pitañoso
legañoso

pitar
chiflar
silbar
abuchear

arbitrar

amer.
fumar

↔ aplaudir
ovacionar

pítico
pitio

pitido
silbido

pita
pitada
silba
abucheo

pitillera
petaca
cigarrera

pitillo
cigarrillo
pito

pítima _col._
borrachera
melopea _col._
mona _col._

pitio
pítico

pito
silbato
silbo
chiflo

claxon
bocina

castañuela
castañeta

col.
cigarrillo
pitillo

pene

ardite
rábano
bledo _col._
pepino _col._
comino _col._

pitón
asta
cuerno

pitorro

pitonisa
encantadora
hechicera
profetisa
sibila
adivina
vidente

pitorrearse _col._
burlarse
guasearse
mofarse
bromear
chotearse _col._
chunguearse _col._
cachondearse _col._

pitorreo _col._
burla
guasa
choteo _col._
cachondeo _col._

↔ seriedad

pitorro
pitón

pitote _col._
barullo
jaleo
alboroto
follón
bronca
escándalo

pituita
moco
mucosidad

pituso
niño
nene
crío
angelito

pivotar
oscilar
fluctuar
bascular
balancearse

pivote
apoyo
soporte
eje

pizarra
encerado
tablero
pizarrón _amer._

pizca
pellizco
miaja
partícula
gota
átomo
chispa
ápice
adarme
brizna

↔ abundancia
cantidad

pizpireta
vivaracha
expresiva
coqueta

placa
plancha
lámina
chapa
lancha
lasca
costra
película

letrero
rótulo
insignia
distintivo

matrícula (de un
vehículo)

cliché

pláceme
felicitación
enhorabuena
congratulación

↔ pésame

placenta
parias

placentero
agradable
grato
deleitoso
delicioso
gustoso
atractivo
idílico
ameno
divertido
satisfactorio
dulce
plácido

↔ desagradable
enojoso
fastidioso

placer[1]
agradar
gustar
deleitar
encantar
complacer
satisfacer
regocijar
recrear
contentar

↔ desagradar
enojar
fastidiar

placer[2]
agrado
grado
gusto
deleite
delicia
gozo
goce
complacencia
satisfacción
fruición
regocijo
contento
alegría
alborozo
gozada _col._

↔ desagrado
disgusto
enojo
fastidio

plácet
aprobación
consentimiento

placidez
tranquilidad
sosiego
calma
paz

↔ intranquilidad
agitación

plácido
apacible
tranquilo
sosegado
sereno
beatífico
suave
calmo
dócil
manso
pacífico

agradable
grato
placentero

↔ desapacible
intranquilo

desagradable

plaga
peste
epidemia
pandemia

flagelo
azote

abundancia
multitud
montón
alud
avalancha
invasión

plagar(se)
infestar
invadir
atestar
llenar
desbordar

plagiar
copiar
reproducir
calcar
imitar
fusilar *col.*

amer.
secuestrar
raptar

↔ innovar
   crear

plan
proyecto
programa
idea
pensamiento
propósito
intención
objetivo
previsión
designio
esbozo

pasatiempo
entretenimiento
diversión

ligue
rollo
apaño
lío

plana
página
carilla
cara

plancha
chapa
placa

hoja
lámina
panel

planchado

planchazo
equivocación
metedura de pata *col.*

planchar
alisar
estirar
desarrugar

asolar
destruir
devastar

planchazo
plancha
equivocación
corte
patinazo *col.*
metedura de pata *col.*

planear[1]
volar
cernerse

planear[2]
planificar
proyectar
organizar
preparar
programar
diseñar
dibujar
estructurar
pensar
idear
tramar
urdir
maquinar
fraguar
forjar
organizar
orquestar

↔ improvisar

planeta
astro
cuerpo celeste

planetoide
asteroide

planicie
llanura
pampa

planificar
planear
proyectar
programar
organizar
estructurar

↔ improvisar

planilla
nómina

formulario
impreso

plano
llano
liso
raso
uniforme
igual

superficie
cara
lado

mapa
croquis
dibujo
representación
planta

faceta
aspecto
perspectiva
óptica
visión
punto de vista

planta
vegetal
metafita

aspecto
presencia
apariencia
figura
pinta
porte
fachada
físico

piso
altura
plano

plantación
cultivo
plantío

plantar(se)
sembrar
cultivar
forestar
repoblar

hincar
hundir
clavar
introducir

colocar
poner
instalar
asentar
plantificar

abandonar
dejar
separarse
romper
repudiar
dar esquinazo *col.*
dejar colgado *col.*

plantarse
erguirse
cuadrarse
ponerse firme

col.
llegar
presentarse
personarse
aparecer

resistir
mantenerse

↔ arrancar
   sacar
   extraer

   quitar
   levantar

   ceder

plantario
semillero
almáciga
almácigo
vivero

plante
plantón
tardanza

planteamiento
exposición
formulación

enfoque

plantear
exponer
formular
suscitar

sugerir
proponer

enfocar

plantearse
pensar
considerar
tener en cuenta

plantel
vivero
criadero

plantificar
colocar
plantar

dar
propinar
soltar
asestar
espetar
encajar

plantilla
patrón
matriz
modelo

personal
dotación
equipo
nómina

plantío
sembradío

plantón
esqueje
estaca
garrote

plante
tardanza

plañidero
llorón
gemebundo

sollozante
quejumbroso
lastimero
doliente

↔ alegre

plañir
llorar
sollozar
gemir
gimotear
lamentarse

plaqueta
trombocito

plasmar(se)
reflejar
expresar
estampar
verter
cristalizar
interpretar

plasta
pasta
pegote
papilla

excremento
caca
boñiga

col.
pesado
fastidioso
molesto
engorroso
enojoso
pelma *col.*
petardo *col.*
plomo *col.*
paliza *col.*

aburrimiento
lata *col.*
castaña *col.*
rollo *col.*
tostón *col.*
coñazo *vulg.*

↔ divertido
ameno

diversión
entretenimiento

plasticidad
docilidad
flexibilidad

maleabilidad
ductilidad

grafismo
expresividad

↔ dureza
rigidez

inexpresividad

plástico
flexible
dúctil
maleable
moldeable

gráfico
expresivo
descriptivo

↔ duro
rígido

inexpresivo

plata *col.*
dinero
riqueza
pasta *col.*
parné *col.*
guita *col.*

plataforma
tarima
estrado
tablado
andamio

medio
trampolín

organización
agrupación

platanera
plátano
platanero
bananero

plátano
banana

platanera

platea
patio

platear
blanquear
encanecer

plática
conversación
charla
tertulia
coloquio
diálogo
sermón
discurso
arenga
alocución
perorata
disertación
palique *col.*

platicar
conversar
charlar
departir
dialogar
parlamentar
conferenciar

↔ callar

platija
acedía

platina
pletina

plato
platillo
escudilla

guiso
comida

giradiscos

plató
escenario
estudio

platónico
espiritual
puro
ideal
desinteresado

↔ carnal
material

platudo *amer.*
adinerado
rico
acaudalado
potentado
creso

plausible
alabable
laudable
loable
encomiable
digno
meritorio

admisible
justificado

↔ reprobable
censurable

inadmisible

playa
costa
litoral

playboy *ingl.*
conquistador
seductor
castigador
ligón
galán

playera
zapatilla
deportiva

plaza
plazoleta
glorieta
rotonda
ágora
foro

mercado
lonja

sitio
asiento
localidad

lugar
población
ciudad

puesto
oficio
cargo
destino
empleo

coso
ruedo
redondel

plazo
término
tiempo

periodo
lapso
curso

cuota
pago
mensualidad

plazoleta
glorieta
rotonda
plaza

pleamar
↔ bajamar

plebe
pueblo
vulgo
populacho *desp.*
chusma *desp.*
gentuza *desp.*
patulea *desp.*

plebeyo
villano
paria

desp.
vulgar
grosero
basto
ordinario
soez
innoble

↔ aristócrata
noble

fino
distinguido

plebiscito
votación
referéndum
comicios
sufragio

plectro
púa

plegamiento
plegadura
pliegue
repliegue
doblez

plegar(se)
doblar
replegar
fruncir
arrugar
cerrar

plegarse
doblegarse
supeditarse
someterse
inclinarse
ceder

↔ estirar
extender

rebelarse

plegaria
oración
rezo
preces
invocación
súplica
ruego
deprecación

pleitear
litigar
querellar
contender

pleitesía
acatamiento
obediencia
reverencia
sumisión
sometimiento

↔ desobediencia
irreverencia

pleito
litigio
causa
juicio
querella

disputa
riña
pendencia
pugna
discusión
diferencia

plenario
pleno
total

entero
completo
cumplido

↔ parcial
incompleto

plenilunio
luna llena

plenitud
totalidad
integridad

culminación
apogeo
cumbre
cúspide
cima
auge
esplendor

↔ vacío
decadencia

pleno
completo
lleno
total
íntegro

asamblea
reunión
junta
cabildo
consejo

pleonasmo
redundancia
repetición

pleonástico
redundante
repetitivo

pletina
platina

plétora
abundancia
exceso
copia
exuberancia
demasía
saturación

↔ escasez

pletórico

lleno
rebosante
repleto
pleno
saturado
cuajado
atestado
exuberante
abundante
copioso

↔ escaso

pléyade

generación
hornada
celebridades

pliego

papel
página
folio
hoja
lámina

pliegue

doblez
plegadura
plisado
frunce
arruga

plomada

sonda .

plomazo *col.*

pesado
cargante
plomo *col.*
plasta *col.*

↔ ameno
   divertido

plomero *amer.*

fontanero

plomizo

grisáceo
ceniciento

cargado
nublado
anubarrado

↔ despejado

plomo

bala
proyectil

col.
pesado
aburrido
cargante
plomazo *col.*
pelma *col.*
pelmazo *col.*
plasta *col.*
rollo *col.*

plomos
fusible

↔ entretenido
   ameno

pluma

cálamo
péndola
estilográfica
plumilla

escritor
autor

col.
afeminamiento
ramalazo *col.*
vena *col.*

plumas
plumaje

plumífero (anorak)

plumaje

plumazón
plumas

plumazo

plumada
trazo
rasgo

plúmbeo

pesado
aburrido
fastidioso
cargante
soporífero

↔ entretenido
   ameno

plumero

penacho
airón

plumier *fr.*

estuche

plumífero

plumoso

plumas (anorak)

plural

múltiple
diverso
vario
heterogéneo

↔ singular
   único

pluralidad

multiplicidad
multitud
abundancia
infinidad
profusión

diversidad
variedad

↔ individualidad
   singularidad

pluralizar

generalizar
extender
universalizar

↔ individualizar
   singularizar

pluricelular

↔ unicelular

plurilingüe

políglota

plurivalente

polivalente

plus

sobresueldo
bonificación
gratificación
prima
extra

plusmarca

récord

plusvalía

encarecimiento
sobreprecio
incremento

plutocracia

capitalismo

plutonismo

vulcanismo

pluviómetro o
   pluvímetro

udómetro

pluvioso

lluvioso

población

localidad
pueblo
poblado
ciudad
plaza

colectividad
comunidad
habitantes
residentes
vecinos

poblado

población
localidad
pueblo
aldea
burgo

habitado
concurrido
populoso

↔ despoblado
   desértico

poblador

habitante

poblano *amer.*

campesino
rústico
lugareño

poblar(se)

repoblar
colonizar

habitar
vivir
establecerse

llenar
atestar
colmar
henchir

↔ despoblar
  emigrar

  vaciar

pobre

indigente
menesteroso
necesitado
mendigo
pordiosero
apurado
desvalido
desposeído
desheredado
arrastrado
desnudo
pelón
pelado

humilde
modesto
bajo
cutre

escaso
corto
exiguo
falto
carente
parvo

infeliz
desdichado
desgraciado
desventurado
desafortunado

↔ rico
  acaudalado
  opulento

  lujoso
  valioso

  lleno
  colmado

  afortunado
  dichoso

pobreza

indigencia
menester
necesidad

mendicidad
penuria
inopia
carestía
escasez
estrechez
exigüidad

↔ riqueza
  abundancia

pocha

judía (blanca)

pocho

podrido
pasado
descompuesto
estropeado
putrefacto

marchito
chuchurrido
ajado
lacio
mustio

enfermo
indispuesto
delicado
malo
achacoso

pálido
descolorido

↔ fresco

  sano
  saludable
  robusto

pocholada *col.*

monada
monería
preciosidad
ricura
divinidad

pocholo *col.*

lindo
bonito
mono
rico
divino

↔ feo

pocilga

cochiquera
gorrinera

porqueriza
chiquero
zahúrda

tugurio
cochambre
cloaca

pocillo

jícara

pócima

poción
filtro
bebedizo

poción

pócima

poco

limitado
contado
parvo
escaso
exiguo

algo

↔ mucho
  abundante

podadera

podón

podagra

gota (enfermedad)

podar

mondar
escamondar

poder[1]

valer
saber
ser capaz

lograr
conseguir
obtener
alcanzar
permitirse

ganar
dominar
vencer
ganar
derrotar
superar

poder[2]

capacidad
potestad
facultad
aptitud
suficiencia
eficacia

dominio
dominación
mando
influencia
imperio
autoridad
poderío
gobierno
jurisdicción
predominio
supremacía
importancia
fuerza
potencia

autorización
permiso
licencia
delegación
atribución

posesión
propiedad

↔ incapacidad
  impotencia

  sumisión
  subordinación

  prohibición

poderhabiente

apoderado

poderío

poder
dominio
mando
influencia
imperio
autoridad

fortaleza
fuerza
energía
ímpetu
brío
temperamento

bienes
riqueza
fortuna
hacienda

↔ sumisión
subordinación

debilidad

pobreza

poderoso

influyente
importante
fuerte
recio
potente
pujante
enérgico
vigoroso
eficaz
eficiente
activo

rico
potentado
pudiente
opulento

↔ débil
ineficaz

pobre

podiatra *amer.*

podólogo

podio o **pódium**

pedestal
base
basamento

podólogo

pedicuro
callista
podiatra *amer.*

podómetro

odómetro
cuentapasos

podón

podadera

podredumbre

putrefacción
corrupción
descomposición
fermentación

inmoralidad
corrupción

deshonestidad
deshonor
depravación
degeneración

↔ frescura

podrido

putrefacto
pútrido
pocho
corrompido
descompuesto
estropeado
pasado
rancio
alterado
fermentado

↔ fresco

podrir

pudrir

poema

verso
poesía
composición

poesía

poética
lírica

poema

↔ prosa

poeta

lírico
trovador
rimador
bardo
vate *cult.*

poético

lírico
romántico
idílico

↔ prosaico
pedestre

poetizar

sublimar
idealizar

versificar
componer

pógrom o
pogromo

genocidio
holocausto

polaco

polonés

polarizar(se)

concentrar
centrar
centralizar
captar
acaparar
atraer
absorber

↔ dispersar

polea

carrillo
garrucha

polémica

controversia
debate
discusión
disputa
dialéctica
querella
porfía
litigio

↔ acuerdo
conformidad

polémico

controvertido
controvertible
debatido
discutible
dialéctico

↔ indiscutible

polemizar

controvertir
debatir
discutir
disputar
querellar
porfiar
litigar

poliandria

poligamia

policía

agente
guardia
detective
gendarme
polizonte *col.*
madero *col.*
cachaco *amer.*

comisaría
pasma *col.*

policiaco

policial

policlínica

clínica
consultorio
ambulatorio
sanatorio
centro médico

polícromo

policromo
multicolor
irisado

↔ monocromático

poliedro

cuerpo geométrico
sólido

polifacético

versátil

polifonía

↔ monodia

poligamia

poliandria
poliginia

↔ monogamía

polígamo

↔ monógamo

poliginia

poligamia

políglota

plurilingüe

↔ monolingüe

poligrafía
criptografía

polinización
fecundación
fertilización

poliomielitis
polio

polisíndeton
↔ asíndeton

politeísmo
paganismo
gentilidad

↔ monoteísmo

politeísta
pagano
gentil
idólatra

↔ monoteísta

política
politología

administración
organización
gobierno

estrategia
planificación
maniobra

tacto
discreción
habilidad
delicadeza
diplomacia

político
estadista
gobernante
mandatario
dirigente
líder

hábil
discreto
diplomático
delicado

↔ torpe

politología
política

polivalente
plurivalente

póliza
sello
timbre

polizonte col.
policía
agente

polla
gallina

moza
jovencita
muchacha
chica
chavala

vulg.
pene

pollastre
pollo

joven
mozalbete

pollera amer.
falda
saya

pollino
asno
burro
borrico
jumento
rucio

pollo
pollastre
gallo

col.
joven
chico
muchacho

polo
extremo
punta
remate

centro
fundamento
base

polonés
polaco

poltrón
perezoso
holgazán
gandul
vago
haragán
remolón
cómodo
comodón

↔ diligente
trabajador
laborioso

poltrona
butaca
butacón

polución
contaminación

poluto cult.
sucio
manchado
contaminado

↔ impoluto
limpio

polvareda
polvo

escándalo
agitación

polvo
polvareda

vulg.
coito

polvorín
arsenal
armería
santabárbara
(buques)

poma
manzana

pomada
crema
ungüento

pomelo
toronjo (árbol)

toronja (fruto)

pomo
agarrador
tirador
manilla

perfumador
esenciero

pompa
burbuja

ostentación
suntuosidad
fasto
boato
aparato
lujo
esplendor
solemnidad
ceremonia
bambolla col.

↔ sencillez

pompi o **pompis**
col.
culo
trasero
nalgas
posaderas
poto amer.

pompón
borla

pomponearse col.
pavonearse
presumir
jactarse
vanagloriarse
crecerse

pomposo
ostentoso
aparatoso
lujoso
suntuoso
pretencioso
artificioso
barroco
recargado
churrigueresco

altisonante
grandilocuente
ampuloso
rimbombante
hueco
pedante

↔ sencillo
sobrio

pómulo

malar
mejilla

ponderado

moderado
comedido
mesurado
prudente
sensato
equilibrado

↔ irreflexivo
inmoderado

ponderar

alabar
elogiar
loar
encarecer
encomiar
enaltecer
ensalzar
cacarear *col.*

sopesar
pesar
considerar
examinar
barajar
dimensionar
calibrar

↔ reprobar
denigrar

ponedero

ponedor

nidal
nido

ponencia

exposición
conferencia

ponente

conferenciante

poner(se)

colocar
situar
ubicar
meter
depositar
aplicar
apostar
plantar
plantificar

volver
tornar
convertir

conectar
encender
enchufar
activar

vestir
llevar
lucir
ataviarse

escribir
anotar
consignar

señalar
fijar
determinar
establecer

suponer
considerar

instalar
montar
abrir

contribuir
aportar
ayudar
añadir
dar
proporcionar

exhibir
proyectar
representar
echar

exponer
someter

desovar
aovar

↔ quitar
retirar

desconectar
apagar

poniente

oeste
occidente

↔ levante
este

pontifical

papal
pontificio

pontificar

dogmatizar

pontífice

papa
santo padre

ponto *cult.*

mar
océano
piélago *cult.*

pontón

puente

ponzoña

veneno

populachero

vulgar
tosco
ordinario
ramplón
plebeyo

↔ distinguido
elitista

populacho

vulgo
gentuza
chusma
turba
plebe
canalla

↔ élite
aristocracia

popular

folclórico
tradicional

modesto
humilde

barato
económico

famoso
afamado
célebre
conocido
extendido
difundido
querido
admirado

↔ escogido
selecto

caro
prohibitivo

impopular
desconocido

popularidad

fama
celebridad
prestigio
renombre
reputación
notoriedad
cartel
divulgación
difusión

↔ impopularidad

popularizar(se)

difundir
divulgar
generalizar
afamar
acreditar

populismo

demagogia
electoralismo

populoso

poblado
habitado
concurrido
frecuentado

↔ despoblado
desértico

popurrí

mezcla
mezcolanza
revoltijo
batiburrillo

surtido
ensalada *col.*
gazpacho *col.*

poquedad
timidez
pusilanimidad
cortedad

menudencia
nimiedad
nadería
insignificancia

miseria
escasez

↔ atrevimiento
   desenvoltura

   abundancia

porcelana
loza
china
biscuit

porcentaje
proporción
tanto por ciento

porche
pórtico
atrio

cobertizo
sotechado

porción
parte
fragmento
fracción
ración
trozo
pedazo
cacho
pieza
partícula

montón
cantidad

pordiosear
pedir
limosnear
mendigar

pordiosero
mendigo
pobre

necesitado
menesteroso
indigente
desvalido
pedigüeño

↔ rico

porfía
obstinación
tenacidad
empeño
empecinamiento
perseverancia
tesón
insistencia

porfiar
obstinarse
empeñarse
empecinarse
perseverar
insistir
aferrarse
reafirmarse
ratificarse
machacar

polemizar
discutir

↔ retractarse
   desdecirse

porfolio
álbum

porífero
esponja (animal)

pormenor
detalle
particularidad
puntualización
menudencia
minucia

↔ generalidad
   globalidad

pormenorizar
detallar
puntualizar
describir
concretar

pornográfico
porno
obsceno

impúdico
procaz
lúbrico
lujurioso

↔ decente
   púdico

poroto *amer.*
judía
alubia

porqué
causa
razón
motivo
móvil
principio

porquería
suciedad
basura
inmundicia
cochambre
bazofia
caca *col.*
mierda *col.*

birria
bodrio
chapuza

grosería
indecencia
cerdada
guarrada
marranada
cochinada

porqueriza
pocilga
cochiquera

porquero
porquerizo

porra
cachiporra
maza
garrote

porrada *col.*
montón
pila
cantidad
mogollón *col.*
tira *col.*

porrazo
golpe
golpazo
golpetazo
palo
garrotazo
cachiporrazo
bastonazo
batacazo
trompazo
trastazo
castaña *col.*
leche *vulg.*

porro *argot*
canuto *argot*

portada
fachada
frontis
frente

tapa
carátula

↔ trasera

portadilla
anteportada

portador
mensajero
acarreador

portaequipaje o
   portaequipajes
maletero
cajuela *amer.*

baca

portaestandarte
abanderado

portafolio o
   portafolios
portapapeles
cartapacio
carpeta

portal
zaguán
entrada

portalámparas
casquillo

portamonedas
monedero
cartera
bolsillo

portaplumas
palillero

portar
trasladar
acarrear
transportar
traer
llevar

portarse
comportarse
conducirse
obrar
actuar
proceder

portarretrato o
  portarretratos
marco

portátil
manejable
trasladable
manual
movible
móvil

↔ fijo
  inmóvil

portavoz
representante
delegado
agente
emisario
enviado

porte
traslado
acarreo
transporte

aspecto
apariencia
presencia
facha
planta
distinción
prestancia
estampa

clase
categoría
condición
calidad
fuste

portear
transportar
acarrear
llevar
trasladar

portento
prodigio
maravilla
fenómeno
milagro

eminencia
genio
lumbrera
sabio

portentoso
prodigioso
maravilloso
asombroso
admirable
singular
extraordinario
fenomenal
milagroso

↔ corriente
  normal

porteño
bonaerense

portería
conserjería

meta
arco *amer.*

portero
conserje
bedel
ordenanza
guarda

guardameta
cancerbero
arquero *amer.*

pórtico
atrio
columnata

portillo
abertura
postigo
gatera

desfiladero
angostura
cañón

portugués
luso
lusitano

porvenir
futuro
mañana

horizontes
perspectivas

pos, en
detrás
tras

posada
fonda
hospedería
hostería
mesón
venta

refugio
alojamiento
hospedaje

posaderas
culo
trasero
pompi *col.*
pompis *col.*

posadero
mesonero
ventero
fondista
hostelero
fondero *amer.*

posar
poner
dejar
colocar
depositar

posarse
sedimentarse
asentarse

posdiluviano
↔ prediluviano
  antediluviano

pose
afectación
fingimiento
amaneramiento

↔ naturalidad

poseedor
dueño
propietario
amo
señor

poseer
tener
disponer
ostentar
gozar
disfrutar

tomar
violar
violentar
copular

poseído
poseso
endemoniado

posesión
tenencia
usufructo
disfrute
goce
propiedad
pertenencia
hacienda

territorio
colonia

posesionar(se)
adjudicar
otorgar
apoderarse
acaparar
tomar posesión

poseso
poseído
endemoniado
embrujado
satánico
alucinado

posfijo

sufijo

posibilidad

probabilidad
potencia
oportunidad
ocasión
opción
alternativa

posibilidades

posibles
medios

↔ imposibilidad

posibilitar

permitir
favorecer
propiciar
facilitar
ayudar
coadyuvar
solucionar
resolver

↔ imposibilitar
    impedir
    entorpecer

posible

probable
verosímil
factible
viable
realizable
hacedero
concebible
fácil
asequible

posibles

medios
recursos
posibilidades

↔ imposible
    irrealizable
    inalcanzable

posición

colocación
postura
situación
puesto
ubicación
emplazamiento
orientación

actitud
talante
disposición
conducta
comportamiento

condición
categoría
nivel
clase
esfera
standing

positivo

favorable
beneficioso
bueno
conveniente
útil
eficaz
efectivo
provechoso

cierto
real
verdadero
auténtico
objetivo
seguro
indudable

optimista

↔ negativo
    malo
    inconveniente

    falso

pósito

depósito
almacén
silo
alhóndiga

posma *col.*

lento
calmoso
flemático
pelma *col.*
plomo *col.*

↔ rápido
    activo

poso

sedimento
residuo
heces
madre

posparto

sobreparto
puerperio

posponer

aplazar
retardar
retrasar
postergar
diferir
demorar
aparcar

↔ adelantar

postal

tarjeta

poste

columna
madero
palo

postema

absceso

póster

cartel

postergar

aplazar
retardar
retrasar
posponer
diferir
demorar
aparcar

discriminar
marginar
olvidar
arrinconar

↔ adelantar
    promocionar

posteridad

futuro
porvenir
mañana

inmortalidad
fama

posterior

ulterior
subsiguiente

consecutivo
siguiente

trasero
detrás

↔ anterior

postigo

portillo
gatera

contraventana

postilla

costra
pupa

postín

lujo
riqueza
elegancia
importancia
distinción
ostentación
afectación
fachenda
tono
pisto *col.*

↔ sencillez
    llaneza

postinero

presumido
fachendoso
fantasma *col.*

↔ sencillo

postizo

artificial
imitado
falso
de pega

peluca
peluquín
bisoñé

prótesis

↔ natural
    auténtico

postor

licitador
apostante
pujador

postración

abatimiento
debilidad
flojedad
decaimiento
agotamiento
extenuación
desfallecimiento
desmadejamiento
desaliento
depresión
languidez

↔ vigor
ánimo

postrar

abatir
debilitar
agotar
extenuar
desgastar
consumir
depauperar

postrarse

arrodillarse
ponerse de rodillas

↔ fortalecer
animar

postrero

postrer
postrimero
último
final
extremo

↔ primero

postrimería

fin
final
término
conclusión
decadencia
acabamiento
declive
ocaso

↔ comienzo
principio

postulado

axioma
premisa
principio
proposición
supuesto

postulante

candidato
solicitante
demandante
aspirante

postular

pedir
recaudar
solicitar
rogar

defender
sostener
afirmar
aseverar

postura

posición
colocación
pose
ademán
gesto

actitud
comportamiento
conducta
disposición
talante

puesta
apuesta
envite

potable

bebible
bebestible

aceptable
admisible
pasable
tolerable
razonable
apto

potaje *col.*

lío
desorden
jaleo
follón

pote

olla
cacerola
cazuela
marmita
puchero
perol

potencia

capacidad
posibilidad
poder
fuerza
pujanza
vigor
dominio
poderío
fortaleza
intensidad

imperio

↔ impotencia
incapacidad
debilidad

potencial

condicional
latente
encubierto
posible
probable

potencia
poder
capacidad
posibilidad

potenciar

favorecer
impulsar
estimular
fomentar
activar
intensificar
fortalecer
desarrollar
promocionar

↔ frenar
dificultar

potentado

rico
opulento
acaudalado
adinerado
pudiente
poderoso
influyente
potente
magnate

↔ pobre

potente

poderoso
fuerte

recio
intenso
enérgico
vigoroso

eficaz
activo

potentado
rico
influyente

↔ débil
impotente

ineficaz

pobre

potestad

poder
autoridad
arbitrio
dominio
jurisdicción
imperio

potestativo

voluntario
facultativo
optativo
opcional

↔ obligatorio
preceptivo

potingue

poción
pócima
medicina
medicamento

comistrajo
bebistrajo

cosmético
afeite
pintura

potosí

riqueza
fortuna
dineral
tesoro

↔ miseria
pobreza

potra *col.*

suerte
estrella

chiripa *col.*
chamba *col.*
chorra *col.*

potro
potranco
potrillo
jaco

pídola

poyata
repisa
estante
anaquel
vasar
balda

poyato
terraza
bancal
parcela

poyo
poyal
poyete
banco

poza
charca
balsa
fangal
charco

pozo (parte honda
del río)

pozo
hoyo
agujero
foso
sima
excavación
perforación

poza

práctica
ejercitación
ejercicio
ejecución
acción
acto
operación
praxis

hábito
costumbre

uso
usanza
tradición

experiencia
destreza
pericia
técnica
desenvoltura
soltura
maña

practicable
realizable
posible
factible

transitable
despejado
abierto
franco

↔ impracticable
irrealizable

intransitable

practicante
enfermero
auxiliar técnico
sanitario (ATS)

practicar
ejercer
realizar
ejecutar
hacer
poner en práctica
llevar a cabo

ejercitar
ensayar
entrenar
adiestrarse
acostumbrarse

profesar (una
religión)
abrazar
seguir

abrir
perforar

práctico
funcional
útil
utilitario
cómodo
provechoso

beneficioso
ventajoso
lógico
conveniente
adecuado
apropiado

pragmático
realista
objetivo
materialista
utilitarista

real
material
efectivo
concreto

diestro
experto
experimentado
versado
ducho

↔ inútil
incómodo
inconveniente

idealista
iluso

teórico
especulativo

inexperto

pradera
prado
pradal
césped

prado
pradera
pastizal
pasto
herbazal
dehesa

pragmático
práctico
útil
efectivo
real
concreto
funcional

pragmatista
utilitarista

↔ teórico
especulativo

pragmatismo
utilitarismo
realismo
posibilismo

↔ idealismo

praxis
práctica
ejecución
acción
realidad

↔ teoría

preámbulo
introducción
prefacio
exordio
introito
proemio
prólogo
prolegómeno

circunloquio
rodeo
digresión
ambages

↔ colofón
epílogo

prebenda
sinecura
canonjía
chollo *col.*
momio *col.*
bicoca *col.*

enchufe
favor
ventaja

preboste
presidente
director
regidor
mandamás
jefazo
gerifalte
cabecilla
oligarca

↔ subordinado

precariedad
inestabilidad
fragilidad
debilidad

pobreza
escasez
carencia
deficiencia
exigüidad

↔ estabilidad

   riqueza

precario

inestable
inseguro
frágil
débil
irregular
transitorio
provisional

pobre
escaso
carente
insuficiente
deficiente
limitado
exiguo

↔ estable
   sólido
   duradero

   rico

precaución

prudencia
cautela
cuidado
previsión
prevención
ojo

↔ descuido
   imprudencia

precaver(se)

prevenir
prever
aprestar
protegerse
guardarse
defenderse
tomar medidas

↔ descuidarse

precavido

previsor
prevenido
prudente
cauteloso

cauto
cuidadoso

↔ descuidado
   imprudente

precedente

anterior
previo
antecesor
preexistente
antecedente

referencia

↔ posterior
   consecuente

preceder

anteceder
adelantar
anticipar
preexistir

aventajar
superar
rebasar

↔ seguir
   suceder

preceptiva

reglamento
reglamentación
regulación
legislación
normativa

preceptivo

normativo
reglamentario
obligatorio
legislado
regulado
estipulado
canónico

↔ facultativo
   opcional

precepto

norma
regla
orden
mandato
mandamiento
disposición
obligación
prescripción

directriz
directiva
decreto
canon

preceptor

ayo
tutor
instructor
mentor
guía

preceptuar

regular
reglamentar
ordenar
mandar
disponer
establecer
estipular
prescribir
determinar
señalar

↔ derogar
   anular

preces

plegaria
súplica
rezo
oración

preciado

precioso
valioso
caro
costoso
inapreciable
inestimable
apreciado
querido
estimado
admirado

↔ despreciable

preciarse

presumir
alardear
jactarse
vanagloriarse
gloriarse
enorgullecerse
chulearse *col.*

↔ avergonzarse
   humillarse

precintar

sellar
lacrar
clausurar
cerrar

↔ abrir
   inaugurar

precinto

precintado
sello
lacre
cierre

precio

importe
valor
coste
costo
valía
cuantía
monto
montante
total
tasación

preciosidad

hermosura
ricura
monada
delicia
divinidad

↔ espanto
   asco

preciosismo

atildamiento
artificiosidad
amaneramiento
afectación

esteticismo

↔ sencillez
   naturalidad

precioso

preciado
valioso
inestimable
inapreciable

hermoso
bello
lindo
bonito

atractivo
encantador
primoroso
exquisito
delicado

↔ despreciable

feo
espantoso

precipicio

barranco
despeñadero
derrumbadero
abismo
sima
acantilado

perdición
ruina
infierno

precipitación

apresuramiento
prisa
apremio
rapidez
atropello
irreflexión
inconsciencia
imprudencia
temeridad

lluvia
nieve
granizo

↔ calma
prudencia
precaución

precipitado

apresurado
presuroso
atropellado
arrebatado
irreflexivo
alocado
atronado
atolondrado
abanto
inconsciente
impulsivo
nervioso
imprudente
impremeditado

↔ reflexivo
pausado

precipitar(se)

arrojar
lanzar
tirar
despeñar
derrumbar
despedir

acelerar
adelantar
anticipar
apresurar

precipitarse

correr
abalanzarse

precisado

obligado
forzado
empujado

precisar

necesitar
requerir
urgir

especificar
concretar
detallar
puntualizar
afinar
definir
determinar
particularizar
fijar
clarificar

↔ prescindir

generalizar

preciso

necesario
indispensable
imprescindible
irreemplazable
esencial
inexcusable
imperioso
debido

riguroso
estricto
específico
concreto
puntual
justo
exacto
fiel

fidedigno
cabal
geométrico
escrupuloso
congruente

↔ innecesario
superfluo

impreciso
inexacto

preclaro

insigne
ilustre
esclarecido
célebre
famoso
notable
sobresaliente
admirable
eminente
ínclito
renombrado

↔ desconocido
vulgar
insignificante

precocidad

antelación
adelanto

↔ atraso

precognición

intuición
previsión
conjetura

preconcebir

planear
proyectar
preestablecer
premeditar
prever

↔ improvisar

preconizar

recomendar
aconsejar
promover
propugnar
apoyar
defender

alabar
elogiar

ensalzar
ponderar
encomiar

anunciar
vaticinar
augurar

↔ combatir
oponerse

insultar
denigrar

precoz

prematuro
adelantado
anticipado
temprano
aventajado
avanzado
destacado

↔ tardío
atrasado

precursor

iniciador
pionero
antecesor
antecedente
precedente

↔ seguidor

predador

depredador

predecesor

antecesor
precedente

ascendiente
antepasado

↔ sucesor
posterior

descendiente

predecir

vaticinar
pronosticar
profetizar
augurar
anunciar
agorar
presagiar
adivinar
conjeturar

predestinación

destino
fatalidad
hado
sino
estrella

predestinar

destinar
sentenciar
proponer
consagrar
predeterminar
señalar
marcar
elegir

predeterminar

prefijar
preestablecer
predestinar
marcar
señalar

prédica

predicación
sermón
plática
perorata
arenga
alocución
charla
discurso

predicador

evangelista
catequista
sacerdote
pastor
apóstol

predicamento

prestigio
reputación
crédito
respeto
opinión
fiabilidad
fama
celebridad
renombre
notoriedad
influencia
autoridad

↔ desprestigio
  impopularidad

predicar

sermonear
perorar
platicar
arengar
evangelizar
catequizar

anunciar
pregonar
publicar
divulgar
difundir

recomendar
aconsejar
sugerir

regañar
amonestar
reñir
reprender
criticar
moralizar

↔ callar

  omitir
  ocultar

  desaconsejar

  alabar
  aplaudir

predicción

vaticinio
pronóstico
profecía
augurio
anuncio
presagio
revelación
oráculo
agüero
adivinación

predilección

preferencia
predisposición
inclinación
propensión
querencia
parcialidad
favoritismo
distinción
pasión
devoción
apego

↔ manía
  antipatía

predilecto

preferido
favorito

↔ odiado

prediluviano

antediluviano

↔ posdiluviano

predio

finca
heredad
hacienda
alquería

predisponer

incitar
influir
inclinar
impulsar

preparar
disponer
aprestar
organizar
alertar

predominante

dominante
preponderante
preferente

proliferante
abundante
mayoritario

↔ inferior

  escaso
  minoritario

predominar

dominar
destacar
descollar
prevalecer
imponerse
sobresalir
superar
aventajar
preponderar

imperar
abundar
proliferar
reinar

↔ someterse

  escasear

predominio

dominio
dominación
preponderancia
primacía
superioridad
supremacía
preeminencia

abundancia
proliferación

↔ inferioridad
  sometimiento

  escasez

preeminencia

superioridad
supremacía
primacía
predominio
dominio
preponderancia
privilegio
preferencia
prioridad

↔ inferioridad

preexistente

previo
precedente
anterior

↔ siguiente
  consecuente

preexistir

preceder
anteceder

↔ suceder
  seguir

prefacio

prólogo
preámbulo
proemio
exordio
prolegómeno
introito
introducción

↔ epílogo
  colofón

preferencia

predilección
predisposición
inclinación

propensión
tendencia
prelación
debilidad
pasión

favoritismo
parcialidad
privilegio
enchufe

prioridad
primacía
preeminencia
ventaja
superioridad

↔ odio
   antipatía

   imparcialidad
   equidad

   desventaja
   inferioridad

preferente

preferencial
preeminente
principal
privilegiado
destacado
distinguido
aventajado

preferible

↔ inferior

preferible

preferente
mejor
aconsejable
recomendable
deseable
ventajoso
beneficioso

↔ peor
   inconveniente

preferido

favorito
predilecto
privilegiado

↔ odiado
   despreciado

preferir

anteponer
priorizar
favorecer

privilegiar
distinguir
inclinarse

↔ posponer

prefijar

predeterminar
preestablecer
planificar
programar
prever

↔ improvisar

pregón

bando
proclama
manifiesto
anuncio
edicto

pregonar

vocear
proclamar
divulgar
difundir
publicar
airear
cacarear *col.*

alabar
elogiar
encomiar

↔ callar

pregunta

interrogación
interrogante
cuestión
demanda
consulta
inquisición
indagación

↔ respuesta

preguntar

interrogar
demandar
inquirir
interpelar
indagar

preguntarse

cuestionarse
meditar
dudar

↔ responder

prehistoria

orígenes
inicio
principio
albores

atraso
subdesarrollo

↔ final
   postrimerías

   modernidad

prehistórico

antediluviano
antiguo
arcaico
caduco
obsoleto

↔ moderno
   actual

prejuicio

prevención
arbitrariedad
aprensión
recelo
reparo
escrúpulo
convencionalismo

prejuzgar

juzgar
recelar

prelación

preferencia
prioridad
preeminencia
primacía
precedencia
antelación

↔ postergación

prelado

abad
superior
prior

obispo
arzobispo
purpurado
mitrado

preliminar

liminar
inicial

previo
preparatorio
introductorio

introducción
preámbulo
proemio
prolegómeno
exordio

↔ final
   epílogo

preludiar

anunciar
abrir
empezar
comenzar

↔ acabar

preludio

anuncio
inicio
señal
heraldo

prematuro

temprano
precoz
anticipado
adelantado
inmaduro

↔ atrasado

premeditación

preparación
planificación
deliberación
reflexión
cálculo
intencionalidad

malicia

↔ improvisación

premeditar

preparar
planificar
proyectar
programar
madurar
deliberar
reflexionar
meditar
calcular

↔ improvisar

premiar
gratificar
compensar
recompensar
galardonar
laurear
reconocer
incentivar
distinguir
agraciar

↔ castigar
   penalizar

premio
gratificación
compensación
recompensa
galardón
reconocimiento
incentivo
distinción

↔ castigo
   penalización

premioso
lento
tardo
pausado
parsimonioso
pesado
torpe
dificultoso

↔ rápido
   ágil
   fluido

premisa
supuesto
presupuesto
hipótesis
proposición

premonición
presentimiento
presagio
intuición
corazonada
pálpito
sospecha
barrunto

premura
prisa
urgencia
apremio

apresuramiento
diligencia
rapidez
prontitud
celeridad
apuro

↔ lentitud
   tranquilidad

prenda
garantía
aval
resguardo
fianza

ropa
vestimenta

virtud
cualidad

prendar(se)
agradar
cautivar
seducir
encantar
hechizar
maravillar
deleitar
embelesar
aficionar
enamorar

↔ desagradar
   desinteresar

prendedor
prendido
broche
pasador
imperdible
alfiler

prender(se)
agarrar
sujetar
enganchar
asir
aferrar

coger
capturar
atrapar
apresar
arrestar
detener
encarcelar
aprehender

arder
inflamarse
quemarse
incendiarse

arraigar
enraizar

↔ soltar
   liberar

   apagar
   sofocar

prendería
trapería

prendero
trapero
ropavejero

prendido
agarrado
sujeto

cautivo
preso

prendedor
broche
pasador

prensa
compresora

rotativa
estampadora
imprenta

periodismo

prensar
presionar
comprimir
aplastar
estrujar
apretar
exprimir
apisonar

prensil
prensor

prenupcial
prematrimonial

preñar
embarazar
fecundar
fertilizar

llenar
cargar
colmar
atestar
abarrotar
henchir

↔ vaciar
   aligerar

preñez
embarazo
gravidez
gestación
estado de buena
   esperanza

preocupación
intranquilidad
inquietud
desasosiego
desazón
desvelo
obsesión
angustia
ansiedad
zozobra
peso
nerviosismo
picazón
pesadilla
comecome
agobio

↔ despreocupación
   tranquilidad
   sosiego

preocupar(se)
intranquilizar
inquietar
desasosegar
desazonar
desvelar
obsesionar
angustiar
agobiar
apurar
alarmar
sobresaltar
impacientar
reconcomer

importar
interesar
atraer

preocuparse
ocuparse
encargarse

entregarse
dedicarse
responsabilizarse

↔ tranquilizar
　sosegar

　despreocuparse
　desentenderse
　pasar *col.*

preparación

disposición
ordenamiento
acondicionamiento
arreglo
preparativo
premeditación
planificación
organización

gestación
elaboración
confección

conocimientos
saber
cultura
sabiduría
base
experiencia
capacitación

preparado

arreglado
ordenado
acondicionado
habilitado
dispuesto

elaborado
listo
presto

prevenido
alerta
avisado
advertido

experto
entendido
conocedor
especializado
ducho
capaz

↔ desarreglado

　desprevenido

　incapaz
　inexperto

preparador

entrenador
monitor
instructor

preparar

disponer
arreglar
ordenar
aviar
acondicionar
habilitar
adecuar
adaptar
aprestar
aparejar

elaborar
confeccionar
gestar

planificar
planear
organizar
orquestar
premeditar
amañar
apañar
falsear

prevenir
predisponer
alertar
avisar
advertir

entrenar
adiestrar
aleccionar
adoctrinar

prepararse

aproximarse
acercarse
avecinarse
fraguarse

↔ desarreglar

　deshacer

preparativo

preparatorio
preparación
organización
arreglo
apresto

preparatorio

preparativo
introductorio

preliminar
previo

↔ final
　último

preponderancia

primacía
superioridad
supremacía
preeminencia
predominio
dominio
imperio

↔ inferioridad

preponderante

superior
preeminente
predominante
dominante

↔ inferior

preponderar

predominar
dominar
prevalecer
sobresalir
destacar
descollar

prepotencia

abuso
despotismo
dominio
poder
tiranía

prepotente

abusivo
déspota
dominante
autoritario
poderoso
dictatorial
despótico
tiránico

↔ tolerante
　humilde

prerrogativa

privilegio
beneficio
favor
ventaja
dispensa

derecho
facultad
competencia
atribución

presa

víctima
captura
botín
despojo

dique

embase
pantano
estanque
represa

acequia
zanja
canal

llave (en lucha)

presagiar

pronosticar
vaticinar
anunciar
augurar
presentir
predecir
adivinar
sospechar
barruntar
intuir
atisbar

presagio

pronóstico
vaticinio
anuncio
augurio
agüero
predicción
sospecha
barrunto
intuición
atisbo
presentimiento
corazonada
pálpito

presbicia

hipermetropía

presbítero

sacerdote
cura
clérigo
pastor

prescindir

suprimir
eliminar
quitar
excluir
descartar
desechar
desterrar
arrinconar
preterir
renunciar
omitir
silenciar
ignorar
privarse
desprenderse
abstenerse

↔ emplear
  aprovechar
  tener en cuenta

prescribir

recetar
recomendar
aconsejar
indicar
preceptuar
mandar
ordenar
disponer
determinar
establecer

caducar
vencer
terminar
finalizar
concluir
extinguirse

↔ prohibir

prescripción

receta
recomendación
consejo
indicación
precepto
mandato
orden
disposición
determinación

conclusión
vencimiento
término
extinción

↔ prohibición

presea *cult.*

joya
alhaja

↔ baratija
  quincalla

presencia

asistencia
comparecencia
aparición

existencia

aspecto
apariencia
estampa
figura
cara
traza
porte
físico
pinta
facha
fachada
presentación

↔ incomparecencia
  ausencia

  inexistencia

presencial

ocular

presenciar

ver
mirar
observar
contemplar

presentable

curioso
visible
aparente
aceptable
decente
digno

↔ impresentable

presentación

muestra
manifestación
exhibición
exposición
aparición

inauguración
estreno
debut

presencia
aspecto
apariencia
traza
pinta

presentador

animador
locutor

presentar(se)

entregar
dar
aportar

mostrar
enseñar
exhibir
exponer
lucir
manifestar
exteriorizar
dar a conocer
sacar a la luz

presentarse

aparecer
producirse
suceder
surgir
salir
acontecer
ocurrir

comparecer
asistir
personarse
acudir
reportarse *amer.*

ofrecerse
prestarse

↔ ocultar

  faltar
  ausentarse

  negarse

presente

hoy
ahora
actualidad

reciente
contemporáneo
coetáneo
actual

asistente
concurrente

regalo
obsequio
ofrenda
dádiva
agasajo
detalle
souvenir

↔ pasado
  futuro

  ausente

presentimiento

premonición
presagio
intuición
corazonada
pálpito
sospecha
barrunto

presentir

presagiar
intuir
sospechar
barruntar
temerse
figurarse
olerse
dar algo en la nariz
  col.

preservación

defensa
protección
conservación
cuidado

↔ desprotección

preservar(se)

defender
amparar
proteger
salvaguardar
conservar
resguardar
cuidar
asegurar

↔ desproteger

preservativo

preservador
conservante

profiláctico
condón *col.*
globo *argot*

presidencia

gobierno
gobernación
directiva
jefatura
cabecera
staff

presidente

gobernante
director
dirigente
jefe
preboste

presidiario

preso
prisionero
recluso
reo
condenado
penado

presidio

cárcel
prisión
penal
penitenciaría
chirona *argot*
talego *argot*
trullo *argot*
trena *argot*

presidir

dirigir
liderar
encabezar

dominar
predominar
preponderar
imperar
reinar
influir

presión

opresión
compresión

coacción
coerción
conminación
imposición
intimidación
condicionamiento
coartación
chantaje

presionar

oprimir
comprimir
apretar
estrujar
prensar

coaccionar
conminar
imponer
intimidar
condicionar
coartar
obligar
forzar
chantajear

↔ soltar

preso

prisionero
cautivo
encarcelado
arrestado
recluido
recluso
presidiario

prestación

servicio
ayuda
rendimiento

prestamista

fiador
acreedor
usurero

préstamo

empréstito
crédito
financiación
hipoteca
anticipo
adelanto

prestancia

elegancia
distinción
refinamiento
empaque
porte
estilo
garbo
donaire

↔ vulgaridad

prestar

dejar
fiar

conceder
dar
transmitir
proporcionar
comunicar
conferir

prestarse

ofrecerse
brindarse
presentarse

acceder
aceptar
avenirse
conformarse
condescender
transigir

inducir
mover

↔ negarse

presteza

rapidez
prontitud
diligencia
brevedad
velocidad
celeridad
agilidad
ligereza

↔ lentitud

prestidigitación

ilusionismo
magia

prestigiar(se)

acreditar
afamar
honrar
popularizar
reputar
renombrar
distinguir
ennoblecer

↔ desprestigiar
   deshonrar

prestigio

crédito
fama
honra

popularidad
reputación
renombre
predicamento
opinión
autoridad
ascendiente
importancia
categoría
cartel

↔ desprestigio
   deshonra

prestigioso

acreditado
honroso
afamado
popular
célebre
reputado
renombrado
importante

↔ desprestigiado

presto

preparado
listo
dispuesto
prevenido

rápido
diligente
pronto
veloz
raudo
activo
dinámico
solícito

pronto
prontamente
rápidamente
velozmente

↔ lento
   tardo

   lentamente

presumible

sospechable
posible
probable
previsible
conjeturable
hipotético
presunto

↔ imposible
   imprevisible

presumido

presuntuoso
vanidoso
jactancioso
engreído
creído
petulante
fatuo
orgulloso
inmodesto
chulo
fanfarrón
fardón *col.*
fantasma *col.*

coqueto
pisaverde
pinturero
dandi
figurín
pijo *col.*
pera *col.*
fachenda *col.*
cajetilla *amer.*
cachaco *amer.*

↔ modesto
sencillo
humilde

presumir

envanecerse
jactarse
enorgullecerse
engreírse
preciarse
ostentar
alardear
blasonar
fanfarronear
farolear
pavonearse
gallear
chulearse *col.*
fardar *col.*
pomponearse *col.*
palanganear *amer.*
florear *amer.*
dragonear *amer.*
darse pisto *col.*

sospechar
suponer
conjeturar
figurarse
imaginarse
creer

↔ humillarse
rebajarse

presunción

vanidad
jactancia
orgullo
engreimiento
alarde
ostentación
fanfarronería
autosuficiencia
ínfulas

sospecha
suposición
conjetura
hipótesis

↔ modestia
sencillez
humildad

presunto

supuesto
presumible

presuntuoso

presumido
vanidoso
engreído
arrogante
fatuo
altivo
altanero
soberbio
vano

pretencioso
rimbombante
ostentoso
aparatoso

↔ modesto
humilde

sencillo

presuponer

suponer
sobreentender

requerir
significar
implicar
entrañar

presuposición

suposición
presupuesto

postulado

presupuestar

calcular
estimar
valorar
evaluar

presupuesto

estimación
cálculo
importe
costo

partida
fondos
capital
patrimonio

presuposición
premisa
postulado
principio
supuesto
hipótesis
proposición

presura

apresuramiento
prisa
premura

opresión

↔ calma
lentitud

presuroso

rápido
ligero
apresurado
veloz
raudo
ágil
vivo

↔ lento

pretencioso

presuntuoso
ostentoso
aparatoso
rimbombante
pomposo

↔ sencillo
natural

pretender

procurar
buscar
querer

desear
aspirar
anhelar
ansiar
ambicionar
perseguir
proponerse
optar

simular
fingir

cortejar
galantear
festejar

↔ renunciar
despreciar

pretendiente

aspirante
solicitante
candidato

cortejador
galanteador
galán
enamorado
novio

pretensión

intención
propósito
finalidad
voluntad
meta
objetivo
deseo
anhelo
aspiración
ambición
afán

pretenciosidad
presuntuosidad
presunción
alarde
ostentación

↔ renuncia

sencillez
modestia

preterir

prescindir
excluir
descartar
desechar
desterrar
olvidar

↔ recordar

pretérito

pasado
anterior
antiguo
remoto
lejano
distante

ayer
antigüedad

↔ futuro
   presente

preternatural

sobrenatural

pretextar

excusar
disculpar
justificar
alegar
aducir
argüir
simular

pretexto

excusa
disculpa
justificación
explicación
evasiva
coartada
asidero

pretil

antepecho
baranda
barandilla
brocal (de un pozo)

prevalecer

prevaler
triunfar
vencer
imponerse
predominar
dominar
imperar

perdurar
permanecer
resistir
conservarse
durar

↔ perder

   morir
   decaer

prevaler

prevalecer
imponerse
predominar
dominar

prevalerse

aprovecharse
valerse
servirse

↔ perder

prevención

previsión
preparación
disposición
organización
apresto

precaución
cautela
reparo
recelo
aprensión
prejuicio
desconfianza
suspicacia

↔ imprevisión

prevenir(se)

impedir
evitar
protegerse
guardarse
defenderse
tomar medidas

precaver
prever
predisponer
disponer
aprestar
arreglar
organizar
proveer
aparejar

advertir
apercibir
notificar
avisar
alertar
amonestar

↔ impulsar
   exponerse

   descuidar
   improvisar

preventivo

precautorio
protector
cautelar

prever

presentir
predecir
pronosticar
vaticinar
adivinar
sospechar
barruntar
conjeturar
presumir
vislumbrar

prevenir
disponer
aprestar
aparejar

↔ improvisar

previo

anterior
precedente
apriorístico

↔ posterior

previsible

predecible
presumible
conjeturable
imaginable
probable
fácil

↔ imprevisible
   impensable

previsión

predicción
pronóstico
vaticinio
sospecha
conjetura
augurio
adivinación

proyecto
plan
programa

presupuesto
cálculo
cómputo

prudencia
cautela

precaución
cuidado

↔ imprevisión
   descuido

previsor

prevenido
prudente
cauteloso
precavido

↔ descuidado
   imprevisor

prez

prestigio
honra
honor
estima
fama
renombre
reputación
distinción

↔ deshonra
   deshonor

prieto

apretado
ajustado
ceñido
comprimido
duro
macizo

↔ flojo
   suelto

prima

gratificación
plus
extra
sobresueldo
incentivo
comisión

↔ descuento

primacía

supremacía
superioridad
preponderancia
predominio
preeminencia
prioridad

↔ inferioridad
   posterioridad

primar[1]

anteponer

prevalecer
predominar
dominar

↔ posponer

primar[2]

premiar
gratificar
incentivar

↔ castigar
penalizar

primario

vital
capital
primordial
principal
fundamental
básico
elemental

primigenio
primitivo
rudimentario
tosco
rudo

primero
inicial

↔ secundario
innecesario

evolucionado
sofisticado

posterior

primavera

prímula

col.
primo
simple
bobo
incauto

↔ astuto
listo

primerizo

principiante
novato
novel
bisoño
inexperto

primípara

↔ veterano

primero

primo
uno
inicial
originario

principal
superior

primeramente
previamente
antes

↔ último

secundario

después

primicia

novedad

primigenio

primitivo
primario
originario
original
inicial
previo

↔ posterior

primípara

primeriza

primitivo

primario
primigenio
originario
original

prehistórico
antiguo
arcaico
viejo

rudimentario
elemental
tosco
rudo

↔ nuevo
reformado

contemporáneo
actual

sofisticado

primo

primero

col.
simple

tonto
lelo
incauto
bobalicón
primavera *col.*
pardillo *col.*
pringado *col.*
canelo *col.*

↔ listo
astuto
vivo

primogénito

mayor

↔ menor
benjamín

primor

esmero
celo
perfección
minuciosidad
maestría
pulcritud
exquisitez
filigrana

encanto
monada
ricura
delicia
preciosidad
divinidad

↔ descuido
imperfección
chapuza

espanto

primordial

principal
básico
fundamental
sustancial
esencial
capital
decisivo
crucial
clave

↔ accesorio
secundario

primoroso

esmerado
pulcro
cuidadoso
minucioso

delicado
exquisito
perfecto
selecto
pulido

↔ descuidado
chapucero

principal

primordial
fundamental
básico
esencial
sustancial
decisivo
crucial
capital
central
cardinal
vital

encargado
gerente
jefe

↔ secundario
accesorio

subordinado

principalmente

preferiblemente

fundamentalmente
básicamente

príncipe

infante
delfín

principesco

espléndido
soberano
magnífico
opulento
lujoso

principiante

aprendiz
novato
novel
inexperto
primerizo
pipiolo
bisoño

↔ veterano
experto

principiar

comenzar
empezar
iniciar
inaugurar
incoar
nacer

↔ acabar
   concluir

principio

comienzo
empiece
inicio
iniciación
inauguración
nacimiento
génesis
germen
albor
arranque
origen

causa
razón
motivo
porqué

presupuesto
postulado
ley

constituyente
componente
integrante
ingrediente
elemento

principios

moral
ética

nociones
conocimientos
rudimentos
base
abecé

↔ fin
   final
   conclusión

   consecuencia
   efecto

pringado *col.*

simple
incauto
cándido
bobalicón
pardillo *col.*

primo *col.*
primavera *col.*

implicado
involucrado
complicado

↔ listillo
   astuto

pringar(se)

engrasar
ensuciar
manchar
ponerse perdido

mojar (pan)
untar

implicar
involucrar
enredar
complicar
comprometer

col.
trabajar
currar *col.*
currelar *col.*
chapar *col.*

↔ limpiar

   vaguear
   escaquearse

pringue

unto
grasa
sebo

mugre
porquería
guarrería
churre

↔ limpieza

prior

superior
rector
abad
prelado

priorato

priorazgo
abadía
monasterio

prioridad

preferencia
precedencia

antelación
preponderancia
primacía
ventaja

↔ postergación

prisa

apresuramiento
rapidez
prontitud
presteza
celeridad
urgencia
apuro
apremio
premura
presura

↔ lentitud
   tranquilidad

prisión

presidio
penal
penitenciaría
cárcel
chirona *argot*
trena *argot*
capacha *amer.*
cana *amer.*

encarcelamiento
cautiverio

↔ libertad
   liberación

prisionero

preso
cautivo
encarcelado

esclavo
víctima

↔ libre

prismáticos

gemelos

prístino

original
originario
primigenio
primitivo
primero

↔ alterado
   degradado

privacidad

intimidad
vida privada

privación

desposeimiento
expropiación
expolio
despojo

abstención
renuncia
inhibición
abstinencia
ayuno

pobreza
indigencia
necesidad
penuria
escasez
carencia
falta
insuficiencia
apretura
apuro
fatiga

↔ posesión
   donación

   disfrute
   uso

   riqueza
   abundancia

privado

falto
carente
desprovisto
desposeído

particular
personal
íntimo
secreto
individual
interior
familiar

valido
favorito

↔ dotado
   sobrado

   público
   estatal

privanza

valimiento

privar(se)
quitar
despojar
desposeer
desproveer
expropiar
expoliar
arrebatar
usurpar

impedir
prohibir
vedar
denegar

destituir
relevar
suspender

marear
aturdir
atontar
desmayarse
perder el sentido

encantar
fascinar
chiflar
pirrar
alucinar *col.*
molar *col.*

llevarse
estar de moda
estar en boga
col.
beber
emborracharse
empinar el codo *col.*

privarse
abstenerse
renunciar
inhibirse

↔ devolver
restituir

permitir
conceder

desagradar

disfrutar
usar

privativo
propio
exclusivo
particular
singular
específico

↔ general

privatizar
desnacionalizar

↔ estatalizar
nacionalizar

privilegiado
favorecido
predilecto
preferido
aventajado

acomodado
pudiente
acaudalado
rico

excepcional
sobresaliente
extraordinario
excelente

↔ desfavorecido
humilde
pobre

mediocre
pésimo

privilegiar
favorecer
beneficiar
apoyar
agraciar

↔ perjudicar

privilegio
derecho
beneficio
ventaja
prerrogativa
prebenda
distinción
concesión
regalía
favor
gracia
merced
gabela
fuero
parcialidad
favoritismo

honor
placer
satisfacción
complacencia

↔ desventaja
vergüenza

proa
↔ popa

probabilidad
posibilidad
potencia
hipótesis
expectativa

↔ improbabilidad

probable
posible
previsible
viable
factible
presumible
fácil

demostrable
verificable

↔ imposible
improbable

indemostrable

probado
demostrado
confirmado
acreditado
atestiguado

↔ dudoso

probar
demostrar
comprobar
corroborar
confirmar
verificar
acreditar
atestiguar
justificar
evidenciar
documentar
argumentar

experimentar
ensayar
tantear
examinar
testar
testear

catar
gustar
degustar
paladear
saborear

intentar
tratar
procurar
pretender

probatorio o **probativo**
demostrativo
comprobatorio

probidad
rectitud
integridad
honestidad
honradez
decencia
moralidad

↔ deshonestidad

problema
pregunta
enigma
duda
incógnita
cuestión
ejercicio

dilema
conflicto
dificultad
complicación
contrariedad
contratiempo
inconveniente
objeción
adversidad
trastorno
obstáculo
impedimento
traba
apuro

disgusto
preocupación
pena
pesar
pesadumbre
aprieto

↔ resolución
facilidad
conveniencia

satisfacción
tranquilidad

problemático
conflictivo
difícil

dificultoso
complicado
delicado
comprometido
peliagudo
espinoso

↔ fácil
   cómodo

problematizar

cuestionar
debatir

probo

recto
íntegro
honesto
honrado
decente
irreprochable
intachable
insobornable

↔ deshonesto
   corrupto

probóscide

trompa (elefante)

procacidad

grosería
indecencia
deshonestidad
obscenidad
desvergüenza
atrevimiento
impudor

↔ decencia
   recato

procaz

grosero
indecente
indecoroso
deshonesto
obsceno
impúdico
pornográfico
desvergonzado
descocado

↔ decente
   recatado

procedencia

nacimiento
origen

ascendencia
filiación
extracción
cuna

oportunidad
conveniencia
pertinencia
adecuación

↔ descendencia

   inoportunidad
   inconveniencia

procedente

proveniente
derivado
descendiente
originario
oriundo

oportuno
razonable
conveniente
pertinente
conforme
adecuado

↔ improcedente
   inoportuno

proceder¹

provenir
venir
descender
arrancar
dimanar
emanar
surgir
datar
salir
derivarse
producirse
obtenerse
deberse
resultar
obedecer

portarse
comportarse
conducirse
obrar
actuar
operar

iniciar
comenzar
principiar

corresponder
convenir

encajar
hacer al caso

↔ causar

   acabar
   finalizar

proceder²

comportamiento
conducta
actitud
modo
actuación

procedimiento

medio
método
técnica
sistema
proceso
recurso
conducto
cauce
forma
camino

proceloso *cult.*

tempestuoso
borrascoso
tormentoso

↔ sereno

prócer

insigne
eminente
preeminente
esclarecido
eximio
personaje
personalidad
eminencia
celebridad
prohombre

cult.
noble
majestuoso

↔ vulgar
   insignificante

procesamiento

enjuiciamiento
encausamiento
juicio
causa

procesar

enjuiciar
encausar
empapelar *col.*
emplumar *col.*

tratar (en
   informática)
gestionar
elaborar
transformar

procesión

hilera
desfile
caravana
peregrinación

proceso

marcha
curso
evolución
desarrollo
transcurso
sucesión

procedimiento
técnica
medio
recurso

tratamiento
   (informático)
gestión
transformación
elaboración

juicio
causa
proceso
pleito
litigio

proclama

discurso
arenga
alocución
exhortación

pregón
bando
edicto
comunicado
notificación
aviso

proclamación

publicación
divulgación
anuncio

aclamación
nombramiento
elección
designación
investidura

↔ ocultación

destitución

proclamar
publicar
divulgar
anunciar
pregonar
declarar
decir

aclamar
nombrar
elegir
designar
investir

revelar
mostrar
traslucir

↔ ocultar

destituir

proclive
propenso
tendente
inclinado
dado

↔ reacio

procrear
concebir
padrear
engendrar
reproducirse
multiplicarse

procurar
intentar
pretender
tratar
buscar
esforzarse
afanarse
proponerse

facilitar
proporcionar
suministrar
deparar

↔ quitar
negar

prodigalidad
generosidad
liberalidad
largueza
despilfarro
derroche

profusión
multitud
exceso
exuberancia
afluencia

↔ tacañería

escasez

prodigar(se)
dispersar
otorgar
conceder
dar

derrochar
despilfarrar
malgastar
disipar
tirar

prodigarse
lucirse
exhibirse
frecuentar

↔ negar
escatimar

esconderse
desaparecer

prodigio
portento
maravilla
fenómeno
milagro

eminencia
genio
lumbrera
sabio
figura
as

↔ normalidad
vulgaridad

prodigioso
portentoso
maravilloso
milagroso
asombroso
extraordinario

↔ corriente
normal

pródigo
productivo
fértil

generoso
desprendido
dadivoso
espléndido
liberal

derrochador
despilfarrador
manirroto

↔ estéril

tacaño

ahorrador

producción
creación
realización
fabricación
confección
elaboración
rendimiento
productividad

↔ improductividad

producir
crear
hacer
realizar
fabricar
confeccionar
elaborar
generar
engendrar
parir
dar

rendir
rentar
reportar

causar
ocasionar
provocar
originar
deparar
desencadenar
acarrear

producirse
suceder
ocurrir
acaecer
tener lugar

productivo
fértil
fecundo
fructífero
feraz
pródigo

provechoso
rentable
lucrativo

↔ estéril
improductivo

producto
artículo
género
fruto

resultado
consecuencia
obra

provecho
lucro
rendimiento
rédito
renta
interés
ganancia
beneficio

productor
fabricante
elaborador
generador
autor

proemio
prólogo
preámbulo
prefacio
preliminar

↔ epílogo

proeza
hazaña
heroicidad
gesta
machada
hombrada

profanar
violar
manchar
mancillar
empañar

↔ honrar

profano

laico
secular
seglar
lego

inexperto
desconocedor

↔ sagrado
sacro

entendido

profecía

oráculo
vaticinio
augurio
pronóstico
predicción

proferir

prorrumpir
lanzar
clamar
emitir

profesar

abrazar
practicar
adoptar

sentir
experimentar
abrigar

ejercer
trabajar
dedicarse

↔ rechazar

profesión

ocupación
empleo
oficio
actividad
trabajo
quehacer
función

profesional

laboral

experto
entendido
perito
técnico

↔ amateur

profesor

maestro
educador
instructor
monitor
pedagogo
docente

profeta

vaticinador
augur
arúspice
adivino
vidente
clarividente

profetizar

vaticinar
predecir
pronosticar
augurar
agorar
adivinar

proficiente

aplicado
aventajado

↔ retrasado

profiláctico

preventivo

preservativo
condón col.

↔ contaminante
infeccioso

profilaxis

prevención

prófugo

fugitivo
huido
evadido
desertor

profundidad

fondo
hondura
calado
abismo
sima

trascendencia
reflexión
meditación

profundidades

complicaciones

↔ superficie
superficialidad

trivialidad
frivolidad

profundizar

ahondar
excavar

investigar
indagar
sondear
reflexionar
estudiar

penetrar
internarse
adentrarse

profundo

hondo
hundido
abismal
insondable
penetrante

fuerte
intenso
vivo
agudo
grande
inmenso

trascendente
reflexivo
íntimo
interno
interior

↔ superficial

ligero
leve

trivial
frívolo

profusión

abundancia
multitud
cantidad
riqueza
copia
plétora
prolijidad
prodigalidad
exuberancia
exceso

↔ escasez
carencia
falta

profuso

abundante
copioso
cuantioso
numeroso
rico
pletórico
prolijo
pródigo
exuberante
opimo cult.

↔ escaso

progenie

linaje
familia
progenitura
prosapia
ascendencia
estirpe
casta

prole
descendencia

progenitor

ascendiente
antecesor
padre
papá

↔ descendiente
hijo

progenitura

progenie

programa

programación
proyecto
plan
previsión
agenda

espacio (de
televisión)

programación

programa
plan

programar

planear
proyectar

planificar
prefijar
premeditar

↔ improvisar

progresar

prosperar
avanzar
adelantar
ascender
evolucionar
desarrollarse
florecer
mejorar
medrar

↔ empeorar
estancarse

progresión

progreso
avance
evolución
desarrollo

sucesión

↔ empeoramiento
involución

progresista

reformista
renovador
avanzado
liberal

↔ conservador
carca *col.*

progresivo

paulatino
gradual
escalonado
constante

progreso

adelanto
avance
desarrollo
evolución
crecimiento
mejora
ascenso
promoción
paso

↔ retroceso
involución

prohibición

veda
veto
negativa
proscripción
impedimento
condena
restricción
tabú

↔ permiso
legalización

prohibido

vedado
vetado
condenado
contraindicado
antirreglamentario
clandestino
proscrito

↔ permitido
legal

prohibir

vedar
vetar
impedir
desautorizar
condenar
negar
proscribir

↔ permitir
legalizar

prohibitivo

inasequible
caro
costoso
abusivo
exagerado
excesivo
exorbitante

prohibitorio

↔ asequible
barato

prohijar

apadrinar
ahijar
adoptar

acoger
abrazar
aceptar

↔ rechazar

prohombre

prócer
eminencia
celebridad
personalidad
personaje

↔ don nadie

prójimo

semejante
persona
individuo
tipo *col.*
tío *col.*
fulano *col.*

prole

descendencia
progenie
familia

panda
pandilla
banda
peña

prolegómeno

preámbulo
preliminares
prefacio
introducción

prolegómenos

rodeos
ambages
circunloquios

↔ epílogo

proletario

obrero
trabajador
asalariado

↔ patrón

proliferación

incremento
abundancia
multiplicación

↔ disminución

proliferar

abundar
predominar
dominar
crecer

incrementarse
multiplicarse

↔ escasear
disminuir

prolífero o
prolífico

fértil
fecundo
productivo

↔ estéril

prolijo

largo
dilatado
amplio
extenso
minucioso
detallado

amer.
cuidadoso
esmerado
escrupuloso
pulcro

↔ conciso
lacónico

prólogo

prefacio
preámbulo
proemio
exordio
introito
prolegómeno

↔ epílogo

prolongación

alargamiento
ampliación
continuación

↔ acortamiento

prolongado

largo
dilatado
amplio
extenso
luengo *ant.*

↔ breve
corto

prolongar

alargar
dilatar

extender
estirar

prolongarse

durar
mantenerse
sostenerse

↔ abreviar
    acortar

promediar

nivelar
equilibrar
igualar
repartir

mediar
demediar

↔ desnivelar

promedio

media
average

promesa

compromiso
palabra
juramento

signo
indicio
prueba
síntoma
augurio
presagio

revelación
talento

prometedor

halagüeño
optimista

↔ sombrío
    negro

prometer

jurar
garantizar
asegurar
ofrecer
comprometerse
obligarse
dar palabra

augurar
presagiar
anunciar
vaticinar

prometido

novio
futuro

prominencia

eminencia
prestigio
reputación
realce
superioridad

promontorio
elevación
abombamiento
montículo
relieve
protuberancia

↔ mediocridad
    inferioridad

    llanura

prominente

eminente
prestigioso
reputado
ilustre
famoso
destacado

elevado
saliente
abultado
alto

↔ mediocre

    plano
    llano

promiscuo

revuelto
heterogéneo
misceláneo

↔ homogéneo

promoción

lanzamiento
impulso
fomento
difusión
propagación
publicidad
propaganda

ascenso

curso
hornada

promocionar(se)

lanzar
impulsar
fomentar
difundir
propagar
publicitar
anunciar

promover
ascender
catapultar
aupar
subir
progresar
medrar

↔ degradar

promontorio

montículo
cerro
colina
prominencia

bulto
pila

promotor

impulsor
patrocinador
sponsor

promover

apoyar
impulsar
fomentar
favorecer
preconizar

promocionar
ascender
elevar
catapultar

provocar
causar
producir
generar
armar
dar lugar

iniciar
incoar

↔ entorpecer
    impedir

    degradar

    evitar

promulgar

proclamar
decretar
divulgar
difundir
anunciar
publicar

↔ callar
    silenciar

pronosticar

predecir
prever
vaticinar
profetizar
augurar
auspiciar

pronóstico

predicción
previsión
vaticinio
oráculo
auspicio
augurio
anuncio
adivinación

prontitud

rapidez
velocidad
celeridad
presteza
diligencia
ligereza
agilidad
dinamismo
prisa
precipitación

↔ tardanza
    lentitud

pronto

rápido
veloz
raudo
presuroso
diligente
ligero
ágil
dinámico
presto
dispuesto

arranque
arrebato
rapto

impulso
arrechucho
crisis
ataque

rápidamente
próximamente
al instante
en seguida
ipso facto

↔ tardo
lento

lentamente
tarde

prontuario

breviario
síntesis
compendio
formulario
recetario

pronunciado

acentuado
marcado
señalado
acusado
subrayado
perceptible
intenso

↔ leve
suave

pronunciamiento

alzamiento
levantamiento
sublevación
golpe

fallo
resolución

pronunciar(se)

vocalizar
articular
modular
hablar
decir

dictaminar
dictar
juzgar
fallar

acentuar
marcar
señalar
destacar

subrayar
intensificar

pronunciarse

declararse
manifestarse

rebelarse
alzarse
levantarse
sublevarse
amotinarse

↔ suavizar
disimular

someterse
obedecer

propagación

difusión
divulgación
extensión
transmisión
propalación
multiplicación

propaganda

publicidad
promoción
difusión
divulgación
difusión
anuncio

propagandístico

propagandista
publicitario
divulgativo
comercial

propagar(se)

difundir
divulgar
transmitir
extender
expandir
generalizar
dispersar
esparcir
diseminar
irradiar
propalar

reproducir
multiplicar

↔ contener
ocultar

propalar

propagar
publicar
divulgar
difundir
pregonar
dar a conocer

↔ ocultar
silenciar

propasarse

excederse
extralimitarse
pasarse
desmandarse
desmadrarse

abusar
forzar

↔ moderarse
contenerse

propender

inclinarse
tender
tirar

↔ rehuir

propensión

predisposición
inclinación
tendencia

propenso

predispuesto
proclive
inclinado
tendente
dado

↔ reacio

propiciar(se)

favorecer
ayudar
coadyuvar
posibilitar
respaldar
impulsar
avivar
agilizar
acelerar

atraer
conquistar
ganarse
granjearse

↔ dificultar
impedir

perder

propicio

adecuado
apropiado
indicado
conveniente
oportuno
favorable
ventajoso
benigno
benéfico
providencial

↔ desfavorable
contrario

propiedad

posesión
pertenencia
dominio
poder
señorío
usufructo
disfrute

patrimonio
hacienda
bienes

característica
atributo
cualidad
facultad

adecuación
conveniencia
oportunidad
precisión
exactitud

↔ impropiedad

propietario

dueño
amo
señor
poseedor
patrón
titular

propina

gratificación
compensación
aguinaldo
plus

propinar
pegar
asestar
descargar
sacudir
atizar
arrear
dar
meter
plantificar

infligir
inferir
causar
ocasionar

propincuo
allegado
próximo
cercano
anejo
inmediato

↔ lejano
  alejado

propio
personal
particular
perteneciente

característico
peculiar
singular
típico
específico
privativo
inherente
definitorio
correspondiente

mismo

apropiado
adecuado
conveniente
oportuno
correcto
decente

↔ ajeno

  universal
  general

  impropio
  inadecuado

proponer
sugerir
plantear

insinuar
exponer
indicar
enunciar
ofrecer
brindar

recomendar
presentar
elegir
seleccionar

proponerse
empeñarse
pretender
aspirar
resolver

proporción
adecuación
conformidad
concordancia
correspondencia
armonía
equilibrio
simetría

dimensión
tamaño
medida
dosis

porcentaje
tanto por ciento

importancia
intensidad
trascendencia
envergadura
repercusión
alcance

↔ desproporción
  asimetría

proporcionado
adecuado
conforme
armonioso
armónico
simétrico
equilibrado
equitativo
congruente
ajustado

↔ desproporcionado

proporcional
alícuota

proporcionar
suministrar
surtir
proveer
dotar
facilitar
procurar
otorgar
conferir
aportar
entregar
administrar
brindar
dar

producir
causar
ocasionar
deparar

↔ quitar
  negar

proposición
propuesta
oferta
sugerencia
invitación
idea
plan
proyecto

premisa
postulado
axioma
enunciado

propósito
intención
determinación
decisión
empeño
objetivo
objeto
finalidad
fin
mira
meta

propuesta
proposición
oferta
sugerencia
invitación

elección
designación
nombramiento
candidatura

propugnar
preconizar
sostener
defender
respaldar
abogar
promover
fomentar

↔ rechazar
  negar

propulsar
impulsar
impeler
lanzar

↔ frenar

prorrata
cuota
derrama
escote
parte

prorrateo
rateo

prórroga
moratoria
demora
aplazamiento
dilación

prorrogar
aplazar
retrasar
diferir
prolongar
dilatar
alargar
ampliar

↔ adelantar
  acortar

prorrumpir
proferir
lanzar
clamar
emitir
estallar

prosa
prosaísmo
vulgaridad

↔ poesía

prosaico

vulgar
corriente
pedestre
ramplón
trivial
insustancial

↔ elevado
   poético

prosapia

alcurnia
abolengo
linaje
genealogía
origen
estirpe
casta

proscribir

expulsar
desterrar
expatriar
deportar
extrañar

prohibir
vetar
suprimir

↔ acoger
   autorizar
   recomendar

prosecución

proseguimiento
continuación
reanudación

↔ interrupción
   cese

proseguir

seguir
continuar
reanudar
persistir

↔ cesar
   interrumpir

prosélito

adepto
partidario
seguidor
fanático

↔ adversario
   detractor

prosificar

↔ versificar

prosista

narrador
novelista

↔ poeta

prosístico

↔ poético

prosopopeya

personificación

pomposidad
engolamiento
empaque
ampulosidad
afectación
ostentación
artificio

↔ sencillez
   naturalidad

prospección

exploración
investigación
estudio
análisis

prospecto

folleto
instrucciones

panfleto
publicidad

prosperar

progresar
adelantar
avanzar
mejorar
medrar
ascender
promocionarse
triunfar
prevalecer
ganar

↔ decaer
   empeorar

prosperidad

progreso
adelanto
mejora
avance

florecimiento
fortuna
riqueza
expansión
auge
esplendor
éxito
boom
vacas gordas

↔ atraso
   recesión
   pobreza
   vacas flacas

próspero

favorable
feliz
venturoso
dichoso
afortunado

floreciente
pujante
boyante
creciente
rico
fértil

↔ desgraciado
   desafortunado

   decadente

prosternarse

postrarse
arrodillarse
hincarse
inclinarse
humillarse

prostíbulo

burdel
lupanar
mancebía
puticlub *vulg.*
casa de lenocinio

prostitución

puterío *vulg.*

corrupción
perversión
envilecimiento
degeneración

prostituir(se)

putear *vulg.*

corromper
pervertir

envilecer
degenerar
pervertir
manchar
mancillar
deshonrar

↔ honrar
   ennoblecer

prostituta

ramera
meretriz
cortesana
fulana
furcia
pécora
buscona
zorra
perra
pelandusca *col.*
puta *vulg.*

protagonismo

importancia
relevancia

egocentrismo
egolatría

protagonista

héroe
heroína
personaje principal

estrella
figura
personaje

↔ antagonista

protección

defensa
salvaguardia
amparo
resguardo
refugio
ayuda
seguridad
parapeto
inmunidad
gracia
favor
auspicio
asilo
cobijo
abrigo
broquel
padrinazgo

↔ desamparo
abandono
indefensión
ataque

proteccionismo
paternalismo

protector
defensor
preservador
benefactor
valedor
bienhechor
patrocinador
patrón
padrino
mecenas

preventivo
defensivo

↔ atacante

proteger(se)
defender
salvaguardar
amparar
resguardar
preservar
guarecer
guardar
ayudar
apoyar
patrocinar
favorecer
auspiciar
apadrinar
asegurar
atender
asilar
refugiar
acoger
arropar
abrigar
cobijar

↔ desamparar
abandonar
atacar

protegido
defendido
resguardado
preservado
invulnerable
inviolable
inmune

favorito
recomendado
pupilo
enchufado
paniaguado

proteico *cult.*
cambiante
variable
mudable
veleidoso

proteínico

↔ inmutable
invariable

proteína
prótido

protésico
ortopédico

prótesis
postizo
ortopedia

protesta
desaprobación
reprobación
crítica
rechazo
descontento
disgusto
disconformidad

↔ aprobación
aplauso

protestantismo
reforma

protestar
desaprobar
reprobar
criticar
rechazar
oponerse
reclamar
contestar
refunfuñar
piarlas *col.*

quejarse
lamentarse
dolerse

↔ aprobar
aplaudir

conformarse
resignarse

protestón
contestón
gruñón
rezongón
refunfuñón

quejica

↔ conformista
resignado

prótido
proteína

protocolario
protocolar
ritual
ceremonioso
solemne
formal

↔ informal

protocolo
ceremonial
ceremonia
ritual
etiqueta
formalidad

prototipo
arquetipo
modelo
canon
ejemplo
tipo
patrón
paradigma
ideal
dechado

protráctil
↔ retráctil

protuberancia
prominencia
bulto
abultamiento
abombamiento
saliente

↔ hueco
entrante

protuberante
prominente
abultado
abombado
saliente

↔ entrante

provecho
aprovechamiento
beneficio
ganancia
utilidad
conveniencia
bien
ventaja
interés
valor
validez
fruto
producto
adquisición

↔ inutilidad
pérdida
desperdicio

provechoso
beneficioso
útil
ventajoso
válido
fructífero
eficaz

↔ inútil

provecto
viejo
anciano
vetusto
caduco
decrépito

↔ joven

proveedor
suministrador
abastecedor

proveer(se)
suministrar
surtir
aprovisionar
abastecer
equipar
dotar
proporcionar

pertrechar
guarnecer
avituallar
dar
implementar *amer.*

preparar
prevenir
disponer
predisponer

↔ desproveer
   quitar

   improvisar

proveniente

proviniente
provinente
procedente
originario
derivado
descendiente
oriundo

provenir

proceder
nacer
originarse
venir
descender
derivar
arrancar
resultar
dimanar
obedecer

provenzal

occitano
lemosín

proverbial

aforístico

consabido
célebre
notorio
tradicional
evidente

↔ desconocido
   novedoso

proverbio

dicho
refrán
adagio
máxima
sentencia

aforismo
paremia
apotegma *cult.*

providencia

precaución
previsión
prevención
remedio
medida

providencial

oportuno
propicio
milagroso
prodigioso

↔ fatal

próvido o
   providente

propicio
benévolo
favorable

↔ desfavorable

provincia

división
circunscripción
demarcación
departamento

provincial

provinciano
territorial
local

provinciano

provincial

desp.
pueblerino
paleto
palurdo
atrasado
ordinario

↔ urbano

   elegante
   refinado

provisión

suministro
aprovisionamiento
abastecimiento
equipamiento

dotación
avituallamiento
avío
acopio
despensa
víveres
vituallas

↔ desabastecimiento
   carencia

provisional

temporal
provisorio
transitorio
ocasional
eventual
pasajero
momentáneo
interino

↔ definitivo
   duradero
   fijo

provisor

proveedor
abastecedor
suministrador

provisorio

provisional

provocación

desafío
reto
incitación
insulto
ofensa

provocar

desafiar
retar
irritar
enojar
azuzar
hostigar
achuchar
chinchar
pinchar
picar

incitar
inducir
impulsar
instigar
empujar
mover

producir
causar
ocasionar
originar
generar
desencadenar
promover
suscitar
irrogar
acarrear

excitar
insinuarse
coquetear

↔ apaciguar
   calmar

   disuadir
   desanimar

provocativo

provocador
excitante
incitante
insinuador
atractivo
seductor

proxeneta

chulo
alcahuete

próximamente

pronto
en seguida

proximidad

cercanía
vecindad
inmediación
contigüidad

alrededores
aledaños

↔ lejanía

próximo

cercano
vecino
inmediato
contiguo
colindante
limítrofe
aledaño
comarcano

siguiente
posterior
inminente

↔ lejano
alejado

anterior

proyección

lanzamiento
propulsión

exhibición
pase

alcance
repercusión
trascendencia
importancia
envergadura
relieve
proporción
magnitud

proyectar

lanzar
arrojar
echar
despedir
impulsar
propulsar
impeler
empujar
eyectar

planear
discurrir
idear
maquinar
preparar
diseñar
esbozar

exhibir (una película)
echar
poner

↔ atraer

improvisar

proyectil

bala
munición
chumbo *amer.*

proyectista

diseñador
arquitecto

delineante

proyecto

plan
intención

propósito
previsión
programa
aspiración
deseo
idea

bosquejo
esbozo
boceto
esquema

proyector

foco
reflector

prudencia

cuidado
cautela
precaución
previsión
reflexión
sensatez
cordura
juicio
seso

comedimiento
mesura
moderación
discreción
compostura

↔ imprudencia
insensatez
temeridad

desmesura

prudencial

prudente
sensato
moderado

prudente

prudencial
cuidadoso
cauto
precavido
previsor
reflexivo
sensato
cuerdo
juicioso
avisado
asentado
aconsejado
sesudo

comedido
mesurado

moderado
discreto
formal

↔ imprudente
insensato
temerario

descomedido

prueba

demostración
comprobación
confirmación
corroboración
verificación
evidencia
testimonio
manifestación
indicio
signo
promesa
dato

experimento
ensayo
tanteo
intento
tentativa

examen
ejercicio
test

competición
certamen
torneo
campeonato
concurso

penalidad
dificultad
mortificación
cruz

pruna

ciruela

pruno

ciruelo

prurito

picor
escozor
comezón
desazón
picazón

perfeccionismo
afán
empeño

ansia
anhelo
manía

prusiano

severo
disciplinario
autoritario
recto
estricto

↔ flexible
suave

psicodélico

estrambótico
excéntrico
estrafalario

↔ corriente
normal

psicokinesis

psicoquinesia
psicoquinesis
telekinesis

psicología

temperamento
personalidad
carácter
naturaleza
natural
idiosincrasia

perspicacia
intuición
agudeza
astucia
olfato
ojo
tacto

psicoquinesia o
psicoquinesis

psicokinesis

psicosis

paranoia
monomanía
obsesión

psique

psiquis
psiquismo
alma
ánima
espíritu

psiquiatra

alienista
frenópata
loquero *col.*

psiquiátrico

manicomio
frenopático

psíquico

psicológico
mental
anímico

↔ físico
somático

psiquis o
psiquismo

psique

púa

pincho
aguijón
espina

plectro

pub

club
bar de copas

púber *cult.*

pubescente
adolescente
muchacho
mozo
chico
efebo *cult.*

pubertad

pubescencia
adolescencia
mocedad
edad del pavo *col.*

pubescente

velloso
velludo
piloso

adolescente
muchacho
mozo
chico
joven

pubis

monte de Venus

publicación

difusión
divulgación
anuncio

edición
impresión

publicar

difundir
divulgar
anunciar
promulgar
proclamar
propagar
propalar
pregonar
vocear
airear
cacarear *col.*

editar
imprimir

↔ ocultar
callar

publicidad

propaganda
promoción
anuncio
difusión
divulgación
propagación

publicista

publicitario

articulista
columnista

publicitario

propagandístico

publicista

público

estatal
oficial
comunal
comunitario

sabido
conocido
generalizado
común

popular
paladino

clientela
parroquia
galería
gente
auditorio
audiencia
concurrencia
asistencia
espectadores
graderío
tendido
el respetable

↔ privado
íntimo
secreto

puchero

cacerola
cazuela
cazo
pote
perol
olla

guiso

sustento
alimento

puches

gachas

pucho *amer.*

resto
sobra

colilla

pudding *ingl.*

pudin

pudendo

vergonzoso
indecente
obsceno

↔ puro
casto

pudibundo

mojigato
gazmoño
pudoroso

↔ impúdico
desvergonzado

púdico

pudoroso
recatado
casto
puro
decente
mirado
modesto

↔ impúdico
desvergonzado

pudiente

rico
potentado
poderoso
adinerado
acaudalado
hacendado
opulento
acomodado
privilegiado
importante

↔ pobre

pudin o **pudín**

pudding
budín

pudor

recato
castidad
decoro
decencia
honestidad

honradez
conciencia
integridad
vergüenza

timidez
modestia
reparo
embarazo

↔ desvergüenza
impudicia

inmodestia

deshonestidad

pudoroso

recatado
casto
decoroso
decente

honrado
íntegro

↔ desvergonzado
   deshonesto

pudrir(se)

podrir
corromper
fermentar
descomponer
alterar
estropear
pasarse

consumir
exasperar
fastidiar
molestar

↔ conservar

   agradar
   divertir

pueblerino

aldeano
lugareño
campesino
paisano
rural
rústico

desp.
provinciano
paleto
cateto
palurdo
pardal

↔ urbano

   mundano
   refinado

pueblo

villa
aldea
poblado
población
pago

país
nación
patria
estado

clan
tribu
raza

proletariado
plebe
vulgo

puente

pasarela
viaducto
pontón

enlace
vínculo
conexión

puerco

cerdo
guarro
gorrino
marrano
chancho *amer.*

sucio
desastrado
desaseado
inmundo
cochambroso *col.*

faltón
malqueda
innoble
vil
miserable

indecente
obsceno
inmoral
impúdico
verde

↔ limpio
   pulcro

   noble

   decente
   púdico

puericultor

pediatra

pueril

infantil
ingenuo
inmaduro
aniñado

trivial
superficial
fútil
insustancial

↔ maduro

   serio
   importante

puérpera

parturienta

puerperio

posparto
sobreparto

puerro

ajo puerro

puerta

portón
portezuela
paso
entrada
salida

camino
medio
procedimiento
instrumento
recurso
método
trampolín

puerto

malecón
embarcadero
fondeadero
muelle
dársena
atracadero
grao

desfiladero
paso
collado
garganta

pues

luego
ya que
puesto que
por consiguiente

puesta

crepúsculo
atardecer
anochecer
ocaso

apuesta
envite
postura

puesto

colocado
situado

peripuesto
arreglado

aviado
compuesto
emperejilado

experto
ducho
impuesto
versado

sitio
plaza
lugar
asiento
posición
situación

trabajo
empleo
ocupación
colocación
destino
acomodo

quiosco
tenderete
barraca
baratillo
caseta

pufo *col.*

estafa
timo
engaño

púgil

pugilista
boxeador

pugilato

pugilismo
boxeo

enfrentamiento
lucha
pugna
riña
altercado
reyerta
contienda

↔ paz
   armonía

pugilismo

pugilato
boxeo

pugilista

púgil
boxeador

pugna

lucha
pelea
batalla
combate
riña
refriega

enfrentamiento
rivalidad
disputa
pleito
conflicto
competición
competencia
pulso
pugilato

pugnar

luchar
pelear
batallar
combatir
reñir
enfrentarse
competir

pujar
porfiar
procurar

↔ desistir
   darse por vencido

pugnaz

agresivo
belicoso
pendenciero

↔ pacífico

puja[1]

pugna
lucha
combate
batalla
enfrentamiento

puja[2]

oferta
licitación

pujante

fuerte
vigoroso
enérgico
potente
brioso

↔ débil

pujanza

fuerza
vigor
energía
potencia
poder
poderío
empuje
brío
impulso
imperio

↔ debilidad

pujar[1]

pugnar
luchar
batallar
bregar

↔ desistir

pujar[2]

ofertar
licitar
ofrecer

pulcritud

aseo
limpieza

cuidado
esmero
primor

↔ suciedad

   descuido

pulcro

aseado
limpio
arreglado
impecable
inmaculado
pulido
relamido

cuidadoso
esmerado
delicado
prolijo
primoroso

↔ sucio
   desaliñado

   chapucero

pulgar

dedo gordo

pulido

pulimentado
bruñido
liso

perfecto
depurado
rematado
acabado
perfecto
afiligranado

educado
fino
delicado
cortés
correcto

↔ rugoso

   imperfecto
   defectuoso

   ordinario
   grosero

pulimentar

pulir
bruñir
alisar
limar
lijar

pulir

pulimentar
bruñir
lustrar
alisar
limar
lijar

perfeccionar
depurar
rematar
mejorar
madurar
acabar
redondear
afiligranar

educar
refinar
instruir
ilustrar
desbastar
afinar

col.
derrochar
malgastar
dilapidar

gastar
fumarse *col.*

hurtar
robar
rapiñar
birlar *col.*
choricear *col.*

↔ empeorar

   embrutecer

   ahorrar
   escatimar

pulla

puya
puyazo
indirecta
alfilerazo
banderilla *col.*

pullman *ingl.*

autocar
autobús

pullover *ingl.*

jersey

pulmón

bofe

pulmones

resistencia
fondo
fuelle

pulmonía

neumonía

pulpa

carne
molla
chicha

masa
papilla

pulpo *col.*

sobón
tocón
moscón

pulsación

palpitación
latido

pulsador

interruptor
botón
pera

pulsar

apretar
oprimir
presionar

tocar
rasguear
tañer
teclear

tantear
comprobar
sondear
examinar

↔ soltar

pulsera

brazalete
esclava
ajorca

pulsión

impulso
estímulo

pulso

pulsación
palpitación
latido

tino
tiento
tacto
prudencia
cuidado
discreción
delicadeza
diplomacia

pugna
rivalidad
competencia
oposición

pulular

bullir
rebullir
hormiguear
hervir
agitarse

multiplicarse
(insectos,
gusanos, etc.)

proliferar
reproducirse

↔ parar

escasear
disminuir

pulverizador

spray
atomizador
aerosol
vaporizador

pulverizar(se)

desmenuzar
desintegrar
atomizar
vaporizar

rociar
diseminar
esparcir

vencer
derrotar
aplastar
destruir
destrozar
fulminar
aniquilar
machacar
abatir
asolar
desbaratar
reducir

pumita

piedra pómez

puna *amer.*

mal de las alturas
soroche *amer.*

punch *ingl.*

puñetazo (boxeo)

atractivo
garra
gancho
ángel

punción

incisión
punzada
pinchazo

pundonor

orgullo
autoestima

pudor
dignidad
honra
puntillo
honrilla
amor propio

↔ indignidad

punición

pena
condena
sanción
castigo

↔ premio
recompensa

púnico

cartaginés

punir

penar
condenar
sancionar
castigar

↔ premiar
recompensar

punta

extremo
extremidad
pico
vértice
remate
tope
picota
cima
pincho
aguijón
saliente
ángulo
esquina

clavillo

asta
cuerno

cabo
espolón

colilla
pucho *amer.*

pizca
pellizco
ápice
chispa

puntas

puntilla
encaje
puñeta

↔ entrante

puntada

punto
cosido

indirecta
alusión
insinuación
pulla
puya

punzada
pinchazo
punción
dolor

puntazo
cornada
cogida

puntal

viga
poste

soporte
sostén
fundamento
columna
pilar

amer.
tentempié
refrigerio

puntapié

patada
coz

puntazo

puntada
cornada
cogida

corte

pulla
sarcasmo
indirecta

puntería

tino
pulso
ojo

puntero

señalador
vara

destacado
sobresaliente
avanzado
líder
en cabeza

↔ atrasado

puntiagudo

aguzado
afilado
apuntado
agudo
punzante
incisivo
cortante

↔ romo
    chato

puntilla

puntas
puñeta
encaje

descabello
remate

puntillismo

divisionismo

puntillo

pundonor
honrilla
orgullo
amor propio

puntilloso

quisquilloso
picajoso
susceptible
receloso
pejiguero
cominero
puñetero *col.*

perfeccionista
exigente
detallista
concienzudo

punto

pinta
mota
topo

sitio
lugar
zona
región
emplazamiento
paradero
paraje

momento
instante
nivel
grado

sazón
perfección
madurez

aspecto
cuestión
tema

tanto
gol

puntada
cosido

punzada
punción
pinchazo

puntuación

calificación
nota
evaluación
tanteo

notación

puntual

pronto
diligente
formal

exacto
preciso
concreto
circunstancial
específico

detallado
minucioso
pormenorizado

conveniente
adecuado
apropiado
oportuno
correcto

↔ impuntual
    tardón

    impreciso
    general
    inconveniente

puntualidad

diligencia
formalidad

exactitud
precisión

detalle
minuciosidad

↔ impuntualidad

    imprecisión
    vaguedad

puntualizar

concretar
precisar
especificar
detallar
pormenorizar
particularizar
determinar
explicar
definir
aclarar

comentar
observar
matizar

↔ generalizar

puntuar

calificar
evaluar

marcar
tantear
anotar

contar
valer

punzada

pinchazo
punzadura
incisión
corte
herida

puntada
punto
punción
dolor

angustia
tristeza
congoja
puñalada

↔ alegría
    satisfacción

punzadura

pinchazo
punzada
herida
incisión

punzante

afilado
puntiagudo
agudo
cortante

penetrante
lacerante

hiriente
mordaz
irónico
incisivo
sarcástico
cáustico
sardónico

↔ romo

    suave
    débil

    ingenuo
    cándido

punzar

pinchar
picar
lacerar
herir

molestar
fastidiar
incordiar
zaherir
chinchar *col.*

doler
lastimar

punzón

pincho
punta
buril

puñado

puño
manojo

col.
mucho
montón
cantidad
mogollón *col.*

puñal
cuchillo
daga *amer.*

puñalada
navajazo
cuchillada

pena
tristeza
desgracia
desventura
punzada

↔ alegría

puñeta
puntas
encaje

col.
molestia
fastidio
engorro
incordio
pejiguera
puñetería *col.*
lata *col.*
gaita *col.*
rollo *col.*

puñetazo
puñada
golpe
mamporro
chuleta *col.*
castaña *col.*
leche *vulg.*

puñetería *col.*
molestia
fastidio
engorro
incordio
lata *col.*
puñeta *col.*

insignificancia
bobada
tontería
estupidez
zarandaja

puñetero *col.*
molesto
fastidioso
engorroso
latoso

complicado
difícil
dificultoso
peliagudo
jorobado *col.*

pejiguero
puntilloso
quisquilloso
cominero

malintencionado
retorcido
esquinado

↔ agradable
    placentero

  fácil

  bienintencionado

puño
bocamanga

empuñadura
mango

puñado
manojo

pupa
calentura
bocera
llaga
buba
pústula

postilla
costra

col.
herida
daño

pupila
niña

prostituta
ramera
puta *col.*

pupilo
alumno
discípulo

protegido

↔ educador
    maestro

  tutor

pupitre
escritorio

puré
papilla
crema

purera
cigarrera
petaca

pureza
limpieza
transparencia

autenticidad
purismo
casticismo
ortodoxia

castidad
virginidad
virtud
honestidad
pudor
decoro
candor
inocencia
candidez

honradez
integridad
rectitud

↔ impureza

  mezcla
  contaminación

  indecencia

  corrupción

purga
purgante
laxante

purgación
purificación
depuración

expiación

purgante
laxante
purga

purgar(se)
depurar
purificar
limpiar
cribar
filtrar

laxar

expiar
pagar

purificación
purga
limpieza
depuración
desinfección
saneamiento
descontaminación
ablución
lavado
lavatorio

↔ suciedad
    contaminación

purificar(se)
limpiar
depurar
purgar
expurgar
desinfectar
sanear
descontaminar
refinar
aquilatar
acrisolar
acendrar

↔ ensuciar
    contaminar

purista
académico
normativo
castizo

puritanismo
mojigatería
gazmoñería
ñoñería

puritano
mojigato
gazmoño
ñoño

↔ liberal
    permisivo

puro
limpio
inmaculado
impoluto
incontaminado

auténtico
ortodoxo
mero
simple
sencillo

casto
virginal
honesto
púdico
decente
virtuoso
decoroso
cándido
candoroso
inocente
angelical

honrado
íntegro
recto
noble
probo

teórico

cigarro
habano

col.
castigo
sanción
paquete *col.*

↔ impuro
  contaminado

  mezclado
  heterodoxo

  obsceno
  sucio

  corrupto

  aplicado
  práctico

  premio

purpurado
prelado
cardenal

purrela
purria

desperdicio
sobra
resto
residuo

purria
purrela
morralla
chusma
gentuza

purulencia
supuración

pusilánime
apocado
parado
corto
cobarde
temeroso
tímido
débil
inseguro
infeliz
pacato
timorato

↔ resuelto
  decidido
  atrevido

pusilanimidad
poquedad
cortedad
cobardía
timidez
inseguridad

↔ resolución
  atrevimiento

pústula
calentura
pupa

puta *vulg.*
prostituta
ramera
zorra
meretriz *cult.*

putada *vulg.*
faena
jugarreta
jugada
guarrada
cerdada
marranada
perrería
cabronada *vulg.*
mala pasada

↔ favor

putañear *vulg.*
putear *vulg.*

putear *vulg.*
putañear *vulg.*

prostituir
pervertir

fastidiar
perjudicar
jorobar *col.*
jeringar *col.*
joder *vulg.*

puterío *vulg.*
prostitución

putero *vulg.*
putañero *vulg.*

puticlub *vulg.*
burdel
prostíbulo
casa de lenocinio

puto *vulg.*
chapero argot

fastidioso
molesto
complicado
difícil
puñetero

rastrero
despreciable
miserable

vil
asqueroso
repugnante

↔ agradable
  fácil
  noble

putrefacción
podredumbre
pudrimiento
putridez
putrescencia
corrupción
descomposición
fermentación

putrefacto
podrido
pútrido
pocho

putridez
putrescencia
putrefacción

pútrido
podrido
putrefacto
corrompido
descompuesto
pocho

↔ conservado
  fresco

puya
pica
garrocha
aguijada

pulla
puyazo
sarcasmo

puyazo
pulla

puzzle
rompecabezas

quasar

radiofuente

quebrada

garganta
cañón
desfiladero
angostura
paso

barranco
precipicio
sima

**quebradero de
cabeza**

preocupación
problema
dificultad
inquietud
desasosiego
agobio

quebradizo

frágil
endeble
deleznable
delicado

débil
enclenque
enfermizo

↔ sólido
 duro

 fuerte
 robusto
 saludable

quebrado

abrupto
escarpado
escabroso
accidentado
desigual

quebrantado
roto

arruinado
en quiebra

↔ llano
 liso

quebrantado

quebrado
roto
partido
fracturado
fragmentado
resquebrajado

transgredido
infringido
violado
vulnerado
incumplido

debilitado
dolorido
maltrecho
molido
baldado
destrozado
deshecho

↔ entero
 indemne

 acatado
 cumplido
 respetado

 fuerte
 robusto
 fresco

quebrantamiento

quebranto
rotura
destrozo
resquebrajamiento

transgresión
infracción
incumplimiento
violación

↔ cumplimiento
 acatamiento

quebrantar(se)

quebrar
romper
partir
fracturar
resquebrajar
rajar

deteriorar
dañar
estropear
socavar
minar

transgredir
violar

↔ consolidar
 reforzar

 cumplir
 acatar

quebranto

quebrantamiento
rotura
destrozo
resquebrajamiento

debilitamiento
desgaste
agotamiento
extenuación

menoscabo
deterioro
daño
pérdida
merma
perjuicio

pena
dolor

↔ vigor
 fortaleza
 ánimo

 beneficio
 alegría

 dicha

quebrar(se)

quebrantar
rajar
resquebrajar
romper
partir
abrir

doblar
torcer
tronchar

interrumpir
cortar
estorbar

debilitar
socavar
minar

arruinarse
hundirse

herniarse

↔ consolidar
 reforzar
 fortalecer

 salir a flote

quedar(se)

estar
permanecer
mantenerse
continuar

subsistir
restar

terminar
resultar
concluir
salir

acordar
decidir
convenir
proyectar

citarse

faltar

situarse

quedarse
apropiarse
apoderarse

memorizar
retener

morirse
fallecer
perecer

↔ irse
marcharse

desprenderse
renunciar
devolver

olvidar

sobrevivir

quedo
silencioso
callado
bajo

en voz baja

↔ ruidoso
alto

quehacer
trabajo
ocupación
tarea
labor
faena
trajín *col.*
menester *cult.*

queja
quejido
lamento
gemido

clamor
llanto

descontento
resentimiento

quejumbre
protesta
reclamación
crítica
censura
demanda
querella

↔ risa
satisfacción
contento

felicitación
elogio
alabanza

quejarse
gemir
llorar
gimotear
plañir *cult.*

quejumbrar
lamentarse
protestar
reclamar
refunfuñar

↔ reír
alegrarse

felicitar
elogiar

quejica *col.*
quejicoso
quejilloso
quejumbroso
lastimero
plañidero
protestón
llorón *col.*
llorica *col.*
piante *col.*

↔ sufrido
valiente

quejicoso
quejica *col.*

quejido
queja
lamento
gemido

↔ risa

quejilloso
quejica *col.*

quejoso
descontento
disgustado
enfadado
contrariado
molesto
pesaroso

↔ contento
satisfecho

quejumbrar
quejarse
lamentarse

quejumbre
queja
lamento

quejumbroso
lastimero
plañidero
quejicoso
quejilloso
quejica *col.*
llorón *col.*
llorica *col.*

↔ sufrido
valiente

quema
combustión
calcinación
abrasamiento
ignición

incendio
fuego

quemado
abrasado
calcinado
carbonizado
incendiado

agostado
seco

enfadado
descontento
harto
molesto
cabreado *col.*
mosca *col.*

mosqueado *col.*
hasta las narices *col.*
hasta la coronilla *col.*

amer.
bronceado

↔ verde
húmedo

contento
satisfecho

quemar(se)
incendiar
abrasar
calcinar
carbonizar

agostar
secar

helar

derrochar
malgastar
liquidar
fundir *col.*

hartar
enfadar
molestar
cabrear *col.*
mosquear *col.*

arder

↔ apagar
extinguir
sofocar

reverdecer

ahorrar

contentar
alentar

quemarropa, a
a bocajarro
bruscamente
directamente
sin rodeos

quemazón
calor
bochorno

ardor
picor
picazón
comezón
escozor

hormigueo
cosquilleo
prurito

desazón
resquemor
resentimiento
amargura
pesar

↔ satisfacción
    contento
    gusto

quepis
kepis
kepí
ros

querella
denuncia
demanda
pleito
litigio

querellado
denunciado
demandado
acusado

↔ querellante

querellante
querellador
demandante

↔ querellado

querellarse
denunciar
demandar
acusar
litigar
pleitear

querencia
afecto
cariño
inclinación
tendencia
preferencia

↔ aversión
    rechazo

querer[1]
desear
apetecer

anhelar
ambicionar
aspirar

amar
venerar
estimar
apreciar
encariñarse
tener afecto

pretender
intentar
tratar
procurar

↔ renunciar

    odiar
    rechazar

querer[2]
amor
cariño
aprecio
estima
afecto

↔ odio
    aversión

querido
amado
estimado
apreciado

amante

quermés
kermés
verbena

querube *cult.*
querubín
ángel

querubín
querube *cult.*
ángel

quesada
quesadilla

quesera
quesería

queso *col.*
pie
pinrel *col.*

quevedos

anteojos
antiparras

quiasmo
retruécano

quid *lat.*
porqué
clave
esencia
meollo
miga
busilis

quídam *lat.*
sujeto
individuo
persona
tipo

cualquiera
don nadie

quiebra
grieta
rotura
abertura
hendedura
raja

pérdida
deterioro
menoscabo
quebranto
declive
decadencia
degeneración

ruina
bancarrota

↔ fortalecimiento
    consolidación
    auge

    prosperidad

quiebro
finta
regate

quietismo
quietud
inmovilidad

quieto
parado
inmóvil

estático
detenido
pasivo

pacífico
tranquilo
apacible
sereno

↔ inquieto
    movido

quietud
inmovilidad
estatismo
pasividad
quietismo

calma
tranquilidad
serenidad
sosiego
paz

↔ movimiento
    actividad

quif
kif
hachís
costo *argot*
chocolate *argot*

quijada
maxilar
mandíbula

quijotada
quijotería
hidalguía
generosidad

quijote
altruista
idealista
soñador

↔ realista

quijotería
quijotada

quijotesco
altruista
idealista
desinteresado
noble

↔ interesado
    ruin

quilombo *amer.*
burdel
prostíbulo
lupanar
mancebía

quimera
mito
fábula
ilusión
fantasía
utopía
sueño
↔ realidad

quimérico
imaginado
utópico
fabuloso
ilusorio
irreal
↔ real

quimosina
fermento
cuajo

quina
quinina

quincalla
chatarra
baratijas

quinceavo
quindécimo
quinzavo

quincuagena
cincuentena

quincuagenario
cincuentón

quindécimo
quinceavo
quinzavo

quinina
quina

quinquenio
lustro

quinqui *col.*
ladrón
ratero
caco
randa *col.*
chorizo *col.*

quinta
hacienda
finca
cortijo
predio

reemplazo

quintaesencia
esencia
fundamento
representación
símbolo
alegoría

quintar
sortear (servicio
  militar)

quinto
botellín

recluta
soldado

quíntuple
quíntuplo

quinzavo
quinceavo

quiñazo *amer.*
encontronazo
empujón
empellón

quiosco
kiosco
puesto
caseta
tenderete

templete

quirquincho *amer.*
armadillo
tatú *amer.*

quisicosa
acertijo
enigma
misterio

quisquilla
camarón

menudencia
minucia
insignificancia
pequeñez
nadería

quisquilloso

quisquilloso
susceptible
irritable
cascarrabias
protestón

puntilloso
chinchorrero
chinche
cominero

↔ apacible
  impasible

indiferente

quita o **quitación**
perdón (de una
  deuda)
condonación
liberación

quitanza
finiquito

quitapenas *col.*
licor

quitar
separar
apartar
retirar
arrancar
erradicar

eliminar

robar
arrebatar
usurpar
sustraer

quitarse
irse
apartarse
marcharse
alejarse

abandonar
dejar

↔ poner
  colocar
  añadir

  dar
  devolver

  permanecer

quitasol
parasol
sombrilla

quite
finta
quiebro

quito
libre
exento
↔ obligado

quizá o **quizás**
acaso
tal vez

rabadilla

cóccix
obispillo (aves)
mitra (aves)

rabanera *col.*

descarada
malhablada
desvergonzada
ordinaria
grosera
vulgar
verdulera *col.*
rabisalsera *col.*

↔ educada
cortés
fina

rábano *col.*

ardite
comino *col.*
bledo *col.*
pepino *col.*
pimiento *col.*
pito *col.*

rabear

colear

rabí

rabino

rabia

hidrofobia

ira
irritación
cólera
coraje
furia
furor
fiereza
violencia

enfado
indignación
cabreo *col.*

antipatía
manía
tirria
ojeriza
odio

↔ calma
tranquilidad
serenidad

aprecio
cariño
enchufe *col.*

rabiar

irritarse
encolerizarse
enfurecerse
enfadarse
indignarse
exasperarse
sulfurarse
patear

desear
ambicionar
ansiar
morirse *col.*

↔ calmarse
tranquilizarse
serenarse

renunciar
desinteresarse

rábico

hidrofóbico

rabicorto

rabón

↔ rabilargo
rabudo

rábida

monasterio
(musulmán)
convento

rabieta

enfado
arrebato
berrinche *col.*
perra *col.*
pataleta *col.*
basca *col.*

↔ calma
tranquilidad

rabilargo

rabudo

↔ rabicorto
rabón

rabillo

peciolo
pedúnculo
rabo

prolongación
alargamiento
extremo

cizaña (planta)

rabino

rabí

rabión

rápido (de un río)

↔ remanso

rabioso

hidrófobo

iracundo
irritado

colérico
furioso
violento
enfadado
airado
furibundo
cabreado *col.*

excesivo
enorme
tremendo
intenso
fuerte

↔ calmado
tranquilo
pacífico

escaso

rabisalsera *col.*

descarada
malhablada
verdulera
rabanera

↔ apocada

rabiza *vulg.*

puntal

prostituta
ramera
puta *vulg.*

rabo

cola

rabillo
pedúnculo
pecíolo

prolongación
alargamiento
extremo

vulg.
pene

rabón

rabicorto

↔ rabilargo
   rabudo

rabotada *col.*

grosería
insolencia
descortesía
desvergüenza
fresca *col.*

↔ piropo
   elogio

rabudo

rabilargo

↔ rabón
   rabicorto

rábula *desp.*

picapleitos
leguleyo

racanear

tacañear
cicatear
escatimar

↔ derrochar

racanería

tacañería
avaricia
cicatería
mezquindad
roñosería *col.*

↔ derroche
   generosidad

rácano

tacaño
avaro
cicatero
mezquino
agarrado *col.*
roñoso *col.*
roña *col.*

↔ derrochador
   generoso

racha

bocanada
ráfaga

periodo

racial

étnico

racimado

arracimado

racimarse

arracimarse

racimo

gajo

conjunto
grupo

raciocinar

razonar
pensar
reflexionar
juzgar

raciocinio

inteligencia
intelecto
razón

pensamiento
razonamiento
entendimiento
reflexión
cavilación
juicio
argumento

ración

porción
parte
fracción
asignación

tapa

racional

lógico
intelectual
cerebral
inteligente
razonable
sensato
coherente

↔ irracional
   apasionado
   visceral

racionalidad

lógica
inteligencia

sensatez
coherencia

↔ irracionalidad

racionalismo

↔ irracionalismo
   empirismo

racionalmente

lógicamente
razonablemente
coherentemente

↔ irracionalmente

racionamiento

dosificación
limitación
restricción
control
distribución
reparto

↔ despilfarro
   derroche

racionar

dosificar
administrar
tasar
limitar
controlar
distribuir
repartir

↔ despilfarrar
   derrochar

rada

ensenada
bahía
golfo
abra

radiación

irradiación
emisión
emanación

radiado

transmitido
retransmitido
emitido
radiodifundido

irradiado
emanado

radial

radiador

calefactor
calorífero

radial

radiado

radiante

brillante
centelleante
resplandeciente
reluciente
fulgurante
luminoso

jubiloso
alegre
exultante

↔ apagado

   triste

radiar

transmitir
retransmitir
radiodifundir

emitir
irradiar
emanar

radicación

arraigo
establecimiento
enraizamiento

↔ erradicación
   desarraigo

radical

fundamental
básico
profundo
drástico
tajante

inflexible
intransigente
intolerante
extremoso
extremista
ultra

raíz
base
lexema

↔ superficial

   moderado
   tolerante

radicalismo

extremismo
fanatismo
maximalismo
intolerancia

↔ moderación
  tolerancia

radicalizar(se)

extremar
fanatizar
exasperar

↔ moderar
  suavizar

radicar

arraigar
enraizar

situarse
localizarse
encontrarse
estar
residir

consistir
estribar

radicarse

establecerse

↔ erradicar
  desarraigar

  marcharse
  mudarse

radio[1]

rayo

alcance
ámbito
efecto
zona de influencia

radio[2]

radiodifusión

emisora

transistor
receptor
radiorreceptor
loro *col.*

radiotelegrama
radiograma

radiocasete

loro *col.*

radiodifundir

emitir
transmitir
radiar

radiodifusión

radio
emisión
transmisión

radiofonía

radiotelefonía

radiofuente

quasar

radiografía

placa

radiograma

radiotelegrama

radiorreceptor

radio
transistor
receptor

radiotelefonía

radiofonía

radiotelegrafía

telegrafía sin hilos

radiotelegrama

radiograma
radio

raedera

raedor

raedor

raedera
rasero
rasera

raedura

raspadura
limadura

raer

raspar
limar

rasar
enrasar
igualar

eliminar
erradicar
extirpar
suprimir

↔ conservar

ráfaga

racha
bocanada

destello

raid *ingl.*

incursión
expedición
batida
razia
razzia

raído

raspado
limado

gastado
desgastado
ajado
usado
viejo

↔ nuevo
  flamante
  impecable

raigambre

arraigo
solera
implantación
tradición

↔ desarraigo

raigón

raíz (de los dientes)

raíl

riel
guía
carril
vía

raíz

origen
causa
motivo

fundamento
base
principio
comienzo
arranque
cimiento
germen
fuente

radical
lexema

↔ consecuencia

raja

rajadura
corte
hendidura
grieta
incisión
fisura
cisura

rodaja
rebanada
loncha

rajado

cortado
hendido
agrietado
partido
troceado
quebrado
desgarrado
abierto *col.*

cobarde
pusilánime
gallina
cagón *col.*
cagueta *col.*
acojonado *col.*

↔ entero
  íntegro

  valiente
  bragado

rajadura

raja

rajar *col.*

hablar
charlar
conversar
platicar
largar *col.*
parlotear *col.*

charlotear *col.*
cascar *col.*

↔ callar

rajar(se)

cortar
hendir
agrietar
partir
trocear
quebrar
desgarrar
abrir

apuñalar
acuchillar
pinchar
achurar *amer.*

rajarse *col.*

acobardarse
achantarse *col.*
rilarse *col.*
acoquinarse *col.*
acojonarse *vulg.*
echarse atrás

amer.
huir
largarse *col.*

↔ atreverse
    lanzarse

rajatabla, a *col.*

rigurosamente
estrictamente

rajón *amer.*

fanfarrón
presuntuoso
jactancioso
fachendoso
farolero *col.*
fantasma *col.*

ralea

clase
tipo
condición
índole
casta
calaña
estofa
linaje
laya
jaez
pelaje

ralear

clarear
escasear

↔ espesar

ralentizar(se)

retrasar
retardar
frenar

↔ acelerar

rallador

rallo

ralladura

limadura
raedura
raspadura

rallar

limar
desmenuzar
deshacer
pulverizar

rallo

rallador

ralo

claro
disperso
escaso

↔ poblado
    tupido

rama

ramo
tallo
gajo
vástago

ramificación
bifurcación
desviación
derivación
ramal

linaje
familia
línea

especialidad
campo
sección

ramaje

fronda
follaje
espesura
enramada
maleza

ramal

cabo

dogal
cabestro
ronzal

desviación
derivación
hijuela

ramalazo

pinchazo
punzada
latigazo

vena
venada
locura

col.
amaneramiento
afeminamiento
pluma *col.*

rambla

cauce
torrentera

paseo
avenida
bulevar

ramera

prostituta
pécora
furcia
fulana
buscona
pelandusca
golfa
puta *vulg.*

ramificación

bifurcación
desviación
derivación

efecto
consecuencia
secuela

ramificarse

bifurcarse
separarse
dividirse

extenderse
ampliarse
difundirse

↔ reducirse
    restringirse

ramillete

ramo
manojo

selección
colección
repertorio

ramo

manojo
ramillete

rama
ramificación
sección
sector
especialidad

ramoso

frondoso
tupido

↔ ralo

rampa

pendiente
cuesta
inclinación
declive

ramplón

vulgar
simplón
pedestre
prosaico
ordinario
mediocre
tosco

↔ sofisticado
    exquisito

ramplonería

vulgaridad
simpleza
ordinariez

mediocridad
tosquedad

↔ sofisticación
  exquisitez

ranas

ránula (tumor)

ranchero

granjero
ganadero
hacendado
colono

rancho

finca
granja
hacienda
alquería

pitanza
bazofia
comistrajo

rancio

pasado
podrido
malo

antiguo
añejo
linajudo
arcaico
anticuado
trasnochado

antipático
seco
estirado

↔ fresco

  nuevo
  reciente
  actual

  simpático
  cordial

randa

pillo
ladrón
truhán
golfo
granuja

rango

clase
categoría

estatus
jerarquía
condición
grado

ranking *ingl.*

clasificación

ránula

ranas (tumor)

ranura

hendidura
hendedura
acanaladura
guía
surco
muesca
canal

rapacería

robo
rapiña
pillaje
saqueo
expolio
despojo
latrocinio

rapacidad

rapacidad

rapacería
codicia
avaricia
avidez
usura

↔ generosidad
  desprendimiento

rapador

barbero

rapapolvo *col.*

reprimenda
reconvención
bronca
regañina
varapalo
felpa *col.*
chaparrón *col.*

rapar

afeitar
rasurar

cortar
pelar
esquilar

rapaz

muchacho
chico
mozo
mozalbete
arrapiezo
zagal
mancebo
chaval *col.*
pollo *col.*

rape[1]

rapadura
afeitado
rasurado

rape[2]

pejesapo

rápel

rappel

rápidamente

rápido
aprisa
deprisa
velozmente
vertiginosamente

↔ despacio

rapidez

celeridad
velocidad
prontitud
presteza
diligencia
apresuramiento
urgencia
premura

↔ lentitud
  morosidad
  demora

rápido

veloz
raudo
vivo
ligero
presuroso
instantáneo
súbito

alado
activo
diligente
ágil
pronto
presto
vertiginoso

corto
breve
fugaz

rabión

deprisa
aprisa
rápidamente
aceleradamente

↔ lento
  tardo

  largo

  remanso

  despacio
  pausadamente

rapiña

robo
saqueo
pillaje
rapacería
hurto
latrocinio

rapiñar

robar
saquear
hurtar

↔ devolver
  restituir

raposa

zorro
zorra

raposería

engaño
ardid
treta
maña

raposo

zorro

rappel *fr.*

rápel

rapport *fr.*

informe

rapsoda

poeta
lírico
vate *cult.*

cantor
recitador
juglar
trovador

raptar

secuestrar
retener
detener

↔ liberar

rapto

secuestro

arrebato
ataque
pronto
impulso

éxtasis
arrobamiento
enajenación

↔ liberación

serenidad

raptor

secuestrador
captor

raqueta

pala
paleta

raquis

espinazo
columna vertebral

raspa (botánica)

raquítico *col.*

escuálido
flaco
esmirriado
canijo
alfeñique
delgado
enclenque
endeble
débil

mezquino
miserable
ridículo
escaso
exiguo

↔ fuerte
robusto

abundante
generoso

raramente

extrañamente

infrecuentemente
casi nunca

↔ frecuentemente
habitualmente

rarefacer

rarificar

rareza

extrañeza
distinción
singularidad
anormalidad
anomalía
originalidad

fenómeno
prodigio
maravilla
milagro

manía
extravagancia
excentricidad
capricho

↔ normalidad

rarificar(se)

enrarecer (un gas)
rarefacer

↔ densificar

raro

extraño
distinto
singular
insólito
inusitado
inusual
infrecuente
anormal
anómalo
original

pintoresco
peregrino
chocante
impar
particular
desacostumbrado
misterioso

escaso

maniático
extravagante
excéntrico
lunático

↔ corriente
normal

abundante

ras

igualdad
nivel
altura

rasante

raso
bajo
rastrero

inclinación
declive
pendiente
ángulo

rasar

enrasar
nivelar
igualar

rozar

rasca *col.*

tacaño
avaro
agarrado
mezquino
rata *col.*

frío
fresco
biruji *col.*

amer.
borrachera

↔ generoso

calor

rascacielos

torre

rascado

arañado
frotado
raspado
raído

amer.
borracho

rascador

rasqueta

rascar(se)

arañar
frotar
raspar
raer

picar

rascarse *amer.*

emborracharse

rasera

rasero

espumadera
paleta

rasero

rasera
raedor

nivel

rasgado

desgarrado
despedazado
roto

rasgadura
rasgón
desgarrón
siete

rasgadura

desgarramiento
despedazamiento

rasgado
desgarrón

rasgar(se)

desgarrar
despedazar
romper
abrir

rasguear
tañer

↔ unir
  coser

rasgo
trazo
línea
plumazo

facción

atributo
peculiaridad
cualidad
característica
don

hazaña
gesto

rasgón
desgarrón
desgarro
rasgadura
rasgado
roto
siete

rasguear
rasgar
tañer
pulsar
tocar

rasguñar
arañar
raspar

rasguño
arañazo
raspadura
rasponazo

raso
llano
liso
suave
plano
uniforme

claro
despejado

rasante
bajo
rastrero

lleno
colmado

↔ accidentado
  abrupto
  áspero

  nublado
  cubierto

  alto

  vacío
  escaso

raspa
espina

zuro

raquis (botánica)

col.
antipático
desagradable
seco
cortante
estirado
cardo *col.*

amer.
reprimenda
reproche
regañina

ladrón
ratero

↔ encanto

raspado
raspadura
raspamiento
rascado

legrado

raspador
raedor
rasqueta
rascador

raspadura
raspado
raspamiento
rascado

limadura
ralladura
raedura

raspón
rasponazo
arañazo
rasguño

raspamiento
raspadura
raspado
rascado

raspar(se)
rascar
arañar
rasguñar
raer
rozar
rallar
limar
lijar

amer.
reprender
reprochar
regañar
amonestar

raspón o
  rasponazo
raspadura
arañazo
rasguño
señal

rasposo
áspero
rugoso

amer.
raído
astroso

tacaño
avaro
mezquino

↔ suave
  aterciopelado

  nuevo
  flamante

  generoso

rasqueta
rascador

rastra
rastro
rastrillo

grada (utensilio
  agrícola)

colgajo

ristra
sarta

secuela
consecuencia
efecto

rastreador
batidor
explorador

rastrear
explorar
reconocer
batir
peinar
husmear
ojear
rastrillar

investigar
estudiar
escudriñar
indagar

rastreo
exploración
batida
reconocimiento
peinado

rastrero
rasante
raso
bajo

vil
despreciable
infame
indigno
miserable
abyecto
ignominioso
arrastrado

ramplón
vulgar
ratonero
ratonil

↔ alto
  noble
  digno

  selecto
  refinado

rastrillar
arrellanar
allanar

nivelar
alisar

rastrear
explorar
reconocer
peinar
batir

rastrillo
rastro
rastra

mercadillo

rastro
rastrillo
rastra

huella
pista
vestigio
indicio
estela
marca
pisada
impresión
impronta

mercadillo
mercado
zoco (Marruecos)

rastrojo
rastrojera
rastrojal

rasura o
    rasuración
afeitado
rapado
pelado

rasurar(se)
rapar
pelar
afeitar
desbarbar

rata¹
ratona

ratero
ladronzuelo
caco
chorizo *col.*
mangante *col.*

col.
avaro

tacaño
pesetero
agarrado *col.*
roñoso *col.*
roña *col.*
rasca *col.*

desp.
miserable
indeseable
infame
reptil *desp.*
gusano *desp.*

↔ generoso
    desprendido

    noble

rata²
prorrata
cuota

amer.
porcentaje

ratear
robar
hurtar
rapiñar

serpentear
reptar

rateo
prorrateo

ratería
hurto
robo
sustracción
rapiña

avaricia
tacañería
roñosería

↔ generosidad

ratero
rata
ladronzuelo
caco
ladrón
descuidero
carterista
buscón
chorizo *col.*
mangante *col.*
mangui *col.*

raticida
matarratas

ratificación
corroboración
confirmación
sanción
revalidación

↔ anulación
    contraorden

ratificar(se)
corroborar
confirmar
sancionar
revalidar
garantizar
avalar
comprobar
asegurar
apoyar
afianzar
fortalecer
abonar
acreditar
respaldar
homologar

↔ invalidar
    anular
    modificar

rato
momento
instante
lapso

ratona
rata

ratonera
madriguera
nido

trampa
cepo

celada
treta
emboscada

cuchitril
chiscón

ratonero o **ratonil**
vulgar
ramplón

rastrero
pachanguero

↔ elegante
    distinguido

raudal
torrente

abundancia
montón
avalancha
lluvia
copia *cult.*

↔ escasez

raudo
rápido
veloz
presto
ligero
precipitado
presuroso
vertiginoso
pronto
alado
lanzado

↔ lento
    tardo
    pausado

raya
línea
trazo
rasgo

lista
banda

linde
lindero
confín
frontera
límite

cortafuego

rayadillo
milrayas

rayado
marcado
arañado
acanalado
trazado

listado

rayano

lindante
limítrofe
colindante
contiguo
fronterizo
vecino

parecido
cercano

↔ lejano

rayar(se)

trazar
tachar

raer
marcar
arañar
acanalar
estriar

limitar
colindar
confinar
lindar

parecerse
rozar

↔ alejarse
diferenciarse

rayo

radiación
radio

exhalación
centella
relámpago
bala
cohete

↔ tortuga

rayón[1]

jabato

rayón[2]

seda artificial

rayuela

tejo

raza

etnia
pueblo
casta

origen
linaje
cepa
ascendencia
clan
familia

clase
categoría
condición
ralea *desp.*
calaña *desp.*

razia

razzia
incursión
cabalgada
raid

redada
batida

razón

raciocinio
razonamiento
inteligencia
intelecto
discernimiento
entendimiento
racionalidad
juicio
lógica

causa
motivo
móvil
porqué
motivación
principio
fundamento
lugar

argumento
explicación
justificación
testimonio
tesis

verdad
acierto
derecho
justicia
equidad

cociente
fracción
quebrado

↔ irreflexión

equivocación
error

razonable

racional
lógico
justo
certero
prudente
sensato
acordado
mesurado
lícito
legítimo
juicioso
procedente
comprensible

bastante
suficiente
apreciable
digno
módico
ajustado

↔ irreflexivo
ilógico

desproporcionado

razonamiento

razón
pensamiento
raciocinio
entendimiento
reflexión
cavilación
juicio
lógica
inteligencia

argumento
explicación
justificación
testimonio
discurso
alegato

razonar

pensar
meditar
especular
filosofar
discurrir

argumentar
fundar
alegar
aducir
explicar
demostrar

razzia

razia

reacción

respuesta
reflejo
conducta

oposición
rechazo
resistencia
enfrentamiento
negativa

conservadurismo
tradicionalismo

alergia
hipersensibilidad

retropropulsión

↔ progresismo

reaccionar

responder
comportarse
actuar

recobrarse
recuperarse
restablecerse
reactivarse
revitalizarse
resurgir

oponerse
rechazar
resistirse
enfrentarse
defenderse

↔ decaer
empeorar
estancarse

someterse
ceder

reaccionario

conservador
retrógrado
tradicionalista
carca *col.*

↔ progresista

reacio

contrario
refractario
opuesto
reticente
rebelde

↔ partidario
dispuesto

reactivación

revitalización
reanimación
reacción
resurgimiento

↔ recesión
   estancamiento

reactivar(se)

revitalizar
reanimar
reaccionar
desarrollar
renacer
resurgir
galvanizar

↔ decaer
   empeorar
   estancarse

reactor

jet

reacuñar

resellar

readaptación

reajuste
reorganización
reforma

readaptar

reajustar
reorganizar
reformar

readmitir

repescar

reafirmar(se)

ratificar
confirmar
aseverar
afianzar
apoyar
afirmar

↔ rectificar
   invalidar

reajustar

readaptar
reorganizar
reformar

reajuste

readaptación
reorganización
reforma

real[1]

existente
auténtico
verídico
cierto
palpable
histórico
concreto
positivo
veraz
práctico
físico
fáctico
pragmático

↔ irreal
   falso

real[2]

regio
soberano

enorme
monumental
colosal
total

magnífico
excelente
estupendo

↔ plebeyo

   horrendo
   espantoso

realce

acentuación
engrandecimiento
resalte

relieve
interés
repercusión
resonancia
trascendencia
esplendor
prominencia
auge
acento
énfasis
importancia

realero *amer.*

taxista

realeza

soberanía
magnificencia
excelencia
grandeza

realidad

verdad
existencia
autenticidad
certeza
veracidad

↔ irrealidad
   falsedad

realimentación

retroalimentación
feed-back

realismo

naturalismo
objetivismo
materialismo
verosimilitud
pragmatismo

↔ idealismo
   utopía

realista[1]

monárquico

↔ republicano

realista[2]

sensato
efectivo
práctico
pragmático
objetivo
materialista

↔ idealista
   soñador
   utópico

realizable

posible
factible
viable

↔ irrealizable
   inviable

realización

ejecución
producción
elaboración

desempeño
puesta en práctica

dirección (cine,
   televisión)

realizador

ejecutor
agente
autor
artífice

director (cine,
   televisión)

realizar(se)

hacer
efectuar
ejecutar
producir
elaborar
materializar
verificar
practicar
perpetrar
celebrar
desempeñar
llevar a cabo

realmente

verdaderamente
ciertamente

realquilar

subarrendar

realzar(se)

resaltar
marcar
destacar
acentuar
subrayar
engrandecer

levantar
alzar
elevar

↔ ocultar
   disimular

   bajar

reanimación

fortalecimiento
restablecimiento
revitalización

↔ debilitamiento

reanimar(se)

reavivar
fortalecer
restablecer
vivificar
revitalizar

animar
confortar
reconfortar
consolar

revivir

↔ debilitar

  desanimar
  deprimir

reanudación

continuación
prosecución
reinicio

↔ detención

reanudar(se)

continuar
proseguir
reemprender
reiniciar

↔ parar

reaparecer

resurgir
regresar
volver
retornar

↔ desaparecer

reaparición

resurgimiento
regreso
vuelta
retorno

↔ desaparición

reapertura

reinauguración

rearmar

↔ desarmar

rearme

↔ desarme

reasumir

retomar

↔ abandonar

reata

recua

reavivar(se)

reforzar
fortalecer
estimular
vivificar
vitalizar

↔ debilitar
  atenuar

rebaja

abaratamiento
descuento
bajada
baja
reducción
deducción
bonificación
oportunidad

rebajar(se)

abaratar
descontar
bajar
reducir
deducir
devaluar
desvalorizar
depreciar
malbaratar

suavizar
debilitar
ablandar
atenuar
apagar
minimizar
disminuir

aguar
diluir
aclarar

desprestigiar
deshonrar
degradar
humillar
menospreciar
doblegar
desmerecer

↔ encarecer
  aumentar
  elevar

  reforzar
  avivar

  encumbrar
  ensalzar

rebaje

rebajo

rebalaje

reflujo

rebalsar(se)

embalsar
estancar
remansar

rebalse

embalse
estancamiento
remanso

rebanada

loncha
raja

rebanar(se)

cortar
tajar
cercenar
segar

rebañar

arrebañar

rebaño

hato
manada
grey

rebasar

exceder
traspasar
sobrepasar
desbordar

adelantar
ganar
aventajar
destacarse
superar

rebatible

refutable
impugnable

↔ irrebatible
  irrefutable

rebatir

contradecir
refutar
rechazar
impugnar
replicar
objetar
desmentir
opugnar *cult.*

↔ corroborar
  ratificar

rebato

alarma

rebeco

gamuza
robezo
rupicabra

rebelarse

insubordinarse
sublevarse
levantarse
alzarse
amotinarse
pronunciarse
desmandarse
resistirse

oponerse
enfrentarse
discrepar

↔ someterse
  obedecer

  apoyar
  ceder

rebelde

insubordinado
insurrecto
sublevado
levantisco
desobediente
indisciplinado
inconformista
contestatario
insumiso

indoblegable
faccioso
sedicioso
díscolo
alzado

indócil
indómito
indomable
indomeñable
bravío
libre

↔ sumiso
   conformista

   dócil
   domesticable

rebeldía

insubordinación
insurrección
sublevación
desobediencia
indisciplina
inconformismo
insumisión
incumplimiento
desacato

↔ sumisión
   obediencia
   acatamiento

rebelión

levantamiento
insurrección
sublevación
alzamiento
revuelta
movimiento
motín
asonada
algarada

↔ sumisión
   orden

rebenque

látigo
fusta

reblandecer(se)

ablandar
molificar
esponjar
mullir

↔ endurecer

reborde

saliente
resalte
rebaba
ceja
pestaña

rebosadero

aliviadero
desagüe

rebosante

lleno
repleto
desbordante
pletórico
colmado

↔ escaso
   falto

rebosar(se)

desbordar
derramar
salirse

abundar
proliferar
derrochar
colmar

↔ escasear
   faltar
   carecer

rebotado *col.*

enfadado
enojado
irritado
mosqueado *col.*
cabreado *col.*

rebotar(se)

botar
percutir
saltar

col.
enfadar
disgustar
enojar
indignar
irritar
mosquear *col.*
cabrear *col.*

↔ calmar
   agradar

rebote

bote

col.
enfado
disgusto
enojo
mosqueo *col.*
cabreo *col.*

rebote, de

indirectamente

rebotica

trastienda

rebozar(se)

empanar

bañar
envolver
recubrir
embadurnar
pringar
manchar

embozar

rebozo

embozo

tapujo
rodeo
circunloquio
pretexto
excusa

rebrotar

retoñar
brotar

resurgir
reproducirse
repetirse

rebrote

retoño
renuevo
vástago

↔ reviejo

rebufe o **rebufo**

bufido

rebujar(se)

arrebujarse

rebujo

revoltijo
revoltillo
lío

rebullir(se)

bullir
pulular
agitarse

rebuscado

afectado
atildado
engolado
amanerado
pedante
artificioso
altisonante
pomposo

complicado
lioso
retorcido
sinuoso
sofisticado

↔ natural
   llano

   sencillo
   claro

rebuscamiento

afectación
atildamiento
engolamiento
amaneramiento
pedantería
artificio
altisonancia

complicación
retorcimiento
sinuosidad
sofisticación

↔ naturalidad
   llaneza

   sencillez
   claridad

rebuscar

buscar
curiosear
revolver
registrar
revisar
mirar

recabar

solicitar
demandar
reclamar
pedir

conseguir
lograr
obtener

recadero

mandadero
mensajero
botones
chico de los recados

recado

mensaje
aviso
nota
información
misiva

encargo
mandado
gestión
comisión

amer.
montura
arreos
arneses
aparejo

recaer

empeorar
agravarse
desmejorar

reincidir
incurrir

tratar
versar
centrarse
girar
incidir
gravitar

↔ mejorar
restablecerse

superar
vencer

recaída

recidiva
empeoramiento
agravamiento
agudización

reincidencia

↔ mejoría
restablecimiento

superación

recalar

calar
mojar
humedecer

arribar
llegar
fondear
atracar

↔ secar

recalcar

acentuar
subrayar
destacar
resaltar
reiterar
señalar
marcar
remachar

atiborrar
llenar
henchir

↔ atenuar
disimular

vaciar

recalcitrante

terco
obstinado
reacio

reincidente
incorregible
impenitente
contumaz

↔ condescendiente

corregible

recalentar(se)

calentar
quemar
achicharrar
cocer
escaldar

↔ enfriar

recamado

bordado

recamar

bordar

recámara

vestidor
sala

cautela
reserva
doblez
trastienda
segunda intención

amer.
alcoba
dormitorio

recambiar

sustituir
cambiar

recambio

sustitución
cambio

repuesto

recapacitar

reflexionar
considerar
meditar
pensar
ponderar

recapitulación

resumen
síntesis
sumario

recapitular

resumir
sintetizar
compendiar
condensar

recargado

abigarrado
barroco
profuso
complicado

↔ sencillo

recargar

sobrecargar
abarrotar

acumular
hacinar
llenar

abigarrar
complicar

↔ descargar
aligerar

recargo

aumento
incremento
extra

↔ rebaja
reducción
descuento

recatado

honesto
decente
pudoroso
casto
decoroso
púdico
modoso
modesto

↔ indecoroso
deshonesto
indecente

recatar(se)

encubrir
esconder
ocultar
disimular

recatarse

comedirse
refrenarse
reportarse

↔ descubrir
mostrar

desmadrarse *col.*

recato

honestidad
decencia
pudor
castidad
decoro
honor

cautela
prudencia
miramiento

precaución
reserva

↔ impudor
deshonestidad

imprudencia

recaudación

recaudamiento
recaudo
recolecta
colecta
cobro
cobranza

↔ pago

recaudar

recolectar
colectar
cobrar
ingresar
postular
percibir

↔ pagar

recaudo

recaudación

recaudo, a buen

seguro
guardado
vigilado

recebo

arena
grava

recelar(se)

desconfiar
sospechar
maliciar
prejuzgar
dudar
mosquearse *col.*

↔ confiar

recelo

desconfianza
sospecha
suspicacia
malicia
prevención
aprensión
temor

matrería
prejuicio
duda
incredulidad
mosqueo *col.*

↔ confianza

receloso

desconfiado
suspicaz
malicioso
aprensivo
prevenido
matrero
incrédulo
huidizo
puntilloso
mosqueado *col.*
mosca *col.*

↔ confiado

recensión

reseña
crítica
comentario

recepción

admisión
aceptación
recogida
recibo
llegada

recibimiento
acogida
bienvenida

audiencia
fiesta
gala
cóctel

recibidor
vestíbulo
hall

↔ remisión
expulsión

despedida

receptáculo

recipiente
continente
habitáculo

receptividad

sensibilidad
predisposición

propensión
tendencia

↔ insensibilidad
indiferencia

receptivo

abierto
sensible
predispuesto
propenso

↔ insensible
indiferente

receptor

destinatario
beneficiario

radiorreceptor
radio

↔ emisor

recesión

retroceso
disminución
decrecimiento
cese

depresión
crisis

↔ aumento
avance

desarrollo

receso

alejamiento
separación

pausa
interrupción
intervalo
descanso

amer.
vacación

↔ acercamiento
continuación

receta

prescripción

fórmula
composición

recetar

prescribir
indicar

propensión
tendencia

↔ insensibilidad
indiferencia

recetario

prontuario
formulario

rechace

rechazo

rechazar

oponerse
negar
denegar
desmentir
rehusar
rebatir
vetar
recusar
reaccionar
protestar

resistir
repeler
devolver

alejar
apartar
repudiar
despreciar

↔ acceder
admitir
aceptar
ceder

rechazo

rechace
oposición
negativa
denegación
veto
reacción
protesta

odio
inquina
desprecio
menosprecio
repudio
aversión
antipatía
animadversión

↔ admisión
aceptación

agrado
simpatía

rechifla

burla
mofa

guasa
choteo
pitorreo
cachondeo *col.*

pita
pitada
abucheo
bronca

↔ aplauso
ovación

rechiflar

pitar
silbar
abuchear
abroncar

rechiflarse

burlarse
mofarse
guasearse
chotearse
pitorrearse
cachondearse *col.*

↔ aplaudir
ovacionar

rechinar

chirriar
crujir

rechistar

chistar
replicar
responder

↔ callar

rechoncho

achaparrado
chaparro
gordo
grueso
retaco *col.*
pacho *amer.*

↔ esbelto
estilizado
espigado

rechupete, de

buenísimo
riquísimo
exquisito
suculento
sabroso

recibidor

vestíbulo
antesala
recibimiento
gabinete
antecámara
hall
recepción

recibimiento

recepción
acogida
admisión
bienvenida

recibidor
vestíbulo
antesala

↔ despedida

recibir

percibir
recoger
coger
tomar
cobrar
asumir

acoger
admitir
asilar
aposentar
alojar
albergar
guarecer

recibirse

titularse
investirse
graduarse
licenciarse

↔ entregar
dar
rechazar

expulsar

recibo

recepción

factura
comprobante
albarán

reciclado

reciclaje
reciclamiento

reciclar

transformar
recuperar
aprovechar

recidiva

recaída

reciedumbre

reciura
robustez
fortaleza
vigor
firmeza
potencia
solidez
brío
energía
corpulencia

dureza
dificultad
crudeza

↔ debilidad

liviandad

recién

recientemente

reciente

nuevo
fresco
novedoso
moderno
joven
presente
inmediato
próximo
flamante
actual
hodierno *cult.*

↔ viejo
atrasado
antiguo

recientemente

recién
últimamente
hace poco

recinto

espacio
lugar
local
perímetro

recio

robusto
fuerte
vigoroso
potente
brioso
enérgico
musculoso
fornido
firme
sólido
macizo
compacto

duro
difícil
crudo

↔ débil

liviano
suave
llevadero

recipiente

continente
receptáculo
envase
vasija
frasco
cacharro

reciprocidad

correspondencia
correlación

recíproco

mutuo
correspondido
bilateral

↔ unilateral

recitación o recitado

declamación

recital

audición
actuación
gala
concierto
declamación

recitar

declamar

reciura

reciedumbre

reclamación

petición
exigencia
demanda
solicitud
pretensión

reclamar

pedir
exigir
demandar
solicitar
pretender
clamar
apelar

requerir
necesitar

quejarse
protestar
oponerse

↔ conformarse

reclame *amer.*

publicidad

reclamo

señuelo
cebo
espejuelo
añagaza
anzuelo

llamada
atracción

reclinar(se)

recostar
inclinar
apoyar

↔ alzar
   enderezar

recluir

encarcelar
encerrar
internar
confinar
retener

↔ liberar

reclusión

encarcelamiento
encierro
internamiento

confinamiento
retención
arresto

↔ liberación

recluso

preso
presidiario
interno

recluta

mozo
quinto
peluso *col.*

reclutamiento

↔ veterano

reclutamiento

recluta
alistamiento
enrolamiento
leva

↔ licenciamiento

reclutar

alistar
enrolar
llamar a filas

↔ licenciar

recobrar

recuperar
rescatar
reconquistar
resarcir

recobrarse

restablecerse
mejorar
reanimarse

↔ perder
   empeorar
   recaer

recobro

recuperación
rescate

↔ pérdida

recochinearse *col.*

burlarse
reírse
guasearse

chotearse *col.*
pitorrearse *col.*
cachondearse *col.*

recochineo *col.*

burla
guasa
rechifla
pitorreo *col.*
cachondeo *col.*

recodo

ángulo
revuelta
esquina
codo
meandro

recogedor

cogedor
pala

recoger

coger
alzar
levantar

ordenar
colocar
guardar
almacenar
retirar

reunir
colectar
recopilar
agrupar
recaudar

recolectar
cosechar

acoger
asilar
albergar

recogerse

retirarse
irse

aislarse
apartarse

↔ dejar
   sacar
   desordenar

   dispersar

   sembrar

   abandonar

recogida

recogimiento
recolecta
colecta
recopilación
acopio
retirada

recolección
cosecha

↔ dispersión

   siembra

recogido

ordenado
colocado
guardado

acogido
asilado
adoptivo

resguardado
acogedor
protegido

↔ desordenado

   abandonado

   expuesto

recogimiento

recogida

ensimismamiento
concentración
incomunicación
aislamiento

↔ distracción

recolección

cosecha

recogida
colecta
colección
recopilación
recaudación

↔ siembra

recolectar

cosechar

coger
recoger
reunir
recaudar

colectar
agrupar
recopilar

↔ sembrar

recoleto

retirado
apartado
solitario
tranquilo
acogedor

↔ transitado
bullicioso

recomendable

aconsejable
conveniente
adecuado
apropiado
bueno

↔ desaconsejable
inapropiado
malo

recomendación

consejo
sugerencia
propuesta
advertencia
prescripción

mediación
influencia
favoritismo
enchufe *col.*

recomendado

protegido
favorito
enchufista *col.*
enchufado *col.*

recomendar

aconsejar
sugerir
proponer
advertir
prescribir
predicar
indicar
asesorar
preconizar

enchufar *col.*

↔ desaconsejar

recomerse

reconcomerse
concomerse
corroerse

recompensa

premio
gratificación
bonificación
compensación
retribución
remuneración
distinción
pago

↔ castigo
sanción

recompensar

premiar
gratificar
bonificar
compensar
retribuir
remunerar
pagar

↔ castigar
sancionar

recomponer

rehacer
restaurar
reparar
arreglar
reconstruir

↔ estropear
descomponer
destrozar

reconcentrar

concentrar
espesar

reunir
agrupar
juntar

reconcentrarse

abstraerse
enfrascarse
ensimismarse

↔ diluir

dispersar
separar

distraerse

reconciliación

conciliación
acuerdo
arreglo

↔ ruptura
enfrentamiento

reconciliar(se)

avenir
conciliar
pacificar
armonizar
acordar
concertar
arreglar

↔ romper
enfrentar

reconcomerse

recomerse
concomerse
corroerse
repudrirse
consumirse
desazonarse

↔ tranquilizarse

reconcomio

desasosiego
desazón
intranquilidad
preocupación

↔ tranquilidad

recóndito

escondido
oculto
misterioso
abstruso
impenetrable
interno
interior
hondo
reservado
remoto
profundo

↔ visible
manifiesto

reconducir

encarrilar
encauzar
enderezar
dirigir

↔ desviar

reconfortante

confortante
consolador
alentador

reconstituyente
tonificante
estimulante

↔ desconsolador
desalentador
deprimente

reconfortar

confortar
consolar
alentar

reconstituir
tonificar
entonar

↔ desanimar
desalentar
deprimir

desentonar

reconocer

identificar
conocer

examinar
explorar
inspeccionar
rastrear
chequear
batir
rastrillar

admitir
aceptar
conceder
acatar
otorgar

agradecer
apreciar
premiar

reconocerse

confesarse

↔ desconocer

negar
rechazar
desmentir

reconocible

identificable
distinguible

↔ irreconocible

reconocido
identificado
conocido
examinado
inspeccionado

obligado
agradecido

↔ desconocido
 ignorado

 desagradecido

reconocimiento
identificación

examen
exploración
inspección
peinado
chequeo
batida

gratitud
agradecimiento
honor
premio
aprecio

↔ desconocimiento

 ingratitud
 olvido

reconquista
recuperación
rescate
liberación

↔ pérdida

reconquistar
recobrar
recuperar
rescatar
liberar

↔ perder

reconsiderar
replantearse

reconstituir(se)
restablecer
restaurar
rehacer

reconfortar
fortalecer

vigorizar
entonar

↔ destruir
 disolver

 debilitar
 desentonar

reconstituyente
confortante
estimulante
tonificante
tónico

reconstrucción
restauración
reedificación

reconstruir
restaurar
recomponer
reedificar

↔ destruir

reconvención
reprensión
recriminación
riña
censura
reprobación
admonición
rapapolvo *col.*

↔ alabanza
 aprobación

reconvenir
reprender
recriminar
reñir
censurar
reprobar
amonestar
regañar

↔ alabar
 aprobar

reconversión
reestructuración
reforma

reconvertir
reestructurar
reformar

recopilación
compilación
colección
reunión
compendio

↔ dispersión

recopilar
compilar
coleccionar
reunir
juntar
recoger
compendiar

↔ dispersar

récord
plusmarca

recordar[1]
rememorar
acordarse
evocar
memorar
revivir
memorizar
retener
recapitular
hacer memoria

↔ olvidar

recordar[2] *amer.*
grabar (discos)
registrar

recordatorio
nota
aviso
advertencia

recordman *ingl.*
plusmarquista

recordwoman
 ingl.
plusmarquista

recorrer
atravesar
cruzar
explorar
inspeccionar
patear *col.*

recorrido
itinerario
trayecto
ruta
travesía
camino
carrera
distancia
peregrinaje
marcha
andadura
periplo
gira

recortado
abrupto
accidentado
anguloso
dentado

↔ recto
 llano

recortadura
recorte

recortar
cortar
cercenar
segar
podar
desmochar

reducir
disminuir
aminorar
limitar

recortarse
perfilarse
dibujarse

↔ aumentar
 incrementar

 difuminarse

recorte
recortadura
retazo

reducción
disminución
limitación

regate
quiebro
finta

↔ aumento
 incremento

recoser
coser
zurcir
remendar

↔ descoser

recosido
cosido
zurcido
remiendo

↔ descosido

recostar(se)
reclinar
inclinar
apoyar
acostar
tender
tumbar
echar

↔ levantar
enderezar

recoveco
revuelta
recodo

rincón
escondrijo
hueco

rodeos
ambages

recreación
recreo

reproducción

recrear
reproducir
reflejar

divertir
entretener
deleitar
distraer
alegrar

recrearse
disfrutar
regodearse
gozar
complacerse
relamerse

↔ molestar

atormentarse

recreativo
lúdico

recreo
recreación
diversión
entretenimiento
distracción
expansión
gozo
descanso
ocio
holganza

↔ trabajo
obligación

recriminación
reproche
censura
reconvención
crítica
acusación

↔ alabanza
aprobación

recriminar(se)
desaprobar
reprochar
censurar
increpar
reconvenir
criticar
afear
acusar
culpar

↔ alabar
aprobar

recrudecer(se)
intensificar
empeorar
acentuar
arreciar
agravar
agudizar

↔ suavizar
aliviar
amainar

recrudecimiento
intensificación
empeoramiento
acentuación
agravamiento
agudización

↔ suavización
alivio
moderación

rectal
anal

rectificación
corrección
enmienda
cambio
modificación

desmentido

↔ mantenimiento

confirmación
ratificación

rectificar(se)
corregir
enmendar
cambiar
modificar

refutar
desmentir
desdecir

enderezar

↔ mantener

ratificar
confirmar

curvar

rectilíneo
recto
derecho
directo

↔ curvo

rectitud
severidad
firmeza
rigor
imparcialidad
justicia

bondad
honradez
honestidad
pureza
virtud
probidad

↔ parcialidad
injusticia

deshonestidad

recto
rectilíneo
derecho
tieso
alineado
directo

severo
firme
riguroso
imparcial
justo

bueno
honrado
honesto
íntegro
intachable
puro
virtuoso
probo

ano

↔ curvo
sinuoso

injusto
parcial
voluble

deshonesto

rector
superior
director

prior
abad
prelado
párroco

rectoría
rectorado
rectoral

recua
reata

col.
fila
hilera

recuadro
marco
casilla

recubrimiento
revestimiento
cubierta

recubrir

cubrir
tapar
rebozar
forrar
revestir
tapizar

↔ descubrir

recuento

cómputo
escrutinio
inventario
arqueo
balance

recuerdo

evocación
rememoración
memoria
añoranza
reminiscencia
souvenir

↔ olvido

recuero

arriero
mulero
acemilero

recuesta

demanda
requerimiento
exigencia

recular

retroceder
desandar
volver

col.
cejar
renunciar

↔ avanzar

insistir
perseverar

recuperable

reparable
reciclable
aprovechable
utilizable

↔ irrecuperable
irreparable

recuperación

reconquista
rescate
liberación

reparación
rehabilitación
restauración
reciclaje

restablecimiento
reanimación
mejoría

↔ pérdida

abandono

recaída
empeoramiento

recuperar

recobrar
reconquistar
retomar

reparar
restaurar
rehabilitar
restituir
reciclar
aprovechar

recuperarse

restablecerse
reanimarse
reaccionar
mejorar
sanar

↔ perder

abandonar

empeorar
agravarse

recurrente

repetitivo
reiterativo
periódico
cíclico

↔ único

recurrir

reclamar
requerir
solicitar
acudir
invocar
apelar
valerse

recurso

medio
manera
modo
proceso
procedimiento
solución
salida
puerta

recursos

bienes
fortuna
riqueza
fondos

recusación

rechazo
impugnación
veto

↔ admisión

recusar

rechazar
impugnar
vetar

↔ aceptar
admitir

red

malla
alambrada

trama
entramado

engaño
trampa
celada
estratagema
treta
lazo

redacción

escrito
composición

redactar

escribir
componer

redactor

escritor
autor
articulista

redada

razia
batida

redaño

mesenterio

redaños

fuerzas
coraje
valor
energía
arrojo
agallas

↔ debilidad
cobardía

rededor, en

alrededor
en derredor
en torno

redención

salvación
liberación

↔ condenación

redentor

liberador
salvador
libertador
mesías

redicho

cursi
pedante
engolado
sabidillo
repipi
sabelotodo

↔ natural
sencillo

redil

aprisco
majada
cercado
corral

redimir(se)

salvar
liberar
libertar

eximir
desgravar

↔ condenar

gravar

rédito

interés
renta
producto
beneficio

redituar

rendir
rentar
producir

redivivo

resucitado
renacido

redoblar(se)

duplicar
doblar
reduplicar

aumentar
intensificar
incrementar
potenciar
multiplicar

↔ dividir

disminuir
rebajar

redoma

matraz

redomado

perfecto
consumado
total
integral

astuto
cauteloso
taimado
ladino

redondeado

curvo
redondo
romo

↔ picudo
anguloso

redondear(se)

curvar
achatar
tornear

acabar
rematar

↔ afilar

redondel

círculo
circunferencia
anillo

ruedo
albero

redondez

circularidad
esfericidad
curvatura

redondo

circular
esférico
redondeado
orbicular *cult.*

perfecto
completo

claro
categórico
rotundo
terminante

↔ cuadrado

vacilante

incompleto
imperfecto

reducción

disminución
aminoramiento
achicamiento
recorte
decremento
merma
menoscabo
rebaja
descuento

↔ aumento

reducido

pequeño
chico
minúsculo
angosto

estrecho
limitado
menguado
restringido

↔ grande
amplio

reducir(se)

disminuir
aminorar
achicar
recortar
acortar
decrecer
mermar
menguar
menoscabar
cercenar
rebajar
devaluar
bajar

someter
dominar
doblegar
sojuzgar

reducirse

limitarse
amoldarse
ceñirse

↔ aumentar
ampliar

liberar

reducto

fortaleza
fortificación

santuario
refugio
sanctasantórum *cult.*

redundancia

pleonasmo
repetición

redundante

pleonástico
repetitivo

redundar

repercutir
influir
afectar
acarrear

reduplicar(se)

duplicar
redoblar

incrementar
intensificar
multiplicar

↔ dividir

disminuir

reedificar

reconstruir
rehacer

reeducar

rehabilitar
regenerar

reembolsar(se)

rembolsar
reintegrar
restituir
devolver

↔ desembolsar

reembolso

rembolso
reintegro
restitución
devolución

↔ desembolso

reemplazable

sustituible

↔ irreemplazable

reemplazar

remplazar
sustituir
suplir
desbancar
desplazar
reponer
cambiar

reemplazo

remplazo
sustitución
suplencia
reposición
cambio

quinta
hornada
promoción

reemprender

reanudar
retomar
continuar
proseguir

↔ parar

reencarnación

transmigración
metempsicosis

reencarnarse

encarnarse
transmigrar

reenganche

reenganchamiento

reenviar

reexpedir
remitir
devolver

reestrenar

reponer

reestreno

reposición

reestructuración

reorganización
reconversión
reforma
remodelación

↔ conservación

reestructurar

reorganizar
reconvertir
reformar
remodelar

↔ conservar
consolidar

reexpedir

reenviar
remitir
devolver

refacción

refrigerio
tentempié

amer.
restauración
reparación

refaccionar *amer.*

restaurar
reparar

refectorio

comedor (de los
conventos)

referencia

alusión
mención
cita
indicación

relato
relación

información
noticia

referencias

informes
recomendación

referéndum o
referendo

plebiscito
votación
sufragio

referente

relativo
relacionado
concerniente
pertinente
alusivo
atinente
tocante

referí *amer.*

árbitro

referir

relatar
contar
narrar
decir

atribuir
aplicar
achacar
relacionar

remitir
enviar

referirse

mencionar
aludir
citar
apuntar
atañer
respectar

refilón, de

oblicuamente
de lado

superficialmente
de pasada

↔ de lleno

refinación

refinado
refino

refinado

fino
elegante
selecto
distinguido
exquisito
delicado
sofisticado

agudo
sutil

↔ basto
tosco
grosero

torpe

refinamiento

finura
distinción
elegancia
exquisitez
sofisticación

↔ tosquedad
vulgaridad

refinar(se)

purificar
depurar
destilar
alambicar

cultivar
pulir
desbastar
afinar
perfeccionar

↔ mezclar
adulterar

embrutecer

refino

refinado
refinación

refitolero

cursi
rebuscado

curioso
entrometido
fisgón

↔ natural
discreto

reflectante

reflector

reflectar

reflejar

reflector

reflectante

foco
proyector

reflejar(se)

reflectar

manifestar
mostrar
reproducir
revelar
evidenciar
plasmar
verter
interpretar

↔ absorber

ocultar
disimular

reflejo

destello
brillo

espontáneo
maquinal
inconsciente
mecánico
instintivo

↔ consciente
deliberado

reflexión

pensamiento
meditación
cavilación
consideración
deliberación
razonamiento
raciocinio
introspección
disquisición
prudencia
↔ irreflexión

reflexionar

pensar
meditar
cavilar
considerar
filosofar
discurrir
deliberar
premeditar
profundizar

reflexivo

pensativo
prudente
juicioso
profundo
maduro
asentado
↔ irreflexivo
    alocado

reflujo

bajamar
bajada
rebalaje
descenso
caída
retroceso
remisión
↔ flujo
    pleamar

    avance
    aumento

refocilar

fornicar
copular

refocilarse

regodearse
recrearse
complacerse

reforestar

repoblar

↔ deforestar

reforma

modificación
transformación
renovación
variación
reconversión
reajuste
alteración
arreglo
cambio

protestantismo

↔ conservación

    contrarreforma

reformado

modificado
transformado
renovado
variado
reconvertido
reajustado
alterado
cambiado

↔ igual
    inalterado
    intacto

reformador

reformatorio
reformista
renovador

↔ conservador

reformar(se)

modificar
transformar
renovar
variar
reconvertir
reajustar
alterar
cambiar

corregir
enmendar
regenerar

↔ mantener
    conservar

    pervertir

reformatorio

reformador
correccional

reformista

reformador

reforzamiento

refuerzo

reforzante

reforzador
vigorizante
fortalecedor

↔ debilitador
    enervante

reforzar

robustecer
fortalecer
vigorizar
vitalizar
reavivar
asegurar
afirmar
afianzar

intensificar
extremar
aumentar
duplicar

↔ debilitar
    enervar

    disminuir

refractar(se)

refringir

refractario

ignífugo
incombustible

opuesto
reacio
enemigo

inmune

↔ partidario
    defensor

    propenso

refrán

proverbio
adagio
máxima

dicho
sentencia
aforismo
paremia *cult.*
apotegma *cult.*

refregar

restregar
masajear
frotar
friccionar

refregón

restregón
estregón
fricción
frotamiento
frote
friega

refrenar(se)

contener
reprimir
moderar
frenar
controlar
dominar
sujetar
domar
inhibir
cohibir
coercer
morigerar

↔ liberar
    desatar

refrendar

ratificar
legitimar
legalizar
autentificar
certificar
visar
aprobar
respaldar
confirmar

↔ invalidar
    denegar

refrendo

ratificación
certificación
aprobación
respaldo

↔ invalidación

refrescar(se)

enfriar
refrigerar
airear

recordar
repasar
desempolvar

recuperarse
reponerse
descansar

↔ calentar
  templar

refriega

escaramuza
riña
pelea
lucha
reyerta
pendencia
batalla
combate
pugna
choque
camorra *col.*

refrigerador

nevera
frigorífico
cámara

refrigerar

refrescar
enfriar
congelar

↔ calentar

refrigerio

piscolabis
tentempié
aperitivo
bocado
colación
almuerzo
puntal *amer.*

refringir

refractar

refrito *desp.*

refundición
mezcolanza
revoltillo

refuerzo

reforzamiento
ayuda
apoyo
complemento

refugiado

acogido
asilado

refugiar(se)

acoger
asilar
cobijar
amparar
proteger
resguardar
escudar

↔ desamparar

refugio

cobijo
asilo
alojamiento
guarida
albergue
posada
abrigo
protección
amparo
resguardo
parapeto

↔ desamparo

refulgente

resplandeciente
brillante
reluciente
fulgurante

↔ apagado
  opaco

refulgir

resplandecer
brillar
fulgurar
destellar
relucir

refundición

reelaboración
reestructuración

recopilación
compendio

refundir

reelaborar
reestructurar

recopilar
compendiar
reunir

amer.
perder
extraviar

refunfuñar

gruñir
rezongar
mascullar
murmurar
protestar
piar *col.*
bufar *col.*

refunfuño

gruñido
rezongo
bufido

refunfuñón

gruñón
protestón
renegado
renegón
rezongón

refutable

rebatible
impugnable
contestable

↔ irrefutable
  irrebatible

refutar

contradecir
rebatir
contestar
impugnar
objetar
desmentir
combatir
opugnar
rectificar

↔ ratificar
  confirmar

regadío

↔ secano

regalado

gratuito
gratis

cómodo
agradable
placentero
muelle

barato
tirado *col.*

↔ comprado
  pagado

  duro
  incómodo

  caro

regalar(se)

obsequiar
donar
dar

festejar
agasajar
homenajear

agradar
divertir
deleitar

regalía

privilegio
prebenda
prerrogativa
derecho

royalty

↔ obligación
  carga

regaliz

paloduz
orozuz

regalo

obsequio
presente
don
dádiva
agasajo

gusto
agrado
placer
deleite

comodidad
bienestar

confort
holganza

ganga
chollo *col.*

regalón

comodón
mimado
consentido
malcriado

↔ austero
  espartano

regañadientes, a

de mala gana
a la fuerza

regañar

reñir
reprender
reconvenir
amonestar
abroncar
sermonear
felpear *amer.*
raspar *amer.*

discutir
pelear
disputar
chocar
enfadarse

↔ aplaudir
  alabar

  reconciliarse

regañina

regaño
riña
reprimenda
admonición
bronca
friega
rapapolvo *col.*
julepe *col.*
chorreo *col.*
raspa *amer.*

↔ aplauso
  alabanza

regañón *col.*

protestón
gruñón
rezongón
quisquilloso

regar

irrigar
rociar
mojar
empapar

desparramar
diseminar
esparcir

↔ secar

regata

acequia
reguera
cacera

regate

recorte
finta
marro
dribling
gambeta *amer.*

regatear

escatimar
eludir
ahorrar
cicatear

esquivar
sortear
driblar

↔ derrochar

regato

arroyo
chorro
reguero

regatón

capuchón
contera

regazo

cobijo
amparo
refugio
seno

regencia

gobierno
gobernación

regeneración

rehabilitación
recuperación

restitución
renovación

↔ degeneración
  degradación

regenerar(se)

rehabilitar
recuperar
restituir
renovar
corregir
reformar

↔ degenerar
  degradar

regentar

gobernar
dirigir
administrar

regente

regidor
gobernante
gobernador
director
administrador
gerente

regidor

regente
gobernante

concejal

régimen

plan
normativa
programa
dirección

sistema político

dieta

regio

real
soberano

grandioso
espléndido
magnífico
soberbio
excelente
estupendo

↔ plebeyo

  horrendo
  espantoso

región

comarca
zona
pago

regional

comarcal
local
territorial

↔ nacional

regionalismo

localismo

modismo

regir(se)

dirigir
gobernar
guiar
regentar
administrar
conducir
mandar
imperar
reinar

funcionar
marchar
ir

↔ fallar

registrado

examinado
inspeccionado

inscrito
apuntado
matriculado

registrar

examinar
inspeccionar
batir
reconocer
cachear
peinar
rebuscar
buscar
hurgar
mirar
otear

inscribir
apuntar
matricular
fichar

asentar
archivar
anotar

señalar
recoger
anotar
contabilizar

grabar

registrarse

producirse
suceder
darse
apreciarse
advertirse
percibirse
notarse

registro

examen
inspección
batida
reconocimiento
cacheo
peinado

inscripción
matriculación
asiento
anotación
catalogación

padrón
censo
inventario
catálogo
archivo

regla

palmeta
pauta

reglamento
precepto
norma
indicación
directriz
directiva
molde
canon

menstruación
periodo
mes

reglaje

reajuste
ajuste

reglamentación

ordenación
normalización

ordenamiento
ordenanza
reglamento
legislación
preceptiva
regulación
normativa

reglamentar

reglar
ordenar
normalizar
regular

↔ derogar
    anular

reglamentario

preceptivo
normativo
legítimo
legal
válido
autorizado

reglamento

regla
reglamentación
ordenanza
ordenamiento
estatuto
normativa
preceptiva
ley

reglar

reglamentar

rayar
pautar

regular
ajustar
reajustar

regocijante

divertido
festivo
jocoso
gracioso
placentero

↔ triste
    penoso

regocijar(se)

entusiasmar
deleitar
placer
agradar
divertir
alegrar
recrear
regodearse

↔ disgustar
    entristecer

regocijo

alegría
júbilo
alborozo
placer
gozo
deleite
animación

↔ pena
    tristeza
    amargura

regodearse

refocilarse
regocijarse
deleitarse
complacerse
recrearse
paladear
relamerse

↔ sufrir
    apenarse

regodeo

goce
deleite
disfrute
placer
gusto

↔ pena
    disgusto

regoldar

eructar

regolfar(se)

remansar

regordete

rollizo
rechoncho
lleno

gordito
gordinflón *col.*

↔ delgado
    esbelto

regresar

retornar
volver
reaparecer

↔ marcharse

regresión

retroceso
receso
involución

↔ progreso

regresivo

retrógrado

↔ progresista

regreso

retorno
vuelta
reaparición
venida

↔ marcha
    ida

regüeldo

eructo

reguera

reguero
cauce
canal
cacera
acequia

reguero

regato
arroyo
chorro

reguera

regulable

graduable

↔ fijo

regulación

regularización
organización

ajuste
graduación

reglamentación
normalización
preceptiva

regular¹
regularizar
reglar
organizar
moderar
ajustar
graduar
dosificar

reglamentar
normalizar
preceptuar

↔ desordenar
   desajustar

regular²
mediano
intermedio
mediocre
corriente
ordinario
pasadero
discreto
moderado
comedido
morigerado

uniforme
invariable
estable
homogéneo
periódico
acompasado
rítmico
llano
liso

reglado
reglamentado

↔ excepcional
   desenfrenado

   irregular
   cambiante
   inestable
   desacompasado
   arrítmico

regularidad
uniformidad
homogeneidad
monotonía

periodicidad
ritmo

↔ irregularidad
   inestabilidad

regularizar(se)
regular
normalizar
organizar
legalizar

régulo
reyezuelo (ave)

regusto
saborcillo
gustillo
dejo
resabio

rehabilitación
restablecimiento
reparación
vindicación

↔ inhabilitación

rehabilitar(se)
restablecer
reparar
restaurar
vindicar
absolver

↔ inhabilitar

rehacer(se)
reconstituir
restaurar
recomponer
reparar

rehacerse
restablecerse
recobrarse
recuperarse
reaccionar

↔ destrozar
   desbaratar

   hundirse

rehala
hato
manada
rebaño

jauría

rehén
secuestrado
retenido

fianza
garantía
prenda
señal

rehilete
dardo

banderilla

rehogar
dorar
sofreír
freír

rehuir(se)
eludir
evitar
esquivar
hurtarse
orillar
soslayar
sortear
evadir
rechazar
huir

↔ afrontar

rehusar
rechazar
desdeñar
denegar
recusar
desestimar
declinar
negar
devolver

↔ admitir
   aceptar

reina
soberana
majestad

reinado
cetro

imperio
predominio
dominio
apogeo

reinante
imperante
dominante
predominante

reinar
regir
imperar
dominar
predominar
prevalecer
imponerse

reincidencia
recaída
repetición
insistencia

reincidente
relapso

reincidir
incurrir
recaer
insistir
obstinarse

↔ enmendarse
   corregirse

reincorporación
reingreso
regreso
vuelta

↔ expulsión
   marcha

reincorporar(se)
reintegrar
restituir
reponer

reingresar
regresar
volver

↔ separar

   expulsar
   marcharse

reingresar
reincorporar
regresar
volver

↔ expulsar
   marcharse

reingreso

reincorporación
regreso
vuelta

↔ expulsión
   marcha

reino

ámbito
campo
dominio
mundo

reinserción

reintegración
reincorporación

reinsertar(se)

reintegrar
reincorporar

reintegración

reintegro
restitución
devolución
reincorporación
reinserción

↔ separación
   expulsión

reintegrar(se)

restituir
devolver

reincorporar
reinsertar

sellar
timbrar

↔ quitar
   separar

   expulsar
   cesar

reintegro

reintegración

póliza
timbre

reír(se)

carcajearse
desternillarse
descuajaringarse *col.*
descacharrarse *col.*

troncharse *col.*
mondarse *col.*
partirse *col.*
despelotarse *vulg.*

reírse

burlarse
mofarse
regodearse
cachondearse *col.*

despreciar
subestimar

↔ llorar

   respetar

   valorar

reiteración

repetición
insistencia
confirmación
ratificación

reiterar(se)

repetir
insistir
confirmar
ratificar
recalcar
menudear

↔ desdecirse

reiterativo

repetitivo
cíclico
iterativo
recurrente
redundante
insistente

reivindicación

reclamación
exigencia
pretensión

vindicación
rehabilitación

↔ renuncia

   calumnia
   infamia

reivindicar

reclamar
exigir

pedir
pretender
vindicar

atribuirse

rehabilitar
defender
limpiar

↔ desistir
   renunciar

   negar

   mancillar
   calumniar
   infamar

reivindicatorio

vindicativo
vindicatorio

↔ calumnioso
   infamante

reja

verja
cancela
valla
enrejado
celosía

rejilla

enrejado
redecilla
celosía

mirilla

rejo

pincho
punta
aguijón

rejuvenecer(se)

remozar
renovar
modernizar
actualizar
regenerar

↔ envejecer
   avejentar
   aviejar

rejuvenecimiento

remozamiento
renovación

modernización
actualización
regeneración

↔ envejecimiento

relación

correlación
paralelismo
correspondencia
analogía
afinidad
nexo
conexión
articulación
ligazón
vínculo
vinculación
contacto

trato
comunicación
familiaridad
amistad
parentesco

exposición
relato
narración
explicación
descripción
reseña
informe
acta
memoria

lista
listado
enumeración

relaciones

noviazgo
amorío
idilio

↔ desvinculación
   independencia

   enemistad
   indiferencia

relacionar(se)

correlacionar
corresponder
conectar
articular
ligar
vincular
enlazar
unir
asociar

exponer
relatar
narrar
explicar
describir
contar
referir

enumerar
listar

relacionarse
alternar
tratarse

↔ desunir
desconectar
separar

reñir
enemistarse

relajación
relajamiento
relax
distensión
aflojamiento
tranquilidad
calma
laxitud

↔ nerviosismo

relajado
distendido
tranquilo
laxo

↔ nervioso

relajante
calmante
tranquilizante
sedante

↔ excitante
estresante

relajar(se)
distender
aflojar
destensar
soltar

tranquilizar
calmar
serenar
sosegar

distraer
recrear

solazar
amenizar

suavizar

relajarse
descarriarse
pervertirse

↔ tensar

irritar
excitar
estresar

recrudecer
endurecer

corregirse

relajo
desorden
desinterés
abulia

corrupción
decadencia
descarrío

relax

↔ orden
rigor

moralidad

relamerse
recrearse
deleitarse
regodearse

relamido
lamido
peripuesto
petimetre
sofisticado
ñoño

relámpago
rayo
centella
exhalación

destello
fulgor
resplandor

relampaguear
resplandecer
centellear
fulgurar

relapso
apóstata
renegado

↔ fiel

relatar
contar
narrar
referir
relacionar

relativo
concerniente
referente
pertinente
alusivo
tocante

discutible
cuestionable

poco
limitado

↔ absoluto

mucho

relato
relación
narración
exposición
informe

cuento

relator
cronista
narrador

relax *ingl.*
relajación
relajamiento
distensión

relajo
tranquilidad
calma
descanso

↔ tensión

estrés

relegar
postergar
arrinconar
desdeñar

marginar
orillar
discriminar
despreciar
desplazar
olvidar

expulsar
desterrar
extrañar

↔ atender
promover

repatriar

relente
fresco
sereno

relevación
exención
dispensa

relevo

relevancia
importancia
trascendencia

relevante
importante
esencial
valioso
significativo
trascendental
capital

sobresaliente
excelente
destacado
preeminente
notable

↔ irrelevante
intrascendente

vulgar
corriente

relevar
eximir
dispensar
descargar
excusar
liberar

sustituir
suplir
reemplazar

destituir
deponer
expulsar
echar

↔ cargar
  imponer

  mantener

  nombrar

relevo

relevación
sustitución
suplencia
reemplazo

relieve

resalte
prominencia
realce
saliente

orografía

importancia
valor
categoría
prestigio
significación
proyección
auge

↔ hueco

religión

confesión
creencia
fe
culto

↔ ateísmo
  agnosticismo
  laicismo

religiosamente

puntualmente
exactamente

religiosidad

piedad
fervor
devoción
fe

puntualidad
exactitud

religioso

confesional

piadoso
devoto
fiel
creyente
pío
fervoroso

fraile
monje
monja
profeso
hermano
hermana
padre

↔ pagano
  laico

  ateo
  descreído
  agnóstico

  seglar

reliquia

vestigio
residuo
resto
huella

col.
antigualla
anacronismo
estafermo

↔ novedad

rellano

descansillo
descanso
meseta

rellenar(se)

llenar
atestar
abarrotar
saturar
henchir
colmar

cumplimentar

↔ vaciar

relleno

lleno
regordete
fondón *col.*

col.
hojarasca

paja
broza

↔ enjundia

reluciente

resplandeciente
brillante
refulgente
fulgurante
relumbrante

↔ opaco

relucir

resplandecer
brillar
refulgir
fulgurar
relumbrar
lucir
alumbrar
chispear

sobresalir
destacar
despuntar

reluctante

reacio
opuesto
renuente
refractario
adverso

↔ favorable

relumbrante

reluciente

relumbrar

relucir
resplandecer
brillar

relumbrón

destello
resplandor

lujo
aparato
oropel
boato

↔ sencillez

remachado

remache

remachar

machacar

roblonar

insistir
recalcar
subrayar
acentuar
incidir

remache

remachado

roblón

remanente

resto
sobrante
reserva

remangar(se)

arremangar

remango *col.*

disposición
capacidad
valía
aptitud

remansarse

estancarse

remanso

embalse
recodo
rebalse

lentitud
pachorra
flema

↔ rápido

  diligencia

remar

bogar

remarcable

señalado
sobresaliente
destacable
destacado
notable

↔ insignificante

remarcar
insistir
recalcar
remachar
señalar

rematadamente
totalmente
completamente
absolutamente

rematado
acabado
perfeccionado
perfilado

col.
redomado
completo
incurable
absoluto
total

rematador
subastador

rematar
apuntillar
descabellar

acabar
concluir
consumar
redondear
perfeccionar
pulir

perfilar
orillar

liquidar

amer.
subastar

↔ comenzar
emprender

remate
puntilla
descabello

fin
término
conclusión
acabado
coronación
colofón
guinda col.

amer.
subasta

rembolsar(se)
reembolsar

rembolso
reembolso

remedar
imitar
simular
copiar
falsificar
adulterar
parodiar

remediar
arreglar
reparar
compensar
corregir
enmendar
subsanar
solucionar

ayudar
auxiliar
socorrer
amparar
aliviar

↔ empeorar
estropear

desamparar

remedio
arreglo
reparación
corrección
enmienda
solución

tratamiento
terapia

ayuda
auxilio
socorro
amparo
alivio
refugio

medicina
medicamento

↔ empeoramiento

desamparo

remedo
imitación
simulación

copia
falsificación
plagio
reproducción
parodia
sucedáneo

remembranza
recuerdo
rememoración
evocación
memoria
reminiscencia

↔ olvido

rememorar
recordar
evocar
acordarse

↔ olvidar

remendado
remiendo
zurcido
parche

remendar
zurcir
recoser
parchear

remera
rémige (pluma)

remesa
expedición
envío

partida
pedido

remezón *amer.*
temblor
terremoto

remiendo
remendado
zurcido
parche

col.
arreglo
apaño
componenda

rémige
remera (pluma)

remilgado
remirado
melindroso
cursi
ñoño
pacato
delicado
amanerado

↔ natural
campechano

remilgo
melindre
cursilería
ñoñería
pamema
dengue

reminiscencia
remembranza
evocación
recuerdo

↔ olvido

remirado
cauto
prudente
reflexivo

remilgado
mojigato
melindroso
ñoño

↔ imprudente
atolondrado

remisible
perdonable

↔ irremisible

remisión
absolución
indulto
perdón
gracia
venia
amnistía
condonación

suavización
atenuación

disminución
aminoramiento

↔ condena

intensificación

remiso

reacio
renuente
opuesto
contrario
enemigo

remolón
vago
holgazán
perezoso

↔ favorable
dispuesto

remite

remitente

remitente

expedidor
librador

remite

↔ destinatario

remitir

enviar
mandar
expedir
dirigir
facturar
traspasar
trasladar
referir

absolver
indultar
perdonar
condonar
eximir

suavizarse
atenuarse
disminuir
aminorar
ceder
aflojar
declinar
amainar

↔ recibir

imponer
castigar

intensificarse
aumentar
arreciar

remo

extremidad
pata
mano

remoción

agitación
movimiento
traslado
desplazamiento
cambio

separación
destitución
expulsión

remodelar

modificar
reestructurar
reformar

remojar(se)

empapar
humedecer
mojar
bañar
rociar

↔ secar

remojo

humedecimiento
baño

↔ secado

remojón

mojadura

baño
chapuzón

remolcar

arrastrar

obligar
forzar

↔ empujar

remolino

torbellino
vórtice

tornado
vorágine

aglomeración
muchedumbre
hormiguero

confusión
jaleo
alteración
revuelo
ajetreo
tumulto
revoltijo
barahúnda
mogollón

remolón

remiso
reacio
holgazán
perezoso
vago
gandul
poltrón
cómodo *col.*

↔ diligente
trabajador

remolonear

holgazanear
gandulear
vaguear

↔ trabajar

remolque

arrastre

roulotte
caravana

remontar(se)

subir
ascender
escalar

superar
vencer
ganar
recuperar
avanzar

remontarse

retrotraerse
retroceder

datar

↔ descender
bajar

remonte

subida
ascenso

telesilla
telesquí

↔ bajada
descenso

remoquete

apodo
sobrenombre
mote
alias

rémora

obstáculo
freno
impedimento
traba
estorbo
lastre

↔ ayuda
apoyo

remorder

inquietar
preocupar
atormentar
pesar
roer
corroer
desasosegar
desazonar

↔ tranquilizar

remordimiento

arrepentimiento
penitencia
pesar
inquietud
desasosiego
desazón

↔ tranquilidad

remotamente

lejanamente
ligeramente
vagamente

remotidad *amer.*

lejanía

↔ cercanía

remoto

lejano
distante
apartado
pretérito
pasado
inmemorial
atávico
antediluviano
ancestral

improbable
inverosímil

↔ cercano
próximo

probable

remover(se)

revolver
agitar
menear
mover

desplazar
apartar
separar

tocar
activar
resucitar

investigar
indagar
escudriñar
hurgar

↔ dejar
olvidar

remozar

revocar
reformar
adecentar
reparar
repintar
limpiar
renovar
modernizar
rejuvenecer

↔ ensuciar
envejecer

remplazar

reemplazar

remplazo

reemplazo

remuneración

retribución
pago
paga
sueldo
jornal
salario
honorarios
estipendio
gratificación
recompensa

remunerador

remunerativo
gratificador
rentable

remunerar

retribuir
pagar
gratificar
recompensar

↔ deber
cobrar

renacer

rebrotar
retoñar
reverdecer
revivir
resucitar
resurgir
reanimar
reactivar

↔ morir
desaparecer
decaer

renacimiento

resurgimiento
reaparición
retorno
regeneración
resurrección

↔ decadencia
desaparición
muerte

renacuajo

larva

col.
niño
enano *col.*

renal

nefrítico

rencilla

discusión
disputa
discordia
diferencia
altercado
pelea
riña

↔ concordia

renco

cojo
tullido
lisiado

rencor

resentimiento
inquina
encono
despecho
manía
rabia
hincha
fobia
hiel
odio

↔ simpatía
cariño

rencoroso

resentido
vengativo
despechado

↔ magnánimo

rendición

sometimiento
sumisión
claudicación
entrega
capitulación

↔ triunfo
victoria
rebelión
resistencia

rendido

cansado
agotado
fatigado

baldado
reventado *col.*
lisiado col.

apasionado
enamorado
cautivado

↔ descansado
fresco

indiferente

rendija

raja
grieta
hendidura
fisura
resquicio
ranura

rendimiento

rentabilidad
provecho
productividad
producto
utilidad
ventaja
prestación
interés
ganancia
fruto
beneficio

sumisión
humillación
docilidad
sometimiento

↔ coste
rebeldía

rendir(se)

vencer
conquistar
doblegar
subyugar
derrotar

entregar
dar
ofrecer
presentar

cansar
agotar
lisiar
baldar
moler
machacar
deslomar

producir
rentar
redituar
fructificar
aprovechar

rendirse
ceder
claudicar
desistir
capitular
desfallecer

↔ resistir

obstinarse

renegado
apóstata
perjuro
infiel
traidor
relapso
hereje
cismático
heterodoxo

renegón

renegar
apostatar
abjurar
repudiar
renunciar
abominar
maldecir
blasfemar

refunfuñar
gruñir
rezongar
quejarse

↔ reafirmarse

alegrarse

renegón
renegado
gruñón
refunfuñón
rezongón
protestón
quejica

renegrido
negruzco
quemado

renglón
línea

reniego
protesta
queja
rezongo

renombrado
célebre
popular
afamado
famoso
conocido
ilustre
prestigioso
notorio
reputado
preclaro
ínclito

↔ desconocido
oscuro

renombre
celebridad
popularidad
fama
prestigio
notoriedad
reputación
nombradía
predicamento
honra
lustre
prez
gloria
aureola
cartel

↔ desprestigio

renovación
revitalización
modernización
innovación
actualización
rejuvenecimiento
regeneración

↔ conservación

renovador
innovador
revitalizador
revolucionario

↔ conservador

renovar(se)
revitalizar
refrescar

despertar
desenmohecer

reanudar
repetir
reproducir
reiterar

modernizar
transformar
revolucionar
innovar
actualizar
rejuvenecer
regenerar
poner al día

restaurar
remozar
rehabilitar

↔ debilitar
apagar

interrumpir

conservar

estropear

renquear
cojear

col.
trampear
ir tirando

renquera *amer.*
cojera

renta
ganancia
rédito
provecho
rendimiento
utilidad
lucro
producto
interés

paga
retiro
pensión
subsidio
jubilación

alquiler
arriendo

rentabilidad
productividad
rendimiento
utilidad

rentabilizar
amortizar
aprovechar

↔ desaprovechar

rentable
productivo
lucrativo
beneficioso
provechoso
remunerador
remunerativo

↔ improductivo

rentar
producir
rendir
redituar
fructificar
remunerar

↔ costar

rentero
arrendatario
tributario

↔ rentista

rentista
propietario
casero
arrendador

↔ arrendatario
alquilado
rentero

renuencia
resistencia
oposición
repugnancia
aversión

↔ disposición

renuente
remiso
reacio
reluctante
opuesto

↔ favorable
dispuesto

renuevo
vástago
retoño

yema
tallo
verdugo
pimpollo
capullo
brote
botón

↔ reviejo

renuncia

desistimiento
rechazo
declinación
abstención
dejación
cesión
abnegación
abandono
dimisión
abdicación

↔ aceptación
   admisión

renunciar

desistir
prescindir
rechazar
declinar
desechar
desprenderse
abstenerse
privarse
quitarse
desposeerse
despojarse
claudicar
abandonar
dimitir
abdicar

↔ aceptar
   admitir

renuncio

mentira
contradicción
embuste
farol *col.*

↔ verdad

reñido

enfadado
enojado
peleado

competitivo
disputado

enconado
encarnizado
igualado

↔ reconciliado

   desigual

reñir

regañar
reprender
abroncar
amonestar
reconvenir
increpar
sermonear

pelear
luchar
contender
batallar
disputar
litigar
pugnar

enemistarse
enfadarse
disgustarse
indisponerse
chocar
discutir
cortar

↔ aprobar
   alabar
   felicitar

   avenirse
   reconciliarse

reo

condenado
convicto

procesado
culpado
demandado
acusado

↔ inocente
   absuelto

reojo, de

disimuladamente
sesgadamente
de soslayo

↔ fijamente

reordenación

reorganización

reordenar

reorganizar
reestructurar

↔ desordenar

reorganización

reordenación
reestructuración

↔ desorganización

reorganizar

reordenar
reestructurar
reajustar

↔ desorganizar
   desordenar

repajolero *col.*

gracioso
salado
divertido
pícaro
travieso

maldito
condenado
dichoso

↔ pesado
   soso

repantigarse o repantingarse

repanchingarse
repanchigarse
arrellanarse
acomodarse

↔ levantarse
   erguirse

reparación

arreglo
reforma
restauración
rehabilitación
apaño *col.*

compensación
desagravio
indemnización
vindicación

↔ desperfecto
   avería

   injuria
   ofensa

reparador

restaurador
renovador
reformador
ajustador
técnico
mecánico

reconfortante
tonificante
fortificante
vigorizante

↔ agotador
   debilitador

reparar

arreglar
recomponer
restaurar
rehabilitar
rehacer
restablecer
refaccionar *amer.*

remediar
corregir
rectificar
enmendar
subsanar
compensar
desagraviar
purgar
expiar
vindicar
indemnizar

pensar
considerar
reflexionar
tener en cuenta

fijarse
percatarse
notar
percibir
observar
advertir

↔ estropear

   ofender

   ignorar

reparo

objeción
pega
traba
pero
duda

vergüenza
timidez
embarazo
apuro
pudor
corte *col.*

miramiento
prejuicio
aprensión
recelo
prevención
escrúpulo

↔ facilidad

desembarazo

repartición

reparto

repartidor

distribuidor
recadero
mandadero

repartir(se)

partir
distribuir
dividir
racionar
promediar
compartir

dar
proporcionar
administrar
asignar
adjudicar

esparcir
extender
diseminar
derramar

↔ acumular
concentrar
reunir

recibir

reparto

repartición
partición
distribución
división

↔ acumulación
concentración
reunión

repasador *amer.*

paño (de cocina)
trapo

repasar

revisar
comprobar
releer

remendar
zurcir

repaso

revisión
pasada
barrido *col.*

repatear *col.*

fastidiar
desagradar
molestar
incomodar
hartar
cargar
jorobar *col.*

↔ agradar

repatriación

↔ expatriación
destierro

repatriar

↔ expatriar
desterrar

repecho

pendiente
cuesta
rampa
subida

↔ bajada
declive

repeinado

acicalado
peripuesto
compuesto

↔ desastrado

repelar

pelar
rapar
trasquilar

repelente

repugnante
repulsivo
asqueroso
odioso
antipático
desagradable

col.
pedante
petulante
redicho
repipi
sabelotodo
sabihondo
sabidillo

↔ agradable
atrayente

sencillo
campechano

repeler

rechazar
ahuyentar
alejar
apartar

repugnar
asquear
desagradar
aborrecer

↔ atraer

agradar

repelo

repugnancia
repelús

repelón *col.*

reprimenda
regañina
rapapolvo *col.*

repelús

repeluzno
repeluco
escalofrío

repugnancia
aprensión

repente

pronto
ataque
arrebato

repente, de

repentinamente
de improviso

repentino

imprevisto
imprevisible
brusco
súbito
inopinado

↔ esperado
previsto

repentista

improvisador

repentizar

improvisar

↔ preparar

repercusión

trascendencia
difusión
realce
proyección
importancia
influencia
gravedad
proporción
alcance
eco

repercutir

resonar
retumbar

trascender
difundirse
importar
influir
afectar
redundar
incidir
concernir

repertorio

prontuario
nomenclátor

colección
selección
recopilación
antología
gama
florilegio

repescar
readmitir
recuperar
rescatar

repetición
reiteración
redundancia
reproducción
frecuencia
vuelta
bis
machaconería *col.*

repetidamente
frecuentemente
continuamente
insistentemente

↔ raramente

repetidor
retransmisor

repetir(se)
reiterar
redundar
iterar
rehacer
renovar
insistir
machacar *col.*

reproducir
imitar
copiar

repetitivo
reiterativo
reiterado
redundante
recurrente
insistente
monótono
machacón *col.*

repicar
repiquetear
campanillear
campanear

repintar
remozar

repintarse
acicalarse

emperifollarse
pintarrajearse *col.*

repipi
pedante
resabido
redicho
sabelotodo
sabihondo
marisabidilla

repiquetear
repicar
tabletear
golpetear
tamborilear
campanillear
campanear

repiqueteo
golpeteo
tamborileo
tableteo

repisa
estante
soporte
anaquel
vasar

replantar
repoblar

trasplantar

replantear(se)
reconsiderar
revisar

replegar(se)
retroceder
retirar

plegar
plisar

↔ avanzar
   desplegar

   desdoblar

repleto
lleno
completo
atestado
abarrotado
rebosante

desbordante
henchido
grávido
colmado
saturado
nutrido
ahíto

↔ vacío

réplica
contestación
reposición
alegación
declaración
protesta
oposición
objeción

reproducción
copia
duplicado

replicar
contestar
reponer
alegar
declarar
protestar
oponerse
objetar
rebatir
añadir

↔ callar

replicón
respondón
contestón

↔ obediente

repliegue
retirada
retroceso

pliegue
plegadura
plegamiento
doblez
arruga

repoblación
colonización

reforestación

↔ despoblación

   deforestación

repoblar(se)
colonizar

replantar
reforestar

↔ despoblar

   deforestar

repollo
cogollo

repolludo
achaparrado
bajito
rechoncho
retaco

↔ espigado

reponer
restituir
devolver
reintegrar
reincorporar

reemplazar
sustituir

responder
replicar
contestar
argüir

reestrenar

reponerse
recuperarse
aliviarse
mejorarse
restablecerse
recobrarse

↔ quitar
   apartar

   asentir

   empeorar

reportaje
informe
documental
crónica

reportar *amer.*
informar

reportarse
presentarse
personarse

reportar(se)
reprimir
moderar
contener
refrenar
frenar
aplacar
comedirse
comportarse

proporcionar
producir
procurar
traer
acarrear

↔ liberar

quitar

reporte
noticia
informe

reportero
periodista

reposacabezas
cabezal

reposado
sosegado
tranquilo
calmado
sereno
despacioso
pausado

↔ nervioso
inquieto

reposar
descansar
relajarse
sosegarse
holgar

dormir
echarse
yacer

↔ cansarse
trabajar
levantarse

reposición
restitución
devolución

reemplazo
sustitución

reestreno

reposo
descanso
relajación
holganza
inactividad

tranquilidad
calma
sosiego
paz

↔ trabajo
actividad

nerviosismo
agitación

repostería
pastelería
confitería

repostero
pastelero
confitero

reprender
regañar
reñir
amonestar
apercibir
abroncar
reconvenir
censurar
reprobar
increpar
raspar *amer.*
felpear *amer.*

↔ aprobar
alabar
felicitar

reprensión
regañina
riña
amonestación
apercibimiento
bronca
reconvención
censura
reprobación
increpación
filípica

↔ aprobación
alabanza
felicitación

represa
presa
dique

embalse
pantano
estanque
balsa

represalia
venganza
revancha
desquite

represar(se)
embalsar
estancar

refrenar
reprimir
contener
frenar
aplacar

↔ liberar

representación
símbolo
figura
muestra
ejemplo
encarnación
personificación
imagen
icono
parábola
alegoría

interpretación
actuación

legación
delegación
embajada

representante
representativo

delegado
comisionado
agente
manager
apoderado
viajante
(de comercio)

representar
simbolizar
figurar
mostrar
ejemplificar
encarnar
personificar

interpretar
desempeñar
actuar
aparentar
fingir

significar
suponer
implicar

representarse
imaginar

representativo
característico
típico
genuino

relevante
importante
siginificativo
trascendente

↔ atípico

insignificante
irrelevante

represión
contención
dominación
cohibición
prohibición
inhibición
freno
opresión

represivo
represor
coercitivo
restrictivo
opresivo

↔ liberador

reprimenda
regañina
recriminación
bronca
varapalo
admonición

increpación
friega
filípica
rapapolvo *col.*
julepe *col.*
felpa *col.*
chorreo *col.*
raspa *amer.*

↔ felicitación

reprimir(se)

contener
refrenar
cohibir
dominar
moderar
domeñar

prohibir
inhibir
frenar
atar
combatir
coercer
castrar
ahogar
acogotar
someter
oprimir

↔ exteriorizar
  liberar

  fomentar
  apoyar

reprise *fr.*

aceleración

reprivatizar

privatizar

↔ estatalizar
  nacionalizar

reprobación

censura
desaprobación
condena
crítica
reproche
reconvención

↔ alabanza
  aplauso

reprobado *amer.*

suspenso
cate *col.*

reprobar

censurar
desaprobar
condenar
criticar
reprochar
reconvenir
vituperar
afear

amer.
suspender
catear *col.*

↔ alabar
  aplaudir

réprobo

condenado
hereje

proscrito

reprochar(se)

recriminar
amonestar
censurar
criticar
afear
vituperar
tachar
raspar *amer.*

↔ elogiar
  ensalzar

reproche

recriminación
amonestación
censura
crítica
admonición
acusación
raspa *amer.*

reproducción

repetición
reaparición
renovación

copia
plagio
imitación
calco
remedo
duplicado
doble

procreación
generación

reproducir(se)

repetir
renovar
reaparecer
resurgir

copiar
plagiar
reflejar
recrear
imitar
calcar

reproducirse

procrear
engendrar
propagarse
multiplicarse

reptar

arrastrarse
deslizarse
culebrear
serpentear
ratear

reptil *desp.*

miserable
indeseable
infame
rata *desp.*
gusano *desp.*

↔ bendito
  bueno

republicano

↔ monárquico

repudiar

rechazar
condenar
censurar
reprobar
renegar
abominar

↔ aprobar
  aceptar

repudio

rechazo
condena
censura
reprobación

↔ aprobación
  aceptación

repudrir(se)

corromper
descomponer

repudrirse

carcomerse
consumirse
concomerse
reconcomerse

repuesto

recuperado
restablecido

recambio
carga
provisión

repugnancia

asco
náusea

aborrecimiento
repulsa
repulsión
aversión
rechazo
odio
horror
antipatía
renuencia
disgusto
desagrado

↔ agrado
  gusto

  inclinación
  simpatía

repugnante

repulsivo
repelente
asqueroso
nauseabundo
desagradable
hediondo
infecto
indecente
detestable
abominable
odioso

↔ agradable
  atractivo

repugnar

asquear
repeler

disgustar
violentar
fastidiar

repugnarse

oponerse
contradecirse

↔ gustar
agradar

atraerse

repujar

labrar

repulgos *col.*

melindres
escrúpulos
dengues

repulsa

condena
censura
rechazo
repulsión
reprobación
repudio
aversión

reprimenda
bronca
filípica
rapapolvo *col.*

↔ aprobación
aceptación

felicitación

repulsión

repugnancia
náuseas
asco

repulsa
rechazo

↔ agrado

repulsivo

repugnante
repelente
asqueroso
nauseabundo
hediondo
desagradable

↔ agradable
atractivo

repuntar

empezar
aparecer
surgir
manifestarse

repuntarse

enfadarse
enojarse
mosquearse *col.*

reputación

fama
opinión
renombre
prestigio
celebridad
notoriedad
honor
nombre
nombradía
predicamento
popularidad
imagen
cartel

reputado

famoso
renombrado
prestigioso
célebre
notorio
honorable
nombrado
ilustre
afamado

↔ desconocido

reputar(se)

juzgar
estimar
calificar
conceptuar
considerar
acreditar

requebrar

galantear
lisonjear
adular
piropear

↔ insultar

requemar(se)

quemar
abrasar

resecar
achicharrar
arrebatarse

reconcomer
atormentar
corroer

calentar
encender
soliviantar

↔ enfriar
calmar

requerimiento

petición
solicitud
demanda

requerir

pedir
solicitar
demandar
pretender
reclamar
interpelar
llamar

necesitar
precisar

requiebro

piropo
galantería
lindeza
galanteo
chicoleo
lisonja
flor

requilorio *col.*

minucia
tontería
pamplina
pamema
zarandaja *col.*
chorrada *col.*

requinto

guitarrillo
guitarro

requisa

embargo
confiscación
encautamiento
decomiso

inspección
revista

↔ devolución
restitución

requisar

embargar
confiscar
incautarse
decomisar

requisito

condición
formalidad

res

cabeza (de ganado)

resabiado

maleado
viciado

resabiar(se)

malear
enviciar
maliciar
pervertir
estropear

resabido

repipi
redicho
sabihondo
sabelotodo

resabio

regusto
gustillo
dejo

maña
vicio
mala costumbre

resaca

goma *amer.*

resalado

simpático
saleroso
garboso
majo
divertido

↔ soso

resaltar

distinguirse
destacar
descollar
dominar
sobresalir
proyectarse
salir

recalcar
realzar
marcar
acentuar
enfatizar
subrayar
hacer hincapié

↔ igualarse
  confundirse

  atenuar
  disimular

resalte o resalto

relieve
saliente
pico
punta
saledizo
diente

↔ entrante

resarcir(se)

compensar
reparar
indemnizar
satisfacer
desquitar
desagraviar

resbaladizo

resbaloso
escurridizo
deslizante

difícil
comprometido
peliagudo

resbalar(se)

deslizar
escurrir
patinar
derrapar

equivocarse
colarse *col.*
meter la pata *col.*

resbalón *col.*

equivocación
desliz
desacierto
patinazo *col.*
planchazo *col.*
metedura de pata *col.*

resbaloso

resbaladizo
escurridizo

rescatar

recuperar
recobrar

liberar
librar
salvar

↔ perder

rescate

liberación
salvamento

rescindir

anular
invalidar
cancelar

↔ prorrogar

rescisión

anulación
invalidación
cancelación

↔ prórroga

rescoldo

ascua
brasa

resecar

extirpar

↔ implantar

resecar(se)

secar
deshidratar

↔ humedecer

resección

extirpación

↔ implantación

reseco

deshidratado
árido
agostado

flaco
esquelético
consumido
descarnado
chupado *col.*

↔ húmedo

  gordo

resellar

reacuñar

resentido

rencoroso
amargado
molesto
ofendido
despechado
dolorido
picado *col.*

↔ contento
  agradecido

resentimiento

rencor
animosidad
animadversión
resquemor
despecho
antipatía
hiel
llaga
pique *col.*

↔ simpatía

resentirse

debilitarse
desgastarse
consumirse
flaquear
decaer

dolerse

disgustarse
molestarse
ofenderse

↔ robustecerse

  alegrarse
  contentarse

reseña

recensión
nota
crítica
comentario
relación
acta

descripción

relato
narración

reseñar

criticar
comentar
anotar
resumir

describir

relatar
referir

reserva

reservación

provisión
ahorro

prudencia
discreción
cautela
recelo
recato
mutismo

objeción
duda
desacuerdo
prevención
inconveniente
miramiento

↔ confianza

  acuerdo

reservación

reserva

reservado

discreto
comedido
introvertido
silencioso

secreto
confidencial

↔ indiscreto
  hablador

  público

reservar

apartar
guardar
ahorrar
acumular
retener

diferir
dilatar
aplazar

reservarse

conservarse

↔ usar
   gastar

resfriado o
  resfriamiento

resfrío
constipado
catarro
enfriamiento
coriza
fluxión

resfriar

refrescar

resfriarse

acatarrarse
constiparse
enfriarse

resfrío

resfriado

resguardar(se)

proteger
guarecer
preservar
amparar
refugiar
defender
abrigar
cobijar
parapetar

resguardarse

prevenirse
precaverse

↔ desproteger
   confiarse

resguardo

protección
amparo
preservación

defensa
refugio
abrigo
cobijo
parapeto

recibo
justificante
comprobante
talón
tique

↔ desprotección
   desamparo

residencia

estancia

domicilio
vivienda
casa
sede

residir

habitar
morar
afincarse
vivir

consistir
estribar
radicar

corresponder
incumbir
competer

residuo

resto
restante
remanente
sobrante

sobras
despojo
desecho
desperdicio
detrito
vertido

resignación

conformidad
aceptación
sometimiento
sacrificio
paciencia
filosofía

↔ rebeldía
   inconformismo

resignar

renunciar
dimitir
abandonar

resignarse

conformarse
condescender
aceptar
someterse
amoldarse
acomodarse
sacrificarse
aguantarse
joderse *vulg.*

↔ negarse
   rebelarse

resinífero

resinoso

resistencia

aguante
tolerancia
fuerza
dureza
fortaleza

oposición
rechazo
rebelión
reacción
renuencia

↔ debilidad
   fragilidad

   abandono
   renuncia
   resignación

resistente

fuerte
duro
firme
férreo
duradero
berroqueño
acerado
vigoroso
robusto
incansable
infatigable

↔ frágil
   débil

resistir(se)

aguantar
soportar

tolerar
sufrir
sostener
sobrellevar

vencer
dominar
reprimir

resistirse

oponerse
rehusar
negarse
rechazar
rebelarse
reaccionar
plantarse

↔ ceder

   sucumbir

   aceptar
   rendirse

resobar

toquetear
sobar
manosear

resollar

resoplar
bufar
jadear
anhelar

resolución

decisión
determinación
firmeza
valor
audacia
ánimo
brío

pronunciamiento
fallo
dictamen
conclusión
acuerdo

↔ cobardía
   indecisión

resolutivo

eficaz
eficiente
práctico

↔ inoperante

resoluto

resuelto
decidido
determinado
firme
valiente
audaz

diestro
experto
hábil
avezado

↔ irresoluto
  indeciso

  inexperto

resolutorio

definitivo
decisivo
concluyente

resolver(se)

solucionar
solventar
aclarar
averiguar
descifrar
desentrañar
adivinar
acertar
atinar

decidir
optar
determinar
sentenciar
dictaminar
decretar
adoptar
acordar

despachar
tramitar
dirimir
zanjar
concluir

↔ complicar

  dudar
  vacilar

resonancia

eco
reverberación

sonoridad

difusión
expansión

publicidad
divulgación
realce
dimensión
importancia
bombo *col.*

resonante

sonoro
retumbante

estrepitoso
ruidoso
importante

↔ silencioso

  discreto

resonar

atronar
retumbar
repercutir

resoplar

resollar
jadear

bufar
gruñir

resoplido

resuello
jadeo

bufido
gruñido

resorte

muelle
amortiguador

medio
recurso
tecla

respaldar(se)

apoyar
proteger
ayudar
amparar
defender
avalar
favorecer
refrendar
ratificar
propugnar
patrocinar
alentar

respaldarse

recostarse
reclinarse

↔ desaprobar
  atacar

respaldo

apoyo
protección
ayuda
amparo
defensa
garantía
aval

respectar

referirse
atañer
concernir
tocar

respectivo

correspondiente

respetabilidad

honestidad
honorabilidad

respetable

digno
decente
honesto
venerable
honorable
intachable
augusto

considerable
grande

público
tendido

↔ indecente
  impresentable

  insignificante

respetar

honrar
venerar
idolatrar

obedecer
acatar
observar
someterse

cuidar
preservar
conservar

↔ ultrajar
  insultar
  despreciar

  desobedecer

  destruir
  maltratar

respeto

consideración
cortesía
deferencia
atención
miramiento
predicamento
veneración
admiración

obediencia
acatamiento
observancia

aprensión
recelo
prevención
temor

↔ desconsideración
  descortesía

  desobediencia

  audacia
  temeridad

respetuoso

considerado
cortés
deferente
atento
mirado
comedido

↔ irrespetuoso
  desconsiderado
  descortés

respingo

sacudida
bote
salto
sobresalto

respingón

respingado
levantado

respiración
aliento
resuello

ventilación
aireación
oxigenación

respirar
aspirar
inspirar

relajarse
descansar

oxigenarse
airearse
ventilarse

manifestar
exteriorizar

vivir

respiro
alivio
descanso
reposo
desahogo
pausa
tregua

resplandecer
brillar
iluminar
alumbrar
lucir
destellar
rutilar
relucir
relumbrar
refulgir
relampaguear
deslumbrar

sobresalir
destacar
resaltar

resplandor
luminosidad
luz
fulgor
fogonazo
flama
brillo
lustre

responder
contestar

contradecir
replicar
reponer
rebatir

reaccionar
obedecer

garantizar
avalar

responsabilizarse
asumir

↔ callar

  inhibirse
  desentenderse

respondón
contestón
replicón

↔ sumiso

responsabilidad
culpabilidad

obligación
incumbencia
deber
compromiso

formalidad
seriedad
sensatez

↔ inocencia

  irresponsabilidad

responsabilizar
culpar
culpabilizar
atribuir

responsabilizarse
asumir
responder
garantizar
asegurar
preocuparse
involucrarse
comprometerse
pechar
apechugar *col.*
mojarse *col.*

↔ exculpar
  disculpar

  inhibirse
  desentenderse

responsable
encargado

culpable
autor

cumplidor
formal
serio

↔ inocente

  irresponsable

responso *col.*
regañina
reprimenda
bronca
filípica
sermón
riña

respuesta
contestación
réplica

solución

reacción

resquebrajadizo
quebradizo
frágil

↔ resistente

resquebrajadura
grieta
brecha
fisura
hendidura
raja

resquebrajar(se)
resquebrar
agrietar
rajar
cuartear
hender
quebrar

resquebrar(se)
resquebrajarse

resquemor
resentimiento
desazón
amargura
pesar

pesadumbre
llaga

↔ satisfacción

resquicio
abertura
intersticio
ranura
grieta
hendidura
rendija

posibilidad
coyuntura
ocasión

resta
sustracción

resto

restablecer
restaurar
reponer
recuperar
recobrar
rehabilitar
reimplantar

restablecerse
curarse
sanar
mejorar
reanimarse
reaccionar

↔ destruir
  suprimir

  empeorar
  recaer

restablecimiento
recuperación
reposición
restauración
rehabilitación

cura
mejoría

↔ destrucción
  supresión

  empeoramiento
  recaída

restallar
chasquear
chascar

estallar

restallido

chasquido
estallido

restañar

contener (una
   hemorragia)
parar

restar

sustraer
quitar
deducir
descontar
rebajar
detraer
disminuir
aminorar
menoscabar
reducir

faltar
quedar
sobrar

↔ sumar

restauración

reparación
recuperación
rehabilitación
refacción *amer.*

restablecimiento
reinstauración

↔ destrucción

   supresión
   deposición
   abolición

restaurar

reparar
rehabilitar
recomponer
reconstruir
rehacer
refaccionar *amer.*

restablecer
reinstaurar

reponer
recobrar

↔ destruir

   suprimir
   deponer
   abolir

restitución

reposición
reintegro
devolución

↔ privación

restituir

reponer
reintegrar
devolver
reincorporar
reembolsar

restablecer
restaurar

↔ quitar
   privar

resto

remanente
sobrante
pucho *amer.*

resta

restos

desperdicios
residuos
sobras
detrito

despojos
cadáver

reliquias
vestigios

restregadura

restregón

restregar(se)

frotar
refregar
friccionar
fregar

restregón

restregadura
frotadura
fricción
friega
estregón

restricción

reducción
limitación

disminución
acortamiento

límite
prohibición
condicionamiento

↔ ampliación

restrictivo

restringente
limitativo
coercitivo

↔ amplio
   permisivo

restringir

reducir
limitar
disminuir
acortar
acotar
ceñir
circunscribir
demarcar
delimitar
coartar
cohibir
coercer

↔ ampliar
   aumentar

resucitar

renacer
revivir

reavivar
vivificar
reanimar
animar
reconfortar
tonificar
estimular

↔ morir

   deprimir

resuello

resoplido
jadeo

col.
fuerza
energía
aliento
fuelle
respiración

resuelto

solucionado
solventado
aclarado

resoluto
decidido
valiente
audaz
atrevido
intrépido
animoso
dispuesto
determinado

↔ indeciso
   pusilánime

resulta

resultado
consecuencia
efecto

resultado

resulta
consecuencia
efecto
producto
fruto
logro
impacto
secuela
derivación
desenlace

rendimiento
servicio

solución

resultante

derivado
proveniente
procedente

resultar

derivar
proceder
provenir
seguirse
dimanar
surgir

salir
quedar

rendir
rentar

suceder
ocurrir

resultón *col.*

atractivo
aparente
agraciado

↔ feo

resumen

síntesis
sinopsis
sumario
esquema
compendio
balance

↔ ampliación

resumir(se)

sintetizar
esquematizar
compendiar
condensar
recapitular
concretar
abreviar

resumirse

resultar
resolverse
cifrarse

↔ ampliar

resurgimiento

renacimiento
reaparición
reanudación
recuperación

↔ desaparición
   postración

resurgir

renacer
reaparecer
reanudarse
restaurarse
restablecerse
reactivarse
recobrarse
recuperarse
reaccionar

↔ desaparecer
   decaer
   estancarse

resurrección

renacimiento
palingenesia *cult.*

retablo *col.*

viejo
anciano
carcamal *col.*

retaco

achaparrado
chaparro
enano
repolludo
rechoncho

↔ espigado

retaguardia

↔ vanguardia

retahíla

sarta
tira
ristra
rosario
letanía

retal

recorte
retazo
recortadura

retama

hiniesta

retar

desafiar
provocar

amer.
reprender
regañar

retardar(se)

retrasar
atrasar
posponer
aplazar
postergar
diferir
demorar
frenar
detener
ralentizar
dificultar
desacelerar

↔ adelantar
   acelerar

retardatorio

dilatorio
entorpecedor

↔ activador

retardo

retraso
atraso
demora
tardanza
aplazamiento
dilación

↔ adelanto

retazo

retal
recorte
recortadura
trozo
parte
jirón
porción

pasaje
fragmento

retemblar

temblar
vibrar
trepidar
estremecerse

retén

guardia
piquete

provisión
reserva

retención

sujeción
parada
freno
reclusión

atasco
embotellamiento
aglomeración

deducción
descuento

↔ liberación

retener

guardar
conservar
acaparar

atar
sujetar
coger

arrestar
detener
recluir
raptar

memorizar
recordar

parar
frenar
obstaculizar

contener
refrenar
dominar

↔ soltar
   echar

   liberar

   olvidar

   activar
   agilizar

retentiva

memoria

reticencia

reserva
desconfianza
duda
recelo
suspicacia

insinuación
indirecta

↔ confianza

reticente

desconfiado
receloso
suspicaz

↔ confiado

rético

romanche

retintín

sorna
sarcasmo

retinto

castaño (caballerías)

retirada

retroceso
repliegue

↔ avance

retirado

aislado
solitario
alejado
distante
recoleto
apartado

jubilado
pensionista

↔ cercano
    céntrico

    activo

retirar(se)

alejar
apartar
quitar
hurtar
aislar
incomunicar
distanciar
arrumbar
arrinconar
confinar

jubilar

desdecirse
retractarse

retirarse

recogerse
acostarse

↔ acercar

    confirmar
    ratificar

    salir

retiro

jubilación
renta
pensión

refugio

aislamiento
apartamiento
recogimiento
alejamiento
incomunicación

↔ comunicación

reto

desafío
lance
provocación
incitación

retocado

arreglado
rectificado
repasado

retoque

retocar

arreglar
corregir
rectificar
repasar
perfeccionar
pulir
limar
rematar

retomar

reanudar
continuar
desempolvar
abundar
volver

↔ abandonar

retoñar

reverdecer
renacer
rebrotar
hijear *amer.*

retoño

renuevo
vástago
pimpollo
brote

hijo

↔ reviejo

retoque

retocado
corrección
arreglo
repaso

retorcedura

retorcimiento
torcimiento

retorcer

torcer
enroscar
doblar

tergiversar

retorcerse

contorsionarse
contraerse
convulsionarse
desternillarse *col.*
partirse *col.*

retorcido

falso
malintencionado
sinuoso
esquinado
avieso
tortuoso
atravesado
malicioso
morboso
malpensado

rebuscado
oscuro
complejo

↔ franco
    sincero

    claro
    sencillo

retorcimiento

retorcedura
retorsión
torcimiento
torsión

falsedad
sinuosidad
malicia
desconfianza
recelo

rebuscamiento

↔ enderezamiento

    franqueza

    claridad

retórica

oratoria

grandilocuencia
pomposidad
énfasis

palabrería
monserga

↔ sencillez
    sobriedad

retórico

oratorio

ampuloso
grandilocuente
pomposo

↔ llano
    sobrio

retornar

volver
regresar
tornar
reaparecer

devolver
restituir
reintegrar

↔ irse
    marcharse

    retener
    quedarse

retorno

regreso
vuelta

devolución
restitución

↔ partida
    marcha

retorsión

retorcimiento
torsión

represalia

retortero, al *col.*

desordenado
patas arriba *col.*

ocupado
de aquí para allá *col.*

retozar

juguetear
travesear
corretear

solazarse

retozón
juguetón
travieso
revoltoso

↔ tranquilo

retractación
rectificación
arrepentimiento
desmentido

↔ confirmación

retractar(se)
desdecirse
retirar
desmentir
arrepentirse
apostatar
abjurar
renegar

↔ confirmar
ratificar

retráctil
↔ protráctil

retraer(se)
ocultar
guardar
retirar
encoger

retraerse
aislarse
incomunicarse
inhibirse

↔ sacar
estirar

abrirse

retraído
solitario
misántropo
introvertido
insociable
reservado
tímido

↔ sociable
extrovertido
abierto

retraimiento
soledad
misantropía

introversión
reserva
timidez

↔ extroversión

retranca
recámara
trastienda
reserva
doblez

retransmisión
emisión
transmisión

retransmisor
repetidor

retransmitir
emitir
transmitir
radiar
televisar

retrasado
atrasado
aplazado
diferido

deficiente
subnormal
disminuido psíquico

↔ adelantado

retrasar(se)
atrasar
aplazar
diferir
posponer
postergar
retardar
prorrogar
dilatar
ralentizar
demorar

↔ adelantar
acelerar

retraso
atraso
aplazamiento
dilación
retardo
demora

↔ adelanto
avance

retratar(se)
fotografiar
dibujar
pintar

describir

retrato
imagen
efigie

descripción
semblanza

retrechero
encantador
simpático
fascinador
atractivo

zalamero
taimado
astuto

retreparse
apoyarse
inclinarse
recostarse

↔ erguirse

retreta *amer. col.*
retahíla
sarta
tanda
rosario

retrete
wáter
inodoro
sanitario

aseo
servicio
baño
lavabo
excusado
letrina
urinario
meadero *col.*

retribución
paga
pago
remuneración
salario
sueldo
asignación

estipendio
gratificación
recompensa

retribuir
pagar
remunerar
gratificar
recompensar

retributivo
remunerativo
remunerador
lucrativo
rentable
provechoso
beneficioso

retroacción
regresión
retroceso

retroalimentación

↔ adelanto

retroalimentación
realimentación
feed-back
retroacción

retroceder
regresar
retornar
desandar
recular
volver
retirarse
replegarse

ceder
flaquear
amilanarse

↔ avanzar
progresar

retroceso
regreso
retorno
retirada
repliegue
regresión
reflujo
recesión
involución

empeoramiento
agravamiento
recaída

↔ avance
  progreso

  mejoría

retrógrado

reaccionario
carca
cavernícola *col.*

↔ progresista
  moderno

retropropulsión

reacción

retrospectivo

evocador
rememorativo

retrotraer(se)

remontarse

retruécano

quiasmo

retumbar

resonar
repercutir
tronar
atronar

reumatismo

reúma
reuma

reunión

agrupamiento
recogida
recopilación
recolecta
colecta
almacenamiento

agrupación
grupo
conjunto

congregación
consejo
pleno
junta
asamblea
mitin
acuerdo *amer.*

reunir(se)

juntar
agrupar
recoger
recopilar
recolectar
colectar
almacenar
acumular
aunar
atesorar
coleccionar
aglomerar
concentrar

congregar
convocar
llamar
asociar
concurrir

↔ separar
  dispersar

reválida

convalidación
ratificación
confirmación

↔ invalidación

revalidar

convalidar
ratificar
reafirmar
confirmar

↔ invalidar

revalorización

revaluación

↔ devaluación
  depreciación

revalorizar(se)

revaluar
valorizar
valorar
apreciar

↔ devaluar
  depreciar

revaluación

revalorización

revaluar

revalorizar
reconsiderar

revancha

desquite
represalia
venganza
vendetta

revelación

descubrimiento
manifestación

intuición
inspiración
presentimiento
iluminación
visión
señal

anunciación
nueva
noticia
declaración

↔ ocultación

revelador

significativo
indicativo
relevante
gráfico

↔ irrelevante

revelar(se)

descubrir
desvelar
destapar
manifestar
evidenciar
mostrar
reflejar
indicar
denotar

proclamar
declarar
ventilar
acusar
denunciar
cantar *col.*

↔ ocultar
  disimular

revendedor

reventa

revenirse

avinagrarse
agriarse
secarse

reventa

revendedor

reventado *col.*

cansado
fatigado
extenuado
rendido
molido
muerto *col.*
machacado *col.*
hecho polvo *col.*

↔ descansado

reventar(se)

estallar
explotar
destripar
despachurrar
romper

col.
cansar
fatigar
extenuar
moler
rendir
matar *col.*
machacar *col.*

molestar
fastidiar
irritar
jorobar *col.*

↔ descansar

  gustar

reventón

pinchazo

col.
hartón
paliza
panzada

reverberación

reverbero

reverberar

brillar
resplandecer
refulgir

reverbero

reverberación
reflejo

brillo
resplandor

reverdecer
retoñar
renacer
verdear

↔ agostarse

reverencia
respeto
veneración
pleitesía
consideración

inclinación
venia
cabezada

↔ ofensa
desprecio

reverencial
reverente

reverenciar
respetar
venerar
idolatrar
adorar
honrar

↔ ofender
despreciar

reverendo
venerable
honorable

↔ despreciable

reverente
reverencial
respetuoso
deferente

↔ irreverente

reversa *amer.*
marcha atrás
(vehículos)

reversible
alterable
transformable

↔ irreversible
inalterable

reversión
regreso
retorno

devolución
restitución
reembolso

reverso
revés
envés
dorso
cruz
vuelta

↔ anverso
cara
haz

revertir
volver
regresar
retornar

redundar
repercutir
resultar

revés
reverso

desgracia
contratiempo
percance
infortunio
accidente
golpe
adversidad
mudanza

↔ anverso

fortuna
suerte

revestido
recubierto
cubierto
forrado

revestimiento

revestimiento
revestido
recubrimiento
capa
baño
cobertura
cubierta

revestir(se)
recubrir
cubrir
vestir
forrar

disfrazar
disimular
desfigurar

armarse

↔ descubrir
desnudar

reviejo
↔ renuevo
retoño
rebrote

revisada *amer.*
revisión

revisar
examinar
inspeccionar
analizar
explorar
estudiar
repasar
comprobar
reconocer
chequear

revisión
examen
inspección
análisis
exploración
control
estudio
repaso
comprobación
reconocimiento
chequeo
barrido *col.*
revisada *amer.*

revisor
inspector
interventor

revista
inspección
examen
revisión
control

chequeo
requisa

gaceta
boletín

vodevil

revistar
inspeccionar
examinar
revisar
controlar
pasar revista

revitalizar
fortalecer
robustecer
reanimar
vivificar
reavivar
revivificar
renovar
reactivar
reaccionar
levantar

↔ debilitar

revivificar
vivificar
reavivar
revitalizar
reanimar
reconfortar

↔ debilitar
desanimar

revivir
resucitar
renacer

recobrarse
reanimarse

resurgir
reaparecer
renovarse
reproducirse

recordar
evocar
rememorar

↔ morir

decaer
debilitarse

olvidar

revocación

derogación
anulación
invalidación
supresión
casación

↔ confirmación
   convalidación

revocadura

revoque
revoco

revocar

derogar
anular
invalidar
suprimir
abolir
cancelar
rescindir
abrogar
casar (una sentencia)
enlucir
remozar
enjalbegar
blanquear

↔ validar
   revalidar
   confirmar
   ratificar

revocatorio

revocador
revocante
derogatorio
rescisorio

amer.
revocación

revoco

revoque
revocadura

revolcar

derribar
tumbar
volcar

revolcón

revuelco

victoria
paliza *col.*
baño *col.*

revolotear

aletear
mosconear
mariposear

revoloteo

aleteo
revuelo

revoltijo

lío
revoltillo
batiburrillo
mogollón
remolino
maraña
amasijo
mezcolanza
matalotaje
popurrí
pastiche
gatuperio
desorden
confusión
enredo
follón
jaleo
vorágine
fárrago

↔ orden

revoltillo

revoltijo

revoltoso

travieso
enredador
inquieto
nervioso
vivaracho
retozón
juguetón
guerrero
díscolo
bullanguero
provocador
alborotador
sedicioso
rebelde
faccioso
agitador

↔ tranquilo
   parado
   modoso
   sumiso

revolución

cambio
transformación
alteración

perturbación
conmoción
revuelta
alboroto
rebelión
levantamiento
motín
agitación

vuelta
giro

↔ estabilidad
   orden

revolucionar

perturbar
alterar
alborotar
agitar
excitar
inquietar
conmocionar
innovar
renovar
transformar
cambiar

↔ normalizar
   tranquilizar
   conservar

revolucionario

rebelde
insurrecto
agitador
alborotador
innovador
renovador

↔ conservador

revolver

mover
remover
menear
batir
agitar
desordenar
descolocar
desarreglar
trastornar

indignar
fastidiar
irritar
jorobar *col.*

pensar
reflexionar
dar vueltas

enredar
trastear
zascandilear
alborotar

investigar
escarbar
husmear
rebuscar
hurgar

revolverse

rebelarse
sublevarse
encararse
plantar cara

↔ ordenar

   gustar
   encantar

   olvidar

   comportarse

   someterse

revoque

revocadura
revoco

revuelco

revolcón

revuelo

revoloteo

perturbación
agitación
alteración
confusión
jaleo
lío
alboroto
algarada

conmoción
expectación

↔ orden
   tranquilidad

   desinterés

revuelta

alboroto
disturbio
algarada
revolución
rebelión
motín
asonada
alzamiento

riña
pelea
disputa
bronca
pendencia

curva
recodo
recoveco
vuelta

revuelto

desordenado
desarreglado
caótico
mezclado
liado
confuso

indignado
irritado
inquieto
excitado
alterado

turbulento
agitado

turbio

↔ ordenado
    clasificado

    tranquilo
    calmado

    transparente

revulsivo

vomitivo
purgante

estímulo
acicate

rey

monarca
soberano

as
campeón

reyerta

altercado
disputa
enfrentamiento
pendencia
bronca
gresca
pelotera *col.*

reyezuelo

régulo (ave)

desp.
cacique
jefe

rezagarse

retrasarse
atrasarse
descolgarse
demorarse

↔ adelantarse

rezar

orar
rogar
implorar

col.
decir
refunfuñar
rezongar

rezo

oración
plegaria
prez

rezongar

gruñir
refunfuñar
renegar
murmurar
mascullar

rezongón

rezongador
protestón
gruñón
refunfuñador
renegón

rezumar(se)

transpirar
exudar
filtrar
destilar

riachuelo

regato
arroyo
reguero

riada

crecida
avenida
desbordamiento
arroyada
inundación

ribazo

talud
terraplén

ribera

orilla
borde
margen

vega
huerta

ribereño

costero
litoral

ribete

galón
festón
orla
filete
cerco
cenefa

ribetes

atisbo
asomo
indicio

ribetear

festonear
orillar
orlar

ricacho o
    ricachón *desp.*

rico
adinerado

↔ pobre

rico

adinerado
acaudalado

pudiente
potentado
millonario
opulento
caudaloso
acomodado
forrado *col.*
platudo *amer.*

próspero
floreciente
productivo
opimo
lujoso

abundante
copioso
nutrido
profuso
rebosante
exuberante

sabroso
exquisito
gustoso
delicioso
apetitoso
suculento

cariñoso
simpático
majo
encantador

bonito
guapo
mono

↔ pobre
    arruinado

    decadente

    escaso

    desabrido
    insípido

    desagradable

    feo

rictus

mueca
gesto

ricura

delicia
preciosidad
monada
encanto

↔ asquerosidad
    horror

ridiculez

extravagancia
mamarrachada
payasada

tontería
estupidez
locura

miseria
insignificancia
pequeñez

↔ seriedad

acierto

abundancia
esplendidez

ridiculizar

satirizar
caricaturizar
escarnecer
mofarse

↔ ensalzar

ridículo

irrisorio
estrafalario
grotesco
cómico
chocante

ilógico
absurdo
estúpido
demencial
descabellado

escaso
mísero
insignificante
raquítico

↔ serio

lógico
acertado

abundante
grande

riego

irrigación

riel

raíl
carril
vía

rielar

brillar
reflejarse
cabrillear

rienda

contención
mesura

riendas

mando
gobierno
dirección
timón

riesgo

amenaza
contingencia
emergencia
aventura
peligro
albur

↔ seguridad

riesgoso *amer.*

arriesgado
peligroso

rifa

sorteo

rifar

sortear

rifirrafe *col.*

riña
disputa
discusión
altercado

rigidez

dureza
tiesura
agarrotamiento

severidad
rigor

↔ blandura
flexibilidad

tolerancia

rígido

inflexible
duro
tieso

inarticulado

riguroso
recto
severo
adusto

↔ blando
flexible

articulado

tolerante
condescendiente

rigor

rigurosidad
rigorismo
severidad
dureza
inclemencia
intransigencia
inflexibilidad
rectitud
puritanismo

precisión
exactitud
propiedad
puntualidad
minuciosidad

↔ blandura
clemencia
tolerancia

imprecisión
inexactitud

rigorismo

rigor
severidad
intransigencia

rigurosidad

rigor
severidad

precisión
exactitud

riguroso

rígido
severo
duro
inflexible
estricto
recto
inexorable
implacable
drástico

inclemente
puritano

preciso
exacto
propio
puntual
minucioso

↔ blando
tolerante
flexible

impreciso
descuidado

rija

pelea
riña
pendencia
altercado

rijoso

lascivo
lujurioso
libidinoso
sensual
cachondo *vulg.*

violento
pendenciero
camorrista

↔ puro
casto

pacífico

rilar

temblar
tiritar

rilarse *col.*

acobardarse
rajarse *col.*

rima

poesía
poema

rimar

versificar
componer

rimbombante

llamativo
ostentoso
aparatoso
pretencioso

presuntuoso
pomposo
altisonante
grandilocuente
engolado

↔ sencillo
llano

rimero
pila
pilón
cúmulo
montón

rincón
ángulo
esquina

escondrijo
hueco
recoveco

refugio

paraje

ring *ingl.*
cuadrilátero

ringlera
ringle
hilera
línea
fila

ringorrango *col.*
perifollo
abalorio

riña
pelea
disputa
discusión
bronca
pendencia
gresca
reyerta
rija
refriega
altercado
pelotera *col.*
rifirrafe *col.*
camorra *col.*
agarrón *amer.*

reprimenda
represión

regañina
responso *col.*
julepe *col.*

↔ paz
concordia

alabanza
aprobación

riñones *col.*
valor
ánimo
decisión
redaños *col.*

río
corriente

abundancia
caudal
profusión

riostra
jabalcón

ripio
palabrería
paja

escombro
cascote

riqueza
prosperidad
suntuosidad
opulencia
fortuna
dinero
caudal
recursos
plata
oro
capital
bienes
dineral
potosí

abundancia
profusión
exuberancia
multitud
hartura

↔ pobreza
penuria

escasez
carestía

risa
carcajada
risotada
regocijo
hilaridad

risco
peñasco
peña
peñón

risible
irrisorio
hilarante
cómico
grotesco
ridículo

↔ serio

risotada
carcajada
risa

ristra
sarta
retahíla
hilera
hilada
fila
rosario

risueño
alegre
sonriente
radiante

agradable
grato
placentero
deleitable

↔ serio
grave

desagradable

rítmico
acompasado
cadencioso
armonioso

regular

↔ arrítmico

ritmo
compás
cadencia

ciclo
regularidad

velocidad
marcha

rito
ritual
liturgia

ritornelo
estribillo

ritual
rito
liturgia

protocolo
ceremonial

rival
competidor
adversario
oponente
antagonista
opositor
hostil

↔ aliado
partidario

rivalidad
competencia
pugna
enfrentamiento
antagonismo

↔ cooperación

rivalizar
competir
contender
pugnar
enfrentarse

↔ cooperar

rivera
arroyo
regato

rizado
rizo
ondulado
ensortijado
crespo

↔ liso
lacio

rizar(se)
ondular
ensortijar

encrespar

↔ alisar

rizo
bucle
onda
caracol
tirabuzón

rizado

róbalo o robalo
lubina

robar
sustraer
hurtar
desvalijar
atracar
ratear
rapiñar
despojar
desfalcar
usurpar
arrebatar
quitar
afanar *col.*
birlar *col.*
mangar *col.*
apañar *col.*
aliviar *col.*
limpiar *col.*
levantar *col.*
distraer *col.*
pillar *col.*
guindar *col.*
choricear *col.*
cangallar *amer.*
gabanear *amer.*

↔ restituir
   devolver

robezo
rebeco
rupicabra
gamuza

roble
carvallo

robledal
robleda
robledo

roblón
remache

roblonar
remachar

robo
sustracción
hurto
desvalijamiento
atraco
rapiña
ratería
desfalco
usurpación
pillaje
rapacidad
latrocinio
golpe
mangui *col.*

↔ restitución
   devolución

robot
autómata
androide

robustecer(se)
fortalecer
reforzar
fortificar
afianzar
nutrir

↔ debilitar

robustez
fortaleza
dureza
solidez

↔ debilidad

robusto
fuerte
duro
sólido
resistente
recio

fornido
vigoroso
lozano
membrudo
hercúleo
hermoso
grueso

fortachón *col.*
frescachón *col.*
ñeque *amer.*

↔ débil
   enclenque

roca
piedra
peña
peñasco
peñón
risco

rocambolesco
extraordinario
exagerado
increíble
inaudito
extraño
inverosímil

↔ normal
   corriente

roce
rozamiento
raspadura
raspón
fricción

contacto
comunicación
trato
relación
intimidad

col.
discusión
disputa

rociada
roción
aspersión

rocío
lluvia

reprimenda
regañina
bronca

rociador
aspersor

rociar
asperjar
salpicar
remojar

regar
irrigar
pulverizar

esparcir
desparramar
diseminar

↔ reunir

rocín
jamelgo
jaco
penco

col.
burro
bruto
tarugo

rocío
rociada
roción

roción
rociada

rocoso
roqueño
pedregoso
peñascoso
pétreo
montañoso
abrupto

roda
tajamar

rodada
rodal
rodera
surco
huella
rastro

rodaja
raja
rueda
loncha

rodaje
filmación

madurez
experiencia
tablas

rodal

rodada

rodapié

zócalo
friso

rodar

girar
rotar
rular
virar
circular

vagar
deambular
errar
vagabundear

filmar

rodear

cercar
bordear
ceñir
abrazar
acordonar
circunvalar
circundar
flanquear
circuir *cult.*

evitar
esquivar
eludir
rehuir

rodearse

acompañarse
procurarse

rodeo

circunvalación
vuelta
desvío

circunloquio
divagación
preámbulo
ambages

rodera

rodada

rodete

moña (moño)

rodilla

hinojo

rodillo

cilindro
rollo

rodrigón

guía (vara)

roer

mordisquear
mordiscar

desgastar
carcomer
comer

afligir
atormentar
corroer
concomer
desazonar

↔ tranquilizar

rogar

suplicar
implorar
solicitar
pedir
demandar
postular
invocar
instar
impetrar *cult.*
deprecar *cult.*

rogativa

procesión
rogatorio *amer.*

rojez

enrojecimiento

rojizo

bermejo
anaranjado
alazán (caballerías)

rojo

colorado
encarnado
carmín
carmesí
bermellón
escarlata

pelirrojo
rubicundo
taheño

desp.
izquierdista
comunista

↔ facha *desp.*

rol

papel
función
cometido

nómina
catálogo

rollista *col.*

pesado
cargante
pelma *col.*
latoso *col.*
plomo *col.*
plasta *col.*
paliza *col.*

↔ ameno

rollizo

gordo
grueso
hermoso

↔ flaco
delgado

rollo

carrete
bobina

cilindro
rodillo
rulo

col.
pesadez
aburrimiento
molestia
fastidio
tabarra *col.*
plomo *col.*
lata *col.*
petardo *col.*
plasta *col.*
muermo *col.*
pestiño *col.*
puñeta *col.*
ladrillo *col.*
castaña *col.*
peñazo *col.*
coñazo *vulg.*

pesado
aburrido

pelma *col.*
pelmazo *col.*
latoso *col.*

asunto
tema
historia
película *col.*

lío
plan
ligue

↔ diversión
amenidad

divertido
ameno

romadizo

catarro

romana

balanza

romance

amorío
idilio
aventura
affaire

galerón *amer.*

románico

romanche

rético

románico

romance

romanizar(se)

latinizar

romano

latino

pontificio

romanticismo

sentimentalismo
idealismo

↔ realismo

romántico

sentimental
sensible
idealista

soñador
quijotesco
apasionado
poético

↔ realista

romanza

aria

romería

peregrinación

romero

peregrino

romo

mocho
mellado
obtuso

torpe
tonto
lerdo
tardo
incapaz

chato

↔ afilado
   prominente

   agudo
   inteligente

   narigudo

rompecabezas

puzzle

acertijo
enigma

rompedizo

quebradizo
frágil

↔ duro
   resistente

rompenueces
   amer.

cascanueces

rompeolas

malecón
espigón
dique

romper(se)

destrozar
partir
fracturar
despedazar
cascar
quebrar
reventar
destruir
abrir
rajar
rasgar
desgarrar

estropear
averiar
descomponer
descacharrar *col.*
descuajaringar *col.*
changar *col.*
joder *vulg.*

incumplir
quebrantar
infringir
violar

empezar
comenzar
prorrumpir
ponerse

↔ unir

   arreglar

   cumplir

rompimiento

rotura
ruptura

roncha¹

ronchón
habón

cardenal
moradura
moretón

roncha²

rodaja
raja
loncha

ronchar

ronzar

ronchón

roncha
habón

ronco

afónico
bronco
grave
destemplado
áspero

↔ agudo
   suave

ronda

patrulla
guardia

rondalla

rondalla

ronda
estudiantina
tuna

rondar

patrullar

merodear
deambular
frecuentar

cortejar
galantear
festejar

acosar
asediar

frisar
bordear

ronquera

afonía
carraspera

ronroneo

murmullo
runrún

ronzal

ramal
dogal
cabestro

ronzar

ronchar

roña

mugre
suciedad

óxido
orín
herrumbre
verdín

col.
roñería *col.*
roñosería *col.*

avaro
roñoso *col.*

↔ limpieza
   aseo

roñosería o
   roñería *col.*

avaricia
tacañería
cicatería

↔ generosidad
   esplendidez

roñoso

mugriento
sucio
guarro

oxidado
mohoso

col.
tacaño
cicatero
avaro
miserable
mezquino
pesetero
roña *col.*
roñica *col.*
agarrado *col.*
rácano *col.*
rata *col.*

↔ limpio
   aseado

   generoso
   dadivoso

ropa

ropaje
vestimenta
vestido
indumentaria
atuendo
atavío
prenda

ropaje

ropa

ropavejero
trapero
prendero

ropero
armario
guardarropa

vestuario

roque[1]
torre (ajedrez)

roque[2] *col.*
dormido
traspuesto

↔ despierto

roqueda o
roquedal
pedregal
peñascal

roquedo
peñasco
roca

roqueño
rocoso
peñascoso
pedregoso

pétreo

roquete
sobrepelliz

rorro *col.*
bebé
nene
pequeñín

ros
quepis
kepis
kepí

rosa
rosado
sonrosado
rosáceo

rosáceo
rosado
sonrosado

rosada
escarcha

rosado
rosa

clarete

rosaleda
rosedal *amer.*

rosario
sarta
retahíla
ristra
lista
serie

rosca
espiral

rosco
roscón
rosquilla

rosca, hacer la *col.*
adular
dar coba
hacer la pelota *col.*

rosco
rosca
roscón

col.
cero

roscón
rosca
rosco
rosquilla

rosedal *amer.*
rosaleda

roseola o **roséola**
rubeola

roseta
chapeta
arrebol

alcachofa (de la
regadera)
palomita
cotufa

rosetón
florón

rosquilla
rosca

rostro
cara
semblante
faz
facciones

col.
descaro
jeta *col.*
careto *col.*
cara dura

rotación
vuelta
giro

alternancia
turno

rotar
rodar
girar

alternar
turnarse

rotatorio
rotativo

rotativo
rotatorio
giratorio

alternativo
cíclico

roto
destrozado
partido
fracturado
despedazado
cascado
quebrantado
deshecho
abierto
rajado
rasgado
desgarrado
estropeado
averiado
descompuesto
descacharrado *col.*

descuajaringado *col.*
chingado *col.*

andrajoso
harapiento
zarrapastroso

extenuado
reventado
molido
muerto *col.*

rotura
raja
agujero
rasgón
desgarro
siete

↔ intacto
arreglado
nuevo

elegante
atildado

descansado
fresco

rotonda
plazoleta
glorieta

rotoso *amer.*
desharrapado
harapiento
roto

rótula
choquezuela

rotular
titular
marcar

rótulo
título
encabezamiento

letrero
cartel
placa
pancarta
afiche *amer.*

rotundidad o
rotundidez
seguridad
firmeza

contundencia
determinación

redondez

↔ vacilación
   duda

rotundo

terminante
contundente
concluyente
tajante
categórico
firme
determinante

redondo
redondeado

↔ indeciso
   vacilante

   anguloso

rotura

rompimiento
destrozo
partición
fractura
quiebra
fisura
desperfecto
avería

roto
raja
agujero
brecha

roturar

arar

roulotte *fr.*

caravana

round *ingl.*

asalto

royalty *ingl.*

regalía

rozadura

roce

rozagante

orgulloso
satisfecho
ufano

lozano
vistoso
hermoso

↔ insatisfecho
   avergonzado

   feo

rozamiento

rozadura
roce
fricción
frotación

rozar

acariciar
tocar

aproximarse
lindar
rayar
frisar

raspar
raer
arañar

tiznar
manchar

desbrozar

rozarse

tratarse
codearse

rúa

calle

rubeola o **rubéola**

roseola
roséola

rubia *col.*

peseta
pela *col.*
cala *col.*

rubiales

rubio

rubicundo

pelirrojo
rubio

rubio

rubiales
rubicundo

amarillo
dorado
bermejo
rufo *col.*
blondo *cult.*

↔ moreno

rubor

sonrojo
arrebol

vergüenza
turbación
bochorno
apuro
embarazo
sofoco
azoramiento
corte *col.*

ruborizar(se)

sonrojar
arrebolar
enrojecer
asorocharse *amer.*

avergonzar
turbar
abochornar
apurar
azorar
cortar *col.*

↔ palidecer

   enorgullecer

ruboroso

sonrojado
arrebolado

avergonzado
abochornado
azorado

rúbrica

firma
autógrafo

rubricar

firmar

suscribir
apoyar
confirmar
reafirmar

↔ negar
   rechazar

rubro *amer.*

título
rótulo

rucio

pollino
asno
burro
jumento

rudeza

ordinariez
grosería
tosquedad
incultura
barbarie

dureza
fuerza
violencia
brusquedad
rigor

↔ finura
   refinamiento

   suavidad

rudimentario

simple
tosco
primario
elemental
primitivo
embrionario

↔ sofisticado
   avanzado
   evolucionado

rudimento

embrión

rudimentos

fundamentos
principios
nociones
generalidades
abecé

rudo

ordinario
grosero
burdo
basto
tosco
bronco
montaraz

patán
inculto
primario
primitivo

duro
fuerte
violento
cruel
brutal
brusco
abrupto

difícil
costoso
trabajoso
arduo

↔ fino
   refinado

   suave

   fácil
   llevadero

rueda
corro
círculo
ruedo

rodaja
rebanada
loncha

ruedo
redondel
albero
arena
plaza

corro
rueda
círculo

ruego
súplica
imploración
deprecación
petición
demanda
invocación
instancia
plegaria
invitación

rufián
bribón
sinvergüenza
granuja
malhechor

maleante
facineroso
bandido

proxeneta
chulo

rufo *col.*
ufano
orgulloso
satisfecho
contento

fanfarrón
arrogante
petulante
creído
chulo

rubio
rubicundo
pelirrojo

↔ contrariado
   insatisfecho

   humilde

   moreno

rugido
bramido
fragor

grito
berrido

rugir
bramar

gritar
chillar
berrear

rugosidad
aspereza
rasposidad

arruga
desigualdad
pliegue
doblez

rugoso
arrugado
desigual
rasposo
granular
áspero
basto

↔ liso

ruido
sonido
estruendo
estrépito
fragor

alboroto
jaleo
bulla
bullicio
bronca
follón
barahúnda

revuelo
expectación
interés

↔ silencio

   calma
   tranquilidad

ruidoso
estruendoso
estrepitoso
fragoroso
ensordecedor
atronador
estridente

sonado
sensacional
comentado

↔ silencioso

   discreto

ruin
vil
perverso
pérfido
infame
despreciable
abyecto
mezquino
miserable
indigno
innoble
rastrero
villano
bellaco
canalla

tacaño
cicatero
avaro
agarrado *col.*
pesetero *col.*
roñica *col.*

roñoso *col.*
roña *col.*

↔ noble

   generoso

ruina
destrucción
derrumbamiento
hundimiento
caída
desastre
catástrofe
pérdida
perdición
destrozo
descalabro
debacle

quiebra
bancarrota
depresión
insolvencia
crack

↔ bienestar
   prosperidad

   fortuna
   riqueza

ruindad
vileza
perversidad
perfidia
infamia
abyección
mezquindad
villanía

tacañería
cicatería
roñosería *col.*

↔ nobleza

   generosidad

ruinoso
destartalado
en ruinas

desastroso
calamitoso

↔ próspero

rular
rodar

ruletero *amer.*
taxista

rulo

chicho
bigudí

rizo

rodillo

ruma *amer.*

rimero
montón
plla

rumbear *amer.*

orientarse
encaminarse
dirigirse

rumbo

dirección
derrotero
itinerario
ruta
vía
norte
guía

marcha
sesgo
cariz
orientación

generosidad
desprendimiento
esplendidez
liberalidad
largueza

lujo
pompa
boato
ostentación
aparato

↔ tacañería

   discreción

rumboso

generoso
desprendido
dadivoso
espléndido
liberal

lujoso
ostentoso
suntuoso

↔ tacaño

   discreto

rumiar

masticar

reflexionar
pensar
discurrir
meditar
cavilar
considerar
dar vueltas

refunfuñar
gruñir
rezongar
mascullar

rumor

chisme
habladuría
hablilla
comentario
voz
bolada *amer.*

zumbido
murmullo
runrún

runrún

zumbido
murmullo
rumor

rupicabra

rebeco
robezo
gamuza

ruptor

interruptor
llave

ruptura

rompimiento
rotura
fractura

rural

rústico
agrario
pueblerino
aldeano
campestre
campesino

↔ urbano

rusiente

incandescente
candente

rústico

rural
campestre
campesino
agreste
agrario
poblano *amer.*

basto
tosco
ordinario
rudo
vulgar
garrulo
montaraz
bayunco *amer.*

aldeano
pueblerino
pardal
patán
paleto

↔ urbano

   refinado

ruta

itinerario
recorrido
trayecto
trayectoria
derrotero
viaje
gira
camino

rutilante

brillante
resplandeciente
relumbrante

↔ apagado

rutilar

brillar
resplandecer
relumbrar

rutina

hábito
costumbre
repetición
monotonía

rutinario

habitual
acostumbrado
repetido
monótono

↔ variable
   ameno

sabandija
bicho
bicharraco

granuja
malvado
canalla
miserable
alimaña
víbora
pécora

sabañón
friera

sabático
sabatino

sabbat
aquelarre

sabedor
enterado
conocedor
entendido

↔ desconocedor

sabelotodo *desp.*
sabihondo
sabidillo
listillo
resabido
repelente
redicho
pedante
repipi
marisabidilla *col.*

saber
sabiduría
conocimiento
cultura

erudición
sapiencia
ciencia
preparación
letra
lectura

↔ incultura
  ignorancia

saber(se)
conocer
enterarse
entender

aprender
memorizar
retener
asimilar

poder
ser capaz

↔ desconocer
  ignorar

  olvidar

sabidillo
sabelotodo
sabihondo

sabido
conocido
consabido
difundido
notorio
público
corriente
habitual
de siempre

↔ desconocido
  ignorado

sabiduría
saber
conocimiento

cultura
erudición
sapiencia *cult.*

prudencia
sensatez
cautela
reflexión
seso
cabeza
tino

↔ ignorancia
  incultura

  imprudencia
  insensatez

sabihondo
sabiondo
sabelotodo
sabidillo
listillo
enteradillo

sabio
culto
docto
erudito
ilustrado
versado
letrado
pensador
intelectual
genio
lumbrera
cerebro

prudente
sensato
cauteloso
reflexivo
juicioso
precavido

↔ inculto
  ignorante

imprudente
insensato
necio

sabiondo
sabihondo
sabelotodo

sablazo
mandoble
espadazo

gorronería

sable
negro (heráldica)
bruno

sableador
sablista
gorrón
sacacuartos
sacadineros
pedigüeño
pechador *amer.*

sablear
gorronear
parasitar
pedir

sablista
sableador
pechador *amer.*

sabor
gusto
gustillo
dejo
paladar
regusto

↔ insipidez

saborear
paladear
degustar
gustar
catar
probar

disfrutar
gozar
recrearse
deleitarse
complacerse
regodearse
regocijarse

sabotaje
boicot
boicoteo

sabotear
boicotear

sabroso
rico
delicioso
gustoso
apetitoso
suculento
goloso
apetecible

importante
interesante
sustancioso
enjundioso

↔ insípido
   soso

   insustancial

sabuco
saúco

sabueso
podenco

inspector
investigador
policía
detective

saburra
sarro

saca
saco
costal
talego

sacacorchos
descorchador
tirabuzón

sacacuartos
sacadineros
sacaperras
sablista
gorrón
aprovechado

sacadineros
sacacuartos

sacamuelas *desp.*
dentista

sacaperras
sacacuartos

sacapuntas
afilalápices

sacar
retirar
extraer

conseguir
obtener
lograr
superar

concluir
deducir
inferir

mostrar
airear
exhibir

descubrir
resolver
solucionar

producir
generar
crear

↔ meter
   guardar

   perder

sacarífero
sacarino

sacarina
edulcorante

sacarosa
azúcar

sacerdocio
clero
iglesia

sacerdotal
hierático

sacerdote
cura
presbítero
pastor
padre
predicador
clérigo
párroco
capellán

sachar
escardar
desbrozar
desherbar
desyerbar

saciar(se)
satisfacer
saturar
hartar
llenar
ahitar
colmar
henchir
hinchar
inflar
atiborrar
atracar
apiparse *col.*

saciedad
hastío
cansancio
aburrimiento
hartura
atracón
empacho

saco
sacal
costal
talego
bolsa

saqueo
pillaje

amer.
chaqueta
americana

sacralizar
divinizar
deificar

sacrificar
inmolar
martirizar
ofrecer
ofrendar

matar

sacrificarse
renunciar
privarse
quitarse
conformarse
resignarse

↔ rebelarse

sacrificio
inmolación
ofrenda
oblación

resignación
martirio
mortificación
privación
penitencia
abnegación

sacrilegio
profanación
violación
blasfemia
irreverencia
impiedad

↔ reverencia

sacrílego
blasfemo
irreverente
impío

↔ reverente

sacro
sagrado
hierático

sacudida
zarandeo
agitación

meneo
movimiento
concusión *cult.*

impresión
conmoción
shock

sacudir(se)
zarandear
agitar
menear
remover

pegar
asestar
propinar
vapulear
arrear
atizar
zurrar
batir
meter
cascar *col.*
calentar *col.*

espantar
ahuyentar
deshacerse
desembarazarse

impresionar
conmocionar
alterar
convulsionar

sádico
cruel
despiadado
brutal
inhumano
bárbaro
salvaje
desalmado

↔ piadoso
   bondadoso

sadismo
crueldad
brutalidad
barbarie
salvajismo
ensañamiento

↔ piedad

saeta
flecha

saetilla

aguja
manecilla
manilla

saetera
aspillera
barbacana
tronera

saetero
arquero

saetilla
saeta
manecilla

sáfico
lésbico
lesbiano

saga
epopeya

dinastía
clan

sagacidad
astucia
inteligencia
perspicacia
agudeza
listeza
picardía
matrería
vista
penetración

↔ torpeza
   simpleza

sagaz
astuto
inteligente
perspicaz
agudo
listo
avispado
despierto
vivo
espabilado
hábil
lúcido
ladino
pícaro
matrero

↔ torpe
   simple

sagrado
sacro
santo

venerable
noble
intocable

↔ profano

sagrario
tabernáculo

sahariano
saharaui

sainar
cebar
engordar

sainete
entremés

sainetero
sainetista

saja o **sajadura**
cortadura
raja
tajo
incisión

sajar
abrir
seccionar

sal
cloruro sódico

gracia
desenfado
ingenio
agudeza
gracejo
chispa
salero
garbo
donaire
desenvoltura

↔ sosería

sala
salón

local
recinto

salacidad
lujuria
lascivia
concupiscencia
lubricidad
libidinosidad
libídine

↔ castidad

saladar
salar (salina)

saladero
salador

salado
saleroso
gracioso
ingenioso
desenfadado
divertido
agudo
garboso
ocurrente
sandunguero
repajolero *col.*

↔ soso

salador
saladero

saladura
salazón

salar[1]
curar
sazonar

amer.
estropear
echar a perder

salar[2]
saladar
salina

salario
paga
sueldo
retribución
remuneración
jornal
emolumentos
mensualidad
mes

salaz

lascivo
lujurioso
lúbrico
libidinoso
concupiscente

salazón

saladura

salceda o **salcedo**

sauceda
saucedal

saldar

pagar
abonar
finiquitar
liquidar
amortizar

rematar

saldo

pago
abono
finiquito
liquidación

balance
resultado

rebaja
oportunidades

saledizo

saliente
salidizo
resalte
marquesina

salero

sal
gracia
garbo
sandunga
soltura
donaire
aire

↔ sosería

saleroso

salado
resalado

gracioso
garboso
sandunguero
donairoso
airoso
jacarandoso

↔ soso
desgarbado

salguera o **salguero**

sauce
salce

salida

marcha
partida
mutis

paseo
excursión
escapada
viaje

puerta

desagüe

solución
recurso
remedio
arreglo

pretexto
réplica
argumento
idea
excusa
disculpa
escapatoria

ocurrencia
agudeza
ingeniosidad
golpe
gracia
humorada
genialidad

salidas

expectativas
horizontes
futuro
panorama

↔ entrada

salidizo

saledizo
saliente

salido

desencajado

aparecido
surgido
nacido

saliente
saledizo

vulg.
caliente
lujurioso
lascivo
libidinoso
lúbrico
rijoso
obsceno
cachondo *vulg.*

saliente

saledizo
salidizo
resalte
relieve
volado
voladizo
punta
protuberancia
diente
pico

↔ entrante

salífero

salino

salina

salar

salino

salífero

salir(se)

marchar
partir
irse
largarse
pirarse *col.*
abrirse *col.*

desencajarse

abandonar
dejar

superar
vencer
escapar

brotar
nacer
despuntar
romper
emerger
aflorar
aparecer
surgir
presentarse
manifestarse

sobresalir
asomar

costar
ascender
importar
montar

proceder
dimanar
extraer
sacar
derivarse
originarse
venir

salirse

derramarse
desaguar
escaparse
rebosar
desbordar

↔ venir
regresar

saliva

baba

salivazo

salivajo
escupitajo
gargajo
esputo
lapo *col.*
pollo *col.*

salmantino

charro

salmo

cántico
himno

salmodia

melopea
cantinela

salmonete
trigla
trilla
barbo de mar

salobre
salado
salino
↔ dulce

salón
sala
local
recinto
muestra
feria
exposición
exhibición

salpicar(se)
rociar
asperjar
bautizar *col.*
manchar
esparcir
distribuir
repartir
espolvorear
↔ concentrar
acumular

salpimentar
sazonar
aderezar
adobar
amenizar
animar

salpullido
sarpullido

salsa
jugo
caldo
moje

saltadizo
frágil
quebradizo
endeble
↔ firme
duro

saltador
saltarín
comba

saltamontes
cigarrón
langosta

saltar(se)
brincar
botar
rebotar
lanzarse
arrojarse
tirarse
abalanzarse
precipitarse
reventar
romperse
estallar
explotar
volar
omitir
olvidar
silenciar
dejar
pasar
comerse

saltarín
inquieto

salteador
bandido
bandolero
forajido
atracador

saltear
asaltar
atracar
robar
sofreír
dorar
freír

saltimbanqui
titiritero
acróbata
equilibrista
volatinero
funámbulo

salto
brinco
bote
cascada
catarata
chorrera
despeñadero
corte
precipicio
discontinuidad
interrupción
variación
transformación
mutación
↔ continuidad
permanencia

saltón
saliente
salido
prominente
protuberante
abombado
↔ hundido

salubre
saludable
sano
↔ insalubre
insano

salubridad
sanidad
↔ insalubridad

salud
salubridad
sanidad
lozanía
vigor
vitalidad
↔ enfermedad

saluda
besalamano

saludable
sano
salubre
salutífero
beneficioso

lustroso
lozano
flamenco
fresco
↔ insano
nocivo
insalubre
enfermizo
enfermo

saludar(se)
cumplimentar
reverenciar

saludo
salutación
hola
bienvenida
cortesía

salutífero
saludable

salva
andanada
descarga

salvabarros
guardabarros
aleta

salvación
rescate
liberación
auxilio
defensa
redención
bienaventuranza
gloria
↔ perdición
condenación

salvado
rescatado
librado
liberado
redimido
cáscara
cascarilla
↔ perdido
condenado
desamparado

salvador

rescatador
liberador
defensor
guardián

Redentor
Mesías
Nazareno
Jesucristo

salvaguarda

salvaguardia

salvaguardar

proteger
amparar
custodiar
defender
preservar
garantizar
asegurar

↔ desamparar
  amenazar

salvaguardia

salvaguarda
protección
amparo
custodia
defensa
garantía

salvoconducto

↔ desamparo
  amenaza

salvajada

crueldad
atrocidad
barbaridad
brutalidad
bestialidad
vandalismo
monstruosidad
gamberrada

salvaje

silvestre
montaraz
agreste
indómito
fiero
feroz
bravo
bravío
alzado

incivil
incivilizado
inculto
basto

cruel
inhumano
bárbaro
bruto
bestia
animal
sádico
vándalo
atroz
monstruoso
gamberro

↔ doméstico

  cultivado
  instruido
  educado

  humano
  compasivo

salvajismo

animalada
crueldad
barbarie
brutalidad
bestialidad
sadismo
vandalismo

salvamento

rescate
socorro

salvar(se)

rescatar
librar
liberar
redimir
auxiliar
defender
guardar

superar
soslayar
vencer

franquear
cruzar
atravesar
rebasar
pasar
recorrer

excluir
exceptuar

↔ condenar
  desamparar

  perder

salvavidas

flotador
guindola

salvedad

limitación
excepción
pega
restricción
reserva
exclusión

↔ inclusión

salvo

ileso
indemne
incólume

exceptuado
omitido

excepto
menos
aparte
fuera de
a excepción de

↔ dañado
  afectado

  incluido

  incluso

salvoconducto

salvaguardia
pase
pasaporte

sambenito *col.*

descalificación
deshonra
mancha
descrédito
estigma

samotana *amer.*

bulla
jaleo

san

santo

sanador

curandero

sanar

curar
restablecer
aliviar
cicatrizar
cerrar

recuperarse
reponerse
recobrarse
mejorar

↔ enfermar

  empeorar

sanatorio

clínica
hospital
policlínica
centro médico

sanchopancesco

conformista
perezoso

↔ inquieto

sanción

pena
penalidad
condena
castigo
correctivo
punición
puro *col.*
paquete *col.*

aprobación
legitimación
ratificación
beneplácito
consentimiento

↔ premio
  recompensa

  desautorización
  rechazo

sancionar

castigar
penar
penalizar
condenar
punir

aprobar
legitimar
ratificar
validar

↔ premiar
recompensar

desautorizar
rechazar

sanctasanctórum

santuario

sandalia

alpargata

sandez

necedad
estupidez
tontería
simpleza
idiotez
majadería
bobería
vaciedad
parida *col.*
gansada *col.*

↔ genialidad
inteligencia

sandía

pepón
melón de agua

sandio

necio
estúpido
tonto
simple
idiota
majadero
bobo

↔ genio
inteligente

sandunga

gracia
salero
sal
donaire

amer.
juerga

↔ sosería

sandunguero

salado
saleroso
divertido
gracioso
guasón
chusco

↔ soso

sandwich *ingl.*

emparedado

amer.
bocadillo

sanear

higienizar
limpiar
purificar

rehacer
reparar
levantar
equilibrar

↔ ensuciar

arruinar

sangradera

cacera

lanceta

sangrado

sangría
(en imprenta)

sangradura

desagüe

sangría

sangrar

desangrar

doler
escocer

resinar
destilar

col.
aprovecharse
abusar
exprimir
gorronear

sisar
rapiñar

hurtar
ratear

↔ coagularse
cicatrizar

sangre

parentesco
familia
casta
raza
linaje
cepa

matanza
muerte
mortandad
crimen

sangría

sangradura

ruina

desagüe

sangrado
(en imprenta)

sangriento

sangrante
sanguinolento
ensangrentado

encarnizado
cruento
sanguinario
despiadado
cruel
inhumano
bestial
brutal
atroz
feroz

hiriente
doloroso
ofensivo
insultante

sanguíneo (heráldica)
rojo
escarlata

↔ incruento
bondadoso
piadoso

sanguijuela

explotador
usurero

aprovechado
negrero
vampiro

sanguinario

cruel
despiadado
sangriento
feroz
carnicero
inhumano
salvaje
bestia

↔ bondadoso

sanguíneo

sanguino

sangriento
(heráldica)
rojo
escarlata

sanguinolento

sangriento
ensangrentado

sanidad

salud
salubridad

↔ enfermedad
insalubridad

sanitario

inodoro
retrete
taza
váter

sano

saludable
salubre
salutífero
beneficioso

lustroso
lozano
flamenco
fresco
frescachón
hermoso
bueno
curado

entero
intacto
indemne

incólume
ileso

virtuoso
cabal
recto
ejemplar
noble
sincero

↔ insano
nocivo
insalubre

enfermizo
enfermo

dañado
afectado

vicioso
malicioso

sansón
hércules
forzudo
atleta
cachas *col.*

↔ enclenque

santabárbara
polvorín

santería
beatería
santurronería

santero
beato

santiamén *col.*
instante
segundo
momento
periquete *col.*

santidad
sacralidad
gloria
bendición

bondad
virtud

santificar
canonizar
consagrar
deificar

guardar

santiguar(se)
persignar
hacer la señal
de la cruz

santo
sagrado
glorioso
bienaventurado
bendito

bueno
virtuoso
ángel

onomástica
día

grabado
fotografía
imagen
lámina

↔ profano

demonio

santón
asceta
anacoreta
ermitaño
faquir

santurrón

santoral
hagiografía
martirologio

santuario
oráculo
templo

sanctasanctórum

santurrón
santón
beato
fariseo
mojigato
gazmoño
meapilas

saña
encarnizamiento
crueldad
ensañamiento
virulencia
rencor

furia
rabia
sevicia *cult.*

sañudo
encarnizado
cruel
virulento
rencoroso
furioso
rabioso

↔ clemente

sápido
sabroso

↔ insípido

sapiencia *cult.*
sabiduría
saber
erudición
cultura

↔ ignorancia

saponáceo
jabonoso

saque
lanzamiento
tiro
impulso
tirada

saquear
expoliar
arramblar
arrasar
desvalijar
depredar
pillar

saqueo
saco
expolio
rapiña
robo
pillaje

sarao
juerga
fiesta

jaleo
follón
bronca

sarasa *col.*
afeminado
amanerado
amariposado
amariconado
marica *col.*
maricón *vulg.*

↔ viril
macho

sarcasmo
burla
ironía
sátira
mordacidad
socarronería
escarnio
reticencia
puya
puntazo
cinismo

↔ elogio

sarcástico
burlón
irónico
mordaz
sardónico
reticente
punzante
incisivo
burlesco
cínico
cáustico
ácido

↔ amable
adulador

sarcófago
urna

sardónico
sarcástico
irónico
burlón

sargazo
alga

sargento
dominante
autoritario
mandón
mangonero

↔ sumiso

sarpullido

salpullido
erupción
urticaria

sarraceno

moro
musulmán
mahometano
árabe
agareno

sarracina

tumulto
bronca
pendencia
riña
pelea

hecatombe
matanza

col.
destrozo
estrago

degollina
escabechina

sarro

tártaro

saburra

sarta

ristra
hilera
fila
rosario

retahíla
sucesión
hato
hatajo
letanía

sartén

paila *amer.*

sastre

modisto

satanás o **satán**

Lucifer
Luzbel
Belcebú
Leviatán
diablo
demonio

satánico

demoniaco
diabólico

malvado
maligno
perverso
pérfido

↔ angelical

satélite

adlátere
comparsa
secuaz
mandado

↔ independiente
jefe

satén

satín *amer.*

sátira

diatriba
invectiva
crítica
burla
dardo

↔ apología
elogio

satírico

irónico
crítico
sarcástico
sardónico
mordaz

↔ elogioso

satirizar

criticar
ridiculizar
burlarse

↔ elogiar

sátiro

fauno

lujurioso
libidinoso
lascivo
lúbrico
impúdico
inmoral
rijoso
verde *col.*

satisfacción

gusto
placer
agrado
contento
delicia
deleite
gloria
regocijo
fruición
complacencia
gozo
honor
orgullo
gozada *col.*

disculpa
explicación
excusa
aclaración

desagravio
reparación
compensación
resarcimiento
indemnización
recompensa

↔ disgusto

insatisfacción

satisfacer

cumplir
realizar

calmar
mitigar
aplacar
saciar
apagar

responder
contestar
explicar
solucionar

pagar
abonar
saldar
amortizar

compensar
resarcir
indemnizar
reparar
desagraviar

gustar
placer
agradar
contentar

deleitar
complacer
enorgullecer
encantar
entusiasmar
alegrar

satisfacerse

conformarse

↔ frustrar

excitar
avivar

deber

disgustar

rebelarse
exigir

satisfactorio

correcto
adecuado
bueno
positivo
favorable
halagüeño
lisonjero
placentero
gratificante
ameno
agradable

↔ insatisfactorio
desfavorable

satisfecho

conforme
complacido
contento
gozoso
feliz
alegre

saciado
lleno
harto
ahíto

orgulloso
ufano
engreído
pagado
orondo
hinchado
rozagante
rufo *col.*

↔ insatisfecho

hambriento

humilde

sátrapa

tirano
déspota

saturado

lleno
repleto
colmado
abarrotado
atestado
cargado

↔ vacío

saturar(se)

llenar
colmar
cargar
atiborrar
atestar
abarrotar
imbuir
invadir

↔ vaciar
   aligerar

saturnal

orgía
bacanal

sauce

salce
salguero
salguera

saucedal

sauceda
salceda
salcedo

saúco

sabuco

saudade

gallegoportugués
nostalgia
añoranza
morriña

savia

vigor
energía
fuerza
vitalidad

saya

falda
enagua
pollera *amer.*

sayal

estambre
urdimbre
estameña

sayón

verdugo
penitente

sazón

madurez
perfección
plenitud
punto

ocasión
oportunidad
momento

sazonar(se)

condimentar
aderezar
salpimentar
aliñar
adobar
salar

madurar

sebáceo

graso
grasiento
seboso
adiposo

sebo

grasa
unto
manteca
tocino
pringue
gordo
adiposidad

seboso

sebáceo
grasiento
graso

seca

sequía

secano

secadal
sequero
sequío

↔ regadío

secar(se)

enjugar
desecar
deshidratar
resecar
drenar
revenirse

marchitar
mustiarse
agostar

enflaquecer
amojamarse
apergaminarse
acartonarse

↔ humedecer
   mojar
   empapar

   reverdecer

   engordar

sección

sector
parte
división
departamento
ramo
rama
pabellón
dependencia
compartimiento
capítulo
apartado

corte
separación

seccionar

cortar
separar
sajar
partir
cercenar
amputar

dividir
fraccionar
segmentar
compartimentar

↔ unir
   fundir

secesión

independencia
emancipación
segregación
escisión
cisma

↔ unión

secesionisa

separatista
independentista

↔ unionista

seco

reseco
deshidratado
resecado

árido
marchito
mustio
agostado

frío
brusco
adusto
áspero
helado
rancio
abrupto
tosco
rudo
antipático

flaco
amojamado
descarnado
apergaminado
acartonado

↔ húmedo
   mojado
   empapado

   fértil
   verde

   simpático
   agradable
   sociable

   gordo
   rollizo

secreción

segregación
exudación

humor
jugo

secretar
segregar
exudar

secretaría
secretariado

oficina
despacho
gabinete

secretariado
secretaría

secretario
administrativo

secretear
chismorrear
cuchichear
discretear

secreter
escritorio
buró
bufete

secreto
confidencial
reservado
privado
íntimo
hermético
misterioso
oscuro

confidencia
enigma
misterio
arcano
incógnita

reserva
discreción
sigilo

↔ público
    conocido
    manifiesto

secta
clan
facción

sectario
partidista
doctrinario

fanático
dogmático

sectarismo
partidismo
fanatismo

sector
zona

parte
división
ramo
departamento
campo
ámbito

secuaz
seguidor
esbirro
acólito

↔ enemigo
    detractor

secuela
resultado
consecuencia
rastra
lacra
vestigio

secuencia
sucesión
serie
continuo
ciclo
proceso

secuestrador
raptor
captor

secuestrar
raptar
retener
plagiar *amer.*

embargar
confiscar
requisar

↔ liberar
    soltar

    devolver
    restituir

secuestro
rapto
retención
encierro

embargo
confiscación
decomiso
incautación

↔ liberación

    devolución
    restitución

secular
seglar
laico
lego
profano
civil

centenario
antiguo
inmemorial

↔ religioso
    eclesiástico

    nuevo
    reciente

secundar
apoyar
ayudar
respaldar
asistir
favorecer
suscribir

↔ perjudicar
    obstaculizar
    abandonar

secundario
accesorio
complementario
circunstancial
auxiliar
accidental
incidental
marginal
anexo
anecdótico
episódico
adjetivo

↔ esencial
    principal
    fundamental

sed
sequedad
aridez
desecación
sequía
deshidratación

deseo
ansia
necesidad
hambre
avidez
anhelo

sedante
sedativo
calmante
tranquilizante
anestésico
analgésico
balsámico
narcótico

↔ excitante
    estimulante

sedar
calmar
tranquilizar
narcotizar
anestesiar
adormecer
aplacar
paliar
serenar
relajar
sosegar
apaciguar

↔ excitar
    estimular

sedativo
sedante
calmante

sede
emplazamiento
escenario
ubicación

diócesis
obispado
mitra

sedentario
inmóvil
asentado
estático

quieto
inactivo
tranquilo

↔ nómada
   activo
   inquieto

sedicente

supuesto
pretendido
falso

sedición

alzamiento
levantamiento
motín
rebelión
insurrección
sublevación
asonada

sedicioso

alzado
amotinado
rebelde
insurrecto
sublevado
faccioso
agitador
revoltoso

↔ obediente
   leal

sediento

seco

ávido
deseoso
necesitado
hambriento
ansioso
ambicioso

↔ mojado

   saciado
   harto

sedimentación

asentamiento
depósito

sedimentar(se)

precipitar
asentar
posar
depositar

tranquilizar
calmar
sosegar
apaciguar

sedimentarse

consolidarse
afianzarse
fraguarse
madurar

↔ disolverse

   excitar

sedimento

poso
precipitado
hez
madre
lía
residuo
asiento

limo

recuerdo
rastro
huella
resto

sedoso

suave
terso
fino

↔ áspero

seducción

fascinación
hechizo
embrujo
atracción
enamoramiento
conquista

↔ repulsión

seducir

enamorar
conquistar
fascinar
hechizar
embrujar
hipnotizar
magnetizar
cautivar
prendar
atraer
agradar

insinuarse
incitar
cazar *col.*

convencer
ganarse
camelar
embaucar
engatusar
arrastrar
engañar

↔ repeler

   disuadir

seductor

conquistador
cautivador
fascinante
hechicero
atractivo
sexy

↔ repulsivo
   abominable
   repelente

sefardí o sefardita

ladino
judeoespañol

segar

cortar
cercenar
tajar
rebanar

interrumpir
extinguir
apagar
truncar

seglar

secular
laico
civil
profano
aconfesional

lego

↔ religioso
   eclesiástico

segmentación

fraccionamiento
separación
partición

↔ unión

segmentar(se)

fraccionar
fragmentar
partir
seccionar
dividir

↔ unir
   juntar

segmento

sección
fracción
sector
tramo

segregacionismo

discriminación
racismo

segregar(se)

separar
escindir
independizar
desglosar

discriminar
marginar
apartar
arrinconar
repudiar

secretar
excretar

↔ unir
   sumar

   integrar
   acoger

seguidamente

después
posteriormente
a continuación

↔ antes
   anteriormente

seguido

perseguido
acompañado
escoltado

continuo
ininterrumpido
incesante

inmediato
sucesivo
consecutivo

recto
derecho
directo

↔ abandonado

   discontinuo

seguidor

perseguidor

discípulo
partidario
aficionado
adepto
incondicional
simpatizante
admirador
alineado
prosélito
fiel
leal
forofo
hincha
fan

↔ adversario
   detractor

seguimiento

persecución
hostigamiento
acorralamiento
acoso
rastreo
búsqueda
acecho
observación

seguir(se)

perseguir
acompañar
escoltar

continuar
proseguir
persistir
permanecer
insistir
prolongar

inferirse
derivarse
deducirse
desprenderse
resultar

admirar
simpatizar
respaldar
apoyar
secundar

adoptar
profesar

comprender
entender

↔ abandonar
   dejar

   desistir

   preceder
   anteceder

   rechazar

según

conforme
como

segundo

lugarteniente
auxiliar
suplente
subalterno

instante
momento
santiamén
tris
periquete

↔ primero
   jefe

segur

hacha

seguramente

probablemente
posiblemente
presumiblemente
seguro
fijo

↔ dudosamente

seguridad

certeza
convicción
certidumbre

firmeza
estabilidad
fiabilidad

protección
amparo
resguardo
defensa

confianza
aplomo

seguro
garantía
prenda

↔ duda

   inestabilidad

   inseguridad

seguro

cierto
indudable
indiscutible
palpable
impepinable *col.*

firme
estable
fijo
fiable
fiel
infalible
indefectible
inconmovible

resguardado
defendido
protegido
inviolable
vigilado
a buen recaudo

seguridad
garantía
prenda
salvoconducto

cierre
pestillo
cerrojo

ciertamente
indudablemente

↔ dudoso

   inestable

   inseguro
   peligroso

   inseguridad

seísmo

sismo
temblor
terremoto

selección

elección
opción
clasificación

repertorio
colección
antología
ramillete
flor

seleccionar

escoger
elegir
optar
recopilar
clasificar

selectivo

selector

selecto

escogido
destacado
distinguido
notable
exquisito
refinado
noble
fino
delicado

↔ vulgar
   corriente

selector

selectivo

selenita

espejuelo

selenosis

mentira

self-service *ingl.*

autoservicio

sellar

timbrar
reintegrar

lacrar
precintar

concluir
terminar
consumar

marcar
imprimir
impresionar

sello
tampón

timbre
póliza
franqueo
estampilla *amer.*

impronta
huella

selva
jungla

semáforo
disco

semana
septenario
hebdómada *cult.*

semanal
semanario
hebdomadario *cult.*

semblante
cara
rostro
faz
fisonomía

cariz
aspecto
apariencia

semblanza
apunte
reseña

sembradío
plantío

sembrado
plantado

lleno
plagado

sementera
siembra

sembrar
plantar

esparcir
desparramar
diseminar
regar

causar
provocar
originar
ocasionar

↔ cosechar

   reunir

semejante
parecido
similar
afín
parejo
análogo
paralelo
cercano
idéntico
mismo
par
igual

prójimo
congénere
pariente

↔ diferente
   desigual
   dispar

semejanza
parecido
similitud
afinidad
paridad
analogía
paralelismo
cercanía
identidad
igualdad

↔ diferencia
   desigualdad
   disparidad

semejar(se)
asemejarse
parecerse
recordar
darse un aire

↔ diferenciarse

semen
esperma

semental
garañón
hechor *amer.*
padrote *amer.*

sementera
siembra

semillero
causa
fuente
germen
origen

semicírculo
hemiciclo

semidiós
héroe
superhombre

semidormido
adormecido
adormilado
medio dormido

semiesfera
hemisferio

semilla
simiente
pipa
pepita
grano

semillero
sementera
germen
motivo
raíz
fuente

semillero
vivero
almáciga
almácigo
plantario

sementera
semilla
motivo
germen

seminario
curso
cursillo

semiología
semiótica

sintomatología

semita
judío
hebreo
judaico
israelí
israelita

sempiterno
eterno
perpetuo
perenne
infinito

indefectible
obligado

↔ efímero
   caduco

   inusual

senado
cámara alta

senador
parlamentario
asambleísta
legislador

sencillez
facilidad
simpleza

sobriedad
discreción

llaneza
naturalidad
espontaneidad
modestia
humildad

↔ complicación
   complejidad
   dificultad

   recargamiento

   presuntuosidad
   altanería

sencillo
fácil
simple
elemental
asequible

unitario
indivisible
individual

sobrio
discreto

directo
claro
fluido

campechano
llano
natural
popular
familiar
modesto
humilde
franco
accesible
tratable

single
disco

amer.
calderilla
suelto

↔ complicado
  complejo
  difícil

  múltiple

  recargado

  artificioso

  presuntuoso
  altanero

  long play

senda

sendero
vereda
atajo
cañada
camino
vía
calzada

sendos

respectivos
mutuos
correspondientes

senectud

vejez
ancianidad
senilidad
decrepitud
decadencia

↔ infancia
  juventud

senil

anciano
viejo
caduco
vetusto
decrépito
chocho
gagá *col.*

↔ juvenil
  infantil

seno

mama
teta
pecho
busto

vientre
útero
matriz

cavidad
concavidad
hueco
oquedad

regazo
cobijo
amparo

núcleo
meollo
interior

golfo
ensenada

↔ saliente

  desamparo
  abandono

  exterior

  cabo

sensación

impresión
efecto
emoción
impacto

presentimiento
corazonada
premonición

sensacional

impresionante
asombroso
estupendo
magnífico
fantástico

maravilloso
espléndido
formidable
extraordinario
guay *col.*

↔ corriente
  horrible

sensatez

juicio
prudencia
discreción
cordura
cautela
madurez
razón
formalidad
lógica
reflexión
moderación
mesura

↔ insensatez
  imprudencia
  locura

sensato

juicioso
prudente
discreto
consciente
asentado
sentado
acordado
cauto
maduro
razonable
formal
lógico
sabio
reflexivo
realista
moderado
mesurado

↔ insensato
  imprudente
  loco

sensibilidad

emotividad
sentimentalismo
humanidad
afectividad
ternura
receptividad
lirismo
alma

↔ insensibilidad
  frialdad
  dureza

sensibilizado

concienciado

sensibilizar(se)

humanizar
enternecer

concienciar

↔ insensibilizar
  endurecer

sensible

impresionable
emotivo
emocionable
sentimental
sentido
humano
afectivo
delicado
tierno
receptivo
susceptible
lírico
compasivo
romántico
amoroso

preciso
exacto

perceptible
apreciable
evidente
manifiesto

↔ insensible
  frío
  duro

  impreciso

  imperceptible

sensitivo

sensual

receptivo

emotivo
emocionable
impresionable

↔ insensible

sensorial

sensorio

sensual

sensitivo
erótico
voluptuoso
carnal

sensualidad

sensualismo
erotismo
voluptuosidad

sentado

prudente
juicioso
sensato
reflexivo
responsable

↔ insensato
irreflexivo

sentar(se)

asentar
afirmar
afianzar
asegurar
establecer
fundamentar
basar

caer
venir
quedar
resultar

estabilizarse
normalizarse
regularizarse

posarse
sedimentarse

sentencia

proverbio
refrán
máxima
dicho
adagio
aforismo
paremia *cult*
apotegma *cult.*

veredicto
fallo
dictamen
decisión
resolución

condena

oración

sentenciar

dictaminar
fallar
resolver
juzgar

condenar
culpar

predestinar

sentencioso

moralista
aforístico
gnómico

sentido

sensible
susceptible
impresionable
emocionable
quisquilloso

percepción
sensibilidad
sensación

conciencia
conocimiento
razón
discernimiento
entendimiento
inteligencia

lógica
motivo
meta
objetivo
razón de ser

orientación
trayectoria
dirección

valor
importancia
alcance
interés

noción
idea

significado
significación
acepción

interpretación
lectura

↔ insensible

sentimental

emotivo
afectivo

sensible
sensiblero
emocionable
impresionable
romántico
lacrimoso
amoroso
conmovedor
lacrimógeno
dulzón

↔ insensible

sentimentalismo

emotividad
afectividad
sensibilidad
sensiblería

sentimiento

sentir
afecto
emoción
sensación

sensibilidad
ternura
amor

pena
disgusto
aflicción
dolor
sufrimiento

sentina

cloaca
alcantarilla
albañal

sentir¹

notar
apreciar
advertir
percibir
experimentar

lamentar
deplorar
condolerse

creer
opinar
pensar
estimar
juzgar

presentir
sospechar
barruntar

sentirse

encontrarse
hallarse

dolerse
resentirse
sufrir

↔ alegrarse
celebrar

sentir²

opinión
parecer
juicio
dictamen

sentimiento
afecto
emoción

seña

señal
signo
distintivo
característica
particularidad
singularidad
peculiaridad

gesto
ademán
mueca

contraseña

huella
vestigio
rastro

señas

dirección
domicilio

señal

seña
signo
distintivo
característica
particularidad
singularidad
peculiaridad

prueba
muestra
síntoma
indicio
índice
vestigio
testimonio

cicatriz
marca

contraseña

indicación
aviso

adelanto
fianza
rehén
depósito

señalado

indicado
marcado
signado
rotulado

importante
notable
señero
destacado
distinguido
relevante
sobresaliente
remarcable
pronunciado
puntero

señalar

marcar
signar
rotular

apuntar

indicar
enseñar
revelar
advertir

destacar
resaltar
recalcar
subrayar
remarcar

designar
asignar
fijar
determinar
decidir
predestinar
predeterminar

deshonrar
desprestigiar
mancillar

señalarse

distinguirse
sobresalir

descollar
despuntar
singularizarse

señalizar

marcar
acotar

señero

importante
notable
señalado
destacado
distinguido
ilustre
eminente
sobresaliente

separado
aislado
solitario
solo

↔ mediocre
    gris

    acompañado

señor

varón
hombre

amo
patrón
dueño
propietario

aristócrata
patricio

distinguido
caballero
gentleman

Dios
Padre
Altísimo
Creador

señorial
aristocrático
refinado
fino

señora

esposa
mujer

ama
dueña
propietaria

señorear(se)

dominar
mandar

sobresalir
destacar
despuntar
predominar

contener
controlar
refrenar
reprimir

↔ obedecer

    igualar
    desmerecer

    desatar

señorial

señor
aristocrático
noble
refinado
distinguido
majestuoso
exquisito
lujoso

↔ vulgar
    ordinario

señorío

mando
potestad
imperio
autoridad
dominio
control

distinción
elegancia
nobleza
caballerosidad
hidalguía

señorita

joven
muchacha
doncella
moza

señoritingo *desp.*

señorito
petimetre

señorito

joven
heredero

desp.
señoritingo
petimetre
lechuguino
pisaverde

señuelo

reclamo
cebo
anzuelo
carnada
añagaza
espejuelo

seo

catedral

separación

alejamiento
distanciamiento
apartamiento
aislamiento
retirada
receso

fraccionamiento
división
desunión
segregación
desglose
desprendimiento
descomposición
desintegración

distancia
lejanía

↔ acercamiento

    unión

separadamente

independientemente
aparte
por separado

separado

apartado
distante
retirado
alejado
aparte

aislado
marginado
incomunicado

↔ cercano

    integrado

separar(se)

apartar
distanciar
alejar
retirar

aislar
marginar
confinar
incomunicar

reservar
guardar

fraccionar
dividir
desunir
desprender
desperdigar
disgregar
desglosar
ramificar
descomponer
disociar

distinguir
diferenciar
discernir
individualizar

destituir
despedir

separarse

descasarse
divorciarse
romper
plantarse
dejarse

independizarse
emanciparse
desligarse
autonomizarse

↔ acercar

integrar

unir
englobar

casarse

vincularse

sepelio

exequias
funeral

sepia

jibia
choco

sepsis

septicemia

septenario

semana
hebdómada *cult.*

septeno

séptimo

septentrión

norte

↔ sur
mediodía

septentrional

boreal
nórdico

↔ meridional

septicemia

sepsis

séptico

infectado
infecto

↔ aséptico

séptimo

sétimo
septeno

septuagenario

setentón

sepulcro

tumba
sepultura
fosa

sepultar(se)

enterrar
inhumar

soterrar

entristecer
angustiar
mortificar

↔ exhumar

descubrir

alegrar
animar

sepultura

enterramiento
inhumación

fosa
tumba
hoyo
hoya

↔ exhumación

sepulturero

sepultador
enterrador

sequedad

sequía
aridez
desecación
esterilidad
infertilidad

aspereza
brusquedad
frialdad

↔ humedad

sequía

sequedad
aridez
seca

↔ humedad
fertilidad

séquito

cortejo
comitiva
escolta
compañía
acompañamiento

secuela
derivación
fruto
efecto
consecuencia

ser[1]

estar
existir
haber
vivir

pertenecer
corresponder

causar
producir
originar

suceder
ocurrir
acontecer
acaecer
celebrarse

valer
costar
importar

servir
emplearse

ser[2]

ente
individuo
criatura
organismo

engendro
espécimen

esencia
naturaleza
sustancia

vida
existencia

sera

serón
capacho
capazo
espuerta

seráfico

angelical

bonachón
tranquilo
plácido
cándido
bondadoso

↔ demoniaco

serafín

ángel

bello
precioso
hermoso

↔ demonio

coco *col.*

serenar(se)

tranquilizar
sosegar
calmar

relajar
sedar

aquietar
estabilizar

moderar
refrenar
contener
acallar
pacificar

↔ preocupar
intranquilizar
inquietar

revolver

desatar
enloquecer

serenidad

tranquilidad
calma
sosiego
entereza
aplomo

↔ intranquilidad
agitación

sereno

tranquilo
sosegado
calmado
relajado
apacible
entero
reposado
plácido
impertérrito
impávido
impasible
flemático
desapasionado
bonancible

despejado
claro

sobrio

↔ preocupado
intranquilo

nublado
encapotado

borracho
ebrio

serial

serie
folletín

culebrón
novelón
melodrama
dramón

serie

sucesión
progresión
secuencia
ciclo
cadena
rosario
gama

conjunto
grupo

serial

seriedad

circunspección
gravedad
severidad
sequedad
adustez

responsabilidad
reflexión
formalidad
cordura
rectitud

sobriedad
clasicismo

solemnidad
ceremonia
corrección
protocolo

importancia
significación
trascendencia

↔ broma
alegría

irresponsabilidad

desenfado

informalidad

insignificancia

serio

circunspecto
taciturno
adusto
severo
hosco
cetrino

responsable
reflexivo
formal
asentado

sobrio
clásico

solemne
ceremonioso
protocolario

importante
grave
arduo
delicado
difícil

trascendental
profundo

↔ bromista
alegre

irresponsable

desenfadado

informal

insignificante

sermón

homilía

prédica
plática
parrafada
arenga

reprimenda
regañina
perorata
monserga
rollo *col.*

sermonear

predicar
perorar
moralizar
increpar
arengar
reprender
regañar

serón

sera
capazo
espuerta
cesta

serosidad

humor
secreción

serpear

serpentear
culebrear

serpentear

serpear
culebrear
reptar
ondular
zigzaguear
deslizarse
arrastrarse

serpiente

ofidio
sierpe
bicha *col.*

serrado

dentado

serraduras

serrín
aserraduras

serrallo

harén
gineceo

serrano

montañés
montés

hermoso
lozano
fresco

serrar

aserrar
cortar

serrería

aserradero

serrín

aserrín
serraduras

servible

útil
utilizable
aprovechable
provechoso
eficaz

↔ inservible

servicial

solícito
cumplido
atento
complaciente
obsequioso
acomedido *amer.*

diligente

servicio

atención
asistencia
ayuda

ejercicio
trabajo
militancia
prestación

utilidad
resultado
avío
aplicación
beneficio
provecho
favor

servidumbre
personal
criados

retrete
aseo
excusado
cuarto de baño

servidor

sirviente
doméstico
mozo
criado
lacayo

operario

servidumbre

servicio
criados

dependencia
carga
sujeción
esclavitud

servil

rastrero
arrastrado
adulador

pelota *col.*
lameculos *vulg.*

indigno

↔ insumiso

   digno

servilismo

vasallaje
sumisión

↔ insumisión

servir(se)

atender
asistir
ayudar

ejercer
desempeñar
trabajar
militar

apoyar
favorecer

valer
ser útil

servirse

utilizar
usar
emplear
aprovecharse
beneficiarse

dignarse
condescender
avenirse
acceder

sesada

sesera

sésamo

alegría
ajonjolí

sesentón

sexagenario

sesera

sesada
cerebro

col.
cabeza
cráneo

chola *col.*
tarro *col.*

inteligencia
entendederas
luces
mollera *col.*
cacumen *col.*
caletre *col.*

sesgado

sesgo
oblicuo
transversal
atravesado
torcido

parcial
tendencioso
interesado
partidista

↔ recto
   derecho

   objetivo
   imparcial

sesgar

atravesar
ladear

sesgo

sesgado
oblicuo
atravesado

orientación
inclinación
curso
marcha
rumbo
cariz

↔ recto
   derecho

sesión

reunión
junta

función
pase

seso

cerebro
sesera
meollo

sensatez
juicio

cordura
cabeza
caletre *col.*

sesteo

siesta

sesudo

prudente
sensato
cuerdo
juicioso
maduro
inteligente
listo
cerebral

↔ imprudente
   alocado

seta

hongo
callampa *amer.*

setentón

septuagenario

seto

cercado
cerco
cerca

seudónimo

alias
apodo
apelativo
mote

severidad

rigor
dureza
rigidez
inexorabilidad
inflexibilidad
intransigencia
rigurosidad
disciplina

↔ blandura
   transigencia

severo

estricto
intransigente
inflexible
riguroso
rígido

recto
exigente
escrupuloso
puritano
inexorable
implacable
justiciero
prusiano
draconiano

duro
extremado
extremo

serio
sobrio
grave
austero
adusto

↔ transigente
tolerante
blando

suave
moderado

expresivo
vivo

sevicia *cult.*
crueldad
saña
ensañamiento
encarnizamiento

↔ piedad

sexagenario
sesentón

sexi
sexy

sexo
género
sexualidad
erotismo

genitales
órganos sexuales

sexual
genital
sensual
carnal
erótico

sexualidad
sexo
erotismo

sexy *ingl.*
sexi
erótico
seductor
sugestivo

sfumato *ital.*
esfumado

sherry *ingl.*
jerez

shock *ingl.*
choque
impresión
conmoción
sacudida
golpe

show *ingl.*
espectáculo
gala
actuación
función
número

showman *ingl.*
presentador
animador

sí
efectivamente
evidentemente
sin duda

afirmación

↔ no

negación

sibarita
exquisito

sibila
profetisa
pitonisa

sibilante
silbante

sibilino
augur
arúspice
agorero
adivino

sibilítico
oscuro
misterioso
ambiguo
confuso
incomprensible
hermético

↔ claro
preciso

sic *lat.*
así
literal
textual
de este modo

sicalipsis
erotismo

sicario
matón
asesino
esbirro

sicofanta o
sicofante
calumniador
delator

sideral
sidéreo
estelar
astral

siega
segada
segazón
cosecha
recolección
mies

siembra
sementera
sembrado

siempre
eternamente
perpetuamente
continuamente
invariablemente
todo el tiempo

↔ nunca

siempretieso
tentetieso

sierpe
serpiente
culebra
bicha *col.*

basilisco
fiera

sierra
serranía
cordillera
montaña
macizo

serrucho

siervo
esclavo
cautivo

vasallo
feudatario

↔ libre

señor

siesta
sesteo
sueño

siete
desgarrón
desgarradura
rasgón
roto

sietemachos *col.*
matón
bravucón
chulo
pendenciero
perdonavidas *col.*

sífilis
morbo gálico
mal francés

sigilo
secreto
reserva
discreción
misterio
cautela

silencio

↔ escándalo

ruido

sigiloso

reservado
discreto
misterioso

silencioso
callado

↔ escandaloso
   ruidoso

sigla

inicial
abreviatura
acrónimo

siglo

centuria

edad
época

mundo
sociedad

signar(se)

señalar
sellar

firmar
rubricar

persignar
santiguar

signatario

firmante
suscriptor

signatura

firma
rúbrica

significación

significado
sentido
acepción

valor
importancia
trascendencia
relieve
gravedad
calidad
alcance

significado

conocido
importante

reputado
considerado
popular

significación
sentido
concepto

significar

representar
simbolizar
indicar
implicar
suponer
expresar
denotar

manifestar
exponer

valer
importar

significarse

descollar
destacar
señalarse

significativo

representativo
expresivo
elocuente
revelador

relevante
importante
histórico

↔ insignificante

signo

símbolo
señal
seña
marca
icono

destino
hado
sino

indicio
síntoma
pista
prueba
promesa
atisbo
asomo

siguiente

próximo
posterior

ulterior
subsiguiente
consecutivo

↔ anterior

sil

ocre

silabario

cartilla

silabear

deletrear

silba

pita
pitada
rechifla
abucheo
silbatina *amer.*

↔ ovación
   aplauso

silbante

sibilante

silbar

chiflar
rechiflar
pitar
gritar
abuchear

↔ ovacionar
   aplaudir

silbatina *amer.*

silba
pitada
rechifla

silbato

pito
chiflo

silbido o **silbo**

pitido
chiflido
pitada
pita
chifla

silenciar

omitir
callar

enmudecer
ocultar
prescindir
saltar

acallar
amordazar
hacer callar

silencio

mutismo
paz
sosiego

reserva
secreto
sigilo
ocultación
misterio
hermetismo

↔ ruido
   alboroto

   publicidad

silencioso

sigiloso
callado
mudo
quedo
insonoro
sordo
tranquilo
sosegado
silente *cult.*

↔ ruidoso

silente *cult.*

silencioso
tranquilo
sosegado

sílex

pedernal
piedra de chispa

sílfide

ninfa

silla

asiento

sede
trono

sillar

piedra

sillón

butaca
poltrona
butaque *amer.*

silo

granero
hórreo
pósito
troj
troje

silueta

perfil
contorno
línea
forma

tipo
figura

silvarronco *cult.*

ruiseñor
filomela

silvestre

salvaje
montés
montaraz
agreste
bravío
natural

↔ cultivado

silvicultura

arboricultura

sima

abismo
profundidad
precipicio
pozo
talud
fosa

simbiosis

asociación
mezcla
fusión
unión
sincretismo
combinación

simbólico

alegórico
figurado

figurativo
metafórico
emblemático

↔ real
 auténtico

simbolismo

simbología

simbolizar

representar
personificar
figurar
encarnar
designar
denotar

símbolo

alegoría
representación
personificación
figura
encarnación
signo
emblema
mito
insignia
atributo

simbología

simbolismo

simetría

paridad
proporción
correspondencia
equilibrio
armonía

simiente

semilla
germen

símil

similitud
semejanza

comparación
metáfora
imagen

similar

semejante
análogo
afín
parecido

paralelo
parejo
relacionado
mismo
igual
idéntico
par
rayano

↔ diferente
 distinto

similitud

semejanza
analogía
afinidad
parecido
paralelismo
relación
igualdad
paridad
vislumbre
parangón
comparación

↔ diferencia
 disparidad

simio

mono
primate
antropoide

simpatía

cariño
apego
afecto
inclinación
atracción
afición
aprecio
favor
afección

encanto
gancho
gracia
agrado
amabilidad
campechanía

simpatías

apoyo
adhesión

simpático

encantador
gracioso
agradable

amable
campechano
ameno
afable
rico
retrechero
resalado
majo
barbián *col.*

↔ antipático
 estúpido
 desagradable

simpatizante

simpatizador
adepto
partidario
seguidor
leal
forofo
alineado
aficionado
admirador
adicto

↔ detractor
 adversario

simpatizar

congeniar
entenderse
intimar
confraternizar
identificarse
apegarse
encariñarse

↔ detestar

simple

sencillo
fácil
elemental
rudimentario

inocente
ingenuo
cándido
infeliz
primo *col.*
primavera *col.*

necio
torpe
lerdo
mentecato
tonto
sandio
idiota

memo
bobo
majadero
pazguato
mostrenco
menguado
baboso
pringado *col.*

unitario
indivisible
puro

mero
único

↔ complicado

malicioso
avispado

listo
inteligente

compuesto

simplemente

solamente
sencillamente

simpleza

inocencia
ingenuidad
candidez
sencillez

necedad
torpeza
tontería
sandez
idiotez
memez
bobería
majadería
vaciedad
babosada
gansada

insignificancia
nadería

↔ malicia
picardía

inteligencia

simplificar

facilitar
allanar

↔ complicar
dificultar

simplón

inocentón
tontorrón
bobo
ingenuo

ramplón
vulgar
pedestre

simposio

congreso
convención

simulación

reproducción
remedo
ficción
falsedad
dolo
disfraz
artificio
comedia
careta
afectación

simulacro

ficción
artificio
comedia

simulador

impostor
suplantador

simular

reproducir
remedar
fingir
aparentar
pretender
figurar
afectar
disimular
disfrazar

simultanear

conciliar
compaginar

↔ alternar
turnar

simultáneo

coincidente
sincrónico

concomitante
conjunto
concurrente

↔ alterno

sin

falto
carente
exento
privado
desprovisto

↔ con

sinagoga

aljama

sinarquía

oligarquía

sincerarse

abrirse
confiarse
desahogarse
franquearse

↔ cerrarse

sinceridad

franqueza
veracidad
claridad
honradez
lisura

↔ mentira
hipocresía
falsedad

sincero

franco
verdadero
veraz
claro
nítido
directo
honrado
honesto

↔ mentiroso
hipócrita
falso

sincopado

abreviado
acortado

sincopar

abreviar
acortar

↔ alargar

síncope

colapso
desmayo
patatús *col.*
soponcio *col.*
telele *col.*

sincretismo

eclecticismo

unión
mezcla
fusión
combinación

↔ diversificación

sincronía

sincronismo

↔ diacronía

sincrónico

simultáneo
concurrente
coincidente
isócrono

sincronizado
coordinado
acompasado

↔ asincrónico

sincronismo

sincronía
sincronización
simultaneidad
coordinación

sincronizar

coordinar
simultanear
acompasar

sindicar(se)

asociar
agremiar

↔ escindir
separar

sindicato
gremio
corporación
agrupación

sindiós col.
ateo

síndrome
síntomas
manifestación

síndrome de Down
mongolismo

sine die lat.
indefinidamente

sine qua non lat.
esencial
indispensable
imprescindible

sinecura
prebenda
momio
chollo
enchufe

sinfín
sinnúmero
infinidad
millón
montón

sinfonía
obertura
preludio

armonía
concierto

singalés
cingalés

singladura
rumbo
derrota
viento

curso
desarrollo
recorrido
camino

singlar
navegar

single ingl.
sencillo
disco
↔ long play

singular
raro
extraordinario
excepcional
notable
peculiar
extraño
insólito
portentoso
particular
original
distinto
diferente
característico
pintoresco
peregrino

único
solo
concreto
individuo
individual
impar

↔ vulgar
  corriente

  plural

singularidad
rareza
excepcionalidad
peculiaridad
particularidad
extrañeza
originalidad
distinción
diferencia
característica
señal
seña
individualidad
idiosincrasia

singularizar(se)
distinguir
diferenciar
señalar
caracterizar

individualizar
particularizar
↔ generalizar

singularmente
separadamente
aisladamente
particularmente

especialmente
destacadamente

sinhueso col.
lengua

siniestra
zurda
↔ diestra

siniestrado
accidentado
afectado
dañado
perjudicado
damnificado
↔ indemne
  ileso

siniestro
malvado
perverso
amenazador
pérfido
maligno
diabólico
inicuo
avieso
patibulario

desgraciado
trágico
funesto
aciago
negro

accidente
desgracia
percance

izquierdo

↔ bondadoso
  inocente

  afortunado
  feliz

  derecho
  diestro

sinnúmero
sinfín
infinidad
multitud
montón
millón
miríada

sino[1]
destino
hado
fatalidad
predestinación
estrella
fortuna

sino[2]
excepto
salvo

sinodal
sinódico
conciliar

sínodo
concilio
cónclave

sinonimia
equivalencia
↔ antonimia

sinónimo
equivalente
↔ antónimo

sinopsis
esquema
guión
resumen
síntesis

sinóptico
gráfico
esquemático
sintético

sinrazón
injusticia
disparate
absurdo
incongruencia
insensatez
desatino

sinsabor

pesar
disgusto
pena
pesadumbre
dolor
desconsuelo
amargura

↔ alegría
   satisfacción

sinsentido

disparate
absurdo
incongruencia

síntesis

compendio
sumario
sinopsis
resumen
balance
prontuario

sintético

sinóptico
resumido
compendiado

artificial

↔ disperso

   natural

sintetizar

unir
concentrar
fundir
reunir

compendiar
resumir
condensar
extractar
acortar
abreviar

↔ disgregar

   extender
   desarrollar
   ampliar

síntoma

indicio
signo
señal
asomo
amago

sintomático

revelador
significativo
manifiesto

sintomatología

semiología

sintonía

sintonización

armonía
entendimiento
compenetración
adaptación

sintonizar

captar
coger

conectar
armonizar
compenetrarse
avenirse

sinuoso

curvo
ondulado
ondulante
zigzagueante
tortuoso
anfractuoso

retorcido
rebuscado
indirecto

↔ recto
   liso

sinvergonzón col.

picarón
pillo
pillastre

sinvergonzonería

descaro
desvergüenza
desfachatez
atrevimiento
insolencia
golfería
frescura
cara col.
jeta col.
cara dura col.

↔ honradez
   rectitud

sinvergüenza

desaprensivo
mangante
golfo
pillo
granuja
tunante
pícaro
rufián
pinta
caradura col.
golfante col.

desvergonzado
fresco
descarado
atrevido
insolente
frescales col.

↔ honrado

   tímido
   recatado

sinvivir

intranquilidad
angustia
agobio
estrés
tensión

↔ sosiego

siquiera

aunque

ni

sir ingl.

señor
caballero

sirena

alarma

sirga

maroma
soga

sirimiri

llovizna
orvallo
calabobos col.

sirla argot

navaja
chaira argot

sirope

arrope
almíbar
jarabe

sirviente

criado
servidor
doméstico
asistente
fámulo
lacayo
mozo
valet
mucamo amer.

sisa

hurto
sustracción
choriceo col.

sisar

hurtar
sustraer
mangar
sangrar col.
choricear col.

sisear

chistar

sismo

seísmo
terremoto
temblor

sistema

organización
estructura
orden

modelo
teoría
doctrina

procedimiento
método
técnica
modo
manera
vía

aparato

sistemática

clasificación
taxonomía

sistemático

sistematizado
ordenado
organizado
metódico
minucioso
meticuloso

↔ desorganizado
desordenado

sistematizar

organizar
estructurar
ordenar

↔ desorganizar
desordenar

sistémico

general
total
global

↔ local

sístole

contracción

↔ diástole

sitiar

asediar
cercar
rodear
acorralar
acosar
bloquear
presionar

sitio[1]

espacio
lugar
punto
paraje
hueco
zona
parte
puesto
plaza
situación
localidad

sitio[2]

asedio
cerco
acorralamiento
acoso
bloqueo

sito

situado
emplazado
localizado
ubicado

situación

sitio
lugar
puesto
posición
colocación
emplazamiento
ubicación
localización
disposición
instalación
orden
asentamiento
paradero

estado
disposición
condición

fase
etapa
coyuntura
trance
circunstancia
ocasión

acomodo

situado

sito
puesto
colocado
emplazado
ubicado
localizado

próspero
acomodado
acaudalado
adinerado
boyante
rico

situar(se)

poner
colocar
emplazar
ubicar
localizar
posicionar
disponer
instalar
posar

ordenar
asentar
acoplar
acomodar
hallarse

situarse

prosperar
triunfar
enriquecerse

skateboard ingl.

monopatín

slip ingl.

braga
biquini

calzoncillo

slogan ingl.

eslogan
lema
consigna

snob ingl.

esnob
afectado

so

bajo
debajo de

soba

sobo
sobe

col.
paliza
derrota
zurra
tunda
somanta col.
julepe col.

sobaco

axila

sobado

manoseado
toqueteado
sobeteado

manido
ajado
gastado

sobajar

sobar
manosear

amer.
humillar

sobar

manosear
toquetear
sobetear
palpar
magrear
amasar

pegar
golpear
sacudir
moler
dar una paliza

col.
dormir

amer.
masajear

sobe o **sobeo**

soba
sobo
manoseo
toqueteo

soberana

reina

soberanía

realeza
monarquía

independencia
autonomía
autoridad

excelencia
supremacía

soberano

monarca
rey

independiente
autónomo
libre

regio
real
monárquico
principesco

excelente
supremo
insuperable
soberbio

↔ súbdito

  dependiente

  mediocre

soberbia

altivez
orgullo
altanería
arrogancia
vanidad
petulancia
humos
ínfulas

suntuosidad
magnificencia
majestad
fastuosidad

↔ humildad
  modestia

  sobriedad

soberbio

altivo
orgulloso
altanero
arrogante
vanidoso
petulante
presuntuoso

suntuoso
magnífico
majestuoso
fastuoso
regio
divino
magno
monumental
magistral
imponderable

↔ humilde
  modesto

  sobrio
  pequeño

sobetear

sobar
manosear
toquetear

sobo

soba
sobe
manoseo
magreo
achuchón

sobón

tocón
pegajoso
pulpo *col.*

sobornar

comprar
cohechar
untar *col.*
aceitar *amer.*

soborno

cohecho
corrupción

sobra

sobrante
exceso
excedente
resto
remanente

desperdicio
desecho
residuo
detrito

sobrado

sobrante
abundante
bastante
mucho
demasiado
largo
amplio
desahogado
de sobra

desván
buhardilla
altillo
camaranchón

sobrante

sobrado
excedente
de sobra

↔ contado
  escaso

sobrar

exceder
abundar
superar
rebasar
rebosar
quedar
restar

molestar
estorbar
estar de más

↔ faltar

sobre[1]

en
arriba
encima de

de
acerca de
referente a

hacia
por
cerca de

tras

sobre[2]

envoltura
envoltorio

sobreabundar

superabundar

**sobrealimen-
  tar(se)**

cebar
atiborrar
atracar

sobrealimento

sobrealimentación

↔ subalimentación

sobrecama

colcha
cobertor
edredón
cubrecama

sobrecarga

saturación

sobrepeso

sobrecargar

recargar
saturar
abigarrar
abarrotar
llenar

↔ descargar
  aligerar

sobrecogedor

estremecedor
impresionante
aterrador
espantoso
horroroso
terrible
pavoroso
escalofriante
espeluznante

↔ agradable
  tranquilizador

sobrecoger(se)

conmover
impresionar
afectar
estremecer
asustar
atemorizar
aterrar
espantar
horrorizar
helar

↔ tranquilizar

sobrecubierta

revestimiento

sobrecuello

alzacuello
collarín

sobredicho

antedicho
susodicho
mencionado
referido

**sobredimen-
  sionar**

exagerar
magnificar
agrandar
abultar

desorbitar
hinchar
desquiciar

↔ minimizar

**sobreenten-
der(se)**

sobrentender
presuponer
dar por hecho

sobreexceder

sobrexceder

sobreexcitar(se)

sobrexcitar
alterar
agitar
inquietar
intranquilizar

↔ tranquilizar

sobrehumano

sobrenatural
heroico
titánico

sobrellevar

soportar
aguantar
sufrir
tolerar
tragar
resignarse
apencar *col.*

sobremanera

mucho
especialmente

↔ poco

sobrenadar

nadar
flotar

↔ hundirse
   sumergirse

sobrenatural

milagroso
maravilloso
mágico
preternatural

suprasensible
divino
celestial

↔ natural
   terrenal

sobrenombre

apodo
alias
seudónimo
remoquete
mote
apelativo

sobrentender(se)

adivinar
intuir
percibir

sobrentendido

tácito
implícito

sobrepaga

extra
plus
sobresueldo

sobreparto

posparto
puerperio

sobrepasar

exceder
rebasar
desbordar
adelantar
aventajar
superar
sobrepujar
mejorar
alcanzar

sobrepelliz

roquete

sobrepeso

sobrecarga

sobreponer

superponer

anteponer
priorizar

sobreponerse

recobrarse
dominarse

sobreprecio

plusvalía
recargo
encarecimiento
incremento

↔ descuento

sobreproducción

superproducción

sobrepujar

superar
sobrepasar
rebasar
aventajar
exceder

sobresaliente

excelente
destacado
descollante
brillante
genial
remarcable
relevante
distinguido
aventajado
resaltado
puntero
cimero
alto
preclaro
privilegiado

↔ mediocre
   mediano

sobresalir

salir
descollar
destacar
resaltar
despuntar
dominar
levantarse
señorear
campear
campar
distinguirse
diferenciarse
señalarse
resplandecer

relucir
brillar
preponderar
predominar
aventajar

↔ ocultarse

sobresaltar(se)

asustar
alarmar
inquietar
preocupar
intranquilizar
desasosegar

↔ tranquilizar
   calmar

sobresalto

susto
alarma
inquietud
preocupación
intranquilidad
respingo
miedo
sorpresa

↔ tranquilidad
   calma

sobrestante

capataz
encargado
delegado

sobresueldo

sobrepaga
plus
gratificación
bonificación
prima

sobretodo

gabán
abrigo

sobrevenir

suceder
acontecer
acaecer
ocurrir
pasar
devenir
producirse
darse

venir
llegar
seguir

sobreviviente

superviviente

sobrevivir

subsistir
durar
perdurar
pasar

↔ caer
fallecer

sobrexceder

sobreexceder
exceder
superar
rebasar

sobrexcitar

sobreexcitar

sobrio

moderado
comedido
mesurado
morigerado
medido
templado
serio
austero
frugal
parco
ascético
ahorrativo

directo
sencillo
llano
conciso
lacónico

sereno

calmado
lúcido

↔ inmoderado
desmedido
exagerado

barroco
retórico

borracho

nervioso

socaliña

artimaña
argucia
treta

socarrar(se)

soflamar
churruscar
chamuscar

socarrón

burlón
guasón
irónico

pícaro
astuto
ladino
taimado
zorro

socavar

excavar

debilitar
destruir
minar

↔ consolidar

socavón

hundimiento
hoyo
bache

sochantre

chantre

sociable

social
comunicativo
abierto
extrovertido
gentil
amistoso
amable
afable
expansivo

↔ insociable
arisco

social

comunitario
colectivo
común

↔ individual

socializar

nacionalizar
estatalizar
colectivizar

↔ privatizar

sociedad

humanidad
mundo

colectividad
comunidad
agrupación
asociación
círculo
organización
institución
fundación

empresa
compañía
firma

socio

asociado
miembro
aliado
afiliado
capitalista
accionista

amigo
compañero
compinche
colega *col.*

socorrer

ayudar
auxiliar
amparar
proteger
salvar
asistir
acoger
remediar

↔ desamparar
abandonar

socorrido

útil
práctico

trillado
manido
manoseado

socorrista

bañista

socorro

ayuda
auxilio
amparo
protección
salvamento
remedio
asistencia
caridad

↔ desamparo
abandono

soda

sosa

sodomía

pederastia
homosexualidad

sodomita

pederasta
homosexual
invertido
marica *col.*
maricón *vulg.*

soez

grosero
vulgar
ordinario
chabacano
basto
plebeyo
bárbaro
fuerte
malhablado
arrabalero *col.*

↔ refinado
educado

sofá

canapé

sofión

bufido
gruñido
contestación

sofisma

falacia
argucia

sofista

sofístico

sofisticado

refinado
exquisito
elegante

afectado
amanerado
artificial
relamido
artificioso
estudiado
ampuloso
ostentoso
esnob

complicado
perfeccionado
complejo
acabado

↔ vulgar

   espontáneo
   natural

   sencillo

sofisticar

refinar

afectar
amanerar

complicar
perfeccionar
desarrollar

falsificar
alterar
tergiversar

↔ simplificar

sofístico

sofista

soflama

arenga
perorata

soflamar(se)

requemar
chamuscar
socarrar

arengar
perorar

azorar
avergonzar
abochornar

sofocar(se)

ahogar
asfixiar

apagar
extinguir
aplastar
dominar

avergonzar
sonrojar
abochornar
azorar
acalorar

incordiar
acosar
molestar
agobiar

sofocarse

irritarse
excitarse
alterarse
encolerizarse
disgustarse

↔ avivar

   alegrarse
   complacerse

sofoco

sofoquina
sofocación
ahogo
asfixia
agobio

bochorno
ardor
calor
acaloramiento

sofocón
disgusto
enfado
berrinche *col.*

↔ alivio
   desahogo

   fresco

   alegría

sofocón

sofoco
disgusto
enfado
berrinche *col.*

↔ alegría
   alegrón

sofoquina

sofoco
sofocón
sofocación

sofreír

rehogar
freír

sofrenar

refrenar

↔ espolear

sofrito

rehogado
frito

soga

maroma
sirga
lía
amarra
cabo
piola *amer.*

sojuzgar

someter
oprimir
subyugar
reducir
dominar
doblegar
avasallar
tiranizar

↔ liberar

sol

día
luz

encanto
cielo
ricura

solado

soladura

solamente

solo
sólo
únicamente
simplemente

solana

solanera

azotea
terraza
terrado

↔ sombra
   umbría

solanera

solazo

solana

solapa

doblez
reborde

solapado

taimado
ladino
zorro
hipócrita
cuco

↔ franco
   manifiesto

solapar(se)

sobreponer
montar
imbricar
cubrir

ocultar
esconder
disimular
enmascarar

↔ descubrir

solar[1]

pavimentar

solar[2]

parcela
terreno

linaje
estirpe
alcurnia
casta
abolengo

solariego

noble
aristocrático
antiguo

solario

solárium

solaz

placer
distracción
recreo
relajo
diversión
entretenimiento
esparcimiento
holganza
gozo
alegría

↔ aburrimiento
   desagrado
   fastidio
   rollo *col.*

solazar(se)

placer
agradar
distraer
recrear
relajar
divertir
entretener
holgar
alegrar
gustar

↔ aburrir
   desagradar
   fastidiar

solazo

solanera

soldada

sueldo
paga
estipendio
haber
jornal

soldadesca

milicia

soldado

militar
miliciano
guerrero
combatiente
guripa *col.*

↔ civil

soldador

soplete

soldadura

juntura
junta
ensambladura

solecismo

barbarismo
incorrección
vulgarismo

soledad

aislamiento
abandono
retraimiento

melancolía
añoranza
nostalgia

↔ compañía

   alegría

solemne

ceremonioso
protocolario
grave
digno
oficial
serio

majestuoso
impresionante
imponente
mayestático
augusto
lapidario

↔ informal

   insignificante

solemnidad

ceremonia
protocolo
gravedad
dignidad
seriedad
etiqueta
hieratismo
pompa

majestuosidad
majestad
suntuosidad

festividad
celebración

solemnizar

celebrar
conmemorar

realzar
formalizar

soler

acostumbrar
habituar
frecuentar

↔ desacostumbrar
   deshabituar

solera

raigambre
arraigo
antigüedad
vejez

solfa

música

col.
paliza
tunda
zurra
soba
julepe *col.*

solfeo

canto
vocalización
compás

solícitamente

atentamente
amablemente
diligentemente

solicitar

pedir
demandar
rogar
instar
requerir
reclamar
recabar
postular
invocar

pretender
cortejar

solícito

servicial
atento
complaciente
diligente
cortés

amable
presto
activo
acomedido *amer.*

cariñoso
afectuoso
entrañable
caluroso

↔ desagradable
   desobediente

   frío

solicitud

diligencia
cortesía
amabilidad
presteza

cariño
afecto
ternura
calor

petición
demanda
ruego
instancia
requerimiento
reclamación
candidatura

solidaridad

compañerismo
camaradería
fraternidad
adhesión
respaldo
apoyo
caridad

↔ insolidaridad

solidario

fraternal
humanitario
caritativo
altruista
generoso

↔ insolidario

solidarizar(se)

unirse
respaldar
apoyar
adherirse
identificarse

solideo
casquete
bonete

solidez
firmeza
seguridad
resistencia
fortaleza
robustez

estabilidad
consistencia

↔ fragilidad
   inestabilidad

solidificar(se)
condensar
fraguar
coagular
helar
congelar

↔ licuar

sólido
firme
seguro
resistente
fuerte
compacto
macizo
robusto
duro
recio
monolítico
pétreo

estable
consistente
consolidado
arraigado
asentado
duradero
inquebrantable
inconmovible

fundamentado
concluyente

poliedro
cuerpo geométrico

↔ frágil
   inestable

soliloquio
monólogo

↔ diálogo

solio
trono

solista
cantante
intérprete

solitaria
tenia

solitario
desierto
deshabitado
despoblado
desolado
retirado
recoleto

solo
abandonado
separado
aislado
señero

insociable
huraño
retraído

↔ transitado
   populoso
   frecuentado

   acompañado

   sociable

soliviantar(se)
sublevar
hostigar
instigar
alzar
amotinar
insurreccionar
levantar

alterar
inquietar
alborotar
agitar
perturbar
conmocionar
intranquilizar

enfadar
irritar
indignar
enojar
exasperar
cabrear

encandilar

deslumbrar

↔ apaciguar
   disuadir

   tranquilizar

   agradar

   desengañar

sollozar
gimotear
hipar
plañir
gemir

sollozo
gemido
gimoteo

↔ risa

solo
solitario
abandonado
separado
aislado
señero

desierto
deshabitado
vacío

único
singular

aria

sólo
solamente
únicamente

soltar(se)
desatar
desamarrar
desenganchar
desunir
desligar
desabrochar
desasir
desencadenar
desceñir

liberar
libertar
excarcelar
dejar

despedir
expeler
emitir
desprender
expulsar

arrojar
destilar

desenrollar
extender
estirar
alargar

aflojar
destensar
relajar
laxar
desapretar

dar
asestar
propinar
pegar
plantificar

lanzar
tirar
echar

contar
decir
hablar
largar
encajar
encasquetar

soltarse
empezar
romper
lanzarse

manejarse
desenvolverse

↔ atar
   juntar
   fijar
   asir

   encarcelar
   contener

   absorber

   arrollar

   apretar
   ajustar

   recibir

   reprimir

   callar
   omitir

soltería
celibato

↔ matrimonio

soltero

célibe
solterón *desp.*

↔ casado

soltura

habilidad
desenvoltura
destreza
pericia
facilidad
manejo
práctica
gracia
gracejo
desparpajo
salero
garbo
desenfado
desembarazo

↔ torpeza

soluble

disoluble

solucionable
resoluble

↔ insoluble
   indisoluble

   irresoluble

solución

resolución
reparación
arreglo
componenda
enmienda
remedio
satisfacción

recurso
medida
medio
salida
fórmula

resultado
desenlace
final

disolución

↔ empeoramiento
   desarreglo

solucionar(se)

solventar
resolver

reparar
arreglar
componer
enmendar
remediar
satisfacer
liquidar
dirimir
despachar
zanjar

↔ empeorar
   desarreglar

solvencia

crédito
capacidad
responsabilidad
formalidad
profesionalidad

↔ insolvencia
   incompetencia

solventar

solucionar
resolver
reparar
arreglar

pagar
satisfacer
liquidar
saldar

↔ empeorar
   desarreglar

   deber

solvente

adinerado
acomodado
pudiente
hacendado

↔ insolvente
   endeudado

somanta *col.*

paliza
manta
zurra
mano
azotaina
felpa *col.*
golpiza *amer.*

somático

corporal
orgánico

fisiológico
anatómico

↔ psíquico

somatología

fisiología
anatomía

sombra

penumbra
oscuridad
umbría
tinieblas
negrura

contorno
figura
perfil
silueta

espectro
espíritu
aparición
fantasma
visión

clandestinidad
ilegalidad
ocultamiento

ignorancia
desconocimiento
desinformación

laguna
misterio
enigma
incógnita

indicio
pista
síntoma
asomo

mancha
mácula
tacha

↔ luz
   sol

   información
   conocimiento

   saber
   instrucción

sombrajo

entoldado

sombrear(se)

ensombrecer
entenebrecer

oscurecer
dar sombra

↔ iluminar
   alumbrar

sombrerillo

sombrerete

sombrero

güito
callampa *amer.*

sombrilla

parasol
quitasol

sombrío

oscuro
umbrío
tenebroso
brumoso
lúgubre
lóbrego
tétrico
opaco
gris

triste
melancólico
taciturno
pesimista
fúnebre
abatido
decaído
afligido

negativo
negro

↔ luminoso
   claro

   alegre

   brillante
   esperanzador

somero

superficial
sucinto
ligero
breve
leve
insustancial

↔ profundo
   detallado
   prolijo

someter(se)

dominar
sujetar
reprimir
sojuzgar
subyugar
domar
domeñar
reducir
oprimir
doblegar
doblar
disciplinar
obligar
avasallar
acogotar
humillar

ofrecer
brindar
encomendar
delegar
atenerse

someterse

rendirse
entregarse
capitular
claudicar
respetar
obedecer
resignarse
ceñirse
amoldarse
acatar

↔ liberar
desatar

rebelarse
levantarse

sometimiento

sumisión
capitulación
rendición
entrega
imposición
dominación
sujeción
conquista
reducción
subordinación
supeditación
encomienda
delegación

↔ liberación
rebelión
rebeldía

somnífero

narcótico
sedante

↔ estimulante

somnolencia

sopor
modorra
soñarrera
letargo
adormecimiento
amodorramiento
sueño

somnoliento

soñoliento
adormilado
amodorrado
aletargado

↔ despabilado
despierto

son

sonoridad
resonancia
eco

modo
manera
estilo
tenor
guisa

sonado

célebre
famoso
popular
nombrado

col.
loco
chiflado
majareta
pirado *col.*
guillado *col.*
chalado *col.*
mochales *col.*

↔ desconocido

cuerdo

sonante

sonoro

sonar

resonar
retumbar

zumbar
atronar

pronunciarse

tocar
tañer

parecer
oler

nombrarse
rumorearse
divulgarse
difundirse
extenderse

amer.
morir
fallecer

fracasar

sonda

plomada
sondaleza

catéter

sondaje
sondeo
cala

sondar

sondear

sondear

sondar

indagar
sonsacar
interrogar
tantear
pulsar
comprobar
examinar

sondeo

encuesta

averiguación
indagación
tanteo
rastreo
pesquisa

songa *amer.*

burla
mofa
chanza
chunga

sonido

son
sonoridad
resonancia
eco
ruido
estruendo
estrépito

soniquete

sonsonete
runrún

sonoridad

resonancia
son
sonido

sonoro

sonante
resonante
acústico

altisonante
grandilocuente
ampuloso
rotundo

↔ imperceptible
inaudible
sordo

natural
espontáneo

sonotone

audífono

sonreír(se)

reír

sonriente

risueño
alegre

sonrisa

risita

sonrojar(se)

ruborizar
enrojecer
avergonzar
abochornar
turbar
sofocar
arrebolar
azorar

sonrosado

rosa
rosado
encarnado

↔ pálido

sonsacar

tantear
indagar
sondear
interrogar

sonsera *amer.*

tontería
bobada

sonso *amer.*

tonto
bobo

sonsonete

soniquete

tabarra
matraca
monserga
cantinela

soñador

idealista
romántico
visionario
imaginativo
fantaseador
iluso

↔ realista

soñar

idealizar
fantasear
imaginar

desear
anhelar
ansiar
codiciar
ambicionar

soñarrera

soñera
somnolencia
sopor
modorra
amodorramiento
adormecimiento

soñera

soñarrera
somnolencia
sopor

soñolencia

somnolencia

soñoliento

somnoliento
adormilado
amodorrado

↔ despabilado

sopa

sopicaldo

sopapo *col.*

bofetada
cachete
torta
tortazo
mamporro
mojicón *col.*
soplamocos *col.*
castaña *col.*
guantazo *col.*
galleta *col.*
cate *col.*

sopesar

calcular
medir
pesar
ponderar
barajar

sopetón, de

bruscamente
repentinamente

sopicaldo

aguachirle
sopa

sopladura

soplado

soplagaitas *col.*

tonto
bobo
memo
idiota
simple
estúpido

soplamocos *col.*

sopapo
bofetada
cachete

soplapollas *vulg.*

gilipollas *vulg.*

soplar(se)

espirar

hinchar
inflar
henchir
insuflar

col.
beber
mamar
emborracharse
tomar *amer.*

apuntar

delatar
acusar
denunciar
chivarse
cantar *col.*

robar
quitar
birlar
afanar
apañar
hurtar
sustraer

↔ aspirar

deshinchar
desinflar

encubrir

soplete

soldador

soplido

soplo

soplillo

fuelle

soplo

soplido
respiración
aliento

vaho
resuello

col.
instante
momento
minuto
segundo
periquete
tris

delación
chivatazo
confidencia

soplón

chivato
acusica
delator
confidente
batidor *amer.*

soponcio

desmayo
síncope
patatús
telele
pataleta

sopor

adormecimiento
somnolencia
amodorramiento
modorra
abotargamiento
letargo
muermo *col.*

soporífero

somnífero
narcótico
letárgico

aburrido
tedioso
cargante
pesado
plúmbeo
plomo *col.*
rollo *col.*

↔ divertido

soportal

peristilo
galería
atrio
pórtico
columnata

soportar

sostener
sujetar
sustentar
resistir
mantener

aguantar
sobrellevar
padecer
sufrir
tolerar
pasar
digerir
arrostrar
arrastrar
transigir
aceptar
apencar *col.*
apechugar *col.*

soporte

apoyo
sostén
base
cimiento
pilar
puntal
asiento
respaldo
fundamento
sustentáculo

soprano

tiple

↔ bajo

sor

monja
religiosa
hermana

sorber(se)

chupar
absorber
succionar
libar

absorber
empapar
embeber

sorbete *amer.*

paja
pajita
canuto

sorbo

sorbido
libación

trago
buche
chupito
chisguete *col.*

pizca
gota

sorche o
  sorchi *argot*

recluta
quinto
mozo
peluso *col.*

sórdido

pobre
mísero
miserable
sucio
nauseabundo
ruinoso

tacaño
avaro
mezquino
agarrado
rácano
roñoso
rata *col.*

↔ rico
  lujoso

generoso
espléndido

sordo

sordomudo
teniente *col.*
duro de oído *col.*
como una tapia *col.*

callado
sigiloso
silencioso
mudo

grave
ronco
amortiguado
ahogado

insensible
inamovible
inmutable

↔ ruidoso
  sonoro

agudo
estridente

atento

sorna

ironía
guasa
burla
socarronería
retintín

soroche *amer.*

puna *amer.*
mal de las alturas

sorprendente

sorpresivo
asombroso
admirable
pasmoso
extraño
raro
chocante
insólito
inaudito
extraordinario
milagroso
prodigioso
insospechado
mirífico *cult.*

↔ normal
  acostumbrado

sorprender(se)

asombrar
admirar
pasmar
extrañar
chocar
fascinar
maravillar
impresionar
desconcertar
anonadar
alucinar
acojonar *vulg.*

pillar
coger
destapar
descubrir
pescar *col.*
cazar *col.*

sorpresa

asombro
admiración
pasmo
extrañeza
impresión
desconcierto
sobresalto
golpe
shock

sortear

rifar

eludir
evitar
soslayar
rehuir
rodear
salvar
regatear

lidiar
torear
capear

sorteo

rifa

sortija

anillo

sortilegio

adivinación
hechicería
nigromancia
conjuro
encantamiento
embrujo
hechizo

SOS

socorro

sosa

soda

sosaina

soso
soseras
insulso
anodino
desabrido
patoso

↔ salado
  gracioso

sosegado

tranquilo
apacible
pacífico
sereno
relajado
plácido
pausado
reposado
silencioso
paciente
dócil
calmo
calmado
manso

↔ exaltado
    nervioso

sosegar(se)

tranquilizar
apaciguar
serenar
relajar
calmar
aplacar
amansar
pacificar
sedar
reportar
asentar
aquietar
acallar
sedimentar

descansar
reposar

↔ exaltar
    intranquilizar
    alterar

soseras

sosaina

sosería

sosera
sosedad
insulsez
pavada *col.*

sosia o **sosias**

gemelo
doble

sosiego

tranquilidad
paz
serenidad

calma
quietud
silencio
relajo
descanso
reposo

↔ exaltación
    intranquilidad
    alteración

soslayar

evitar
esquivar
sortear
rehuir
eludir
salvar
orillar
obviar

ladear
torcer

↔ arrostrar
    encarar

    enderezar

soslayo, de

oblicuamente

soso

insípido
insulso
insustancial
desaborido
chirle *col.*
aguachento *amer.*

sosaina
soseras
zonzo
desangelado
patoso
pavo *col.*

↔ sabroso
    salado

    gracioso
    divertido

sospecha

creencia
intuición
suposición
conjetura
presunción
presentimiento
presagio

barrunto
imaginación
figuración
idea
premonición
atisbo
vislumbre

desconfianza
recelo
malicia
duda
incredulidad
mosqueo *col.*

↔ seguridad

    confianza

sospechar

creer
intuir
suponer
conjeturar
presumir
columbrar
presentir
presagiar
barruntar
prever
imaginarse
figurarse
atisbar
sentir
olerse

desconfiar
recelar
maliciar
dudar
escamarse *col.*
mosquearse *col.*

↔ asegurar

    confiar

sospechoso

dudoso
raro
extraño
oscuro
malencarado

↔ fiable
    claro

sostén

sostenimiento

sujeción
soporte

sustentación
afianzamiento
base
cimiento

ayuda
amparo
protección
respaldo
favor
defensa
arrimo
muleta
puntal
pilar
alimento
vida

sujetador

sostener(se)

sujetar
soportar
agarrar
asir
aguantar
mantener
sustentar
afianzar
resistir

afirmar
asegurar
declarar
manifestar
propugnar
opinar
aseverar
decir

ayudar
amparar
proteger
respaldar
favorecer
secundar
defender

↔ negar

    perjudicar
    abandonar

sostenimiento

sostén

sujeción
soporte

mantenimiento
sustento

sotabanco

ático
buhardilla

sotabarba

papada
papo

sótano

cueva
subterráneo
bodega

sotechado

cobertizo
techado
porche

soterrado

sepultado
enterrado

oculto
escondido
tapado
encubierto

↔ desenterrado

manifiesto
descubierto

soterrar

enterrar
sepultar

ocultar
esconder
encubrir
tapar

olvidar
desterrar
arrinconar
apartar

↔ desenterrar

descubrir

conservar

soto

bosque
monte

souvenir *fr.*

recuerdo

sponsor *ingl.*

espónsor
promotor
patrocinador

sport *ingl.*

deporte
ejercicio
gimnasia

spot *ingl.*

anuncio
publicidad
propaganda
reclamo
reclame *amer.*

spray *ingl.*

pulverizador
atomizador
aerosol
vaporizador

squatter *ingl.*

okupa *col.*
kraker

staff *ingl.*

directiva
jefatura

stand *ingl.*

caseta

standard *ingl.*

estándar

standing *ingl.*

posición
categoría
estatus
status

star *ingl.*

estrella
astro
divo
figura
eminencia
as

starter *ingl.*

estárter
estrangulador
aire

status *lat.*

estatus
posición
categoría
standing
nivel de vida

sterilet *ingl.*

diu

stock *ingl.*

provisión
surtido
existencias
reservas

stop *ingl.*

alto
pare

suasorio

persuasivo

↔ disuasorio
disuasivo

suave

fino
terso
liso
uniforme

blando
esponjoso
mórbido
muelle
mole

delicado
sutil
flojo
ligero
leve

manejable
flexible
fácil

dócil
obediente
sumiso
manso

tranquilo
reposado
plácido
sosegado
benigno

dulce
apacible
bonancible
amoroso

↔ áspero
rasposo
rugoso

apelmazado
duro

brusco
violento

trabajoso
resistente

rebelde

irritable

suavizante

suavizador
lenitivo
laxativo
laxante

suavizar(se)

afinar
tersar
pulir
ablandar
molificar
lenificar
laxar

tranquilizar
sosegar
dulcificar
apaciguar
relajar
distender
desenconar
desdramatizar
atemperar
aplacar

remitir
moderar
mitigar
paliar
atenuar
aliviar
rebajar

↔ endurecer
apelmazar

exasperar
irritar

recrudecer

subacuático

submarino

subalterno

subordinado
inferior
segundo

torero

↔ superior

subarrendar

realquilar

subasta

almoneda
puja
licitación
remate *amer.*

subconsciente

subliminal
inconsciente
involuntario

↔ consciente

subcutáneo

hipodérmico

subdesarrollo

atraso
retraso
prehistoria
tercermundismo

↔ desarrollo
modernidad

súbdito

ciudadano
natural
oriundo

vasallo
feudatario

subdividir(se)

dividir
ramificar

↔ unificar
unir
reunir

súber

corcho

subestimar(se)

subvalorar
infravalorar
desestimar
menospreciar
minusvalorar
despreciar
reírse
tener a menos

↔ sobrestimar

subida

ascenso
escalada
remonte

elevación
levantamiento
alza
empinamiento

aumento
incremento
desarrollo

progreso
adelanto
mejora
promoción

cuesta
rampa

↔ bajada
descenso

disminución
decrecimiento

empeoramiento

subido

alzado
levantado
elevado
trepado
encaramado

intenso
fuerte
vivo
acentuado
pronunciado
penetrante

atrevido
osado

subir(se)

ascender
escalar

trepar
remontar

elevar
levantar
encaramar
aupar
alzar
empinar
izar

costar
importar
valer

enderezar
erguir
estirar

montar
coger

aumentar
incrementar
engrosar
crecer
desarrollar

progresar
prosperar
mejorar
medrar
promover

subirse

emborrachar
achispar
marear
embriagar
empedar *col.*

envanecerse

↔ bajar
descender

agachar

disminuir
decrecer

empeorar

súbito

subitáneo
repentino
rápido
imprevisto
inesperado
brusco
fulgurante

impulsivo
espontáneo
irreflexivo

súbitamente
repentinamente
rápidamente
de repente

↔ lento
progresivo

reflexivo

lentamente

subjetivo

personal
parcial
arbitrario
apasionado

↔ objetivo
imparcial

sublevación

sublevamiento
alzamiento
levantamiento
rebelión
motín
amotinamiento
insubordinación

↔ sometimiento
sumisión

sublevar(se)

alzar
levantar
rebelar
amotinar
insubordinar
revolver
alborotar
soliviantar
perturbar
indisciplinar

irritar
enfadar
indignar
enojar
enfurecer
encolerizar
sulfurar
encocorar
cabrear *col.*
sacar de quicio

↔ someter
apaciguar
ordenar

agradar

sublimar(se)
alabar
exaltar
enaltecer
engrandecer
ponderar
elogiar
encomiar
idealizar
divinizar
deificar
poetizar

↔ criticar
    denigrar

sublime
excelente
excelso
eminente
excepcional
soberbio
admirable
espléndido
grandioso
noble
ideal
divino

↔ pésimo
    horroroso
    malísimo

subliminal
subconsciente

↔ liminal
    consciente

sublimizar
sublimar
alabar
engrandecer

submarinista
buceador
buzo

submarino
subacuático

subnormal
retrasado
anormal *col.*
deficiente mental

subordinación
sometimiento
sujeción

obediencia
sumisión

supeditación
relegamiento
posposición
postergamiento
dependencia

↔ rebelión
    anteposición

subordinado
subalterno
inferior
dependiente
supeditado
auxiliar

subordinar(se)
someter
sujetar
doblegar
obedecer

supeditar
relegar
posponer
postergar
condicionar
depender

↔ rebelar
    anteponer

subproletariado
lumpen

subrayar
destacar
recalcar
acentuar
resaltar
enfatizar
realzar
remachar
señalar
hacer hincapié

↔ atenuar
    disimular

subrepción
ocultación
solapamiento

subrepticio
oculto
solapado
subterráneo

furtivo
latente
velado

↔ ostensible
    manifiesto
    abierto

subsanar
resarcir
enmendar
reparar
compensar
remediar
corregir
arreglar
solucionar
resolver

disculpar
excusar
justificar
perdonar

↔ empeorar
    estropear

subsecuente
subsiguiente

subseguir(se)
seguir

deducirse
inferirse
colegirse
desprenderse

subsidiar
subvencionar
pensionar

subsidiario
sustitutorio
suplementario
complementario

subsidio
subvención
pensión
renta
jubilación

subsiguiente
subsecuente
siguiente
posterior
ulterior

↔ anterior

subsistencia
conservación
permanencia
persistencia
continuidad
mantenimiento
supervivencia
vida
existencia

sustento
manutención

↔ desaparición

subsistir
conservarse
permanecer
perdurar
persistir
continuar
mantenerse
perpetuarse
durar
quedar
sobrevivir
pervivir
vivir

↔ desaparecer

subsumir
englobar
incluir

↔ separar
    aislar

subte *amer. col.*
subterráneo *amer.*
metro

subterfugio
excusa
pretexto
evasiva
escapatoria
disculpa

subterráneo
oculto
profundo
hondo
íntimo

túnel

amer.
metro
metropolitano

↔ superficial

suburbano

suburbial
periférico

metro
metropolitano
subterráneo *amer.*

↔ céntrico

suburbio

periferia
extrarradio
arrabal
barrio
inmediaciones
alrededores
aledaños
afueras

↔ centro

subvalorar(se)

subestimar
minusvalorar

↔ sobreestimar

subvención

subsidio
contribución

subvencionar

subvenir
subsidiar
financiar
sufragar
contribuir
aportar

subvenir

subvencionar
sufragar
costear

subversión

perturbación
alteración
desorden
agitación
rebelión
revuelta
levantamiento
alzamiento
pronunciamiento
revolución

↔ restablecimiento

subversivo

subversor
perturbador
sedicioso
agitador
conspirador
incendiario
revolucionario

subvertir

alterar
trastornar
perturbar
trastocar
pervertir

↔ restablecer
   defender

subyacer

ocultarse
esconderse

↔ transparentarse

subyugar

someter
dominar
oprimir
sojuzgar
domeñar
rendir
tiranizar
esclavizar
aherrojar

cautivar
embelesar
encantar
maravillar
seducir

↔ liberar
   libertar

succionar

chupar
sorber
mamar
libar

absorber
aspirar
tragar

↔ expulsar

sucedáneo

sustitutivo
remedo

imitación
reproducción

↔ original
   auténtico

suceder

ocurrir
pasar
acontecer
acaecer
producirse
desarrollarse
sobrevenir
efectuarse
registrarse
resultar
devenir
darse
ser

seguir

↔ preceder
   anteceder

sucedido

suceso
hecho
acontecimiento
episodio
anécdota

sucesión

serie
secuencia
relación
decurso
ciclo
sarta
encadenamiento
cadena

prole
descendencia

herencia
legado
patrimonio

sucesivo

siguiente
subsiguiente
ulterior
subsecuente
seguido

suceso

hecho
acontecimiento

acaecimiento
evento
episodio
página
efeméride
anécdota
caso
lance
peripecia
fenómeno
aventura

sucesor

sustituto

heredero
beneficiario
descendiente
vástago

suciedad

guarrería
guarrada
mugre
roña
polución
inmundicia
impureza
porquería
grasa
gorrinada
cochambre

descuido
desaseo
abandono
falta de higiene

grosería
inmoralidad
indecencia
obscenidad
procacidad
deshonestidad

↔ limpieza
   pulcritud

   aseo

   decencia
   honestidad
   pureza

sucinto

breve
resumido
conciso
condensado
compendioso
sintético

sinóptico
somero
corto
parco
lacónico

↔ extenso
   pormenorizado

sucio

guarro
manchado
mugriento
asqueroso
roñoso
turbio
poluto
inmundo
impuro
puerco
hediondo
cochino
negro
chamagoso *amer.*

desaseado
desastrado
descuidado
desaliñado
astroso
adán
gitano
piojoso

inmoral
indecente
obsceno
procaz
deshonesto
libidinoso
pornográfico

ilegal
ilícito

innoble
falso
hipócrita
traicionero
tramposo
marrullero
fullero

↔ limpio
   impoluto

   aseado

   decente
   honesto

   legal

   leal
   noble

suculento

nutritivo
sabroso
rico
jugoso
gustoso
delicioso
apetitoso
exquisito

↔ insípido
   insulso

sucumbir

rendirse
claudicar
someterse
entregarse

ceder
desistir
declinar

morir
fallecer
perecer
expirar
fenecer
palmar *col.*
espichar *col.*

desaparecer
derrumbarse
hundirse

↔ resistir

   nacer

   resurgir

sucursal

filial
delegación
agencia

sudaca *desp.*

sudamericano

sudafricano

surafricano

sudamericano

suramericano
hispanoamericano
iberoamericano
latinoamericano
americano
sudaca *desp.*

sudar

transpirar
trasudar

segregar
exudar
destilar
rezumar

trabajar
esforzarse
laborar
afanarse
desvelarse
currar *col.*
currelar *col.*

sudario

mortaja

sudeste

sureste

↔ nordeste
   noreste

sudoeste

suroeste

↔ noroeste

sudor

transpiración

segregación
exudación

sudoriento

sudoroso
sudoso

sudorífico

sudorífero
sudoríparo

sudoroso

sudoriento
sudoso

suela

piso
plantilla

sueldo

paga
salario
remuneración

retribución
estipendio
haber
mes
mensualidad
soldada

suelo

piso
pavimento
firme

base
asiento
culo
pie

suelta

liberación

suelto

desatado
desamarrado
desenganchado
desunido

libre
liberado

disperso
disgregado

separado
sencillo

amplio
holgado
flojo
ancho

fluido
ágil
garboso

hábil
confiado
desenvuelto
experimentado

descompuesto
indispuesto
diarreico

cambio
calderilla

gacetilla
artículo

↔ atado

   encarcelado
   contenido

compacto
apelmazado

junto

ajustado
estrecho

farragoso

torpe

estreñido

sueño

somnolencia
adormecimiento
modorra
soñarrera
letargo

siesta
dormida

ideal
aspiración
ambición
anhelo
deseo

fantasía
utopía
quimera
ilusión
ficción

maravilla
preciosidad
divinidad

↔ vigilia

suerte

azar
fortuna
casualidad
ventura
acaso
fatalidad
estrella

chiripa
chamba
carambola
chorra *col.*
potra *col.*
derechura *amer.*

destino
sino
porvenir

clase
tipo

género
especie

manera
modo
forma
guisa
método
estilo
táctica
fórmula
tercio

↔ desgracia
    infortunio

suertudo

afortunado
agraciado
venturoso
próspero
dichoso
chambón *col.*

↔ desafortunado
    desventurado
    desgraciado

suéter

jersey
pullover

suficiencia

competencia
capacitación
aptitud
habilidad
preparación
pericia

autosuficiencia
confianza
presunción
soberbia
engreimiento
petulancia

↔ insuficiencia
    incapacidad
    ineptitud

    inferioridad
    modestia

suficiente

bastante
harto
sobrado
razonable
asaz *cult.*

competente
capacitado
apto
hábil

autosuficiente
confiado
presumido
soberbio
engreído
petulante
altivo

aprobado

↔ insuficiente

    incapaz
    inepto

    modesto

    suspenso

sufijo

posfijo

sufragáneo

dependiente
supeditado

sufragar

subvencionar
subvenir
costear
patrocinar
financiar
pagar
cubrir
abonar

amer.
votar

sufragio

elección
votación
comicios

voto

ayuda
subsidio
subvención
aporte
auxilio
socorro

sufrido

resignado
paciente

estoico
duro

↔ quejica
    protestón

sufrimiento

aflicción
dolencia
padecimiento
dolor
pena
trago

↔ alegría
    gozo

sufrir

padecer
penar
pasar
adolecer
doler

tolerar
soportar
aguantar
tragarse
sobrellevar
resistir
arrostrar
fastidiarse

experimentar
sentir

↔ gozar
    disfrutar

    rebelarse

sugerencia

proposición
insinuación
recomendación

sugerente

sugestivo
tentador

sugerir

proponer
recomendar
aconsejar
indicar
insinuar
plantear
orientar
invitar
dictar

asesorar
advertir
predicar

evocar
recordar
aludir
traer a la memoria

parecer
semejar

sugestión

influencia
persuasión
coacción

obsesión
manía

sugerencia
proposición
recomendación

sugestionar(se)

influir
persuadir
coaccionar

obsesionarse
cegarse
ofuscarse

sugestivo

sugeridor
sugerente
interesante
tentador
prometedor

sexy

suicida

temerario
arriesgado
imprudente
expuesto
insensato
peligroso

↔ prudente

suicidarse

matarse
quitarse la vida

suizo

helvecio
helvético

sujeción

agarre
sostenimiento
ligadura
fijación

↔ suelta
   liberación

sujetador

sostén

sujetapapeles

clip

sujetar(se)

agarrar
coger
sostener
ligar
pegar
fijar
prender
asir
asegurar
afianzar
aferrar

someter
dominar
retener
refrenar
contener
parar
inmovilizar
aprisionar

ajustar
ceñir
abrochar
abotonar

↔ soltar
   desasir

   liberar
   rebelarse

   desajustar
   desceñir

sujeto

agarrado
cogido
sostenido
ligado
pegado
fijo
prendido

sometido
dominado
retenido
refrenado
parado
inmovilizado

persona
individuo
tipo
tío
fulano
interfecto
quídam
gachó

asunto
tema
materia
motivo

↔ suelto
   desasido

   liberado
   rebelde

sulfurado

enfadado
irritado
encolerizado
furioso

↔ calmado

sulfurar(se)

enfadar
irritar
encolerizar
enfurecer
enojar
sublevar
rabiar
cabrear *col.*

↔ calmar

suma

adición

monto
montante
monta
conjunto
cifra

↔ resta

sumamente

muy

sumar(se)

reunir
juntar
agregar
añadir
anexionar

importar
ascender
subir
costar
montar

sumarse

adherirse
incorporarse
integrarse
unirse

sumario

breve
conciso
sucinto
resumido
escueto
condensado
sintetizado

causa
pleito

síntesis
resumen
recopilación
compendio

↔ extenso
   ampliación

sumergible

submarino

sumergir(se)

hundir
zambullir
chapuzar
anegar
bañar
sumir

sumergirse

abismarse
abstraerse
ensimismarse
concentrarse
embeberse

↔ emerger
   distraerse

sumersión

sumergimiento
inmersión
hundimiento

↔ emersión

sumidero

cloaca
alcantarilla
albañal
desagüe

sumido

enfrascado
ensimismado
abstraído
inmerso
engolfado

suministrador

abastecedor
distribuidor
proveedor

suministrar

abastecer
proveer
aprovisionar
avituallar
pertrechar
guarnecer
surtir
proporcionar
procurar
facilitar
distribuir
nutrir

↔ desabastecer

suministro

abastecimiento
aprovisionamiento
avituallamiento
distribución
administración

víveres
vituallas
provisión
entrega
remesa

sumir(se)

abismar
sumergir

hundir
enterrar

arrastrar

abstraer
ensimismar
embeber

↔ sacar

distraer

sumisión

sometimiento
docilidad
mansedumbre
obediencia
humildad
servilismo
rendimiento
rendición
vasallaje
pleitesía

↔ insumisión
desobediencia
rebeldía

sumiso

dócil
manso
obediente
doblegable
manejable
maleable
rendido
humilde
suave

↔ insumiso
desobediente
altanero

súmmum

colmo
máximo
culminación

sumo

superior
supremo
enorme
extremo
tremendo
increíble
impresionante

↔ inferior

mínimo

suntuoso

lujoso
espléndido
fastuoso
opulento
soberbio
rico
rumboso
magnífico
pomposo
ostentoso
aparatoso
faraónico

↔ modesto
humilde

supeditar(se)

subordinar
relegar
condicionar
posponer
someter
vincular

supeditarse

sujetarse
atenerse
ceñirse
plegarse
acatar

↔ anteponer

súper *col.*

estupendo
magnífico
excelente
fantástico
genial

supermercado

↔ horrible
pésimo

superabundancia

exceso
demasía
proliferación
copiosidad
derroche

↔ escasez
falta

superabundar

sobreabundar
sobrar

exceder
rebosar

↔ faltar
carecer

superalimentar

sobrealimentar

superar

sobrepasar
adelantar
aventajar
rebasar
sobrexceder
sobrepujar
sobrar
predominar
preceder
imponerse
ganar

salvar
pasar
vencer
salir
remontar

superarse

mejorar
rehacerse
progresar

↔ retroceder

fracasar

retrasarse

superávit

abundancia
exceso
excedente
ganancia
beneficio

↔ déficit
pérdida

superchería

engaño
fraude
treta
trampa

superstición

superdotado

genio
fiera

superferolítico

afectado
cursi
remilgado
rebuscado

↔ basto
    ordinario

superficial

exterior
externo

frívolo
insustancial
trivial
vacío
vacuo
somero
huero
hueco
ligero
pueril
baladí
insignificante

↔ profundo
    hondo

    trascendental

superficie

extensión
área
ámbito
espacio
plano

superfluo

innecesario
insignificante
fútil
inútil
ocioso
baladí
nimio

↔ necesario
    imprescindible

superhombre

supermán
semidiós
héroe

superior[1]

mejor
mayor
más alto

supremo
excelente
magnífico
estupendo
extraordinario
inmejorable
genial
cimero
preponderante
superlativo
aventajado
avanzado
adelantado
primero
pistonudo *col.*

jefe
director

↔ inferior
    peor

    pésimo

    subordinado

superior[2]

rector
prior
prelado
abad

superioridad

supremacía
excelencia
magnificencia
preponderancia
notabilidad
mejoría
primacía
preferencia
preeminencia
predominio
calidad
perfección

dirección
jefatura
gobierno
mando

↔ inferioridad

superlativo

superior
supremo
excelente
magnífico
excelso
máximo

supermán

superhombre

supermercado

hipermercado
autoservicio
súper

superponer(se)

sobreponer
solapar
imbricar

anteponer

superposición

anteposición

↔ subordinación
    posposición

superproducción

sobreproducción

superrealismo

surrealismo

supersónico

meteórico
vertiginoso
fulgurante

↔ lento

superstición

superchería

supervalorar

sobrestimar

↔ infravalorar
    subestimar

supervisar

examinar
revisar
inspeccionar
controlar

supervivencia

subsistencia
perduración
conservación
mantenimiento
duración

superviviente

sobreviviente

↔ víctima

suplantador

impostor
simulador
farsante

suplantar

usurpar
desbancar
reemplazar

suplementario

suplente
subsidiario
sustitutorio
complementario

suplemento

complemento
supletorio
apéndice
anexo
accesorio

suplencia

sustitución
relevación
relevo
reemplazo

suplente

sustituto
segundo

↔ titular

supletorio

suplemento
complemento

súplica

ruego
instancia
solicitud
demanda
invocación
petición
deprecación

↔ orden
    mandato
    exigencia

suplicante

implorante
suplicatorio
exhortativo

suplicar

rogar
implorar
instar
solicitar
demandar
exhortar
invocar
impetrar
deprecar
clamar

suplicatorio

suplicante
implorante
exhortativo

suplicio

sufrimiento
tormento
tortura
padecimiento
martirio
carga
calvario

↔ delicia
   goce

suplir

sustituir
reemplazar
representar
relevar

suponer[1]

presuponer
conjeturar
considerar
imaginar
creer
pensar
presumir
figurarse
sospechar
calcular
antojarse
deducir
colegir
poner

implicar
conllevar

entrañar
comportar
arrastrar
significar
representar
llevar consigo

importar
significar
valer
costar

suponer[2]

suposición
presuposición
presunción
conjetura
hipótesis

suposición

suponer
presuposición
conjetura
consideración
imaginación
creencia
pensamiento
presunción
figuración
sospecha
cálculo
hipótesis
cábala

↔ comprobación
   realidad

supra

arriba

supranacional

internacional

suprasensible

sobrenatural

↔ sensible

supremacía

superioridad
preeminencia
primacía
soberanía
prominencia
preponderancia
predominio
hegemonía

supremo

superior
máximo
sumo
soberano
excelente
insuperable
soberbio
puntero
superlativo
eminente
preeminente
sobresaliente
extraordinario

importante
trascendente
capital
crucial
decisivo
clave

↔ ínfimo
   mínimo
   mediocre

   intrascendente
   nimio

supresión

eliminación
cancelación
anulación
revocación
disolución

laguna

↔ reposición

suprimir

quitar
eliminar
anular
cancelar
erradicar
revocar
prescindir
disolver
deshacer
desconvocar

callar
omitir
borrar
censurar
comerse
pasar por alto

↔ reponer
   instaurar

supuesto

pretendido
falso
fingido
sedicente
aparente
inexistente

presumible
presunto
hipotético
posible

hipótesis
conjetura
presupuesto
premisa
postulado

↔ verdadero
   auténtico

   improbable
   imposible

supuración

purulencia

sur

mediodía

meridional
austral
antártico

↔ norte
   septentrión

   septentrional

surafricano

sudafricano

suramericano

sudamericano

surcar

hender
atravesar
cruzar
cortar

arrugar
arañar
acanalar
rayar

surco

hendidura
señal

huella
zanja
rodada
ranura
gavia
cisura
canal
acanaladura
muesca
arruga
estría

sureño

meridional
del sur
abajeño *amer.*

↔ norteño
septentrional

sureste

sudeste

↔ nordeste
noreste

surgidero

fondeadero
atracadero
anclaje

surgir

brotar
surtir
manar
emanar

elevarse
alzarse
descollar
destacar
despuntar
asomar
salir

aparecer
producirse
manifestarse
presentarse
suceder
sobrevenir
nacer
aflorar
resultar
germinar

surmenage *fr.*

agotamiento
extenuamiento

suroeste

sudoeste

↔ noroeste

surrealismo

superrealismo

surtido

vario
diverso
heterogéneo

muestrario
colección
variedad
diversidad

abastecimiento
aprovisionamiento
suministro
provisión
entrega
remesa
stock

surtidor

proveedor
suministrador

fuente
géiser

surtir

abastecer
aprovisionar
suministrar
avituallar
entregar
proveer
guarnecer
dotar
equipar
administrar
nutrir
implementar *amer.*

fluir
surgir
brotar
manar

↔ desabastecer

susceptible

suspicaz
receloso
sentido
sensible

puntilloso
irritable
delicado
vidrioso
quisquilloso

suscitar

causar
provocar
producir
promover
originar
crear
motivar
levantar
generar

suscribir(se)

firmar
rubricar

secundar
apoyar
respaldar
ratificar
aprobar
adherirse
solidarizarse

inscribir
apuntar

↔ rebatir
rechazar

borrarse
darse de baja

suscripción

inscripción
registro
abono
alta

susodicho

sobredicho
antedicho
mencionado
referido
nombrado

suspender

colgar
pender

parar
detener
interrumpir
suprimir

anular
cancelar
revocar
abolir
derogar
rescindir
clausurar
aplazar

catear *col.*
reprobar *amer.*
dar calabazas

encantar
embelesar
fascinar
pasmar
maravillar
enajenar

↔ descolgar

reanudar
restablecer

aprobar

suspense *ingl.*

intriga
emoción
misterio
incertidumbre

suspensión

parada
detención
interrupción
supresión
cancelación
abolición
derogación
revocación
rescisión
alto

amortiguación

↔ reanudación
restablecimiento

suspenso

colgado
pendiente

desconcertado
perplejo
admirado
sorprendido
atónito
pasmado
helado

insuficiente
cate
calabazas
reprobado *amer.*

suspensores *amer.*

tirantes

suspicacia

desconfianza
recelo
prevención

↔ confianza

suspicaz

desconfiado
receloso
malpensado
malicioso
incrédulo

↔ confiado

suspirar

desear
anhelar
desvivirse
morir

suspiro

ay
quejido

sustancia

materia

esencia
naturaleza
ser

fondo
idea
enjundia
meollo
alma
quid
miga
jugo
chicha *col.*

juicio
sensatez
madurez
seriedad

↔ paja
palabrería

insensatez

sustancial

fundamental
sustantivo
esencial
trascendental
primordial
capital
crucial
básico

↔ insustancial
intrascendental

sustanciar

resumir
extractar
compendiar
sintetizar

↔ ampliar

sustancioso

importante
valioso
interesante

alimenticio
nutritivo
opíparo
sabroso
suculento

↔ insignificante

sustantivo

sustancial
fundamental
esencial
trascendental
capital
crucial
decisivo

nominal

nombre

↔ insustancial

sustentación

sostén
soporte

amparo
defensa
conservación

sustentáculo

soporte
apoyo
sostén

sustentar(se)

sostener
soportar
sujetar
aguantar

amparar
preservar
defender
conservar
mantener
propugnar

alimentar
nutrir

basar
fundar
fundamentar
argumentar
apoyar
justificar
motivar

↔ tirar

destruir

sustento

alimento
alimentación
nutrición
mantenimiento
manutención
subsistencia
comida
vianda
pan
puchero
pasto
condumio *col.*

sostén
soporte
base
arrimo
báculo

↔ hambre
desnutrición

sustitución

suplencia
reemplazo
cambio
relevo
relevación
reposición
recambio

↔ mantenimiento

sustituir

reemplazar
cambiar
relevar
suceder
suplir
representar
reponer
recambiar

↔ mantener

sustitutivo

sucedáneo

sustituto

suplente
sucesor
sucedáneo

↔ titular

susto

sobresalto
miedo
patatús
alarma

sustracción

robo
hurto
sisa
desfalco
ratería

resta

↔ devolución

suma

sustraer

robar
hurtar
mangar
birlar
soplar
sisar
aliviar
afanar
guindar *col.*
choricear *col.*

detraer
apartar
separar
extraer
quitar

restar

sustraerse
escabullirse
escaquearse
desentenderse

↔ devolver

   unir

   sumar

   enfrentarse
   encarar

susurrar
musitar
murmurar
mascullar
bisbisear *col.*

sutil
fino
delicado

leve
liviano
tenue
frágil
suave
grácil
galano
vaporoso
aéreo
impalpable

agudo
ingenioso
perspicaz
inteligente
hábil
refinado
lúcido
penetrante
diplomático
astuto
chispeante
ágil

↔ grueso
   tosco
   basto

   simple
   tonto

sutileza
sutilidad
finura
delicadeza
levedad
fragilidad
gracilidad

agudeza
ingenio
perspicacia
inteligencia
habilidad
lucidez
diplomacia
astucia

↔ tosquedad

   simpleza

sutilidad
sutileza

sutilizar(se)
atenuar
suavizar
dulcificar
alambicar

perfeccionar
pulir

↔ embastecer

   empeorar

sutura
costura
cosido

t

taba
astrágalo

tabacalero
tabaquero

tabal
tamboril
atabal

tabalear(se)
balancear
tambalear
agitar
zarandear
menear

tamborilear
tamborear
repiquetear

tabanco
puesto
tenderete

amer.
buhardilla

tábano
tabarro

col.
pesado
molesto
pelma *col.*
pelmazo *col.*
moscón *col.*
moscardón *col.*

tabaquera
pitillera
petaca
cigarrera

tabaquero
tabacalero

tabaquismo
nicotinismo
nicotismo

tabardillo
insolación

col.
revoltoso
enredador
zascandil *col.*

tabarra *col.*
molestia
pesadez
incordio
fastidio
lata *col.*
rollo *col.*
gaita *col.*

tabarro
tábano

taberna
tasca
cantina
bodega

tabernáculo
sagrario

tabernario
ordinario
grosero
vil
soez
bajo

↔ refinado

tabernero
cantinero
bodeguero

tabicar(se)
tapiar

taponar
tapar
cerrar
obstruir
cegar
condenar

↔ abrir

tabique
pared

división
membrana

tabla
listón

estante
balda

lista
índice
cuadro

tablas
empate (ajedrez)

tablado
tarima

tablao
escenario

patíbulo

tablazón
entablado
armazón

tablero
plancha
tablón
panel
marcador
pizarra

tableta
pastilla
barra

gragea
comprimido

tablón
tablero

col.
borrachera
embriaguez
cogorza *col.*
trompa *col.*
curda *col.*
mona *col.*
merluza *col.*

tabuco
cuchitril
tugurio

tabular
listar

taburete
banqueta
escabel

tacañear
racanear

tacañería
avaricia
ruindad

mezquindad
racanería
roñosería *col.*

↔ generosidad
  esplendidez

tacaño

avaro
rácano
ruin
mezquino
miserable
agarrado *col.*
roñoso *col.*

↔ generoso
  espléndido

tacatá o **tacataca**

andador
andaderas

tacha

imperfección
lacra
tara

mancha
mancilla

tachadura

tachón
borrón

tachar

tildar
acusar
motejar

tachines *col.*

pies
pinreles *col.*

tacho *amer.*

cubo
palangana

tachón

tachadura
borrón

tachonado

claveteado

cubierto
salpicado
sembrado

tachonar o
tachonear

clavetear

tachuela

chincheta

tácito

implícito
elíptico

callado
silencioso

↔ explícito

taciturno

callado
reservado
retraído
cerrado
hosco
huraño

triste
melancólico
apagado

↔ locuaz

  alegre

taco

tarugo

baqueta

montón
bloque

palabrota
palabro
lisura *amer.*

col.
lío
jaleo
embrollo
enredo
follón

tacos *col.*

años

tacómetro

cuentarrevoluciones
taquímetro

taconear

zapatear

taconeo

zapateado

tactación

tacto
palpación

táctica

método
procedimiento
técnica
sistema
artimaña
maniobra

tacto
diplomacia

táctico

metódico
sistemático

estratega

tacto

sensibilidad

toque
roce

tocamiento
toqueteo

tactación
palpación

diplomacia
delicadeza
tiento

↔ torpeza

tagarnia *amer.*

atracón
hartón

borrachera

taheño

pelirrojo
rubio

tahona

horno
panadería

tahúr

fullero
tramposo
ventajista

taimado

astuto
ladino
zorro

↔ ingenuo

tajada

rodaja
loncha
porción

cortadura
corte
tajo
raja

col.
borrachera
embriaguez
cogorza *col.*
melopea *col.*
mona *col.*
tablón *col.*
merluza *col.*

tajadera

tajo

cortafrío

tajado *col.*

borracho
bebido
beodo *col.*

tajamar

roda

espolón

tajante

contundente
rotundo
terminante
concluyente
firme

drástico
expeditivo
radical
extremista

↔ vacilante

  moderado

tajar

cortar
seccionar

tajarse *col.*
emborracharse
embriagarse
achisparse
amonarse *col.*

tajo
corte
cortadura
tajada
cuchillada
navajazo

tajadera

col.
trabajo
tarea
labor
curro *col.*

tal
semejante
tamaño

así

tala
desmonte

talabartería
guarnicionería

talador
leñador

taladrado
perforación
taladro

taladradora
taladro

taladrar
agujerear
perforar

herir

taladro
taladradora

taladrado
perforación

orificio
agujero
boquete

tálamo *cult.*
lecho
cama

receptáculo

talanquera
resguardo
abrigo
refugio
amparo

talante
humor
carácter
genio
índole

gana
agrado
voluntad
predisposición

talar
cortar
derribar
desmontar

destruir
arrasar
demoler
asolar
devastar

↔ reconstruir

talega
talego
saco
bolsa

col.
dinero
pasta *col.*

talego
talega
saca

argot
cárcel
presidio
trullo *argot*
trena *argot*

mil pesetas

talento
inteligencia
ingenio

lucidez
perspicacia
entendimiento
juicio

habilidad
genialidad
aptitud
capacidad

genio
portento

↔ torpeza

incapacidad
nulidad

talentoso o
talentudo
inteligente
ingenioso
lúcido
perspicaz
juicioso
genial

hábil
apto
capaz

↔ torpe

incapaz

talismán
amuleto
fetiche

talla
tallado
labrado
grabado

escultura

estatura
altura

mérito
valía
magnitud
alcance
trascendencia
importancia
notoriedad

tallar
esculpir
labrar
grabar

medir

talle
cintura

figura

taller
obrador
manufactura
fábrica

tallista
escultor
grabador

tallo
esqueje

vástago
brote
retoño

talludo
crecido
mayor
maduro

talón[1]
calcañar

pulpejo

talón[2]
cheque

talonario
chequera *amer.*

talud
cuesta
pendiente
rampa

tamal *amer.*
confusión
lío
embrollo
follón

tamaño
medida
volumen

importancia
magnitud
alcance

valía
altura
talla

tal
semejante

tambaleante

bamboleante
vacilante
inestable
inseguro

↔ estable
   firme

tambalear(se)

bambolear
balancear
oscilar

tambaleo

bamboleo
balanceo
oscilación

tambarria *amer.*

juerga
jarana
jolgorio

también

igualmente
además
asimismo
incluso

tambor

parche
caja

bastidor

tímpano (del oído)

tamborear

tamborilear
tabalear

tamboreo

tamborileo
tabaleo

tamboril

timbal
tímpano

tamborilear

tamborear
tabalear

golpetear
repiquetear

tamborileo

tamboreo
tabaleo

golpeteo
repiqueteo

tamiz

cedazo
cernedor
criba

tamizar

cribar

filtrar

tampón

almohadilla
sello

tanda

turno
serie

sarta
mano

amer.
acto (obra teatral)

tándem

equipo
pareja

tanga[1]

chito
chita

tanga[2]

biquini
taparrabos

tángana

jaleo
bronca
alboroto
trifulca
pelea

tangar *argot*

engañar
timar
estafar

tangencial

secundario
accesorio
marginal

↔ fundamental

tangerino

tingitano

tangible

material
físico
palpable

evidente
concreto
real
perceptible

↔ intangible
   inmaterial

   irreal
   ilusorio

tanque

blindado
carro de combate

depósito
cisterna
aljibe

tanteador

marcador
tablero

tantear

calcular
medir
sopesar
considerar

sondear

tanteo

puntuación
resultado

tanto

punto

tañedor

instrumentista
intérprete

tañer

tocar
pulsar
rasguear

repicar

tañido

son

toque
campanada

tapa

tapadera
cubierta

aperitivo

tapaboca o
   tapabocas

bufanda

tapadera

tapa

encubridor
pantalla

tapadillo, de

ocultamente
a escondidas
de extranjis *col.*

↔ abiertamente
   a cara descubierta

tapar(se)

cerrar
taponar

cubrir
ocultar

abrigar
arropar

encubrir
disimular
echar tierra

↔ destapar
   abrir

   descubrir

tápara
alcaparra
alcaparrón

taparrabo o
taparrabos
tanga

tapera *amer.*
ruinas

tapia
muro
pared

tapiar
vallar
cercar
tabicar

tapicería
tapizado

tapizar
entelar

cubrir
alfombrar
sembrar

tapón
obstáculo
impedimento

embotellamiento
atasco

col.
retaco
enano

taponar
tapar
cerrar
obstruir

↔ destaponar
destapar

tapujo
engaño
disimulo
rodeo

tejemaneje
enredo
intriga

taquigrafía
estenografía

taquilla
recaudación

taquillero
boletero *amer.*

taquímetro
tacómetro
cuentarrevoluciones

tara
defecto
lacra
carencia
discapacidad

↔ virtud
cualidad

tarabilla
cotorra
loro
parlanchín

verborrea

taracea
marquetería

tarado
defectuoso

discapacitado
disminuido
tocado

col.
tonto
estúpido
torpe
necio

↔ perfecto
entero

sano
normal

inteligente

tarambana o
tarambanas *col.*
informal
vivalavirgen *col.*
zascandil *col.*

tronera *col.*
botarate *col.*

↔ formal
responsable

tararear
canturrear

tarareo
canturreo

tarasca
bruja
arpía

tarascada
mordedura
dentellada
bocado
mordisco

insolencia
exabrupto
fresca *col.*

tardanza
demora
retraso

dilación
lentitud
morosidad

↔ puntualidad
rapidez

tardar
demorarse
retrasarse

invertir
gastar
emplear

↔ adelantarse

tarde
atardecer

↔ mañana
amanecer

temprano
pronto

tardío
tardo

↔ temprano
precoz

tardo
lento
perezoso
pausado
calmoso
parsimonioso

tardío

torpe
lerdo
obtuso

↔ vivaz

temprano

despierto

tardón *col.*
lento
cachazudo *col.*
pelma *col.*
plasta *col.*

↔ rápido
activo

tarea
labor
obra
faena
trabajo
actividad
cometido
ocupación

↔ ocio

tarifa
precio
importe

tarifar
reñir
discutir
regañar
enemistarse

↔ reconciliarse

tarima
plataforma
tablado
entarimado
estrado

tarjeta
postal

tarquín
lodo
légamo
limo
cieno

tarra col.
viejo
carcamal col.
carroza col.
retablo col.
vejestorio desp.

↔ chaval
  pollo col.

tarro
bote
frasco

col.
cabeza
coco col.
terraza col.
torrado col.

tarso
corvejón
jarrete

tarta
pastel
torta amer.

tartaja
tartamudo
tartajoso

tartajear
tartamudear

tartajeo
tartamudeo

tartajoso
tartamudo
tartaja

tartamudear
tartajear

tartamudeo
tartamudez
tartajeo

tartamudo
tartaja

tartana col.
cafetera col.

tártaro[1]
sarro

tártaro[2] cult.
infierno
averno cult.

tartera
fiambrera

tarugo
taco

corrusco
cuscurro

col.
zoquete
bruto
lerdo

↔ genio

tarumba col.
loco
trastornado
aturdido
atontado

tasa
tasación
evaluación
valoración
medida

índice

↔ exención

tasajo
cecina

tajada
loncha
lonja

tasar
valorar
evaluar
determinar
medir
cuantificar

controlar
restringir
limitar
racionar

tasca
taberna
bar
bodega

tasquear
copear

tata col.
niñera
aya
nodriza

amer.
padre

taumaturgia
magia

taumatúrgico
milagroso
mágico

taumaturgo
mago

taurino
torero

tauro
toro (signo zodiacal)

tauromaquia
toreo

taxativo
preciso
exacto
estricto
literal
específico

↔ relativo
  vago

taxidermia
disecación

taxidermista
disecador

taxonomía
clasificación

taxonómico
clasificador

taza
inodoro
retrete
wáter

tazón
bol

tea
antorcha
hacha

col.
borrachera
melopea col.
trompa col.
merluza col.
castaña col.
tablón col.
tajada col.

teatral
dramático
escénico

efectista
afectado
aparatoso
exagerado

↔ natural

teatralidad
dramatismo
afectación
aparatosidad
efectismo
exageración

↔ naturalidad

teatro
drama
farándula

cuento
comedia
farsa
fingimiento

escenario

tebeo
cómic

techado
techumbre
techo
cubierta
tejado

techo
techado
techumbre
tejado
cubierta

vivienda
cobijo
refugio

tope
límite

techumbre
techo
techado

tecla
botón
pulsador

tecleado
tecleo

teclear *col.*
probar
tantear
pulsar

técnica
tecnología

procedimiento
método
sistema
manera

destreza
experiencia

técnico
tecnológico

especialista

tecnología
técnica

terminología

tecnológico
técnico

tedio
aburrimiento
fastidio
pesadez
monotonía
hastío

apatía
desgana
desinterés

↔ emoción
diversión

interés
ilusión

tedioso
aburrido
fastidioso
pesado
monótono

↔ emocionante
divertido
interesante

tejado
techumbre
cubierta

tejanos
vaqueros
blue jeans
jeans

tejar
tejera

tejedura
tejido
trama

tejemaneje
ajetreo
trajín

enredo
lío
chanchullo *col.*
amaño *col.*
enjuague *col.*

tejer
tricotar

idear
proyectar
planear
maquinar
tramar
urdir

labrar
forjar

tejera
tejar

tejido
trama
tejedura

tela
paño

tejo
rayuela

tela
tejido
paño

trapo

col.
dinero
pasta *col.*
guita *col.*
parné *caló*

telamón
atlante

tele *col.*
televisión
televisor

telecabina
teleférico

telecontrol
telemando

telediario
parte
noticiario
informativo

telefax
fax

teleférico
funicular
telecabina

telefonazo
llamada

telefonear
llamar

telefonista
operador

teléfono
telefonía

telegráfico
lacónico
breve

↔ prolijo
extenso

teleimpresor
teletipo

telekinesis
telequinesis
telequinesia
psicokinesis
psicoquinesis
psicoquinesia

telele *col.*
desmayo
síncope
soponcio *col.*
patatús *col.*

telemando
telecontrol

teleobjetivo
zoom

telequinesis o
telequinesia
telekinesis

telesilla
remonte

telespectador
televidente

telesquí
remonte

teletipo
teleimpresor

televidente
telespectador

televisar
retransmitir

televisión
televisor
tele *col.*

televisivo
televisual

televisor
televisión

telúrico
terrestre

tema
idea
asunto
motivo
argumento
trama
fondo
contenido
temática
cuestión
materia
canción
lección

temario
programa

temática
tema
asunto
materia

tembladera
temblor
tembleque
tiritona

temblar
temblequear
estremecerse
tiritar
vibrar
trepidar
agitarse

tembleque
tembladera
temblor

temblequear
temblar

temblón
tembloroso

temblor
estremecimiento
escalofrío
tembladera
tembleque
tiritona
agitación
vibración
trepidación
terremoto
seísmo

tembloroso
temblón
trémulo

temer
asustarse
espantarse
amedrentarse
sospechar
recelar
desconfiar
↔ envalentonarse
confiar

temerario
imprudente
insensato
atrevido
arriesgado
irreflexivo
loco

infundado
gratuito
↔ prudente
fundado

temeridad
imprudencia
insensatez
osadía
atrevimiento
locura
↔ prudencia

temeroso
temible
miedoso
cobarde
asustadizo
timorato
↔ valiente

temible
temeroso
terrorífico
espantoso
horrendo
terrible

temor
miedo
espanto
terror
pavor
pánico
horror
recelo
sospecha
↔ valor
serenidad
confianza

témpano
lámina

temperamental
apasionado
nervioso
caliente
vehemente
impulsivo
enérgico
↔ frío
cerebral

temperamento
carácter
idiosincrasia
índole
genio
naturaleza
empuje
vitalidad
energía
vehemencia
pasión
↔ frialdad
apatía

temperancia
templanza
moderación
↔ exceso

temperante *amer.*
abstemio

temperar(se)
moderar
suavizar
atemperar
templar
mitigar
atenuar
↔ extremar
aumentar

temperatura
fiebre
calentura

tempero
sazón

tempestad
tormenta
temporal
borrasca
marejada
↔ bonanza

tempestuoso
tormentoso
borrascoso
tenso
violento
excitado

impetuoso
alterado
brusco
exaltado

↔ apacible
  bonancible

  distendido

  tranquilo

templado
tibio

moderado
comedido
mesurado
parco
austero
prudente

sereno
tranquilo
entero

↔ duro
  riguroso

  descomedido

  nervioso

templanza
continencia
mesura
moderación
sobriedad
austeridad

bonanza

↔ desenfreno

  tempestad

templar(se)
caldear

temperar
atemperar
mitigar
atenuar
apaciguar
amainar
sosegar
aplacar

tensar
estirar
atirantar

afinar

---

templarse
moderarse
contenerse
comedirse

amer.
enamorarse

↔ enfriar

  extremar
  enconar
  exaltar

  desafinar

  excederse

temple
carácter
genio
humor

entereza
serenidad
frialdad

afinación

↔ nerviosismo

templete
quiosco

templo
santuario

tempo *ital.*
tiempo (música)

ritmo

temporada
tiempo
periodo

época
momento
estación

temporal
eventual
provisional
transitorio
pasajero
momentáneo

terrenal
mundano
material

---

secular
laico
seglar

tempestad
borrasca

↔ eterno
  perenne
  indefinido

  divino
  celestial
  espiritual

  religioso
  eclesiástico

  bonanza

temporizar
contemporizar

tempranero
madrugador
mañanero

temprano

↔ tardío

temprano
tempranero
prematuro
precoz

pronto

↔ tardío

  tarde

tenacidad
constancia
perseverancia
tesón
firmeza
tozudez
terquedad

↔ inconstancia

tenacillas
pinzas

tenaz
constante
perseverante
tesonero
firme
tozudo

---

porfiado
terco

pertinaz
persistente
rebelde

resistente
rígido

↔ inconstante

  flexible
  dúctil

tendal
toldo
cubierta

amer.
tendalada *amer.*

tendencia
inclinación
propensión
predisposición
proclividad
disposición

corriente
movimiento

tendencioso
subjetivo
arbitrario
parcial
sectario

↔ objetivo
  imparcial

tendente
inclinado
propenso
predispuesto
proclive
dispuesto

dirigido
encaminado

↔ reacio

tender(se)
estirar
desplegar
extender

acostar
tumbar
echar

propender
encaminarse
dirigirse
inclinarse

tirar
aproximarse

↔ doblar
  plegar

  incorporar

tenderete

puesto

tendero

dependiente
comerciante

tendido

gradas
graderío
público
respetable

tenebrosidad

oscuridad
lobreguez

↔ luminosidad

tenebroso

oscuro
lóbrego
lúgubre
sombrío
tétrico

truculento
retorcido

desfavorable
negro

↔ luminoso
  alegre

  halagüeño

tenedor

poseedor
propietario
dueño

teneduría

contabilidad

tenencia

posesión

tener

poseer

incluir
abarcar
englobar
comprender

gozar
disfrutar
sufrir
padecer
experimentar
recibir

mostrar
demostrar

sujetar
sostener
agarrar
asir
aferrar
atenazar

guardar
contener
encerrar

considerar
juzgar
reputar

tenerse

refrenarse
contenerse
dominarse
controlarse
reprimirse
moderarse

atenerse
ajustarse
ceñirse
circunscribirse

↔ carecer

  soltar
  desasir

tenería

curtiduría

tenia

solitaria

tenida *amer.*

reunión
sesión
asamblea

traje
vestido
atuendo

teniente *col.*

sordo
duro de oído

tenis de mesa

pimpón
ping-pong

tenorio

donjuán
casanova
conquistador

tensar

templar
estirar
atirantar

↔ destensar
  aflojar

tensión

tirantez

presión

nerviosismo
estrés
inquietud

↔ distensión

  relajación

tenso

estirado
tirante

nervioso
estresado

↔ flojo
  suelto
  distendido

  relajado

tentación

ganas
deseo
impulso

provocación
incitación

↔ disuasión

tentador

cautivador
sugestivo
seductor
atractivo
atrayente
provocativo

↔ repelente

tentar

tocar
palpar

provocar
incitar
inducir
instigar

cautivar
seducir
atraer
apetecer

↔ disuadir

  repeler

tentativa

intento
intención
propósito

tentempié

piscolabis
aperitivo
refrigerio

tentetieso
siempretieso

tenue

delgado
fino
delicado

suave
débil
blando
sutil
leve

↔ grueso

  intenso
  fuerte
  denso

tenuidad

delgadez
finura

delicadeza
sutileza
levedad

↔ grosor
  pesadez

teñido
teñidura
tinción
tinte
tintura

teñir(se)
tintar
colorar

↔ decolorar

teologal
teológico
teólogo

teorético
teórico
especulativo

teoría
teórica
especulación
hipótesis
tesis
opinión

↔ experimentación
  praxis

teórico
especulativo
teorético
hipotético
teorizador
ideólogo

↔ práctico

teorizar
sistematizar
especular
reflexionar

terapéutica
terapia

terapéutico
curativo

terapia
terapéutica
tratamiento

tercería
mediación

tercerilla
terceto

tercermundista
subdesarrollado
atrasado

↔ desarrollado

tercero
intermedio
alternativo
mediador
terciador
alcahuete
celestina

terceto
tercerilla
trío

terciado
cruzado
atravesado
mediano

terciador
mediador
tercero

terciar
mediar
entrar
intervenir
inmiscuirse
cruzar

terciarse
ocurrir
suceder
acontecer

tercio
suerte (tauromaquia)

terco
obstinado
cabezota
testarudo
porfiado
pertinaz
rebelde

↔ transigente
  razonable
  dócil

tergiversación
falseamiento
manipulación
trastocamiento
deformación

tergiversar
falsear
manipular
trastocar
deformar
alterar
retorcer

termas
baños
caldas
balneario

termes
termita
térmite

terminación
término
conclusión
finalización
final
remate

↔ comienzo
  principio

terminante
claro
concluyente
taxativo
categórico
tajante
rotundo

↔ vago
  impreciso
  ambiguo

terminar(se)
acabar
concluir
finalizar
culminar
rematar
consumir
gastar
agotar
eliminar
destruir
exterminar

↔ comenzar

término
fin
ocaso
plazo
límite
confín
frontera
linde
circunscripción
territorio
palabra
vocablo
voz
elemento
miembro
parte
punto
situación

términos
condiciones
perspectiva
aspecto
punto de vista

↔ comienzo

terminología
vocabulario
léxico
tecnología

termita o **térmite**
termes

termosifón
termo
calentador
caldera

terna
trío

ternario
tripartito
triple

terne col.
valentón
bravucón
chulo

obstinado
testarudo
terco
cabezota

sano
robusto
recio

↔ amilanado
achantado

comprensivo
razonable

mustio

ternero
becerro
novillo
vaquilla

terneza
ternura
delicadeza
suavidad

lindeza
galantería
piropo
flor

↔ rudeza
fresca col.

ternilla
cartílago

ternilloso
cartilaginoso

terno
trío
terna
triada
traje

palabrota
taco
exabrupto
maldición

ternura
terneza
delicadeza
suavidad
dulzura

amor

↔ dureza

odio

terquedad
obstinación
pertinacia
cabezonería
tozudez
testarudez
persistencia
contumacia

↔ transigencia

terrado
azotea
solana
terraza

col.
cabeza
tarro col.
coco col.
torrado col.

terraplén
montículo
desmonte

cortado
talud

terráqueo
terrestre
terrícola

terrateniente
hacendado
latifundista

terraza
azotea
solana
terrado

col.
cabeza
torrado col.
tarro col.
coco col.

terremoto
seísmo

terrenal
temporal
terreno

↔ celestial

terreno
terrenal
temporal

área
zona
solar

campo
ámbito
esfera

cancha
estadio

tierra
suelo

térreo
terrero
terroso

terrestre
terráqueo
terrícola

↔ extraterrestre
alienígena

marino
aéreo

terrible
temible
terrorífico
horrible
horroroso

tremendo
increíble
desmesurado
atroz

↔ agradable
bueno

corriente

terrícola
terrestre

territorial
jurisdiccional
comarcal
local

↔ extraterritorial

territorio
región
país
circunscripción
término

terrizo
terroso
térreo

terrón
terruño
tormo
azucarillo

terror
miedo
pánico
pavor
horror
espanto

↔ calma

terrorífico
espeluznante
pavoroso
aterrador
espantoso

increíble
terrible
impresionante

↔ tranquilizador

normal
moderado

terroso
térreo
terrizo

terruño
terrón
patria
tierra

tersar

estirar
tensar
alisar

↔ arrugar

terso

liso
estirado
tensado
alisado
suave

bruñido
reluciente

puro
sencillo
fluido

↔ arrugado
    rugoso

    sucio

    farragoso

tersura

lisura
suavidad
uniformidad

↔ rugosidad

tertulia

charla
coloquio
plática

tertuliano o
    tertuliante

tertulio
contertulio

tesar

tensar

↔ aflojar

tesauro

tesoro
diccionario
catálogo

tesis

opinión
teoría
hipótesis

tesitura

situación
circunstancia
coyuntura
condición
momento

registro

tesón o **tesonería**

perseverancia
constancia
firmeza
empeño
afán
ahínco

↔ inconstancia

tesonero

perseverante
constante
persistente
tenaz

↔ inconstante

tesorería

pagaduría
caja

tesoro

riqueza

joya
alhaja
prenda

erario
fisco
Hacienda

tesauro

test *ingl.*

prueba
examen

testa

cabeza

frente

testar

testear
probar
ensayar
comprobar

testarada o
    testarazo

cabezazo
coscorrón

golpe
golpetazo
choque
encontronazo

testarudez

terquedad
obstinación
cabezonería
tozudez

↔ flexibilidad

testarudo

terco
obstinado
tozudo
cabezota
tenaz

↔ flexible
    razonable

testear

testar

testera

testero
frente
frontal

testículo

turma
gónada
huevo *vulg.*
cojón *vulg.*

testificación

testimonio
declaración

testificar

declarar
atestiguar
testimoniar
deponer

testigo

declarante

espectador
observador

prueba
vestigio
resto
reliquia

testimoniar

testificar
atestiguar

testimonio

declaración
testificación

prueba
huella
vestigio

testuz

testa
frente

nuca

teta

mama
pecho
seno
ubre

vulg.
excelente
estupendo
guay *col.*
dabuten *col.*

tetamen *vulg.*

pecho
pechuga *col.*
pechera *col.*

tétanos

pasmo

tetona *col.*

tetuda *col.*
pechugona *col.*

tetrágono

cuadrilátero

tetrapléjico

paralítico
impedido

tétrico

sombrío
triste

tenebroso
siniestro
oscuro
fúnebre
lúgubre
macabro
sepulcral

↔ alegre

tetuda *col.*
tetona *col.*

teutón
alemán
germano
tudesco

teutónico
germánico

texto
escrito
pasaje

libro
obra

textual
literal
exacto
fiel

↔ libre

textura
trama
contextura
disposición
estructura
configuración

tacto

tez
cutis

tiara
mitra

pontificado
papado

tiarrón *col.*
hombretón
fortachón

mocetón
hastial

tiberio *col.*
confusión
alboroto
jaleo
follón
barullo
bulla
revuelo
escándalo
cacao *col.*

↔ calma
   paz

tibiarse *amer.*
enfadarse
enojarse
molestarse

tibieza
desapasionamiento
indiferencia
apatía
frialdad

↔ pasión

tibio
desapasionado
desapegado
indiferente
apático
frío

↔ apasionado

tiburón
escualo

tic
contracción
espasmo

ticket *ingl.*
tique

tico *amer. col.*
costarricense

tiempo
época
periodo
temporada

plazo
lapso
intervalo

momento
ocasión
coyuntura

edad

estación

fase

tienda
comercio
boutique

tiento
tanteo
palpación

tacto
diplomacia
delicadeza
habilidad
mano izquierda

col.
trago
lingotazo *col.*

mordisco
bocado

golpe
porrazo
torta
batacazo

tierno
blando

joven
fresco
nuevo
temprano
reciente

afectuoso
cariñoso
dulce
delicado
sentimental
amoroso

↔ duro
   correoso

   viejo
   añejo

   seco
   frío

tierra
terreno

suelo
piso

nación
país
región
terruño
mundo

tierral *amer.*
polvareda
tolvanera

tieso
recto
levantado
derecho
erguido
empinado
erecto
enhiesto

rígido
inflexible
duro

serio
seco
circunspecto
ceremonioso

orgulloso
engreído
soberbio
altanero
arrogante
estirado

sano
recio

↔ torcido

   flexible
   maleable

   cordial
   campechano

   humilde

   enfermizo

tiesto
maceta

tiesura
rigidez
dureza

seriedad
circunspección
sequedad

soberbia
altanería

↔ flexiblilidad
   blandura

   cordialidad

   humildad

tifoideo
tífico

tifón
ciclón
huracán

tifus
fiebre tifoidea

tigre
col.
retrete
wáter
servicio
cuarto de baño

amer.
jaguar

tigresa
leona
loba
vampiresa
devoradora de
   hombres

tijeretada
tijeretazo

tijeretear amer.
murmurar
criticar
despellejar
desollar
descuerar amer.

tildar
tachar
acusar
motejar

acentuar

tilde
tacha
defecto
falta

acento

tilín, hacer col.
gustar
agradar
atraer

tilingo amer.
tonto
necio
irresponsable
atolondrado

↔ serio
   sensato

timador
estafador
embaucador

timar
estafar
engañar
pegársela col.

timarse
coquetear
tontear col.

timba
garito

amer.
barriga
tripa
panza

timbal
tamboril
tímpano

timbrar
sellar

timbre
sello
póliza

proeza
hazaña
gesta

timidez
vergüenza
apocamiento
retraimiento
cortedad

levedad
sutilidad

↔ frescura
   cara dura col.

   intensidad

tímido
vergonzoso
apocado
retraído
cortado
timorato

leve
sutil
ligero

↔ atrevido
   fresco

   intenso

timo
estafa
fraude
engaño
engañifa col.

timón
gobernalle

gobierno
dirección
mando
tutela
manejo

lanza (de un carruaje)

amer.
volante (de un
   vehículo)
manubrio amer.

timonear amer.
dirigir
llevar
gobernar
controlar

timonel
timonero

timorato
tímido
vergonzoso
cortado
apocado

miedoso
temeroso
cobarde
miedica col.
cagueta col.
cagón col.

puritano
mojigato
gazmoño

↔ atrevido

   valiente

   liberal

tímpano
tambor (del oído)

tamboril
timbal

tina
tinaja

barreño
cuba
balde

bañera
baño

tinción
tinte
teñido
teñidura
tintura

tingitano
tangerino

tinglado
cobertizo
techado

armazón
tablado
entablado

enredo
lío
embrollo
intriga
montaje
follón

tinieblas
oscuridad
noche
incultura
atraso
oscurantismo
↔ claridad

   progreso

tino
puntería
acierto
habilidad
tacto
prudencia
juicio
sensatez
cordura
sentido común
moderación
medida
mesura
comedimiento
↔ desatino
   desacierto
   imprudencia
   inmoderación
   desenfreno

tinta
tinte
colorante
tintura
tonalidad
tono
matiz

tintar
entintar
teñir

tinte
tinción
teñido
tintura
teñidura
tinta
colorante
tintorería
tono
carácter

matiz
aire
barniz
apariencia

tinto
teñido
manchado
tintorro *col.*
morapio *col.*
↔ blanco

tintorería
tinte
lavandería

tintorro *col.*
tinto
morapio *col.*
↔ blanco

tintura
teñido
tinte
colorante
disolución

tiña *col.*
suciedad
porquería
mugre
guarrería
roña
tacañería
miseria
mezquindad
ruindad
racanería
roñosería
↔ limpieza
   generosidad

tiñoso *col.*
sucio
mugriento
guarro
roñoso
tacaño
mísero
mezquino
ruin
rácano

↔ limpio
   pulcro
   generoso
   desprendido

tío
tito *col.*
col.
individuo
sujeto
tipo
menda *col.*
gachó *caló*

tiovivo
carrusel
caballitos
calesita *amer.*

tiparraco *desp.*
tipejo
mamarracho
mequetrefe

tipear *amer.*
mecanografiar

tipejo *desp.*
tiparraco

típico
característico
representativo
propio
tradicional
popular
folclórico
↔ general
   universal

tipificar
normalizar
estandarizar
representar
simbolizar
ejemplarizar
↔ diferenciar
   singularizar

tipismo
peculiaridad
idiosincrasia
tradición

tiple
soprano
↔ bajo

tipo
ejemplo
arquetipo
prototipo
modelo
pauta
patrón
muestra
categoría
clase
figura
porte
persona
individuo
tío *col.*
tiparraco *desp.*
tipejo *desp.*

tipografía
imprenta

tipógrafo
cajista

tique o **tíquet**
billete
entrada
comprobante
boleto *amer.*
tiquete *amer.*
resguardo
papeleta
vale

tiquismiquis
tonterías
pejigerías
melindres
ñoñerías
escrupuloso
remilgado
pejiguero
melindroso
ñoño

tira
cinta
banda
faja

tira, la *col.*

montones
montañas

tirabuzón

rizo
bucle
onda

sacacorchos
descorchador

tirachinas

tirador
tiragomas

tirada

lanzamiento

trecho

serie
sarta
sucesión
retahíla
ristra

tiraje

col.
prostituta
ramera
furcia
puta *vulg.*

amer.
sermón
perorata

tirado *col.*

barato
regalado
por los suelos *col.*

fácil
chupado *col.*

despreciable
ruin
bajo
perdido
miserable
degradado

↔ caro
   por las nubes *col.*

   difícil
   imposible

   selecto
   escogido
   granado

tirador

cazador
pistolero

picaporte
puño
manillar

tirachinas
tiragomas

amer.
tirante

tiragomas

tirachinas
tirador

tiraje

tirada

tiralevitas

cobista
adulador
pelota *col.*
pelotillero *col.*

tiranía

dictadura
autocracia

opresión
despotismo
yugo
autoritarismo

↔ democracia
   libertad
   tolerancia

tiránico

dictatorial
despótico
opresivo

↔ democrático
   tolerante

tiranizar

sojuzgar
esclavizar
oprimir

↔ liberar

tirano

dictador
absolutista
opresor

déspota
sátrapa

↔ tolerante

tirante

terso
estirado
tenso

crispado

embarazoso
violento
cortante *col.*

tiro

tirador *amer.*

↔ flojo
   suelto
   laxo

   distendido
   relajado

tirantez

tersura
tensión

crispación

violencia
embarazo

↔ flojedad
   laxitud

   distensión
   relajación

tirar(se)

lanzar
arrojar
chutar
echar
soltar

desechar

malgastar
derrochar
despilfarrar
dilapidar

derribar
abatir
tumbar

suspender
eliminar
catear *col.*

disparar

arrear
sacudir
dar

imprimir

dibujar
trazar

halar
jalar
tironear
estirar

arrastrar
remolcar

atraer
gustar
entusiasmar

funcionar
marchar

tomar
enfilar
encaminarse

tender
inclinarse

tirarse

saltar

pasar

col.
cepillarse *col.*
beneficiarse *col.*
trajinarse *col.*
ventilarse *col.*

tirillas *col.*

debilucho
enclenque
mequetrefe

↔ sansón
   fortachón

tiritar

titiritar
temblar
estremecerse
castañetear

tiritera o **tiritona**

temblor
tembladera
tembleque

tiro

disparo
descarga

detonación
estampido

balazo

tirante

tramo

chut
chutazo
chupinazo

tirón
estirón
meneo

gancho
atractivo
interés

↔ empujón
impulso

tironear
tirar
estirar
jalar

tirotear
disparar
acribillar
balear
freír *col.*

tiroteo
balacera *amer.*

tirreno
etrusco
tusco

tirria *col.*
manía
antipatía
odio
aborrecimiento
rabia
ojeriza
hincha

↔ simpatía
afecto

tisana
infusión
brebaje

tísico
tuberculoso

tisis
tuberculosis

tissue *ingl.*
kleenex

titán
gigante
coloso
hércules
sansón

titánico
gigantesco
colosal
ciclópeo
enorme
sobrehumano

↔ insignificante

títere
marioneta

monigote
fantoche
pelele

títeres
guiñol

titi *argot*
mujer
chica
tía *col.*

titilante
palpitante
tembloroso

rutilante
centelleante

titilar
temblar
palpitar

rutilar
centellear

titiritar
tiritar

titiritero
saltimbanqui
acróbata
volatinero

tito[1]
almorta
guija

pepita
hueso

tito[2] *col.*
tío

titubeante
dudoso
indeciso
vacilante

balbuceante
balbuciente

tambaleante

↔ decidido

titubear
dudar
vacilar

balbucear
balbucir

tambalearse
oscilar

titubeo
duda
vacilación

balbuceo

↔ seguridad
decisión

titulación
diplomatura
licenciatura

título
grado

titulado
diplomado
licenciado

titular
fijo

↔ interino
suplente

titular(se)
intitular
llamar

titularse
licenciarse
diplomarse

título
encabezamiento
cabecera

noble
aristócrata

titulación
grado

mérito
aptitud
cualidad

↔ plebeyo

tiznajo
tiznón
mancha

tiznar(se)
ennegrecer
ensuciar
manchar
rozar

tizne
hollín
tizón

tiznón
tiznajo

tizón o tizo
brasa
tizne

tizona
espada

toba *col.*
colilla
punta
pucho *amer.*

capirotazo
papirotazo
puñetazo

tobera
boca
boquilla
conducto

tocadiscos

picú
tocata *col.*

tocado¹

peinado

tocado²

loco
perturbado
trastornado
chiflado *col.*
chalado *col.*
sonado *col.*

lesionado

pasado
picado

tocador

cómoda
coqueta
toilette

servicio
excusado
lavabo

tocamiento

toque
toqueteo
sobo
manoseo
magreo *vulg.*

tocante

referente
relativo
relacionado

tocar(se)

palpar
manosear
tantear
sobar
magrear vulg.

coger
manipular

dar
chocar
rozar
golpear
impactar

tañer

interpretar

cambiar
modificar
alterar

tratar
abordar
aludir
mencionar

conmover
herir

concernir
corresponder
referirse
atañer
afectar

rayar
rozar

tocarse

cubrirse (con un
    sombrero)

↔ destocarse
    descubrirse

tocata *col.*

tocadiscos

tocayo

homónimo

tocho

tosco
tonto
necio
inculto

col.
ladrillo
tostón *col.*
rollo *col.*
plomo *col.*

mamotreto *col.*

↔ listo
    culto

tocinería

salchichería
charcutería

tocino

grasa
gordo

col.
torpe
tonto
lerdo
corto

tocología

obstetricia

tocólogo

obstetra

tocón

sobón
pulpo *col.*

todavía

aún

incluso

todo

completo
entero
íntegro

cualquier

cada

conjunto
totalidad

↔ ningún

    nada

    nadie
    ninguno

todopoderoso

omnipotente

togado

magistrado
juez

toilette *fr.*

aseo
arreglo

tocador

lavabo
servicio
excusado
cuarto de baño
cuarto de aseo

tojo

aliaga
aulaga

toldo

entoldado

amer.
tienda
choza

tolerable

soportable
admisible
sufrible
pasable

↔ intolerable

tolerancia

transigencia
condescendencia
comprensión
benevolencia
contemporización

↔ intolerancia
    intransigencia

tolerante

transigente
condescendiente
comprensivo
benévolo
contemporizador

↔ intolerante
    intransigente

tolerar

sufrir
soportar
aguantar
pasar
tragar

comprender
transigir
contemporizar

consentir
permitir
admitir
dejar

↔ atacar
    rechazar

    prohibir

tolla

pantano
ciénaga
tremedal

tolondrón

chichón

tolvanera

remolino
polvareda
tierral *amer.*

toma

conquista
ocupación
asalto
captura

dosis

boca
conexión

filmación
fotografía

amer.
cauce
acequia

tomador

receptor

amer.
bebedor
borrachín *col.*

↔ dador

abstemio

tomar(se)

asir
agarrar
coger
sujetar
tener

admitir
aceptar

comer
beber
ingerir
administrarse

subir

adquirir
contraer

cobrar
adoptar

emplear
contratar

arrendar
alquilar

asumir
encargarse
responsabilizarse

requerir
necesitar
llevar

ocupar
conquistar
dominar
invadir

entender
interpretar

juzgar
considerar
creer
conceptuar

fotografiar
filmar

anotar
registrar
grabar

escoger
elegir
seleccionar

cubrir
montar
fecundar

dirigirse
encaminarse
tirar

amer.
pimplar *col.*
trasegar *col.*
empinar el codo *col.*

tomarse

disponer
hacer uso

↔ soltar

rechazar

bajar

despedir

desentenderse

liberar

tomate *col.*

agujero
roto

enredo
lío
confusión

pelea
trifulca

tomavistas

cámara

tómbola

rifa
sorteo

tomo

volumen

tonada

copla

melodía
canción

tonalidad

gama
gradación

tonante

atronador

tonel

barril
barrica
cuba

tonelaje

arqueo

tonga

capa
cubierta
baño
tongada

tongada

capa
estrato

tonga
baño

montón
pila

tongo

fraude
trampa
montaje
farsa

tonicidad

tono

tónico

tonificador
tonificante
estimulante
reconstituyente

acentuado

↔ sedante

átono

tonificar(se)

reconfortar
estimular
reconstituir
robustecer
vigorizar

↔ debilitar

tonillo

sonsonete
soniquete
acento
deje
habla
dejo

retintín

tono

entonación
inflexión
acento

carácter
estilo
cariz
matiz

elegancia
distinción
clase
categoría

energía
fuerza
tensión
nervio
vigor

tonicidad

tonsurar
trasquilar
pelar
rapar

tontada
tontería

tontaina
tonto
bobalicón
ganso
pavo
soso
sosaina
↔ listo
  espabilado

tontear
bobear
bromear
desbarrar
delirar
chochear
coquetear
galantear
ligar

tonteo
coqueteo
galanteo
ligoteo
tontería

tontera
tontería
tonto

tontería
estupidez
sandez
bobería
simpleza
tontada
tontuna
tontera
chorrada *col.*
remilgo
melindre
pejiguería
tiquismiquis
halago
mimo

zalamería
arrumaco
↔ inteligencia
  sagacidad
  ingeniosidad
  agudeza

tonto
bobo
tontaina
idiota
imbécil
estúpido
retrasado
absurdo
inútil
ingenuo
inocente
infeliz
sentimental
mimoso
cariñoso
ñoño
meloso
engreído
orgulloso
estirado
chulo
insolente
gallito
pasmado
fascinado
atontado
alelado
↔ inteligente
  listo
  espabilado
  astuto
  hábil

tontuna
tontería

toña *col.*
puñetazo
golpe
trompazo *col.*
borrachera
cogorza *col.*
melopea *col.*
merluza *col.*

top *ingl.*
corpiño

topar(se)
chocar
colisionar
tocar
embestir
topetar
topetear
tropezar
encontrar
hallar
descubrir

tope
punta
protección
parachoques
máximo
límite
extremo
tropiezo
dificultad
obstáculo
impedimento

topetada
topetazo

topetar(se)
embestir
topar
topetear

topetazo
cabezazo
testarazo
topetada
topetón
encontronazo
golpe
choque

topetear(se)
embestir
topar
topetar

topetón
topetazo

tópico
local
corriente
manido
trillado
repetido
típico
lugar común
amer.
tema
asunto
↔ general
  original

topo[1] *col.*
miope
cegato *col.*
corto de vista
obtuso
torpe
lerdo
zoquete
infiltrado
submarino

topo[2]
lunar

topografía
orografía

topográfico
orográfico

toque
roce
golpe
tañido
redoble
repique
matiz
detalle
nota
característica
retoque
remate
advertencia
aviso
llamada
llamamiento
quid

toquetear(se)
manosear
sobar
magrear *vulg.*

toqueteo
manoseo
sobo
magreo *vulg.*

toquilla
mantilla
chal
echarpe

pañoleta

tórax
pecho
torso

torbellino
ciclón
turbulencia

montón
pila
raudal
lluvia
porrada *col.*
tira *col.*

col.
revoltoso
alocado
trasto *col.*
polvorilla *col.*
fuguillas *col.*

↔ tranquilo

torcedura
torcimiento
torsión
retorcimiento

esguince

luxación
dislocación

↔ enderezamiento

torcer(se)
retorcer
enroscar

doblar
curvar
deformar

inclinar
desviar

malear
pervertir

tergiversar
malinterpretar

girar
virar
tomar

torcerse
fracasar
frustrarse
malograrse

↔ enderezar
   reformar

   prosperar
   salir

torcida
pabilo
mecha

torcido
curvo
curvado
doblado
inclinado
chueco *amer.*

retorcido
falso
malintencionado
esquinado
avieso
tortuoso

↔ recto
   derecho

   franco
   honesto

torcimiento
torcedura
torsión

tordo
zorzal

torear
lidiar
capear

evitar
eludir

esquivar
sortear
rehuir
soslayar

burlarse
pitorrearse *col.*
tomar el pelo

toreo
lidia

tauromaquia

torera
bolero
chaquetilla

torero
diestro
espada
lidiador
matador de toros

taurino

toril
chiquero

tormenta
borrasca
temporal
tempestad

conflicto
discusión
gresca
follón
bronca

↔ calma
   bonanza

   paz
   armonía

tormento
tortura
martirio
suplicio

sufrimiento
angustia
intranquilidad
aflicción
congoja

↔ placer
   alivio

tormentoso
borrascoso
tempestuoso
proceloso

tenso
conflictivo

↔ despejado
   anticiclónico

   apacible

tormo
terrón

torna
tornada
vuelta
regreso

↔ ida
   marcha

tornadizo
voluble
inconstante
cambiante
inestable

↔ estable
   firme

tornado
ciclón
huracán

tornar(se)
cambiar
transformar
convertir
mudar

volver
retornar
regresar

↔ conservar

   irse
   marcharse

tornasol
reflejo
viso
matiz

girasol
gigantea
mirasol

tornasolado
irisado
iridiscente
nacarado

torneado
moldeado
modelado
labrado

tornear
moldear
modelar
trabajar
labrar

torneo
liza
lid
combate
palestra

campeonato
certamen

torniscón *col.*
golpe
coscorrón
cachete

pellizco

torno
cabrestante

torniquete

toro
astado
cornúpeta

tauro

toros
corrida

toronja
pomelo (fruto)

toronjo
pomelo (árbol)

torpe
lento
tardo
pesado

inútil
inhábil
desmañado
inepto

obtuso
corto
bruto
cerril
zoquete

inoportuno
desafortunado
patoso

↔ ágil
   hábil
   diestro

   listo
   despierto

   acertado
   discreto

torpedear
boicotear
minar
obstaculizar
hundir

↔ favorecer

torpeza
lentitud
torpor

desmaño
impericia
ineptitud
incapacidad

necedad
estupidez

desacierto
error
incorrección

↔ agilidad
   viveza

   destreza

   inteligencia

   acierto

tórpido
torpe
entumecido

↔ ágil

torpor
torpeza
entumecimiento

torrado
tostado
torrefacto

tostón

col.
cabeza
azotea *col.*
terrado *col.*
coco *col.*

torrar
tostar

torre
atalaya
baluarte
bastión
torreón

campanario

roque (ajedrez)

rascacielos

torreta

torrefacción
tueste
tostado

torrefacto
tostado
torrado

torrencial
tempestuoso
tormentoso

torrente
torrentera
riada

torreón
torre
baluarte
bastión

torrero
vigía
atalaya
farero

torreta
torre

tórrido
caluroso
ardiente
bochornoso
sofocante

↔ gélido

torrija *col.*
borrachera
cogorza *col.*
toña *col.*
tablón *col.*
merluza *col.*

torsión
torcedura
retorcimiento
torcimiento

↔ enderezamiento

torso
tórax
pecho
tronco

torta
bofetada
guantada
guantazo
tortazo
sopapo *col.*
castaña *col.*
soplamocos *col.*
leche *vulg.*

amer.
tarta
pastel

tortazo
torta
bofetada

tortillera *vulg.*
lesbiana

tortolito *col.*
palomino
atontado
tonto
ingenuo

simple
lelo
pardillo *col.*

enamorado
tórtolo

tortuoso

zigzagueante
serpenteante
sinuoso

taimado
astuto
retorcido
artero
maquiavélico

↔ recto
derecho

honesto

tortura

tormento
suplicio
martirio

sufrimiento
calvario

↔ placer
alivio

torturar(se)

atormentar
martirizar

↔ aliviar

torvo

avieso
siniestro
fiero
terrorífico

↔ amable
dulce

tosco

basto
burdo
áspero
rústico
primitivo
rudimentario

rudo
zafio
bruto

inculto
ordinario

↔ fino
refinado
pulido

toser

carraspear
expectorar

tósigo

veneno
ponzoña
tóxico

tosquedad

aspereza
rusticidad
basteza

rudeza
zafiedad
brutalidad
brusquedad
ordinariez

↔ finura
refinamiento
delicadeza

tostada

picatoste

col.
lata *col.*
tostón *col.*
rollo *col.*

lío
jaleo
follón

tostadero

tostador
tostadora

horno
sauna

↔ nevera

tostado

torrado
torrefacto

moreno
dorado
atezado

tueste

tostar(se)

torrar
dorar
hornear
asar

broncear
curtir
atezar

quemar
requemar
abrasar

tostón

picatoste

lechón

torrado

col.
aburrimiento
pesadez
rollo *col.*
lata *col.*
tabarra *col.*
plasta *col.*

total

completo
entero
absoluto
íntegro
general
totalitario

totalidad

suma

col.
genial
magnífico
excelente

↔ parcial
incompleto

fatal

totalidad

total
todo
integridad
conjunto

↔ parte
nada

totalitario

totalitarista
dictatorial

absolutista
tiránico
despótico
autárquico
autocrático

total
completo
global
íntegro
integral
general

↔ democrático

parcial

totalitarista

totalitario
dictatorial

dictador
tirano
déspota

↔ democrático

tótem

ídolo
fetiche
amuleto

tour o **tournée** *fr.*

excursión
viaje
recorrido
gira

tóxico

venenoso
veneno
ponzoña
tósigo

toxicomanía

drogadicción

toxicómano

drogadicto
drogata *col.*
yonqui *argot*

tozudez

terquedad
testarudez
obstinación
cabezonería

↔ flexibilidad

tozudo

terco
testarudo
obstinado
porfiado
contumaz
cabezón
cabezota

↔ condescendiente
  flexible
  razonable

traba

atadura
ligadura
ligamento
lazo

estorbo
obstáculo
barrera
dificultad
impedimento
rémora
carga

trabado

nervudo
robusto
musculoso
fuerte

↔ enclenque

trabajado

agotado
castigado
gastado
quemado
estropeado

elaborado
esmerado
cuidado

↔ fresco
  joven

  descuidado

trabajador

laborioso
hacendoso
diligente
aplicado
industrioso

obrero
operario
asalariado

proletario
jornalero
currante *col.*

↔ perezoso
  vago

trabajar

trajinar
bregar
batallar
currar *col.*
currelar *col.*

funcionar

colaborar

ejercitar
ensayar
estudiar
desarrollar

cultivar
labrar
laborar
laborear

trabajarse

convencer
camelarse *col.*

↔ holgazanear

  parar
  descansar

trabajo

faena
tarea
labor

ocupación
empleo
curro *col.*

obra
creación

trabajos

dificultades
apuros
penalidades

trabajoso

laborioso
pesado
costoso
arduo
complicado

↔ llevadero
  fácil

trabar(se)

afianzar
pegar
ligar
enlazar
acoplar
engranar
concordar

frenar
obstaculizar

entablar
iniciar

trabarse

liarse
enredarse
atascarse

↔ soltar
  diluir

  facilitar
  favorecer

  desenredarse

trabazón

enlace
juntura
unión
sujeción
acoplamiento
conexión

coordinación
coherencia
ligazón

↔ desunión

  desconexión
  incoherencia

trabucar(se)

desordenar
trastornar
desbaratar
descomponer
trastocar
embarullar

tergiversar
equivocar
trafulcar
confundir

↔ ordenar

tracción

arrastre

tradición

costumbre
usanza

arraigo

tradicional

tradicionalista
conservador

usual
acostumbrado
cotidiano
habitual
corriente
ordinario

↔ progresista
  innovador

  novedoso
  insólito

tradicionalismo

conservadurismo

↔ progresista

tradicionalista

tradicional
conservador

↔ progresista

traducción

traslación

sentido
interpretación
lectura

traducir

trasladar
verter

explicar
descifrar
interpretar
glosar

mudar
trocar
volver
convertir
transformar

↔ confundir
  embrollar

traductor

intérprete

traer
trasladar
acercar

portar

acarrear
ocasionar
originar
motivar

incluir
contener

traerse *col.*
tramar
fraguar
urdir
planear

↔ llevarse

   evitar
   ahorrar

trafagar
trajinar
faenar
ajetrearse
afanarse

tráfago
trajín
ajetreo
faena
tarea
jaleo
follón

tráfico
movimiento

traficante
comerciante

traficar
comerciar
negociar

tráfico
comercio
negocio

tránsito
circulación

trafulcar
confundir
trabucar
trastrocar

tragaderas *col.*
garganta
faringe

glotonería
tragonería *col.*
saque *col.*

credulidad
ingenuidad
tragadero *col.*

tolerancia
aguante
paciencia
correa

↔ inapetencia

   malicia

   impaciencia

tragadero
desagüe
sumidero
alcantarilla

col.
garganta
tragaderas *col.*

credulidad
ingenuidad

↔ malicia
   desconfianza

tragaldabas *col.*
glotón
tragón *col.*

tragaleguas *col.*
andarín
andariego

tragaluz
claraboya
lucernario

tragantona *col.*
comilona
banquete
festín
francachela
cuchipanda *col.*

tragar(se)
ingerir
engullir
deglutir

devorar
zampar *col.*

creer

acceder
aceptar
transigir

gastar
consumir

tragarse
soportar
admitir
tolerar
permitir
sufrir

disimular
ocultar
contener
reprimir

↔ vomitar
   devolver

   negarse

   expresar
   manifestar

tragedia
drama

desgracia
catástrofe
calamidad
infortunio
desdicha
fatalidad

↔ comedia

   suerte
   fortuna

trágico
desgraciado
triste
dramático
funesto
infausto
nefasto
aciago
fatídico

↔ cómico
   feliz

trago
sorbo

copazo
lingotazo *col.*

pimple *col.*

col.
apuro
disgusto

tragón *col.*
glotón
tragaldabas *col.*
comilón *col.*
zampón *col.*

↔ frugal

tragonería *col.*
glotonería
voracidad
gula

↔ frugalidad
   inapetencia

traición
deslealtad
infidelidad
felonía
perfidia
alevosía

↔ lealtad
   fidelidad

traicionar
vender
entregar

abandonar
fallar

descubrir
delatar

col.
pegársela *col.*
poner los cuernos *col.*

traicionero
traidor

traído
gastado
manido

↔ nuevo

traidor
desleal
infiel
alevoso
traicionero

rebelde
desobediente
innoble

falso
engañoso

delator
acusador
revelador

↔ leal
   noble

tráiler
remolque

traje
vestido
atuendo
indumentaria
tenida *amer.*

terno

trajín
actividad
ajetreo
jaleo
tráfago
lío
follón

trajinar
acarrear
transportar

bregar
trafagar
trabajar

trajinarse col.
tirarse col.
ventilarse col.

↔ descansar

tralla
látigo

trallazo
latigazo
zurriagazo

chasquido

chut

trama
entramado
argumento

intriga
confabulación
conspiración
maquinación
complot

tramar
planear
maquinar
fraguar
urdir

tejer

tramitación
trámite
despacho
resolución
gestión

burocracia
papeleo

tramitador
gestor

tramitar
gestionar
despachar
solucionar

trámite
diligencia

vía
cauce
proceso

tramitación

tramo
trecho

tramoya
enredo
intriga
trampa
treta
confabulación
conspiración
maquinación
complot

tramoyista
mentiroso
enredador
liante

trampa
ratonera
cepo
red
lazo

trampilla

estratagema
ardid
artimaña
argucia
celada
asechanza
emboscada

estafa
fraude
timo
fullería

trampear
sablear
estafar
timar

tirar
renquear
sobrevivir

trampilla
trampa
portezuela

tramposo
embustero
mentiroso
fullero
estafador

sablista

↔ honrado

tranca
garrote
bastón
estaca
cachava

col.
borrachera
curda col.
cogorza col.
melopea col.
merluza col.
tajada col.

amer.
puerta
tranquera *amer.*

trancada
zancada
tranco

trancazo
garrotazo
estacazo
bastonazo

col.
constipado
resfriado

trance
aprieto
apuro
lance
brete

éxtasis

tranchete
chaira
cheira
trinchete

tranco
trancada
zancada

tranquera
valla
empalizada

amer.
puerta
tranca *amer.*

tranquilidad
quietud
calma
reposo
sosiego
serenidad

↔ intranquilidad
   inquietud
   agitación

tranquilizante
calmante
sedante
lenitivo

↔ estimulante

tranquilizar(se)
calmar
sosegar

serenar
apaciguar
relajar
aquietar

↔ intranquilizar
inquietar

tranquillo

truco
hábito
maña

tranquilo

reposado
quieto
sosegado
sereno
apacible
calmado

entero
frío
pacífico
calmoso
cachazudo

inconsciente
despreocupado
irresponsable

↔ intranquilo
agitado

nervioso
histérico

consciente
responsable

transacción

negocio
trato
comercio

convenio
acuerdo
pacto
arreglo
compromiso

transar *amer.*
transigir

transbordador

ferry

transbordar

trasladar
cambiar
pasar

transbordo

traslado
cambio
paso

transcribir

transliterar
trasladar

transcripción

transliteración

transcurrir

pasar
correr
sucederse
discurrir

transcurso

paso
sucesión

curso
intervalo
periodo
espacio

transeúnte

viandante
caminante
peatón

visitante
pasajero
viajero
turista

transferencia

traspaso
cesión
enajenación

transferible

traspasable
transmisible
enajenable

↔ intransferible

transferir

remitir
enviar
pasar

ceder
traspasar

↔ retener

transfiguración

cambio
mutación
transformación
variación
alteración
metamorfosis

↔ inmutabilidad

transfigurar(se)

cambiar
mutar
transformar
variar
alterar
metamorfosear

transfixión

transverberación
perforación

transformación

cambio
conversión
mutación
mudanza
transmutación

transformar(se)

cambiar
convertir
volver
tornar
mudar
transmutar

↔ conservar

transformista

travesti
travestí
travestido

tránsfuga o
tránsfugo

desertor
fugitivo
prófugo

transfundir(se)

trasvasar
traspasar
verter

difundir
divulgar

transfusión

trasvase

transgredir

infringir
quebrantar
violar
desobedecer
incumplir

↔ cumplir
respetar

transgresión

infringimiento
quebrantamiento
violación

↔ cumplimiento

transición

cambio
transformación
paso
mudanza
mutación
metamorfosis

↔ permanencia
inmutabilidad

transido

consumido
abrumado
traspasado
afligido
aterido
muerto *col.*

transigencia

condescendencia
tolerancia
indulgencia

↔ intransigencia

transigente

condescendiente
tolerante
indulgente

↔ intransigente

transigir

ceder
condescender
acceder
avenirse

admitir
permitir
aprobar
tolerar
consentir
transar *amer.*

↔ negarse
   oponerse

transistor
radio

transitable
practicable
franqueable
expedito
abierto

↔ intransitable

transitado
frecuentado
concurrido

↔ solitario

transitar
andar
caminar
circular
recorrer
pasar

transitivo
↔ intransitivo

tránsito
circulación
tráfico

paso

muerte

transitoriedad
provisionalidad
temporalidad

brevedad
fugacidad

↔ permanencia

transitorio
provisional
accidental
momentáneo

breve
temporal
pasajero

perecedero
caduco
fugaz

↔ definitivo
   permanente

eterno

transliteración
transcripción

transliterar
transcribir
trasladar

transmigración
emigración

encarnación
reencarnación

transmigrar
emigrar

encarnarse
reencarnarse

transmigratorio
migratorio

transmisible
comunicable
traspasable
contagiable

transmisión
traspaso

emisión

contagio

↔ recepción

transmitir
dar
pasar
comunicar
infundir
difundir

emitir
retransmitir
radiar
televisar

contagiar
pegar
infectar

ceder
donar
traspasar

↔ recibir

transmutación
transformación
cambio
mutación
mudanza

↔ invariabilidad

transmutar(se)
transformar
cambiar
mudar
trocar

↔ preservar

transparencia
nitidez
claridad
diafanidad

diapositiva
filmina

↔ opacidad
   turbiedad

transparentar(se)
traslucir
mostrar
revelar
reflejar

transparentarse
clarearse
verse

transparente
cristalino
diáfano
límpido
limpio
claro

traslúcido
trasluciente

evidente
manifiesto

cortina

cristalera

↔ opaco

   impenetrable
   oscuro
   ambiguo

transpiración
sudor

exudación

transpirar
sudar

rezumar
destilar
exudar

transportador
portador
conductor
porteador

transportar(se)
llevar
trasladar
portear
acarrear
mover

extasiar
embelesar
arrobar
enajenar
extraviar
arrebatar
encantar
embeber
embobar

transporte
porte
traslado
acarreo
envío
reparto

vehículo

transportista
porteador
acarreador
repartidor

transverberación
transfixión
perforación

transversal

transverso
perpendicular

oblicuo
diagonal
inclinado
torcido
desviado

↔ paralelo

transverso

transversal

trapacear

trapazar
engañar
estafar
timar

trapacería

engaño
estafa
timo
fraude
embuste
mentira
truco
trampa
trapaza

trapacero o
   trapacista

estafador
timador
embustero
mentiroso
tramposo
fullero

trapajoso

andrajoso
desaseado
desastrado
zarrapastroso
harapiento

estropajoso
farfullero

↔ elegante
   atildado

trápala

alboroto
jaleo

lío
follón

mentira
embuste
chisme

hablador
charlatán
parlanchín

mentiroso
embustero

↔ silencio
   calma

verdad

callado

sincero

trapatiesta

jaleo
follón
gresca
guirigay
bronca
pelea
trapisonda

↔ paz
   calma

trapaza

trapacería

trapazar

trapacear

trapero

ropavejero
chamarilero
quincallero

trapicheo col.

chanchullo
enredo
manejo
tejemaneje
cambalache

trapío

gracia
garbo
donaire

velamen
velaje
trapo

trapisonda

trapisondista

riña
alboroto
gresca
follón

lío
enredo
embuste
embrollo

trapisondear

alborotar
enredar
liar
gamberrear

trapisondista

trapisonda
alborotador
enredador
liante
gamberro
follonero

↔ serio
   formal

trapo

pingajo
pingo
guiñapo
andrajo
harapo
jirón

bayeta
velamen
trapío

trapos desp.

ropa

traqueado

traqueal

traquetear

zarandearse
sacudirse
agitarse
moverse

traqueteo

sacudida
zarandeo
movimiento

tras

después de

detrás de

trascendencia

importancia
valor
interés
envergadura
talla
valía
significación
relevancia
alcance
repercusión

↔ intrascendencia

trascendental

trascendente
relevante
sustancial
capital
esencial

↔ insignificante

trascender

divulgarse
publicarse
difundirse
propagarse
propalarse

sobrepasar
exceder
desbordar

entender
penetrar
alcanzar
asimilar

↔ reducirse
   limitarse

trasconejarse

perderse
extraviarse
traspapelarse

trasegar

revolver
desordenar
descolocar

trasvasar

col.
beber

soplar *col.*
empinar *col.*
trincar *col.*

trasero

culo
nalgas
asentaderas
posaderas
pompis *col.*

trasfondo

fondo
regusto
trastienda

trasgo

duende
espíritu

trasiego

ajetreo
jaleo
trajín
follón
lío

traslación

movimiento
traslado
transporte

traducción

trasladar(se)

transportar
llevar
desplazar
mover
mudar
transferir
trasponer

cambiar
variar
alterar

traducir
verter

reflejar
plasmar

traslado

transporte
desplazamiento
transferencia

trasposición
traslación
mudanza
cambio

traslaticio

figurado
metafórico
simbólico

traslúcido o
  trasluciente

transparente

↔ opaco

traslucir(se)

transparentar
reflejar
mostrar
revelar
denotar

inferirse
seguirse

trasminar(se)

filtrar

trasnochado

anticuado
obsoleto
demodé
out

↔ novedoso

trasnochador

noctámbulo
nocherniego

traspapelar(se)

perder
extraviar
trasconejarse

↔ encontrar

traspasar

atravesar
cruzar
pasar
trasponer

sobrepasar
exceder
superar

transferir
transmitir
ceder

traspaso

transferencia
transmisión
cesión

traspié

tropezón
resbalón

error
descuido
despiste
desliz
equivocación
falta

↔ acierto

trasplantar(se)

trasladar
introducir
implantar

trasponer(se)

trasladar
cambiar
mover
pasar

traspasar
atravesar
cruzar

trasponerse

adormilarse
amodorrarse
adormecerse

↔ despertarse
  despejarse

trasportín

traspuntín

trasposición

traslado

traspuesto

adormilado
amodorrado
adormecido

↔ despejado

traspunte

apuntador

traspuntín

trasportín

trasquilar

esquilar
rapar

trastabillar

tropezar
trompicar

vacilar
titubear
oscilar
tambalearse

tartamudear
tartajear
farfullar

trastada

faena
jugarreta
guarrada
cerdada
marranada
mala pasada

travesura
pillería
diablura

↔ favor
  beneficio

trastazo

golpe
porrazo
bofetada
golpetazo
golpazo
torta
batacazo
castaña *col.*
leñazo *col.*

trastear

revolver
cambiar

enredar
travesear

col.
manejar

trastero
desván
altillo

trastienda
reserva
cautela
doblez
recámara

↔ franqueza
nobleza

trasto
cacharro
cachivache
bártulo
chisme

armatoste
mamotreto

col.
revoltoso
travieso
alocado

trastocar(se)
trastrocar
cambiar
confundir
trocar
desordenar
alterar
revolver
perturbar
trastornar

trastocarse
enloquecer

↔ ordenar
colocar

trastornar(se)
molestar
fastidiar
perjudicar

excitar
inquietar
intranquilizar
preocupar
desazonar

perturbar
enloquecer

trastocar
desordenar

enamorar
encandilar
cautivar

↔ beneficiar

tranquilizar
calmar

ordenar

trastorno
molestia
fastidio
perjuicio

inquietud
intranquilidad
preocupación
excitación
desazón

perturbación
locura

trastocamiento
desorden

indisposición
malestar
arrechucho *col.*

↔ beneficio

calma
tranquilidad

colocación
ordenación

trastrocar(se)
trastocar
cambiar
confundir
trocar

trastrueque
cambio
confusión
desorden
alteración
perturbación
trastorno

↔ orden

trasudar
sudar

trasudor
sudor

trasunto
imagen
reflejo
retrato

trasvasar
pasar
verter
transfundir

trata
tráfico (de seres
   humanos)
comercio

tratable
amable
cortés
accesible
razonable

↔ intratable

tratado
estudio

pacto
convenio
acuerdo

tratamiento
trato

proceso

tratante
comerciante
traficante

tratar(se)
comportarse
atender
cuidar

llamar
tildar
tachar

procesar
elaborar

curar

discutir
negociar
debatir

frecuentar
relacionarse

versar
hablar
ocuparse

manipular
trabajar

intentar
procurar

traficar
comerciar

tratarse
consistir

trato
uso

relación
amistad
familiaridad

pacto
convenio
acuerdo

tratamiento

trauma
traumatismo

shock

travesaño
peldaño

travesear
enredar
trastear
retozar

travesía
viaje
singladura

travesti o **travestí**
travestido
transformista

travestido
disfrazado
travesti

travesura
trastada
diablura
pillería
fechoría

travieso

inquieto
revoltoso
bullicioso
retozón
juguetón
trasto *col.*

malicioso
pícaro

↔ tranquilo
modoso

trayecto

recorrido
camino
viaje
trecho
distancia
itinerario

trayectoria

dirección
ruta
recorrido
rumbo
desplazamiento
curso

evolución
carrera

traza

trazado
planta

aspecto
apariencia
pinta
facha

habilidad
maña

trazado

traza
planta

recorrido
dirección
curso

trazar

dibujar
tirar
delinear

idear
planear

maquinar
fraguar

describir
explicar
reseñar

trazo

línea

rasgo

trebejo

utensilio
herramienta
trasto
bártulo

trecho

tramo
trayecto
distancia

lapso

tregua

armisticio
alto el fuego

alto
descanso
respiro
pausa

tremebundo

estremecedor
terrorífico
pavoroso
espantoso
terrible
tremendo

tremedal

pantano
ciénaga
estero
marisma

tremendista

alarmista

tremendo

tremebundo
terrorífico
espeluznante
pavoroso

horrible
horroroso
terrible

tremolar

agitar

ondear
flamear

tremolina

ventolera

alboroto
bulla
jaleo
gresca

trémulo

tembloroso

tren

ferrocarril
convoy

boato
pompa
ostentación

trena *argot*

cárcel
prisión
trullo *argot*
cana *amer.*

trencilla *col.*

árbitro

trepa *col.*

arribista
oportunista

trepador

escalador

trepanar

perforar (en cirugía)
horadar

↔ cerrar

trepar

subir
escalar

progresar
medrar

ascender
avanzar

↔ bajar

fracasar

trepidante

vibrante

trepidar

temblar
vibrar
retemblar
traquetear

amer.
dudar
vacilar

treta

ardid
artimaña
argucia
estratagema
triquiñuela

triangular

triangulado

tribu

clan
familia

tribulación

preocupación
pena
disgusto
sufrimiento
angustia
aflicción

desgracia
adversidad
desventura

↔ alegría

tribuna

estrado

grada

tribuno

magistrado (en
Roma)

orador

tributación
tributo
contribución
impuesto

tributante
tributario
contribuyente

tributar
contribuir

profesar
dedicar

↔ defraudar

tributario
tributante
contribuyente

afluente

tributo
tributación
contribución
gravamen

ofrenda
homenaje

↔ subsidio
subvención

tricot *fr.*
punto

tricotadora
tricotosa

tricotar
tejer

trifulca
pelea
discusión
reyerta
riña
refriega

trigueño
rubio
amarillento

trilla
trillo

trillado
manido
gastado
visto
vulgar

↔ original

trillo
trilla
trillador

trinar
gorjear
cantar

trinca
trío
terna

trincar[1]
trabar
inmovilizar

col.
atrapar
coger
pillar
pescar

robar
hurtar

↔ soltar

trincar[2] *col.*
beber
pimplar *col.*
empinar el codo *col.*

trinchante
escoda

trinchar
trocear
cortar

trinchete
chaira
cheira
tranchete

trino
gorjeo
canto

trinque *col.*
bebida
pimple *col.*

trinquete
frontón

trío
terceto
terna
terno
triada

tripa
entraña
mondongo

vientre
panza
barriga

tripada
panzada
atracón

tripartito
triple
trilateral

tripear *col.*
glotonear
tragar
zampar *col.*

tripero *col.*
glotón
tragón *col.*
zampón *col.*

triple
tripartito

tripón o **tripudo**
panzudo
barrigudo
barrigón

tripulación
dotación

tripular
gobernar
pilotar

conducir
guiar

triquiñuela
artimaña
treta
truco
ardid

pretexto
excusa
evasiva

tris *col.*
instante
segundo
momento
soplo
periquete *col.*

triscar
corretear
retozar
juguetear
travesear

triste
entristecido
apenado
afligido
desconsolado
abatido

desgraciado
desdichado
trágico
aciago
infausto

lastimoso
lastimero
lamentable

apagado
lúgubre

miserable
humilde
insignificante

↔ alegre
risueño

dichoso
venturoso

agradable

vivo

ilustre

tristeza
aflicción
amargura
dolor
pena

tristezas
desgracias
desdichas
calamidades
↔ alegría

trituración
triturado

trituradora
picadora

triturar
picar
majar
desmenuzar
machacar
moler
masticar
mascar

triunfador
triunfante
victorioso
vencedor
ganador
campeón
↔ derrotado
perdedor

triunfal
glorioso
victorioso
triunfante

triunfalista
optimista
confiado
↔ derrotista
pesimista

triunfante
triunfador
triunfal
invicto
arrollador
apoteósico
↔ derrotado

triunfar
vencer
ganar
aplastar
arrollar
prevalecer
↔ perder
fracasar

triunfo
victoria
triunfo
éxito
palma
laurel
gloria
↔ derrota

triunvirato
terna
trío

trivial
intrascendente
insustancial
superficial
insignificante
frívolo
nimio
simple
baladí
↔ importante
trascendente

trivialidad
intrascendencia
insustancialidad
superficialidad
insignificancia
frivolidad
vulgaridad
nimiedad
simpleza
↔ importancia
trascendencia

trivializar
simplificar
suavizar
↔ exagerar

triza
trozo
partícula

fragmento
miga

trocar(se)
cambiar
permutar
canjear
trastocar

equivocar
confundir
tergiversar

convertir
transformar
mudar
variar

trocear
partir
dividir
fraccionar
fragmentar
trinchar
↔ unir

troceo
troceado
partición
división

trocha
sendero
vereda

trofeo
galardón
recompensa
premio
botín
despojo
panoplia

troglodita
cavernícola
cavernario
bárbaro
animal
bestia
bruto
↔ fino
educado

troj o **troje**
silo
granero

trola *col.*
engaño
mentira
embuste
patraña
cuento
bola *col.*
↔ verdad

trolero *col.*
mentiroso
embustero
cuentista

tromba
chaparrón
aguacero
chubasco

trombocito
plaqueta

trompa
probóscide
col.
borrachera
cogorza *col.*
melopea *col.*
curda *col.*
merluza *col.*
pedo *argot*
borracho
beodo
ebrio
bebido
tomado *amer.*
↔ sobrio

trompada
trompazo
porrazo
encontronazo
puñetazo
sopapo
guantada

trompazo
porrazo
trompada
batacazo
trastazo
topetazo

trompear(se)
amer.

pegar
golpear

trompearse

emborracharse

trompicar

tropezar
trastabillar
tambalearse

trompicón

tropezón
traspié

tumbo
vaivén

golpe
trompazo
porrazo

trompo

peón
trompa
peonza
perinola

tronado *col.*

loco
trastornado
ido
majara *col.*

tronador

tonante
atronador

tronar

atronar
retumbar
resonar

arremeter
atacar

↔ defender

tronchante *col.*

divertido
gracioso
regocijante
mondante *col.*

↔ serio

tronchar(se)

quebrar
quebrantar
partir

truncar
frustrar
impedir

col.
cansar
agotar
moler *col.*

troncharse *col.*

desternillarse
mondarse *col.*
partirse *col.*

tronco[1]

leño
madero

tórax
torso
busto

núcleo
meollo

linaje
línea
rama

tiro
pareja

tronco[2] *col.*

amigo
compañero
compadre
colega *col.*
tío *col.*

tronera

saetera
aspillera

col.
calavera
tarambana
bala perdida

tronío *col.*

lujo
ostentación
rumbo

garbo
trapío
señorío

↔ sencillez
austeridad

trono

solio
estrado

corona

tronzadera

tronzador
sierra

tronzar(se)

serrar
cortar
trocear
partir

cansar
agotar
tronchar *col.*
moler *col.*

tropa

tropel
multitud

milicia
ejército

tropel

caterva
muchedumbre
multitud
tumulto
tropa
mogollón *col.*

barullo
montón
revoltijo

tropelía

atropello
abuso
exceso
desmán

tropezar(se)

trompicar
trastabillar

topar
dar
chocar

encontrarse

equivocarse
errar
fallar

enfrentarse

↔ acertar

tropezón

trompicón
traspié

tropiezo
equivocación

tropiezo

tropezón
trompicón
traspié

estorbo
obstáculo
impedimento
interrupción

enfrentamiento
discusión
choque

falta
fallo
equivocación

desliz

↔ ayuda
colaboración

acierto

troquel

matriz
cuño
sello

troquelar

acuñar

trotaconventos

alcahueta
celestina

trotamundos

viajero
vagabundo

trote

paliza
trajín
tute *col.*
julepe *col.*

col.
lío
enredo
berenjenal

troupe *fr.*
compañía
(de espectáculos)

trova
poema
poesía
verso

trovador
trovero
poeta

trozo
pedazo
parte
porción
fracción
cacho *col.*

trucaje
truco
artificio

trucar
manipular
preparar
apañar

truco
ardid
artimaña
treta
trampa
triquiñuela
trucaje
artificio
secreto
técnica
tranquillo

truculencia
atrocidad
crueldad

truculento
tremendo
atroz

tremebundo
cruel

↔ agradable
dulce

trueno
estallido
explosión
estampido

trueque
intercambio
canje
cambio

truhán
bribón
granuja
sinvergüenza
pícaro
caradura
bufón
gracioso

↔ honrado

truhanada o
truhanería
bribonada
granujada
sinvergonzonería

trullo *argot*
cárcel
prisión
calabozo
trena *argot*
cana *amer.*

truncado
trunco
incompleto
mutilado
frustrado

↔ completo

truncar
cortar
tronchar
desmochar
decapitar
abortar
frustrar
interrumpir

↔ impulsar

trunco
truncado

tubérculo
tumor
abultamiento
tuberosidad

tuberculosis
tisis

tuberculoso
tísico
hético

tubería
cañería
conducto

tuberosidad
tumor
abultamiento
tubérculo

tubo
cilindro
canuto
caño

col.
castigo
sanción
arresto
paquete *col.*
puro *col.*

aburrimiento
pesadez
rollo *col.*
lata *col.*
plomo *col.*
muermo *col.*
petardo *col.*

argot
metro
metropolitano

tubulado
tubular
tubuliforme

tuco *amer.*
manco
muñón

tudesco
alemán
germano
teutón

tuercebotas *col.*
pelado *col.*
pelagatos *col.*
pelanas *col.*
pinchaúvas *col.*
don nadie *col.*

↔ personaje

tuerto
torcido

tueste
tostado

tuétano
médula

tufarada
tufo
peste
pestilencia

↔ fragancia

tufo
vaho
efluvio
hálito
emanación

tufarada
peste

col.
espina
corazonada
barrunto
pálpito

tufos
aires
humos
soberbia

↔ fragancia
humildad

tugurio
cueva
cuchitril
antro

tullido

lisiado
inválido
impedido
paralítico

tullir(se)

lisiar

tumba

sepulcro
sepultura
fosa

tumbar(se)

derribar
tirar
abatir

tender
acostar
echar

matar

noquear

↔ levantar

tumbo

trompicón
sacudida
bote
vaivén

tumbón col.

burlón
guasón
socarrón

holgazán
perezoso
flojo

↔ serio
    activo

tumbona

hamaca

tumefacción

hinchazón
inflamación
tumescencia

tumefacto

hinchado
inflamado

tumescente
túmido

tumescencia

tumefacción

tumescente

tumefacto

tumor

tumoración
tuberosidad

túmulo

catafalco

tumulto

alboroto
desorden
disturbio
algarada

jaleo
agitación
confusión

↔ calma
    tranquilidad

tumultuoso o
tumultuario

alborotado
desordenado
atropellado
revuelto

↔ tranquilo

tuna

rondalla
estudiantina

tunante

tuno
granuja
bribón
pícaro
sinvergüenza

↔ serio
    honrado

tunda col.

paliza
vapuleo
zurra col.
soba col.

tute col.

tundir col.

vapulear
moler
sacudir
zurrar col.

rendir
baldar
agotar
derrotar

túnel

subterráneo

tungsteno

volframio
wolframio

tuno

tunante

tuntún, al buen
    col.

a la ligera
al azar

↔ aposta
    deliberadamente

tupido

espeso
denso
compacto
apelmazado
amazacotado

↔ ralo
    ahuecado

tupir

espesar
comprimir
apelmazar
amazacotar

↔ ahuecar

turba

turbamulta
horda
masa
caterva

plebe
chusma

↔ élite

turbación

turbamiento
alteración
conmoción
aturdimiento
perturbación

↔ calma
    serenidad

turbador

conmovedor
perturbador
alterador

↔ tranquilizador

turbamiento

turbación

turbamulta

turba
horda

turbar(se)

conturbar
conmover
conmocionar
aturdir
perturbar
desasosegar

anonadar
confundir
cortar col.

↔ calmar
    tranquilizar

turbiedad o
turbieza

enturbiamiento
turbulencia
opacidad

↔ claridad
    nitidez

turbio

opaco
empañado
caliginoso
revuelto
túrbido cult.

sospechoso
equívoco

impreciso
difuso
nebuloso
oscuro

turbulento
agitado

↔ claro
  nítido
  diáfano

  honrado
  legal

  estable
  pacífico

turbión

turbonada
aguacero
chaparrón
tempestad

aluvión
avalancha
afluencia
multitud

turbulencia

turbiedad

agitación
alboroto
violencia
desorden
disturbio

↔ calma
  tranquilidad

turbulento

agitado
revuelto
alterado

revoltoso
levantisco
alborotador
violento

↔ tranqullo

  pacífico

turco

otomano

turgencia

firmeza
tirantez
abultamiento
hinchazón
protuberancia

↔ flaccidez

turgente

firme
tirante
abultado
hinchado
protuberante
túrgido *cult.*

↔ fláccido
  laxo

turíbulo

incensario
botafumeiro

turma

testículo

turnarse

alternarse
sucederse
cambiar

turno

tanda
vuelta
vez

turulato *col.*

asombrado
alelado
estupefacto
pasmado

↔ indiferente

turuta *col.*

loco
chiflado *col.*
majareta *col.*

↔ cuerdo

tusco

tirreno
etrusco

tuso

perro
can
chucho

tute *col.*

paliza
trote
trajín
julepe *col.*

tutela

tutoría

amparo
protección
cuidado

dirección
mirada
supervisión

↔ desamparo

tutelar[1]

apadrinar
patrocinar
favorecer
cuidar
supervisar
dirigir

↔ desentenderse

tutelar[2]

patrocinador
favorecedor
supervisor

tutiplén, a *col.*

sin medida
a mansalva
a diestro y siniestro

tutor

valedor
protector

preceptor
maestro

tutora

valedora
protectora

preceptora
institutriz

tutoría

tutela

ubérrimo
fecundo
fértil
feraz
productivo
fructífero
prolífico
pletórico

↔ estéril
  infecundo

ubicación
situación
colocación
emplazamiento
enclave
localización
posición
sitio
lugar
sede

ubicado
situado
sito
emplazado
enclavado

ubicar(se)
situarse
encontrarse
hallarse
enclavarse
estar
asentarse

amer.
colocar
poner
instalar

localizar

↔ quitar

ubicuidad
omnipresencia

ubicuo
omnipresente

ubre
mama
teta

ucase
decreto
orden
mandato

UCI
unidad de cuidados
  intensivos
UVI

udómetro
pluviómetro
pluvímetro

ufanarse
presumir
vanagloriarse
engreírse
envanecerse
gloriarse
jactarse
pavonearse
alardear
farolear *col.*

↔ avergonzarse

ufanía
presuntuosidad
engreimiento
orgullo
arrogancia
soberbia

↔ humildad
  modestia

ufano
presuntuoso
engreído
orgulloso
arrogante
presumido
soberbio

alegre
contento
satisfecho
campante
orondo
rozagante
ancho
rufo

lozano
sano

↔ humilde
  sencillo

triste
avergonzado

mustio

ujier
conserje
ordenanza
bedel

úlcera
ulceración
llaga
chancro
afta

ulceración
úlcera
llaga

ulcerar(se)
llagar

ulterior
posterior
siguiente
sucesivo
subsiguiente
futuro
venidero

↔ previo
  anterior
  precedente

  citerior

últimamente
recientemente
hace poco

finalmente
por último

ultimar
terminar
finalizar
acabar
concluir
rematar
liquidar
finiquitar
cerrar

amer.
asesinar
matar
apiolar *col.*

↔ iniciar
  empezar

ultimátum
intimación
conminación

exigencia
aviso

último

postrero
postrer
posterior
final
extremo
zaguero

reciente
actual
moderno
nuevo
novedoso

remoto
recóndito
extremo

definitivo
terminante
concluyente

↔ primero
  principal
  anterior

  antiguo
  anticuado
  pasado de moda
  anterior

ultra

extremista
exaltado
reaccionario
intolerante

↔ tolerante
  demócrata

ultrajante

ofensivo
injurioso
insultante
afrentoso
vejatorio

↔ honroso
  honorable
  elogioso

ultrajar

ofender
agraviar
injuriar
afrentar
vilipendiar

insultar
vejar
menospreciar
mancillar
deshonrar
pisar *col.*

↔ honrar
  elogiar
  alabar

ultraje

ofensa
agravio
injuria
afrenta
vilipendio
insulto
vejación
menosprecio
mancilla
deshonra
oprobio
herida

↔ honra
  elogio
  alabanza

ultramarino

transoceánico

ultramarinos

coloniales
comestibles
abarrote *amer.*

abacería
tienda de
  comestibles

ultramontano

conservador
reaccionario
retrógrado
carca *col.*

↔ progresista
  liberal

ultranza, a

firmemente
decididamente
resueltamente

consecuente
firme

↔ voluble
  tibio

ultrarrojo

infrarrojo

ultratumba

el más allá

ultratumba, de

espectral
fantasmal
fantasmagórico

úlula

autillo
zumaya

ulular

aullar
gemir
bramar

umbela

tejadillo
voladizo

umbráculo

cobertizo
enramada
sombrajo
pérgola

umbral

entrada
acceso
paso
umbralado *amer.*

comienzo
inicio
principio
origen

puertas
filo
borde
límite

↔ final
  término
  postrimerías

umbralado *amer.*

umbral

umbrátil

umbroso

umbría

sombra

↔ solana

umbrío

umbroso

umbroso

sombrío
umbrío
umbrátil
sombreado
tenebroso

↔ soleado
  luminoso

unánime

acorde
conforme
concorde
coincidente
general
generalizado

↔ dividido
  disconforme
  contrario
  adverso

unanimidad

acuerdo
conformidad
coincidencia
avenencia

↔ división
  disconformidad
  desacuerdo
  discrepancia

unción

devoción
piedad
fervor
veneración
recogimiento

↔ frialdad
  tibieza

uncir

aparear
enganchar

undécimo

onceno

ungido

investido
proclamado
entronizado
coronado

cult.

dotado
provisto

↔ privado
   desprovisto

ungir(se)

untar
aceitar

investir
proclamar
entronizar
coronar

cult.

dotar
proveer
conferir
otorgar

↔ privar
   negar

ungüento

pomada
crema
bálsamo
linimento
untura

ungüento amarillo

panacea

únicamente

sólo
solamente
exclusivamente
nada más

unicameral

monocameral

unicelular

↔ pluricelular

unicidad

↔ pluralidad
   diversidad

único

solo
exclusivo

excepcional
singular
original
extraordinario
irrepetible
impar
inmejorable
genial
excelente

↔ múltiple
   plural

   común
   corriente

unidad

individualidad

elemento
componente
pieza

armonía
uniformidad
unión
conformidad
coherencia
unanimidad

destacamento
pelotón

uno

↔ pluralidad
   desunión
   división

unidireccional

↔ omnidireccional
   multidireccional

unido

junto
reunido
incorporado
adherido
pegado
soldado
fundido
yuxtapuesto
compenetrado
identificado

↔ separado
   desunido

   distanciado

unifamiliar

familiar

unificación
unión
reunión
agrupación

igualación
equiparación

↔ separación
   división

   diversificación

unificar(se)

unir
juntar
reunir
sumar
aunar
concentrar
anexionar
aglutinar
agrupar

igualar
equiparar
equilibrar
uniformar
homogeneizar
armonizar

↔ dividir
   separar

   diversificar

uniformar

igualar
unificar
homogeneizar
regularizar
normalizar
despersonalizar

↔ diversificar
   individualizar

uniforme

homogéneo
parejo
monótono
parecido
similar
semejante
igual
constante
regular
raso

llano
liso
lineal
plano

↔ heterogéneo
   diferente
   irregular
   desigual

uniformidad

homogeneidad
monotonía
igualdad
semejanza
regularidad
similitud
equilibrio

↔ heterogeneidad
   diferencia
   irregularidad
   desigualdad

uniformizar(se)

uniformar
unificar
igualar

↔ diferenciar
   distinguir
   singularizar

unilateral

parcial
fragmentario

personal
particular
partidista
autónomo
independiente

↔ general
   global
   total

   bilateral
   multilateral

unión

unificación
suma
ensamblamiento
agrupación
integración
fusión
soldadura
acoplamiento
combinación

aglutinamiento
adhesión
relación
vínculo
vinculación
sincretismo
simbiosis
conjunción

hermanamiento
avenencia
conformidad
concordia
comunión

casamiento
matrimonio
boda

junta
juntura
nexo
nudo
ligadura
atadura

alianza
confederación
liga
asociación

↔ separación
    división

    desunión
    enfrentamiento
    enemistad

    divorcio

unípara
↔ multípara

unipersonal
individual
personal

↔ general
    común
    colectivo

unir(se)
unificar
juntar
aunar
sumar
ensamblar
agrupar
integrar
fundir
soldar
acoplar

combinar
aglutinar
adherir
fusionar
sintetizar
asociar
aliar
solidarizar
relacionar
vincular
ligar
trabar

armonizar
hermanar
avenir
solidarizar

casar
desposar
emparejar
maridar

↔ separar
    dividir
    disociar
    cortar

    desunir
    enfrentar
    enemistar

    divorciar

unisonancia
monotonía

unísono
unánime
acorde

unísono, al
a la vez
unánimemente

unitario
inseparable
indivisible
conjunto
común
global
unificador

↔ separado
    múltiple
    disociado

universal
cósmico
espacial
cosmológico

mundial
internacional
ecuménico

común
genérico
integral
global
general
total

↔ local
    nacional

    particular
    parcial

universalidad
universalismo
totalidad
generalidad

↔ particularidad
    parcialidad

universalismo
universalidad

universalizar
extender
difundir
generalizar
ampliar
internacionalizar

↔ particularizar
    personalizar
    restringir

universalmente
mundialmente
internacionalmente

↔ localmente

universitario
facultativo

licenciado
titulado
diplomado
graduado
doctorado

universo
cosmos
espacio
creación
mundo
orbe

unívoco
claro
preciso

↔ ambiguo

uno
individuo
individualidad
unidad
singular

indiviso
inseparable
distinto
simple
único

↔ varios
    plural

    complejo
    compuesto
    múltiple

untadura
untamiento
untura
unto
ungüento

untamiento
untura
untadura

untar(se)
embadurnar
engrasar
aceitar
pringar
bañar
col.
sobornar
comprar
corromper

↔ secar
    limpiar

unto
ungüento
untura
untadura

grasa
gordura
manteca
sebo

amer.
pomada

untuosidad

crasitud
viscosidad

empalago
afectación
servilismo

↔ sequedad

naturalidad

untuoso

pringoso
grasiento
aceitoso
craso
viscoso

empalagoso
afectado
servil

↔ seco

natural

untura

untamiento
untadura
unto
ungüento

uña

garra

casco
pezuña

espina (plantas)
pincho

gancho
punta

pestaña
diente

uñada

arañazo
rasguño
zarpazo

upar

aupar

uranio cult.

celeste (de los
astros)
cósmico

uranografía

cosmografía

urbanidad

cortesía
educación
corrección
modales
maneras

↔ grosería
rudeza

urbanismo

urbanística

urbanización

colonia

urbanizar(se)

construir
poblar

educar
refinar
cultivar
pulir

↔ embrutecer

urbano

ciudadano
metropolitano
cívico
municipal

↔ rural

urbe

ciudad
capital
metrópoli

urdidera

urdidor

urdimbre

trama
intriga
maquinación
conspiración
maniobra

urdir

tejer

intrigar
maquinar

conspirar
tramar
idear
fraguar
pastelear col.
cocinar col.

urente cult.

abrasador
ardiente
urticante

↔ refrescante
balsámico

urético

uretral

uretritis

blenorragia
gonorrea

urgencia

apremio
premura
perentoriedad
apuro
prisa
celeridad
rapidez

emergencia
aprieto
necesidad

↔ tranquilidad
lentitud

urgente

apremiante
acuciante
perentorio
imperioso
inaplazable
necesario

urgir

apremiar
acuciar

instar
obligar
conminar
exhortar

úrico

urinario

urinario

úrico

aseo
servicios
excusado

mingitorio
meadero col.

urna

caja
arca
arqueta
cofre
fanal
sarcófago

urraca

picaza

urticante

irritante
vesicante
urente cult.

↔ balsámico

urticaria

erupción
irritación
sarpullido
eccema

uruguayo

oriental amer.

usado

empleado
utilizado
estrenado
de segunda mano

gastado
consumido
estropeado
envejecido
ajado
desgastado
deslucido
raído
viejo
manoseado
manido
sobado

↔ nuevo
flamante

usanza

uso
costumbre
tradición
práctica
hábito
rutina
moda
manera

usar

emplear
utilizar
valerse
disponer
servirse
gozar
disfrutar
aprovechar
explotar
gastar
consumir

llevar
vestir
ponerse

acostumbrar
soler

usarse

estilarse
estar de moda

uso

empleo
utilización
servicio
disfrute
aprovechamiento
explotación
gasto
usufructo

función
fin
finalidad
destino
aplicación

manejo
práctica

costumbre
usanza
hábito
moda

↔ desuso
inutilidad

usual

común
habitual
frecuente
normal
corriente
acostumbrado
ordinario
general
familiar

↔ inusual
raro
desacostumbrado
desusado

usuario

usufructuario
consumidor
beneficiario
cliente

usufructo

uso
disfrute
utilización
empleo
aprovechamiento
fruto
provecho
beneficio
ganancia
lucro

usufructuar

usar
disfrutar
utilizar

usufructuario

usuario
consumidor
beneficiario

usura

lucro
especulación
interés
logro

↔ generosidad
altruismo

usurero

logrero
sanguijuela *desp.*
vampiro *desp.*

judío *desp.*
alagartado *amer.*

↔ generoso
altruista

usurpar

arrebatar
despojar
detentar
arrogarse
robar
quitar
privar

↔ restituir
devolver

utensilio

útil
herramienta
instrumento
aparato
implemento
accesorio
aperos
pertrechos

útero

matriz
seno

útil[1]

beneficioso
práctico
provechoso
fructuoso
productivo
servible
bueno
eficaz
positivo
ventajoso
socorrido
pragmático
cómodo

hábil (día)

↔ inútil
ineficaz
inservible
estéril

inhábil (día)

útil[2]

utensilio
herramienta

instrumento
aparato

útiles

aperos
bártulos
enseres
efectos
avíos

utilería

utillaje
equipo
útiles

atrezo

utilidad

beneficio
provecho
fruto
productividad
servicio
eficacia
rentabilidad
rendimiento
ventaja
conveniencia
jugo
interés
aplicación
función
objeto
fin
avío *col.*

↔ inutilidad
ineficacia

utilitario

útil
práctico
funcional
pragmático

coche
automóvil
turismo
carro *amer.*

↔ inútil
incómodo

utilitarismo

pragmatismo
realismo
posibilismo

↔ idealismo

utilizable

útil
aprovechable
servible
apto
idóneo

↔ inservible
  inútil

utilización

empleo
uso
manejo
explotación
aprovechamiento
disposición
aplicación

↔ desapovecha-
  miento
  desperdicio

utilizar

emplear
usar
valerse
disponer
servirse
aplicar
explotar
manejar
gastar
aprovechar

↔ desaprovechar
  desperdiciar

utillaje

utilería
equipo
útiles
aperos
avíos

utopía o utopia

ideal
quimera
sueño
ensueño
ilusión
fantasía
lirismo

↔ realidad

utópico

ideal
quimérico
onírico
fantástico
mítico
fabuloso
ficticio
teórico

↔ real

utopista

idealista
iluso
soñador
fantasioso
ingenuo

↔ realista
  pragmático

UVI

unidad de vigilancia
  intensiva
UCI

úvula

campanilla

uxoricidio

parricidio

vacación

descanso
ocio
asueto
holganza
permiso

vacante

plaza
puesto
acomodo

desocupado
libre
vacío

vaciar(se)

descargar
desocupar
despejar
desembarazar
limpiar

verter
desembocar
afluir
confluir
desaguar

afilar
amolar
aguzar

↔ llenar

vaciedad

vacuidad
necedad
tontería
estupidez
idiotez
sandez
simpleza
majadería
chorrada *col.*

vacilación

indecisión
duda
titubeo
inseguridad
indeterminación

↔ decisión

vacilante

indeciso
dudoso
titubeante
inseguro
indeterminado

bamboleante
tambaleante
oscilante

↔ decidido
    firme

vacilar

dudar
titubear
fluctuar
oscilar

bambolear
balancearse
tambalearse
bailar

col.
presumir
chulear
fanfarronear
fardar
dárselas

bromear
guasearse
reírse
pitorrearse *col.*
cachondearse *col.*

↔ decidirse

vacile *col.*

broma
burla
guasa
chirigota
pitorreo *col.*
cachondeo *col.*

vacilón *col.*

bromista
burlón
guasón

vacío

desocupado
libre
despejado
expedito
limpio
vacante
desierto

falto
desprovisto
carente

superficial
trivial
insustancial
vacuo
vano
banal

↔ lleno

    sobrado
    provisto

    profundo

vacuidad

vaciedad

vacunar

inmunizar

vacuno

bovino

vacuo

vacío
superficial
trivial
insustancial
intrascendente
banal
fútil
frívolo

↔ profundo
    trascendente

vadear

franquear
traspasar
atravesar

superar
rebasar

vadearse

manejarse
bandearse
arreglarse
apañarse

vademécum

manual
compendio

vado

paso

vagabundear

vagar
errar
deambular
callejear

↔ establecerse

vagabundo

mendigo
indigente
menesteroso
sin techo

errante
errático
nómada
callejero

↔ fijo
   arraigado

vagancia

vaguería
gandulería
pereza
holgazanería
haraganería
ociosidad

↔ diligencia

vagar¹

vagabundear
deambular
errar
callejear

vagar²

ocio
tiempo libre

tranquilidad
lentitud
parsimonia

↔ trabajo

   premura

vagido

gemido (recién
   nacido)
llanto

vago¹

perezoso
remolón
remiso
gandul
haragán
holgazán
indolente
ocioso

↔ diligente
   trabajador

vago²

indeterminado
impreciso
indefinido
confuso
ambiguo
inconcreto
desdibujado

↔ preciso
   definido
   concreto

vaguada

quebrada
cañada

vaguear

gandulear
holgazanear
holgar
haraganear
remolonear
descansar
reposar
vegetar

↔ trabajar
   bregar
   ajetrearse

vaguedad

ambigüedad
imprecisión

divagación
digresión
rodeo

↔ precisión

vaguería

vagancia
gandulería
holgazanería
haraganería
pereza

↔ diligencia

vaharada

bocanada
aliento
hálito
vaho

olor
efluvio
tufo

vahído

mareo
desvanecimiento
desfallecimiento
desmayo
lipotimia

vaho

vapor
emanación
efluvio
vaharada

vaina

funda

col.
contrariedad
molestia
engorro
lata col.
gaita col.
coñazo vulg.

bobo
majadero
mentecato
botarate
mequetrefe

vaivén

oscilación
bamboleo
balanceo
vacilación
tumbo

altibajo
fluctuación
cambio

↔ regularidad

vajilla

loza

vale

bono

pagaré

pase

comprobante
justificante
recibo

valedero

válido
canjeable

valedor

protector
bienhechor
benefactor
mecenas
padrino

valentía

coraje
valor
audacia
osadía
arrojo
gallardía
bizarría
intrepidez
guapeza
aplomo
arrestos
agallas

hazaña
heroicidad

↔ cobardía

valentón

fanfarrón
bravucón
arrogante
perdonavidas
baladrón
chulo
chuleta col.
matasiete col.

↔ apocado
   tímido

valentonada

fanfarronada
bravuconada
arrogancia
baladronada
hombrada
machada

valer¹

costar
importar
equivaler

suponer
causar
producir
ocasionar
conllevar
implicar

proteger
amparar
auxiliar

servir

valerse

recurrir
utilizar
echar mano

manejarse
desenvolverse
apañarse
arreglarse

valer²

valor
valía
mérito

valeroso

valiente
audaz
atrevido
osado
esforzado
intrépido
animoso

↔ cobarde
pusilánime

valet *fr.*

sirviente
mayordomo
criado
lacayo

valetudinario

achacoso
decrépito
delicado
enfermizo

↔ sano

valía

valor
valer
capacidad
competencia
aptitud
talento
mérito

validar

sancionar
aprobar

legitimar
ratificar

↔ invalidar

validez

valor
vigencia
legalidad
efectividad
eficacia
competencia

↔ invalidez

valido

favorito
privado

válido

valedero
vigente
legal
reglamentario
efectivo
eficaz

↔ ineficaz

valiente

valeroso
audaz
atrevido
osado
esforzado
intrépido
bravo
bizarro
denodado
animoso
corajudo

↔ cobarde

valija

maleta

valimiento

favor

privanza

valioso

costoso
caro
elevado
inasequible
exorbitante

preciado
precioso
estimable

↔ barato

insignificante

valla

vallado
cercado
cerca
valladar

obstáculo
impedimento
inconveniente
dificultad
traba

valladar

valla
vallado

vallar

cercar
rodear
acotar

valle

cuenca
vega
ribera

valor

precio
importe
costo
coste
total
cotización
tasación
cuantía

valía
mérito
capacidad
aptitud
talento
competencia
eficacia
utilidad
provecho

importancia
trascendencia
alcance
significación
interés

validez
vigencia
legalidad
autenticidad

valentía
coraje
arrojo
arrestos
gallardía
aplomo
agallas
audacia
osadía

atrevimiento
desvergüenza
cara *col.*
jeta *col.*
morro *col.*

valores

títulos (bolsa)

↔ inutilidad
ineficacia

desinterés

invalidez

cobardía
cortedad

valoración

valuación
valorización
tasación
evaluación
estimación

valorar

valuar
valorizar
tasar
evaluar
calcular
estimar

reconocer
apreciar
tener en cuenta

revalorizar

↔ devaluar

valorizar

valorar
valuar
revalorizar

tasar

↔ devaluar

valuar
valorar
valorizar

valva
concha

vampiresa
tigresa
mujer fatal
devoradora de
    hombres

vampiro col.
sanguijuela
explotador
negrero
usurero

vanagloria
presunción
vanidad
jactancia
engreimiento
alarde
petulancia

↔ humildad
    vergüenza

vanagloriarse
gloriarse
jactarse
envanecerse
enorgullecerse
alardear
pavonearse
presumir
hacer gala

↔ humillarse
    avergonzarse

vandalismo
salvajismo
barbarie
gamberrismo
atrocidad
destrucción

↔ civismo

vándalo
salvaje
bárbaro
gamberro

↔ cívico

vanguardia
frente
avanzadilla
primera línea

↔ retaguardia

vanguardista
moderno
actual
revolucionario

↔ antiguo
    obsoleto

vanidad
envanecimiento
presunción
engreimiento
arrogancia
altanería
inmodestia
jactancia
vanagloria
empaque
soberbia

↔ humildad
    modestia

vanidoso
presuntuoso
presumido
engreído
arrogante
inmodesto
jactancioso
fanfarrón
fatuo
soberbio

↔ humilde
    modesto

vano
irreal
ilusorio
imaginario

infundado
inconsistente
gratuito

inútil
estéril
ineficaz
infructuoso

ventana
abertura

↔ real

fundado
sólido

eficaz

vapor
vaho

vaporizador
pulverizador
atomizador
difusor
spray

vapulear
azotar
apalear
golpear
pegar
maltratar
tundir
sacudir
zurrar col.

vapuleo
apaleo
vareo
paliza
castigo
somanta
tunda

vaquería
establo
vaqueriza

lechería

vaquero
vaquerizo

cowboy

vaqueros
tejanos
jeans
blue jeans

vaquilla
becerro
novillo

vaquillas
novillada
becerrada
capea

vara
varapalo
verga
palo
varilla
garrocha
pica
puya

varadero
dársena
fondeadero

varapalo
vara
reprimenda
rapapolvo
correctivo

varar
encallar
embarrancar

detenerse
inmovilizarse
atascarse

↔ progresar

varear
sacudir

aventar

variable
variante
cambiante
inestable
mudable
inconstante
versátil
voluble
proteico cult.

↔ estable

variación
variante
cambio
transformación
modificación
alteración
mutación
mudanza

variedad
diversidad

↔ permanencia

variado

vario
variopinto
diverso
múltiple
dispar
surtido
heterogéneo

↔ uniforme

variante

variable

variación
cambio
transformación
modificación
reforma

variar

modificar
cambiar
alterar
mudar
trocar
transformar
virar

diferir
diferenciarse
distinguirse
discrepar

↔ mantener
 igualarse

variedad

pluralidad
multiplicidad
diversidad
disparidad
heterogeneidad
variación

↔ uniformidad

varilarguero

picador (de toros)

varilla

vara
barra
tira

ballena

varillaje

armazón

vario

diverso
diferente
múltiple
dispar
variado

variopinto

variado
diverso
dispar
heterogéneo

↔ homogéneo

varón

hombre
macho

varonil

viril
hombruno

↔ femenino

vasallaje

sumisión
servilismo
sometimiento
acatamiento
sujeción

↔ rebeldía

vasallo

siervo
feudatario

súbdito

↔ señor

vasar

repisa
anaquel
estante

vasco

vascongado

vascuence
euskera

vasija

cuenco
bol
escudilla

vástago

brote
pimpollo
yema
retoño
renuevo
verdugo
verdugón

vastedad

inmensidad
grandeza
amplitud
enormidad
magnitud
extensión

↔ pequeñez
 insignificancia

vasto

inmenso
grande
amplio
enorme
extenso
dilatado
anchuroso

↔ pequeño
 insignificante

vate *cult.*

poeta
rapsoda *cult.*

adivino
vaticinador
agorero

váter

wáter

vaticinar

adivinar
pronosticar
profetizar
augurar
predecir
presagiar

vaticinio

adivinación
pronóstico
profecía
augurio
predicción

vecinal

municipal

vecindad

vecindario

proximidad
contorno
alrededores
cercanías
inmediaciones
aledaños

vecino

convecino

habitante

próximo
cercano
inmediato
limítrofe
adyacente
lindero
fronterizo

veda

prohibición
limitación
privación
impedimento
veto

↔ permiso
 autorización

vedado

coto

vedar

prohibir
privar
impedir
negar
vetar

↔ permitir
 autorizar

vedette *fr.*

estrella
figura
as

vedija

vellón

pelambrera
greñas

vega
ribera
huerta

vegetación
flora
plantas

vegetal
planta

vegetar
vaguear
gandulear
holgazanear
haraganear
holgar

vehemencia
ardor
ímpetu
fogosidad
pasión
apasionamiento
exaltación
enardecimiento
entusiasmo
frenesí
efusión
viveza
violencia

↔ calma
   sosiego
   frialdad

vehemente
impetuoso
fogoso
apasionado
exaltado
enardecido
encendido
entusiasta
efusivo

impulsivo
irreflexivo
loco
atolondrado

↔ sosegado
   frío

   reflexivo

vehículo
transporte

veinte
vigésimo

vejación
vejamen
humillación
ofensa
afrenta
ultraje
escarnecimiento
difamación

↔ alabanza

vejar
humillar
ofender
afrentar
ultrajar
escarnecer
difamar
zaherir

↔ alabar

vejatorio
humillante
ofensivo
agraviante
insultante
ultrajante
difamante

↔ laudatorio

vejestorio *desp.*
viejo
anciano
carcamal *col.*
matusalén *col.*
retablo *col.*

↔ niño
   pollo *col.*

vejete
viejo
vejestorio *desp.*

vejez
senectud
ancianidad
vetustez

chochez
senilidad
decrepitud

↔ juventud
   lozanía

vejiga
ampolla

vela
candela
cirio
velón
hachón

vigilia
desvelo

velada
reunión
celebración
fiesta
gala

velar[1]
disfrazar
ocultar
tapar

velar[2]
gutural

velatorio
velorio

veleidad
volubilidad
inconstancia
variabilidad
versatilidad
frivolidad
ligereza

antojo
capricho

↔ constancia

veleidoso
voluble
inconstante
variable
versátil
frívolo
ligero
veleta

antojadizo
caprichoso

↔ constante

velero
barco de vela

veleta
boya

veleidoso
voluble
inconstante

vello
pelo
pelillo
pelusa
pelusilla

vellocino
vellón

zalea

vellón
vellocino

vedija

velludo
peludo

velo
nube
cortina

velocidad
rapidez
celeridad
ligereza
prontitud
presteza
prisa
premura
urgencia

marcha (de un
   vehículo)

↔ lentitud

velocímetro
cuentakilómetros

velomotor
ciclomotor

velorio
velatorio

veloz
rápido
raudo

pronto
ligero
vertiginoso
acelerado
apresurado
presuroso

↔ lento

vena

veta
venero
estrato
faja
lista

filón
yacimiento

col.
afeminamiento
mariconería *col.*
pluma *col.*
ramalazo *col.*

venablo

dardo
lanza
flecha

venado¹

ciervo

venado²

loco
demente
trastornado
manlático
venático
majareta *col.*
chiflado *col.*
chalado *col.*

↔ cuerdo

venal

vendible

sobornable

↔ insobornable
íntegro

venático

maniático
extravagante
venado

↔ juicioso

vencedor

ganador
triunfador
campeón

↔ perdedor

vencer

ganar
derrotar
triunfar
rendir
aventajar
superar
aplastar
arrollar
aniquilar
dar un baño *col.*

prevalecer
predominar
dominar
reinar
imponerse

ladear
inclinar
alabear

caducar
cumplir
finalizar
concluir
terminar

↔ perder

comenzar

vencimiento

victoria
triunfo

cumplimiento
término

venda

vendaje
gasa
apósito

vendaval

ventarrón
huracán

vendedor

comerciante
tendero
mercader

↔ comprador

vender

enajenar
traspasar
saldar
liquidar

traicionar
entregar

↔ comprar

vendetta *ital.*

venganza
desquite
revancha
represalia

vendible

venal

veneno

tóxico
ponzoña

↔ antídoto

venenoso

tóxico
ponzoñoso
nocivo
mortífero
letal
pernicioso
deletéreo *cult.*

malicioso
malvado
malintencionado
viperino
pérfido
diabólico

↔ inocuo

inocente
bienintencionado

venera

vieira
concha

venerable

venerando
respetable
honorable
noble
digno
reverendo

↔ despreciable

veneración

devoción
adoración
respeto
estima
aprecio

↔ desprecio

venerando

venerable

venerar

adorar
respetar
honrar
amar
estimar
apreciar

↔ despreciar

venéreo

carnal
sexual
sensual
erótico

venero

manantial
fuente

yacimiento
vena
veta
filón

venganza

desquite
revancha
represalia
vendetta

↔ perdón

vengar(se)

vindicar
resarcir
reparar
desquitarse

↔ perdonar

vengativo

vindicativo
rencoroso
resentido

venia
autorización
licencia
permiso
consentimiento
aquiescencia
conformidad

perdón
gracia
remisión

venial
leve
ligero

↔ grave
    mortal

venialidad
levedad

↔ gravedad

venida
llegada
advenimiento

regreso
vuelta
retorno

↔ ida

venidero
futuro
próximo

↔ pasado

venir(se)
llegar
acercarse
aproximarse
acudir
comparecer
presentarse
aparecer
sobrevenir
surgir

provenir
proceder
derivar
dimanar
arrancar

asaltar
entrar
dar

sentar
acomodarse
adaptarse

aparecer
constar
figurar

incluir
englobar
traer

↔ ir

    desaparecer
    desvanecerse

venta
cesión
traspaso
saldo
liquidación

posada
mesón
fonda

↔ compra

ventaja
delantera
superioridad
preeminencia

provecho
utilidad
producto
rendimiento

↔ inconveniente

ventajista
tramposo
aprovechado
oportunista
especulador
fullero

ventajoso
beneficioso
favorable
provechoso
productivo
lucrativo
jugoso
interesante

↔ desfavorable

ventana
vano
abertura

hueco
respiradero

ventanilla (de la
    nariz)
fosa
narina

ventanilla
ventanillo

ventana (de la nariz)

ventanillo
ventanilla
postigo

mirilla

trampilla

ventanuco
ventano
ventanilla

ventarrón
ventisca
ventolera

ventear
olfatear
oliscar
oler

ventero
posadero
mesonero

ventilación
ventilado
oreo
aireo

ventilar(se)
orear
airear
renovar (el aire)
purificar

revelar
publicar
propagar
sacar a la luz

despachar
solventar
resolver

solucionar
liquidar

ventilarse col.
matar
cargarse col.
cepillarse col.

engullir
devorar
zamparse col.
embaular col.

tirarse col.
trajinarse col.

↔ enrarecer

ventisca
ventarrón
ventolera

ventisquero
nevero
helero

ventolera
ráfaga
ventarrón
ventisca

manía
excentricidad
locura
luna

ventosear
peer
peder
irse col.

ventosidad
pedo

gases
flatulencia
flato

ventura
dicha
felicidad
fortuna
prosperidad
bonanza
suerte

azar
casualidad

venturoso
afortunado
feliz
dichoso

↔ desgraciado

venus
beldad
belleza
hermosura

ver
vista
visión

aspecto
apariencia
pinta

ver(se)
mirar
observar

percibir
captar
advertir

estudiar
examinar
analizar
ponderar

comprender
entender
conocer
saber

presenciar
asistir
acudir

frecuentar
visitar

averiguar
comprobar

juzgar
considerar
estimar
tener en cuenta

prever
presentir
olerse
temer
imaginar

procurar
intentar
tratar

verse
hallarse
encontrarse
estar

vera
orilla
margen
ribera

veracidad
verdad
certeza
fiabilidad

↔ falsedad

veraneante
turista

veraniego
estival

↔ invernal

verano
estío

↔ invierno

veraz
verídico
verdadero
fiable
real
exacto
auténtico
probado
serio

↔ falso
    ficticio

verba
verborrea
verbosidad
locuacidad
labia

↔ laconismo

verbal
oral

verbena
kermés
quermés

verbigracia
por ejemplo

verbo cult.
lenguaje
lengua
expresión

palabra
vocablo

verborrea
palabrería
locuacidad
labia
facundia
verbosidad
verba

↔ laconismo

verdad
certeza
certidumbre
veracidad
evidencia
autenticidad
realidad

↔ mentira

verdadero
cierto
veraz
verídico
auténtico
evidente
probado
demostrado

↔ falso
    ficticio

verde
verdoso
glauco
aceitunado

lozano
fresco
exuberante
frondoso

inmaduro

inexperto
principiante
novato
bisoño

obsceno
pornográfico
licencioso
indecente
picante
galante

hierba
césped
pradera

↔ mustio
    seco

    maduro

    experto
    preparado

    casto

verdear
verdecer
reverdecer

verdín
cardenillo
herrumbre
orín
moho

verdor
verdura
follaje
espesura
frondosidad

frescura
lozanía

verdugo
sayón

tirano
torturador

tormento
suplicio
sufrimiento
mortificación
cruz

verdugón
vástago

verduguillo
estoque

verdugón
roncha
señal

renuevo
vástago
verdugo

verduguillo
estoque
verdugo

verdulera col.

descarada
ordinaria
grosera
vulgar
rabanera col.
rabisalsera col.

↔ educada
fina

verdura
hortaliza

verdor
follaje
espesura

verecundia cult.

vergüenza
timidez
poquedad
corte col.

↔ desvergüenza

vereda
senda
sendero
camino
trocha
vericueto

cañada

amer.
acera
banqueta amer.

veredicto
fallo
sentencia
dictamen
parecer

verga
vara

pene
falo

vergajo
látigo
fusta

vergel
jardín
pensil
pénsil

vergonzoso
tímido
apocado
turbado
retraído
corto
cortado col.

↔ atrevido
descarado

vergüenza
sonrojo
bochorno
timidez
poquedad
retraimiento
turbación
apuro
corte col.

pundonor
decencia
honor
honra
dignidad
pudor
decoro
recato

infamia
baldón
mancha
mancilla
deshonor
deshonra

vergüenzas
genitales
partes
partes pudendas

↔ desparpajo
desenvoltura

desvergüenza
indecencia
impudor

honor
honra

vericueto
andurrial
risco
trocha
vereda
sendero

vericuetos
entresijos

verídico
veraz
verosímil
fiable
real
verdadero
auténtico
creíble

↔ falso
ficticio

verificación
comprobación
demostración

verificar(se)
comprobar
probar
demostrar
confirmar
corroborar
revisar
repasar
compulsar

efectuar
realizar

verificarse
cumplirse
producirse

↔ desmentir

verismo
veracidad
realismo
crudeza

↔ fantasía

verja
reja
cancela

verme
gusano
helminto

vermut
aperitivo

vernáculo
doméstico
nativo
indígena
oriundo

↔ forastero

verosímil
veraz
factible
probable
posible

↔ inverosímil

verosimilitud
credibilidad
realismo
fiabilidad
certeza

↔ inverosimilitud

versado
experto
instruido
experimentado
entendido
impuesto
preparado
ducho
avezado

↔ inexperto

versal
mayúscula

↔ minúscula

versar
tratar
hablar
referirse
hacer referencia

versátil
voluble
veleidoso
variable
inconstante
mudable
frívolo

adaptable
amoldable
acomodable
polifacético

↔ constante

versatilidad

volubilidad
veleidad
variabilidad
inconstancia

adaptabilidad
amoldabilidad
acomodabilidad

↔ constancia

inadaptabilidad

versificación

métrica

versificador

poeta
versista

versificar

poetizar
componer

versión

traducción

interpretación
lectura

verso

poema
poesía
composición

↔ prosa
narrativa

versus lat.

contra
frente a

vertebrar

organizar
estructurar
articular
orquestar

↔ desorganizar
desmembrar

vertedero

basurero
estercolero
muladar

verter(se)

derramar
echar
esparcir
tirar
volcar

expresar
manifestar
plasmar
reflejar

traducir

desembocar
desaguar

vertical

derecho
erguido
enhiesto
erecto
tieso

↔ horizontal
tumbado

vértice

cúspide
cumbre
cima
punta
remate

vertido

residuos
desperdicios
despojos
basura

vertiente

pendiente
declive
inclinación

ladera
falda

agua (de un tejado)

aspecto
prisma
óptica
perspectiva
punto de vista

vertiginoso

veloz
rápido
raudo
acelerado
apresurado
dinámico

↔ lento
pausado

vértigo

acrofobia

ajetreo
trajín
prisa
velocidad

mareo
vahído
desvanecimiento

↔ calma
pausa

vesania

locura
demencia
enajenación
insania

furia
crueldad
cólera
rabia
furor
violencia

↔ cordura
mansedumbre

vesánico

loco
demente
enajenado

furioso
colérico
furibundo
violento

↔ cuerdo
manso
suave

vesicante

urticante
irritante

véspero cult.

anochecer
ocaso

↔ amanecer

vespertino

↔ matutino

vestíbulo

zaguán
atrio

recibidor
hall

vestido

vestidura
vestimenta
indumentaria
ropa
atuendo
traje
tenida amer.

vestidura

vestido
indumentaria

vestiduras

ornamentos
aderezos
adornos
perifollos

vestigio

indicio
señal
huella
pista
rastro
recuerdo

vestimenta

vestido
indumentaria
vestidura
atuendo
traje

vestir(se)

ataviar
cubrir
lucir
llevar
ponerse
trajearse

adornar
ornar
revestir

camuflar
disfrazar
disimular

↔ desnudar
 despojar

vestuario

guardarropa
guardarropía

veta

franja
lista
estrato

vena
filón

vetar

rechazar
prohibir
impedir
oponerse
negar

↔ autorizar
 dejar vía libre

veteado

listado

veteranía

destreza
experiencia

madurez

↔ inexperiencia
 inmadurez

veterano

diestro
experto
experimentado
avezado
curtido
fogueado
corrido

maduro
viejo

↔ novato
 pipiolo

 joven

veto

rechazo
prohibición
impedimento
oposición
negativa

↔ autorización
 aprobación

vetustez

antigüedad
vejez
decrepitud
ranciedad

↔ modernidad
 actualidad

vetusto

decrépito
anticuado
antiguo
viejo
rancio

↔ moderno
 actual

vez

tiempo
ocasión
oportunidad
momento

turno
sucesión

vía

camino
arteria

carril
raíl
riel

conducto (del
 cuerpo)

ruta
dirección
rumbo

sistema
medio
procedimiento
modo
manera

por
a través de
por medio de

vía crucis

penalidad
sufrimiento
calvario
suplicio
martirio
infierno

viable

posible
factible
realizable
ejecutable

transitable
practicable

↔ inviable
 intransitable

viajante

viajero

representante

viajar

desplazarse
recorrer
correr

argot
alucinar
delirar

viaje[1]

periplo
travesía
camino
trayecto
itinerario
recorrido
ruta
marcha
éxodo

argot
alucinación
delirio

viaje[2] *col.*

tajo
chirlo
corte
cuchillada

mamporro
golpe
torta

tortazo
topetazo
puñetazo

viajero

viajante
excursionista
turista

pasajero

vial

viario

vianda

comida
alimento
manjar
sustento

viandante

peatón
caminante
transeúnte

viario

vial

viático

dieta
estipendio

víbora

bicho
pécora
bruja
alimaña

vibración

temblor
trepidación
traqueteo
tembleque
agitación

vibrante

vibrador
vibrátil
vibratorio
tembloroso

resonante
retumbante
potente
vigoroso

vibrar

temblar
trepidar
agitarse
traquetear
tremolar

conmoverse
emocionarse
entusiasmarse

vibrátil

vibrador
vibrante
vibratorio

vicaría

vicariato

vicetiple

mezzosoprano

corista

viceversa

al revés
al contrario

viciado

pervertido
contaminado
corrompido

enrarecido (aire)

viciar(se)

enviciar
corromper
pervertir
depravar
perder

deformar
distorsionar
tergiversar
torcer
falsear
mistificar

anular
invalidar

vicio

adicción
afición
tentación
manía

depravación
perversión
corrupción
degeneración
desenfreno
disipación
libertinaje
inmoralidad

defecto
flaqueza
falta
lacra
tacha
deficiencia
incorrección
imperfección

frondosidad
exuberancia

↔ virtud

vicioso

adicto
apasionado
fanático
loco
maniático

depravado
pervertido
corrompido
degenerado
libertino
disipado
disoluto
inmoral

exuberante
frondoso
pródigo
fértil

↔ moderado

  virtuoso

  pobre
  yermo

vicisitud

contrariedad
obstáculo
dificultad
accidente
incidente

avatar
altibajo
cambio
alteración

víctima

afectado
damnificado

muerto
baja

victoria

triunfo
éxito
palma
laurel

↔ derrota

victorioso

triunfante
triunfador
triunfal
ganador
campeón
invicto
arrollador

↔ derrotado
  vencido

vid

parra

vida

existencia
vivir
permanencia
duración
subsistencia

sustento
manutención
sostén

conducta
comportamiento
proceder

actividad

biografía
historia

vitalidad
energía
vigor
dinamismo
animación
motor

viveza
expresividad
expresión

color
brillo
alegría

vidente

clarividente
futurólogo
adivino
augur

vidriar

vitrificar

vidriera

cristalera
vitral
amer.
escaparate
vitrina

vidrio

cristal

vidrioso

quebradizo
frágil
rompible

delicado
espinoso
comprometido
embarazoso
peliagudo

susceptible
suspicaz
quisquilloso

deslizante
resbaladizo

↔ irrompible

vieira

venera

viejo

anciano
abuelo
carcamal *col.*
retablo *col.*
vejestorio *desp.*

antiguo
remoto
añejo
vetusto

provecto
arcaico
decrépito
caduco
obsoleto

aviejado
estropeado
desgastado
deslucido
raído
cascado

col.
padre

compadre
camarada
compañero
ñaño *amer.*

↔ joven

nuevo
reciente
actual

viento

aire
ventarrón
vendaval

rumbo
singladura
derrota

vientre

tripa
barriga
abdomen
panza

viga

travesaño

vigencia

actualidad
validez

↔ caducidad
desuso

vigente

actual
válido
vivo

↔ caduco

vigésimo

veinte

vigía

vigilante
centinela
observador

atalaya
torrero

vigilancia

atención
custodia
cuidado
guardia
escolta
acechanza

↔ descuido
abandono

vigilante

atento
alerta
avizor

vigía
centinela
observador
guardia
guardián
celador

vigilar

cuidar
observar
guardar
custodiar
velar
acechar

↔ descuidar

vigilia

insomnio
desvelo
vela

abstinencia
ayuno

víspera
(de una festividad
religiosa)

vigor

fortaleza
fuerza
energía
potencia
pujanza

brío
vitalidad
vida
empuje
nervio
ánimo
dinamismo

↔ debilidad

vigorizador

vigorizante
fortalecedor
revitalizador
vivificador

↔ debilitador

vigorizar(se)

fortalecer
revitalizar
vitalizar
reforzar
vivificar
activar
animar
dinamizar

↔ debilitar

vigoroso

fuerte
robusto
recio
enérgico
poderoso
potente
pujante
brioso
vital
dinámico
animoso

↔ débil

vil

despreciable
indigno
bajo
infame
ruin
rastrero
innoble
mezquino
abominable
abyecto

↔ noble
elevado

vileza

villanía
indignidad
bajeza
infamia
ruindad
mezquindad
abyección
canallada
bellaquería

↔ dignidad

vilipendiar

ofender
injuriar
insultar
humillar
deshonrar
difamar
calumniar
desprestigiar
denigrar
escarnecer

↔ alabar
enaltecer

vilipendio

ofensa
injuria
insulto
humillación
deshonra
difamación
calumnia
desprecio
denigración
escarnecimiento

↔ alabanza
elogio

villa

chalé
hotel
mansión
palacete

villanía

vileza
bajeza
ruindad
canallada
bellaquería

↔ nobleza
dignidad

villano

plebeyo

vil
ruin
canalla
bellaco
infame
miserable

rústico
grosero
maleducado
tosco
inculto
bruto
rudo

↔ aristócrata
   noble

   digno

   delicado
   refinado
   fino

villorrio *desp.*

poblado
poblacho
pueblucho

vinatería

bodega
taberna
tasca

vinatero

vinícola

vinculación

vínculo
relación
enlace
conexión
unión

vincular(se)

relacionar
enlazar
conectar
unir
emparentar

ligar
supeditar
someter

↔ desvincular
   desunir

vínculo

relación
unión
conexión
atadura
lazo
ligadura
nexo
parentesco
proximidad

↔ desconexión

vindicar(se)

vengar

defender
rehabilitar
reparar

reivindicar

vindicativo

vindicatorio
reivindicativo

vengativo
rencoroso

↔ calumnioso
   magnánimo

vindicatorio

vindicativo
reivindicatorio

vinícola

vinatero

vino

caldo
morapio

viña

viñedo
viñal *amer.*

viñeta

estampa
dibujo
grabado
ilustración
santo

violáceo

violeta
violado
malva

violación

infracción
vulneración
quebrantamiento
transgresión
contravención
inobservancia
profanación
atentado

↔ cumplimiento
   acatamiento

violado

violáceo

violar

infringir
vulnerar
quebrantar
transgredir
contravenir
profanar
incumplir
atentar
conculcar

forzar
violentar
deshonrar
abusar

↔ cumplir
   acatar
   respetar

violencia

furia
furor
virulencia
vehemencia
ímpetu
brusquedad
brutalidad
crueldad
salvajismo
barbarie

disgusto
vergüenza
reparo
embarazo

violentar(se)

obligar
forzar
violar

asaltar

tergiversar
distorsionar
deformar

turbar
desconcertar
confundir

irritar
enojar
enfadar
molestar
cabrear *col.*

violento

virulento
vehemente
impetuoso
intenso
brusco
brutal
salvaje
bárbaro

forzado

embarazoso
incómodo
delicado
peliagudo
vidrioso

↔ suave
   pacífico

violeta

violáceo
violado
malva

violón

contrabajo

violonchelo

chelo

viperino

venenoso
malicioso
retorcido
pérfido

↔ inocente

virago

machota *col.*
marimacho *col.*
machona *amer.*

viraje

giro
vuelta

viral

vírico
virulento

virar

girar
torcer
doblar
volver

evolucionar
cambiar
variar
modificarse

virgen

doncella

virginal
casto
inmaculado

inexplorado
desconocido
impenetrable

virginal

puro
inocente
casto
virtuoso
angelical

intacto
inmaculado
prístino
incólume
impoluto

↔ impuro
   sucio

virginidad

pureza
inocencia
castidad
virtud

virgo

↔ impureza

virgo

himen
virginidad

virguería

floritura
filigrana
primor
exquisitez
maravilla
preciosidad

↔ chapuza

vírgula

virgulilla
coma
cedilla
apóstrofo

vírico

viral
virulento

viril

varonil
hombruno
macho

↔ femenino

virilidad

masculinidad
hombría

virtual

potencial
posible
aparente
supuesto
imaginario

↔ efectivo
   real

virtud

poder
potencia
eficacia
fuerza
capacidad

cualidad
bondad
excelencia
prenda
ventaja

ética
moralidad
pureza
castidad
honestidad

↔ vicio
   defecto
   pecado

virtuosismo

destreza
habilidad
arte

virtuoso

íntegro
probo
honesto

casto
puro
inocente

hábil
experto
diestro
artista

↔ vicioso
   pecador

   torpe
   inexperto

virulencia

saña
violencia

mordacidad
causticidad
acrimonia
malignidad

↔ benignidad

virulento

vírico
viral
infectado
purulento
ponzoñoso

mordaz
cáustico
duro
sañudo
insidioso
punzante
venenoso

↔ benigno

   suave
   amable

viruta

limadura

visaje

mueca
gesto
guiño

visar

validar
reconocer
refrendar
autorizar

víscera

órgano
entraña
despojo

visceral

apasionado
pasional
vehemente
irracional

↔ racional
   cerebral

viscoso

pegajoso
pringoso
untuoso
pastoso
glutinoso
mucilaginoso

visera

parasol (automóviles)
tejadillo

visibilizar

visualizar

visible

perceptible
observable

evidente
patente
manifiesto
palmario
notorio
marcado
acentuado

↔ invisible

   dudoso
   borroso

visión

visualización
percepción

vista
visibilidad

espectro
fantasma
aparición
alucinación
ensoñación

opinión
enfoque
perspectiva
óptica
punto de vista

lucidez
tino
instinto
olfato

visionario

soñador
fantasioso
fantaseador
quimérico
iluminado

↔ realista

visita

visitante
invitado

cita
recepción
encuentro
entrevista

reconocimiento
    (médico)

visitador

inspector
interventor

representante (de
    artículos médicos)

visitante

visita

turista

visitar

ver
saludar
presentarse
pasarse

inspeccionar
examinar
revistar
pasar revista

vislumbrar

atisbar
entrever
columbrar
adivinar
presentir
imaginar
intuir

vislumbre

reflejo
resplandor
brillo
viso

atisbo
sospecha
intuición
presentimiento
indicio

viso

vislumbre
destello
resplandor
brillo
tornasol

aspecto
apariencia
traza
cariz
aire
pinta

víspera

vigilia
    (de una festividad
    religiosa)

vista

visión

mirada
ojeada
vistazo

aspecto
apariencia
pinta
traza
presencia

sagacidad
tino

perspicacia
instinto
olfato
clarividencia

paisaje
panorama
panorámica
horizonte
perspectiva
audiencia (judicial)

vistazo

ojeada
ojo
vista

vistillas

mirador

visto

gastado
pasado
trillado
manido
conocido

↔ novedoso
    original

vistosidad

atractivo
gracia
brillo

vistoso

atractivo
alegre
brillante
lucido
llamativo
sugestivo

↔ triste
    apagado

visual

óptico
ocular

visualizar

visibilizar

plasmar
representar
reflejar

amer.
divisar

distinguir
vislumbrar
percibir

vital

biológico

vitalista
optimista
positivo
dinámico
animoso
vivo

fundamental
imprescindible
esencial
trascendental
básico
cardinal

↔ pesimista
    pusilánime

    intrascendente
    secundario

vitalicio

permanente
perpetuo

↔ temporal

vitalidad

dinamismo
empuje
ánimo
vivacidad
vida
brío
vigor
energía
fortaleza
fuerza

importancia
trascendencia

↔ pasividad
    apatía

    intrascendencia

vitalista

vital
optimista
positivo
animoso

↔ pesimista
    negativo

vitalizar

vigorizar
fortalecer
reforzar
robustecer
tonificar
vivificar
activar
animar
dinamizar

↔ debilitar
  enervar

vitaminado

vitamínico

vitando *cult.*

abominable
detestable
execrable
odioso

↔ admirable

vitivinícola

vitivinicultor

vitivinicultura

enología

vitola

faja (de un puro)

aspecto
facha
pinta
presencia

vitorear

ovacionar
aplaudir
aclamar
vocear
vivar *amer.*

↔ abuchear

vítores

ovación
aplauso
aclamación

↔ abucheo

vitral

vidriera
cristalera

vítreo

cristalino

vitrina

expositor

amer.
escaparate

vituallas

víveres
provisiones
suministros

vituperar

censurar
criticar
condenar
recriminar
reprochar
reprobar
desaprobar

↔ alabar

vituperio

censura
crítica
condena
recriminación
reproche

deshonor
deshonra
humillación
difamación
calumnia

↔ alabanza

  honor

viudedad

viudez

subsidio

vivacidad

animación
viveza
energía
dinamismo

agudeza
listeza

↔ tristeza

  simpleza

vivalavirgen *col.*

informal
irresponsable
tarambana *col.*
calavera *col.*
botarate *col.*
bala *col.*
bala perdida *col.*

vivales *col.*

vivo
vividor
listo
fresco
cara *col.*
caradura *col.*
jeta *col.*

vivaquear

acampar

vivar[1]

madriguera
conejera

vivar[2] *amer.*

vitorear
ovacionar
aplaudir

↔ abuchear

vivaracho

vivaz
vivo
alegre
dinámico
inquieto
enérgico
pizpireta

listo
despierto
despabilado
agudo
sagaz

↔ tristón

  bobo

vivaz

vivaracho
vivo

vivencia

experiencia

vivencial

experimental
personal
vivido

↔ teórico

víveres

comida
alimento
comestibles
provisiones
vituallas
suministros
bastimento

vivero

almáciga
almácigo
plantario
invernadero
semillero

criadero
piscifactoría

cuna
germen
origen
raíz

viveza

vivacidad
rapidez
agilidad
dinamismo
presteza
celeridad

agudeza
sagacidad
listeza
sutileza

vistosidad
brillantez
luminosidad
atractivo

pasión
exaltación
energía
ardor
vehemencia

↔ lentitud

  torpeza

  inexpresividad

  serenidad

vívido

real
realista
auténtico
fiel
vivo

dinámico
enérgico

vividor

aprovechado
desenvuelto
fresco
caradura *col.*

vivienda

casa
residencia
domicilio
morada
hogar
techo
refugio

viviente

vivo
animado

↔ muerto
  inanimado

vivificador o
  vivificante

estimulante
reanimador
tonificante
vigorizador
vigorizante

↔ debilitador
  enervante

vivificar

estimular
reanimar
tonificar
vigorizar
fortificar
avivar

resucitar
renacer
revivir
volver a la vida

↔ debilitar
  enervar

vivir

existir
subsistir
pervivir
perdurar
durar
mantenerse
permanecer

habitar
residir
morar

cohabitar

actuar
comportarse

sentir
experimentar

↔ morir
  desaparecer

vivisección

disección

vivo

viviente
existente
superviviente
sobreviviente

vigente
actual
presente
candente
palpitante

ingenioso
despierto
avispado
agudo
despabilado
listo
perspicaz
astuto
zorro
vivales *col.*

rápido
ágil
diligente
dinámico
activo
enérgico
impetuoso
fogoso

vivaz
vivaracho
alegre

expresivo
llamativo
chillón

profundo
hondo
intenso
fuerte
vehemente
apasionado

vívido
real
auténtico

irritable
irascible

borde
ribete
festón

↔ muerto
  anticuado

bobo
simple
lento

apagado
triste
inexpresivo

débil

vocablo

palabra
término
voz

vocabulario

léxico
terminología
lenguaje
jerga

diccionario

glosario

vocación

afición
gusto
disposición
inclinación

vocal

oral

vocalizar

pronunciar
articular

vocear

gritar
chillar
vociferar
berrear
aullar
bramar
desgañitarse

vitorear
ovacionar
jalear

pregonar
divulgar
propagar

vocerío

griterío
algarabía
alboroto

vociferante

vocinglero
escandaloso

vocinglero

vociferante
escandaloso
chillón
gritón

charlatán
parlanchín
hablador

vodevil

revista (espectáculo)
comedia

voladito

volado (imprenta)

voladizo

volado
saliente
cornisa
vuelo

volado

voladizo
saliente

voladito

volador

volante
volátil

voladura
explosión
demolición
derribo

volandero
colgante

voluble
inestable
inconstante
variable
volátil

casual
imprevisto
continuo
permanente
fijo

volante
volador
volátil

ambulante
itinerante
errante

manubrio *amer.*
timón *amer.*

faralá

impreso

volantín *amer.*
cometa (juguete)

volar
revolotear
planear

correr
apresurarse
darse prisa

desaparecer
volatilizarse
evaporarse
esfumarse
huir
fugarse
pirarse

independizarse
emanciparse

explosionar
explotar
estallar
demoler
derribar

volarse
amer.
enfadarse
enojarse
irritarse

volatería
cetrería

volátil
volante
volador
flotante

voluble
mudable
inconstante
volandero

↔ constante

volatilizar(se)
evaporar

volatilizarse
desaparecer
esfumarse
volar

↔ aparecer

volatín
pirueta
cabriola
voltereta
acrobacia

volatinero
acróbata
equilibrista
saltimbanqui

volcánico
eruptivo

impetuoso
ferviente
desaforado
fogoso

↔ frío
    débil

volcar(se)
derribar
tumbar
tirar
abatir
volver

voltear
inclinar
torcer

verter
vaciar

volcarse
esforzarse
afanarse
desvivirse
sacrificarse
deshacerse

↔ levantar

volea
voleo

voleibol
balonvolea

voleo
volea

bofetón
torta
guantazo

volframio
wolframio
tungsteno

volición *cult.*
deseo
anhelo
intención
voluntad

voltear
volcar
volver
girar
invertir

amer.
tirar
tumbar
derribar

volteo
vuelco
tumbo

voltereta
volatín
pirueta
cabriola

volubilidad
inconstancia
veleidad
versatilidad

↔ constancia

voluble
veleidoso
cambiante
inconstante
variable
versátil
veleta
antojadizo
caprichoso

↔ constante

volumen
espacio
dimensión
magnitud
bulto
mole
corpulencia

tomo
ejemplar
libro

importancia
alcance
cuantía
cantidad
monta

voluminoso
grande
abultado
enorme
corpulento

↔ pequeño

voluntad
deseo
gana
anhelo
intención
propósito
determinación
volición *cult.*

albedrío
arbitrio
libertad

ánimo
perseverancia

tesón
empeño

consentimiento
permiso
aquiescencia

cariño
afecto
apego
amor
querencia

↔ desgana
  apatía

  prohibición

  desafecto
  inquina

voluntario

libre
espontáneo
facultativo
opcional
potestativo
discrecional

↔ obligatorio

voluntarioso

perseverante
trabajador
aplicado
afanoso
constante
tenaz

tozudo
terco
obstinado

↔ inconstante

voluptuosidad

placer
deleite
goce
fruición
complacencia
sensualidad
erotismo

voluptuoso

placentero
delicioso
embriagador
excitante
hedonista
sensual
erótico

voluta

bucle
espiral

volver(se)

regresar
retornar
tornar
retroceder

retomar
reiniciar
continuar

girar
virar
torcer
voltear
invertir

convertir
transformar
hacer

↔ marchar
  partir

vomitar

devolver
regurgitar

arrojar
expulsar
echar
soltar

desembuchar
revelar
confesar
cantar *col.*

vomitivo

vomitorio
emético

repugnante
asqueroso
nauseabundo
repulsivo
inmundo

↔ delicioso
  exquisito

vómito

vomitado
devuelto

vomitorio

vomitivo
emético

voracidad

avidez
ansia
glotonería
gula
apetito

↔ inapetencia

vorágine

torbellino
remolino
vórtice

tumulto
barahúnda
aglomeración
desorden
confusión
caos

voraz

hambriento
insaciable
ávido
glotón
tragón *col.*
tragaldabas *col.*

↔ inapetente
  desganado

vórtice

remolino
torbellino
vorágine

votación

elección
sufragio
plebiscito
referéndum
comicios

votante

elector

votar

elegir
sufragar *amer.*

↔ abstenerse

voto

sufragio
ofrenda
promesa
exvoto

plegaria
ruego
súplica

blasfemia
juramento
maldición
exabrupto
terno

voyeur *fr.*

mirón

voz

grito
alarido
chillido
exclamación

cantante
vocalista

rumor
opinión
murmuración
chisme

palabra
vocablo
término

vuelco

tumbo
volteo
caída

cambio
alteración
variación
transformación
trastorno

vuelo

revoloteo
planeo

voladizo
volado
saledizo

vuelta

regreso
retorno
retroceso

repetición
reinicio
continuación

rotación
giro

viraje
volteo
revolución
inversión

curva
revuelta

paseo
garbeo

cambio
vicisitud
vuelco

devolución

vuelto (dinero) *amer.*

reverso
dorso
revés
envés

↔ marcha
   partida

   anverso

vulgar
normal
corriente
habitual
ordinario

tosco
basto
burdo

chabacano
grosero
zafio
ramplón
chocarrero

plebeyo
popular
rústico

↔ original
   inusual
   insólito

   refinado
   exquisito

   aristocrático

vulgaridad
ordinariez
tosquedad
basteza
chabacanería
grosería
zafiedad
ramplonería

simpleza
insignificancia
trivialidad
tópico

↔ elegancia
   refinamiento

   originalidad

vulgarismo
solecismo
barbarismo
incorrección

vulgarizar(se)
trivializar

divulgar
popularizar
difundir
extender

vulgo
gente
masa
plebe
chusma
populacho

vulnerable
débil
frágil
endeble
delicado
indefenso
inconsistente
flojo
quebradizo

↔ invulnerable
   resistente
   inquebrantable

vulneración
quebrantamiento
infracción
transgresión
incumplimiento
violación

↔ cumplimiento

vulnerar
quebrantar
infringir
transgredir
incumplir
violar
contravenir
conculcar

dañar
perjudicar
lesionar
deteriorar
ofender

↔ cumplir

   favorecer

vulpeja
raposa
zorra

vulpino
zorruno

w

wagon-lit *fr.*
coche cama

walkman *ingl.*
cascos

wáter
váter
aseo
servicio

baño
lavabo
excusado
toilette
tigre *col.*
cuarto de aseo

water-closet
retrete
inodoro
sanitario
taza

water-closet *ingl.*
W.C.
wáter

week-end *ingl.*
weekend
fin de semana

western
película del Oeste

whisky
güisqui

wolframio
volframio

x

xenofobia
racismo
chovinismo
↔ tolerancia

xenófobo
racista
chovinista

xerocopia
fotocopia
xerografía
xerox

xerocopiar
fotocopiar
xerografiar

xerografía
fotocopia
xerocopia
xerox

xerografiar
fotocopiar
xerocopiar

xerox
fotocopiadora

fotocopia
xerografía
xerocopia

ya
ahora
inmediatamente
en seguida

bien
ora

yacer
reposar
descansar

fornicar
copular
hacer el amor

yacija
cama
lecho
camastro

sepultura
fosa
sepulcro
tumba

yacimiento
filón
cantera
mina
criadero
depósito
venero
vena
veta

yaguar *guaraní*
jaguar
yaguareté *amer.*
tigre *amer.*

yaguareté *guaraní*
jaguar
yaguar

jaguareté *amer.*
tigre *amer.*

yaguré *amer.*
mofeta
zorrillo *amer.*

Yahvé
Jehová
Dios
Señor
Altísimo
Creador
Padre
Todopoderoso

yanqui
estadounidense
norteamericano
americano
gringo *amer.*

yantar[1] *ant.*
comer
alimentarse
manducar *col.*
jamar *col.*
papear *col.*

yantar[2] *ant.*
alimento
comida
sustento
manjar
vianda
comestible
colación
manduca *col.*

yatagán *turco*
alfanje
cimitarra

yayo *col.*
abuelo

yegua
jaca

yegüar
yegüerizo

yegüerizo
yegüar
yegüero

yegüero
yegüerizo

yema
brote
renuevo
pimpollo
vástago

yerbajo
maleza
mala hierba
yuyo *amer.*

yermo
estéril
baldío
árido
seco
inculto
erial
páramo

despoblado
desierto
deshabitado
inhabitado
solitario

↔ fértil
sembrado

habitado
poblado

yerro
equivocación
desacierto
falta
error
fallo
gazapo
desliz
descuido

culpa
pecado

↔ acierto

yerto
inmóvil
inerte
tieso
rígido
agarrotado
entumecido
congelado

yesal o **yesar**
yesera

yesca
leña

yesera
yesal
yesar

yeta *amer.*
desgracia
infortunio
mala suerte

yetatore *amer.*

gafe
cenizo

yeti

abominable hombre
de las nieves

yonqui *argot*

drogadicto
toxicómano
drogata *col.*

yuca

mandioca

yugada

yunta

yugo

jubo

carga
peso
atadura
prisión
opresión

esclavitud
servidumbre

yuguero

yuntero

yugular

degollar
decapitar
guillotinar
cortar el cuello

yunta

yugada

yuntero

yuguero

yuxtaponer(se)

unir
arrimar

juntar
acercar

↔ separar
alejar

yuxtaposición

acercamiento
aproximación

↔ separación

yuyo *amer.*

yerbajo
broza
maleza
mala hierba

z

zabila o **zabida**

áloe
aloe
acíbar

zabordar

encallar
embarrancar
varar

zafarrancho *col.*

destrozo
lío
barullo
desastre
zalagarda

riña
pelea
refriega
trifulca
zapatiesta *col.*

zafarse

escaparse
escabullirse
retirarse
largarse

librarse
liberarse
desembarazarse
desentenderse
eludir
rehuir
esquivar
escaquearse
escurrir el bulto

amer.
dislocar
descoyuntar

trastocarse
enloquecer

↔ afrontar

zafiedad

ordinariez
vulgaridad
tosquedad
rudeza
grosería
chabacanería

↔ finura
   elegancia

zafio

grosero
maleducado
inculto
patán
ordinario
burdo
rudo
tosco
vulgar

↔ educado
   refinado
   elegante

zaga

trasera

retaguardia

↔ delantera

zagal

chico
muchacho
adolescente
mozalbete
mozo
chaval
mancebo

zagala

muchacha
doncella

zagalón

chicarrón
mocetón
hombretón
tiarrón *col.*
hastial *col.*

zaguán

portal
vestíbulo

zaguero

trasero
último
postrero
rezagado
colista

defensa

↔ puntero
   primero

   atacante
   delantero

zahareño

indomable
rebelde
arisco
cerril
rudo
tosco
intratable
insociable
montaraz

↔ manso
   sociable

zaheridor

humillante
escarnecedor
agraviante
ultrajante

ofensivo
vejatorio

↔ halagador

zaherir

humillar
escarnecer
agraviar
ultrajar
ofender
vejar
mortificar

↔ halagar
   ensalzar

zahorí

vidente

zahúrda

pocilga
cochiquera
porqueriza
gorrinera
chiquero
cuchitril

covacha
tugurio

zaíno o **zaino**

traidor
traicionero
desleal
hipócrita
falso

↔ noble

zalagarda

faena
desastre
zapatiesta *col.*
zafarrancho *col.*

riña
pelea
bronca
escaramuza

emboscada
celada
encerrona
trampa
cepo

zalamería
zalema

zalamería

halago
lisonja
coba
adulación
elogio
zalema

zalamero

cobista
pelotillero
lisonjero
engatusador
embelecador
camelador

zalea

zaleo
zamarra
zamarro
vellocino
vellón

amer.
pelliza

zalear

sacudir
menear
agitar
zarandear
zamarrear
zangolotear

zalema

zalamería
halago
lisonja
coba
adulación

zaleo

zalea
zamarra

---

zamarro
vellón

zamacuco

torpe
cazurro
zoquete
tarugo *col.*

ladino
taimado
mojigato
zorro
astuto
cuco *col.*

borrachera
melopea *col.*
curda *col.*
cogorza *col.*
mona *col.*

zamarra

pelliza
pellico
zamarro

zalea
zaleo
vellón

zamarrear

zarandear
menear
sacudir
zangolotear

acorralar
arrinconar

zamarro

zamarra
pelliza
pellico

zalea
zaleo

zambo

patizambo
patichueco *amer.*
chueco *amer.*

zambomba

cáspita
caramba
cielos
caray

---

zambombazo

explosión
estampido
estallido
cañonazo

porrazo
golpetazo
golpazo

zambombo

tosco
rudo
basto
bruto
grosero
ordinario
cerril

zambra

alboroto
algarabía
algazara
jolgorio
juerga
bulla
griterío
zapatiesta *col.*

zambullida

chapuzón
remojón

zambullir(se)

sumergir
chapuzar

zampabollos *col.*

glotón
tragón *col.*
comilón *col.*
zampón *col.*
tragaldabas *col.*
zampatortas *col.*

↔ frugal

zampar(se) *col.*

engullir
devorar
tragar *col.*
embaular *col.*
embuchar *col.*
manducar *col.*
jalar *col.*
jamar *col.*

---

zampatortas *col.*

glotón
zampón *col.*
comilón *col.*
zampabollos *col.*

↔ frugal

zampón *col.*

glotón
comilón *col.*
tragón *col.*
hambrón *col.*
zampatortas *col.*
zampabollos *col.*
tragaldabas *col.*

↔ frugal

zampoña

caramillo

zancada

tranco
trancada
paso

zancadilla

traba
estorbo
obstáculo
dificultad
tropiezo

zancadillear

obstaculizar
entorpecer
trabar

↔ facilitar

zanco

zueco
almadreña
chanclo

zancón

zancudo
patilargo

↔ paticorto

zancudo

patilargo
zanquilargo
zancón

amer.
mosquito

↔ paticorto

zanganada

majadería
tontería
sandez

zanganear

holgazanear
vaguear
gandulear
remolonear
sestear

↔ trajinar

zángano

perezoso
vago
haragán
remolón
gandul

torpe
patoso
soso

↔ trabajador
    hábil

zangolotear(se)

sacudir
zarandear
zamarrear
zalear

deambular
vagabundear
vagar
errar

zangoloteo

sacudida
zarandeo
zaleo

vagabundeo

zanguango

indolente
perezoso
holgazán
gandul
inútil

↔ diligente
    dispuesto

zanja

cuneta
fosa
foso
badén

zanjar

solventar
solucionar
despachar
superar

zanquilargo

patilargo
zancudo
zancón

↔ paticorto

zapador

gastador

zapallón *amer.*

gordo
obeso

zapapico

piqueta
pico
alcotana

zapar

cavar
excavar

zapateado

zapateo

zapatear

taconear
patalear

zapateo

zapateado
taconeo

zapateta

cabriola

zapatiesta *col.*

jaleo
discusión
pelea
follón
alboroto

confusión
riña
embrollo
bollo *col.*
fregado *col.*
movida *col.*
zaragata *col.*

zapatilla

playera
deportiva

zaquizamí

cuchitril
cuartucho
tugurio
cueva
leonera

zarabanda

jaleo
bullicio
jolgorio
algazara
jarana

zaragata *col.*

riña
pelea
camorra
gresca
bronca
alboroto
zapatiesta *col.*
pelotera *col.*
movida *col.*

zaranda

criba
tamiz
cernedor
cedazo

zarandajas

insignificancia
nadería
tontería
fruslería
pamplina
pijada *col.*
chorrada *col.*
requilorio *col.*

zarandear(se)

agitar
sacudir

menear
zamarrear
zangolotear
zalear

zarandeo

sacudida
meneo
zangoloteo
zaleo

zarcillo

pendiente
arete
aro *amer.*

zarco

azul
azur
celeste
cerúleo
garzo

zarpa

garra

zarpada

zarpazo

zarrapastroso

desaseado
andrajoso
harapiento
sucio
descuidado
desaliñado
adán *col.*

↔ pulcro

zarzamora

mora

zascandil *col.*

alocado
atolondrado
inquieto
revoltoso
enredador
irreflexivo
informal
botarate *col.*
tarambana *col.*

↔ tranquilo
    formal
    responsable

zascandilear *col.*
enredar
trastear
gandulear

zeta
zeda
ceta
ceda

zigoto
cigoto
huevo

zigzaguear
serpentear
culebrear

zipizape *col.*
riña
jaleo
alboroto
follón
bronca
gresca
cisco *col.*
zapatiesta *col.*
pelotera *col.*

zócalo
friso

zoclo
zueco
zanco
zanclo
chanclo

zoco
mercado
rastro

zombi o **zombie**
pasmado
alelado
embobado
aturdido
grogui *col.*

↔ despierto
   despejado

zona
región
banda
franja

circunscripción
demarcación
comarca

ala
sector
sección

zoncera *amer.*
tontería
simpleza

zonzo
soso
sosaina
sosera

tonto
simple

↔ gracioso
   salado

   listo

zoofilia
bestialismo

zoom *ingl.*
teleobjetivo

zopenco
tonto
bruto
zoquete
ignorante
torpe
mentecato
memo
zote
mendrugo
tarugo

↔ listo

zoquete
tonto
bruto
torpe
zopenco
mentecato
zote
mendrugo
tarugo

↔ listo

zorongo
cachirulo

zorra
zorro

raposa
vulpeja

prostituta
ramera
fulana
zorrón
pelandusca
perra
puta *vulg.*

pícara
astuta
maliciosa
taimada

↔ ingenua

zorrería
astucia
sagacidad
picardía
perspicacia

↔ ingenuidad
   candidez

zorrillo *amer.*
mofeta
yaguré *amer.*

zorro
raposo
zorra

astuto
sagaz
pícaro
perspicaz
malicioso
ladino
taimado

↔ ingenuo

zorrón
prostituta
ramera
fulana
pelandusca
zorra
perra
puta *vulg.*

zorruno
vulpino

zorzal
tordo

zote
bruto
ignorante
torpe
mentecato
tonto
zoquete
zopenco
memo
tarugo

↔ listo
   avispado

zozobra
angustia
tormento
intranquilidad
inquietud
ansiedad
desasosiego
congoja
pesadumbre

↔ serenidad

zozobrar(se)
naufragar
perderse
hundirse
irse a pique

zueco
almadreña
chanclo
zanco
zoclo

zulo *vasc.*
agujero
hoyo

guarida
escondite
refugio

zumaya
autillo
úlula

zumba
broma
burla

chanza
chunga
choteo
chirigota

amer.
tunda *col.*
zurra *col.*

zumbado
loco
Ido
tocado
pirado *col.*
majareta *col.*
grillado *col.*

↔ cuerdo

zumbador
zumbón
resonante

timbre

zumbar(se)
silbar

resonar
pitar

col.
azotar
pegar
golpear
atizar
arrear
zurrar *col.*
cascar *col.*
calentar col.

bromear
burlarse
chotearse *col.*
pitorrearse *col.*

zumbido
pitido
runrún
pito
silbido

zumbón
zumbador

col.
burlón
bromista
chistoso
guasón
cachondo *col.*

↔ serio

zumo
néctar
jugo
extracto

zuncho
anillo
anilla
arandela
abrazadera

zupia
sobras
basura
desecho

desperdicio
despojo

zurcido
remiendo
cosido

zurcir
repasar
remendar

zurda
siniestra

↔ derecha
   diestra

zurdo
↔ diestro

zurear
arrullar

zurra *col.*
tunda
azotaina
paliza
somanta

zurrapa
poso
sedimento

zurrar *col.*
azotar
pegar
golpear

atizar
arrear
zumbar *col.*
cascar *col.*

zurraspa
palomino

zurriagazo
azote
latigazo
correazo

zurriago
látigo
fusta

zurriburri
bulla
barullo
jaleo
follón
alboroto
batahola
guirigay

chusma
gentuza
morralla
caterva
patulea

zurrón
morral
talego
saco
macuto
mochila